Brueckner's
FRENCH
CONTEXTUARY

Brueckner's

FRENCH

CONTEXTUARY

Compiled and Edited by **John H. Brueckner**

PRENTICE-HALL, INC., Englewood Cliffs, N. J.

Brueckner's French Contextuary,
  Compiled and edited by John H. Brueckner
Copyright © 1975 by John H. Brueckner
All rights reserved. No part of this book may be
reproduced in any form or by any means, except
for the inclusion of brief quotations in a review,
without permission in writing from the publisher.
Printed in the United States of America
Prentice-Hall International, Inc., London
Prentice-Hall of Australia, Pty. Ltd., Sydney
Prentice-Hall of Canada, Ltd., Toronto
Prentice-Hall of India Private Ltd., New Delhi
Prentice-Hall of Japan, Inc., Tokyo

10 9 8 7 6 5 4 3 2 1

Library of Congress Cataloging in Publication Data
Brueckner, John H.
   Brueckner's French Contextuary
   Includes index.
      1. French language—Idioms, corrections, errors.
2. English language—Dictionaries—French. I. Title.
PC2460.B78   448'.003   75-8830
ISBN 0-13-084509-4

ACKNOWLEDGMENTS

I would like to express my appreciation to the hundreds of students, teachers, and others who contributed many of the phrases which are incorporated into the final contextual blocks in English.

In addition to the prodigious feat of Mr. Gérard Karcher (International Labor Office, Geneva) and Mr. Basile Yakovlev (Head of Interpretation Service, United Nations Organization, Geneva), the preparation of the French portion of this dictionary involved the cooperation of many people. Although dozens of translators are represented by single or multiple translations, I am especially indebted to the following people for their painstaking editing and helpful suggestions in the preparation of the final manuscript.

M. Jean-Ives Prate (Alliance Française and the Berlitz Language Schools)
Mme Suzanne L. Wigger (Candidate in Philosophy in French, U.C.L.A.)
Mme Jeanne Hart (French Department, Occidental College, Los Angeles)

M. Philip Gilead, head of Transpose S.A. of Geneva, and Mr. John Kirk of Prentice-Hall, Inc., played an integral part in the satisfactory completion of the entire project.

PREFACE

I am neither a philologist nor a scholar. My remarks are based on my practical day-to-day work as an interpreter. I have always noticed that words link up to form harmonious groups in a way which reflects the underlying psychology of a language and, consequently, of those who speak it. But while this linking-up process comes instinctively to the native speaker, it is disconcerting to the foreigner whose own set of word-groupings, although quite as natural to him, are nonetheless different. The task of the interpreter in his search for the "mot juste" as he transposes instantaneously from one language to another is precisely to provide what I would call automatic linkups.

The other thing that I have noticed is that, although words are theoretically translatable into other languages, they do not necessarily mean exactly the same thing in all, since language is the by-product of its own characteristic environment, civilization and development process. Synonyms complicate matters even further, so that we are frequently faced with spectra of meanings which never fully match. We may overcome the difficulty, provided we are aware of its existence, by, for example, adding an adjective when translating a substantive so as to convey the full impact of the original or, conversely, by leaving the original adjective out where in our own language a mere substantive suffices; a glance at any ordinary dictionary will provide adequate proof of this. It is by no means my wish to criticize that invaluable linguistic aid, but it may easily leave the layman completely at a loss. If his knowledge of a foreign language is superficial, he may well find himself faced with inscrutable alternatives for even the simplest of terms, especially when dealing with abstract concepts. How can he choose from the number of synonyms or equivalents given for a single word? Instinct or luck may assist him, but it is nonetheless true that more often than not he runs the risk of producing a meaningless, incorrect or ludicrous translation.

The translator has his problems too, although of a different kind. He must avoid the

Avant tout je m'empresse d'avouer que je ne suis pas philologue, et que mes appréciations sont fondées sur l'observation pratique dans l'exercice de ma profession: celle d'interprète et non sur un jugement issu d'une profonde érudition. Une constatation que j'ai toujours faite, c'est que les mots s'accouplent pour former un ensemble harmonieux conforme à la psychologie profonde d'une langue et, partant de ceux qui la parlent. Mais, tandis que cet accouplement leur vient d'instinct, il surprend l'étranger habitué de son côté à des accouplements différents, bien que tout aussi naturels. L'interprète, qui recherche le mot juste dans le processus presque instantané de transposition d'une langue à l'autre, doit justement pouvoir s'assurer ce que j'appellerais l'accouplement automatique.

Le langage étant le dérivé d'un milieu, d'une civilisation et d'une évolution qui lui sont particuliers, les mots, même s'ils sont théoriquement traduisibles dans d'autres langues, ne veulent pas nécessairement dire exactement la même chose dans toutes. Les synonymes venant compliquer encore les choses, on se trouve devant des "spectres" de signification qui ne se recouvrent jamais tout à fait. Pour se tirer d'affaire, à condition d'être conscient du problème, il faut souvent ajouter un adjectif à la traduction d'un substantif pour rendre la notion contenue dans l'original ou, au contraire, le supprimer dans la traduction de celui-ci. Il suffit de se reporter à un dictionnaire courant, où le profane risque parfois de perdre son latin! S'il ne connaît que superficiellement une langue étrangère, il se trouve en présence de dilemnes à propos des mots les plus simples, surtout quand il s'agit de notions abstraites. Comment peut-il en effet choisir entre les équivalences ou synonymes donnés pour un seul terme? L'instinct ou la chance peuvent l'aider, mais il n'empêche qu'il risque le plus souvent le non-sens, le contresens ou le ridicule.

De son côté, le traducteur lui aussi éprouve des difficultés, bien que d'un autre ordre. Les pièges lui sont posés par des termes techniques pour lesquels les dictionnaires, aussi spécialisés

traps set by technical terms which even the most specialized dictionaries leave clouded in uncertainty. Out of context it is practically impossible for him to choose, especially since, as with all nonspecialists, his grasp of the subject matter may not be a very firm one. In either case therefore, but above all with everyday idiomatic expressions, the absence of a context deprives the reader of those all-essential semantic references.

It is much to his credit that John Brueckner has systematically sought to overcome this problem by presenting words in their natural linguistic "landscapes." I use this term intentionally because, although we may find it impossible to trace a single tree lost among the mass of others that make up the forest, it is nonetheless by reference to those that surround it that we are able to single out the individual specimen. This placing of the term in its context has been the constant aim of the linguists entrusted with the task of preparing the four volumes of this series. They have tried to achieve identity of meaning whenever possible either with a literal translation or, more frequently, with the linking-up operation I described earlier. Above all, however, they have endeavored to provide in as concise a fashion as possible the expression that would most immediately and naturally occur to the native speaker, who, being an intelligent and well-educated person, would, of course, seek a natural sounding combination of words which does not sound pedantic. This series has been a source of intellectual satisfaction to me, a satisfaction of the kind which in all modesty the interpreter experiences when, on the spur of the moment, he is able to find the right equivalent for a difficult word in the original.

I can only hope this series gains the wide circulation it deserves not only in educational institutions but with the general public as well.

soient-ils, laissent une certaine marge d'incertitude si bien que, sans contexte, il lui est pratiquement impossible de choisir, d'autant plus que, comme tous les généralistes, il n'a pas une connaissance approfondie du sujet. Ainsi, dans les deux cas, mais surtout dans celui des expressions courantes et familières, l'absence d'un contexte prive le lecteur de repères qui lui sont indispensables.

Le mérite de John Brueckner est d'avoir voulu résoudre systématiquement le problème en offrant le mot dans son "paysage" familière. J'emploie cette image à bon escient car, s'il est impossible de se souvenir d'un arbre perdu au milieu d'une forêt, on le retrouve à l'aide de ce qui l'entoure. Il s'agit donc d'une mise en place du mot dans son contexte et c'est à cela qu'ont travaillé les linguistes auxquels a été confiée la préparation des ouvrages dans les quatre différentes langues. Ils ont recherché l'identité de sens chaque fois qu'elle était possible, soit par une traduction littérale, soit, plus souvent, par l'accouplement dont je parlais tout à l'heure. Mais, ce qu'ils ont recherché avant tout, c'est de toujours donner, sous la forme la plus concise, l'expression que l'on trouverait immédiatement et naturellement dans sa langue maternelle, les transpositions naturelles qui sont loin d'être synonymes de préciosité. Ces ouvrages ont procuré aux linguistes de ce projet une satisfaction intellectuelle, cette satisfaction qu'ils éprouvent lorsqu'ils ont eu la chance de trouver en vol une équivalence difficile.

Je souhaite à ces ouvrages la large diffusion qu'ils méritent non seulement dans les institutions d'enseignement, mais auprès du public en général.

Basile Yakovlev
Chief, Interpretation Service
Office of the United Nations
Geneva, Switzerland

CONTENTS

PART THREE: VERBS

PART FOUR: ADVERBS AND OTHER PARTS OF SPEECH

GENERAL INTRODUCTION

This book has been prepared to provide full contextual illustrations of over 11,500 basic English words used in combination and translated into idiomatic French by French translators, interpreters, and teachers. It also provides the native French speaker with a clear analysis of English meanings and many of the common uses of the same basic words.

Modern language-teaching techniques insist on rejecting English as a point of departure except in highly idiomatic structures, and translation in the traditional sense is rare. But the fact remains that thought patterns do occur to the student in his native language. Expressing ideas in a second language does involve the art of translation or interpretation. A student who receives little or no training in this field naturally objects bitterly when he is placed in direct contact with a French language environment, and tries to communicate using word combinations not included in his hundreds of hours of study of structure, dialogues, and readings. When the ideas he wishes to express vary to any degree from previously learned patterns, he finds himself tongue-tied and hesitant, fearful that his original combination of words may be nonsensical to a native Frenchman.

The advanced language student normally has a high proficiency in the passive skills of reading and understanding and the active skill of structural changes. His lowest level of achievement, accordingly, lies in self-expression and creative communication (non-stimulated responses). Whatever language approach is used in the beginning, the ultimate goal at the advanced level continues to be reading comprehension (third- and fourth-level books often contain as much as ninety percent reading material). The fifth year of study is most commonly devoted to selected modern literature and certain classical selections which happen to be favorites of the advanced-level teacher. So we often find the bewildering paradox of the student analyzing the use of the "light theme" in Camus or the use of adjectives in Racine's tragedies while he is relatively incapable of writing a completely correct sentence in idiomatic French, discussing topics more advanced than the weather, or ordering a cup of coffee with cream in a Parisian restaurant! Nor does short exposure to the French language outside the textbook area (a short trip to France or a summer course in Paris) provide any true ability to judge correct and idiomatic French word-usage.

Where can one find help in translating any word or concept into a second language? Bilingual dictionaries are often confusing and vague. Most lack contextual illustrations and normally include long, nonspecified listings of equivalent words or synonyms. This often makes the translation of even single words quite difficult and the mating or pairing of words to express a concept a frustrating and extremely difficult task. Foreign-language textbooks currently in use at most educational levels do not provide an alphabetized English vocabulary section, which makes it impossible to translate any word or concept not known in the target language.

It was decided that for maximum utility, both student and teacher needed a completely new dictionary format, one that supplemented the material normally found in a bilingual dictionary. A dictionary's usefulness in helping to express ideas is directly related to the number of specific examples it includes to illustrate a given word. Students objected to the vagueness of the many choices normally given and to the often absurd contextual illustrations provided. They underscored the need for a dictionary which would provide not only a wider range of specific examples of idiomatic translation, but one that would coordinate more closely with the patterns of speech typical of their own age group. The main question always seemed to be, What words do I **really** have to know to express myself freely on any basic subject in a way that a native Frenchman will understand?

How Contextual Phrases Are Formed

Context is normally defined as the part of a statement in which a word or passage occurs; that which precedes or follows a given word or expression and often specifies or clarifies its meaning. The word is based on the Latin verb *contextere*, to join or weave together. The basic purpose of this book has been to study some of the ways in which basic words link or weave together to form natural, harmonious, and meaningful combinations. Words do not link in a random fashion but join together according to certain rather rigid syntactical patterns determined by the grammatical function (part of speech) of the individual words.

The patterns of such linkings might be demonstrated as follows:

ADJECTIVES modify, limit, or qualify a noun. Adjectives link syntactically and form contextual phrases with:

NOUNS	(in the predicate) (attributive position)	The building is new; the man seems old a prosperous merchant; a changing world
ADVERBS		unusually tall; terribly stupid; too fat

NOUNS name a place, person, object, quality, or condition. Nouns link syntactically and form contextual phrases with:

ADJECTIVES		a towering skyscraper; an affluent society
VERBS	(in the predicate) (as subject) (as direct object) (as indirect object)	to be a lawyer; to look like a priest The boy wondered; the children played to see the sun; to write a letter to give the boy a gift; to offer his friend a ride
PREPOSITIONS		across the river; under the trees
OTHER NOUNS		a winter storm; a summer camp a sewing machine; a bowling ball

VERBS express an action or a state of being. Verbs link syntactically and form contextual phrases with:

ADJECTIVES	(in the predicate)	to be tall and handsome, to seem stupid
ADVERBS		to sing beautifully, to worry constantly
NOUNS	(in the predicate) (as subject) (as direct object) (as indirect object)	to be a housewife, to seem like a father The student studied, the teacher frowned to sing a song, to look up a word to send it to his son, to buy one for his wife
PREPOSITIONAL PHRASES		to be out of the city, to sing in a choir
OTHER VERBS		to want to sing, to decide to remain

ADVERBS answer the questions how, when, why, where, how much, in what manner, etc. Adverbs link syntactically and form contextual phrases with:

VERBS	to sing beautifully, to object strenuously
ADJECTIVES	unusually intelligent, unbelievably stupid
OTHER ADVERBS	quite well, rather badly, very fast

PREPOSITIONS are used before a noun, pronoun, or adjective to form phrases as modifiers of verbs, nouns, or adjectives. Prepositions link syntactically and form contextual phrases with:

NOUNS		across the bridge, with the children
VERBS	(introducing a phrase) (used as adverbs)	to run into a room, to speak with a friend to look up, to look down, to look for
PRONOUNS		in front of us, beside them, with me
ADJECTIVES }	(introducing a phrase)	happy in the United States, sad about the war
ADVERBS }		constantly on the go, safely out of danger

Within the framework of these varied combinations, any single basic noun, adjective, verb, adverb, or preposition should suggest to a native speaker a variety of natural contextual phrases. For example:

1. Since the function of an adjective is to modify a noun, then the question A tropical what? should suggest a variety of answers: a tropical *island, disease, hurricane, fish, cruise, lagoon, breeze,* etc.

2. Since nouns can be linked with adjectives, then the question What kind of island? suggests: a *mythical* island, a *deserted* island, a *tropical* island, a *barren* island, etc.

3. Since a verb can be modified by an objective noun, a prepositional phrase, an adverb, etc., then the responses stimulated by the verb *to write* might include: to write *a letter*, to write *a song*, to write *to a friend*, to write *legibly*, etc.

4. Since the adverb *gradually* can modify a verb, an adjective, or another adverb, then contextual illustrations of its use might include: *to improve* gradually, *to be* gradually *increased, rather* gradually, etc.

5. Since the preposition *on* serves primarily to introduce a prepositional phrase or to join with a base verb with the function of an adverb, then some common examples are: on *the table*, on *the blackboard, to look* on *in horror, to go* on *forever*.

Although bookstores are filled with dictionaries of all types, no systematic study had ever been made to determine the frequency with which basic words are used in combination—that is, given any basic English word, what other words commonly occur in conjunction with it? One indicator of this interrelationship of words was the audio-lingual pattern drill called free substitution. This drill provides a specified sentence or phrase in which one or more of the elements can be replaced by other words which alter the meaning of the original sentence or phrase without violating the integrity of the structure itself. Such a drill calls upon the student to provide an original substitution—not one provided by the text or teacher—in the slot indicated. This drill normally draws much more enthusiastic responses from students than the so-called repetitive drills. It is from the rich variety of answers and the creative originality of this type of drill that the basic concept for this new type of dictionary was formulated.

What Procedures Were Used in the Formation of Contextual Blocks?

Over a two-year period, students in advanced language classes (average age 17.1 years) at Rolling Hills High School near Los Angeles were asked to complete certain phrases (usually in lists of twenty-five) which consisted of a key word followed or preceded by a blank. A five-minute time limit was set for the completion of these blanks, to ensure that, if possible, the first word that came to mind in free association would be the word written down. A sample work sheet looked like this:

ADJECTIVES _____

Please fill in the blank in each phrase with a noun suggested to you by the preceding adjective. Write more than one answer if you have time.

1. a traditional _____
2. a tragic _____
3. a trained _____
4. a tranquil _____
5. a transcontinental _____
6. a translated _____
7. a transparent _____
8. a treacherous _____
9. a treasured _____
10. a tremendous _____
11. a tribal _____
12. a triumphant _____
13. a tropical _____

14. a troubled _____
15. a troublesome _____
16. a true _____
17. a trusting _____
18. a trustworthy _____
19. a truthful _____
20. a trying _____
21. a tumultuous _____
22. a twinkling _____
23. a typed _____
24. a typical _____
25. a tyrannical _____

The results of the completed forms were tabulated, counting the frequency of occurrence of each different word-form suggested. Out of 1,000 responses, the results for item 13, "a tropical _____", were as follows:

hurricane	203		palm tree*	17
paradise	142		fruit	17
island	96		flower	12
breeze	84		heat	12
storm	63		insect	11
climate	51		drink	10
fish	46		humidity	6
disease	38		wind	6
lagoon	37		moisture	4
banana*	32		punch*	3
cruise	30		setting	3
orchid*	26		vegetation	2
sunset	24		rain forest	1
plant	19		vacation	1

no answer   4

*Banana, orchid, and palm tree were considered to be redundant; Tropical Punch was omitted from consideration as a proper noun.

Final Contextual Block Based on Five Items of Highest Frequency:

a **TROPICAL**
hurricane
paradise
island
breeze
storm

How were the basic words selected?

The 10,000 basic words included in this dictionary were selected from a total of approximately 15,000 words normally introduced in graded dictionaries prior to the ninth-grade level. Included are 3,000 adjectives; 3,500 nouns; 2,000 verbs; 1,000 adverbs; and 500 other parts of speech. They were found to stimulate the largest number of contextual responses from the longer list of 15,000 words. The contextual phrases included in the final text material are those which occurred with the highest frequency when students and other native speakers were asked to indicate the most natural completion they could think of for that basic word.

The book does not explore all possible meanings of the Key Words, a characteristic of full and unabridged dictionaries, but concentrates instead on only the more basic or common uses of each word. The vocabulary is considered basic because, with few exceptions, it is felt that all words, singly or in combination, do not require definition to be readily understood by a native speaker.

In the formation of the final contextual blocks, the total number of contextual illustrations analyzed numbered over 1,600,000. This figure includes all answers drawn from students and adults as well as examples drawn from literature and varied reading materials. Of the 45,000 illustrations, approximately 22,500 are based on written responses, 6,000 on literary sources, and 16,500 on contributions by the author. In a typical five-item block, then, the first three items are based on student-adult responses and the final two are drawn from other sources.

How many different words are actually used?

The count of words recognizes 10,000 differentiated Key Words or phrases numbered from 1 to 10,000. This numerical notation does not take into consideration the reoccurrence of the same word as a stimulated contextual response or modifier. Any word or phrase may occur freely and frequently as a modifier throughout the book. Indeed, the more common a word is in normal usage, the more often it will appear.

Many English word-forms perform dual and triple roles as various parts of speech without changing their written form. The absence of infinitive endings in English verbs commonly produces a verb which is identical to its noun form (to buy a *radio*; to *radio* for help). The same form is likely to function as an adjective as well (a *radio* station). Adjectives often double as nouns (a *fat* girl; to eat the *fat*), adverbs double as adjectives (to run *fast*; a *fast* runner) and prepositions can function as adjectives and adverbs (the *opposite* side; directly *opposite*).

All compounds of a given base verb (to get *away, up, down, off, out*, etc.) are treated under a single numerical entry, although the concepts expressed are really all different. So although there are 2,000 verbs identified numerically from 6501-8500, the actual number of different verbs in terms of meanings would total closer to 3,500.

Many nouns are included in sequential blocks, using the same word-form with a different indicated meaning, since both meanings of the noun are of high frequency. There are 1,600 nouns used only as modifiers in addition to the 3,500 basic nouns. The actual number of different words used in the formation of the 45,000 contextual phrases, not counting words introduced in the supplementary grammar materials, total approximately 11,750.

Obviously the best source for translation is a completely bilingual individual who has had considerable training and practice in the difficult and tantalizing art of translation or

---

interpretation. The largest pool of these rare individuals is found in Geneva, Switzerland, at the Office of the United Nations and the International Labor Office. The preparation of the French text for this book was entrusted to these translators and interpreters. Their answers to the 45,000 questions posed by the English text took four years to compile and one year to edit. They were asked to select whatever combination of words in natural idiomatic French they felt would most closely express the flavor and shade of meaning of the English word combination. Although many phrases can be translated in a variety of ways, the combination decided upon was felt to be the best and most natural by both the original translator and the editing team that prepared the final manuscript.

Since the French is merely a translation of English word groupings, to what degree is the French real French?

Whenever the two cultures are generally compatible, the equivalent phrases are *real*, that is, they sound natural in both languages. Where concepts expressed are more American than French, the French equivalent is correspondingly *unreal.* If Americans prefer crisp, cold lettuce in their salads and the French prefer lettuce that is limp and leafy, then the translation of *a crisp lettuce* is unreal to a Frenchman. Basic phrases which were too American (*a pretty cheerleader, to catch a fly ball, to recover a fumble*) were generally replaced by phrases which the French translator suggested as more compatible in the two languages. Every effort was made to retain the basic English flavor of the word groupings, and at the same time to select combinations common to both the English and the French cultures.

Why are colloquial expressions generally omitted?

Expressions common in the spoken language but of a highly idiomatic nature were intentionally omitted—not as objectionable, but because many books have attempted to treat this aspect of American speech. It is extremely difficult to find French equivalents for expressions such as *on the ball,* a *hotshot, to do one's thing,* or *to rap* with someone. The level of vocabulary and expression in the book represents what might be called standard written American-English.

Were any changes necessary in the English text because of translation difficulties?

The basic English text materials were completed in 1968. Of the 45,000 original examples submitted for translation, 600 were replaced because the concept either presented an unsolvable problem of translation in French, German, Spanish, or Italian; or the translators felt the combination of words were redundant in English (e.g., a stingy miser). Some combinations, although translatable, would have meant nothing to a native Frenchman. There were, in addition, 250 changes made to accommodate new words such as *panty hose, pants suit, cassette recorder, rotary engine,* and *ecology,* which were not in common use at the time the study was undertaken.

Can a professional find phrases common to his own specialized field?

There was no systematic attempt to include words from any specific technical areas. However, most readers are familiar with the basic terminology of law, medicine, the sciences, etc. Phrases such as *radioactive fallout, a malignant tumor, circumstantial evidence, concentric circles* and *an orbiting space station* are natural combinations, although technical in scope. For example, there are over 700 contextual phrases suggested by 50 nouns drawn from the general area of law and legal procedure (*jury, witness, crime, evidence,* etc.), not because such nouns were included to represent that technical area, but because such phrases are an integral part of a native speaker's thought pattern in any country where the law is accepted as a governing factor in human relations.

Why are phrases instead of full sentences generally used to illustrate context?

The noun cluster and the infinitive phrase may be called neutral forms. They allow a much greater flexibility and adaptability than short, set sentences; that is, the neutral phrase serves as a point of departure for a greater number of variations. The prefix *c'est* followed by a noun cluster makes a perfectly usable short sentence. An adjective following *être* makes a fine short descriptive sentence. The infinitive phrase can be used as written following a rather endless series of introductory phrases, modal verbs, etc. In addition, it would be almost impossible to alphabetize sentence entries.

Don't many of the phrases have more than one possible meaning?

Since almost all words have multiple meanings, words in combination obviously often have several literal meanings as well as possible figurative meanings. Where this occurred, ambiguity was avoided by placing a specifying word in parentheses to indicate the sense of the word in question: *a broken record (disc), to pick up a check (restaurant), spring (season), spring (of water)*.

Why are certain phrases repeated in different sections of the book translated by two different combinations?

In most cases this was the result of two translators working on different sections where the same phrase occurred. In some cases, the two translators picked one of the translations as better by mutual consent. If both were felt to be acceptable, both were retained. It was generally felt that the emphasis placed on one Key Word often produced a translation which differed slightly from the translation of the same phrase where a different Key Word was emphasized.

Why is the material printed in a column format rather than in paragraph form?

A main feature of the format is that it provides for self-learning and self-testing. The column arrangement allows the reader to isolate either the French or English material by covering the appropriate column. Thus the book can be studied to determine how a particular English phrase would be expressed in French, or conversely, to find the best English translation for each phrase given in French.

Why are all words not arranged in alphabetical order, as in a regular dictionary?

The arrangement of the material according to parts of speech was selected partly for uniformity of format within each section and partly to provide a large collection of illustrations of a specific topic. Highly valid observations and useful linguistic generalities can be formed which might not be possible if the standard intermixture of parts of speech had been followed. All Key Words within each section are run in alphabetical order, of course, and the master key at the end of the book alphabetizes all 11,500 words used in the formation of the contextual phrases.

Why are most Key Words treated the same number of times, disregarding the obvious greater use of the more common words?

Most basic adjectives, nouns, and verbs are illustrated with five examples each as Key Words. These same words are also used as modifiers or contextual completions. It is in this position that words of more common usage occur with greater frequency. The word *solution* is treated five times as a Key Word in the noun section, but the same word occurs sixty-five times as a modifier in the adjective section and eleven times as a modifier in the verb section.

Words of common usage normally have a large number of synonyms. The word *gloomy* has thirty-two acceptable synonyms, of which thirty (*sad, desolate, bleak, dark*, etc.) are treated as separate Key Words. Successful use of the material in the book depends on the reader's ability to ascertain the exact English word which expresses the shade of meaning which he is trying to convey.

Why are many aspects normally treated in a bilingual dictionary (i.e., phonetic spelling) omitted here?

This is a dictionary devoted uniquely to contextual illustrations. It is intended to **supplement** present-day bilingual dictionaries. Phonetic transcriptions of Key Words, endless pages of irregular verbs, inclusion of all possible translations of a given word, charts of the metric system—in short, all material traditionally available in regular dictionaries or grammars is intentionally omitted here. The space saved by this omission has been devoted to special sections on the French adjective and noun; an illustration of basic sentence types; a complete treatment of the adjectives *good, bad, great,* and *little*; perhaps the most complete study ever made of the verb *to get*; and important and useful groupings of words for reference and study.

PART ONE

ADJECTIVES

INTRODUCTION

In English usage, adjectives are invariable in form, except in the formation of the comparative in -er and the superlative in -(e)st.

the boy, the girl is tall   the boys, the girls are tall
a tall boy, a tall girl   tall boys, tall girls

In French usage, adjectives are variable, undergoing certain changes to agree in number and gender with the nouns they modify:

le garçon est petit   les garçons sont petits
la jeune fille est petite   les jeunes filles sont petites

The mastery of the regular method of agreement as shown with *petit* (base word + -e for feminine singular, base word + -es for feminine plural, and base word + -s for masculine plural) does not pose a problem for most students. However, advanced students generally list irregular adjectives (along with irregular verbs, verbs used reflexively, and the agreement of past participles) as the most perplexing language problem.

The French adjective can be studied on the basis of:

1. its oral forms (one or two, but **never** more than two).
2. its written forms (one, two, three, four, or five forms).
3. its classification (as regular, variant, or irregular).
4. its position relative to the noun (before or after).

Oral Forms of Adjectives

Categories of adjectives with one spoken form:

Since the regular endings -e, -es and -s are written but not pronounced (except in liaison), and although the feminine endings may affect the pronunciation of the basic masculine form, (gris, grise[s]), a great many French adjectives which already end in -e, certain vowels, and certain consonants have only one spoken form. These include:

1. *All* adjectives ending in -e in the masculine singular (two written forms).

-ique	magnifique(s); démocratique(s); géometrique(s)
-esque	pittoresque(s); romanesque(s)
-aire	planétaire(s); publicitaire(s) (formed from nouns)
-able	adorable(s); aimable(s); habitable(s) (formed from verbs)
-ible	incorrigible(s); tangible(s) (formed from verbs)

---

2. Naturally, *all* invariable adjectives (one written form).

> Nouns used as adjectives (mostly color): sport; kaki; cuivre; olive
> Adjectives classified as anglicismes: groggy; sexy; shocking

3. Past participle forms used as adjectives (four written forms).

-é	achevé, achevés; achevée, achevées
-i	puni, punis; punie, punies
-u	vendu, vendus; vendue, vendues

4. Most adjectives ending in -c or -l, hard or soft (four written forms).

-c	public, publics; publique, publiques
-l (hard)	cruel, cruels; cruelle, cruelles
-l (soft)	pareil, pareils; pareille, pareilles

5. Certain adjectives ending in -al and -er (four written forms).

-al	banal, banals; banale, banales
Also:	fatal, final, glacial, naval, prénatal, tonal
-er	cher, chers; chère, chères
Also:	amer; fier (rare because final -r is pronounced in all forms)

6. Certain adjectives ending in -u (four written forms).

-eu	bleu, bleus; bleue, bleues (rare)
-ou	hindou, hindous; hindoue, hindoues
Also:	flou, flous; floue, floues

All other classifications of French adjectives (regardless of the number of written forms) have two spoken forms, but never more than two. The student should take special care to practice the clear differentiation between the masculine and feminine forms of such adjectives, since it is particularly grating on the French ear to hear a feminine noun modified by the masculine form of an adjective (e.g., une chose important) or vice versa (un crayon verte). The distinction is most often marked by a clearly pronounced final consonant (une chose importante) or the suppression of the final consonant in the masculine (un crayon vert).

II. Written Forms of Adjectives

A major problem for most students continues to be the correct written form of the adjective. As we have seen, an adjective with only one spoken form may have as many as four written forms. To provide the correct written form, the student must be secure in his knowledge of the gender and number of the noun the adjective modifies, as well as any spelling peculiarities in the adjective itself.

Categories based on the number of written forms:

1.	One-form	invariables and anglicismes
2.	Two-form	masculine singular ending in -e
3.	Three-form	masculine singular ending in -s or -x
4.	Four-form	all adjectives other than the restricted groups 1, 2, 3, and 5
5.	Five-form	beau, nouveau, fou, mou

III. Classification of Adjectives as Regular, Variant, or Irregular

Disregarding the number of oral and/or written forms, adjectives may be classified as follows:

REGULAR ADJECTIVES pattern like *petit* or *magnifique*, with no change in the form of the basic masculine adjective in the formation of the feminine (added -e, -es) or the masculine plural (added -s).

VARIANT ADJECTIVES   undergo predictable spelling changes in the masculine form **before** adding the feminine -e, -es.

IRREGULAR ADJECTIVES   do not follow the set patterns of predictable variants.

The number of irregular French adjectives is very small. If we follow the parallel general definition that all French verbs of the first conjugation except *aller* are regular except for certain internal orthographic or spelling changes (changeons; achète; gèle; appelle; noiera; paieront; etc.), then in general, about 85 percent of those French adjectives usually listed as irregular can more accurately be called regular adjectives with spelling changes.

These spelling changes can be predicted in most cases. A well-known characteristic of spoken French is the suppression of most final consonants in individual words, except for c, f, l, and in many cases r. The addition of the unpronounced -e and -es to form the feminine singular and plural predictably restores to life the suppressed final consonant. This consonant, often becoming intervocalic (preceded and followed by a vowel), must undergo one of several changes. With the exception of a small group of adjectives which take the endings -ë and -ës (aigu; exigu; suraigu; contigu; etc.), which are also considered to be mute, *all feminine adjective forms end in -e in the singular and -es in the plural, these endings being mute and added to the same base word.* Hundreds of so-called irregular adjectives become regular once the altered masculine base from is mastered.

IV. Variant Adjectives

All of the 500 adjectives grouped below are either variant or irregular forms. Since it is the final consonant which undergoes change in most cases, the groupings are by this final consonant. Translations of individual words are indicated in parentheses only where the translation is not obvious from the directions given in each block. All adjectives are drawn from examples illustrated in Part One, and full contextual illustrations can be located by checking the translated English word in Part One.

C > QU

Final c [k] followed by e would become [s]. Change is to **qu** to retain the sound of [k].

turc, turque (Turkish)	public, publique
caduc, caduque (outmoded)	cardiac, cardiaque (heart, cardiac)

F > V

Final f followed by e becomes v [v] (unvoiced to voiced; compare English "knife, knives").
English translation: replace French -if with English -ive (French captif = English captive).

abusif, abusive	consultatif (consulting)	facultatif (optional)
actif	convulsif	fugitif (fleeting)
adhésif	coopératif	hâtif (hurried, speedy)
administratif	craintif (fearful)	imaginatif
admiratif	curatif	improductif (unproductive)
affirmatif	décisif	impulsif
agressif	décoratif	inoffensif
alternatif	défensif	instinctif
appréhensif	définitif	instructif
approximatif	descriptif	intempestif (sudden, unexpected)
attentif	détersif (cleansing)	interrogatif (questioning)
captif	éducatif (educational)	législatif
chétif (puny, weak)	émotif (emotional)	lucratif
combatif	évasif	maladif (sick, weakly)
commémoratif	excessif	massif
communicatif	exclusif	méditatif (pensive)
compréhensif	explosif	naïf
constructif	expressif	narratif

négatif	productif	subjectif
nocif (harmful, noxious)	réceptif	successif
objectif	récréatif (entertaining)	tardif (tardy, late, belated)
oisif (idle, lazy)	représentatif	vif (quick)
passif	repressif	vindicatif (vindictive)
pensif (thoughtful)	restrictif	
positif	significatif	Also: neuf, neuve (new)
portatif (portable)	speculatif	sauf, sauve (safe)
primitif	sportif (sport, sporty)	

L > LL

Final **l**, becoming intervocalic, loses its strength (e.g., melon). It doubles to retain its full strength, except after **a** (navale) and **o** (espagnole). Soft or liquid **l** also doubles.

Translation: replace French **-el, -iel** with English **-al, -ial** (annuel = annual; essentiel = essential).

accidentel, accidentelle	inhabituel (unusual)	réel
actuel (present, current)	intellectuel	residentiel
annuel	intentionnel	rituel
artificiel	irrationnel	sensationnel
confidentiel	irréel (unreal, eerie)	sensuel
constitutionel	manuel	solennel (solemn)
continuel	matériel	spirituel (witty)
criminel	maternel (motherly)	surnaturel (supernatural)
cruel	mensuel (monthly)	tel (such, such a)
culturel	mortel	torrentiel
essentiel	naturel	traditionnel
éternel	nul (no, none)	universel
éventuel (potential, prospective)	officiel	virtuel (potential)
fonctionnel	pareil (similar)	visuel
formel	partiel	
fraternel	perpétuel	
gentil	personnel	
graduel	ponctuel	exception: civil, civile
habituel	potentiel	bel (beau), belle
immortel	présidentiel	fol (fou), folle
impersonnel	professionnel	mol (mou), molle
industriel	quel (which, what)	vieil (vieux), vieille
	rationnel	

N > NN

Adjectives ending in **n** may or may not double the **n**. Generally, adjectives ending in **-ain** (américain), **-an** (partisan), **-in** (argentin), and **-un** (commun) form their feminine regularly (adding **-e, -es**). However, a sizable group of adjectives (those ending in **-ien**) and a small number of adjectives ending in **-on** do double the final **n**. The final **n**, serving to nasalize the preceding vowel in the masculine form, becomes vocalized in the feminine form.

aérien, aérienne (graceful)	draconien (radical)	païen (pagan)
ancien	parisien	prolétarien
bohémien (wandering)	moyen (*i* variant) (average)	quotidien (daily)

The **-ien** ending is used regularly to form what are called proper adjectives; that is, adjectives based on proper names. The English **-ian** (Canadian, Italian, Euclidian) and **-ean** (Shakespearean, Mediterranean) are represented in French by **-ien** (canadien, italien, euclidien) and **-éen**. For examples of this much-used form, see Adjectives of Nationality (3000 B) and Proper Adjectives (3000 A).

on > onne	bon, bonne	mignon, mignonne	breton, bretonne
in > igne	(very rare)	bénin, bénigne (benign, harmless)	
		malin, maligne (evil, malignant)	

These forms are accepted as variant rather than irregular, since **-n** and **-on** are variants of the same sound.

R > `R

Final **r** becoming intervocalic and pronounced has a reverse effect on the preceding **e**, changing its sound from [e] to [ɛ] by adding a grave accent.

altier, altière (haughty)
côtier (coastal)
dépensier (extravagant)
dernier (last, final)
entier (entire, whole)
étranger (strange, foreign)
familier (familiar)
financier (financial)
frontalier (border)
grossier (rude, crude)

querrier (warlike)
hospitalier (friendly)
inhospitalier (unfriendly)
irrégulier (irregular)
journalier (daily)
léger (soft, light, gentle)
meurtrier (murderous)
particulier (special)
passager (passing)
premier (first)

princier (princely)
racunier (resentful)
régulier (regular)
routier (road, bus adj.)
saisonnier (seasonal)
singulier (odd, strange)
tracassier (fussy, particular)
Pronounced r
amer (bitter), cher (dear or
expensive), fier (proud)

S > SS

Final **s** becoming intervocalic changes to [z] (e.g. une rose, la base). To retain the sound of the suppressed final **s** of the masculine, a small number of adjectives double the final **s**.

bas, basse (low, soft)
épais (thick)
exprès (express)

las (tired, weary)
gras (fat, greasy)
gros (fat [weight])

métis (half-breed)
x > ss in faux, fausse and
roux, rousse (red-haired)

T > TT

Final **t** may remain unchanged or double after **o** (regular: idiot, idiote; but bulot, bulotte. Similarly: maigriot; pâlot; sot; and vieillot).

Final **t** after the vowel **e** usually doubles.

aigrelet, aigrelette (sour)
coquet (coy, fussy)
douillet (cosy)
grassouillet (plump)

muet (mute, silent)
net (clear, clean, sharp), pronounced [nɛt]
sujet (subject to)
violet (violet, purple)

Exceptions: final **et** becomes **ète**:

complet, complète (complete, full, total)
désuet (obsolete)
discret (discreet)
indiscret (indiscreet)

incomplet (incomplete)
inquiet (alarmed, worried)
replet (fat, plump)
secret (secret, hidden)

X > S

Approximately 33 percent of the 500 adjectives normally listed as irregular are those which end in **-eux** in the masculine. These change to **-euse, -euses** in the feminine. Such adjectives are formed generally from a noun base. Although English has an equivalent **-ous, -ious** ending, the French **-eux** in translation into English assumes the function of many other English suffixes.

eux =				eux =		
not translated	chaleureux	warm		ful	douteux	doubt*ful*
able	désireux	desir*able*		ic	majestueux	majes*tic*
al	cérémonieux	ceremoni*al*		ish	fiévreux	fever*ish*
ant	radieux	radi*ant*		ive	défectueux	defect*ive*
ar	musculeux	muscul*ar*		like	belliqueux	war*like*
ate	affectueux	affecti*onate*		some	fâcheux	irk*some*
ed	noueux	gnarl*ed*		worthy	élogieux	praise*worthy*
ent	frauduleux	fraudul*ent*		y	venteux	wind*y*

Because of the large number of adjectives in this group (166) and the large number of possible suffixes in translation, equivalents and alternate translations are given for each adjective. To facilitate the study of the large group of forms equivalent to our "Noun + **Y**", these forms are identified by an italicized translation (*windy, rainy, cloudy*, etc).

affectueux	affectionate	gracieux	gracious, graceful	osseux	*bony*
affreux	awful	graisseux	*greasy*	paresseux	lazy
ambitieux	ambitious	grincheux	*grumpy, crabby*	périlleux	perilous
amoureux	amorous, loving	haineux	hateful, spiteful	pernicieux	harmful
astucieux	astute, shrewd	haillonneux	ragged, tattered	peureux	fearful, timid
audacieux	audacious, bold	hargneux	surly	pieux	pious, devout
avantageux	advantageous	harmonieux	harmonious	piteux	pitiful
avaricieux	stingy, *greedy*	hasardeux	hazardous	plantureux	lavish
aventureux	adventurous	herbeux	*grassy*	pleuvieux	*rainy*
belliqueux	warlike	heureux	happy, fortunate	pointilleux	fussy, particular
bienheureux	*lucky*, blissful	hideux	hideous	poisseux	*sticky*
boiteux	lame	honteux	shameful, ashamed	pompeux	pompous, high-flown
boueux	*muddy*	impérieux	imperious	populeux	populous
brumeux	*foggy, misty*	impétueux	impetuous	poreux	porous
cahoteux	*bumpy, rough*	infructueux	unsuccessful	poudreux	*powdery*
calomnieux	slanderous	ingénieux	ingenious	poussiéreux	*dusty*
cancéreux	cancerous	injurieux	harmful, offensive	précieux	precious
capiteux	exhilarating	insidieux	insidious	présomptueux	presumptuous
capricieux	capricious	irréligieux	irreligious	prestigieux	prestigious
chaleureux	warm	joyeux	joyous, joyful	prétentieux	pretentious, conceited
chanceux	*risky, lucky*	judicieux	wise, careful	prodigieux	prodigious
coléreux	*angry*, sensitive	juteux	*juicy*	raboteux	rough
consciencieux	conscientious	laborieux	laborious	radieux	radiant
contageux	contagious	laiteux	*milky*	religieux	religious
copieux	ample, abundant	langoureux	languid	respectueux	respectful, reverent
courageux	brave, courageous	loqueteux	tattered, ragged	rigoreux	rigorous
coûteux	costly	lumineux	luminous	rocailleux	*rocky*
crasseux	*filthy, dirty*	luxueux	luxurious, deluxe	rocheux	*rocky*
crémeux	*creamy*	majesteux	majestic	rugueux	rough, gnarled
creux	hollow	malchanceux	unlucky	ruineux	ruinous
curieux	curious, odd	malencontreux	unlucky	savoureux	*savory, tasty*
dangereux	dangerous	malgracieux	impolite	scandaleux	scandalous
dédaigneux	disdainful	malheureux	unhappy	scrupuleux	scrupulous
défectueux	defective	mélodieux	melodious	sérieux	serious
délicieux	delicious	merveilleux	marvelous	silencieux	silent, hushed
délictueux	punishable	méticuleux	fastidious	sinueux	winding
désastreux	disastrous	minutieux	elaborate	soigneux	careful, meticulous
désireux	desirable	miséricordieux	merciful	somptueux	sumptuous
douloureux	painful	moelleux	soft, mellow	soucieux	worried, concerned
douteux	doubtful	monstrueux	monstrous	souffreteux	sickly, weak
écailleux	*scaly*	montagneux	mountainous	soyeux	*silky*
élogieux	praiseworthy	montueux	*hilly*	spacieux	spacious
ennuyeux	boring, tiresome	mousseux	*foamy*	studieux	studious
fabuleux	fabulous	musculeux	muscular	superstitieux	superstitious
facétieux	facetious	mystérieux	mysterious	tortueux	rambling, winding
fâcheux	annoying	nébuleux	nebulous, vague	tumultueux	tumultuous
fallacieux	misleading	nécessiteux	*needy*	vénéneux	poisonous
fastidieux	fastidious	nerveux	nervous	venimeux	poisonous
fastueux	lavish	nombreux	numerous	venteux	*windy*
fiévreux	feverish	noueux	gnarled	vertueux	virtuous
fougueux	*fiery*	nuageux	*cloudy*	victorieux	victorious
frauduleux	fraudulent	obséquieux	obsequious	vigoureux	vigorous
fructueux	fruitful	officieux	informal	vitreux	*glassy*
furieux	furious	ombrageux	*shady*	volumineux	*bulky*, voluminous
généreux	generous	orageux	*stormy*	voluptueux	voluptuous
glorieux	glorious	orgueilleux	proud		

IMPORTANT: It must be remembered that the translations given above are only some of many and varied translations possible for each French adjective. Those listed are intended to serve as a guide to the location of contextual illustrations in Part One under the translations given.

V. A Note on the Letter X

The letter x in French has no clearly assigned phonetic value. It may follow any one of five patterns.

1. In final position, it is usually mute (deux; doux; jaloux; etc.), becoming vocalized in liaison as [z] (les deux enfants)
2. In final position, it may be pronounced as [s] (six, dix not followed by a noun)
3. When intervocalic, it may be pronouned as [z] (sixième, dixième)
4. When intervocalic, it may be pronounced as [gz] (examiner; exercer; exiger; exotique; exulter). Exception: Mexicain [ks]
5. Between a vowel and a consonant, it may be pronounced as [ks] (exclusif; explorer, etc.)

It can be seen from the above that the letter x when pronounced assumes the phonetic characteristics of the written letters -s -ss, -ce and -z. The interplay of these letters as phonetic variants enables a small group of irregular adjectives to be included under our basic group of variants.

[u] [o] > [uz] [us] [os]

doux becomes douce [s]	faux becomes fausse [s]
jaloux becomes jalouse [z]	roux becomes rousse [s]

The historical replacement in spelling of the letter l by letter combinations representing the phonetic symbol [o] (eau; au; aux) and [u] (ou, oux) is too involved to explain fully here, except to say that the forms such as bel, fol, mol, vieil, and nouvel historically precede the forms beau, fou, mou, vieux, and nouveau.

Although the change from a vowel ([u] [o]) to a consonant (l) is not a true orthographic change, the famous five five-form adjectives are included here under variant adjectives on the basis of the still-existing old forms which place them in the same category as l > ll (bel > belle, cruel > cruelle)

The old masculine forms are still used before a masculine noun beginning with a vowel or a mute -h (un bel enfant, un vieil homme)

[o] [u] > LL

Masculine	Feminine	
beau (bel), beaux	belle, belles	beautiful, fine, etc.
fou (fol), foux	folle, folles	crazy, mad, insane
mou (mol), mous (note -s)	molle, molles	soft, limp
nouveau (nouvel), nouveaux	nouvelle, nouvelles	new, recent, different
vieux (vieil), vieux	vieille, vieilles	old (see Irregular Adjectives)

VI. Adjectives Which Form Their Plural Irregularly

A small but important group of variant adjectives *form the feminine regularly, but which mutate the masculine plural ending from* -al *to* aux. (a reversal of the [o] to [l] pattern)

With the exceptions of banal(s), final(s), naval(s), natal(s), prénatal(s), glacial(s), and tonal(s), this group includes the following list.

AL > AUX

Model: masculine (amical, amicaux), feminine (amicale, amicales)
Translate with English equivalent in -al unless otherwise indicated.

amical (friendly)	central	dialectal	féodal (feudal)
anormal (abnormal)	colonial	dictatorial	général
automnal (autumnal)	colossal	égal (equal)	global (worldwide)
brutal	commercial	électoral	guttural
capital	déloyal (disloyal)	familial (family)	horizontal

idéal (also idéals)	littéral (literal)	normal	spatial
impartial	loyal	orchestral	spécial
inégal (unequal)	matinal (morning)	original	théâtral (theatrical)
infinitésimal	maximai (maximum)	partial	tromphal (triumphal)
initial	médical	primordial (primitive)	tropical
intégral (complete)	médieval	principal (main)	verbal
international	monumental	royal	vertical
jovial (also jovials) (merry, hearty)	moral	rural	vicinal (rural, connecting)
légal	musical	sentimental	
létal (lethal, deadly)	national	social	

VII. Irregular Adjectives

The number of commonly used adjectives (excluding variant forms) which do not fit the categories outlined above is actually very small, the largest group being those in which the letter **r** mutates to **s**.

EUR > EUSE

Twelve verbal adjectives drawn from the present participle (replace **-ant** with **-eur**).

causeur, causeuse (chatting)	moqueur (mocking)
enjôleur (entertaining)	prometteur (promising)
flatteur (flattering)	rageur (raging)
fureteur (inquiring)	sermoneur (preaching)
grondeur (scolding)	travailleur (working)
menteur (lying)	trompeur (deceiving)

TEUR > TRICE

Verbal adjectives not based on the present participle, but on the noun.
Replace **-tion** of English noun with **-teur** (masculine) and **-trice(s)** for feminine.

accusateur, accusatrice (accusing)	évocateur (suggestive)
amplificateur (enlarging)	explorateur (exploratory)
conservateur (conservative)	interrogateur (questioning)
consolateur (consoling)	modérateur (restricting)
corrupteur (corrupting)	protecteur (protective)
créateur (creative)	redempteur (redeeming)
désapprobateur (disapproving)	régulateur (regulating)
déstructeur (destructive)	réparateur (refreshing, relaxing)
devastateur (devastating)	révélateur (revealing, illuminating)
directeur (directing)	stimulateur (stimulating)

There are many more of this type. These twenty-one occur in Parts One and Two.

A special group of adjectives is used without *plus* in the French comparative and superlative:

EUR > EURE

Regularly formed adjectives ending in **-eur** (from Latin comparative/superlative)

antérieur, antérieure	majeur	postérieur
extérieur	meilleur (better)	supérieur
inférieur	mineur	ultérieur

VIII. The Real Irregular Adjectives

-ais > -aîche	frais, frais	fraîche, fraîches	fresh, cool
-an > -anne	paysan, paysans	paysanne, paysannes	peasant, rural
-ec > -ecque	grec, grecs	grecque, grecques	Greek, Grecian
-ec > -èche	sec, secs	sèche, sèches	dry
-eu > -aïque	hébreu, hébreux	hébraïque, hébraïques	Hebrew
-eur > -eresse	pécheur, pécheurs	pécheresse, pécheresses	sinning, sinful
	vengeur, vengeurs	vengeresse, vengeresses	avenging
-i > -ite	favori, favoris	favorite, favorites	favorite, preferred

-in > -igne	bénin, bénins	bénigne, benignes	harmless
	malin, malins	maligne, malignes	evil, wicked
-nc > -nche	blanc, blancs	blanche, blanches	white
	franc, francs	franche, franches	open, frank
-ng > -ngue	long, longs	longue, longues	long, lengthy (also Fr. oblong)
-tre > -tresse	maître, maîtres	maîtresse, maîtresses	masterful
	traître, traîtres	traîtresse, traîtresses	treacherous
-u > -uë	aigu, aigus	aiguë, aiguës	pointed, sharp, piercing, acute
(ë ending is mute)	contigu, contigus	contiguë, contiguës	adjoining, adjacent
	also: ambigu(ë), ambiguous and suraigu(ë), piercing		

These adjectives ending in -uë are the only exceptions to the rule that feminine adjectives all terminate in written -e, -es (except invariables like chic)

| -ux > -lle | vieux (vieil), vieux | vieille, vieilles | old, ancient |

IX. Invariable (One-Form) Adjectives

Basic adjectives of color (white, blue, black, green, etc.) follow the noun and agree in number and gender:

un crayon vert, des crayons verts   une maison blanche, des maisons blanches

However, these basic adjectives become invariable under the following conditions:

des cravates cerise et bleu (ties that are both red and blue)
des cravates vert-bleu (ties that are blue-green in color)
des cravates bleu noirâtre (ties that are bluish-black in color)
des cravates bleu foncé (dark blue ties)
des cravates bleu clair (light blue ties)
but: des cravates bleues et vertes (some ties are blue, others are green)

Certain French nouns are also used as adjectives of color. They commonly unite with basic adjectives of color to define more precisely the exact shade of a fabric or object, and when so used remain invariable in form.

des gants jaunes (yellow gloves)
des gants jaune paille (gloves the color of straw)

Since the basic structure is an elliptical form (a shortened form) for a full phrase (jaune [comme un] citron) or (chocolat [couleur de] crème), the following nouns are linked without a hypen to basic colors, or they may be used alone.

This is a reversal of the normal English order and spelling (cherry-red or cherry-colored becomes rouge cerise or simply cerise)

Additional examples:
des uniforms kaki (khaki uniforms)   une femme châtain (a woman with brown hair)
des rubans indigo (black ribbons)   des gants gris perle (pearl-gray gloves)
les yeux noisette (hazel eyes)   des tissus vert olive (olive-green fabrics)

The color of:		The color of:		The color of:	
abricot	an apricot			moutarde	mustard
améthyste	an amethyst	crème	cream	noisette	a hazelnut
ardoise	slate	crevette	shrimp	olive	an olive
argent	silver	cuivre	copper	or	gold
azur (also azuré)	azure	ébène	ebony	orange	an orange
bronze	bronze	émeraude	an emerald	paille	straw
café	coffee	groseille	a currant	perle	a pearl
cerise	a cherry	indigo	indigo	pomme	an apple
champagne	champagne	jade	jade	tabac	tobacco
châtain (aigne)	a chestnut	jonquille	a jonquil	tomate	a tomato
chocolat	chocolate	kaki	khaki	topaze	a topaz
citron	a lemon	marron	chestnut	turquoise	turquoise

Marron used figuratively (dishonest, disreputable) is variable: les médecins marrons.

Adjectives used as adverbs are, of course, invariable: parler *bas*; sentir *bon*; coûter *cher*; travailler *dur*; chanter *faux*; sentir *fort*; etc.

Invariable are all color adjectives ending in -âtre: jaunâtre (yellowish); rougeâtre (reddish)

Grand and demi remain masculine in form when linked to a singular feminine noun with a hyphen (une demi-heure; une grand-route; grand-chose; grand-peur; etc.) but: Grande-Bretagne.

X. *The Comparative and Superlative of Adjectives*

These two forms do not pose any major difficulties for students. Although in English both inflected forms (taller, tallest) and compound forms (**more** beautiful, **most** beautiful) are possible, in French almost all adjectives use only the compound forms to express these concepts.

Comparisons are formed by inserting the adverbs **plus, moins,** or **aussi (si)** before the adjective, which retains its positive form in agreement and position.

Preceding position or following position:

une plus grande maison	or	une maison plus grande	a larger house
une moins grande maison	or	une maison moins grande	a smaller house

Natural following position: blanc and chaud normally follow noun, as do most French adjectives

une maison plus blanche	a whiter house	une journée plus chaude	a warmer day

The three stages of comparison are:

1. superiority	Il est **plus** intelligent que moi.	(He's smarter than I am.)
2. inferiority	Il est **moins** intelligent que moi.	(He's less smart than I am.)
3. equality	Il est **aussi** intelligent que moi.	(He's just as smart as I am.)
(negative)	Il n'est pas **si** intelligent que moi.	(He's not as smart as I am.)

The French usually replace **plus** with **mieux** when forming the comparative of participial adjectives (better-placed, better-organized, etc.).

un travail mieux organisé	(better-organized work)
un candidat mieux placé	(a better-placed candidate)

Because of their nature and meaning, some twenty-five adjectives are generally considered to be already comparative or superlative in form. As a result, **plus** (le plus) and **moins** (le moins) should *not* be used in either the comparative or superlative with:

bon	immortel	mineur	supérieur
dernier	inégal	minimum	suprême
égal	inférieur	moindre	ultérieur
énorme	infini	mortel	ultime
excellent	majeur	parfait	
extérieur	maximum	pire	Also: (rare)
immense	meilleur	postérieur	antérieur

With the exceptions just discussed, the superlative in French is a three-word form consisting of the definite article (*le, la, les*) or a possessive pronoun (*mon, ma, mes,* etc.), the adverbs *plus, moins,* or *mieux,* and the positive form of the adjective in its correct variable form (*grand, grands; grande, grandes*).

This is at variance with the English one-word option (of the boys, he is *tallest*), and a two-word option (she is *the tallest* girl), neither structure being possible in French with the exceptions listed above.

In the phrases "the most beautiful girl" or "our most beautiful chair," we find the closest parallel to the three-word French structure:

le garçon le plus intelligent	the most intelligent boy
les cadeaux les plus coûteux	the most expensive gifts
nos plus chers amis	our most dear friends

The definite article is replaced by a possessive when the adjective precedes: *mon plus cher ami* (my dearest friend) but *both* are used when the adjective follows: *mes cadeaux les plus chers* (my most expensive presents).

Since structures like *ma plus belle sœur* can also mean "my prettier sister" (of two), it is generally permissible to use the second pattern, *ma sœur la plus belle*, to differentiate the two shades of meaning.

The definite article is also omitted in the superlative after *de*: *ce qu'il y a de plus important* (that which is the most important).

The structure the French call the *superlatif relatif* indicates that a person or an object possesses a given quality to a higher or lower degree than other members of the same group. In English, it is often called absolute. It exists most commonly in the predicate after the verb to be (*être*).

Superiority: Pierre est *le plus sage* des élèves.
Marie est *la plus belle* des femmes.
Vous êtes le garçon *le plus intelligent* de la classe.
C'est la jeune fille *la plus sympathique* de l'école.
Pierre est *le mieux logé* de nous.
Inferiority: Pierre est *le moins sage* des élèves.
C'est *la moins intelligente* des étudiantes.

Note that:

1. third person pronouns (*il, elle, ils, elles*) are replaced by *ce* before this structure
2. that *in* after the structure is translated by *de* (not *dans*)
3. the very common structure *la plus belle des femmes* is translated "the prettiest woman."

The French call the structure which conveys the meaning of out-of-the-ordinary possession of a given quantity *le superlatif absolu*. In English it is commonly referred to as the relative superlative.

We can say: He is *unusually* tall (but not the tallest), *exceptionally* fat (but not the fattest), *rather* or *very* or *really* handsome (but not the handsomest).

In French, the *superlatif absolu* is formed as in English, with stress adverbs or prefixes.

Il est *très* beau.
vraiment unique.
exceptionellement intelligent.
fort aimable.
bien remarquable.
assez sûr.
extrêmement bête.
des plus doués.

Prefixes:
archi-   archiplein
sur-   suraigu
extra-   extra-fin
ultra-   ultra-rapide
super-   supergrand
Suffix (*rare*):
rarissime, richissime

XI. Final Remarks on Adjective Forms

1. Adjectives which are used in pairs to modify a single plural noun remain in the singular:

civil and penal codes   les codes pénal et civil
the Korean and Vietnamese wars   les guerres coréenne et vietnamienne

2. Adjectives modifying two nouns of *mixed* gender are usually put in the masculine plural:

En été, le jour et la nuit sont *égaux.*

Of same gender: une paresse ou une négligence *scandaleuses.*
le Mexique et le Japon sont à peu près *égaux.*

3. In compound forms, agreement depends on sense:

un chandail de laine *bleu* or un chandail de laine *bleue*

Both are correct since the sweater and wool are both blue.
But: des draps de coton *brodés* only, since it is the sheets which are embroidered and not the cotton.

4. If compound adjectives are formed from two adjectives, both parts agree:

un enfant sourd-muet, des enfants sourds-muets

If formed from an adverb or preposition and adjective, only the adjective varies:

l'avant-dernière page, les avant-dernières pages

XII. *The Position of Attributive Adjectives*

Most French grammars used at the high school or college level in the United States treat the position of the French attributive adjective in quite a vague way, normally providing a list of a dozen or so adjectives which it is claimed are generally placed *before* the noun, and a list of half a dozen common adjectives which change in meaning relative to their position before or after the noun (ancien, cher, etc.).

Official grammars used in France are also vague on this point, indicating that the adjective may be placed either before or after the noun. The choice is often determined by the sound or rhythm of the words in combination, the number of syllables, or the emphasis desired.

The number of adjectives which commonly precede the noun is much larger than generally supposed. The number of adjectives which may precede the noun is enormous. If one assumes that the normal position of the attributive adjective is following the noun it modifies (and this is true in 28,250 of the 30,000 phrases included in Parts One and Two), then the illustrations listed below should be of special interest.

Of the 150 different adjectives which may precede, the majority are also commonly used following the noun, either with a slightly different meaning or in what might be called the literal meaning of the word:

magnifique in the literal sense of *magnificent* follows
magnifique in the sense of *superb* may precede
chaud in the sense of *hot* follows
chaud in the sense of *warm* (not referring to temperature) may precede

In the following basic reference list of the 150 adjectives which will be found in Parts One and Two *preceding* the noun, the fifty adjectives which are *italicized* may be said to occur regularly before the noun.

affreux	*défunt*	froid	*lourd*	plaisant	simple
allègre	délicieux	furieux	magnifique	plein	sincère
amer	*dernier*	*futur*	maigre	précieux	*soi-disant*
ample	différent	galant	*majeur*	*premier*	solide
ancien	digne	*gentil*	mauvais	*prétendu*	sombre
âpre	*doux*	glorieux	*méchant*	principal	sourd
autre	drôle	*grand*	*meilleur*	*prochain*	sûr
bas	dur	grave	*même*	profond	tendre
beau	élégant	*gros*	mignon	propre	terrible
bon	éminent	hardi	mince	puissant	*tout*
brave	*énorme*	haut	misérable	pur	triste
bref	épais	heureux	morne	radieux	*ultime*
brillant	éternel	honnête	mou	*rare*	unique
brusque	*excellent*	humble	moyen	riche	vague
calme	*faible*	immense	muet	robuste	*vain*
célèbre	*faux*	important	mûr	rude	*vaste*
certain	*feinte*	*jeune*	mystérieux	sage	*vénérable*
charmant	ferme	*joli*	*nouveau*	sain	*véritable*
chaud	fier	joyeux	odieux	sale	*vieux*
cher	fin	juste	paisible	sec	*vif*
chic	formidable	*large*	pâle	*second*	vil
commun	*fort*	*léger*	parfait	secret	vilain
complet	fou	lent	*petit*	semblable	violent
court	frais	libre	*piètre*	sérieux	*vrai*
cruel	franc	*long*	pire	*seul*	vulgaire

In the examples that follow, special notice should be taken of the meaning assigned to each adjective in a preceding position. This meaning should be compared to the meaning of the same adjective in the second example, where its use in a following position changes its meaning; sometimes subtly, sometimes radically.

Do *not* try to generalize or extend the meanings of the examples given to other examples. There are about 500 additional illustrations of these adjectives in Parts One and Two. Each adjective should be examined for position in terms of the specific context in which it is used.

AFFREUX
un affreux raseur—a terrible bore
une famine affreuse—a shocking famine

ALLÈGRE
une allègre promesse—a cheerful promise
un air allègre—a lively tune

AMER
un amer souvenir—a bitter memory
un goût amer—a bitter taste

AMPLE
un ample moisson—a bountiful harvest
une voix ample—a loud voice

ANCIEN
un ancien professeur—a former teacher
un aqueduct ancien—an ancient aqueduct

ÂPRE
une âpre querrelle—a bitter quarrel
un goût âpre—a bitter taste

AUTRE
une autre version—a new (different) version
No examples in post-position.

BAS
un bas prix—a cheap (low) price
une colline basse—a low hill

BEAU
une belle journée—a lovely day
une maison très belle—a beautiful house

BON
une bonne réputation—a good reputation
un homme bon—a charitable man

BRAVE
un brave garçon—a nice boy
une femme brave—a courageous woman

BREF
un bref entretien—a short meeting
une voyelle brève—a short vowel

BRILLANT
un brillant parti—a brilliant match
un lustre brillant—a high gloss

BRUSQUE
un brusque retour—a sudden return
un arrêt brusque—an abrupt halt

CALME
une calme harmonie—a peaceful harmony
une nuit calme—a still night

CÉLÈBRE
une célèbre cocktail—a famous cocktail
un homme célèbre—a famous man

CERTAIN
une certaine mécontentement—a certain unrest
une chose certaine—a sure thing

CHARMANT
une charmante extravagance—a charming nonsense
un compte charmant—a charming tale

CHAUD
une chaude affection—a warm affection
de l'eau chaude—warm (hot) water

CHER
un cher ami—a dear (close) friend
une maison chère—an expensive house

CHIC
un chic gars—a fine lad
une robe chic—a fashionable dress

COMMUN
d'un commun accord—a joint agreement
une erreur commune—a common mistake

COMPLET
un complet idiot—a perfect fool
un isolement complet—a total isolation

COURT
une courte permission—a short furlough
un tuyau court—a short hose

CRUEL
une cruelle expérience—an annoying experience
un tyran cruel—a cruel (brutal) tyrant

DÉFUNT
le défunt roi—a dead king
sa défunte mère—her dead mother
les amours défunt(e)s—bygone loves

DÉLICIEUX
une délicieuse surprise—a delightful surprise
un steak délicieux—a delicious steak

DERNIER
la dernière semaine—the last week (in a series)
la semaine dernière—last week (just past)

DIFFÉRENT
les différents objets—the various objects
des chapeaux différents—different hats

DIGNE
un digne président—a worthy president
un air digne—a dignified look

DOUX
une douce hospitalité—a warm hospitality
une mère douce—a kind (gentle) mother

DRÔLE
un drôle de couple—an odd (strange) couple
un dicton drôle—a funny saying

DUR
une dure persécution—a harsh persecution
un siège dur—a hard seat

ÉLÉGANT
un élégant clocher—a graceful steeple
une robe élégante—a lovely (stylish) dress

ÉNORME
une énorme majorité—a vast majority
un manoir énorme—an enormous mansion

ÉPAIS
un épais porte-monnaie—a thick wallet
une forêt épaisse—a dense forest

ÉTERNEL
un éternel raseur—an everlasting bore
une justice éternelle—eternal justice

EXCELLENT
un excellent hôtel—a fine hotel
une note excellente—an excellent grade

FAIBLE
un faible cri—a weak cry
une faible chute de neige—a light snowfall
un faible espoir—a dim hope
un cœur faible—a week heart
une voix faible—a soft (weak) voice
une lumière faible—a dim light

FAUX
une fausse alerte—a false alarm
des dents fausses—false teeth

FEINT
une feinte claudication—a fake limp
une compassion feinte—a false sympathy

FERME
une ferme conviction—a firm belief
une attitude ferme—a firm stand

FIER
un fier propriétaire—a proud owner
une race fière—a proud race

FIN
un fin diplomate—a shrewd diplomat
le fin mot—the final (decisive) word
une corde fine—a thin rope
un sable fin—a fine (-grained) sand

FORMIDABLE
une formidable agitation—a great excitement
une explosion formidable—a tremendous explosion

FORT
une forte tentation—an alluring temptation
une forte écriture—a bold handwriting
une forte poussée—a hard push
une forte circulation—a heavy traffic
une forte fièvre—a high fever
une forte chaleur—an intense heat
une forte dose—a large dose
un fort gémissement—a loud moan
un fort ressac—a pounding (high) surf
une forte armée—a powerful army
une forte tension—a severe tension
une forte somme—a sizable amount
une forte carrure—a sturdy physique
une forte étreinte—a tight embrace
un fort accent—a thick accent
une forte majorité—a vast majority
un travailleur fort—a strong worker
une saveur forte—a strong flavor
un café fort—a strong coffee
une boisson forte—a strong drink
un savon fort—a strong soap

FOU
une folle promesse—a vain (silly) promise
un homme fou—a mad (insane) man

FRAIS
un frais bouquet—a fresh(ly-picked) bouquet
une cour fraîche—a cool courtyard

FRANC
une franche admiration—a frank admiration
une opinion franche—a candid opinion

FROID
un froid cachot—a cold dungeon
de l'eau froide—cold water

FURIEUX
une furieuse envie—a tremendous desire
un lion furieux—an enraged lion

FUTUR
une future maman—an expectant mother
un futur roi—a future king
une future épouse—a prospective wife
une génération future—a future generation

GALANT
un galant homme—a thorough gentleman
un homme galant—a ladies' man

GENTIL
un gentil compliment—a nice compliment
une grand-mère gentille—a kind grandmother

GLORIEUX
une glorieuse victoire—a glorious victory
un exploit glorieux—a glorious deed

GRAND
un grand homme—a famous man
un grand journal—a leading newspaper
un grand paquet—a large package
un grand artiste—a great artist
un homme grand—a tall man

GRAVE
une grave erreur—a serious error
une maladie grave—a tragic illness

GROS
une grosse pêche—a large peach
le cœur gros—a heavy heart

HARDI
un hardi pionnier—a hardy pioneer
un projet hardi—a bold attempt

HAUT
une haute montagne—a high mountain
un plafond haut—a high ceiling

HEUREUX
un heureux caractère—a good-natured sort
une famille heureuse—a happy family

HONNÊTE
un honnête homme—an honest man
une conduite honnête—a proper behavior

IMMENSE
un immense désert—a vast desert
un glacier immense—an immense glacier

IMPORTANT
d'importants personnages—influential people
une chose importante—an important thing

JEUNE
un jeune lieutenant—a young lieutenant
un couple jeune—a young couple

JOLI
un joli chapeau—a cute hat
une jeune fille jolie—a pretty girl

JOYEUX
un joyeux Noël—a merry Christmas
une réception joyeuse—a gay party

JUSTE
une juste colère—a righteous anger
une loi juste—a just law
une taille juste—a good fit
le mot juste—the correct word

LARGE
un large boulevard–a wide boulevard
un front large–a broad forehead

LÉGER
un léger accent–a slight accent
un léger rhume–a mild cold
un tissu léger–a thin (light) material
un café léger–weak coffee
un charge légère–a light load
une perte légère–a slight loss
un déjeuner léger–a light lunch

LENT
une lente convalescence–a slow recovery
une croissance lente–a slow growth

LIBRE
un libre concurrence–free competition
un siège libre–an unoccupied seat

LONG
un long voyage–a long trip
un manteau long–a full-length coat

LOURD
un lourd paquet–a heavy package
un sommeil lourd–a deep sleep

MAGNIFIQUE
un magnifique cuisine–a superb kitchen
une église magnifique–a magnificent church

MAIGRE
une maigre pension–a meager allowance
de la viande maigre–lean meat

MAJEUR
la majeure partie–the main part
un intervalle majeur–a major step (music)

MAUVAIS
un mauvais goût–a bad taste
un mauvais étudiant–a poor student
un air mauvais–an evil (sinister) look

MÉCHANT
un méchant tour–a mean (dirty) trick
un enfant méchant–a naughty child

MEILLEUR
un meilleur danseur–a better dancer
une meilleure sélection–a better selection
une vie meilleure–a better life

MÊME
le même jour–the same day
ce jour-même–the very same day

MIGNON
un mignon chapeau–a darling (cute) hat
un mouchoir mignon–a dainty handkerchief

MINCE
une mince possibilité–a slim chance
une tranche mince–a thin slice

MISÉRABLE
un misérable lâche–a terrible coward
une vie misérable–a miserable life

MORNE
de mornes perspectives–a gloomy perspective
une journée morne–a dreary day

MOU
une molle tentative–a feeble attempt
une margarine molle–a soft margarine

MOYEN
le moyen âge–the Middle Ages
(un) moyen terme–a middle ground (area)
une classe moyenne–a middle class
une taille moyenne–an average size

MUET
une muette protestation–a silent protest
un rôle muette–a non-speaking role
un film muet–a silent film
une joie muette–a speechless joy

MÛR
une mûre réflexion–careful consideration
une pomme mûre–a ripe apple

MYSTÉRIEUX
un mystérieux personnage–a sinister character
un sentiment mystérieux–a secret feeling
une lumière mystérieuse–a mysterious light

NOUVEAU
un nouveau couteau–a different knife
une robe nouvelle–a new (kind of) dress

ODIEUX
un odieux mensonge–a monstrous lie
une accusation odieuse–a scandalous charge

PAISIBLE
un paisible somme–a peaceful (relaxing) nap
un automne paisible–a peaceful autumn

PÂLE
un pâle crépuscule–a dim twilight
une lueur pâle–a pale glow

PARFAIT
un parfait imbécile–an utter fool
une solitude parfaite–complete solitude

PETIT
une petite maison–a little house
un homme petit–a petty (mean) man

PIÈTRE
une piètre tentative–a poor attempt
No examples in post-position (always precedes).

PIRE
un pire example–a worse example
No examples in post-position.

PLAISANT
un plaisant individu–a queer character
une histoire plaisante–a pleasing story

PLEIN
une pleine charge–a full load
un verre plein–a full glass

PRÉCIEUX
un précieux tableau–a valuable painting
un bien précieux–a cherished possession

PREMIER
un premier chapitre–a first chapter
des matières premières–raw materials

PRÉTENDU
un prétendu génie–an alleged genius
No examples in post-position.

PRINCIPAL
la principale objection–the main objection
une entrée principale–a main entrance

PROCHAIN
la prochaine fois–the next time
la semaine prochaine–next week

PROPRE
ses propres affaires–one's own business
des mains propres–clean hands

PUISSANT
un puissant roi–a powerful (mighty) king
un récepteur puissant–a powerful radio

PUR
un pur accident–a sheer accident
un or pur–a pure gold

ADJECTIVES

RADIEUX
un radieux soleil couchant—a glorious sunset
une voix radieuse—a radiant voice

RARE
de rares pluies—infrequent rains
un objet rare—a rare (uncommon) object

RICHE
une riche moisson—an abundant harvest
un homme riche—a wealthy man

ROBUSTE
un robuste appétit—a hearty appetite
un cou robuste—a strong (sturdy) neck

RUDE
un rude adversaire—a formidable opponent
un décollage rude—a rough takeoff

SAGE
une sage précaution—a wise precaution
un enfant sage—a well-behaved child

SAIN
une saine logique—a sound logic
un homme sain—a healthy man

SALE
une sale histoire—a disagreeable story
les mains sales—dirty hands

SEC
une sèche demande—a harsh request
un vin sec—a dry wine

SECOND
une seconde rangée—a second row
No examples in post-position.

SECRET
un secret mépris—a secret aversion
une réserve secrète—a hoarded reserve

SEMBLABLE
de semblables propos—such talks
des triangles semblables—similar triangles

SÉRIEUX
une sérieuse affaire—a serious matter
un étudiant sérieux—a conscientious student

SEUL
un seul Dieu—an only God
un enfant seul—a lonely child

SIMPLE
une simple formalité—a pure formality
une personne simple—an unassuming person

SINCÈRE
de sincères condoléances—sincere regrets
une approbation sincère—wholehearted approval

SINGULIER
un singulier exemple—a peculiar example
un événement singulier—an odd happening

SOI-DISANT
une soi-disant démocratie—a so-called democracy
No examples in post-position.

SOLIDE
une solide amitié—a close friendship
un appui solide—a solid support

SOMBRE
un sombre cimetière—a dismal cemetery
une sombre réalité—a grim reality
une journée sombre—a dreary day
un cachot sombre—a dark dungeon

SOURD
une sourde oreille—a deaf ear
un son sourd—a muffled sound

SÛR
une sûre compréhension—a keen understanding
une chose sûre—a sure thing

TENDRE
une tendre étreinte—a tender embrace
une lettre tendre—a tender (loving) letter

TERRIBLE
une terrible épreuve—a trying experience
un bruit terrible—a terrible noise

TOUT
toute la journée—the whole day
No examples in post-position.

TRISTE
une triste vie—a miserable life
un air triste—a sad look

ULTIME
un ultime effort—a supreme effort
une victoire ultime—a final victory

UNIQUE
l'unique fille—the only daughter
l'unique survivant—the sole survivor
un style unique—a unique (individual) style
un fils unique—an only son

VAGUE
un vague murmure—a faint murmur
une idée vague—a vague idea

VAIN
une vaine tentative—a useless try
une aspiration vaine—a vain longing

VASTE
une vaste région—a vast region
une vaste culture—a broad knowledge
No examples in post-position.

VÉNÉRABLE
un vénérable juge—a respected judge
un âge vénérable—a very old age

VÉRITABLE
un véritable génie—a real (true) genius
de l'or véritable—real gold

VIEUX
un vieux musée—an old museum
vin vieux—aged (old) wine

VIF
une vive angoisse—an acute agony
un vif désaccord—a bitter disagreement
un vif désir—a keen desire
une vive curiosité—a lively curiosity
de vifs applaudissements—a loud applause
un vif contraste—a vivid contrast
un air vif—a crisp air
un rouge à lèvres vif—a bright lipstick
un esprit vif—a keen mind

VIL
un vil esclave—an abject slave
une action vile—a despicable act

VILAIN
un vilain mot—a naughty word
un homme vilain—an ugly man

VIOLENT
un violent ressentiment—a violent resentment
une réaction violente—a terrible reaction

VRAI
un vrai imbécile—a real idiot
une assertion vraie—a true argument

VULGAIRE
de vulgaires commérages—malicious gossip
un argot vulgaire—a vulgar slang

Always in *post*-position are:
1. Past participles used as adjectives (une porte *fermée*, des enfants *gâtés*, etc.).
2. Adjectives followed by a complement (un travail *long à exécuter*).

Other parts of speech which serve in combination as adjectives:

1. Nouns a summer camp, an identity card		see 6001–6500
2. *Of* as link a book of matches, a sound of thunder		see Part Two, Section II, D 1–15
3. Possessives Mr. Brown's house, the man's house		see Part Two, Section II, D 16
4. Prepositional Phrases the house down the road, the area below the dam		see 8501–9750
5. Numbers a 15-day furlough, a 1,000-pound load		see Part Two, Section II, D 17
6. Adjectives of Nationality and Place French, Vietnamese, Parisian, etc.		see 3000 B

XIII. *Adjectival Phrases*

A wide variety of structures is used to translate the single word-form adjectives in Parts One and Two. Of the 30,000 phrases in these two sections, the single adjective has been matched on a one-to-one basis in French in about 95 percent of the phrases. In the remaining 5 percent (1,500 phrases) it was found necessary to use a phrase to convey the meaning of the English adjective in idiomatic French. These phrases can be divided into categories based on the type of word that begins the phrase:

1. The Relative Pronoun **qui** (producing a relative clause)

un chanteur qui a le trac	an apprehensive singer
une source qui fait autorité	an authoritative source
une culture qui se transforme	a changing culture
une qualité qui compense les défauts	a redeeming quality

2. The Present Participle (modified)

une réponse présentant des excuses	an apologetic reply

3. The Past Participle (modified)

une côte battue par la mer	a battered seacoast
un récit fait d'une voix halentante	a breathless account
un imbécile imbu de ses opinions	an opinionated fool
une rivière grossie par les pluies	a swollen river

4. The Preposition (most common method)

un jeu pour les jeunes	an adolescent game
une économie de l'opulence	an affluent economy
une sentinelle sur le qui-vive	an alert sentinel
un règlement à l'amiable	an amicable settlement
une libération sous condition	a conditional release
une énergie sans bornes	a boundless energy
une société en faillite	a bankrupt corporation

5. The Adverb

un budget mal équilibré	an absurd budget
un appartement non meublé	an unfurnished apartment
un poulet bien en chair	a plump chicken
un pays encore inconnu	an undiscovered land
un avenir peu attrayant	a bleak future
une entreprise très à l'aise	an affluent business

6. The Adjective (modified)

un candidat sûr de lui   a confident candidate
un banquier âpre au gain   a greedy banker
une retraite exempte de soucis   a carefree retirement

In the following two cases, the adjective is not translatable:

7. The phrase is expressed verbally beginning with an Infinitive Verb.

rester bouche bée   a gaping mouth
se sentir ridicule   a foolish feeling

8. The adjective is combined with the noun and disappears.

un lâche   a cowardly man   un atomiste   an atomic scientist
un quotidien   a daily newspaper   un analyste   an expert analyst

an **ABANDONED**	1
mine	une mine abandonnée
child	un enfant abandonné
car	une voiture abandonnée
ship	un navire abandonné
project	un projet abandonné

an **ABJECT**	2
coward	un lâche abject
apology	des excuses profondes
slave	un esclave abject
servant	un domestique abject
manner	une façon humble

an **ABLE**	3
teacher	un bon professeur
lawyer	un bon avocat
doctor	un bon médecin
secretary	une secrétaire compétente
ambassador	un bon ambassadeur

an **ABNORMAL**	4
state	un état anormal
situation	une situation anormale
temperature	une température anormale
snowfall	une chute de neige anormale
increase	une hausse anormale

an **ABOLISHED**	5
slavery	un esclavage aboli
tyranny	une tyrannie abolie
right	un droit aboli
statute	une loi abrogée
censorship	une censure abolie

an **ABOMINABLE**	6
solution	une solution odieuse
verdict	un verdict injustifiable
decision	une décision injustifiée
judgment	un jugement injustifié
plan	un plan détestable

an **ABRIDGED**	7
dictionary	un dictionnaire abrégé
edition	une édition abrégée
version	une version abrégée
novel	un roman abrégé
history	une histoire abrégée

an **ABRUPT**	8
halt	un arrêt brusque
change	un changement brusque
increase	une augmentation inattendue
decrease	une baisse inattendue
gesture	un geste brusque

an **ABSENT**	9
student	un élève absent
employee	un employé absent
teacher	un professeur absent
pupil	un écolier absent
clerk	un commis absent

an **ABSENT-MINDED**	10
professor	un professeur distrait
teacher	un instituteur distrait
old man	un vieillard distrait
manner	une manière distraite
husband	un mari distrait

an **ABSOLUTE**	11
authority	un pouvoir absolu
necessity	une nécessité absolue
ruler	un monarque absolu
law	une loi rigoureuse
waste	un gaspillage injustifié

an **ABSTRACT**	12
concept	une notion abstraite
painting	une peinture abstraite
design	un dessin abstrait
sculpture	une sculpture abstraite
issue	une question abstraite

an **ABSURD**	13
rule	une règle absurde
plot	une intrigue absurde
situation	une situation absurde
idea	une idée absurde
budget	un budget mal équilibré

an **ABUNDANT**	14
harvest	une récolte abondante
crop	une moisson abondante
life	une vie féconde
supply	des approvisionnements abondants
resource	des ressources abondantes

an **ABUSED**	15
privilege	un privilège outrepassé
law	une loi outrepassée
right	un droit outrepassé
regulation	un règlement dont on abuse
feeling	un sentiment d'avoir été abusé

an **ACADEMIC**	16
year	une année universitaire
achievement	une réussite scolaire
record	un dossier (livret) scolaire
research	des recherches universitaires
freedom	la liberté des enseignants

an **ACCELERATED**	17
rate	un rythme accéléré
speed	une vitesse accélérée
energy	un dégagement accéléré d'énergie
particle	une particule accélérée
course (school)	un cours accéléré

an **ACCEPTABLE**	18
compromise	un compromis acceptable
dress	une robe présentable
verdict	un verdict acceptable
solution	une solution acceptable
synonym	un synonyme acceptable

an ACCEPTED		19
policy	une ligne de conduite admise	
standard	une norme admise	
custom	un usage établi	
tradition	une coutume reçue	
code	des règles admises	

an ACCESSIBLE		20
location	un endroit accessible	
region	une région accessible	
area	une zone accessible	
mountain	une montagne accessible	
outpost	un avant-poste accessible	

an ACCIDENTAL		21
death	une mort accidentelle	
fall	une chute accidentelle	
shot	un coup tiré accidentellement	
collision	une collision accidentelle	
destruction	une destruction accidentelle	

an ACCOMPLISHED		22
pianist	un pianiste accompli	
artist	un artiste accompli	
fact	un fait accompli	
liar	un fieffé menteur	
mission	une mission accomplie	

an ACCREDITED		23
ambassador	un ambassadeur accrédité	
university	une université accréditée	
representative	un représentant accrédité	
diplomat	un diplomate accrédité	
journalist	un journaliste accrédité	

an ACCURATE		24
report	un récit exact	
forecast	une prévision exacte	
total	un total juste	
definition	une définition précise	
transcript	une transcription fidèle	

an ACCUSED		25
murderer	un homme inculpé de meurtre	
assassin	un homme inculpé d'un meurtre	
traitor	un homme inculpé de trahison	
convict	un forçat accusé de . . .	
member	un adhérent accusé de . . .	

an ACCUSING		26
finger	un index accusateur	
eye	un regard accusateur	
frown	un froncement accusateur	
glance	un coup d'œil accusateur	
question	une question accusatrice	

an ACHING		27
head	une tête douloureuse	
muscle	un muscle douloureux	
heart	un cœur dolent	
longing	un désir chaleureux	
leg	une jambe douloureuse	

an ACKNOWLEDGED		28
leader	un dirigeant notoire	
Communist	un communiste notoire	
winner	un gagnant reconnu	
success	un succès notoire	
poverty	une pauvreté notoire	

an ACQUIRED		29
taste	un goût acquis	
habit	une habitude prise	
wealth	une fortune acquise	
property	des biens acquis	
estate	une propriété acquise	

an ACRID		30
smell	un relent âcre	
odor	une odeur âcre	
smoke	une fumée âcre	
taste	une saveur âcre	
incense	de l'encens âcre	

an ACTIVE		31
part	une part active	
life	une vie active	
job	un travail actif	
participant	un membre actif	
dislike	une aversion profonde	

an ACTUAL		32
score	un résultat (sportif) réel	
result	un résultat réel	
solution	une solution réelle	
difference	une différence réelle	
increase	un accroissement réel	

an ACUTE		33
shortage	une grande pénurie	
pain	une douleur aiguë	
drought	une grande sécheresse	
poverty	une pauvreté aiguë	
case	un cas grave	

an ADDED		34
handicap	un handicap supplémentaire	
clause	une clause supplémentaire	
incentive	un stimulant supplémentaire	
footnote	une note ajoutée	
flavor	un arôme ajouté	

an ADDITIONAL		35
supply	des fournitures supplémentaires	
table	une table supplémentaire	
room	une pièce supplémentaire	
bed	un lit supplémentaire	
towel	une serviette supplémentaire	

an ADEQUATE		36
supply	un approvisionnement suffisant	
amount	une quantité suffisante	
compensation	une indemnité suffisante	
salary	un traitement suffisant	
amplification	une amplification suffisante	

an ADHESIVE		37
tape	un ruban collant	
bandage	un pansement adhésif	
substance	une substance adhésive	
quality	une faculté d'adhérence	
strength	un coefficient d'adhérence	

an ADJACENT		38
field	un champ adjacent	
house	une maison contiguë	
building	un bâtiment voisin	
church	une église voisine	
lot	une parcelle adjacente	

an ADJOINING   39

structure	une construction contiguë
building	un bâtiment voisin
yard	une cour attenante à …
bathroom	une salle de bain contiguë
room	une pièce voisine

an ADMINISTRATIVE   40

detail	un détail administratif
assistant	un adjoint administratif
job	un emploi administratif
official	un fonctionnaire de l'administration
decision	une décision administrative

an ADMIRABLE   41

decision	une décision admirable
performance	une représentation admirable
play	une pièce admirable
record	un état de service admirable
teamwork	un admirable travail d'équipe

an ADMIRED   42

president	un président admiré
leader	un chef admiré
culture	une culture admirée
queen	une reine admirée
anthology	une anthologie admirée

an ADMIRING   43

stare	un regard admiratif qui insiste
student	un élève admiratif
fan	un admirateur en extase
public	un public admiratif
glance	un regard admiratif

an ADMITTED   44

guilt	une culpabilité avouée
impossibility	une impossibilité manifeste
fraud	un abus de confiance manifeste
provocation	une provocation manifeste
traitor	un homme convaincu de trahison

an ADOLESCENT   45

game	un jeu pour les jeunes
attitude	une attitude juvénile
remark	une remarque juvénile
pastime	un passe-temps de jeune
toy	un jouet pour les jeunes

an ADOPTED   46

child	un enfant adopté
policy	une ligne de conduite adoptée
orphan	un orphelin adopté
amendment	un amendement adopté
son	un fils adoptif

an ADORABLE   47

child	un enfant adorable
baby	un bébé adorable
doll	une poupée adorable
dress	une robe adorable
outfit	un ensemble adorable

an ADORED   48

saint	un saint vénéré
grandfather	un grand-père adoré
wife	une épouse adorée
husband	un époux adoré
pet	un animal domestique adoré

an ADORING   49

multitude	une foule en adoration
public	un public en adoration
fan	un admirateur en pâmoison
wife	un épouse en adoration
child	un enfant en adoration

an ADORNED   50

altar	un autel décoré
throne	un trône orné
building	un édifice décoré
site	un site embelli
tomb	un tombeau orné

an ADROIT   51

handling	une opération habile
maneuver	une manœuvre adroite
solution	une solution habile
answer	une réponse adroite
evasion	une évasion habile

an ADVANCE   52

notice	un préavis
warning	un avertissement préalable
reservation	une location d'avance
bonus	un prime versé d'avance
schedule	un programme provisionnel

an ADVANCED   53

theory	une théorie d'avant-garde
course	un cours supérieur
textbook	un manuel d'études supérieures
student	un étudiant du cycle supérieur
assignment	un devoir du cycle supérieur

an ADVANTAGEOUS   54

position	une situation avantageuse
site	un emplacement avantageux
offer	une offre avantageuse
compromise	un compromis avantageux
proposal	une proposition avantageuse

an ADVENTUROUS   55

trip	un voyage aventureux
climb	une ascension audacieuse
traveler	un voyageur audacieux
climber	un alpiniste audacieux
life	une vie aventureuse

an ADVERSE   56

criticism	une critique hostile
reaction	une réaction hostile
publicity	une publicité hostile
condition	une condition défavorable
climate	une ambiance hostile

an ADVISABLE   57

delay	un délai prudent
plan	un plan opportun
postponement	un ajournement prudent
withdrawal	un retrait sage
attack	une attaque opportune

an ADVISED   58

checkup	un examen médical préconisé
retreat	une retraite préconisée
withdrawal	un retrait préconisé
reconciliation	une réconciliation préconisée
de-escalation	une désescalade préconisée

an **ADVISORY**	59
capacity	(agir à titre consultatif)
committee	une commission consultative
council	un comité consultatif
report	un rapport fourni à titre consultatif
recommendation	une recommandation d'un conseiller

an **AERIAL**	60
reconnaissance	une reconnaissance aérienne
navigation	une navigation aérienne
photo	une photo aérienne
hijacking	la piraterie de l'air (aérienne)
survey	un levé aérophotogrammétrique

an **AESTHETIC**	61
beauty	une beauté classique
quality	une qualité esthétique
element	un élément esthétique
appreciation	un jugement esthétique
value	une valeur esthétique

an **AFFECTIONATE**	62
embrace	une étreinte affectueuse
greeting	des salutations affectueuses
kiss	un baiser affectueux
husband	un mari affectueux
wife	une femme affectueuse

an **AFFIRMATIVE**	63
vote	un vote favorable
answer	une réponse affirmative
response	un écho favorable
reaction	une réaction favorable
decision	une décision favorable

an **AFFLUENT**	64
society	une société opulente
economy	une économie de l'opulence
financier	un riche financier
business	une entreprise très à l'aise
banker	un riche banquier

an **AGE-OLD**	65
concept	une notion séculaire
culture	une culture séculaire
civilization	une civilisation séculaire
tradition	une tradition séculaire
proverb	un proverbe très ancien

an **AGGRESSIVE**	66
manner	un air agressif
action	un acte agressif
attitude	une attitude agressive
army	une armée offensive
force	une force agressive

an **AGILE**	67
performer	un exécutant agile
dancer	un danseur agile
acrobat	un acrobate agile
climber	un alpiniste agile
clown	un clown agile

an **AGITATED**	68
crowd	une foule agitée
mob	une populace agitée
throng	une cohue turbulente
audience	une assistance houleuse
reply	une réponse troublée

an **AGONIZING**	69
nausea	une nausée atroce
pain	une douleur atroce
shriek	un cri déchirant
homesickness	une nostalgie poignante
delay	un retard angoissant

an **AGREEABLE**	70
solution	une solution acceptable
arrangement	un arrangement acceptable
climate	une ambiance agréable
idea	une idée plaisante
smell	une odeur agréable

an **AIR-CONDITIONED**	71
theater	un théâtre climatisé
hotel	un hôtel climatisé
bus	un autobus climatisé
apartment	un appartement climatisé
office	un bureau climatisé

an **AIRTIGHT**	72
dungeon	une geôle sans ouverture
alibi	un alibi à toute épreuve
compartment	une case hermétique
container	un récipient hermétique
case (legal)	une cause entendue d'avance

an **ALARMED**	73
citizen	un citoyen alarmé
people	une nation alarmée
president	un président alarmé
congress	un congrès soucieux
patient	un malade inquiet

an **ALARMING**	74
increase	un accroissement alarmant
statistic	une statistique alarmante
X ray	une radiographie alarmante
prospect	une perspective alarmante
total	un total alarmant

an **ALCOHOLIC**	75
beverage	une boisson alcoolisée
writer	un écrivain alcoolique
stupor	une hébétude de l'ivresse
content	une teneur en alcool
actor	un acteur alcoolique

an **ALERT**	76
policeman	un policier vigilant
person	une personne alerte
sentry	une sentinelle sur le qui-vive
soldier	un soldat vigilant
child	un enfant éveillé

an **ALIEN**	77
being	un être d'un autre monde
creature	une créature d'un autre monde
planet	un autre monde
belief	une croyance étrangère
concept	un concept étranger

an **ALLEGED**	78
crime	un crime présumé
failure	un prétendu échec
criminal	un criminel présumé
assault	une agression présumée
accusation	une prétendue accusation

an **ALLERGIC**		79
reaction	une réaction allergique	
sensitivity	une sensibilité allergique	
rash	une éruption allergique	
fever	une fièvre allergique	
swelling	une enflure allergique	

an **ALLIED**		80
force	une force alliée	
effort	un effort conjoint	
victory	une victoire alliée	
army	une armée alliée	
general	un général d'une armée alliée	

an **ALLURING**		81
prospect	une perspective séduisante	
bait	un appât alléchant	
dress	une robe séduisante	
picture	une image attrayante	
perfume	un parfum attirant	

an **ALOOF**		82
individual	un individu distant	
queen	une reine distante	
king	un roi distant	
actor	un acteur réservé	
attitude	un air distant	

an **ALPHABETICAL**		83
order	une ordre alphabétique	
list	une liste alphabétique	
arrangement	une disposition alphabétique	
grouping	un regroupement alphabétique	
listing	un répertoire alphabétique	

an **ALTERNATE**		84
source	une autre source	
plan	un plan de rechange	
choice	une alternative	
selection	une sélection de rechange	
route	une autre route	

an **AMATEURISH**		85
performance	un spectacle d'amateurs	
production	un spectacle d'amateurs	
band	un orchestre d'amateurs	
style	un style d'amateur	
awkwardness	une maladresse d'amateur	

an **AMAZING**		86
exhibition	une manifestation stupéfiante	
trick	un tour stupéfiant	
success	un succès stupéfiant	
performance	un exploit stupéfiant	
puzzle	un casse-tête stupéfiant	

an **AMBITIOUS**		87
young man	un jeune homme ambitieux	
politician	un politicien ambitieux	
dictator	un dictateur ambitieux	
student	un étudiant ambitieux	
project	un ambitieux projet	

an **AMENDED**		88
version	une version modifiée	
constitution	une constitution amendée	
law	une loi modifiée	
will	un testament modifié	
agreement	un accord modifié	

an **AMIABLE**		89
person	une personne aimable	
smile	un sourire aimable	
conversation	une conversation aimable	
meeting	une réunion plaisante	
adult	un adulte aimable	

an **AMICABLE**		90
settlement	un règlement à l'amiable	
agreement	un accord à l'amiable	
arrangement	un arrangement à l'amiable	
meeting	une réunion amicale	
conversation	une conversation amicale	

an **AMPLE**		91
amount	une quantité plus que suffisante	
supply	des fournitures abondantes	
warning	un avertissement suffisant	
yield	un rendement abondant	
crop	une récolte abondante	

an **AMPUTATED**		92
limb	un membre amputé	
leg	une jambe amputée	
arm	un bras amputé	
foot	un pied amputé	
section	une partie amputée (sectionnée)	

an **AMUSING**		93
story	une histoire amusante	
anecdote	une anecdote amusante	
movie	un film amusant	
cartoon	un dessin humoristique	
program	un programme divertissant	

an **ANALYTICAL**		94
approach	une méthode analytique	
expert	un analyste	
chemist	un chimiste analyste	
theory	une théorie analytique	
examination	un examen analytique	

an **ANALYZED**		95
blood	un sang analysé	
solution	une solution analysée	
mixture	un mélange analysé	
compound	un composé analysé	
report	un compte rendu analysé	

an **ANCESTRAL**		96
mansion	une demeure ancestrale	
castle	un château ancestral	
tomb	un caveau de famille	
hall	un hall ancestral	
heirloom	un bijou (meuble) de famille	

an **ANCHORED**		97
ship	un navire à l'ancre	
steamer	un vapeur à l'ancre	
beam	une poutre assujettie	
support	un appui ferme	
buoy	une bouée à l'ancre	

an **ANCIENT**		98
curse	une malédiction ancienne	
tomb	une tombe ancienne	
aqueduct	un aqueduct ancien	
ruin	une ruine ancienne	
civilization	une civilisation ancienne	

an ANGELIC 99

choir	un chœur angélique
countenance	une expression angélique
appearance	un air angélique
face	un visage angélique
manner	une manière angélique

an ANGRY 100

mood	(etre)d'humeur coléreuse
gesture	un geste irrité
reply	une réponse irritée
mob	une foule en colère
wife	une femme coléreuse

an ANGUISHED 101

outcry	un cri angoissé
moan	un gémissement angoissé
wailing	une plainte angoissée
weeping	des pleurs angoissés
lament	une lamentation angoissée

an ANIMATED 102

scene	une scène animée
party	une réception animée
group	un groupe animé
class	une classe animée
conversation	une conversation animée

an ANNOTATED 103

edition	une édition annotée
bibliography	une bibliographie annotée
article	un article annoté
history	une histoire annotée
report	un compte rendu annoté

an ANNOUNCED 104

departure	un départ annoncé
candidate	un candidat annoncé
price	un prix annoncé
sale	une vente annoncée
victory	une victoire annoncée

an ANNOYING 105

habit	une habitude fâcheuse
sound	un son fâcheux
job	un emploi ennuyeux
assignment	un devoir ennuyeux
affectation	une affectation gênante

an ANNUAL 106

budget	un budget annuel
event	un événement annuel
deficit	un déficit annuel
increase	une augmentation annuelle
rainfall	des précipitations annuelles

an ANONYMOUS 107

poem	un poème anonyme
tip	un renseignement anonyme
reference	une référence anonyme
source	une source anonyme
epic	une épopée anonyme

an ANTAGONISTIC 108

attitude	une attitude hostile
mood	une humeur agressive
remark	une remarque hostile
question	une question hostile
answer	une réponse hostile

an ANTICIPATED 109

increase	une hausse prévue
absence	une absence prévue
drought	une sécheresse prévue
storm	une tempête prévue
promotion	une promotion prévue

an ANTIQUE 110

chair	une chaise ancienne
bed	un lit ancien
chest	un coffre ancien
desk	un bureau ancien
table	une table ancienne

an ANTISEPTIC 111

bandage	un pansement antiseptique
solution	une solution antiseptique
cleanser	un nettoyant antiseptique
lotion	une lotion antiseptique
shampoo	un shampooing antiseptique

an ANXIOUS 112

expression	une expression inquiète
patient	un patient inquiet
mother	une mère inquiète
wife	une épouse inquiète
moment	un moment d'anxiété

an APOLOGETIC 113

student	un étudiant qui s'excuse
letter	une lettre d'excuses
note	une note d'excuse
reply	une réponse présentant des excuses
salesman	un vendeur qui s'excuse

an APPALLING 114

waste	un gaspillage effrayant
devastation	des dégâts épouvantables
lack	une pénurie effroyable
extravagance	une dépense stupéfiante
war	une guerre effroyable

an APPARENT 115

heart attack	une crise cardiaque évidente
failure	un manquement apparent
delay	un retard manifeste
flaw	un défaut évident
winner	un vainqueur manifeste

an APPEALING 116

picture	une image émouvante
scene	une scène émouvante
child	un enfant émouvant
actress	une actrice émouvante
advertisement	une annonce qui frappe l'œil

an APPEASED 117

wrath	une colère apaisée
crowd	une foule apaisée
delegate	un délégué apaisé
delegation	une délégation apaisée
candidate	un candidat apaisé

an APPETIZING 118

meal	un repas appétissant
cake	un gâteau appétissant
delicacy	une friandise appétissante
dessert	un dessert appétissant
hors d'oeuvre	un hors-d'œuvre appétissant

an APPLICABLE	119
argument	un argument approprié
point	un point approprié
question	une question appropriée
solution	une solution appropriée
compromise	un compromis approprié

an APPOINTED	120
ambassador	un ambassadeur désigné
official	un fonctionnaire nommé
time	au moment convenu
hour	à l'heure fixée
chairman	un président désigné

an APPRAISED	121
worth	une valeur estimée
estate	un domaine apprécié
collection	une collection appréciée
painting	un tableau apprécié
value	une valeur estimée

an APPRECIATED	122
assistance	une aide appréciée
bonus	une prime appréciée
gift	un cadeau apprécié
gentleness	une douceur appréciée
gesture	un geste apprécié

an APPRECIATIVE	123
congregation	une assemblée (des fidèles) reconnaissante
audience	un public favorablement disposé
recipient	un bénéficiaire reconnaissant
patient	un patient reconnaissant
client	un client favorablement disposé

an APPREHENSIVE	124
candidate	un candidat plein d'appréhension
applicant	un candidat plein d'appréhension
crowd	une foule pleine d'appréhension
audience	une assistance craintive
singer	un chanteur qui a le trac

an APPROACHING	125
vehicle	un véhicule venant dans la direction opposée
twilight	la tombée du jour
disaster	un désastre imminent
storm	une tempête imminente
catastrophe	une catastrophe imminente

an APPROPRIATE	126
time	au moment voulu
tune	un air de circonstance
dress	une robe appropriée
costume	un costume approprié
salary	un traitement convenable

an APPROVED	127
pass	une permission accordée
candidate	un candidat reçu
solution	une solution agréée
drug	une médicament homologué
product	un produit agréé

an APPROXIMATE	128
time	à une heure approximative
distance	une distance approximative
length	une longueur approximative
height	une hauteur approximative
total	un total approximatif

an ARBITRARY	129
decision	une décision arbitraire
line	une ligne arbitraire
standard	une norme arbitraire
stand	une position arbitraire
solution	une solution arbitraire

an ARDENT	130
admirer	un admirateur ardent
fan	un admirateur fervent
kiss	un baiser ardent
sportsman	un fervent du sport
embrace	une étreinte passionnée

an ARDUOUS	131
task	une tâche ardue
climb	une ascension difficile
climate	un climat pénible
crossing	une traversée pénible
trip	un voyage pénible

an ARID	132
climate	un climat aride
wasteland	une terre aride
desert	un désert aride
plain	une plaine aride
field	un champ aride

an ARISTOCRATIC	133
family	une famille aristocratique
bearing	des manières aristocratiques
life	une vie d'aristocrate
marriage	un mariage aristocratique
history	un passé aristocratique

an ARMED	134
guard	un garde armé
assault	une attaque à main armée
retaliation	des représailles à main armée
uprising	un soulèvement armé
intervention	une intervention armée

an ARMORED	135
tank	un char blindé
car	une voiture blindée
vest	un gilet pare-balles
column	une colonne blindée
vehicle	un véhicule blindé

an AROMATIC	136
coffee	un café aromatique
tobacco	un tabac aromatique
blend	un mélange aromatique
mixture	un mélange aromatique
smell	un arôme

an AROUSED	137
populace	une populace excitée
people	une nation excitée
citizen	un citoyen excité
gathering	un attroupement houleux
passion	une passion éveillée

an ARROGANT	138
answer	une réponse arrogante
attitude	une contenance arrogante
smile	un sourire arrogant
sneer	un ricanement arrogant
laugh	un rire arrogant

an ARTIFICIAL		139
lake	un lac artificiel	
façade	une façade artificielle	
light	une lumière artificielle	
waterfall	une chute d'eau artificielle	
flower	une fleur artificielle	

an ARTISTIC		140
masterpiece	un chef-d'oeuvre de l'art	
triumph	un triomphe de l'art	
arrangement	un arrangement artistique	
failure	un échec artistique	
performance	une exécution artistique	

an ASHAMED		141
mother	une mère honteuse	
student	un étudiant honteux	
boy	un garçon honteux	
girl	une fille honteuse	
child	un enfant honteux	

an ASPIRING		142
actress	une actrice ambitieuse	
poet	un poète ambitieux	
architect	un architecte ambitieux	
author	un auteur ambitieux	
actor	un acteur ambitieux	

an ASSASSINATED		143
president	un président assassiné	
leader	un leader assassiné	
dictator	un dictateur assassiné	
king	un roi assassiné	
emperor	un empereur assassiné	

an ASSEMBLED		144
throng	une foule assemblée	
senate	un sénat réuni	
cabinet	un cabinet réuni	
congregation	une assemblée de fidèles	
group	un groupe réuni	

an ASSERTED		145
influence	une influence affirmée	
corruption	une prétendue corruption	
crime	un crime allégué	
irregularity	une prétendue irrégularité	
injustice	une injustice alleguée	

an ASSIGNED		146
duty	une tâche dévolue	
homework	un devoir (d'école) donné	
position	une position fixée	
seat	un siège attribué	
official	un fonctionnaire affecté	

an ASSURED		147
peace	une paix assurée	
possibility	une éventualité plus que probable	
de-escalation	une désescalade assurée	
profit	un profit assuré	
winner	un gagnant certain	

an ASTONISHED		148
expression	un air étonné	
gasp	un sursaut d'étonnement	
amazement	une stupéfaction	
recipient	un bénéficiare étonné	
winner	un vainqueur étonné	

an ASTONISHING		159
power	un rapport surprenant	
reaction	une réaction surprenante	
sensitivity	une sensibilité surprenante	
velocity	une rapidité surprenante	
vigor	une vigueur surprenante	

an ASTUTE		150
observation	une observation astucieuse	
remark	une remarque pénétrante	
lecturer	un conférencier astucieux	
lawyer	un avocat astucieux	
judge	un juge astucieux	

an ATHLETIC		151
event	une manifestation d'athlétisme	
contest	une épreuve d'athlétisme	
competition	un concours d'athlétisme	
award	un trophée d'athlétisme	
exercise	un exercice d'athlétisme	

an ATOMIC		152
war	une guerre atomique	
explosion	une explosion atomique	
pile	une pile atomique	
bomb	une bombe atomique	
attack	une agression nucléaire	

an ATROCIOUS		153
performance	une exécution exécrable	
singer	un chanteur exécrable	
play	une pièce exécrable	
novel	un roman exécrable	
poem	un poème exécrable	

an ATTACHED		154
lable	une étiquette fixée à ...	
card	une carte fixée à ...	
identification	une marque fixée à ...	
tag	une étiquette fixée à ...	
handle	un manche assujetti	

an ATTACKING		155
force	un détachement lancé à l'assaut	
army	une armée lancée à l'assaut	
division	une division lancée à l'assaut	
tribe	une tribu lancée à l'assaut	
cavalry	une troupe de cavalerie lancée à l'assaut	

an ATTAINABLE		156
goal	un but accessible	
ideal	un idéal accessible	
standard	une norme accessible	
affluence	une opulence accessible	
alternative	une solution possible	

an ATTEMPTED		157
assassination	une tentative d'assassinat	
overthrow	une tentative de renversement	
withdrawal	une tentative de retraite	
attack	une tentative d'assaut	
bribe	une tentative de corruption	

an ATTENTIVE		158
class	une classe attentive	
audience	une assistance attentive	
listener	un auditeur attentif	
juror	un juré attentif	
crowd	une foule attentive	

an ATTRACTING   159

power	une force d'attraction
influence	une attirance
beauty	une beauté séduisante
friendliness	une amitié attachante
magnet	un aimant

an ATTRACTIVE   160

woman	une femme séduisante
hat	un chapeau séduisant
dress	une robe séduisante
house	une belle maison
offer	une offre alléchante

an AUDACIOUS   161

attempt	une tentative audacieuse
plan	un plan audacieux
concept	un concept audacieux
attack	une attaque audacieuse
remark	une remarque audacieuse

an AUDIBLE   162

sigh	un soupir perceptible
gasp	un halètement perceptible
whisper	un chuchotement perceptible
comment	une remarque perceptible
signal	un signal perceptible

an AUSPICIOUS   163

beginning	un début prometteur
victory	une victoire propice
occasion	une occasion propice
premiere	une première de bon augure
event	un événement heureux

an AUSTERE   164

life	une vie austère
surrounding	un voisinage austère
existence	une existence austère
look	un air sévère
attire	des vêtements austères

an AUTHENTIC   165

antique	un objet ancien authentique
relic	une relique authentique
painting	un tableau authentique
manuscript	un manuscrit authentique
coin	une pièce de monnaie authentique

an AUTHORITATIVE   166

source	une source qui fait autorité
account	un récit qui fait foi
analysis	une analyse qui fait autorité
article	un article qui fait autorité
journalist	un journaliste qui fait autorité

an AUTOMATIC   167

signal	un signal automatique
transmission	un changement de vitesse automatique
lock	une serrure à verrouillage automatique
elevator	une ascenseur automatique
release	un déclenchement automatique

an AVAILABLE   168

room	une chambre libre
apartment	un appartement libre
job	un emploi vacant
position	un poste vacant
source	une source disponible

an AVENGED   169

wrong	un tort réparé
death	une mort vengée
defeat	une défaite vengée
insult	un affront vengé
massacre	un massacre vengé

an AVERAGE   170

grade	une note moyenne
student	un étudiant moyen
salary	un traitement moyen
payment	un paiement moyen
size	une taille moyenne

an AVERTED   171

gaze	un regard détourné
war	une guerre évitée
disaster	un désastre évité
strike	une grève évitée
catastrophe	une catastrophe évitée

an AVID   172

reader	un lecteur passionné
fan	un admirateur passionné
player	un joueur passionné
sportsman	un sportif passionné
climber	un alpiniste passionné

an AVOIDABLE   173

accident	un accident évitable
argument	une dispute évitable
problem	une difficulté évitable
situation	une situation évitable
quarrel	une querelle évitable

an AWAKENED   174

child	un enfant éveillé
anger	un courroux éveillé
passion	une passion éveillée
fear	une crainte éveillée
anxiety	une inquiétude éveillée

an AWARDED   175

medal	une médaille décernée
commendation	un éloge décerné
trophy	un trophée décerné
prize	un prix décerné
scholarship	une bourse décernée

an AWED   176

stare	un regard impressionné
spectator	un spectateur impressionné
visitor	un visiteur impressionné
tourist	un touriste impressionné
listener	un auditeur impressionné

an AWESOME   177

force	une force impressionante
power	une puissance imposante
display	une exhibition imposante
noise	un bruit impressionant
weapon	une arme impressionante

an AWFUL   178

mistake	une erreur lamentable
nuisance	un ennui détestable
noise	un bruit affreux
solution	une solution détestable
smell	une odeur affreuse

an AWKWARD			an AZURE		
dancer	un danseur emprunté		sky	un ciel d'azur	
stance	une posture maladroite		lake	un lac d'azur	
movement	un mouvement maladroit		reflection	un reflet azur	
gesture	un geste maladroit		color	une couleur azur	
age	l'âge ingrat		tint	une teint azurée	

B

a BABBLING		181	a BACKWARD		183
brook	un ruisseau qui murmure		people	un peuple arriéré	
madman	un fou qui divague		community	un communauté arriéré	
spring	une source qui chante		society	une société arriérée	
mob	une cohue bavarde		tribe	une tribu arriérée	
crowd	une foule bavarde		movement	un mouvement rétrograde	

a BACK		182	a BAD		184
door	une porte de derrière		child	un enfant méchant	
seat	un siège arrière		performance	une représentation manquée	
porch	une véranda sur l'arrière		test	un examen raté	
pay	un rappel de salaire		solution	une mauvaise solution	
number (issue)	un ancien numéro		taste	un mauvais goût	

184A Synonyms for the Word-Form BAD

1	a bad reaction	ADVERSE	une réaction défavorable
2	a bad climber	AMATEUR(ISH)	un alpiniste amateur
3	a bad dancer	AWKWARD	un danseur maladroit
4	a bad movie	BORING	un film ennuyeux
5	a bad suit	CHEAP	un complet bon marché
6	a bad government	CORRUPT	un gouvernement corrompu
7	a bad influence	CORRUPTING	une influence dépravante
8	a bad coin	COUNTERFEIT	une pièce de monnaie fausse
9	a bad tooth	DECAYED	une dent gâtée
10	a bad market	DEPRESSED	un marché lourd (languissant)
11	a bad position	DISADVANTAGEOUS	une position désavantageuse
12	a bad climate	DISAGREEABLE	un climat désagréable
13	a bad sign	DISCOURAGING	un signe décourageant
14	a bad customer	DISHONEST	un client malhonnête
15	a bad intention	DISHONORABLE	une intention peu honorable
16	a bad servant	DISOBEDIENT	un domestique désobéissant
17	a bad location	DISREPUTABLE	un lieu malfamé
18	a bad TV set	ERRATIC	un téléviseur capricieux
19	a bad omen	EVIL	un présage de malheur (néfaste)
20	a bad student	FRIVOLOUS	un étudiant insouciant
21	a bad fever	HIGH	une fièvre de cheval
22	a bad situation	HOPELESS	une situation désespérée
23	a bad woman	IMMORAL	une femme de mauvaise vie
24	a bad attitude	IMPROPER	une attitude inconvenante
25	a bad analysis	INACCURATE	une analyse erronée
26	a bad supply	INADEQUATE	un approvisionnement inadéquat
27	a bad title	INAPPROPRIATE	un titre inapproprié
28	a bad ambassador	INCAPABLE	un ambassadeur incapable
29	a bad lawyer	INCOMPETENT	un avocat incompétent
30	a bad report	INCOMPLETE	un rapport incomplet
31	a bad guess	INCORRECT	une estimation incorrecte
32	a bad remedy	INEFFECTIVE	un remède inefficace
33	a bad secretary	INEFFICIENT	une secrétaire incompétente
34	a bad pilot	INEXPERIENCED	un pilote inexpérimenté
35	a bad quality	INFERIOR	une qualité inférieure

36	a bad host	INHOSPITABLE	un maître de maison peu hospitalier
37	a bad supply	INSUFFICIENT	un approvisionnement insuffisant
38	a bad excuse	INVALID	une excuse qui ne tient pas
39	a bad worker	LAZY	un ouvrier paresseux
40	a bad audience	LISTLESS	un auditoire remuant
41	a bad grade	LOW	une note inférieure
42	a bad supply	MEAGER	un approvisionnement maigre
43	a bad life	MEDIOCRE	une vie médiocre
44	a bad cold	MISERABLE	un rhume désagréable
45	a bad child	NAUGHTY	un enfant vilain
46	a bad attitude	NEGATIVE	une attitude négative
47	a bad word	OBSCENE	un mot obscène
48	a bad speller	POOR	une personne sachant mal l'orthographe
49	a bad campaign	POORLY PLANNED	une campagne mal préparée
50	a bad reputation	QUESTIONABLE	une réputation douteuse
51	a bad smell	REVOLTING	une odeur dégoutante
52	a bad reason	RIDICULOUS	une raison ridicule
53	a bad chance	RISKY	un risque sérieux
54	a bad apple	ROTTEN	une pomme pourrie
55	a bad flight	ROUGH	un vol agité
56	a bad harvest	SCANT	une récolte peu abondante
57	a bad loss	SERIOUS	une perte sérieuse
58	a bad storm	SEVERE	une tempête sévère
59	a bad appearance	SLOVENLY	une tenue débraillée
60	a bad employee	SLOW-WORKING	un employé lent au travail
61	a bad move	STUPID	un geste stupide
62	a bad taste	TAINTED	un goût infect
63	a bad cold	TERRIBLE	un rhume terrible
64	a bad excuse	UNACCEPTABLE	une excuse inacceptable
65	a bad figure	UNATTRACTIVE	un physique ingrat
66	a bad witness	UNBELIEVABLE	un témoin de peu de poids (sans valeur)
67	a bad prospect	UNDESIRABLE	des perspectives indésirables
68	a bad background	UNEDUCATED	une instruction insuffisante
69	a bad price	UNFAIR	un prix exorbitant
70	a bad husband	UNFAITHFUL	un mari infidèle
71	a bad review	UNFAVORABLE	une critique défavorable
72	a bad time	UNHAPPY	une période malheureuse
73	a bad climate	UNHEALTHY	un climat malsain
74	a bad judge	UNINFORMED	un juge mal informé
75	a bad source	UNINFORMATIVE	une source peu fournie
76	a bad speaker	UNINSPIRED	un orateur sans relief
77	a bad leader	UNINSPIRING	un chef sans allant
78	a bad article	UNINTERESTING	un article sans intérêt
79	a bad verdict	UNJUST	un verdict injuste
80	a bad deed	UNKIND	une action méchante
81	a bad road	UNPAVED	une route mal pavée
82	a bad investment	UNPROFITABLE	un investissement peu lucratif
83	a bad book	UNREADABLE	un livre qui se lit mal
84	a bad witness	UNRELIABLE	un témoin peu digne de foi
85	a bad risk	UNSAFE	un risque dangereux
86	a bad result	UNSATISFACTORY	un résultat peu satisfaisant
87	a bad mechanic	UNSKILLED	un mécanicien peu qualifié
88	a bad party	UNSOCIABLE	une réception peu sociable
89	a bad trip	UNSUCCESSFUL	un voyage sans succès
90	a bad location	UNSUITABLE	un emplacement peu propice
91	a bad listener	UNSYMPATHETIC	un auditeur indifférent
92	a bad applicant	UNTRAINED	un candidat sans formation
93	a bad choice	UNWISE	un choix malavisé
94	a bad solution	UNWORKABLE	une solution impraticable
95	a bad cause	UNWORTHY	une cause indigne

96	a bad tool	USELESS	un outil inutile
97	a bad explanation	VAGUE	une explication vague
98	a bad support	WEAK	un soutien faible
99	a bad check	WORTHLESS	un chèque sans valeur
100	a bad answer	WRONG	une réponse fausse

a BAFFLING 185
mystery	un mystère déconcertant
plot	un complot déconcertant
solution	une solution déconcertante
puzzle	un puzzle déconcertant
riddle	une dévinette déconcertante

a BAKED 186
fish	un poisson cuit au four
ceramic	une terre cuite
ham	un jambon cuit au four
potato	une pomme de terre cuite au four
apple pie	une tarte aux pommes cuite au four

a BALANCED 187
budget	un budget équilibré
account	un compte équilibré
weight	un poids équilibré
personality	un caractère équilibré
scale	une balance juste

a BALD 188
teacher	un professeur chauve
actor	un acteur chauve
mayor	un maire chauve
principal	un directeur d'école chauve
director	un directeur de société chauve

a BANDAGED 189
hand	une main bandée
foot	un pied bandé
finger	un doigt bandé
arm	un bras bandé
leg	une jambe bandée

a BANISHED 190
king	un roi en exil
queen	une reine en exil
author	un auteur interdit
patriot	un patriote proscrit
rebel	un rebelle exilé

a BANKRUPT 191
business	une affaire en faillite
company	une entreprise en faillite
corporation	une société en faillite
individual	un individu en faillite
businessman	un homme d'affaires en faillite

a BANNED 192
film	un film interdit
play	une pièce de théâtre interdite
novel	un roman interdit
performance	une représentation interdite
periodical	un périodique interdit

a BARBARIC 193
conqueror	un conquérant barbare
horde	une horde barbare
invasion	une invasion barbare
slaughter	un massacre barbare
ritual	un rite barbare

a BARBAROUS 194
attack	une agression sauvage
slaughter	une tuerie barbare
horde	une horde barbare
assault	une attaque sauvage
tribe	une tribu barbare

a BARBECUED 195
hamburger	un "hamburger" rôti au barbecue
steak	un bifteck rôti au barbecue
roast	un rôti au barbecue
chicken	un poulet rôti au barbecue
beef	du bœuf rôti au barbecue

a BARE 196
shoulder	une épaule nue
foot	un pied nu
back	un dos nu
neck	un cou nu
head	une tête nue

a BARRED 197
exit	une sortie munie de barreaux
window	une fenêtre munie de barreaux
gate	un portail muni de barreaux
entrance	une entrée munié de barreaux
door	une porte munie de barreaux

a BARREN 198
plain	une plaine aride
desert	un désert aride
shore	une côte aride
field	un champ aride
land	une terre aride

a BASHFUL 199
boy	un garçon timide
child	un enfant timide
girl	une fille timide
pupil	un élève timide
bride	une jeune mariée timide

a BASIC 200
conflict	un conflit fondamental
law	une loi fondamentale
principle	un principe fondamental
preposition	une préposition de base
concept	un concept fondamental

a BATTERED 201
seacoast	une côte battue par la mer
island	une île battue par les flots
dock	un bassin défoncé
ship	un navire défoncé
submarine	un sous-marin défoncé

a BEARABLE 202
pain	une douleur supportable
sorrow	un chagrin supportable
grief	une peine supportable
loss	une perte supportable
failure	un échec supportable

a BEARDED 203
prophet	un prophète barbu
hippie	un hippie barbu
professor	un professeur barbu
president	un président barbu
hermit	un ermite barbu

a BEAUTIFUL 204
outfit	de beaux vêtements
woman	une belle femme
song	une belle chanson
scene	une belle scène
painting	un beau tableau

a BECOMING 205
outfit	des vêtements seyants
coiffure	une coiffure seyante
suit	un costume seyant
costume	un travesti seyant
hat	un chapeau seyant

a BEGINNING 206
exercise	un premier exercice
student	un étudiant de première année
chapter	un premier chapitre
lesson	une première leçon
player	un joueur débutant

a BEGUILING 207
smile	un sourire enjôleur
child	un enfant enjôleur
scene	une scène charmante
picture	une image séduisante
slogan	un slogan séduisant

a BELATED 208
gift	un cadeau tardif
letter	une lettre tardive
apology	des excuses tardives
acknowledgment	un accusé de réception tardif
departure	un départ tardif

a BELIEVABLE 209
account	un récit vraisemblable
story	une histoire vraisemblable
excuse	une excuse vraisemblable
solution	une solution vraisemblable
decision	une décision vraisemblable

a BELLIGERENT 210
enemy	un ennemi agressif
attitude	une attitude agressive
mood	un état d'esprit belliqueux
stance	une posture belliqueuse
teen-ager	un adolescent belliqueux

a BELOVED 211
wife	une épouse aimée
actress	une actrice aimée
queen	une reine aimée
husband	un mari aimé
author	un auteur aimé

a BENEFICIAL 212
treatment	un traitement salutaire
solution	une solution avantageuse
offer	une offre avantageuse
agreement	un accord avantageux
massage	un massage salutaire

a BENEVOLENT 213
reign	un règne bienveillant
royalty	une royauté bienveillante
ruler	un souverain bienveillant
queen	une reine bienveillante
prince	un prince bienveillant

a BENIGN 214
appearance	un air bénin
smile	un doux sourire
cyst	un kyste bénin
tumor	une tumeur bénigne
growth	une tumeur bénigne

a BENT 215
nail	un clou tordu
point	une pointe tordue
pin	une épingle tordue
axle	un axe tordu (plié)
antenna	une antenne tordue

a BESIEGED 216
city	une (grande) ville assiégée
town	une (petite) ville assiégée
fortress	une forteresse assiégée
garrison	une garnison assiégée
port	un port assiégé

a BETRAYED 217
country	un pays trahi
leader	un chef trahi
cause	une cause trahie
president	un président trahi
government	un gouvernement trahi

a BETTER 218
life	une vie meilleure
world	un monde meilleur
dancer	un meilleur danseur
selection	une meilleure sélection
idea	une meilleure idée

a BEWILDERING 219
puzzle	un puzzle déroutant
quickness	une rapidité déroutante
paradox	un paradoxe déroutant
stupidity	une stupidité déroutante
question	une question déroutante

a BIASED 220
opinion	une opinion partiale
judgment	un jugement partial
argument	un argument partial
juror	un juré partial
verdict	un verdict partial

a BIBLICAL 221
king	un roi biblique
prophet	un prophète biblique
shepherd	un berger biblique
miracle	un miracle biblique
revelation	une révélation biblique

a BIG 222
difference	une grande différence
ship	un grand navire
tree	un grand arbre
house	une grande maison
apartment	un grand appartement

ADJECTIVES

a BILINGUAL   223

dictionary	un dictionnaire bilingue
student	un étudiant bilingue
teacher	un professeur bilingue
education	un enseignement bilingue
text	un texte bilingue

a BILLOWING   224

parachute	un parachute gonflé au vent
sail	une voile gonflée au vent
sheet	un drap gonflé au vent
skirt	une jupe gonflée au vent
blanket	une couverture gonflée au vent

a BILLOWY   225

cloud	un cumulus
shape	une forme arrondie
outline	un contour arrondi
silhouette	une silhouette arrondie
configuration	une configuration arrondie

a BINDING   226

contract	un contrat obligatoire
pact	un pacte obligatoire
agreement	un accord obligatoire
treaty	un traité obligatoire
arbitration	un arbitrage obligatoire

a BIOLOGICAL   227

necessity	une nécessité biologique
experiment	une expérience biologique
fact	un fait biologique
research	une recherche biologique
phenomenon	un phénomène biologique

a BITING   228

chill	un froid piquant
frost	un gel piquant
wind	un vent cinglant
humor	un humour cinglant
sarcasm	un sarcasme cinglant

a BITTER   229

taste	un goût amer
verdict	un verdict cruel
memory	un souvenir amer
complaint	une plainte amère
loser	un perdant rancunier

a BIZARRE   230

scene	une scène macabre
happening	un événement macabre
accident	un accident macabre
story	une histoire macabre
setting	un cadre macabre

a BLACK   231

suit	un costume noir
dress	une robe noire
coffee	un café noir
market	un marché noir
eye	un œil poché (au beurre noir)

a BLACKENED   232

forest	une forêt noircie
chimney	une cheminée noircie
ceiling	un plafond noirci
face	un visage noirci
mantel	une tablette de cheminée noircie

a BLAMELESS   233

bystander	un spectateur innocent
wife	une épouse innocente
driver	un conducteur innocent
pedestrian	un piéton innocent
victim	une victime innocente

a BLAND   234

diet	un régime adoucissant (sans assaisonne-ments)
taste	un goût neutre
flavor	une saveur neutre
appetite	une préférence pour les mets peu épicés
flavoring	un condiment doux

a BLANK   235

page	une page blanche
look	un regard vide
will	un testament en blanc
wall	un mur nu
check	un chèque en blanc

a BLARING   236

trumpet	une trompette retentissante
radio	une radio assourdissante
hi-fi	une installation haute fidélité assourdissante
loudspeaker	un haut-parleur assourdissant
alarm	un signal d'alarme retentissant

a BLAZING   237

light	une lumière flamboyante
fire	un feu ardent
building	un bâtiment en feu
structure	un édifice en feu
town	une ville en feu

a BLEACHED   238

skeleton	un squelette blanchi
linen	du linge blanchi
sheet	un drap blanchi
laundry	du linge blanchi
towel	une serviette de toilette blanchie

a BLEAK

outlook	une morne perspective
future	un avenir peu attrayant
seacoast	une côte morne
day	une journée morne
situation	une situation déprimante

a BLEATING   240

animal	un animal bêlant
lamb	un agneau bêlant
ram	un bélier bêlant
ewe	une brebis bêlante
flock	un troupeau bêlant

a BLENDED   241

cigarette	une cigarette de tabacs mélangés
whiskey	un whisky coupé
paint	une peinture mélangée
tobacco	un mélange de tabacs
outline	une silhouette estompée

a BLIND   242

ignorance	une ignorance aveugle
revolt	une révolte aveugle
rush	une ruée aveugle
old man	un vieillard aveugle
obedience	une obéissance aveugle

a BLINDING 243

flash	un éclair aveuglant
explosion	une explosion aveuglante
glare	un éclat éblouissant
snowstorm	une tempête de neige aveuglante
spotlight	un projecteur aveuglant

a BLINKING 244

flashlight	une lampe de poche clignotante
headlight	un phare clignotant
signal	un signal clignotant
searchlight	un projecteur clignotant
beacon	un phare à éclipses

a BLISSFUL 245

ignorance	une ignorance bienheureuse
existence	une vie bienheureuse
innocence	une innocence bienheureuse
countenance	un air bienheureux
unawareness	une inconscience bienheureuse

a BLOCKED 246

road	une route obstruée
highway	une grand'route obstruée
street	une rue barrée
corridor	un couloir obstrué
path	un sentier obstrué

a BLOND 247

actress	une actrice blonde
wig	une perruque blonde
model	un mannequin blond
waitress	une serveuse blonde
girl	une fille blonde

a BLOODLESS 248

overthrow	un coup d'État sans effusion de sang
revolution	une révolution sans effusion de sang
riot	une émeute sans effusion de sang
solution	une solution pacifique
strike	une grève sans effusion de sang

a BLOODY 249

battle	une bataille sanglante
fight	un combat sanglant
withdrawal	une retraite sanglante
scene	une scène sanglante
nose	un saignement de nez

a BLOOMING 250

orchard	un verger en fleurs
rose	une rose éclose
flower	une fleur éclose
curiosity	une curiosité éveillée
garden	un jardin en fleurs

a BLOSSOMING 251

vine	une plante grimpante fleurie
fruit tree	un arbre fruitier fleuri
bush	un buisson fleuri
rose	une rose éclose
plant	une plante fleurie

a BLUE 252

sky	un ciel bleu
skirt	une jupe bleue
scarf	une écharpe bleue
rug	un tapis bleu
—eyes	des yeux bleus

a BLUNT 253

instrument	un instrument émoussé
denial	un démenti catégorique
knife	un couteau émoussé
point	une pointe émoussée
accusation	une accusation subite

a BLURRED 254

image	une image floue
silhouette	une silhouette floue
signature	une signature floue
picture	un tableau flou
reception	une réception (radio) brouillée

a BLUSHING 255

bride	une mariée rougissante
lady	une femme rougissante
girl	une jeune fille rougissante
innocence	une innocence pudique
reply	une réponse faite en rougissant

a BOASTFUL 256

cheater	un tricheur fanfaron
scoundrel	un vaurien fanfaron
winner	un gagnant fanfaron
fellow	un fanfaron
manner	un air fanfaron

a BOILED 257

egg	un œuf à la coque
chicken	un poulet bouilli
onion	un oignon bouilli
solution	une solution réduite
potato	une pomme de terre cuite à l'eau

a BOISTEROUS 258

crowd	une foule turbulente
party	une réception bruyante
group	un groupe turbulent
mob	une cohue bruyante
teen-ager	un adolescent turbulent

a BOLD 259

advance	une avance hardie
statement	une déclaration hardie
attack	une attaque hardie
headline	une manchette audacieuse
action	une action hardie

a BONY 260

chest	une poitrine osseuse
figure	un corps osseux
arm	un bras osseux
hand	une main osseuse
finger	un doigt osseux

a BORDERED 261

walk	une allée bordée
garden	un jardin bordé
lane	un sentier bordé
avenue	une avenue bordée
pattern	un motif à liséré

a BORDERING 262

territory	un territoire limitrophe
state	un État limitrophe
land	un pays limitrophe
region	une région limitrophe
area	une zone limitrophe

a BORED		263
audience	un public qui s'ennuie	
class	une classe qui s'ennuie	
listener	un auditeur qui s'ennuie	
attitude	un air d'ennui	
intellectual	un intellectuel qui s'ennui	

a BORING		264
class	une classe ennuyeuse	
lecture	une conférence ennuyeuse	
game	un jeu ennuyeux	
movie	un film ennuyeux	
activity	une activité ennuyeuse	

a BORROWED		265
sweater	un pull-over emprunté	
pen	une plume empruntée	
pencil	un crayon emprunté	
coat	un manteau emprunté	
notebook	un cahier emprunté	

a BOUND		266
copy	un exemplaire relié	
captive	un prisonnier ligoté	
collection	une collection reliée	
package	un paquet ficelé	
dictionary	un dictionnaire relié	

a BOUNDLESS		267
enthusiasm	un enthousiasme sans bornes	
pride	un orgueil sans bornes	
sympathy	une sympathie sans bornes	
energy	une énergie sans bornes	
determination	une détermination sans bornes	

a BOUNTIFUL		268
harvest	une moisson abondante	
supply	des fournitures abondantes	
crop	une récolte abondante	
—blessings	des bienfaits multiples	
—provisions	des provisions abondantes	

a BOYISH		269
charm	un charme puéril	
smile	un sourire juvénile	
prank	une farce de garçon	
mischief	une espièglerie de garçon	
haircut	une coupe de cheveux juvénile	

a BRAND-NEW		270
car	une voiture flambant neuve	
dress	une robe flambant neuve	
house	une maison flambant neuve	
TV set	un téléviseur flambant neuf	
outfit	des vêtements flambant neufs	

a BRAVE		271
deed	un acte courageux	
widow	une veuve courageuse	
soldier	un soldat courageux	
hero	un héros courageux	
astronaut	un astronaute courageux	

a BRAWNY		272
chest	une poitrine musculeuse	
policeman	un policier musclé	
arm	un bras musculeux	
acrobat	un acrobate musclé	
gymnast	un gymnaste musclé	

a BREATHLESS		273
runner	un coureur essoufflé	
account	un récit fait d'une voix haletante	
excitement	une agitation fiévreuse	
report	un rapport animé	
athlete	un sportif essouflé	

a BREATHTAKING		274
view	une vue sensationnelle	
waterfall	une chute d'eau sensationnelle	
sight	un spectacle sensationnel	
display	un étalage sensationnel	
rainbow	un arc-en-ciel sensationnel	

a BREEZY		275
playground	un terrain de jeux venté	
terrace	une terrasse ventée	
beach	une plage ventée	
yard	une cour ventée	
corner	un coin venté	

a BRIEF		276
stay	un bref séjour	
vacation	de courtes vacances	
encounter	une brève rencontre	
introduction	une brève introduction	
account	un bref récit	

a BRIGHT		277
light	une lumière vive	
smile	un sourire éclatant	
room	une pièce claire	
star	une étoile brillante	
beacon	un phare brillant	

a BRILLIANT		278
scholar	un érudit brillant	
idea	une idée brillante	
solution	une solution brillante	
performer	un exécutant brillant	
ability	un talent brillant	

a BRISK		279
wind	un vent vif	
walk	une rapide promenade à pied	
dance	une danse animée	
run	une course rapide	
search (body)	une fouille rapide	

a BRISTLING		280
mustache	une moustache en bataille	
mane	une crinière hérissée	
anger	une vive colère	
beard	une barbe en bataille	
defiance	une provocation coléreuse	

a BRITTLE		281
stick	un bâton fragile	
wood	un bois cassant	
tile	une tuile fragile	
layer	une couche fragile	
china	une porcelaine fragile	

a BROAD		282
smile	un large sourire	
boulevard	un boulevard large	
expanse	une grande étendue	
interpretation	une interprétation au sens le plus large	
definition	une définition générale	

a BROILED 283

hamburger	un hamburger grillé
ham	un jambon grillé
roast	un rôti grillé
meat	une viande grillée
steak	un bifteck grillé

a BROKEN 284

window	une fenêtre cassée
promise	une promesse rompue
mirror	un miroir cassé
recorder	un enregistreur cassé
glass	un verre brisé

a BRONZE 285

horn	un cor de bronze
chalice	un calice de bronze
statue	une statue de bronze
urn (burial)	une urne (cinéraire) en bronze
vase	un vase de bronze

a BROWN 286

outfit	des vêtements bruns
coat	une veste brune
horse	un cheval bai
hat	un chapeau brun
sofa	un divan brun

a BROWNED 287

chicken	un poulet rissolé
roast	un rôti rissolé
fish	un poisson rissolé
turkey	une dinde rissolée
meat	une viande rissolée

a BRUISED 288

arm	un bras meurtri
leg	une jambe meurtrie
hand	une main meurtrie
foot	un pied meurtri
shin	un tibia contusionné

a BRUTAL 289

beating	une correction sauvage
attack	une attaque brutale
interrogation	un interrogatoire brutal
campaign	une campagne brutale
force	une force brutale

a BUDGETARY 290

policy	une politique budgétaire
consideration	une considération budgétaire
request	une requête budgétaire
cut	une réduction budgétaire
problem	un problème budgétaire

a BULKY 291

package	un paquet volumineux
sweater	un gros pull-over
suitcase	une valise encombrante
coat	un gros manteau
trunk	une malle encombrante

a BUMPY 292

detour	une déviation cahoteuse
landing	un atterrissage cahoteux
road	une route cahoteuse
ride	un trajet (en voiture) cahoteux
surface	une surface inégale

a BUOYANT 293

self-assurance	une assurance optimiste
feeling	un sentiment d'optimisme
spirit	un esprit optimiste
step	un pas élastique
confidence	une confiance allègre

a BURIED 294

miner	un mineur enseveli
treasure	un trésor enfoui
chest	un coffre enterré
bone	un os enterré
victim	une victime inhumée

a BURNING 295

building	un bâtiment en feu
desire	un désir ardent
curiosity	une curiosité intense
warehouse	un entrepôt en feu
school	une école en feu

a BURNISHED 296

bronze	un bronze poli
gold	un or poli
disk	un disque poli
silver	un argent poli
metal	un métal poli

a BURNT 297

toast	un toast brûlé
bacon	du bacon brûlé
smell	une odeur de brûlé
waffle	une gaufre brûlée
roast	un rôti brûlé

a BUSHY 298

beard	une barbe broussailleuse
tail	une queue épaisse
mane	une crinière épaisse
mustache	une moustache broussailleuse
sideburns	des favoris broussailleux

a BUSTLING 299

thoroughfare	une rue passante
arcade	un passage affairé
square	une place affairée
metropolis	une métropole affairée
community	une collectivité affairée

a BUSINESSLIKE 300

senator	un sénateur sérieux
arrangement	un accord sérieux
attitude	un air sérieux
approach	une méthode sérieuse
meeting	une réunion sérieuse

a BUSY 301

place	un endroit animé
crossing	un carrefour animé
street	une rue animée
office	un bureau affairé
airport	un aéroport à grand trafic

a BUTTERED 302

roll	un petit pain beurré
toast	un toast beurré
vegetable	un légume au beurre
waffle	une gaufre beurrée
corn	un épi de maïs au beurre

a CAGED		303
tiger	un tigre en cage	
lion	un lion en cage	
parrot	un perroquet en cage	
bird	un oiseau en cage	
animal	un animal en cage	

a CALCULATED		304
risk	un risque calculé	
damage	des dégâts calculés	
profit	un bénéfice calculé	
increase	une hausse calculée	
decrease	une baisse calculée	

a CALLOUS		305
manner	une manière endurcie	
attitude	une attitude d'indifférence	
reply	une réponse indifférente	
insult	une injure désinvolte	
individual	un individu endurci	

a CALM		306
sea	une mer calme	
appearance	un aspect tranquille	
lake	un lac calme	
answer	une réponse posée	
attitude	une attitude paisible	

a CANCELED		307
appointment	une entrevue annulée	
departure	un départ annulé	
flight	un vol (d'avion) annulé	
contract	un contrat nul et non avenu	
performance	une représentation annulée	

a CANDID		308
opinion	une opinion sincère	
reference	une allusion	
observer	un observateur impartial	
observation	une observation candide	
suggestion	une suggestion franche	

a CAPABLE		309
secretary	une secrétaire compétente	
assistant	un adjoint compétent	
leader	un dirigeant compétent	
ambassador	un ambassadeur habile (de talent)	
faculty	un corps enseignant capable	

a CAPITAL		310
city	une capitale	
offense	un crime capital	
charge	une inculpation capitale	
punishment	une peine capitale	
letter	une lettre majuscule	

a CAPITALISTIC		311
government	un système capitaliste	
society	une société capitaliste	
economy	une économie capitaliste	
concept	une notion capitaliste	
approach	une méthode capitaliste	

a CAPTIVE		312
bird	un oiseau captif	
audience	un public pris au piège	
tribe	une tribu captive	
animal	un animal captif	
chief	un chef en captivité	

a CAPTURED		313
soldier	un soldat fait prisonnier	
pilot	un pilote fait prisonnier	
enemy	un ennemi fait prisonnier	
fugitive	un fuyard capturé	
criminal	un criminel capturé	

a CAREFREE		314
abandon	une désinvolture insouciante	
life	une vie insouciante	
attitude	une attitude insouciante	
retirement	une retraite exempte de soucis	
teen-ager	un adolescent insouciant	

a CAREFUL		315
count	un compte fait soigneusement	
selection	une sélection faite avec soin	
study	une étude approfondie	
analysis	une analyse méticuleuse	
choice	un choix fait soigneusement	

a CARELESS		316
remark	une remarque insouciante	
fire	un incendie dû à la négligence	
attitude	un état d'esprit insouciant	
comment	une observation insouciante	
student	un étudiant insouciant	

a CARESSING		317
touch	une caresse légère	
voice	une voix câline	
softness	une douceur câline	
warmth	une ardeur câline	
gentleness	une gentillesse câline	

a CARNIVOROUS		318
animal	un animal carnivore	
reptile	un reptile carnivore	
bird	un oiseau carnivore	
mammal	un mammifère carnivore	
fish	un poisson carnivore	

a CARVED		319
clock	une horloge sculptée	
table	une table sculptée	
cabinet	une armoire sculptée	
toy	un jouet sculpté	
chair	une chaise sculptée	

a CASUAL		320
remark	une remarque en passant	
observer	un observateur indifférent	
opinion	une opinion sans grande portée	
hint	une allusion fortuite	
reference	une référence fortuite	

a CAUTIOUS 321

statement	une déclaration prudente
approach	une méthode prudente
step	une mesure prudente
advance	une progression prudente
suggestion	une suggestion prudente

a CEASELESS 322

rain	une pluie incessante
din	un vacarme incessant
thunder	un tonnerre incessant
noise	un bruit incessant
war	une guerre sans fin

a CELEBRATED 323

author	un auteur célèbre
actress	une actrice célèbre
comedian	un comique célèbre
conductor	un chef d'orchestre célèbre
oratorio	un oratorio célèbre

a CELESTIAL 324

navigation	une navigation astronomique
observatory	un observatoire astronomique
vision	une vision céleste
music	une musique céleste
phenomenon	un phénomène céleste

a CENSORED 325

speech	un discours censuré
text	un texte censuré
version	une version censurée
letter	une lettre censurée
announcement	un communiqué censuré

a CENTRAL(IZED) 326

location	un emplacement central
square	une place centrale
park	un parc central
market	un marché central
government	un gouvernement centralisé

a CEREMONIAL 327

rite	un rite
horn	un cor de cérémonie
mask	un masque rituel
robe	une robe de cérémonie
splendor	une splendeur solennelle

a CEREMONIOUS 328

funeral	des funérailles solennelles
departure	un départ solennel
banquet	un banquet solennel
arrival	une arrivée solennelle
pomp	un cérémonial somptueux

a CERTAIN 329

victory	une victoire certaine
result	un résultat certain
defeat	une défaite certaine
outcome	une issue certaine
failure	un échec certain

a CHAINED 330

captive	un captif enchaîné
convict	un forçat enchaîné
animal	un animal enchaîné
elephant	un éléphant enchaîné
rebel	un rebelle enchaîné

a CHALLENGING 331

argument	un argument excitant
problem	un problème ardu
assignment	une tâche difficile
project	un projet difficile
puzzle	un casse-tête difficile

a CHANGEABLE 332

climate	un climat changeant
mood	une humeur changeante
personality	un caractère versatile
position	une position variable
temperament	un tempérament inconstant

a CHANGELESS 333

situation	une situation immuable
scene	une scène immuable
beauty	une beauté durable
setting	un cadre immuable
style	un style immuable

a CHANGING 334

scene	une scène changeante
economy	une économie en évolution
world	un monde en mutation
style	un style qui évolue
culture	une culture qui se transforme

a CHAOTIC 335

meeting	une réunion houleuse
session	une séance houleuse
disorder	un désordre chaotique
strike	une grève mal organisée
state	un état chaotique

a CHARACTERISTIC 336

defect	un défaut caractéristique
refusal	un refus caractéristique
quality	une qualité particulière
arrogance	une arrogance caractéristique
pride	un orgueil caractéristique

a CHARITABLE 337

organization	une œuvre de bienfaisance
contribution	une contribution à une œuvre charitable
request	une demande d'assistance
gesture	un geste charitable
action	un acte charitable

a CHARMING 338

actress	une actrice charmante
movie	un film charmant
scene	une scène charmante
poem	un poème charmant
picture	une image charmante

a CHATTERING 339

monkey	un singe babillard
ape	un singe babillard
housewife	une ménagère bavarde
debutante	une débutante bavarde
hostess	une hôtesse bavarde

a CHEAP 340

paint	une peinture bon marché
price	un bas prix
dress	une robe bon marché
coat	un manteau bon marché
phonograph	un tourne-disques bon marché

a CHEERFUL		341
face	un visage gai	
disposition	un caractère heureux	
loser	un perdant sans rancune	
expression	une expression gaie	
smile	un sourire gai	

a CHEERING		342
fan	un admirateur qui acclame	
audience	un public qui acclame	
crowd	une foule qui acclame	
mob	une cohue qui acclame	
throng	une multitude qui acclame	

a CHEERY		343
blaze	une belle flambée	
fire	un feu brûlant gaiement	
greeting	un accueil chaleureux	
gathering	une joyeuse compagnie	
farewell	un adieu joyeux	

a CHEMICAL		344
solution	une solution chimique	
reaction	une réaction chimique	
analysis	une analyse chimique	
product	un produit chimique	
combination	une combinaison chimique	

a CHERISHED		345
possession	un bien qui est cher	
antique	un objet ancien favori	
souvenir	un précieux souvenir (objet)	
memory	un souvenir qui est cher	
photograph	une photographie qui est chère	

a CHILDISH		346
attitude	un état d'esprit puéril	
enthusiasm	un enthousiasme puéril	
game	un jeu d'enfant	
defiance	une bravade puérile	
ignorance	une ignorance enfantine	

a CHILDLESS		347
widower	un veuf sans enfant	
couple	un couple sans enfant	
marriage	un mariage sans enfant	
home	un foyer sans enfant	
widow	une veuve sans enfant	

a CHILDLIKE		348
honesty	une honnêteté enfantine	
innocence	une innocence enfantine	
faith	une foi enfantine	
devotion	un attachement enfantin	
adoration	une adoration enfantine	

a CHILLING		349
horror	une horreur saisissante	
scene	une scène saisissante	
fright	une peur saisissante	
tale	un récit saisissant	
breeze	un vent glacial	

a CHILLY		350
afternoon	un après-midi froid	
gust	un coup de vent froid	
reception	un accueil glacial	
greeting	un abord glacial	
stare	un régard glacial	

a CHIVALROUS		351
conduct	une conduite chevaleresque	
knight	un chevalier généreux	
code	un code chevaleresque	
act	un acte chevaleresque	
lover	un amant chevaleresque	

a CHOICE		352
seat	une place de choix	
piece	un morceau de choix	
wine	un vin de choix	
quality	une qualité supérieure	
location	un emplacement de choix	

a CHOPPED		353
onion	un oignon haché	
—lettuce	une laitue coupée menu	
—ice	de la glace pilée	
—wood	des bûches	
—celery	un céleri haché	

a CHRONIC		354
liar	un menteur invétéré	
alcoholic	un buveur invétéré	
fever	une fièvre chronique	
dislike	une aversion durable	
condition	un état chronique	

a CIRCULAR		355
route	une route de ceinture	
wall	un mur d'enceinte	
table	une table ronde	
mirror	un miroir rond	
box	une boîte ronde	

a CIRCUMSTANTIAL		356
proof	une preuve indirecte	
evidence	une preuve indirecte	
testimony	un témoignage basé sur des preuves indirects	
witness	un témoin indirect	
verdict	un verdict basé sur des preuves indirectes	

a CIVIC		357
responsibility	une obligation civique	
pride	un orgueil civique	
problem	un problème municipal	
project	un projet d'intérêt public	
administration	une administration municipale	

a CIVIL		358
war	une guerre civile	
court	un tribunal civil	
service	une administration	
servant	un functionnaire	
rights	les droits civils	

a CIVILIZED		359
approach	des principes civilisés	
country	un pays civilisé	
argument	un débat correct	
culture	une culture évoluée	
tribe	une tribu civilisée	

a CLASSICAL		360
remark	une remarque classique	
pianist	un pianiste classique	
move	un mouvement classique	
symphony	une symphonie classique	
painter	un peintre classique	

ADJECTIVES

a CLEAN		361
room	une pièce propre	
floor	un plancher propre	
face	un visage propre	
kitchen	une cuisine propre	
—underclothes	des sous-vêtements propres	

a CLEANED		362
clothing	un vêtement nettoyé	
window	une fenêtre nettoyée	
fish	un poisson vidé	
apartment	un appartement nettoyé	
laundry	du linge nettoyé	

a CLEANSING		363
cream	une crème de démaquillage	
lotion	une lotion démaquillante	
mist	une pulvérisation purifiante	
heat	une chaleur détersive	
liquid	un liquide détersif	

a CLEAR		364
majority	une nette majorité	
day	une journée ensoleillée	
diagram	un diagramme clair	
liquid	un liquide limpide	
improvement	une nette amélioration	

a CLENCHED		365
fist	un poing serré	
—lips	des lèvres serrées	
jaw	une mâchoire serrée	
coin	une pièce de monnaie serrée dans la main	
key	une clef serrée dans la main	

a CLERICAL		366
error (typing)	une faute de frappe	
assistant	un adjoint administratif	
staff	des employées de bureau	
competence	des qualifications d'employé de bureau	
position	un emploi de bureau	

a CLEVER		367
magician	un magicien habile	
trick	un tour habile	
plan	un plan habile	
solution	une solution ingénieuse	
idea	une idée ingénieuse	

a CLIMACTIC		368
moment	un moment décisif	
event	un événement décisif	
vote	un scrutin décisif	
meeting	une rencontre décisive	
verdict	un verdict décisif	

a CLINGING		369
vine	une plante grimpante tenace	
sweater	un chandail collant	
wife	une épouse collante	
odor	une odeur tenace	
powder	une poudre adhérente	

a CLOGGED		370
pipe	un tuyau obstrué	
drain	une bonde obstruée	
gutter	un caniveau obstrué	
spout	un bec verseur obstrué	
sewer	un égout obstrué	

a CLOSE		371
relationship	un rapport étroit	
resemblance	une grande ressemblance	
associate	un collaborateur proche	
approximation	une excellente approximation	
friend	un ami intime	

a CLOSED		372
door	une porte fermée	
window	une fenêtre fermée	
drawer	un tiroir fermé	
trunk	une malle fermée	
suitcase	une valise fermée	

a CLOUDED		373
visibility	une faible visibilité	
view	une vue voilée	
landscape	un paysage estompé	
issue	une question obscure	
liquid	un liquide troublé	

a CLOUDY		374
sky	un ciel nuageux	
day	une journée nuageuse	
morning	une matinée nuageuse	
afternoon	un après-midi nuageux	
atmosphere	une ambiance lourde	

a CLUMSY		375
performance	une éxécution maladroite	
dancer	un danseur maladroit	
movement	un mouvement maladroit	
athlete	un sportif maladroit	
apology	une excuse maladroite	

a CLUTTERED		376
closet	une armoire encombrée	
deck	un bureau encombré	
table	une table encombrée	
room	une pièce encombrée	
apartment	un appartement encombré	

a COARSE		377
texture	une texture grossière	
remark	une remarque grossière	
sand	un sable grossier	
sandpaper	un papier de verre à gros grain	
joke	une plaisanterie grossière	

a COASTAL		378
port	un port maritime	
harbor	un port côtier	
fog	une brûme côtière	
breeze	une brise côtière	
island	une île côtière	

a COHERENT		379
explanation	une explication cohérente	
argument	un argument cohérent	
debate	un débat cohérent	
speech	un discours cohérent	
conversation	une conversation cohérente	

a COLD		380
winter	un hiver très froid	
climate	un climat froid	
war	une guerre froide	
front (weather)	une vague d'air froid	
morning	une matinée froide	

a COLD-BLOODED 381

assassination	un assassinat commis de sang-froid
murder	un meurtre commis de sang-froid
assault	une agression commise de sang-froid
attitude	une attitude insensible
tyrant	un tyran insensible

a COLLOQUIAL 382

expression	une expression familière
phrase	une tournure familière
word	un mot familier
sentence	une phrase familière
adjective	un adjectif familier

a COLONIAL 383

policy	une politique coloniale
government	un gouvernement colonial
possession	une possession coloniale
governor	un gouverneur d'une colonie
official	un fonctionnaire colonial

a COLORLESS 384

liquid	un liquide incolore
personality	un personnage falot
style	un style plat
description	une description fade
candidate	un candidat falot

a COLOSSAL 385

fraud	une fraude colossale
nerve	un "culot monstre"
structure	une construction colossale
store	un magasin colossal
statue	une statue colossale

a COLORED 386

dress	une robe colorée
sash	une large ceinture colorée
tie	une cravate colorée
belt	une ceinture colorée
shirt	une chemise colorée

a COLORFUL 387

personality	un personnage pittoresque
tattoo	un tatouage pittoresque
flag	un drapeau coloré
description	une description pittoresque
explanation	une explication pittoresque

a COMBINED 388

effort	des efforts conjugués
attack	une attaque générale
accomplishment	une réalisation d'ensemble
total	un total général
analysis	une analyse globale

a COMFORTABLE 389

bed	un lit confortable
seat	un siège confortable
chair	une chaise confortable
life	une vie facile
hostel (youth)	une auberge de la jeunesse confortable

a COMFORTING 390

fire	un feu réconfortant
thought	une pensée réconfortante
reassurance	des paroles de réconfort
warmth	une chaleur réconfortante
security	une sécurité réconfortante

a COMICAL 391

reply	une réplique comique
definition	une définition comique
answer	une réponse comique
scene	une scène comique
play	une pièce comique

a COMMANDING 392

lead	une majorité imposante
voice	une voix autoritaire
tone	un ton de commandement
general	un général commandant
officer	un officier commandant

a COMMENDABLE 393

behavior	un comportement louable
progress	un progrès louable
improvement	une amélioration louable
grade	une bonne note
record	un état de service louable

a COMMERCIAL 394

success	un succès commercial
failure	un échec commercial
product	un produit commercial
advertisement	une publicité commerciale
magazine	une revue commerciale

a COMMON 395

thief	un voleur ordinaire
cold	un rhume ordinaire
adverb	un adverbe courant
objection	une objection courante
error	une erreur commune

a COMPACT 396

car	une petite voiture (américaine)
radio	une petite radio
TV set	un petit téléviseur
size	de faible encombrement
package	un paquet peu volumineux

a COMPARABLE 397

price	un prix comparable
model	un modèle comparable
quality	une qualité comparable
style	un style comparable
value	une valeur comparable

a COMPARATIVE 398

ease	une aisance relative
privacy	une intimité relative
seclusion	une solitude relative
security	une sécurité relative
poverty	une pauvreté relative

a COMPASSIONATE 399

priest	un prêtre compatissant
attitude	une attitude compatissante
juror	un juré compatissant
judge	un juge compatissant
teacher	un professeur compatissant

a COMPETENT 400

doctor	un bon médecin
engineer	un ingénieur qualifié
lawyer	un avocat qualifié
authority	une autorité compétente
expert	un expert qualifié

a COMPETITIVE 401

business	une entreprise concurrente
examination	un concours
race	une compétition
sport	un sport de compétition
urge	une impulsion de rivalité

a COMPLACENT 402

Congress	un Congrès content de lui
attitude	un air content de soi
society	une société complaisante
manner	un abord complaisant
investor	un investisseur content de lui

a COMPLAINING 403

pessimist	un pessimiste grognon
loser	un perdant grognon
customer	un client grognon
parent	un père (une mère) grognon(ne)
wife	une épouse grognonne

a COMPLETE 404

disaster	un désastre complet
failure	un échec complet
fiasco	un fiasco total
text	un texte intégral
breakdown (mechanical)	une panne totale

a COMPLETED 405

building	un édifice terminé
school	une école terminée
church	une église terminée
bridge	un pont terminé
structure	une construction terminée

a COMPLEX 406

problem	un problème complexe
puzzle	un puzzle complexe
theory	une théorie complexe
analysis	une analyse complexe
solution	une solution complexe

a COMPLICATED 407

mess	un beau fouillis
problem	un problème compliqué
arrangement	un arrangement compliqué
schedule	un horaire compliqué
puzzle	un puzzle compliqué

a COMPLIMENTARY 408

ticket	un billet de faveur
letter	une lettre élogieuse
report	un rapport élogieux
remark	une remarque flatteuse
copy	un exemplaire en hommage

a COMPOUND(ED) 409

fracture	une fracture ouverte à fragments
danger	des dangers multiples
problem	un problème complexe
difficulty	des difficultés multiples
loss	des pertes accumulées

a COMPREHENSIVE 410

report	un rapport d'ensemble
analysis	une analyse complète
book	un livre complet
collection	une collection complète
test	une épreuve d'ensemble

a COMPULSORY 411

test	une épreuve obligatoire
exercise	un exercice obligatoire
attendance	une présence obligatoire
visa	un visa obligatoire
course	un cours obligatoire

a CONCEALED 412

trap	un piège dissimulé
bait	un appât dissimulé
anger	une colère dissimulée
treasure	un trésor caché
safe	un coffre dissimulé

a CONCEALING 413

hood	une cagoule qui dérobe à la vue
covering	une enveloppe qui dérobe à la vue
canvas	une bâche qui dérobe à la vue
door	une porte qui dérobe à la vue
wrap	une pèlerine qui dérobe à la vue

a CONCEITED 414

manner	des façons prétentieuses
attitude	une attitude prétentieuse
actor	un acteur prétentieux
student	un étudiant prétentieux
athlete	un athlète prétentieux

a CONCEIVABLE 415

profit	un profit possible
loss	une perte possible
plan	un plan possible
winner	un gagnant possible
withdrawal	une retraite possible

CONCENTRIC 416

orbits	des orbites concentriques
circles	des cercles concentriques
arcs	des arcs concentriques
curves	des courbes concentriques
spheres	des sphères concentriques

a CONCILIATORY 417

gesture	un geste de conciliation
meeting	une réunion conciliante
board	un conseil d'arbitrage
tone	un ton conciliant
compromise	un compromis de conciliation

a CONCISE 418

report	un exposé concis
analysis	une analyse concise
statement	une déclaration concise
anthology	une anthologie concise
memorandum	un mémoire concis

a CONCLUDING 419

chapter	un chapitre final
statement	une déclaration finale
phrase	une locution finale
witness	un dernier témoin
resumé	une récapitulation

a CONCLUSIVE 420

proof	une preuve concluante
evidence	une preuve concluante
statement	une déclaration concluante
argument	un argument décisif
fact	un fait probant

a CONCRETE		421
definition	une définition concrète	
example	un exemple concret	
objection	une objection concrète	
illustration	un exemple concret	
proof	une preuve concrète	

a CONDEMNED		422
prisoner	un prisonnier condamné (à mort)	
convict	un condamné (à mort)	
soldier	un soldat condamné (à mort)	
traitor	un traître condamné (à mort)	
accomplice	un complice condamné (à mort)	

a CONDENSED		423
version	une version condensée	
phrase	une locution condensée	
textbook	un manuel condensé	
milk	un lait concentré	
novel	un roman condensé	

a CONDITIONAL		424
release	une libération sous condition	
guarantee	une garantie sous condition	
armistice	une armistice sous condition	
surrender	une reddition sous condition	
agreement	un accord sous condition	

a CONFESSED		425
murderer	un meurtrier avoué	
crime	un crime avoué	
traitor	un traître avoué	
thief	un voleur qui a avoué	
criminal	un criminel avoué	

a CONFIDENT		426
candidate	un candidat sûr de lui	
winner	un gagnant sûr de lui	
attitude	une attitude assurée	
student	un étudiant sûr de lui	
athlete	un athlète sûr de lui	

a CONFIDENTIAL		427
memorandum	un mémoire confidentiel	
file	un dossier confidentiel	
letter	une lettre confidentielle	
matter	une affaire confidentielle	
report	un rapport confidentiel	

a CONFINED		428
space	un espace resserré	
room	une pièce exiguë	
area	une zone restreinte	
prisoner	un prisonnier mis en cellule	
feeling	un sentiment de claustrophobie	

a CONFIRMED		429
reservation	une réservation confirmée	
ticket	un billet confirmé	
promotion	une promotion confirmée	
loss	une perte confirmée	
profit	un profit confirmé	

a CONFLICTING		430
regulation	un règlement contradictoire	
opinion	un avis contraire	
loyalty	une fidélité contradictoire	
interest	un intérêt contradictoire	
idea	une idée opposée	

a CONFORMING		431
society	une société conformiste	
introvert	un introverti conformiste	
pacifist	un pacifiste conformiste	
tendency	une tendance conformiste	
optimist	un optimiste conformiste	

a CONFUSED		432
murmur	un murmure confus	
state	un état de confusion	
account	un récit confus	
analysis	une analyse confuse	
statement	une déclaration confuse	

a CONFUSING		433
question	une question embrouillée	
schedule	un programme embrouillé	
−directions	des instructions déroutantes	
answer	une réponse embrouillée	
dictionary	un dictionnaire déroutant	

a CONGENIAL		434
host	un hôte aimable	
atmosphere	une ambiance agréable	
party	une réception agréable	
meeting	une réunion agréable	
hostess	une hôtesse aimable	

a CONGESTED		435
traffic	une circulation intense	
flow	un écoulement entravé	
area	une zone surpeuplée	
center	un centre encombré	
throat	une gorge serrée	

a CONNECTING		436
flight	un vol de correspondance	
door	une porte de communication	
road	une route de jonction	
tissue (medical)	un tissu conjonctif	
word	un mot de liaison	

a CONQUERED		437
territory	un territoire conquis	
people	une population vaincue	
land	un pays conquis	
area	une région conquise	
tribe	une tribu vaincue	

a CONSCIENTIOUS		438
worker	un travailleur consciencieux	
employee	un employé consciencieux	
objector	un objecteur de conscience	
accountant	un comptable consciencieux	
student	un étudiant consciencieux	

a CONSCIOUS		439
effort	un effort conscient	
attempt	une tentative consciente	
state	un état conscient	
thought	une pensée consciente	
movement	un mouvement conscient	

a CONSERVATIVE		440
attitude	une attitude traditionnaliste	
philosophy	une doctrine conservatrice	
candidate	un candidat conservateur	
party	un parti conservateur	
approach	une méthode traditionelle	

a CONSIDERABLE	441
loss	une perte considérable
expense	une dépense considérable
delay	un retard considérable
profit	un bénéfice considérable
waste	un gaspillage considérable

a CONSIDERATE	442
husband	un époux attentionné
son	un fils prévenant
action	un acte gentil
gift	un cadeau délicat
offer	une offre aimable

a CONSISTENT	443
failure	une suite d'échecs répétés
winner	un gagnant habituel
loser	un perdant habituel
loss	une perte continue
increase	une augmentation continue

a CONSPICUOUS	444
absence	une absence frappante
height	une hauteur qui se remarque
size	une taille qui se remarque
outfit	un ensemble voyant
hat	un chapeau voyant

a CONSTANT	445
reminder	un rappel constant
source	une source constante
annoyance	un ennui constant
pain	une douleur constante
throbbing	un battement constant

a CONSTITUTIONAL	446
amendment	un amendement à la Constitution
right	un droit constitutionnel
law	une loi constitutionnelle
government	un gouvernement constitutionnel
monarchy	une monarchie constitutionnelle

a CONSTRUCTED	447
maze	un dédale érigé
barrier	un obstacle élevé
defense	une défense érigée
tower	une tour édifiée
boat	un bateau construit

a CONSTRUCTIVE	448
criticism	une critique constructive
suggestion	une suggestion constructive
evaluation	une évaluation constructive
alternative	une alternative constructive
analysis	une analyse constructive

a CONSULTING	449
engineer	un ingénieur conseil
professor	un professeur consultant
doctor	un médecin consultant
expert	un expert consultant
scientist	un conseiller scientifique

a CONTAGIOUS	450
enthusiasm	un enthousiasme contagieux
illness	une effection contagieuse
humor	une humeur communicative
laugh	un rire communicatif
yawn	un bâillement communicatif

a CONTAMINATED	451
drinking water	une eau potable polluée
well	un puits pollué
source	une source polluée
meat	une viande polluée
river	une rivière polluée

a CONTEMPLATED	452
divorce	un divorce envisagé
suicide	un suicide envisagé
withdrawal	un retrait envisagé
merger	une fusion envisagée
acquisition	une acquisition envisagée

a CONTEMPORARY	453
author	un auteur contemporain
play	une pièce contemporaine
masterpiece	un chef-d'œuvre contemporain
drama	un drame contemporain
novel	un roman contemporain

a CONTEMPTIBLE	454
coward	un lâche méprisable
act	un acte méprisable
traitor	un traître méprisable
betrayal	une trahison méprisable
lie	une mensonge méprisable

a CONTEMPTUOUS	455
sneer	un sourire méprisant
laugh	un rire méprisant
attitude	un air méprisant
answer	une réponse méprisante
disregard	une indifférence méprisante

a CONTENTED	456
family	une famille heureuse
flock	un troupeau satisfait
herd	un troupeau satisfait
feeling	un sentiment de contentement
cow	une vache satisfaite

a CONTESTED	457
will	un testament contesté
argument	un argument contesté
victory	une victoire contestée
statement	une déclaration contestée
verdict	un verdict contesté

a CONTEXTUAL	458
setting	un contexte
variation	un changement de contexte
dictionary	un dictionnaire (glossaire) des mots en situation
frequency	la fréquence des mots en situation
difference	une distinction d'après l'usage

a CONTINUAL	459
interference	des ingérences continuelles
reduction	des réductions continuelles
increase	des accroissements continuels
improvement	une amélioration constante
immigration	une immigration continuelle

a CONTINUING	460
hardship	des épreuves sans fin
inefficiency	une inefficacité durable
study	une étude suivie
unhappiness	des malheurs sans fin
erosion	une érosion continue

a CONTINUOUS		461
rain	une pluie incessante	
fog	un brouillard sans fin	
showing	une séance permanente	
band	une bande continue	
sequence	une séquence continue	

a CONTRADICTORY		462
statement	une déclaration contradictoire	
remark	une remarque contradictoire	
belief	une conviction opposée	
assertion	une affirmation contradictoire	
fact	un fait contradictoire	

a CONTRASTING		463
color	une couleur contrastée	
culture	une culture	
style	un style	en
personality	une personnalité	contraste
loudness	une sonorité	avec . . .

a CONTROLLED		464
anger	une colère réprimée	
passion	une passion dominée	
feeling	un sentiment réprimé	
activity	une activité contrôlée	
press (news)	une presse muselée	

a CONTROLLING		465
syndicate	un consortium dirigeant	
majority	une majorité déterminante	
power	une puissance dirigeante	
influence	une influence décisive	
interest	une part majoritaire	

a CONTROVERSIAL		466
argument	un argument discutable	
issue	une question discutable	
artist	un peintre controversé	
painting	un tableau controversé	
problem	un problème polémique	

a CONVENIENT		467
arrangement	un accord satisfaisant	
payment	des facilités de paiement	
location	un emplacement commode	
place	un endroit commode	
pause	une pause bienvenue	

a CONVENTIONAL		468
type	un type courant	
model	un modèle courant	
drawing	un dessin classique	
airplane	un avion ordinaire	
design	un modèle courant	

a CONVERTED		469
factory	une usine transformée	
yacht	un yacht transformé	
warehouse	un entrepôt transformé	
warship	un navire de guerre converti	
garage	un garage transformé	

a CONVICTED		470
murderer	un meurtrier reconnu coupable	
criminal	un criminel reconnu coupable	
thief	un voleur reconnu coupable	
accomplice	un complice reconnu coupable	
assassin	un assassin reconnu coupable	

a CONVINCING		471
defeat	une défaite convaincante	
demonstration	une démonstration convaincante	
argument	un argument convaincant	
victory	une victoire convaincante	
evidence	une preuve convaincante	

a CONVULSIVE		472
gasp	un sursaut convulsif	
shudder	un frisson convulsif	
jerk	un tic convulsif	
spasm	un spasme convulsif	
hysteria	une hystérie convulsive	

a COOKED		473
—rice	un riz cuit	
—meat	une viande cuite	
fish	un poisson cuit	
—vegetable	un légume cuit	
chicken	un poulet cuit	

a COOL		474
place	un endroit frais	
cellar	une cave fraîche	
shade	une ombre fraîche	
drink	une boisson fraîche	
evening	une soirée fraîche	

a COOLED		475
champagne	un champagne frappé	
wine	un vin frappé	
radiator	un radiateur refroidi	
engine	un moteur refroidi	
liquid	un liquide rafraîchi	

a COOLING		476
lotion	une lotion rafraîchissante	
salve	un baume rafraîchissant	
shower	une douche rafraîchissante	
rain	une pluie rafraîchissante	
drink	une boisson rafraîchissante	

a COOPERATIVE		477
client	un client coopératif	
effort	un effort en commun	
prisoner	un prisonnier coopératif	
patient	un patient coopératif	
principal	un directeur d'école coopératif	

a COORDINATED		478
effort	un effort coordonné	
attempt	une tentative coordonnée	
attack	une attaque coordonnée	
project	un projet coordonné	
schedule	un plan coordonné	

a CORDIAL		479
invitation	une invitation cordiale	
reply	une réponse cordiale	
reception	un accueil cordial	
meeting	une réunion cordiale	
feeling	un sentiment cordial	

a CORRECT		480
answer	une réponse juste	
amount	un montant juste	
total	un total juste	
solution	une solution juste	
bill	une facture juste	

a **CORRESPONDING** 481

value	une valeur correspondante
profit	un bénéfice correspondant
loss	une perte correspondante
argument	un argument correspondant
secretary	une secrétaire correspondante

a **CORRUPT** 482

society	une societé corrompue
influence	une influence corruptrice
juror	un juré corrompu
official	un fonctionnaire corrompu
mayor	un maire corrompu

a **COSMIC** 483

origin	une origine cosmique
ray	un rayon cosmique
radiation	un rayonnement cosmique
force	une force cosmique
dust	une poussière cosmique

a **COSTLY** 484

error	une erreur coûteuse
present	un cadeau coûteux
repair	une réparation coûteuse
replacement	une pièce de rechange coûteuse
addition	un agrandissement coûteux

a **COUNTERFEIT** 485

coin	une fausse pièce de monnaie
dollar	un faux billet d'un dollar
banknote	un faux billet
painting	un faux en peinture
masterpiece	une copie de tableau célèbre

a **COUNTLESS** 486

number	un nombre incalculable
—fragments	des fragments innombrables
—admirers	des admirateurs innombrables
—stars	des étoiles innombrables
—galaxies	des galaxies innombrables

a **COURAGEOUS** 487

hero	un héros courageux
defense	une défense courageuse
action	une action courageuse
deed	un acte courageux
attempt	une tentative courageuse

a **COURTEOUS** 488

manner	des manières courtoises
answer	une réponse polie
child	un enfant poli
apology	une excuse courtoise
clerk	un vendeur poli

a **COWARDLY** 489

surrender	une lâche capitulation
man	un lâche
soldier	un soldat poltron
act	un acte lâche
retreat	une retraite apeurée

a **COY** 490

wink	un clin d'œil coquet
behavior	un maintien coquet
smile	un sourire coquet
girl	une jeune fille coquette
flirting	de la coquetterie

a **COZY** 491

room	une pièce confortable
corner	un coin confortable
atmosphere	une ambiance confortable
apartment	un appartement confortable
living room	une salle de séjour confortable

a **CRACKED** 492

window	une vitre fendue
plate	une assiette fendue
glass	un verre fendu
windowpane	un carreau fendu
cement	un ciment craquelé

a **CRACKLING** 493

fire	un feu crépitant
noise	un bruit crépitant
log	une bûche crépitante
embers	des braises crépitantes
bonfire	un feu de joie crépitant

a **CRAFTY** 494

scheme	un plan astucieux
lawyer	un avocat astucieux
fox	un renard rusé
financier	un financier retors
banker	un banquier retors

a **CRAZY** 495

idea	une idée folle
world	un monde à l'envers
movie	un film saugrenu
plan	un plan saugrenu
thought	une pensée absurde

a **CREAKING** 496

cart	une carriole grinçante
wagon	un chariot grinçant
door	une porte grinçante
gate	un portail grinçant
shutter	un volet grinçant

a **CREAMY** 497

substance	une substance crémeuse
oil	une huile épaisse
texture	une texture épaisse
liquid	un liquide crémeux
solution	une solution crémeuse

a **CREATIVE** 498

talent	un don créateur
writer	un écrivain créateur
artist	un artiste créateur
musician	un musicien créateur
architect	un architecte créateur

a **CREDIBLE**

witness	un témoin digne de foi
testimony	un témoignage digne de foi
evidence	une preuve digne de foi
account	un exposé vraisemblable
story	une histoire vraisemblable

a **CREDITABLE** 500

performance	une représentation digne d'éloges
achievement	un exploit digne d'éloges
record	un état de service digne d'éloges
verdict	un verdict respectable
production	une représentation digne d'éloges

ADJECTIVE

a CRIMINAL		501
case	une affaire criminelle	
court	un tribunal criminel	
law	la législation criminelle	
trial	une procédure criminelle	
lawyer	un avocat d'assises	

a CRIMSON		502
sunset	un crépuscule pourpre	
robe	une robe pourpre	
scarf	un foulard pourpre	
petal	un pétale pourpre	
banner	un étendard pourpre	

a CRIPPLED		503
hand	une main infirme	
arm	un bras infirme	
body	un corps infirme	
economy	une économie paralysée	
factory	une usine paralysée	

a CRIPPLING		504
handicap	un handicap paralysant	
blow	un coup paralysant	
disease	une maladie paralysante	
strike	une grève paralysante	
affliction	une affliction paralysante	

a CRISP		505
toast	un toast croustillant	
pastry	une pâtisserie croustillante	
pancake	une crêpe croustillante	
apple	une pomme croquante	
bacon	du bacon croustillant	

a CRITICAL		506
decision	une décision critique	
year	une année critique	
time	un moment critique	
condition	une condition critique	
point	un point critique	

a CROOKED		507
line	une ligne de travers	
smile	un sourire en coin	
hem	un ourlet inégal (irrégulier)	
seam	une couture de travers	
path	un sentier tortueux	

a CROWDED		508
room	une pièce bondée	
square	une place bondée	
courtroom	une salle de tribunal bondée	
classroom	une salle de classe bondée	
agenda	un ordre du jour chargé	

a CROWNING		509
triumph	un triomphe suprême	
achievement	une réalisation suprême	
glory	une gloire suprême	
indignity	un affront suprême	
blow	un coup final	

a CRUCIAL		510
decision	une décision cruciale	
point	un point crucial	
moment	un moment crucial	
election	une élection cruciale	
vote	un vote crucial	

a CRUDE		511
remark	une remarque malsonnante	
drawing	une esquisse sommaire	
sketch	un croquis sommaire	
signature	une signature informe	
oil	un pétrole brut	

a CRUEL		512
world	un monde cruel	
fate	un sort cruel	
punishment	une punition cruelle	
father	un père cruel	
judge	un juge cruel	

a CRUMBLING		513
chalk	une craie qui s'effrite	
pyramid	une pyramide qui s'écroule	
civilization	une civilisation qui s'effond	
monument	un monument qui s'écroule	
scroll	un rouleau de parchemin désagrégé	

a CULTIVATED		514
crop	une récolte cultivée	
vineyard	une vigne cultivée	
friendship	une amitié entretenue	
style	un style soigné	
manner	un air éduqué	

a CULTURAL		515
exhibit	une exposition culturelle	
event	un événement culturel	
exchange	un échange culturel	
program	un programme culturel	
concert	un concert culturel	

a CULTURED		516
style	un style cultivé	
language	un langage cultivé	
pearl	une perle de culture	
accent	un accent affecté	
behavior (manners)	des manières raffinées	

a CUNNING		517
plan	un plan astucieux	
deception	une duperie astucieuse	
fraud	une imposture astucieuse	
plot	un complot astucieux	
lawyer	un avocat retors	

a CURED		518
patient	un malade rétabli	
addict	un toxicomane rétabli	
leather	un cuir tanné	
meat	une viande fumée (salée)	
tobacco	un tabac séché	

a CURIOUS (inquisitive)		519
bystander	un badaud curieux	
child	un enfant curieux	
tourist	un touriste curieux	
policeman	un agent de police curieux	
passenger	un passager curieux	

a CURIOUS (odd)		520
solution	une solution singulière	
remark	une remarque curieuse	
object	un objet curieux	
statement	une déclaration curieuse	
analogy	une analogie curieuse	

a CURRENT 521

problem	un problème actuel
event	un événement actuel
deficit	un déficit actuel
liability	des dettes à court terme
progress	un progrés actuel

a CURT 522

command	un commandement sec
statement	une déclaration sèche
refusal	un refus sec
order	un ordre sec
manner	un air brusque

a CURVED 523

dagger	un poignard à lame courbe
line	une ligne courbe
knife	un couteau à lame courbe
sword	une épée à lame courbe
contour	un contour incurvé

a CUSTOMARY 524

bonus	une prime habituelle
refusal	un refus habituel
tip	un pourboire habituel
charge	des frais habituels
lack	une pénurie habituelle

a CUSTOM-MADE 525

suit	un costume sur mesure
coat	un manteau sur mesure
car	une voiture faite sur commande
yacht	un yacht fait sur commande
trailer	une caravane faite sur commande

a CUT 526

cord	une ficelle coupée
ration	une ration réduite
supply	un ravitallement tari
allowance	une pension supprimée
diamond	un diamant taillé

a CUTE 527

girl	une gentille fillette
dress	une gentille robe
smile	un gentil sourire
hat	un gentil chapeau
outfit	un gentil ensemble

a CYNICAL 528

answer	une réponse cynique
pessimist	un pessimiste cynique
smile	un sourire cynique
attitude	une attitude cynique
teacher	un professeur cynique

D

a DAILY 529

assignment	un devoir quotidien
newspaper	un quotidien
schedule	un programme quotidien
quota	un contingent journalier
allotment	une allocation journalière

a DAINTY 530

dish	un plat délicat
hand	une main délicate
nose	un nez fin
cup	une jolie tasse
mouth	une bouche délicate

a DAMAGING 531

admission	un aveu préjudiciable
evidence	une preuve préjudiciable
testimony	un témoignage préjudiciable
rumor	une rumeur préjudiciable
report	un rapport préjudiciable

a DAMP 532

rag	un chiffon humide
climate	un climat humide
sponge	une éponge humide
air	un air humide
handkerchief	un mouchoir humide

a DANGEROUS 533

crossing	un carrefour dangereux
overpass	un passage supérieur dangereux
flight	un vol dangereux
climb	une ascension dangereuse
mission	une mission dangereuse

a DARING 534

exploit	un exploit audacieux
expedition	un expédition audacieuse
exposé	un exposé scandaleux
attempt	une tentative audacieuse
climb	une ascension audacieuse

a DARK 635

color	une couleur foncée
night	une nuit sombre
sky	un ciel sombre
corner	un coin sombre
room	une pièce sombre

a DARLING 536

outfit	un ensemble mignon
hat	un chapeau mignon
dress	une robe mignonne
child	un enfant mignon
costume	un travesti mignon

a DAUNTLESS 537

courage	un courage indomptable
faith	une foi à toute épreuve
foe	un ennemi intrépide
leader	un chef intrépide
advocate	un protagoniste intrépide

a DAZED 538

condition	un état d'hébétude
patient	un patient hébété
expression	une expression ahurie
victim	une victime abasourdie
winner	un vainqueur abasourdi

a DAZZLING 539

smile	un sourire éblouissant
display	un spectacle éblouissant
speed	une vitesse fantastique
light	une lumière aveuglante
performance	un exploit étourdissant

a DEAD 540

body	un corps sans vie
battery	une batterie à plat
king	le défunt roi
president	le défunt président
planet	une planète morte

DEADLY		541
poison	un poison mortel	
gas	un gaz mortel	
liquid	un liquide mortel	
drug	une drogue mortelle	
substance	une substance mortelle	

DEAF		542
ear	une oreille sourde	
old man	un vieillard sourd	
patient	un patient sourd	
grandfather	un grand-père sourd	
composer	un compositeur sourd	

DEAFENING		543
roar	un grondement assourdissant	
explosion	une explosion assourdissante	
noise	un bruit assourdissant	
thunder	un tonnerre assourdissant	
applause	des applaudissements assourdissants	

DEATHLY		544
pallor	une pâleur mortelle	
silence	un silence mortel	
stillness	un calme mortel	
gloom	une tristesse mortelle	
radiation	une radiation mortelle	

DECADENT		545
civilization	une civilisation décadente	
society	une société décadente	
culture	une culture décadente	
ruler	un souverain décadent	
nation	une nation décadente	

DECAYED		546
skeleton	un squelette décomposé	
tooth	une dent cariée	
vegetation	une végétation flétrie	
section	une partie pourrie	
log	une bûche pourrie	

DECEITFUL		547
person	un fourbe	
liar	un menteur accompli	
woman	une femme perfide	
man	un homme perfide	
lawyer	un avocat perfide	

DECENT		548
burial	des obsèques décentes	
outfit	des vêtements décents	
salary	un salaire décent	
life	une existence décente	
standard	un niveau décent	

DECEPTIVE		549
ease	une facilité trompeuse	
smile	un sourire trompeur	
attack	une attaque trompeuse	
warmth	une sympathie trompeuse	
costume	un habit trompeur	

DECISIVE		550
victory	une victoire décisive	
battle	une bataille décisive	
factor	un facteur décisif	
vote	un scrutin décisif	
majority	une majorité décisive	

a **DECLINING**		551
rate	un taux en baisse	
value	une valeur en baisse	
profit	un profit en baisse	
interest	un intérêt en baisse	
income	un revenu en baisse	

a **DECORATIVE**		552
pattern	un modèle décoratif	
rug	un tapis décoratif	
wallpaper	un papier peint décoratif	
design	un dessin décoratif	
tablecloth	une nappe décorative	

a **DECORATED**		553
ceiling	un plafond décoré	
shield	un bouclier décoré	
stationery	du papier à lettres ornementé	
vault	une voûte décorée	
soldier	un soldat décoré	

a **DECREASED**		554
rate	un taux réduit	
allowance	une allocation réduite	
budget	un budget réduit	
activity	une activité réduite	
sensitivity	une sensibilité réduite	

a **DECREASING**		555
influence	une influence décroissante	
amount	une quantité décroissante	
supply	des provisions qui s'amenuisent	
rate	un taux décroissant	
value	une valeur décroissante	

a **DEDICATED**		556
official	un fonctionnaire ⎫	qui se consacre
politician	un politicien	entièrement (à
teacher	un professeur ⎬	sa vocation)
artist	un artiste ⎫	
actor	un acteur ⎭	(à son art)

a **DEEP**		557
hole	un trou profond	
lagoon	une lagune profonde	
well	un puits profond	
faith	une foi profonde	
ditch	un fossé profond	

a **DEEPENING**		558
gloom	une mélancolie grandissante	
shade	une ombre qui s'épaissit	
distrust	une méfiance grandissante	
dislike	une aversion grandissante	
unrest	une agitation grandissante	

a **DEFEATED**		559
army	une armée vaincue	
opponent	un adversaire vaincu	
candidate	un candidat battu	
attitude	une attitude défaitiste	
team	une équipe battue	

a **DEFECTIVE**		560
part	une pièce défectueuse	
tube	un tube défectueux	
brake	un frein défectueux	
tire	un pneu défectueux	
recorder	un enregistreur en panne	

a DEFENDED 561

position	une position défendue
line	une ligne de défense
fort	un fort en état de défense
city	une ville défendue
river	une rivière défendue

a DEFENSELESS 562

city	une ville ouverte (sans défense)
seaport	un port sans défense
area	une région sans défense
country	un pays sans défense
boundary	une frontière sans défense

a DEFENSIBLE 563

position	une position tenable
location	un emplacement défendable
argument	un argument soutenable
concept	une idée défendable
area	une zone défendable

a DEFENSIVE 564

barrier	un obstacle défensif
perimeter	un périmètre de défense
alignment	une ligne de défense
position	une position de défense
justification	une justification défensive

a DEFIANT 565

student	un étudiant révolté
child	un enfant révolté
stance	une posture de défi
teen-ager	un adolescent révolté
attitude	une attitude de révolte

a DEFINITE 566

answer	une réponse catégorique
rejection	un rejet catégorique
refusal	un refus catégorique
symptom	un symptôme caractéristique
arrangement	un accord précis

a DEFORMED 567

foot	un pied difforme
leg	une jambe difforme
hand	une main difforme
body	un corps difforme
spine	une épine dorsale difforme

a DELAYED 568

reaction	une réaction différée
arrival	une arrivée tardive
departure	un départ tardif
train	un train en retard
flight	un vol retardé

a DELECTABLE 569

dish	un mets délectable
wine	un vin délectable
cheese	un fromage délectable
appetizer	un hors-d'œuvre délectable
dessert	un dessert délectable

a DELIBERATE 570

slight	un affront délibéré
lie	un mensonge délibéré
withholding	une dissimulation intentionnelle
loss	une perte délibérée
withdrawal	un retrait délibéré

a DELICATE 571

operation	une opération délicate
situation	une situation délicate
nuance	une nuance délicate
root	une racine délicate
china	une porcelaine fine

a DELICIOUS 572

steak	un bifteck délicieux
meal	un repas délicieux
cake	un gâteau délicieux
omelette	une délicieuse omelette
sherbet	un délicieux sorbet

a DELIGHTED 573

audience	un public ravi
winner	un vainqueur ravi
recipient	un bénéficiaire ravi
student	un étudiant ravi
crowd	une foule ravie

a DELIGHTFUL 574

surprise	une délicieuse surprise
play	une pièce très agréable
allegory	une allégorie délicieuse
book	un livre enchanteur
film	un film enchanteur

a DELIRIOUS 575

patient	un patient qui délire
woman	une femme qui délire
dream	un rêve délirant
child	un enfant qui délire
account	un récit délirant

a DELIVERED 576

parcel	un paquet livré (à)
ultimatum	un ultimatum adressé (à)
note	une note remise (à)
telegram	un télégramme distribué (à)
communiqué	un communiqué distribué (à)

a DEMANDING 577

job	un travail astreignant
wife	une épouse exigeante
employer	un employeur exigeant
profession	une profession astreignante
assignment	un devoir difficile

a DEMILITARIZED 578

zone	une zone démilitarisée
area	une région démilitarisée
perimeter	un périmètre démilitarisé
territory	un territoire démilitarisé
country	un pays démilitarisé

a DEMOCRATIC 579

country	un pays démocratique
election	une élection démocratique
system	un régime démocratique
government	un gouvernement démocratique
policy	une politique démocratique

a DEMOLISHED 580

village	un village démoli
house	une maison démolie
building	un bâtiment démoli
fortress	une forteresse démantelée
automobile	une automobile démolie

a **DENIED**	581	a **DERAILED**	591
parole	une libération conditionelle refusée	train	un train déraillé
request	une demande refusée	locomotive	une locomotive déraillée
permission	une autorisation refusée	engine	une locomotive déraillée
accusation	une accusation démentie	caboose	un fourgon déraillé
divorce	un divorce refusé	express	un express déraillé

a **DENSE**	582	a **DEROGATORY**	592
forest	une forêt épaisse	remark	une remarque blessante
shrubbery	un bosquet épais	statement	une déclaration blessante
undergrowth	des broussailles épaisses	article	un article blessant
population	une population nombreuse	cartoon	une caricature blessante
fog	un brouillard épais	accusation	une accusation blessante

a **DENTED**	583	a **DESCRIPTIVE**	593
can	une boîte cabossée	pamphlet	une notice descriptive
pail	un seau cabossé	account	un récit descriptif
fender	une aile cabossée	paragraph	un paragraphe descriptif
helmet	un casque cabossé	word	un mot descriptif
vehicle	un véhicule cabossé	phrase	une expression descriptive

a **DEPENDABLE**	584	a **DESERTED**	594
watch	une montre sûre	island	une île déserte
friend	un ami sûr	ship	un navire abandonné
worker	un travailleur digne de confiance	ruin	une ruine abandonnée
employee	un employé digne de confiance	windmill	un moulin abandonné
source	une source sûre	building	un bâtiment abandonné

a **DEPENDENT**	585	a **DESERVED**	595
son	un fils à charge	reputation	une réputation méritée
wife	une épouse à charge	fame	une renommée méritée
daughter	une fille à charge	victory	une victoire méritée
client	un client tributaire (de. . .)	award	un prix mérité
patient	un patient tributaire (de. . .)	punishment	une punition méritée

a **DEPLETED**	586	a **DESERVING**	596
resource	une ressource épuisée	winner	un vainqueur méritant
supply	des provisions épuisées	family	une famille méritante
wealth	une fortune amenuisée	recipient	un bénéficiaire méritant
strength	une force amenuisé	employee	un employé méritant
reserve	une réserve amenuisée	scholar	un érudit méritant

a **DEPLORABLE**	587	a **DESIGNATED**	597
condition	un état lamentable	ambassador	un ambassadeur désigné
state	un état lamentable	president	un président désigné
hardship	une triste épreuve	leader	un chef désigné
poverty	une pauvreté lamentable	winner	un gagnant désigné
situation	une situation lamentable	seat	un siège désigné

a **DEPOSED**	588	a **DESIRABLE**	598
ruler	un souverain déposé	location	un emplacement avantageux
monarch	un monarque déposé	trait	un trait de caractère souhaitable
leader	un leader destitué	quality	une qualité souhaitable
government	un gouvernement renversé	innovation	une innovation désirable
prime minister	un premier ministre limogé	addition	une adjonction désirable

a **DEPRESSED**	589	a **DESIRED**	599
economy	une économie languissante	assistance	une aide souhaitée
market	un marché déprimé	transfer	un transfert souhaité
state	un marasme	result	un résultat souhaité
student	un étudiant déprimé	goal	un but visé
loser	un perdant déprimé	effect	une conséquence souhaitée

a **DEPRESSING**	590	a **DESOLATE**	600
fatigue	une fatigue déprimante	farm	une ferme abandonnée
funeral	des obsèques déprimantes	region	une région déserte
sight	une vue déprimante	seacoast	une côte déserte
stillness	un silence déprimant	outpost	un avant-poste isolé
report	un récit déprimant	plain	une plaine déserte

a DESPERATE	601
gamble	(le tout pour le tout)
attempt	une tentative désespérée
hurry	une hâte désespérée
need	un besoin désespéré
urgency	une extrémité désespérée

a DESPISED	602
ruler	un gouvernant méprisé
teacher	un professeur méprisé
weakness	une faiblesse honnie
inferiority	une infériorité méprisable
regulation	un règlement haïssable

a DESTROYED	603
target	un objectif détruit
site	un emplacement détruit
city	une ville détruite
fort	un fort détruit
laboratory	un laboratoire détruit

a DESTRUCTIVE	604
storm	une tempête destructrice
hurricane	un ouragan destructeur
force	une force destructrice
flood	une inondation destructrice
wind	un vent destructeur

a DETAILED	605
report	un rapport détaillé
analysis	une analyse détaillée
drawing	un dessin détaillé
statement	une déclaration détaillée
plan	un plan détaillé

a DETERMINED	606
attitude	une attitude résolue
student	un étudiant résolu
advance	une avance résolue
stand	une position résolue
attempt	une tentative résolue

a DETESTABLE	607
personality	une personnalité détestable
ignorance	une ignorance détestable
poverty	une pauvreté détestable
act	un acte détestable
verdict	un verdict détestable

a DETONATED	608
hydrogen bomb	une bombe à hydrogène ayant explosé
explosive	un explosif ayant detoné
charge	une charge d'explosifs ayant detoné
atomic device	un engin atomique ayant explosé
guided missile	un engin téléguidé ayant explosé

a DETRIMENTAL	609
action	une action préjudiciable
accusation	une accusation préjudiciable
evidence	une preuve préjudiciable
loss	une perte préjudiciable
decision	une décision préjudiciable

a DEVASTATED	610
area	une région dévastée
town	une ville dévastée
target	un objectif dévasté
city	une (grande)ville dévastée
country	un pays dévasté

a DEVASTATING	611
earthquake	un séisme dévastateur
flood	une inondation dévastatrice
plague	un fléau dévastateur
upheaval	une convulsion dévastatrice
typhoon	un typhon dévastateur

a DEVELOPING	612
nation	une nation en voie de développement
economy	une économie en expansion
culture	une culture en voie de développemen
civilization	une civilisation en voie de développe- ment
production	une production en expansion

a DEVOTED	613
husband	un mari dévoué
wife	une épouse dévouée
following	des partisans dévoués
subject	un sujet dévoué
fan	un admirateur fervent

a DEVOUT	614
nun	une nonne dévote
life	une vie dévote
priest	un prêtre dévot
prayer	une prière dévote
manner	un air dévot

a DIABOLICAL	615
plot	une conspiration diabolique
scheme	un plan diabolique
overthrow	une subversion diabolique
laugh	un rire diabolique
greed	une cupidité diabolique

a DIAGONAL	616
line	une diagonale
path	un sentier en diagonale
division	un partage en diagonale
separation	une séparation en diagonale
incision	une incision en diagonale

a DIALECTAL	617
phrase	une locution dialectale
peculiarity	une variante dialectale
difference	une différence de dialecte
pronunciation	une prononciation dialectale
inflection	une inflexion dialectale

a DICTATORIAL	618
rule	un régime dictatorial
policy	une politique dictatoriale
tendency	une tendance dictatoriale
government	un gouvernement dictatorial
leader	un chef dictatorial

a DIETARY	619
fad	un régime à la mode
supplement	un supplément diététique
deficiency	une carence alimentaire
plan	un régime alimentaire
insufficiency	une insuffisance nutritive

a DIFFERENT	620
solution	une solution différente
choice	un choix différent
idea	une idée différente
spoon	une autre cuiller
glass	un autre verre

a DIFFICULT		621
choice	un choix difficile	
selection	une sélection difficile	
job	un travail difficile	
test	une épreuve difficile	
composition	une rédaction difficile	

a DIGNIFIED		622
gathering	une assemblée pleine de dignité	
judge	un juge plein de dignité	
senator	un sénateur plein de dignité	
lawyer	un avocat plein de dignité	
ambassador	un ambassadeur plein de dignité	

a DILAPIDATED		623
farmhouse	une ferme délabrée	
shack	une cabane délabrée	
house	une maison délabrée	
barn	une grange délabrée	
fence	une clôture délabrée	

a DILIGENT		624
worker	un ouvrier diligent	
employee	un employé diligent	
effort	un effort diligent	
secretary	une secrétaire diligente	
clerk	un vendeur diligent	

a DIM		625
light	une faible lumière	
room	une pièce sombre	
hallway	une entrée sombre	
hope	un faible espoir	
chance	une faible chance	

a DIMLY LIGHTED		626
hallway	une entrée éclairée	
tomb	une tombe éclairée	
basement	un sous-sol éclairé	} faiblement
chapel	une chapelle éclairée	
porch	une véranda éclairée	

a DINGY		627
room	une pièce terne	
shirt	une chemise minable	
color	une couleur terne	
cell	une sombre cellule	
apartment	un appartement délabré	

a DIPLOMATIC		628
career	une carrière diplomatique	
spokesman	un porte-parole diplomatique	
channel	une voie diplomatique	
circle	un milieu diplomatique	
skill	une habileté diplomatique	

a DIRECT		629
order	une ordre direct	
report	un compte-rendu direct	
telecast	une émission de télévision en direct	
line	une ligne directe	
tax	un impôt direct	

a DIRTY		630
room	une pièce sale	
face	un visage sale	
smock	une blouse sale	
floor	un plancher sale	
washbowl	un lavabo sale	

a DISABLING		631
paralysis	une paralysie incapacitante	
infection	une infection incapacitante	
strike	une grève paralysante	
blow	un coup paralysant	
attack	une attaque paralysante	

a DISAGREEABLE		632
argument	une discussion désagréable	
odor	une odeur désagréable	
noise	un bruit désagréable	
order	un ordre désagréable	
child	un enfant désagréable	

a DISAPPOINTED		633
candidate	un candidat déçu	
applicant	un postulant déçu	
loser	un perdant déçu	
audience	un public déçu	
class	une classe déçue	

a DISAPPOINTING		634
attendance	une assistance clairsemée	
result	un résultat décevant	
verdict	un verdict décevant	
score	un résultat décevant	
vote	un scrutin décevant	

a DISAPPROVING		635
look	un regard désapprobateur	
frown	un froncement de soureil désapprobateur	
gesture	un geste désapprobateur	
mother	une mère qui reprouve	
father	un père qui reprouve	

a DISARMED		636
hydrogen bomb	une bombe à hydrogène désarmee	
soldier	un soldat désarmé	
warhead	une ogive désarmée	
assassin	un assassin désarmé	
opponent	un adversaire désarmé	

a DISASTROUS		637
outcome	un résultat désastreux	
flood	une inondation désastreuse	
earthquake	un séisme désastreux	
venture	une entreprise désastreuse	
loss	une perte désastreuse	

a DISCARDED		638
coat	un manteau mis au rebut	
sign	une pancarte abandonnée	
dress	une robe mise au rebut	
garment	un vêtement mis au rebut	
toy	un jouet délaissé	

a DISCIPLINARY		639
action	une action disciplinaire	
punishment	une punition disciplinaire	
exercise	un exercice disciplinaire	
order	un ordre disciplinaire	
march	une marche disciplinaire	

a DISCIPLINED		640
mind	un esprit discipliné	
athlete	un sportif discipliné	
soldier	un soldat discipliné	
routine	une routine stricte	
reaction	une réaction disciplinée	

a DISCONTINUED 641

use	un usage abandonné
product	un produit abandonné
brand	une marque abandonnée
policy	une politique abandonnée
service	un service supprimé

a DISCOURAGING 642

project	un projet décourageant
result	un résultat décourageant
difficulty	une difficulté décourageante
word	un mot décourageant
prospect	une perspective décourageant

a DISCOURTEOUS 643

child	un enfant impoli
manner	une façon impolie
noise	un bruit désobligeant
interruption	une interruption impolie
audience	un public impoli

a DISCREET 644

suggestion	une suggestion discrète
hint	une allusion discrète
meeting	une réunion discrète
distance	une distance prudente
conversation	une conversation discrète

a DISGRACEFUL 645

exhibition	une conduite indigne
lack	une pénurie scandaleuse
habit	une habitude honteuse
conduct	une conduite honteuse
fight	une bagarre déshonorante

a DISGUSTING 646

comment	une observation révoltante
insolence	une insolence révoltante
habit	une habitude révoltante
joke	une plaisanterie révoltante
suggestion	une suggestion révoltante

a DISHONEST 647

politician	un politicien malhonnête
policeman	un agent de police malhonnête
clerk	un commis indélicat
accountant	un comptable malhonnête
banker	un banquier malhonnête

a DISINTERESTED 648

attitude	une attitude désintéressée
applicant	un candidat désintéressé
participant	un participant désintéressé
observer	un observateur désintéressé
tourist	un touriste indifférent

a DISLOYAL 649

subject	un sujet infidèle
fan	un admirateur déloyal
follower	un partisan infidèle
officer	un officier félon
friend	un ami déloyal

a DISMAL 650

failure	un triste échec
outlook	une sombre perspective
climate	un climat maussade
landscape	un paysage morne
future	un avenir peu prometteur

a DISORDERLY 651

arrangement	un désordre
retreat	une retraite en désordre
conduct	une conduite déréglée
mob	une populace turbulente
class	une classe turbulente

a DISORGANIZED 652

program	un programme désorganisé
team	une équipe désorganisée
trip	un voyage désorganisé
schedule	un emploi du temps désorganisé
plan	un plan désorganisé

a DISPERSED 653

throng	une foule dispersée
mob	une populace dispersée
wealth	des richesses dispersées
investment	des investissements dispersés
population	une population dispersée

a DISPUTED 654

decision	une décision contestée
election	une élection contestée
victory	une victoire contestée
goal (sports)	un but (sports) disputé
score	un résultat contesté

a DISREPUTABLE 655

appearance	un aspect sordide
section	un quartier sordide
slum	un taudis sordide
lawyer	un avocat discrédité
doctor	un médecin discrédité

a DISSATISFIED 656

customer	un client mécontent
buyer	un acheteur mécontent
worker	un ouvrier mécontent
teacher	un professeur mécontent
union	un syndicat mécontent

a DISTANT 657

thunder	un bruit de tonnerre éloigné
noise	un bruit éloigné
cloud	un nuage éloigné
country	un pays lointain
relative	une parenté lointaine

a DISTASTEFUL 658

remark	une remarque déplaisante
impression	une impression déplaisante
subject	un sujet déplaisant
chore	une tâche déplaisante
assignment	un devoir déplaisant

a DISTINCT 659

break	une cassure nette
parallel	un parallèle précis
impression	une impression nette
help	une aide indéniable
outline	un contour précis

a DISTINCTIVE 660

painting	un tableau d'une facture particulière
style	un style particulier
voice	une voix particulière
signature	une signature particulière
rhythm	un rythme particulier

a DISTINGUISHED		661
visitor	un visiteur distingué	
gentleman	un homme distingué	
judge	un juge distingué	
ambassador	un ambassadeur distingué	
guest	un hôte distingué	

a DISTORTED		662
viewpoint	un point de vue déformé	
shadow	une ombre déformée	
importance	une importance exagérée	
picture	une image déformée	
image	une vue déformée	

a DISTRESSING		663
newscast	des informations (radio) affligeantes	
newsreel	des actualités (cinéma) affligeantes	
failure	un échec affligeant	
anxiety	une inquiétude affligeante	
lack	une pénurie affligeante	

a DISTURBED		664
mind	un esprit troublé	
patient	un patient troublé	
client	un client troublé	
president	un président troublé	
congress	un congrès troublé	

a DISTURBING		665
rumor	une rumeur inquiétante	
report	un rapport inquiétant	
article	un article inquiétant	
suggestion	une suggestion inquiétant	
result	un résultat inquiétant	

a DIVIDED		666
country	un pays divisé	
vote	un scrutin partagé	
opposition	une opposition divisée	
class	une classe divisée	
amount	une quantité partagée	

a DIVINE		667
inspiration	une inspiration divine	
belief	une foi divine	
concept	un concept divin	
commandment	un commandement de Dieu	
law	une loi divine	

a DOCILE		668
lamb	un agneau docile	
flock	un troupeau docile	
wife	une épouse docile	
child	un enfant docile	
animal	un animal docile	

a DOMESTIC		669
affairs	les affaires nationales	
wine	les vins (de la France, etc.)	
consumption	la consommation nationale	
servant	un domestique	
animal	un animal domestiqué	

a DOMINANT		670
factor	un facteur prédominant	
influence	une influence prédominante	
role	un rôle de premier plan	
note	une note prédominante	
leader	un chef de premier plan	

a DOMINEERING		671
father	un père autoritaire	
mother	une mère autoritaire	
wife	une épouse autoritaire	
husband	un mari autoritaire	
employer	un employeur autoritaire	

a DONATED		672
prize	un prix offert	
book	un livre offert	
toy	un jouet offert	
painting	un tableau offert	
sum	une somme offerte	

a DORMANT		673
volcano	un volcan en repos	
passion	une passion assoupie	
emotion	une émotion assoupie	
state	un état végétatif	
plant	une plante dormante	

a DOUBTFUL		674
solution	une solution douteuse	
beginning	un début incertain	
conclusion	une conclusion douteuse	
success	un succès douteux	
outcome	un résultat incertain	

a DOWNHEARTED		675
loser	un perdant découragé	
stranger	un étranger découragé	
candidate	un candidat découragé	
friend	un ami découragé	
writer	un auteur découragé	

a DOWNTRODDEN		676
humanity	une humanité opprimée	
race	une race opprimée	
population	une population opprimée	
minority	une minorité opprimée	
class	une classe opprimée	

a DOWNWARD		677
curve	une courbe descendante	
arc	un arc descendant	
motion	un mouvement descendant	
spiral	une spirale descendante	
trend	une tendance à la baisse	

a DRAFTY		678
spot	un endroit plein de	
room	une chambre pleine de	
window	une fenêtre ouverte aux ⎱ courants d'air	
hallway	une entrée pleine de ⎰	
theater	un théâtre plein de	

a DRAMATIC		679
moment	un instant dramatique	
picture	une scène dramatique	
play	une pièce dramatique	
setting	un cadre spectaculaire	
novel	un roman dramatique	

a DRAPED		680
flag	un drapeau drapé	
banner	une bannière drapée	
fold	un pli drapé	
curtain	un rideau qui tombe en plis	
skirt	une jupe drapée	

a DRASTIC   681

measure	une mesure draconienne
reduction	une réduction draconienne
alternative	une alternative draconienne
change	un changement radical
revision	une révision draconienne

a DREADED   682

disease	une maladie redoutée
unemployment	un chômage redouté
famine	une famine redoutée
plague	un fléau redouté
reoccurrence	un événement redouté

a DREADFUL   683

noise	un bruit épouvantable
clatter	un fracas épouvantable
smell	une odeur épouvantable
punishment	une punition épouvantable
torture	une torture atroce

a DREAMLIKE   684

state	un état de rêverie
world	un monde de rêve
existence	une vie de rêve
vision	une vision de rêve
garden	un jardin de rêve

a DREARY   685

outlook	une perspective lugubre
life	une triste vie
scene	une scène lugubre
day	une triste journée
setting	un cadre morne

a DRENCHING   686

rain	une pluie battante
surf	un ressac qui transperce
spray	des embruns qui transpercent
waterfall	une cascade qui transperce
torrent	un torrent qui transperce

a DRIED   687

apricot	un abricot sec
fruit	un fruit sec
—grapes	du raisin sec
—tears	des larmes séchées
—vegetables	des légumes secs

a DRIFTING   688

ice	une glace flottante
cloud	un nuage évanescent
iceberg	un iceberg flottant
fog	une brume errante
boat	un bateau à la dérive

a DRIPPING   689

faucet	un robinet qui goutte
nozzle	un ajutage qui goutte
sweater	un chandail ruisselant
perspiration	une transpiration qui goutte
rainspout	une gouttière ruisselante

a DRIVING   690

blizzard	un blizzard impétueux
rain	une pluie impétueuse
hail	des rafales de grêle
sleet	des rafales de neige fondue
torrent	un torrent impétueux

a DROOPING   691

sail	une voile en ralingue
shoulders	des épaules tombantes
flag	un drapeau flasque
banner	une bannière flasque
spirits	un esprit abattu

a DROWSY   692

condition	un état de somnolence
state	un état de somnolence
stupor	une stupeur léthargique
peasant	un paysan somnolent
worker	un ouvrier somnolent

a DRUNKEN   693

man	un homme ivre
soldier	un soldat ivre
worker	un travailleur ivre
daze	(être) abruti par l'alcool
brawl	une querelle d'ivrognes

a DRY   694

cloth	un linge sec
climate	un climat sec
season	une saison sèche
area	une région aride
well	un puits tari

a DRY-CLEANED   695

coat	une manteau nettoyé
skirt	une jupe nettoyée
suit	un costume nettoyé
sweater	un chandail nettoyé
dress	une robe nettoyée

a DUBIOUS   696

honor	un honneur équivoque
choice	un choix équivoque
selection	une sélection équivoque
distinction	une distinction équivoque
affair	une affaire louche

a DUE   697

assignment	un devoir à rendre
bill	une facture échue
course	en temps voulu
date	une date prescrite
process	une procédure judiciare

a DULL (boring)   698

concert	un concert ennuyeux
lecture	une conférence ennuyeuse
movie	un film ennuyeux
program	un programme ennuyeux
game	un jeu (match) ennuyeux

a DULL (touch)   699

knife	un couteau émoussé
edge	un tranchant émoussé
pencil	un crayon épointé
razor blade	une lame de rasoir émoussée
can opener	un ouvre-boîtes émoussé

a DUMB   700

remark	une remarque stupide
student	un étudiant stupide
blonde	une blonde stupide
comment	une observation stupide
argument	un argument stupide

a DUMBFOUNDED 701

amazement	une stupéfaction totale
spectator	un spectateur stupéfait
loser	un perdant stupéfait
opponent	un adversaire stupéfait
reaction	une réaction de stupéfaction

a DUPLICATE 702

key	un double de clé
set	un double (de rechange)
copy	un double (d'un document)
test	un double (d'une épreuve)
measurement	une seconde mesure

a DURABLE 703

peace	une paix durable
quality	une qualité durable
fabric	un tissu inusable
finish	un revêtement inusable
strength	une force inépuisable

a DUSTY 704

attic	un grenier poussiéreux
cellar	une cave poussiéreuse
closet	un placard poussiéreux
room	une pièce poussiéreuse
counter	un comptoir poussiéreux

a DUTY-FREE 705

gift	un cadeau exempt de droits de douane
import	des importations exemptes de droits de douane
export	des exportations exemptes de droits de douane
perfume	un parfum exempt de droits de douane
shop	un boutique hors douane

a DYNAMIC 706

speaker	un orateur dynamique
personality	un caractère dynamique
energy	une énergie dynamique
leader	un chef dynamique
approach	une attitude dynamique

E

an EAGER 707

anticipation	une attente impatiente
attempt	une tentative passionnée
feeling	un sentiment passionné
soldier	un soldat qui veut en découdre
salesman	un vendeur empressé

an EARLY 708

train	un des premiers trains
departure	un départ matinal
arrival	une arrivée matinale
dismissal (school)	une sortie d'école avancée
bus	un des premiers autobus

an EARNED 709

commendation	un éloge mérité
salary	un traitement mérité
wage	un salaire mérité
vacation	des vacances bien gagnées
rest	un repos mérité

an EARNEST 710

plea	une demande pressante
effort	un effort sérieux
attempt	une tentative sérieuse
appeal	un appel fervent
man	un homme sérieux

an EARTHEN 711

jar	un pot en terre cuite
brick	une brique en terre cuite
jug	une cruche en terre cuite
plate	une assiette en terre cuite
vase	un vase en terre cuite

an EASTERN 712

hemisphere	un hémisphère oriental
direction	vers l'est
seacoast	une côte orientale
country	un pays oriental
route	un itinéraire à l'est

an EASY 713

lesson	une leçon facile
test	une épreuve facile
solution	une solution facile
question	une question facile
answer	une réponse facile

an ECCENTRIC 714

millionaire	un millionnaire excentrique
dancer	un danseur excentrique
behavior	une conduite excentrique
old man	un vieillard excentrique
philanthropist	un philanthrope excentrique

an ECOLOGICAL 715

crisis	une crise écologique
balance	un équilibre écologique
disturbance	une perturbation écologique
controversy	une controverse écologique
study	une étude écologique

an ECONOMIC 716

crisis	une crise économique
adviser	un conseiller économique
prosperity	une prospérité économique
problem	un problème économique
decline	un marasme économique

an ECONOMICAL 717

purchase	un achat économique
housewife	une ménagère économe
use	(faire) un usage économique
distribution	une distribution économique
budget	un budget économique

an EDITED 718

version	une version éditée
novel	un roman édité
speech	un discours édité
article	un article édité
book	un livre édité

an EDITORIAL	719
article	un éditorial
comment	un commentaire de la rédaction
decision	une décision de la rédaction
debate	une polémique de presse
policy	une politique rédactionnelle

an EDUCATED	720
guess	une conjecture savante
gentleman	un homme de monde instruit
estimate	une évaluation judicieuse
people	un peuple instruit
society	une société instruite

an EDUCATIONAL	721
institution	un établissement d'enseignement
TV show	un programme culturel
toy	un jeu éducatif
device	un moyen pédagogique
puzzle	un puzzle éducatif

an EERIE	722
sensation	une sensation mystérieuse
sound	un son irréel
sight	un spectacle surnaturel
setting	un cadre mystérieux
feeling	un sentiment étrange

an EFFECTIVE	723
blockade	un blocus efficace
deodorant	un déodorant efficace
antidote	un antidote efficace
argument	un argument efficace
lubricant	un lubrifiant efficace

an EFFERVESCENT	724
drink	une boisson gaseuse
personality	un caractère exubérant
joy	une joie effervescente
liquid	un liquide mousseux
happiness	un bonheur exubérant

an EFFICIENT	725
secretary	une secrétaire compétente
machine	une machine à grand rendement
computer	un ordinateur à grand rendement
accountant	un comptable compétent
procedure	un procédé efficace

an EFFORTLESS	726
movement	un mouvement facile
performance	un acte facile
grace	une grâce aérienne
dancer	un danseur aérien
athlete	un athlète qui ne fait pas d'efforts

an EGOTISTICAL	727
statement	une déclaration égoïste
pride	un orgueil égoïste
manner	des manières égoïstes
athlete	un athlète égoïste
actor	un acteur égoïste

an ELABORATE	728
hoax	une mystification minutieuse d'envergure
plot	un complot minutieux
arrangement	des préparatifs minutieux
plan	un plan minutieux
disguise	un déguisement soigné

an ELASTIC	729
material	une matière elastique
stretch	une élasticité
band	un ruban élastique
belt	une ceinture élastique
substance	une substance élastique

an ELATED	730
winner	un vainqueur transporté de joie
crowd	une foule transportée de joie
spectator	un spectateur transporté de joie
fan	un admirateur transporté de joie
candidate	un candidat transporté de joie

an ELDER	731
statesman	un homme d'État vénéré
brother	un frère aîné
sister	une sœur aînée
partner	un associé plus âgé
teacher	un professeur d'un certain âge

an ELDERLY	732
couple	un couple d'âge mûr
missionary	un missionnaire d'âge mûr
relative	un parent d'âge mûr
statesman	un homme d'État d'âge mûr
diplomat	un diplomate d'âge mûr

an ELECTIVE	733
convention	un congrès électoral
choice	un choix électoral
assembly	une réunion électorale
procedure	une procédure électorale
council	un conseil électoral

an ELECTRIC	734
stove	une cuisinière électrique
shock	une choque électrique
blanket	une couverture chauffante
razor (shaver)	un rasoir électrique
coffee pot	une cafetière électrique

an ELECTRICAL	735
engineer	un ingénieur électricien
disturbance	des parasites électriques
appliance	un appareil électrique
outlet	une prise de courant
generator	une génératrice électrique

an ELECTRONIC	736
computer	un ordinateur électronique
engineer	un électronicien
automation	l'automation (électronique)
device	un dispositif électronique
surveillance	l'espionnage (l'interception) électronique

an ELEGANT	737
gown	une robe élégante
fur coat	un manteau de fourrure élégant
outfit	un ensemble élégant
suite	un appartement (d'hôtel) élégant
restaurant	un restaurant élégant

an ELEMENTARY	738
school	une école primaire
deduction	une déduction élémentaire
principal	un directeur primaire
principle	un principe élémentaire
problem	un problème élémentaire

an ELIGIBLE		739
voter	un électeur éligible	
bachelor	un parti acceptable	
candidate	un candidat acceptable	
team	une équipe acceptable	
contestant	un concurrent acceptable	

an ELONGATED		740
peninsula	une péninsule allongée	
shape	une forme allongée	
outline	un contour allongé	
segment	un segment allongé	
silhouette	une silhouette allongée	

an ELOQUENT		741
speech	un discours éloquent	
plea	un appel éloquent	
speaker	un orateur éloquent	
defense	une défense éloquente	
lawyer	un avocat éloquent	

an ELUSIVE		742
runner	un coureur insaisissable	
target	une cible difficile à atteindre	
game (wildlife)	un gibier insaisissable	
rumor	une rumeur insaisissable	
saboteur	un saboteur insaisissable	

an EMBARRASSING		743
moment	un moment embarrassant	
situation	une situation embarrassante	
reason	une raison embarrassante	
silence	un silence embarrassant	
absence	une absence embarrassante	

an EMBROIDERED		744
belt	une ceinture brodée	
linen	une toile brodée	
pillowcase	une taie d'oreiller brodée	
quilt	un couvre-pied(s) brodé	
bedspread	un couvre-lit brodé	

an EMINENT		745
lawyer	un avocat éminent	
architect	un architecte éminent	
surgeon	un chirurgien éminent	
jurist	un juriste éminent	
sculptor	un sculpteur éminent	

an EMOTIONAL		746
reaction	une réaction motivée par l'émotion	
scene	une scène émouvante	
appeal	un appel à l'émotion	
outburst	un déchaînement émotif	
woman	une femme émotive	

an EMPHATIC		747
denial	une dénégation énergique	
gesture	un geste énergique	
statement	une déclaration énergique	
question	une question nette	
answer	une réponse nette	

an EMPTY		748
bottle	une bouteille vide	
glass	un verre vide	
bookcase	une étagère (de livres) vide	
tomb	une tombe vide	
tank (gas)	un réservoir d'essence vide	

an ENCHANTING		749
city	une ville ravissante	
cruise	une croisière ravissante	
sight	une vue ravissante	
garden	un jardin ravissant	
cottage	un cottage ravissant	

an ENCLOSED		750
courtyard	une cour clôturée	
estate	une propriété clôturée	
statement	un relevé joint	
patio	un patio clôturé	
bill	une facture jointe	

an ENCOURAGING		751
word	un mot d'encouragement	
report	un rapport encourageant	
grade	une note encourageante	
letter	une lettre encourageante	
comment	un commentaire encourageant	

an ENDLESS		752
stream	un flot intarissable	
quest	une recherche intérminable	
argument	une discussion interminable	
rain	une pluie sans fin	
storm	une tempête sans fin	

an ENDOWED		753
college	une université dotée	
support	une aide financière	
scholarship	une bourse dotée	
university	une université dotée	
professorship	une chaire dotée	

an ENDURING		754
treaty	un traité permanent	
peace	une paix durable	
armistice	un armistice durable	
love	un amour durable	
monument	un monument durable	

an ENERGETIC		755
opposition	une opposition énergique	
movement	un mouvement énergique	
worker	un ouvrier énergique	
housewife	une ménagère énergique	
child	un enfant énergique	

an ENFORCED		756
censorship	une censure imposée	
silence	un silence imposé	
law	une loi appliquée	
regulation	un règlement appliqué	
curfew	un couvre-feu imposé	

an ENGRAVED		757
card	une carte gravée	
invitation	une invitation gravée	
plaque	une plaque gravée	
trophy	un trophée gravé	
inscription	une inscription gravée	

an ENGROSSING		758
tale	un conte fascinant	
study	une étude absorbante	
work (literature)	un ouvrage absorbant	
film	un film absorbant	
hobby	une distraction absorbante	

an ENJOYABLE		759
party	une réception agréable	
movie	un film agréable	
picnic	un pique-nique agréable	
magazine	une revue agréable	
novel	un roman agréable	

an ENLARGED		760
picture	une image agrandie	
room	une pièce agrandie	
appendix (med-ical)	un appendice hypertrophié	
house	une maison agrandie	
photograph	une photographie agrandie	

an ENLIGHTENED		761
source	une source éclairée	
monarch	un monarque éclairé	
viewpoint	un point de vue éclairé	
listener	un auditeur éclairé	
class	une classe éclairée	

an ENORMOUS		762
tree	un arbre énorme	
ranch	un énorme "ranch" (domaine)	
aircraft carrier	un énorme porte-avions	
capacity	une contenance énorme	
airplane	un avion énorme	

an ENRAGED		763
lion	un lion furieux	
enemy	un ennemi exaspéré	
mob	une populace déchaînée	
murderer	un meurtrier furieux	
convict	un condamné furieux	

an ENSLAVED		764
humanity	une humanité asservie	
people	un peuple asservi	
race	une race asservie	
population	une population asservie	
nation	une nation asservie	

an ENTERTAINING		765
performance	un spectacle divertissant	
movie	un film divertissant	
program	un programme divertissant	
book	un livre divertissant	
play	une pièce de théâtre divertissante	

an ENTHUSIASTIC		766
reception	un accueil enthousiaste	
audience	un public enthousiaste	
fan	un admirateur enthousiaste	
admirer	un admirateur enthousiaste	
crowd	une foule enthousiaste	

an ENTIRE		767
floor	un étage entier	
block	un pâté de maisons entier	
building	un bâtiment entier	
book	un livre entier	
continent	un continent entier	

an ENVIABLE		768
record	un état de service enviable	
position	une situation enviable	
freedom	une liberté enviable	
luxury	un luxe enviable	
wealth	une opulence enviable	

an ENVIOUS		769
opponent	un adversaire envieux	
loser	un perdant envieux	
woman	une femme envieuse	
look	un regard d'envie	
girl	une jeune fille envieuse	

an EQUAL		770
share	une part égale	
portion	un lot égal	
amount	une quantité égale	
part	une partie égale	
value	une valeur égale	

an EQUITABLE		771
distribution	une répartition équitable	
settlement	un règlement équitable	
division	un partage équitable	
share	une part équitable	
arrangement	un accord équitable	

an EQUIVALENT		772
amount	un montant équivalent	
value	une valeur équivalente	
worth	une valeur équivalente	
price	un prix équivalent	
size	des dimensions égales	

an ERASED		773
letter (abc)	une lettre effacée	
word	un mot gommé	
error	une erreur rachetée	
memory	un souvenir oblitéré	
blackboard	un tableau noir essuyé	

an ERECT		774
column	une colonne érigée	
stance	un maintien droit	
posture	une posture droite	
walk	(marcher en se tenant droit)	
bearing	un port droit	

an ERRATIC		775
driver	un conducteur inégal	
personality	une personnalité fantasque	
speech	une allocution fantasque	
performance	un jeu (d'acteur) irrégulier	
TV set	un téléviseur fonctionnant mal	

an ERRONEOUS		776
report	un rapport erroné	
fact	un fait erroné	
conclusion	une conclusion erronée	
complaint	une plainte injustifiée	
charge	une accusation injustifiée	

an ERUPTING		777
volcano	un volcan en éruption	
violence	une violence jaillissante	
rebellion	une révolte soudaine	
anger	une colère jaillissante	
geyser	un geyser en éruption	

an ESSENTIAL		778
part	une pièce indispensable	
fact	un fait essentiel	
job	un emploi indispensable	
salary	un traitement de première nécessité	
product	un produit indispensable	

an ESTABLISHED		779
custom	une coutume bien établie	
business	une affaire solide	
pattern	un canevas bien établi	
standard	une norme bien établie	
procedure	une façon de faire courante	

an ESTIMATED		780
deficit	un déficit évalué	
loss	une perte évaluée	
income	un revenu évalué	
distance	une distance évaluée	
height	une hauteur évaluée	

an ETERNAL		781
flame	une flamme éternelle	
nuisance	un embêtement sans fin	
life	une vie éternelle	
beauty	une beauté éternelle	
problem	un problème sempiternel	

an EVACUATED		782
town	une ville évacuée	
area	une région évacuée	
section	un quartier évacué	
camp	un camp évacué	
community	une agglomération évacuée	

an EVASIVE		783
answer	une réponse évasive	
argument	un argument évasif	
reply	une réponse évasive	
action	une action évasive	
solution	une solution évasive	

an EVEN		784
exchange	un échange équitable (un "troc")	
share	une part égale	
division	une division sans reste	
score	un résultat (match) nul	
distribution	une répartition égale	

an EVENTFUL		785
day	une journée fertile en événements	
week	une semaine fertile en événements	
month	un mois fertile en événements	
year	une année fertile en événements	
meeting	une réunion mouvementée	

an EVENTUAL		786
decline	un déclin au bout du compte	
increase	une augmentation au bout du compte	
decision	une décision finale	
verdict	un verdict en fin de compte	
victory	une victoire en fin de compte	

an EVERLASTING		787
nuisance	un embêtement sans fin	
annoyance	un désagrément sans fin	
gratitude	une gratitude éternelle	
appreciation	une reconnaissance éternelle	
love	un amour éternel	

an EVERYDAY		788
occurrence	un fait courant	
happening	un événement journalier	
event	un événement quotidien	
failure	un échec courant	
problem	un problème de tous les jours	

an EVIDENT		789
dismay	une consternation évidente	
hostility	une hostilité évidente	
lack	un manque évident	
sincerity	une sincérité évidente	
desire	un désir évident	

an EVIL		790
intention	une mauvaise intention	
mind	un esprit malveillant	
concept	un concept néfaste	
laugh	un rire malveillant	
plot	un sinistre complot	

an EXACT		791
amount	un montant exact	
copy	un double exact	
total	un total exact	
equivalent	un équivalent exact	
score	un résultat exact	

an EXAGGERATED		792
importance	une importance éxagérée	
influence	une influence éxagérée	
score	un résultat éxagéré	
wealth	une richesse éxagérée	
comparison	une comparaison éxagérée	

an EXALTED		793
ideal	un idéal élevé	
position	une situation élevée	
concept	un concept élevé	
ruler	un gouvernant de haut rang	
notion	une idée exagérée de . . .	

an EXASPERATED		794
clerk	un employé exaspéré	
look	un regard exaspéré	
loser	un perdant exaspéré	
husband	un mari exaspéré	
cook	un cuisinier exaspéré	

an EXASPERATING		795
customer	un client exaspérant	
situation	une situation exaspérante	
delay	un retard exaspérant	
slowness	une lenteur exaspérante	
wait	une attente exaspérante	

an EXCELLENT		796
opportunity	une excellente occasion	
report	un excellent rapport	
job	un excellent emploi	
salary	un excellent traitement	
hotel	un excellent hôtel	

an EXCEPTIONAL		797
child	un enfant exceptionnel	
merit	un mérite exceptionnel	
student	un étudiant exceptionnel	
value	une valeur exceptionnelle	
collection	une collection exceptionnelle	

an EXCESSIVE		798
fervor	une ferveur excessive	
amount	un montant excessif	
enthusiasm	un enthousiasme excessif	
waste	un gaspillage excessif	
salary	un traitement trop élevé	

an EXCITABLE	799	an EXHILARATING	809
group	un groupe prompt à s'émouvoir	drink	une boisson capiteuse
fan	un admirateur prompt à s'émouvoir	freedom	une liberté vivifiante
mob	une populace excitable	air	un air vivifiant
teen-ager	un adolescent émotif	march	une marche vivifiante
mother	une mère émotive	song	un chant joyeux

an EXCITED	800	an EXILED	810
crowd	une foule surexcité	monarch	un monarque en exil
throng	un rassemblement surexcité	patriot	un patriote en exil
babble	un babil surexcité	king	un roi en exil
spectator	un spectateur surexcité	queen	une reine en exil
winner	un vainqueur surexcité	citizen	un citoyen en exil

an EXCITING	801	an EXISTING	811
trip	un voyage passionnant	debt	une dette non reglée
game	un jeu passionnant	deficit	un déficit non comblé
chase	une poursuite sensationnelle	culture	une culture encore vivace
movie	un film passionnant	problem	un problème actuel
sport	un sport passionnant	shortage	une pénurie actuelle

an EXCLUSIVE	802	an EXORBITANT	812
interview	une interview exclusive	demand	une prétention exorbitante
style	un style unique	price	un prix exorbitant
beauty shop	un salon de beauté de luxe	bill	une facture exorbitante
restaurant	un restaurant sélect	tax	un impôt exorbitant
resort	une station sélecte	increase	une augmentation exorbitante

an EXCUSABLE	803	an EXOTIC	813
delay	un retard excusable	flower	une fleur exotique
error	une erreur excusable	setting	un cadre exotique
mistake	une méprise excusable	island	une île exotique
oversight	un oubli excusable	herb	une herbe exotique
absence	une absence excusable	perfume	un parfum exotique

an EXECUTED	804	an EXPANDING	814
spy	un espion exécuté	universe	un univers en expansion
traitor	un traître exécuté	economy	une économie en expansion
order	un ordre exécuté	industry	une industrie en expansion
movement	un mouvement exécuté	need	un besoin croissant
request	une demande satisfaite	horizon	un horizon qui s'élargit

an EXEMPLARY	805	an EXPECTANT	815
student	un élève exemplaire	heir	un futur héritier
conduct	une conduite exemplaire	multitude	une multitude dans l'expectative
performance	une exécution exemplaire	throng	une foule dans l'expectative
style	un style exemplaire	mother	une future mère
format	un format exemplaire	silence	une attente silencieuse

an EXHAUSTED	806	an EXPECTED	816
athlete	un sportif épuisé	storm	une tempête prévue
runner	un coureur épuisé	departure	un départ prévu
fighter	un combattant épuisé	return	un retour prévu
climber	un alpiniste épuisé	visitor	un visiteur attendu
worker	un ouvrier épuisé	outbreak	une éruption prévue

an EXHAUSTING	807	an EXPENSIVE	817
day	une journée épuisante	gift	un cadeau coûteux
exercise	un exercice épuisant	toy	un jouet coûteux
climb	une ascension épuisante	bracelet	un bracelet coûteux
sport	un sport épuisant	house	une maison coûteuse
job	un travail épuisant	−binoculars	des jumelles coûteuses

an EXHAUSTIVE	808	an EXPERIENCED	818
research	des recherches approfondies	teacher	un enseignant expérimenté
study	une étude approfondie	player	un joueur (de . . . aux . . .) expérimenté
analysis	une analyse approfondie	actor	un acteur consommé
search	une recherche approfondie	gambler	un joueur (de cartes) averti
exploration	une exploration approfondie	mother	un travailleur expérimenté

an EXPERIMENTAL 819

theory	une théorie expérimentale
model	une maquette expérimentale
design	un modèle expérimental
submarine	un sous-marin expérimental
maze	un labyrinthe expérimental

an EXPERT 820

opinion	une opinion de connaisseur
analysis	une analyse habile
swimmer	un nageur expérimenté
player	un joueur habile
craftsman	un artisan expérimenté

an EXPIRED 821

license (driver)	un permis de conduire expiré
visa	un visa expiré
permit	un permis expiré
passport	un passeport expiré
lease	un bail expiré

an EXPLICIT 822

directive	une directive explicite
order	un ordre formel
reference	une référence explicite
instruction	une consigne explicite
opposition	une opposition catégorique

an EXPLODING 823

sky rocket	une fusée qui explose
mine	une mine qui explose
bomb	une bombe qui explose
star	une étoile qui explose
missile	un missile qui explose

an EXPLORATORY 824

century	le siècle des découvertes
space travel	une exploration spatiale
probe	une sonde exploratrice
surgery	une chirurgie exploratrice
attempt	une tentative d'exploration

an EXPLOSIVE 825

charge	une charge d'explosif
war	un conflit qui met le feu aux poudres
situation	une situation explosive
accusation	une accusation qui met le feu aux poudres
outburst	un violent accès

an EXPORTED 826

product	un produit exporté
cheese	un fromage exporté
wine	un vin exporté
automobile	une voiture exportée
item	un objet exporté

an EXPOSED 827

position	une position exposée
rock	une roche mise à nu
criminal	un criminel démasqué
fraud	une fraude dévoilée
film	un film exposé

an EXPRESSED 828

dislike	une aversion manifestée
desire	un désir manifesté
wish	un souhait manifesté
contempt	un mépris manifesté
opinion	une opinion exprimée

an EXPRESSIVE 829

face	un visage expressif
movement	un mouvement expressif
mouth	une bouche expressive
actor	un acteur expressif
gesture	un geste expressif

an EXQUISITE 830

diamond	un magnifique diamant
bracelet	un bracelet exquis
brooch	une broche superbe
necklace	un collier exquis
ring	une bague exquise

an EXTENDED 831

leave	un congé prolongé
absence	une absence prolongée
schedule	un long programme
weekend	un week-end prolongé
vacation	des vacances prolongées

an EXTENSIVE 832

damage	des dégâts considérables
survey	une étude approfondie
repair	une réparation importante
trip	un long voyage
change	une modification importante

an EXTERIOR 833

paint	une peinture pour l'extérieur
view	une vue de l'extérieur
calm	un calme apparent
beauty	une beauté superficielle
serenity	une sérénité apparente

an EXTERNAL 834

upheaval	un bouleversement extérieur
measurement	une dimension extérieure
damage	des dégâts extérieurs
cause	une cause étrangère
factor	un facteur étranger

an EXTINCT 835

mammal	un mammifère disparu
culture	une culture disparue
mammoth	un mammouth disparu
beast	un animal disparu
creature	une créature disparue

an EXTINGUISHED 836

spark	une étincelle éteinte
torch	un flambeau éteint
fire	un feu éteint
flame	une flamme éteinte
hope	un espoir anéanti

an EXTRA 837

precaution	une précaution supplémentaire
room	une pièce supplémentaire
blanket	une couverture supplémentaire
sweater	un chandail supplémentaire
bed	un lit supplémentaire

an EXTRAORDINARY 838

event	un événement extraordinaire
account	un récit extraordinaire
flight	un vol extraordinaire
linguist	un linguiste extraordinaire
confession	un aveu extraordinaire

an EXTRAVAGANT 839

claim	une prétention excessive
praise	un éloge outré
purchase	un achat extravagant
party	une réception extravagante
expense	une dépense extravagante

an EXTREME 840

distance	une distance extrême
solution	une solution extrême
height	une hauteur extrême
discomfort	une gêne extrême
measure	une mesure extrême

an EXUBERANT 841

cry	un cri exubérant
shout	un cri exubérant
laugh	un rire exubérant
winner	un vainqueur exubérant
outburst	un accès d'exubérance

F

a FABULOUS 842

treasure	un trésor fabuleux
jewel	un bijou fabuleux
crown	une couronne fabuleuse
necklace	un collier fabuleux
bracelet	un bracelet fabuleux

a FACETIOUS 843

remark	une remarque facétieuse
attitude	une attitude facétieuse
request	une demande facétieuse
question	une question facétieuse
comment	une observation facétieuse

a FACTUAL 844

account	un récit véridique
document	un document véridique
report	un compte rendu fidèle
article	un article conforme aux faits
summary	une récapitulation fidèle

a FADED 845

color	une teinte fanée
dress	une robe défraîchie
shirt	une chemise défraîchie
painting	un tableau aux couleurs altérées
wallpaper	un papier peint passé

a FADING 846

twilight	un crépscule pâlissant
hope	un espoir qui s'estompe
career	une carrière sur le déclin
star	une étoile pâlissante
possibility	une possibilité qui s'estompe

a FAILING 847

business	une affaire en faillite
grade	une mauvaise note
health	une santé défaillante
report	un rapport défectueux
enterprise	une entreprise en faillite

a FAINT 848

light	une faible lumière
odor	une faible odeur
outline	un contour flou
picture	une image imprécise
image	une image vague

a FAIR 849

trial	un procès équitable
price	un juste prix
grade	une note équitable
verdict	un verdict équitable
test	une épreuve équitable

a FAITHFUL 850

dog	un chien fidèle
wife	une épouse fidèle
friend	un ami fidèle
companion	un compagnon fidèle
following	des partisans fidèles

a FAKE 851

bracelet	un bracelet en toc
emerald	une fausse émeraude
jewelry	un faux bijou
limp	une feinte claudication
telegram	un télégramme falsifié

a FALLOW 852

soil	une terre en jachère
region	une région en friche
career	une carrière restant à faire
field	un champ en jachère
area	une zone en friche

a FALSE 853

alarm	une fausse alerte
answer	une réponse erronée
front	une apparence trompeuse
friend	un ami déloyal
claim	une prétention injustifiée

a FAMED 854

observatory	un observatoire célèbre
choir	un chœur célèbre
conductor	un chef d'orchestre célèbre
monument	un monument célèbre
orchestra	un orchestre célèbre

a FAMILIAR 855

sight	un spectacle familier
request	une demande familière
face	un visage familier
carol	une chanson de Noël familière
fragrance	un parfum familier

a FAMOUS 856

actor	un acteur célèbre
duet	un duo fameux
trial	une cause célèbre
psalm	un psaume fameux
painting	un tableau célèbre

a FANATICAL 857

monk	un moine fanatique
zeal	un zèle fanatique
opposition	une opposition fanatique
admirer	un admirateur fanatique
opponent	un adversaire fanatique

a FANCIFUL		858
delusion	une illusion fantaisiste	
idea	une idée chimérique	
imagination	une imagination fantaisiste	
request	une requête capricieuse	
daydream	une rêverie fantaisiste	

a FANCY		859
dress	une robe habillée	
dinner	un souper élégant	
tablecloth	une nappe élégante	
party	une réception élégante	
invitation	une invitation fantaisiste	

a FANTASTIC		860
voyage	une traversée extraordinaire	
sight	un spectacle fantastique	
flight	un vol extraordinaire	
missile	un engin balistique fantastique	
weapon	une arme fantastique	

a FAR-DISTANT		861
horizon	un horizon lointain	
country	un pays lointain	
star	une étoile lointaine	
galaxy	une galaxie lointaine	
land	une terre lointaine	

a FAR-OFF		862
destination	une destination lointaine	
island	une île lointaine	
goal	un objectif lointain	
oasis	une oasis lointaine	
mountain	une montagne lointaine	

a FAR-REACHING		863
influence	une grande influence	
effect	un effet d'une grande portée	
authority	une grande autorité	
consequence	une conséquence d'une grande portée	
result	un résultat d'une grande portée	

a FASCINATED		864
bystander	un spectateur fasciné	
observer	un observateur fasciné	
child	un enfant fasciné	
amateur	un amateur fasciné	
spectator	un spectateur fasciné	

a FASCINATING		865
rhythm	un rythme fascinant	
story	une histoire passionnante	
article	un article passionnant	
woman	une femme très séduisante	
novel	un roman passionnant	

a FASHIONABLE		866
hotel	un hôtel élégant	
district	un quartier chic	
shop	un magasin chic	
restaurant	un restaurant chic	
style	un style élégant	

a FAST		867
car	une voiture rapide	
plane	un avion rapide	
train	un train rapide	
bus	un car rapide	
tempo (music)	un rythme (musical) rapide	

a FASTIDIOUS		868
old maid	une vieille fille tâtillonne	
secretary	une secrétaire méticuleuse	
accountant	un comptable méticuleux	
housewife	une ménagère méticuleuse	
librarian	un bibliothécaire méticuleux	

a FAT		869
pig	un porc gras	
purse	une bourse bien garnie	
cow	une vache grasse	
man	un homme obèse	
girl	une jeune fille trop forte	

a FATAL		870
blow	un coup mortel	
accident	un accident mortel	
wound	une blessure mortelle	
illness	une maladie mortelle	
heart attack	une crise cardiaque mortelle	

a FATIGUING		871
exercise	un exercice épuisant	
climb	une ascension épuisante	
day	une journée épuisante	
race	une course épuisante	
job	un travail épuisant	

a FATTENING		872
food	une nourriture engraissante	
dessert	un dessert engraissant	
pastry	une pâtisserie engraissante	
drink	une boisson engraissante	
spaghetti	des spaghetti(s) bourratifs	

a FAULTLESS		873
performance	une représentation sans défaut	
attire	une mise irréprochable	
test	une épreuve sans défaut	
race (sports)	une course parfaite	
account	un récit sans faille	

a FAULTY		874
brake	un frein défectueux	
conclusion	une conclusion défectueuse	
analysis	une analyse défectueuse	
connection	une connexion défectueuse	
outlet	une prise de courant défectueuse	

a FAVORABLE		875
impression	une impression favorable	
decision	une décision favorable	
verdict	un verdict favorable	
wind	un vent favorable	
vote	un vote favorable	

a FAVORED		876
team	une équipe favorite	
candidate	un candidat favori	
child	un enfant favorisé	
winner	un vainqueur favori	
contestant	un concurrent favori	

a FAVORITE		877
place	un lieu de prédilection	
song	une chanson préférée	
dance	une danse préférée	
author	un auteur préféré	
opera	un opéra préféré	

a **FEARED**	878
dictator	un dictateur redouté
tyrant	un tyran redouté
leader	un chef redouté
war	une guerre redoutée
drought	une sécheresse redoutée

a **FEARFUL**	879
racket	un vacarme terrible
clamor	une clameur terrible
plague	un fléau terrible
missile	un engin balistique terrifiant
bombing	un bombardement terrible

a **FEARLESS**	880
soldier	un soldat intrépide
astronaut	un astronaute intrépide
attempt	une tentative intrépide
attack	une attaque intrépide
hero	un héros intrépide

a **FEASIBLE**	881
plan	un plan réalisable
project	un projet réalisable
solution	une solution réalisable
compromise	un compromis réalisable
trip	un voyage réalisable

a **FEDERAL**	882
government	un gouvernement fédéral
employee	un agent fédéral
law	une loi fédérale
court	un tribunal fédéral
grant	une subvention des autorités fédérales

a **FEEBLE**	883
attempt	une molle tentative
cry	un faible cri
voice	une voix faible
patient	un patient affaibli
old man	un faible vieillard

a **FEIGNED**	884
repentance	un repentir feint
shyness	une feinte timidité
illness	une maladie feinte
madness	une folie simulée
innocence	une feinte innocence

a **FEMININE**	885
intuition	une intuition féminine
hairdo	une coiffure féminine
argument	un argument bien féminin
instinct	un instinct féminin
attitude	une attitude féminine

a **FEROCIOUS**	886
roar	un rugissement féroce
lion	un lion féroce
tiger	un tigre féroce
animal	un bête féroce
attack	une attaque sauvage

a **FERTILE**	887
valley	une vallée fertile
imagination	une imagination fertile
plain	une plaine fertile
soil	un sol fertile
area	une région fertile

a **FERVENT**	888
prayer	une prière fervente
plea	une requête fervente
denial	une dénégation fervente
speech	un discours fervent
appeal	un fervent appel

a **FESTIVE**	889
occasion	une circonstance joyeuse
party	une réception gaie
banquet	un banquet de fête
celebration	une fête commémorative
holiday	un jour férié

a **FEUDAL**	890
system	un système féodal
lord	un seigneur féodal
law	une loi féodale
custom	une coutume féodale
nobleman	un noble féodal

a **FEVERISH**	891
rush	une ruée fiévreuse
activity	une activité fiévreuse
pitch	une tension fébrile
preparation	des préparatifs fiévreux
temperature	une température fiévreuse

a **FICKLE**	892
woman	une femme volage
heart	un cœur volage
friend	un ami inconstant
admirer	un admirateur inconstant
girl	une jeune fille capricieuse

a **FICTIONAL**	893
character	un personnage imaginaire
plot	une intrigue imaginaire
account	un récit imaginaire
place	un endroit imaginaire
situation	une situation imaginaire

a **FICTITIOUS**	894
story	une histoire inventée de toutes pièces
excuse	une excuse inventée de toutes pièces
wealth	une richesse fictive
statement	un exposé inventé de toutes pièces
account	un récit inventé de toutes pièces

a **FIENDISH**	895
delight	un plaisir diabolique
plot	un complot diabolique
scheme	une machination diabolique
laugh	un rire diabolique
plan	un plan diabolique

a **FIERCE**	896
opposition	une opposition acharnée
storm	une tempête violente
retaliation	des représailles violentes
assault	un assaut violent
wind	un vent violent

a **FIERY**	897
furnace	une fournaise ardente
speech	un discours ardent
nature	une nature ardente
performance	une exécution fougueuse
debate	un débat passionné

a FILLED   898

ashtray	un cendrier rempli
cupboard	un buffet rempli
purse	un sac à main rempli
saucer	une soucoupe remplie
briefcase	une serviette remplie

a FILTERED   899

air	un air filtré
smoke	une fumée épurée
light	une lumière tamisée
liquid	un liquide filtré
water	de l'eau filtrée

a FILTHY   900

floor	un plancher dégoûtant
house	une maison dégoûtante
napkin	une serviette dégoûtante
barn	une grange dégoûtante
plate	une assiette dégoûtante

a FINAL   901

act	un dernier acte
scene	une scène finale
choice	un choix décisif
solution	une solution finale
compromise	un compromis final

a FINANCIAL   902

genius	un génie de la finance
coup	une manœuvre financière réussie
arrangement	une transaction financière
report	un rapport financier
assistance	une aide financière

a FINE   903

day	une belle journée
speech	un beau discours
mesh	un filet fin
restaurant	un bon restaurant
lad	un chic gars

a FINISHED   904

building	un bâtiment terminé
composition	une dissertation terminée
assignment	un devoir terminé
design	un modèle terminé
homework	un devoir terminé

a FIRM   905

hand	une main ferme
offer	une offre ferme
tone	un ton ferme
resolve	une résolution ferme
promise	une promesse ferme

a FIRST   906

marriage	un premier mariage (lit)
child	un premier enfant
edition	une édition originale (princeps)
attempt	un coup d'essai
time	une première fois

a FIRST-CLASS   907

hotel	un hôtel de premier ordre
ticket	un billet de première classe
seat	une place de choix
liar	un fieffé menteur
accommodation	un logement de premier ordre

a FITTING   908

reward	une récompense appropriée
punishment	un châtiment approprié
tribute	un hommage approprié
honor	un honneur approprié
salary	un traitement approprié

a FIXED   909

income	un revenu fixe
star	une étoile fixe
stare	un regard fixe
salary	un traitement fixe
tax	un impôt fixe

a FLAGRANT   910

violation	une violation flagrante
contempt	un mépris flagrant
oversight	une omission flagrante
error	une erreur flagrante
disobedience	une désobéissance flagrante

a FLAKY   911

pastry	une pâte feuilletée
crust	une croûte écailleuse
skin	une peau écailleuse
surface	une surface écailleuse
texture	une texture écailleuse

a FLAMING   912

torch	une torche flamboyante
building	un bâtiment en feu
fire	un feu flamboyant
dessert	un dessert flambé
crash	une collision provoquant l'incendie

a FLASHING   913

light	une lumière clignotante
beacon	un phare à éclipses
signal	un signal clignotant
sign	une enseigne clignotante
diamond	un diamant étincelant

a FLAT   914

denial	un démenti formel
roof	un toit plat
nose	un nez aplati
taste	un goût fade
note	une fausse note

a FLAT (deflated)   915

tire	un pneu dégonflé
inner tube	une chambre à air dégonflée
basketball	un ballon de basket-ball dégonflé
football	un ballon de football degonflé
soccer ball	un ballon de football degonflé

a FLATTERING   916

remark	une remarque flatteuse
jealousy	une jalousie flatteuse
comment	un commentaire élogieux
compliment	un compliment flatteur
dress	une robe qui avantage

a FLAWLESS   917

complexion	un teint irréprochable
recitation	une récitation irréprochable
performance	une représentation irréprochable
record (sports)	une saison parfaite
recording	un enregistrement irréprochable

a FLEET	918	a FLOWING	928
runner	un coureur leste	gown	une robe flottante
animal	un animal leste	robe	une robe flottante
ship	un navire rapide	style	un style coulant
rabbit	un lapin leste	train (bridal)	une traîne flottante
panther	une panthère leste	veil	un voile flottant

a FLEETING	919	a FLUENT	929
fame	une célébrité éphémère	speaker	une personne qui parle couramment
moment	un moment éphémère	reader	une personne qui lit couramment
impression	une impression éphémère	writer	un auteur prolifique
smile	un sourire fugitif	native	un indigène qui parle couramment
impulse	une impulsion passagère	speech	un discours coulant

a FLEXIBLE	920	a FLUSTERED	930
schedule	un horaire modifiable	reply	une réponse agitée
hose	un tuyau flexible	loser	un perdant agité
plan	un plan flexible	candidate	un candidat agité
joint	un joint souple	salesman	un vendeur agité
decision	une décision flexible	accountant	un comptable agité

a FLICKERING	921	a FLUTED	931
candle	une bougie à la flamme vacillante	column	une colonne cannelée
flame	une flamme vacillante	pillar	un pilier cannelé
lantern	une lanterne à la flamme vacillante	arch	une voûte cannelée
torch	une torche à la flamme vacillante	pedestal	un piédestal cannelé
searchlight	un projecteur scintillant	base	un socle cannelé

a FLIMSY	922	a FOAMY	932
excuse	une excuse frivole	beer	une bière mousseuse
dress	une robe légère	surf	un ressac écumant
house	une maison peu solide	crest	une crête écumante
shack	une cabane branlante	lather	une mousse de savon
gate	un portail branlant	solution	une solution mousseuse

a FLIPPANT	923	a FOGGY	933
attitude	une attitude désinvolte	seacoast	une côte brumeuse
remark	une remarque désinvolte	day	une journée brumeuse
denial	un démenti désinvolte	seaport	un port brumeux
refusal	un refus désinvolte	airport	un aéroport couvert de brume
comment	une observation désinvolte	landscape	un paysage brumeux

a FLOODED	924	a FOND	934
valley	une vallée inondée	recollection	un doux souvenir
cellar	une cave inondée	farewell	un doux adieu
street	une rue inondée	memory	un doux souvenir
ravine	une ravine inondée	embrace	une tendre étreinte
town	une ville inondée	remembrance	un doux souvenir

a FLORAL	925	a FOOLHARDY	935
design	un motif floral	mission	une mission téméraire
pattern	un modèle floral	climb	une ascension téméraire
wreath	une guirlande de fleurs	attempt	une tentative imprudente
garden	un jardin d'agrément	flight	un vol téméraire (en avion)
landscape	un paysage semé de fleurs	race	une course téméraire

a FLOURISHING	926	a FOOLISH	936
community	une collectivité prospère	question	une question ridicule
economy	une économie prospère	answer	une réponse ridicule
business	une affaire prospère	choice	un choix ridicule
country	un pays prospère	feeling	(se sentir ridicule)
garden	un jardin en fleurs	decision	une décision ridicule

a FLOWERY	927	a FORBIDDEN	937
speech	un discours fleuri	exit	une sortie interdite
compliment	un compliment fleuri	fruit	un fruit défendu
epitaph	une épitaphe fleurie	place	un endroit interdit
oration	une harangue fleurie	expression	une expression proscrite
invitation	une invitation fleurie	newspaper	un journal interdit

ADJECTIVE

a FORBIDDING		938
scene	une scène sinistre	
castle	un château sinistre	
dungeon	un cachot sinistre	
monastery	un monastère sinistre	
cliff	une falaise sinistre	

a FORCEFUL		939
manner	un air énergique	
personality	une forte personnalité	
style	un style vigoureux	
argument	un argument convaincant	
presentation	une présentation vigoureuse	

a FOREGONE		940
conclusion	une issue certaine	
assumption	une hypothèse sûre	
solution	une solution prévue d'avance	
approval	une approbation prévue d'avance	
acceptance	un agrément prévu d'avance	

a FOREIGN		941
dignitary	un dignitaire étranger	
ambassador	un ambassadeur à (d')un pays étranger	
import	des importations	
export	des exportations	
student	un étudiant étranger	

a FOREIGN-MADE		942
camera	un appareil photo de marque étrangère	
watch	une montre de marque étrangère	
car	une voiture de marque étrangère	
recorder	un enregistreur de marque étrangère	
typewriter	une machine à ecrire de marque étrangère	

a FORFEITED		943
game	un jeu perdu	
estate	une propriété confisquée	
inheritance	un héritage perdu	
award	un prix perdu	
reward	une récompense perdue	

a FORGED (faked)		944
passport	un passeport falsifié	
signature	une signature falsifiée	
pass	un permis falsifié	
painting	un tableau falsifié	
check	un chèque falsifié	

a FORGED (in a foundry)		945
steel	un acier forgé	
bond	un lien forgé	
link	un lien forgé	
chain	une chaîne forgée	
metal	un métal forgé	

a FORGETFUL		946
professor	un professeur distrait	
husband	un mari distrait	
wife	une épouse distraite	
child	un enfant oublieux	
teacher	un instituteur distrait	

a FORGIVEN		947
sin	un péché pardonné	
sinner	un pécheur pardonné	
indiscretion	un faux pas pardonné	
insult	une insulte pardonnée	
husband	un mari pardonné	

a FORGIVING		948
nature	un caractère indulgent	
mother	une mère indulgente	
friend	un ami indulgent	
wife	une épouse indulgente	
husband	un mari indulgent	

a FORGOTTEN		949
generation	une génération oubliée	
password	un mot de passe oublié	
manuscript	un manuscrit oublié	
genius	un génie oublié	
past	un passé oublié	

a FORLORN		950
look	un regard affligé	
expression	une expression affligée	
smile	un sourire désolé	
orphan	un orphelin misérable	
prisoner	un prisonnier misérable	

a FORMAL		951
apology	une excuse dans les formes	
party	une réception en tenue de soirée	
reception	une réception officielle	
affair	une soirée habillée	
accusation	une accusation formelle	

a FORMER		952
president	un ancien président	
ruler	un ancien souverain	
occupant	un occupant précédent	
lawyer	un ancien avocat	
winner	un ancien vainqueur	

a FORMIDABLE		953
foe	un ennemi redoutable	
opponent	un adversaire redoutable	
opposition	une opposition redoutable	
size	une taille formidable	
army	une armée redoutable	

a FORTIFIED		954
position	une position fortifiée	
city	une ville fortifiée	
outpost	un avant-poste fortifié	
street	une rue fortifiée	
milk	le lait vitaminé	

a FORTUNATE		955
improvement	une amélioration heureuse	
result	un résultat heureux	
investment	un placement heureux	
solution	une solution heureuse	
verdict	un verdict heureux	

a FOUL		956
smell	un relent fétide	
odor	une odeur fétide	
taste	un goût infecte	
stench	une puanteur immonde	
air	un air vicié	

a FRAGILE		957
package	un paquet fragile	
doll	une poupée fragile	
dish	un plat fragile	
flower	une fleur fragile	
cup	une tasse fragile	

a FRAGRANT		958
scent	une senteur embaumée	
flower	une fleur parfumée	
bouquet	un bouquet parfumé	
perfume	un parfum odorant	
aroma	un arôme délicieux	

a FRAIL		959
creature	une frêle créature	
infant	un frêle nourrisson	
child	un frêle enfant	
old man	un frêle vieillard	
old lady	une frêle vieille dame	

a FRANK		960
opinion	une opinion franche	
report	un rapport sans détours	
comment	un commentaire sans détours	
answer	une réponse directe	
question	une question directe	

a FRANTIC		961
search	une quête frénétique	
schedule	un horaire surchargé	
rush	une ruée effrénée	
mother	une mère folle (de . . .)	
episode	un épisode délirant	

a FRATERNAL		962
—twins	des jumeaux (un jumeau)	
organization	une oeuvre fraternelle	
closeness	une intimité fraternelle	
relationship	des liens fraternels	
order	un ordre fraternel	

a FRAUDULENT		963
claim	une réclamation frauduleuse	
report	un rapport trompeur	
account	un exposé trompeur	
scheme	un plan trompeur	
request	une demande frauduleuse	

a FRAYED		964
edge	un bord effiloché	
covering	une enveloppe effilochée	
cord	une corde effilochée	
lining	une doublure effilochée	
shoelace	un lacet effiloché	

a FREAKISH		965
accident	un accident étrange	
storm	un orage anormal	
tornado	une tornade anormale	
wind	un vent anormal	
hurricane	un ouragan anormal	

a FREE		966
meal	un repas gratuit	
ticket	un billet gratuit	
choice	un libre choix	
election	des élections libres	
trip	un voyage gratuit	

a FREED		967
slave	un esclave libéré	
captive	un prisonnier libéré	
convict	un condamné libéré	
animal	un animal libéré	
hostage	un otage libéré	

a FREEZING		968
temperature	une température glaciale	
wind	un vent glacial	
sleet	un grésil glacial	
spray	un embrun glacé	
climate	un climat glacial	

a FREQUENT		969
visitor	un visiteur familier	
trip	des voyages fréquents	
rain	une pluie habituelle	
delay	un retard habituel	
fog	un brouillard habituel	

a FRESH		970
smell	une odeur fraîche	
scent	une senteur fraîche	
trail	une piste fraîche	
bouquet	un frais bouquet	
supply	des approvisionnements frais	

a FRIED		971
potato	une pomme de terre frite	
egg	un œuf sur le plat	
fish	un poisson frit	
ham	un jambon frit	
chicken	un poulet frit	

a FRIENDLESS		972
country	un pays sans alliés	
tyrant	un tyran sans amis	
dictator	un dictateur sans amis	
employer	un employeur sans amis	
child	un enfant délaissé	

a FRIENDLY		973
person	une personne bienveillante	
attitude	une attitude bienveillante	
atmosphere	une ambiance amicale	
wager	un pari amical	
chat	un bavardage amical	

a FRIGHTENED		974
animal	un animal apeuré	
child	un enfant apeuré	
stranger	un étranger apeuré	
refugee	un réfugié apeuré	
prisoner	un prisonnier apeuré	

a FRIGHTENING		975
experience	une expérience effrayante	
movie	un film d'épouvante	
play	une pièce d'épouvante	
scene	une scène effrayante	
idea	une idée effrayante	

a FRIGHTFUL		976
noise	un bruit épouvantable	
din	un fracas épouvantable	
handicap	un handicap terrible	
loss	une perte terrible	
predicament	une situation épouvantable	

a FRIGID		977
climate	un climat glacial	
stare	un regard fixe qui glace	
zone	une zone glaciale	
reception	un accueil glacial	
woman	une femme frigide	

ADJECTIVES

a FRISKY 978

dog	un chien folâtre
pet	un animal familier folâtre
colt	un poulain remuant
puppy	un chiot folâtre
cat	un chat folâtre

a FRIVOLOUS 979

girl	une jeune fille frivole
taste	un goût frivole
expense	une dépense futile
daughter	une fille frivole
wife	une épouse frivole

a FRONT 980

door	une porte d'entrée
seat	un siège avant
line (war)	le front (les avant-postes)
tire	un pneu avant
porch	une véranda en façade

a FROZEN 981

pond	un étang gelé
lake	un lac gelé
hand	une main gelée
river	une rivière gelée
landscape	un paysage d'hiver

a FRUITFUL 982

meeting	une réunion fructueuse
debate	un débat fructueux
experience	une expérience fructueuse
discussion	une discussion fructueuse
conference	une conférence féconde

a FRUITLESS 983

attempt	une vaine tentative
argument	une vaine dispute
conference	une conférence inutile
debate	un vain débat
discussion	une vaine discussion

a FRUSTRATED 984

musician	un musicien déçu dans ses aspirations
singer	un chanteur déçu dans ses aspirations
applicant	un candidat déçu dans ses aspirations
loser	un perdant déçu dans ses aspirations
clerk	un vendeur déçu dans ses aspirations

a FRUSTRATING 985

loss	une perte très ennuyeuse
experience	une épreuve difficile
problem	un problème difficile à résoudre
delay	un retard très ennuyeux
lack	une pénurie très ennuyeuse

a FULL (complete) 986

retraction	un désaveu complet
measure	une pleine mesure
apology	de plates excuses
share	une part entière
account	un récit complet

a FULL (not empty) 987

bottle	une bouteille pleine
schedule	un programme chargé
canteen (water)	un bidon plein
gallon	un bidon (de cinq litres) plein
life	une vie bien remplie

a FULL-LENGTH 988

coat	un manteau long
feature (movie)	un long métrage
documentary	un long documentaire
explanation	une longue explication
mirror	un psyché

a FUNCTIONAL 989

scenery (stage)	un décor fonctionnel
use	un usage fonctionnel
improvement	une amélioration fonctionnelle
innovation	une innovation fonctionnelle
change	une transformation fonctionnelle

a FUNDAMENTAL 990

difference	une distinction fondamentale
law	une loi fondamentale
disagreement	un désaccord fondamental
concept	un concept fondamental
principle	un principe fondamental

a FUN-LOVING 991

boy	un garçon qui aime s'amuser
nature	un caractère qui aime s'amuser
bachelor	un célibataire qui aime s'amuser
amateur	un amateur qui aime s'amuser
child	un enfant qui aime s'amuser

a FUNNY 992

story	une histoire drôle
game	un jeu amusant
result	un résultat curieux
idea	une drôle d'idée
joke	une plaisanterie amusante

a FURIOUS 993

pace	un rythme forcené
race	une course forcenée
scramble	une mêlée acharnée
husband	un mari furieux
loser	un perdant furieux

a FURNISHED 994

apartment	un appartement meublé
house	une maison meublée
room	une pièce meublée
bedroom	une chambre à coucher meublée
office	un bureau meublé

a FURTIVE 995

glance	un coup d'œil furtif
escape	une évasion secrète
look	un regard furtif
shadow	une ombre furtive
tear	une larme furtive

a FUSSY 996

grandmother	une grand-mère trop méticuleuse
baby	un bébé qui pleurniche sans arrêt
child	un (jeune) enfant grincheux
customer	un client difficile
buyer	un acheteur difficile

a FUTILE 997

attempt	une vaine tentative
help	une aide futile
argument	un argument futile
attack	une attaque futile
objection	une objection futile

a FUTURE

king	un futur roi
son-in-law	un futur gendre
job	un futur emploi
president	un futur président
tense	un futur (grammaire)

G

a GABLED 999

roof	un toit sur pignons
house	une maison à pignons
window	une fenêtre mansardée
arch	une voûte à pignon
mansion	un manoir à pignons

a GALLANT 1000

effort	un effort courageux
attempt	une tentative courageuse
try	un essai courageux
soldier	un soldat valeureux
hero	un héros vaillant

a GAME 1001

try	une tentative courageuse
struggle	une lutte courageuse
opponent	un adversaire résolu
race	une course courageuse
attempt	un effort courageux

a GAPING 1002

hole	un trou béant
wound	une plaie béante
mouth	(rester bouche bée)
tear (cloth)	une déchirure béante
bystander	un spectateur effaré

a GAUDY 1003

dress	une robe voyante
tie	une cravate voyante
color	une couleur voyante
combination	un mélange de couleurs voyantes
painting	un tableau de couleurs voyantes

a GAY 1004

affair	une célébration joyeuse
party	une joyeuse réception
time (to have)	(bien s'amuser)
celebration	une fête joyeuse
song	une chanson gaie

a GENERAL 1005

question	une question d'ordre général
decline	une régression générale
interest	un intérêt général
agreement	un accord général
increase	une hausse générale

a GENERATED 1006

electricity	une électricité produite
enthusiasm	un enthousiasme provoqué
power	une énergie produite
force	une force produite
animosity	une animosité provoquée

a GENEROUS 1007

supply	des approvisionnements abondants
allowance	de l'argent de poche en abondance
gift	un don généreux
sum	une forte somme
husband	un mari généreux

a GENIAL 1008

host	un hôte sympathique
headwaiter	un maître d'hôtel sympathique
bartender	un barman sympathique
smile	un sourire sympathique
atmosphere	une ambiance cordiale

a GENTLE 1009

wind	une légère brise
push	une poussée légère
laxative	un laxatif léger
reprimand	une réprimande peu sévère
kiss	un doux baiser

a GENUINE 1010

article	un article garanti d'origine
antique	un objet ancien authentique
dislike	une franche aversion
masterpiece	un chef-d'œuvre authentique
fear	une franche apprehension

a GEOGRAPHIC 1011

map	une carte géographique
location	un lieu géographique
boundary	une limite géographique
discovery	une découverte géographique
oddity	une anomalie géographique

a GHASTLY 1012

mistake	une erreur effroyable
accident	un accident effroyable
experience	une épreuve effroyable
wound	une blessure effroyable
war	une guerre effroyable

a GHOSTLY 1013

figure	une silhouette spectrale
voice	une voix d'outre-tombe
apparition	une apparition spectrale
silence	un silence surnaturel
whisper	un chuchotement surnaturel

a GIFTED 1014

student	un étudiant doué
actress	une actrice douée
artist	un peintre doué
actor	un acteur doué
writer	un auteur doué

a GIGANTIC		1015
fraud	une escroquerie énorme	
airplane	un avion gigantesque	
ocean liner	un paquebot gigantesque	
missile	un engin balistique énorme	
stage	une scène gigantesque	

a GIRLISH		1016
modesty	une modestie de jeune fille	
innocence	une innocence de jeune fille	
pride	un orgueil de jeune fille	
laughter	un rire de jeune fille	
blush	une rougeur de jeune fille	

a GLAD		1017
face	un visage heureux	
expression	un air heureux	
voice	une voix enjouée	
feeling	un sentiment de bonheur	
–tidings	de bonnes nouvelles	

a GLAMOROUS		1018
actress	une actrice fascinante	
wig	une perruque éblouissante	
life	une vie brillante	
look	un aspect éblouissant	
setting	un cadre éblouissant	

a GLAZED		1019
pottery	une poterie émaillée	
stare	un regard vitreux	
finish	un enduit vitrifié	
porcelain	une porcelaine vitrifiée	
ashtray	un cendrier émaillé	

a GLEAMING		1020
smile	un sourire étincelant	
floor	un plancher brillant	
shine	un éclat lumineux	
mirror	un miroir étincelant	
reflection	un reflet brillant	

a GLIDING		1021
swan	un cygne qui glisse sur l'eau	
dancer	un danseur aérien	
skater	un patineur aérien	
swallow	une hirondelle qui plane dans les airs	
flight	un vol plané	

a GLISTENING		1022
surface	une surface brillante	
polish	un poli brillant	
pond	un étang miroitant	
skin	une peau luisante	
floor	un plancher reluisant	

a GLITTERING		1023
diamond	un diamant étincelant	
bracelet	un bracelet étincelant	
metal	un métal brillant	
jewel	un bijou étincelant	
brooch	une broche étincelante	

a GLOBAL		1024
attack	une attaque générale	
conflict	un conflit mondial	
unrest	une agitation mondiale	
famine	une famine mondiale	
flight	un vol autour du monde	

a GLOOMY		1025
day	une morne journée	
outlook	de sombres perspectives	
future	un avenir peu prometteur	
morning	une morne matinée	
prediction	une lugubre prédiction	

a GLORIFIED		1026
leader	un chef glorifié	
ideal	un idéal glorifié	
president	un président glorifié	
concept	un concept glorifié	
hero	un héros glorifié	

a GLORIOUS		1027
victory	une glorieuse victoire	
day	une journée radieuse	
honor	un honneur éclatant	
voice	une voix radieuse	
sunset	un radieux soleil couchant	

a GLOSSY		1028
polish	un poli brillant	
surface	une surface brillante	
shine	un éclat lumineux	
finish	un apprêt brillant	
reflection	un reflet brillant	

a GLOWING		1029
account	un récit enthousiaste	
sun	un soleil de feu	
report	un compte-rendu enthousiaste	
fire	un feu rougeoyant	
sphere	une boule incandescente	

a GLUM		1030
face	un visage maussade	
expression	une expression maussade	
manner	une manière maussade	
loser	un perdant maussade	
child	un enfant maussade	

a GNARLED		1031
branch	une branche noueuse	
club	un gourdin noueux	
oak	un chêne noueux	
trunk	un tronc noueux	
–hands	des mains noueuses	

a GNAWING		1032
hunger	une faim dévorante	
anxiety	une inquiétude dévorante	
curiosity	une curiosité dévorante	
ambition	une ambition dévorante	
anger	une colère dévorante	

a GOLDEN		1033
opportunity	une occasion unique	
color	une teinte dorée	
light	une lumière dorée	
wheat	un blé doré	
harvest	une moisson dorée	

a GOOD		1034
student	un bon élève	
reputation	une bonne réputation	
dancer	un bon danseur	
play	une bonne pièce de théâtre	
restaurant	un bon restaurant	

1	a good representative	ABLE	un représentant capable
2	a good harvest	ABUNDANT	une récolte abondante
3	a good liar	ACCOMPLISHED	un menteur accompli
4	a good analysis	ACCURATE	une analyse exacte
5	a good excuse	ACCEPTABLE	une excuse acceptable
6	a good supply	ADEQUATE	un approvisionnement suffisant
7	a good decision	ADMIRABLE	une décision admirable
8	a good position	ADVANTAGEOUS	une position avantageuse
9	a good climate	AGREEABLE	un climat agréable
10	a good advertisement	APPEALING	une publicité attrayante
11	a good title	APPROPRIATE	un titre approprié
12	a good figure	ATTRACTIVE	un physique agréable
13	a good ruler	BENEVOLENT	un gouvernant bienveillant
14	a good ambassador	CAPABLE	un ambassadeur capable
15	a good explanation	CLEAR	une explication claire
16	a good manager	CLEVER	un administrateur intelligent
17	a good friend	CLOSE	un ami proche
18	a good performance	COMMENDABLE	une représentation digne d'éloge
19	a good lawyer	COMPETENT	un avocat compétent
20	a good analysis	COMPLETE	una analyse complète
21	a good worker	CONSCIENTIOUS	un ouvrier consciencieux
22	a good supply	CONSIDERABLE	un approvisionnement considérable
23	a good guess	CORRECT	une estimation correcte
24	a good witness	CREDIBLE	un témoin digne de foi
25	a good flavor	DELICIOUS	un goût délicieux
26	a good background	EDUCATED	une instruction poussée
27	a good remedy	EFFECTIVE	un remède efficace
28	a good secretary	EFFICIENT	une secrétaire compétente
29	a good speaker	ELOQUENT	un orateur éloquent
30	a good movie	ENTERTAINING	un film divertissant
31	a good grade	EXCELLENT	une note excellente
32	a good suit	EXPENSIVE	un complet de bonne qualité
33	a good pilot	EXPERIENCED	un pilote expérimenté
34	a good climber	EXPERT	un alpiniste expert
35	a good sign	ENCOURAGING	un signe encourageant
36	a good price	FAIR	un prix équitable
37	a good husband	FAITHFUL	un mari fidèle
38	a good review	FAVORABLE	une critique favorable
39	a good report	FINE	un rapport méritoire
40	a good life	FULL	une vie bien remplie
41	a good host	GENIAL	un maître de maison affable
42	a good allowance	GENEROUS	une indemnité généreuse
43	a good silver dollar	GENUINE	un vrai dollar en argent
44	a good time	HAPPY	une période heureuse (du bon temps)
45	a good employee	HARD-WORKING	un employé industrieux
46	a good climate	HEALTHY	un climat sain
47	a good grade	HIGH	une qualité supérieure
48	a good name	HONORABLE	un nom honorable
49	a good source	INFORMATIVE	une source instructive
50	a good leader	INSPIRING	un chef ayant de l'allant
51	a good article	INTERESTING	un article intéressant
52	a good verdict	JUST	un verdict équitable
53	a good deed	KIND	une action charitable
54	a good judge	KNOWLEDGEABLE	un juge averti
55	a good sum	LARGE	une somme importante
56	a good citizen	LAW-ABIDING	un citoyen respectueux des lois
57	a good excuse	LEGITIMATE	une excuse légitime
58	a good wife	LOVING	une épouse aimante
59	a good price	LOW	un prix modique
60	a good appearance	NEAT	une présentation soignée

ADJECTIVES

61	a good servant	OBEDIENT	un domestique obéissant
62	a good road	PAVED	une route pavée
63	a good woman	PIOUS	une femme pieuse
64	a good attitude	POSITIVE	une attitude positive
65	a good chance	PROBABLE	une bonne probabilité

66	a good investment	PROFITABLE	un investissement profitable
67	a good prospect	PROMISING	des perspectives prometteuses
68	a good attitude	PROPER	une attitude convenable
69	a good omen	PROPITIOUS	un présage favorable
70	a good book	READABLE	un livre agréable à lire

71	a good justification	REASONABLE	une justification raisonnable
72	a good customer	REGULAR	un client régulier
73	a good witness	RELIABLE	un témoin sûr
74	a good lawyer	REPUTABLE	un avocat honorablement connu
75	a good audience	RESPONSIVE	un auditoire sympathique

76	a good answer	RIGHT	une réponse juste
77	a good person	RIGHTEOUS	une personne vertueuse
78	a good risk	SAFE	une action sans risque (une bonne chance)
79	a good grade	SATISFACTORY	une note satisfaisante
80	a good student	SERIOUS	un étudiant sérieux

81	a good TV set	SERVICEABLE	un téléviseur en état de marche
82	a good move	SHREWD	un geste perspicace
83	a good mechanic	SKILLED	un mécanicien qualifié
84	a good flight	SMOOTH	un vol sans heurts
85	a good party	SOCIABLE	une réception amicale

86	a good reason	SOUND	une raison solide
87	a good support	STURDY	un soutien à toute épreuve
88	a good trip	SUCCESSFUL	un voyage réussi
89	a good supply	SUFFICIENT	un approvisionnement suffisant
90	a good location	SUITABLE	un emplacement approprié

91	a good listener	SYMPATHETIC	un auditeur bien disposé
92	a good bank	TRUSTWORTHY	une banque digne de confiance
93	a good crossing	UNEVENTFUL	une traversée sans incidents
94	a good tool	USEFUL	un instrument utile
95	a good excuse	VALID	une excuse valable

96	a good campaign	VIGOROUS	une campagne vigoureuse
97	a good child	WELL-BEHAVED	un enfant bien élevé
98	a good defense	WELL-PLANNED	une défense bien préparée
99	a good choice	WISE	un choix judicieux
100	a good cause	WORTHY	une cause estimable

a GOOD-LOOKING 1035

outfit	une belle toilette
suit	un beau complet
hat	un beau chapeau
actor	un acteur qui est bien physiquement
husband	un mari qui est bel homme

a GOOD-NATURED 1036

laugh	un rire jovial
disposition	un heureux caractère
teacher	un professeur aimable
wife	une épouse aimable
reply	une réponse joviale

a GOOD-SIZED 1037

house	une assez grande maison
apartment	un assez grand appartement
bedroom	une assez grande chambre à coucher
living room	une assez grande salle de séjour
kitchen	une assez grande cuisine

a GORGEOUS 1038

figure	une ligne splendide
sunset	un coucher de soleil splendide
dress	une toilette splendide
gown	une robe splendide
woman	une femme splendide

a GOSSIPING 1039

hostess	une maîtresse de maison bavarde
housewife	une maîtresse de maison cancanière
servant	un domestique cancanier
maid	une bonne cancanière
neighbor	un voisin cancanier

a GOVERNMENTAL 1040

policy	une politique gouvernementale
decision	une décision gouvernementale
office (post)	un poste officiel
employee	un agent de l'État
service	un service gouvernemental

a GRACEFUL   1041

bearing	un port gracieux
walk	une démarche gracieuse
figure	une ligne gracieuse
dancer	un danseur gracieux
ballerina	une ballerine gracieuse

a GRACIOUS   1042

host	un hôte affable
refusal	un refus courtois
invitation	une invitation aimable
reply	une réponse aimable
hostess	une hôtesse affable

a GRADUAL   1043

decline	un déclin progressif
increase	une augmentation graduelle
change	une transformation progressive
improvement	une amélioration progressive
evolution	une évolution lente

a GRAMMATICAL   1044

explanation	une explication grammaticale
analysis	une analyse grammaticale
structure	une structure grammaticale
peculiarity	une singularité grammaticale
irregularity	une exception grammaticale

a GRAPHIC   1045

picture	une représentation vivante
account	un récit vivant
example	un exemple vivant
description	une description vivante
comparison	une comparaison vivante

a GRASSY   1046

expanse	une étendue herbeuse
slope	une pente herbeuse
knoll	une butte herbeuse
incline	une pente herbeuse
patch	une parcelle herbeuse

a GRATEFUL   1047

friend	un ami reconnaissant
recipient	un bénéficiaire reconnaissant
acceptance	une acceptation reconnaissante
people	un peuple reconnaissant
client	un client reconnaissant

a GRAVE   1048

mistake	une erreur grave
situation	une situation grave
injustice	une injustice grave
lack	une pénurie grave
error	une faute grave

a GRAY   1049

color	une couleur grise
sky	un ciel gris
cloud	un nuage gris
dress	une robe grise
overcoat	un manteau gris

a GRAZING   1050

cow	une vache pâturant
flock	un troupeau pâturant
livestock	du bétail en train de paître
sheep	des moutons pâturant
buffalo	un buffle pâturant

a GREASY   1051

pan	une poêle graisseuse
spot	une tache de graisse
spoon	une cuillère graisseuse
hand	une main graisseuse
hair oil	un produit capillaire gras

a GREAT   1052

day	un jour faste
party	une belle réception
idea	une excellente idée
trip	un beau voyage
movie	un beau film

1052A Synonyms of the Word-Form GREAT

1	a great increase	BIG	une augmentation importante
2	a great violinist	CELEBRATED	un violiniste renommé
3	a great silence	COMPLETE	un silence complet
4	a great reduction	CONSIDERABLE	une réduction considérable
5	a great concern	DEEP	une préoccupation profonde
6	a great party	DELIGHTFUL	une réception charmante
7	a great hurricane	DESTRUCTIVE	un ouragan destructeur
8	a great fan	DEVOTED	un adepte fervent
9	a great jurist	DISTINGUISHED	un juriste distingué
10	a great waterfall	ENORMOUS	une cascade énorme
11	a great idea	EXCELLENT	une idée excellente
12	a great talent	EXCEPTIONAL	un talent exceptionnel
13	a great trip	EXCITING	un voyage passionnant
14	a great beauty	EXTRAORDINARY	une beauté extraordinaire
15	a great conductor	FAMOUS	un chef d'orchestre fameux
16	a great movie	FIRST-RATE	un film de tout premier ordre
17	a great skyscraper	GIGANTIC	un gratte-ciel gigantesque
18	a great effort	GRAND	un gros effort
19	a great scheme	GRANDIOSE	un projet grandiose
20	a great climate	HEALTHFUL	un climat sain

21	a great mountain	HIGH	une haute montagne
22	a great defeat	HISTORIC	une défaite historique
23	a great tower	HUGE	une tour énorme
24	a great location	IDEAL	un emplacement idéal
25	a great void	IMMEASURABLE	un vide infini
26	a great desert	IMMENSE	un désert immense
27	a great contribution	IMPORTANT	une contribution importante
28	a great climate	INVIGORATING	un climat tonifiant
29	a great issue	KEY	une question clé
30	a great quantity	LARGE	une quantité considérable
31	a great sorrow	LASTING	un chagrin durable
32	a great authority	LEADING	une autorité marquante
33	a great distance	LONG	une longue distance
34	a great outcry	LOUD	un cri (d'indignation) retentissant
35	a great cathedral	MAGNIFICENT	une cathédrale magnifique
36	a great advocate	MAIN	un défenseur éminent
37	a great war	MAJOR	une guerre de grande envergure
38	a great cook	MARVELOUS	un cuisinier merveilleux
39	a great symphony	MASTERLY	une symphonie magistrale
40	a great expansion	MEASURABLE	une expansion appréciable
41	a great decision	MOMENTOUS	une décision capitale
42	a great eloquence	MOVING	une éloquence émouvante
43	a great concept	NOBLE	un dessein noble
44	a great discovery	NOTABLE	une découverte notable
45	a great achievement	NOTEWORTHY	une réalisation remarquable
46	a great improvement	NOTICEABLE	une amélioration sensible
47	a great leader	OUTSTANDING	un chef exceptionnel
48	a great loneliness	OVERPOWERING	une solitude écrasante
49	a great location	PERFECT	un emplacement parfait
50	a great problem	PERPLEXING	un problème embarrassant
51	a great city	POPULOUS	une ville très peuplée
52	a great nation	POWERFUL	une nation puissante
53	a great river	PRINCIPAL	un fleuve principal
54	a great feat	PRODIGIOUS	un exploit prodigieux
55	a great artist	PROMINENT	un artiste éminent
56	a great similarity	RECOGNIZABLE	une similitude reconnaissable
57	a great achievement	REMARKABLE	une réalisation remarquable
58	a great experience	REWARDING	une expérience enrichissante
59	a great comfort	SATISFYING	un confort satisfaisant
60	a great trick	SENSATIONAL	un tour (de cartes, etc.) sensationnel
61	a great mistake	SERIOUS	une erreur sérieuse
62	a great pain	SEVERE	une douleur vive
63	a great difference	SIGNIFICANT	une différence significative
64	a great reduction	SIZABLE	une réduction importante
65	a great actor	SKILLED	un acteur consommé
66	a great craftsman	SKILLFUL	un artisan habile
67	a great example	STRIKING	un exemple frappant
68	a great desire	STRONG	un désir brûlant
69	a great increase	SUBSTANTIAL	une augmentation substantielle
70	a great start	SUCCESSFUL	un début réussi
71	a great performance	SUPERB	une représentation superbe
72	a great athlete	SUPERIOR	un athlète supérieur
73	a great explosion	STUPENDOUS	une explosion prodigieuse
74	a great actress	TALENTED	une actrice de talent
75	a great ride	THRILLING	une randonnée sensationnelle
76	a great eruption	THUNDEROUS	une éruption violente
77	a great thrill	TREMENDOUS	un frisson terrible
78	a great suffering	UNBEARABLE	une souffrance insupportable
79	a great rarity	UNCOMMON	une rareté peu commune
80	a great response	UNUSUAL	une réaction inhabituelle

81	a great convenience	USEFUL	une commodité appréciable
82	a great estate	VAST	un vaste domaine
83	a great concern	VITAL	une préoccupation vitale
84	a great following	WIDESPREAD	une suite étendue
85	a great vacation	WONDERFUL	des vacances merveilleuses

a GREEDY 1053

child	un enfant gourmand
husband	un mari cupide
banker	un banquier âpre au gain
businessman	un homme d'affaires âpre au gain
dictator	un dictateur cupide

a GREEN 1054

lawn	une pelouse verte
hat	un chapeau vert
dress	une robe verte
forest	une forêt verte
tree	un arbre vert

a GRIEVING 1055

widow	une veuve éplorée
husband	un mari affligé
wife	une épouse affligée
nation	une nation affligée
survivor	un rescapé affligé

a GRIEVOUS 1056

error	une erreur grave
loss	une perte cruelle
death	une mort affligeante
wrong	une injustice grave
omission	une omission grave

a GRIM 1057

situation	une situation menaçante
prospect	une perspective sinistre
expression	un air rébarbatif
reality	une sinistre réalité
president	un président à l'air sévère

a GRIMY 1058

miner	un mineur noir de charbon
—hands	des mains crasseuses
laborer	un travailleur sale
covering	une bâche sale
filth	de la crasse

a GRINNING 1059

skeleton	un squelette grimaçant
mask	un masque grimaçant
monkey	un singe grimaçant
expression	une expression réjouie
winner	un gagnant réjoui

a GRISLY 1060

trophy	un trophée macabre
souvenir	un souvenir macabre
murder	un meurtre horrible
massacre	un massacre horrible
scalp	un scalp macabre

a GROSS 1061

injustice	une injustice flagrante
exaggeration	une exagération grossière
tonnage	un tonnage brut
total	un total brut
income	un revenu brut

a GROTESQUE 1062

mask	un masque hideux
make-up	un maquillage hideux
creature	une créature extravagante
monster	un monstre hideux
disguise	un déguisement extravagant

a GROUNDLESS 1063

accusation	une accusation sans fondement
report	un bruit sans fondement
rumor	une rumeur sans fondement
allegation	une allégation gratuite
charge	une inculpation sans fondement

a GROWING 1064

dissatisfaction	un mécontentement croissant
satisfaction	une satisfaction croissante
unrest	une agitation croissante
poverty	une pauvreté croissante
anxiety	une inquiétude croissante

a GRUELING 1065

climb	une ascension épuisante
trip	un voyage épuisant
marathon	un marathon épuisant
race	une course épuisante
march	une marche épuisante

a GRUESOME 1066

crime	un crime horrible
homicide	un meurtre horrible
job	un travail horrible
sight	une scène horrible
slaughter	une tuerie horrible

a GRUFF 1067

voice	une voix bourrue
tone	un ton bourru
nature	un caractère bourru
manner	un air bourru
command	un ordre bourru

a GRUMPY 1068

old man	un vieillard grincheux
grandfather	un grand-père grincheux
loser	un perdant grincheux
patient	un patient grincheux
invalid	un invalide grincheux

a GUARANTEED 1069

income	un revenu garanti
satisfaction	une satisfaction garantie
product	un produit garanti
result	un résultat garanti
profit	un bénéfice garanti

a GUARDED 1070

treasure	un trésor gardé
camp	un camp gardé
prison	une prison gardée
museum	un musée gardé
collection	une collection gardée

a GUIDED		1071
missile	un engin balistique téléguidé	
tour (museum)	une visite accompagnée	
visitor	un visiteur accompagné	
excursion	une excursion accompagnée	
group	un groupe accompagné	

a GUIDING		1072
principle	un principe directeur	
searchlight	un projecteur de balisage	
hand	une main qui guide	
committee	un comité directeur	
influence	une influence directrice	

a GUILTY		1073
criminal	un criminel reconnu coupable	
feeling	un sentiment de culpabilité	
client	un client reconnu coupable	
accomplice	un complice reconnu coupable	
conscience	une mauvaise conscience	

a GULLIBLE		1074
fool	une dupe	
old man	un vieillard crédule	
juror	un juré crédule	
woman	une femme crédule	
customer	un client crédule	

a GUSHING		1075
spring	une source d'eau vive	
wound	une plaie d'où jaillit le sang	
fountain	une fontaine jaillissante	
stream	un cours d'eau bouillonnant	
flow	un écoulement abondant	

a GUTTURAL		1076
sound	un son guttural	
dialect	un dialecte guttural	
voice	une voix gutturale	
accent	un accent guttural	
consonant	une consonne gutturale	

a GYMNASTIC		1077
exercise	un exercice physique	
team	une équipe de gymnastes	
athlete	un gymnaste	
expert	un expert en culture physique	
coach	un moniteur d'éducation physique	

H

a HABITUAL		1078
drunkard	un ivrogne invétéré	
laziness	une paresse invétérée	
tardiness	(être toujours en retard)	
delay	un retard habituel	
absence	une absence habituelle	

a HACKNEYED		1079
expression	une expression banale	
phrase	une tournure banale	
word	un mot banal	
plot	une intrigue banale	
proverb	un proverbe banal	

a HALF-EMPTY		1080
bottle	une bouteille à moitié vide	
container	un récipient à moitié vide	
auditorium	une salle à moitié vide	
carton	un récipient de carton à moitié vide	
classroom	une salle de classe à moitié vide	

a HALF-FILLED		1081
bottle	une bouteille à moitié remplie	
glass	un verre à moitié rempli	
cup	une tasse à moitié remplie	
tank	un réservoir à moitié rempli	
suitcase	une valise à moitié remplie	

a HALF-WITTED		1082
moron	un crétin	
scheme	un projet stupide	
plan	un plan stupide	
idea	une idée stupide	
reply	une réponse stupide	

a HALLOWED		1083
saint	un saint vénéré	
shrine	un lieu saint	
ground	une terre consacrée	
relic	une relique sacrée	
name	un nom sanctifié	

a HANDMADE		1084
tapestry	une tapisserie faite à la main	
rug	un tapis fait à la main	
sweater	un chandail fait à la main	
toy	un jouet fait à la main	
machine	une machine faite à la main	

a HANDSOME		1085
boy	un garçon de bonne mine	
actor	un acteur qui est bel homme	
son	un fils qui est beau garçon	
father	un père qui est bel homme	
husband	un mari qui est bel homme	

a HANDY		1086
tool	un outil pratique	
weapon	une arme commode	
gadget	un dispositif pratique	
invention	une invention commode	
knife	un couteau pratique	

a HAPPY		1087
solution	une solution favorable	
marriage	un mariage heureux	
smile	un sourire heureux	
laughter	un rire heureux	
family	une famille heureuse	

a HARD (not easy)		1088
test	une épreuve difficile	
question	une question difficile	
choice	un choix difficile	
subject	un sujet (une matière) difficile	
course	un cours difficile	

a HARD (not soft)		1089
bench	un banc dur	
seat	un siège dur	
chair	une chaise dure	
surface	une surface dure	
bed	un lit dur	

a HARD-BOILED		1090
egg	un œuf dur	
manner	un air de dur à cuire	
inspector	un inspecteur tenace	
attitude	un air tenace	
detective	un détective tenace	

a HARD-HEADED		1091
banker	un banquier réaliste	
businessman	un homme d'affaires réaliste	
teacher	un professeur réaliste	
opponent	un adversaire réaliste	
approach	une méthode réaliste	

a HARD-HEARTED		1092
villain	un scélérat	
general	un général inflexible	
businessman	un homme d'affaires inflexible	
politician	un politicien inflexible	
leader	un chef inflexible	

a HARD-WORKING		1093
mechanic	un mécanicien travailleur	
employee	un employé travailleur	
clerk	un commis travailleur	
salesman	un vendeur travailleur	
housewife	une ménagère travailleuse	

a HARDY		1094
pioneer	un pionnier endurci	
pilgrim	un pèlerin résistant	
tribe	une tribu vigoureuse	
adventurer	un aventurier endurci	
explorer	un explorateur endurci	

a HARMFUL		1095
bacteria	une bactérie nuisible	
drug	un médicament nocif	
injection	une piqûre nocive	
loss	une perte préjudiciable	
habit	une habitude préjudiciable	

a HARMLESS		1096
drug	un médicament inoffensif	
conversation	une conversation anodine	
medicine	un remède inoffensif	
eccentric	un doux excentrique	
charge	une accusation anodine	

a HARMONIOUS		1097
meeting	une réunion harmonieuse	
marriage	un mariage heureux	
cooperation	une collaboration harmonieuse	
agreement	une bonne entente	
solution	une solution harmonieuse	

a HARSH		1098
discipline	une discipline rigoureuse	
punishment	un châtiment rigoureux	
reprimand	une réprimande sévère	
winter	un hiver rigoureux	
request	une demande inflexible	

a HARVESTED		1099
crop	une moisson	
wheat	du blé moissonné	
grain	des céréales moissonnées	
corn	du maïs moissonné	
reward	une récompense reçue	

a HASTY		1100
retreat	une retraite précipitée	
denial	un prompt refus	
decision	une prompte décision	
solution	une solution expéditive	
preparation	une préparation hâtive	

a HATED		1101
president	un président exécré	
dictator	un dictateur exécré	
tyrant	un tyran exécré	
teacher	un professeur exécré	
mayor	un maire exécré	

a HATEFUL		1102
spite	une malveillance odieuse	
woman	une femme odieuse	
task	une tâche odieuse	
slander	une calomnie odieuse	
remark	une remarque odieuse	

a HAUGHTY		1103
tone	un ton dédaigneux	
queen	une reine altière	
bearing	un port altier	
gesture	un geste dédaigneux	
glance	un regard dédaigneux	

a HAUNTED		1104
castle	un château hanté	
house	une maison hantée	
mansion	un manoir hanté	
cemetery	un cimetière hanté	
tomb	une tombe hantée	

a HAUNTING		1105
refrain	un refrain obsédant	
melody	une mélodie obsédante	
memory	un souvenir obsédant	
story	une histoire obsédante	
rhythm	un rythme obsédant	

a HAZARDOUS		1106
road	une route dangereuse	
climb	une ascension périlleuse	
trip	un voyage périlleux	
mission	une mission périlleuse	
attack	une attaque risquée	

a HAZY		1107
recollection	un souvenir vague	
memory	un souvenir vague	
landscape	un paysage estompé	
day	une journée terne	
morning	une matinée brumeuse	

HEADLESS	1108	a **HEAVY**	1118
ghost	un spectre sans tête	heart	un cœur gros
phantom	un fantôme sans tête	weight	un poids lourd
horseman	un cavalier sans tête	boot	une botte lourde
statue	une statue sans tête	platter	un plat lourd
rider	un cavalier sans tête	tarpaulin	une lourde bâche

HEALING	1109	a **HELLISH**	1119
salve	un baume cicatrisant	temper	une humeur infernale
drug	un médicament curatif	climate	un climat infernal
medicine	un remède	heat	une chaleur infernale
ointment	une pommade cicatrisante	anger	une colère infernale
oil	une huile vulnéraire	temperature	une température infernale

HEALTHFUL	1110	a **HELPFUL**	1120
exercise	un exercice salutaire	suggestion	une suggestion utile
climate	un climat salubre	assistant	un adjoint utile
drink	une boisson saine	tool	un outil utile
diet	un régime sain	friend	un ami serviable
swim	un bain (en nageant) salutaire	usher	un huissier serviable

HEALTHY	1111	a **HELPING**	1121
child	un enfant bien portant	hand	une main secourable
son	un fils bien portant	donation	un don charitable
daughter	une fille bien portante	boost	un coup de main
wife	une épouse bien portante	contribution	une aide secourable
husband	un mari bien portant	member	un membre secourable

HEARTFELT	1112	a **HELPLESS**	1122
sympathy	une sympathie sincère	invalid	un infirme réduit à l'impuissance
regret	un regret sincère	situation	une situation sans issue
relief	un soulagement sincère	feeling	un sentiment d'impuissance
anxiety	une angoisse sincère	struggle	une lutte sans espoir
apology	une excuse sincère	enemy	un ennemi réduit à l'impuissance

HEARTLESS	1113	a **HEREDITARY**	1123
judge	un juge impitoyable	trait	un trait (de caractère) inné
woman	une femme impitoyable	weakness	une débilité héréditaire
verdict	un verdict impitoyable	title	un titre héréditaire
lawyer	un avocat impitoyable	talent	un don inné
decision	une décision impitoyable	illness	une maladie héréditaire

HEART-RENDING	1114	a **HEROIC**	1124
sob	un sanglot déchirant	defense	une défense héroïque
scene	une scène navrante	deed	un acte héroïque
weeping	des pleurs déchirants	rescue	un sauvetage héroïque
decision	une décision déchirante	astronaut	un astronaute héroïque
picture	une image navrante	attack	une attaque héroïque

HEARTY	1115	a **HESITANT**	1125
laugh	un rire jovial	answer	une réponse incertaine
breakfast	un petit déjeuner copieux	reply	une réplique incertaine
meal	un repas copieux	step	un pas hésitant
lunch	un déjeuner copieux	decision	une décision incertaine
eater	un gros mangeur	apology	une excuse incertaine

HEATED	1116	a **HIDDEN**	1126
controversy	une vive controverse	desire	un désir caché
living room	un salon chauffé	treasure	un trésor caché
pool	une piscine chauffée	hatred	une haine cachée
argument	un débat animé	anxiety	une inquiétude cachée
competition	une âpre concurrence	diary	un journal (particulier) caché

HEAVENLY	1117	a **HIDEOUS**	1127
spot	un endroit délicieux	make-up	un maquillage hideux
garden	un jardin délicieux	mask	un masque hideux
scent	une senteur délicieuse	face	un visage hideux
fragrance	une odeur délicieuse	monster	un monstre hideux
perfume	un parfum délicieux	scar	une cicatrice affreuse

a **HIGH**		1128
tower	une haute tour	
tax	un impôt élevé	
bridge	un pont haut	
altitude	une haute altitude	
mountain	une haute montagne	

a **HIGH-FLOWN**		1129
phrase	une locution pompeuse	
expression	une expression pompeuse	
eulogy	un panégyrique pompeux	
epitaph	une épitaphe pompeuse	
word	un mot pompeux	

a **HIGH-FLYING**		1130
kite	un cerf-volant	
plane	un avion volant	
bird	un oiseau volant	à haute
satellite	un satellite volant	altitude
eagle	un aigle volant	

a **HIGH-PRICED**		1131
specialist	un spécialiste qui prend cher	
substitute	un produit de remplacement cher	
commodity	un produit onéreux	
automobile	une automobile onéreuse	
luxury	un luxe dispendieux	

a **HIGHER**		1132
figure	un chiffre supérieur	
floor	un étage supérieur	
level	un niveau supérieur	
degree	un degré supérieur	
standard	une norme supérieure	

a **HILARIOUS**		1133
joke	une joyeuse plaisanterie	
party	une réception gaie	
scene	une scène gaie	
play	une pièce de théâtre gaie	
pantomime	une pantomime désopilante	

a **HILLY**		1134
country	un pays montagneux	
countryside	un terrain accidenté	
scenery	un paysage accidenté	
region	une région accidentée	
estate	une propriété accidentée	

a **HINGED**		1135
shutter	un volet à charnières	
drawer	un tiroir à charnières	
lock	une serrure à charnières	
door	une porte munie de gonds	
gate	une barrière munie de gonds	

a **HISSING**		1136
snake	un serpent en colère	
sound	un son sifflant	
audience	un public qui siffle	
warning	un sifflement d'alarme	
leak	le sifflement d'une fuite	

a **HISTORIC**		1137
landmark	une étape historique	
meeting	une entrevue mémorable	
battle	une bataille mémorable	
battlefield	un champ de bataille historique	
date	une date mémorable	

a **HISTORICAL**		1138
perspective	une perspective historique	
implication	une portée historique	
parallel	un parallèle historique	
rebirth	un renouveau historique	
value	une valeur historique	

a **HOARDED**		1139
money	de l'argent caché	
wealth	des richesses cachées	
treasure	un trésor caché	
supply	des provisions cachées	
collection	une collection cachée	

a **HOARSE**		1140
voice	une voix enrouée	
tone	un ton rauque	
whisper	un chuchotement rauque	
cough	une toux rauque	
sound	un son rauque	

a **HOBBLING**		1141
beggar	un mendiant boitillant	
gait	une démarche boitillante	
invalid	un invalide boitillant	
patient	un patient boitillant	
soldier	un soldat boitillant	

a **HOISTED**		1142
sail	une voile hissée	
flag	un pavillon hissé	
banner	une bannière hissée	
signal	un signal hissé	
emblem	un emblème hissé	

a **HOLLOW**		1143
log	un tronc creux	
promise	une vaine promesse	
reed	un jonc creux	
cane	une canne creuse	
sound	un son étouffé	

a **HOLY**		1144
night	une sainte nuit	
war	une guerre sainte	
service	un office divin	
crusade	une croisade sainte	
water	l'eau bénite	

a **HOMEGROWN**		1145
tomato	une tomate du jardin	
vegetable	un légume du jardin	
fruit	un fruit du jardin	
supply	des produits de jardin	
delicacy	des primeurs du jardin	

a **HOMELESS**		1146
family	une famille sans foyer	
orphan	un orphelin sans foyer	
outcast	un proscrit sans foyer	
refugee	un réfugié sans foyer	
shepherd	un berger sans foyer	

a **HOMELY**		1147
child	un enfant laid	
face	un visage ingrat	
son	un fils laid	
boy	un garçon laid	
girl	une jeune fille sans grâce	

a HOMEMADE		1148
cake	un gâteau fait à la maison	
pie	une tarte faite à la maison	
bread	un pain de ménage	
soup	un potage fait à la maison	
dress	une robe faite à la maison	

a HOMESICK		1149
soldier	un soldat nostalgique	
sailor	un marin nostalgique	
immigrant	un immigrant nostalgique	
outcast	un proscrit nostalgique	
traveler	un voyageur nostalgique	

an HONEST		1150
worker	un ouvrier honnête	
reputation	une réputation d'intégrité	
appraisal	une juste évaluation	
opinion	un avis sincère	
lawyer	un avocat intègre	

an HONORABLE		1151
peace	une paix honorable	
armistice	un armistice honorable	
man	un homme honorable	
tradition	une tradition honorable	
settlement	un arrangement honorable	

an HONORARY		1152
appointment	une nomination honorifique	
award	une récompense honorifique	
degree	un grade honoris causa	
position	un poste honorifique	
title	un titre honorifique	

a HOPED-FOR		1153
miracle	un miracle souhaité	
improvement	une amélioration souhaitée	
increase	une augmentation souhaitée	
promotion	un avancement souhaité	
result	un résultat souhaité	

a HOPEFUL		1154
solution	une solution pleine de promesse	
compromise	un compromis prometteur	
future	un avenir prometteur	
candidate	un candidat plein d'espoir	
applicant	un postulant plein d'espoir	

a HOPELESS		1155
cause	une cause désespérée	
case	un cas désespéré	
argument	une discussion sans issue	
situation	une situation sans issue	
future	un avenir sans espoir	

a HORIZONTAL		1156
position	une position horizontale	
surface	une surface horizontale	
line	une ligne horizontale	
opening	un orifice horizontal	
axis	un axe horizontal	

a HORRIBLE		1157
monster	un monstre horrible	
earthquake	un séisme épouvantable	
storm	une tempête épouvantable	
fate	un sort horrible	
ordeal	une épreuve horrible	

a HOSPITABLE		1158
atmosphere	une ambiance hospitalière	
reception	un accueil hospitalier	
family	une famille hospitalière	
relative	un parent hospitalier	
uncle	un oncle hospitalier	

a HOSTILE		1159
army	une armée ennemie	
witness	un témoin de la partie adverse	
environment	un milieu hostile	
force	une force hostile	
audience	un public hostile	

a HOT (taste)		1160
sauce	une sauce très relevée	
pepper	un piment rouge (un poivre fort)	
mustard	une moutarde forte	
flavor	un goût épicé	
spice	une épice très forte	

a HOT (touch)		1161
day	une journée chaude	
climate	un climat chaud	
plate	une assiette chaude	
season	une saison chaude	
radiator	un radiateur chaud	

an HOURLY		1162
wage	un salaire horaire	
rate	un taux horaire	
improvement	une amélioration continuelle	
report	un récit heure par heure	
departure	un départ toutes les heures	

a HOWLING		1163
blizzard	un blizzard mugissant	
maniac	un fou furieux	
mob	une populace hurlante	
dog	un chien qui hurle	
wolf	un loup qui hurle	

a HUGE		1164
stadium	un stade énorme	
boat	un navire énorme	
house	une maison énorme	
boulder	un énorme rocher	
ocean liner	un paquebot énorme	

a HUMAN		1165
error	une erreur bien humaine	
failing	un échec bien humain	
weakness	une faiblesse bien humaine	
quality	une qualité bien humaine	
brain	un cerveau humain	

a HUMANE		1166
verdict	un verdict clément	
judgment	un jugement clément	
punishment	une peine indulgente	
decision	une décision clémente	
solution	une solution clémente	

a HUMBLE		1167
gratitude	une humble gratitude	
nun	une humble nonne	
penitence	une humble pénitence	
servant	un humble serviteur	
slave	un humble esclave	

a HUMDRUM 1168

life	une vie monotone
job	un travail monotone
existence	une existence monotone
monotony	une monotonie désespérante
boredom	un ennui morne

a HUMID 1169

climate	un climat humide
afternoon	un(e) après-midi humide
day	une journée humide
area	une région humide
morning	une matinée humide

a HUMILIATED 1170

loser	un perdant mortifié
student	un étudiant mortifié
contestant	un concurrent mortifié
athlete	un sportif mortifié
candidate	un candidat mortifié

a HUMILIATING 1171

experience	une épreuve humiliante
defeat	une défaite humiliante
reception	un accueil humiliant
loss	une perte humiliante
remark	une remarque humiliante

a HUMOROUS 1172

account	un récit drôle
anecdote	une anecdote drôle
play	une pièce de théâtre comique
monologue	un monologue humoristique
incident	un incident comique

a HUNGRY 1173

family	une famille affamé
dog	un chien affamé
animal	un animal affamé
cat	un chat affamé
child	un enfant affamé

a HURRIED 1174

departure	un départ précipité
preparation	une préparation hâtive
apology	une prompte excuse
trip	un voyage précipité
schedule	un horaire bousculé

a HURT 1175

pride	un orgueil froissé
animal	un animal blessé
feeling	un sentiment froissé
finger	un doigt blessé
child	un enfant blessé

a HUSHED 1176

audience	un public silencieux
congregation	une assemblée (des fidèles) silencieuse
crowd	une foule silencieuse
voice	une voix étouffée
class	une classe silencieuse

a HUSKY 1177

athlete	un sportif vigoureux
climber	un alpiniste vigoureux
gymnast	un gymnaste vigoureux
acrobat	un acrobate vigoureux
player	un joueur vigoureux

a HYPNOTIC 1178

state	un état d'hypnose
eye	un œil hypnotique
gaze	un regard hypnotique
gesture	un geste hypnotique
suggestion	une suggestion hypnotique

a HYSTERICAL 1179

woman	une femme hystérique
laugh	un rire hystérique
patient	un patient hystérique
mother	une mère hystérique
scream	un cri hystérique

I

an ICE-COLD 1180

refreshment	un mets glacé
drink	une boisson glacée
melon	un melon glacé
milk	un lait glacé
water	une eau glacée

an ICY 1181

water	une eau glaciale
wind	un vent glacial
street	une rue verglacée
surface	une surface verglacée
sidewalk	un trottoir verglacé

an IDEAL 1182

situation	une situation idéale
compromise	un compromis idéal
job	un travail idéal
life	une vie idéale
solution	une solution idéale

an IDENTICAL 1183

score	un résultat identique
twin	un vrai jumeau
size	une taille identique
height	une hauteur identique
material	une matière identique

an IDENTIFYING 1184

mark	une marque
trademark	une marque de fabrique
characteristic	un signe distinctif
fingerprint	une empreinte digitale révélatrice
birthmark	une tache de naissance

an IDIOTIC 1185

remark	une remarque inepte
law	une loi inepte
idea	une idée inepte
play	une pièce de théâtre inepte
purchase	une emplette absurde

an IDLE 1186

pastime	une distraction futile
worker	un travailleur désœuvré
weekend	un week-end d'oisiveté
fancy	une chimère
clerk (lazy)	un commis oisif

an IGNORANT 1187

adult	un adulte ignorant
attitude	une attitude ignare
population	une population ignorante
fool	un sot ignare
peasant	un campagnard ignorant

an IGNORED 1188

newcomer	un nouveau venu dédaigné
warning	un avertissement négligé
signal	un signal négligé
symptom	un symptôme négligé
sign	un indice négligé

an ILL 1189

child	un enfant malade
son	un fils malade
daughter	une fille malade
student	un élève malade
teacher	un professeur malade

an ILL-ADVISED 1190

move	une mesure peu judicieuse
trip	un voyage peu judicieux
answer	une réponse peu judicieuse
argument	un argument peu judicieux
strike	une grève peu judicieuse

an ILL-FATED 1191

flight	un vol (d'avion) fatal
venture	une entreprise funeste
plan	un plan fatal
battle	une bataille fatale
race	une course fatale

an ILL-MANNERED 1192

conduct	de mauvaises manières
cousin	un cousin mal élevé
child	un enfant mal élevé
refusal	un refus impoli
apology	des excuses discourtoises

an ILLEGAL 1193

turn	(faire) un (demi) tour interdit
act	un acte illégal
drug	une drogue illicite
seizure	une saisie illégale
tax	un impôt illégal

an ILLEGIBLE 1194

signature	une signature illisible
scrawl	un gribouillage illisible
document	un document illisible
postmark	une oblitération indéchiffrable
number	un numéro illisible

an ILLITERATE 1195

population	une population analphabète
man	un analphabète
beggar	un mendiant analphabète
farmer	un cultivateur analphabète
style	un style d'illettré

an ILLOGICAL 1196

conclusion	une conclusion illogique
argument	un argument illogique
female	une femme illogique
assumption	une supposition illogique
precaution	une précaution illogique

an ILLUMINATED 1197

clock	une horloge éclairée
dial	un cadran lumineux
fountain	une fontaine lumineuse
statue	une statue illuminée
tower	une tour illuminée

an ILLUMINATING 1198

lecture	une conférence instructive
discussion	une discussion instructive
dream	un songe révélateur
explanation	une explication instructive
book	un livre instructif

an ILLUSTRATED 1199

magazine	une revue illustrée
lecture	une conférence illustrée par . . .
example	un exemple illustré
novel	un roman illustré
article	un article illustré

an ILLUSTRIOUS 1200

president	un président illustre
patriot	un patriote illustre
poet	un poète illustre
playwright	un auteur dramatique illustre
opponent	un adversaire illustre

an IMAGINARY 1201

foe	une ennemi imaginaire
illness	une maladie imaginaire
object	un objet imaginaire
character	un personnage imaginaire
giant	un géant imaginaire

an IMAGINATIVE 1202

writer	un écrivain imaginatif
plot	une intrigue pleine d'imagination
design	un projet créatif
drawing	un dessin plein d'imagination
architect	un architecte imaginatif

an IMAGINED 1203

reality	une fabulation
illness	une maladie imaginaire
horror	une horreur imaginée
torture	une torture imaginée
result	un résultat imaginé

an IMMACULATE 1204

room	une pièce immaculée
kitchen	une cuisine immaculée
house	une maison immaculée
floor	un plancher immaculé
office	un bureau immaculé

an IMMATURE 1205

audience	un public d'esprit juvénil
attitude	une attitude d'immaturité
driver	un conducteur sans maturité
response	une réponse d'immaturité
reaction	une réaction d'immaturité

an IMMEDIATE 1206

answer	une réponse immédiate
decision	une décision immédiate
departure	un départ immédiat
denial	un refus immédiat
apology	une excuse immédiate

an IMMENSE 1207

universe	un vaste univers
ocean	un vaste océan
sky	un ciel immense
area	une vaste région
missile	un engin balistique gigantesque

an IMMINENT		1208
danger	un danger imminent	
peril	un péril imminent	
arrival	une arrivée imminente	
departure	un départ imminent	
threat	une menace imminente	

an IMMODEST		1209
outfit	une toilette indécente	
glance	un regard impudique	
dress	une robe indécente	
bathing suit	un maillot de bain indécent	
boast	une vantardise présomptueuse	

an IMMORAL		1210
play	une pièce de théâtre immorale	
poem	un poème immoral	
idea	une idée immorale	
concept	un concept immoral	
suggestion	une suggestion immorale	

an IMMORTAL		1211
drama	un drame immortel	
poem	un poème immortel	
tragedy	une tragédie immortelle	
epic	une épopée immortelle	
saying	une maxime immortelle	

an IMMOVABLE		1212
object	un objet inébranlable	
force	une force inébranlable	
mass	une masse inébranlable	
desk	un bureau inébranlable	
piano	un piano inébranlable	

an IMPARTIAL		1213
juror	un juré impartial	
trial	un procès équitable	
verdict	un verdict équitable	
opinion	un avis impartial	
selection	un choix impartial	

an IMPASSABLE		1214
road	une route impraticable	
undergrowth	des broussailles impénétrables	
barrier	une barrière infranchissable	
river	une rivière infranchissable	
forest	une forêt impénétrable	

an IMPASSIONED		1215
plea	un appel passionné	
speech	un discours passionné	
defense	une défense passionnée	
argument	une dispute passionnée	
reply	une réponse passionnée	

an IMPASSIVE		1216
jury	un jury impassible	
face	un visage impassible	
observer	un observateur impassible	
bystander	un spectateur impassible	
witness	un témoin impassible	

an IMPATIENT		1217
customer	un client impatient	
audience	un public impatient	
witness	un témoin impatient	
husband	un mari impatient	
wife	une épouse impatiente	

an IMPECCABLE		1218
taste	un goût impeccable	
outfit	une tenue impeccable	
suit	un costume impeccable	
style	un style impeccable	
breeding	un savoir-vivre impeccable	

an IMPENDING		1219
doom	un sort (une ruine) imminent(e)	
storm	un tempête prochaine	
suit	un procès imminent	
trial	un jugement imminent	
election	une élection imminente	

an IMPENETRABLE		1220
forest	une forêt impénétrable	
jungle	une jungle impénétrable	
barrier	une barrière infranchissable	
screen	un écran infranchissable	
undergrowth	des broussailles impénétrables	

an IMPERIAL		1221
decree	une ordonnance impériale	
palace	un palais impérial	
coronation	un couronnement impérial	
crown	une couronne impériale	
elegance	une élégance impériale	

an IMPERIOUS		1222
gesture	un geste impérieux	
bearing	un port impérieux	
manner	une manière impérieuse	
attitude	une attitude impérieuse	
defiance	un défi impérieux	

an IMPERSONAL		1223
attitude	une attitude impersonnelle	
judgment	un avis impersonnel	
opinion	une opinion impersonnelle	
question	une question impersonnelle	
analysis	une analyse impersonnelle	

an IMPERTINENT		1224
remark	une remarque déplacée	
question	une question impertinente	
answer	une réponse impertinente	
child	un enfant impertinent	
teen-ager	un adolescent impertinent	

an IMPETUOUS		1225
flight	une fuite éperdue	
spirit	un esprit impétueux	
decision	une décision prise impétueusement	
youth	un adolescent fougueux	
nature	un caractère emporté	

an IMPLIED		1226
failure	un échec implicite	
fact	un fait implicite	
injustice	une injustice implicite	
fraud	une fraude implicite	
deception	une duperie implicite	

an IMPLORED		1227
forgiveness	un pardon imploré	
assistance	une aide implorée	
change	un changement imploré	
pardon	une grâce implorée	
delay	un sursis imploré	

an IMPLORING	1228	an IMPRISONED	1238
tone	un ton suppliant	deserter	un déserteur incarcéré
voice	une voix suppliante	enemy	un ennemi emprisonné
glance	un regard suppliant	convict	un condamné incarcéré
wife	une femme suppliante	murderer	un meurtrier incarcéré
child	un enfant suppliant	assassin	un assassin incarcéré

an IMPOLITE	1229	an IMPROBABLE	1239
child	un enfant impoli	result	un résultat invraisemblable
greeting	un accueil impoli	action	une action peu probable
argument	une discussion impolie	return	un retour peu probable
servant	un domestique impoli	consequence	une conséquence peu probable
salesman	un vendeur impoli	winner	un gagnant peu probable

an IMPORTANT	1230	an IMPROMPTU	1240
decision	une décision importante	performance	une représentation impromptue
date (day)	une date importante	party	une réception impromptue
asset	un avoir important	dance	une danse impromptue
concept	un concept important	debate	un débat impromptu
tributary	un affluent important	celebration	une fête impromptue

an IMPORTED	1231	an IMPROPER	1241
cheese	un fromage importé	advance	une proposition malhonnête
product	un produit importé	question	une question déplacée
watch	une montre importée	receipt	un reçu non valable
wine	un vin importé	trial	un procès irrégulier
chemical	un produit chimique importé	interrogation	un interrogatoire irrégulier

an IMPOSING	1232	an IMPROVED	1242
size	une taille imposante	product	un produit amélioré
record	un état de service impressionnant	composition	une rédaction améliorée
figure	une silhouette imposante	attitude	une attitude plus conforme
height	une hauteur imposante	relationship	des rapports améliorés
speed	une vitesse imposante	grade	une meilleure note

an IMPOSSIBLE	1233	an IMPROVISED	1243
problem	un problème insoluble	stage	une scène improvisée
mission	une mission impossible à remplir	melody	une mélodie improvisée
riddle	une devinette incompréhensible	theme	un thème improvisé
solution	une solution impossible à trouver	poem	un poème improvisé
puzzle	un puzzle incompréhensible	song	une chanson improvisée

an IMPOVERISHED	1234	an IMPUDENT	1244
country	un pays appauvri	remark	une remarque insolente
state	un état appauvri	manner	une façon insolente
condition	un état d'appauvrissement	boy	un garçon insolent
economy	une économie appauvrie	child	un enfant insolent
continent	un continent appauvri	answer	une réponse insolente

an IMPRACTICAL	1235	an IMPULSIVE	1245
idea	une idée irréalisable	gambler	un joueur (de cartes) impulsif
invention	une invention irréalisable	kiss	un baiser impulsif
statistic	une solution peu pratique	dislike	une aversion impulsive
plan	un plan irréalisable	embrace	une étreinte impulsive
project	un projet irréalisable	shout	un cri impulsif

an IMPREGNABLE	1236	an INACCESSIBLE	1246
fortress	une forteresse imprenable	area	une région inaccessible
safe	un coffre-fort à toute épreuve	location	un lieu inaccessible
wall	un rampart imprenable	cabin	une cabane inaccessible
defense	une défense à toute épreuve	mountain	une montagne inaccessible
vault	une chambre forte à toute épreuve	river	une rivière inaccessible

an IMPRESSIVE	1237	an INACCURATE	1247
total	un total impressionnant	total	un total faux
record	un dossier impressionnant	report	un compte-rendu inexact
statistic	une statistique impressionnante	count	un calcul faux
performance	un exploit impressionnant	answer	une réponse fausse
result	un résultat impressionnant	figure	un chiffre faux

ADJECTIVES

an INACTIVE		1248
role	un rôle passif	
part	un élément inactif	
life	une vie inactive	
organization	une organisation inactive	
man	un homme inactif	

an INADEQUATE		1249
supply	un approvisionnement insuffisant	
salary	un traitement insuffisant	
allowance	une allocation insuffisante	
support	un appui inadéquat	
amount	une quantité insuffisante	

an INALIENABLE		1250
right	un droit inaliénable	
heredity	une hérédité immuable	
truth	une vérité inaltérable	
power	un pouvoir inaliénable	
authority	une autorité inaliénable	

an INANE		1251
remark	une remarque inepte	
idea	une idée inepte	
question	une question inepte	
proverb	un proverbe inepte	
story	une histoire inepte	

an INANIMATE		1252
object	un objet inanimé	
mass	une masse inanimée	
body	un corps inanimé	
concept	un concept sans vie	
force	une force sans vie	

an INAPPROPRIATE		1253
title	un titre peu approprié	
theme	un sujet peu approprié	
outfit	une tenue peu appropriée	
time	un moment peu approprié	
motto	une devise peu appropriée	

an INBORN		1254
courage	un courage inné	
distrust	une méfiance innée	
patriotism	un patriotisme inné	
pride	un orgueil inné	
fear	une crainte innée	

an INCESSANT		1255
noise	un bruit incessant	
rain	une pluie incessante	
roar	un grondement incessant	
storm	une tempête sans fin	
snow	une chute de neige continuelle	

an INCIDENTAL		1256
result	un résultat fortuit	
fee	des honoraires imprévus	
cost	des faux frais	
consequence	une conséquence imprévue	
tax	une taxe locale	

an INCLEMENT		1257
climate	un climat rigoureux	
day	une journée rigoureuse	
sky	un ciel inclément	
season	une saison rigoureuse	
morning	une matinée rigoureuse	

an INCOHERENT		1258
babbling	un babil incompréhensible	
argument	une discussion incohérente	
speech	un discours incohérent	
plea	un appel incohérent	
soldier	un soldat qui divague	

an INCOMPARABLE		1259
skill	une habileté incomparable	
pianist	un pianiste inégalable	
conductor	un chef d'orchestre inégalable	
artist	un artiste sans rival	
ballerina	une ballerine sans rival	

an INCOMPATIBLE		1260
couple	un couple incompatible	
pair	un couple incompatible	
idea	une idée inconciliable	
combination	un composé incompatible	
blend	un mélange incompatible	

an INCOMPETENT		1261
teacher	un professeur incompétent	
clerk	un commis incompétent	
lawyer	un avocat incompétent	
doctor	un médecin incompétent	
architect	un architecte incompétent	

an INCOMPLETE		1262
letter	une lettre inachevée	
collection	une collection incomplète	
composition	une rédaction inachevée	
novel	un roman inachevé	
costume	un travesti incomplet	

an INCOMPREHENSIBLE		1263
delay	un retard incompréhensible	
solution	une solution incompréhensible	
verdict	un verdict incompréhensible	
decision	une décision incompréhensible	
accusation	une accusation incompréhensible	

an INCONCEIVABLE		1264
injustice	une injustice inconcevable	
deficit	un déficit inconcevable	
budget	un budget inconcevable	
loss	une perte inconcevable	
sum	une somme inconcevable	

an INCONSIDERATE		1265
guest	un invité qui manque d'égards	
husband	un mari qui manque d'égards	
audience	un public qui manque d'égards	
remark	une remarque inconsidérée	
action	une action inconsidérée	

an INCONSISTENT		1266
performance	un comportement inconsistant	
plot	une intrigue qui ne tient pas debout	
success	un succès inconsistant	
runner	un coureur au comportement inconsistant	
achievement	des résultats variables	

an INCONSPICUOUS		1267
size	une taille modeste	
color	une couleur discrète	
absence	une absence discrète	
arrival	une arrivée discrète	
departure	un départ discret	

an INCONTESTABLE		1268
will	un testament inattaquable	
fact	un fait incontestable	
contract	un contrat inattaquable	
statistic	une statistique inattaquable	
clause	une clause inattaquable	

an INCONVENIENT		1269
appointment	un rendez-vous inopportun	
time	un moment mal choisi	
hour	une heure mal choisie	
location	un endroit mal choisi	
delay	un retard gênant	

an INCORRECT		1270
total	un total inexact	
accusation	une accusation fausse	
solution	une solution fausse	
answer	une réponse fausse	
bill	une facture inexacte	

an INCORRIGIBLE		1271
rebel	un rebelle invétéré	
criminal	un criminel endurci	
liar	un menteur invétéré	
addict	un toxicomane incurable	
gambler	un joueur impénitent	

an INCREASED		1272
activity	une activité accrue	
salary	un traitement majoré	
price	un prix majoré	
horsepower	une puissance (en chevaux) accrue	
production	une production accrue	

an INCREASING		1273
importance	une importance croissante	
average	une moyenne croissante	
popularity	une popularité croissante	
dependence	une dépendance croissante	
rate	uh taux (rythme) croissant	

an INCREDIBLE		1274
blunder	un impair incroyable	
feat	un exploit incroyable	
oversight	un oubli incroyable	
apathy	une apathie incroyable	
flight	un vol (en avion) incroyable	

an INCREDULOUS		1275
look	un regard incrédule	
disbelief	une incrédulité	
stare	un regard insistant d'incrédulité	
loser	un perdant sceptique	
winner	un gagnant sceptique	

an INCURABLE		1276
insanity	une démence incurable	
optimism	un optimisme à toute épreuve	
invalid	un invalide incurable	
sadness	une tristesse incurable	
vice	un vice incurable	

an INDECENT		1277
gesture	un geste inconvenant	
joke	une plaisanterie indécente	
attire	des vêtements indécents	
suggestion	une suggestion indécente	
proposal	une proposition indécente	

an INDECISIVE		1278
result	un résultat peu concluant	
victory	une victoire peu concluante	
vote	un scrutin peu concluant	
election	une élection peu concluante	
argument	un argument peu concluant	

an INDEFINITE		1279
delay	un retard indéterminé	
postponement	un ajournement indéterminé	
plan	un plan indéterminé	
answer	une réponse vague	
question	une question imprécise	

an INDELIBLE		1280
ink	une encre indélébile	
impression	une impression ineffaçable	
memory	un souvenir ineffaçable	
stamp	un cachet indélébile	
mark	une marque indélébile	

an INDEPENDENT		1281
income	des ressources personnelles	
offer	une offre privée	
survey	une enquête privée	
analysis	une analyse privée	
country	un pays indépendant	

an INDESCRIBABLE		1282
terror	une terreur indescriptible	
chaos	un chaos indescriptible	
pleasure	un plaisir inexprimable	
scene	une scène inénarrable	
agony	une angoisse indescriptible	

an INDESTRUCTIBLE		1283
force	une puissance indestructible	
mass	une masse indestructible	
energy	une énergie indestructible	
substance	une substance indestructible	
fortress	une forteresse indestructible	

an INDICATED		1284
detour	une déviation signalée	
change	une modification signalée	
omission	une omission signalée	
grade	une note signalée	
route	un itinéraire indiqué	

an INDICATIVE		1285
sign	un indice révélateur	
symptom	un symptôme révélateur	
illness	une maladie caractéristique	
symbol	un signe révélateur	
mark	un signe caractéristique	

an INDIFFERENT		1286
attitude	une attitude indifférente	
applause	des applaudissements peu nourris	
audience	un public blasé	
husband	un mari indifférent	
wife	une épouse indifférente	

an INDIGNANT		1287
reply	une réplique indignée	
answer	une réponse indignée	
customer	un client indigné	
loser	un perdant indigné	
shout	un cri d'indignation	

an INDIRECT	1288
implication	une insinuation
inference	une déduction indirecte
opposition	une opposition indirecte
tax	un impôt indirect
connection	des relations indirectes

an INDISCREET	1289
conversation	une conversation indiscrète
meeting	un rendez-vous peu judicieux
remark	une remarque déplacée
comment	une observation déplacée
report	un récit indiscret

an INDISCRIMINATE	1290
bombing	un bombardement aveugle
attack	une attaque aveugle
accusation	une accusation aveugle
choice	un choix aveugle
buyer	un acquéreur sans discernement

an INDISPENSABLE	1291
president	un président indispensable
person	une personne indispensable
necessity	une nécessité impérieuse
teacher	un professeur indispensable
ally	un allié indispensable

an INDISPUTABLE	1292
result	un résultat incontestable
victory	une victoire incontestable
fact	un fait incontestable
lie	un mensonge évident
winner	un gagnant incontestable

an INDISSOLUBLE	1293
substance	une substance insoluble
metal	un métal insoluble
link	un lien indissoluble
alliance	une alliance perpétuelle
agreement	un accord irrévoquable

an INDISTINCT	1294
shape	une forme indécise
noise	un bruit confus
outline	un contour estompé
silhouette	une silhouette imprécise
signature	une signature illisible

an INDISTINGUISHABLE	1295
similarity	une ressemblance parfaite
characteristic	une caractéristique imperceptible
change	un changement imperceptible
difference	une différence imperceptible
outline	un contour imperceptible

an INDIVIDUAL	1296
share	une part personnelle
preference	une préférence personnelle
achievement	un accomplissement individuel
opinion	une opinion personnelle
record	un dossier personnel

an INDIVISIBLE	1297
quantity	une quantité indivisible
nation	une nation indivisible
alliance	une alliance solide
sum	une somme indivisible
number	un nombre indivisible

an INDOMITABLE	1298
character	un caractère indomptable
will	une volonté indomptable
leader	un chef indomptable
faith	une foi indomptable
president	un président indomptable

an INDULGENT	1299
father	un père indulgent
grandfather	un grand-père indulgent
grandmother	une grand-mère indulgente
mother	une mère indulgente
attitude	une attitude indulgente

an INDUSTRIAL	1300
corporation	une société industrielle
monopoly	un monopole industriel
economy	une économie industrielle
output	une production industrielle
machine	une machine industrielle

an INDUSTRIOUS	1301
worker	un travailleur diligent
secretary	une secrétaire diligente
housewife	une ménagère diligente
student	un élève travailleur
accountant	un comptable travailleur

an INEFFECTIVE	1302
drug	un médicament inefficace
medicine	un remède inefficace
measure	une mesure inefficace
approach	une méthode inefficace
analysis	une analyse inefficace

an INEFFECTUAL	1303
compromise	un compromis sans effet
help	une aide inopérante
solution	une solution sans effet
suggestion	une suggestion sans effet
recommendation	une recommandation sans effet

an INEFFICIENT	1304
secretary	une secrétaire incapable
machine	une machine à petit rendement
procedure	un procédé inefficace
computer	un ordinateur à rendement insuffisant
clerk	un commis incapable

an INELIGIBLE	1305
candidate	un candidat inéligible
voter	un électeur inéligible
official	un fonctionnaire inacceptable
applicant	un candidat non qualifié
team	une équipe disqualifiée

an INEPT	1306
apology	une excuse inepte
performer	un artiste inepte
dancer	un danseur inepte
performance	une représentation inepte
actor	un acteur inepte

an INERT	1307
mass	une masse inerte
energy	une énergie inactive
body	un corps inerte
pile	un amas inerte
object	un objet inerte

an INESCAPABLE 1308

penalty	un châtiment inévitable
consequence	une conséquence inéluctable
conclusion	une conclusion inéluctable
truth	une vérité inéluctable
fate	un sort inéluctable

an INEVITABLE 1309

result	un résultat inéluctable
disaster	un désastre inéluctable
failure	un échec inéluctable
consequence	une conséquence inévitable
victory	une victoire inéluctable

an INEXCUSABLE 1310

delay	un retard inexcusable
oversight	un oubli impardonnable
arrogance	une arrogance impardonnable
conduct	une conduite impardonnable
insult	une insulte impardonnable

an INEXHAUSTIBLE 1311

supply	un approvisionnement inépuisable
energy	une énergie inépuisable
enthusiasm	un enthousiasme inépuisable
resource	une ressource inépuisable
wealth	une richesse inépuisable

an INEXPENSIVE 1312

watch	une montre bon marché
dress	une robe bon marché
coat	un manteau bon marché
suit	un costume bon marché
radio	un récepteur radio bon marché

an INEXPERIENCED 1313

player	un joueur novice
teacher	un professeur novice
gambler	un joueur (aux cartes) novice
writer	un auteur novice
applicant	un candidat inexpérimenté

an INFAMOUS 1314

attack	une attaque infâme
pirate	un pirate infâme
tyranny	une tyrannie infâme
dictator	un dictateur infâme
murderer	un meurtrier infâme

an INFANTILE 1315

game	un jeu puéril
remark	une remarque puérile
attitude	une attitude puérile
program	un programme puéril
plot	une intrigue puérile

an INFECTED 1316

foot	un pied infecté
finger	un doigt infecté
leg	une jambe infectée
—lung(s)	un (des) poumon(s) contaminé(s)
toe	un orteil infecté

an INFERIOR 1317

quality	une qualité inférieure
student	un mauvais élève
solution	une solution qui laisse à désirer
performance	une représentation qui laisse à désirer
grade (school)	une mauvaise note

an INFINITE 1318

variety	une variété infinie
charm	un charme infini
number	un nombre infini
gratitude	une gratitude infinie
pride	un orgueil infini

an INFINITESIMAL 1319

increase	une augmentation infime
change	une modification infime
amount	une quantité infime
size	une dimension infinitésimale
transistor	un transistor minuscule

an INFLAMMABLE 1320

gas	un gaz inflammable
mixture	un mélange inflammable
material	une matière inflammable
situation	une situation explosive
rubbish	des détritus inflammables

an INFLAMMATORY 1321

speech	un discours incendiaire
remark	une remarque incendiaire
debate	un débat incendiaire
speaker	un orateur tenant des propos incendiaires
strike	une grève provocatrice

an INFLATED 1322

balloon	un ballon gonflé
tire	un pneu gonflé
ego	(être bouffi d'orgueil)
football	un ballon de foot-ball gonflé
basketball	un ballon de basket-ball gonflé

an INFLEXIBLE 1323

severity	une sévérité inflexible
schedule	un programme rigoureux
mind	un esprit inflexible
regulation	un règlement rigide
attitude	une attitude inflexible

an INFLUENTIAL 1324

executive	un cadre influent
person	une personne influente
decision	une décision pleine de conséquences
senator	un sénateur influent
lawyer	un avocat influent

an INFORMAL 1325

party	une reception sans cérémonie
hearing	une audience officieuse
trial	un procès irrégulier
attire	une tenue de ville
gathering	une réunion sans façons

an INFORMATIVE 1326

editorial	un éditorial instructif
debate	un débat instructif
graph	un graphique instructif
interview	une interview instructive
lecture	une conférence instructive

an INFORMED 1327

public	un public éclairé
audience	une assistance éclairée
group	un groupe éclairé
adult	un adulte éclairé
population	une population éclairée

an INFREQUENT		1328
visitor	un visiteur qui vient rarement	
rain	de rares pluies	
trip	un voyage peu fréquent	
storm	de rares orages	
hurricane	de rares ouragans	

an INFURIATED		1329
opponent	un adversaire furieux	
wife	une épouse furieuse	
teacher	un professeur furieux	
loser	un perdant furieux	
mob	une foule furieuse	

an INGENIOUS		1330
solution	une solution ingénieuse	
approach	une méthode ingénieuse	
puzzle	un puzzle ingénieux	
maze	un dédale ingénieux	
arrangement	une disposition ingénieuse	

an INHABITED		1331
island	une île habitée	
region	une région habitée	
continent	un continent habité	
country	un pays habité	
plain	une plaine habitée	

an INHERENT		1332
weakness	une faiblesse inhérente	
quality	une qualité inhérente	
dislike	une aversion inhérente	
strength	une force inhérente	
flaw	un défaut inhérent	

an INHERITED		1333
fortune	une fortune acquise par héritage	
estate	une propriété acquise par héritage	
wealth	une richesse acquise par héritage	
talent	un don inné	
title	un titre de famille	

an INHIBITED		1334
individual	une personne inhibée	
behavior	un comportement inhibé	
reaction	une réaction inhibée	
child	un enfant inhibé	
wife	une épouse inhibée	

an INHOSPITABLE		1335
host	un maître de maison peu accueillant	
attitude	une attitude peu accueillante	
reception	un accueil peu aimable	
family	une famille peu accueillante	
innkeeper	un aubergiste peu accueillant	

an INHUMAN		1336
monster	un monstre inhumain	
creature	une créature inhumaine	
cry	un cri inhumain	
moan	un gémissement inhumain	
treatment	un traitement inhumain	

an INIMITABLE		1337
style	un style inimitable	
dancer	un danseur inimitable	
performer	un artiste inimitable	
ballerina	une ballerine inimitable	
designer	un dessinateur inimitable	

an INITIAL		1338
loss	une perte initiale	
cost	des frais de premier établissement	
expense	une dépense initiale	
profit	un bénéfice initial	
increase	une augmentation initiale	

an INJURED		1339
player	un joueur blessé	
passenger	un passager blessé	
skier	un skieur blessé	
bullfighter	un toréador blessé	
athlete	un sportif blessé	

an INLAND		1340
basin	un bassin intérieur	
waterway	une voie navigable	
port	un port fluvial	
route	un trajet par l'intérieur	
highway	une route de l'intérieur	

an INNATE		1341
feeling	un sentiment inné	
goodness	une bonté innée	
evil	un mal inné	
sympathy	une sympathie innée	
desire	un désir inné	

an INNER		1342
warmth	une chaleur intime	
desire	un désir intime	
longing	une aspiration intime	
passion	une passion profonde	
faith	une foi intime	

an INNOCENT		1343
child	un enfant innocent	
mistake	une erreur faite de bonne foi	
bystander	un passant innocent	
victim	une victime innocente	
remark	une remarque innocente	

an INOFFENSIVE		1344
odor	une odeur neutre	
question	une question anodine	
answer	une réponse anodine	
argument	un argument anodin	
remark	une remarque anodine	

an INOPERABLE		1345
tumor	une tumeur inopérable	
cancer	un cancer inopérable	
location	un endroit inopérable	
area	une zone inopérable	
growth	une tumeur inopérable	

an INOPERATIVE		1346
heater	un radiateur	
parachute	un parachute	qui
machine	une machine	ne fonctionne
elevator	un ascenseur	pas
computer	un ordinateur	

an INQUIRING		1347
gaze	un regard inquisiteur	
frown	un froncement inquisiteur	
mind	un esprit curieux	
reporter	un journaliste qui se renseigne	
applicant	un candidat qui pose des questions	

an INQUISITIVE		1348
child	un enfant curieux	
mind	un esprit curieux	
tourist	un touriste curieux	
look	un regard curieux	
passenger	un passager curieux	

an INSANE		1349
world	un monde insensé	
decision	une décision insensée	
ruler	un dirigeant insensé	
plan	un plan insensé	
attempt	une tentative insensée	

an INSATIABLE		1350
curiosity	une curiosité insatiable	
hunger	une faim insatiable	
thirst	une soif inextinguible	
appetite	un appétit insatiable	
desire	un désir insatiable	

an INSECURE		1351
position	une position critique	
feeling	un sentiment d'insécurité	
attitude	une attitude incertaine	
economy	une économie menacée	
child	un enfant qui souffre d'insécurité	

an INSEPARABLE		1352
pair	un couple inséparable	
couple	un couple inséparable	
link	un lien indissoluble	
bond	des attaches indissolubles	
ally	un allié fidèle	

an INSIGNIFICANT		1353
change	une modification insignifiante	
achievement	une réalisation insignifiante	
value	une valeur insignifiante	
increase	une augmentation insignifiante	
decrease	une diminution insignifiante	

an INSISTENT		1354
knocking	des coups frappés avec insistance	
client	un client tenace	
patient	un patient tenace	
buyer	un acheteur tenace	
mother	une mère tenace	

an INSOLENT		1355
scoundrel	une canaille insolente	
remark	une remarque insolente	
manner	un air insolent	
attitude	une attitude insolente	
teen-ager	un adolescent insolent	

an INSPECTED		1356
baggage	des bagages contrôlés	
train	un train visité	
import	des importations contrôlées	
item	un objet contrôlé	
passport	un passeport contrôlé	

an INSPIRATIONAL		1357
message	un message édifiant	
leader	un chef qui inspire	
sermon	un sermon édifiant	
address	un discours édifiant	
book	un livre édifiant	

an INSPIRED		1358
poet	un poète inspiré	
poem	un poème inspiré	
prophet	un prophète inspiré	
sculpture	une sculpture inspirée	
painting	une peinture inspirée	

an INSPIRING		1359
performance	une représentation extraordinaire	
leader	un leader qui inspire confiance	
missionary	un missionnaire à l'éloquence entraînante	
muse	une muse inspiratrice	
sermon	un sermon édifiant	

an INSTALLED		1360
panel (wood)	un panneau mis en place	
president	un président installé dans ses fonctions	
computer	un ordinateur installé	
refrigerator	un réfrigérateur installé	
TV set	un téléviseur installé	

an INSTANTANEOUS		1361
reaction	une réaction instantanée	
retaliation	des représailles instantanées	
dislike	une aversion instantanée	
change	une transformation instantanée	
separation	une séparation instantanée	

an INSTINCTIVE		1362
distrust	une méfiance instinctive	
movement	un mouvement instinctif	
gesture	un geste instinctif	
reaction	une réaction instinctive	
hatred	une haine instinctive	

an INSTRUCTIVE		1363
bulletin	un bulletin instructif	
booklet	une brochure instructive	
report	un rapport instructif	
analysis	une analyse instructive	
graph	un graphique instructif	

an INSUFFERABLE		1364
bore	un fâcheux insupportable	
climate	un climat insupportable	
boredom	un ennui insupportable	
attitude	une attitude intolérable	
remark	une remarque intolérable	

an INSUFFICIENT		1365
evidence	une preuve insuffisante	
supply	un approvisionnement insuffisant	
aptitude	un manque d'aptitude	
number	un nombre insuffisant	
amount	une quantité insuffisante	

an INSULTING		1366
guest	un invité insolent	
host	un hôte insolent	
letter	une lettre injurieuse	
note	un message insolent	
comment	une observation injurieuse	

an INSURED		1367
baggage	des bagages assurés	
bank	une banque assurée	
return (monetary)	un rapport assuré	
collection	une collection assurée	
property	des biens assurés	

an INSURMOUNTABLE	1368
obstacle	un obstacle insurmontable
difficulty	une difficulté insurmontable
lead	une avance impossible à rattraper
opposition	une opposition insurmontable
difference	un écart impossible à combler

an INTANGIBLE	1369
proof	une preuve immatérielle
concept	une notion immatérielle
delight	un plaisir immatériel
emotion	une émotion indéfinie
opposition	une opposition immatérielle

an INTELLECTUAL	1370
pursuit	un passe-temps intellectuel
game	un jeu intellectuel
magazine	une revue intellectuelle
editorial	un éditorial intellectuel
leader	un maître à penser

an INTELLIGENT	1371
appraisal	une évaluation intelligente
report	un exposé intelligent
guess	une conjecture intelligente
student	un élève intelligent
solution	une solution intelligente

an INTELLIGIBLE	1372
report	un rapport intelligible
reaction	une réaction facile à comprendre
rumor	une rumeur intelligible
sound	un son intelligible
comment	une observation intelligible

an INTENDED	1373
insult	une insulte préméditée
victim	une victime désignée
compliment	un compliment délibérée
agreement	un accord prévu
meeting	une réunion projetée

an INTENSE	1374
heat	une chaleur intense
dislike	une vive aversion
anger	une vive colère
pain	une vive douleur
emotion	une vive émotion

an INTENSIVE	1375
search	une recherche approfondie
examination	un examen poussé
chase	une chasse acharnée
pursuit	une poursuite acharnée
care	des soins intensifs

an INTENTIONAL	1376
error	une erreur intentionnelle
lie	un mensonge intentionnel
insult	une injure intentionnelle
loss	une perte intentionnelle
deception	une fraude intentionnelle

an INTERESTED	1377
audience	un public intéressé
class	une classe intéressée
observer	un observateur intéressé
bystander	un badaud intéressé
buyer	un acheteur intéressé

an INTERESTING	1378
problem	un problème intéressant
play	une pièce (de théâtre) intéressante
idea	une idée intéressante
trip	un voyage intéressant
article	un article intéressant

an INTERIOR	1379
courtyard	un cour intérieure
garden	un jardin d'hiver
wall	une cloison
paint	une peinture pour l'intérieur
decorator	un décorateur d'intérieurs

an INTERMEDIATE	1380
step	un stade intermédiaire
stop	un arrêt en cours de route
grade	un degré intermédiaire
goal	un but intermédiaire
range	une portée moyenne

an INTERMITTENT	1381
gust	des rafales de vent
–showers	des averses intermittentes
activity	une activité intermittente
pause	des pauses intermittentes
–storms	des orages intermittents

an INTERNAL	1382
problem	un problème national
illness	une affection interne
injury	une lésion interne
force	une force intérieure
opposition	une opposition à l'intérieur

an INTERNATIONAL	1383
conflict	un conflit international
treaty	un traité international
problem	un problème international
monopoly	un monopole international
organization	une entreprise multinationale

an INTERRUPTED	1384
schedule	un programme interrompu
trip	un voyage interrompu
honeymoon	une lune de miel interrompue
weekend	un week-end interrompu
meeting	une réunion interrompue

an INTIMATE	1385
relationship	des relations intimes
subject	un sujet intime
gathering	une réunion familiale
question	une question intime
party	une réception intime

an INTOLERABLE	1386
bore	un fâcheux insupportable
delay	un retard inadmissible
climate	un climat insupportable
wait	une attente insupportable
noise	un bruit insupportable

an INTOLERANT	1387
attitude	une attitude intolérante
dictator	un dictateur intolérant
ruler	un souverain intolérant
king	un roi intolérant
queen	une reine intolérante

ADJECTIVES

an INTRICATE 1388

pattern	un schéma compliqué
puzzle	un puzzle compliqué
design	un modèle compliqué
plot	une intrigue compliquée
mechanism	un mécanisme compliqué

an INTRIGUING 1389

idea	une idée fascinante
plot	une intrigue fascinante
situation	une situation fascinante
suggestion	une suggestion fascinante
proposal	une proposition fascinante

an INTRINSIC 1390

value	une valeur intrinsèque
worth	une valeur intrinsèque
merit	un mérite intrinsèque
quality	une qualité intrinsèque
part	une partie intégrante

an INTRODUCTORY 1391

offer	une offre de lancement
speech	une allocution de présentation
remark	une remarque liminaire
passage	un passage liminaire
proposal	une proposition de lancement

an INTUITIVE 1392

sense	un sens intuitif
distrust	une méfiance instinctive
pride	un orgueil instinctif
suspicion	un soupçon instinctif
feeling	une intuition

an INVADED 1393

country	un pays envahi
area	une région envahie
city	une grande ville envahie
territory	un territoire envahi
camp	un camp envahi

an INVADING 1394

force	une force d'invasion
army	une armée d'invasion
fleet	une flotte d'invasion
division	une division d'invasion
horde	une horde d'envahisseurs

an INVALID 1395

assumption	une hypothèse non valable
contract	un contrat non valable
treaty	un traité non valable
argument	un argument non valable
agreement	un accord non valable

an INVALUABLE 1396

help	une aide inestimable
contribution	une contribution inestimable
addition	une adjonction inestimable
support	un soutien inestimable
assistant	un auxiliaire précieux

an INVENTIVE 1397

mind	un esprit inventif
genius	un génie inventif
approach	une méthode originale
writer	un écrivain inventif
talent	un don de l'invention

an INVIGORATING 1398

shower	une douche vivifiante
massage	un massage vivifiant
exercise	un exercice vivifiant
breeze	une brise vivifiante
climb	une ascension vivifiante

an INVINCIBLE 1399

team	une équipe invincible
army	une armée invincible
general	un général invincible
ally	un allié invincible
leader	un chef invincible

an INVISIBLE 1400

ink	une encre sympathique
force	une force invisible
ally	un allié invisible
support	un soutien invisible
sign	un signe invisible

an INVOLUNTARY 1401

nod	un signe de tête involontaire
reaction	une réaction involontaire
servitude	une servitude involontaire
shout	un cri involontaire
exclamation	une exclamation involontaire

an IRKSOME 1402

task	une tâche fastidieuse
chore	une occupation ennuyeuse
job	un travail ennuyeux
responsibility	une obligation ennuyeuse
duty	un devoir ennuyeux

an IRRATIONAL 1403

question	une question illogique
answer	une réponse illogique
solution	une solution irrationnelle
argument	un argument illogique
wife	une épouse déraisonnable

an IRREGULAR 1404

schedule	un horaire irrégulier
noun	un substantif irrégulier
verb	un verbe irrégulier
allowance	une allocation irrégulière
attendance	un manque d'assiduité

an IRRELEVANT 1405

argument	un argument non pertinent
word	un mot impropre
data	des données non pertinentes
fact	un fait non pertinent
evidence	une preuve non pertinente

an IRREPARABLE 1406

loss	une perte irréparable
damage	des dégâts irréparables
state	un état irrémédiable
harm	un préjudice irréparable
destruction	une destruction irréparable

an IRRESISTIBLE 1407

charm	un charme irrésistible
enthusiasm	un enthousiasme irrésistible
performer	un artiste irrésistible
rhythm	un rythme irrésistible
attraction	une attirance irrésistible

an IRRESPONSIBLE 1408

employee	un employée peu consciencieux
baby sitter	un(e) garde-bébé peu consciencieux(se)
source	une source peu digne de foi
student	un écolier peu consciencieux
helper	un assistant peu consciencieux

an IRREVOCABLE 1409

will	un testament irrévocable
clause	une clause irrévocable
contract	un contrat irrévocable
amendment	une modification irrévocable
license	une patente irrévocable

an IRRIGATED 1410

soil	une terre irriguée
farm	une exploitation agricole irriguée
valley	une vallée irriguée
desert	un désert irrigué
vineyard	un vignoble irrigué

an IRRITABLE 1411

nature	un caractère irascible
disposition	une humeur irascible
housewife	une ménagère irascible
teacher	un professeur irascible
customer	un client irascible

an IRRITATED 1412

loser	un perdant irrité
applicant	un postulant irrité
mother	une mère irritée
student	un élève irrité
teacher	un professeur irrité

an IRRITATING 1413

noise	un bruit agaçant
student	un étudiant agaçant
delay	un retard agaçant
wait	une attente agaçante
habit	une habitude agaçante

an ISOLATED 1414

example	un exemple isolé
cabin	une cabane isolée
village	un village isolé
area	une région isolée
outpost	un avant-poste isolé

J

a JAGGED 1415

edge	un bord dentelé
ridge	une crête déchiquetée
mountain	une montagne déchiquetée
tear	une déchirure irrégulière
scratch	une égratignure dentelée

a JEALOUS 1416

husband	un mari jaloux
wife	une femme jalouse
nature	un caractère jaloux
loser	un perdant jaloux
argument	un argument de jaloux

a JEERING 1417

crowd	une foule railleuse
fan	un admirateur goguenard
mob	une populace hurlante
audience	un public qui siffle
centurion	un centurion railleur

a JEWELED 1418

crown	une couronne ornée
dagger	une dague ornée
scepter	un sceptre orné
throne	un trône orné
wristwatch	une montre-bracelet ornée

de pierres précieuses

a JOINT 1419

statement	une déclaration commune
effort	un effort commun
expense	une dépense commune
approval	un agrément commun
responsibility	une responsabilité partagée

a JOYFUL 1420

noise	un bruit allègre
outburst	une explosion de joie
sound	un son allègre
occasion	un événement joyeux
winner	un heureux gagnant

a JOYOUS 1421

occasion	un joyeux événement
reunion	une joyeuse réception
reception	un joyeux accueil
holiday	une joyeuse fête
reaction	une réaction de joie

a JUBILANT 1422

crowd	une foule en délire
fan	un admirateur en délire
spectator	un spectateur en délire
throng	une cohue en délire
winner	un gagnant en délire

a JUDICIOUS 1423

decision	une décision judicieuse
solution	une solution judicieuse
choice	un choix judicieux
explanation	une explication sensée
truce	une trêve sage

a JUICY 1424

apple	une pomme juteuse
peach	une pêche juteuse
orange	une orange juteuse
pear	une poire juteuse
tomato	une tomate juteuse

a JUST 1425

verdict	un verdict juste
decision	une décision juste
punishment	un châtiment juste
peace	une paix juste
compromise	un compromis juste

a JUSTIFIABLE 1426

pride	une fierté justifiée
homicide	un meurtre justifiable
deletion	une suppression justifiée
punishment	un châtiment justifié
honor	un honneur justifié

a JUSTIFIED 1427

sentence	une condamnation justifiée
rebuke	un blâme justifié
excuse	une excuse valable
opposition	une opposition justifiée
decision	une décision justifiée

a JUVENILE 1428

delinquent	un délinquant mineur
game	un jeu pour les enfants
toy	un jouet d'enfant
program	un programme pour les jeunes
court	un tribunal pour mineurs

K

a KEEN 1429

edge	un fil tranchant
mind	un esprit vif
wit	une vive intelligence
blade	une lame affilée
interest	un vif intérêt

a KIDNAPPED 1430

baby	un bébé kidnappé
child	un enfant kidnappé
son	un fils kidnappé
banker	un banquier kidnappé
wife	une épouse kidnappée

a KILLING 1431

frost	une gelée meurtrière
heat	une chaleur meurtrière
storm	un orage meurtrier
tornado	une tornade meurtrière
earthquake	un séisme meurtrier

a KIND 1432

man	un homme bienveillant
teacher	un professeur bienveillant
deed	un acte bienveillant
letter	une lettre bienveillante
gesture	un geste bienveillant

a KNOWN 1433

fact	un fait connu
traitor	un traître avéré
communist	un communiste avéré
delinquent	un délinquant connu
criminal	un criminel avéré

L

a LABORIOUS 1434

task	une tâche laborieuse
climb	une ascension laborieuse
ascent	une montée laborieuse
effort	un effort laborieux
preparation	une préparation laborieuse

a LACY 1435

cloth	une dentelle
brassiere	un soutien-gorge en dentelle
shawl	un châle de dentelle
tablecloth	une nappe de dentelle
blouse	un chemisier de dentelle

a LAME 1436

man	un boiteux
horse	un cheval boiteux
beggar	un mendiant boiteux
excuse	une piètre excuse
foot	un pied estropié

a LAMENTABLE 1437

loss	une perte lamentable
death	un décès lamentable
tragedy	une tragédie lamentable
failure	un échec déplorable
lack	une insuffisance déplorable

a LANDSCAPED 1438

terrace	une terrasse aménagée
yard	une cour aménagée
park	un parc aménagé
driveway	une allée aménagée
estate	un domaine aménagé

a LANGUID 1439

pose	une pose languissante
expression	une expression languissante
glance	un regard languissant
actress	une actrice languissante
atmosphere	une ambiance languissante

a LARGE 1440

building	un vaste édifice
station	une vaste gare
sum	une forte somme
coat	un grand manteau
theater	un vaste théâtre

a LAST 1441

chance	une dernière chance
will (testament)	les dernières volontés
act	un dernier acte
attempt	une dernière tentative
scene	une dernière scène

a LASTING 1442

peace	une paix durable
impression	une impression durable
effect	un effet durable
armistice	un armistice durable
quality	une qualité durable

a LATE 1443

show (theater)	la dernière représentation en soirée
train	un des derniers trains
arrival	une arrivée tardive
departure	un départ tardif
bus	un des derniers autobus

a LAUDABLE 1444

performance	une représentation digne d'éloges
attempt	une tentative digne d'éloges
record	un état de service digne d'éloges
compromise	un compromis digne d'éloges
solution	une solution digne d'éloges

a LAUGHABLE 1445

result	un résultat dérisoire
income	un revenu dérisoire
situation	une situation ridicule
salary	des appointements dérisoires
accident	un accident ridicule

a LAVISH 1446

feast	un festin plantureux
extravagance	des prodigalités
praise	des éloges prodigués
party	une réception fastueuse
mansion	une demeure somptueuse

a LAW-ABIDING 1447

citizen	un citoyen respectueux des lois
community	une collectivité respectueuse des lois
race	une race respectueuse des lois
majority	une majorité respectueuse des lois
class	une classe respectueuse des lois

a LAWFUL 1448

marriage	un mariage légitime
decree	une décision judiciaire
separation	une séparation légale
divorce	un divorce légal
accusation	une accusation fondée en droit

a LAWLESS 1449

frontier	un nouveau territoire sans loi
era	une époque anarchique
town	une (petite) ville sans loi
city	une (grande) ville sans loi
territory	un territoire sans loi

a LAZY 1450

student	un élève paresseux
wife	une épouse paresseuse
dog	un chien paresseux
life	une vie de paresse
worker	un ouvrier paresseux

a LEADING 1451

exponent	un des principaux interprètes
contender	un des principaux opposants
candidate	un des candidats les mieux placés
designer	un des principaux dessinateurs
architect	un grand architecte

a LEAKING 1452

pipe	une conduite qui fuit
faucet	un robinet qui fuit
hose	un tuyau flexible qui fuit
nozzle	un ajutage qui fuit
tank	un réservoir qui fuit

a LEARNED 1453

argument	une discussion savante
judge	un juge érudit
guess	une conjecture savante
opponent	un adversaire érudit
professor	un professeur érudit

a LEATHER 1454

jacket	une veste de cuir
harness	un harnais de cuir
heel	un talon en cuir
wallet	un portefeuille de cuir
briefcase	une serviette de cuir

a LEGAL 1455

opinion	un avis juridique
−proceedings	des poursuites judiciaires
marriage	un mariage légitime
abortion	un avortement légal
technicality	un détail juridique

a LEGENDARY 1456

hero	un heros légendaire
account	un récit légendaire
figure	une figure légendaire
battle	une bataille légendaire
king	un roi légendaire

a LEGIBLE 1457

signature	une signature lisible
writing	une écriture lisible
name	un nom lisible
document	un document lisible
manuscript	un manuscrit lisible

a LEGISLATIVE 1458

policy	un principe législatif
custom	une coutume du législateur
act	une loi
committee	une commission législative
body	un corps législatif

a LEGITIMATE 1459

claim	une réclamation légitime
complaint	un grief légitime
excuse	une excuse légitime
absence	une absence autorisée
member	un membre de droit

a LEISURELY 1460

walk	une flânerie
breakfast	un petit déjeuner tranquille
trip	un voyage par petites étapes
pace	une allure mesurée
preparation	des préparatifs faits sans hâte

a LENGTHENING 1461

shadow	une ombre qui s'allonge
silhouette	une silhouette affinée
reflection	un reflet qui s'allonge
day	des jours qui s'allongent
season	une saison qui se prolonge

a LENGTHY		1462
debate	un long débat	
novel	un long roman	
intermission	une longue pause	
interruption	une longue interruption	
concert	un long concert	

a LENIENT		1463
teacher	un professeur indulgent	
judge	un juge indulgent	
principal	un directeur (d'école) indulgent	
punishment	un châtiment peu sévère	
verdict	un verdict clément	

a LETHAL		1464
dose	une dose mortelle	
gas	un gaz toxique	
radiation	une radiation mortelle	
concentration	une concentration létale	
exposure	une irradiation mortelle	

a LEVEL		1465
plain	une plaine unie	
surface	une surface plane	
road	une route plate	
table	une table horizontale	
spoonful	une cuillerée arasée	

a LIBERAL		1466
allowance	une allocation généreuse	
attitude	une attitude généreuse	
viewpoint	un point de vue libéral	
candidate	un candidat libéral	
stand	une position libérale	

a LIBERATED		1467
country	un pays libéré	
people	une population libérée	
prisoner	un prisonnier libéré	
camp	un camp libéré	
woman	une femme "libérée"	

a LIFELESS		1468
performance	une représentation morne	
body	un corps sans vie	
plot	une morne intrigue	
party	une réception sans entrain	
celebration	une morne fête	

a LIFELIKE		1469
painting	un tableau vivant	
portrait	un portrait ressemblant	
realism	un réalisme frappant	
reproduction	une reproduction fidèle	
statue	une statue presque vivante	

a LIFELONG		1470
ambition	une ambition perpétuelle	
exile	un exil perpétuel	
friendship	une amitié éternelle	
struggle	une lutte permanente	
friend	un ami de toujours	

a LIFETIME		1471
diplomat	un diplomate à vie	
guarantee	une garantie sans limite	
aversion	une aversion durable	
devotion	une vie de dévotion	
fear	une crainte inapaisable	

a LIGHT (pale)		1472
color	une couleur claire	
dress	une robe claire	
green	un vert clair	
blue	un bleu clair	
brown	un brun clair	

a LIGHT (weight)		1473
suitcase	une valise légère	
package	un paquet léger	
table	une table légère	
chair	une chaise légère	
desk	un bureau léger	

a LIGHT-HEARTED		1474
movie	un film gai	
comedy	une comédie légère	
conversation	une conversation enjouée	
play	une pièce (de théâtre) gaie	
novel	un roman gai	

a LIKEABLE		1475
personality	une personnalité sympathique	
youth	un adolescent sympathique	
sort	un type sympathique	
manner	une façon sympathique	
smile	un sourire agréable	

a LIKELY		1476
winner	un vainqueur probable	
outcome	un résultat probable	
consequence	une conséquence probable	
loss	une perte probable	
profit	un bénéfice probable	

a LIMITED		1477
amount	une quantité limitée	
supply	un approvisionnement limité	
support	un soutien limité	
schedule	un programme limité	
jurisdiction	une jurisdiction limitée	

a LIMITLESS		1478
faith	une foi illimitée	
energy	une énergie illimitée	
space	un espace illimité	
possibility	une possibilité illimitée	
expansion	une expansion illimitée	

a LIMP		1479
rag	une chiffe molle	
flag	un drapeau qui pend mollement	
body	un corps mou	
banner	un étendard qui pend mollement	
pennant	un fanion qui pend mollement	

a LIMPID		1480
brook	un ruisseau limpide	
pool	une mare limpide	
—eyes	des yeux limpides	
pond	un étang limpide	
spring	une source limpide	

a LINGERING		1481
illness	une maladie qui traîne	
doubt	un doute qui subsiste	
impression	une impression tenace	
fragrance	une senteur tenace	
refrain	un refrain obsédant	

a LINGUISTIC   1482

expert	un linguiste
analysis	une analyse linguistique
problem	un problème linguistique
terminology	une terminologie linguistique
procedure	une méthode linguistique

a LIQUID   1483

refreshment	une boisson rafraîchissante
diet	un régime liquide
solution	une solution liquide
poison	un poison liquide
fuel	un combustible liquide

a LISTLESS   1484

housewife	une maîtresse de maison nonchalante
performance	une exécution sans vie
attitude	une attitude d'indifférence
class	une classe distraite
audience	un public apathique

a LITERAL   1485

translation	une traduction littérale
meaning	un sens littéral
account	un récit terre à terre
interpretation	une interprétation littérale
version	une version littérale

a LITERARY   1486

masterpiece	un chef-d'œuvre littéraire
agent	un agent littéraire
movement	un mouvement littéraire
translation	une traduction littéraire
failure	un échec littéraire

a LITTLE   1487

house	une petite maison
room	une petite pièce
church	une petite église
dog	un petit chien
chair	une petite chaise

a LIVELY   1488

game	un jeu animé
tune	un air entraînant
dance	une danse entraînante
sport	un sport d'action
rhythm	un rythme entraînant

a LIVING   1489

legend	une légende vivante
author	un auteur vivant
composer	un compositeur vivant
example	un exemple vivant
dictator	un dictateur vivant

a LOADED   1490

pistol	un pistolet chargé
vehicle	un véhicule chargé
rifle	un fusil chargé
vessel	un navire chargé
truck	un camion chargé

a LOCAL   1491

official	un fonctionnaire municipal
customer	une coutume locale
government	une administration locale
carnival	une foire locale
anesthetic	un anesthésiant local

a LOCKED   1492

door	une porte fermée à clef
window	une fenêtre fermée
trunk	une malle fermée à clef
suitcase	une valise fermée à clef
briefcase	une serviette fermée à clef

a LOFTY   1493

peak	une cime élevée
ideal	un idéal élevé
concept	une idée élevée
arch	un arc élevée
tower	une haute tour

a LOGICAL   1494

assumption	une supposition logique
decision	une décision logique
reasoning	un raisonnement logique
outcome	un résultat logique
sequel	une suite logique

a LONELY   1495

island	une île déserte
area	une région isolée
child	un enfant solitaire
outpost	un avant-poste isolé
job	un travail solitaire

a LONESOME   1496

feeling	un sentiment de solitude
soldier	un soldat solitaire
tourist	un touriste solitaire
father	un père solitaire
mother	une mère solitaire

a LONG   1497

story	une longue histoire
trial	un long procès
composition	une longue rédaction
war	une longue guerre
delay	un long retard

a LONG-AWAITED   1498

premiere	une première attendue
recognition	un renommé attendu
success	une réussite attendue
vacation	des vacances attendues
promotion	un avancement attendu

} depuis long-temps

a LONG-TERM   1499

credit	un crédit à long terme
improvement	une amélioration à long terme
loan	un prêt à long terme
contract	un contrat à long terme
project	un projet à long terme

a LOOSE   1500

board	une planche mal fixée
tooth	une dent déchaussée
button	un bouton mal cousu
thread	un fil relâché
screw	une vis desserrée

a LOOSENED   1501

chain	une chaîne détendue
leash	une laisse détendue
tie	une cravate défaite
belt	une ceinture défaite
rope	une corde détendue

a LOSING 1502

contestant	un perdant
candidate	un candidat évincé
battle	une bataille perdue d'avance
margin	(perdre par une marge de . . .)
combination	des conditions défavorables au succès

a LOST 1503

continent	un continent perdu
cause	une cause perdue
case	un cas sans espoir
dog	un chien perdu
wallet	un portefeuille perdu

a LOUD 1504

noise	un bruit retentissant
explosion	une explosion violente
applause	de vifs applaudissements
laughter	un rire sonore
thunder	un violent coup de tonnerre

a LOVABLE 1505

child	un enfant gentil
nature	un caractère aimable
quality	un trait sympathique
husband	un mari gentil
grandparent	un grand-père gentil / une grand-mère gentille

a LOVELY 1506

garden	un jardin ravissant
woman	une femme ravissante
gown	une robe ravissante
bouquet	un bouquet ravissant
outfit	une toilette ravissante

a LOVING 1507

wife	une épouse affectueuse
husband	un mari affectueux
care	une prévenance affectionnée
son	un fils affectueux
daughter	une fille affectueuse

a LOW 1508

table	une table basse
tide	une marée basse
bridge	un pont peu élevé
flame	une faible flamme
neckline	un décolleté très ouvert

a LOWER 1509

court	un tribunal de première instance
level	un niveau inférieur
grade (class)	une des classes inférieures
salary	un traitement inférieur
value	une valeur inférieure

a LOWERED 1510

curtain	un rideau baissé
gangplank	une passerelle abaissée
standard	une norme abaissée
flag	un drapeau amené
price	un prix baissé

a LOWLY 1511

peasant	un humble paysan
job	un humble travail
position	une humble condition
class	une classe modeste
task	une humble tâche

a LOYAL 1512

friend	un ami fidèle
admirer	un admirateur fidèle
follower	un partisan fidèle
dog	un chien fidèle
ally	un allié fidèle

a LUCID 1513

explanation	une explication claire
argument	un argument lucide
statement	une remarque lucide
account	un récit intelligible
answer	une réponse lucide

a LUCKY 1514

break	un coup de chance
choice	un choix heureux
man	un homme chanceux (un veinard)
winner	un heureux gagnant
charm	un porte-bonheur

a LUCRATIVE 1515

position	un emploi lucratif
salary	un traitement élevé
deal	une affaire lucrative
investment	un placement lucratif
offer	une offre lucrative

a LUDICROUS 1516

make-up	un maquillage ridicule
costume	un travesti ridicule
combination	un ensemble ridicule
dance	une danse ridicule
style	un style ridicule

a LUKEWARM 1517

reception	un accueil tiède
coffee	un café tiède
water	une eau tiède
beer	une bière tiède
tea	un thé tiède

a LUMBERING 1518

elephant	un éléphant lourdaud
gait	un pas lourd
truck	un camion avançant lourdement
vehicle	un véhicule avançant lourdement
tank	un tank avançant lourdement

a LUMINOUS 1519

dial	un cadran lumineux
surface	une surface lumineuse
substance	une substance lumineuse
metal	un métal lumineux
compound	un composé lumineux

a LUNAR 1520

rock	une roche lunaire
landing	un débarquement sur la Lune*
landscape	un paysage lunaire
trajectory	une trajectoire Terre-Lune
module	un module (une navette) lunaire

a LUSCIOUS 1521

apple	une pomme savoureuse
peach	une pêche savoureuse
pear	une poire savoureuse
tomato	une tomate savoureuse
ice cream	une glace savoureuse

*also: un alunissage or/ un aterrissage sur la lune . . .

a **LUSH**	1522	a **LUXURIANT**	1525
grass	une herbe luxuriante	growth	une végétation luxuriante
pasture	un riche pâturage	forest	une forêt luxuriante
undergrowth	des broussailles luxuriantes	lawn	une pelouse luxuriante
surroundings	un cadre luxuriant	carpet	un tapis épais
vegetation	une végétation luxuriante	wheat	des blés fort drus

a **LUSTROUS**	1523	a **LUXURIOUS**	1526
finish	un apprêt brillant	hotel	un hôtel luxueux
polish	un poli brillant	suite	un appartement (d'hôtel) luxueux
surface	une surface brillante	restaurant	un restaurant luxueux
sheen	un lustre éclatant	resort	une station luxueuse
varnish	un vernis brillant	apartment	un appartement luxueux

a **LUSTY**	1524	a **LYRICAL**	1527
cry	un vagissement perçant	poem	un poème lyrique
yell	une clameur puissante	poet	un poète lyrique
singing	un chant à pleins poumons	tone	un ton lyrique
cheer	des acclamations vigoureuses	tribute	un hommage lyrique
scream	un cri perçant	expression	une expression lyrique

M

a **MACABRE**	1528	a **MAGNIFICENT**	1534
scene	une scène macabre	church	une église magnifique
tale	un conte macabre	building	un bâtiment magnifique
idea	une idée macabre	structure	un édifice magnifique
joke	une plaisanterie macabre	orchestra	un orchestre magnifique
setting	un cadre funèbre	painting	un tableau magnifique

a **MAD**	1529	a **MAGNIFIED**	1535
scientist	un savant fou	image	une image agrandie
world	un monde insensé	importance	une importance exagérée
genius	un génie fou	slide	une diapositive agrandie
scheme	un plan insensé	specimen	un prélèvement grossi
dictator	un dictateur fou	problem	un problème exagéré

a **MADDENING**	1530	a **MAGNIFYING**	1536
crossword puzzle	des mots croisés exaspérants	lens	une lentille grossissante
indecision	une indécision exaspérante	speaker	
delay	un retard exaspérant	(amplifier)	un amplificateur
traffic	une circulation exaspérante	glass	un verre grossissant
frequency	une fréquence exaspérante	agent	un milieu amplificateur
		mirror	une glace grossissante

a **MADE-TO-ORDER**	1531	a **MAIN**	1537
suit	un costume sur mesure	entrance	une entrée principale
jacket	une veste sur mesure	exit	une sortie principale
dress	une robe sur mesure	topic	un sujet principal
outfit	un ensemble sur mesure	objection	la principale objection
gown	une robe sur mesure	artery (medical)	une artère principale

a **MAGIC**	1532	a **MAJESTIC**	1538
wand	une baguette magique	mountain	une montagne majestueuse
recovery	une guérison miraculeuse	plain	une plaine majestueuse
trick	un tour de prestidigitation	march (musical)	une marche (militaire) majestueuse
formula	une formule magique	landscape	un paysage majestueux
charm	un porte-bonheur magique	tower	une tour majestueuse

a **MAGNETIC**	1533	a **MAJOR**	1539
force	une force magnétique	part	une majeure partie
field	un champ magnétique	importance	une grande importance
attraction	une attraction magnétique	attack	une attaque de grande envergure
pole	un pôle magnétique	point	un élément essentiel
personality	une personnalité envoûtante	classification	une classification majeure

ADJECTIVES

a **MALEVOLENT** 1540

force	une force malveillante
leader	un leader malveillant
eye	un œil malveillant
plot	une cabale malveillante
scheme	un plan malveillant

a **MALICIOUS** 1541

gossip	des racontars méchants
lie	un mensonge méchant
rumor	une rumeur méchante
slander	une calomnie méchante
accusation	une accusation méchante

a **MALIGNANT** 1542

growth	une excroissance maligne
force	une puissance néfaste
tumor	une tumeur maligne
tissue	un tissu cancéreux
infection	une infection grave

a **MAMMOTH** 1543

arena	une arène colossale
stadium	un stade colossal
sign	une enseigne colossale
rally	un rassemblement colossal
crater	un cratère colossal

a **MANLIKE** 1544

monkey	un singe anthropoïde
stance	une posture presque humaine
walk	une démarche presque humaine
skull	un crâne anthropoïde
–hands	des mains presque humaines

a **MANLY** 1545

bearing	un port viril
reaction	une réaction bien masculine
behavior	un comportement viril
act	une action virile
apology	une excuse bien masculine

a **MANUAL** 1546

labor	un travail manuel
laborer	un travailleur manuel
dexterity	une habileté manuelle
skill	une habileté manuelle
clumsiness	une maladresse des gestes

a **MANUFACTURED** 1547

object	un objet manufacturé
toy	un jouet fabriqué
product	un produit fabriqué
item	un article fabriqué
fabric	une étoffe tissée

MARINE 1548

map	une carte marine
life	une faune pélagique
laboratory	un laboratoire océanographique
ecology	une écologie marine
exploration	des recherches sous-marines

MARITAL 1549

infidelity	un adultère
problem	un problème matrimonial
counselor	un conseiller matrimonial
dispute	un différend entre époux
argument	une quererelle entre époux

a **MARKED** 1550

influence	une forte influence
bearing	une influence certaine
weakness	un défaut prononcé
authority	une autorité marquée
strength	une grande force

a **MARTIAL** 1551

air	un aspect martial
law	une loi martiale
tune	un air (musique) martial
bearing	une allure martiale
rhythm	un rythme martial

a **MARVELOUS** 1552

meal	un repas merveilleux
time	un moment merveilleux
trip	un voyage merveilleux
show	un spectacle merveilleux
program	un programme merveilleux

a **MASCULINE** 1553

noun	un substantif masculin
attribute	un attribut masculin
appearance	un air viril
weakness	une faiblesse masculine
vice	un vice masculin

a **MASHED** 1554

potato	une purée de pommes de terre
vegetable	une purée de légumes
finger	un doigt écrasé
thumb	un pouce écrasé
toe	un orteil écrasé

a **MASKED** 1555

ball	un bal masqué
bandit	un bandit masqué
hijacker	un pirate de l'air masqué
pirate	un pirate masqué
dancer	un danseur masqué

a **MASSIVE** 1556

reprisal	des représailles massives
building	un édifice massif
intellect	une intelligence puissante
bombing	un bombardement massif
hemorrhage	une hémorragie abondante

a **MASTERFUL** 1557

opponent	un adversaire autoritaire
speaker	un orateur impérieux
handling	une manœuvre magistrale
maneuver	une manœuvre magistrale
stroke	un coup magistral

a **MASTERLY** 1558

plan	un plan magistral
design	un projet magistral
job	une œuvre magistrale
portrayal	une exécution magistrale (d'un rôle)
withdrawal	une retraite magistralement exécutee

a **MATCHING** 1559

pair	une paire assortie
–socks	des chaussettes appariées
–shoes	des chaussures appariées
–luggage	des bagages assortis
style	un style assorti

a MATCHLESS		1560
pair	une paire dépareillée	
artist	un artiste sans égal	
set	un ensemble à nul autre pareil	
beauty	une beauté incomparable	
ease	une facilité incomparable	

a MATERNAL		1561
concern	une inquiétude maternelle	
instinct	un instinct maternel	
tenderness	une tendresse maternelle	
curiosity	la curiosité d'une mère	
worry	les soucis d'une mère	

a MATURE		1562
audience	un public d'esprit mûr	
reader	un lecteur d'esprit mûr	
concept	une idée mûre	
reaction	une réaction d'adulte	
answer	une réponse d'adulte	

a MAXIMUM		1563
safety	une sécurité maximale	
velocity	une vitesse maximale	
security	une sécurité maximale	
charge	un prix maximal	
rate	un taux maximal	

a MEAGER		1564
supply	de maigres approvisionnements	
allowance	une maigre allocution	
ration	une maigre ration	
amount	une faible quantité	
resource	de maigres ressources	

a MEAN		1565
man	un homme méchant	
teacher	un professeur méchant	
stepmother	une belle-mère méchante	
woman	une femme méchante	
boy	un garçon méchant	

a MEANINGFUL		1566
phrase	une tournure expressive	
expression	une locution significative	
prefix	un préfixe significatif	
contribution	un apport positif	
donation	un don important	

a MEANINGLESS		1567
gesture	un geste dénué de sens	
honor	un honneur dénué de sens	
award	un prix dénué de sens	
title	un titre dénué de sens	
attempt	une tentative dénuée de sens	

a MEASURABLE		1568
greatness	une grandeur mesurable	
length	une longueur mesurable	
speed	une vitesse mesurable	
depth	une profondeur mesurable	
width	une largeur mesurable	

a MEASURED		1569
amount	une quantité déterminée	
accuracy	une précision déterminée	
jump	un saut mesuré	
distance	une distance déterminée	
height	une hauteur déterminée	

a MECHANICAL		1570
toy	un jouet mécanique	
force	une force mécanique	
failure	une panne mécanique	
genius	un génie de la mécanique	
problem	un problème de mécanique	

a MEDICAL		1571
care	des soins médicaux	
diagnosis	un diagnostic médical	
encyclopedia	une encyclopédie médicale	
specialty	une spécialité médicale	
treatment	un traitement médical	

a MEDIEVAL		1572
castle	un château médiéval	
history	une histoire médiévale	
armor	une armure médiévale	
tournament	un tournoi médiéval	
torture	une torture médiévale	

a MEDIOCRE		1573
average	une moyenne médiocre	
score	un résultat médiocre	
record	des résultats médiocres	
salary	un traitement médiocre	
grade	une note médiocre	

a MEDIUM-SIZED		1574
jacket	une veste de taille moyenne	
shirt	une chemise de taille moyenne	
sweater	un chandail de taille moyenne	
slice	une tranche de taille moyenne	
apple	une pomme de taille moyenne	

a MEEK		1575
clerk	un commis effacé	
salesman	un vendeur effacé	
expression	une expression résignée	
loser	un perdant résigné	
customer	un client effacé	

a MELANCHOLY		1576
mood	une humeur mélancolique	
longing	une aspiration mélancolique	
tourist	un touriste mélancolique	
loser	un perdant mélancolique	
child	un enfant mélancolique	

a MELLOW		1577
wine	un vin moelleux	
cigar	un cigare moelleux	
voice	une voix moelleuse	
feeling	une impression de douceur	
sound	un doux son	

a MELODIOUS		1578
aria	une aria mélodieuse	
overture	une ouverture mélodieuse	
opera	un opéra mélodieux	
symphony	une symphonie mélodieuse	
concerto	un concerto mélodieux	

a MELTED		1579
chocolate	du chocolat fondu	
sleet	du grésil fondu	
snow	de la neige fondue	
cheese	du fromage fondu	
ice cream	une glace fondue	

a MELTING	1580
snow	une neige fondante
ice	une glace qui fond
glacier	un glacier qui fond
icicle	un glaçon qui fond
frost	un dégel

a MEMORABLE	1581
event	un événement mémorable
account	un récit mémorable
story	une histoire mémorable
concert	un concert mémorable
date	une date mémorable

a MEMORIAL	1582
service	un service (religieux) commémoratif
statue	une statue commémorative
flame	une flamme du souvenir
arch	un arc commémoratif
plaque	une plaque commémorative

a MEMORIZED	1583
chapter	un chapitre appris par cœur
recitation	une récitation apprise par cœur
proverb	un proverbe appris par cœur
conjugation	une conjugaison apprise par cœur
chart	un tableau appris par cœur

a MENACING	1584
storm	un orage menaçant
gesture	un geste menaçant
cloud	un nuage menaçant
act	un acte menaçant
sky	un ciel menaçant

a MENDED	1585
overcoat	un pardessus raccommodé
pocket	une poche reprisée
sleeve	une manche reprisée
undershirt	un tricot de corps reprisé
sock	une chaussette reprisée

a MENTAL	1586
health	une santé morale
telepathy	(la) télépathie mentale
abnormality	une anomalie mentale
superiority	une supériorité intellectuelle
strain	une tension mentale

a MERCENARY	1587
soldier	un (soldat) mercenaire
attitude	une attitude mercenaire
person	une âme mercenaire
army	un corps de mercenaires
wife	une femme cupide

a MERCIFUL	1588
death	une mort miséricordieuse
judge	un juge miséricordieux
jury	un jury miséricordieux
god	un dieu miséricordieux
solution	une solution miséricordieuse

a MERCILESS	1589
questioning	un interrogatoire impitoyable
attorney	un procureur impitoyable
attack	une attaque impitoyable
bombing	un bombardement impitoyable
barrage	un tir de barrage impitoyable

a MERE	1590
whim	un simple caprice
chance	un pur hasard
caprice	un pur caprice
child	un simple enfant
pittance	une maigre pitance

a MERRY	1591
Christmas	un joyeux Noël
band	une joyeuse bande
song	une joyeuse chanson
party	une joyeuse réception
poem	un joyeux poème

a METAL	1592
key	une clef métallique
box	une boîte métallique
buckle	une boucle en métal
cabinet	un classeur métallique
handle	une poignée métallique

a METALLIC	1593
echo	un écho métallique
sheen	un reflet métallique
ring (sound)	un son métallique
border	une bordure métallique
luster	un éclat métallique

a METHODICAL	1594
plan	un plan méthodique
progress	un progrès méthodique
retreat	une retraite en bon ordre
accountant	un comptable méthodique
procedure	une procédure méthodique

a MIDDLE	1595
point	le milieu (d'une droite)
age	un certain âge
line	une ligne médiane
position	une position centrale
section	une partie centrale

a MIGHTY	1596
army	une puissante armée
fortress	une puissante forteresse
shout	un grand cri
king	un puissant roi
armada	une puissante armada

a MILD	1597
climate	un climat tempéré
cold	un léger rhume
manner	des manières affables
soap	un savon doux
cleanser	un produit de nettoyage doux

a MILITANT	1598
advocate	un militant combatif
opponent	un adversaire combatif
opposition	une opposition active
defense	une défense active
defiance	un défi direct

a MILITARY	1599
victory	une victoire militaire
drill	un exercice militaire
defeat	une défaite militaire
academy	une école militaire
tactic	une tactique militaire

a MINIMAL 1600

cost	un coût minime
exposure	une faible exposition
expense	une dépense minime
effort	un effort minime
tolerance	la tolérance la plus faible

a MINIMUM 1601

dose	une dose minimale
requirement	un critère minimal
fee	des honoraires minimaux
cost	un coût minimal
price	un prix minimal

a MINOR 1602

operation	une opération bénigne
consequence	une conséquence secondaire
disappointment	une faible déception
role	un rôle mineur
adjustment	un aménagement mineur

a MINUTE 1603

change	une modification mineure
growth	une croissance infime
difference	un écart infime
increase	un accroissement infime
decrease	une baisse infime

a MIRACULOUS 1604

recovery	une guérison miraculeuse
invention	une invention miraculeuse
discovery	une découverte miraculeuse
drug	un remède miraculeux
success	une réussite miraculeuse

a MISCELLANEOUS 1605

collection	une collection variée
list	un inventaire varié
anthology	une anthologie
arrangement	des dispositions diverses
grouping	une répartition variée

a MISCHIEVOUS 1606

boy	un garçon espiègle
dog	un chien méchant
cat	un chat méchant
child	un enfant espiègle
smile	un sourire espiègle

a MISERABLE 1607

hovel	un misérable taudis
life	une triste vie
cold (illness)	un rhume pénible
climate	un climat pénible
day	une triste journée

a MISLAID 1608

purse	un sac à main égaré
raincoat	un imperméable égaré
wallet	un portefeuille égaré
key	une clef égarée
pen	une plume égarée

a MISLEADING 1609

advertisement	une publicité fallacieuse
statement	une déclaration fallacieuse
account	un récit fallacieux
argument	un argument fallacieux
slogan	un slogan fallacieux

a MISPLACED 1610

ticket	un billet égaré
booklet	une brochure égarée
report	un rapport égaré
confidence	une confiance mal placée
briefcase	une serviette égarée

a MISSING 1611

scientist	un savant disparu
word	un mot manquant
link	un chaînon manquant
child	un enfant disparu
tooth	une dent manquante

a MISTAKEN 1612

identity	une méprise d'identité
impression	une fausse impression
opinion	un avis erroné
idea	une idée fausse
notion	une notion erronée

a MISTY 1613

landscape	un paysage estompé
waterfront	des quais embrumés
rain	une bruine
seacoast	une côte embrumée
lake	un lac embrumé

a MIXED 1614

−emotions	des sentiments partagés
drink	une boisson mélangée
group	un groupe hétérogène
solution	une solution complexe
reaction	une réaction partagée

a MOANING 1615

taxpayer	un contribuable désolé
widow	une veuve éplorée
patient	un patient éploré
victim	une victime éplorée
pessimist	un pessimiste désolé

a MOCKING 1616

laugh	un rire moqueur
manner	un air moqueur
joke	une plaisanterie moqueuse
song	un chant moqueur
boast	une vantardise moqueuse

a MODEL (ideal) 1617

republic	une république modèle
wife	une épouse modèle
student	un élève modèle
husband	un mari modèle
employee	un employé modèle

a MODERATE 1618

success	un succès modéré
heat	une chaleur modérée
amount	une quantité modérée
value	une valeur modérée
temperature	une température modérée

a MODERN 1619

building	un édifice moderne
concept	une notion moderne
museum	un musée moderne
high school	un lycée moderne
architecture	une architecture moderne

a MODEST 1620

sum	une somme modeste
apartment	un appartement modeste
salary	des appointements modestes
house	une maison modeste
winner	un vainqueur modeste

a MOIST 1621

–lips	des lèvres mouillées
climate	un climat humide
cloth	un chiffon humide
sand	un sable humide
soil	une terre humide

a MOLDED 1622

bronze	du bronze moulé
plastic	un plastique moulé
synthetic	une matière synthétique moulée
personality	une personnalité façonnée par. . .
likeness	une effigie

a MOLDY 1623

cheese	un fromage moisi
bread	un pain moisi
fruit	un fruit moisi
smell	une odeur de moisi
vegetable	un légume moisi

a MOLTEN 1624

gold	de l'or en fusion
steel	de l'acier en fusion
metal	du métal en fusion
lava	de la lave en fusion
iron	du fer en fusion

a MOMENTARY 1625

hesitation	une hésitation passagère
pleasure	un plaisir passager
indecision	une indécision passagère
relapse	une rechute passagère
relaxation	une détente passagère

a MOMENTOUS 1626

decision	une décision capitale
speech	un discours capital
occasion	une occasion capitale
event	un événement capital
date	une date capitale

a MONETARY 1627

system	un système monétaire
crisis	une crise monétaire
stability	une stabilité monétaire
unit	une unité monétaire
policy	une politique monétaire

a MONOTONOUS 1628

song	un chant monotone
tone	un ton monocorde
repetition	une répétition monotone
job	un travail monotone
lecturer	un conférencier monotone

a MONSTROUS 1629

lie	un odieux mensonge
deception	une odieuse duperie
betrayal	une odieuse trahison
fraud	une odieuse tromperie
error	une erreur monstrueuse

a MONTHLY 1630

budget	un budget mensuel
sale	une vente mensuelle
schedule	un programme mensuel
bill	une facture mensuelle
payment	un versement mensuel

a MONUMENTAL 1631

mistake	une faute monumentale
budget	un budget énorme
error	une erreur monumentale
task	une tâche monumentale
effort	un effort monumental

a MOODY 1632

person	une personne d'humeur changeante
reply	une réponse maussade
bride	une mariée maussade
husband	un mari maussade
actor	un acteur maussade

a MOORED 1633

motorboat	un bateau à moteur amarré
ship	un navire amarré
yacht	un yacht amarré
ocean liner	un paquebot amarré
battleship	un cuirassé amarré

a MORAL 1634

implication	une implication morale
justification	une justification morale
concept	un concept moral
victory	une victoire morale
man	un homme de bonnes mœurs

a MORBID 1635

fascination	une fascination morbide
curiosity	une curiosité morbide
account	un récit morbide
scene	une scène morbide
poem	un poème morbide

a MOROSE 1636

child	un enfant morose
feeling	une humeur chagrine
reply	une réponse morose
loser	un perdant morose
student	un élève morose

a MORTAL 1637

fear	une peur mortelle
enemy	un ennemi mortel
anguish	une angoisse mortelle
combat	un combat à mort
foe	un ennemi mortel

a MOTHERLY 1638

kiss	un baiser maternel
love	un amour maternel
care	un soin maternel
worry	un tourment maternel
affection	une affection maternelle

a MOTIONLESS 1639

object	un objet immobile
cloud	un nuage immobile
star	une étoile fixe
train	un train immobilisé
flag	un drapeau qui pend immobile

a MOTIVATING	1640
incentive	un stimulant
force	une force poussant à agir
argument	un argument stimulateur
offer	une offre stimulante
reward	une récompense stimulante

a MOTLEY	1641
crew	un équipage bigarré
group	un groupe bigarré
outfit	un équipement bigarré
gang	une bande bigarrée
costume	un travesti bigarré

a MOTORIZED	1642
escort	une escorte motorisée
infantry	de l'infanterie motorisée
army	une armée motorisée
parade	une parade motorisée
procession	un cortège motorisé

a MOUNTAINOUS	1643
seacoast	une côte montagneuse
border	une frontière montagneuse
region	une région montagneuse
scenery	un paysage montagneux
country	un pays montagneux

a MOUNTING	1644
discontent	un mécontentement croissant
unrest	une agitation croissante
taxation	une fiscalité croissante
unemployment	un chômage croissant
dissension	une dissension croissante

a MOURNFUL	1645
cry	un cri lugubre
lament	une lamentation lugubre
sigh	un soupir mélancolique
wail	une plainte lugubre
weeping	des pleurs lugubres

a MOVABLE	1646
object	un objet mobile
partition	une cloison mobile
screen	un écran mobile
cabinet	une commode mobile
wall	une paroi mobile

a MOVING	1647
drama	un drame émouvant
eloquence	une éloquence émouvante
episode	un épisode émouvant
plea	une supplication émouvante
speaker	un orateur émouvant

a MUCH-USED	1648
pier	une jetée très fréquentée
route	un itinéraire très fréquenté
path	un sentier très fréquenté
expression	une expression usuelle
abbreviation	une abbréviation usuelle

a MUDDY	1649
pond	un étang envasé
road	une route boueuse
overshoe (boot)	des caoutchoucs couverts de boue
sidewalk	un trottoir boueux
floor	un plancher boueux

a MUFFLED	1650
roar	un grondement étouffé
scream	un cri étouffé
noise	un bruit étouffé
sob	un sanglot étouffé
sound	un son sourd

a MUNICIPAL	1651
government	une municipalité
authority	les pouvoirs municipaux
law	un arrêté municipal
court	un tribunal municipal
election	des élections municipales

a MURDERED	1652
priest	un prêtre assassiné
wife	une épouse assassinée
dignitary	un dignitaire assassiné
candidate	un candidat assassiné
husband	un mari assassiné

a MURDEROUS	1653
attack	un assaut meurtrier
job	un travail meurtrier
task	une tâche meurtrière
attempt	une tentative de meurtre
crossfire	un feu croisé meurtrier

a MUSCULAR	1654
body	un corps musclé
exercise	un exercice musculaire
strength	une force musculaire
athlete	un sportif musclé
boxer	un boxeur musclé

a MUSICAL	1655
note	une note de musique
voice	une voix musicale
instrument	un instrument de musique
tone	un son musical
rhythm	un rythme musical

a MUSTY	1656
cell	une cellule sentant le moisi
cellar	une cave sentant le moisi
dungeon	un cachot sentant le moisi
smell	une odeur de moisi
basement	un sous-sol sentant le moisi

a MUTINOUS	1657
crew	un équipage rebelle
sailor	un marin rebelle
rebellion	une mutinerie
act	un acte de mutinerie
officer	un officier rebelle

a MUTUAL	1658
respect	un respect réciproque
trust	une confiance réciproque
admiration	une admiration réciproque
understanding	une compréhension mutuelle
friend	un ami commun

a MYSTERIOUS	1659
force	une force mystérieuse
island	une île mystérieuse
light	une lumière mystérieuse
character	un personnage mystérieux
castle	un château mystérieux

ADJECTIVES

a MYSTICAL · 1660

symbolism	un symbolisme mystique
philosophy	une philosophie mystique
aura	une aura de mysticisme
religion	une religion mystique
meditation	une méditation mystique

a MYTHICAL · 1661

kingdom	un roi légendaire
god	un dieu légendaire
land	un pays légendaire
hero	un héros légendaire
voyage	un odyssée

N

a NAGGING · 1662

wife	une épouse harcelante
ache	une douleur agaçante (persistante)
cough	une toux agaçante (persistante)
husband	un mari harcelant
child	un enfant harcelant

a NAÏVE · 1663

person	une personne naïve
question	une question naïve
answer	une réponse naïve
argument	un argument naïf
woman	une femme naïve

a NAKED · 1664

savage	un sauvage nu
truth	une vérité toute nue
lie	un pur mensonge
body	un corps nu
back	un dos nu

a NAMELESS · 1665

dread	une terreur indicible
fear	une peur indicible
anguish	une angoisse indicible
grave	une tombe anonyme
outcast	un proscrit sans nom

a NARRATIVE · 1666

poem	un poème narratif
epic	un récit épique
account	un récit
story	une narration
style	un style narratif

a NARROW · 1667

street	une rue étroite
path	un sentier étroit
corridor	un couloir étroit
bridge	un pont étroit
escape	(l'échapper belle)

a NASTY · 1668

cold (illness)	un rhume désagréable
climate	un climat désagréable
remark	une remarque désagréable
word	un mot désagréable
taste	un goût désagréable

a NATIONAL · 1669

anthem	un hymne national
pride	un orgueil national
championship	un championnat national
flag	un drapeau national
pastime	un passe-temps national

a NATIONWIDE · 1670

program	un programme national
scale	(à) l'échelon national
unemployment	un chômage généralisé
distribution	une répartition nationale
unrest	une agitation nationale

a NATIVE · 1671

inhabitant	un natif (autochtone)
costume	un costume du pays
dance	une danse du pays
language	une langue maternelle
tradition	une tradition du pays

a NATURAL · 1672

consequence	une conséquence naturelle
assumption	une supposition naturelle
objection	une objection naturelle
breakwater	un brise-lames naturel
boundary	une frontière naturelle

a NAUGHTY · 1673

child	un enfant désobéissant
boy	un garçon désobéissant
dog	un chien désobéissant
word	un mot leste
joke	une plaisanterie grivoise

a NAUSEATING · 1674

smell	une odeur nauséabonde
manner	une façon écœurante
gas	un gaz nauséabond
taste	un goût nauséabond
drink	une boisson nauséabonde

a NAVAL · 1675

ship	un navire de guerre
victory	une victoire navale
defeat	une défaite navale
tradition	une tradition de la marine de guerre
attack	une attaque sur mer

a NEARBY · 1676

church	une église toute proche
town	une ville toute proche
bus stop	un arrêt d'autobus tout proche
school	une école toute proche
station	une gare toute proche

a NEAT · 1677

desk	un bureau bien rangé
arrangement	des objets bien rangés
room	une pièce bien rangée
display	un étalage bien rangé
apartment	un appartement bien rangé

a NEBULOUS · 1678

thought	une pensée nébuleuse
conclusion	une conclusion nébuleuse
result	un résultat nébuleux
concept	une idée nébuleuse
reference	une référence nébuleuse

a NECESSARY · 1679

precaution	une précaution nécessaire
delay	un retard nécessaire
evil	un mal nécessaire
warning	un avertissement nécessaire
expense	une dépense nécessaire

a **NEEDED**	1680
improvement	une amélioration nécessaire
legislation	une législation nécessaire
readjustment	un rajustement nécessaire
recreation	un délassement nécessaire
refinement	un perfectionnement nécessaire

a **NEEDLESS**	1681
waste	un gaspillage inutile
extravagance	une prodigalité inutile
loss	une perte inutile
anxiety	une inquiétude inutile
precaution	une précaution inutile

a **NEEDY**	1682
family	une famille nécessiteuse
person	une personne indigente
community	une collectivité nécessiteuse
nation	une nation pauvre
country	un pays pauvre

a **NEGATIVE**	1683
answer	une réponse négative
result	un résultat négatif
report	un rapport négatif
attitude	une attitude négative
response	une réaction négative

a **NEGLECTED**	1684
house	une maison mal entretenue
estate	une propriété mal entretenue
child	un enfant délaissé
garden	un jardin mal entretenu
project	un projet délaissé

a **NEGLIGENT**	1685
handling	une manipulation négligente
driver	un conducteur négligent
care	une incurie
mother	une mère négligente
nurse	une infirmière négligente

a **NEIGHBORING**	1686
province	une province voisine
tribe	une tribu voisine
country	un pays voisin
field	un champ voisin
estate	un domaine voisin

a **NEIGHBORLY**	1687
courtesy	une politesse de bon voisinage
act	un acte de bon voisinage
loan	un prêt entre voisins
request	une demande de faveur entre voisins
gesture	un geste de bon voisinage

a **NERVOUS**	1688
actor	un acteur qui a le trac
singer	un chanteur qui a le trac
salesman	un vendeur qui a le trac
student	un élève qui a le trac
breakdown	une dépression nerveuse

a **NEUTER**	1689
gender	un genre neutre
noun	un nom neutre
ending	une terminaison neutre
suffix	un suffixe neutre
article	un article neutre

a **NEUTRAL**	1690
zone	une zone neutre
party	un neutre
country	un pays neutre
opinion	une opinion neutre
judge	un juge neutre

a **NEW**	1691
car	une voiture neuve
TV set	un téléviseur neuf
house	une maison neuve
vacuum cleaner	un nouvel aspirateur
suit	un costume neuf

a **NEW-STYLE**	1692
machine gun	une mitrailleuse d'un nouveau type
computer	un ordinateur d'un nouveau type
architecture	une architecture nouvelle
magazine	une revue d'un nouveau type
dress	une robe à la dernière mode

a **NEWLY-PLANTED**	1693
rice	du riz planté récemment
crop	une future récolte
seed	des graines plantées récemment
sapling	un jeune arbre planté récemment
garden	un jardin planté récemment

a **NICE**	1694
compliment	un compliment aimable
trip	un voyage agréable
letter	une lettre aimable
postcard	une gentille carte postale
young man	un jeune homme aimable

a **NIGHTLY**	1695
patrol	des patrouilles nocturnes
report	des rapports nocturnes
fog	un brouillard nocturne
meeting	des réunions nocturnes
assignment	des devoirs du soir

a **NIMBLE**	1696
dancer	un danseur agile
acrobat	un acrobate agile
gymnast	un gymnaste agile
seamstress	une couturière habile
step	un pas alerte

a **NOBLE**	1697
family	une famille noble
birth	de naissance noble
tradition	une noble tradition
cause	une noble cause
ancestry	une ascendance noble

a **NOISELESS**	1698
typewriter	une machine à écrire silencieuse
computer	un ordinateur silencieux
machine	une machine silencieuse
approach	une approche silencieuse
clock	une horloge silencieuse

a **NOISY**	1699
crowd	une foule bruyante
class	une classe bruyante
gathering	un rassemblement bruyant
audience	un public bruyant
machine	une machine bruyante

ADJECTIVES

a NONCHALANT   1700

attitude	un air nonchalant
shrug	un haussement d'épaules
walk	une démarche nonchalante
hero	un héros nonchalant
winner	un vainqueur nonchalant

a NONTAXABLE   1701

deduction	une retenue non imposable
dividend	un dividende non imposable
interest	un intérêt non imposable
purchase	un achat non imposable
import	des importations non imposables

a NORMAL   1702

activity	une activité normale
temperature	une température normale
reaction	une réaction normale
life	une vie normale
usage	un usage normal

a NORTHERN   1703

hemisphere	l'hémisphère nord
wind	un vent du nord
exposure	une exposition au nord
route	un trajet septentrional
direction	la direction du nord

a NOTABLE   1704

exception	une exception notable
lack	une insuffisance notable
performance	une exécution remarquable
event	un événement notable
improvement	une amélioration notable

a NOTED   1705

attorney	un procureur éminent
educator	un éducateur éminent
violinist	un violiniste de renom
writer	un écrivain de renom
financier	un financier distingué

a NOTEWORTHY   1706

exhibition	une exposition remarquable
contribution	une contribution remarquable
remark	une remarque mémorable
decision	une décision remarquable
arbitration	un arbitrage remarquable

a NOTICEABLE   1707

damage	des dégâts sensibles
change	un changement sensible
improvement	une amélioration sensible
deterioration	une altération sensible
increase	un accroissement sensible

a NOTORIOUS   1708

gangster	un gangster insigne
liar	un menteur insigne
affair	une affaire insigne
thief	un voleur insigne
criminal	un criminel insigne

a NOURISHING   1709

breakfast	un petit déjeuner nourrissant
meal	un repas nourrissant
bread	un pain nourrissant
fruit	un fruit nourrissant
refreshment	un mets nourrissant

a NOVEL   1710

approach	une méthode originale
idea	une idée originale
invention	une invention originale
toy	un jouet original
trick	une astuce inédite

a NOXIOUS   1711

gas	un gaz délétère
fume	une vapeur nocive
solution	une solution nocive
mixture	un mélange nocif
repellent	un insecticide toxique

a NUCLEAR   1712

scientist	un atomiste
reactor	un réacteur nucléaire
device	un dispositif nucléaire
reaction	une réaction nucléaire
fission	une fission nucléaire

a NUMB   1713

finger	un doigt engourdi
foot	un pied engourdi
toe	un orteil engourdi
hand	une main engourdie
cheek	une joue engourdie

a NUTRITIOUS   1714

drink	une boisson nourrissante
food	un aliment nourrissant
vegetable	un légume nourrissant
fruit	un fruit nourrissant
diet	un régime nutritif

O

an OBEDIENT   1715

dog	un chien docile
servant	un domestique soumis
subject	un sujet docile
slave	un esclave soumis
wife	une épouse soumise

an OBJECTIONABLE   1716

text	un texte qui laisse à désirer
program	un programme qui laisse à désirer
content	une teneur qui laisse à désirer
article	un article auquel on trouve à redire
editorial	un éditorial auquel on trouve à redire

an OBJECTIVE   1717

view	un avis objectif
approach	une méthode objective
verdict	un verdict objectif
opinion	une opinion objective
decision	une décision objective

an OBLIGING   1718

clerk	un commis obligeant
host	un hôte obligeant
waiter	un garçon de café obligeant
artist	un peintre obligeant
helper	un aide obligeant

an OBLIQUE   1719

angle	un angle oblique
reference	une allusion voilée
turn	un virage oblique
direction	un sens oblique
roof	un toit incliné

an OBLONG   1720

case	une boîte oblongue
casket	un cercueil oblong
container	un récipient oblong
shape	une forme oblongue
cartouche	une cartouche oblongue

an OBNOXIOUS   1721

person	une personne odieuse
drunk	un ivrogne odieux
behavior	une conduite odieuse
child	un enfant insupportable
smell	une odeur repoussante

an OBSCENE   1722

gesture	un geste obscène
sign	une pancarte obscène
novel	un roman obscène
word	un mot obscène
thought	une pensée obscène

an OBSCURE   1723

reference	une référence obscure
source	une source obscure
playwright	un auteur (dramatique) obscur
artist	un peintre obscur
official	un fonctionnaire obscur

an OBSCURED   1724

sun	un soleil voilé
traffic signal	des feux masqués
truth	une vérité cachée
fact	un fait caché
history	une histoire obscure

an OBSERVANT   1725

spectator	un spectateur attentif
guard	un garde attentif
pedestrian	un piéton attentif
soldier	un soldat attentif
nurse	une infirmière attentive

an OBSOLETE   1726

airplane	un avion désuet
tool	un outil désuet
concept	une notion désuète
design	un modèle démodé
weapon	une arme désuet

an OBSTINATE   1727

refusal	un refus obstiné
denial	une dénégation obstinée
opponent	un adversaire obstiné
student	un élève obstiné
child	un enfant obstiné

an OBVIOUS   1728

error	une erreur évidente
truth	une vérité évidente
liar	un menteur évident
fraud	une fraude évident
anachronism	un anachronisme évident

an OCCASIONAL   1729

drink	une boisson prise de temps en temps
pause	une pause intermittente
rain	une averse fortuite
storm	un orage fortuit
visit	une visite fortuite

an OCCUPIED   1730

seat	un siège occupé
territory	un territoire occupé
row	une rangée occupée
table	une table prise
compartment	un compartiment occupé

an OCEANIC   1731

navigation	une navigation maritime
chart	une carte marine
migration	une migration pélagique
disturbance	une perturbation océanique
current	un courant océanique

an ODD (not matching)   1732

pair	une paire dépareillée
sock	une chaussette dépareillée
set	un service dépareillé
spoon	une cuillère dépareillée
cup	une tasse dépareillée

an ODD (strange)   1733

couple	un drôle de couple
remark	une remarque bizarre
example	un singulier exemple
solution	une solution bizarre
situation	une situation bizarre

an OFFENSIVE   1734

remark	une remarque désobligeante
odor	une odeur nauséabonde
word	une parole blessante
cartoon	une caricature injurieuse
joke	une plaisanterie de mauvais goût

an OFFICIAL   1735

confirmation	une confirmation officielle
policy	une politique officielle
denial	un démenti officiel
act	un acte officiel
result	un résultat officiel

an OILY   1736

cream	une crème grasse
mixture	un mélange gras
skin	une peau grasse
lipstick	un rouge à lèvres gras
surface	une surface grasse

an OLD   1737

house	une vieille maison
chair	une vieille chaise
museum	un vieux musée
church	une vieille église
courthouse	un vieux palais de justice

an OLD-FASHIONED   1738

style	un style vieillot
dress	une robe démodée
piano	un piano d'un vieux modèle
car	une voiture d'un vieux modèle
procedure	une procédure dépassée

an OLDER		1739
brother	un frère aîné	
sister	une sœur aînée	
civilization	une civilisation plus ancienne	
culture	une culture plus ancienne	
husband	un mari plus âgé	

an OMINOUS		1740
cloud	un nuage menaçant	
storm	un orage menaçant	
threat	une menace sinistre	
future	un avenir inquiétant	
prospect	une perspective inquiétante	

an OMITTED		1741
word	un mot omis	
phrase	une locution omise	
clause	une clause omise	
letter (abc)	une lettre omise	
editorial	un éditorial omis	

an OMNIPOTENT		1742
god	un dieu tout puissant	
force	un pouvoir tout puissant	
ruler	un souverain tout puissant	
king	un roi tout puissant	
emperor	un empereur tout puissant	

a ONE-SIDED		1743
contest	une lutte inégale	
victory	une victoire injuste	
score	un résultat inégal	
argument	un argument partial	
opinion	une opinion partiale	

an OPAQUE		1744
fluid	un fluide opaque	
fog	un brouillard opaque	
screen	un écran opaque	
panty hose	un collant opaque	
lens	une lentille opaque	

an OPEN (not secret)		1745
defiance	une provocation manifeste	
intrigue	une intrigue ouverte	
revolt	une révolte ouverte	
discussion	une discussion franche	
antagonism	un antagonisme affirmé	

an OPEN (not shut)		1746
window	une fenêtre ouverte	
door	une porte ouverte	
box	une boîte ouverte	
suitcase	une valise ouverte	
trunk	une malle ouverte	

an OPEN-AIR		1747
cafe	un café en plein air	
theater	un théâtre en plein air	
tournament	un tournoi en plein air	
kindergarten	un jardin d'enfants en plein air	
stage	une scène en plein air	

an OPENED		1748
bag	un sac ouvert	
account (bank)	un compte ouvert	
window	une fenêtre ouverte	
gate	un portail ouvert	
door	une porte ouverte	

an OPERABLE		1749
cancer	un cancer opérable	
tumor	une tumeur opérable	
location	un endroit opérable	
cyst	un kyste opérable	
patient	un patient opérable	

an OPERATIC		1750
masterpiece	un opéra de grand renom	
singer	un chanteur d'opéra	
quality	une qualité dramatique	
role	un rôle dramatique	
voice	une voix de chanteur d'opéra	

an OPINIONATED		1751
fool	un imbécile imbu de ses opinions	
idiot	un idiot imbu de ses opinions	
attitude	un parti pris	
teacher	un professeur dogmatique	
politician	un politicien dogmatique	

an OPPORTUNE		1752
moment	un moment opportun	
arrival	une arrivée opportune	
solution	une solution opportune	
promotion	une promotion opportune	
increase	une augmentation opportune	

an OPPOSING		1753
viewpoint	un avis opposé	
argument	un argument contraire	
force	une force antagoniste	
team	une équipe adverse	
player	un adversaire	

an OPPOSITE		1754
reaction	une réaction inverse	
effect	un effet inverse	
viewpoint	un avis contraire	
opinion	une opinion contraire	
location	un emplacement en face	

an OPPRESSED		1755
peasant	un paysan opprimé	
people	un peuple opprimé	
minority	une minorité opprimée	
race	une race opprimée	
class	une classe opprimée	

an OPPRESSING		1756
gloom	une tristesse accablante	
dictatorship	une dictature tyrannique	
regime	un régime tyrannique	
authority	une autorité tyrannique	
agency	un organisme tyrannique	

an OPPRESSIVE		1757
heat	une chaleur accablante	
government	un gouvernement tyrannique	
law	une loi tyrannique	
atmosphere	une atmosphère lourde	
dictator	un dictateur tyrannique	

an OPTIONAL		1758
choice	une alternative	
plan	un plan facultatif	
answer	une réponse au choix	
selection	un choix entre deux termes	
purchase	un achat facultatif	

an ORAL		1759
report	un compte-rendu verbal	
confirmation	une confirmation verbale	
agreement	un accord verbal	
thermometer	un thermomètre bucal	
test	une épreuve orale	

an ORBITAL		1760
flight	un vol orbital	
path	une trajectoire orbitale	
satellite	un satellite orbital	
spaceship	un vaisseau spatial en orbite	
speed	une vitesse orbitale	

an ORBITING		1761
satellite	un satellite en orbite	
spaceship	un vaisseau spatial en orbite	
laboratory	un laboratoire en orbite	
debris	des débris en orbite	
booster	un moteur de satellisation en orbite	

an ORCHESTRAL		1762
concert	un concert orchestral	
work	une oeuvre orchestrale	
masterpiece	un chef-d'oeuvre orchestral	
setting	un arrangement orchestral	
background	un fond orchestral	

an ORDAINED		1763
priest	un prêtre qui a reçu ses ordres	
leader	un chef prédestine	
fate	un sort déterminé	
authority	une autorité déléguée	
destiny	un destin déterminé	

an ORDERLY		1764
retreat	une retraite en bon ordre	
arrangement	une disposition méthodique	
existence	une existence rangée	
procedure	une procédure régulière	
system	un système méthodique	

an ORDINARY		1765
day	un jour ordinaire	
knife	un couteau ordinaire	
composition	une rédaction ordinaire	
pen	une plume ordinaire	
pencil	un crayon ordinaire	

an ORGANIZED		1766
union	un syndicat organisé	
strike	une grève organisée	
opposition	une opposition organisée	
trip	un voyage organisé	
composition	une rédaction structurée	

an ORIGINAL		1767
manuscript	un manuscrit original	
idea	une idée originale	
poem	un poème original	
creation	une création originale	
design	un modèle original	

an ORNAMENTAL		1768
vase	un vase décoratif	
frame	un cadre enjolivé	
sculpture	une sculpture décorative	
pillar	une colonne décorative	
balcony	un balcon décoratif	

an ORNAMENTED		1769
saddle	une selle ornementée	
throne	un trône ornementé	
purse	un sac à main ornementé	
tree	un arbre décoré	
fireplace	une cheminée ornementée	

an ORNATE		1770
throne	un trône surchargé	
crown	une couronne surchargée	
necklace	un collier surchargé	
bracelet	un bracelet surchargé	
tomb	un tombeau surchargé d'ornements	

an ORTHODOX		1771
belief	une foi orthodoxe	
religion	une religion orthodoxe	
approach	une méthode orthodoxe	
architecture	une architecture orthodoxe	
style	un style orthodoxe	

an OUTDATED		1772
calendar	un calendrier périmé	
concept	une notion surannée	
design	un modèle démodé	
belief	une croyance surannée	
approach	une conception surannée	

an OUTER		1773
garment	un vêtement de dessus	
layer	une couche extérieure	
perimeter	un périmètre extérieur	
shell	une enveloppe extérieure	
rim	un bord extérieur	

an OUTLANDISH		1774
hat	un chapeau bizarre	
outfit	une toilette bizarre	
price	un prix exorbitant	
dress	une robe bizarre	
idea	une idée bizarre	

an OUTLAWED		1775
sport	un sport interdit	
duel	un duel interdit	
weapon	une arme interdite	
party (political)	un parti interdit	
activity	une activité interdite	

an OUTLINED		1776
chapter	un chapitre ébauché	
report	un rapport ébauché	
analysis	une analyse ébauchée	
speech	un discours ébauché	
project	un projet ébauché	

an OUTLYING		1777
colony	une colonie lointaine	
province	une province isolée	
district	un secteur isolé	
territory	un territoire isolé	
community	une collectivité isolée	

an OUT-OF-DATE		1778
calendar	un calendrier périmé	
style	un style passé de mode	
fashion	une mode surannée	
car	une voiture démodée	
idea	une idée désuète	

an OUT-OF-ORDER		1779
TV set	un téléviseur en panne	
telephone	un téléphone en panne	
radio	une radio en panne	
toaster	un grille-pain en panne	
stove	une cuisinière en panne	

an OUT-OF-PRINT		1780
book	un livre épuisé	
text	un texte épuisé	
novel	un roman épuisé	
article	un article épuisé	
edition	une édition épuisée	

an OUT-OF-STYLE		1781
dress	une robe démodée	
coat	un manteau démodé	
length	une longueur démodée	
gown	une robe démodée	
jacket	une veste démodée	

an OUTRAGED		1782
humanity	une humanité révoltée	
nobility	une noblesse révoltée	
nation	une nation révoltée	
audience	un public indigné	
reaction	une réaction d'indignation	

an OUTRAGEOUS		1783
implication	une implication injurieuse	
bill	une facture exorbitante	
accusation	une accusation outrageante	
verdict	un verdict scandaleux	
solution	une solution scandaleuse	

an OUTSPOKEN		1784
critic	un critique qui ne mâche pas ses mots	
politician	un politicien qui ne mâche pas ses mots	
minister	un pasteur qui ne mâche pas ses mots	
advocate	un partisan qui ne mâche pas ses mots	
opinion	une opinion franche	

an OUTSTANDING		1785
achievement	une réalisation remarquable	
performance	une exécution remarquable	
record	des résultats remarquables	
scholar	un érudit éminent	
team	une équipe remarquable	

an OUTWARD		1786
charm	un charme superficiel	
calm	un calme superficiel	
movement	un déplacement vers l'extérieur	
anger	une colère extériorisée	
spiral	une spirale extérieure	

an OVAL		1787
bathtub	une baignoire ovale	
form	une forme ovale	
frame	un cadre ovale	
mirror	un miroir ovale	
pool	une piscine ovale	

an OVERBEARING		1788
boss	un patron tyrannique	
manner	une façon arrogante	
superiority	une supériorité arrogante	
egotist	un égoïste arrogant	
authority	une autorité tyrannique	

an OVERCAST		1789
sky	un ciel couvert	
horizon	un horizon couvert	
day	une sombre journée	
morning	une sombre matinée	
afternoon	un sombre après-midi	

an OVERCROWDED		1790
bus	un autobus bondé	
supermarket	un super-marché bondé	
auditorium	une salle de concert bondée	
lobby	un hall (foyer) bondé	
slum	les taudis surpeuplés	

an OVERDUE		1791
installment	un versement impayée	
loan	un prêt non remboursé	
repayment	un remboursement en retard	
bill	une facture impayée	
train	un train en retard	

an OVERFLOWING		1792
river	une rivière qui déborde	
bank	une berge inondée	
dam	un barrage qui déborde	
cup	une tasse pleine à déborder	
abundance	une surabondance	

an OVERGROWN		1793
pasture	un pâturage envahi	
walk	une allée envahie	par les
garden	un jardin envahi	mauvaises
field	un champ envahi	herbes
path	un sentier envahi	

an OVERHANGING		1794
balcony	un balcon en saillie	
branch	une branche en saillie	
porch	une véranda en saillie	
precipice	un précipice en saillie	
roof	un toit en saillie	

an OVERLOADED		1795
cart	une charrette surchargée	
steamship	un vapeur surchargé	
truck	un camion surchargé	
tanker	un pétrolier surchargé	
schedule	un programme surchargé	

an OVERLOOKED		1796
possibility	une possibilité négligée	
opportunity	une occasion négligée	
chance	une chance négligée	
error	une erreur non remarquée	
omission	une omission négligée	

an OVERNIGHT		1797
sensation	un succès foudroyant	
result	un résultat soudain	
loss	une perte soudaine	
profit	un bénéfice soudain	
trip	un voyage de deux jours	

an OVERPAID		1798
employee	un salarié trop payé	
consultant	un conseiller trop payé	
actor	un acteur trop payé	
executive	un directeur trop payé	
administrator	un administrateur trop payé	

ADJECTIVES

an OVERPOWERING   1799

mastery	une maîtrise complete
personality	une personnalité écrasante
smell	une odeur suffocante
force	une force irrésistible
strength	une puissance irrésistible

an OVERRIPE   1800

melon	un melon trop mûr
pear	une poire blette
banana	une banane blette
tomato	une tomate blette
peach	une pêche blette

an OVERTHROWN   1801

government	un gouvernement renversé
cabinet	un cabinet renversé
prime minister	un premier ministre renversé
monarch	un monarque détrôné
regime	un régime renversé

an OVERTURNED   1802

truck	un camion renversé
bus	un autobus renversé
vehicle	un véhicule renversé
tank	un tank renversé
wagon	un chariot renversé

an OVERWHELMING   1803

victory	une victoire écrasante
score	un score écrasant
superiority	une supériorité écrasante
lead	une majorité écrasante
mandate	un mandat écrasant

an OVERWORKED   1804

employee	un employé surmené
class	une classe surmenée
heart	un cœur surmené
housewife	une mère de famille surmené
phrase	une tournure galvaudée

P

a PACIFIED   1805

child	un enfant apaisé
wife	une épouse apaisée
customer	un client apaisé
patient	un patient apaisé
client	un client apaisé

a PACKED   1806

suitcase	une valise emballée
trunk	une malle faite
box	une boîte remplie
bag	un sac (de voyage) emballé
briefcase	une serviette remplie

a PADDED   1807

chaise longue	une chaise longue rembourrée
seat	un siège rembourré
armrest	un accoudoir rembourré
corner	un coin rembourré
cell	une cellule rembourrée

a PAGAN   1808

culture	une culture païenne
tribe	une tribu païenne
temple	un temple païen
belief	une croyance païenne
worship	un culte païen

a PAID   1809

debt	une dette remboursée
mortgage	une hypothèque remboursée
bill	une facture payée
installment	une versement fait
expert	un expert rémunéré

a PAINFUL   1810

sprain	une foulure douloureuse
blister	une ampoule douloureuse
sore	une plaie douloureuse
farewell	un adieu pénible
situation	une situation pénible

a PAINLESS   1811

operation	une opération indolore
injection	une piqûre indolore
extraction	une extraction indolore
treatment	un traitement indolore
birth	un accouchement sans douleur

a PAINSTAKING   1812

effort	un effort assidu
care	un soin assidu
accuracy	une précision minutieuse
skill	une habileté minutieuse
workmanship	une exécution très soignée

a PAINTED   1813

house	une maison peinte
barn	une grange peinte
fence	une clôture peinte
building	un édifice peint
sign	une pancarte peinte

a PALATIAL   1814

residence	une résidence princière
estate	un domaine princier
home	une demeure princière
surrounding	un cadre princier
mansion	un manoir princier

a PALE   1815

color	une teinte claire
face	un visage pâle
light	une faible lumière
complexion	un teint pâle
shine	une pâle clarté

a PALLID   1816

face	un visage blême
skin	une peau blafarde
comparison	une comparaison terne
victim	une victime pâle
complexion	un teint pâlot

a PALTRY		1817	a PARTING		1827
sum	une misérable somme		gesture	un geste d'adieu	
amount	une misérable quantité		remark	une ultime remarque	
salary	un misérable traitement		farewell	un adieu	
income	un misérable revenu		compliment	un dernier compliment	
wage	un misérable salaire		kiss	un baiser d'adieu	

a PAMPERED		1818	a PASSABLE		1828
son	un fils choyé		grade	une note passable	
aristocracy	une aristocratie dorée		appearance	un aspect passable	
wife	une femme choyée		record	des antécédents passables	
prodigy	un prodige choyé		performance	une représentation passable	
genius	un génie choyé		movie	un film passable	

a PARALLEL		1819	a PASSING		1829
line	une ligne parallèle		fad	une mode passagère	
road	une route parallèle		fancy	une amourette passagère	
course	une route (maritime) parallèle		trend	une tendance passagère	
route	un itinéraire parallèle		style	un style passager	
highway	une autoroute parallèle		fashion	une mode passagère	

a PARALYZED		1820	a PASSIONATE		1830
body	un corps paralysé		plea	un appel passionné	
reflex	un réflexe paralysé		love	un amour passionné	
victim	une victime paralysée		desire	un désir passionné	
arm	un bras paralysé		kiss	un baiser passionné	
state	un état de paralysie		devotion	un dévouement passionné	

a PARCHED		1821	a PASSIVE		1831
throat	une gorge sèche		resistance	une résistance passive	
desert	un désert aride		attitude	une attitude passive	
land	un pays aride		participation	une participation passive	
soil	une terre desséchée		personality	une personnalité passive	
region	une région aride		opposition	une opposition passive	

a PARDONABLE		1822	a PAST		1832
pride	une fierté pardonnable		president	un ancien président	
error	une erreur pardonnable		glory	une gloire passée	
sin	un péché pardonnable		achievement	une réussite dépassée	
delay	un retard pardonnable		splendor	une splendeur passée	
anxiety	une angoisse compréhensible		growth	une expansion dépassée	

a PARDONED		1823	a PAST-DUE		1833
convict	un condamné gracié		payment	un versement tardif	
prisoner	un prisonnier gracié		notice	un avis tardif	
criminal	un criminel gracié		assignment	un devoir en retard	
inmate	un interné libéré		report	un rapport en retard	
thief	un voleur gracié		accounting	des comptes en retard	

a PARTICIPATING		1824	a PATHETIC		1834
member	un membre participant		attempt	une tentative pathétique	
team	une équipe inscrite		liar	un menteur pathétique	
club	un club inscrit		defeat	une défaite pathétique	
athlete	un sportif inscrit		speech	un discours pathétique	
contestant	un concurrent inscrit		apology	une excuse pathétique	

a PARTICULAR (fussy)		1825	a PATIENT		1835
woman	une femme exigeante		man	un homme patient	
customer	un client difficile		teacher	un professeur patient	
teacher	un professeur exigeant		wait	une attente patiente	
bachelor	un célibataire pointilleux		helper	un aide patient	
man	un homme pointilleux		fisherman	un pêcheur patient	

a PARTICULAR (special)		1826	a PATRIOTIC		1836
preference	une préférence particulière		allegiance	une fidélité patriotique	
inclination	un penchant particulier		duty	un devoir patriotique	
sort	un genre particulier		devotion	un dévouement patriotique	
specialty	une spécialité particulière		citizen	un citoyen patriote	
stress	un accent particulier		sentiment	un sentiment patriotique	

a PATTERNED   1837

necktie	une cravate imprimée
rug	une couverture à motifs
tablecloth	une nappe à motifs
wallpaper	un papier peint à motifs
vest	un gilet imprimé

a PAVED   1838

courtyard	une cour pavée
street	une rue ⎫ goudronnée
surface	une surface ⎬ cimentée
area	une zone ⎪ asphaltée
driveway	une allée ⎭ bitumée

a PEACEABLE   1839

exploration	une exploration pacifique
assembly	une assemblée pacifique
crowd	une foule pacifique
conference	une conférence pacifique
discussion	une discussion pacifique

a PEACEFUL   1840

valley	une vallée tranquille
time	une époque tranquille
setting	un cadre tranquille
spot	un endroit tranquille
coexistence	une coexistence pacifique

a PECULIAR   1841

odor	une odeur singulière
remark	une remarque singulière
reaction	une réaction singulière
mannerism	une affectation singulière
sound	un son singulier

a PEELED   1842

lemon	un citron pelé
orange	une orange pelée
banana	une banane pelée
tomato	une tomate pelée
potato	une pomme de terre pelée

a PEERLESS   1843

artist	un artiste sans égal
singer	un chanteur sans égal
violinist	un violoniste sans égal
actress	une actrice sans égal
actor	un acteur sans égal

a PENAL   1844

code	un code pénal
colony	une colonie pénitentiaire
offense	une infraction pénale
authority	une administration pénitentiaire
charge	une plainte pénale

a PENETRATING   1845

cry	un cri perçant
cold	un froid pénétrant
chill	une fraîcheur pénétrante
scream	un cri aigu
whistle	un coup de sifflet perçant

a PENNILESS   1846

family	une famille sans ressources
beggar	un mendiant sans le sou
urchin	un gamin sans le sou
hobo	un clochard sans le sou
old man	un vieillard sans ressources

a PENSIVE   1847

look	un regard (air) pensif
stare	un regard méditatif
attitude	un air songeur
melancholy	une mélancolie méditative
child	un enfant pensif

a PENT-UP   1848

emotion	une émotion contenue
anger	une colère contenue
defiance	un défi contenu
desire	un désir contenu
enthusiasm	un enthousiasme contenu

a PERCEPTIBLE   1849

change	une modification sensible
increase	une hausse sensible
decrease	une baisse sensible
motion	un mouvement perceptible
difference	une différence sensible

a PERFECT   1850

life	une vie parfaite
pair	un couple parfait
harmony	une entente parfaite
blend	un mélange parfait
vacuum	un vide absolu

a PERFECTED   1851

missile	un missile perfectionné
weapon	une arme perfectionnée
system	un système perfectionné
spaceship	un vaisseau spatial perfectionné
defense	une défense perfectionnée

a PERFUMED   1852

handkerchief	un mouchoir parfumé
air	un air parfumé
letter	une lettre parfumée
soap	un savon parfumé
lotion	une lotion parfumée

a PERILOUS   1853

journey	un voyage périlleux
climb	une ascension périlleuse
descent	une descente périlleuse
adventure	une aventure périlleuse
assignment	une mission périlleuse

a PERIODICAL   1854

check-up	une visite de contrôle périodique
examination	un examen périodique
review	une révision périodique
change	une modification périodique
increase	une augmentation périodique

a PERISHABLE   1855

item	une denrée périssable
fruit	un fruit périssable
vegetable	un légume périssable
meat	une viande périssable
supply	des denrées périssables

a PERMANENT   1856

location	un emplacement fixe
disability	une incapacité permanente
job	un emploi permanent
income	un revenu permanent
address	une résidence fixe

ADJECTIVES

PERPENDICULAR	1857	**a PETTY**	1867
bar	une barre perpendiculaire	envy	une envie mesquine
flagpole	une hampe perpendiculaire	jealousy	une jalousie mesquine
angle	un angle perpendiculaire	argument	un piètre argument
line	une ligne perpendiculaire	person	une personne mesquine
surface	une surface perpendiculaire	quarrel	une dispute mesquine

PERPETUAL	1858	**a PHENOMENAL**	1868
gloom	une mélancolie infinie	pianist	un pianiste prodigieux
trophy	un trophée impérissable	prodigy	un prodige
loser	un éternel perdant	growth	une croissance prodigieuse
darkness	une éternelle obscurité	success	une réussite prodigieuse
reminder	un rappel permanent	abundance	une abondance prodigieuse

PERSECUTED	1859	**a PHILANTHROPIC**	1869
people	un peuple persécuté	millionaire	un millionnaire philanthrope
race	une race persécutée	charity	une œuvre charitable
feeling	un délire de persécution	organization	une œuvre philanthropique
minority	une minorité persécutée	donation	un don philanthropique
refugee	un réfugié persécuté	institution	une institution philanthropique

PERSISTENT	1860	**a PHILOSOPHICAL**	1870
cough	une toux persistante	concept	un concept philosophique
reminder	un rappel constant	belief	une conviction philosophique
rumor	une rumeur persistante	statement	une déclaration philosophique
salesman	un vendeur tenace	writer	un auteur d'ouvrages philosophiques
child	un enfant têtu	attitude	un état d'esprit philosophe

PERSONABLE	1861	**a PHONETIC**	1871
youth	un adolescent charmant	symbol	un signe phonétique
candidate	un candidat sympathique	sign	un signe phonétique
teacher	un professeur attirant	transcription	une transcription phonétique
leader	un chef sympathique	alphabet	un alphabet phonétique
spokesman	un porte-parole sympathique	approach	un point de vue phonétique

PERSONAL	1862	**a PHOTOGRAPHED**	1872
problem	un problème personnel	flying saucer	une soucoupe volante photographiée
dislike	une aversion personnelle	event	un événement photographié
contact	des rapports personnels	celebrity	une célébrité photographiée
valet	un valet de chambre personnel	phenomenon	un phénomène photographié
opinion	une opinion personnelle	atrocity	une atrocité photographiée

PERSUASIVE	1863	**a PHYSICAL**	1873
argument	un argument persuasif	strength	une force physique
salesman	un vendeur persuasif	weakness	une faiblesse organique
lawyer	un avocat persuasif	attraction	une attirance physique
manner	une façon persuasive	therapy	(la) thérapie physique
smile	un sourire persuasif	fitness	une bonne forme physique

PERTINENT	1864	**a PICTORIAL**	1874
fact	un fait pertinent	jacket (book)	un couvre-livre illustré
point	un élément pertinent	symbol	un signe pictural
remark	une remarque pertinente	magazine	une revue illustrée
argument	un argument pertinent	report	une présentation illustrée
question	une question pertinente	graph	un graphique

PESSIMISTIC	1865	**a PICTURESQUE**	1875
attitude	une attitude pessimiste	scene	une scène pittoresque
writer	un auteur pessimiste	costume	un costume pittoresque
philosophy	une philosophie pessimiste	landscape	un paysage pittoresque
report	un rapport pessimiste	village	un village pittoresque
article	un article pessimiste	metaphor	une métaphore pittoresque

PETRIFIED	1866	**a PIERCING**	1876
animal	un animal fossilisé	scream	un cri perçant
leaf	une feuille pétrifiée	siren	une sirène hurlante
tree	un arbre pétrifié	note	une note aiguë
forest	une forêt pétrifiée	noise	un bruit aigu
bone	un os fossilisé	sound	un son aigu

a PINK		1877
ribbon	un ruban rose	
dress	une robe rose	
scarf	une écharpe rose	
cheek	une joue rose	
sweater	un pull-over rose	

a PIOUS		1878
woman	une femme pieuse	
community	une communauté pieuse	
person	une personne pieuse	
prayer	une prière pieuse	
congregation	une assistance pieuse	

a PITIABLE		1879
result	un résultat piteux	
case	un cas pitoyable	
death	une mort pitoyable	
condition	un état pitoyable	
poverty	une pauvreté pitoyable	

a PITIFUL		1880
excuse	une excuse minable	
lack	une pénurie lamentable	
sight	un spectacle lamentable	
hovel	un taudis minable	
sob	un sanglot lamentable	

a PITILESS		1881
judge	un juge impitoyable	
jury	un jury impitoyable	
general	un général impitoyable	
emperor	un empereur impitoyable	
officer	un officier impitoyable	

a PLAIN		1882
envelope	une enveloppe ordinaire	
wrapping	un emballage ordinaire	
dress	une robe simple	
house	une maison simple	
omelette	une omelette nature	

a PLANNED		1883
trip	un voyage projeté	
absence	une absence projetée	
vacation	des vacances projetées	
reorganization	une réorganisation projetée	
wedding	un mariage projeté	

a PLASTIC		1884
box	une boîte en plastique	
container	un récipient en plastique	
comb	un peigne en plastique	
hose	un tuyau en plastique	
bottle	un flacon en plastique	

a PLAUSIBLE		1885
explanation	une explication plausible	
excuse	une excuse plausible	
story	une histoire plausible	
evidence	une preuve plausible	
witness	un témoin digne de foi	

a PLAYFUL		1886
dog	un chien folâtre	
animal	un animal folâtre	
mood	une humeur folâtre	
child	un enfant folâtre	
puppy	un chiot folâtre	

a PLEADING		1887
mother	une mère implorante	
lawyer	un avocat plaidant	
son	un fils implorant	
child	un enfant implorant	
daughter	une fille implorante	

a PLEASANT		1888
smile	un sourire aimable	
personality	une personnalité agréable	
atmosphere	une ambiance agréable	
room	une pièce agréable	
environment	un milieu agréable	

a PLEASED		1889
client	un client satisfait	
winner	un vainqueur satisfait	
student	un élève satisfait	
recipient	un bénéficiaire satisfait	
teacher	un professeur satisfait	

a PLEASING		1890
personality	une personalité agréable	
smile	un sourire agréable	
performance	une représentation agréable	
manner	un abord agréable	
compliment	un compliment agréable	

a PLEASURABLE		1891
recreation	un divertissement agréable	
pastime	un passe-temps agréable	
hobby	une distraction agréable	
activity	une activité agréable	
trip	un voyage agréable	

a PLEDGED		1892
donation	un don promis	
support	un soutien assuré	
loyalty	une fidélité assurée	
faith	une loyauté assurée	
amount	une somme assurée	

a PLENTIFUL		1893
supply	un ravitaillement abondant	
harvest	une moisson abondante	
crop	une récolte abondante	
source	une source abondante	
amount	une très grande quantité	

a PLIABLE		1894
material	une matiere flexible	
rubber	un caoutchouc flexible	
plastic	un plastique flexible	
hose	un tuyau flexible	
substance	une substance flexible	

a PLUMP		1895
child	un enfant potelé	
chicken	un poulet bien en chair (dodu)	
turkey	une dinde bien en chair (dodue)	
baby	un bébé potelé	
girl	une jeune fille potelée	

a PLUNDERING		1896
army	une armée de pillards	
mob	une populace de pillards	
horde	une horde de pillards	
band	une bande de pillards	
gang	un groupe de pillards	

ADJECTIVES

a **POETIC**	1897	a **POMPOUS**	1907
intensity	une grande force poétique	general	un général prétentieux
justice	une justice naturelle	old man	un vieillard prétentieux
phrase	une tournure poétique	fool	un imbécile prétentieux
style	un style poétique	character	un personnage prétentieux
account	une description poétique	judge	un juge prétentieux

a **POIGNANT**	1898	a **POOR** (quality)	1908
scene	une scène poignante	composition	une mauvaise narration
poem	un poème poignant	answer	une mauvaise réponse
theme	un sujet poignant	student	un mauvais élève
memory	un souvenir poignant	attempt	une piètre tentative
play	une pièce (de théâtre) poignante	performance	une piètre représentation

a **POINTED**	1899	a **POOR** (wealth)	1909
stick	un bâton pointu	worker	un ouvrier pauvre
knife	un couteau pointu	farmer	un cultivateur pauvre
branch	une branche pointue	clerk	un commis pauvre
weapon	une arme pointue	lawyer	un avocat pauvre
shape	une forme pointue	laborer	un travailleur pauvre

a **POINTLESS**	1900	a **POORLY-DRESSED**	1910
argument	un argument sans rime ni raison	immigrant	un immigrant mal habillé
effort	un effort sans rime ni raison	applicant	un postulant mal habillé
debate	un débat sans rime ni raison	refugee	un réfugié mal habillé
solution	une solution qui ne rime à rien	student	un étudiant mal habillé
speech	un discours qui ne rime à rien	hippie	un hippie mal habillé

a **POISONED**	1901	a **POPULAR**	1911
drink	une boisson empoisonnée	song	une chanson en vogue
waterhole	une mare empoisonnée	favorite	le préféré de tout le monde
system	un organisme intoxiqué	choice (political)	le choix de la majorité
meat	une viande empoisonnée	restaurant	un restaurant à la mode
bait	un appât empoisonné	actor	un acteur très connu

a **POISONOUS**	1902	a **POPULATED**	1912
drink	une boisson toxique	seacoast	une côte habitée
drug	un médicament toxique	section	un quartier populeux
snake	un serpent venimeux	region	une région habitée
spider	une araignée venimeuse	plain	une plaine habitée
plant	une plante vénéneuse	plateau	un plateau habité

a **POLAR**	1903	a **POPULOUS**	1913
bear	un ours blanc	district	une contrée très peuplée
flight	un vol polaire	area	une région très peuplée
route	un trajet par le pôle	zone	une zone très peuplée
magnetism	un magnétisme polaire	country	un pays très peuplé
region	une région polaire	state	un État très peuplé

a **POLISHED**	1904	a **POROUS**	1914
surface	une surface polie	substance	une substance poreuse
shoe	une chaussure cirée	material	une matière poreuse
floor	un plancher encaustiqué	surface	une surface poreuse
mahogany	de l'acajou (poli) ciré	rock	une roche poreuse
goblet	un gobelet brillant	cloth	un tissu poreux

a **POLITE**	1905	a **PORTABLE**	1915
answer	une réponse polie	radio	une radio portative
greeting	un accueil poli	TV set	un téléviseur portatif
refusal	un refus poli	typewriter	une machine à écrire portative
guest	un invité poli	tape recorder	un enregistreur portatif
apology	une excuse polie	machine	une machine portative

a **POLITICAL**	1906	a **POSITIVE**	1916
party	un parti politique	proof	une preuve concrète
platform	un programme de parti	step	une mesure concrète
necessity	une nécessité politique	agreement	un accord concret
reform	une réforme politique	approach	une méthode concrète
debate	un débat politique	offer	un offre concrète

a POSSESSIVE		1917
wife	une femme impérieuse	
husband	un mari accaparant	
attitude	une attitude accaparante	
nature	une nature impérieuse	
feeling	un instinct de propriété	

a POSSIBLE		1918
answer	une réponse possible	
solution	une solution possible	
attempt	un effort possible	
winner	un vainqueur possible	
increase	une augmentation possible	

a POSTED		1919
bulletin	un bulletin affiché	
reward	une offre de récompense (affiché)	
notice	un avis affiché	
notification	un avis affiché	
list	une liste affichée	

a POSTPONED		1920
departure	un départ retardé	
event	un événement retardé	
performance	une représentation retardée	
dance	un bal retardé	
concert	un concert retardé	

a POTENT		1921
force	une unité (militaire) puissante	
smell	une forte odeur	
drink	une boisson forte	
drug	un médicament actif	
argument	un argument de poids	

a POTENTIAL		1922
danger	un danger latent	
leader	un chef virtuel	
genius	un génie virtuel	
discovery	une découverte possible	
profit	un bénéfice possible	

a POUNDING		1923
heart	un cœur qui bat	
rhythm	un rythme martelant	
wave	une vague qui martelle	
surf	un ressac qui martelle	
pulse	un pouls qui bat	

a POWERFUL		1924
influence	une influence puissante	
drug	un remède puissant	
transmitter	un émetteur puissant	
dictator	un dictateur puissant	
laser (beam)	un (rayon) laser puissant	

a POWERLESS		1925
nobility	une noblesse impuissante	
press	une presse impuissante	
opposition	une opposition impuissante	
minority	une minorité impuissante	
enemy	un ennemi impuissant	

a PRACTICAL		1926
solution	une solution pratique	
aspect	un aspect pratique	
use	un usage pratique	
tool	un outil pratique	
wife	une épouse pratique	

a PRAISEWORTHY		1927
accomplishment	un résultat méritoire	
charity	une œuvre de bienfaisance méritoire	
verdict	un verdict louable	
endeavor	une tentative méritoire	
record	des résultats méritoires	

a PRECARIOUS		1928
angle	un angle précaire	
balance	un équilibre précaire	
hold	un appui précaire	
climb	une ascension risquée	
position	une situation précaire	

a PRECEDING		1929
generation	une génération antérieure	
election	de précédentes élections	
chapter	un chapitre précédent	
era	une époque antérieure	
president	un ancien président	

a PRECIOUS		1930
object	un objet précieux	
stone	une pierre précieuse	
jewel	un bijou précieux	
jade	un jade précieux	
vaccine	un vaccin précieux	

a PRECISE		1931
analysis	une analyse précise	
sum	une somme exacte	
length	une longueur précise	
measurement	une mesure précise	
outline	une silhouette précise	

a PRECOCIOUS		1932
child	un enfant précoce	
achievement	une réalisation précoce	
poem	un poème de jeunesse	
painting	un tableau de jeunesse	
author	un auteur précoce	

a PREDATORY		1933
beast	une bête de proie	
eagle	un aigle rapace	
lion	un lion prédateur	
instinct	un instinct rapace	
lust	un désir avide	

a PREDICTABLE		1934
action	une action prévisible	
reaction	une réaction prévisible	
nature	un caractère prévisible	
climate	un climat prévisible	
density	une densité prévisible	

a PREDICTED		1935
win	une victoire (au jeu) prévue	
profit	un bénéfice prévu	
outcome	un résultat prévu	
storm	un orage prévu	
rain	une pluie prévue	

a PREEMINENT		1936
conductor	un chef d'orchestre prééminent	
surgeon	un chirurgien prééminent	
architect	un architecte prééminent	
composer	un compositeur prééminent	
author	un auteur prééminent	

a PREFERABLE   1937

choice	un choix à retenir
alternative	une possibilité à retenir
idea	une idée à retenir
route	un trajet à suivre
hotel	un hôtel à choisir

a PREFERRED   1938

obscurity	un anonymat souhaité
location	un endroit préféré
seat	un siège préféré
anonymity	un anonymat choisi
stock	des actions privilégiées

a PREHISTORIC   1939

beast	un animal préhistorique
glacier	un glacier préhistorique
monster	un monstre préhistorique
evolution	une évolution préhistorique
dawn	l'aube de l'histoire

a PREJUDICED   1940

jury	un jury prévenu
verdict	un verdict entaché de prévention
opinion	une opinion entachée de prévention
argument	un argument entaché de prévention
viewpoint	un avis entaché de prévention

a PRELIMINARY   1941

diagnosis	un diagnostic préliminaire
hearing	une audience préliminaire
measure	une mesure préliminaire
survey	une enquête préliminaire
discussion	une discussion préliminaire

a PREMATURE   1942

announcement	une annonce prématurée
birth	une naissance prématurée
conclusion	une conclusion prématurée
ignition	un allumage prématuré
solution	une solution prématurée

a PREMEDITATED   1943

murder	un meurtre prémédité
crime	un crime prémédité
action	un acte prémédité
assassination	un assassinat prémédité
coup	un coup prémédité

a PREPOSTEROUS   1944

claim	une prétention absurde
story	une histoire absurde
idea	une idée absurde
sum	une somme absurde
exaggeration	une exagération absurde

a PRESCRIBED   1945

medicine	un remède prescrit
drug	un médicament prescrit
treatment	un traitement prescrit
massage	un massage prescrit
diet	un régime prescrit

a PRESENT   1946

danger	un danger actuel
unrest	une agitation actuelle
threat	une menace actuelle
poverty	une pauvreté actuelle
indecision	une indécision actuelle

a PRESERVED   1947

document	un document conservé
fragment	un fragment conservé
mummy	une momie conservée
scroll	un rouleau (de parchemin) conservé
relic	une relique conservée

a PRESIDENTIAL   1948

spokesman	un porte-parole du président
candidate	un candidat à la présidence
commission	une commission présidentielle
appointment	une nomination du président
decision	une décision présidentielle

a PRESSED   1949

clothing	des vêtements repassés
shirt	une chemise repassée
suit	un costume repassé
blouse	un chemisier repassé
skirt	une jupe repassée

a PRESSING   1950

need	un besoin urgent
urgency	une grande urgence
bill	une facture urgente
appointment	une entrevue urgente
debt	une dette criarde

a PRESUMPTUOUS   1951

intrusion	une intrusion outrecuidante
statement	une déclaration outrecuidante
remark	une remarque outrecuidante
student	un élève outrecuidant
request	une demande outrecuidante

a PRETENDED   1952

innocence	une feinte innocence
madness	une folie simulée
self-assurance	une feinte assurance
shame	une honte feinte
joy	une joie feinte

a PRETENTIOUS   1953

house	une maison prétentieuse
style	un style prétentieux
apartment	un appartement prétentieux
title	un titre prétentieux
slogan	une devise prétentieuse

a PRETTY   1954

dress	une jolie robe
flower	une jolie fleur
bouquet	un joli bouquet
garden	un joli jardin
girl	une jolie fille

a PREVAILING   1955

wage	un salaire en usage
wind	un vent dominant
scale	un barème en vigueur
condition	un état actuel
salary	un traitement en usage

a PREVALENT   1956

fear	une crainte générale
unrest	une agitation générale
danger	un risque général
anxiety	une inquiétude générale
distrust	une méfiance générale

---

a PREVIOUS		1957
commitment	un engagement antérieur	
appointment	un rendez-vous antérieur	
offense	une infraction antérieure	
denial	un démenti antérieur	
refusal	un refus antérieur	

a PRICELESS		1958
masterpiece	un chef-d'œuvre sans prix	
story	une histoire impayable	
painting	un tableau sans prix	
object	un objet sans prix	
jewel	un bijou sans prix	

a PRIESTLY		1959
robe	une soutane	
countenance	un maintien de prêtre	
manner	à la façon d'un prêtre	
hierarchy	une hiérarchie ecclésiastique	
tradition	une tradition sacerdotale	

a PRIMARY		1960
concern	un souci primordial	
objective	un objectif primordial	
consideration	une considération primordiale	
target	un but primordial	
objection	une objection primordiale	

a PRIME		1961
example	un premier exemple	
rate	un taux préférentiel	
minister	un premier ministre	
suspect	un suspect au premier chef	
goal	un but essentiel	

a PRINCIPAL		1962
role	un rôle principal	
witness	un témoin principal	
objection	une objection majeure	
source	une source majeure	
problem	une difficulté majeure	

a PRINTED		1963
retraction	une rétractation publiée dans la presse	
article	un article publié dans la presse	
accusation	une accusation publiée dans la presse	
editorial	un éditorial publié dans la presse	
denial	un démenti publié dans la presse	

a PRIVATE		1964
matter	une affaire confidentielle	
dining room	une salle à manger privée	
meeting	une réunion privée	
office	un cabinet (bureau) privé	
secretary	une secrétaire particulière	

a PRIVILEGED		1965
class	une classe privilégiée	
nobility	une noblesse privilégiée	
royalty	une famille royale privilégiée	
information	une information privilégiée	
source	une source privilégiée	

a PRIZED		1966
award	une récompense appréciée	
scholarship	une bourse appréciée	
trophy	un trophée apprécié	
possession	un bien apprécié	
keepsake	un souvenir apprécié	

a PROBABLE		1967
delay	un retard probable	
outcome	un résultat probable	
loss	une perte probable	
disaster	un désastre probable	
increase	une majoration probable	

a PROBING		1968
searchlight	un projecteur qui explore (le ciel)	
examination	un examen poussé	
interrogation	un interrogatoire serré	
investigation	une enquête approfondie	
inquiry	des recherches approfondies	

a PROCLAIMED		1969
leader	un chef déclaré	
victory	une victoire proclamée	
prophet	un prophète annoncé	
messiah	un messie annoncé	
winner	un vainqueur déclaré	

a PRODIGIOUS		1970
feat	un exploit prodigieux	
strength	une force prodigieuse	
amount	une quantité prodigieuse	
speed	une vitesse prodigieuse	
work	une oeuvre prodigieuse	

a PRODUCTIVE		1971
life	une vie feconde	
association	une association féconde	
society	une société féconde	
research	une recherche féconde	
meeting	une réunion féconde	

a PROFANE		1972
saying	une maxime vulgaire	
motto	une devise vulgaire	
desecration	une profanation	
song	un chant profane	
poem	un poème profane	

a PROFESSIONAL		1973
athlete	un sportif professionnel	
competence	une compétence professionnelle	
skill	une habileté de professionnel	
sport	un sport professionnel	
player	un joueur professionnel	

a PROFICIENT		1974
lawyer	un avocat capable	
teacher	un professeur capable	
worker	un ouvrier expérimenté	
player	un joueur expérimenté	
typist	une dactylo expérimentée	

a PROFITABLE		1975
enterprise	une entreprise lucrative	
business	une affaire lucrative	
arrangement	un accord fructueux	
investment	un placement rentable	
contract	un contrat avantageux	

a PROFOUND		1976
apology	des excuses sincères	
emotion	une émotion profonde	
mystery	un mystère profond	
concept	une notion profonde	
statement	une déclaration profonde	

ADJECTIVES

a PROGRESSIVE 1977

society	une société progressiste
school	une école d'avant-garde
method	une méthode progressive
movement	un mouvement progressiste
jazz	un jazz d'avant-garde

a PROHIBITED 1978

return	un retour interdit
activity	une activité interdite
sport	un sport interdit
duel	un duel interdit
party (political)	un parti interdit

a PROHIBITIVE 1979

cost	un coût prohibitif
expense	une dépense prohibitive
tax	un impôt trop élevé
law	une loi prohibitive
decree	une ordonnance prohibitive

a PROJECTED 1980

survey	une étude projetée
analysis	une analyse projetée
plan	un plan prévu
budget	un budget prévu
schedule	un programme prévu

a PROJECTING 1981

peninsula	une péninsule qui s'avance
wing (house)	une aile en saillie
ledge	une corniche
roof	un toit débordant
angle	un angle saillant

a PROLETARIAN 1982

class	une classe prolétarienne
revolution	une révolution prolétarienne
ideal	un idéal prolétarien
leader	un chef prolétarien
concept	une notion prolétarienne

a PROLIFIC 1983

writer	un écrivain prolifique
artist	un peintre prolifique
composer	un compositeur prolifique
playwright	un auteur (dramatique) prolifique
man	un homme prolifique

a PROLONGED 1984

stay	un séjour prolongé
illness	une longue maladie
farewell	des adieux prolongés
absence	une absence prolongée
adjournment	un ajournement prolongé

a PROMINENT 1985

lawyer	un avocat éminent
politician	un politicien éminent
figure	une personalité éminente
feature	un trait saillant
official	un dirigeant éminent

a PROMISED 1986

reward	une récompense promise
gift	un cadeau promis
trip	un voyage promis
salary	un traitement promis
job	un emploi promis

a PROMISING 1987

artist	un artiste qui promet
potential	un potentiel encourageant
debut	un début encourageant
career	une carrière d'avenir
newcomer	un nouveau venu qui promet

a PROMPT 1988

denial	un démenti immédiat
refusal	un refus immédiat
apology	des excuses immédiates
return	un prompt retour
answer	une réponse immédiate

a PROPER 1989

respect	un respect convenable
attitude	une attitude bienséante
procedure	une procédure régulière
order	un ordre convenable
arrangement	un arrangement convenable

a PROPHETIC 1990

omen	un présage
warning	un avertissement prophétique
sign	un présage
power	un don de prophétie
truth	une vérité prophétique

a PROPOSED 1991

highway	un autoroute proposé (projeté)
plan	un plan proposé
compromise	un compromis proposé (envisagé)
armistice	un armistice proposé
budget	un budget proposé

a PROSPECTIVE 1992

wife	une future épouse
client	un client éventuel
victory	une victoire éventuelle
winner	un vainqueur éventuel
loser	un vaincu éventuel

a PROSPEROUS 1993

community	une communauté prospère
economy	une économie prospère
society	une société prospère
family	une famille prospère
business	une affaire (entreprise) prospère

a PROTECTED 1994

fort	un fort bien défendu
ruler	un souverain bien gardé
child	un enfant bien surveillé
investment	un placement sûr
vault	un coffre-fort bien protégé

a PROTECTIVE 1995

insulation	un isolement de protection
covering	un revêtement protecteur
grill	une grille de protection
wrapping	un emballage protecteur
garment	un vêtement protecteur

a PROTRUDING 1996

nose	un long nez
ear	une oreille écartée
bulge	une forte bosse
stomach	un gros ventre
chin	un menton saillant

a **PROUD** 1997

race	une race fière
moment	un moment de fierté
winner	un gagnant fier de lui
student	un élève fier de lui
husband	un mari fier de . . .

a **PROVEN** 1998

worth	une valeur établie
fact	un fait établi
statement	une déclaration confirmée par les faits
theory	une théorie démontrée en pratique
liar	un menteur patent

a **PROVERBIAL** 1999

sinner	un pécheur proverbial
saint	un saint proverbial
liar	un menteur proverbial
paradise	un paradis proverbial
wealth	une richesse proverbiale

a **PROVOCATIVE** 2000

subject	un sujet explosif
editorial	un éditorial provocateur
title	un titre provocateur
picture	une photo provocatrice
pose	une pose aguichante

a **PRUDENT** 2001

offer	une offre prudente
compromise	un compromis prudent
decision	une décision prudente
suggestion	une suggestion prudente
choice	un choix prudent

a **PSYCHOLOGICAL** 2002

implication	une résonance psychologique
examination	un examen psychologique
warfare	une guerre psychologique
test	un test psychologique
problem	un problème psychologique

a **PUBLIC** 2003

trial	un procès public
nuisance	une nuisance publique
official	un fonctionnaire (de l'État)
sign	une enseigne publique
auction	une vente aux enchères publiques

a **PUBLISHED** 2004

novel	un roman publié (paru)
statement	une déclaration rendue publique
article	un article paru dans la presse
editorial	un éditorial paru dans la presse
retraction	une rétractation parue dans la presse

a **PUNCTUAL** 2005

arrival	une arrivée à l'heure
beginning	un début à l'heure
departure	un départ à l'heure
clerk	un vendeur ponctuel
employee	un salarié ponctuel

a **PUNGENT** 2006

scent	un parfum piquant
odor	une odeur piquante
smell	une senteur piquante
smoke	une fumée piquante
taste	un goût piquant

a **PUNISHABLE** 2007

offense	un délit puni par la loi
crime	un crime puni par la loi
misdemeanor	un délit puni par la loi
act	un acte délictueux
treason	une trahison punie par la loi

a **PUNISHED** 2008

convict	un condamné puni
child	un enfant corrigé
criminal	un criminel châtié
defector	un traître puni
delinquent	un délinquent puni

a **PUNY** 2009

child	un enfant chétif
force	un effectif réduit
fist	un poing menu
body	un corps menu
baby	un bébé chétif

a **PURE** 2010

gold	un or pur
joy	une joie sans mélange
alcohol	un alcool pur
soap	un savon pur
chocolate	un chocolat pur

a **PURE** (sheer) 2011

formality	une simple formalité
chance	un pur hasard
luck	une pure chance
accident	un pur accident
legality	un pur légalisme

a **PURE-BRED** 2012

dog	un chien de race
horse	un pur-sang
species	une espèce qui a de la race
cat	un chat de race
puppy	un chiot de race

a **PURRING** 2013

cat	un chat qui ronronne
kitten	un chaton qui ronronne
sound	un ronronnement
motor	un moteur qui ronfle
animal	un animal qui ronronne

a **PUZZLED** 2014

frown	un froncement perplexe
sigh	un soupir perplexe
look	un air perplexe
tourist	un touriste perplexe
reaction	une réaction embarassée

a **PUZZLING** 2015

riddle	une énigme déconcertante
remark	une remarque énigmatique
attitude	une attitude énigmatique
answer	une réponse énigmatique
offer	une offre énigmatique

Q

a QUAINT   2016

setting	une mise en scène étrange
old lady	une vieille dame originale
custom	une tradition singulière
house	une maison pittoresque
fashion	une mode bizarre

a QUALIFIED   2017

expert	un expert diplômé
candidate	un candidat qualifié
applicant	un postulant qualifié
seaman	un matelot qualifié
representative	un représentant qualifié

a QUARANTINED   2018

block	un pâté de maisons en quarantaine
section	un quartier en quarantaine
family	une famille en quarantaine
ward	une salle d'hôpital en quarantaine
patient	un patient en quarantaine

a QUEER   2019

individual	un individu bizarre
remark	une remarque bizarre
solution	une solution bizarre
action	un acte bizarre
idea	une idée bizarre

a QUESTIONABLE   2020

decision	une décision contestable
value	une valeur contestable
worth	un mérite contestable
verdict	un verdict contestable
total	un total contestable

a QUICK   2021

recovery	une guérison rapide
turnover	une rotation rapide
reply	une réponse rapide
completion	un achèvement rapide
profit	un bénéfice rapide

a QUICKENED   2022

pulse	un pouls accéléré
stride	un pas accéléré
rhythm	un rythme accéléré
interest	un intérêt plus vif
step	un pas accéléré

a QUIET   2023

place	un endroit calme
room	une pièce tranquille
library	une bibliothèque silencieuse
church	une église silencieuse
evening	une soirée calme

a QUOTABLE   2024

source	une source pouvant être citée
figure	un chiffre pouvant être cité
author	un auteur pouvant être cité
editorial	un éditorial pouvant être cité
poet	un poète pouvant être cité

a QUOTED   2025

playwright	un auteur (dramatique) cité
authority	une autorité citée
expert	un expert cité
editorial	un éditorial cité
book	un livre cité

R

a RACIAL   2026

violence	des violences raciales
prejudice	un préjugé racial
segregation	une discrimination raciale
riot	une émeute raciale
survival	la survie d'une race

a RADIANT   2027

face	un visage radieux
smile	un sourire radieux
light	une lumière rayonnante
glow	une lueur rayonnante
heat	une chaleur rayonnante

a RADICAL   2028

change	une transformation radicale
departure	un changement radical
philosophy	une philosophie extrémiste
design	un modèle entièrement nouveau
belief	une conviction extrémiste

a RADIOACTIVE   2029

substance	une substance radio-active
fallout	des retombées (déchets) radio-actives
debris	des débris radio-actifs
cloud	un nuage radio-actif
cobalt	du cobalt radio-actif

a RAGGED   2030

edge	une crête (montagne) déchiquetée
coat	une veste en lambeaux
hem	un bord (vêtement) déchiqueté
sleeve	une manche en lambeaux
suit	un costume en lambeaux

a RAGING   2031

controversy	une controverse furieuse
torrent	un torrent déchaîné
flood	des flots (inondation) déchaînés
storm	un orage déchaîné
surf	un ressac déchaîné

a RAINY   2032

climate	un climat pluvieux
afternoon	un après-midi pluvieux
season	une saison pluvieuse
month	un mois pluvieux
day	une journée pluvieuse

a RAISED   2033

curtain	un rideau levé
window	une fenêtre ouverte
flag	un drapeau hissé
objection	une objection soulevée
point	une question soulevée

a RAMBLING		2034
farm	une ferme de grande étendue	
street	une rue tortueuse	
—thoughts	des pensées vagabondes	
speech	un discours décousu	
composition	une narration décousue	

a RANCID		2035
butter	un beurre rance	
smell	une odeur rance	
taste	un goût rance	
oil	une huile rance	
dressing (salad)	une sauce à salade rance	

a RANDOM		2036
choice	un choix fait au hasard	
selection	une sélection faite au hasard	
sample	un échantillon pris au hasard	
placement	un placement fait au hasard	
poll	une enquête par sondage	

a RANSOMED		2037
hostage	un otage rendu contre rançon	
child	un enfant rendu contre rançon	
heir	un héritier rendu contre rançon	
leader	un chef rendu contre rançon	
son	un fils rendu contre rançon	

a RAPID		2038
pulse	un pouls rapide	
recovery	une guérison rapide	
acceleration	une forte accélération	
decline	un déclin rapide	
improvement	une amélioration rapide	

a RAPTUROUS		2039
audience	un public ravi	
applause	des applaudissements frénétiques	
acclaim	des acclamations frénétiques	
enthusiasm	un enthousiasme frénétique	
admirer	un admirateur enthousiaste	

a RARE		2040
opportunity	une occasion rare	
coin	une pièce (de monnaie) rare	
statue	une statue rare	
stamp	un timbre-poste rare	
orchid	une orchidée rare	

a RARE (taste)		2041
steak	un bifteck saignant (bleu)	
roast	un rôti saignant	
beef	du bœuf saignant	
meat	une viande saignante	
hamburger	un hamburger saignant	

a RASH		2042
decision	une décision téméraire	
judgment	un jugement irréfléchi	
action	un acte irréfléchi	
accusation	une accusation irréfléchie	
step	une mesure irréfléchie	

a RATIONAL		2043
argument	un argument rationnel	
solution	une solution rationnelle	
being	un être raisonnable	
approach	une optique rationnelle	
decision	une décision rationnelle	

a RATIONED		2044
commodity	une marchandise rationnée	
item	un article rationné	
supply	un ravitaillement rationné	
distribution	un rationnement	
gasoline	une essence rationnée	

a RAVENOUS		2045
appetite	un appétit féroce	
hunger	une faim dévorante	
thirst	une soif débordante	
animal	un animal vorace	
craving	un désir féroce	

a RAVING		2046
maniac	un fou furieux	
lunatic	un fou furieux	
madman	un fou furieux	
patient	un patient délirant	
psychopath	un psychopathe délirant	

a RAW		2047
steak	un bifteck cru	
egg	un œuf cru	
onion	un oignon cru	
carrot	une carotte crue	
potato	une pomme de terre crue	

a READABLE		2048
anthology	une anthologie facile à lire	
book	un livre facile à lire	
paperback	un livre de poche facile à lire	
account	un récit facile à lire	
autobiography	une autobiographie facile à lire	

a READY		2049
wit	un espirt vif	
reply	une prompte répartie	
answer	une prompte réponse	
joke	une plaisanterie facile	
helper	un aide complaisant	

a REAL		2050
problem	un véritable problème	
opportunist	un véritable opportuniste	
friend	un véritable ami	
genius	un génie authentique	
opportunity	une véritable occasion	

a REALISTIC		2051
drama	un drame réaliste	
drawing	un dessin réaliste	
portrayal	une description réaliste	
attempt	une tentative réaliste	
viewpoint	un point de vue réaliste	

a REASONABLE (monetary)		2052
price	un prix raisonnable	
bill	une facture raisonnable	
cost	un coût raisonnable	
charge	des frais raisonnables	
amount	une somme raisonnable	

a REASONABLE (person)		2053
woman	une femme raisonnable	
risk	un risque raisonnable	
solution	une solution raisonnable	
agreement	un accord raisonnable	
proposal	une proposition raisonnable	

ADJECTIVES

a REASSURING		2054
presence	une présence rassurante	
statistic	une statistique rassurante	
offer	une offre rassurante	
compromise	un compromis rassurant	
proposal	une proposition rassurante	

a REBELLIOUS		2055
youth	un adolescent révolté	
tribe	une tribu révoltée	
crew	un équipage révolté	
attitude	une attitude rebelle	
slogan	un cri de rébellion	

a RECEDING		2056
flood	une décrue	
tide	une marée descendante	
wave	une vague qui se retire	
surf	un ressac dont la violence diminue	
storm	un orage qui s'éloigne	

a RECENT		2057
event	un événement récent	
increase	une augmentation récente	
discussion	une discussion récente	
arrival	une arrivée récente	
visit	une visite récente	

a RECEPTIVE		2058
public	un public bien disposé	
listener	un auditeur bien disposé	
attitude	un air réceptif	
audience	un public bien disposé	
mood	un état d'esprit réceptif	

a RECKLESS		2059
driver	un conducteur casse-cou	
abandon	une désinvolture inconsciente	
flier	un aviateur imprudent	
bravery	un courage inconscient	
soldier	un soldat téméraire	

a RECOGNIZABLE		2060
weakness	une faiblesse caractéristique	
strength	une force caractéristique	
signature	une signature reconnaissable	
actor	un acteur reconnaissable	
style	un style caractéristique	

a RECOGNIZED		2061
authority	une autorité reconnue	
custom	un usage établi	
miracle	un miracle reconnu	
leader	un chef accepté	
candidate	un candidat admis	

a RECOMMENDED		2062
restaurant	un restaurant recommandé	
hotel	un hôtel recommandé	
diet	un régime recommandé	
resort	une station recommandée	
author	un auteur recommandé	

a RECORDED		2063
conversation	une conversation enregistrée	
concert	un concert enregistré	
discussion	une discussion enregistrée	
interview	une interview enregistrée	
performance	une séance enregistrée	

a RECREATIONAL		2064
area	un terrain de jeu	
park	un parc de loisirs	
toy	un jouet amusant	
activity	un divertissement	
program	des activités divertissantes	

a RECTANGULAR		2065
brick	une brique rectangulaire	
crate	une caisse à claire-voi rectangulaire	
container	un récipient rectangulaire	
shape	une forme rectangulaire	
flag	un drapeau rectangulaire	

a RED		2066
wine	un vin rouge	
coat	un manteau rouge	
sweater	un chandail (pull-over) rouge	
light (traffic)	un feu rouge	
blouse	un chemisier rouge	

a REDEEMING		2067
virtue	une vertu rédemptrice	
factor	un facteur de compensation	
quality	une qualité qui compense les défauts	
characteristic	une caractéristique qui compense les défauts	
trait	un trait de caractère qui compense les défauts	

a REDUCED		2068
price	un prix réduit	
budget	un budget réduit	
amount	une quantité réduite	
profit	un bénéfice réduit	
value	une valeur réduite	

a REDUNDANT		2069
question	une question superflue	
word	un mot superflu	
expression	une expression superflue	
statement	une déclaration superflue	
answer	une réponse superflue	

a REFILLABLE		2070
fountain pen	un stylo à réservoir	
bottle	une bouteille réutilisable	
container	un récipient réutilisable	
tank	une citerne réutilisable	
reservoir	un réservoir réutilisable	

a REFINED		2071
gentlemen	un homme distingué	
lady	une femme distinguée	
manner	une manière raffinée	
gentleness	une douceur distinguée	
behavior	un maintien distingué	

a REFLECTED		2072
glare	une clarté réfléchie	
signal	un signal réfléchi	
ray	un rayon réfléchi	
glint	une lueur réfléchie	
shimmer	une lueur réfléchie	

a REFORMED		2073
criminal	un criminel repenti	
church	une église réformée	
party (political)	un parti réorganisé	
sinner	un pécheur repenti	
policy	une nouvelle ligne de conduite	

a REFRESHING	2074
drink	une boisson rafraîchissante
shower	une douche rafraîchissante
bath	un bain (baignoire) délassant
swim	un bain (nage) revigorant
sleep	un sommeil réparateur

a REFUSED	2075
reconciliation	une réconciliation refusée
resignation	une démission refusée
arbitration	un arbitrage refusé
request	une demande refusée
compromise	un compromis refusé

a REGAL	2076
manner	un comportement royal
palace	un palais royal
bearing	un maintien royal
banquet	un banquet royal
coronation	un couronnement royal

a REGIONAL	2077
difference	un particularisme régional
antagonism	un antagonisme régional
costume	un costume régional
preference	une préférence régionale
vote	un scrutin régional

a REGISTERED	2078
voter	un électeur inscrit
complaint	une plainte déposée
nurse	une infirmière diplômée
alien	une personne immatriculée au Service des étrangers
lawyer	un avocat inscrit au barreau

a REGRETTABLE	2079
incident	un incident regrettable
lack	une pénurie regrettable
statement	une déclaration regrettable
oversight	un oubli regrettable
delay	un retard regrettable

a REGULAR	2080
customer	un bon client
visitor	un visiteur assidu
examination	un examen périodique
allowance	une allocation régulière
—intervals	des intervalles réguliers

a REGULATED	2081
economy	une économie dirigée
flow	un écoulement réglé
distribution	une distribution réglée
pressure	une pression réglée
temperature	une température réglée

a REHEARSED	2082
scene	une scène répétée d'avance
play	une pièce répétée d'avance
opera	un opéra répété d'avance
speech	un discours répété d'avance
performance	une représentation répétée d'avance

a REIGNING	2083
king	un roi régnant
queen	une reine régnante
prince	un prince régnant
princess	une princesse régnante
emperor	un empereur régnant

a REINFORCED	2084
wall	un mur renforcé
concrete	un béton armé
support	un appui renforcé
structure	une construction renforcée
foundation	des fondations renforcées

a REJECTED	2085
proposal	une proposition rejetée
suitor	un soupirant éconduit
offer	une offre rejetée
treaty	un traité rejeté
suggestion	une suggestion rejetée

a RELATED (connected)	2086
fact	un fait pertinent
point	un point connexe
incident	un incident connexe
item	un élément pertinent
fallacy	un sophisme pertinent

a RELATIVE	2087
ease	une facilité relative
increase	un accroissement relatif
importance	une importance relative
significance	un sens relatif
decrease	une diminution relative

a RELAXED	2088
vigilance	une vigilance relâchée
morality	une morale relâchée
position	une posture détendue
muscle	un muscle relâché
mood	une ambiance détendue

a RELAXING	2089
hobby	une distraction délassante
music	une musique délassante
sleep	un sommeil réparateur
massage	un massage délassant
pastime	un passe-temps délassant

a RELEASED	2090
announcement	une déclaration rendue publique
prisoner	un prisonnier libéré
energy	une énergie libérée
convict	un condamné libéré
film	un film distribué

a RELENTLESS	2091
pursuit	une poursuite implacable
opponent	un adversaire implacable
opposition	une opposition implacable
cross-examination	un interrogatoire implacable
chase	une chasse implacable

a RELEVANT	2092
fact	un fait pertinent
question	une question pertinente
point	un élément pertinent
principle	un principe pertinent
argument	un argument pertinent

a RELIABLE	2093
source	une source sûre
actor	un acteur sérieux
governess	une gouvernante sérieuse
delivery	une livraison sûre
brand	une marque sûre

a **RELIEVED**		2094
winner	un gagnant soulagé	
father	un père soulagé	
mother	une mère soulagée	
applicant	un candidat soulagé	
feeling	un sentiment de soulagement	

a **RELIGIOUS**		2095
fervor	une ferveur religieuse	
spirit	un esprit dévot	
moral	une morale religieuse	
inspiration	une inspiration religieuse	
tolerance	une tolérance religieuse	

a **RELUCTANT**		2096
bride	une jeune mariée peu empressée	
compromise	un compromis accepté à contre-cœur	
farewell	des adieux faits à contre-cœur	
acceptance	une acceptation à contre-cœur	
recipient	un bénéficiaire peu empressé	

a **REMARKABLE**		2097
success	un succès remarquable	
achievement	une réalisation remarquable	
flight	un vol (avion) remarquable	
performance	une représentation remarquable	
landing	un atterrissage remarquable	

a **REMOTE**		2098
possibility	une vague possibilité	
island	une île lointaine	
chance	une vague possibilité	
planet	une planète très éloignée	
forest	une forêt éloignée	

a **RENEWED**		2099
vigor	une vigueur renouvelée	
enthusiasm	un regain d'enthousiasme	
energy	une énergie renouvelée	
faith	une foi renouvelée	
applause	des applaudissements redoublés	

a **RENOUNCED**		2100
throne	un trône abandonné	
inheritance	un héritage refusé	
citizenship	une nationalité abandonnée	
right	un droit abandonné	
claim	une prétention abandonnée	

a **RENOVATED**		2101
house	une maison restaurée	
apartment	un appartement restauré	
museum	un musée restauré	
theater	un théâtre restauré	
office	un bureau remis à neuf	

a **RENOWNED**		2102
scientist	un savant réputé	
architect	un architecte réputé	
lawyer	un avocat réputé	
musician	un musicien réputé	
skier	un skieur réputé	

a **REPAID**		2103
debt	une dette remboursée	
loan	un prêt remboursé	
kindness	un service payé de retour	
sum	une somme remboursée	
amount	un montant remboursé	

a **REPAIRED**		2104
leak	une fuite réparée	
clock	une horloge réparée	
appliance	un appareil réparé	
break	une cassure réparée	
hi-fi	une installation haute fidélité réparée	

a **REPEATED**		2105
violation	une infraction répétée	
offense	un délit répété	
offender	un récidiviste	
phrase	une locution répétée	
argument	un argument repris	

a **REPELLING**		2106
smell	une odeur repoussante	
ugliness	une laideur repoussante	
poverty	une misère repoussante	
force	une force répulsive	
sight	un spectacle repoussant	

a **REPENTANT**		2107
sinner	un pécheur repentant	
criminal	un criminel repentant	
thief	un voleur repentant	
husband	un mari repentant	
wife	une épouse repentante	

a **REPETITIOUS**		2108
phrase	une locution répétée	
speech	un discours plein de redites	
lecture	un cours plein de redites	
melody	une mélodie monotone	
rhythm	un rythme monotone	

a **REPORTED**		2109
loss	une perte signalée	
absence	une absence signalée	
theft	un vol signalé	
profit	un bénéfice déclaré	
attack	une attaque signalée	

a **REPRESENTATIVE**		2110
example	un exemple représentatif	
play	une pièce (théâtre) représentative	
collection	une collection représentative	
member	un membre représentatif	
opinion	une opinion représentative	

a **REPRESSED**		2111
laugh	un rire étouffé	
guilt	un sentiment de culpabilité refoulé	
anger	une colère refoulée	
horror	un sentiment d'horreur caché	
anxiety	une inquiétude maîtrisée	

a **REPRESSIVE**		2112
measure	une mesure de répression	
government	un gouvernement de répression	
rule	un régime répressif	
censorship	une censure répressive	
decree	une ordonnance répressive	

a **REPUGNANT**		2113
idea	une idée révoltante	
smell	une odeur répugnante	
sight	un spectacle révoltant	
scene	une scène révoltante	
word	un mot ignoble	

a REPULSIVE		2114
manner	un comportement rebutant	
face	un visage repoussant	
scene	une scène repoussante	
child	un enfant antipathique	
behavior	une conduite abjecte	

a REPUTABLE		2115
dealer	un marchand honorable	
lawyer	un avocat de bonne réputation	
doctor	un médecin de bonne réputation	
brand	une marque de bonne réputation	
bank	une banque honorable	

a REPUTED		2116
millionaire	un millionnaire présumé	
traitor	un traître présumé	
fraud	une fraude présumée	
winner	un gagnant présumé	
loser	un perdant présumé	

a REQUESTED		2117
transfer	une mutation sollicitée	
answer	une réponse sollicitée	
audit	une vérification des comptes exigée	
receipt	un reçu exigé	
help	une aide sollicitée	

a REQUIRED		2118
course	un cours obligatoire	
signature	une signature exigée	
fee	des honoraires exigés	
attendance	une assiduité obligatoire	
exercise	un exercice obligatoire	

a RESCUED		2119
miner	un mineur secouru	
climber	un alpiniste secouru	
child	un enfant secouru	
skier	un skieur secouru	
passenger	un passager secouru	

a RESCUING		2120
helicopter	un hélicoptère de sauvetage	
fireman	un pompier sauveteur	
team	une équipe de sauveteurs	
force	un détachement de sauveteurs	
party	une équipe de secours	

a RESENTFUL		2121
loser	un perdant rancunier	
attitude	un esprit rancunier	
child	un enfant rancunier	
student	un élève rancunier	
mother	une mère irritée	

a RESERVED		2122
seat	un siège réservé	
compartment	un compartiment réservé	
ticket	un billet mis de côté	
box (theater)	une loge réservée	
table	une table réservée	

a RESIDENTIAL		2123
zone	une zone résidentielle	
area	un quartier résidentiel	
building	un immeuble d'habitation	
district	un quartier résidentiel	
architecture	une architecture résidentielle	

a RESOLUTE		2124
stand	une attitude résolue	
defiance	un défi résolu	
opposition	une opposition résolue	
stance	une posture résolu	
determination	une grande détermination	

a RESONANT		2125
voice	une voix résonnante	
tone	un ton sonore	
echo	un écho sonore	
quality	un timbre sonore	
shout	un cri sonore	

a RESOUNDING		2126
success	un succès retentissant	
applause	des applaudissements retentissants	
defeat	une défaite retentissante	
thunder	un coup de tonnerre retentissant	
crash	un fracas retentissant	

a RESOURCEFUL		2127
teacher	un professeur plein de ressources	
student	un élève débrouillard	
boy scout	un boy-scout débrouillard	
leader	un chef débrouillard	
explorer	un explorateur débrouillard	

a RESPECTABLE		2128
profession	une profession honorable	
profit	un bénéfice appréciable	
investment	un placement sûr	
nightclub	une boîte de nuit convenable	
hotel	un hôtel convenable	

a RESPECTED		2129
ancestor	un ancêtre respecté	
authority	une autorité respectée	
professor	un professeur respecté	
profession	une profession respectée	
judgment	un jugement respecté	

a RESPECTFUL		2130
silence	un silence respectueux	
greeting	des salutations respectueuses	
distance	une distance respectueuse	
manner	une attitude respectueuse	
guest	un invité respectueux	

a RESPONSIBLE		2131
person	une personne sérieuse	
employee	un employé consciencieux	
source	une source autorisée	
nurse	une infirmière sérieuse	
leader	un chef conscient de ses responsabilites	

a RESPONSIVE		2132
audience	un bon public	
listener	un auditeur qui réagit bien	
crowd	une foule réceptive	
congregation	une assemblée qui réagit bien	
class	une classe réceptive	

a RESTFUL		2133
valley	une vallée paisible	
spot	un endroit reposant	
sleep	un sommeil paisible	
surroundings	un cadre reposant	
atmosphere	une ambiance paisible	

a RESTLESS		2134
audience	un public agité	
energy	une énergie effervescente	
class	une classe agitée	
crowd	une foule agitée	
movement	un mouvement de nervosité	

a RESTRAINED		2135
urge	une impulsion refrénée	
mob	une populace réprimée	
patient	un patient maîtrisé	
anxiety	une inquiétude contenue	
manner	une façon mesurée	

a RESTRAINING		2136
influence	une influence modératrice	
rope	une corde de retenue	
barrier	une barrière d'arrêt	
leash	une laisse à étranqleur	
gate	une porte d'arrêt	

a RESTRICTED		2137
area	une zone interdite	
income	un revenu limité	
movement	un déplacement limité	
salary	des appointements limités	
freedom	une liberté limitée	

a RESTRICTING		2138
handicap	un handicap gênant	
requirement	un critère restrictif	
influence	une influence modératrice	
enclosure	une clôture restrictive	
law	une loi restrictive	

a RESTRICTIVE		2139
measure	une mesure restrictive	
law	une loi restrictive	
visa	un visa limité	
amendment	un amendement restrictif	
decision	une décision restrictive	

a RESULTANT		2140
loss	une perte qui (en) découle	
defeat	une défaite qui (en) découle	
illness	une maladie qui (en) découle	
effect	une conséquence qui (en) découle	
victory	une victoire qui (en) découle	

a RETICENT		2141
attitude	une attitude réticente	
denial	un démenti réticent	
apology	des excuses réticentes	
reply	une réponse réticente	
acceptance	une acceptation réticente	

a RETIRED		2142
general	un général à la retraite	
soldier	un vétéran retraité	
teacher	un professeur retraité	
worker	un travailleur retraité	
businessman	un homme retiré des affaires	

a RETREATING		2143
army	une armée en retraite	
soldier	un soldat en retraite	
division	une division en retraite	
mob	une populace en retraite	
enemy	un ennemi en retraite	

a RETURNED		2144
parcel	un paquet retourné à l'expéditeur	
ransom	une rançon rendue	
book	un livre rendu	
composition	une composition rendue	
letter	une lettre renvoyée	

a REVEALING		2145
dream	un songe révélateur	
statement	une déclaration révélatrice	
fact	un fait révélateur	
outburst	un déchaînement révélateur	
dress	une robe décolletée	

a REVERBERATING		2146
echo	un écho multiple	
thunder	un coup de tonnerre répercuté	
barrage	un tir de barrage roulant	
shout	un cri répercuté	
explosion	une explosion répercutée	

a REVERENT		2147
pause	une pause respectueuse	
silence	un silence respectueux	
congregation	une assemblée (de fidèles) respectueuse	
hush	un silence respectueux	
atmosphere	une ambiance respectueuse	

a REVERSIBLE		2148
coat	un manteau réversible	
decision	une decision révocable	
verdict	un verdict révocable	
tablecloth	une nappe réversible	
raincoat	un imperméable réversible	

a REVISED		2149
edition	une édition révisée	
plan	un plan modifié	
schedule	un horaire modifié	
editorial	un éditorial corrigé	
article	un article corrigé	

a REVISITED		2150
hometown	une ville natale qu'on revient voir	
site	un lieu qu'on revient voir	
school	une école qu'on revient voir	
city	une ville qu'on revient voir	
location	un lieu qu'on revient voir	

a REVOKED		2151
license	un permis retiré	
privilege	un privilège aboli	
permit	une permission supprimée	
authorization	une autorisation retirée	
pass	un laissez-passer retiré	

a REVOLTING		2152
violence	une violence révoltante	
sight	un spectacle révoltant	
smell	une odeur révoltante	
sound	un bruit révoltant	
cruelty	une cruauté révoltante	

a REVOLUTIONARY		2153
design	un modèle révolutionnaire	
concept	un concept révolutionnaire	
movement	un mouvement révolutionnaire	
song	un chant révolutionnaire	
slogan	un mot d'ordre révolutionnaire	

a REWARDING		2154
experience	une expérience enrichissante	
trip	un voyage profitable	
victory	une victoire profitable	
applause	des applaudissements qui en valent la peine	
promotion	un avancement qui en vaut la peine	

a RHYTHMIC		2155
motion	un mouvement rythmique	
precision	une précision rythmique	
stride	un pas cadencé	
beat	un battement rythmique	
exercise	un exercice rythmique	

a RICH (taste)		2156
flavor	une saveur très relevée	
pudding	un entremets riche	
aroma	un arôme piquant	
sauce	une sauce très relevée	
dish	une préparation riche	

a RICH (wealth)		2157
businessman	un homme d'affaires riche	
lawyer	un avocat riche	
doctor	un médecin riche	
relative	un parent riche	
friend	un ami riche	

a RICOCHETING		2158
bullet	une balle qui ricoche	
shot	un tir par ricochet	
projectile	un projectile qui ricoche	
missile	un missile qui ricoche	
echo	un écho renvoyé	

a RIDICULOUS		2159
exhibition	une démonstration ridicule	
attitude	une attitude ridicule	
solution	une solution ridicule	
score	un résultat ridicule	
conclusion	une conclusion ridicule	

a RIGHT		2160
decision	une décision juste	
answer	une réponse juste	
time	un moment propice	
place	un endroit convenable	
choice	un choix judicieux	

a RIGHTFUL		2161
place	une place légitime	
heir	un héritier légitime	
contender	un opposant légitime	
successor	un successeur légitime	
inheritance	un héritage légitime	

a RIGHTEOUS		2162
man	un homme vertueux	
indignation	une indignation vertueuse	
wrath	un juste courroux	
pose	un air vertueux	
anger	une juste colère	

a RIGID		2163
enforcement	une application stricte	
corpse	un cadavre rigide	
schedule	un programme rigoureux	
discipline	une discipline sévère	
fine	une amende strictement imposée	

a RIGOROUS		2164
climate	un climat rigoureux	
exercise	un exercice difficile	
life	une vie pénible	
precaution	une précaution sévère	
care	un soin rigoureux	

a RINGING		2165
bell	une cloche qui sonne	
denunciation	une dénonciation retentissante	
sound	un son tintinnabulant	
alarm	un tocsin qui sonne	
alarm clock	un réveil qui sonne	

a RIOTOUS		2166
demonstration	une manifestation tumultueuse	
crowd	une foule séditieuse	
strike	une grève séditieuse	
mob	une populace séditieuse	
audience	un public tumultueux	

a RIPE		2167
tomato	une tomate mûre	
apple	une pomme mûre	
peach	une pêche mûre	
grapefruit	un pamplemousse mûr	
age	un âge mûr	

a RISING		2168
graph	une courbe ascendante	
market	un marché en hausse	
cost	un coût croissant	
barometer	un baromètre en hausse	
spiral	une spirale ascendante	

a RISKY		2169
business	une affaire risquée	
affair	une affaire risquée	
climb	une ascension dangereuse	
mission	une mission dangereuse	
job	un travail dangereux	

a RITUAL		2170
dance	une danse rituelle	
procession	une procession rituelle	
costume	un costume rituel	
music	une musique rituelle	
ceremony	une cérémonie rituelle	

a RIVAL		2171
gang	une bande rivale	
faction	une faction rivale	
firm	une entreprise concurrente	
company	une compagnie concurrente	
project	un projet rival	

a ROARING		2172
tiger	un tigre feulant	
lion	un lion rugissant	
fire	un feu ronflant	
surf	un ressac grondant	
waterfall	une cataracte grondante	

a ROASTED		2173
chicken	un poulet rôti	
ham	un jambon rôti	
coffee	du café torréfié	
turkey	une dinde rôtie	
chestnut	un marron grillé	

a ROBED		2174
priest	un prêtre en soutane	
figure	une silhouette vêtue d'une robe	
choir	des choristes en longues robes	
judge	un juge portant la toge	
professor	un professeur en toge	

a ROBUST		2175
child	un enfant robuste	
health	une santé robuste	
athlete	un sportif robuste	
gymnast	un gymnaste robuste	
physique	une constitution robuste	

a ROCKED		2176
cradle	un berceau balancé	
baby	un bébé bercé	
boat	un bateau balancé par les flots	
buggy	une voiture d'enfant balancée	
child	un enfant bercé	

a ROCKY		2177
gorge	une gorge rocheuse	
ledge	une corniche rocheuse	
path	un sentier rocailleux	
area	une région rocheuse	
road	une route rocailleuse	

a ROLLING		2178
meadow	un pré ondulant	
mist	une brume ondulante	
prairie	une prairie ondulante	
green (golf)	une pelouse (un "green") ondulant(e)	
stone	une pierre qui roule	

a ROMANTIC		2179
setting	un cadre romantique	
proposal	une proposition romanesque	
novel	un roman sentimental	
movie	un film sentimental	
play	une pièce (théâtre) sentimentale	

a ROOMY		2180
kitchen	une cuisine spacieuse	
house	une maison spacieuse	
apartment	un appartement spacieux	
office	un bureau spacieux	
garage	un garage spacieux	

a ROTATING		2181
beacon	un phare tournant	
flying saucer	une soucoupe en rotation	
motion	un mouvement rotatif	
signal	un signal tournant	
toy	un jouet tournant	

a ROTTEN		2182
actor	un acteur minable	
performance	un jeu (d'un acteur) minable	
choice	un choix minable	
selection	une sélection minable	
article	un article minable	

a ROUGH (approximate)		2183
estimate	une évaluation approximative	
guess	une conjecture approximative	
total	un total approximatif	
measurement	une mesure approximative	
dimension	une dimension approximative	

a ROUGH (difficult)		2184
test	une épreuve difficile	
question	une question difficile	
time	un mauvais quart d'heure	
decision	une décision difficile	
choice	un choix difficile	

a ROUGH (not smooth)		2185
surface	une surface rugueuse	
texture	une texture rugueuse	
road	une route raboteuse	
material	une matière rugueuse	
skin	une peau rugueuse	

a ROUND		2186
table	une table ronde	
rug	un tapis rond	
mirror	un miroir rond	
trip	un voyage d'aller et retour	
desk	un bureau rond	

a ROUSING		2187
cheer	de vifs applaudissements	
welcome	un accueil chaleureux	
song	une chanson entraînante	
march	une marche entraînante	
tune	un air (musique) entraînant	

a ROUTINE		2188
investigation	une enquête de routine	
patrol	une patrouille de routine	
test	une épreuve de routine	
monotony	une monotonie née de la routine	
interrogation	un interrogatoire de routine	

a ROYAL		2189
wedding	un mariage royal	
marriage	des noces royales	
decree	une ordonnance royale	
palace	un palais royal	
couple	un couple royal	

a RUBBER		2190
raincoat	un imperméable de caoutchouc	
hose	un tuyau de caoutchouc	
boot	une botte de caoutchouc	
glove	un gant de caoutchouc	
tube	un tube de caoutchouc	

a RUDDY		2191
complexion	un teint coloré	
glow	un éclat cramoisi	
cheek(s)	des joues rouges	
forehead	un front cramoisi	
skin	une peau cramoisie	

a RUDE		2192
answer	une réponse grossière	
interruption	une interruption grossière	
awakening	une désillusion brutale	
reply	une réponse grossière	
tone	un ton grossier	

a RUFFLED		2193
curtain	un rideau froncé	
edge	un bord froncé	
hem	un ourlet froncé	
blouse	un corsage froncé	
bedspread	un couvre-lit à fronces	

a RUGGED   2194

territory	une région accidentée
individualist	un individualiste endurci
wilderness	une région sauvage et accidentée
terrain	un terrain accidenté
climb	une ascension pénible

a RUINOUS   2195

drought	une sécheresse ruineuse
defeat	une défaite ruineuse
decline	une baisse ruineuse
loss	une perte ruineuse
storm	un orage dévastateur

a RULING   2196

class	une classe dirigeante
monarch	un monarque régnant
party	un parti au pouvoir
king	un roi régnant
premier	un premier ministre au pouvoir

a RUMORED   2197

loss	une perte ébruitée
separation	une séparation ébruitée
divorce	un divorce ébruité
scandal	un scandale ébruité
dismissal	une révocation ébruitée

a RURAL   2198

district	une zone rurale
road	un chemin vicinal
population	une population rurale
landscape	un paysage champêtre
grocery store	une épicerie de campagne

a RUSTIC   2199

cabin	une cabane rustique
scene	une scène champêtre
charm	un charme rustique
style	un style rustique
house	une maison rustique

a RUSTLING   2200

garment	un vêtement froufroutant
noise	un bruissement
gown	une robe froufroutante
taffeta	un taffetas froufroutant
foliage	un feuillage bruissant

a RUSTY   2201

nail	un clou rouillé
pulley	un poulie rouillée
plow	un soc de charrue rouillé
gate	une porte rouillée
hinge	un gond rouillé

a RUTHLESS   2202

determination	une détermination inflexible
pursuit	une poursuite impitoyable
interrogation	un interrogatoire impitoyable
attorney	un procureur impitoyable
dictator	un dictateur impitoyable

S

a SACRED   2203

trust	un dépôt sacré
statue	une statue sacrée
painting	un tableau sacré
medal	une médaille bénite
oath	un serment sacré

a SACRIFICIAL   2204

altar	une pierre sacrificatoire
lamb	un agneau sacrificatoire
rite	un rite sacrificatoire
offering	une offrande sacrificatoire
site	un lieu sacrificatoire

a SACRILEGIOUS   2205

idol	une idole sacrilège
thought	une pensée sacrilège
belief	une croyance sacrilège
treatise	un traité sacrilège
profanity	un blasphème

a SAD   2206

student	un étudiant triste
affair	une affaire déplorable
face	un visage triste
world	un monde affligeant
loser	un perdant affligé

a SAFE   2207

passage	un bon voyage
distance	une distance suffisante
arrival	une arrivée à bon port
departure	un bon départ
landing	un bon atterrissage

a SALTED   2208

butter	du beurre salé
vegetable	un légume salé
nut	une noisette salée
roast	un rôti salé
steak	un bifteck salé

a SALTY   2209

seafood	des poissons et fruits de mer salés
flavor	une saveur salée
liquid	un liquide salé
taste	un goût salé
solution	une solution salée

the SAME   2210

day	le même jour
floor	le même étage
salary	le même salaire
price	le même prix
procedure	la même procédure

a SANE		2211
world	un monde raisonnable	
decision	une décision raisonnable	
compromise	un compromis raisonnable	
approach	une méthode raisonnable	
murderer	un meurtrier sain d'esprit	

a SARCASTIC		2212
remark	un sacarsme	
statement	une remarque sarcastique	
attitude	un air sarcastique	
opinion	une appréciation sarcastique	
joke	une plaisanterie sarcastique	

a SATIRICAL		2213
poem	un poème satirique	
play	une pièce (théâtre) satirique	
song	une chanson satirique	
cartoon	un dessin satirique	
novel	un roman satirique	

a SATISFACTORY		2214
grade	une note satisfaisante	
completion	un achèvement satisfaisant	
result	un résultat satisfaisant	
agreement	un accord satisfaisant	
solution	une solution satisfaisante	

a SATISFIED		2215
customer	un client satisfait	
audience	un public satisfait	
feeling	un sentiment de satisfaction	
look	un air satisfait	
sigh	un soupir de satisfaction	

a SATISFYING		2216
meal	un bon repas	
experience	une expérience enrichissante	
reward	une récompense satisfaisante	
job	un travail qui plaît	
lunch	un bon déjeuner	

a SAUCY		2217
parrot	un perroquet effronté	
smile	un sourire impertinent	
child	un enfant effronté	
remark	une remarque impertinente	
tongue	une langue effrontée	

a SAVAGE		2218
attack	une attaque brutale	
tribe	une tribu primitive	
animal	une bête féroce	
fight	une furieuse mêlée	
sport	un sport brutal	

a SAVORY		2219
sauce	une sauce savoureuse	
gravy	une sauce savoureuse	
appetizer	un amuse-gueule savoureux	
roast	un rôti savoureux	
dessert	un dessert savoureux	

a SCANDALOUS		2220
behavior	une conduite scandaleuse	
affair	une affaire scandaleuse	
implication	une insinuation odieuse	
accusation	une accusation odieuse	
remark	une remarque odieuse	

a SCANT		2221
ration	une maigre ration	
supply	de maigres provisions	
margin	une faible marge	
possibility	une faible possibilité	
−resources	de maigres ressources	

a SCARCE		2222
supply	un approvisionnement défaillant	
substance	une substance rare	
commodity	une denrée rare	
item	un objet rare	
material	une matière rare	

a SCARED		2223
child	un enfant apeuré	
rabbit	un lapin apeuré	
voice	une voix apeurée	
feeling	un sentiment de crainte	
whisper	un murmure apeuré	

a SCATHING		2224
criticism	des critiques acerbes	
remark	une remarque cinglante	
sarcasm	un sarcasme cinglant	
satire	un satire virulente	
irony	une ironie incisive	

a SCENIC		2225
drive	une route panoramique	
view	une vue panoramique	
wonder	un panorama merveilleux	
route	un itinéraire panoramique	
delight	une attraction panoramique	

a SCHEDULED		2226
class	une classe à l'heure prévue	
performance	une représentation à l'heure prévue	
flight	un vol (avion) régulier	
departure	un départ prévu	
concert	un concert prévu	

a SCHEMING		2227
woman	une intrigante	
politician	un politicien intrigant	
opponent	un adversaire intrigant	
officer	un officier intrigant	
general	un général intrigant	

a SCHOLARLY		2228
work	un ouvrage savant	
approach	une méthode d'érudit	
thesis	une thèse érudite	
theory	une théorie érudite	
method	une méthode érudite	

a SCHOLASTIC		2229
achievement	une réussite scolaire	
record	un dossier scolaire	
award	un prix scolaire	
honor	une distinction scolaire	
year	une année scolaire	

a SCIENTIFIC		2230
discovery	une découverte scientifique	
proof	une preuve scientifique	
expedition	une expédition scientifique	
examination	une étude scientifique	
experiment	une expérience scientifique	

a SCOLDING 2231

wife	une épouse acariâtre
mother	une mère sermonneuse
father	un père sermonneur
husband	un mari bougon
tone	un ton grondeur

a SCORCHED 2232

earth	une terre brûlée (par le soleil)
blouse	un chemisier roussi
desert	un désert brûlé par le soleil
saucepan	une casserole attachée
terrain	un terrain brûlé par le soleil

a SCORCHING 2233

sun	un soleil brûlant
heat	une chaleur torride
denunciation	une condamnation mordante
day	une journée torride
climate	un climat torride

a SCORNFUL 2234

defiance	un défi méprisant
rejection	un refus méprisant
sneer	un ricanement méprisant
superiority	une supériorité méprisante
pessimist	un pessimiste méprisant

a SCRAPED 2235

elbow	un coude écorché
fender	une aile (de voiture) éraflée
knee	un genou écorché
hull	une coque rayée
surface	une surface rayée

a SCRATCHY 2236

fountain pen	un stylo qui gratte
point	une pointe qui gratte
material	une étoffe qui gratte
beard	une barbe qui gratte
chalk	une craie qui grince

a SCRAWLED 2237

letter (note)	une lettre griffonnée
signature	une signature griffonnée
note	une note griffonnée
message	un message griffonné
initial	un paraphe griffonné

a SCREAMING 2238

fan	un admirateur braillard
mob	une foule hurlante
child	un enfant qui piaille
woman	une femme qui hurle
girl	une jeune fille qui hurle

a SCRUPULOUS 2239

examination	un examen méticuleux
care	un soin scrupuleux
search	une recherche méticuleuse
adherence	une adhésion scrupuleuse
observance	un respect scrupuleux

a SCULPTURED 2240

memorial	un monument sculpté
façade	une façade sculptée
beauty	une beauté sculpturale
profile	un profil gravé
bust	un buste sculpté

a SEARCHING 2241

probe	une enquête minutieuse
investigation	des recherches minutieuses
question	une question minutieuse
analysis	une analyse rigoureuse
study	une étude pénétrante

a SEASICK 2242

passenger	un passager souffrant du mal de mer
feeling	(avoir le mal de mer)
child	un enfant souffrant du mal de mer
crew	un équipage souffrant du mal de mer
sailor	un marin souffrant du mal de mer

a SEASONAL 2243

rain	des pluies saisonnières
style	une mode saisonnière
crop	une récolte saisonnière
climate	le climat de la saison
wind	un vent saisonnier

a SEATED 2244

student	un élève assis
audience	un auditoire assis
class	des élèves assis
congregation	une assemblée (des fidèles) assise
witness	un témoin assis

a SECLUDED 2245

spot	un lieu écarté
table	une table isolée
beach	une plage écartée
valley	une vallée écartée
park	un parc écarté

a SECOND 2246

chance	une autre chance
option	une deuxième option (un second choix)
performance	une seconde représentation
child	un deuxième enfant
time	une deuxième fois

a SECONDARY 2247

target	un but secondaire
importance	une importance secondaire
issue	une question secondaire
objective	un objectif secondaire
argument	un argument accessoire

a SECONDHAND 2248

car	une automobile d'occasion
merchandise	un marchandise d'occasion
source	une nouvelle de seconde main
account	un récit d'un tiers
appliance	un appareil d'occasion

a SECRET 2249

entrance	une entrée dérobée
treaty	un traité secret
meeting	une réunion secrète
drawer	un tiroir secret
love	un amour caché

a SECURE 2250

job	un emploi sûr
income	un revenu sûr
feeling	un sentiment de sécurité
position	une position solide
investment	un placement sûr

a SEDATE		2251
dress	une robe discrète	
walk	une démarche lente	
congregation	une assemblée calme	
behavior	un maintien composé	
class	une classe tranquille	

a SEDUCTIVE		2252
smile	un sourire séduisant	
walk	une démarche attrayante	
dress	une robe séduisante	
dance	une danse charmeuse	
fragrance	un parfum attirant	

a SELDOM-USED		2253
tuxedo	un smoking peu porté	
word	un mot peu utilisé	
exit	une sortie peu utilisée	
entrance	une entrée peu utilisée	
gown	une robe peu portée	

a SELECT		2254
brandy	un brandy de qualité	
gathering	une assemblée choisie	
group	un groupe choisi	
guest	un invité de marque	
club	un club fermé	

a SELECTED		2255
stock	des actions sélectionnées	
wardrobe	une garde-robe sélectionnée	
tie	une cravate sélectionnée	
shirt	une chemise sélectionnée	
slogan	une devise sélectionnée	

a SELECTIVE		2256
buyer	un acheteur exigeant	
client	un client exigeant	
housewife	une maîtresse de maison exigeante	
clientele	une clientèle exigeante	
membership	des membres sélectionnés	

a SELF-CONFIDENT		2257
manner	une façon assurée	
walk	une démarche assurée	
candidate	un candidat assuré	
salesman	un vendeur assuré	
reply	une réponse assurée	

a SELFISH		2258
desire	un désir égoïste	
wish	un souhait égoïste	
child	un enfant égoïste	
pride	un orgueil égoïste	
argument	un argument entaché d'égoïsme	

a SENSATIONAL		2259
trial	un procès sensationnel	
accusation	une accusation sensationnelle	
article	un article sensationnel	
victory	une victoire sensationnelle	
exploit	un exploit sensationnel	

a SENSELESS		2260
killing	un meurtre insensé	
waste	un gaspillage insensé	
war	une guerre insensée	
slaughter	un massacre insensé	
refusal	un refus insensé	

a SENSIBLE		2261
reply	une réponse judicieuse	
solution	une solution judicieuse	
compromise	un compromis judicieux	
wife	une épouse sensée	
approach	une méthode sensée	

a SENSITIVE		2262
child	un enfant sensible	
artist	un artiste sensible	
nature	une nature sensible	
musician	un musicien sensible	
student	un élève sensible	

a SENSITIVE (delicate)		2263
lens	une lentille très sensible	
amplifier	un amplificateur très sensible	
microphone	un microphone sensible	
trigger	une gâchette sensible	
transmitter	un émetteur très sensible	

a SENSUOUS		2264
appeal	un sex-appeal	
mouth	une bouche sensuelle	
dance	une danse voluptueuse	
movement	un mouvement voluptueux	
music	une musique voluptueuse	

a SENTENCED		2265
convict	un condamné	
criminal	un criminel condamné	
murderer	un meurtrier condamné	
assassin	un assassin condamné	
thief	un voleur condamné	

a SENTIMENTAL		2266
woman	une femme sentimentale	
fool	une personne trop sentimentale	
keepsake	un souvenir auquel on tient	
couple	un couple d'amoureux	
wife	une épouse sentimentale	

a SEPARATE		2267
room	une pièce à part	
part	une partie distincte	
bath	une salle de bains indépendante	
table	une table à part	
category	une catégorie séparée	

a SERENE		2268
optimism	un optimisme serein	
expression	une expression sereine	
composure	un maintien serein	
setting	un cadre serein	
background	un fond serein	

a SERIOUS		2269
problem	un problème grave	
accident	un accident grave	
study	une étude sérieuse	
attempt	une tentative sérieuse	
ailment	une maladie sérieuse	

a SETTLED		2270
argument	une discussion réglée	
quarrel	une querelle résolue	
difference	un différend réglé	
strike	une grève résolue	
dispute	une controverse résolue	

a SEVERE 2271

earthquake	un grave séisme
drought	une grave sécheresse
shortage	une grave pénurie
winter	un rude hiver
shock	un coup rude

a SEWN-ON 2272

button	un bouton cousu
emblem	un emblème cousu
ruffle	une ruche cousue
patch	une pièce cousue
label	une étiquette cousue

a SEXY 2273

bathing suit	un maillot de bain provocant
walk	une démarche provocante
figure	une ligne provocante
actress	une actrice qui a du sex-appeal
dancer	une danseuse qui a du sex-appeal

a SHABBY 2274

suit	un costume élimé
outfit	des vêtements élimés
coat	un manteau élimé
beggar	un mendiant misérable
overcoat	un pardessus élimé

a SHACKLED 2275

maniac	un dément entravé
prisoner	un prisonnier entravé
convict	un condamné entravé
slave	un esclave entravé
crew	un équipage aux fers

a SHADED 2276

walk	un chemin ombragé
park	un parc ombragé
lawn	une pelouse ombragée
porch	une véranda ombragée
balcony	un balcon ombragé

a SHADING 2277

oak	un chêne ombreux
trellis	une treille ombreuse
roof	un toit ombreux
palm	une palme ombreuse
umbrella	une ombrelle

a SHADOWY 2278

figure	une silhouette vague
outline	un contour vague
silhouette	une sombre silhouette
corner	un coin ombragé
background	une toile de fond ombragée

a SHAGGY 2279

dog	un chien à longs poils
fur	une fourrure à longs poils
rug	une couverture à longs poils
texture	une texture poilue
wool	une laine à longs poils

a SHALLOW 2280

grave	une tombe peu profonde
ditch	un fossé peu profond
pool	une mare peu profonde
bowl	un bol peu profond
hole	un trou peu profond

a SHAMEFUL 2281

waste	un gaspillage honteux
behavior	une conduite honteuse
extravagance	une extravagance honteuse
expense	une dépense honteuse
outburst	un éclat honteux

a SHAMELESS 2282

woman	une femme impudique
wife	une épouse impudique
impudence	une insolence cynique
immodesty	une impudence cynique
behavior	une conduite éhontée

a SHAPELESS 2283

cloud	un nuage informe
coat	un manteau informe
sculpture	une sculpture informe
mound	un tertre informe
garment	un vêtement informe

a SHAPELY 2284

ballerina	une ballerine bien faite
dancer	une danseuse bien faite
contour	une ligne bien proportionnée
woman	une femme bien faite
figure	une belle ligne

a SHARP 2285

knife	un couteau tranchant
focus	une mise au point nette
blade	une lame aiguisée
drill	un foret pointu
reaction	une vive réaction

a SHATTERED 2286

illusion	une illusion perdue
windshield	un pare-brise fracassé
mirror	un miroir brisé
window	une vitre cassée
hope	un espoir brisé

a SHEER (steep) 2287

cliff	une falaise à pic
drop	une paroi à pic
incline	une très forte déclivité
rise	une très forte rampe
ascent	une montée abrupte

a SHEER (utter) 2288

amazement	une stupeur absolue
nonsense	une absurdité complète
panic	une panique complète
stupidity	une franche stupidité
waste	un véritable gaspillage

a SHELTERED 2289

bay	une baie abritée
harbor	un port abrité
haven (refuge)	un refuge abrité
flock	un troupeau abrité
life	une vie douillette

a SHELTERING 2290

tree	un arbre qui abrite
structure	une construction qui abrite
tent	une tente qui abrite
lean-to	un appentis qui abrite
cave	une grotte qui abrite

a SHIMMERING 2291

necklace	un collier chatoyant
moonlight	un clair de lune brillant
heat	une chaleur luisante
stream	un cours d'eau miroitant
rainbow	un arc-en-ciel chatoyant

a SHINING 2292

light	une lumière brillante
beacon	un phare allumé
example	un exemple insigne
star	une étoile brillante
moon	une lune brillante

a SHINY 2293

floor	un plancher luisant
surface	une surface luisante
linoleum	un linoléum reluisant (brillant)
nose	un nez luisant
face	un visage luisant

a SHIPWRECKED 2294

survivor	un naufragé
hull	une coque naufragée
galleon	un galion naufragé
yacht	un yacht naufragé
freighter	un cargo naufragé

a SHOCKED 2295

amazement	une stupeur atterrée
audience	un public scandalisé
witness	un témoin bouleversé
nation	une nation bouleversée
listener	un auditeur scandalisé

a SHOCKING 2296

accusation	une accusation révoltante
revelation	une affreuse révélation
scene	une scène révoltante
picture	un tableau révoltant
movie	un film révoltant

a SHORT 2297

story	une nouvelle
ballad	une courte ballade
trip	un rapide voyage
radius	un petit rayon
quiz	une brève épreuve de questions-réponses

a SHORTENED 2298

trip	un voyage interrompu
weekend	un week-end interrompu
report	un récit abrégé
composition	une rédaction abrégée
leave	un congé interrompu

a SHREWD 2299

lawyer	un avocat astucieux
dealer	un commerçant astucieux
opponent	un adversaire astucieux
businessman	un homme d'affaires astucieux
banker	un banquier astucieux

a SHRILL 2300

siren	une sirène stridente
scream	un cri aigu
noise	un bruit aigu
voice	une voix perçante
yell	un hurlement aigu

a SHROUDED 2301

ghost	un fantôme enveloppé d'un suaire
figure	une silhouette voilée d'un suaire
apparition	une apparition enveloppée d'un suaire
monk	un moine enveloppé d'un suaire
head	une tête voilée d'un suaire

a SHY 2302

child	un enfant timide
smile	un sourire timide
expression	une expression timide
manner	un air timide
question	une question timide

a SICK 2303

brother	un frère malade
friend	un ami malade
baby	un bébé malade
father	un père malade
mother	une mère malade

a SICKENING 2304

sight	un spectacle révoltant
wound	une plaie affreuse à voir
sound	un son écœurant
smell	une odeur écœurante
blow	un coup révoltant

a SICKLY 2305

baby	un bébé maladif
smile	un pâle sourire
child	un enfant souffreteux
son	un fils souffreteux
pallor	une pâleur maladive

a SIGNED 2306

confession	une confession signée
contract	un contrat signé
document	un document signé
will	un testament signé
application	une demande signée

a SIGNIFICANT 2307

factor	un facteur important
improvement	un progrès important
report	un rapport important
contribution	une contribution importante
article	un article important

a SILENT 2308

movie	un film muet
approval	une approbation muette
approach	une approche silencieuse
consent	un consentement tacite
alarm	un signal d'alarme silencieux

a SILKEN 2309

dress	une robe en soie
purse	un réticule en soie
glove	un gant en soie
texture	une texture soyeuse
material	un tissu de soie

a SILKY 2310

fur	une fourrure soyeuse
texture	une texture soyeuse
feeling	un toucher soyeux
hair	des cheveux soyeux
smoothness	une douceur soyeuse

a SILLY	2311
argument	un argument stupide
quarrel	une dispute stupide
idea	une idée stupide
notion	une pensée stupide
remark	une remarque stupide

a SILVER	2312
spoon	une cuillère en argent
crucifix	un crucifix (christ) en argent
ring	une bague en argent
bracelet	un bracelet en argent
coin	une pièce de monnaie en argent

a SILVERY	2313
fish	un poisson argenté
sheen	un reflet argenté
color	une teinte argentée
shimmer	un reflet argenté
moonlight	un clair de lune argenté

a SIMILAR	2314
style	un style analogue
fashion	une manière analogue
pair	une paire analogue
score	un résultat analogue
answer	une réponse analogue

a SIMPLE	2315
truth	une verité pure et simple
fact	un fait pur et simple
lie	un mensonge naïf
decision	une simple décision
solution	une solution simple

a SINCERE	2316
apology	des excuses sincères
friend	un ami sincère
opinion	un avis sincère
lawyer	un avocat sincère
student	un élève sincère

a SINFUL	2317
behavior	une conduite coupable
thought	une pensée coupable
omission	une omission coupable
error	une erreur coupable
remark	une remarque coupable

a SINGLE	2318
item	un seul objet
source	une source unique
answer	une seule réponse
number	un nombre unique
room	une chambre à un lit

a SINGULAR (odd)	2319
occurrence	un fait étrange
event	un événement étrange
remark	une remarque étrange
reaction	une réaction étrange
couple	un couple étrange

a SINISTER	2320
figure	un être sinistre
laugh	un rire sinistre
plot	un complot sinistre
accomplice	un complice sinistre
character	un personnage sinistre

a SIZABLE	2321
amount	une quantité appréciable
increase	une hausse appréciable
portion	une part appréciable
profit	un bénéfice appréciable
loss	une perte considérable

a SKEPTICAL	2322
look	un regard sceptique
attitude	un air sceptique
question	une question empreinte de scepticisme
jury	un jury sceptique
lawyer	un avocat sceptique

a SKILLED	2323
mechanic	un mécanicien habile
chef	un cuisinier de talent
carpenter	un menuisier habile
navigator	un navigateur éprouvé
technician	un technicien habile

a SKILLFUL	2324
mechanic	un mécanicien habile
worker	un ouvrier habile
seamstress	une couturière habile
carpenter	un charpentier habile
adaptation	une adaption ingénieuse

a SKIMPY	2325
bathing suit	un maillot de bain révélateur
meal	un maigre repas
ration	une maigre ration
supply	un ravitaillement insuffisant
breakfast	un maigre petit déjeuner

a SLANDEROUS	2326
attack	une attaque calomnieuse
accusation	une accusation calomnieuse
statement	une déclaration calomnieuse
gossip	des ragots calomnieux
editorial	un éditorial calomnieux

a SLEEK	2327
fur	une fourrure lisse
coiffure	une coiffure lisse
fit	(qqch.) bien ajusté(e)
skin	une peau lisse
pelt	une peau lisse

a SLEEPING	2328
princess	une princesse endormie
sentry	une sentinelle endormie
child	un enfant endormi
town	une ville endormie
metropolis	une métropole endormie

a SLEEPLESS	2329
night	une nuit blanche
crossing	une traversée sans sommeil
flight	un vol sans sommeil
period	une période sans sommeil
weekend	un weekend sans sommeil

a SLEEPY	2330
child	un enfant ensommeillé
dog	un chien ensommeillé
old man	un vieillard ensommeillé
cat	un chat ensommeillé
wife	une épouse ensommeillée

a SLEEVELESS		2331
shirt	une chemise sans manches	
sweater	un pull-over sans manches	
jacket	une veste sans manches	
dress	une robe sans manches	
gown	une robe sans manches	

a SLENDER		2332
model	un mannequin svelte	
figure	une taille svelte	
actress	une actrice svelte	
secretary	une secrétaire svelte	
ballerina	une ballerine svelte	

a SLICED		2333
bread	un pain coupé en tranches	
loaf	un pain coupé en tranches	
onion	un oignon émincé	
tomato	une tomate émincée	
cheese	un fromage coupé en tranches	

a SLIGHT		2334
cold	un léger rhume	
chance	une faible chance	
illness	une maladie bénigne	
temperature	un peu de température	
increase	une légère hausse	

a SLIM		2335
chance	une mince chance	
possibility	une mince possibilité	
lead	une faible avance	
margin	une faible marge	
waist	une taille de guêpe	

a SLIPPERY		2336
sidewalk	un trottoir glissant	
road	une route glissante	
surface	une surface glissante	
street	une rue glissante	
floor	un parquet glissant	

a SLOPING		2337
hill	des collines ondoyantes	
driveway	une allée en pente	
meadow	un pré en pente	
pasture	un pâturage en pente	
field	un champ en pente	

a SLOW		2338
train	un train omnibus	
delivery	une livraison peu rapide	
recovery	une convalescence lente	
bus	un autobus peu rapide	
runner	un coureur peu rapide	

a SLOW-WORKING		2339
poison	un poison agissant lentement	
aspirin	une aspirine agissant lentement	
medication	un remède agissant lentement	
injection	une piqûre agissant lentement	
drug	un médicament agissant lentement	

a SLUGGISH		2340
machine	une machine au fonctionnement lent	
appetite	une digestion paresseuse	
behavior	un comportement léthargique	
start	un départ lent	
worker	un ouvrier paresseux	

a SLY		2341
wink	un clin d'œil furtif	
fox	un renard rusé	
move	une manœuvre sournoise	
attack	une attaque sournoise	
scheme	un plan rusé	

a SMALL		2342
house	une petite maison	
bruise	une petite contusion	
amount	une petite somme	
glass	un petit verre	
percentage	un faible pourcentage	

2342A Synonyms of the Word-Form SMALL:

1	a small size	DIMINUTIVE	une taille médiocre
2	a small change	INSIGNIFICANT	un changement insignifiant
3	a small house	LITTLE	une maison de faibles dimensions
4	a small amount	MEAGER	une maigre quantité
5	a small river	MINOR	une rivère peu importante
6	a small variation	MINUTE	une variation minime
7	a small sum	PALTRY	une somme modique
8	a small mind	PETTY	un esprit mesquin
9	a small man	SHORT	un homme de (petite) taille (médiocre)
10	a small twig	SLENDER	une brindille ténue
11	a small reduction	SLIGHT	une légère réduction
12	a small shoe	TIGHT	une chaussure serrée
13	a small mouse	TINY	une souris minuscule
14	a small matter	TRIVIAL	une affaire insignifiante (banale)
15	a small consequence	UNIMPORTANT	une conséquence sans importance

---

a SMART		2343
lawyer	un avocat sagace	
student	un élève dégourdi	
move	une manœuvre habile	
decision	une décision habile	
choice	un choix habile	

a SMASHED		2344
stoplight	un stop démoli	
fender	une aile démolie	
finger	un doigt écrasé	
vase	un vase brisé	
headlight	un phare démoli	

a SMELLY 2345

cigar	un cigare malodorant
glue	une colle malodorante
gymnasium	un gymnase malodorant
solution	une solution malodorante
cheese	un fromage malodorant

a SMILING 2346

stewardess	une hôtesse souriante
host	un hôte souriant
contestant	un adversaire souriant
model	un mannequin souriant
winner	un vainqueur souriant

a SMOKING 2347

chimney	une cheminée fumante
lamp	une lampe fumante
lantern	une lanterne fumante
cannon	un canon fumant
revolver	un revolver fumant

a SMOLDERING 2348

pile	une meule qui se consume lentement
torch	une torche qui brûle lentement
volcano	un volcan qui fume
fire	un feu qui couve
passion	une passion qui couve

a SMOOTH 2349

cheek	une joue lisse
texture	une texture unie
crossing (boat)	une traversée tranquille
flight	un vol (avion) sans histoire
skin	une peau lisse

a SMUG 2350

smile	un sourire suffisant
satisfaction	une satisfaction béate
answer	une réponse empreinte de suffisance
expert	un expert présomptueux
winner	un gagnant présomptueux

a SMUGGLED 2351

narcotic	un stupéfiant de contrebande
diamond	un diamart de contrebande
treasure	un trésor de contrebande
drug	une drogue de contrebande
marijuana	de la marijuana de contrebande

a SNOW-CLAD 2352

peak	une cime enneigée
ridge	une crête enneigée
mountain	une montagne enneigée
summit	un sommet enneigé
evergreen	un conifère couvert de neige

a SNOW-COVERED 2353

ridge	une crête de neige
roof	un toit couvert de neige
driveway	une allée couverte de neige
slope	une pente couverte de neige
field	un champ couvert de neige

a SNUG 2354

fit	une taille qui va bien
dress	une robe ajustée
skirt	une jupe ajustée
coat	un manteau ajusté
shoe	un soulier qui va bien

a SO-CALLED 2355

friend	un soi-disant ami
democracy	une prétendue démocratie
thief	un prétendu voleur
republic	une prétendue république
doctor	un soi-disant médecin

a SOARING 2356

plane	un avion qui s'élève dans les airs
bird	un oiseau planant dans les airs
eagle	un aigle planant dans les airs
glider	un planeur en vol
seagull	une mouette en vol plané

a SOBER 2357

judgment	un jugement modéré
reflection	une réflexion pondérée
account	un récit sobre
expression	une expression grave
face	un visage grave

a SOCIAL 2358

protest	un conflit social
equality	une égalité sociale
awareness	une conscience sociale
change	une transformation sociale
responsibility	une responsabilité sociale

a SOCIABLE 2359

gathering	une réunion amicale
drinker	un aimable buveur
party	une réception amicale
event	une rencontre amicale
meeting	une réunion amicale

a SOFT 2360

pillow	un oreiller douillet
bed	un lit douillet
drink	une boisson gaseuse (non alcoolisée)
margarine	une margarine molle
skin	une peau douce

a SOGGY 2361

ground	un terrain détrempé
doughnut	un beignet ramolli
crust	une croûte ramollie
turf	un gazon détrempé
bread	un pain mal cuit

a SOILED 2362

napkin	une serviette salie
tablecloth	une nappe salie
tie	une cravate salie
skirt	une jupe salie
shirt	une chemise défraîchie

a SOLD-OUT 2363

performance	une représentation donnée à guichets fermés
concert	un concert donne à guichets fermés
theater	un théâtre jouant à guichets fermés
event (sport)	un match joué à guichets fermés
circus	un cirque jouant à guichets fermés

a SOLE 2364

survivor	un seul survivant
heir	un unique héritier
witness	un seul témoin
victim	une unique victime
judge	(être) seul juge

a SOLEMN		2365
vow	un vœu solennel	
occasion	une solennité	
procession	une procession solennelle	
oath	un serment solennel	
expression	un air solennel	

a SOLID		2366
basis	une base solide	
fuel	un combustible solide	
nucleus	un noyau solide	
support	un ferme appui	
table	une table massive	

a SOLITARY		2367
tree	un arbre solitaire	
figure	une silhouette solitaire	
star	une étoile solitaire	
confinement	une détention en cellule	
lighthouse	un phare solitaire	

a SOLVED		2368
riddle	une énigme résolue	
mystery	un mystère éclairci	
case	un cas réglé	
problem	un problème résolu	
puzzle	un puzzle reconstitué	

a SOMBER		2369
night	une nuit sombre	
mood	une humeur sombre	
sky	un ciel sombre	
occasion	une triste occasion	
procession	une procession morne	

a SONOROUS		2370
voice	une voix sonore	
tone	un ton sonore	
vibration	une vibration sonore	
pealing	un carillon sonore	
trumpet	une trompette sonore	

a SOOTHING		2371
massage	un massage relaxant	
lotion	une lotion adoucissante	
voice	une voix apaisante	
lullaby	une berceuse apaisante	
melody	une mélodie apaisante	

a SOPHISTICATED		2372
refinement	un raffinement poussé	
wardrobe	une garde-robe sophistiquée	
style	un style sophistiqué	
manner	une façon sophistiquée	
graduate	un(e) bachelier(ère) sophistiqué(e)	

a SORDID		2373
affair	une affaire sordide	
scandal	un scandale sordide	
account	un récit sordide	
description	une description sordide	
scene	une scène sordide	

a SORE		2374
throat	un mal de gorge	
leg	une jambe douloureuse	
back	un dos douloureux	
muscle	un muscle douloureux	
hand	une main douloureuse	

a SORROWFUL		2375
family	une famille affligée	
face	un visage attristé	
occasion	une triste occasion	
widow	une veuve éplorée	
loss	une perte pénible	

a SORROWING		2376
mother	une mère affligée	
nation	une nation affligée	
widow	une veuve affligée	
husband	un mari affligé	
wife	une femme affligée	

a SORRY		2377
display	un comportement lamentable	
sight	une scène lamentable	
excuse	une excuse lamentable	
exhibition	une séance lamentable	
failure	un piteux échec	

a SOUGHT-AFTER		2378
employment	un emploi recherché	
honor	un honneur recherché	
position	un poste recherché	
approval	une approbation recherchée	
reward	une récompense recherchée	

a SOUND		2379
business	une affaire solide	
economy	une économie saine	
basis	une base solide	
investment	un placement sûr	
reason	une raison valable	

a SOUNDLESS		2380
sleep	un sommeil profond	
approach	une approche silencieuse	
night	une nuit silencieuse	
machine	une machine silencieuse	
slumber	un sommeil silencieux	

a SOUNDPROOF		2381
studio	un studio insonorisé	
room	une pièce insonorisée	
apartment	un appartement insonorisé	
office	un bureau insonorisé	
den	un cabinet insonorisé	

a SOUR		2382
taste	un goût aigre	
smell	un relent aigre	
odor	une odeur aigre	
grape	un raisin sur	
expression	un air revêche	

a SOUTHERN		2383
hemisphere	l'hémisphère sud	
breeze	une brise du sud	
exposure	une exposition au sud	
section	la partie méridionale	
drawl	un accent méridional	

a SPACIOUS		2384
apartment	un appartement spacieux	
living room	un salon spacieux	
sky	un vaste ciel	
estate	une vaste propriété	
greenhouse	une serre spacieuse	

a SPARE 2385
tire	un pneu de secours
part	une pièce de rechange
inner tube	une chambre à air de rechange
bulb	une ampoule de rechange
battery	une pile de rechange

a SPARKLING 2386
diamond	un diamant scintillant
smile	un sourire étincelant
reflection	un reflet brillant
jewel	un bijou scintillant
floor	un plancher brillant

a SPECIAL 2387
quality	une qualité spéciale
price	un prix spécial
award	une récompense spéciale
arrangement	un accord particulier
importance	une importance particulière

a SPECIFIC 2388
target	un but précis
argument	un argument précis
fact	un fait précis
proof	une preuve précise
accusation	une accusation précise

a SPECIFIED 2389
amount	une quantité prescrite
date	une date prescrite
length	une longueur prescrite
height	une hauteur prescrite
weight	un poids prescrit

a SPECTACULAR 2390
show	une représentation à grand spectacle
display	un spectacle impressionnant
circus	un cirque aux numéros sensationnels
jump	un saut spectaculaire
feat	un exploit spectaculaire

a SPECULATIVE 2391
stock	des actions spéculatives
risk	une opération spéculative
market	un marché spéculatif
buyer	un spéculateur
investment	un placement spéculatif

a SPEECHLESS 2392
moment	un moment de silence
wonder	un étonnement muet
awe	une crainte muette
anger	une colère muette
admiration	une admiration muette

a SPEEDING 2393
taxicab	un taxi roulant à toute vitesse
train	un train roulant à toute vitesse
motorist	un conducteur roulant à toute vitesse
vehicle	un véhicule roulant à toute vitesse
truck	un camion roulant à toute vitesse

a SPEEDY 2394
recovery	un prompt rétablissement
relief	un soulagement rapide
return	un prompt retour
trial	un procès sommaire
verdict	un jugement expéditif

a SPENDTHRIFT 2395
heir	un héritier prodigue
playboy	un fils à papa prodigue
nature	un caractère prodigue
wife	une épouse prodigue
husband	un époux prodigue

a SPICY 2396
story	une histoire crouistillante
novel	un roman grivois
magazine	une revue grivoise
picture	un dessin polisson
gossip	un cancan croustillant

a SPIRALING 2397
smoke	une fumée montant en spirale
curve	une courbe en spirale
road	une route en lacets
ascent	une montée en spirale
staircase	un escalier en colimaçon

a SPIRITED 2398
denial	une vive dénégation
debate	un vif débat
argument	une vive discussion
contest	un match animé
opposition	une vive opposition

a SPIRITUAL 2399
awakening	un éveil de l'esprit
leader	un chef spirituel
song	un chant religieux
revelation	une révélation pour l'esprit
revival	une renaissance spirituelle

a SPITEFUL 2400
woman	une femme méchante
treatment	des manières malveillantes
gossip	des ragots malveillants
insult	une insulte haineuse
refusal	un refus de dépit

a SPLENDID 2401
view	une vue magnifique
collection	une collection magnifique
sight	un spectacle magnifique
idea	une idée excellente
opportunity	une occasion magnifique

a SPOILED 2402
child	un enfant gâté
prodigy	un prodige gâté
son	un fils gâté
daughter	une fille gâtée
wife	une épouse gâtée

a SPONTANEOUS 2403
applause	des applaudissements spontanés
reaction	une réaction spontanée
outburst	un déchaînement spontané
cheer	des acclamations spontanées
gesture	un geste spontané

a SPOTLESS 2404
reputation	une réputation sans tache
apron	un tablier immaculé
tablecloth	une nappe immaculée
kitchen	une cuisine immaculée
floor	un plancher immaculé

a SPRAINED	2405	a STABLE	2415
ankle	une cheville foulée	influence	une influence durable
wrist	un poignet foulé	economy	une économie stable
finger	un doigt foulé	culture	une culture stable
thumb	un pouce foulé	element	un élément stable
knee	un genou foulé	government	un gouvernement stable

a SPREADING	2406	a STAGGERING	2416
unrest	une agitation grandissante	debt	une dette stupéfiante
tension	une tension grandissante	profit	un bénéfice stupéfiant
disease	une maladie qui se propage	wealth	une fortune stupéfiante
anxiety	une inquiétude grandissante	deficit	un déficit écrasant
epidemic	une épidémie qui se propage	load	une charge écrasante

a SPRINGY	2407	a STAINED	2417
turf	un gazon moelleux	tablecloth	une nappe tachée
diving board	un tremplin élastique	tie	une cravate tachée
mattress	un matelas souple	towel	un essuie-mains taché
padding	un rembourrage moelleux	apron	un tablier taché
rug	un tapis moelleux	napkin	une serviette tachée

a SPRY	2408	a STAINLESS	2418
dancer	un danseur alerte	silver	un argent inaltérable
step	un pas vif	steel	un acier inoxydable
walk	une démarche jeune	surface	une surface inoxydable
old man	un vieillard alerte	material	une matière inoxydable
dance	une danse vive	metal	un métal inoxydable

a SPUTTERING	2409	a STALE	2419
candle	une bougie grésillante	bread	un pain rassis
lamp	une lampe qui grésille	roll	un petit pain rassis
motor	un moteur qui crache	biscuit	un biscuit rassis
engine	un moteur qui crache	air	un air vicié
lantern	une lantern grésillante	joke	une vieille plaisanterie

a SQUALID	2410	a STANDARD	2420
tenement	une demeure sordide	procedure	une façon de procéder courante
slum	un taudis sordide	discount	un rabais ordinaire
section	un quartier sordide	allowance	une remise ordinaire
surroundings	un cadre sordide	form	un imprimé ordinaire
poverty	une misère sordide	price	un prix ordinaire

a SQUARE	2411	a STANDING	2421
desk	une table de bureau carrée	committee	une commission permanente
frame	un cadre (tableau) carré	invitation	une invitation permanente
yard(measurement)	un yard carré	audience	un public debout
brick	une brique carrée	—room	des places debout
package	un paquet carré	ovation	une ovation d'une foule debout

a SQUARE-CUT	2412	a STARCHED	2422
sapphire	un saphir en table	collar	un col empesé
diamond	un diamant en table	shirt	une chemise empesée
tile	une tuile carrée	apron	un tablier empesé
piece	un morceau carré	dress	une robe empesée
section	une section carrée	cuff	une manchette empesée

a SQUEAKING	2413	a STARK	2423
cart	une charrette qui grince	realism	un réalisme brutal
gate	un portail qui grince	brutality	une sombre brutalité
door	une porte qui grince	drama	un sombre drame
hinge	un gond qui grince	terror	une terreur absolue
mouse	une souris qui couine	horror	une horreur sans nom

a SQUEEZED	2414	a STARLESS	2424
orange juice	une orange pressée	sky	un ciel sans étoiles
towel	une serviette essorée	space	un espace sans étoiles
rag	un chiffon essoré	void	un vide sans étoiles
hand	une main serrée	night	une nuit sans étoiles
tube	un tube pressé	evening	une soirée sans étoiles

a STARRY   2425

sky   un ciel étoilé
firmament   un firmament étoilé
night   une nuit étoilée
vault   une voûte étoilée
evening   une soirée étoilée

a STARTLED   2426

deer   un cerf effrayé
expression   une expression de surprise
laugh   un rire alarmé
reaction   une réaction de saisissement
bird   un oiseau effrayé

a STARTLING   2427

admission   un aveu sensationnel
discovery   une découverte sensationnelle
noise   un bruit saisissant
scream   un cri saisissant
movement   un geste saisissant

a STARVED   2428

child   un enfant affamé
population   une population affamée
animal   un animal affamé
country   un pays affamé
look   un air famélique

a STARVING   2429

humanity   une humanité affamée
family   une famille affamée
race   une race famélique
population   une population famélique
child   un enfant famélique

a STATED   2430

preference   une préférence affirmée
objective   un objectif affirmé
objection   une objection affirmée
opposition   une opposition affirmée
position   une position affirmée

a STATELY   2431

mansion   un château imposant
bearing   un maintien majestueux
procession   un cortège imposant
grace   une grâce imposante
monument   un monument imposant

a STATIC   2432

electricity   une électricité statique
economy   une économie statique
condition   une situation statique
state   un état statique
culture   une culture statique

a STATIONARY   2433

target   un objectif fixe
train   un train arrêté
bus   un autobus arrêté
position   une position fixe
economy   une économie stationnaire

a STATISTICAL   2434

advantage   un avantage statistique
summary   une récapitulation statistique
breakdown   une ventilation statistique
analysis   une analyse statistique
report   un rapport statistique

a STAUNCH   2435

supporter   un défenseur dévoué
ally   un allié sûr
opponent   un adversaire coriace
fighter   un lutteur inébranlable
admirer   un soupirant dévoué

a STEADFAST   2436

friend   un ami sûr
denial   une dénégation ferme
refusal   un refus ferme
advocate   un protagoniste tenace
opposition   une opposition inébranlable

a STEADY   2437

stream   un flot régulier
income   un revenu régulier
flow   un courant régulier
pressure   une pression régulière
increase   une augmentation régulière

a STEAMING   2438

soup   une soupe fumante
pie   une tarte fumante
pudding   un entremets fumant
jungle   une jungle fumante
bath   un bain fumant

a STEEP   2439

incline   une pente raide
increase   une forte hausse
hill   une colline escarpée
angle   un angle aigu
roof   un toit à forte pente

a STERN   2440

reminder   un rappel sévère
father   un père sévère
admonition   de sévères remontrances
warning   un avertissement sévère
tone   un ton sévère

a STICKY   2441

substance   une substance poisseuse
candy   un bonbon poisseux
glue   une colle poisseuse
material   un produit collant
surface   une surface poisseuse

a STIFF   2442

collar   un col dur
fine   une forte amende
neck   un torticolis
sentence   une condamnation sévère
cardboard   un carton rigide

a STILL   2443

stream   un cours d'eau tranquille
lake   un lac tranquille
pond   un étang tranquille
crowd   une foule tranquille
congregation   une assemblée tranquille

a STIMULATING   2444

discussion   une discussion stimulante
lecturer   un conférencier stimulant
program   un programme stimulant
debate   un débat stimulant
editorial   un éditorial stimulant

ADJECTIVE

a **STINGY**	2445	a **STRANGE**	2455
friend	un ami près de ses sous	story	une histoire étrange
husband	un mari avaricieux	motive	un mobile étrange
donation	un don mesquin	idea	une idée étrange
relative	un parent avaricieux	noise	un bruit étrange
uncle	un oncle avaricieux	environment	un milieu étrange

a **STIRRING**	2446	a **STRATEGIC**	2456
anthem	un hymne émouvant	blunder	une erreur de stratégie
message	un message émouvant	decision	une décision stratégique
address	un discours émouvant	move(ment)	un mouvement stratégique
sermon	un sermon émouvant	plan	un plan stratégique
account	un récit émouvant	campaign	une campagne stratégique

a **STOICAL**	2447	a **STREAMLINED**	2457
philosophy	une philosophie stoïcienne	train	un train aérodynamique
tolerance	une tolérance stoïque	fuselage	un fuselage aérodynamique
attitude	une attitude stoïque	procedure	un processus perfectionné
approach	une conception stoïcienne	plan	un plan perfectionné
outlook	une optique stoïcienne	figure	une silhouette fuselée

a **STOLEN**	2448	a **STRENUOUS**	2458
automobile	une automobile volée	objection	une objection vigoureuse
masterpiece	un chef-d'œuvre volé	exercise	un exercice énergique
treasure	un trésor volé	opposition	une opposition vigoureuse
suitcase	une valise volée	schedule	un programme chargé
microfilm	un microfilm dérobé	sport	un sport énergique

a **STONY**	2449	a **STRICT**	2459
path	un sentier rocailleux	observance	une observation stricte
ledge	une saillie rocheuse	rule	une règle stricte
terrain	un terrain rocailleux	father	un père sévère
road	une route rocailleuse	enforcement	une application stricte
driveway	une allée rocailleuse	teacher	un professeur sévère

a **STOPPED-UP**	2450	a **STRIKING**	2460
gutter	un caniveau bouché	similarity	une analogie frappante
rainspout	une gouttière bouchée	resemblance	une ressemblance frappant
nose	un nez bouché	combination	un ensemble frappant
passage	un passage bouché	distinction	une distinction frappante
drain	une rigole bouchée	coincidence	une coincidence frappante

a **STORMY**	2451	a **STRIPED**	2461
session	une séance orageuse	ball	un ballon rayé
meeting	une réunion orageuse	coat	un manteau rayé
election	une élection tumultueuse	necktie	une cravate rayée
trial	un procès tumultueux	awning	une marquise rayée
debate	un débat tumultueux	animal	un animal à pelage rayé

a **STRAIGHT**	2452	a **STRONG**	2462
edge	un bord rectiligne	similarity	une grande similitude
line	une ligne droite	resemblance	une forte ressemblance
path	un sentier tout droit	motivation	une forte motivation
road	une route toute droite	wind	un vent violent
answer	une réponse nette	physique	une grande robustesse

STRAINED	2453	a **STRUCTURAL**	2463
relationship	des rapports tendus	cell	une cellule organique
situation	une situation tendue	defect	un défaut de structure
silence	un silence tendu	weakness	un vice de construction
atmosphere	une atmosphère tendue	design	un plan de l'ossature
conference	une conférence à l'atmosphère tendue	reinforcement	un renfort structural

STRANDED	2454	a **STUBBORN**	2464
tourist	un touriste sans ressource	refusal	un refus obstiné
boat	un bateau échoué	defiance	un défi opiniâtre
climber	un alpiniste en difficulté	opponent	un adversaire tenace
skier	un skieur en difficulté	enemy	un ennemi tenace
expedition	un expédition en difficulté	boy	un garçon têtu

a STUDIOUS 2465

son	un fils studieux
appearance	un air studieux
approach	une façon studieuse
teen-ager	un adolescent studieux
daughter	une fille studieuse

a STUFFED 2466

eagle	un aigle empaillé
animal	un animal empaillé
suitcase	une valise bourrée
feeling	(être gavé)
scarecrow	un épouvantail

a STUFFY 2467

waiting room	une salle d'attente mal aérée
nose	(avoir le nez pris)
attitude	un air compassé
personality	un caractère compassé
attic	un grenier sans air

a STUNNED 2468

horror	(être étourdi d'horreur)
audience	un public abasourdi
winner	un vainqueur abasourdi
victim	une victime abasourdie
silence	un silence abasourdi

a STUNNING 2469

defeat	une défaite accablante
dress	une robe splendide
outfit	une toilette splendide
hat	un chapeau splendide
victory	une victoire splendide

a STUPENDOUS 2470

explosion	une explosion prodigieuse
noise	un bruit prodigieux
success	une réussite prodigieuse
achievement	une réalisation prodigieuse
discovery	une découverte prodigieuse

a STUPID 2471

remark	une remarque stupide
story	une histoire stupide
question	une question stupide
saying	un dicton stupide
recklessness	une témérité stupide

a STURDY 2472

tree	un arbre vigoureux
support	un appui solide
bridge	un pont solide
physique	une constitution robuste
desk	un bureau solide

a STYLISH 2473

hat	un chapeau élégant
dress	une toilette élégante
coat	un manteau élégant
suit	un costume élégant
gown	une robe élégante

a SUAVE 2474

manner	une manière doucereuse
actor	un acteur doucereux
salesman	un vendeur doucereux
lawyer	un avocat doucereux
executive	un employé des cadres doucereux

a SUBDUED 2475

criminal	un criminel maîtrisé
mob	une foule domptée
rioter	un émeutier maîtrisé
response	une réaction discrète
light	une lumière tamisée

a SUBJECTIVE 2476

analysis	une analyse subjective
choice	un choix subjectif
decision	une décision subjective
evaluation	une évaluation subjective
opinion	un avis subjectif

a SUBMERGED 2477

submarine	un sous-marin en plongée
rock	un rocher submergé
island	une île submergée
reef	un récif submergé
iceberg	un iceberg submergé

a SUBSTANTIAL 2478

salary	d'importants appointements
increase	une forte hausse
amount	une forte somme
fortune	une fortune considérable
improvement	une importante amélioration

a SUBTLE 2479

difference	une différence subtile
meaning	un sens subtil
influence	une influence subtile
joke	une plaisanterie subtile
reminder	un rappel discret

a SUBURBAN 2480

home	une maison de banlieue
community	une communauté de banlieue
area	une zone de banlieue
development	un aménagement de la banlieue
apartment	un appartement en banlieue

a SUCCESSFUL 2481

outcome	un résultat heureux
attempt	une tentative couronnée de succès
business	une affaire qui marche bien
businessman	un homme heureux en affaires
mediation	une médiation réussie

a SUCCULENT 2482

dish	un mets succulent
morsel	un morceau succulent
roast	un rôti succulent
salad	une salade succulente
hors d'oeuvre	un hors-d'œuvre succulent

a SUDDEN 2483

movement	un mouvement brusque
change	un changement brusque
noise	un bruit subit
halt	un arrêt brusque
increase	une augmentation brusque

a SUFFERING 2484

humanity	une humanité souffrante
nation	une nation souffrante
mankind	une humanité souffrante
patient	un patient qui souffre
minority	une minorité opprimé

a SUFFICIENT	2485	a SUNNY	2495
quantity	une quantité suffisante	sky	un ciel ensoleillé
amount	une somme suffisante	morning	une matinée ensoleillée
warning	un avertissement suffisant	climate	un climat ensoleillé
provocation	une provocation suffisante	day	un jour ensoleillé
number	un nombre suffisant	season	une saison ensoleillée

a SUFFOCATING	2486	a SUNSWEPT	2496
heat	une chaleur suffocante	horizon	un horizon inondé de soleil
smoke	une fumée suffocante	beach	une plage inondée de soleil
blanket	une couverture suffocante	plain	une plaine inondée de soleil
smog	un "smog" suffocant	desert	un désert inondé de soleil
dryness	une sécheresse suffocante	landscape	un paysage inondé de soleil

a SUGGESTED	2487	a SUPERB	2497
title	un titre proposé	artist	un artiste prodigieux
improvement	une amélioration proposée	craftsman	un artisan prodigieux
alteration	une modification proposée	pianist	un pianiste prodigieux
slogan	un mot d'ordre proposé	cook	un cuisinier excellent
procedure	un procédé proposé	violinist	un violiniste prodigieux

a SUGGESTIVE	2488	a SUPERFICIAL	2498
cartoon	une caricature suggestive	charm	un charme superficiel
pose	une pose suggestive	wound	une plaie superficielle
remark	une remarque suggestive	treatment	un traitement superficiel
title	un titre évocateur	analysis	une analyse superficielle
meaning	un sens évocateur	criticism	une critique superficielle

a SUITABLE	2489	a SUPERHUMAN	2499
arrangement	des dispositions appropriées	effort	un effort surhumain
apartment	un appartement convenable	strength	une force surhumaine
office	un bureau convenable	feat	un exploit surhumain
salary	un traitement convenable	will power	une volonté surhumaine
reward	une récompense convenable	exploit	un exploit surhumain

a SULLEN	2490	a SUPERIOR	2500
defiance	un défi maussade	achievement	un résultat remarquable
expression	un air maussade	knowledge	une connaissance approfondie
attitude	une attitude maussade	talent	un talent supérieur
loser	un perdant renfrogné	grade (mark)	une note excellente
crowd	une foule maussade	applicant	un candidat de choix

a SULTRY	2491	a SUPERLATIVE	2501
afternoon	un après-midi accablant	performance	une représentation extraordinaire
morning	une matinée accablante	skier	un skieur exceptionnel
climate	un climat accablant	ballerina	une ballerine sans égale
dance	une danse sensuelle	achievement	un haut fait extraordinaire
actress	une actrice capiteuse	pianist	un pianiste sans égal

a SUMPTUOUS	2492	a SUPERNATURAL	2502
feast	un festin somptueux	power	un pouvoir surnaturel
suite	un appartement (hôtel) somptueux	happening	un événement surnaturel
meal	un repas somptueux	force	une force surnaturelle
banquet	un banquet somptueux	phenomenon	un phénomène surnaturel
penthouse	un appartement sur toit somptueux	sign	une manifestation surnaturelle

a SUNBURNED	2493	a SUPERSONIC	2503
face	un visage brûlé par le soleil	jet plane	un avion à réaction supersonique
back	un dos brûlé par le soleil	speed	une vitesse supersonique
nose	un nez brûlé par le soleil	airliner	un avion de ligne supersonique
leg	une jambe brûlée par le soleil	transport	un avion de transport supersonique
arm	un bras brûlée par le soleil	aircraft	un aéronef supersonique

a SUNKEN	2494	a SUPERSTITIOUS	2504
bathtub	une baignoire en contrebas	native	un indigène superstitieux
wreck	une épave coulée	belief	une superstition
hull	une coque coulée	people	un peuple superstitieux
submarine	un sous-marin coulé	fear	une crainte superstitieuse
living room	un salon en contrebas	nonsense	une superstition inepte

a SUPERVISED	2505
personnel	un personnel surveillé
project	un projet contrôlé
study	une étude contrôlée
examination	un examen contrôlé
playground	un terrain de jeu surveillé

a SUPPLE	2506
leather	un cuir souple
suede	un daim souple
material	une matière souple
shoe	une chaussure souple
sole	une semelle souple

a SUPPORTING	2507
player	un acteur secondaire
role	un rôle secondaire
fact	un fait à l'appui
argument	un argument à l'appui
evidence	une preuve à l'appui

a SUPPRESSED	2508
hostility	une hostilité contenue
impatience	une impatience contenue
jealousy	une jalousie contenue
sneeze	un éternuement étouffé
yawn	un bâillement étouffé

a SUPREME	2509
being	un être suprême
effort	un ultime effort
sacrifice	un sacrifice suprême
indifference	une souveraine indifférence
optimism	un souverain optimisme

a SURE	2510
winner	un gagnant certain
victory	une victoire certaine
loss	une perte certaine
profit	un profit certain
increase	une hausse certaine

a SURLY	2511
reply	une réponse hargneuse
question	une question hargneuse
tone	un ton bourru
manner	une façon hargneuse
behavior	des manières bourrues

a SURPRISING	2512
outcome	un résultat surprenant
score	un résultat (sportif) surprenant
conclusion	une conclusion surprenante
grade	des notes (scolaires) surprenantes
improvement	un progrès surprenant

a SURVIVING	2513
heir	un héritier survivant
trace	une trace qui reste
widow	un conjoint survivant (veuve)
culture	une culture toujours vivace
civilization	une civilisation toujours vivace

a SUSPECTED	2514
murderer	un homme soupçonné d'un meurtre
slayer	un homme soupçonné d'un meurtre
plot	un complot dont on se doute
fraud	une duperie dont on se doute
treason	une trahison dont on se doute

a SUSPENSEFUL	2515
moment	un moment d'attente angoissée
drama	un drame angoissant
climax	un moment décisif angoissant
chase	une poursuite angoissante
climb	une ascension angoissante

a SUSPICIOUS	2516
character	un individu louche
movement	un geste suspect
action	un acte suspect
glance	un coup d'œil méfiant
detective	un détective soupçonneux

a SWARTHY	2517
complexion	un teint basané
gypsy	un(e) gitan(e) basané(e)
race	une race à la peau basanée
skin	une peau basanée
nomad	un nomade basané

a SWAYING	2518
ladder	une échelle qui oscille
branch	une branche qui se balance
movement	un mouvement oscillant
pole	un poteau qui oscille
wheat	du blé qui ondule

a SWEATING	2519
worker	un ouvrier en sueur
laborer	un travailleur en sueur
athlete	un sportif en sueur
climber	un alpiniste en sueur
runner	un coureur en sueur

a SWEEPING	2520
victory	une victoire complète
change	une transformation radicale
accusation	une accusation radicale
expanse	une vaste étendue
generality	une généralisation pas trop absolue

a SWEET	2521
candy	un bonbon sucré
wine	un vin doux
liquid	un liquide sucré
voice	une voix douce
child	un enfant gentil

a SWEETENED	2522
juice	un jus sucré
lemonade	une citronnade sucrée
pudding	un entremets sucré
coffee	un café sucré
tea	un thé sucré

a SWIFT	2523
justice	une justice expéditive
trial	un procès rapide
flight	un vol (avion) rapide
antelope	une antilope rapide
current	un courant rapide

a SWOLLEN	2524
ankle	une cheville enflée
river	une rivière grossie par les pluies
abdomen	un abdomen gonflé
eye	un œil enflé
gland	une glande enflée

a SWORN · 2525

enemy	un ennemi juré
affidavit	une attestation sous la foi du serment
statement	une déclaration sous serment
witness	un témoin ayant prêté serment
pledge	un engagement pris sous serment

a SYMBOLIC · 2526

figure	une image symbolique
statue	une statue symbolique
cross	une croix symbolique
gesture	un geste symbolique
painting	un tableau symbolique

a SYMMETRICAL · 2527

form	une forme symétrique
contour	un contour symétrique
outline	un profil symétrique
pair	une paire symétrique
decision	une forme symétrique

a SYMPATHETIC · 2528

jury	un jury bien disposé
listener	un auditeur bier disposé
nod	un signe de sympathie
response	une réaction favorable
audience	un public bien disposé

a SYMPHONIC · 2529

concert	un concert symphonique
music	une musique symphonique
orchestra	un orchestre symphonique
suite	une suite symphonique
tone poem	une poème symphonique

a SYNTHETIC · 2530

gem	une pierre (précieuse) synthétique
fiber	une fibre synthétique
material	une matière synthétique
pearl	une perle artificielle
product	un produit synthétique

a SYSTEMATIC · 2531

procedure	une façon de procéder méthodique
approach	une méthode systématique
method	une méthode rigoureuse
accountant	un comptable méthodique
analysis	une analyse systématique

T

a TACIT · 2532

agreement	un accord tacite
understanding	une entente tacite
consent	un consentement tacite
approval	une approbation tacite
permission	une autorisation tacite

a TACTFUL · 2533

approach	un procédé plein de tact
compliment	un compliment plein de tact
apology	des excuses pleines de tact
bow	des salutations pleines de tact
curtsy	une révérence pleine de tact

a TACTLESS · 2534

remark	une remarque dépourvue de tact
confession	une confession dépourvue de tact
interruption	une interruption dépourvue de tact
question	une question dépourvue de tact
answer	une réponse dépourvue de tact

a TAINTED · 2535

blood	un sang impur
line	une hérédité chargée
heredity	une lourde hérédité
meat	une viande gâtée
taste	un goût avarié

a TALENTED · 2536

pianist	un pianiste de talent
artist	un artiste de talent
writer	un écrivain de talent
actress	une actrice de talent
athlete	un sportif doué

a TALKATIVE · 2537

saleslady	une vendeuse bavarde
guide	un guide bavard
hairdresser	un(e) coiffeur(se) bavard(e)
hostess	une maîtresse de maison bavarde
landlord	un propriétaire bavard

a TALL · 2538

tree	un grand arbre
building	un grand immeuble
tower	une haute tour
skyscraper	un gratte-ciel très haut
steeple	un clocher élancé

a TAME(D) · 2539

animal	un animal apprivoisé
lion	un lion apprivoisé
tiger	un tigre apprivoisé
panther	une panthère apprivoisée
bear	un ours apprivoisé

a TAN (colored) · 2540

face	un visage hâlé
purse	un porte-monnaie havane
glove	un gant havane
shoe	un soulier havane
coat	un manteau havane

a TANGIBLE · 2541

proof	une preuve tangible
reward	une récompense tangible
evidence	une preuve tangible
object	un objet matériel
goal	un but tangible

a TANGLED	2542
yarn	un fil (de laine) embrouillé
net	un filet emmêlé
line	une ligne emmêlée
rope	une corde emmêlée
thread	un fil emmêlé

a TANGY	2543
lemonade	une citronnade qui a du goût
flavor	une saveur piquante
juice	un jus savoureux
drink	une boisson savoureuse
taste	un goût vif

a TANNED	2544
face	un visage hâlé
leather	un cuir tanné
body	un corps hâlé
back	un dos hâlé
—legs	des jambes hâlées

a TANTALIZING	2545
odor	une odeur alléchante
dance	une danse provocante
incentive	un stimulant très attirant
offer	une offre très attirante
fragrance	un parfum provocant

a TAPERING	2546
steeple	un clocher fuselé
candle	une bougie fuselée
spire	une flèche (de clocher) fuselée
skyscraper	un gratte-ciel fuselé
silhouette	une ligne élancée

a TARNISHED	2547
fork	une fourchette ternie
silverware	de l'argenterie ternie
ring	une bague ternie
coffeepot	une cafetière ternie
tray	un plateau terni

a TART	2548
jelly	une gelée aigrelette
taste	un goût aigrelet
seasoning	un assaisonnement aigrelet
sauce	une sauce aigrelette
condiment	un condiment aigrelet

a TASTEFUL	2549
elegance	une élégance discrète
humor	un humour de bon ton
décor	un décor de bon goût
joke	une plaisanterie de bon goût
wardrobe	une garde-robe élégante

a TASTELESS	2550
medicine	un médicament insipide
pill	une pillule insipide
sauce	une sauce fade
liquid	un liquide sans saveur
sedative	un sédatif sans aucun goût

a TASTY	2551
ice cream	une crème glacée savoureuse
sandwich	un sandwich savoureux
snack	un casse-croûte savoureux
lunch	un déjeuner savoureux
dish	un mets savoureux

a TATTERED	2552
coat	un manteau en loques
garment	un vêtement en loques
overcoat	un pardessus en loques
undershirt	un maillot de corps en loques
remnant	un restant d'étoffe en loques

a TAUNTING	2553
boast	une vantardise insultante
accusation	une accusation provocante
slogan	un mot d'ordre provocateur
yell	une imprécation insultante
challenge	une provocation

a TAXABLE	2554
income	un revenu imposable
import	des importations passibles de droits de douane
export	des exportations passibles de droits de douane
product	un produit imposable
purchase	un achat imposable

a TEARFUL	2555
farewell	des adieux déchirantes
reunion	une réunion déchirante
sob	un sanglot déchirant
greeting	un accueil déchirant
occasion	des circonstances déchirantes

a TECHNICAL	2556
advance	un progrès technique
improvement	un perfectionnement technique
adviser	un conseiller technique
point	une question technique
argument	un argument technique

a TEDIOUS	2557
repetition	une répétition fastidieuse
job	un travail fastidieux
task	une tâche fastidieuse
occupation	un emploi fastidieux
author	un auteur fastidieux

a TEMPERAMENTAL	2558
actress	une actrice lunatique
singer (female)	une cantatrice lunatique
director	un metteur en scène irritable
star	une vedette lunatique
actor	un acteur d'humeur changeante

a TEMPERATE	2559
climate	un climat tempéré
zone	une zone tempérée
observation	une remarque mesurée
manner	une façon sobre
drinker	qqn qui boit avec modération

a TEMPORARY	2560
location	un emplacement provisoire
loss	une perte passagère
delay	un retard momentané
guardian	un tuteur provisoire
arrangement	des dispositions temporaires

a TEMPTING	2561
offer	une offre tentante
salary	un traitement attirant
meal	un repas appétissant
dessert	un dessert appétissant
appetizer	un amuse-gueule appétissant

a TENDER		2562
embrace	une tendre étreinte	
emotion	une tendre émotion	
love	un tendre amour	
caress	une tendre caresse	
letter	une lettre tendre	

a TENSE		2563
situation	une situation tendue	
moment	un moment de tension	
athlete	un sportif tendu	
crowd	une foule tendue	
candidate	un candidat tendu	

a TENTATIVE		2564
arrangement	un accord provisoire	
compromise	un compromis provisoire	
offer	une offre d'essai	
proposal	une proposition à l'essai	
plan	un plan provisoire	

a TERMINAL		2565
illness	une maladie sans espoir	
point	une destination finale	
objective	un objectif final	
phrase	un dernier membre de phrase	
word	un dernier mot	

a TERRACED		2566
vineyard	un vignoble en terrasses	
landscape	un paysage en terrasses	
hillside	un coteau en terrasses	
farm	une exploitation (agricole) en terrasses	
slope	une pente en terrasses	

a TERRIBLE		2567
waste	un affreux gaspillage	
lack	une terrible pénurie	
cynic	(être d'un cynisme incorrigible)	
smell	une odeur atroce	
actor	un très mauvais acteur	

a TERRIFIC		2568
explosion	une explosion terrifiante	
earthquake	un séisme terrifiant	
storm	un orage terrifiant	
noise	un bruit terrifiant	
bombing	un bombardement terrifiant	

a TERRIFIED		2569
scream	un cri de terreur	
shriek	un cri perçant de terreur	
survivor	un survivant terrifié	
reaction	une réaction de terreur	
child	un enfant terrifié	

a TERRIFYING		2570
nightmare	un cauchemar terrifiant	
suspense	une attente terrifiante	
wave	une vague terrifiante	
experience	une épreuve terrifiante	
avalanche	une avalanche terrifiante	

a TERRITORIAL		2571
policy	une politique territoriale	
expansion	une expansion territoriale	
governor	le gouverneur d'un territoire	
government	le gouvernement d'un territoire	
—waters	les eaux territoriales	

a TESTIMONIAL		2572
banquet	un banquet donné en gage d'estime	
tribute	un hommage rendu en gage d'estime	
dinner	un souper donné en gage d'estime	
ceremony	une cérémonie organisée en gage d'estime	
award	un prix décerné en gage d'estime	

a THANKFUL		2573
patient	un malade reconnaissant	
child	un enfant reconnaissant	
student	un élève reconnaissant	
winner	un vainqueur reconnaissant	
minister	un ministre reconnaissant	

a THANKLESS		2574
job	un travail ingrat	
assignment	un devoir ingrat	
monotony	une monotonie ingrate	
chore	une corvée ingrate	
mission	une mission ingrate	

a THATCHED		2575
roof	un toit de chaume	
cottage	une chaumière	
barn	un hangar couvert de chaume	
hut	une cabane couverte de chaume	
shelter	un abri couvert de chaume	

a THEATRICAL		2576
performance	une representation théâtrale	
fiasco	un four	
success	un succès théâtral	
failure	un échec théâtral	
troupe	une troupe de comédiens	

a THEORETICAL		2577
physicist	un théoricien de la physique	
concept	un concept théorique	
problem	un problème théorique	
definition	une définition théorique	
analysis	une analyse théorique	

a THICK		2578
soup	une soupe épaisse	
bark (tree)	une écorce épaisse	
steak	un bifteck épais	
slice	une tranche épaisse	
paperback	un livre de poche épais	

a THIN		2579
string	un mince fil	
tape	un ruban étroit	
slice	une tranche mince	
material	une matière légère	
person	une personne svelte	

a THIRSTY		2580
animal	un animal assoiffé	
dog	un chien assoiffé	
horse	un cheval assoiffé	
cat	un chat assoiffé	
runner	un coureur assoiffé	

a THORNY		2581
vine	une plante munie d'épines	
problem	un problème épineux	
underbrush	des broussailles épineuses	
stem	une tige épineuse	
path	un sentier épineux	

a THOROUGH	2582
examination	un examen minutieux
study	une étude approfondie
analysis	une analyse approfondie
questioning	une interrogation minutieuse
autopsy	une autopsie complète

a THOUGHTFUL	2583
consideration	une mûre réflexion
solution	une solution réfléchie
answer	une réponse réfléchie
letter	une lettre prévenante
apology	des excuses pleines d'égards

a THOUGHTLESS	2584
oversight	une omission inconsidérée
child	un enfant étourdi
comment	une remarque inconsidérée
action	un acte irréfléchi
remark	une observation inconsidérée

a THREADBARE	2585
bathrobe	un peignoir de bain élimé
scenery	des décors usés
jacket	une veste élimée
sofa	un divan élimé
furniture	des meubles usés

a THREATENED	2586
strike	une menace de grève
security	une sécurité menancée
attack	une menace d'attaque
withdrawal	une menace de retrait
lawsuit	une menace de procès

a THREATENING	2587
storm	un orage qui s'annonce
gesture	un geste menaçant
note	un message menaçant
mob	une populace menaçante
letter	une lettre menaçante

a THRILLING	2588
flight	un vol sensationnel
voice	une voix émouvante
victory	une victoire sensationnelle
movie	un film sensationnel
achievement	une réalisation sensationnelle

a THRIVING	2589
metropolis	une ville prospère
business	une affaire prospère
community	une collectivité prospère
economy	une économie prospère
company	une entreprise prospère

a THROBBING	2590
ache	une douleur lancinante
pulse	un pouls battant fort
pain	une douleur lancinante
wound	une plaie palpitante
headache	un mal de tête lancinant

a THUNDERING	2591
waterfall	une cataracte grondante
herd	un troupeau bruyant
stampede	une débaudade bruyante
ovation	un tonnerre d'acclamations
–rapids	des rapides grondants

a THUNDEROUS	2592
ovation	une ovation retentissante
noise	un bruit retentissant
applause	des applaudissements retentissants
take-off	un décollage retentissant
barrage	un tir de barrage retentissant

a TIDAL	2593
basin	un bassin à flot
wave	un raz de marée
current	un courant de marées
chart	un annuaire des marées
disturbance	une perturbation du régime des marées

a TIDY	2594
room	une pièce bien rangée
house	une maison bien rangée
desk	un bureau bien rangé
kitchen	une cuisine bien rangée
profit	un bénéfice considérable

a TIED	2595
bandage	un pansement assujetti
cord	un cordon attaché
knot	un noeud attaché
string	une ficelle nouée
shoelace	un lacet noué

a TILED	2596
hearth	un âtre carrelé
floor	un carrelage
bathroom	une salle de bains carrelée
hallway	un corridor carrelé
entrance	une entrée carrelée

a TIGHT	2597
skirt	une jupe collante
fit	quelque chose trop ajusté(e)
shoe	une chaussure trop petite
coat	un manteau trop étroit
–trousers	des pantalons étroits

a TIME-CONSUMING	2598
housework	des travaux ménagers laborieux
job	un travail laborieux
routine	une routine laborieuse
avocation	une occupation laborieuse
research	des recherches laborieuses

a TIMELY	2599
increase	une augmentation opportune
announcement	un avis opportun
report	un exposé opportun
arrival	une arrivée opportune
promotion	une promotion opportune

a TIMESAVING	2600
computer	un ordinateur permettant de gagner du temps
convenience	une commodité pratique
gadget	un appareil permettant de gagner du temps
appliance	un appareil ménager permettant de gagner du temps
shortcut	un raccourci permettant de gagner du temps

a TIMID	2601
response	une réaction hésitante
child	un enfant timide
dog	un chien peureux
animal	un animal peureux
pupil	un élève timide

a TINGLING		2602
feeling	un picotement	
sensation	un fourmillement	
numbness	avoir des fourmis dans . . .	
vibration	des vibrations revigorantes	
massage	un massage activant la circulation	

a TINTED		2603
plastic	un plastique teinté	
glass	un verre teinté	
windshield	un pare-brise teinté	
egg	un œuf teinté	
photograph	une photo coloriée	

a TINY		2604
hole	un trou minuscule	
spot	une tache minuscule	
pebble	un caillou minuscule	
insect	un insecte minuscule	
toy	un jouet minuscule	

a TIRED		2605
housewife	une ménagère fatiguée	
worker	un ouvrier fatigué	
student	un étudiant fatigué	
husband	un mari fatigué	
clerk	un vendeur fatigué	

a TIRELESS		2606
determination	une détermination inlassable	
energy	une énergie inlassable	
worker	un ouvrier infatigable	
drive	une impulsion inlassable	
ambition	une ambition infatigable	

a TIRING		2607
hike	une marche fatigante	
rehearsal	une répétition épuisante	
exercise	un exercice fatigant	
work	un travail fatigant	
trip	un voyage fatigant	

a TOLERABLE		2608
pain	une douleur supportable	
delay	un retard admissible	
wait	une attente supportable	
noise	un bruit supportable	
annoyance	un ennui supportable	

a TOLERANT		2609
man	un homme tolérant	
teacher	un professeur indulgent	
attitude	une attitude tolérante	
father	un père indulgent	
mother	une mère indulgente	

a TOPICAL		2610
subject	un sujet d'actualité	
article	un article d'actualité	
report	un récit d'actualité	
editorial	un éditorial d'actualité	
title	un titre d'actualité	

a TOPMOST		2611
floor	le dernier étage	
balcony	le balcon le plus élevé	
ridge	la crête la plus haute	
step	la dernière marche	
landing (stairs)	le dernier palier	

a TORMENTED		2612
bull	un taureau harcelé	
prisoner	un prisonnier torturé	
child	un enfant tourmenté	
animal	un animal harcelé	
people	un peuple supplicié	

a TORMENTING		2613
doubt	un doute angoissant	
anxiety	une inquiétude angoissante	
uneasiness	une gêne angoissante	
mistrust	une méfiance angoissante	
unrest	une agitation angoissante	

a TORN		2614
jacket	une veste (sport) déchirée	
sleeve	une manche déchirée	
skirt	une jupe déchirée	
dress	une robe déchirée	
ligament	un ligament arraché	

a TORRID		2615
climate	un climat torride	
dance	une danse sensuelle	
wind	un vent torride	
romance	une idylle passionnée	
novel	un roman érotique	

a TOTAL		2616
loss	une perte totale	
failure	un échec complet	
involvement	un engagement absolu	
amnesia	une amnésie totale	
eclipse	une éclipse totale	

a TOTALITARIAN		2617
regime	un régime totalitaire	
system	un système totalitaire	
government	un gouvernement totalitaire	
philosophy	une doctrine totalitaire	
oppression	une oppression totalitaire	

a TOUCHING		2618
scene	une scène touchante	
play	une pièce (théâtre) émouvante	
aria	un aria émouvante	
speech	un discours émouvant	
plea	un appel émouvant	

a TOUGH (difficult)		2619
test	une épreuve difficile	
question	une question difficile	
life	une vie de chien	
decision	une décision difficile	
choice	un choix difficile	

a TOUGH (taste)		2620
steak	un bifteck coriace	
roast	un rôti coriace	
meat	une viande coriace	
slice	une tranche coriace	
texture	une texture rude	

a TOWERING		2621
building	un immeuble très élevé	
monument	un monument très élevé	qui
skyscraper	un gratte-ciel très élevé	domine
mountain	une montagne très élevée	le paysage
steeple	un clocher très élevé	

a TRACKLESS 2622

plain	une plaine dépourvue de chemins
wilderness	un désert sans pistes
desert	un désert inculte
wasteland	une terre inculte
snowfield	un champ de neige sans traces

a TRADITIONAL 2623

dance	une danse traditionnelle
holiday	un jour férié traditionnel
costume	un costume traditionnel
gable	un pignon traditionel
ceremony	une cérémonie traditionnelle

a TRAGIC 2624

error	une erreur tragique
death	une mort tragique
loss	une perte tragique
assassination	un assassinat tragique
blunder	une erreur tragique

a TRAINED 2625

observer	un observateur exercé
operator	un opérateur entraîné
worker	un ouvrier qualifié
bear	un ours savant
secretary	une secrétaire diplômée

a TRANQUIL 2626

lake	un lac paisible
setting	un cadre paisible
scene	une scène paisible
meadow	un pré paisible
landscape	un paysage paisible

a TRANSATLANTIC 2627

flight	un vol transatlantique
crossing	une traversée transatlantique
record	un record transatlantique
roundtrip	un aller-retour transatlantique
cable	un câble transatlantique

a TRANSCONTINENTAL 2628

flight	une liaison transcontinentale
plane	un avion transcontinental
record	un record transcontinental
shipment	une expédition transcontinentale
cable	un câble transcontinental

a TRANSLATED 2629

document	un document traduit
play	une pièce de théâtre traduite
poem	un poème traduit
passage	un passage traduit
novel	un roman traduit

a TRANSLUCENT 2630

material	une matière translucide
panel	un panneau translucide
plastic	un plastique translucide
trellis	un treillis translucide
bubble	une bulle translucide

a TRANSPARENT 2631

plastic	un plastique transparent
screen	un écran transparent
material	une matière transparente
liquid	un liquide limpide
membrane	une membrane transparente

a TREACHEROUS 2632

attack	une attaque perfide
motive	un motif déloyal
belief	une croyance déloyale
betrayal	une trahison perfide
general	un général déloyal

a TREASURED 2633

memento	un souvenir auquel on tient beaucoup
antique	un objet ancien auquel on tient beaucoup
photograph	une photographie à laquelle on tient beaucoup
collection	une collection à laquelle on tient beaucoup
painting	un tableau auquel on tient beaucoup

a TREMBLING 2634

coward	un lâche tremblant
hand	une main tremblotante
voice	une voix chevrotante
child	un enfant tremblant
prisoner	un captif tremblant

a TREMENDOUS 2635

excitement	une formidable agitation
enthusiasm	un enthousiasme débordant
thrill	une très vive émotion
storm	un formidable orage
explosion	une formidable explosion

a TRIBAL 2636

custom	une coutume tribale
dance	une danse tribale
ruler	un chef de tribu
law	une loi tribale
ceremony	une cérémonie tribale

a TRICKY 2637

puzzle	une devinette difficile
solution	une solution difficile
crossword puzzle	des mots croisés difficiles
problem	un problème difficile
lock	une serrure compliquée

a TRITE 2638

anecdote	une anecdote banale
expression	une expression banale
saying	un dicton banal
word	un mot banal
slogan	une devise banale

a TRIUMPHAL 2639

procession	un cortège triomphal
march	une marche triomphale
parade	un défilé triomphal
entrance	une entrée triomphale
speech	un discours triomphal

a TRIUMPHANT 2640

return	un retour triomphal
army	une armée triomphante
king	un roi triomphant
winner	un triomphateur
celebration	la célébration d'une victoire

a TROPICAL 2641

hurricane	un ouragan tropical
paradise	un paradis tropical
island	une île tropicale
breeze	une brise tropicale
storm	un orage tropical

a TROUBLED   2642

world	un monde troublé
mind	un esprit troublé
economy	une économie boulversée
friend	un ami troublé
child	un enfant troublé

a TROUBLESOME   2643

problem	un problème ennuyeux
assignment	un devoir (scolaire) ennuyeux
student	un élève énervant
noise	un bruit agaçant
interference	une ingérence gênante

a TRUE   2644

answer	une réponse exacte
friend	un vrai ami
statement	une déclaration conforme à la vérité
article	un article conforme à la vérité
editorial	un éditorial conforme à la vérité

a TRUSTING   2645

nature	une nature confiante
friend	un ami confiant
wife	une épouse confiante
husband	un époux confiant
child	un enfant confiant

a TRUSTWORTHY   2646

friend	un ami loyal
employee	un employé loyal
ambassador	un ambassadeur loyal
messenger	un messager loyal
student	un étudiant loyal

a TRUTHFUL   2647

witness	un témoin véridique
statement	une déclaration conforme à la vérité
account	un récit fidèle
criticism	une critique juste
appraisal	une évaluation juste

a TRYING   2648

ordeal	une épreuve pénible
experience	une expérience pénible
experiment	une expérience difficile
schedule	un programme difficile
routine	une routine quotidienne pénible

a TUMULTUOUS   2649

cheer	des acclamations tumultueuses
ovation	une ovation tumultueuse
reception	un accueil tumultueux
farewell	des adieux tumultueux
applause	des applaudissements tumultueux

a TUNEFUL   2650

medley	un pot pourri mélodieux
song	un chant mélodieux
hymn	un hymne mélodieux
folk song	une chanson populaire mélodieuse
melody	une mélodie harmonieuse

a TURBULENT   2651

ocean	un océan tumultueux
river	une rivière tumultueuse
sea	une mer démontée
reception	un accueil tumultueux
era	une époque troublée

a TWINKLING   2652

star	une étoile scintillante
eye	un œil pétillant
light	une lumière clignotante
beacon	un phare clignotant
planet	une planète scintillante

a TWISTED   2653

arm	un bras foulé
knee	un genou foulé
mentality	un état d'esprit déséquilibré
railing	une balustrade torse
vine	une plante grimpante contorsionnée

a TYPED   2654

manuscript	un manuscrit dactylographié
copy	un exemplaire dactylographié
document	un document dactylographié
report	un rapport dactylographié
composition	une dissertation dactylographiée

a TYPICAL   2655

teen-ager	un adolescent typique
example	un exemple typique
remark	une remarque typique
question	une question typique
course	un cours typique

a TYRANNICAL   2656

rule	une autorité tyrannique
leader	un chef tyrannique
decree	un décret tyrannique
emperor	un empereur tyrannique
dictator	un dictateur tyrannique

U

an UGLY   2657

rumor	une vilaine rumeur
nose	un vilain nez
face	un visage laid
situation	une mauvaise posture
make-up	un vilain maquillage

an ULTIMATE   2658

victory	une victoire finale
destruction	une destruction définitive
success	un succès final
decision	une décision définitive
winner	un vainqueur final

an UNABRIDGED	2659
dictionary	un dictionnaire non abrégé
anthology	une anthologie non abrégée
version	une version intégrale
collection	un recueil complet
edition	une édition complète

an UNACCEPTABLE	2660
proposal	une proposition inacceptable
ultimatum	un ultimatum inacceptable
compromise	un compromis inacceptable
solution	une solution inacceptable
alternative	une alternative inacceptable

an UNALTERABLE	2661
stand	une position immuable
belief	une foi immuable
position	une position immuable
decision	une décision irrévocable
verdict	un verdict irrévocable

a UNANIMOUS	2662
choice	un choix unanime
decision	une décision unanime
selection	un choix unanime
approval	une approbation unanime
vote	une élection à l'unanimité

an UNANNOUNCED	2663
departure	un départ inopiné
resignation	une démission soudaine
arrival	une arrivée impromptue
visitor	un visiteur inattendu
emissary	un émissaire inattendu

an UNANSWERED	2664
petition	une pétition restée sans réponse
letter	une lettre restée sans réponse
request	une demande restée sans réponse
message	un message resté sans réponse
note	un mot resté sans réponse

an UNARMED	2665
soldier	un soldat sans armes
policeman	un agent de police sans armes
detective	un détective sans armes
criminal	un criminel non armé
sentry	une sentinelle sans armes

an UNASSUMING	2666
manner	un maintien modeste
modesty	une grande modestie
expert	un expert effacé
person	une personne effacée
genius	un génie sans prétention

an UNATTAINABLE	2667
ideal	un idéal inaccessible
perfection	une perfection inaccessible
standard	une norme inaccessible
goal	un but inaccessible
height	une hauteur inaccessible

an UNATTRACTIVE	2668
dress	une robe sans élégance
style	un style sans attrait
wife	une épouse sans attrait
hat	un chapeau sans élégance
coat	un manteau sans élégance

an UNAUTHORIZED	2669
pass	une permission irrégulière
receipt	un reçu irrégulier
acceptance	une acceptation irrégulière
delivery	une livraison irrégulière
shipment	une expédition irrégulière

an UNAVAILABLE	2670
reservation	une location non confirmée
confirmation	une confirmation manquante
apartment	un appartement non disponible
source	une source non disponible
replacement	un remplacement impossible

an UNBEARABLE	2671
pain	une douleur insupportable
hardship	une épreuve insoutenable
suffering	une souffrance intolérable
suspense	une attente intolérable
agony	une douleur intolérable

an UNBEATABLE	2672
combination	un ensemble imbattable
record	un record imbattable
team	une équipe imbattable
champion	un champion imbattable
player	un joueur imbattable

an UNBELIEVABLE	2673
luxury	un luxe incroyable
outrage	un outrage incroyable
magnificence	une munificence incroyable
poverty	une misère incroyable
wealth	une fortune incroyable

an UNBOUNDED	2674
pride	un orgueil démesuré
joy	une joie sans bornes
enthusiasm	un enthousiasme sans bornes
optimism	un optimisme sans bornes
faith	une foi entière

an UNBREAKABLE	2675
glass	un verre incassable
knot	un noeud impossible à défaire
windshield	un pare-brise incassable
toy	un jouet incassable
plastic	un plastique incassable

an UNBROKEN	2676
chain	une chaîne intacte
record (sports)	un record intact
treaty	un traité inviolé
seal	un sceau intact
lock	une serrure intacte

an UNCALLED-FOR	2677
impertinence	une impertinence déplacée
violence	une violence déplacée
comment	une remarque déplacée
rudeness	une grossièreté déplacée
appeasement	un apaisement déplacé

an UNCANNY	2678
accuracy	une précision mystérieuse
ability	un don singulier
prediction	une prédiction mystérieuse
prophecy	une prophétie mystérieuse
premonition	un pressentiment inexplicable

an UNCERTAIN		2679
future	un avenir incertain	
result	un résultat douteux	
arrival	une arrivée incertaine	
grade	un rang incertain	
fate	un sort incertain	

an UNCHANGED		2680
policy	une ligne de conduite sans changement	
position	une situation inchangee	
verdict	un verdict inchangé	
opinion	une opinion inchangée	
location	un emplacement inchangé	

an UNCHARTED		2681
ocean	un océan inexploré	
wilderness	un désert inexploré	
region	une région inexplorée	
reef	un récif non porté sur les cartes	
island	une île non portée sur les cartes	

an UNCIVILIZED		2682
nation	une nation barbare	
people	un peuple inculte	
area	une région sauvage	
continent	un continent sauvage	
tribe	une tribu sauvage	

an UNCLIMBABLE		2683
precipice	un précipice infranchissable	
ridge	une crête invincible	
overhang	un surplomb infranchissable	
cliff	une falaise infranchissable	
side	une paroi rocheuse invincible	

an UNCLIMBED		2684
mountain	une montagne invaincue	
peak	une cime vierge	
summit	un sommet invaincu	
side	une paroi invaincue	
precipice	un précipice invaincu	

an UNCOLLECTED		2685
bill	une facture non encaissée	
amount	une somme non encaissée	
balance	une solde non encaissé	
payment	un paiement non encaissé	
debt	une dette non réglée	

an UNCOMFORTABLE		2686
chair	une chaise inconfortable	
bed	un lit inconfortable	
sofa	un canapé inconfortable	
position	une situation embarrassante	
bench	un banc inconfortable	

an UNCOMMON		2687
variety	une variété peu commune	
flower	une fleur rare	
metal	un métal rare	
substance	une substance rare	
word	un mot peu usité	

an UNCOMPLETED		2688
sketch	un croquis inachevé	
project	un projet inachevé	
painting	un tableau inachevé	
structure	une construction inachevée	
merger	une fusion inachevée	

an UNCOMPROMISING		2689
attitude	une attitude intransigeante	
stand	une position intransigeante	
result	un résultat catégorique	
solution	une solution catégorique	
verdict	un verdict catégorique	

an UNCONCEALED		2690
sorrow	un chagrin non dissimulé	
hatred	une haine non dissimulée	
animosity	une animosité non dissimulée	
position	une position avouée	
target	un but avoué	

an UNCONDITIONAL		2691
surrender	une reddition sans conditions	
guarantee	une garantie sans conditions	
withdrawal	un retrait sans conditions	
offer	une offre sans conditions	
acceptance	une acceptation sans réserves	

an UNCONFIRMED		2692
rumor	une rumeur non confirmée	
report	un récit sujet à caution	
reservation	une location non confirmée	
winner	un vainqueur non déclaré	
result	un résultat douteux	

an UNCONQUERABLE		2693
kingdom	un royaume invincible	
summit	un sommet invincible	
soul	une âme invincible	
fear	une peur invincible	
spirit	un esprit indomptable	

an UNCONQUERED		2694
planet	une planète non conquise	
land	une terre insoumise	
area	une région insoumise	
fear	une crainte insurmontable	
territory	un territoire insoumis	

an UNCONSCIOUS		2695
fear	une crainte inconsciente	
resentment	un ressentiment inconscient	
dislike	une antipathie inconsciente	
hatred	une haine inconsciente	
opposition	une opposition inconsciente	

an UNCONTROLLABLE		2696
anger	une colère déchaînée	
hysteria	un accès d'hystérie	
joy	une joie irrépressible	
longing	un désir irrésistible	
temper	un caractère irascible	

an UNCONTROLLED		2697
power	un pouvoir absolu	
swelling	une enflure qui s'étend	
inflation	une inflation galopante	
infection	une infection qui s'étend	
missile	un engin spécial hors de contrôle	

an UNCOUTH		2698
word	un mot grossier	
remark	une remarque grossière	
behavior	un comportement malhonnête	
conduct	une conduite discourtoise	
--manners	des manières rudes	

an UNCULTIVATED	2699
field	un champ en friche
area	une étendue en friche
crop	une moisson négligée
vineyard	une vigne sauvage
orchard	un verger inculte

an UNCUT	2700
diamond	un diamant brut
sapphire	un saphir brut
emerald	une émeraude brute
stone	une pierre brute
gem	une pierre précieuse brute

an UNDEFINABLE	2701
dread	une crainte indéfinissable
concept	un concept obscur
premonition	un pressentiment vague
feeling	un sentiment vague
fear	une peur confuse

an UNDEFINED	2702
term	un terme indéfini
word	un mot indéfini
phrase	une locution imprécise
symbol	un signe obscur
position	une position mal définie

an UNDEMOCRATIC	2703
segregation	une ségrégation antidémocratique
procedure	une procédure antidémocratique
process	un procédé antidémocratique
rule	une règle antidémocratique
way	un moyen antidémocratique

an UNDENIABLE	2704
logic	une logique indiscutable
magnetism	un magnétisme indéniable
pleasure	un plaisir indéniable
charm	un charme indéniable
attraction	une attirance indéniable

an UNDERLYING	2705
significance	un sens profond
tension	une tension sous-jacente
truth	une vérité fondamentale
opposition	une opposition cachée
resentment	un ressentiment profond

an UNDERPAID	2706
profession	une profession mal rétribuée
employee	un employé mal rétribué
teacher	un enseignant mal rétribué
worker	un travailleur mal rétribué
assistant	un assistant mal rétribué

an UNDERSTANDABLE	2707
homesickness	une nostalgie compréhensible
nervousness	une nervosité compréhensible
symbolism	un symbolisme intelligible
anxiety	une inquiétude compréhensible
tension	une tension compréhensible

an UNDERSTANDING	2708
wife	une épouse compréhensive
husband	un mari compréhensif
judge	un juge compréhensif
employer	un employeur compréhensif
teacher	un professeur compréhensif

an UNDESERVED	2709
acquittal	un acquittement immérité
fate	un sort injuste
promotion	un avancement immérité
bonus	une prime imméritée
reward	un prix immérité

an UNDESERVING	2710
winner	un vainqueur sans mérite
recipient	un bénéficiaire sans mérite
loser	un perdant sans mérite
wife	une épouse sans mérite
nation	une nation sans mérite

an UNDESIRABLE	2711
outcome	un résultat peu souhaitable
companion	un compagnon indésirable
compromise	un compromis peu souhaitable
location	un emplacement peu indiqué
job	une tâche indésirable

an UNDISCOVERED	2712
land	un pays encore inconnu
ruin	des ruines encore inconnues
area	une région encore inconnue
mountain	une montagne encore inconnue
waterfall	une cascade encore inconnue

an UNDISGUISED	2713
contempt	un mépris non dissimulé
hatred	une haine non dissimulée
opposition	une opposition ouverte
antagonism	un antagonisme non disimulé
admiration	une admiration non dissimulée

an UNDISPUTED	2714
ownership	un droit de propriété incontesté
champion	un champion incontesté
ruler	un souverain incontesté
result	un résultat incontesté
record	un record incontesté

an UNDISTURBED	2715
harmony	une harmonie non troublée
slumber	un somme non troublé
meeting	une réunion non troublée
peace	une paix non troublée
rest	un repos non troublé

an UNDIVIDED	2716
allegiance	une fidélité absolue
attention	une attention soutenue
nation	une nation unie
party (political)	un parti monolithique
support	un soutien entier

an UNDOUBTED	2717
success	une réussite incontestable
winner	un vainqueur incontesté
loser	une perte incontestable
failure	un échec indiscutable
victory	une victoire incontestée

an UNDUE	2718
influence	une influence abusive
severity	une sévérité injuste
harshness	une rigueur indue
pressure	des pressions injustifiables
anxiety	une inquiétude injustifiée

an UNDYING		2719
gratitude	une gratitude éternelle	
admiration	une admiration éternelle	
love	un amour éternel	
adoration	une adoration éternelle	
opposition	une opposition éternelle	

an UNEARTHLY		2720
stillness	un silence surnaturel	
sound	un bruit surnaturel	
scream	un cri sinistre	
apparition	une apparition surnaturelle	
glow	une lueur surnaturelle	

an UNEASY		2721
truce	une trêve fragile	
peace	une paix fragile	
population	une population troublée	
feeling	un sentiment de malaise	
flock	un troupeau agité	

an UNEMPLOYED		2722
mechanic	un mécanicien en chômage	
worker	un ouvrier en chômage	
musician	un musicien en chômage	
salesman	un vendeur en chômage	
clerk	un employé en chômage	

an UNEQUAL		2723
share	une part inégale	
portion	une partie inégale	
division	un partage inégal	
distribution	une répartition inégale	
contest	une lutte inégale	

an UNETHICAL		2724
conduct	une conduite peu honorable	
practice	des agissements malhonnêtes	
lawyer	un avocat peu intègre	
act	un acte peu honorable	
doctor	un médecin peu consciencieux	

an UNEVEN		2725
match	un match inégal	
score	un score inégal	
contest	une lutte inégale	
performance	un fonctionnement irrégulier	
surface	une surface inégale	

an UNEVENTFUL		2726
trip	un voyage sans incidents	
day	une journée calme	
visit	une visite sans incidents	
meeting	une réunion sans incidents	
crossing	une traversée sans incidents	

an UNEXPECTED		2727
delay	un retard inattendu	
storm	un orage éclatant à l'improviste	
guest	un visiteur inattendu	
inheritance	un héritage inattendu	
visit	une visite inattendue	

an UNEXPLAINABLE		2728
oversight	un oubli inexplicable	
sadness	une tristesse inexplicable	
reluctance	une répugnance inexplicable	
urge	une impulsion inexplicable	
omission	une omission inexplicable	

an UNEXPLAINED		2729
mystery	un mystère inexplicable	
disappearance	une disparition inexpliquée	
kidnaping	un enlèvement inexplicable	
crime	un crime inexplicable	
theft	un vol inexplicable	

an UNEXPLORED		2730
depth	un fond inexploré	
jungle	une jungle inexplorée	
territory	un territoire inexploré	
wilderness	un désert inexploré	
universe	un univers inexploré	

an UNEXPRESSED		2731
contempt	un mépris muet	
desire	un désir muet	
love	un amour muet	
wish	un vœu muet	
opposition	une opposition cachée	

an UNFAILING		2732
accuracy	une précision infaillible	
regularity	une régularité infaillible	
determination	une détermination inflexible	
punctuality	une ponctualité infaillible	
cheerfulness	une bonne humeur infaillible	

an UNFAMILIAR		2733
place	un lieu étranger	
melody	une mélodie peu connue	
tourist	un touriste étranger	
quotation	une citation peu connue	
play	une pièce de théâtre peu connue	

an UNFAVORABLE		2734
review	une critique (littéraire) défavorable	
criticism	une critique défavorable	
reaction	une réaction défavorable	
wind	un vent défavorable	
verdict	un verdict défavorable	

an UNFINISHED		2735
apartment	un appartement inachevé	
composition	une rédaction inachevée	
project	un projet inachevé	
symphony	une symphonie inachevée	
addition	une addition inachevée	

an UNFORESEEN		2736
difficulty	une difficulte imprévue	
catastrophe	un désastre inattendu	
delay	un retard imprévu	
hardship	une épreuve inattendue	
obstacle	un obstacle imprévu	

an UNFORGETTABLE		2737
experience	une experience inoubliable	
sight	un spectacle inoubliable	
trip	un voyage inoubliable	
flight	un vol (avion) inoubliable	
beauty	une beauté inoubliable	

an UNFORGIVABLE		2738
rudeness	une impolitesse impardonnable	
negligence	une négligence impardonnable	
delay	un retard impardonnable	
omission	une omission impardonnable	
tardiness	un manque de ponctualité impardonnable	

an UNFORTUNATE   2739

accident	un fâcheux accident
circumstance	des circonstances défavorables
loss	une perte malencontreuse
consequence	une conséquence fâcheuse
theft	un vol malencontreux

an UNFOUND   2740

ransom	une rançon introuvable
treasure	un trésor introuvable
witness	un témoin introuvable
source	une source introuvable
clue	un indice introuvable

an UNFRIENDLY   2741

nation	une nation hostile
act	un acte peu amical
tribe	une tribu hostile
stranger	un étranger hostile
nature	un caractère peu amical

an UNFULFILLED   2742

prophecy	une prophétie inaccomplie
requirement	une condition non remplie
destiny	une destinée inaccomplie
desire	un désir insatisfait
longing	une aspiration déçue

an UNFURNISHED   2743

apartment	un appartement non meublé
office	un bureau non meublé
room	une pièce non meublée
house	une maison non meublée
bedroom	une chambre à coucher non meublée

an UNGRATEFUL   2744

winner	un vainqueur ingrat
friend	un ami ingrat
student	un élève ingrat
wife	une épouse ingrate
husband	un mari ingrat

an UNHAPPY   2745

child	un enfant malheureux
marriage	une union malheureuse
couple	un couple malheureux
life	une vie malheureuse
worker	un ouvrier malheureux

an UNHEARD-OF   2746

opportunity	une occasion inouïe
amount	une somme inouïe
price	un prix inouï
wealth	une opulence inouïe
expense	des frais inouïs

an UNIDENTIFIED   2747

flying saucer	une soucoupe volante non identifiée
object	un objet non identifié
virus	un virus inconnu
source	une origine inconnue
witness	un témoin inconnu

a UNIFORM   2748

size	des dimensions uniformes
weight	un poids uniforme
height	une hauteur uniforme
length	une longueur uniforme
texture	une texture uniforme

a UNILATERAL   2749

disarmament	un désarmement unilatéral
escalation	une escalade unilatérale
de-escalation	une désescalade unilatérale
intervention	une intervention unilatérale
truce	une trêve unilatérale

an UNIMPORTANT   2750

message	un message sans importance
difference	un écart insignifiant
fact	un fait sans importance
argument	un argument sans importance
meeting	une réunion sans importance

an UNINFORMED   2751

voter	un électeur non averti
source	une source de peu de valeur
public	un public non averti
reader	un lecteur non averti
ambassador	un ambassadeur non averti

an UNINHIBITED   2752

child	un enfant sans complexe
generation	une génération très libre
dance	une danse très libre
conduct	une conduite très libre
approach	une conception très libre

an UNINTENTIONAL   2753

error	une erreur involontaire
oversight	un oubli involontaire
mistake	une faute involontaire
omission	une omission involontaire
insult	une insulte involontaire

an UNINTERESTING   2754

lecturer	un conférencier insipide
experiment	une expérience peu intéressante
assignment	un devoir (d'école) peu intéressant
play	une pièce de théâtre insipide
novel	un roman insipide

an UNINTERRUPTED   2755

conference	une conférence ininterrompue
honeymoon	une lune de miel ininterrompue
broadcast	une émission ininterrompue
debate	un débat ininterrompu
performance	une représentation ininterrompue

an UNINVITED   2756

guest	un visiteur inattendu
comment	une remarque inattendue
criticism	une critique inattendue
friend	un ami non invité
visit	une visite inattendue

a UNIQUE   2757

collection	une collection unique
idea	une idée originale
concept	un concept original
design	un modèle original
style	un style unique

a UNIVERSAL   2758

law	une loi universelle
truth	une vérité universelle
justice	une justice universelle
acceptance	une acceptation universelle
language	une langue universelle

ADJECTIVE

an UNJUST		2759
punishment	un châtiment injuste	
accusation	une fausse accusation	
verdict	un verdict inique	
treaty	un traité inique	
compromise	un compromis inique	

an UNKNOWN		2760
artist	un peintre obscur	
killer	un meurtrier inconnu	
amount	une quantité inconnue	
date	une date inconnue	
magnitude	une dimension inconnue	

an UNLAWFUL		2761
search	une perquisition illégale	
seizure	une saisie illégale	
marriage	une union illégitime	
act	un acte illégal	
child	un enfant illégitime	

an UNLIGHTED		2762
cigar	un cigare non allumé	
candle	une bougie non allumée	
cigarette	une cigarette non allumée	
fire	un feu non allumé	
skyrocket	une fusée non allumée	

an UNLIKELY		2763
suspect	un suspect peu probable	
prospect	une perspective invraisemblable	
solution	une solution invraisemblable	
victory	une victoire inprobable	
winner	un vainqueur improbable	

an UNLIMITED		2764
supply	des fournitures illimitées	
amount	une quantité illimitée	
space	un espace illimité	
authority	une autorité illimitée	
number	un nombre illimité	

an UNLOVED		2765
mate	un époux mal aimé	
child	un enfant mal aimé	
wife	une femme mal aimée	
husband	un mari mal aimé	
mother	une mère mal aimée	

an UNLUCKY		2766
accident	un accident malencontreux	
gambler	un joueur malchanceux	
coincidence	une coïncidence fâcheuse	
choice	un choix malencontreux	
loser	un perdant malchanceux	

an UNMANNED		2767
spaceship	un astronef sans équipage	
satellite	un satellite sans équipage	
capsule	une cabine spatiale sans équipage	
space station	une station spatiale sans équipage	
post	un poste inoccupé	

an UNMARKED		2768
grave	une tombe anonyme	
site	un lieu non marqué	
police car	une voiture banalisée	
route	un itinéraire non marqué	
tombstone	une pierre tombale anonyme	

an UNMATCHED		2769
beauty	une beauté sans pareille	
pair	une paire désassortie	
luggage	des bagages dépareillés	
devotion	un dévouement sans égal	
elegance	une élégance incomparable	

an UNMERITED		2770
blame	un blâme immérité	
praise	une louange imméritée	
censure	un reproche immérité	
criticism	une critique imméritée	
devotion	un dévouement immérité	

an UNMISTAKABLE		2771
indication	une indication précise	
premonition	un pressentiment très net	
symptom	un symptôme évident	
sign	un indice très net	
similarity	une analogie évidente	

an UNMOVED		2772
jury	un jury impassible	
teacher	un professeur impassible	
judge	un juge impassible	
audience	un public impassible	
listener	un auditeur impassible	

an UNNATURAL		2773
position	une situation anormale	
reaction	une réaction anormale	
state	un état anormal	
appearance	un aspect anormal	
style	un style affecté	

an UNNECESSARY		2774
expense	une dépense superflue	
delay	un retard inutile	
discipline	une discipline excessive	
addition	une addtion inutile	
comment	une remarque superflue	

an UNOCCUPIED		2775
house	une maison inhabitée	
room	une pièce inoccupée	
building	un immeuble inhabité	
seat	une place libre	
classroom	une salle de classe vide	

an UNOFFICIAL		2776
result	un résultat officieux	
source	une source officieuse	
total	un total officieux	
report	un rapport officieux	
policy	une ligne de conduite officieuse	

an UNORGANIZED		2777
plot	un complot mal préparé	
revolt	une insurrection spontanée	
opposition	une opposition désordonnée	
group	un groupe mal organisé	
report	un récit décousu	

an UNPACKED		2778
bag	un sac déballé	
suitcase	une valise défaite	
trunk	une malle défaite	
case	une caisse déballée	
luggage	des bagages défaits	

an UNPAID	2779
rent	un loyer impayé
bill	une facture impayée
mortgage	une hypothèque non purgée
income tax	un impôt sur le revenu non acquitté
ransom	une rançon non versée

an UNPARALLELED	2780
generosity	une générosité inouïe
increase	une hausse inouïe
affluence	une opulence inouïe
prosperity	une prospérité inouïe
magnificence	une somptuosité inouïe

an UNPARDONABLE	2781
sin	un péché impardonnable
blunder	une bévue inexcusable
obscenity	une obscénité inadmissible
stupidity	une bêtise inexcusable
crime	un crime impardonnable

an UNPLEASANT	2782
smell	une odeur désagréable
rumor	une rumeur désagréable
gossip	des ragots désagréables
quarrel	une dispute désagréable
personality	un personnage déplaisant

an UNPOPULAR	2783
notion	une idée impopulaire
cause	une cause impopulaire
verdict	un verdict impopulaire
winner	un gagnant impopulaire
decision	une décision impopulaire

an UNPRECEDENTED	2784
increase	une hausse sans précédent
move	une mesure sans précédent
decision	une décision sans précédent
prosperity	une prospérité sans précédent
verdict	un verdict sans précédent

an UNPREDICTABLE	2785
election	une élection au résultat imprévisible
market	un marché fluctuant
temper	une humeur changeante
weather	un temps changeant
trend	une tendance variable

an UNPRETENTIOUS	2786
restaurant	un restaurant modeste
home	un intérieur modeste
−surroundings	un cadre sans prétention
life	une vie simple
person	une personne effacée

an UNPRINCIPLED	2787
scoundrel	une canaille sans principes
lawyer	un avocat sans principes
charlatan	un charlatan sans principes
politician	un politicien sans principes
conduct	une conduite dénuée de scrupules

an UNPRINTABLE	2786
text	un texte impubliable
word	un mot impubliable
phrase	une locution impubliable
obscenity	une obscénité impubliable
novel	un roman impubliable

an UNPROFITABLE	2789
investment	un placement peu rentable
business	une affaire peu lucrative
addition	un complément inutile
contract	un contrat sans intérêt
result	un résultat inutile

an UNQUALIFIED	2790
applicant	un postulant incompétent
opinion	un avis non qualifié
candidate	un candidat incompétent
teacher	un professeur incompétent
success	un succès incontesté

an UNQUESTIONED	2791
integrity	une intégrité incontestée
supremacy	une suprématie incontestée
leader	un chef indiscuté
decision	une décision incontestée
order	un ordre incontesté

an UNREACHABLE	2792
goal	un but inaccessible
objective	un objectif inaccessible
planet	une planète inaccessible
galaxy	une galaxie inaccessible
destination	une destination inaccessble

an UNREADABLE	2793
signature	une signature illisible
handwriting	une écriture illisible
print	des caractères illisibles
size	des caractères trop petits
parchment	un parchemin illisible

an UNREASONABLE	2794
price	un prix exorbitant
cost	un coût exorbitant
delay	un retard excessif
request	une demande exorbitante
increase	une augmentation exorbitante

an UNRELIABLE	2795
clerk	un vendeur peu digne de confiance
employee	un employé peu digne de confiance
messenger	un messager peu digne de confiance
student	un élève peu digne de confiance
source	une source peu sûre

an UNRIVALED	2796
beauty	une beauté incomparable
elegance	une élégance incomparable
pianist	un pianiste incomparable
leader	un chef incomparable
prosperity	une prospérité incomparable

an UNRULY	2797
mob	une populace indisciplinée
class	une classe indisciplinée
crowd	une foule indisciplinée
child	un enfant indiscipliné
gang	une bande indisciplinée

an UNSAFE	2798
bridge	un pont dangereux
car	une voiture dangereuse
train	un train dangereux
airplane	un avion dangereux
crosswalk	un passage clouté dangereux

an UNSANITARY   2799

condition	un état d'insalubrité
rest room	des toilettes insalubres
kitchen	une cuisine insalubre
bathroom	une salle de bains insalubre
market	un marché insalubre

an UNSATISFACTORY   2800

report	un récit peu satisfaisant
grade	une note médiocre
test	une épreuve peu satisfaisante
performance	une représentation peu satisfaisante
result	un résultat peu satisfaisant

an UNSATISFIED   2801

hunger	une faim inassouvie
thirst	une soif inassouvie
desire	un souhait non exaucé
longing	un désir inassouvi
demand	une demande insatisfaite

an UNSCHEDULED   2802

stop	un arrêt imprévu
meeting	une réunion imprévue
interruption	une interruption imprévue
flight	un service aérien affrété
landing	un atterrissage imprévu

an UNSCRUPULOUS   2803

politician	un politicien sans scrupules
dealer	un marchand sans scrupules
lawyer	un avocat sans scrupules
judge	un juge sans scrupules
businessman	un homme d'affaires sans scrupules

an UNSEEN   2804

enemy	un ennemi invisible
target	un but invisible
opponent	un adversaire invisible
admirer	un admirateur invisible
sniper	un tireur embusqué

an UNSELFISH   2805

act	un acte généreux
wish	un vœu désintéressé
boy	un garçon généreux
contribution	une contribution généreuse
donation	une obole généreuse

an UNSHAKABLE   2806

determination	une détermination inébranlable
faith	une foi inébranlable
optimism	un optimisme inébranlable
opposition	une opposition inébranlable
patriotism	une patriotisme inébranlable

an UNSHARPENED   2807

pencil	un crayon épointé
point	une pointe émoussée
knife	un couteau émoussé
blade	une lame émoussée
tip	une pointe émoussée

an UNSHAVEN   2808

jaw	une mâchoire non rasée
chin	un menton non rasé
husband	un mari non rasé
worker	un ouvrier non rasé
criminal	un criminel non rasé

an UNSKILLED   2809

labor	une main-d'œuvre non spécialisée
laborer	un manœuvre
employee	un employé sans formation professionnelle
apprentice	un apprenti inexpérimenté
assistant	un assistant sans expérience

an UNSOLVED   2810

mystery	un mystère non élucidé
crime	un crime non élucidé
theft	un vol non élucidé
riddle	une énigme non élucidée
problem	un problème non résolu

an UNSPEAKABLE   2811

crime	un crime innommable
horror	une horreur sans nom
filth	une saleté innommable
murder	un meurtre abject
atrocity	une atrocité sans nom

an UNSTABLE   2812

element	un élément instable
temperament	un caractère instable
economy	une économie instable
mind	un esprit instable
person	une personne instable

an UNSUCCESSFUL   2813

attempt	une vaine tentative
trip	un voyage infructueux
defense	une vaine défense
enterprise	une entreprise malheureuse
campaign	une campagne malheureuse

an UNSUITABLE   2814

apartment	un appartement qui ne convient pas
arrangement	des dispositions qui ne conviennent pas
accommodation	un logement qui ne convient pas
clothing	des vêtements qui ne conviennent pas
climate	un climat qui ne convient pas

an UNSYMPATHETIC   2815

response	une réponse indifférente
listener	un auditeur indifférent
jury	un jury indifférent
judge	un juge indifférent
editorial	un éditorial indifférent

an UNTAMED   2816

horse	un cheval indompte
lion	un lion sauvage
animal	un animal sauvage
wilderness	une région sauvage
stallion	un étalon sauvage

an UNTENABLE   2817

position	une position intenable
stand	une position indéfendable
agreement	un accord intenable
situation	une situation intenable
perimeter	un périmètre intenable

an UNTHINKABLE   2818

alternative	une alternative inimaginable
sin	un péché impensable
opposition	une opposition invraisemblable
act	un acte impensable
crime	un crime impensable

an UNTIDY		2819
workshop	un atelier en désordre	
kitchen	une cuisine en désordre	
bedroom	une chambre à coucher en désordre	
classroom	une salle de classe en désordre	
bathroom	une salle de bains en désordre	

an UNTIMELY		2820
frost	une gelée hors de saison	
interference	une ingérence inopportune	
death	un décès prématuré	
interruption	une interruption inopportune	
criticism	une critique inopportune	

an UNTIRING		2821
devotion	un dévouement inlassable	
strength	une force inépuisable	
zeal	un zèle inlassable	
worker	un ouvrier infatigable	
advocate	un défenseur infatigable	

an UNTRAINED		2822
applicant	un postulant inexpérimenté	
novice	un novice inexpérimenté	
apprentice	un apprenti inexpérimenté	
help	un domestique inexpérimenté	
talent	un don non exploité	

an UNTROUBLED		2823
conscience	une conscience tranquille	
sleep	un sommeil paisible	
dream	un rêve non troublé	
state	la tranquillité	
world	un monde en paix	

an UNUSUAL		2824
situation	une situation insolite	
happening	un événement peu banal	
result	un résultat peu banal	
climate	un climat exceptionnel	
storm	un orage exceptionnel	

an UNUSED		2825
port	un port désaffecté	
bed	un lit inutilisé	
portion	une partie inutilisée	
ticket	un billet inutilisé	
tuxedo	un smoking inutilisé	

an UNWANTED		2826
publicity	une publicité indésirable	
child	un enfant non désiré	
advice	un conseil superflu	
divorce	un divorce non souhaité	
suggestion	une suggestion superflue	

an UNWELCOME		2827
visitor	un visiteur importun	
visit	une visite importune	
interruption	une interruption importune	
guest	un convive importun	
invitation	une invitation importune	

an UNWILLING		2828
witness	un témoin réticent	
helper	un assistant malgré lui	
accomplice	un complice malgré lui	
soldier	un soldat réticent	
worker	un ouvrier peu diligent	

an UNWISE		2829
choice	un choix inconsidéré	
decision	une décision inconsidérée	
selection	une sélection inconsidérée	
purchase	un achat peu justifié	
investment	un investissement imprudent	

an UNWORTHY		2830
recipient	un donataire indigne	
cause	une cause indigne	
candidate	un candidat indigne	
opponent	un adversaire méprisable	
action	une action méprisable	

an UP-TO-DATE		2831
diary	un journal intime à jour	
file	un dossier à jour	
roadmap	une carte routière à jour	
roster	un tableau de service à jour	
record	un dossier à jour	

an UPPER		2832
berth	la couchette du haut	
hand	(prendre) le dessus	
level	un niveau supérieur	
floor	l'étage au-dessus	
grade (class)	une des classes supérieures	

an UPPERMOST		2833
story	le dernier étage	
thought	une préoccupation essentielle	
part	la partie supérieure	
level	le niveau le plus élevé	
tier	la rangée du haut	

an URBAN		2834
community	une agglomération urbaine	
development	l'urbanisation	
renewal	un aménagement urbain	
atmosphere	une atmosphère urbaine	
improvement	l'urbanisme	

an URGENT		2835
necessity	une nécessité urgente	
message	un message urgent	
reply	une réponse urgente	
appeal	un appel pressant	
telegram	un télégramme urgent	

a USED		2836
automobile	une voiture d'occasion	
motor scooter	un scooter d'occasion	
portion	une partie usagée	
truck	un camion d'occasion	
appliance	un appareil usagé	

a USEFUL		2837
tool	un outil utile	
definition	une définition utile	
collaboration	une collaboration utile	
reference	un livre de référence utile	
machine	une machine utile	

a USELESS		2838
attempt	une tentative vaine	
discussion	une discussion inutile	
argument	une dispute inutile	
debate	un débat inutile	
invitation	une invitation inutile	

a USUAL	2839	an UTTER	2840
tip	un pourboire habituel	dismay	une consternation extrême
fee	des honoraires habituels	disaster	un désastre complet
policy	une ligne de conduite habituelle	failure	un échec complet
result	un résultat habituel	nonsense	une absurdité complète
procedure	un procédé habituel	fool	un imbécile accompli

V

a VACANT	2841	a VARIED	2849
lot	un terrain vague	collection	une collection variée
building	un immeuble vacant	program	un programme varié
office	un bureau vacant	concert	un concert varié
store	un magasin vacant	menu	un menu varié
seat	un siège libre	schedule	un horaire varié

a VAGUE	2842	a VARNISHED	2850
allusion	une vague allusion	table	une table vernie
recollection	un vague souvenir	surface	une surface vernie
reference	une vague mention	floor	un plancher verni
context	un contexte vague	desk	un bureau verni
account	un vague récit	chest	un coffre verni

a VAIN	2843	a VAST	2851
attempt	une vaine tentative	network	un vaste réseau
effort	un effort stérile	plantation	une vaste plantation
argument	un argument futile	universe	un vaste univers
appeal	un vain appel	difference	un énorme écart
call (phone)	un appel (téléphonique) inutile	desert	un vaste désert

a VALIANT	2844	a VAULTED	2852
effort	un effort héroïque	ceiling	un plafond voûté
fight	une lutte héroïque	roof	un comble voûté
foe	un ennemi valeureux	tomb	un tombeau voûté
warrior	un guerrier valeureux	chapel	une chapelle voûtée
explorer	un hardi explorateur	gallery	une galerie voûtée

a VALID	2845	a VEHEMENT	2853
point	un point valable	protest	une protestation véhémente
argument	un argument fondé	denial	une dénégation véhémente
contract	un contrat valable	accusation	une accusation véhémente
objection	une objection recevable	refusal	un refus véhément
certificate	un certificat valable	argument	une discussion violente

a VALUABLE	2846	a VELVET	2854
painting	un précieux tableau	curtain	un rideau de velours
masterpiece	un précieux chef-d'œuvre	dress	une robe de velours
contribution	un précieux apport	upholstery	un capitonnage de velours
property	une propriété de valeur	collar	un col de velours
protein	une protéine utile	gown	une robe de velours

a VANISHING	2847	a VELVETY	2855
race	une race en voie de disparition	lawn	un gazon moelleux
culture	une culture en voie de disparition	texture	un grain velouté
civilization	une civilisation en voie de disparition	smoothness	un velouté
resource	des ressources qui s'épuisent	softness	une douceur veloutée
supply	des approvisionnements qui s'épuisent	skin	une peau veloutée

a VANQUISHED	2848	a VENERABLE	2856
foe	un ennemi vaincu	senator	un vénérable sénateur
opponent	un adversaire désarmé	president	un vénérable président
army	une armée vaincue	judge	un vénérable juge
emperor	un empereur vaincu	lawyer	un vénérable avocat
king	un roi vaincu	professor	un vénérable professeur

ADJECTIVES

a **VERBAL**	2857
reply	une réponse verbale
authorization	une autorisation verbale
approval	une approbation verbale
attack	un assaut verbal
contract	un contrat verbal

a **VERIFIED**	2858
report	un compte-rendu confirmé
reservation	une location confirmée
absence	une absence confirmée
article	un article confirmé
charge	une accusation confirmée

a **VERSATILE**	2859
actor	un acteur aux talents variés
athlete	un sportif complet
musician	un musicien aux talents variés
actress	une actrice aux talents variés
artist	un artiste aux talents variés

a **VERTICAL**	2860
climb	une ascension à pic
cliff	une falaise à pic
position	une position verticale
plane (surface)	un plan vertical
pole	un poteau vertical

a **VICIOUS**	2861
attack	un assaut furieux
lie	un mensonge haineux
rumor	une rumeur méchante
dog	un chien méchant
animal	un animal méchant

a **VICTORIOUS**	2862
army	une armée victorieuse
team	une équipe victorieuse
opponent	un adversaire victorieux
campaign	une campagne victorieuse
general	un général victorieux

a **VIGOROUS**	2863
denial	un refus vigoureux
argument	une chaude dispute
campaign	une campagne vigoureuse
massage	un massage vigoureux
opposition	une opposition vigoureuse

a **VILE**	2864
curse	un juron ignoble
language	un langage ignoble
temper	un caractère exécrable
mood	une humeur exécrable
disposition	une humeur exécrable

a **VINDICTIVE**	2865
person	une personne vindicative
woman	une femme vindicative
letter	une lettre pleine de rancune
loser	un perdant vindicatif
threat	une menace pleine de rancune

a **VINTAGE**	2866
champagne	un champagne de grand cru
brandy	un brandy de grand cru
wine	un vin de grand cru
liqueur	un liqueur de grand cru
blend	un mélange supérieur

a **VIOLATED**	2867
border	une frontière violée
law	une loi violée
right	un droit violé
treaty	un traité violé
armistice	un armistice violé

a **VIOLENT**	2868
storm	un orage violent
argument	une violente dispute
debate	un violent débat
temper	un caractère emporté
anger	une violente colère

a **VIRILE**	2869
man	un homme viril
strength	un force virile
quality	une qualité virile
voice	une voix virile
energy	une énergie virile

a **VIRTUAL**	2870
prisoner	un captif de fait
necessity	une nécessité de fait
disaster	un désastre de fait
certainty	une certitude de fait
triumph	un triomphe de fait

a **VIRTUOUS**	2871
woman	une femme vertueuse
life	une vie vertueuse
conduct	une conduite vertueuse
bride	une fiancée vertueuse
girl	une jeune fille vertueuse

a **VISIBLE**	2872
anger	une colère visible
happiness	un bonheur visible
support	un appui visible
anxiety	une inquiétude visible
dislike	une aversion visible

a **VISITING**	2873
cousin	un cousin en visite
foreigner	un étranger en visite
dignitary	un dignitaire en visite
—hour(s)	les heures de visite
professor	un visiting

a **VISUAL**	2874
image	une représentation visuelle
impact	un choc visuel
impression	une impression visuelle
representation	une évocation visuelle
delight	un plaisir des yeux

a **VITAL**	2875
statistic	une statistique vitale
mission	une mission capitale
importance	une importance capitale
concern	une préoccupation capitale
fact	un fait capital

a **VIVACIOUS**	2876
actress	une actrice enjouée
hostess	une hôtesse enjouée
star	une vedette enjouée
· personality	une personnalité enjouée
manner	un air enjoué

ADJECTIVES

a VIVID   2877
recollection	un souvenir très vif
imagination	une imagination vive
color	une couleur vive
impression	une impression durable
description	une description vivante

a VOCAL   2878
exercise	un exercice vocal
opposition	une opposition bruyante
opponent	un opposant prolixe
group	un groupe choral
participant	un participant prolixe

a VOCATIONAL   2879
education	un enseignement professionnel
preference	une préférence pour un métier
choice	le choix d'une profession
school	une école professionnelle
training	une formation professionnel

a VOLATILE   2880
substance	une substance volatile
temperament	un tempérament volatil
fuel	un carburant volatil
solution	une solution volatile
mixture	un mélange volatil

a VOLCANIC   2881
origin	une origine volcanique
rock	une roche volcanique
island	une île volcanique
eruption	une éruption volcanique
area	une région volcanique

a VOLUMINOUS   2882
correspondence	une correspondance ample
hood	un capuchon volumineux
robe	une toge volumineuse
shroud	un linceul volumineux
diary	un volumineux journal intime

a VOLUNTARY   2883
contribution	une contribution bénévole
donor	un donneur bénévole
retirement	une retraite volontaire
donation	un don volontaire
service	un service bénévole

a VOLUNTEERED   2884
assistance	une aide offerte volontairement
contribution	une assistance offerte volontairement
donation	un don offert volontairement
help	un secours offert volontairement
support	un soutien offert volontairement

a VOLUPTUOUS   2885
figure	un corps voluptueux
dancer	une danseuse voluptueuse
actress	une actrice voluptueuse
wife	une femme voluptueuse
girl	une jeune fille voluptueuse

a VULGAR   2886
remark	une remarque vulgaire
joke	une plaisanterie vulgaire
dance	une danse vulgaire
reference	une allusion vulgaire
cartoon	une caricature vulgaire

a VULNERABLE   2887
defense	une défense vulnérable
position	une position vulnérable
fortress	une forteresse vulnérable
city	une ville vulnérable
argument	un raisonnement vulnérable

W

a WAILING   2888
lament	des lamentations plaintives
siren	le son plaintif d'une sirène
baby	un bébé qui pleurniche
cry	un cri plaintif
sound	un son plaintif

a WAKEFUL   2889
sentry	une sentinelle vigilante
eye	un œil vigilant
policeman	un agent de police vigilant
nurse	une infirmière vigilante
mother	une mère vigilante

a WANDERING   2890
stream	un cours d'eau vagabond
path	un sentier capricieux
minstrel	un troubadour ambulant
tribe	une tribu nomade
life	une vie errante

a WANTON   2891
destruction	une destruction gratuite
act	un acte gratuit
woman	une femme impudique
child	un enfant obstiné
disobedience	une désobéissance gratuite

a WARLIKE   2892
native	un indigène belliqueux
tribe	une tribu belliqueuse
people	un peuple belliqueux
threat	une menace belliqueuse
cry	un cri belliqueux

a WARM   2893
summer	un été chaud
climate	un climat chaud
stable	une écurie chaude
welcome	un accueil chaleureux
–pajamas	un pyjama chaud

ADJECTIVES

a WARMED 2894

milk	du lait réchauffé
soup	une soupe réchauffée
formula (baby)	un biberon chaud
bottle	une bouteille rechauffée
leftover	des restes réchauffés

a WARMING 2895

fire	un feu qui réchauffe
sunshine	un soleil qui réchauffe
smile	un sourire chaleureux
glow	un rayonnement chaleureux
tribute	un hommage chaleureux

a WARNING 2896

shot	un coup de feu tiré en l'air
sign	un panneau d'avertissement
notice	un avertissement
letter	une lettre d'avertissement
symptom	un symptôme avertisseur

a WARPED 2897

mentality	une mentalité faussée
lumber	du bois gondolé
attitude	un esprit faussé
plywood	du contre-plaqué gondolé
record	un disque gondolé

a WARRING 2898

nation	une nation en guerre
tribe	une tribu en guerre
—powers	des puissances en guerre
faction	une faction hostile
minority	une minorité hostile

a WARTIME 2899

censorship	une censure de temps de guerre
restriction	une restriction du temps des hostilités
ration	une ration de guerre
casualty	une victime de la guerre
austerity	une austérité de temps de guerre

a WASHABLE 2900

material	une étoffe lavable
fabric	un tissu lavable
sweater	un pull-over lavable
dress	une robe lavable
jacket	une veste lavable

a WASHED 2901

apron	un tablier lavé
laundry	du linge lavé
car	une voiture lavée
—dishes	de la vaisselle lavée
window	une fenêtre lavée

a WASTED 2902

leisure	des loisirs gaspillés
talent	un don gaspillé
surplus	un excédent gaspillé
effort	un effort inutile
life	une vie vaine

a WASTEFUL 2903

expenditure	une dépense excessive
use	un gaspillage
extravagance	une extravagance ruineuse
misuse	un abus ruineux
spending	des dépenses ruineuses

a WATCHFUL 2904

eye	un œil vigilant
policeman	un policier vigilant
guard	un garde vigilant
dog	un chien vigilant
nurse	une infirmière vigilante

a WATERPROOF 2905

coat	un manteau imperméable
jacket	une veste imperméable
covering	une bâche imperméable
fabric	un tissu imperméable
boot	une botte imperméable

a WAVING 2906

grass	une herbe ondoyante
grain	des épis qui ondulent
crowd	une foule agitant les mouchoirs/les mains
branch	une branche qui se balance
flag	un drapeau qui flotte

a WEAK 2907

excuse	une excuse peu convaincante
solution (liquid)	une solution diluée
voice	une voix faible
cry	un faible cri
patient	un patient débile

a WEALTHY 2908

client	un client riche
relative	un parent riche
businessman	un homme d'affaires riche
financier	un financier riche
family	une famille riche

a WEARY 2909

traveler	un voyageur fatigué
climber	un alpiniste fatigué
salesman	un vendeur fatigué
housewife	une mère de famille fatiguée
helper	un aide fatigué

a WEEKLY 2910

allowance	une allocation hebdomadaire
magazine	une revue hebdomadaire
salary	un traitement hebdomadaire
schedule	un programme hebdomadaire
bill	une facture hebdomadaire

a WEIRD 2911

ritual	un rite fantastique
dance	une danse fantastique
music	une musique surnaturelle
sound	un son étrange
rhythm	un rythme inhabituel

a WELCOME 2912

guest	un invité qui est le bienvenu
pause	une pause qui est la bienvenue
relief	un secours qui est le bienvenu
visit	une visite qui est la bienvenue
invitation	une invitation qui est la bienvenue

a WELL-ARRANGED 2913

display	un étalage bien fait
reception	un accueil bien organisé
gallery (art)	une galerie bien ordonnée
décor	un décor bien agencé
schedule	un horaire bien établi

a WELL-ATTENDED 2914

recital	un récital très couru
concert	un concert très couru
lecture	une conférence très courue
event	une manifestation très courue
festival	un festival très couru

a WELL-BALANCED 2915

personality	une personnalité équilibrée
diet	un régime équilibré
temperament	un tempérament équilibré
team	une équipe solide
budget	un budget équilibré

a WELL-BUILT 2916

astronaut	un astronaute athlétique
athlete	un sportif athlétique
structure	une construction solide
shelter	un abri solide
physique	une belle carrure athlétique

a WELL-DEFINED 2917

term	une locution bien déterminée
word	un mot au sens précis
problem	un problème bien déterminé
project	un projet bien déterminé
plan	un plan bien déterminé

a WELL-DEVELOPED 2918

physique	un beau physique
talent	un don très développé
plan	un plan bien conçu
gymnast	un gymnaste musclé
technique	une technique bien au point

a WELL-DIRECTED 2919

motion picture	un film bien mis en scène
play	une pièce bien mise en scène
comedy	une comédie bien mise en scène
production	une bonne réalisation
company	une société bien gérée

a WELL-DONE 2920

composition	une rédaction bien composée
report	un rapport bien fait
analysis	une analyse bien faite
movie	un film bien fait
drawing	un dessin bien exécuté

a WELL-DONE (cooking) 2921

steak	un bifteck cuit à point
roast	un rôti cuit à point
slice	une tranche de viande cuite à point
turkey	un dindon cuit à point
meat	de la viande cuite à point

a WELL-DRAWN 2922

graph	un graphique bien tracé
picture	un tableau ⎫ d'une
design	un modèle ⎬ belle
portrait	un portrait ⎭ facture
copy	une copie bien exécutée

a WELL-DRESSED 2923

girl	une jeune fille bien habillée
model	un mannequin bien habillé
applicant	un postulant bien habillé
heiress	une héritière bien habillée
socialite	une femme du monde bien habillée

a WELL-EARNED 2924

reputation	une réputation méritée
rest	un repos bien mérité
vacation	des vacances bien méritées
salary	un traitement mérité
bonus	une prime méritée

a WELL-EQUIPPED 2925

gymnasium	un gymnase bien installé
workshop	un atelier bien installé
kitchen	une cuisine bien installée
hospital	un hôpital bien installé
post office	un bureau de poste bien installé

a WELL-FURNISHED 2926

trailer	un caravane bien meublée
apartment	un appartement bien meublé
room	une pièce bien meublée
office	un bureau bien meublé
home	une maison bien meublée

a WELL-INFORMED 2927

journalist	un journaliste bien renseigné
public	un public bien informé
source	une source sûre
spokesman	un porte-parole bien informé
voter	un électeur bien informé

a WELL-KEPT 2928

lawn	un gazon bien entretenu
park	un parc soigné
playground	un terrain de jeu bien entretenu
secret	un secret bien tenu
yard	un jardin bien entretenu

a WELL-KNOWN 2929

composer	un compositeur bien connu
author	un auteur bien connu
minister	un pasteur bien connu
mediator	un médiateur bien connu
surgeon	un chirurgien bien connu

a WELL-LAID 2930

foundation	de fermes assises
trap	un piège bien placé
plan	un plan bien conçu
ambush	une embuscade bien montée
campaign	une campagne bien organisée

a WELL-LIGHTED 2931

hallway	un corridor bien éclairé
park	un parc bien éclairé
porch	une véranda bien éclairée
street	une rue bien éclairée
area	une zone bien éclairée

a WELL-LIKED 2932

person	une personne sympathique
principal	un directeur sympathique
teacher	un professeur sympathique
president	un président sympathique
scout	un éclaireur sympathique

a WELL-MADE 2933

guitar	une guitare de bonne facture
violin	un violon de bonne facture
product	un produit bien fait
toy	un jouet bien fait
dress	une robe bien faite

a WELL-MANAGED 2934

business	une affaire bien gérée
bank	une banque bien gérée
supermarket	un supermarché bien géré
firm	une firme bien gérée
department store	un grand magasin bien géré

a WELL-MANNERED 2935

aristocrat	un aristocrate courtois
child	un enfant bien élevé
pet	un animal favori bien dressé
son	un fils bien élevé
student	un étudiant bien éduqué

a WELL-MARKED 2936

route	un trajet bien signalisé
trail	une piste bien signalisée
detour	un détour clairement indiqué
page	une page très annotée
paragraph	un paragraphe très annoté

a WELL-ORGANIZED 2937

cruise	une croisière bien organisée
schedule	un horaire bien établi
strike	une grève bien organisée
plan	un plan bien conçu
union	un syndicat bien organisé

a WELL-PAID 2938

professional	un cadre bien rémunéré
technician	un technicien bien rémunéré
specialist	un spécialiste bien rémunéré
profession	une profession bien rémunérée
performer	un acteur bien payé

a WELL-PLANNED 2939

invasion	une invasion bien préparée
offensive	une offensive bien préparée
overthrow	un coup d'État bien préparé
raid	un raid bien préparé
robbery	un vol bien préparé

a WELL-PREPARED 2940

meal	un repas bien préparé
report	un rapport bien préparé
composition	une narration bien préparée
speech	un discours bien préparé
review	un examen bien préparé

a WELL-REGULATED 2941

industry	une industrie fortement réglementée
economy	une économie fortement réglementée
flow	un débit bien réglé
profession	une profession strictement réglementée
system	un système méthodique

a WELL-SEASONED 2942

stew	un ragoût bien assaisonné
salad	une salade bien assaisonnée
roast	un rôti bien assaisonné
casserole	un ragoût bien assaisonné
dish	un plat bien assaisonné

a WELL-STOCKED 2943

supermarket	un supermarché bien achalandé
grocery store	une épicerie bien achalandée
drugstore	un "drugstore" bien achalandé
shoe store	un magasin de chaussures bien achalandé
department store	un grand magasin bien achalandé

a WELL-TRAINED 2944

army	une armée bien entraînée
astronaut	un astronaute expérimenté
orchestra	un orchestre expérimenté
singer	un chanteur expérimenté
stewardess	une hôtesse expérimentée

a WELL-TRAVELED 2945

highway	une autoroute encombrée
route	une route encombrée
detour	un détour très utilisé
road	une route très utilisée
path	un sentier battu

a WELL-WORN 2946

path	un sentier battu
trail	une piste battue
book	un livre souvent consulté
textbook	un manuel souvent consulté
diary	un journal intime souvent consulté

a WELL-WRITTEN 2947

play	une pièce bien écrite
textbook	un manuel bien écrit
comedy	une comédie bien écrite
narrative	un récit bien écrit
report	un rapport bien écrit

a WESTERN 2948

hemisphere	l'hemisphère occidental
border	une frontière occidentale
direction	la direction de l'ouest
route	un trajet passant par l'ouest
plain	une plaine de l'ouest

a WET 2949

street	une rue mouillée
sidewalk	un trottoir mouillé
floor	un plancher mouillé
ground	un sol mouillé
rag	un chiffon mouillé

a WHISPERED 2950

secret	un secret murmuré à l'oreille
confession	une confession murmurée à l'oreille
signal	un signal murmuré à l'oreille
suggestion	une suggestion murmurée à l'oreille
warning	un avertissement murmuré à l'oreille

a WHITE 2951

blouse	un chemisier (une blouse) blanc(he)
uniform	un uniforme blanc
handkerchief	un mouchoir blanc
cloud	un nuage blanc
napkin	une serviette (de table) blanche

a WHOLE 2952

apple	une pomme entière
loaf	un pain entier
book	un livre tout entier
play	une pièce toute entière
novel	un roman tout entier

a WHOLEHEARTED 2953

appreciation	une appréciation sincère
cooperation	une collaboration sincère
support	un appui sincère
sympathy	de sincères condoléances
approval	une approbation sincère

a **WHOLESALE**   2954

price	un prix de gros
supply	des fournitures en gros
dealer	un grossiste
warehouse	une maison de gros
execution	une exécution en masse

a **WHOLESOME**   2955

food	un aliment sain
drink	une boisson saine
sport	un sport sain
exercise	un exercice sain
bread	un pain complet

a **WICKED**   2956

king	un roi méchant
witch	une sorcière méchante
thought	une pensée perverse
scheme	un projet pervers
plot	une intrigue perverse

a **WIDE**   2957

avenue	une avenue large
escalator	un large escalier mécanique
sidewalk	un trottoir large
highway	une route large
bridge	un pont large

a **WIDELY-READ**   2958

newspaper	un journal à grande circulation
magazine	une revue à grande circulation
publication	une publication à grande circulation
novelist	un romancier très lu
columnist	un éditorialiste très lu

a **WIDELY-TRAVELED**   2959

photographer	un photographe ayant beaucoup voyagé
journalist	un journaliste ayant beaucoup voyagé
statesman	un homme d'État ayant beaucoup voyagé
businessman	un homme d'affaires ayant beaucoup voyagé
diplomat	un diplomate ayant beaucoup voyagé

a **WIDELY-USED**   2960

spice	un épice très employé
textbook	un manuel très employé
product	un produit très employé
brand	une marque très employée
expression	une expression trés employée

a **WIDESPREAD**   2961

unrest	un malaise général
anxiety	une inquiétude générale
mistrust	une méfiance générale
epidemic	une épidémie générale
poverty	une pauvreté générale

a **WILD**   2962

animal	une bête sauvage
desire	un désir fou
savage	un sauvage
party	une réception déchaînée
tirade	une diatribe déchaînée

a **WILLFUL**   2963

disobedience	une désobéissance délibérée
misbehavior	une mauvaise conduite délibérée
disregard	un manquement (à une règle) délibéré
child	un enfant têtu
destruction	une destruction délibérée

a **WILLING**   2964

accomplice	un complice volontaire
witness	un témoin de bonne volonté
bride	une fiancée consentante
helper	un assistant de bonne volonté
worker	un ouvrier de bonne volonté

a **WINDING**   2965

path	un sentier sinueux
course	une route (marine) sinueuse
canyon	un canon sinueux
gorge	un défilé sinueux
staircase	un escalier en colimaçon

a **WIND-SWEPT**   2966

canyon	un cañon balayé par les vents
coast	une côte balayée par les vents
gorge	une gorge balayée par les vents
oasis	un oasis balayé par les vents
plain	une plaine balayée par les vents

a **WINDY**   2967

day	un jour de grand vent
climate	un climat venteux
seacoast	une côte balayée par le vent
harbor	un port battu par le vent
beach	une plage battue par le vent

a **WINNING**   2968

combination	des conditions favorables au succès
candidate	un candidat reçu
team	une équipe victorieuse
number	un numéro gagnant
athlete	un sportif victorieux

a **WINTRY**   2969

evening	une soirée hivernale
chill	un froid hivernal
scene	une scène hivernale
climate	un climat hivernal
storm	un orage hivernal

a **WISE**   2970

decision	une décision sage
old man	un vieil homme sage
professor	un professeur sagace
choice	un choix judicieux
move	une mesure judicieuse

a **WISTFUL**   2971

child	un enfant pensif
smile	un sourire désenchanté
expression	une expression mélancolique
thought	une pensée mélancolique
glance	un regard mélancolique

a **WITTY**   2972

commentary	un commentaire spirituel
editorial	un éditorial spirituel
writer	un écrivain spirituel
scene	une scène spirituelle
play	une pièce (de théâtre) spirituelle

a **WONDERFUL**   2973

vacation	des vacances merveilleuses
trip	un voyage merveilleux
experience	une expérience merveilleuse
party	une réception merveilleuse
evening	une soirée merveilleuse

a **WONDROUS**	2974
rainbow	un arc-en-ciel merveilleux
tale	un conte merveilleux
snowfall	une chute de neige prodigieuse
love	un amour prodigieux
creation	une création prodigieuse

a **WOODED**	2975
acre	un terrain boisé
plateau	un plateau boisé
slope	une pente boisée
highland	un haut-plateau boisé
valley	une vallée boisée

a **WOODEN**	2976
bridge	un pont de bois
chair	une chaise de bois
ladle	une louche en bois
clock	une horloge de bois
step	une marche (escalier) de bois

a **WOOLEN**	2977
scarf	une écharpe de laine
cloak	un manteau de laine
skirt	une jupe de laine
overcoat	un pardessus de laine
pants suit	un ensemble-pantalon de laine

a **WORKABLE**	2978
plan	un plan réalisable
arrangement	un accord réalisable
solution	une solution réalisable
compromise	un compromis réalisable
design	un modèle exécutable

a **WORKING**	2979
class	une classe laborieuse (ouvrière)
day	un jour ouvrable
–hours	les heures de travail
wife	une épouse qui a une profession
blueprint	une épure de travail

a **WORLD-FAMED**	2980
choir	un chœur de renommée mondiale
violinist	un violoniste de renommée mondiale
pianist	un pianiste de renommée mondiale
conductor	un chef d'orchestre de renommée mondiale
orchestra	un orchestre de renommée mondiale

a **WORLD-FAMOUS**	2981
painting	un tableau de renommée mondiale
cathedral	une cathédrale de renommée mondiale
surgeon	un chirurgien de renommée mondiale
cheese	un fromage de renommée mondiale
university	une université de renommée mondiale

a **WORLDWIDE**	2982
organization	une organisation mondiale
network	un réseau mondial
monopoly	un monopole mondial
conflict	un conflit mondial
famine	une famine universelle

a **WORN-OUT**	2983
dress	une robe usée
machine	une machine usée
material	un tissu usé
tractor	un tracteur usé
broom	un balai usé

a **WORRIED**	2984
frown	un froncement soucieux
loser	un perdant préoccupé
candidate	un candidat inquiet
mother	une mère inquiète
taxpayer	un contribuable soucieux

a **WORSE**	2985
choice	un choix plus mauvais
decision	une décision plus mauvaise
candidate	un candidat plus mauvais
time	un moment encore moins opportun
hotel	un hôtel plus médiocre

a **WORSHIPPED**	2986
heroine	une héroïne vénérée
idol	une idole vénérée
god	un dieu vénéré
goddess	une déesse vénérée
deity	une divinité vénérée

a **WORTHLESS**	2987
check	un chèque sans valeur
report	un rapport sans valeur
advice	un conseil sans valeur
cause	une cause indigne
object	un objet sans valeur

a **WORTHWHILE**	2988
precaution	une précaution utile
investment	un bon placement
project	un projet valable
addition	un complément utile
charity	une œuvre de bienfaisance utile

a **WORTHY**	2989
opponent	un adversaire de valeur
heir	un digne héritier
cause	une cause honorable
charity	une œuvre charitable sérieuse
candidate	un candidat sérieux

a **WOUNDED**	2990
soldier	un soldat blessé
lion	un lion blessé
tiger	un tigre blessé
animal	un animal blessé
elephant	un éléphant blessé

a **WOVEN**	2991
blanket	une couverture tissée
tapestry	une tapisserie tissée
rug	un tapis tissé
shawl	un châle tissé
cloth	une toile tissée

a **WRECKED**	2992
automobile	une voiture démolie
train	un train déraillé
bus	un autobus démoli
ship	un navire naufragé
truck	un camion démoli

a **WRINKLED**	2993
skirt	une jupe froissée
blouse	un chemisier froissé
suit	un costume froissé
sleeve	une manche froissée
face	un visage ridé

WRITTEN 2994

report	un compte-rendu écrit
message	un message écrit
examination	une épreuve écrite
resignation	une démission donnée par écrit
application	une candidature posée par écrit

Y

YEARLY 2996

increase	une augmentation annuelle
budget	un budget annuel
election	des élections annuelles
promotion	une promotion annuelle
profit	un bénéfice annuel

YELLOW 2997

flower	une fleur jaune
sweater	un chandail jaune
hat	un chapeau jaune
dress	une robe jaune
color	une teinte jaune

YOUNG 2998

girl	une toute jeune fille
son	un jeune fils
daughter	une fille jeune
child	un jeune enfant
lieutenant	un jeune lieutenant

a WRONG 2995

answer	une réponse erronée
move	une fausse manoeuvre
definition	une définition inexacte
destination	une fausse destination
solution	une solution fausse

a YOUNGER 2999

sister	une sœur cadette
wife	une épouse plus jeune
brother	un frère cadet
candidate	un candidat plus jeune
husband	un mari plus jeune

a YOUTHFUL 3000

vitality	une vitalité juvénile
energy	une énergie juvénile
figure	une silhouette jeune
enthusiasm	un enthousiasme juvénile
innocence	l'innocence de la jeunesse

Proper Adjectives of Nationality, Area, and City 3000A

The following adjectives are used to identify the people, products, characteristics, and various noun-forms related to the country, city, province, or area of one hundred countries and fifty cities and ten French provinces. The following examples using the adjectives American and French will illustrate the basic variations common to such forms.

an American accent	un accent américain
American art	l'art américain
an American author	un auteur américain
an American citizen*	un(e) citoyen(ne) français(e)
an American city	une ville américaine
an American coin	une pièce de monnaie américaine
American cooking	la cuisine américaine
an American custom	une coutume américaine
the American economy	l'économie américaine
the American Embassy	l'ambassade des États-Unis
the American flag	le drapeau américain
the American government	le gouvernement américain
American history	l'histoire des Etats-Unis
the American language	la langue anglaise (l'anglais [m.])
an American native (m.)	un Américain
an American native (f.)	une Américaine
an American opera	un opéra américain
of American origin	d'origine américaine
an American passport	un passeport américain
the American people	les Américains (le peuple américain)
an American statesman	un homme d'état américain
an American tourist	un(e) touriste américain(e)
the country	les Etats-Unis (m.pl.)
to/in the country	aux Etats-Unis
from the country	des Etats-Unis
a French accent	un accent français
French art	l'art français
a French author	un auteur français
a French citizen*	un(e) citoyen(ne) français(e)
a French city	une ville française
a French coin	une pièce de monnaie française
French cooking	la cuisine française
a French custom	une coutume française
the French economy	l'économie française
the French Embassy	l'ambassade de France
the French flag	le drapeau français
the French government	le gouvernement français
French history	l'histoire de la France
the French language	la langue française (le français)
a French native (m.)	un Français
a French native (f.)	une Française
a French opera	un opéra français
of French origin	d'origine française
a French passport	un passeport français
the French people	les Français (le peuple français)
a French statesman	un homme d'état français
a French tourist	un(e) touriste français(e)
the country	la France
to/in the country	en France
from the country	de France

*In countries ruled by monarchs, citizens are normally referred to as subjects. An English subject—un suj britannique.

ADJECTIVE

The following adjectives of nationality may be used both as nouns and as attributive adjectives. When used as nouns, the forms are capitalized; when used as adjectives, the forms are written with a lower-case beginning letter. Note that in English, such forms are always capitalized.

Used as a Noun:			Used as an Adjective:	
the French people	les Français	(or)	the French people	le peuple français
a Frenchman	un Français		a French writer	un écrivain français
a French woman	une Française		French cooking	la cuisine française
but: (the) French (language)*	le français	(or)	the French language	la langue française

1 African	africain, aine		51 Lebanese	libanais, aise
2 Albanian	albanais, aise		52 Liberian	libérien, ienne
3 Algerian	algérien, ienne		53 of Luxembourg	luxembourgeois, oise
4 American	américain, aine		54 Malasian	malais, aise
5 Arabian	arabe		55 Maltese	maltais, aise
6 Argentinian	argentin, ine		56 Mexican	mexicain, aine
7 Asian	asiatique		57 Monacan	monégasque
8 Australian	australien, enne		58 of Netherlands (Dutch)	néerlandais, aise
9 Austrian	autrichien, ienne		59 of Newfoundland	terre-neuvien, ienne
10 Bavarian	bavarois, oise		60 Nicaraguan	nicaraguayen, yenne
11 Belgian	belge		61 of New Zealand	néo-zélandais
12 Biafran	biafrais, aise		62 North African	nord-africain, aine
13 Brazilian	brésilien, ienne		63 North American	nord-américain, aine
14 Cambodian	cambodgien, ienne		64 North Korean	nord-coréen, ienne
15 Canadian	canadien, ienne		65 North Vietnamese	nord-vietnamien, ienne
16 Central African	centrafricain, aine		66 Norwegian	norvégien, ienne
17 Central American	centraméricain, aine		67 Pakistinian	pakistanais, aise
18 Chilian	chilien, ienne		68 Palestinian	palestinien, ienne
19 Chinese	chinois, oise		69 Panamanian	panamien, ienne
20 Colombian	colombien, ienne		70 Paraguayan	paraguayen, ene
21 Corsican	corse		71 Peruvian	péruvien, ienne
22 Cretan	crétois, oise		72 Philippine	philippin, ine
23 Cuban	cubain, aine		73 Polish	polonais, aise
24 Cypriot	c(h)ypriote		74 Polynesian	polynésien, ienne
25 Czech(oslovakian)	tchékoslovaque (tchèque)		75 Portuguese	portugais, aise
26 Danish	danois, oise		76 of Quebec	québécois, oise
27 Egyptian	égyptien, ienne		77 Rumanian	roumain, aine
28 English	anglais, aise		78 Russian	russe
29 Ethiopian	éthiopien, ienne		79 Scandinavian	scandinave
30 Eurasian	eurasien, ienne		80 Scottish (Scotch)	écossais, aise
31 European	européen, enne		81 Siberian	sibérien, ienne
32 Finnish	finlandais, aise (finnois)		82 Sicilian	sicilien, ienne
33 French	français, aise		83 South African	sud-africain, aine
34 German	allemand, ande		84 South American	sud-américain, aine
35 of Great Britain (British)	britannique		85 South Korean	sud-coréen, enne
36 Grecian	grec, grecque		86 South Vietnamese	sud-vietnamien, ienne
37 Hawaiian	hawaïen, enne		87 Spanish	espagnol, ole
38 of Holland (Dutch)	hollandais, aise		88 Swedish	suédois, oise
39 Indian	indien, ienne		89 Swiss	suisse (helvétique)
40 Indochinese	indochinois, oise		90 Tahitian	tahitien, ienne
41 Indonesian	indonésien, ienne		91 Thai	thaï (landais, aise)
42 Iranian	iranien, ienne		92 Tunisian	tunisien, ienne
43 Iraqi	iraquien, ienne (irak-)		93 Turkish	turc, turque
44 Irish	irlandais, aise		94 Ukranian	ukrainien, ienne
45 Israeli(te)	israélien, ienne		95 of United States	américain, aine
46 Italian	italien, ienne		96 Uruguayan	uruguayen, enne
47 Japanese	japonais, aise		97 Venezuelan	vénézuélien, ienne
48 Jordanian	jordanien, ienne		98 Vietnamese	vietnamien, ienne
49 Laotian	laotien, ienne		99 Welsh	gallois, oise
50 Latin American	latino-américain, aine		100 Yugoslavian	yougoslave

*The language spoken in many of the countries listed is not related to the name of the country (Africa, America, Australia, Brazil, Iran, Israel, Mexico, Switzerland, etc.)

PART TWO

NOUNS

INTRODUCTION

How do I read the noun blocks?

All translated phrases in the book are written out in full except for the 3,000 blocks of Part II. Here the noun is given (with gender identification) with the adjectival modifiers placed, as in English, below the Key Word. The adjective modifier is to be placed in post-position. Wherever the modifier precedes the noun or the noun itself is translated by a French word which differs from the one given at the head of the block, the phrase has been written out in full.

AWAKENING	un RENOUVEAU	3158	to be read:
a rude	une amère déception		une amère déception
a cultural	culturel		un renouveau culturel
a spiritual	spirituel		un renouveau spirituel
a startling	une réalisation surprenante		une réalisation surprenante
a moral	moral		un renouveau moral

Why are nouns generally treated in one context only, when most nouns have many and varied meanings?

The author wanted to include as many nouns as possible. To do this, it was arbitrarily decided to illustrate each noun only in that context in which it was most commonly understood. Determination of a primary meaning followed a pattern illustrated below.

The Isolation of the Primary Meaning of a Noun

Nouns were submitted for adjective modification *without* any identification as to contextual sense. E.g., a(n) _____ trunk, a(n) _____ record

The adjectives supplied by the participants in most cases indicated in what context they viewed the noun.

Possible meanings of **trunk**:	100 Answers to item:	
1. a large container for packing or storing clothes, etc.	a packed trunk 11	a spacious trunk 2
2. by extension, the storage space of a car	a gnarled trunk 2	a large trunk 14
3. the body of a tree	a battered trunk 9	a curled trunk 2
4. by extension, the human body from neck to thigh	a sturdy trunk 1	a long trunk 1
5. the nose of an elephant	a thick trunk 1	a cluttered trunk 1
	an empty trunk 18	a full trunk 7
	a heavy trunk 26	a twisted trunk 1
	a rectangular trunk 1	a small trunk 3

Meanings 1-2 (container)　93
Meanings 3-4 (part of body)　4　　　　　　　　Primary meaning: container
meaning 5 (elephant's "nose")　3

Possible meanings of **record**:	100 Answers to item:	
1. a ledger or account	an academic record 8	a classical record 8
2. a musical disc	a broken record 24	a popular record 18
3. a series of accomplishments	a scholastic record 4	an impressive record 4
4. the best achievement in a field	an accurate record 11	an inspiring record 1
	a scratched record 4	an unbroken record 9
	a new record 5	an unusual record 4

Division of answers indicates two primary meanings: musical disc and achievement. Both are included in the book with appropriate notation.

The arbitrary selection of primary meaning *was not pre-assigned*, but was based on the information which indicated in what context each noun was most commonly understood.

The only essential difference between French and English nouns is the absence of a neuter gender in French. The initial problem, then, for an American is the distribution of the thousands of English neuter nouns into the two available genders in French.

I. *The Problem of Gender*

A. FEMININE NOUNS

French Nouns are generally *feminine* if:

1. They name a person or a profession which is obviously feminine: *une femme; une jeune fille; une serveuse* (waitress). Exceptions: *un mannequin* (a fashion model); *un modèle* (an artist's model).

2. They name a science: *la physique; la biologie; la médecine.* Exceptions: *le calcul* (calculus); *le droit* (law).

3. They name abstract qualities ending in -eur: *la candeur; la valeur; la douceur.* Exceptions: *le bonheur; le malheur; l'honneur.*

4. They name a country ending in -e (mute): *la France; la Belgique; la Chine.* Exceptions: *le Caucase du Nord* (U.S.S.R.); *le Cambouge* (Cambodia); *le Mexique; le Mozambique;* and *le Maine.*

5. They terminate in one of the following suffixes (one must distinguish between an ending—*une image*—and a suffix—*un assemblage*):

-ade	bousculade; colonnade
-aie	orangeraie; chênaie
-aine	centaine; douzaine
-aison	combinaison; pendaison
-ance	brillance; vaillance
-ée	cuillerée; assiettée
-esse	poétesse; finesse
-euse	serveuse; vendeuse
-ière	épicière; soupière
-ise	bêtise; expertise
-ison	trahison; guérison
-itude	habitude; platitude
-rie	épicerie; boulangerie
-té	beauté; fierté
-tion	composition; admiration
-trice	actrice; cantatrice
-ure	allure; fourrure

Endings: Most nouns ending in mute -e (note that except for final -n, all of the above suffixes end in -e [mute]).

Diminutive Endings:

-elle	poutrelle; tourelle
-ette	fillette; starlette
-ine	tartine; figurine
-otte	menotte; cagnotte

Pejorative Endings:

-aille	canaille; ferraille
-asse	paillasse; paperasse

B. MASCULINE NOUNS

French Nouns are generally *masculine* if:

1. They name an obviously masculine person or profession: *un homme; un garçon; un vendeur.*
2. They identify trees, metals, chemical compounds: *le chêne; le cuivre; le sulfure* (oak tree; copper; sulphur).
3. They designate the days of the week, the months, or the seasons: *le mercredi; un avril pluvieux; le printemps* (Note small letters for days and months.)
4. They are similar in form to infinitive verbs: *le souper; le dîner; le manger; le souvenir; le savoir-faire* (supper; dinner; food; souvenir; know-how).
5. They are adjectives or adverbs used as nouns: *le bleu; le rouge; le vrai;* (blue; red; that which is true); *le bien; le mal* (good; evil).
6. They are invariable forms such as prepositions, interjections, numbers, etc.: *le devant, les «ouis», le huit* (the back, the "yeas"; the [number] eight).
7. They are hyphenated compound nouns designating nonanimate objects: *un porte-crayon; un tire-bouchon; un garde-boue* (pencil box; corkscrew; fender). Many exceptions: *une garde-robe; une porte-fenêtre;* etc.
8. They name a language: *le français; l'allemand; l'anglais;* etc.
9. They terminate in one of the following suffixes:

-age	assemblage; blocage
-ail	vitrail; épouvantail
-ard	poignard; canard
-at	salariat; patronat
-er	oranger; boulanger
-eur	vendeur; acheteur
-ien	Canadien; Italien
-ier	épicier; pompier
-isme	capitalisme; arthritisme
-ment	bâtiment; gouvernement
-oir	miroir; abattoir

Endings: Most nouns ending in -eau. Exceptions: *l'eau* (water); *la peau* (skin).

Diminutive Endings:

-eau	moineau; chevreau
-et	coffret; garçonnet
-on	raton; chaton
-(er)on	moucheron; aileron
-ot	îlot; angelot

Pejorative Endings:

-ard	chauffard; fuyard
-aud	lourdaud; maraud

C. NOUNS OF COMMON GENDER

Nouns referring to people and ending in -e are often both masculine and feminine.

un(e) adversaire	opponent
un(e) artiste	actor, performer
un(e) camarade	friend, companion
un(e) célibataire	bachelor(ette)
un(e) collègue	colleague
un(e) complice	accomplice
un(e) concierge	concierge
un(e) dentiste	dentist
un(e) partenaire	partner (in games)
un(e) patriote	patriot
un(e) pensionnaire	boarder, pensioner
un(e) pianiste	pianist
un(e) spécialiste	expert
un(e) touriste	tourist

Also certain nouns of nationality: *un(e) Russe; un(e) Belge;* and *un(e) enfant; un(e) élève* (a young student).

D. THE FEMININE FORM OF MASCULINE NOUNS

English frequently uses the same noun for both a man and a woman who perform the same service or who are members of the same profession (a doctor, a lawyer, a singer, a dancer, a teacher, etc.) A limited number of special feminine forms are commonly used (an heiress, a Negress, a waitress, a saleswoman, an actress, etc.).

But the reverse is true in French. With the exceptions noted later, the French ear does not tolerate the indiscriminate use of a masculine noun-form to identify a woman.

The patterns of the changes used to form the feminine noun parallel similar changes in adjective patterns:

-eur becomes -euse or -esse	**-ien becomes -ienne**
-teur becomes -trice	**-ier becomes -ière**
-e (mute) becomes -esse	**-an and -on become -anne and -onne**

acheteur, -euse	buyer, shopper
acteur, -trice	actor, actress
admirateur, -trice	admirer
auditeur, -trice	listener
autostoppeur, -euse	hitchhiker
aventurier, -ère	adventurer
baigneur, -euse	bather
balayeur, -euse	street sweeper
baron, -onne	baron, -ess
berger, -ère	shepherd, -ess
bienfaiteur, -trice	benefactor, patron
blanchisseur, -euse	laundryman, -ress
bohémien, -nne	gypsy
buveur, -euse	drinker
cambrioleur, -euse	burglar, thief
causeur, -euse	talker, gossip
champion, -onne	champion
chanteur, -euse	singer (popular)
cantatrice	(opera) singer (f.)
charmeur, -euse	charmer
chercheur, -euse	investigator
chirurgien, -nne	surgeon
chômeur, -euse	person unemployed
chrétien, -nne	Christian
citoyen, -nne	citizen
coiffeur, -euse	hairdresser
collaborateur, -trice	collaborator
comédien, -nne	comedian, player
compositeur, -trice	composer

connaisseur, -euse	expert, connoisseur
consommateur, -trice	consumer, customer
conteur, -euse	storyteller
contrôleur, -euse	inspector
coureur, -euse	runner
créateur, -trice	creator
créditeur, -trice	creditor
cuisinier, -ère	cook, chef
danseur, -euse	dancer
débiteur, -trice	debtor
défendeur, -eresse	defendant, defender
dessinateur, -trice	designer
directeur, -trice	director
éditeur, -trice	publisher
entrepreneur, -euse	contractor
épicier, -ière	grocer
époux, -ouse	spouse, mate
expéditeur, -trice	sender
farceur, -euse	practical joker
fermier, -ère	farmer, farmer's wife
flâneur, -euse	loafer
fumeur, -euse	smoker
gardien, -nne	caretaker
gêneur, -euse	intruder
héritier, -ère	heir, -ess
historien, -nne	historian
hôte, -esse	host, -ess, guest
instituteur, -trice	teacher, instructor
joueur, -euse	player
lutteur, -euse	fighter
lycéen, -nne	high school student
magicien, -nne	sorcerer, -ess, magician
maître, -esse	master, mistress, teacher
masseur, -euse	masseur, -euse
meneur, -euse	leader
menteur, -euse	liar
meurtrier, -ère	murderer, -ess
modérateur, -trice	moderator
musicien, -nne	musician
nageur, -euse	swimmer
nègre, négresse*	Negro, Negress
observateur, -trice	observer
ouvrier, -ère	worker
parieur, -euse	bettor, gambler
parleur, -euse	speaker
paroissien, -nne	church member (Catholic)
patineur, -euse	skater
paysan, -nne	peasant
pécheur, -eresse	sinner
pêcheur, -euse	fisherman, woman
persécuteur, -trice	persecutor
pharmacien, -nne	druggist
plaideur, -euse	defendant
plongeur, -euse	diver
poète, poétesse	poet
politicien, -nne	politician
postier, -ère	postal employee
précepteur, -trice	teacher, tutor
préparateur, -trice	lab assistant, coach
prisonnier, -ère	prisoner
procureur, -atrice	attorney
raconteur, -euse	story teller
raseur, -euse	bore (tedious person)
serveur, -euse	waiter, -ress
traître, -sse	traitor
tricheur, -euse	cheater
vaurien, -nne	good-for-nothing
vendeur, -euse	salesman, saleslady, clerk
visiteur, -euse	visitor
voyageur, -euse	traveler, passenger

*Preferred forms: un Noir, une Noire

E. IRREGULAR FEMININE FORMS

The following nouns form their feminine irregularly:

Human Pairs:

dieu, déesse	roi, reine
docteur, doctoresse	sauveur, salvatrice (savior)
duc, duchesse	serviteur, servante (servant [archaic])
empereur, impératrice	Also:
héros, heroïne	monsieur, madame

Members of the Family:

le fils, la fille	le cousin, la cousine
le père, la mère	le neveu, la nièce
le frère, la sœur	le gendre (son-in-law)
	la bru (daughter-in-law)
le grand-père	le beau-frère (brother-in-law)
la grand-mère	la belle-sœur (sister-in-law)
l'oncle, la tante	un parent, une parente (a relative)

Animal Pairs:

bélier, brebis	ram, ewe
bouc, chèvre	billy goat, goat
cerf, biche	stag, doe
chameau, chamelle	camel
chat, chatte	
chien, chienne	
dindon, dinde	tom turkey, hen
étalon, jument	stallion, mare
jars, oie	gander, goose
lièvre, hase	hare, doe-hare
lion, lionne	
pigeon, pigeonne	
singe, guenon	monkey
taureau, génisse	bull (steer), heifer
tigre, tigresse	

Some animals have only a single-gender word to describe both the female and male of the species. To distinguish the sex, the word **mâle** or **femelle** are added.

Masculine: un serpent mâle, un serpent femelle
un éléphant mâle, un éléphant femelle

Feminine: une hirondelle mâle, une hirondelle femelle
une panthère mâle, une panthère femelle
une hyène mâle, une hyène femelle
une girafe mâle, une girafe femelle
une souris mâle, une souris femelle

F. NOUNS WITH NO FEMININE FORM

Certain masculine nouns (especially those of profession) have no special feminine form. With these nouns one would say: *Cette femme est un auteur célèbre; un peintre de renom.* Occasionally permissible is the structure: *une femme peintre, une femme écrivain*, etc.

agresseur		critique	
amateur	fan, lover	disciple	
ange		docteur*	
apôtre	apostle	écrivain	writer
assassin	murderer	émissaire	emissary
automate	robot	guide	
chef	boss, head	historian	
conservateur	curator	imposteur	

*Docteur in the medical sense does have a feminine form: *une doctoresse*. This is used, although not on calling cards, official titles, etc.: *Docteur Marie Dupont*. An academic degree is also *docteur (ès lettres ès sciences)*.

juge		peintre	painter (artist)
leader	(political) leader	penseur	thinker
médecin	doctor	professeur	teacher
ministre	(political) minister	sculpteur	
modéle	art model	témoin	witness
oppresseur		tyran	
orateur		vainqueur	conqueror
(-trice, form rare)			

G. NOUNS OF DOUBLE GENDER

Many nouns of reasonably high frequency vary their meaning according to gender (without changing the spelling of the masculine form) or number:

	Masculine Gender	Feminine Gender
aide	an aide, assistant: il a engagé un bon aide	help or assistance: une aide précieuse; une aide nécessaire
aigle	the male eagle	the female eagle, also the Napoleonic Flag Eagle: l'aigle romaine
amour	singular = love in the general sense	in the plural often feminine: de nouvelles amours; de mutuelles amours
après-midi	may be either masculine or feminine; masculine recommended	if duration is stressed, then commonly feminine: une très bonne après-midi
cartouche	the archeological design: les cartouches égyptiens	a bullet or cartridge, also carton: une cartouche de cigarettes
couple	two of the same species or similar interests: un couple de pigeons; de voleurs	a couple of, several: une couple de serviettes; une couple d'œufs
crêpe	black worn in mourning: mettre un crêpe noir	a pancake
critique	a critic: un critique dramatique	criticism: la critique d'art
délice	in masculine singular, delight: un pur délice; un de mes plus grands délices	in the plural commonly feminine: mes plus chères delices
enseigne	a naval officer: enseigne de vaisseau	a flag: suspendre une belle enseigne
espace	space in the general sense	space in typography: mettre une espace entre deux mots
garde	a guard, watchman: un garde forestier	protection, nurse: la garde de la propriété; une garde d'enfants
geste	sense of gesture or movement: un beau geste; un geste de main	a heroic act or exploit: la geste de Roland
guide	a guide (for tourists): un guide experimenté. Also: guidebook	the reins of a horse-drawn cart: de bonnes guides (pour une carriole)
hymne	a nonreligious anthem: un hymne national	a sacred song: les hymnes chrétiennes; une hymne sacrée
livre	a book: un livre intéressant	a pound weight and English monetary unit: une livre de sel; la livre sterling
manche	the handle of a pan, knife, fork: un manche de bois	a shirt sleeve, also the English Channel: la Manche
manœuvre	an unskilled laborer: un manœuvre pauvre	a move; movement; exercise (military): une fausse manœuvre; grandes manœuvres
mémoire	a written note, memo; memoirs: les «Mémoires de Saint Simon»	the ability to remember: avoir une bonne mémoire; perdre la mémoire
mode	manner; way of; mood: le mode de faire quelquechose; le mode indicatif	style; fashion; fad: vivre à sa mode; suivre la mode

	Masculine Gender	Feminine Gender
office	personnel of an office: l'office ici est nombreux; also church service: l' office des morts	pantry area for dishes and pans
orgue	organ in singular: l'orgue de l'église est excellent	in plural, collective sense: les grandes orgues
pendule	a balance or pendulum	a clock: office and electrical types
physique	that which is physical, not mental or moral; also build: un beau physique	the science of physics: la physique expérimentale
poêle	a stove (heater), funeral pall: le poêle (black cloth covering casket)	a frying pan: frire de la viande dans une poêle
poste	post (military), police station: un poste avancé; mener quelqu'un au poste	the post office, postal service: bureau de poste; mettre une lettre à la poste
solde	the balance (amount left): payer le solde dans trois mois. Sale items: des soldes intéressants	salary, pay (military services): toucher sa solde
somme	a nap; sleep: faire un somme	burden: les bêtes de somme. Sum; amount: payer une somme considérable
tour	a tour: un tour de la ville. A trick, prank: méchant tour. A race (bicycle): le Tour de France	a tower: la tour Eiffel; la tour de Babel. Also a rook in chess
voile	veil; communion covering for hair: le voile de communicante	a sail; sailing: à pleines voiles; faire de la voile

Other Less Common Nouns of Double Gender:

	Masculine Gender	Feminine Gender
finale	finale in music	last syllable or letter; a final in sports
greffe	office of court clerk	grafting in horticulture; also heart transplant
moule	a mold or form	mussel (seafood); familiarly, a scatterbrain
mousse	an apprentice sailor, worker	a foam or lather
page	a pageboy in royal court	a page in a book
parallèle	a geographic line: 25th parallel	a parallel line in geometry
relâche	un or une: respite	the closing of a theater, etc., for a brief period
souris	a smile	a mouse
statuaire	a sculptor	the art of sculpture
trompette	an army trumpeter	a musical instrument
vague	vagueness; space; thin air	a wave, literally and figuratively
vapeur	a steamboat	steam
vase	a vase for flowers, etc.	mud; slime

II. The Difference in Formation of Nouns

1. The English gerund (reading; writing; swimming; etc.) is not translated by a comparable French participial form (*lisant; écrivant; nageant;* etc.) but is replaced by a separate noun form: *la lecture; écriture; la nage;* etc.

The English structure using the verbal noun (Reading is fun; I prefer reading) is generally paraphrased in French as *Le lecture me plait* or *Je préfère lire.* However, the French have adopted many English gerundial forms as nouns: *un shopping; un pressing; un dancing; un parking* (a shopping center; place to have clothes pressed; a place to go dancing; a parking lot). For additional examples, see the section on anglicisms (Section V in this introduction).

2. The very common English structure using a double noun (a summer camp; a frying pan) is

almost totally absent from French. For a full examination of this structure transposed into French, see 6001-6500.

3. The French use their present participial form consistently as a noun to describe people, whereas in English forms ending in -er are more common:

un assistant	someone who helps	helper, assistant
un arrivant	someone who is arriving	no English equivalent
un passant	someone who is passing by	passer-by
un partant	someone who is leaving	no English equivalent
un débutant	someone who is beginning	beginner
un commerçant	someone who sells, is in business	merchant
un étudiant	someone who studies	student
un fabricant*	someone who manufactures	manufacturer

*Variation of participle: fabriquant

COMPOUND NOUNS

French compound nouns are formed in many ways by combining various parts of speech. There is no general rule which can accurately predict the plural form of such words, hence most French dictionaries list the plural of all compound nouns as a separate entry following the singular form.

Such nouns normally consist of a base noun plus an adjective, adverb, or prepositional phrase with a second noun or an infinitive verb. In such combinations, the noun is generally made plural, the adjective may become plural, and all other parts of speech remain unchanged.

To be sure of the correct plural form of any compound noun not listed below, check any standard dictionary.

In the categories below, the parts of speech printed in italics take the plural ending.

A. VARIABLE COMPOUND NOUNS:

Type 1. Noun + *Noun* (relatively rare except in describing types of animals and flowers)

une (des) machine-outil(s)	machine tool(s)
un (des) timbre-poste(s)	stamp(s)
un (des) loup-garou(s)	werewolf, –wolves

Type 2. *Noun* + Preposition + Noun

un (des) hôtel(s) de ville	city hall(s)
un (des) arc(s)-en-ciel	rainbow(s)
un (des) bateau(x) à vapeur	steamboat(s)
un (des) pot(s)-de-vin	bribe(s)
un (des) chef(s) de gare	stationmaster(s)
un (des) sac(s) à main	handbag(s)

Type 3. *Noun* + *Adjective*

un (des) arc(s)-boutant(s)	flying buttress(es)
un (des) cerf(s)-volant(s)	kite(s)
un (des) coffre(s)-fort(s)	safe(s), strong box(es)

Type 4. Verbal + *Noun*

un (des) couvre-lit(s)	bedspread(s)
une (des) garde-robe(s)	wardrobe(s)
un (des) garde-fou(s)	railing(s)

Type 5. *Adjective* + *Noun*

une (des) belle(s)-fille(s)	daughter(s)-in-law
un (des) beau(x)-père(s)	father(s)-in-law
une (des) plate(s)-forme(s)	platform(s)

Type 6. Adverb + *Noun*

un (des) avant-coureur(s)	forerunner(s)
un (des) avant-poste(s)	outpost(s), front line(s)
une (des) contre-attaque(s)	counterattack(s)

Type 7. *Adjective + Adjective* (may be participial adjective)

un (des) sourd(s)-muet(s)	deaf-mute
un (des) clair(s)-obscur(s)	impressionist art style
un (des) nouveau(x)-né(s)	newly-born

B. INVARIABLE COMPOUND NOUNS: _____

Many compound nouns are invariable, using the same form in both the singular and the plural:

un (des) porte-avions	aircraft carrier(s)
un (des) casse-croûte	snack(s)
un (des) passe-partout	master key(s)
un (des) porte-monnaie	purse(s)
un (des) presse-papiers	paperweight(s)
un (des) gratte-ciel	skyscraper(s)
un (des) porte-crayon	pencil box(es)
un (des) passe-temps	pastime(s)
un (des) casse-noisettes	nutcracker(s)
un (des) taille-crayon	pencil sharpener(s)
un (des) songe-creux	dreamer(s)
un (des) brise-lames	breakwater(s)
un (des) couvre-feux	curfew(s)
un (des) porte-parole	spokesman, spokesmen

These invariable forms are normally masculine in gender and consist of a verbal form (third person singular, present tense) and a noun which may be either singular or plural.

Also invariable are those compound nouns made up of two verb forms:

le savoir-faire	know-how in most areas where knowledge is valued
le savoir-vivre	knowing how to live well
un ouï-dire	hearsay testimony

C. THE NOUN + OF + NOUN COMBINATION _____

The structure of two nouns in sequence separated by the word *of* is of unusually high frequency in English. The variety of relationships expressed by this linking is shown in the following examples:

1. Indicating authority:

the President of the United States	le Président des États-Unis
the chairman of the board	le président de conseil d'administration

2. Indicating collective identity:

a herd of elephants	une troupe d'éléphants
a pride of lions	une troupe de lions
a flock of sheep	un troupeau de moutons
a brood of chickens	une couvée de poussins
a group of friends	un groupe d'amis
a cluster of grapes	une grappe de raisins
a cell of spies	un réseau d'espionage
a troop of soldiers	une troupe de soldats
a crowd of people	une foule de gens
a battery of guns	une batterie de canons
a colony of ants	une colonie de fourmis

3. Indicating composition (made of):

	a dress of silk	une robe de sole
	a castle of stone	un château de pierres
But:	a bridge of steel	un pont en acier
	a crown of gold	une courenne en or
	a surface of cement	une surface en ciment
	a weight of iron	un poids en fer

4. Indicating container (comes in):

a book of matches	une pochette d'allumettes
a carton of cigarettes	une cartouche de cigarettes

5. Indicating distance:

south of Crete	au sud de la Crète
north of Paris	au nord de Paris
one block south of here	passé le prochain carrefour au sud

6. Indicating specific location:

The Tower of Babel	la tour de Babel
The Leaning Tower of Pisa	la tour penchée de Pise

7. Indicating measure:

a spoonful of medicine	une cuillerée de médicament
a pound of meat	une livre de viande

8. Indicating specific name (be named):

	the city of Rome	la ville de Rome
	the state of Israel	l'Etat d'Israël
But:	the country of France	la France
	the planet of Mars	la planète Mars
	the Book of Matthew	l'Evangile selon saint Mathieu

9. Indicating origin (created by):

the fashions of Schiaparelli	les modèles de Schiaparelli
the plays of Shakespeare	les pièces de Shakespeare

10. Indicating ownership:

	the books of the library	les livres de la bibliothèque
	the rights of the people	les droits du peuple
But:	a woman of great wealth	une femme très riche
	the wealth of the affluent	l'opulence des riches

11. Indicating quality or attribute:

	an actress of beauty	une actrice d'une grande beauté
	a position of power	une position d'influence
But:	a woman of charm	une femme qui a du charme
	a man of influence	un homme influent

12. Indicating shape:

	a cube of butter	une plaquette de beurre
	a ball of wax	une boule de cire
But:	a capsule of medicine	un cachet (médical)
	a drift of snow	un congère

13. Indicating sound:

a crash of cymbals	un coup de cymbales
a buzz of bees	un bourdonnement d'abeilles
But: a splash of water	un clapotis
a barking of dogs	un aboiement

14. Structures with verbal nouns:

the manipulation of funds	la manipulation de fonds
the conservation of wildlife	la protection des animaux sauvages
But: the acquisition of wealth	l'enrichissement

15. With gerund:

the freeing of the slaves	la libération des esclaves
the ringing of bells	le son des cloches
the buying of food	l'achat de la nourriture
the weeping of widows	les pleurs des veuves
the laughing of children	le rire des enfants

Other common expressions:

an admission of guilt	des aveux
a battle of equals	une lutte à forces égales
a board of inquiry	une commission d'enquête
a breach of etiquette	un manque de savoir-vivre
a chain of command	la hiérarchie
a change of clothes	des vêtements de rechange
the cost of living	le coût de la vie
an equality of opportunity	des chances égales
the freedom of worship	la liberté des cultes
a history of violence	une histoire faite de violence

16. Proper nouns in the possessive case (Adjectival Function)

China's prestige	le prestige de la Chine
Mr. Brown's car	l'automobile de M. Brown

17. Numbers plus nouns as adjectives (a combination normally hyphenated in English):

a four-week vacation	des vacances de quatre semaines
a five-minute recess	une interruption de séance de cinq minutes
a 100-pound weight	un poids de cent livres
a three-dollar payment	un paiement de trois dollars
an 80-mph speed	une vitesse de 80 miles à l'heure
a fifteen-minute intermission	un entracte d'un quart d'heure
a ten-hour flight	un vol de 10 heures
a twenty-year period	une période de 20 ans
a fourteen-day diet	un régime de 14 jours
a 1,000-pound satellite	un satellite de 1.000 livres

III. The Plural of Nouns

The plural of almost all French nouns is formed regularly by adding -s to the singular form of both genders. This ending is not pronounced except in liaison. Exceptions to this rule are few and, with the exception of certain invariable nouns, are characterized by the final -x instead of -s. This final -x is also mute except in liaison.

A. REGULAR FORMATION (add -s to the singular form)

un garçon, des garçons
l'homme, les hommes
le crayon, les crayons

une sœur, des sœurs
la femme, les femmes
la fontaine, les fontaines

1. Nouns which in the singular end in -s, -x, or -z remain unchanged in the plural:

les fils	sons	les croix	crosses
les bras	arms	les nez	noses
les voix	voices	les gaz	gases

2. Many nouns of the masculine gender ending in -u, -ou, -eu, -au, and -eau add -x to form the plural. The following are of the highest frequency.

Regular: Singular -ou + s:

les clous	nails
les sous	pennies

Singular -eu + x:

les jeux	games
les aveux	confessions
les dieux	gods
les feux	fires
les neveux	nephews
les vœux	wishes
les lieux	places
les adieux	farewells
les cheveux	hair

Exceptions: Singular -ou + x:

les bijoux	jewels
les cailloux	pebbles
les choux	cabbages
les genoux	knees
les hiboux	owls
les joujoux	toys
les poux	lice

Singular -au + x:

les joyaux	jewels	les tuyaux	tubes
les noyaux	nuclei	les étaux	vises

Singular -eau + x:

les anneaux	rings	les gâteaux	cakes
les bateaux	boats	les jumeaux	twins
les châteaux	castles	les couteaux	knives
les oiseaux	birds	les fléaux	plagues
les vaisseaux	ships		

3. Many masculine nouns ending in -l, -al, and -ail change the final syllable to -aux.

Singular -al to -aux:

les animaux	animals	les journaux	newspapers
les amiraux	admirals	les hôpitaux	hospitals
les arsenaux	arsenals	les maux	evils
les chevaux	horses	les totaux	totals
les cristaux	crystals		

Exceptions: bal(s), dance(s); carnaval(s), carnival(s); choral(s), chorale(s); festival(s)
Either: les val(s) or les vaux, valleys
      les idéal(s) or les idéaux, ideals

Singular -ail to -aux or -ails:

les émaux	enamels	les baux	leases
les coraux	coral	les vitraux	stained-glass windows
les travaux	works		

Exceptions:

les chandails	sweaters	les portails	portals, gates
les attirails	outfits	les épouvantails	scarecrows
les détails	details	les éventails	fans, screens

Nouns drawn from other language sources normally retain the plural formation of the original

NOUN

language. (See Section V of this introduction.) Nouns ending in -a, -o, and -um are made plural by adding the customary -s.

les concertos	les mementos	Also:
les contraltos	les sanatoriums	les matchs
les pianos	les referendums	les sandwichs
les solos	les scénarios	les déficits
les visas	les forums	les barmans

But: les gentlemen; les policemen; les misses; les sportsmen

B. NOUNS WHICH CHANGE MEANING IN THE PLURAL: _____

ciseau(x)   Singular—a chisel: **un ciseau de menuisier** (a carpenter's chisel)
Plural—scissors: **des (ou paire de) ciseaux de couturière** (cloth scissors)
lunette(s)   Singular—a magnifying lens, telescope: **une lunette astronomique**
Plural—glasses for reading: **une paire de lunettes**
vacance(s)   Singular—a vacancy in an office, a job vacancy: **la vacance d'une chaire**
Plural—vacation or British holiday: **les vacances d'été**

Note:

1. *Le ciel* and *l'œil* have double or alternate plural forms. *Les cieux* is used in the sense of the heavens: la voûte des cieux, l'immensité des cieux (the vault, the immensity of the heavens), while *les ciels* is used in art: un peintre des ciels (a painter of sky-scenes) and in the sense of climate: les ciels brûlants des tropiques (the torrid tropical skies). *L'œil* has as its regular plural form *les yeux*, but is used in many compound nouns with the plural form *œils*: les œils-de-bœuf (round windows).
2. *Le bétail* is the general French collective noun meaning livestock. To distinguish large animals (horses, donkeys, cows) the term used is *le gros bétail*. Small farm animals (sheep, goats, pigs) are called *le petit bétail*. *Bétail* has also a plural form: *les bestiaux* (essentially an adjective form which became a noun). It is used only to describe *le gros bétail*.

C. NOUNS USED ONLY IN THE PLURAL: _____

les annales (f.)	annals
les broussailles (f.)*	underbrush
les décombres (m.)	debris
les étrennes (f.)*	New Year's gift, tips
les finançailles (f.)	betrothal
les funérailles (f.)	funeral
les moeurs (f.)	customs, habits
les arrhes (f.)	a down payment
les obsèques (f.)	burial
les pleurs (m.)	tears
les ténèbres (f.)	darkness

IV. Proper Nouns

A. AREAS (continents, countries, etc.) _____

The following general rules illustrate the contextual use of nouns indicating land area.

Feminine countries (no article)

to go *to* France	aller *en* France
to stay *in* France	rester *en* France
to come *from* France	venir *de* France

Broussaille and *étrenne* exist in the singular but are rarely used.

Masculine countries (include article)

to go *to* Mexico	aller *au* Mexique
to stay *in* Mexico	rester *au* Mexique
to come *from* Mexico	venir *du* Mexique

Countries modified by nouns or adjectives (include article)

to go *to* South America	aller *en* Amérique du Sud
to stay *in* South America	rester *en* (or *dans l'*) Amérique du Sud
to come *from* South America	venir *de* l'Amérique du Sud

Remember that the popular names of many countries differ from the official names, e.g., Russia—U.S.S.R., America—the United States of America, England—the United Kingdom.

Africa	l'Afrique (f.)
Albania	l'Albanie (f.)
Algeria	l'Algérie (f.)
America	l'Amérique (f.)
Arabia	l'Arabie (f.)
Argentina	l'Argentine (f.)
Asia	l'Asie (f.)
Australia	l'Australie (f.)
Austria	l'Autriche (f.)
Bavaria	la Bavière
Belgium	la Belgique
Biafra	le Biafra
Brazil	le Brésil
Cambodia	le Cambodge
Canada	le Canada
Central Africa	l'Afrique Centrale (f.)
Central America	l'Amérique Centrale (f.)
Chile	le Chili
China	la Chine
Colombia	la Colombie
Corsica	la Corse
Crete	la Crète
Cuba	Cuba (no article)
Cyprus	Chypre (no article)
Czechoslovakia	la Tchéscoslovaquie
Denmark	le Danemark
Egypt	l'Egypte (f.)
England	l'Angleterre (f.)
Ethiopia	l'Éthopie (f.)
Eurasia	l'Eurasie (f.)
Europe	l'Europe (f.)
Finland	la Finlande
France	la France
Germany	l'Allemagne (f.)
Great Britain	la Grande-Bretagne
Greece	la Grèce
Hawaii	les Îles Hawaï or les Hawaï
Holland	la Hollande
India	l'Inde (f.)
Indochina	l'Indochine (f.)
Indonesia	l'Indonésie (f.)
Iran	l'Iran (m.)
Iraq	l'Irak or l'Iraq (m.)
Ireland	l'Irelande (f.)
Israel	Israël (no article)
Italy	l'Italie (f.)
Japan	le Japon
Jordan	la Jordanie
Laos	le Laos
Latin America	l'Amérique latine
Lebanon	le Liban
Liberia	le Libéria
Luxembourg	le Luxembourg
Malasia	la Malaisie

Malta	Malte (no article)
Mexico	le Mexique
Monaco	Monaco (la Principalité de Monaco)
Netherlands	les Pays-Bas (m.)
Newfoundland	Terre Neuve (no article)
Nicaragua	le Nicaragua
New Zealand	la Nouvelle-Zélande
North Africa	l'Afrique du Nord (f.)
North America	l'Amérique du Nord (f.)
North Korea	La Corée du Nord
North Vietnam	le Viêt-Nam du Nord (also Vietnam)
Norway	la Norvège
Pakistan	le Pakistan
Palestine	la Palestine
Panama	Panama (no article)
Paraguay	le Paraguay
Peru	le Pérou
Philippines	les Philippines (f. pl.)
Poland	la Pologne
Polynesia	la Polynésie
Portugal	le Portugal
Quebec	le Québec
Rumania	la Roumanie
Russia	la Russie
Scandinavia	la Scandinavie
Scotland	l'Écosse (f.)
Siberia	la Sibérie
Sicily	la Sicile
South Africa	l'Afrique du Sud (f.)
South America	l'Amérique du Sud (f.)
South Korea	la Corée du Sud
South Vietnam	le Viêt-Nam du sud (also Viétnam)
Spain	l'Espagne
Sweden	la Suède
Switzerland	la Suisse
Tahiti	Tahiti (no article)
Thailand	la Thaïlande
Tunisia	la Tunisie
Turkey	la Turquie
Ukraine	l'Ukraine (f.)
United States	les États-Unis (m. pl.)
Uruguay	l'Uruguay (m.)
Venezuela	le Vénézuela
Vietnam	le Viêt-Nam (also Vietnam)
Wales	le pays de Galles
Yugoslavia	la Yougoslavie

B. KEY FRENCH PROVINCES: _____

	Adjectival Form
l'Alsace (f.)	Alsacien, -ienne
l'Anjou (m.)	Angevin, -ine
la Bretagne (Brittany)	Breton, -onne
la Bourgogne (Burgundy)	Bourguignon, -onne
la Champagne	Champenois, -oise
la Gascogne (Gascony)	Gascon, -onne
la Lorraine	Lorrain, -aine
la Normandie (Normandy)	Normand, -ande
la Picardie (Picardy)	Picard, -arde
la Provence	Provençal, -ale (aux)

Feminine provinces

to be *in*	être *en* Bretagne
to go *to*	aller *en* Bretagne
to leave *for*	partir *pour* La Bretagne
to be *from*	être *de* Bretagne
to come *from*	venir *de* Bretagne

a man from Brittany	un Breton
a woman from Brittany	une Bretonne
the accent of Brittany	l'accent breton
a custom of Brittany	une coutume bretonne

Masculine provinces

to be *in*	être *en* Anjou
to go *to*	aller *en* Anjou
to leave *for*	partir *pour* l'Anjou
to be *from*	être *de* l'Anjou
to come *from*	venir *de* l'Anjou
a man from Anjou	un Angevin
a woman from Anjou	une Angevine
the accent of Anjou	l'accent angevin
a custom of Anjou	une coutume angevin

C. MOUNTAINS, RIVERS, WATERS

the Alps	les Alpes (f. pl.)
the Central Plateau	le Massif Central
the Cévennes Mountains	les Cévennes (f. pl.)
the Jura Mountains	le Jura
the Pyrenees	les Pyrénées (f. pl.)
the Vosges Mountains	les Vosges (f. pl.)
Mt. Blanc	le mont Blanc
the Garonne	la Garonne
the Loire	la Loire
the Rhine	le Rhin
the Rhone	le Rhône
the Saône	la Saône
the Seine	la Seine
the Atlantic Ocean	l'océan Atlantique
the English Channel	la Manche
the Gulf Stream	le Gulf Stream
the Mediterranean	la mer Méditerranée
the North Sea	la mer du Nord
the Southern Canal	le canal du Midi
the Straits of Dover	le pas de Calais

D. CITIES

City names are spelled as in English except as noted in parentheses.

City	Citizen (capitalized) Adjective (lower case)
Alger (Algiers)	Algérois
Amsterdam	Amstellodamien
Athène (Athens)	Athénien
Avignon	Avignonnais
Barcelone (Barcelona)	Barcelonais
Berlin	Berlinois
Berne (Bern)	Bernois
Biarritz	Biarrot
Bordeaux	Bordelais
Bruxelles (Brussels)	Bruxellois
Calais	Calaisien
Cannes	Cannois
Carcassone	Carcassonais
Chamonix	Chamoniard
Chartres	Chartrain
Dijon	Dijonnais
Edimbourg (Edinburgh)	Edimbourgeois
Florence	Florentin
Genève (Geneva)	Genevois
Grenade (Grenada)	Grenadin
Grenoble	Grenoblois

City	Citizen (capitalized) Adjective (lower case)
Hambourg (Hamburg)	Hambourgeois
Jérusalem (Jerusalem)	Hiérosolymite
Le Havre	Havrais
Lisbonne (Lisbon)	Lisbonnin
Londres (London)	Londonien
Lyon	Lyonnais
Madrid	Madrilène
Marseille (Marseilles)	Marseillais
Milan	Milanais
Montréal (Montreal)	Montréalais
Moscou (Moscow)	Moscovite
Munich	Munichois
Nantes	Nantais
Naples	Napolitain
New York	New-yorkais
Nice	Niçois
Orléans (Orleans)	Orléanais
Paris	Parisien
Reims	Rémois
Rome	Romain
Rouen	Rouennais
Séville	Sévillan
Strassbourg (Strasbourg)	Strasbourgeois
Toulon	Toulonnais
Toulouse	Toulousain
Venise (Venice)	Vénitien
Vienne (Vienna)	Viennois
Varsovie (Warsaw)	Varsovien
Zurich	Zurichois
to go *to* Paris	aller à Paris
to stay *in* Paris	rester à Paris
to come *from* Paris	venir de Paris
a man from Paris	un Parisien
a woman from Paris	une Parisienne
a Parisian monument	un monument parisien
a Parisian dress	une robe parisienne
to go *to* Le Havre	aller *au* Havre
to stay *in* Le Havre	rester *au* Havre
to come *from* Le Havre	venir *du* Havre
to go *to* La Rochelle	aller *à la* Rochelle
to stay *in* La Rochelle	rester *à la* Rochelle
to come *from* La Rochelle	venir *de la* Rochelle

E. THE PLURAL OF FOREIGN AND PROPER NOUNS

Proper nouns are rarely plural except in referring to families. In French the article becomes plural, while the noun remains singular: Les Martin (the Martin family); les Durand (the Durands).

With families of nobility, the plural is common: les Césars; les Bourbons, les Tudors.

With individual works or objects, the singular is common: trois Manet (three paintings by Manet); deux Peugeot (two cars made by Peugeot).

Referring to the characteristics of a famous person, use the plural: Les Corneilles sont rares aujourd'hui (People like Corneille are hard to find these days).

Also possible: les deux Amériques.

V. *English Nouns Used in French*

Although hundreds of French words (such as *bouffant; coiffure; décolleté; chauffeur;* and *modiste*) have been incorporated into the English language and are used without prejudice, the reciprocal use in French of Anglicisms is frowned on by many purists. Periodically, officially sanctioned attempts are made to weed out these forms and discourage their continued use. The presence of these words drawn from either British or American vocabulary is related directly to the influence of sports, tourism, motion pictures, fashions, commercial terminology, and current vogues in the teen-age world.

Excluded from consideration here are those hundreds of cognates which happen to coexist in both French and English (*bulletin; duplex; police; admiration; naïve;* etc.). Also excluded are universally accepted technical terms (*le laser; un satellite; le radar; le plexiglas;* etc.) and international dances and foods (*la polka; la rumba; le tango; le spaghetti; la pizza; une omelette;* etc.).

Anglicisms are normally recognized by their uncharacteristic spelling in terms of regular French patterns and the retention of the pronunciation in the English manner. They are normally made masculine in gender (nouns are the most common form of such words) and are even converted to first conjugation verbs: le dribble (basketball) becomes dribbler as a verb. The plural of the nouns is often formed according to the English manner (*le sandwich, les sandwiches*) but in most cases the French plural sign -s is also acceptable.

Pronunciation also tends to follow the English pattern. But just as we often pronounce *danseuse* to rhyme with loose and *champagne* to rhyme with pain, the French often use their own sound patterns in pronouncing the English word, and are least successful with the final -er sound.

In addition to the Anglicism which often has no French counterpart (being accepted at face value to describe something typically English), there exist many pairs of English and French words which describe the same thing and are often called *franglais.* *Le hot-dog* has the French equivalent of *saucisson; un best-seller* or *un livre à succès; un mixer* or *un mélangeur; un freezer* or *un congélateur* are other examples of such pairs.

There always seem to be arguments as to whether an English word used in French is an Anglicism or an example of *franglais.* The examples which follow are generally identified as Anglicisms in French dictionaries, although many which are recognizable to an American or Englishman have been in use for so long (see Group 11) that such a designation is often not given.

The following 250 words (with restrictions in meanings indicated in parentheses) are understandable to most French people, especially in the 15 to 35 age group.

1. Many of these words have been in use for so long that their classification has become blurred. Some date back to the end of the nineteenth century and most came into usage in the early 1900s. Most are outdated both in English and in French.

un bar	un snob
un bikini	un square (small garden in center of park area)
un boyscout	un steamer
le bridge (game)	un sulky (horse racing)
le camping	un sunlight (spotlight)
un club (social)	un tea-room
un express (train)	un ticket (subway and bus)
un gangster	un toast (drink and pretoasted bread)
un gentleman (very old use)	un toboggan
le grog (navy drink)	un tomahawk
un hall (large assembly room)	un tramway
un handicap	un trench-coat
un hangar	un trolley
un magazine	un western
un music-hall	un yacht
un schooner	un yankee

2. The -ing Forms   The use of English present participles as French nouns is particularly common, especially in the coining of new words with a verbal idea.

la brain-storming
le dancing (place to dance)
le dating (social)
le dispatching (of airplanes)
l'engineering
le fading (of radio signal)
un happening (social experience)

le leasing (of cars, etc.)
le marketing (in economics)
un meeting (political)
un parking (lot, act of . . .)
le planning
un pressing (place for this service)
un shopping (center, and act of . . .)
un sleeping (Pullman car)
le standing (social rank or status)
le time-sharing (of computer)
le timing (act of setting up work schedule)

3. Airplanes:

une check-list (for takeoff and landing)
un crash (landing)
le dispatching
un hovercraft
un jet
le jet-set
un vertiport (for helicopters and small craft)
un 747
un DC-8

4. Clothing:

un blue-jean (note singular)
un jersey (sweater or cloth)
un polo (shirt)
un pull (abbreviation for un pull-over)
un pull-over (knit, jersey type)
un pyjama (note singular)
un short (note singular)
un slip (undergarment, briefs, swimming trunks)
un smoking (tuxedo)
un snow-boot (old term for our galoshes)
un sweater
un sweat-shirt
un waterproof (type of raincoat)
un zip (short for zipper—the awkward and long French term is une fermeture à crémaillière)

5. Cosmetics:

un after-shave
le cold-cream
un compact
une cover-girl
un déodorant
un shampooing (both the washing and the soap)

6. Dentistry and medicine:

un bridge
un jacket (in dentistry)
le birth-control
une pace-maker
un transplant
le shock (trauma)
le stress (physical and mental)

7. Foods and eating:

un barbecue
le breakfast (American style)
le chewing-gum
le corned-beef

un grill-room
un hamburger
un hot-dog
le ketchup
le grape-fruit
le lunch (fast and informal)
un milk-bar
un milk-shake
un mixer (for drinks)
les pickles
le pop-corn
le pudding (English style)
le punch (drink)
un sandwich
un snack-bar
un steak

and the usual drinks:

un cola
le scotch
le vodka
le whiskey
le soda

8. Military:

le battledress
un bazooka
un briefing
un bulldozer
un jeep
un talkie-walkie

9. Movies and theater:

un black-out
un oscar (Academy Award)
un gag
un remake (new version)
le sex-appeal
sexy
un show (special with star)
un sketch
le suspense
un zoom (camera effect)

and from Western movies:

le far-west
un hold-up
un ranch
un scalp, scalper (verb)
un shoot-out
un western

10. Music:

le blues
le boogie-woogie
un break (pause in music)
le jazz
le jerk (dance)
un juke-box
un pick-up (record player)
le play-back (recording technique)
pop (adjective, as in: la musique pop)

le rock'n roll
un slow (dance, like fox-trot)
un stéréo
le swing
le twist

11. People

un baby-sitter
un barman (very old; plural: barmans)
un beatnik
un bobby-soxer (no longer current)
un bookmaker
une call-girl
un camera-man (motion pictures)
le challenger (sports)
un cow-boy
un crack (expert in any field)
un gagman
un gangster
un hippie
un jockey
un leader (in politics)
un manager (agent or impresario)
un pickpocket
un play-boy
un recordman (sports record-holder)
un reporter
une script-girl
un speaker, une speakerine (announcer on TV)
un sportsman
une sportswoman
une star (female movie actress)
une starlette
un starter (sports)
un steward (ship and airplane)
une stripteaseuse
un surfer
une taxi-girl (bar waitress)
un teen-ager

12. Sports and games:

Baseball and American-style football are as little-known in France as cricket and rugby are in the United States, although both American sports are well-known in French-speaking Canada.

le baseball
le basketball (verb: jouer au basket)
un bluff (poker)
un bobsleigh
le bowling (American style)
un box (stall for horses)
le bridge
le crawl (swimming stroke; verb: crawler)
le cricket
le doping (of animals; verb: doper)
le dribble (basketball; verb: dribbler)
un drive (tennis term)
le football (rugby or soccer; verb: jouer au foot)
un goal (goalie in football)
le golf
le green (in golf)
le hand-ball
le hockey
un knock-out
un match (sports contest)
le paddock
le ping-pong

le poker
le polo
le punch (boxing)
un punching-ball (bag)
un round (boxing)
le score (point total)
un shooter (verb: shooter)
un side-car
un skating (roller-skating rink)
un smash (tennis, volleyball)
un sprint
le starting-block
le starting-gate
un stick (riding crop)
un stock-car
le sweepstake
le tennis
le volley-ball
le water-polo
un yearling

Players:

Regularly, un joueur de . . . (baseball, basketball, etc.)

Also:

in basketball, un basketteur
in football, un footballeur
in golf, un golfeur
in hockey, un hockeyeur
in ping-pong, un pongiste
in volleyball, un volleyeur

13. General categories (items followed by an asterisk are of recent adoption)

une acid-party*
l'automation*
le baby-boom*
un(e) bank-note
un best-seller
un boy (oriental servant)
un brain-trust*
un business (affair, mess)
un campus
cash (adverb, as in: payer [en] cash)
un cash-flow*
un cent
un cocktail (both drink and party)
un dock
un dollar
un drug-store (American style)
fairplay (adjective)
un ferry-boat (for trains)
un flash (photo and news)
un freezer
un gadget
un gallup (public poll)
une garden-party
le gas-oil (diesel fuel)
un globe-trotter
un groom (bellboy, messenger)
un home (institution for . . .)
une interview (verb: interviewer)
un job (familiar for position)
un label (union mark)
un lad (stable boy)
un living-room (studio-type apartment)
un mile

un motel
un palace (large hotel, theater)
un pool (syndicate, consortium)
un puzzle (jigsaw)
un rocking-chair
un rush (swift movement)
la science-fiction
un scoop (sensational news)
un self-made man
un self-service (restaurant, store)
un shakehand (handshake)
un shimmy (in tires and movement)
le smog
un speech (response to toast)
un stop (sign, used in many European countries)
le strip-tease
une surprise-partie (informal party)
le week-end (very long in use)
un wharf
un yard

Also very new:

un charter
le hardware
un kit (tools)
une kitchenette
un lobby (pressure group)
une obsolescence
un pesticide
un poster

A

ABANDON — un LAISSER-ALLER — 3001
a reckless — imprudent
an emotional — émotif
a wild — extravagant
a childish — puéril
a carefree — insouciant

ABILITY — une APTITUDE — 3002
a remarkable — remarquable
a superior — supérieure
an uncanny — étrange
an inherent — foncière
a brilliant — une brillante aptitude

ABODE — une DEMEURE — 3003
a lonely — isolée
a dreary — lugubre
a permanent — un domicile permanent
a temporary — un domicile provisoire
an inaccessible — inaccessible

ABSENCE — une ABSENCE — 3004
a customary — habituelle
a frequent — fréquente
an occasional — occasionnelle
a prolonged — prolongée
a legitimate — justifiée

ABUNDANCE — une ABONDANCE — 3005
a natural — naturelle
a lavish — excessive
an unbelievable — incroyable
a needless — superflue
a rich — une profusion

ABUSE — un ABUS — 3006
a flagrant — flagrant
a scandalous — scandaleux
an alarming — alarmant
an arrogant — une insulte arrogante
a shameful — honteux

ACCENT — un ACCENT — 3007
a foreign — étranger
a heavy — un fort accent
a guttural — guttural
a slight — un léger accent
a melodious — mélodieux

ACCEPTANCE — une ACCEPTATION — 3008
a cheerful — encourageante
a reluctant — réticente
a good-natured — de bon cœur
a gracious — aimable
a temporary — provisoire

ACCIDENT — un ACCIDENT — 3009
a horrible — horrible
a serious — grave
an unlucky — malencontreux
a fatal — mortel
a ghastly — effroyable

ACCLAIM — une ACCLAMATION — 3010
a critical — un éloge critique
a public — publique
a noisy — bruyante
a deserved — méritée
an enthusiastic — enthousiaste

ACCOMPLICE — un COMPLICE — 3011
a necessary — nécessaire
a helpful — utile
a criminal — d'un crime
a willing — consentant
a secret — caché

ACCOMPLISH-MENT — une RÉALISATION — 3012
an unusual — exceptionnelle
an impressive — impressionnante
a creative — pleine d'esprit d'invention
a notable — remarquable
a satisfying — convaincante

ACCOUNT — un RÉCIT — 3013
a factual — véridique
a glowing — chaleureux
a humorous — plein d'humeur
a morbid — morbide
a misleading — trompeur

ACCOUNTANT — un COMPTABLE — 3014
an accurate — exact
a meticulous — méticuleux
a precise — exact
a trustworthy — digne de confiance
an orderly — méthodique

ACCURACY — une PRÉCISION — 3015
an absolute — absolue
a dependable — digne de confiance
a historical — historique
an uncanny — presque surnaturelle
an unfailing — infaillible

ACCUSATION — une ACCUSATION — 3016
a specific — précise
a groundless — non fondée
a criminal — d'un crime
a monstrous — monstrueuse
a vehement — véhémente

ACHE — une DOULEUR — 3017
a dull — sourde
a nagging — persistante
a continual — incessante
an unbearable — intolérable
a throbbing — lancinante

ACHIEVEMENT — une RÉUSSITE — 3018
an academic — scolaire
a creditable — digne d'éloges
a significant — d'une grande portée
an important — importante
an outstanding — marquante

ACQUAINTANCE	une CONNAISSANCE	3019
an intimate	intime	
a casual	fortuite	
a desirable	souhaitable	
a friendly	une relation amicale	
a passing	une relation éphémère	

ACQUISITION	une ACQUISITION	3020
a recent	récente	
a profitable	avantageuse	
a planned	prévue	
an unusual	insolite	
an unexpected	inattendue	

ACQUITTAL	un ACQUITTEMENT	3021
a prompt	rapide	
an unexpected	imprévu	
an undeserved	immérité	
a surprising	surprenant	
a justifiable	justifié	

ACROBAT	un ACROBATE	3022
an agile	souple	
a nimble	leste	
an awkward	maladroit	
a quick	vif	
a clumsy	malhabile	

ACT	un ACTE	3023
an amusing	un numéro amusant	
a brave	courageux	
a suspicious	suspect	
a willful	délibéré	
an impulsive	irréfléchi	

ACTION	une ACTION	3024
a vigorous	énergique	
a heroic	héroïque	
a gallant	d'éclat	
a ruthless	impitoyable	
a courageous	courageuse	

ACTIVITY	une ACTIVITÉ	3025
a boring	ennuyeuse	
a political	politique	
an intellectual	intellectuelle	
an essential	indispensable	
a productive	féconde	

ACTOR	un ACTEUR	3026
a versatile	aux talents variés	
an aloof	distant	
a prominent	en vue	
a handsome	un bel acteur	
a talented	doué	

ACTRESS	une ACTRICE	3027
a charming	ravissante	
a gifted	de talent	
a glamorous	ensorcelante	
a temperamental	capricieuse	
a vivacious	enjouée	

ADDITION	un COMPLÉMENT	3028
a costly	onéreux	
a necessary	nécessaire	
a profitable	avantageux	
an attractive	intéressant	
a needless	inutile	

ADDRESS	une ADRESSE	3029
a right	correcte	
a wrong	inexacte	
a permanent	permanente	
a temporary	provisoire	
a lost	égarée	

ADJECTIVE	un ADJECTIF	3030
a descriptive	imagé	
a short	bref	
a colorful	expressif	
a powerful	vigoreux	
a selected	choisi	

ADMINISTRA-TION	une ADMINISTRATION	3031
a local	municipale	
a national	nationale	
an effective	efficace	
a corrupt	corrompue	
a capable	capable	

ADMIRATION	une ADMIRATION	3032
a frank	une franche admiration	
a profound	une profonde admiration	
an unlimited	sans bornes	
a genuine	une véritable admiration	
a mutual	réciproque	

ADMIRER	un ADMIRATEUR	3033
an ardent	ardent	
a devoted	dévoué	
a fervent	fervent	
a faithful	fidèle	
a consistent	loyal	

ADMISSION	un AVEU	3034
a damaging	préjudiciable	
a frank	franc	
a flattering	flatteur	
a treasonable	perfide	
a reluctant	réticent	

ADULT	un ADULTE	3035
a mature	réfléchi	
an ignorant	ignorant	
an emotional	émotif	
a reasonable	raisonnable	
a friendly	amical	

ADVANCE	une PROGRESSION	3036
a bold	hardie	
a general	générale	
a triumphant	triomphante	
a cautious	prudente	
a successful	réussie	

ADVANCEMENT	un AVANCEMENT	3037
an unexpected	inespéré	
a professional	professionnel	
a predictable	prévisible	
an unusual	exceptionnel	
an anticipated	prévu	

ADVANTAGE	un AVANTAGE	3038
an unfair	injuste	
a practical	pratique	
a strategic	stratégique	
a statistical	statistique	
a temporary	passager	

ADVENTURE	une AVENTURE	3039	AGONY	une ANGOISSE	3049
a thrilling	passionnante		an acute	aiguë	
an exciting	sensationnelle		a heartfelt	sincère	
a romantic	romanesque		a mental	morale	
a fantastic	fantastique		an intense	profonde	
an incredible	incroyable		a secret	secrète	

ADVERTISE-MENT	une PUBLICITÉ	3040	AGREEMENT	un ACCORD	3050
			a reasonable	équitable	
an effective	efficace		a temporary	provisoire	
a misleading	fallacieuse		an invalid	invalide	
a spectacular	spectaculaire		an acceptable	acceptable	
an attractive	alléchante		a polite	de courtoisie	
a deceptive	trompeuse				

ADVICE	un CONSEIL	3041	AIM	un OBJECTIF	3051
a worthless	sans aucune valeur		a basic	essentiel	
a helpful	utile		a fundamental	fondamental	
a shrewd	judicieux		an apparent	apparent	
a customary	d'usage		an impossible	impossible à atteindre	
an acceptable	acceptable		a desirable	souhaitable	

ADVISER	un CONSEILLER	3042	AIR (breathe)	un AIR	3052
a competent	compétent		a crisp	vif	
an experienced	averti		an exhilarating	vivifiant	
a sympathetic	bien disposé		a healthful	salubre	
an expert	habile		an invigorating	tonifiant	
a dependable	digne de confiance		a stale	vicié	

AFFAIR	une AFFAIRE	3043	AIR (look)	un AIR	3053
a sad	une triste affaire		a confidant	confiant	
a sordid	sordide		an elegant	élégant	
a boring	fastidieuse		a patient	patient	
a foolish	absurde		a candid	franc	
a tragic	tragique		a nonchalant	nonchalant	

AFFECTION	une AFFECTION	3044	AIRLINE	une COMPAGNIE DE TRANS-PORTS AERIENS	3054
a warm	une chaude affection		a commercial	civile	
a deep	une profonde affection		a domestic	intérieure	
a childish	d'enfant		a famous	renommée	
a tender	une tendre affection		a profitable	d'un bon rapport	
a genuine	sincère		a transcontinental	transcontinentale	

AFTERNOON	un(e) APRÈS-MIDI	3045	AIRPLANE	un AVION	3055
a cloudy	nuageux(se)		a hijacked	détourné	
a rainy	pluvieux(se)		a safe	sûr	
a sunny	ensoleillé(e)		an unsafe	peu sûr	
a sultry	accablant(e)		a modern	moderne	
a chilly	froid(e)		a fast	rapide	

AGE	un ÂGE	3046	AIRPORT	un AÉROPORT	3056
an adolescent	l'adolescence		a large	un grand aéroport	
a mature	mûr		a modern	moderne	
a dependable	de raison		a spacious	un vaste aéroport	
an advanced	avancé		a busy	à fort trafic	
a thoughtful	l'âge de la réflexion		an international	international	

AGENT	un REPRÉSENTANT	3047	AISLE	un PASSAGE	3057
a helpful	utile		a narrow	étroit	
an energetic	énergique		a wide	large	
a shrewd	perspicace		a long	long	
a kind	aimable		a crowded	encombré	
a greedy	cupide		a straight	rectiligne	

AGILITY	une AGILITÉ	3048	ALARM	une ALERTE	3058
a graceful	pleine de grâce		a false	une fausse alerte	
an astonishing	étonnante		a genuine	une vraie alerte	
a rare	rare		an abrupt	brusque	
an unusual	extraordinaire		a sudden	soudaine	
a remarkable	remarquable		a silent	un signal d'alarme silencieux	

ALARM CLOCK	un RÉVEIL-MATIN	3059	AMAZEMENT	un ÉTONNEMENT	3069
a loud	qui sonne fort		a shocked	scandalisé	
a noisy	bruyant		a genuine	non feint	
a cheap	bon marché		a dumbfounded	muet	
a small	un petit réveil-matin		a sheer	un véritable étonnement	
an annoying	ennuyeux		an incredulous	sceptique	

ALLEGIANCE	une FIDELITÉ	3060	AMBASSADOR	un AMBASSADEUR	3070
a divided	une loyauté partagée		a foreign	d'un pays étranger	
a patriotic	un loyalisme patriotique		an appointed	désigné	
a trustworthy	à toute épreuve		an accredited	accrédité	
an undivided	sans partage		a capable	compétent	
a pledged	jurée		an incompetent	incompétent	

ALLEY	une RUELLE	3061	AMBITION	une AMBITION	3071
a blind	sans issue		a personal	personnelle	
a narrow	étroite		a selfish	égoïste	
a dark	sombre		a lifelong	de toute une vie	
a dirty	sale		a youthful	de jeunesse	
a crooked	tortueuse		an absurd	déraisonnable	

ALLIANCE	une ALLIANCE	3062	AMBULANCE	une AMBULANCE	3072
a domestic	intérieure		a white	blanche	
a permanent	permanente		an expensive	coûteuse	
a temporary	provisoire		a well-equipped	bien équipée	
a useful	utile		a noisy	bruyante	
a foreign	entre deux pays		a delayed	retardée	

ALLOWANCE	une ALLOCATION	3063	AMOUNT	une QUANTITÉ	3073
a weekly	hebdomadaire		a sizable	considérable	
a generous	généreuse		a sufficient	suffisante	
a liberal	généreuse		a vast	énorme	
an inadequate	insuffisante		a moderate	raisonnable	
a small	une faible allocation		an unheard-of	inouïe	

ALLUSION	une ALLUSION	3064	AMUSEMENT	un DIVERTISSEMENT	3074
a vague	vague		an endless	sans fin	
a specific	précise		a wholesome	sain	
an obscure	cachée		an enjoyable	agréable	
a sarcastic	sarcastique		a personal	pour son amusement personel	
a pointed	mordante		a harmless	anodin	

ALLY	un ALLIÉ	3065	ANALYSIS	une ANALYSE	3075
a powerful	puissant		a scientific	scientifique	
a faithful	fidèle		a thorough	approfondie	
a staunch	sûr		an exact	exacte	
a valuable	précieux		an intensive	poussée	
a weak	faible		an objective	objective	

ALTAR	un AUTEL	3066	ANCESTOR	un ANCÊTRE	3076
a lovely	un bel autel		a legendary	légendaire	
an ornate	paré		a heroic	héroïque	
a sacrificial	sacrificatoire		an aristocratic	noble	
a beautiful	très beau		a respected	honoré	
an adorned	orné		a poor	pauvre	

ALTERNATIVE	une ALTERNATIVE	3067	ANECDOTE	une ANECDOTE	3077
preferable	préférable		a familiar	familière	
painful	pénible		a funny	amusante	
an unthinkable	inconcevable		an original	originale	
grim	affreuse		a pointless	qui n'a pas de sens	
desperate	désespérée		an amusing	divertissante	

AMATEUR	un AMATEUR	3068	ANGER	une COLÈRE	3078
an incompetent	incompétent		a controlled	refoulée	
gifted	doué		a righteous	une juste colère	
an enthusiastic	enthousiaste		a terrible	terrible	
stupid	stupide		a fearful	effrayante	
an inexperienced	inexpérimenté		an uncontrollable	sans frein	

ANGLE	un ANGLE	3079
a peculiar	bizarre	
a precarious	précaire	
an oblique	oblique	
an acute	aigu	
a sharp	fermé	

ANGUISH	une ANGOISSE	3080
a mental	morale	
a hopeless	désespérée	
an unbearable	intolérable	
a profound	profonde	
a nameless	indicible	

ANIMAL	un ANIMAL	3081
a tame	apprivoisé	
an obedient	obéissant	
a wild	une bête sauvage	
a ferocious	une bête féroce	
a carnivorous	carnivore	

ANKLE	une CHEVILLE	3082
a sprained	foulée	
a swollen	enflée	
a bruised	contusionnée	
a broken	cassée	
a shapely	bien faite	

ANNIVERSARY	un ANNIVERSAIRE	3083
a joyful	joyeux	
an anticipated	attendu	
a celebrated	célébré	
a sentimental	sentimental	
a memorial	commémoratif	

ANNOUNCEMENT	un COMMUNIQUÉ	3084
a released	rendu public	
an important	important	
an exclusive	donné en exclusivité	
a formal	officiel	
a cheerful	réjouissant	

ANNOYANCE	un DÉSAGRÉMENT	3085
a continual	des désagréments sans fin	
a mild	un léger ennui	
an extreme	une contrariété extrême	
an occasional	des ennuis par ci par là	
a real	un vrai désagrément	

ANSWER	une RÉPONSE	3086
a final	définitive	
a definite	précise	
a wrong	fausse	
a negative	négative	
an affirmative	affirmative	

ANTAGONISM	un ANTAGONISME	3087
a bitter	féroce	
a personal	personnel	
a political	politique	
a repressed	refoulé	
an obvious	évident	

ANTHOLOGY	une ANTHOLOGIE	3088
a readable	lisible	
a short	une courte anthologie	
a complete	complète	
an edited	publiée (revisée)	
an admired	appréciée	

ANTICIPATION	un ESPOIR	3089
a lively	un vif espoir	
a great	un grand espoir	
a joyful	un joyeux espoir	
a keen	un vif espoir	
a childish	puéril	

ANTIQUE	une ANTIQUITÉ	3090
a rare	rare	
a charming	ravissante	
a valuable	de prix	
a genuine	authentique	
a cherished	à laquelle on tient	

ANXIETY	une ANXIÉTÉ	3091
a deep	profonde	
an unavoidable	inéluctable	
a feverish	fiévreuse	
a mental	morale	
an intense	une vive anxiété	

APARTMENT	un APPARTEMENT	3092
a luxurious	luxueux	
an unfurnished	non meublé	
a modern	moderne	
an elegant	élégant	
an unsuitable	qui ne convient pas	

APOLOGY	des EXCUSES	3093
a humble	d'humbles excuses	
a reluctant	faites de mauvaise grâce	
a sincere	sincères	
a polite	courtoises	
a public	publiques	

APPEAL (call)	un APPEL	3094
a sudden	soudain	
a passionate	passionné	
an urgent	pressant	
an effective	saisissant	
a dramatic	dramatique	

APPEAL (charm)	un CHARME	3095
a seductive	séducteur	
a unique	sans pareil	
a sensuous	sensuel	
a feminine	féminin	
a glamorous	ensorcelant	

APPEARANCE	un AIR	3096
a dignified	digne	
a studious	studieux	
an aloof	distant	
a casual	détaché	
a neat	soigné	

APPETITE	un APPÉTIT	3097
a keen	vorace	
a ravenous	féroce	
a normal	normal	
a lusty	un robuste appétit	
a good	un bon appétit	

APPETIZER	un AMUSE-GEULE	3098
a tempting	appétissant	
a savory	succulent	
a delicious	exquis	
a satisfying	nourrissant	
a hot	chaud	

APPLAUSE	des APPLAUDISSE-		APRON	un TABLIER	3109
	MENTS	3099	a clean	propre	
a loud	de vifs applaudissements		a washed	lavé	
a deafening	assourdissants		a dirty	souillé	
a wild	frénétiques		a stained	taché	
an enthusiastic	enthousiastes		a pretty	un joli tablier	
a spontaneous	spontanés				
			APTITUDE	des DISPOSITIONS	3110
APPLE	une POMME	3100	a sufficient	suffisantes	
a red	rouge		an unusual	exceptionnelles	
a shiny	luisante		a musical	pour la musique	
a delicious	délicieuse		an artistic	pour l'art	
a ripe	mûre		a remarkable	remarquables	
a rotten	gâtée				
			ARCH	une VOÛTE	3111
APPLICANT	un CANDIDAT	3101	a high	une haute voûte	
a qualified	qualifié		a medieval	médiévale	
a frightened	intimidé		a magnificent	magnifique	
a hopeful	confiant		a massive	massive	
a modest	modeste		a traditional	traditionnelle	
an untrained	sans expérience				
			ARCHITECT	un ARCHITECTE	3112
APPLICATION	une DEMANDE		a well-known	renommé	
	D'EMPLOI	3102	an inventive	inventif	
a neat	bien présentée		a creative	créateur	
a detailed	détaillée		an imaginative	imaginatif	
an informative	explicite		a notable	éminent	
a timely	opportune				
a necessary	nécessaire		ARCHITECTURE	une ARCHITECTURE	3113
			a modern	moderne	
APPOINTMENT	un RENDEZ-VOUS	3103	a traditional	traditionelle	
a regular	habituel		an old-fashioned	démodée	
a private	privé		a classical	classique	
a tentative	provisoire		an abstract	abstraite	
a necessary	nécessaire				
a desirable	souhaitable		AREA	une ZONE	3114
			a suburban	de banlieu	
APPRAISAL	une APPRÉCIATION	3104	a vast	une vaste zone	
an honest	honnête		a rural	rurale	
an objective	objective		a crowded	encombrée	
a cool	à tête reposée		an uninhabited	inhabitée	
a scientific	scientifique				
an independent	libre		ARGUMENT	un ARGUMENT	3115
			(point)		
APPRECIATION	une APPROBATION	3105	a logical	logique	
a genuine	franche		an irrelevant	hors de propos	
an expressed	exprimée		an effective	qui porte	
a critical	critique		an acceptable	admissible	
a wholehearted	sincère		a forceful	énergique	
a grateful	reconnaissante				
			ARGUMENT	une DISPUTE	3116
APPROACH	une MÉTHODE	3106	(quarrel)		
an objective	objective		a violent	violente	
a systematic	systématique		a personal	personnelle	
an original	originale		a senseless	stupide	
a logical	logique		an explosive	très violente	
a scientific	scientifique		an annoying	fâcheuse	
APPROVAL	un CONSENTEMENT	3107	ARIA	une ARIA	3117
a hesitant	hésitant		a melodious	mélodieuse	
a warm	une chaude approbation		a well-known	célèbre	
an enthusiastic	enthousiaste		a difficult	difficile	
a unanimous	unanime		a lovely	une ravissante aria	
a complete	sans réserve		a touching	émouvante	
APRICOT	un ABRICOT	3108	ARISTOCRAT	un ARISTOCRATE	3118
a sweet	sucré		an aloof	distant	
a ripe	mûr		a wealthy	un riche aristocrate	
a sour	aigre		a proud	orgueilleux	
a fresh	frais		a pretentious	prétentieux	
a dried	séché		a well-mannered	bien éduqué	

ARM	un BRAS	3119	ARTICLE (object)	un OBJET	3129
a broken	cassé		a small	un petit objet	
a twisted	foulé		a square	carré	
a strong	solide		a large	volumineux	
a bruised	contusionné		a heavy	lourd	
a deformed	difforme		a light	léger	

ARMCHAIR	un FAUTEUIL	3120	ARTIST	un ARTISTE (PEINTRE)	3130
a comfortable	confortable		a temperamental	fantasque	
a soft	moelleux		a promising	qui promet	
a shabby	minable (miteux)		a talented	doué	
a new	neuf		a hopeful	plein d'espoir	
a large	un grand fauteuil		a poor (bad)	médiocre	

ARMY	une ARMÉE	3121	ASHTRAY	un CENDRIER	3131
a defeated	vaincue		a dirty	sale	
a victorious	victorieuse		a filled	plein	
a well-trained	aguerrie		a clean	propre	
a powerful	puissante		an expensive	coûteux	
a mighty	une forte armée		a small	un petit cendrier	

AROMA	un ARÔME	3122	ASSASSINATION	un ASSASSINAT	3132
an exquisite	exquis		a tragic	tragique	
a tantalizing	tentateur		an unexpected	inattendu	
a nauseating	une odeur nauséabonde		a treacherous	perfide	
a pleasing	agréable		a premeditated	prémédité	
a fragrant	parfumé		a cold-blooded	accompli de sang-froid	

ARRANGEMENT (accord)	un ACCORD	3123	ASSAULT	une AGRESSION	3133
a temporary	provisoire		a savage	sauvage	
a satisfactory	satisfaisant		a senseless	insensée	
a permanent	définitif		a vicious	haineuse	
a harmonious	une etente harmonieuse		a shameful	honteuse	
a desirable	souhaitable		a physical	une agression (à main armée)	

ARRANGEMENT (display)	une DISPOSITION	3124	ASSIGNMENT (school)	un DEVOIR (école)	3134
an orderly	méthodique		an interesting	intéressant	
a neat	soignée		a challenging	intéressant	
a skillful	habile		a boring	ennuyeux	
an interesting	intéressante		an unexpected	imprévu	
a colorful	pittoresque		a difficult	difficile	

ARRIVAL	une ARRIVÉE	3125	ASSISTANCE	une AIDE	3135
a delayed	retardée		a desired	souhaitée	
an unexpected	imprévue		a requested	demandée	
a timely	opportune		a volunteered	offerte spontanément	
an anticipated	attendue		an appreciated	appréciée	
a postponed	remise à plus tard		a needed	nécessaire	

ARROW	une FLÈCHE	3126	ASSISTANT	un ADJOINT	3136
a poisoned	empoisonnée		a helpful	serviable	
a sharp	pointue		a useless	bon à rien	
a deadly	mortelle		a careful	circonspect	
an accurate	frappant juste		an able	capable	
a lightweight	légère		a patient	patient	

ART	un ART	3127	ASSUMPTION	une SUPPOSITION	3137
a modern	moderne		a logical	logique	
an abstract	abstrait		a false	fausse	
a pleasing	agréable		a preposterous	absurde	
a simple	simple		a reckless	téméraire	
a decorative	décoratif		a sweeping	trop générale	

ARTICLE (news)	un ARTICLE	3128	ASSURANCE	une ASSURANCE	3138
an editorial	un éditorial		a complete	absolue	
a slanderous	calomnieux		a positive	formelle	
a boring	ennuyeux		a tentative	provisoire	
an interesting	intéressant		a false	une fausse affirmation	
a sarcastic	sarcastique		a comforting	une affirmation réconfortante	

ASTONISHMENT	une SURPRISE	3139
a speechless	muette	
a great	une grande surprise	
an initial	un premier moment de surprise	
an indignant	indignée	
a complete	complète	

ASTRONAUT	un ASTRONAUTE	3140
a famous	célèbre	
a fearless	intrépide	
a well-built	bien bâti	
a well-trained	bien entraîné	
a foolhardy	téméraire	

ATHLETE	un ATHLÈTE	3141
a young	un jeune athlète	
a gifted	doué	
an agile	agile	
a strong	solide	
a muscular	musclé	

ATMOSPHERE	une ATMOSPHÈRE	3142
a happy	de bonheur	
a restful	de repos	
a luxurious	de luxe	
an oppressive	lourde	
a friendly	amicale	

ATTACK	une ATTAQUE	3143
a treacherous	perfide	
a planned	combinée d'avance	
a successful	victorieuse	
a strategic	stratégique	
a bold	audacieuse	

ATTEMPT	une TENTATIVE	3144
an honest	honnête	
a futile	futile	
a pitiful	pitoyable	
a successful	couronnée de succès	
a sincere	sincère	

ATTIRE	un COSTUME	3145
a traditional	traditionnel	
an outlandish	bizarre	
a formal	une tenue habillée	
a picturesque	pittoresque	
a casual	une tenue sans façon	

ATTITUDE	un AIR	3146
a rebellious	rebelle	
a sullen	maussade	
a sympathetic	bienveillant	
a carefree	insouciant	
a healthy	une attitude bien équilibrée	

ATTORNEY	un AVOCAT	3147
a shrewd	rusé	
a brilliant	brillant	
an honest	honnête	
a deceitful	trompeur	
an eloquent	éloquent	

AUDIENCE	un AUDITOIRE	3148
a distinguished	distingué	
an attentive	attentif	
an enthusiastic	enthousiaste	
a hostile	hostile	
a bored	qui s'ennuie	

AUDITORIUM	une SALLE	3149
an overcrowded	bondée	
an empty	vide	
a modern	moderne	
a huge	immense	
a soundproof	insonorisée	

AUNT	une TANTE	3150
a rich	riche	
a charming	charmante	
a pious	pieuse	
an old-fashioned	vieux jeu	
a stingy	avare	

AUTHOR	un AUTEUR	3151
a well-known	connu	
a controversial	controversé	
a quoted	cité	
a successful	qui a du succès	
a poor (bad)	médiocre	

AUTHORITY	une SOURCE	3152
an absolute	une autorité absolue	
a reputable	une bonne source	
a quoted	citée	
a recognized	une autorité reconnue	
a responsible	autorisée	

AUTHORIZATION	une AUTORISATION	3153
a verbal	verbale	
an official	officielle	
a written	écrite	
a complete	sans réserve	
a governmental	gouvernementale	

AUTOMOBILE	une AUTOMOBILE	3154
a wrecked	démolie	
an expensive	coûteuse	
a modern	moderne	
a fast	rapide	
a used	d'occasion	

AUTUMN	un AUTOMNE	3155
a colorful	coloré	
a warm	chaud	
a rainy	pluvieux	
a peaceful	paisible	
a windy	venteux	

AVENUE	une AVENUE	3156
a broad	large	
a famous	célèbre	
a crowded	encombrée	
a dangerous	dangereuse	
a wet	mouillée	

AVERAGE	une MOYENNE	3157
an increasing	croissante	
a decreasing	décroissante	
a customary	ordinaire	
a high	élevée	
a low	faible	

AWAKENING	un RENOUVEAU	3158
a rude	une amère déception	
a cultural	culturel	
a spiritual	spirituel	
a startling	une réalisation surprenante	
a moral	moral	

AWARD	une RÉCOMPENSE	3159	AXE	une HACHE	3161
a deserved	méritée		a sharp	tranchante	
an annual	un prix annuel		a medieval	médiévale	
an unexpected	imprévue		a heavy	lourde	
a just	une juste récompense		a dangerous	dangereuse	
a prized	appréciée		a useful	utile	

AWARENESS	une CONSCIENCE	3160
an increased	accrue	
a social	sociale	
an artistic	artistique	
a scientific	scientifique	
a new	une prise de conscience	

B

BABBLE	un BABIL	3162	BAKERY SHOP	une BOULANGERIE	3170
an excited	surexité		an open	ouverte	
a constant	incessant		a closed	fermée	
a childish	enfantin		a modern	moderne	
an incoherent	incohérent		a fragrant	qui sent bon	
a confused	confus		a crowded	bondée	

BABY	un BÉBÉ	3163	BALANCE	un ÉQUILIBRE	3171
a healthy	bien portant		a precarious	précaire	
a sickly	maladif		a perfect	parfait	
an adorable	adorable		an accurate	une balance correcte	
a cute	mignon		a delicate	délicat	
a beautiful	un beau bébé		a natural	naturel	

BACHELOR	un CÉLIBATAIRE	3164	BALCONY	un BALCON	3172
a happy	heureux		an ornate	orné	
a lonely	solitaire		an overhanging	en surplomb	
a typical	typique		a spacious	spacieux	
a rich	riche		a narrow	étroit	
a confirmed	endurci		a shaded	ombragé	

BACK	un DOS	3165	BALL (object)	une BALLE	3173
a sore	endolori		a small	une petite balle	
a sunburned	bronzé		a colored	colorée	
a broad	large		a soft	molle	
a straight	droit		a striped	à rayures	
a strong	solide		a large	une grosse balle	

BAG	un SAC	3166	BALL (party)	un BAL	3174
a packed	prêt		a traditional	traditionnel	
an opened	ouvert		a lively	animé	
a full	plein		a magnificent	magnifique	
an empty	vide		an enjoyable	agréable	
an unpacked	déballé		an annual	annuel	

BAGGAGE	un BAGAGE	3167	BALLET	un BALLET	3175
a heavy	lourd		a famous	célèbre	
an expensive	coûteux		a lovely	gracieux	
a bulky	volumineux		a spirited	animé	
an insured	assuré		a tragic	tragique	
an inspected	inspecté		a comic	comique	

BAIT	un APPÂT	3168	BALLOON	un BALLON	3176
an alluring	alléchant		an inflated	gonflé	
a poisonous	empoisonné		a round	rond	
a deadly	mortel		a colorful	coloré	
a natural	naturel		a gigantic	gigantesque	
a tasty	succulent		a small	un petit ballon	

BAKER	un BOULANGER	3169	BALLOT	un SCRUTIN	3177
a hard-working	travailleur		a legal	légal	
a well-trained	exercé		an illegal	un bulletin invalidé	
a tired	fatigué		a marked	un bulletin marqué	
a skillful	expérimenté		an approved	homologué	
an underpaid	mal rémunéré		a secret	secret	

BALLPOINT PEN	un STYLO À BILLE	3178
an inexpensive	bon marché	
a long	un long stylo à bille	
a short	court	
an economical	économique	
a new	neuf	

BANANA	une BANANE	3179
a ripe	mûre	
a tasty	savoureuse	
a delicious	délicieuse	
a rotten	pourrie	
a sliced	coupée en tranches	

BAND (group)	une BANDE	3180
a noisy	bruyante	
a rival	rivale	
a notorious	bien connue	
a social	un cercle	
an adventurous	aventureuse	

BAND (musical)	un ORCHESTRE	3181
an amateurish	d'amateurs	
a professional	professionel	
a popular	qui a du succès	
an excellent	excellent	
a youthful	de jeunes	

BANDAGE	un PANSEMENT	3182
a neat	bien fait	
an antiseptic	antiseptique	
a tied	noué	
a healing	cicatrisant	
a necessary	nécessaire	

BANDIT	un BANDIT	3183
a captured	capturé	
a famous	fameux	
a legendary	légendaire	
a notorious	de triste réputation	
a cunning	rusé	

BANK	une BANQUE	3184
a reliable	de confiance	
a bankrupt	en faillite	
an insured	assurée	
a well-managed	bien gérée	
a safe	sûre	

BANKER	un BANQUIER	3185
a shrewd	astucieux	
an honest	honnête	
an astute	avisé	
a dignified	respectable	
a reputable	honorable	

BANQUET	un BANQUET	3186
a lavish	plantureux	
a sumptuous	somptueux	
a planned	projeté	
an elaborate	fastueux	
a testimonial	donné en l'honneur de . . .	

BAR (pole)	un BARRE	3187
a straight	rectiligne	
a horizontal	horizontale	
a vertical	verticale	
a perpendicular	perpendiculaire	
a high	placée haut	

BAR (public)	un BAR	3188
a popular	très fréquenté	
a luxurious	luxueux	
a closed	fermé	
a crowded	bondé	
a disreputable	mal famé	

BARBER	un COIFFEUR	3189
a well-groomed	soigné de sa personne	
a meticulous	méticuleux	
a skilled	habile	
an incompetent	incapable	
a talkative	bavard	

BARBERSHOP	un SALON DE COIFFURE	3190
a clean	propre	
a closed	fermé	
a crowded	bondé	
a deserted	désert	
a dirty	sale	

BARGAIN	une OCCASION	3191
an amazing	étonnante	
an unusual	exceptionnelle	
a rare	rare	
a real	une véritable occasion	
a great	une bonne occasion	

BARN	une GRANGE	3192
a huge	énorme	
a small	une petite grange	
a clean	propre	
a well-kept	bien entretenue	
a filthy	sale	

BARNYARD	une BASSE-COUR	3193
a cluttered	encombrée	
a dirty	sale	
a well-kept	bien tenue	
a neat	propre	
a level	de plain-pied	

BARREL	un TONNEAU	3194
a wooden	de bois	
a full	plein	
an empty	vide	
a cracked	fendu	
a broken	cassé	

BARRIER	une BARRIÈRE	3195
an effective	efficace	
a defensive	défensive	
a formidable	formidable	
an awesome	imposante	
a natural	naturelle	

BASE	une BASE	3196
a substantial	massive	
a solid	solide	
a wide	large	
a circular	circulaire	
a square	carrée	

BASEMENT	un SOUS-SOL	3197
a damp	humide	
a dark	sombre	
a cool	frais	
a spacious	spacieux	
a useful	utile	

BASIN (geographical)	un BASSIN (géographique)	3198	BATTLEFIELD	un CHAMP DE BA-TAILLE	3208
a shallow	peu profond		a bloody	sanglant	
a deep	profond		a historic	historique	
an inland	intérieur		a silent	silencieux	
a tidal	recouvert par la marée		a distant	lointain	
an empty	vide		a famous	célèbre	

BASIS	une BASE	3199	BAY	une BAIE	3209
a social	sociale		a distant	éloignée	
a broad	large		a shallow	peu profonde	
a sound	solide		a sheltered	abritée	
an economic	économique		a deep	profonde	
a practical	pratique		a peaceful	paisible	

BASKET	un PANIER	3200	BEACH	une PLAGE	3210
a small	un petit panier		a sandy	de sable	
a useful	utile		a rocky	rocheuse	
a round	rond		a private	privée	
a shallow	peu profond		a public	publique	
a large	un grand panier		a clean	propre	

BASKETBALL	un BALLON DE BASKET	3201	BEACON	un PHARE	3211
an inflated	gonflé		a rotating	tournant	
a soft	mou		a warning	signalant un danger	
a hard	dur		a flashing	à éclipses	
a new	neuf		a bright	brillant	
an expensive	cher		a visible	visible	

BATH	un BAIN	3202	BEARD	une BARBE	3212
a hot	chaud		a white	blanche	
a cold	froid		a gray	grise	
a refreshing	rafraîchissant		a curly	bouclée	
a relaxing	délassant		a bushy	broussailleuse	
a necessary	nécessaire		a neat	soignée	

BATHING SUIT	un MAILLOT DE BAIN	3203	BEARING	un MAINTIEN	3213
an attractive	séduisant		a regal	royal	
a modern	moderne		an aloof	distant	
a sexy	sexy		a dignified	digne	
a skimpy	révélateur		a graceful	gracieux	
a colorful	coloré		a noble	noble	

BATHROBE	un PEIGNOIR DE BAIN	3204	BEAST	une BÊTE	3214
a warm	chaud		a cunning	rusée	
a comfortable	confortable		a ravenous	vorace	
a threadbare	élimé		an enraged	furieuse	
a useful	utile		a predatory	de proie	
an old-fashioned	démodé		a prehistoric	préhistorique	

BATHROOM	une SALLE DE BAINS	3205	BEATING	une CORRECTION	3215
a clean	propre		a brutal	brutale	
an orderly	bien rangée		a savage	féroce	
an adjoining	contiguë		a disciplinary	un châtiment corporel	
a modern	moderne		a merciless	impitoyable	
an occupied	occupée		a deserved	méritée	

BATHTUB	une BAIGNOIRE	3206	BEAUTY	une BEAUTÉ	3216
a round	ronde		an artistic	artistique	
an oval	ovale		an eternal	éternelle	
a sunken	de plain-pied		a serene	sereine	
an ornate	décorée		an unrivaled	incomparable	
a plain	très simple		an unmatched	sans égale	

BATTLE	une BATAILLE	3207	BED	un LIT	3217
a desperate	désespérée		a soft	moelleux	
a lost	perdue		a comfortable	confortable	
a famous	célèbre		a hard	dur	
a historic	historique		a luxurious	luxueux	
a savage	furieuse		a new	neuf	

BEDROOM	une CHAMBRE À COUCHER	3218
a spacious	spacieuse	
a small	une petite chambre à coucher	
an airy	bien aérée	
a quiet	tranquille	
a cluttered	encombrée	

BEEFSTEAK	un BIFTECK	3219
a rare	saignant	
a well-done	à point	
a tender	tendre	
a tasty	savoureux	
a tough	coriace	

BEER	une BIÈRE	3220
a cold	froide	
a warm	chaude	
a foamy	mousseuse	
a dark	brune	
a light	blonde	

BEGGAR	un MENDIANT	3221
a filthy	sale	
a blind	aveugle	
a whining	geignard	
a pleading	implorant	
a hobbling	boitillant	

BEGINNING	un DÉBUT	3222
a slow	lent	
a crude	fruste	
a humble	humble	
a daring	audacieux	
an ambitious	ambitieux	

BEHAVIOR	un COMPORTEMENT	3223
a rude	grossier	
an emotional	émotif	
a childish	puéril	
an offensive	offensant	
an annoyng	vexant	

BEING	un ÊTRE	3224
a supreme	suprême	
a reasonable	raisonnable	
a mysterious	mystérieux	
an immortal	immortel	
a supernatural	surnaturel	

BELIEF	une CROYANCE	3225
a sincere	sincère	
a firm	ferme	
an orthodox	orthodoxe	
a traditional	traditionnelle	
a widespread	très répandue	

BELL (church)	une CLOCHE	3226
a peaceful	au son calme	
a loud	bruyante	
a pealing	qui tinte	
a clear	au son argentin	
a ringing	qui sonne	

BELL (door)	une SONNETTE	3227
an annoying	contrariante	
a faint	à peine audible	
a loud	bruyante	
a rusty	rouillée	
a defective	défectueuse	

BELLBOY	un CHASSEUR (d'hôtel)	3228
a helpful	serviable	
a useless	bon à rien	
a polite	poli	
a rude	grossier	
a hard-working	travailleur	

BELT	une CEINTURE	3229
a tight	serrée	
a loose	lâche	
an expensive	coûteuse	
an embroidered	brodée	
a decorative	décorative	

BENCH	un BANC	3230
a crude	grossier	
a hard	dur	
a comfortable	confortable	
a wooden	de bois	
a long	un long banc	

BENEFIT	un BÉNÉFICE	3231
an important	important	
an unexpected	imprévu	
a surprising	surprenant	
a desirable	souhaitable	
a lasting	durable	

BET	un PARI	3232
a reckless	imprudent	
a profitable	fructueux	
an unfair	déloyal	
a lost	perdu	
a sure	gagné d'avance	

BICYCLE	une BICYCLETTE	3233
a useful	utile	
a new	neuve	
an expensive	chère	
a wrecked	cassée	
a shiny	brillante	

BILL (café)	une ADDITION	3234
a reasonable	modérée	
an excessive	excessive	
a requested	demandée	
a modest	modique	
a paid	réglée	

BILL (debt)	une FACTURE	3235
an unpaid	impayée	
an overdue	en souffrance	
a due	échue	
an unreasonable	éxagérée	
an embarrassing	gênante	

BIRD	un OISEAU	3236
a beautiful	magnifique	
an exotic	exotique	
a tropical	tropical	
a startled	effrayé	
a captive	en cage	

BIRTH	une NAISSANCE	3237
a miraculous	miraculeuse	
a painful	un accouchement douloureux	
a wondrous	surprenante	
a noble	de haute extraction	
an anticipated	attendue	

BIRTHDAY	un ANNIVERSAIRE	3238
a happy	joyeux	
a sad	triste	
a memorable	mémorable	
an enjoyable	dont on se réjouit	
a celebrated	célébré	

BLACKBOARD	un TABLEAU NOIR	3239
a clean	propre	
a bare	inutilisé	
a useful	utile	
a large	un grand tableau noir	
a small	un petit tableau noir	

BLAME	des REPROCHES	3240
an unjust	injustes	
a deserved	mérités	
a moral	une censure morale	
an unavoidable	inévitables	
an unmerited	immérités	

BLANKET	une COUVERTURE	3241
a warm	chaude	
a new	neuve	
a colorful	colorée	
a ragged	déchirée	
a woven	tissée	

BLAZE	une FLAMME	3242
a brilliant	brillante	
a distant	un incendie lointain	
a spectacular	un incenie spectaculaire	
a cheery	allègre	
a comforting	réconfortante	

BLEEDING	une HEMORRAGIE	3243
a fatal	mortelle	
an excessive	extrême	
a severe	grave	
an internal	interne	
an external	externe	

BLIZZARD	un BLIZZARD	3244
a roaring	grondant	
a driving	soufflant en rafales	
a howling	hurlant	
a raging	déchaîné	
a disastrous	désastreux	

BLOCK (houses)	un PÂTÉ (de maisons)	3245
an uninhabited	inhabité	
a quarantined	en quarantaine	
an evacuated	évacué	
a modern	moderne	
a dilapidated	délabré	

BLOCKADE	un BLOCUS	3246
an effective	effectif	
a temporary	provisoire	
a permanent	permanent	
an economic	économique	
a threatened	une menace de blocus	

BLOOD	un SANG	3246
a noble	noble	
a tainted	impur	
a needed	nécessaire	
a preserved	conservé	
an analyzed	analysé	

BLOUSE	un CORSAGE	3248
a white	blanc	
a pretty	un joli corsage	
a frilly	á jabot	
a sheer	transparent	
a colorful	de couleur	

BLOW	un COUP	3249
a fatal	fatal	
a powerful	puissant	
an unexpected	imprévu	
a decisive	décisif	
a painful	douloureux	

BLUNDER	une BÉVUE	3250
a terrible	affreuse	
a wasteful	ruineuse	
an irreparable	irréparable	
an unpardonable	impardonnable	
a pitiful	lamantable	

BOARD	une PLANCHE	3251
a wide	large	
a thin	mince	
a narrow	étroite	
a long	longue	
a sturdy	solide	

BOARDING HOUSE	une PENSION DE FAMILLE	3252
a cheap	bon marché	
a small	une petite pension de famille	
a quiet	tranquille	
a comfortable	confortable	
a well-kept	bien tenue	

BOAST	une VANTARDISE	3253
a proud	orgueilleuse	
a vain	inutile (vaine)	
an egotistical	égoïste	
an annoying	fâcheuse	
a taunting	provocante	

BOAT	un BATEAU	3254
a light	léger	
a portable	portatif	
a crude	grossier	
a wooden	en bois	
a fast	rapide	

BODY	un CORPS	3255
a strong	robuste	
a sound	sain	
a deformed	difforme	
a weak	affaibli	
a paralyzed	paralysé	

BOLDNESS	une AUDACE	3256
a characteristic	typique	
a foolhardy	insensée	
a foolish	ridicule	
a reckless	imprudente	
an astonishing	étonnante	

BOND	un LIEN	3257
a permanent	permanent	
a sentimental	sentimental	
an emotional	émotif	
a close	étroit	
an invisible	invisible	

a BONUS	une PRIME	3258
a customary	habituelle	
an appreciated	appréciée	
an unexpected	inespérée	
a generous	généreuse	
a small	modîque	

BOOK	un LIVRE	3259
a translated	traduit	
a readable	qui se laisse lire	
a dull	ennuyeux	
a famous	célèbre	
a rare	rare	

BOOKLET	une BROCHURE	3260
a small	une petite brochure	
an illustrated	illustrée	
an informative	d'information	
a valuable	utile	
an instructive	instructive	

BOOKSTORE	une LIBRAIRIE	3261
a unique	sans égale	
a crowded	bondée	
a well-known	connue	
an exclusive	sélecte	
a huge	immense	

BOOT	une BOTTE	3262
a light	légère	
a waterproof	imperméable	
a heavy	lourde	
a polished	cirée	
a soft	souple	

BORDER	une FRONTIÈRE	3263
a natural	naturelle	
a remote	éloignée	
a guarded	gardée	
a violated	violée	
a mountainous	montagneuse	

BORE (person)	un RASEUR	3264
a dreadful	un affreux raseur	
an ignorant	ignorant	
a friendly	amical	
an everlasting	un éternel raseur	
a terrible	un terrible raseur	

BOREDOM	un ENNUI	3265
a continual	sans fin	
a complete	complet	
an initial	initial	
an absolute	absolu	
an occasional	périodique	

BOSS	un PATRON	3266
a helpful	secourable	
an overbearing	autoritaire	
a domineering	tyrannique	
an unseen	invisible	
a forceful	énergique	

BOTTLE	une BOUTEILLE	3267
a full	pleine	
a half-empty	à moitié vide	
an empty	vide	
a cracked	fêlée	
an attractive	alléchante	

BOULEVARD	un BOULEVARD	3268
a wide	un large boulevard	
a long	un long boulevard	
a festive	en fête	
a crowded	très fréquenté	
a fashionable	élégant	

BOUQUET	un BOUQUET	3269
a fragrant	parfumé	
a colorful	coloré	
a large	un gros bouquet	
a tiny	un petit bouquet	
an exquisite	exquis	

BOWL	un BOL	3270
a round	rond	
a plastic	en plastique	
a shallow	peu profond	
a full	plein	
an empty	vide	

BOX	une BOÎTE	3271
a wooden	en bois	
a heavy	lourde	
a square	carrée	
a small	une petite boîte	
a packed	pleine	

BOX OFFICE	un GUICHET	3272
a closed	fermé	
a small	un petit guichet	
a busy	pris d'assaut	
a large	un grand guichet	
a temporary	provisoire	

BOY	un GARÇON	3273
a mischievous	espiègle	
a lonely	solitaire	
an honest	honnête	
a fun-loving	qui aime s'amuser	
an adventurous	aventureux	

BRACE	une ENTRETOISE	3274
a metal	métallique	
a wooden	de bois	
a sturdy	solide	
a structural	de charpente	
a needed	nécessaire	

BRACELET	un BRACELET	3275
an expensive	de prix	
a rare	rare	
a precious	précieux	
a stolen	volé	
a fake	en toc	

BRAKE	un FREIN	3276
a defective	défectueux	
a worn-out	usé	
an effective	efficace	
an adequate	qui fonctionne bien	
an inadequate	qui fonctionne mal	

BRANCH (business)	UNE FILIALE	3277
a flourishing	prospère	
a profitable	d'un bon rapport	
a local	locale	
a small	une petite filiale	
an important	importante	

BRANCH (tree)	une BRANCHE	3278	BRIDE	une MARIÉE	3288
a gigantic	gigantesque		a happy	heureuse	
an overhanging	en surplomb		a reluctant	hésitante	
a thick	épaisse		a nervous	nerveuse	
a thin	mince		a pretty	une jolie mariée	
a gnarled	noueuse		a blushing	rougissante	

BRAND	une MARQUE	3279	BRIDEGROOM	un MARIÉ	3289
a reliable	sûre		a nervous	nerveux	
a famous	fameuse		a youthful	jeune	
a trustworthy	de confiance		a happy	heureux	
a foreign	étrangère		a hopeful	plein d'espoir	
an important	importante		an embarrassed	confus	

BRANDY	un BRANDY	3280	BRIDGE	un PONT	3290
an old	un vieux brandy		a safe	solide	
a mellow	moelleux		a wooden	en bois	
a powerful	fort		a long	un long pont	
a select	de choix		a high	un haut pont	
a delicious	exquis		a massive	massif	

BRAVERY	un COURAGE	3281	BRIEFCASE	une SERVIETTE	3291
a reckless	téméraire		a full	pleine	
an incredible	incroyable		an expensive	coûteuse	
a personal	personnel		a mysterious	mystérieuse	
a physical	physique		a shabby	usée	
a timely	opportun		an elegant	élégante	

BREAD	un PAIN	3282	BRILLIANCE	un ÉCLAT	3292
a stale	rassis		an unusual	inhabituel	
a fresh	frais		a mysterious	mystérieux	
a sliced	coupé en tranches		a mental	un esprit brillant	
a soft	de mie		a dazzling	aveuglant	
a tasty	savoureux		a magnificent	magnifique	

BREAK	une RUPTURE	3283	BROADCAST	une ÉMISSION	3293
a distinct	nette		a repeated	diffusée de nouveau	
a temporary	provisoire		a favorable	favorable	
a final	définitive		an important	importante	
a permanent	permanente		a commercial	publicitaire	
an unhappy	malheureuse		an entertaining	divertissante	

BREAKFAST	un PETIT DÉJEUNER	3284	BRONZE	un BRONZE	3294
a nourishing	nourrisant		a precious	précieux	
a leisurely	pris sans se presser		a valuable	de prix	
an enjoyable	agréable		a burnished	patiné	
a substantial	substantiel		a molded	moulé	
a hearty	copieux		a shiny	brillant	

BREATHING	un SOUFFLE	3285	BROOK	un RUISSEAU	3295
a heavy	rauque		a peaceful	paisible	
a shallow	un faible souffle		a babbling	murmurant	
a painful	douloureux		a limpid	limpide	
a peaceful	paisible		a sparkling	miroitant	
a regular	régulier		a shallow	peu profond	

BREEZE	une BRISE	3286	BROTHER	un FRÈRE	3296
a warm	chaude		a famous	célèbre	
a tropical	tropicale		a young	cadet	
a refreshing	rafraîchissante		an older	aîné	
a mild	douce		a noisy	bruyant	
an invigorating	vivifiante		an annoying	ennuyeux	

BRICK	une BRIQUE	3287	BROTHERHOOD	une FRATERNITÉ	3297
a red	rouge		a close	étroite	
a hard	dure		a sworn	jurée	
a soft	tendre		a universal	universelle	
a colored	de couleur		a historical	historique	
a rectangular	rectangulaire		a permanent	éternelle	

NOUNS

BRUSH	une BROSSE	3298
a cheap	bon marché	
an expensive	coûteuse	
a crude	grossière	
an excellent	excellente	
a useless	inutile	

BUDGET	un BUDGET	3299
an annual	annuel	
a weekly	hebdomadaire	
a monthly	mensuel	
a necessary	nécessaire	
an improved	mieux équilibré	

BUILD	une CARRURE	3300
a strong	une forte carrure	
a wiry	un corps sec et nerveux	
a muscular	un corps musclé	
a slender	une taille élancée	
a sturdy	une solide carrure	

BUILDER	un ENTREPRENEUR	3301
an energetic	énergique	
an ambitious	ambitieux	
a hardworking	travailleur	
a capable	capable	
a reliable	de confiance	

BUILDING	un BÂTIMENT	3302
an enormous	énorme	
a modern	moderne	
a tall	élevé	
a massive	massif	
a magnificent	magnifique	

BULL	un TAUREAU	3303
a brave	brave	
an enraged	furieux	
a tormented	harcelé	
a wild	sauvage	
a magnificent	magnifique	

BULLFIGHT	une COURSE DE TAU-REAU	3304
an exciting	sensationnelle	
a boring	ennuyeuse	
a thrilling	empoignante	
a colorful	colorée	
a nauseating	écœurante	

BULLFIGHTER	un TORÉADOR	3305
a popular	populaire	
an admired	admiré	
a courageous	courageux	
a skillful	un maître de la tauromachie	
a cowardly	lâche	

BULLET	une BALLE	3306
a fatal	fatale	
a harmless	inoffensive	
a ricocheting	qui ricoche	
a piercing	perforante	
an effective	qui porte au but	

BULLETIN	un BULLETIN	3307
a daily	journalier	
an instructive	instructif	
a confidential	confidentiel	
an informative	explicatif	
a posted	affiché	

BUNDLE	un PAQUET	3308
a compact	compact	
a heavy	un lourd paquet	
a light	un léger paquet	
a flat	aplati	
a bulky	volumineux	

BURDEN	une CHARGE	3309
a heavy	lourde	
a financial	financière	
a painful	pénible	
an unequal	inégale	
a terrible	terrible	

BURIAL	des OBSÈQUES	3310
a decent	convenables	
a hasty	précipitées	
a solemn	solennelles	
a reverent	empreintes de vénération	
a pagan	païennes	

BUS	un AUTOBUS	3311
a late	un des derniers autobus	
an early	un des premiers autobus	
a fast	rapide	
an overcrowded	bondé	
an unsafe	peu sûr	

BUS STOP	un ARRÊT D'AUTOBUS	3312
a nearby	proche	
a local	local	
a windy	en plein vent	
a crowded	plein de monde	
a sheltered	à l'abri	

BUSINESS	une AFFAIRE	3313
a profitable	lucrative	
a successful	qui marche bien	
an honest	honnête	
a competitive	compétitive	
a failing	en faillite	

BUSINESSMAN	un HOMME D'AFFAIRES	3314
an honest	honnête	
an ambitious	ambitieux	
a shrewd	astucieux	
an eager	actif	
a hardworking	travailleur	

BUTCHER	un BOUCHER	3315
a skillful	adroit	
a hardworking	travailleur	
a reliable	de confiance	
an overworked	surmené	
a successful	qui réussit	

BUTCHER SHOP	une BOUCHERIE	3316
a clean	propre	
an orderly	bien rangée	
a filthy	sale	
a cluttered	encombrée	
an empty	vide	

BUTLER	un MAÎTRE D'HÔTEL	3317
an efficient	compétent	
an aloof	réservé	
an excellent	excellent	
a perfect	parfait	
an educated	stylé	

BUTTER	un BEURRE	3318	BUYER	un ACQUÉREUR	3321
a rancid	rance		a careful	prudent	
a sweet	non salé		a cautious	circonspect	
a salted	salé		a wary	méfiant	
a soft	mou		a selective	difficile	
a hard	dur		a prospective	possible	

BUTTON	un BOUTON	3319	BYSTANDER	un BADAUD	3322
a loose	qui se détache		an innocent	innocent	
a lost	perdu		an observant	attentif	
a shiny	brillant		an alert	vigilant	
an ornamental	décoratif		a sympathetic	bienveillant	
a sewn-on	cousu		a fascinated	fasciné	

BUY (bargain)	une OCCASION (achat)	3320
a good	une bonne occasion	
an exceptional	exceptionnelle	
an excellent	excellente	
a special	spéciale	
an unusual	inhabituelle	

C

CABIN	une CABANE	3323	CALL (message)	un APPEL	3329
a deserted	abandonnée		an urgent	urgent	
a remote	éloignée		a hasty	précipité	
a rustic	rustique		an impatient	impatient	
a little	une petite cabane		an important	important	
a dilapidated	délabrée		a needless	inutile	

CABINET (furniture)	une COMMODE	3324	CALL (visit)	une VISITE	3330
			a social	de courtoisie	
a carved	sculptée		a frequent	fréquente	
an antique	ancienne		a personal	personnelle	
a tall	une haute commode		a regular	périodique	
a deep	profonde		an unexpected	imprévue	
a wide	une large commode				

CABINET (political)	un CABINET	3325	CAMERA	un APPAREIL PHOTO	3331
			an expensive	coûteux	
an assembled	réuni		a foreign-made	étranger	
an overthrown	renversé		an excellent	excellent	
a weak	faible		a poor	mauvais	
an active	actif		a sensitive	sensible	
a powerful	puissant				

CAFÉ	un CAFÉ	3326	CAN	une BOÎTE (DE CONSERVES)	3332
a quaint	pittoresque		a rusty	rouillée	
a popular	à la mode		a dented	bosselée	
a modern	moderne		a tall	haute	
a crowded	bondé		a square	carrée	
an open-air	en plein air		a flat	plate	

CAKE	un GÂTEAU	3327	CANAL	un CANAL	3333
a moist	frais		a long	un long canal	
a delicious	délicieux		a shallow	peu profond	
a rich	nourrissant		a deep	profond	
a small	un petit gâteau		a narrow	étroit	
an appetizing	appétissant		a commercial	de commerce	

CALENDAR	un CALENDRIER	3328	CANCER	un CANCER	3334
a modern	moderne		a fatal	fatal	
an outdated	périmé		a growing	croissant	
a seasonal	saisonnier		a painful	douloureux	
a proposed	proposé		an inoperable	inopérable	
a printed	imprimé		an operable	opérable	

CANDIDATE	un CANDIDAT	3335	CAPTIVE	un CAPTIF	3345
a successful	élu		a chained	enchaîné	
a worried	inquiet		an imprisoned	emprisonné	
a nervous	nerveux		a treacherous	déloyal	
an eligible	éligible		a pitiful	pitoyable	
a legitimate	légitime		an unhappy	malheureux	

CANDLE	une BOUGIE	3336	CAPTURE	une CAPTURE	3346
a tall	une longue bougie		an imminent	imminente	
a flickering	à la flamme vacillante		a violent	par la force	
a sputtering	grésillante		a planned	prévue	
a colored	de couleur		a successful	réussie	
a useful	utile		a final	finale	

CANDOR	une FRANCHISE	3337	CAR	une VOITURE (AUTO)	3347
a perfect	parfaite		a second-hand	d'occasion	
a friendly	amicale		a modern	moderne	
a heartfelt	cordiale		a new	neuve	
a sincere	entière		an expensive	chère	
a winning	attachante		a foreign-made	de marque étrangère	

CANDY	un BONBON	3338	CARD	une CARTE	3348
a sweet	sucré		a printed	imprimée	
a bitter	acidulé		an engraved	gravée	
a delicious	délicieux		a neat	nette	
a sticky	collant		a useful	utile	
a cheap	bon marché		a commercial	professionnelle	

CANE	une CANNE	3339	CARE	des SOINS	3349
a sturdy	solide		an efficient	efficaces	
a long	une longue canne		a loving	une tendre sollicitude	
a heavy	une lourde canne		a watchful	vigilants	
a slender	une mince canne		a neglected	une manque de soins	
a light	légère		a medical	médicaux	

CANYON	un CAÑON	3340	CAREER	une CARRIÈRE	3350
a deep	profond		a brilliant	brillante	
a narrow	étroit		a long	une longue carrière	
a windswept	balayé par les vents		an artistic	artistique	
a rocky	rocheux		a diplomatic	diplomatique	
a winding	sinueux		a military	militaire	

CAPACITY	une CAPACITÉ	3341	CARESS	une CARESSE	3351
an infinite	infinie		a loving	amoureuse	
a limited	limitée		a tender	tendre	
a remarkable	remarquable		a gentle	douce	
a mental	intellectuelle		a relaxing	apaisante	
a physical	physique		a comforting	consolante	

CAPITAL	une CAPITALE	3342	CARPENTER	un CHARPENTIER	3352
an important	une grande capitale		a skilled	expérimenté	
a provincial	provinciale		an old	âgé	
a national	d'un pays		a retired	à la retraite	
a crowded	surpeuplée (bondée)		a capable	capable	
a governmental	politique		a bad	un mauvais charpentier	

CAPITALISM	un CAPITALISME	3343	CART	une CHARRETTE	3353
a progressive	progressiste		an old	une vieille charrette	
a national	national		an overloaded	surchargée	
a regional	régional		a creaking	grinçante	
a desirable	souhaitable		a heavy	une lourde charrette	
a monopolistic	monopolisateur		a squeaking	gémissante	

CAPTAIN	un CAPITAINE	3344	CASE (box)	une BOÎTE	3354
a gallant	courageux		a huge	une caisse énorme	
a brave	vaillant		an oblong	oblongue	
a competent	capable		an empty	vide	
a reliable	sérieux		a jeweled	une cassette ornée de pierres précieuses	
a cowardly	lâche		a flat	plate	

CASE (legal)	une AFFAIRE	3355	CELEBRATION	une FÊTE	3365
an exceptional	exceptionnelle		a noisy	bruyante	
a remarkable	remarquable		a joyful	joyeuse	
an unusual	inhabituelle		an annual	annuelle	
a pitiful	pitoyable		a patriotic	patriotique	
a rare	rare		a national	nationale	

CASHIER	un CAISSIER	3356	CELL (biology)	une CELLULE	3366
an accurate	sûr de ses chiffres		a normal	normale	
a careful	prudent		an abnormal	anormale	
a trustworthy	digne de confiance		an enlarged	agrandie	
a pretty	une jolie caissière		a malignant	cancéreuse	
a pleasant	agréable		a structural	structurelle	

CASTLE	un CHÂTEAU	3357	CELL (prison)	une CELLULE	3367
a medieval	médiéval		a damp	humide	
a luxurious	somptueux		a dark	sombre	
a forbidding	sinistre		a cold	froide	
a deserted	désert		an austere	austère	
an ancestral	ancestral		a musty	qui sent le renfermé	

CAT	un CHAT	3358	CELLAR	une CAVE	3368
a friendly	familier		a cold	froide	
an agile	leste		a musty	qui sent le moisi	
a purring	qui ronronne		a filthy	sale	
a watchful	vigilant		a neat	bien rangée	
a sly	sournois		a painted	peinte	

CATASTROPHE	une CATASTROPHE	3359	CEMETERY	un CIMETIÈRE	3369
a terrible	terrible		a desolate	désolé	
a historical	historique		a haunted	hanté	
a political	politique		a frightening	effrayant	
an economic	économique		a cold	froid	
a general	générale		a dismal	morne	

CATHEDRAL	une CATHÉDRALE	3360	CENSORSHIP	une CENSURE	3370
a majestic	majestueuse		a rigid	stricte	
a world-famous	célèbre dans le monde entier		a military	militaire	
a massive	massive		a voluntary	spontanée	
a magnificent	magnifique		an enforced	imposée	
a medieval	médiévale		a wartime	en temps de guerre	

CAUSE	une CAUSE	3361	CENTER	un CENTRE	3371
a noble	noble		a strategic	stratégique	
a patriotic	patriotique		a military	militaire	
a religious	religieuse		an economic	économique	
a charitable	charitable		an artistic	artistique	
a lost	perdue		an academic	universitaire	

CAUTION	une PRUDENCE	3362	CENTURY	un SIÈCLE	3372
a commendable	louable		a glorious	glorieux	
an excessive	excessive		a classical	classique	
a foolish	ridicule		an enlightened	éclairé	
an unnecessary	inutile		a romantic	romantique	
an extreme	une extrême prudence		an exploratory	des explorations	

CAVE	une GROTTE	3363	CEREMONY	une CÉRÉMONIE	3373
a remote	écartée		a solemn	solennelle	
a dark	sombre		a final	finale	
a gloomy	ténébreuse		a pagan	païenne	
a spacious	une vaste grotte		a religious	religieuse	
a mysterious	mystérieuse		a boring	ennuyeuse	

CEILING	un PLAFOND	3364	CERTAINTY	une CERTITUDE	3374
a high	haut		an absolute	absolue	
a vaulted	voûté		a positive	formelle	
a painted	peint		a practical	une quasi-certitude	
a decorated	décoré		a painful	douloureuse	
a low	bas		a relative	relative	

CHAIN	une CHAÎNE	3375
an unbroken	intacte	
a strong	solide	
a restraining	qui retient	
a continuous	ininterrompue	
a massive	massive	

CHAIR	une CHAISE	3376
a straight	à dossier droit	
a comfortable	confortable	
a hard	dure	
a soft	moelleuse	
a wooden	de bois	

CHAIRMAN	un PRÉSIDENT	3377
a temporary	provisoire	
an elected	élu	
an appointed	désigné	
an active	actif	
a passive	inactif	

CHALK (piece)	une CRAIE	3378
a soft	tendre	
a hard	dure	
a crumbling	qui s'effrite	
a short	un court bâton de craie	
a long	un long bâton de craie	

CHALLENGE	un DÉFI	3379
an unusual	inhabituel	
a serious	grave	
a reckless	téméraire	
a heroic	héroïque	
a stimulating	stimulant	

CHAMPAGNE	un CHAMPAGNE	3380
a vintage	millésimé	
a sparkling	pétillant	
a bubbling	qui mousse	
a delicious	délicieux	
a cooled	frappé	

CHAMPION	un CHAMPION	3381
a famous	célèbre	
a retired	un ancien champion	
an invincible	invincible	
an undefeated	invaincu	
an illustrious	illustre	

CHANCE	une CHANCE	3382
a slim	une faible chance	
a wonderful	merveilleuse	
a desperate	une dernière chance	
a reasonable	une certaine chance	
a possible	éventuelle	

CHANGE	un CHANGEMENT	3383
a sudden	brusque	
a desirable	souhaitable	
a requested	réclamé	
a political	politique	
a social	social	

CHANNEL	une VOIE	3384
a proper	appropriée	
a correct	une bonne voie	
a legitimate	officielle	
a diplomatic	diplomatique	
a regular	normale	

CHAOS	un CHAOS	3385
an appalling	effroyable	
a disastrous	désastreux	
a hopeless	désespéré	
a blind	aveugle	
a temporary	provisoire	

CHAPTER	un CHAPITRE	3386
a long	un long chapitre	
an informative	explicatif	
a concluding	final	
a memorized	appris par cœur	
a final	un dernier chapitre	

CHARACTER (literary)	un PERSONNAGE	3387
a sinister	sinistre	
an unusual	sortant de l'ordinaire	
a sympathetic	sympathique	
a shrewd	astucieux	
a heroic	héroïque	

CHARACTERIS- TIC	une CARACTÉRISTIQUE	3388
a unique	unique	
an emotional	émotive	
an important	importante	
a prominent	prédominante	
a durable	durable	

CHARGE	une ACCUSATION	3389
a false	fausse	
a true	justifiée	
a cruel	cruelle	
a slanderous	diffamatoire	
a specific	précise	

CHARITY	un ŒUVRE CHARITABLE	3390
a desirable	souhaitable	
a noble	noble	
an impressive	impressionnante	
a notable	insigne	
an impulsive	une charité spontanée	

CHARM	un CHARME	3391
a feminine	féminin	
an unusual	rare	
a superficial	superficiel	
an outward	tout en surface	
a boyish	juvénile	

CHART	une CARTE	3392
a neat	nette	
an informative	explicative	
a graphic	un graphique	
a useful	utile	
an unusual	inhabituelle	

CHASE	une POURSUITE	3393
a relentless	implacable	
a thrilling	passionante	
a vain	vaine	
a rewarding	qui en vaut la peine	
a grim	acharnée	

CHEAT(ER)	un TRICHEUR	3394
a boastful	fanfaron	
a terrible	terrible	
a constant	irréductible	
a crude	maladroit	
a skillful	habile	

CHECK (bank)	un CHÈQUE	3395	CHIEF	un CHEF	3405
a signed	signé		a local	local	
a valuable	d'un montant élevé		a native	indigène	
a worthless	sans valeur		a venerable	vénérable	
a forged	falsifié		a supreme	suprême	
a counterfeit	contrefait		a brave	courageux	

CHECKUP (medical)	un EXAMEN MÉDICAL	3396	CHILD	un ENFANT	3406
a regular	périodique		a well-behaved	sage	
an advised	conseillé		a lovable	gentil	
a required	obligatoire		an obedient	obéissant	
a casual	fortuit		a retarded	arriéré	
a thorough	approfondi		a lonely	solitaire	

CHEEK	une JOUE	3397	CHILDHOOD	une ENFANCE	3407
a soft	douce		a happy	heureuse	
a smooth	lisse		a joyful	joyeuse	
a wrinkled	ridée		a sad	triste	
a rough	rêche		an amazing	étonnante	
a red	rouge		a neglected	délaissée	

CHEER	des APPLAUDISSE-MENTS	3398	CHILL	un FROID	3408
a rousing	chaleureux		a biting	mordant	
a spontaneous	spontanés		a penetrating	pénétrant	
an enthusiastic	enthousiastes		a bitter	glacial	
a hysterical	hystériques		a sudden	un coup de froid brusque	
a loud	de vifs applaudissements		a severe	rigoureux	

CHEESE	un FROMAGE	3399	CHIMNEY	une CHEMINÉE	3409
a fresh	frais		a blackened	noircie	
a moldy	recouvert de moisissure		a dirty	sale	
a large	un grand fromage		a tall	haute	
a round	rond		a smoking	fumante	
a world-famous	universellement connu		a defective	défectueuse	

CHEF	un CHEF (DE CUISINE)	3400	CHIN	un MENTON	3410
a temperamental	lunatique		a weak	sans caractère	
a skilled	expérimenté		a strong	volontaire	
a talented	doué		a prominant	avancé	
a marvelous	merveilleux		a receding	fuyant	
a demanding	exigeant		a square	carré	

CHEMIST	un CHIMISTE	3401	CHINAWARE	une PORCELAINE	3411
a famous	célèbre		a delicate	délicate	
a brilliant	brillant		a fragile	fragile	
an analytical	analytique		an antique	ancienne	
a cautious	prudent		a polished	brillante	
a qualified	compétent		an expensive	coûteuse	

CHEST (body)	un TORSE	3402	CHOCOLATE	un CHOCOLAT	3412
a massive	épais		a bitter	amer	
a puny	frêle		a sweet	sucré	
a bony	osseux		a melted	fondu	
a muscular	musclé		a delicious	délicieux	
a brawny	musculeux		a sticky	collant	

CHEST (box)	un COFFRE	3403	CHOICE	un CHOIX	3413
a wooden	de bois		a tentative	provisoire	
a heavy	pesant		an ideal	idéal	
an ornate	décoré		a perfect	parfait	
a battered	cabossé		a natural	naturel	
a large	un grand coffre		an alternate	une alternative	

CHICKEN	un POULET	3404	CHOIR	un CHŒUR	3414
a cooked	cuit		an angelic	angélique	
a roasted	rôti		an invisible	invisible	
a boiled	bouilli		a marvelous	merveilleux	
a fried	frit		a world-famed	de réputation mondiale	
a browned	rissolé		a youthful	de jeunes	

CHORE	une CORVÉE	3415
a boring	ennuyeuse	
a regular	ordinaire	
an irksome	ingrate	
a small	un petit travail	
a laborious	pénible	

CHRISTMAS	un NOËL	3416
a merry	joyeux	
a joyful	joyeux	
a sad	triste	
a solemn	solennel	
a busy	affairé	

CHURCH	une ÉGLISE	3417
a crowded	bondée	
a deserted	déserte	
a famous	célèbre	
a simple	simple	
a small	une petite église	

CIGAR	un CIGARE	3418
a smelly	malodorant	
an expensive	cher	
an enjoyable	délectable	
an unlighted	non allumé	
a mellow	moelleux	

CIGARETTE	une CIGARETTE	3419
a filter(ed)	à filtre	
a blended	faite d'un mélange de tabacs	
a long	une longue cigarette	
a mild	douce	
a strong	forte	

CIGARETTE LIGHTER	un BRIQUET	3420
a shiny	brillant	
an expensive	coûteux	
a cheap	bon marché	
a useful	utile	
a lost	perdu	

CIRCLE	un MILIEU	3421
a social	social	
a diplomatic	diplomatique	
an artistic	artistique	
a political	politique	
an intellectual	intellectuel	

CIRCUMSTANCE	une CIRCONSTANCE	3422
an unfortunate	malheureuse	
an unusual	exceptionnelle	
an unexpected	imprévue	
a fortunate	heureuse	
a remarkable	remarquable	

CIRCUS	un CIRQUE	3423
an entertaining	divertissant	
a spectacular	à grand spectacle	
a well-known	connu	
an enjoyable	agréable	
a boring	ennuyeux	

CITIZEN	un CITOYEN	3424
a proud	fier	
a patriotic	patriote	
a zealous	zélé	
an ordinary	ordinaire	
a law-abiding	respectueux des lois	

CITIZENSHIP	une NATIONALITÉ	3425
a foreign	étrangère	
a national	nationale	
an acquired	acquise	
a renounced	abandonnée	
a rejected	refusée	

CITY	une VILLE	3426
a large	une grande ville	
a busy	très active	
a vast	immense	
an enchanting	ravissante	
a picturesque	pittoresque	

CIVILIZATION	une CIVILISATION	3427
a complex	complexe	
an enlightened	éclairée	
a perfected	raffinée	
a distinctive	d'un genre unique	
a decadent	décadente	

CLAIM	une PRÉTENTION (DROIT)	3428
a valid	valable	
a prejudiced	préconçue	
an objective	objective	
a false	sans titre	
an exaggerated	exagérée	

CLASS (school)	une CLASSE	3429
an attentive	attentive	
a bored	qui s'ennuie	
an overworked	surmenée	
a diligent	assidue	
a rude	d'enfants mal élevés	

CLASS (social)	une CLASSE	3430
a privileged	privilégiée	
a ruling	dirigeante	
a working	laborieuse	
an illiterate	illettrée	
a proletarian	prolétarienne	

CLASSROOM	une SALLE DE CLASSE	3431
a large	une grande salle de classe	
an airy	bien aérée	
a spacious	spacieuse	
a crowded	bondée	
an empty	vide	

CLAUSE	une CLAUSE	3432
a misleading	trompeuse	
an added	rajoutée	
a complicated	compliquée	
a secret	secrète	
a descriptive	descriptive	

CLERK	un EMPLOYÉ (COMMIS)	3433
a trustworthy	digne de confiance	
a dishonest	malhonnête	
an apologetic	qui s'excuse	
a meek	humble	
an inept	inepte	

CLIENT	un CLIENT	3434
a patient	patient	
a pleased	satisfait	
a trusting	confiant	
a bankrupt	en faillite	
a dishonest	malhonnête	

CLIFF — une PAROI — 3435

a sheer	à pic
a vertical	verticale
a barren	nue
a treacherous	traîtresse
a rocky	rocheuse

CLIMATE — un CLIMAT — 3436

a dry	sec
a marvelous	merveilleux
an invigorating	vivifiant
a frigid	froid
a changeable	changeant

CLIMB — une ASCENSION — 3437

a difficult	difficile
a hazardous	dangereuse
an easy	facile
a long	longue
an exhausting	épuisante

CLIMBER — un ALPINISTE — 3438

an expert	exercé
an experienced	chevronné
a reckless	téméraire
a cautious	prudent
a skillful	habile

CLOCK — une PENDULE — 3439

an accurate	précise
an electrical	électrique
a cheap	bon marché
a carved	ciselée
a digital	une horloge digitale

CLOSET — un PLACARD — 3440

a full	plein
a dark	sombre
an empty	vide
a deep	profond
a narrow	étroit

CLOTH — un CHIFFON — 3441

a damp	humide
a wet	mouillé
a torn	déchiré
a spotless	immaculé
a stained	souillé

CLOTHING (clothes) — des VÊTEMENTS — 3442

neat	propres
pressed	repassés
wrinkled	froissés
cleaned	nettoyés
dirty	salis

CLOUD — un NUAGE — 3443

a distant	éloigné
a motionless	immobile
a billowy	un cumulus
a shapeless	informe
a massive	épais

CLUB (group) — un CERCLE (CLUB) — 3444

an illegal	interdit
an active	actif
a musical	musical
a literary	littéraire
a theatrical	d'art dramatique

CLUB (stick) — un GOURDIN — 3445

a heavy	pesant
a gnarled	noueux
a dangerous	dangereux
a powerful	solide
a thick	épais

COACH (team) — un ENTRAÎNEUR — 3446

a good	un bon entraîneur
a beginning	débutant
a persuasive	persuasif
a friendly	sympathique
an expert	qualifié

COAST — une CÔTE — 3447

a rocky	rocheuse
a mountainous	montagneuse
a barren	dénudée
a windswept	battue par les vents
a foggy	embrumée

COAT (casual) — un MANTEAU — 3448

a warm	chaud
a dirty	sale
a tattered	dépenaillé
a shapeless	informe
a dry-cleaned	nettoyé à sec

COAT (over) — un PARDESSUS — 3449

a heavy	lourd
a waterproof	imperméable
a custom-made	fait sur mesure
a reversible	réversible
a warm	chaud

COAT (suit) — une VESTE — 3450

a tight	ajustée
a fashionable	à la mode
a striped	à rayures
a gray	grise
a well-fitting	seyante

COCKTAIL — un COCKTAIL — 3451

a customary	habituel
a strong	bien tassé
a famous	un célèbre cocktail
a weak	léger
a favorite	préféré

COFFEE — un CAFÉ — 3452

strong	fort
roasted	torréfié
freeze-dried	liophyllisé
aromatic	aromatique
instant	soluble

COFFEEPOT — une CAFETIÈRE — 3453

an expensive	coûteuse
an old	une vieille cafetière
a new	neuve
a shiny	brillante
a simple	simple

COFFIN — un CERCUEIL — 3454

a wooden	en bois
an empty	vide
a crude	rudimentaire
an ornate	ornementé
a narrow	étroit

COIN	une PIÈCE DE MONNAIE 3455	COMBAT (fight)	un COMBAT	3465
a rare	rare	a heroic	héroïque	
an ancient	ancienne	a mortal	à mort	
a valuable	précieuse	a fierce	acharné	
a counterfeit	une fausse pièce de monnaie	a legendary	légendaire	
a lost	perdue	a savage	furieux	

COINCIDENCE	une COINCIDENCE 3456	COMBINATION	un ENSEMBLE	3466
a strange	étrange	a striking	saisissant	
an unusual	extraordinaire	a colorful	multicolore	
a rare	rare	an unbeatable	imbattable	
an amazing	étonnante	a rare	rare	
a lucky	heureuse	a perfect	parfait	

COLD(NESS)	un FROID	3457	COMEDY	une COMÉDIE	3467
a bitter	cinglant		an entertaining	divertissante	
an intense	intense		a modern	moderne	
a seasonal	saisonnier		a classical	classique	
an extreme	extrême		a famous	célèbre	
a penetrating	pénétrant		a well-written	bien écrite	

COLLAR	un COL	3458	COMFORT	un CONFORT	3468
a dirty	sale		an enjoyable	agréable	
a clean	propre		a physical	physique	
a wrinkled	froissé		a luxurious	luxueux	
a starched	amidonné		an ideal	idéal	
a tight	serré		a superior	supérieur	

COLLECTION	une COLLECTION 3459	COMMAND (order)	un ORDRE	3469
a valuable	de valeur	a direct	direct	
a wonderful	merveilleuse	a curt	bref	
a priceless	inestimable	an authoritative	impératif	
a worthless	sans valeur	a stern	rigoureux	
an exclusive	exclusive	a loud	sonore	

COLLEGE	une UNIVERSITÉ	3460	COMMANDER	un COMMANDANT	3470
a famous	célèbre		an effective	efficace	
a liberal	traditionelle		a well-liked	populaire	
a conservative	conservatrice		a respected	respecté	
a progressive	progressiste		a famous	célèbre	
an endowed	dotée		a retired	à la retraite	

COLONY	une COLONIE	3461	COMMENT	une REMARQUE	3471
an abandoned	abandonnée		a rude	grossière	
a penal	pénitentiaire		a thoughtless	inconsidérée	
a productive	qui rapporte		a favorable	favorable	
an outlying	éloignée		a critical	critique	
a typical	typique		a flattering	flatteuse	

COLOR	une COULEUR	3462	COMMITMENT	une OBLIGATION	3472
a gaudy	criarde		a moral	morale	
a bright	vive		a legal	légale	
a uniform	uniforme		a financial	financière	
a dazzling	brillante		a national	nationale	
a contrasting	contrastée		a firm	ferme	

COLUMN (pillar)	une COLONNE	3463	COMMITTEE	un COMITÉ	3473
a noble	imposante		an appointed	désigné	
an erect	dressée		an effective	efficace	
an ancient	ancienne		a strong	puissant	
a tall	haute		an inactive	inactif	
a fluted	cannelée		an advisory	consultatif	

COMB	un PEIGNE	3464	COMMODITY	un PRODUIT	3474
a plastic	en plastique		a rare	rare	
a clean	propre		a scarce	peu abondant	
a jeweled	orné de pierreries		a precious	difficile à trouver	
a dirty	sale		a valuable	de valeur	
a useful	utile		a priceless	inestimable	

COMMUNIST	un COMMUNISTE	3475	COMPLICATION	une COMPLICATION	3485
a devoted	fervent		an unexpected	imprévue	
an ardent	ardent		an unforeseen	inattendue	
a hardworking	travailleur		an annoying	gênante	
a staunch	convaincu		an embarrassing	embarrassante	
an active	actif		a senseless	stupide	

COMMUNITY	une COLLECTIVITÉ	3476	COMPLIMENT	un COMPLIMENT	3486
a rural	rurale		a nice	aimable	
a flourishing	florissante		an intentional	conscient	
an urban	urbaine		a subtle	subtil	
a progressive	progressiste		a pleasant	agréable	
an isolated	isolée		a dubious	équivoque	

COMPANION	un COMPAGNON	3477	COMPOSITION	une RÉDACTION	3487
a pleasant	agréable		an assigned	à faire	
a helpful	serviable		an excellent	excellente	
a faithful	fidèle		a dramatic	émouvante	
an undesirable	indésirable		an informative	instructive	
an enjoyable	agréable		a well-written	bien écrite	

COMPANY	une SOCIÉTÉ	3478	COMPOSURE	un CALME	3488
a profitable	lucrative		a serene	serein	
a reputable	honorable		a perfect	parfait	
a reliable	digne de confiance		a gentle	digne	
a large	importante		an admirable	admirable	
a progressive	à la pointe du progrès		an absolute	absolu	

COMPARISON	une COMPARAISON	3479	COMPROMISE	un COMPROMIS	3489
a poor	peu satisfaisante		a desirable	souhaitable	
an exaggerated	exagérée		a workable	pratique	
a true	exacte		a proposed	proposé	
an unwise	malavisée		an acceptable	acceptable	
a curious	étrange		an advantageous	avantageuse	

COMPASSION	une COMPASSION	3480	COMPUTER	un ORDINATEUR	3490
a sincere	sincère		an accurate	précis	
a deep	profonde		a remarkable	remarquable	
a heartfelt	venant du cœur		a digital	digital	
a rare	rare		a timesaving	épargnant du temps	
a tender	une tendre compassion		an impressive	impressionnant	

COMPENSATION	un DÉDOMMAGEMENT	3481	COMRADE	un CAMARADE	3491
a satisfactory	satisfaisant		a gallant	courageux	
a meager	un maigre dédommagement		a loyal	loyal	
a liberal	généreux		an inseparable	des camarades inséparables	
a fixed	fixé		a trustworthy	digne de confiance	
an adequate	suffisant		a good	un bon camarade	

COMPETITION	une CONCURRENCE	3482	CONCEIT	une SUFFISANCE	3492
an intense	intense		a colossal	démesurée	
a free	une libre concurrence		a false	une feinte suffisance	
a bitter	acharnée		an annoying	exaspérante	
a ruthless	impitoyable		a justifiable	justifiable	
an aggressive	agressive		a rare	rare	

COMPLAINT	une PLAINTE	3483	CONCEPT	un CONCEPT	3493
a justifiable	justifiée		an abstract	abstrait	
a formal	en règle		an orthodox	orthodoxe	
a groundless	immotivée		a revolutionary	révolutionnaire	
a private	un grief personnel		a social	social	
a confidential	confidentielle		a religious	religieux	

COMPLEXION	un TEINT	3484	CONCERN	un SOUCI	3494
a clear	clair		a genuine	un vrai souci	
a flawless	sans défaut		a serious	grave	
a swarthy	basané		a maternal	une sollicitude maternelle	
a light	clair		a vital	essentiel	
a ruddy	coloré		a deep	une profonde sollicitude	

CONCERT	un CONCERT	3495
a thrilling	passionnant	
a beautiful	magnifique	
a classical	classique	
an orchestral	donné par un orchestre	
a symphonic	symphonique	

CONCLUSION	une CONCLUSION	3496
a misleading	fallacieuse	
a foregone	une issue prévisible	
a satisfactory	satisfaisante	
a cynical	cynique	
a legitimate	logique	

CONDITION	une SITUATION	3497
a permanent	durable	
a temporary	provisoire	
a deplorable	déplorable	
a helpless	sans issue	
an unsanitary	un état d'insalubrité	

CONDUCT	un COMPORTEMENT	3498
an ill-mannered	de mauvaises manières	
a civilized	de bonnes manières	
a chivalrous	chevaleresque	
a disloyal	déloyal	
an unethical	une conduite peu honorable	

CONDUCTOR	un CHEF D'ORCHESTRE	3499
a famous	célèbre	
a superb	admirable	
a talented	doué	
an admired	admiré	
a temperamental	lunatique	

CONFERENCE	un ENTRETIEN	3500
a friendly	amical	
a productive	fécond	
a personal	personnel	
a scheduled	prévu	
a brief	un bref entretien	

CONFESSION	des AVEUX	3501
a dramatic	spectaculaires	
a signed	signés	
a treasonable	perfides	
an eloquent	éloquents	
a shameful	infâmes	

CONFIDENCE	une CONFIANCE	3502
a touching	émouvante	
an absolute	absolue	
a childish	puérile	
an innocent	naïve	
a limitless	illimitée	

CONFINEMENT	une RÉCLUSION	3503
a temporary	passagère	
an annoying	contrariante	
a solitary	au secret	
a prolonged	prolongée	
a rigid	rigoureuse	

CONFIRMATION	une CONFIRMATION	3504
a necessary	nécessaire	
an oral	verbale	
a written	écrite	
an authorized	officielle	
a delayed	différée	

CONFLICT	un CONFLIT	3505
a worldwide	mondial	
a costly	coûteux	
an inner	interne	
a general	général	
a bloody	sanglant	

CONFUSION	un DÉSARROI	3506
a total	total	
an endless	infini	
a noisy	bruyant	
an emotional	affectif	
a hopeless	sans issue	

CONGESTION	un ENCOMBREMENT	3507
a great	un grand encombrement	
an unusual	inhabituel	
a noisy	bruyant	
an unexpected	imprévu	
an annoying	ennuyeux	

CONGRESS	un CONGRÈS (ÉTATS-UNIS)	3508
an active	actif	
a weak	faible	
a complacent	satisfait de lui-même	
a forceful	énergique	
an elected	élu	

CONNECTION	des RELATIONS	3509
an influential	influentes	
a casual	passagères	
a permanent	durables	
an invisible	secrètes	
a vital	essentielles	

CONQUEROR	un CONQUÉRANT	3510
a savage	féroce	
a merciless	impitoyable	
an admired	admiré	
a barbaric	barbare	
a powerful	puissant	

CONQUEST	une CONQUÊTE	3511
a complete	totale	
an ultimate	une dernière conquête	
an initial	une première conquête	
an easy	facile	
a military	militaire	

CONSCIENCE	une CONSCIENCE	3512
a guilty	une mauvaise conscience	
an awakened	une prise de conscience	
a clear	une bonne conscience	
a troubled	tourmentée	
an untroubled	tranquille	

CONSEQUENCE	une CONSÉQUENCE	3513
a natural	naturelle	
an unusual	insolite	
an important	importante	
a minor	mineure	
an obvious	évidente	

CONSONANT	une CONSONNE	3514
a mute	muette	
a guttural	gutturale	
a harsh	dure	
a nasal	nasale	
a soft	douce	

CONSPIRACY	une CONSPIRATION	3515	CONTINENT	un CONTINENT	3525
a treacherous	perfide		a vast	un vaste continent	
an organized	organisée		a mountainous	montagneux	
an elaborate	minutieuse		a remote	lointain	
a monstrous	monstrueuse		an unexplored	inexploré	
a criminal	criminelle		a polar	polaire	

CONSTITUTION	une CONSTITUTION	3516	CONTRACT	un CONTRAT	3526
a workable	applicable		a valid	valable	
an amended	amendée		a binding	qui lie les parties	
a liberal	libérale		an acceptable	acceptable	
a restrictive	restrictive		a legal	légal	
a traditional	traditionnelle		an advantageous	avantageux	

CONSUL	un CONSUL	3517	CONTRADICTION	une CONTRADICTION	3527
a dignified	digne		an obvious	manifeste	
an appointed	nommé		a violent	violente	
a permanent	permanent		a curious	curieuse	
a helpful	serviable		an imaginary	imaginaire	
an unfriendly	mal disposé		an embarrassing	gênante	

CONSULATE	un CONSULAT	3518	CONTRAST	un CONTRASTE	3528
a closed	fermé		a sharp	marqué	
an open	ouvert		a vivid	un vif contraste	
a foreign	étranger		a startling	saisissant	
a modern	moderne		a notable	sensible	
an impressive	impressionant		a bitter	violent	

CONTAINER	un RÉCIPIENT	3519	CONTRIBUTION	une CONTRIBUTION	3529
a round	rond		an important	importante	
a square	carré		an active	active	
a deep	profond		an impressive	impressionnante	
a shallow	peu profond		a significant	de grande portée	
a flat	plat		a distinctive	caractéristique	

CONTEMPT	un MÉPRIS	3520	CONTROL	un CONTRÔLE	3530
an undisguised	non dissimulé		a political	politique	
an arrogant	arrogant		an absolute	absolu	
a reckless	imprudent		an arbitrary	arbitraire	
a personal	personnel		an automatic	une commande automatique	
an unexpressed	inexprimé		a centralized	une commande centralisée	

CONTENDER	un ADVERSAIRE	3521	CONTROVERSY	une POLÉMIQUE	3531
a leading	un principal adversaire		a violent	violente	
a formidable	un rude adversaire		a bitter	acharnée	
a legitimate	légitime		an editorial	de presse	
a bold	audacieux		a political	politique	
a vigorous	énergique		a heated	une vive polémique	

CONTENT	un CONTENU	3522	CONVALES-CENCE	une CONVALESCENCE	3532
a sufficient	suffisant				
an informative	instructif		a slow	une lente convalescence	
an adequate	suffisant		a long	une longue convalescence	
an ample	important		a short	une courte convalescence	
a religious	religieux		a painful	douloureuse	
			a prolonged	prolongée	

CONTEST	une LUTTE	3523	CONVENTION	un CONGRÈS	3533
an unequal	inégale		an annual	annuel	
a friendly	amicale		a political	politique	
a fierce	acharnée		a chaotic	anarchique	
a spirited	animée		a noisy	bruyant	
an equal	à armes égales		an elective	électoral	

CONTESTANT	un CONCURRENT	3524	CONVERSATION	un ENTRETIEN	3534
a victorious	victorieux		a private	privé	
a losing	battu		an informal	sans façon	
an obstinate	obstiné		an intelligent	intelligent	
a winning	victorieux		an amusing	amusant	
a skillful	habile		an interrupted	interrompu	

CONVICT	un CONDAMNÉ	3535
an unhappy	malheureux	
a pardoned	grâcié	
a lonely	solitaire	
a defiant	hostile	
a punished	un détenu puni	

CONVICTION	une CONVICTION	3536
a firm	une ferme conviction	
a rational	raisonnée	
an earnest	sérieuse	
a sincere	sincère	
a hopeless	désespérée	

COOK	un(e) CUISINIER(ÈRE)	3537
a superb	formidable	
an excellent	excellent(e)	
a terrible	très mauvais(e)	
a temperamental	lunatique	
a well-trained	ayant une bonne formation	

COOPERATION	une COOPÉRATION	3538
a desirable	souhaitable	
an unexpected	imprévue	
an active	active	
a loyal	loyale	
a genuine	réelle	

COPY (book)	un EXEMPLAIRE	3539
an expensive	cher	
a bound	relié	
an illustrated	illustré	
an out-of-print	épuisé	
a personal	personnel	

COPY (duplicate)	un DOUBLE	3540
an authentic	certifié	
an exact	exact	
an accurate	une copie conforme	
a forged	falsifié	
a second	un double	

CORD	une CORDE	3541
a strong	solide	
a frayed	usée	
a long	une longue corde	
a tied	nouée	
a cut	coupée	

CORNER	un COIN	3542
a quiet	tranquille	
a dark	sombre	
a shaded	ombreux	
a restful	reposant	
a sunny	ensoleillé	

CORONATION	un COURONNEMENT	3543
an impressive	impressionant	
a solemn	solennel	
a joyful	joyeux	
a formal	cérémonieux	
a majestic	majestueux	

CORPORATION	une SOCIÉTÉ	3544
a powerful	puissante	
an influential	influente	
a profitable	lucrative	
a bankrupt	en faillite	
an enormous	une énorme société	

CORRESPON-DENCE	une CORRESPON-DANCE	3545
an extensive	volumineuse	
a valuable	de valeur	
a voluminous	volumineuse	
a treasured	conservée précieusement	
a printed	imprimée	

CORRIDOR	un COULOIR	3546
a deserted	désert	
a crowded	bondé	
a dusty	poussiéreux	
a long	un long couloir	
a narrow	étroit	

CORRUPTION	une CORRUPTION	3547
a governmental	des pouvoirs publics	
a civic	des autorités municipales	
a flagrant	avérée	
a widespread	générale	
a notorious	notoire	

COST	un COÛT	3548
an average	moyen	
a minimal	minime	
a low	faible	
an exorbitant	exorbitant	
an enormous	énorme	

COSTUME	un TRAVESTI	3549
an elaborate	raffiné	
a decorative	fastueux	
a traditional	traditionnel	
a grotesque	grotesque	
a funny	comique	

COTTAGE	un COTTAGE	3550
a peaceful	paisible	
a quaint	pittoresque	
a rustic	rustique	
a quiet	tranquille	
a small	un petit cottage	

COUGH	une TOUX	3551
a bad	une mauvaise toux	
a persistent	tenace	
an annoying	gênante	
an irritating	irritante	
a slight	une petite toux	

COUNCIL	une COMMISSION	3552
a local	locale	
an active	active	
an advisory	consultative	
an elected	élue	
a public	publique	

COUNT	un COMPTE	3553
an accurate	exact	
a true	juste	
an inaccurate	faux	
a fraudulent	falsifié	
a vital	essentiel	

COUNTERFEIT	une CONTREFAÇON	3554
a cheap	une mauvaise contrefaçon	
a deceptive	trompeuse	
an ingenious	ingénieuse	
a worthless	sans valeur	
a clever	habile	

COUNTRY (area)	une RÉGION	3555	COUSIN (girl)	une COUSINE	3565
a mountainous	montagneuse		a visiting	en visite	
a flooded	inondée		a pretty	une jolie cousine	
a large	très étendue		a friendly	très gentille	
a small	de faible étendue		an ugly	laide	
a productive	fertile		a charming	charmante	

COUNTRY (nation)	un PAYS	3556	COVER(ING)	une ENVELOPPE	3566
an invaded	envahi		a protective	protectrice	
a conquered	conquis		a precious	de valeur	
a conservative	conservateur		a transparent	transparente	
a prosperous	prospère		a waterproof	imperméable	
a flourishing	florissant		a frayed	effilochée	

COUNTRY (rural)	une CAMPAGNE	3557	COW	une VACHE	3567
a hilly	accidentée		a gentle	paisible	
a fertile	fertile		a fat	grasse	
an arid	aride		a thin	maigre	
a picturesque	pittoresque		a productive	une bonne laitière	
a barren	dénudée		a contented	satisfaite	

COUPLE	un COUPLE	3558	COWARD	un LÂCHE	3568
an ideal	idéal		a miserable	un misérable lâche	
a loving	d'amoureux		a trembling	tremblant	
a friendly	ami		an abject	abject	
an elderly	d'un certain âge		a contemptible	méprisable	
a youthful	jeune		a pitiful	pitoyable	

COURAGE	un COURAGE	3559	CRADLE	un BERCEAU	3569
an admirable	admirable		a carved	sculpté	
a noble	sublime		a rocked	qui se balance	
a proud	orgueilleux		a tiny	tout petit	
an inborn	inné		a wooden	en bois	
a foolish	insensé		a beautiful	un beau berceau	

COURSE (of action)	une LIGNE DE CONDUITE	3560	CRAFTSMAN	un ARTISAN	3570
an advisable	judicieuse		an expert	habile	
an ill-advised	peu judicieuse		an experienced	expérimenté	
a sensible	sensée		a meticulous	méticuleux	
a normal	normale		an able	capable	
a reasonable	raisonnable		a famous	fameux	

COURSE (school)	un COURS	3561	CRATE	une CAISSE À CLAIRE-VOIE	3571
an advanced	supérieur		a wooden	en bois	
a difficult	difficile		a huge	immense	
a popular	apprécié		a square	carrée	
an excellent	excellent		a rectangular	rectangulaire	
an easy	facile		a full	pleine	

COURTESY	une POLITESSE	3562	CREAM (face)	une CRÈME (DE BEAUTÉ)	3572
an impulsive	spontanée		an oily	grasse	
a required	exigée		a cleansing	démaquillante	
a formal	conforme aux usages		an expensive	chère	
a neighborly	entre voisins		a soothing	adoucissante	
a respectful	respectueuse		a healing	cicatrisante	

COURTYARD	une COUR	3563	CREAM (milk)	une CRÈME	3573
an enclosed	clôturée		a rich	très grasse	
a shaded	ombragée		a thick	épaisse	
a cool	fraîche		a sweet	douce	
a muddy	boueuse		a sour	aigre	
a paved	pavée		a whipped	fouettée	

COUSIN (boy)	un COUSIN	3564	CREATION	une CRÉATION	3574
a well-behaved	bien élevé		a wondrous	merveilleuse	
a noisy	bruyant		an original	originale	
a mischievous	espiègle		a memorable	mémorable	
an ill-mannered	mal élevé		a brilliant	brillante	
a rich	riche		an unusual	exceptionnelle	

CREATURE	une **CRÉATURE**	3575
a gentle	douce	
a rare	rare	
a hideous	hideuse	
a weak	faible	
a rational	raisonnable	

CREDIT (financial)	un **CRÉDIT**	3576
an extended (granted)	accordé	
an unlimited	illimité	
a limited	limité	
a foreign	à l'étranger	
a long-term	à long terme	

CREST (family)	des **ARMOIRIES**	3577
a noble	d'une famille noble	
a traditional	traditionnelles	
a royal	royales	
a colorful	pittoresques	
a famous	célèbres	

CREW	un **ÉQUIPAGE**	3578
a dissatisfied	mécontent	
a starved	affamé	
a mutinous	mutiné	
a sullen	maussade	
a motley	disparate	

CRIME	un **CRIME**	3579
a terrible	atroce	
a hideous	hideux	
an unpardonable	impardonnable	
a gruesome	horrible	
a serious	un délit grave	

CRIMINAL	un **CRIMINEL**	3580
a dangerous	dangereux	
a notorious	notoire	
a confessed	qui a avoué	
an elusive	insaisissable	
a clever	ingénieux	

CRISIS	une **CRISE**	3581
a political	politique	
an economic	économique	
a serious	grave	
an emotional	affective	
a natural	naturelle	

CRITIC	un **CRITIQUE**	3582
a vicious	hargneux	
a literary	littéraire	
a witty	spirituel	
an unfair	injuste	
a reasonable	modéré	

CRITICISM	une **CRITIQUE**	3583
a favorable	favorable	
an adverse	défavorable	
a beneficial	utile	
a severe	sévère	
an objective	objective	

CROP	une **RÉCOLTE**	3584
an abundant	abondante	
a harvested	une moisson rentrée	
a plentiful	une ample récolte	
a poor	une mauvaise récolte	
an annual	annuelle	

CROSSING (ocean)	une **TRAVERSÉE**	3585
an enjoyable	agréable	
a smooth	calme	
a rough	agitée	
a memorable	mémorable	
a dangerous	dangereuse	

CROSSROAD	un **CARREFOUR**	3586
a crowded	encombré	
a busy	très passant	
a dangerous	dangereux	
a distant	éloigné	
a nearby	proche	

CROSSWORD PUZZLE	des **MOTS CROISÉS**	3587
a difficult	difficiles	
a completed	terminés	
a maddening	exaspérants	
a simple	simples	
an easy	faciles	

CROWD	une **FOULE**	3588
a noisy	bruyante	
an enthusiastic	enthousiaste	
a jeering	railleuse	
an excited	surexcitée	
a good-natured	bon enfant	

CROWN	une **COURONNE**	3589
a precious	précieuse	
a famous	célèbre	
a priceless	inestimable	
a decorative	décorative	
a jeweled	ornée de pierreries	

CRUELTY	une **CRUAUTÉ**	3590
a shameful	infâme	
a fiendish	diabolique	
an inhuman	inhumaine	
an excessive	extrême	
a ruthless	impitoyable	

CRUISE	une **CROISIÈRE**	3591
a tropical	sous les tropiques	
a romantic	romantique	
an enchanting	enchanteresse	
a planned	prévue	
a well-organized	bien organisée	

CRY	un **CRI**	3592
a piercing	perçant	
a feeble	un faible cri	
a shrill	aigu	
a hysterical	hystérique	
a defiant	de défi	

CULTURE	une **CULTURE**	3593
an admired	admirée	
a pagan	païenne	
an age-old	très ancienne	
a native	autochtone	
an alien	étrangère	

CUP	une **TASSE**	3594
a dainty	délicate	
a cracked	fêlée	
an empty	vide	
a fragile	fragile	
an ornamental	décorative	

CUPBOARD	un BUFFET	3595	CURTAIN	un RIDEAU	3600
	(PLACARD)		a raised	levé	
a bare	vide		a lowered	baissé	
a dusty	poussiéreux		a velvet	de velours	
a filled	rempli		a ruffled	froncé	
a neat	bien rangé		a colored	coloré	
a narrow	étroit				

CURE	une GUÉRISON	3596	CURVE	un VIRAGE	3601
an anticipated	prévue		a dangerous	dangereux	
a probable	probable		an abrupt	brusque	
a possible	possible		a sharp	en épingle à cheveux	
a remarkable	remarquable		a graceful	une courbe gracieuse	
a marvelous	miraculeuse		a downward	en descente	

CURIOSITY	une CURIOSITÉ	3597	CUSHION	un COUSSIN	3602
an insatiable	insatiable		a soft	moelleux	
a lively	une vive curiosité		a silken	de soie	
a constant	inlassable		a colorful	multicolore	
an eager	avide		a decorative	décoratif	
a natural	naturelle		a round	rond	

CURRENT (river)	un COURANT	3598	CUSTOM	une COUTUME	3603
a swift	rapide		a European	européenne	
a smooth	uni		a recognized	admise	
a slow	lent		a primitive	primitive	
a treacherous	traître		a familiar	familière	
a mighty	puissant		a strange	étrange	

CURSE	une MALÉDICTION	3599	CUSTOMER	un CLIENT	3604
a frightening	épouvantable		an exasperated	exaspéré	
an ancient	une ancienne malédiction		a prospective	éventuel	
a magical	magique		a satisfied	satisfait	
a traditional	traditionnelle		a happy	heureux	
a vile	une infâme malédiction		a reasonable	raisonnable	

D

DAGGER	un POIGNARD	3605	DANGER	un DANGER	3609
a bloody	ensanglanté		an imminent	imminent	
a curved	recourbé		a great	un grand danger	
a sharp	affilé		a present	actuel	
a pointed	pointu		an apparent	apparent	
a jeweled	orné de pierreries		a real	réel	

DAMAGE	des DÉGÂTS	3606	DARKNESS	une OBSCURITÉ	3610
a permanent	permanents		a total	totale	
an irreparable	irréparables		a depressing	déprimante	
a great	importants		an unnatural	anormale	
a serious	graves		an eerie	étrange	
a noticeable	visibles		a frightening	effrayante	

DANCE	une DANSE	3607	DATA	des DONNÉES	3611
a lively	pleine d'entrain		statistical	statistiques	
a slow	lente		important	importantes	
a wild	échevelée		needed	nécessaires	
a ritual	rituelle		essential	essentielles	
a traditional	traditionnelle		irrelevant	non pertinerites	

DANCER	un(e) DANSEUR(-EUSE)	3608	DATE (calendar)	une DATE	3612
a versatile	aux talents variés		a memorable	mémorable	
a graceful	gracieux(se)		an important	importante	
a superb	magnifique		an anticipated	prévue	
a talented	doué(e)		a historic	historique	
an agile	agile		an eventful	mémorable	

DAUGHTER	une FILLE	3613	DECK	un PONT (DE NAVIRE)	3623
a lovely	ravissante		a slippery	glissant	
an intelligent	intelligente		a spotless	immaculé	
a considerate	prévenante		a sloping	incliné	
a loving	affectueuse		a spacious	vaste	
a polite	polie		a narrow	étroit	

DAY	une JOURNÉE	3614	DECK CHAIR	un TRANSAT	3624
a warm	chaude		a comfortable	confortable	
a rainy	pluvieuse		a padded	une chaise longue rembourée	
a beautiful	une belle journée		a hard	dur	
a sultry	accablante		a restful	reposant	
an exciting	sensationnelle		a broken	cassé	

DEAL	une AFFAIRE	3615	DECLARATION	une DÉCLARATION	3625
a profitable	fructueuse		an important	importante	
a good	une bonne affaire		a solemn	solennelle	
a financial	financière		a passionate	passionnée	
a complex	complexe		a bold	hardie	
an excellent	excellente		a blunt	brutale	

DEALER	un COMMERÇANT	3616	DECLINE	un DÉCLIN	3626
an honest	honnête		a general	général	
a reputable	honorable		an abrupt	brusque	
a shrewd	astucieux		a gradual	graduel	
a successful	heureux en affaires		a hopeless	irrémédiable	
a bankrupt	failli		a prolonged	prolongé	

DEATH	une MORT	3617	DECORATION	une DÉCORATION	3627
a heroic	héroïque		a festive	de fête	
a brave	courageuse		an elaborate	soignée	
a certain	certaine		a simple	simple	
a horrible	horrible		a delightful	ravissante	
a tragic	tragique		a colorful	multicolore	

DEBATE	un DÉBAT	3618	DECREASE	une DIMINUTION	3628
a public	public		a noticeable	sensible	
a controversial	contradictoire		a progressive	progressive	
a spirited	animé		a marked	accusée	
an informative	instructif		an unexpected	imprévue	
an interesting	intéressant		a constant	continuelle	

DEBT	une DETTE	3619	DEDUCTION (tax)	un ABATTEMENT (fiscal)	3629
an unpaid	impayée		a possible	éventuel	
an enormous	énorme		a nontaxable	non imposable	
a staggering	qui donne le vertige		an important	important	
a great	une grande obligation		an expected	prévu	
a paid	remboursée		an unexplained	inexpliqué	

DECADE	une DÉCADE	3620	DEED	un ACTE	3630
an eventful	mouvementée		a good	une bonne action	
a recent	récente		an unforgettable	inoubliable	
a future	future		a heroic	héroïque	
a stormy	tumultueuse		an evil	répréhensible	
an important	importante		a noble	généreux	

DECEPTION	une DUPERIE	3621	DEER	un CERF	3631
an obvious	manifeste		a startled	effrayé	
a subtle	ingénieuse		a wounded	blessé	
a harmless	anodine		an elusive	insaisissable	
a tragic	tragique		an agile	agile	
an elaborate	raffinée		a graceful	gracieux	

DECISION	une DÉCISION	3622	DEFEAT	une DÉFAITE	3632
a sensible	sensée		an overwhelming	écrasante	
a temporary	provisoire		a total	complète	
a logical	logique		a disastrous	désastreuse	
a hasty	précipitée		an ultimate	une dernière défaite	
an unwise	imprudente		a historic	historique	

DEFECT	un DÉFAUT	3633	DELUSION	une ILLUSION	3643
a basic	intrinsèque		a mad	insensée	
an obvious	manifeste		a sheer	une erreur pure et simple	
a serious	grave		a dangerous	dangereuse	
a structural	de structure		a great	une grande illusion	
a dangerous	dangereux		a tragic	tragique	

DEFENSE	une DÉFENSE	3634	DEMAND	une EXIGENCE	3644
a brilliant	brillante		a constant	constante	
a strategic	stratégique		an unreasonable	déraisonnable	
a weak	une faible défense		an illogical	illogique	
a vulnerable	vulnérable		an excessive	exorbitante	
a gallant	vaillante		a normal	normale	

DEFIANCE	un DÉFI	3635	DEMOCRACY	une DÉMOCRATIE	3645
a rude	malfaisant		a genuine	authentique	
a scornful	méprisant		a so-called	une prétendue démocratie	
an irritating	irritant		a progressive	progressiste	
an open	un franc défi		a productive	féconde	
a resolute	résolu		a basic	fondamentale	

DEFICIT	un DÉFICIT	3636	DEMONSTRA-TION	une DÉMONSTRATION	3646
an alleged	un prétendu déficit		a noisy	une manifestation bruyante	
an unexpected	imprévu		an antiwar	une manifestation contre la guerre	
a possible	éventuel		a dramatic	spectaculaire	
an enormous	énorme		an eloquent	éloquente	
a probable	probable		a forceful	énergique	

DEFINITION	une DÉFINITION	3637	DEN (study)	un CABINET DE TRAVAIL	3647
an exact	exacte		a restful	tranquille	
a concrete	concrète		a soundproof	insonorisé	
an objective	objective		a quiet	calme	
a technical	technique		a cluttered	encombré	
a clear	claire		an orderly	bien rangé	

DEGREE	un DEGRÉ	3638	DENIAL	un DÉMENTI	3648
a high	élevé		a fierce	farouche	
an extreme	extrême		an indignant	indigné	
a remarkable	remarquable		a vehement	véhément	
an astonishing	surprenant		an emphatic	énergique	
a startling	alarmant		a suspicious	suspect	

DELAY	un RETARD	3639	DENTIST	un DENTISTE	3649
an expected	prévu		an excellent	excellent	
an unavoidable	inévitable		a competent	compétent	
a needless	inutile		a well-trained	exercé	
a slight	un léger retard		a local	local	
an unforgivable	impardonnable		an efficient	capable	

DELICACY	une FRIANDISE	3640	DEODORANT	un DÉODORANT	3650
a great	sensationnelle		an effective	efficace	
a rare	rare		a famous	renommé	
an exquisite	exquise		a mild	doux	
a tempting	alléchante		a necessary	nécessaire	
an appetizing	appétissante		an inferior	de qualité inférieure	

DELIGHT	un DÉLICE	3641	DEPARTMENT STORE	un GRAND MAGASIN	3651
a pure	un pur délice		a huge	immense	
a constant	sans fin		a crowded	bondé	
a real	un vrai délice		an excellent	excellent	
a rare	rare		an empty	vide	
a genuine	un vrai délice		a well-managed	bien géré	

DELIVERY	une LIVRAISON	3642	DEPARTURE	un DÉPART	3652
a customary	habituelle		an abrupt	brusque	
a delayed	retardée		an expected	prévu	
a punctual	ponctuelle		a delayed	retardé	
a requested	exigée		a postponed	ajourné	
a timely	à point nommé		an unannounced	non signalé	

DEPTH	une PROFONDEUR	3653	**DESTRUCTION**	une DESTRUCTION	3663
a great	une grande profondeur		a vast	énorme	
a shallow	une faible profondeur		a total	totale	
an enormous	énorme		a wanton	gratuite	
a deceptive	trompeuse		a senseless	insensée	
an unexplored	un fond inexploré		a needless	inutile	

DESCENT	une DESCENTE	3654	**DETAIL**	un DÉTAIL	3664
a cautious	prudente		a minute	infime	
a dangerous	dangereuse		a graphic	pittoresque	
a sheer	à pic		a descriptive	révélateur	
a frightening	effrayante		a subtle	subtil	
a direct	directe		an exact	exact	

DESCRIPTION	une DESCRIPTION	3655	**DETERMINATION**	une DÉTERMINATION	3665
an accurate	précise		a stubborn	inflexible	
a minute	très détaillée		a sincere	sincère	
a graphic	pittoresque		a useless	superflue	
an excellent	excellente		a tireless	inlassable	
a vivid	vivante		an unshakable	inébranlable	

DESERT	un DÉSERT	3656	**DETOUR**	une DÉVIATION	3666
a forbidding	sinistre		an indicated	signalée	
an arid	aride		a troublesome	fâcheuse	
a vast	un immense désert		a risky	dangereuse	
an endless	infini		a bumpy	défoncée	
a scorched	brûlé par le soleil		an unexpected	imprévue	

DESIGN	un MODÈLE	3657	**DEVASTATION**	une DÉVASTATION	3667
a radical	très évolué		an appalling	effroyable	
an unusual	inhabituel		a systematic	systématique	
an elaborate	très étudié		a total	totale	
an intricate	complexe		a horrible	horrible	
a complicated	compliqué		a general	générale	

DESIRE	un DÉSIR	3658	**DEVELOPMENT**	un DÉVELOPPEMENT	3668
an intense	intense		an extraordinary	extraordinaire	
a passionate	passionné		a slow	lent	
an overpowering	irrésistible		a startling	saisissant	
a keen	un vif désir		a continual	continuel	
a morbid	morbide		a rapid	rapide	

DESK	un BUREAU	3659	**DEVICE**	un DISPOSITIF	3669
a broad	large		an ingenious	ingénieux	
a large	un grand bureau		a mechanical	mécanique	
a carved	sculpté		a convenient	commode	
an antique	ancien		a clever	astucieux	
a wooden	de bois		an effective	efficace	

DESPAIR	un DÉSESPOIR	3660	**DEVOTION**	un DÉVOUEMENT	3670
an absolute	extrême		a touching	touchant	
a tragic	tragique		a patriotic	patriotique	
a deep	profond		a religious	une dévotion religieuse	
a suppressed	contenu		an untiring	inlassable	
a mute	muet		a loyal	loyal	

DESSERT	un DESSERT	3661	**DIAGNOSIS**	un DIAGNOSTIC	3671
a rich	trop nourrissant		a preliminary	préliminaire	
a delicious	délicieux		a thorough	approfondi	
a satisfying	nourrissant		a medical	médical	
an appetizing	appétissant		a correct	juste	
a frozen	glacé		a false	erroné	

DESTINATION	une DESTINATION	3662	**DIALECT**	un DIALECTE	3672
secret	secrète		a local	local	
final	finale		a strange	étrange	
different	différente		an amusing	amusant	
suitable	qui convient		a guttural	guttural	
proposed	envisagée		a native	autochtone	

DIALOG	un DIALOGUE	3673	DIN	un TAPAGE	3683
a short	bref		an awful	terrible	
a witty	spirituel		a frightful	épouvantable	
a brilliant	brillant		a rude	violent	
a natural	naturel		a deafening	assourdissant	
a dramatic	dramatique		an annoying	désagréable	

DIAMOND	un DIAMANT	3674	DINING ROOM	une SALLE À MANGER	3684
a rare	rare		a charming	ravissante	
a sparkling	étincelant		a spacious	spacieuse	
an exquisite	exquis		a quiet	calme	
an uncut	brut		a cheerful	riante	
an enormous	énorme		a comfortable	confortable	

DIARY	un JOURNAL	3675	DINNER (lunch)	un DÉJEUNER	3685
a personal	personnel		a light	léger	
a secret	secret		a hasty	pris en hâte	
an informative	révélateur		a pleasant	agréable	
an intimate	intime		a modest	modeste	
an up-to-date	à jour		a wholesome	sain	

DICTATOR	un DICTATEUR	3676	DINNER (supper)	un DÎNER	3686
a military	militaire		a heavy	copieux	
a ruthless	impitoyable		an elaborate	fin	
an oppressive	tyrannique		a satisfying	nourrissant	
a feared	craint		a delicious	délicieux	
an assassinated	assassiné		a formal	prié	

DICTIONARY	un DICTIONNAIRE	3677	DIPLOMACY	une DIPLOMATIE	3687
a useful	utile		a secret	secrète	
an unabridged	non abrégé		an effective	efficace	
a bilingual	bilingue		a necessary	nécessaire	
an authoritative	qui fait autorité		a shrewd	astucieuse	
a contextual	des mots en situation		a tactful	pleine de tact	

DIET	un RÉGIME	3678	DIPLOMAT	un DIPLOMATE	3688
a rigid	sévère		a capable	compétent	
a necessary	nécessaire		a lifetime	de carrière	
a wholesome	sain		an astute	un fin diplomate	
a bland	calmant		a distinguished	distingué	
an effective	efficace		a worthy	éminent	

DIFFERENCE	une DIFFÉRENCE	3679	DIRECTIVE	une DIRECTIVE	3689
a marked	accentuée		an explicit	explicite	
an important	une grande différence		a vague	vague	
a slight	une légère différence		a disastrous	désastreuse	
a radical	fondamentale		a specific	précise	
a great	considérable		a complicated	compliquée	

DIFFICULTY	une DIFFICULTÉ	3680	DISADVANTAGE	un INCONVÉNIENT	3690
a serious	grave		a great	un grand inconvénient	
a tremendous	immense		a temporary	provisoire	
an unbelievable	incroyable		a tremendous	énorme	
an obvious	évidente		a strategic	stratégique	
a frustrating	insurmontable		an obvious	évident	

DIGNITY	une DIGNITÉ	3681	DISAGREEMENT	un DÉSACCORD	3691
a proud	orgueilleuse		a bitter	un vif désaccord	
a majestic	majestueuse		a vehement	violent	
a quiet	tranquille		a temporary	passager	
an impassive	impassible		a total	complet	
a gracious	aimable		a permanent	permanent	

DILEMMA	un DILEMME	3682	DISAPPEARANCE	une DISPARITION	3692
a terrible	terrible		a sudden	soudaine	
a real	un vrai dilemme		an unexplained	inexpliquée	
an embarrassing	embarrassant		a mysterious	mystérieuse	
an unpleasant	désagréable		a complete	totale	
a hopeless	sans issue		an unexpected	imprévue	

DISAPPOINT- MENT	une DÉCEPTION	3693
a minor	une légère déception	
a great	une grande déception	
a cruel	une cruelle déception	
a bitter	une amère déception	
a sad	une triste déception	

DISARMAMENT	un DÉSARMEMENT	3694
a permanent	définitif	
a desirable	souhaitable	
a total	total	
a universal	universel	
a unilateral	unilatéral	

DISASTER	un DÉSASTRE	3695
a terrible	effroyable	
a serious	grave	
an economic	économique	
a political	politique	
an appalling	épouvantable	

DISCIPLINE	une DISCIPLINE	3696
a strict	sévère	
a necessary	nécessaire	
an effective	efficace	
a perfect	parfaite	
a moral	morale	

DISCONTENT	un MÉCONTENTEMENT	3697
a mounting	croissant	
a widespread	général	
a gloomy	morne	
a real	réel	
a moderate	un certain mécontentement	

DISCOVERY	une DÉCOUVERTE	3698
an amazing	étonnante	
an interesting	intéressante	
a stupendous	prodigieuse	
a remarkable	remarquable	
a scientific	scientifique	

DISCUSSION	une DISCUSSION	3699
a lively	animée	
a brilliant	brillante	
a long	longue	
a fruitful	féconde	
a revealing	révélatrice	

DISEASE	une MALADIE	3700
a fatal	mortelle	
a contagious	contagieuse	
a horrible	horrible	
a dreaded	redoutée	
a strange	étrange	

DISGRACE	une DISGRÂCE	3701
a public	publique	
a total	totale	
a terrible	terrible	
a personal	personnelle	
a secret	secrète	

DISGUISE	un DÉGUISEMENT	3702
a hideous	hideux	
a perfect	parfait	
an elaborate	raffiné	
an effective	efficace	
a clever	ingénieux	

DISGUST	une AVERSION	3703
a deep	une profonde aversion	
an obvious	manifeste	
a mutual	réciproque	
a secret	secrète	
an uncontrollable	irrépressible	

DISH (of food)	un METS	3704
a tasty	savoureux	
a succulent	succulent	
a delicious	délicieux	
a wholesome	sain	
a tempting	appétissant	

DISH (plate)	un PLAT	3705
a shiny	brillant	
a cracked	fêlé	
a shallow	peu profond	
a full	rempli	
a dirty	sale	

DISLIKE	une ANTIPATHIE	3706
a genuine	réelle	
a hearty	cordiale	
a violent	violente	
a mild	une certaine antipathie	
a mutual	réciproque	

DISMAY	une CONSTERNATION	3707
a stark	complète	
a genuine	réelle	
an evident	évidente	
an utter	totale	
an extreme	extrême	

DISMISSAL (school)	une SORTIE D'ÉCOLE	3708
an abrupt	inattendue	
a requested	exigée	
a punctual	ponctuelle	
a late	tardive	
an early	prématurée	

DISOBEDIENCE	une DÉSOBÉISSANCE	3709
a defiant	par défi	
a repeated	réitérée	
a constant	constante	
a willful	délibérée	
an annoying	fâcheuse	

DISORDER	une CONFUSION	3710
a wild	insensée	
a chaotic	anarchique	
a complete	totale	
a riotous	tumultueuse	
a shameful	scandaleuse	

DISPLAY	une PRÉSENTATION	3711
a neat	nette	
a well-arranged	bien ordonnée	
an effective	efficace	
an elaborate	soignée	
a simple	simple	

DISPOSITION	un CARACTÈRE	3712
a cheerful	enjoué	
a friendly	amical	
an eager	empressé	
a sullen	maussade	
a gentle	doux	

DISREGARD	une INDIFFÉRENCE	3713
a complete	complète	
an apparent	apparente	
a defiant	provocante	
a reckless	irréfléchie	
a contemptuous	dédaigneuse	

DISSATISFAC-TION	un MÉCONTENTEMENT	3714
a personal	individuel	
a widespread	général	
an evident	évident	
a growing	croissant	
a universal	universel	

DISTANCE	une DISTANCE	3715
a short	une faible distance	
a great	une grande distance	
an enormous	énorme	
an unknown	inconnue	
an indefinite	indéterminée	

DISTINCTION	une DISTINCTION	3716
an unusual	exceptionnelle	
a striking	impressionnante	
a theoretical	théorique	
a cruel	cruelle	
a real	réelle	

DISTRIBUTION	une RÉPARTITION	3717
a wide	une large répartition	
a general	générale	
an equitable	équitable	
a partial	partielle	
a uniform	uniforme	

DISTRICT	un SECTEUR	3718
a local	local	
a rural	rural	
an arid	aride	
a fertile	fertile	
a populous	très peuplé	

DISTRUST	une DÉFIANCE	3719
a mutual	réciproque	
an instinctive	instinctive	
a growing	croissante	
a natural	naturelle	
an inborn	innée	

DISTURBANCE	des TROUBLES (m.)	3720
an emotional	un trouble affectif	
a civic	de l'ordre public	
a national	intérieurs	
a local	localisés	
a magnetic	un turbulence magnétique	

DIVE	un PLONGEON	3721
a graceful	gracieux	
a dangerous	dangereux	
an awkward	disgracieux	
a difficult	difficile	
an easy	facile	

DIVER	un PLONGEUR	3722
an expert	un spécialiste du plongeon	
a courageous	courageux	
an excellent	excellent	
a professional	professionnel	
a versatile	aux talents variés	

DIVERSION	une DISTRACTION	3723
a pleasant	agréable	
a harmless	innocente	
a temporary	passagère	
an exhilarating	réjouissante	
a constant	constante	

DIVING BOARD	un PLONGEOIR	3724
a narrow	étroit	
a long	long	
a wide	large	
a high	haut	
a low	bas	

DIVORCE	un DIVORCE	3725
a tragic	tragique	
an unexpected	inattendu	
a contemplated	envisagé	
a legal	légal	
an illegal	illégal	

DOCK	un QUAI (PORT)	3726
a modern	moderne	
a slippery	glissant	
a dilapidated	délabré	
a long	long	
a battered	endommagé	

DOCTOR	un MÉDECIN	3727
a young	un jeune médecin	
a capable	capable	
an eminent	éminent	
a resourceful	débrouillard	
a rich	riche	

DOCTRINE	une DOCTRINE	3728
an essential	fondamentale	
a dangerous	dangereuse	
a basic	de base	
an important	importante	
a revolutionary	révolutionnaire	

DOCUMENT	un DOCUMENT	3729
an important	important	
a preserved	conservé	
an official	officiel	
a controversial	contestable	
a legal	juridique	

DOG	un CHIEN	3730
a happy	heureux	
a vicious	méchant	
a purebred	de race	
a shaggy	à poils longs	
a frisky	folâtre	

DOLL	une POUPÉE	3731
a pretty	une jolie poupée	
a cute	une mignonne poupée	
a cuddly	serrée dans les bras	
an adorable	adorable	
a favorite	préférée	

DONKEY	un ÂNE	3732
a stubborn	têtu	
a small	un petit âne	
a gray	gris	
a patient	patient	
a useful	utile	

DOOR	une PORTE	3733
a massive	massive	
a carved	sculptée	
a solid	massive	
a wide	large	
a narrow	étroite	

DOSE	une DOSE	3734
a lethal	mortelle	
a moderate	raisonnable	
a minimum	minimale	
a large	une forte dose	
a prescribed	prescrite	

DOUBLE ROOM	une CHAMBRE À DEUX LITS	3735
a large	une grande chambre à deux lits	
a spacious	spacieuse	
a clean	nette	
a small	une petite chambre à deux lits	
an attractive	coquette	

DOUBT	un DOUTE	3736
a reasonable	raisonnable	
a grave	grave	
an anxious	angoissant	
a disturbing	troublant	
an uneasy	inquiétant	

DRAMA	un DRAME	3737
a modern	moderne	
a tragic	pathétique	
a moving	émouvant	
a realistic	réaliste	
a poignant	poignant	

DRAWER	un TIROIR	3738
a deep	profond	
a wide	large	
a locked	fermé à clef	
a hidden	secret	
a full	rempli	

DRAWING	un DESSIN	3739
a detailed	détaillé	
a realistic	réaliste	
an abstract	abstrait	
a clever	bien fait	
a famous	célèbre	

DREAD	une CRAINTE	3740
a nameless	vague	
a terrible	terrible	
a secret	cachée	
an indefinable	indéfinissable	
an apprehensive	une appréhension	

DREAM	un RÊVE	3741
a delirious	délirant	
a repeated	qui se répète	
an amusing	amusant	
a shocking	abominable	
a terrible	terrible	

DRESS	une ROBE	3742
an attractive	séduisante	
a stylish	chic	
a pretty	une jolie robe	
an unattractive	peu séduisante	
an elegant	élégante	

DRESSMAKER	un COUTURIER	3743
a famous	célèbre	
a fashionable	à la mode	
an exclusive	sélect	
a creative	créateur	
a talented	qui a du talent	

DRINK	une BOISSON	3744
a refreshing	rafraîchissante	
a poisoned	empoisonnée	
a delicious	délicieuse	
an effervescent	pétillante	
an alcoholic	alcoolisée	

DRINKING WATER	une EAU POTABLE	3745
a clear	limpide	
a cool	fraîche	
a safe	sans danger	
a sparkling	pétillante	
a fresh	fraîche	

DRIVE	une RANDONNÉE EN VOITURE	3746
a relaxing	reposante	
a beautiful	magnifique	
a scenic	pittoresque	
a difficult	difficile	
a boring	ennuyeuse	

DRIVER	un CONDUCTEUR	3747
a careful	prudent	
a reckless	imprudent	
a reliable	sûr	
a cautious	sage	
a skilled	habile	

DROUGHT	une SÉCHERESSE	3748
a terrible	terrible	
an unexpected	imprévue	
a severe	grave	
a prolonged	prolongée	
a disastrous	désastreuse	

DRUG	un REMÈDE	3749
a potent	puissant	
a prescribed	prescrit	
a deadly	meurtrier	
a new	un nouveau remède	
an effective	efficace	

DRUGGIST	un PHARMACIEN	3750
a reliable	de confiance	
an expert	expert	
a well-trained	expérimenté	
a careful	circonspect	
a meticulous	méticuleux	

DRUGSTORE	un DRUG-STORE (une pharmacie)	3751
a neat	bien rangé(e)	
a well-stocked	bien approvisionne(e)	
a crowded	bondé(e)	
a clean	propre	
a modern	moderne	

DRUNKARD	un IVROGNE	3752
an annoying	ennuyeux	
a hopeless	impénitent	
a habitual	invétéré	
a friendly	amical	
a noisy	bruyant	

DUEL	un DUEL	3753	DUTY	une OBLIGATION	3756
a forbidden	interdit		a social	sociale	
a fatal	à l'issue fatale		a stern	stricte	
a heroic	héroïque		a civic	civique	
a legendary	légendaire		an official	officielle	
a bloody	sanglant		a special	particulière	

DUNGEON	un CACHOT	3754	DWELLING	une DEMEURE	3757
a dark	un sombre cachot		an isolated	isolée	
a medieval	médiéval		an ancestral	ancestrale	
a cold	un froid cachot		a peaceful	paisible	
a dismal	lugubre		a quaint	pittoresque	
an airtight	sans air		a rustic	rustique	

DUPLICATE	un DOUBLE	3755
an exact	exact	
a perfect	une copie parfaite	
a forged	une copie falsifiée	
an authorized	un duplicata	
an illegal	falsifié	

E

EAGLE	un AIGLE	3758	ECHO	un ÉCHO	3764
a soaring	en plein vol		a metallic	métallique	
a symbolic	symbolique		a sharp	perçant	
a predatory	prédateur		a hollow	creux	
a stuffed	empaillé		a melodious	mélodieux	
a powerful	puissant		a weak	un faible écho	

EAR	une OREILLE	3759	ECONOMY	une ÉCONOMIE	3765
a large	une grande oreille		a prosperous	prospère	
a dainty	mignonne		a flourishing	florissante	
an attentive	attentive		a centralized	centralisée	
a deaf	(faire) la sourde oreille		a productive	productive	
a sympathetic	compatissante		a bankrupt	en faillite	

EARRING	une BOUCLE D'OREILLE	3760	EDGE	un TRANCHANT	3766
a golden	en or		a keen	acéré	
a delicate	délicate		a sharp	aiguisé	
an ornamental	décorative		a dull	émoussé	
a valuable	précieuse		a frayed	un bord effiloché	
a cheap	sans valeur		a jagged	ébréché	

EARTH (soil)	une TERRE	3761	EDITION	une ÉDITION	3767
a moist	humide		a new	une nouvelle édition	
a dry	sèche		a revised	revue et corrigée	
a parched	desséchée		an abridged	abrégée	
a barren	aride		a limited	à tirage restreint	
a fertile	fertile		an annotated	annotée	

EARTHQUAKE	un SÉISME	3762	EDITOR	un RÉDACTEUR	3768
a severe	grave		a demanding	exigeant	
a mild	léger		an experienced	expérimenté	
a destructive	destructeur		a shrewd	astucieux	
a terrible	terrible		an intelligent	intelligent	
an awesome	terrifiant		a literary	littéraire	

EASE	une AISANCE	3763	EDITORIAL	un ÉDITORIAL	3769
a natural	naturelle		a critical	critique	
a perfect	parfaite		a derogatory	dépréciateur	
a comparative	relative		a humorous	drôle	
an extraordinary	extraordinaire		a cynical	cynique	
a considerable	une grande aisance		a learned	érudit	

EDUCATION	un ENSEIGNEMENT	3770
an intensive	poussé	
a meager	succinct	
a vocational	professionnel	
a basic	élémentaire	
an advanced	supérieur	

EDUCATOR	un ÉDUCATEUR	3771
a famous	célèbre	
a learned	érudit	
a venerable	vénérable	
a retired	à la retraite	
a masterly	magistral	

EFFECT	un EFFET	3772
a profound	sérieux	
an opposite	contraire	
a tragic	tragique	
a soothing	calmant	
a tremendous	formidable	

EFFORT	un EFFORT	3773
a creative	créateur	
a noble	généreux	
a successful	couronné de succès	
a superhuman	surhumain	
an individual	individuel	

EGG	un ŒUF	3774
a fried	sur le plat	
a poached	poché	
a scrambled	brouillé	
a soft-boiled	à la coque	
a hard-boiled	dur	

ELECTION	des ÉLECTIONS	3775
a national	nationales	
a local	municipales	
an important	d'une grande portée	
a civic	municipales	
a presidential	présidentielles	

ELECTRICITY	une ÉLECTRICITÉ	3776
a useful	utile	
a static	statique	
a beneficial	profitable	
a dangerous	dangereuse	
a generated	produite	

ELEGANCE	une ÉLÉGANCE	3777
an unusual	inaccoutumée	
a tasteful	de bon goût	
a customary	habituelle	
a quiet	discrète	
a stately	digne	

ELEMENT	un ÉLÉMENT	3778
a dramatic	dramatique	
a tragic	tragique	
an aesthetic	esthétique	
a radical	radical	
an unstable	instable	

ELEPHANT	un ÉLÉPHANT	3779
an enormous	énorme	
a tame	domestiqué	
a wild	sauvage	
a useful	utile	
a lumbering	lourdaud	

ELEVATOR	un ASCENSEUR	3780
a large	un grand ascenseur	
a fast	rapide	
a slow	lent	
a stalled	en panne (bloqué)	
a crowded	bondé	

ELOQUENCE	une ÉLOQUENCE	3781
a grand	magnifique	
a moving	émouvante	
a persuasive	persuasive	
a brilliant	brillante	
a lofty	sublime	

EMBARRASS-MENT	une GÊNE	3782
a momentary	momentanée	
a visible	visible	
an obvious	évidente	
a nervous	nerveuse	
a painful	douloureuse	

EMBASSY	une AMBASSADE	3783
a foreign	étrangère	
a useful	utile	
a safe	sûre	
a local	locale	
an important	importante	

EMBRACE	une ÉTREINTE	3784
a fond	affectueuse	
a tender	tendre	
a violent	brutale	
a tight	une forte étreinte	
a clumsy	maladroite	

EMERALD	une ÉMERAUDE	3785
a perfect	parfaite	
a valuable	de prix	
a fake	fausse	
a stolen	volée	
a famous	célèbre	

EMOTION	une ÉMOTION	3786
a deep	une profonde émotion	
a basic	fondamentale	
a repressed	contenue	
an honest	une franche émotion	
a pent-up	refoulée	

EMPEROR	un EMPEREUR	3787
an ambitious	ambitieux	
a legendary	légendaire	
a tyrannical	tyrannique	
a mad	insensé	
a just	juste	

EMPHASIS	une INSISTANCE	3788
a marked	marquée	
a needless	superflue	
an important	une grande insistance	
a proper	appropriée	
an improper	inconvenante	

EMPIRE	un EMPIRE	3789
a far-reaching	étendu	
a powerful	puissant	
a colonial	colonial	
a formidable	formidable	
a legendary	légendaire	

EMPLOYEE	un SALARIÉ	3790
a hard-working	travailleur	
a punctual	ponctuel	
an irresponsible	peu consciencieux	
an overpaid	trop payé	
a conscientious	consciencieux	

EMPLOYER	un EMPLOYEUR	3791
a kind	bienveillant	
a helpful	serviable	
a prospective	éventuel	
an understanding	compréhensif	
a demanding	exigeant	

EMPLOYMENT	un EMPLOI	3792
a temporary	temporaire	
a permanent	permanent	
a domestic	domestique	
a sought-after	recherché	
a suitable	convenable	

ENCOURAGE-MENT	un ENCOURAGEMENT	3793
a needed	nécessaire	
a friendly	amical	
a cheerful	cordial	
a constant	constant	
a prompt	immédiat	

ENDING	un DÉNOUEMENT	3794
a surprising	surprenent	
a dreary	triste	
a selfish	intéressé	
an obvious	attendu	
a tragic	tragique	

ENDURANCE	une ENDURANCE	3795
a patient	patiente	
a physical	physique	
a mental	morale	
a marvelous	étonnante	
a remarkable	remarquable	

ENEMY	un ENNEMI	3796
a defeated	vaincu	
a courageous	courageux	
a ruthless	impitoyable	
a political	politique	
a powerful	puissant	

ENERGY	une ÉNERGIE	3797
a tireless	inlassable	
a controlled	maîtrisée	
a potential	en puissance	
nuclear	nucléaire	
a constant	invariable	

ENFORCEMENT	une APPLICATION	3798
a strict	stricte	
a vigorous	énergique	
a continual	continuelle	
a necessary	une sanction nécessaire	
an adequate	une juste sanction	

ENGAGEMENT (battle)	un COMBAT	3799
an indecisive	à l'issue indécise	
a historical	historique	
a bloody	sanglant	
an important	important	
a memorable	mémorable	

ENGINE	un MOTEUR	3800
a remarkable	remarquable	
a powerful	puissant	
an efficient	à rendement élevé	
a rotary	rotatif	
a new	neuf	

ENGINEER	un INGENIEUR	3801
a chemical	chimiste	
a mechanical	mécanicien	
an electrical	électricien	
a consulting	conseil	
an industrial	de l'industrie	

ENJOYMENT	un PLAISIR	3802
a lively	un vif plaisir	
a passive	passif	
an active	actif	
a complete	sans partage	
a suppressed	contenu	

ENLARGEMENT	un AGRANDISSEMENT	3803
a detailed	détaillé	
a rapid	rapide	
a gradual	graduel	
an abrupt	brusque	
an exaggerated	exagéré	

ENTERPRISE	une ENTREPRISE	3804
a successful	réussie	
a profitable	rentable	
a legitimate	licite	
a dangerous	dangereuse	
an imaginative	originale	

ENTERTAINMENT	un SPECTACLE	3805
a varied	varié	
a charming	charmant	
an endless	sans fin	
an impromptu	impromptu	
an unusual	un divertissement insolite	

ENTHUSIASM	un ENTHOUSIASME	3806
an unlimited	sans borne	
a contagious	contagieux	
a wild	délirant	
a religious	une exaltation religieuse	
a political	une exaltation politique	

ENTRANCE	une ENTRÉE	3807
a secret	secrète	
a blocked	condamnée	
a defended	défendue	
a closed	fermée	
a small	une petite entrée	

ENVELOPE	une ENVELOPPE	3808
a white	blanche	
a colored	de couleur	
a lightweight	légère	
a perfumed	parfumée	
a large	une grande enveloppe	

ENVIRONMENT	un MILIEU	3809
a hostile	hostile	
a friendly	amical	
a physical	physique	
a luxurious	une ambiance luxueuse	
a healthful	sain	

ENVOY	un ÉMISSAIRE	3810	ESCAPE	une ÉVASION	3820
an important	important		a miraculous	miraculeuse	
an experienced	expérimenté		a planned	préparée	
a capable	capable		a successful	réussie	
a trustworthy	sûr		an exciting	sensationnelle	
a dignified	digne		an impossible	impossible	
ENVY	une JALOUSIE	3811	ESCORT	une ESCORTE	3821
an unreasonable	immodérée		a royal	royale	
a pardonable	pardonnable		a military	militaire	
a petty	mesquine		a motorized	motorisée	
a personal	personnelle		a faithful	fidèle	
a bitter	une âpre jalousie		a proper	convenable	
EPIC	une ÉPOPÉE	3812	ESPIONAGE	un ESPIONNAGE	3822
a legendary	légendaire		a clever	intelligent	
a well-known	célèbre		an effective	efficace	
a familiar	familière		a widespread	général	
a national	nationale		a universal	universel	
a traditional	traditionnelle		a well-planned	bien organisé	
EPISODE	un ÉPISODE	3813	ESSAY	un ESSAI	3823
a dramatic	dramatique		a satirical	satirique	
a moving	touchant		a literary	littéraire	
an exciting	passionnant		an informative	éducatif	
a memorable	mémorable		a critical	critique	
a pathetic	pathétique		a controversial	polémique	
EPITAPH	une ÉPITAPHE	3814	ESTATE	un DOMAINE	3824
an appropriate	bien trouvée		an enormous	immense	
a short	une courte épitaphe		a vast	vaste	
a descriptive	descriptive		an inherited	hérité	
a simple	simple		an impoverished	appauvri	
a flattering	flatteuse		a taxable	imposable	
EQUALITY	une ÉGALITÉ	3815	ESTIMATE	une ÉVALUATION	3825
a perfect	parfaite		an accurate	précise	
a relative	relative		an honest	honnête	
a permanent	durable		an objective	objective	
a temporary	passagère		a rough	une approximation	
a social	sociale		a conservative	prudente	
EQUIPMENT	un ÉQUIPEMENT	3816	EVENING	une SOIRÉE	3826
a modern	moderne		a lovely	une belle soirée	
an obsolete	démodé		a warm	une chaude soirée	
a necessary	nécessaire		a cool	fraîche	
a new	neuf		a wintry	d'hiver	
an expensive	onereux		a rainy	pluvieuse	
ERA	une ÉPOQUE	3817	EVENT	un ÉVÉNEMENT	3827
a colonial	coloniale		a regular	un fait habituel	
an eventful	mouvementée		an important	important	
a memorable	mémorable		a historic	historique	
a disastrous	désastreuse		a thrilling	sensationnel	
a brief	brève		a strange	étrange	
ERRAND	une COMMISSION	3818	EVIDENCE	une PREUVE	3828
a futile	vaine		an overwhelming	accablante	
a necessary	nécessaire		a shocking	affreuse	
a helpful	utile		a damaging	préjudiciable	
a secret	secrète		a scientific	scientifique	
a mysterious	mystérieuse		a factual	matérielle	
ERROR	une ERREUR	3819	EVIL	un MAL	3829
a fatal	fatale		a necessary	nécessaire	
a silly	stupide		an imaginary	imaginaire	
a gross	grossière		a universal	universel	
an obvious	évidente		a terrible	un terrible mal	
a common	courante		an inherent	inhérent	

EVOLUTION	une ÉVOLUTION	3830		**EXCUSE**	une EXCUSE	3840
an uncertain	incertaine			a poor	une mauvaise excuse	
a slow	lente			a good	une bonne excuse	
a gradual	graduelle			a plausible	plausible	
an uninterrupted	continue			a possible	possible	
a constant	constante			a flimsy	frivole	

EXAGGERATION	une EXAGÉRATION	3831		**EXERCISE**	un EXERCICE	3841
a gross	grossière			a physical	physique	
an intentional	voulue			a mental	mental	
a cruel	cruelle			a healthful	salutaire	
a striking	frappante			a repeated	répété	
a general	générale			a vigorous	de force	

EXAMINATION	un EXAMEN	3832		**EXHIBITION**	une DÉMONSTRATION	3842
(test)				a spectacular	spectaculaire	
a hard	difficile			a thrilling	sensationnelle	
an easy	facile			a noteworthy	remarquable	
a competitive	un concours			an outstanding	marquante	
a periodic	périodique			a disgusting	un spectacle répugnant	
a long	un long examen					

				EXILE	un EXIL	3843
EXAMPLE	un EXEMPLE	3833		a permanent	définitif	
a prime	principal			a temporary	provisoire	
a colorful	pittoresque			a lifelong	à vie	
a descriptive	imagé			a voluntary	volontaire	
an excellent	excellent			a lonely	solitaire	
a poor	un mauvais exemple					

				EXISTENCE	une EXISTENCE	3844
EXCELLENCE	une PERFECTION	3834		a carefree	exempte de soucis	
a customary	habituelle			a happy	heureuse	
a desirable	souhaitable			a primitive	primitive	
a continual	durable			a lovely	une belle vie	
a rare	rare			a peaceful	paisible	
an artistic	artistique					

				EXIT	une ISSUE	3845
EXCEPTION	une EXCEPTION	3835		a closed	fermée	
a rare	rare			an open	ouverte	
a unique	une unique exception			a crowded	encombrée	
an important	importante			a barred	fermée par des barreaux	
a notable	notable			a locked	verrouillée	
a possible	possible					

				EXPANSE	une ÉTENDUE	3846
EXCHANGE	un ÉCHANGE	3836		a vast	une vaste étendue	
an equal	à conditions égales			a sunny	ensoleillée	
a friendly	amical			a broad	une grande étendue	
a profitable	fructueux			a limitless	illimitée	
a prompt	immédiat			a barren	dénudée	
an advantageous	avantageux					

				EXPANSION	une EXPANSION	3847
EXCITEMENT	une AGITATION	3837		an immediate	immédiate	
a growing	croissante			a profitable	lucrative	
an unusual	inhabituelle			a planned	projetée	
a delirious	délirante			a major	considérable	
a controlled	maîtrisée			a rapid	rapide	
a wild	violente					

				EXPECTATION	une ATTENTE	3848
EXCLAMATION	une EXCLAMATION	3838		a vain	vaine	
a surprised	de surprise			a reasonable	un espoir raisonnable	
a joyful	de joie			a hopeful	pleine d'espoir	
a pleased	de satisfaction			a continual	continuelle	
an angry	de colère			an anxious	inquiète	
a common	courante					

				EXPENSE	une DÉPENSE	3849
EXCURSION	une EXCURSION	3839		a necessary	nécessaire	
a local	aux alentours			a wasteful	futile	
a relaxing	délassante			a considerable	considérable	
a pleasant	agréable			an unusual	exceptionnelle	
an organized	organisée			a useless	superflue	
a planned	projetée					

EXPERIENCE	une EXPÉRIENCE	3850	EXPLOSION	une EXPLOSION	3856
a rewarding	enrichissante		a tremendous	formidable	
a terrifying	une terrible épreuve		an awesome	terrifiante	
a novel	une nouveauté		a violent	violente	
an amazing	stupéfiante		a simultaneous	simultanée	
a fascinating	fascinante		a deafening	assourdissante	

EXPERIMENT	une EXPÉRIENCE	3851	EXPORT	DES EXPORTATIONS	3857
a dangerous	dangereuse		a valuable	de valeur	
a successful	réussie		a traditional	traditionnelles	
a lengthy	longue		a needed	nécessaires	
a biological	biologique		a costly	coûteuses	
a complicated	compliquée		an annual	annuelles	

EXPERT	un EXPERT	3852	EXPRESSION	un AIR	3858
an objective	objectif		a sad	triste	
a critical	critique		an astonished	étonné	
an independent	indépendant		a frightened	effrayé	
a famous	célèbre		a calm	calme	
an outstanding	éminent		a patient	patient	

EXPLANATION	une EXPLICATION	3853	EXTENT	une MESURE	3859
a satisfactory	satisfaisante		a great	un grand parti	
a plausible	plausible		an enormous	(la plupart)	
a poor	peu convaincante		a limited	limitée	
a false	une fausse explication		a considerable	considérable	
a true	juste		a sufficient	suffisante	

EXPLOIT	un EXPLOIT	3854	EXTRAVAGANCE	une PRODIGALITÉ	3860
a daring	audacieux		a reckless	imprudente	
a famous	célèbre		a wasteful	ruineuse	
a spectacular	spectaculaire		an absurd	absurde	
an unusual	extraordinaire		a senseless	insensée	
an imaginary	imaginaire		a lavish	somptueuse	

EXPLORATION	une EXPLORATION	3855	EYE	un ŒIL	3861
a scientific	scientifique		a watchful	vigilant	
a peaceful	pacifique		a critical	critique	
an exciting	passionnante		a keen	perçant	
a necessary	nécessaire		an observant	observateur	
a perilous	périlleuse		a black	au beurre noir	

F

FABLE	un CONTE	3862	FACT	un FAIT	3865
a charming	charmant		an unusual	exceptionnel	
a romantic	romantique		a related	apparenté	
a well-known	connu		an obvious	évident	
a comic	comique		a well-known	connu	
a traditional	traditionnel		a true	véridique	

FABRIC	une ÉTOFFE	3863	FACTION	une FACTION	3866
a durable	inusable		a rival	rivale	
a permanent-press	un tissu à ne pas repasser		a defeated	vaincue	
a wash-and-wear	un tissu de repassage superflu		a warring	hostile	
a waterproof	imperméable		an opposing	adverse	
a strong	solide		a conservative	conservatrice	

FACE	un VISAGE	3864	FACTOR	un FACTEUR	3867
a lovely	ravissant		a prime	principal	
a wrinkled	ridé		an important	important	
an honest	honnête		a significant	notable	
a gaunt	un figure décharné		an essential	essentiel	
a tanned	hâlé		a dangerous	dangereux	

FACTORY	une USINE	3868	FAN	un ADMIRATEUR	3878
a productive	productive		an enthusiastic	enthousiaste	
an enormous	immense		a cheering	qui acclame	
a noisy	bruyante		a wild	déchaîné	
a converted	reconvertie		a devoted	dévoué	
a modern	moderne		a noisy	bruyant	

FAD	une MODE	3869	FANCY	un CAPRICE	3879
a ridiculous	ridicule		a passing	passager	
a dietary	une toquade diététique		a romantic	romantique	
a literary	une vogue littéraire		a popular	à la mode	
an expensive	onéreuse		a childish	puéril	
a crazy	saugrenue		a youthful	de jeunesse	

FAILURE	un ÉCHEC	3870	FANTASY	une CHIMÈRE	3880
an unexpected	inattendu		a romantic	romantique	
an eventual	final		a constant	obsédante	
a senseless	stupide		an amusing	amusante	
a pitiful	pitoyable		a dangerous	une illusion dangereuse	
a total	complet		a childish	une illusion puérile	

FAIR	une FOIRE (MARCHÉ)	3871	FARE	un PRIX (TARIF)	3881
a local	locale		an unreasonable	trop élevé	
a crowded	très fréquentée		a cheap	très modique	
an enjoyable	agréable		an expensive	élevé	
a successful	qui a du succès		an excessive	excessif	
a famous	célèbre		an exorbitant	exorbitant	

FAITH (religion)	une FOI	3872	FAREWELL	des ADIEUX	3882
the Christian	la foi chrétienne		a painful	pénibles	
the Protestant	l'église protestante (reformée)		a tearful	éplorés	
the Catholic	l'église catholique		a final	un adieu éternel	
the Jewish	la religion juive		a fond	de tendres adieux	
the Mohammedan	la religion mahométane		an unexpected	inattendus	

FALL (autumn)	un AUTOMNE	3873	FARM	une FERME	3883
a rainy	pluvieux		a small	une petite ferme	
a colorful	coloré		an isolated	isolée	
a peaceful	paisible		a fertile	productive	
a windy	venteux		a well-kept	bien tenue	
a barren	stérile		a deserted	abandonée	

FALL (drop)	une CHUTE	3874	FARMER	un FERMIER	3884
a fatal	mortelle		an old	âgé	
an accidental	accidentelle		a hardworking	travailleur	
a terrible	terrible		an active	actif	
a painful	douloureuse		a progressive	moderne	
an awkward	maladroite		a friendly	aimable	

FAME	une CÉLÉBRITÉ	3875	FARMHOUSE	un CORPS DE FERME	3885
a fleeting	éphémère		a modern	moderne	
a temporary	passagère		a dilapidated	délabré	
a deserved	méritée		a pleasant	charmant	
an unearned	imméritée		a painted	peint	
a lasting	durable		a large	un grand corps de ferme	

FAMILY	une FAMILLE	3876	FASCINATION	une FASCINATION	3886
a happy	heureuse		a real	une véritable fascination	
a noble	noble		a personal	une attirance personnelle	
an aristocratic	artistocratique		a singular	étrange	
a large	nombreuse		a terrible	terrible	
a homeless	sans abri		an unusual	un charme étrange	

FAMINE	une FAMINE	3877	FASHION	une MODE	3887
an unexpected	inattendue		a new	nouvelle	
a shocking	affreuse		an elegant	élégante	
a widespread	générale		an acceptable	acceptable	
a terrible	effroyable		a distinctive	caractéristique	
a universal	universelle		a simple	simple	

FATE	un SORT	3888
a terrible	terrible	
a relentless	inéluctable	
a tragic	tragique	
a cruel	cruel	
an ironic	ironique	

FATHER	un PÈRE	3889
a devoted	un bon père	
a domineering	autoritaire	
a sympathetic	compatissant	
a mean	un mauvais père	
a patient	patient	

FATIGUE	une LASSITUDE	3890
an extreme	extrême	
a dangerous	dangereuse	
an overpowering	écrasante	
a depressing	accablante	
a constant	persistante	

FAUCET	un ROBINET	3891
a dripping	qui goutte	
a defective	défectueux	
a polished	brillant	
a dirty	sale	
a new	neuf	

FAULT	un DÉFAUT	3892
a basic	essentiel	
an evident	évident	
an obvious	manifeste	
a concealed	caché	
a visible	visible	

FAVOR	un SERVICE (RENDU)	3893
a wonderful	merveilleux	
a generous	généreux	
a strange	étrange	
a requested	demandé	
a gracious	rendu aimablement	

FAWN	un FAON	3894
a startled	effrayé	
a newborn	nouveau-né	
a helpless	sans défense	
a lost	égaré	
a gentle	doux	

FEAR	une CRAINTE	3895
a great	une grande crainte	
a stark	une peur bleue	
a natural	naturelle	
a nameless	indicible	
a groundless	irraisonnée	

FEAST	un FESTIN	3896
a lavish	plantureux	
a royal	royal	
a pagan	païen	
a sumptuous	somptueux	
a noble	grandiose	

FEAT	un EXPLOIT	3897
a remarkable	remarquable	
a prodigious	prodigieux	
a notable	insigne	
an extraordinary	extraordinaire	
an incomparable	incomparable	

FEATURE	un TRAIT (CARACTÉR-ISTIQUE)	3898
an important	important	
a significant	significatif	
a peculiar	singulier	
a notable	notable	
a special	particulier	

FEE	des HONORAIRES	3899
a customary	courants	
an exorbitant	exorbitants	
a small	modiques	
a required	exigés	
a fair	de justes honoraires	

FEELING	un SENTIMENT	3900
a sad	de tristesse	
an empty	de vide	
a grateful	de gratitude	
an uncomfortable	de malaise	
a strange	étrange	

FELLOW	un GARÇON (GARS)	3901
an intelligent	intelligent	
a friendly	gentil	
a clever	habile	
a handsome	un beau garçon (gars)	
a stupid	stupide	

FENCE	une CLÔTURE	3902
a dilapidated	délabrée	
a new	neuve	
a strong	solide	
a high	une haute clôture	
a wooden	de bois	

FERRY (BOAT)	un BAC	3903
a regular	qui fonctionne régulièrement	
a slow	lent	
a crowded	très chargé	
an old	un vieux bac	
an efficient	qui fonctionne bien	

FERVOR	une FERVEUR	3904
a religious	religieuse	
a contagious	contagieuse	
a national	nationale	
a romantic	romantique	
a renewed	un regain de ferveur	

FEVER	une FIÈVRE	3905
a delirious	délirante	
a high	une forte fièvre	
a slight	légère	
a burning	brûlante	
an irregular	erratique	

FIASCO	un FIASCO	3906
a disastrous	désastreux	
an unexpected	inattendu	
a complete	complet	
a pitiful	pitoyable	
a surprising	surprenant	

FICTION	un ŒUVRE DE FICTION	3907
a popular	à succès	
a sentimental	sentimentale	
a historical	historique	
a modern	moderne	
a sensational	sensationelle	

FIELD	un CHAMP	3908	FIRE (disaster)	un INCENDIE	3918
a broad	un grand champ		a raging	qui fait rage	
a rocky	rocailleux		a disastrous	désastreux	
a fertile	fertile		a destructive	destructeur	
an uncultivated	en friche		a blazing	violent	
a barren	stérile		an uncontrollable	impossible à maîtriser	

FIGURE (number)	un CHIFFRE	3909	FIRE (small)	un FEU	3919
a reasonable	modique		a comforting	réconfortant	
an exact	exact		a crackling	pétillant	
an approximate	approximatif		a cheery	réjouissant	
a higher	plus élevé		a flickering	vacillant	
a lower	plus bas		a warming	qui réchauffe	

FIGURE (person)	une FIGURE	3910	FIREPLACE	une CHEMINÉE	3920
a literary	littéraire		a wide	une large cheminée	
an important	importante		a dirty	sale	
a dramatic	dramatique		an enormous	énorme	
a leading	de premier plan		a comforting	réconfortante	
a symbolic	symbolique		a warm	chaude	

FILE	un DOSSIER	3911	FIRM	une FIRME	3921
a neat	bien tenu		a local	locale	
an up-to-date	à jour		a successful	qui réussit	
a confidential	confidentiel		a bankrupt	en faillite	
a secret	secret		an ambitious	ambitieuse	
an extensive	complet		a well-managed	bien dirigée	

FILM (camera)	un FILM	3912	FIRMNESS	une FERMETÉ	3922
a colored	en couleur		a necessary	necessaire	
an expensive	cher		an excessive	excessive	
a sensitive	sensible		a stubborn	un entêtement	
an exposed	exposé		a desperate	désespérée	
a cheap	bon marché		a needless	superflue	

FILM (movie)	un FILM	3913	FISH	un POISSON	3923
an excellent	excellent		a cooked	cuit	
an entertaining	divertissant		a fried	frit	
a popular	à succès		a baked	cuit au four	
a pornographic	pornographique		a cleaned	nettoyé	
a dramatic	dramatique		a silvery	argenté	

FINANCIER	un FINANCIER	3914	FIST	un POING	3924
a shrewd	astucieux		a clenched	serré	
a dignified	digne		a powerful	vigoureux	
a corrupt	corrompu		a huge	énorme	
a wealthy	riche		a solid	solide	
an unscrupulous	indélicat		a defiant	provocant	

FINE	une AMENDE	3915	FIT	une TAILLE	3925
a heavy	une lourde amende		a good	juste	
an excessive	excessive		a tight	trop juste	
a light	une faible amende		a loose	trop large	
an objectionable	critiquable		an excellent	parfaite	
a deserved	méritée		a comfortable	de la taille voulue	

FINGER	un DOIGT	3916	FLAG	un DRAPEAU	3926
a broken	cassé		a national	national	
an accusing	un index accusateur		an enormous	immense	
a sprained	foulé		a folded	plié	
a bandaged	pansé		a famous	célèbre	
an infected	infecté		a colorful	coloré	

FINISH (surface)	un REVÊTEMENT	3917	FLAME	une FLAMME	3927
a gleaming	brillant		an eternal	éternelle	
a rough	rugueux		a low	basse	
a lustrous	luisant		a bright	claire	
a dull	mat		a feeble	faible	
a protective	protecteur		a flickering	tremblotante	

FLASH	un ÉCLAIR	3928	FLOW	un DÉBIT	3938
a brilliant	brillant		a regular	régulier	
a blinding	aveuglant		a continuous	continu	
a quick	rapide		a sluggish	lent	
a repeated	un nouvel éclair		an endless	incessant	
a sudden	brusque		a rapid	rapide	

FLASHLIGHT	une LAMPE DE POCHE	3929	FLOWER	une FLEUR	3939
a blinking	clignotante		a lovely	une belle fleur	
a helpful	utile		an exotic	exotique	
a useful	utile		a rare	rare	
a blinding	aveuglante		a fragrant	parfumée	
a powerful	puissante		a delicate	délicate	

FLATTERY	une FLATTERIE	3930	FLUID	un LIQUIDE	3940
a false	feinte		an opaque	opaque	
a polite	courtoise		a thick	épais	
a friendly	amicale		a frozen	gelé	
an intentional	délibérée		a clear	transparent	
a deceptive	trompeuse		an oily	huileux	

FLAVOR	une SAVEUR	3931	FLYING SAUCER	une SOUCOUPE VOLANTE	3941
a delicate	délicate		a mysterious	mystérieuse	
a rich	forte		an unidentified	non identifiée	
a delicious	délicieuse		a photographed	photographiée	
an exotic	exotique		a rotating	tournant sur elle-même	
a distinctive	speciale		a weird	étrange	

FLIGHT (airplane)	un VOL (EN AVION)	3932	FOE	un ENNEMI	3942
a thrilling	sensationnel		an imaginary	imaginaire	
a smooth	sans histoire		a staunch	juré	
an enjoyable	agréable		a mortal	mortel	
a long	prolongé		an unseen	invisible	
a transatlantic	transatlantique		a ruthless	impitoyable	

FLIGHT (evasion)	une FUITE	3933	FOG	un BROUILLARD	3943
a hasty	précipitée		a dense	épais	
an impetuous	impétueuse		an opaque	opaque	
a cowardly	lâche		a continual	persistant	
an advisable	à conseiller		a coastal	côtier	
a temporary	temporaire		an impenetrable	impénétrable	

FLOCK	un TROUPEAU	3934	FOLLOWER	un PARTISAN	3944
a docile	docile		a loyal	loyal	
a sheltered	abrité		a faithful	fidèle	
a grazing	au pâturage		a true	sincère	
a frightened	effrayé		an ardent	ardent	
a guarded	gardé		a devoted	dévoué	

FLOOD	une INONDATION	3935	FOLLOWING	des PARTISANS	3945
a disastrous	désastreuse		a popular	un soutien populaire	
an unexpected	inopinée		a tremendous	nombreux	
a devastating	dévastatrice		a national	dans le pays	
a raging	des flots déchaînés		a local	sur place	
a widespread	générale		a significant	un parti important	

FLOOR (level)	un ÉTAGE	3936	FOOD	un ALIMENT	3946
an upper	supérieur		a nutritious	nutritif	
a topmost	un dernier étage		a fattening	mauvais pour la ligne	
a lower	inférieur		a delicious	délicieux	
a first (main)	un rez-de-chaussée		a basic	de base	
a second	un premier étage		an essential	indispensable	

FLOOR (surface)	un PLANCHER	3937	FOOL	un IMBÉCILE	3947
a level	uni		a stupid	un sot	
a polished	encaustiqué		an ignorant	un ignorant	
a clean	propre		a dangerous	dangereux	
a dirty	sale		an illiterate	un illettré	
a spotless	immaculé		a ridiculous	ridicule	

FOOT	un PIED	3948	FORMATION	une FORMATION	3958
a small	un petit pied		a peculiar	spéciale	
a bruised	contusionné		a regular	régulière	
a bare	nu		an irregular	irrégulière	
a dirty	sale		a crude	rudimentaire	
a large	un grand pied		a massive	massive	

FORCE	une FORCE	3949	FORMULA	une FORMULE	3959
a powerful	puissante		a perfected	perfectionnée	
an attacking	offensive		a deadly	mortelle	
an influential	influente		a theoretical	théorique	
a magnetic	magnétique		a combined	combinée	
a tremendous	une puissance énorme		an effective	efficace	

FOREHEAD	un FRONT	3950	FORT(RESS)	un(e) FORT(ERESSE)	3960
a broad	large		a remote	isolé(e)	
a shiny	luisant		a vulnerable	vulnérable	
a sunburned	bronzé		a defended	défendu(e)	
a wrinkled	ridé		an impregnable	imprenable	
a smooth	lisse		a deserted	abandonné(e)	

FOREIGNER	un ÉTRANGER	3951	FORTUNE	une FORTUNE	3961
a distinguished	distingué		an enormous	enorme	
a visiting	en visite		an inherited	héritée	
a lonely	solitaire		a personal	personnelle	
a hated	haï		an extraordinary	extraordinaire	
a welcome	qui est le bienvenu		a considerable	considérable	

FOREST	une FORÊT	3952	FOSSIL	un FOSSILE	3962
a dense	épaisse		a petrified	pétrifié	
a fragrant	odorante		a unique	unique	
a silent	silencieuse		a strange	étrange	
a tropical	tropicale		a rare	rare	
a vast	immense		a tiny	minuscule	

FORGETFULNESS	un OUBLI	3953	FOUNDATION	des FONDATIONS	3963
a customary	courant		a solid	solides	
a habitual	habituel		a splendid	superbes	
a conscious	conscient		a poor	de mauvaises fondations	
an unconscious	inconscient		a permanent	définitives	
an irritating	un manque de mémoire irritant		a well-laid	bien assises	

FORGIVENESS	un PARDON	3954	FOUNTAIN	une FONTAINE	3964
a reluctant	donné à contre-cœur		a famous	célèbre	
a requested	sollicité		a bubbling	bouillonnante	
an implored	imploré		an ancient	ancienne	
a limited	sous réserve		an enormous	énorme	
a complete	total		a beautiful	une belle fontaine	

FORK	une FOURCHE(TTE)	3955	FOUNTAIN PEN	un STYLO	3965
a sharp	pointue		a refillable	à réservoir	
a useful	utile		an expensive	cher	
a dirty	sale		a scratchy	qui gratte	
a clean	propre		a lost	perdu	
a tarnished	ternie		a gold(en)	en or	

FORM	une FORME	3956	FOX	un RENARD	3966
a round	ronde		a sly	rusé	
a square	carrée		a wary	prudent	
an oval	ovale		an elusive	insaississable	
a symmetrical	symétrique		a legendary	légendaire	
a simple	simple		a cunning	malin	

FORMALITY	une FORMALITÉ	3957	FRACTURE	une FRACTURE	3967
a legal	légale		a painful	douloureuse	
a pure	une simple formalité		an accidental	accidentelle	
a stiff	stricte		a simple	simple	
an absurd	absurde		a compound	multiple	
a customary	courante		a tiny	une menue fracture	

FRAGMENT	un FRAGMENT	3968
a preserved	conservé	
an isolated	isolé	
a related	d'un tout	
an important	important	
a meaningless	sans signification	

FRAGRANCE	un PARFUM	3969
a sweet	un doux parfum	
a provocative	capiteux	
a strong	puissant	
an exotic	exotique	
a heavy	entêtant	

FRAME	un CADRE	3970
a carved	sculpté	
a round	rond	
a square	rectangulaire	
an oval	ovale	
a jeweled	orné de pierreries	

FRAUD	une DUPERIE	3971
an intentional	délibérée	
a shameful	honteuse	
a treacherous	ignominieuse	
an admitted	reconnue	
a clever	ingénieuse	

FREEDOM	une LIBERTÉ	3972
a perfect	parfaite	
a personal	individuelle	
a priceless	inestimable	
an unlimited	absolue	
a restricted	restreinte	

FRIEND	un AMI	3973
a good	un bon ami	
a true	fidèle	
a wonderful	merveilleux	
a helpful	serviable	
an intimate	intime	

FRIENDSHIP	une AMITIÉ	3974
a rewarding	qui en vaut la peine	
a lifelong	de toute la vie	
a close	intime	
a casual	une connaissance	
a warm	une chaude amitié	

FRIGHT	une PEUR	3975
a morbid	morbide	
a sudden	soudaine	
a helpless	paralysante	
a terrible	terrible	
an overwhelming	bleue	

FRONT	une CONTENANCE	3976
a bold	assurée	
a false	un air trompeur	
a proud	fière	
a pompous	de grands airs	
a gallant	courageuse	

FRONTIER	une FRONTIÈRE	3977
a natural	naturelle	
a mountainous	montagneuse	
a wild	sauvage	
a remote	reculée	
a defended	défendue	

FROST	une GELÉE	3978
a biting	mordante	
a killing	meurtrière	
a bitter	une âpre gelée	
a sudden	brusque	
an untimely	hors de saison	

FROWN	un FRONCEMENT (DE SOURCILS)	3979
a warning	avertisseur	
a disapproving	désapprobateur	
an angry	un regard de colère	
a worried	un regard soucieux	
a puzzled	un regard perplexe	

FRUIT	un FRUIT	3980
a ripe	mûr	
a delicious	délicieux	
a nourishing	nourrissant	
a luscious	fondant	
a forbidden	défendu	

FUEL	un COMBUSTIBLE	3981
an expensive	cher	
a solid	solide	
a liquid	liquide	
a volatile	volatil	
a precious	rare	

FULFILLMENT	un ACCOMPLISSEMENT	3982
a complete	total	
a partial	partiel	
an adequate	convenable	
a rapid	rapide	
an anticipated	prévu	

FUNCTION	une FONCTION	3983
a legitimate	légitime	
a vital	vitale	
an essential	essentielle	
a natural	naturelle	
an appropriate	appropriée	

FUNERAL	des FUNÉRAILLES	3984
a solemn	solennelles	
a ceremonious	cérémonieuses	
a depressing	déprimantes	
a gloomy	mornes	
a quiet	sans faste	

FUR	une FOURRURE	3985
a thick	épaisse	
a lustrous	lustrée	
a sleek	lisse	
a shiny	brillante	
a silky	soyeuse	

FUR COAT	un MANTEAU DE FOURRURE	3986
an expensive	coûteux	
a luxurious	luxueux	
a stolen	volé	
a warm	chaud	
a full-length	long	

FURLOUGH	une PERMISSION (MILITAIRE)	3987
a short	une courte permission	
an extended	une longue permission	
a deserved	méritée	
a periodic	périodique	
a delightful	agréable	

FURNACE	un FOUR	3988	FURY	une FUREUR	3990
a fiery	incandescent		a suppressed	contenue	
a warm	chaud		an uncontrollable	irrépressible	
a hot	brûlant		a sudden	soudaine	
a cold	froid		a jealous	jalouse	
a defective	défectueux		a blind	aveugle	

FURNITURE	un MOBILIER	3989	FUTURE	un AVENIR	3991
a modern	moderne		a happy	heureux	
an old-fashioned	de style ancien		an uncertain	incertain	
a comfortable	confortable		a dismal	peu prometteur	
a simple	simple		a hopeful	qui s'annonce meilleur	
a carved	sculpté		an interesting	intéressant	

G

GADGET	un "GADGET"	3992	GAME	un JEU (AMUSEMENT)	3999
a useful	utile		an enjoyable	agréable	
a timesaving	permettant d'économiser du temps		a childish	puéril	
a useless	inutile		a dangerous	dangereux	
a worthless	sans valeur		an interesting	intéressant	
an ingenious	ingénieux		a thrilling	passionnant	

GAIETY	une GAIETÉ	3993	GANG	une BANDE	4000
a noisy	bruyante		a notorious	tristement connue	
a contagious	contagieuse		a large	nombreuse	
a wild	folle		a reckless	de casse-cou	
an exuberant	exubérante		a criminal	de criminels	
a sudden	un accès de gaieté		a bold	audacieuse	

GAIN	un GAIN	3994	GANGPLANK	une TRAVERSINE	4001
a sure	sûr		a steep	fortement inclinée	
a personal	personnel		a slippery	glissante	
an adequate	suffisant		a narrow	étroite	
an immediate	immédiat		a wide	large	
a future	futur		a lowered	abaissée	

GALLANTRY	un COURAGE	3995	GANGSTER	un GANGSTER	4002
a rare	rare		a vicious	haineux	
a calm	calme		a ruthless	impitoyable	
a conspicuous	éclatant		a famous	célèbre	
a distinguished	exceptionnel		a captured	capturé	
a notable	insigne		a convicted	condamné	

GALLERY (art)	une GALÉRIE (d'art)	3996	GARAGE	un GARAGE	4003
an exclusive	chic		an adjoining	contigu	
an immense	immense		a cluttered	encombré	
a crowded	bondée		a filthy	sale	
an elegant	élégante		a spacious	vaste	
a modern	moderne		a small	un petit garage	

GAMBLE	une AFFAIRE (RISQUÉE)	3997	GARDEN	un JARDIN	4004
a reckless	téméraire		a private	privé	
a desperate	désespéré		a lovely	ravissant	
a reasonable	raisonnable		a magnificent	magnifique	
an illogical	illogique		a colorful	très coloré	
a hopeless	sans espoir		a peaceful	paisible	

GAMBLER	un JOUEUR	3998	GARMENT	un VÊTEMENT	4005
an expert	habile		a clean	propre	
a shrewd	astucieux		a tattered	en loques	
a professional	professionnel		a rustling	froufroutant	
a suave	doucereux		a flimsy	léger	
a skillful	habile		an outer	de dessus	

GAS	un GAZ	4006	GENEROSITY	une GÉNÉROSITÉ	4016
a deadly	mortel		a great	une grande générosité	
a lethal	mortel		an impulsive	spontanée	
a nauseating	nauséabond		an unselfish	désintéressée	
a noxious	délétère		an extreme	extrême	
an inflammable	inflammable		an unparalleled	sans pareille	

GASOLINE	une ESSENCE	4007	GENIUS	un GÉNIE	4017
a powerful	super		a real	authentique	
an expensive	chère		a literary	littéraire	
a volatile	volatile		a so-called	un prétendu génie	
a famous	connue		an extraordinary	singulier	
a reliable	sûre		a forgotten	oublié	

GASP	un SURSAUT	4008	GENTLEMAN	un "GENTLEMAN"	4018
an astonished	de surprise		a perfect	un parfait gentleman	
a painful	de douleur		a gallant	un galant homme	
a startled	d'effroie		an aristocratic	un aristocrate	
a convulsive	convulsif		a dignified	un digne gentleman	
a dramatic	dramatique		a polite	un homme courtois	

GATE	une PORTE (de jardin etc.)	4009	GENTLENESS	une DOUCEUR	4019
a rusty	rouillée		an unusual	insolite	
a wide	large		an unbelievable	incroyable	
a strong	solide		a sympathetic	compatissante	
a hinged	à charnières		an infinite	infinie	
a wooden	de bois		an unaccustomed	inhabituelle	

GATHERING	une ASSEMBLÉE	4010	GERM	un MICROBE	4020
a dignified	digne		a deadly	mortel	
a formal	un rassemblement officiel		an isolated	isolé	
an informal	un rassemblement officieux		a rare	rare	
a select	choisie		a virulent	virulent	
a noisy	bruyante		an unidentified	non identifié	

GAZE	un REGARD	4011	GESTURE	un GESTE	4021
a steady	fixe		a defiant	de defi	
an inquiring	interrogateur		a threatening	menaçant	
an averted	détourné		a graceful	gracieux	
a curious	curieux		an imperious	impérieux	
an imploring	implorant		an imploring	implorant	

GEM	une GEMME	4012	GHOST	un FANTÔME	4022
a synthetic	synthétique		a famous	célèbre	
a precious	précieuse		a legendary	légendaire	
a polished	brillante		a headless	sans tête	
a valuable	de prix		a shrouded	enveloppé d'un suaire	
a worthless	sans valeur		a frightening	effrayant	

GENDER	un GENRE	4013	GIANT	un GÉANT	4023
a masculine	masculin		a legendary	légendaire	
a feminine	féminin		a hideous	hideux	
a neuter	neutre		an imaginary	imaginaire	
a common	commun		a real	un vrai géant	
a predictable	prévisible		a mysterious	mystérieux	

GENERAL	un GÉNÉRAL	4014	GIFT	un CADEAU	4024
a retired	à la retraite		a nice	gentil	
a famous	célèbre		a romantic	romantique	
a bold	audacieux		a promised	promis	
a cruel	cruel		a valuable	de prix	
a clever	intelligent		a wonderful	merveilleux	

GENERATION	une GÉNÉRATION	4015	GIRL	une JEUNE FILLE	4025
a rebellious	révoltée		a pretty	jolie	
a previous	antérieure		a beautiful	une belle jeune fille	
a future	future		a sympathetic	bien disposée	
a preceding	précédente		a jealous	jalouse	
a forgotten	oubliée		a well-dressed	bien habillée	

GLACIER	un GLACIER	4026	GLORY	une GLOIRE	4036
a vast	immense		an imaginary	imaginaire	
an immense	énorme		an endless	infinie	
a prehistoric	préhistorique		an eternal	éternelle	
a receding	qui recule		an immortal	immortelle	
a melting	qui fond		a military	militaire	

GLANCE	un REGARD	4027	GLOSS	un LUSTRE	4037
a quick	bref		a lustrous	éclatant	
a tender	tendre		a high	extrême	
a frightened	effrayé		a dull	terni	
a murderous	meurtrier		a polished	poli	
a wistful	de regret		a brilliant	brillant	

GLARE	une CLARTÉ	4028	GLOVE	un GANT	4038
a blinding	éblouissante		a tight	serré	
a reflected	réfléchie		a loose	lâche	
an awful	terrifiante		a warm	chaud	
a constant	un éclat fixe		a thin	léger	
a merciless	impitoyable		a worn-out	usé	

GLASS (container)	un VERRE	4029	GLOW	un ROUGEOIEMENT	4039
a tall	un grand verre		a constant	continuel	
a full	plein		a fiery	ardent	
an empty	vide		a healthy	une mine resplendissante	
a small	un petit verre		a strong	vif	
a lovely	un joli verre		a dim	faible	

GLASS (material)	du VERRE	4030	GLUE	une COLLE	4040
a stained	coloré		a thick	visqueuse	
an unbreakable	incassable		a strong	forte	
a cracked	fêlé		a smelly	malodorante	
a delicate	délicat		a worthless	une mauvaise colle	
a fragile	fragile		a weak	peu adhérente	

GLEAM	une LUEUR	4031	GOAL (aim)	un BUT	4041
a distant	lointaine		a tentative	provisoire	
a weird	étrange		an ultimate	ultime	
a dazzling	éblouissante		a final	final	
a momentary	fugace		an attainable	accessible	
a shimmering	tremblotante		an unreachable	inaccessible	

GLIDER	un PLANEUR	4032	GOD	un DIEU	4042
a soaring	qui fend les airs		an everlasting	éternel	
a silent	silencieux		an immortal	immortel	
a graceful	élégant		an omnipotent	omnipotent	
a lightweight	léger		a stern	sévère	
a motionless	semblant immobile		a forgiving	miséricordieux	

GLIMPSE	un APERÇU	4033	GODDESS	une DÉESSE	4043
a brief	un bref aperçu		a beautiful	une belle déesse	
an interesting	intéressant		a legendary	légendaire	
a revealing	révélateur		a mythical	mythique	
an accidental	accidentel		a remarkable	remarquable	
a cautious	circonspect		an imaginary	imaginaire	

GLITTER	un ÉCLAT	4034	GOLD	un OR	4044
a lovely	ravissant		a pure	pur	
a festive	de fête		a valuable	précieux	
a blinding	aveuglant		a polished	brillant	
a golden	doré		a molten	en fusion	
a bright	brillant		a refined	affiné	

GLOOM	des TÉNÈBRES	4035	GOODNESS	une BONTÉ	4045
an ominous	sinistres		a true	vraie	
a perpetual	perpétuelles		an unusual	inhabituelle	
an oppressing	une tristesse accablante		a rare	rare	
a widespread	une tristesse générale		a desirable	opportune	
a deepening	qui s'épaissent		an infinite	infinie	

GORGE	une GORGE (MONTAGNE)	4046
a deep	profonde	
a windswept	balayé par les vents	
a winding	sinueuse	
a shallow	peu profonde	
an unexplored	inexplorée	

GOSSIP	un COMMÉRAGE	4047
a scandalous	scandaleux	
an ugly	de vilains commérages	
a vulgar	de vulgaires commérages	
a harmless	anodin	
an interesting	intéressant	

GOVERNMENT	un GOUVERNEMENT	4048
an effective	efficace	
a corrupt	corrompu	
a national	des pouvoirs publics	
a municipal	des autorités municipales	
a stable	stable	

GOVERNOR	un GOUVERNEUR	4049
a capable	compétent	
an honest	honnête	
an ambitious	ambitieux	
a reliable	sérieux	
an incompetent	incompétent	

GOWN	une ROBE (LONGUE)	4050
a flowing	tombant en plis gracieux	
an exclusive	d'un modèle exclusif	
an elegant	élégante	
a formal	habillée	
an expensive	coûteuse	

GRACE	une GRÂCE	4051
a charming	charmante	
a divine	divine	
an eloquent	éloquente	
a majestic	majestueuse	
a casual	sans arrêt	

GRADE (school)	une NOTE	4052
a satisfactory	satisfaisante	
an excellent	excellente	
a failing	insuffisante	
an average	moyenne	
a high	une bonne note	

GRAIN	des CÉRÉALES (GRAINES)	4053
newly-planted	semées depuis peu	
an abundant	abondantes	
harvested	moissonnées	
an imported	importées	
an exported	exportées	

GRAMMAR (book)	une GRAMMAIRE	4054
regular	ordinaire	
difficult	difficile	
foreign	étrangère	
an authoritative	qui fait autorité	
well-organized	bien charpentée	

GRANDCHILD	un(e) PETIT-FILS (PETITE-FILLE)	4055
lovely	charmant(e)	
spoiled	gâté(e)	
favorite	préféré(e)	
an affectionate	affectueux(euse)	
lovable	adorable	

GRANDEUR	une GRANDEUR	4056
a majestic	majestueuse	
a noble	sublime	
an ancient	ancienne	
a wild	sauvage	
a solitary	solitaire	

GRANDFATHER	un GRAND-PÈRE	4057
a rich	riche	
an old	âgé	
a retired	à la retraite	
a lazy	paresseux	
a friendly	gentil	

GRANDMOTHER	une GRAND-MÈRE	4058
a sweet	douce	
a patient	patiente	
a kind	gentille	
a generous	généreuse	
an affectionate	affectueuse	

GRAPH	un GRAPHIQUE	4059
an informative	instructif	
a rising	à courbe ascendante	
a neat	net	
an accurate	précis	
a well-drawn	bien tracé	

GRASP	une POIGNÉE DE MAIN	4060
a firm	une prise solide	
a gentle	une douce étreinte	
a warm	chaleureuse	
a masculine	virile	
a good	une bonne compréhension	

GRASS	une HERBE	4061
a lush	luxuriante	
a new	nouvelle	
a waving	ondoyant au vent	
a thick	épaisse	
a dry	sèche	

GRATITUDE	une GRATITUDE	4062
an endless	infinie	
an undying	éternelle	
an intense	profonde	
a humble	humble	
a sincere	sincère	

GRAVE	une TOMBE	4063
a deep	profonde	
a shallow	peu profonde	
an empty	vide	
an unmarked	sans inscription	
a nameless	anonyme	

GRAVEYARD	un CIMITIÈRE	4064
a silent	silencieux	
a haunted	hanté	
a gloomy	un sombre cimitière	
a dismal	morne	
a lonely	désert	

GRAVY	une SAUCE	4065
a thick	épaisse	
a savory	savoureuse	
a thin	liquide	
a tasty	succulente	
a delicious	délicieuse	

GREATNESS	une RENOMMÉE	4066
a true	vraie	
a false	une fausse grandeur	
a lasting	durable	
a passing	éphémère	
a measurable	mesurable	

GREED	une AVIDITÉ	4067
a terrible	une cupidité terrible	
an embarrassing	embarrassante	
an inherent	innée	
a natural	naturelle	
an instinctive	instinctive	

GREETING	un ACCUEIL	4068
a warm	chaleureux	
a friendly	amical	
a sincere	sincère	
an unfriendly	peu aimable	
a charming	charmant	

GRIEF	une AFFLICTION	4069
an excessive	excessive	
a national	partagée par tout le pays	
a hysterical	hystérique	
a worldwide	partagée par le monde entier	
a hopeless	sans espoir	

GRIMACE	une GRIMACE	4070
a mocking	moqueuse	
a comical	comique	
an idiotic	idiote	
an angry	irritée	
a sad	désolée	

GRIN	un SOURIRE	4071
a wide	épanoui	
a contagious	contagieux	
a shy	timide	
a mocking	moqueur	
a friendly	amical	

GROCER	un ÉPICIER	4072
an honest	honnête	
an obliging	obligeant	
a hard-working	travailleur	
a polite	poli	
a helpful	serviable	

GROCERY STORE	une ÉPICERIE	4073
a crowded	bondée	
a well-stocked	bien pourvue	
an empty	vide	
a nearby	proche	
a busy	très animée	

GROUND (earth)	un SOL	4074
a hard	dure	
a solid	ferme	
a wet	mouillé	
a soggy	détrempé	
a dry	sec	

GROUP	un GROUPE	4075
a social	social	
an enthusiastic	enthousiaste	
a sullen	morose	
a neglected	négligé	
a select	choisi	

GROWTH	une CROISSANCE	4076
a slow	lente	
a rapid	rapide	
a remarkable	remarquable	
a gradual	progressive	
a miraculous	miraculeuse	

GRUDGE	une RANCUNE	4077
a personal	personnelle	
a private	cachée	
an ancient	une vieille rancune	
a bitter	une amère rancune	
an unreasonable	déraisonnable	

GUARANTEE	une GARANTIE	4078
an adequate	convenable	
a sufficient	suffisante	
a lifetime	perpétuelle	
a reliable	sûre	
an acceptable	acceptable	

GUARD	un GARDE	4079
a watchful	vigilant	
a wary	sur le qui-vive	
an armed	armé	
a dependable	sûr	
a solitary	isolé	

GUESS	une SUPPOSITION	4080
a shrewd	perspicace	
an expert	habile	
an objective	objective	
a wild	hasardeuse	
a clever	ingénieuse	

GUEST	un INVITÉ	4081
a welcome	qui est le bienvenu	
a rude	grossier	
an uninvited	un visiteur non invité	
an agreeable	aimable	
a polite	poli	

GUIDANCE	des CONSEILS	4082
a helpful	utiles	
a requested	sollicités	
a spiritual	des directives spirituelles	
an economic	des directives économiques	
a careful	prudents	

GUIDE	un GUIDE	4083
a friendly	aimable	
a bilingual	bilingue	
a talkative	bavard	
an energetic	énergique	
a helpful	serviable	

GUIDEBOOK	un GUIDE (LIVRE)	4084
an informative	instructif	
a useful	utile	
an illustrated	illustré	
a worthless	inutilisable	
a complete	très complet	

GUIDED MISSILE	un MISSILE TÉLÉGUIDÉ	4085
an accurate	d'une grande précision	
a controlled	un engin (télé) commandé	
a transcontinental	transcontinental	
a deadly	d'une efficacité mortelle	
a feared	redouté	

GUILT	une CULPABILITÉ	4086
an obvious	évidente	
an admitted	reconnue	
a proven	établie	
a possible	possible	
a probable	probable	

GUITAR	une GUITARE	4087
an old	une vieille guitare	
a new	neuve	
a well-made	d'une bonne facture	
an expensive	coûteuse	
a large	une grande guitare	

GUITARIST	un GUITARISTE	4088
a talented	doué	
a professional	professionnelle	
a classical	classique	
a well-trained	ayant une solide formation	
a famous	célèbre	

GUN	un CANON (FUSIL/RE-VOLVER)	4089
a small	un petit canon	
a heavy	lourd	
an accurate	précis	
a concealed	dissimulé	
a rusty	rouillé	

GUST(S)	un COUP DE VENT	4090
a chilly	froid	
an intermittent	des rafales	
a violent	violent	
a hot	brûlant	
a stormy	une rafale de vent	

GUTTER (street)	un CANIVEAU	4091
a flooded	qui déborde	
a dirty	sale	
an empty	vide	
a cluttered	plein	
a clogged	obstrué	

GUY	un TYPE	4092
a nice	gentil	
a friendly	aimable	
a lazy	paresseux	
a busy	affairé	
an unfriendly	antipathique	

GYMNASIUM	un GYMNASE	4093
a spacious	un vaste gymnase	
a large	un grand gymnase	
a crowded	bondé	
a well-equipped	bien équipé	
a smelly	malodorant	

H

HABIT	une HABITUDE	4094
a careless	imprudente	
a dangerous	dangereuse	
a terrible	terrible	
a lifelong	de toute la vie	
a fixed	constante	

HAIL (STORM)	une CHUTE DE GRÊLE	4095
a driving	des rafales de grêle	
a continuous	incessante	
a destructive	dévastatrice	
an unexpected	inattendue	
a sudden	soudaine	

HAIR	des CHEVEUX	4096
blond	blonds	
white	blancs	
coarse	rudes	
fine	fins	
golden	dorés	

HAIR SPRAY	une LAQUE À CHEVEUX	4097
a sticky	collante	
an expensive	chère	
a cheap	bon marché	
an effective	une bonne laque à cheveux	
a well-known	connue	

HAIRBRUSH	une BROSSE À CHEVEUX	4098
a stiff	dure	
a soft	douce	
a wooden	en bois	
a wet	mouillée	
a plastic	en plastique	

HAIRCUT	une COUPE DE CHE-VEUX	4099
a neat	soignée	
a needed	nécessaire	
a good	une bonne coupe	
an expensive	chère	
a bad	une mauvaise coupe	

HAIRDO	une COIFFURE	4100
an elaborate	compliquée	
a simple	simple	
an attractive	séduisante	
an exaggerated	exagérée	
a stylish	à la mode	

HAIRDRESSER	un(e) COIFFEUR(EUSE)	4101
a well-known	connu(e)	
a fashionable	à la mode	
a creative	à l'esprit inventif	
a talkative	bavard(e)	
a talented	doué(e)	

HALL (room)	un HALL	4102
a spacious	un vaste hall	
an ancestral	ancestral	
a dimly-lighted	éclairé faiblement	
a gigantic	gigantesque	
an ancient	ancien	

HALLWAY	un COULOIR	4103
a narrow	étroit	
a crowded	plein de monde	
a drafty	plein de courants d'air	
a dim	sombre	
a well-lighted	bien éclairé	

HALT	un ARRÊT	4104	HANDWRITING	une ÉCRITURE	4114
a temporary	momentané		a legible	lisible	
an abrupt	brusque		a blurred	floue	
a requested	demandé		a distinctive	caractéristique	
a complete	complet		a bold	une forte écriture	
a permanent	définitif		a recognizable	reconnaissable	

HAM	un JAMBON	4105	HAPPENING	un ÉVÉNEMENT	4115
a baked	cuit au four		an unusual	extraordinaire	
a roasted	rôti		an unexpected	imprévu	
a sliced	coupé en tranches		a historical	historique	
a fried	frit		a mysterious	mystérieux	
a delicious	délicieux		an unbelievable	incroyable	

HAMBURGER	un "HAMBURGER"	4106	HAPPINESS	un BONHEUR	4116
a delicious	délicieux		a complete	sans partage	
a rare	saignant		a rare	rare	
a broiled	fait au gril		a rapturous	extatique	
a juicy	juteux		a personal	personnel	
a barbecued	grillé en plein air		a temporary	passager	

HAMMER	un MARTEAU	4107	HARBOR	un PORT	4117
a heavy	pesant		a sheltered	abrité	
a light	léger		a large	un grand port	
a wooden	un maillet de bois		a busy	très actif	
a crude	grossier		a shallow	en eau peu profonde	
a cheap	bon marché		a deep	en eau profonde	

HAND	une MAIN	4108	HARDSHIP	une ÉPREUVE(PÉNIBLE)	4118
a helping	secourable		an unnecessary	inutile	
a gloved	gantée		an unbearable	atroce	
a bare	nue		a tremendous	une rude épreuve	
a crippled	infirme		a physical	physique	
a small	une petite main		a continuing	sans fin	

HANDBAG	un SAC À MAIN	4109	HARMONY	une HARMONIE (EN-TENTE)	4119
a full	plein				
an empty	vide		an absolute	une complète harmonie	
a large	un grand sac à main		a perfect	une parfaite harmonie	
a small	un petit sac à main		an undisturbed	une calme harmonie	
a dainty	mignon		a peaceful	paisible	
			a delightful	une heureuse harmonie	

HANDICAP	un HANDICAP	4110	HARVEST	une MOISSON	4120
a temporary	temporaire		a bountiful	une ample moisson	
a permanent	permanent		an annual	annuelle	
an unusual	exceptionnel		an abundant	abondante	
a tragic	tragique		an early	précoce	
a physical	physique		a golden	dorée	

HANDKERCHIEF	un MOUCHOIR	4111	HASTE	une HÂTE	4121
a clean	propre		an unwise	imprudente	
a moist	humide		a reckless	irréfléchie	
a perfumed	parfumé		an undue	indue	
a dainty	délicat		an unnecessary	superflue	
a dirty	sale		a wild	folle	

HANDLE	une POIGNÉE	4112	HAT	un CHAPEAU	4122
a metal	métallique		a new	neuf	
a slippery	glissante		a funny	un drôle de chapeau	
a broken	cassée		a distinctive	tout à fait particulier	
a rusty	rouillée		an unusual	peu commun	
a leather	de cuir		a fashionable	à la mode (élégant)	

HANDSHAKE	une POIGNÉE DE MAIN	4113	HATRED	une HAINE	4123
a firm	ferme		a violent	violente	
a friendly	amicale		an instinctive	instinctive	
a weak	molle		an acquired	prise	
a reluctant	réticente		a profound	profonde	
a pleasant	franche		an intense	implacable	

270

HAVEN	un **HAVRE**	4124	**HEARTH**	un **ÂTRE**	4134
a sheltered	abrité		a blazing	un feu qui flamboie	
a protected	protégé		a cold	froid	
a friendly	accueillant		a tiled	dallé	
a restful	de paix		a glowing	un feu qui rougeoie	
a private	privé		an ancestral	la cheminée ancestral	

HAZARD	un **DANGER**	4125	**HEAT**	une **CHALEUR**	4135
an extreme	extrême		an intense	intense	
an awful	terrifiant		a sultry	accablante	
a terrible	terrible		an oppressive	étouffante	
a tremendous	immense		an unbearable	insupportable	
an unexpected	inattendu		a suffocating	suffocante	

HEAD	une **TÊTE**	4126	**HEATER**	un **RADIATEUR**	4136
a noble	noble		a defective	défectueux	
an aching	douloureuse		a reliable	fonctionnant bien	
a bandaged	bandée		a sluggish	qui chauffe mal	
a well-shaped	bien formée		an unreliable	fonctionnant mal	
a bald	chauve		an inoperative	en panne	

HEADACHE	un **MAL DE TÊTE**	4127	**HEATING**	un **CHAUFFAGE**	4137
a persistent	tenace		a central(ized)	central	
a mild	bénin		a dependable	sûr	
a violent	violent		an effective	efficace	
an annoying	gênant		a necessary	nécessaire	
a terrible	terrible		an unnecessary	superflu	

HEADLIGHT	un **PHARE (AUTO, etc.)**	4128	**HEAVEN (sky)**	un **CIEL**	4138
a blinding	aveuglant		a starry	étoilé	
a powerful	puissant		a cloudless	pur	
a blinking	clignotant		a clear	limpide	
a defective	défectueux		a colorful	coloré	
a concealed	escamoté		a luminous	lumineux	

HEADWAITER	un **MAÎTRE D'HÔTEL**	4129	**HEAVINESS**	une **LOURDEUR**	4139
an obliging	serviable		an unusual	inhabituelle	
a greedy	cupide		a strange	étrange	
an efficient	capable		a deceptive	trompeuse	
a rude	grossier		a customary	habituelle	
a polite	poli		a curious	bizarre	

HEALTH	une **SANTÉ**	4130	**HEIGHT**	une **HAUTEUR**	4140
a delicate	délicate		an average	moyenne	
a robust	robuste		an exaggerated	exagérée	
a physical	physique		a measured	mesurée	
a mental	mentale		a considerable	considérable	
a glowing	éclatante		an extreme	extrême	

HEARING (legal)	une **AUDIENCE**	4131	**HEIR**	un **HÉRITIER**	4141
an impartial	impartiale		an impatient	impatient	
a fair	équitable		an expectant	dans l'expectative	
a lengthy	une longue audience		a grateful	reconnaissant	
a quick	une courte audience		a legitimate	légitime	
a preliminary	un interrogatoire		a spendthrift	prodigue	

HEART	un **CŒUR**	4132	**HEIRLOOM**	un **BIEN DE FAMILLE**	4142
a strong	solide		a cherished	conservé précieusement	
a weak	faible		a treasured	conservé précieusement	
a transplanted	greffé		an ancestral	ancestral	
an overworked	surmené		an antique	ancien	
a pounding	qui bat		a valuable	précieux	

HEART ATTACK	une **CRISE CARDIAQUE**	4133	**HELICOPTER**	un **HÉLICOPTÈRE**	4143
a fatal	fatale		a rescuing	de sauvetage	
a mild	bénigne		a heavy	lourd	
a severe	grave		a slow	lent	
an unexpected	imprévue		a fast	rapide	
a recent	récente		a new	neuf	

NOUNS

HELMET	un CASQUE	4144
an ancient	ancien	
a heavy	lourd	
a medieval	médiéval	
a plumed	à plumet	
a round	rond	

HELP	une AIDE	4145
an effective	efficace	
a requested	demandée	
an invaluable	inestimable	
a useless	superflue	
a distinct	particulière	

HELPER	un ASSISTANT	4146
an available	disponible	
a diligent	diligent	
a wonderful	remarquable	
an effective	compétent	
a lazy	paresseux	

HELPING	une PORTION	4147
a large	une grosse portion	
a small	une petite portion	
an adequate	suffisante	
a modest	modeste	
a generous	généreuse	

HEM	un OURLET	4148
a crooked	de travers	
a torn	déchiré	
an even	égal	
a ragged	déchiqueté	
a straight	bien droit	

HEMISPHERE	un HÉMISPHÈRE	4149
a northern	nord	
a southern	sud	
an eastern	oriental	
a western	occidental	
a warm	chaud	

HEMORRHAGE	une HÉMORRAGIE	4150
an internal	interne	
a fatal	fatale	
a severe	grave	
a mild	bénigne	
a dangerous	dangereuse	

HERD	un TROUPEAU	4151
a large	un grand troupeau	
a vast	immense	
a restless	agité	
a grazing	en pâture	
a segregated	isolé	

HEREDITY	une HÉRÉDITE	4152
a natural	naturelle	
a questionable	douteuse	
a noble	une race noble	
a weak	diluée	
an established	démontrée	

HERITAGE	un PATRIMOINE	4153
an artistic	artistique	
a cultural	culturel	
a precious	précieux	
a common	commun	
a national	national	

HERMIT	un ERMITE	4154
a lonesome	solitaire	
a friendly	bienveillant	
an old	un vieil ermite	
a poor	pauvre	
an involuntary	involontaire	

HERO	un HÉROS	4155
a brave	vaillant	
a mythical	mythique	
a legendary	légendaire	
a military	un combattant héroïque	
an unsung	anonyme	

HEROINE	une HÉROÏNE	4156
a literary	d'une œuvre littéraire	
a national	nationale	
an admired	admirée	
a dramatic	d'une pièce de théâtre	
a real	une vraie héroïne	

HEROISM	un HÉROÏSME	4157
a genuine	authentique	
an exceptional	exceptionnel	
an unbelievable	incroyable	
a false	simulé	
a legendary	légendaire	

HESITATION	une HÉSITATION	4158
a momentary	momentanée	
an obvious	manifeste	
a painful	pénible	
an awkward	embarrassée	
a shy	timide	

HI-FI SET	une INSTALLATION HAUTE FIDELITE	4159
an expensive	coûteuse	
a sensitive	très sensible	
a loud	très sonore	
a versatile	universelle	
a noisy	bruyante	

HIGHWAY	une GRAND-ROUTE	4160
a famous	célèbre	
a wide	large	
a well-traveled	très utilisée	
a crowded	encombrée	
a beautiful	magnifique	

HIKE	une RANDONNÉE (À PIED)	4161
a long	une longue randonnée	
a tiring	fatigante	
an adventurous	aventureuse	
a short	une courte randonnée	
an invigorating	stimulante	

HILL	une COLLINE	4162
a sloping	la pente de la colline	
a wooded	boisée	
a low	basse	
a barren	dénudée	
a massive	massive	

HINDRANCE	un EMPÊCHEMENT	4163
a tremendous	un obstacle formidable	
an annoying	ennuyeux	
an unavoidable	un obstacle inévitable	
an obvious	évident	
a temporary	temporaire	

HISTORIAN	un HISTORIEN	4164
a famous	célèbre	
an accurate	fidèle	
a brilliant	brillant	
a scholarly	érudit	
a contemporary	contemporain	

HISTORY	une HISTOIRE	4165
a fascinating	fascinante	
an ancient	ancienne	
a medieval	du moyen âge	
a tragic	tragique	
an informative	instructive	

HIT (success)	un SUCCÈS	4166
a contemporary	actuel	
an enormous	énorme	
a dramatic	spectaculaire	
an unexpected	inattendu	
a musical	musical	

HOARD	une RÉSERVE	4167
a hidden	cachée	
a guarded	gardée	
an ancient	un trésor ancien	
a secret	secrète	
a greedy	amassée avec avidité	

HOAX	une MYSTIFICATION	4168
an elaborate	raffinée	
a widespread	d'envergure	
a successful	réussie	
an admitted	avouée	
a clever	ingénieuse	

HOBBY	un PASSE-TEMPS	4169
a fascinating	passionnant	
a relaxing	délassant	
a new	nouveau	
an interesting	intéressant	
an unusual	peu courant	

HOLE	un TROU	4170
a deep	profond	
an empty	vide	
a tiny	minuscule	
a shallow	peu profond	
an enormous	énorme	

HOLIDAY	une FÊTE	4171
a religious	religeuse	
a national	nationale	
a local	locale	
a regional	régionale	
a traditional	traditionnelle	

HOME	un LOGIS	4172
a comfortable	confortable	
a charming	ravissant	
a temporary	provisoire	
a modest	modeste	
a cheerful	riant	

HOMELAND	une PATRIE	4173
a beloved	bien-aimée	
a far-off	lointaine	
a remote	lointaine	
a peaceful	pacifique	
a conquered	vaincue	

HOMESICKNESS	un MAL DU PAYS	4174
a terrible	terrible	
a wistful	accompagné de regrets	
a childish	puéril	
a serious	profond	
an understandable	compréhensible	

HOMETOWN	une VILLE NATALE	4175
a large	une grande ville natale	
a small	une petite ville natale	
a rural	un village natal	
a revisited	que l'on revoit	
a poor	pauvre	

HOMEWORK	un DEVOIR (ÉCOLE)	4176
a regular	normal	
an excessive	trop long	
a valuable	un bon devoir	
an assigned	imposé	
a voluntary	fait spontanément	

HOMICIDE	un MEURTRE	4177
a justifiable	défendable	
a gruesome	un crime horrible	
a planned	prémédité	
an accidental	involontaire	
a premeditated	prémédité	

HONESTY	une HONNÊTETÉ	4178
a basic	fondamentale	
a childlike	puérile	
an habitual	habituelle	
an inherent	innée	
an apparent	apparente	

HONEY	un MIEL	4179
a sweet	sucré	
a sticky	collant	
a natural	naturel	
a processed	préparé	
a tasty	savoureux	

HONEYMOON	une LUNE DE MIEL	4180
a delightful	enchanteresse	
a long	une longue lune de miel	
a brief	une courte lune de miel	
an extended	prolongée	
a recent	de fraîche date	

HONOR	un HONNEUR	4181
a deserved	mérité	
a great	insigne	
a respected	qui inspire le respect	
a civic	civique	
an unexpected	inattendu	

HOOD (cowl)	une CAGOULE	4182
a protective	protectrice	
a mysterious	mystérieuse	
a traditional	traditionnelle	
a concealing	qui dissimule	
a voluminous	volumineuse	

HOPE	un ESPOIR	4183
a fond	un tendre espoir	
a vain	vain	
a false	un fol espoir	
an abandoned	abandonné	
a reasonable	raisonnable	

HORIZON	un HORIZON	4184
a far-distant	lointain	
an endless	infini	
a mountainous	une ligne d'horizon montagneuse	
a broad	un large horizon	
a sunswept	ensoleillé	

HORN	une CORNE	4185
a legendary	légendaire	
a bronze	de bronze	
an ancient	ancienne	
a ceremonial	de cérémonie	
a golden	d'or	

HORROR	une HORREUR	4186
an instinctive	instinctive	
a revolting	révoltante	
a chilling	qui transit	
a stunned	stupifiée	
a speechless	muette	

HORSE	un CHEVAL	4187
a spirited	fougueux	
a magnificent	magnifique	
a black	noir	
an untamed	indompté	
a beautiful	splendide	

HOSE	un TUYAU	4188
a plastic	de plastique	
a rubber	de caoutchouc	
a long	un long tuyau	
a short	court	
a worn-out	usé	

HOSPITAL	un HÔPITAL	4189
a modern	moderne	
an enormous	immense	
a new	neuf	
a well-equipped	bien équipé	
a small	un petit hôpital	

HOSPITALITY	une HOSPITALITÉ	4190
a wonderful	merveilleuse	
a grateful	reconnaissante	
a warm	une chaude hospitalité	
a gracious	aimable	
a charming	charmante	

HOST	un HÔTE	4191
a genial	sympathique	
a cordial	cordial	
a friendly	amical	
a kind	aimable	
a generous	généreux	

HOSTAGE	un OTAGE	4192
a guarded	gardé	
a valuable	précieux	
a reluctant	réticent	
a frightened	apeuré	
a ransomed	mis à rançon	

HOSTESS	une HÔTESSE	4193
a talkative	loquace	
a charming	charmante	
a popular	appréciée	
a beautiful	une belle hôtesse	
a gossiping	cancanière	

HOSTILITY	une HOSTILITÉ	4194
a violent	violente	
a sudden	soudaine	
an unnecessary	inutile	
a suppressed	réprimée	
an evident	évidente	

HOTEL	un HÔTEL	4195
a first-class	de premier ordre	
a famous	renommé	
a recommended	recommandé	
a luxurious	luxueux	
an exclusive	sélect	

HOUR	une HEURE	4196
a late	avancée	
an early	de bonne heure	
a crucial	décisive	
a boring	d'ennui	
an interesting	pleine d'intérêt	

HOUSE	une MAISON	4197
a small	une petite maison	
a spacious	spacieuse	
a furnished	meublée	
a comfortable	confortable	
an empty	vide	

HOUSEWIFE	une MAÎTRESSE DE MAISON	4198
an overworked	surmenée	
a lazy	paresseuse	
a fastidious	exigeante	
an excellent	excellente	
a devoted	dévouée	

HOUSEWORK	des TRAVAUX DOMESTIQUES	4199
an annoying	ennuyeux	
a repetitious	répétitifs	
a time-consuming	longs	
a boring	fastidieux	
a difficult	difficiles	

HOVEL	une MASURE	4200
a miserable	misérable	
a dilapidated	délabrée	
a filthy	sale	
a pitiful	pitoyable	
a primitive	primitive	

HOWL	un HURLEMENT	4201
a terrible	terrible	
a loud	très fort	
an incessant	incessant	
an annoying	désagréable	
a frightened	de peur	

HUE	une TEINTE	4202
a vivid	vive	
a pale	pâle	
a golden	dorée	
a delicate	délicate	
a rich	chaude	

HUMANITY	une HUMANITÉ	4203
an outraged	outragée	
an enslaved	asservie	
a downtrodden	opprimée	
a suffering	souffrante	
a starving	affamée	

274

HUMIDITY	une HUMIDITÉ	4204	HURRICANE	un OURAGAN	4212
an oppressive	oppressante		a tropical	tropical	
a high	une forte humidité		a violent	violent	
a terrible	terrible		an unexpected	inattendu	
an unusual	exceptionnelle		a destructive	destructeur	
a customary	habituelle		a disastrous	désastreux	

HUMILITY	une HUMILITÉ	4205	HUSBAND	un MARI	4213
a false	une fausse humilité		a considerate	attentionné	
a genuine	une franche humilité		a loving	aimant	
a sincere	sincère		a devoted	très attaché	
a deep	profonde		a selfish	égoïste	
an apparent	apparente		a faithful	fidèle	

HUMOR	un ESPRIT	4206	HUSH	un SILENCE	4214
a sarcastic	sarcastique		a sudden	soudain	
a biting	mordant		an expectant	plein d'attente	
a morbid	morbide		a reverent	révérencieux	
a tasteful	élégant		a respectful	respectueux	
a taunting	acerbe		a significant	significatif	

HUNCH	un SOUPÇON	4207	HYDROGEN BOMB	une BOMBE À HYDRO-GENE	4215
a wild	insensé		an awesome	terrifiante	
a logical	logique		a feared	redoutée	
a reasonable	rationnel		a detonated	qui a explosé	
an incorrect	inexact		a lost	perdue	
a wrong	sans fondement		a disarmed	désarmée	

HUNGER	une FAIM	4208	HYMN	un HYMNE	4216
a terrible	terrible		an old	ancien	
a ravenous	dévorante		an inspirational	mystique	
an unsatisfied	inassouvie		a melodious	mélodieux	
a constant	constante		a famous	célèbre	
a gnawing	qui tenaille		a joyful	joyeux	

HUNT	une POURSUITE	4209	HYPOCRITE	un HYPOCRITE	4217
a relentless	implacable		an annoying	ennuyeux	
an exciting	fiévreuse		a complete	un parfait hypocrite	
a planned	organisée		an obvious	certain	
a successful	fructueuse		a disgusting	écœurant	
an unsuccessful	infructueuse		a typical	un vrai hypocrite	

HUNTER	un CHASSEUR	4210	HYSTERIA	une HYSTÉRIE	4218
a skilled	habile		an uncontrollable	irrépressible	
an expert	adroit		a wild	furieuse	
an enthusiastic	enthouiaste		a suppressed	vaincue	
a cautious	prudent		a universal	collective	
a brave	courageux		a national	nationale	

HURDLE	un OBSTACLE	4211
an annoying	gênant	
a difficult	difficile à surmonter	
an easy	facile à tourner	
an unexpected	imprévu	
a formidable	formidable	

I

ICE	une GLACE	4219	ICE CREAM	une GLACE (COMES-TIBLE)	4220
a thick	épaisse		a delicious	délicieuse	
a solid	solide		a creamy	crémeuse	
a melting	qui fond		a melted	fondue	
a drifting	des glaces flottantes		a colorful	de diverses couleurs	
a transparent	transparente		a tasty	savoureuse	

IDEA	une IDÉE	4221
an abstract	abstraite	
a strange	étrange	
a brilliant	brillante	
an interesting	intéressante	
a vague	vague	

IDEAL	un IDÉAL	4222
a romantic	romantique	
an exalted	sublime	
a spiritual	spirituel	
an unattainable	inaccessible	
an intangible	intangible	

IDENTIFICATION	une IDENTIFICATION	4223
a positive	sûre	
a tentative	provisoire	
an uncertain	douteuse	
a false	fausse	
a mistaken	erronée	

IDENTIFICATION CARD	une CARTE D'IDENTITÉ	4224
a forged	fausse	
a lost	perdue	
a forgotten	oubliée	
a genuine	authentique	
a false	une fausse carte d'identité	

IDENTITY	une IDENTITÉ	4225
a fictitious	fictive	
a hidden	tenue secrète	
a false	fausse	
a mysterious	mystérieuse	
a true	véritable	

IDIOM	une LOCUTION IDIO-MATIQUE	4226
an absurd	absurde	
a strange	étrange	
a difficult	difficile	
a local	un patois	
a funny	bizarre	

IDIOT	un IDIOT	4227
a perfect	un parfait idiot	
a silly	niais	
a sentimental	sentimental	
a stupid	stupide	
a pitiful	pitoyable	

IDOL	une IDOLE	4228
a pagan	païenne	
a sacrilegious	sacrilège	
a symbolic	symbolique	
a legendary	légendaire	
a modern	moderne	

IGNORANCE	une IGNORANCE	4229
a complete	totale	
a blind	aveugle	
a widespread	générale	
a natural	naturelle	
an extreme	crasse	

ILLITERACY	un ANALPHABÉTISME	4230
a hopeless	désespérant	
a shameful	scandaleux	
a national	national	
a surprising	surprenant	
an appalling	navrant	

ILLNESS	une MALADIE	4231
a serious	grave	
a fatal	mortelle	
a mild	bénigne	
a dangerous	dangereuse	
a lingering	qui traîne	

ILLUMINATION	un ÉCLAIRAGE	4232
a soft	tamisé	
a bright	brillant	
a sudden	une clarté soudaine	
a faint	faible	
a subdued	atténué	

ILLUSION	une ILLUSION	4233
a fantastic	fantastique	
a childish	puérile	
a shattered	ruinée	
a vague	vague	
a pleasing	une douce illusion	

ILLUSTRATION	un EXEMPLE	4234
a striking	frappant	
an unusual	insolite	
a forceful	vigoureux	
an elaborate	compliqué	
a simple	simple	

IMAGE	une IMAGE	4235
a clear	nette	
a blurred	brouillée	
a familiar	familière	
a false	fausse	
a reflected	réfléchie	

IMAGINATION	une IMAGINATION	4236
a vivid	une vive imagination	
a creative	créatrice	
a lively	fertile	
a wonderful	merveilleuse	
a morbid	morbide	

IMITATION	une IMITATION	4237
a perfect	parfaite	
a poor	une mauvaise imitation	
a clever	habile	
a lifeless	sans vie	
a ridiculous	grotesque	

IMMIGRANT	un IMMIGRANT	4238
a poor	pauvre	
a fearful	craintif	
a homesick	nostalgique	
a poorly-dressed	mal habillé	
a welcome	bien accueilli	

IMMORALITY	une IMMORALITÉ	4239
a scandalous	scandaleuse	
a flagrant	flagrante	
a widespread	générale	
a disgusting	révoltante	
a boundless	sans frein	

IMPATIENCE	une IMPATIENCE	4240
a restless	fébrile	
a helpless	désemparée	
a rude	brusque	
a suppressed	contenue	
an unreasonable	déraisonnable	

IMPERTINENCE	une IMPERTINENCE	4241
a rude	grossière	
an arrogant	arrogante	
a childish	puérile	
an uncalled-for	gratuite	
an unheard-of	inouïe	

IMPLICATION	une RÉPERCUSSION	4242
a psychological	psychologique	
a moral	morale	
an historical	historique	
a practical	pratique	
a social	sociale	

IMPORT	des IMPORTATIONS	4243
an agricultural	de produits agricoles	
a valuable	de produits de valeur	
a taxable	imposables	
a duty-free	en franchise de douane	
a necessary	nécessaires	

IMPORTANCE	une IMPORTANCE	4244
an exaggerated	exagérée	
a relative	relative	
an increasing	croissante	
an obvious	manifeste	
an enormous	énorme	

IMPOSITION	un ABUS	4245
a constant	constant	
a disgraceful	scandaleux	
a tactless	dû à un manque de tact	
a thoughtless	irréfléchi	
an occasional	occasionnel	

IMPOSSIBILITY	une IMPOSSIBILITÉ	4246
an admitted	reconnue	
an absolute	absolue	
an apparent	apparente	
an obvious	évidente	
a hopeless	absolue	

IMPRESSION	une IMPRESSION	4247
a false	fausse	
a permanent	durable	
a momentary	passagère	
a distinct	nette	
a bad	une mauvaise impression	

IMPRISONMENT	un EMPRISONNEMENT	4248
a harsh	pénible	
a long	un long emprisonnement	
a short	de courte durée	
an unjust	injuste	
a prolonged	prolongé	

IMPROVEMENT	une AMÉLIORATION	4249
a continual	continue	
a rapid	rapide	
a desirable	souhaitable	
a needed	nécessaire	
a general	générale	

IMPULSE	une IMPULSION	4250
a sudden	brusque	
a strange	étrange	
a violent	violente	
a tender	un tendre élan	
a natural	naturelle	

INAUGURATION	une INSTALLATION	4251
a solemn	solennelle	
a joyful	joyeuse	
a sad	triste	
a brief	brève	
an inspiring	une belle installation	

INCENTIVE	un MOTIF	4252
a noble	noble	
an alluring	attachant	
a powerful	puissant	
an unusual	un stimulant exceptionnel	
a special	particulier	

INCIDENT	un INCIDENT	4253
a tragic	tragique	
a disturbing	troublant	
a shameful	honteux	
a humorous	drôle	
a dramatic	dramatique	

INCLINATION	un PENCHANT	4254
an irresistible	irrésistible	
a natural	naturel	
a strong	un fort penchant	
a particular	particulier	
a rare	rare	

INCOME	un REVENU	4255
a regular	régulier	
a fixed	fixe	
a modest	modeste	
an adequate	suffisant	
a taxable	imposable	

INCOME TAX	un IMPÔT SUR LE REVENU	4256
an increased	majoré	
a high	élevé	
a low	faible	
an unpaid	impayé	
an unreasonable	déraisonnable	

INCOMPETENCE	une INCOMPÉTENCE	4257
a hopeless	irrémédiable	
a complete	absolue	
an amazing	surprenante	
a pathetic	pitoyable	
a stupid	stupide	

INCONVENIENCE	un EMBARRAS	4258
a great	un grand embarras	
a temporary	temporaire	
an embarrassing	gênant	
a serious	grave	
a slight	sans gravité	

INCREASE	une AUGMENTATION	4259
an alarming	alarmante	
a gradual	graduelle	
an annual	annuelle	
an unprecedented	sans précédent	
a rapid	rapide	

INDECISION	une INDÉCISION	4260
a fatal	fatale	
a costly	coûteuse	
a momentary	passagère	
an habitual	habituelle	
a maddening	exaspérante	

INDEPENDENCE	une INDÉPENDANCE	4261	INEQUALITY	une INÉGALITÉ	4271
a complete	totale		an obvious	flagrante	
a personal	personnelle		a relative	relative	
a cherished	précieuse		an irritating	irritante	
a local	locale		a slight	faible	
a national	nationale		a noticeable	sensible	

INDICATION	une INDICATION	4262	INFECTION	une INFECTION	4272
a definite	précise		a slight	bénigne	
an unmistakable	claire et nette		a terrible	terrible	
an adequate	suffisante		a sudden	soudaine	
a false	fausse		a raging	qui gagne rapidement	
a vague	vague		an uncontrolled	irrésistible	

INDIFFERENCE	une INDIFFÉRENCE	4263	INFERENCE	une IMPLICATION	4273
a serene	sereine		a flattering	flatteuse	
a total	complète		a vague	vague	
a reckless	imprudente		an astonishing	surprenante	
a cold	froide		an absurd	absurde	
a public	publique		a logical	logique	

INDIGNATION	une INDIGNATION	4264	INFERIORITY	une INFÉRIORITÉ	4274
a righteous	une juste indignation		a mental	intellectuelle	
an expressed	manifestée		an apparent	apparente	
a suppressed	contenue		an alleged	une prétendue infériorité	
a widespread	générale		an admitted	reconnue	
a great	une grande indignation		a physical	physique	

INDIGNITY	un AFFRONT	4265	INFIDELITY	une INFIDÉLITÉ	4275
a terrible	terrible		a scandalous	scandaleuse	
a depressing	attristant		a foolish	insensée	
a mild	anodin		a marital	conjugale	
a harsh	un rude affront		an occasional	des infidélités	
an unexpected	imprévu		an admitted	reconnue	

INDISCRETION	une IMPRUDENCE	4266	INFLATION	une INFLATION	4276
a romantic	romantique		a disastrous	désastreuse	
a political	politique		a predictable	prévisible	
a forgotten	oubliée		an uncontrolled	irrésistible	
an unwise	malavisée		a reckless	galopante	
a concealed	dissimulée		an unexpected	imprévisible	

INDIVIDUAL	un INDIVIDU	4267	INFLUENCE	une INFLUENCE	4277
a happy	heureux		a strong	une forte influence	
an inquisitive	curieux		a weak	une faible influence	
a strange	étrange		a stable	stable	
an intelligent	intelligent		a widespread	générale	
a well-known	connu		a liberal	libérale	

INDUSTRIALIST	un INDUSTRIEL	4268	INGENUITY	une INGÉNIOSITÉ	4278
a powerful	puissant		a creative	un esprit créateur	
a wealthy	riche		a mechanical	une habileté mécanique	
a shrewd	retors		an extraordinary	extraordinaire	
an influential	influent		a real	réelle	
an energetic	énergique		marvelous	merveilleuse	

INDUSTRY	un SECTEUR (ÉCONO-MIQUE)	4269	INGREDIENT	un ÉLÉMENT	4279
a progressive	une industrie d'avant-garde		an essential	essentiel	
an electronic	électronique		a necessary	nécessaire	
a new	une nouvelle industrie		a costly	coûteux	
a productive	productif		a choice	de choix	
an enormous	vaste		a soothing	apaisant	

INEFFICIENCY	une INCAPACITÉ	4270	INHABITANT	un HABITANT	4280
a typical	typique		a native	originaire du lieu	
a characteristic	caractéristique		a strange	étrange	
an alarming	alarmante		a primitive	primitif	
an occasional	intermittente		a permanent	un résident	
a continuing	continuelle		an illiterate	illettré	

INHERITANCE	un HÉRITAGE	4281	INNOCENCE	une INNOCENCE	4291
an unexpected	inespéré		a childish	une candeur naïve	
a large	important		a commendable	louable	
a modest	modeste		a pretended	feinte	
a small	un petit héritage		a helpless	désemparée	
an enormous	énorme		an admirable	admirable	

INHIBITION	une INHIBITION	4282	INNOVATION	une INNOVATION	4292
a strong	forte		a recent	récente	
a temporary	passagère		a modern	moderne	
a strange	étrange		an artistic	artistique	
a weak	faible		a theatrical	au théâtre	
a childish	puérile		a practical	pratique	

INITIATIVE	une INITIATIVE	4283	INQUIRY	une ENQUÊTE	4293
an unusual	insolite		a strange	étrange	
an unexpected	imprévue		a formal	dans les règles	
an individual	individuelle		a casual	fortuite	
a rare	peu commune		a confidential	confidentielle	
a constant	soutenue		a patient	patiente	

INJECTION	une PIQÛRE	4284	INSANITY	une DÉMENCE	4294
a painful	douloureuse		an incurable	incurable	
a painless	indolore		a temporary	passagère	
a required	obligatoire		a permanent	incurable	
a protective	immunisante		an alleged	simulée	
a repeated	une nouvelle piqûre		a tragic	tragique	

INJURY	une BLESSURE	4285	INSCRIPTION	une INSCRIPTION	4295
a serious	grave		a carved	gravée	
a slight	légère		an appropriate	correcte	
a painful	douloureuse		a decorative	ornementale	
a permanent	une lésion permanente		a legible	lisible	
a fatal	mortelle		a simple	simple	

INJUSTICE	une INJUSTICE	4286	INSECURITY	une INSÉCURITÉ	4296
a grave	grave		a financial	financière	
a cruel	cruelle		a hopeless	irrémédiable	
a social	sociale		a vague	vague	
an obvious	manifeste		a troublesome	pénible	
a temporary	temporaire		a dangerous	dangereuse	

INK	une ENCRE	4287	INSINUATION	une INSINUATION	4297
an invisible	sympathique		a slanderous	calomnieuse	
a black	noire		a nasty	méchante	
a blue	bleue		an offensive	offensante	
a red	rouge		a willful	délibérée	
an indelible	indélébile		an unfortunate	fâcheuse	

INMATE	un INTERNÉ	4288	INSISTENCE	une INSISTANCE	4298
a mad	fou		a continual	opiniâtre	
a solitary	solitaire		a stubborn	têtue	
a famous	célèbre		a deliberate	voulue	
a sullen	maussade		an annoying	déplacée	
a screaming	qui hurle		an obstinate	obstinée	

INN	une AUBERGE	4289	INSOLENCE	une INSOLENCE	4299
a quaint	à l'ancienne		a willful	délibérée	
a local	locale		a continual	continuelle	
a small	une petite auberge		a defiant	provocante	
a picturesque	pittoresque		a childish	puérile	
an inexpensive	bon marché		an arrogant	arrogante	

INNKEEPER	un AUBERGISTE	4290	INSPECTION	un EXAMEN	4300
a genial	jovial		a thorough	approfondi	
a happy	heureux		a brief	rapide	
a hard-working	travailleur		a careful	méticuleux	
a lazy	paresseux		a careless	superficiel	
a drowsy	somnolent		a painstaking	minutieux	

INSPECTOR	un CONTRÔLEUR	4301	INSURANCE	une ASSURANCE	4311
a rude	grossier		a necessary	nécessaire	
a polite	poli		a required	exigée	
a thorough	consciencieux		a comforting	réconfortante	
a helpful	serviable		an expensive	coûteuse	
an arrogant	arrogant		a costly	coûteuse	

INSPIRATION	une INSPIRATION	4302	INTEGRITY	une INTÉGRITÉ	4312
a religious	religieuse		a national	nationale	
an artistic	artistique		a territorial	territoriale	
a musical	musicale		an unquestioned	indiscutable	
a renewed	renouvelée		a questionable	douteuse	
a dramatic	dramatique		an innate	innée	

INSTALLMENT	un VERSEMENT	4303 °	INTELLIGENCE	une INTELLIGENCE	4313
a first	un premier versement		a natural	naturelle	
a last	un dernier versement		a great	une grande intelligence	
a final	un dernier versement		a creative	un esprit créateur	
an overdue	non effectué		a shrewd	un esprit rusé	
a regular	des versements échelonnés		a lively	une vive intelligence	

INSTANT	un INSTANT	4304	INTENSITY	une INTENSITÉ	4314
a fleeting	fugitif		a dramatic	dramatique	
a single	un seul instant		an emotional	émotive	
a tragic	tragique		a savage	féroce	
a fatal	fatal		a rare	rare	
a breathless	palpitant		a poetic	poétique	

INSTINCT	un INSTINCT	4305	INTENTION	une INTENTION	4315
a natural	naturel		a serious	sérieuse	
a hereditary	inné		an honest	honnête	
a protective	de conservation		a peaceful	pacifique	
a maternal	maternel		a good	une bonne intention	
a predatory	prédateur		an honorable	honorable	

INSTITUTION	une INSTITUTION	4306	INTEREST	un INTÉRÊT	4316
a charitable	une œuvre de charité		a personal	personnel	
a religious	religieuse		a special	particulier	
a powerful	puissante		a national	national	
an educational	un établissement d'enseignement		a worldwide	mondial	
a remarkable	remarquable		a local	local	

INSTRUCTIONS	des INSTRUCTIONS	4307	INTERFERENCE	une INGÉRENCE	4317
bewildering	déconcertantes		a continual	des ingerences continuelles	
misleading	trompeuses		a jealous	motivée par la jalousie	
hazy	confuses		an unexpected	inattendue	
specific	précises		an annoying	ennuyeuse	
general	générales		an untimely	intempestive	

INSTRUCTOR	un INSTRUCTEUR	4308	INTERIOR	un INTÉRIEUR	4318
an excellent	excellent		a luxurious	luxueux	
a capable	compétent		a simple	simple	
a well-trained	ayant une formation solide		a decorative	décoratif	
a poor	médiocre		an unusual	inhabituel	
a brilliant	brillant		a distinctive	peu banal	

INSTRUMENT	un INSTRUMENT	4309	INTERMISSION	un ENTRACTE	4319
a musical	de musique		a short	un bref entracte	
a blunt	contondant		a long	un long entracte	
a dangerous	dangereux		a welcome	bienvenu	
a practical	pratique		a first	un premier entracte	
an expensive	coûteux		a final	un dernier entracte	

INSULT	une INSULTE	4310	INTERPRETA-TION	une INTERPRÉTATION	4320
a crude	grossière				
a personal	un affront personnel		an objective	objective	
an intentional	délibérée		a subjective	subjective	
a cruel	cruelle		a legal	juridique	
a thoughtless	irréfléchie		a helpful	utile	
			an expert	d'un spécialiste	

INTERPRETER	un INTERPRÈTE	4321	INVESTIGATION	une ENQUÊTE	4331
a fluent	qui s'exprime couramment		a routine	de routine	
a bilingual	bilingue		a careful	approfondie	
an excellent	un excellent interprète		a required	exigée	
a poor	un mauvais interprète		a local	sur place	
an accurate	fidèle		a rewarding	fructueuse	

INTERROGATION	un INTERROGATOIRE	4322	INVESTIGATOR	un ENQUÊTEUR	4332
a ruthless	brutal		a thorough	consiencieux	
a bold	effronté		a shrewd	un fin limier	
a hostile	marqué d'animosité		a reliable	sûr	
a friendly	mené avec bienveillance		a ruthless	impitoyable	
a formal	officiel		a careful	méticuleux	

INTERRUPTION	une INTERRUPTION	4323	INVESTMENT	un INVESTISSEMENT	4333
a frequent	fréquente		a profitable	rentable	
a welcome	bien accueillie		a sound	sûr	
a rude	grossière		a shrewd	judicieux	
a sudden	brusque		a strategic	un bon placement	
an unexpected	imprévue		a modest	modeste	

INTERVENTION	une INTERVENTION	4324	INVITATION	une INVITATION	4334
an armed	armée		an engraved	sur carte gravée	
a timely	opportune		a formal	dans les règles	
a requested	réclamée		a warm	chaleureuse	
an unexpected	inattendue		an unexpected	inattendue	
a miraculous	miraculeuse		a charming	charmante	

INTERVIEW	une "INTERVIEW"	4325	IRONY	une IRONIE	4335
an exclusive	exclusive		a strange	une étrange ironie	
an informative	instructive		a tragic	tragique	
a satisfactory	satisfaisante		a terrible	terrible	
a revealing	révélatrice		a dramatic	dramatique	
an interesting	intéressante		a secret	cachée	

INTRIGUE	une INTRIGUE	4326	IRRITATION	une IRRITATION	4336
a famous	célèbre		a temporary	temporaire	
a secret	secrète		an annoying	fâcheuse	
an open	au grand jour		a constant	continuelle	
a political	politique		a painful	douloureuse	
a romantic	amoureuse		a passing	passagère	

INVALID	un INVALIDE	4327	ISLAND	une ÎLE	4337
a helpless	désemparé		a remote	lointaine	
a brave	courageux		a tropical	tropicale	
a lonely	solitaire		a barren	aride	
an incurable	incurable		an uninhabited	inhabitée	
a patient	patient		an imaginary	imaginaire	

INVASION	une INVASION	4328	ISOLATION	un ISOLEMENT	4338
an unexpected	inattendue		a cruel	cruel	
a threatened	une menace d'invasion		a total	complet	
a successful	réussie		a temporary	passager	
a barbaric	barbare		a terrible	terrible	
a well-planned	bien préparée		a necessary	nécessaire	

INVENTION	une INVENTION	4329	ISSUE	une QUESTION	4339
a clever	ingénieuse		a political	politique	
an important	importante		a controversial	sujette à controverse	
a modern	moderne		a dramatic	dramatique	
a technical	une innovation technique		a moral	de morale	
a dangerous	dangereuse		a fundamental	fondamentale	

INVENTOR	un INVENTEUR	4330	ITEM	un OBJET	4340
a famous	célèbre		a rare	rare	
a mad	fou		a fascinating	fascinant	
a successful	couronné de succès		an expensive	coûteux	
a creative	un créateur		a small	un petit objet	
an ingenious	ingénieux		a large	un grand objet	

ITINERARY **un ITINÉRAIRE** 4341

a planned	prévu
an organized	organisé
a prepared	préparé
a brief	court
a long	long

J

JACKET (clothes) **une VESTE** 4342

a warm	chaude
a leather	de cuir
a stylish	élégante
a suitable	qui convient
a tight	ajustée

JACKET (cover of book) **une JAQUETTE (DE LIVRE)** 4343

a colorful	de couleur
a shiny	brillante
a provocative	suggestive
a pictorial	illustrée
a descriptive	descriptive

JAIL **une PRISON** 4344

a crowded	pleine
a dismal	sombre
a cold	froide
an austere	austère
a damp	humide

JAR **un POT** 4345

a round	rond
a square	carré
a full	plein
a tall	de forme élancée
an earthen	de terre (cuite)

JAW **une MÂCHOIRE** 4346

a prominent	saillante
a square	carrée
a grim	serrée
a determined	énergique
an unshaven	non rasée

JAZZ **un JAZZ** 4347

a modern	moderne
a noisy	bruyant
a progressive	d'avant-garde
a popular	populaire
a contemporary	contemporain

JEALOUSY **une JALOUSIE** 4348

an insane	insensée
a petty	mesquine
a suppressed	contenue
a needless	déplacée
a groundless	gratuite

JELLY (jam) **une GELÉE** 4349

a sweet	sucrée
a thick	épaisse
a tart	aigrelette
a delicious	délicieuse
a favorite	préférée

JERK **une SACCADE** 4350

a sudden	brusque
a terrible	terrible
a frantic	frénétique
a furious	violente
an instinctive	instinctive

JET PLANE **un AVION À REACTION** 4351

a modern	moderne
a silent	silencieux
a large	un grand avion à réaction
a supersonic	supersonique
a soaring	qui file dans le ciel

JEWEL **un BIJOU** 4352

a precious	précieux
a costly	de prix
a famous	célèbre
a sparkling	étincelant
an ornamental	décoratif

JEWELER **un BIJOUTIER** 4353

a reputable	estimé
an honest	honnête
an exclusive	avant une clientèle choisie
an expert	expert
a successful	connu

JEWELRY **des BIJOUX** 4354

expensive	coûteux
fake	faux
ornamental	décoratifs
dazzling	éblouissants
priceless	inestimables

JEWELRY STORE **une BIJOUTERIE** 4355

an exclusive	sélecte
a famous	célèbre
a fashionable	élégante
a large	une grande bijouterie
a small	une petite bijouterie

JIGSAW PUZZLE **un PUZZLE** 4356

a difficult	difficile
a complicated	compliqué
a completed	résolu
an irritating	irritant
a maddening	exaspérant

JOB **un EMPLOI** 4357

a permanent	fixe
a secure	sûr
a thankless	ingrat
a political	un poste politique
an unpleasant	désagréable

JOKE	une PLAISANTERIE	4358
a funny	amusante	
an obscene	obscène	
a topical	d'actualité	
a satirical	satirique	
an amusing	divertissante	

JOURNAL (diary)	un JOURNAL (PER-SONNEL)	4359
a famous	célèbre	
a secret	intime	
a distinguished	remarquable	
a satirical	satirique	
an informative	instructif	

JOURNALIST	un JOURNALISTE	4360
a famous	célèbre	
a widely-traveled	qui a beaucoup voyagé	
a serious	sérieux	
a responsible	consciencieux	
a well-informed	bien informé	

JOURNEY	un VOYAGE	4361
a long	un long voyage	
an interesting	intéressant	
a pleasant	agréable	
a leisurely	par petites étapes	
a memorable	mémorable	

JOY	une ALLÉGRESSE	4362
a constant	constante	
a secret	secrète	
a pure	pure	
an uncontrollable	irrésistible	
a triumphant	triomphante	

JUDGE	un JUGE	4363
a stern	sévère	
an unbiased	impartial	
a sympathetic	compréhensif	
a wise	sage	
an honest	honnête	

JUDGMENT	un JUGEMENT	4364
a legal	d'un tribunal	
an admirable	admirable	
a reasonable	un verdict modéré	
a sound	juste	
a moral	moral	

JUICE	un JUS	4365
a sweet	sucré	
a bitter	acide	
a sweetened	sucré	
a natural	naturel	
a delicious	délicieux	

JUMP	un SAUT	4366
a dangerous	dangereux	
a daring	audacieux	
an awkward	maladroit	
a desperate	désespéré	
an impressive	impressionnant	

JUNGLE	une JUNGLE	4367
a dense	épaisse	
an impenetrable	impénétrable	
a mysterious	mystérieuse	
a steaming	fumante (d'humidité)	
an unexplored	inexplorée	

JURY	un JURY	4368
a sympathetic	compréhensif	
an impartial	impartial	
an unmoved	impassible	
a prejudiced	prévenu	
an unsympathetic	peu compatissant	

JUSTICE	une JUSTICE	4369
an eternal	éternelle	
a universal	universelle	
a divine	divine	
a poetic	naturelle	
a moral	morale	

JUSTIFICATION	une JUSTIFICATION	4370
a moral	morale	
a legal	légale	
a substantial	valable	
a complete	absolue	
a dubious	douteuse	

K

KEEPSAKE	un SOUVENIR (OBJET)	4371
a cherished	qui tient à cœur	
a ridiculous	ridicule	
a sentimental	sentimental	
an absurd	absurde	
a treasured	conservé précieusement	

KEY	une CLEF	4372
a small	une petite clef	
a duplicate	un double de clef	
a large	une grande clef	
a metal	en métal	
a broken	cassée	

KILLING	une TUERIE	4373
a senseless	insensée	
a premeditated	un meurtre prémédité	
a merciless	impitoyable	
a brutal	barbare	
a vicious	haineuse	

KIND (type)	un GENRE	4374
a generous	du genre généreux	
a sympathetic	du genre compatissant	
a lonesome	du genre solitaire	
a rare	d'une espèce rare	
a usual	un genre courant	

KINDERGARTEN	une ÉCOLE MATER-NELLE	4375
a noisy	bruyante	
a crowded	bondée	
a lively	animée	
an open-air	en plein air	
a public	publique	

KINDNESS	une BIENVEILLANCE	4376
a repaid	payée de retour	
a patient	patiente	
an inherent	innée	
a thoughtful	délicate	
a loving	affectueuse	

KING	un ROI	4377
a mythical	mythique	
a reigning	régnant	
a powerful	puissant	
a wise	sage	
a biblical	biblique	

KINGDOM	un ROYAUME	4378
a small	un petit royaume	
a medieval	médiéval	
a mythical	mythique	
an unconquerable	invincible	
a hereditary	héréditaire	

KISS	un BAISER	4379
a tender	tendre	
a passionate	passionné	
a thrilling	vibrant	
a parting	d'adieu	
a treacherous	perfide	

KITCHEN	une CUISINE	4380
a clean	propre	
an immaculate	immaculée	
a spacious	une vaste cuisine	
a well-equipped	bien équipée	
a pretty	une jolie cuisine	

KITE	un CERF-VOLANT	4381
a motionless	immobile	
a square	carré	
a high-flying	à haute altitude	
a colorful	multicolore	
a lost	perdu	

KNEE	un GENOU	4382
a bruised	meurtri	
a shapely	bien tourné	
a skinned	écorché	
a twisted	tordu	
a bare	dénudé	

KNIFE	un COUTEAU	4383
a sharp	coupant	
a murderous	meurtrier	
a long	un long couteau	
a small	un petit couteau	
a bloody	ensanglanté	

KNOCKING	des COUPS (FRAPPÉS)	4384
an insistent	insistants	
a sudden	brusques	
an unexpected	inopinés	
a thunderous	violents	
a strange	étranges	

KNOT	un NŒUD	4385
a tied	fait	
an untied	défait	
an unbreakable	impossible à défaire	
a tight	serré	
a loose	lâche	

KNOWLEDGE	des CONNAISSANCES	4386
a universal	universelles	
a technical	techniques	
a theoretical	théoriques	
an elementary	élémentaires	
a superior	supérieures	

L

LABEL	une ÉTIQUETTE	4387
a descriptive	descriptive	
a famous	d'une marque célèbre	
an attached	fixée	
an unusual	insolite	
a required	obligatoire	

LABOR	un TRAVAIL	4388
a manual	manuel	
a physical	physique	
an unskilled	de manœuvre	
a productive	productif	
a menial	servile	

LABORATORY	un LABORATOIRE	4389
an excellent	excellent	
a well-equipped	bien équipé	
a modern	moderne	
a chemical	de chimie	
a destroyed	détruit	

LABORER	un TRAVAILLEUR	4390
a tired	fatigué	
a strong	fort	
an unskilled	un manœuvre	
a skilled	un ouvrier spécialisé	
a sweating	en sueur	

LACE	une DENTELLE	4391
an expensive	coûteuse	
a delicate	délicate	
a famous	célèbre	
an exquisite	exquise	
a decorative	décorative	

LACK	une PÉNURIE	4392
a terrible	terrible	
a noticeable	sensible	
an appalling	effroyable	
a deplorable	déplorable	
an evident	évidente	

LADDER	une ÉCHELLE	4393	LANE	un CHEMIN	4403
an unsafe	dangereuse		a narrow	étroit	
a wooden	de bois		a shady	ombragé	
a tall	haute		a quiet	tranquille	
a swaying	qui oscille		a dark	sombre	
a crude	primitive		a solitary	solitaire	

LADY	une FEMME	4394	LANGUAGE	une LANGUE	4404
a real	une grande dame		a difficult	difficile	
a lovely	ravissante		an odd	étrange	
a modest	modeste		an expressive	expressive	
a blushing	rougissante		a foreign	étrangère	
an elegant	élégante		a universal	universelle	

LAKE	un LAC	4395	LANTERN	une LANTERNE	4405
a lovely	un beau lac		a small	une petite lanterne	
a quiet	calme		a bright	brillante	
a large	un grand lac		a flickering	à la flamme vacillante	
a small	un petit lac		a smoking	fumante	
a shallow	peu profond		a heavy	une lourde lanterne	

LAMB	un AGNEAU	4396	LAUGH	un RIRE	4406
a docile	docile		a pleasant	agréable	
a small	un petit agneau		a childish	puéril	
a sacrificial	sacrificatoire		a hysterical	hystérique	
a bleating	bêlant		a musical	musical	
a lost	perdu		a sinister	sinistre	

LAMENT	des LAMENTATIONS	4397	LAUGHTER	des RIRES	4407
a tragic	tragiques		a noisy	bruyants	
a loud	bruyantes		a cynical	cyniques	
a wailing	plaintives		a friendly	cordiaux	
a constant	ininterrompues		a delighted	ravis	
a pitiful	pitoyables		a boisterous	tumultueux	

LAMP	une LAMPE	4398	LAUNDRY (linen)	un LINGE	4408
a bright	brillante		a dirty	sale	
a smoking	fumante		a soiled	souillé	
a sputtering	crachotante		a clean	propre	
a dim	répandant une faible lumière		a washed	lavé	
a crude	primitive		an ironed	repassé	

LAND	une TERRE	4399	LAVATORY	un CABINET (W.C.)	4409
a barren	aride		a clean	propre	
a fertile	fertile		a neat	en ordre	
a devastated	dévastée		an adjoining	contigu	
a flat	sans relief		a small	un petit cabinet	
a distant	lointaine		a dirty	sale	

LANDING	un ATTERRISSAGE	4400	LAW	une LOI	4410
a safe	sûr		a just	juste	
a bumpy	cahoteux		an unjust	inique	
a dangerous	dangereux		a new	nouvelle	
a perfect	parfait		a necessary	nécessaire	
a delayed	retardé		a restrictive	restrictive	

LANDLORD	un PROPRIÉTAIRE	4401	LAWN	une PELOUSE	4411
a stingy	avaricieux		a green	verte	
a watchful	vigilant		a thick	drue	
a curious	curieux		a velvety	veloutée	
a helpful	serviable		a spacious	une vaste pelouse	
a talkative	bavard		a well-kept	bien entretenue	

LANDSCAPE	un PAYSAGE	4402	LAWYER	un AVOCAT	4412
a floral	fleuri		an eloquent	éloquent	
a beautiful	superbe		a shrewd	retors	
a broad	vaste		an excellent	excellent	
a forbidding	sinistre		a capable	capable	
a barren	stérile		an expert	habile	

LAYER	une COUCHE	4413
an upper	supérieure	
a lower	inférieure	
an inner	intermédiaire	
a thick	épaisse	
a thin	mince	

LEADER	un CHEF (LEADER)	4414
a natural	né	
an imaginative	à l'esprit inventif	
an inspiring	qui électrise ses partisans	
a fearless	intrépide	
an energetic	énergique	

LEAF	une FEUILLE	4415
a dry	morte	
a small	une petite feuille	
a green	verte	
a brown	brune	
a delicate	délicate	

LEAK	une FUITE (D'EAU)	4416
a constant	continuelle	
a visible	visible	
a small	une petite fuite	
an irreparable	irréparable	
a repaired	réparée	

LEATHER	un CUIR	4417
a polished	ciré	
a shiny	brillant	
a supple	souple	
a stiff	rigide	
a tanned	tanné	

LEAVE (army)	une PERMISSION	4418
an extended	prolongée	
a requested	sollicitée	
a long	une longue permission	
a short	une courte permission	
a pleasant	agréable	

LECTURE	une CONFÉRENCE	4419
an interesting	intéressante	
an informative	instructive	
a scientific	scientifique	
a boring	ennuyeuse	
a long	une longue leçon	

LECTURER	un CONFÉRENCIER	4420
a boring	fastidieux	
an excellent	excellent	
a capable	compétent	
an incoherent	incohérent	
a confusing	peu clair	

LEG	une JAMBE	4421
a broken	cassée	
a bandaged	bandée	
a shapely	bien faite	
an amputated	amputée	
a deformed	difforme	

LEGEND	une LÉGENDE	4422
a romantic	romantique	
a national	nationale	
a dramatic	dramatique	
a heroic	héroïque	
a living	vivante	

LEISURE	des LOISIRS	4423
a wasted	gâchés	
a productive	fructueux	
a restful	reposants	
a deserved	mérités	
a desirable	souhaitables	

LEMON	un CITRON	4424
a bitter	amer	
a sour	acide	
a ripe	mûr	
a small	un petit citron	
a peeled	pelé	

LEMONADE	une LIMONADE	4425
a refreshing	rafraîchissante	
a tangy	piquante	
a sweet	sucrée	
a bitter	amère	
a cold	froide	

LENGTH	une LONGUEUR	4426
a reasonable	raisonnable	
a measurable	mesurable	
a considerable	considérable	
an astonishing	surprenante	
an average	moyenne	

LENS	une LENTILLE (OP-TIQUE)	4427
a polished	polie	
a magnifying	grossissante	
an accurate	précise	
a powerful	puissante	
a sensitive	un objectif sensible	

LESSON	une LEÇON	4428
an easy	facile	
a valuable	profitable	
a difficult	difficile	
a short	courte	
an assigned	à apprendre	

LETTER (abc)	une LETTRE (de l'alph-abète)	4429
a printed	un caractère d'imprimerie	
a written	écrite	
an illegible	illisible	
a scrawled	gribouillé	
an erased	gommée	

LETTER (message)	une LETTRE	4430
a long	une longue lettre	
a friendly	amicale	
a belated	tardive	
a threatening	menaçante	
an apologetic	d'excuses	

LEVEL	un NIVEAU	4431
a higher	supérieur	
a lower	inférieur	
an average	moyen	
an ideal	idéal	
a temporary	temporaire	

LIAR	un MENTEUR	4432
a chronic	invétéré	
a terrible	terrible	
a notorious	notoire	
an unbelievable	que personne ne croit	
an habitual	endurci	

LIBERTY	une LIBERTÉ	4433	LINING	une DOUBLURE	4443
a glorious	glorieuse		a torn	déchirée	
a basic	fondamentale		a frayed	effilochée	
a religious	de confession		a warm	chaude	
a universal	universelle		a thick	épaisse	
a political	politique		a thin	mince	

LIBRARY	une BIBLIOTHÈQUE	4434	LION	un LION	4444
a quiet	silencieuse		a ferocious	féroce	
a modern	moderne		a cowardly	lâche	
a large	une grande bibliothèque		an enraged	en rage	
a famous	célèbre		a savage	furieux	
a scientific	scientifique		a predatory	prédateur	

LICENSE	un PERMIS	4435	LIPSTICK	un ROUGE À LEVRES	4445
a required	obligatoire		a vivid	vif	
a forged	un faux permis		a colorful	éclatant	
a revoked	retiré		an expensive	cher	
an expired	venu à expiration		a pale	pâle	
a renewed	renouvelé		an oily	gras	

LIE	un MENSONGE	4436	LIQUID	un LIQUIDE	4446
a monstrous	monstrueux		a clear	transparent	
a vicious	méchant		a colorless	incolore	
a deliberate	prémédité		a sparkling	pétillant	
an unintentional	involontaire		a poisonous	toxique	
a willful	délibéré		a volatile	volatil	

LIFE	une VIE	4437	LIQUOR	une LIQUEUR	4447
an ideal	idéale		a world-famous	de renommée mondiale	
a happy	heureuse		a stimulating	stimulante	
a joyful	joyeuse		a depressing	qui alanguit	
a productive	féconde		a strong	forte	
an uneventful	tranquille		a thick	épaisse	

LIGHT	une LUMIÈRE	4438	LIST	une LISTE	4448
a bright	éclatante		a long	une longue liste	
a clear	claire		a complete	complete	
an artificial	artificielle		a miscellaneous	variée	
a blinding	aveuglante		a basic	de choses essentielles	
a flickering	clignotante		an essential	indispensable	

LIGHTNING	un ÉCLAIR	4439	LISTENER	un AUDITEUR	4449
a flashing	brillant		an attentive	attentif	
a violent	violent		a bored	qui s'ennuie	
a harmless	inoffensif		an inspired	transporté (par)	
a spectacular	spectaculaire		a sympathetic	bien disposé	
an awesome	terrifiant		an intelligent	intelligent	

LIMIT	des LIMITES	4440	LITERATURE	une LITTÉRATURE	4450
a narrow	d'étroites limites		a classical	classique	
a definite	fixées		a romantic	romantique	
a specified	précises		a contemporary	contemporaine	
a reasonable	raisonnables		a descriptive	descriptive	
an extreme	extrêmes		a satirical	satirique	

LINE	une LIGNE	4441	LIVING (support)	un REVENU	4451
a long	longue		a good	un bon revenu	
a short	courte		a comfortable	convenable	
a straight	droite		a meager	un maigre revenu	
a curved	courbe		an adequate	suffisant	
a diagonal	une diagonale		a satisfactory	satisfaisant	

LINEN	un LINGE	4442	LIVING ROOM	une SALLE DE SÉJOUR	4452
a clean	propre		a spacious	spacieuse	
a fine	du linge fin		a comfortable	confortable	
a spotless	immaculé		a small	une petite salle de séjour	
an embroidered	brodé		a pleasant	agréable	
a dirty	sale		a heated	chauffée	

LOAD	une CHARGE	4453	LOSER	un PERDANT	4463
a heavy	pesante		an unhappy	malheureux	
a light	légère		a worried	préoccupé	
a full	une pleine charge		a gracious	un bon perdant	
a tremendous	énorme		an indignant	indigné	
an unbearable	écrasante		a consistent	qui a la guigne	

LOAF (bread)	un PAIN	4454	LOSS	une PERTE	4464
a large	un gros pain		a total	totale	
a small	un petit pain		a tragic	tragique	
a fresh	frais		an excessive	trop grande	
a stale	rassis		a slight	légère	
a sliced	coupé en tranches		a tremendous	énorme	

LOAN	un PRÊT	4455	LOTION	une LOTION	4465
a necessary	nécessaire		a creamy	épaisse	
a repaid	remboursé		a soothing	calmante	
an inadequate	insuffisant		a pleasant	agréable	
a requested	sollicité		a cooling	rafraîchissante	
an overdue	non remboursé		a refreshing	rafraîchissante	

LOBBY (theater)	un VESTIBULE (FOYER DU THÉÂTRE)	4456	LOVE	un AMOUR	4466
			a deep	profond	
an empty	vide		a wondrous	merveilleux	
an overcrowded	bondé		a mutual	partagé	
a large	vaste		a tender	tendre	
a magnificent	magnifique		a lasting	durable	
a luxurious	luxueux				

LOCATION	un EMPLACEMENT	4457	LOVER	un AMOUREUX	4467
a suitable	convenable		a jealous	jaloux	
a choice	de choix		a considerate	prévenant	
an advantageous	avantageux		a tender	tendre	
a convenient	commode		a famous	célèbre	
an accessible	accessible		a faithful	fidèle	

LOCK	une SERRURE	4458	LOYALTY	une LOYAUTÉ	4468
a complicated	compliquée		a sworn	jurée	
a crude	primitive		an instinctive	instinctive	
an automatic	à verrouillage automatique		an intense	profonde	
a simple	simple		an affectionate	affectueuse	
an effective	efficace		an unconditional	absolue	

LOGIC	une LOGIQUE	4459	LUCK	une CHANCE	4469
a strange	étrange		good	une chance	
an undeniable	indiscutable		bad	une malchance	
a dangerous	dangereuse		an incredible	incroyable	
a sound	une saine logique		an unexpected	imprévisible	
a simple	simple		a consistent	durable	

LONGING	une ASPIRATION	4460	LUGGAGE	des BAGAGES	4470
a melancholy	mélancolique		a packed	prêts	
a vain	vaine		a heavy	lourds	
a hopeless	sans espoir		a lightweight	légers	
an inner	intime		an expensive	coûteux	
an uncontrollable	irrépressible		a cheap	bon marché	

LOOK (air)	un AIR	4461	LUNCH	un DÉJEUNER	4471
a guilty	coupable		a hasty	pris en hâte	
an innocent	innocent		a formal	officiel	
a sorrowful	affligé		a casual	sans façon	
an honest	honnête		a cold	froid	
a dishonest	malhonnête		a tasty	savoureux	

LOOK (glance)	un REGARD	4462	LUXURY	un LUXE	4472
a quick	un coup d'œil rapide		an unbelievable	incroyable	
a furtive	furtif		an unnecessary	superflu	
an appealing	suppliant		a rare	rare	
a pleading	implorant		an unusual	peu commun	
an inquisitive	interrogateur		an expensive	coûteux	

MACHINE	une MACHINE	4473
an enormous	énorme	
a broken	cassée	
a practical	pratique	
an expensive	coûteuse	
a revolutionary	révolutionnaire	

MACHINE GUN	une MITRAILLEUSE	4474
an obsolete	d'un ancien modèle	
a modern	moderne	
an accurate	précise	
a new-style	d'un nouveau modèle	
an effective	efficace	

MACHINIST	un AJUSTEUR	4475
an expert	habile	
an experienced	expérimenté	
an excellent	excellent	
a superior	d'une compétence exceptionelle	
a skilled	compétent	

MADMAN	un FOU	4476
a reckless	téméraire	
a dangerous	dangereux	
a babbling	balbutiant	
an incoherent	incohérent	
a frightening	effrayant	

MADNESS	une FOLIE	4477
a temporary	passagère	
an incurable	incurable	
a permanent	irréversible	
a harmless	une douce folie	
a pretended	simulée	

MAGAZINE	une REVUE	4478
an illustrated	illustrée	
a popular	populaire	
a widely-read	très lue	
an influential	influente	
a conservative	conservatrice	

MAGIC	un TOUR DE PASSE-PASSE	4479
a hidden	invisible	
a spectacular	spectaculaire	
an odd	bizarre	
a bewildering	déconcertant	
an amazing	stupéfiant	

MAGICIAN	un PRESTIDIGITATEUR	4480
a clever	habile	
an inventive	inventif	
a skillful	adroit	
a famous	célèbre	
a legendary	légendaire	

MAGNET	un (ÉLECTRO-) AIMANT	4481
a powerful	puissant	
a useful	utile	
a heavy	un lourd (électro-) aimant	
a gigantic	énorme	
a weak	peu puissant	

MAGNETISM	un MAGNÉTISME	4482
a personal	personnel	
an undeniable	indéniable	
a powerful	puissant	
a controlled	contenu	
a weak	faible	

MAGNIFICENCE	une MUNIFICENCE	4483
a royal	royale	
an unbelievable	incroyable	
an extraordinary	extraordinaire	
a customary	habituelle	
an unheard-of	inouïe	

MAID	une SERVANTE	4484
a busy	affairée	
a personal	une femme de chambre	
a pretty	une jolie servante	
an obedient	obéissante	
an efficient	efficace	

MAILBOX	une BOÎTE AUX LETTRES	4485
a small	une petite boîte aux lettres	
a narrow	étroite	
a hidden	cachée	
a locked	fermée à clef	
a large	une grande boîte aux lettres	

MAILMAN	un FACTEUR	4486
a friendly	cordial	
a punctual	ponctuel	
a delayed	en retard	
an old	âgé	
a young	jeune	

MAIN FLOOR	un REZ-DE-CHAUSSÉE	4487
a crowded	bondé	
a deserted	désert	
a spacious	vaste	
an unfurnished	non meublé	
a large	un grand rez-de-chaussée	

MAJORITY	une MAJORITÉ	4488
a clear	nette	
a vast	une forte majorité	
a slim	une faible majorité	
an overwhelming	écrasante	
a huge	une énorme majorité	

MAKE-UP	un MAQUILLAGE	4489
an exaggerated	outré	
a simple	simple	
a hideous	hideux	
a theatrical	théâtral	
a subtle	raffiné	

MAN	un HOMME	4490
a powerful	puissant	
an influential	influent	
an honest	honnête	
an ambitious	ambitieux	
a compassionate	compatissant	

MANAGEMENT	une DIRECTION	4491	MARCH	une MARCHE	4501
an effective	efficace		a fatiguing	fatigante	
a corrupt	corrompue		a long	une longue marche	
a conservative	conservatrice		a slow	lente	
a liberal	libérale		an orderly	en bon ordre	
a vigorous	énergique		a dramatic	dramatique	

MANAGER	un DIRECTEUR	4492	MARGIN	une MARGE	4502
an energetic	énergique		a narrow	étroite	
a shrewd	habile		a slight	une faible marge	
a terrible	terrible		an irregular	irrégulière	
a disagreeable	désagréable		a wide	une grande marge	
a capable	capable		a substantial	considérable	

MANEUVER	une MANŒUVRE	4493	MARK	une MARQUE	4503
an odd	bizarre		a black	noire	
a clever	savante		a heavy	voyante	
an adroit	adroite		a light	peu voyante	
a skillful	habile		a wide	bien étalée	
an important	importante		an identifying	un signe de reconnaissance	

MANIAC	un MANIAQUE	4494	MARKET (stock)	un MARCHÉ (BOURSE)	4504
a raving	delirant		a stable	stable	
a fugitive	en fuite		a depressed	déprimé	
an unknown	inconnu		an inflated	gonflé	
a shackled	entravé		a rising	en hausse	
a howling	hurlant		an unpredictable	imprévisible	

MANNER	une FAÇON	4495	MARRIAGE	un MARIAGE	4505
an angry	coléreuse		a happy	heureux	
an aggressive	agressive		an unusual	peu banal	
a pleasant	agréable		an unexpected	inattendu	
an unassuming	modeste		a lasting	durable	
a rude	grossière		a perfect	parfait	

MANSION	une DEMEURE	4496	MARTYR	un MARTYR	4506
a pretentious	prétentieuse		a celebrated	célèbre	
a stately	imposante		a heroic	héroïque	
an ancestral	ancestrale		a religious	de la foi	
a luxurious	luxueuse		an unselfish	d'une cause	
an enormous	énorme		an ancient	d'autrefois	

MANUFACTURE	une FABRICATION	4497	MASK	un MASQUE	4507
a commercial	d'articles de commerce		a hideous	hideux	
an industrial	de produits industriels		a ceremonial	rituel	
an exclusive	exclusive		a golden	d'or	
an illegal	illicite		a tragic	tragique	
a legal	licite		a traditional	traditionnel	

MANUFACTURER	un FABRICANT	4498	MASKED BALL	un BAL MASQUÉ	4508
a prominent	important		a traditional	traditionnel	
an eminent	un gros fabriquant		an elaborate	raffiné	
a successful	fortuné		an enjoyable	agréable	
a reputable	réputé		a colorful	pittoresque	
a prosperous	prospère		an entertaining	divertissant	

MANUSCRIPT	un MANUSCRIT	4499	MASQUERADE	une MASCARADE	4509
a precious	précieux		an amusing	amusante	
a last	un dernier manuscrit		an innocent	innocente	
an original	original		a brilliant	brillante	
a rare	rare		an unusual	extraordinaire	
a forgotten	oublié		an ironic	narquoise	

MAP	une CARTE	4500	MASS	une MASSE	4510
a large	une grande carte		an enormous	énorme	
a geographical	géographique		an inert	inerte	
a secret	secrète		a solid	solide	
a marine	marine		a heavy	lourde	
an accurate	exacte		a transparent	transparente	

MASSACRE	un MASSACRE	4511	**MAZE**	un DÉDALE	4521
a terrible	terrible		a bewildering	ahurissant	
an unexpected	inattendu		a scientific	scientifique	
a historic	historique		an experimental	expérimental	
a wholesale	une tuerie en masse		a natural	naturel	
a brutal	sauvage		a constructed	artificiel	

MASSACRE   un MASSACRE   4511
- a terrible — terrible
- an unexpected — inattendu
- a historic — historique
- a wholesale — une tuerie en masse
- a brutal — sauvage

MASSAGE   un MASSAGE   4512
- a soothing — apaisant
- a healthful — salutaire
- an invigorating — tonifiant
- a healing — curatif
- a vigorous — vigoureux

MASTER   un MAÎTRE   4513
- a stern — sévère
- a kind — un bon maître
- a shrewd — sagace
- a patient — patient
- a demanding — exigeant

MASTERPIECE   un CHEF-D'ŒUVRE   4514
- a rare — rare
- a priceless — inestimable
- an artistic — artistique
- a literary — littéraire
- an operatic — de l'opéra

MATCH   un COUPLE   4515
- a perfect — bien assorti
- an uneven — mal assorti
- a brilliant — un brillant mariage
- a suitable — un bon parti
- an unwise — peu faits l'un pour l'autre

MATE   un COMPAGNON   4516
- an ideal — idéal
- an unloved — mal aimé
- a kind — gentil
- an unhappy — malheureux
- a frightened — apeuré

MATERIAL   une ÉTOFFE   4517
- a thin — mince
- a flexible — souple
- a coarse — rêche
- an elastic — élastique
- a translucent — translucide

MATINEE (show)   une MATINÉE   4518
- an early — une première matinée
- a late — une seconde matinée
- a regular — normale
- a successful — qui a du succès
- a scheduled — prévue

MATTER   une QUESTION   4519
- an important — importante
- an insignificant — insignifiante
- a vital — capitale
- a serious — grave
- an urgent — pressante

MAYOR   un MAIRE   4520
- an honest — honnête
- a capable — compétent
- a world-famous — de renomée mondiale
- a vigorous — énergique
- a determined — résolu

MAZE   un DÉDALE   4521
- a bewildering — ahurissant
- a scientific — scientifique
- an experimental — expérimental
- a natural — naturel
- a constructed — artificiel

MEADOW   un PRÉ   4522
- a peaceful — tranquille
- a luxuriant — luxuriant
- a rolling — ondoyant
- a beautiful — magnifique
- a vast — immense

MEAL   un REPAS   4523
- an excellent — excellent
- a nourishing — nourrissant
- a free — gratuit
- a well-prepared — bien préparé
- a delicious — délicieux

MEALTIME   une HEURE DE REPAS   4524
- a regular — normale
- a customary — habituelle
- a traditional — traditionnelle
- an unusual — insolite
- an enjoyable — agréable

MEANING   une SIGNIFICATION   4525
- a hidden — cachée
- a mysterious — mystérieuse
- a subtle — subtile
- an ambiguous — un sens ambigu
- a vague — vague

MEASURE   une MESURE   4526
- an effective — efficace
- a repressive — de répression
- a preliminary — préliminaire
- a drastic — draconienne
- a bold — audacieuse

MEASUREMENT   une MESURE (DIMEN-SION)   4527
- an accurate — précise
- an approximate — approximative
- a scientific — scientifique
- an inaccurate — imprécise
- an exact — exacte

MEAT   une VIANDE   4528
- fresh — fraîche
- cooked — cuite
- raw — crue
- delicious — délicieuse
- roasted — rôtie

MECHANIC   un MÉCANICIEN   4529
- a skilled — habile
- an unemployed — en chômage
- an expert — adroit
- a competent — compétent
- a lazy — paresseux

MEDAL   une MÉDAILLE   4530
- an honorary — honorifique
- a golden — d'or
- a decorative — ornementale
- a posthumous — posthume
- an awarded — décernée

MEDICINE	un MÉDICAMENT	4531	MENACE	une MENACE	4541
a bitter	amer		a constant	constante	
a beneficial	bienfaisant		a terrifying	terrifiante	
a tasteless	insipide		a serious	grave	
an effective	efficace		a deadly	mortelle	
a rare	rare		a dangerous	dangereuse	

MEDITATION	une MÉDITATION	4532	MENTALITY	une MENTALITÉ	4542
a peaceful	tranquille		a criminal	criminelle	
a silent	silencieuse		a twisted	pervertie	
a solemn	solennelle		a warped	faussée	
a deep	profonde		a normal	normale	
a troubled	interrompue		a superior	un esprit supérieur	

MEDLEY	un POT-POURRI	4533	MENTION	une MENTION	4543
a tuneful	harmonieux		a special	spéciale	
an enjoyable	plaisant		a passing	rapide	
a long	long		a casual	fortuite	
a popular	populaire		an occasional	occasionnelle	
a requested	demandé		a frequent	fréquente	

MEETING	une RÉUNION	4534	MENU	un MENU	4544
a pleasant	agréable		a printed	imprimé	
a productive	fructueuse		a colorful	multicolore	
an important	importante		a simple	simple	
a brief	une courte réunion		a long	un long menu	
a long	une longue réunion		a dirty	sale	

MELANCHOLY	une MÉLANCOLIE	4535	MERCHANDISE	une MARCHANDISE	4545
a deep	profonde		a spoiled	avariée	
a temporary	passagère		an attractive	intéressante	
a sweet	douce		a stylish	élégante	
a sentimental	sentimentale		a secondhand	d'occasion	
a vague	vague		an expensive	coûteuse	

MELODY	une MÉLODIE	4536	MERCHANT	un COMMERÇANT	4546
a famous	célèbre		a prosperous	prospère	
a lovely	une belle mélodie		a successful	heureux	
an immortal	immortelle		a sensible	raisonnable	
a charming	ravissante		a wise	averti	
a delightful	délicieuse		an energetic	énergique	

MELON	un MELON	4537	MERIT	un MÉRITE	4547
a sweet	sucré		an unusual	exceptionnel	
a ripe	mûr		an inherent	propre	
an overripe	trop mûr		a relative	relatif	
a juicy	juteux		a scientific	une valeur scientifique	
a delicious	délicieux		a literary	une valeur littéraire	

MEMBER	un MEMBRE	4538	MESS	un DÉSORDRE	4548
a former	un ancien membre		a terrible	terrible	
an active	actif		a filthy	infect	
a new	un nouveau membre		a dreadful	épouvantable	
a prominent	éminent		an unexpected	un gâchis imprévu	
an influential	influent		an unbelievable	incroyable	

MEMORANDUM	une NOTE	4539	MESSAGE	un MESSAGE	4549
a secret	confidentielle		an urgent	urgent	
an informative	d'information		a secret	secret	
a lengthy	prolixe		an important	important	
an urgent	urgente		a tender	un billet doux	
a short	une brève note		a threatening	menaçant	

MEMORY	un SOUVENIR	4540	MESSENGER	un MESSAGER	4550
a good	une bonne mémoire		a courageous	courageux	
a lasting	durable		a delayed	retardé	
a fond	chéri		a welcome	bien accueilli	
a bitter	un amer souvenir		a heavenly	céleste	
a poor	une mauvaise mémoire		a reliable	sûr	

METAL	un MÉTAL	4551	MINE	une MINE	4561
a soft	mou		a productive	rentable (riche)	
a valuable	de valeur		an abandoned	abandonnée	
a precious	précieux		a rich	riche	
a rare	rare		a deep	profonde	
a durable	résistant		an inexhaustible	inépuisable	

METEOR	un MÉTÉORE	4552	MINER	un MINEUR	4562
a spectacular	spectaculaire		a stranded	isolé	
a rare	rare		a grimy	noir de charbon	
a predictable	attendu		a tired	fatigué	
a famous	célèbre		a buried	enterré	
a gigantic	gigantesque		a rescued	arraché à la mine	

METHOD	une MÉTHODE	4553	MINERAL	un MINÉRAL	4563
a modern	moderne		a rare	rare	
a scientific	scientifique		a precious	précieux	
an economical	économique		an essential	indispensable	
a basic	fondamentale		an imported	importé	
a logical	logique		an exported	exporté	

METROPOLIS	une MÉTROPOLE	4554	MINISTER	un PASTEUR	4564
an exciting	stimulante		an ordained	qui a reçu les ordres	
a bustling	affairée		an eloquent	éloquent	
a modern	moderne		a sympathetic	compréhensif	
a huge	énorme		a consoling	consolateur	
a new	une nouvelle métropole		an assassinated	assassiné	

MICROSCOPE	un MICROSCOPE	4555	MINORITY	une MINORITÉ	4565
an ingenious	ingénieux		an oppressed	opprimée	
a powerful	puissant		an aggressive	agressive	
an expensive	coûteux		an optimistic	optimiste	
a new	neuf		a powerful	puissante	
an accurate	précis		an unhappy	malheureuse	

MIDDLE CLASS	une BOURGEOISIE	4556	MIRACLE	un MIRACLE	4566
an oppressed	opprimée		a recognized	reconnu	
a powerful	puissante		a biblical	biblique	
an influential	influente		an incomprehensible	incompréhensible	
an aroused	tirée de sa torpeur		an unbelievable	incroyable	
a restless	inquiète		a hoped-for	espéré	

MIGRATION	une MIGRATION	4557	MIRROR	un MIROIR	4567
a customary	habituelle		a small	un petit miroir	
a seasonal	saisonnière		a square	carré	
a yearly	annuelle		a round	rond	
an unusual	exceptionnelle		a polished	poli	
a voluntary	volontaire		an oval	ovale	

MILK	un LAIT	4558	MISCHIEF	une MÉCHANCETÉ	4568
condensed	concentré		a constant	persistante	
sour	acide		a willful	délibérée	
fortified	vitaminé		an annoying	contrariante	
cold	froid		a destructive	destructrice	
warmed	chauffé		a childish	une espièglerie	

MILLIONAIRE	un MILLIONNAIRE	4559	MISER	un AVARE	4569
a shrewd	avicé		a selfish	égoïste	
an eccentric	excentrique		a proverbial	proverbial	
a philanthropic	philanthrope		a hopeless	incurable	
a famous	célèbre		a legendary	légendaire	
an aloof	distant		an old	un vieil avare	

MIND	un ESPRIT	4560	MISERY	une MISÈRE	4570
a logical	logique		a widespread	générale	
a shrewd	fin		an unspeakable	indicible	
an inventive	inventif		a temporary	passagère	
a disciplined	discipliné		a ceaseless	perpétuelle	
a creative	créateur		an extreme	extrême	

NOUNS

MISFORTUNE	un MALHEUR	4571
a great	un grand malheur	
a private	personnel	
an unexpected	imprévu	
a terrible	un terrible malheur	
a serious	un affreux malheur	

MISSILE	un MISSILE	4572
a deadly	meurtrier	
an accurate	précis	
a guided	téléguidé	
an explosive	à charge explosive	
a perfected	perfectionné	

MISSILE BASE	une BASE DE LANCEMENT*	4573
a remote	éloignée	
a guarded	gardée	
a secret	secrète	
a hidden	cachée	
an enormous	énorme	

MISSION	une MISSION	4574
a dangerous	dangereuse	
an assigned	assignée	
a secret	secrète	
a new	une nouvelle mission	
a successful	réussie	

MISSIONARY	un MISSIONNAIRE	4575
a devoted	devoué à sa tâche	
a gentle	un doux missionnaire	
a persuasive	persuasif	
an elderly	d'un certain âge	
an inspired	inspiré	

MIST	une BRUME	4576
a heavy	épaisse	
a light	légère	
a damp	humide	
a motionless	immobile	
a rolling	onduleuse	

MISTAKE	une ERREUR	4577
a tragic	tragique	
a fatal	fatale	
an unintentional	involontaire	
an obvious	manifeste	
an embarrassing	embarrassante	

MISUNDER-STANDING	un MALENTENDU	4578
an unfortunate	malheureux	
a temporary	passager	
a slight	un léger malentendu	
an unavoidable	inévitable	
an embarrassing	embarrassant	

MIXTURE	un MÉLANGE	4579
a strange	étrange	
a dangerous	dangereux	
an oily	huileux	
a greasy	gras	
an inflammable	inflammable	

MOAN	un GÉMISSEMENT	4580
a faint	un faible gémissement	
a loud	un fort gémissement	
a pathetic	pathétique	
a tender	un tendre gémissement	
a constant	continu	

MOB	une POPULACE	4581
an unruly	turbulente	
an excited	surexcitée	
a hostile	hostile	
a noisy	bruyante	
a threatening	menaçante	

MODEL (design)	un MODÈLE	4582
a small	un petit modèle	
a new	un nouveau modèle	
an obsolete	désuet	
an exclusive	exclusif	
an experimental	une maquette expérimentale	

MODEL (fashion)	un MANNEQUIN	4583
a slender	svelte	
a famous	célèbre	
a beautiful	un beau mannequin	
a graceful	gracieux	
an attractive	séduisant	

MODESTY	une MODESTIE	4584
a pleasing	avenante	
a humble	humble	
a girlish	une pudeur de jeune fille	
a typical	typique	
an habitual	habituelle	

MODIFICATION	une MODIFICATION	4585
a new	une nouvelle modification	
a recent	récente	
a necessary	nécessaire	
a required	obligatoire	
a planned	prévue	

MOISTURE	une HUMIDITÉ	4586
a seasonal	de (la) saison	
a needed	nécessaire	
a pleasant	agréable	
an oppressive	oppressante	
an excessive	excessive	

MOMENT	un MOMENT	4587
a tragic	tragique	
a suspenseful	d'attente angoissée	
a decisive	décisif	
a disagreeable	désagréable	
a brief	un bref moment	

MONARCH	un MONARQUE	4588
a dead	mort	
an absolute	absolu	
a legendary	légendaire	
a deposed	déposé	
a greedy	avide	

MONASTERY	un MONASTÈRE	4589
an ancient	ancien	
a deserted	abandonné	
a peaceful	paisible	
a secluded	isolé	
a famous	un célèbre monastère	

MONEY	un ARGENT	4590
worthless	sans valeur	
counterfeit	la fausse monnaie	
hoarded	thésaurisé	
stolen	volé	
precious	précieux	

*d'engins balistiques

NOUNS

MONK	un **MOINE**	4591
a silent	silencieux	
a patient	patient	
a fanatical	fanatique	
an old	âgé	
a pious	pieux	

MONKEY	un **SINGE**	4592
a chattering	jacasse	
a funny	drôle	
an agile	agile	
a curious	curieux	
a playful	joueur	

MONOPOLY	un **MONOPOLE**	4593
a worldwide	mondial	
an unlimited	absolu	
a restricted	limité	
a proposed	proposé	
a forbidden	interdit	

MONOTONY	une **MONOTONIE**	4594
a ceaseless	sempiternelle	
a routine	routinière	
a dreary	une triste monotonie	
an extreme	extrême	
an endless	sans fin	

MONSTER	un **MONSTRE**	4595
a horrible	horrible	
a legendary	légendaire	
a mythical	mythique	
an imaginary	imaginaire	
a frightening	terrifiant	

MONTH	un **MOIS**	4596
a long	un long mois	
a cold	froid	
a windy	venteux	
an unusual	peu commun	
an uneventful	calme	

MONUMENT	un **MONUMENT**	4597
a worthy	digne	
a magnificent	magnifique	
a famous	célèbre	
a tall	élevé	
a colossal	colossal	

MOOD	une **HUMEUR**	4598
a sullen	maussade	
a joyful	joyeuse	
a happy	heureuse	
an anxious	inquiète	
a grateful	reconnaissante	

MOON	une **LUNE**	4599
a brilliant	brillante	
a hidden	cachée	
a hazy	voilée	
a luminous	lumineuse	
a yellow	rousse	

MOONLIGHT	un **CLAIR DE LUNE**	4600
a silvery	argenté	
a ghostly	fantômatique	
a shimmering	étincelant	
a pale	pâle	
a romantic	romantique	

MORALITY	une **MORALE**	4601
an abandoned	dépravée	
a relaxed	relâchée	
a rigid	sévère	
an inherited	innée	
a basic	fondamentale	

MORNING	une **MATINÉE**	4602
a beautiful	une belle matinée	
a sunny	ensoleillée	
a cold	froide	
a glorious	splendide	
a rainy	pluvieuse	

MORSEL	un **MORCEAU**	4603
a tasty	savoureux	
a tempting	appétissant	
a delicious	délicieux	
a delectable	délectable	
a tasteless	sans goût	

MORTGAGE	une **HYPOTHÈQUE**	4604
an enormous	enorme	
a long	à longue échéance	
a renewed	prorogée	
an unpaid	non remboursée	
a short	à brève échéance	

MOTEL	un **MOTEL**	4605
a luxurious	luxueux	
a spacious	spacieux	
a comfortable	bien tenu	
a dismal	triste	
an expensive	cher	

MOTHER	une **MÈRE**	4606
a devoted	dévouée	
a sorrowing	affligée	
a worried	préoccupée	
a gentle	douce	
a patient	patiente	

MOTIF	un **MOTIF**	4607
a familiar	familier	
an unusual	insolite	
a recognizable	reconnaissable	
a tragic	tragique	
a lovely	charmant	

MOTION	un **MOUVEMENT**	4608
a visible	visible	
a natural	naturel	
a rhythmic	rythmique	
an erratic	désordonné	
a graceful	gracieux	

MOTION PICTURE	un **FILM**	4609
an excellent	excellent	
an entertaining	divertissant	
a well-directed	bien mis en scène	
a famous	célèbre	
a bad	un mauvais film	

MOTIVE	un **MOTIF**	4610
an admirable	admirable	
a selfish	égoïste	
a personal	personnel	
an unusual	insolite	
a greedy	intéressé	

MOTOR	un MOTEUR	4611	MOVIE	un FILM	4621
a powerful	puissant		an entertaining	distrayant	
a dependable	sûr		a delightful	ravissant	
an efficient	à bon rendement		a charming	charmant	
an enormous	énorme		a controversial	controversé	
an overhauled	révisé		a thrilling	à suspense	

MOTOR SCOOTER	un SCOOTER	4612	MULTITUDE	une MULTITUDE	4622
			a vast	une vaste multitude	
a small	un petit scooter		an assembled	réunie	
an inexpensive	bon marché		a hushed	silencieuse	
a useful	utile		an expectant	dans l'expectative	
a used	usagé		an adoring	en adoration	
an uncomfortable	inconfortable				

MOTORBOAT	un BATEAU À MOTEUR	4613	MURDER	un MEURTRE	4623
a speedy	rapide		a cold-blooded	commis de sang froid	
a large	un grand bateau à moteur		a sensational	sensationnel	
a modern	moderne		a ruthless	brutal	
a comfortable	confortable		a gruesome	horrible	
a moored	amarré		a tragic	tragique	

MOTORCYCLE	une MOTOCYCLETTE	4614	MURDERER	un ASSASSIN	4624
a dangerous	dangereuse		a convicted	condamné	
a fast	rapide		a suspected	un accusé de meurtre	
a new	neuve		an imprisoned	incarcéré	
a stolen	volée		an unknown	inconnu	
a powerful	puissante		a famous	tristement célèbre	

MOTTO	une DEVISE (SLOGAN)	4615	MURMUR	un MURMURE	4625
a famous	célèbre		a confused	confus	
an appropriate	idoine		a low	irrité	
a recognizable	reconnaissable		a sympathetic	de compassion	
an acceptable	acceptable		a rude	impoli	
a revolutionary	révolutionnaire		a faint	un vague murmure	

MOUNTAIN	une MONTAGNE	4616	MUSCLE	un MUSCLE	4626
a majestic	majestueuse		a tense	bandé	
a famous	célèbre		an aching	endolori	
a towering	qui domine		a relaxed	relâché	
a nearby	proche		a sore	une inflammation musculaire	
a remote	lointaine		an important	important	

MOUSE	une SOURIS	4617	MUSEUM	un MUSÉE	4627
a tiny	minuscule		a celebrated	célèbre	
a gray	grise		an old	un vieux musée	
an inquisitive	curieuse		a modern	moderne	
a sly	rusée		an enormous	énorme	
a quick	vive		a world-famous	universellement connu	

MOUTH	une BOUCHE	4618	MUSIC	une MUSIQUE	4628
an expressive	expressive		a soothing	apaisante	
a sensitive	sensible		a classical	classique	
a sensuous	sensuelle		a popular	populaire	
an ugly	vilaine		a familiar	familière	
a shapely	bien dessinée		a symphonic	symphonique	

MOVEMENT (action)	un MOUVEMENT	4619	MUSICIAN	un MUSICIEN	4629
			an excellent	excellent	
a sudden	brusque		a natural	né	
an unexpected	imprévu		a well-trained	ayant une bonne formation	
an instinctive	instinctif		an eminent	éminent	
a restless	incessant		a famous	célèbre	
a graceful	gracieux				

MOVEMENT (campaign)	un MOUVEMENT	4620	MUSTACHE	une MOUSTACHE	4630
			a small	une petite moustache	
a political	politique		a thin	une mince moustache	
a revolutionary	révolutionnaire		a bristling	hérissée	
a religious	religieux		a curling	frisée	
a rebellious	séditieux		an enormous	une énorme moustache	
an artistic	artistique				

NOUN

MUTINY	une MUTINERIE	4631	MYTH	un MYTHE	4633
an unexpected	imprévue		an ancient	ancien	
a tragic	tragique		a heroic	héroïque	
a famous	célèbre		a celebrated	célèbre	
a planned	préparée		an adventurous	aventureux	
a spontaneous	spontanée		a legendary	légendaire	
MYSTERY	un MYSTÈRE	4632	MYTHOLOGY	une MYTHOLOGIE	4634
a baffling	déconcertant		an ancient	ancienne	
an unsolved	non éclairci		a classical	classique	
a complete	absolu		a pagan	païenne	
a solved	éclairci		a traditional	traditionnelle	
an unsolvable	insondable		a religious	religieuse	

N

NAIL	un CLOU	4635	NATIONALISM	un NATIONALISME	4642
rusty	rouillé		an ardent	ardent	
sharp	pointu		a passionate	passionné	
bent	recourbé		a growing	qui s'accentue	
crooked	tordu		an evident	évident	
straight	droit		a fervent	fervent	
NAME	un NOM	4636	NATIVE	un AUTOCHTONE	4643
funny	drôle		a superstitious	superstitieux	
famous	célèbre		a friendly	amical	
fictitious	fictif		a frightened	effrayé	
long	très long		an illiterate	analphabète	
an immortal	immortel		a warlike	belliqueux	
NAP	un SOMME	4637	NATURE (disposition)	une NATURE	4644
short	un petit somme				
restful	reposant		a loving	affectueuse	
customary	habituel		a kind	douce	
fitful	agité		a generous	généreuse	
long	un long somme		a cruel	cruelle	
			a restless	inquiète	
NAPKIN	une SERVIETTE (DE TABLE)	4638	NAUSEA	une NAUSÉE	4645
soiled	souillée		an acute	aiguë	
clean	propre		a painful	douloureuse	
spotless	immaculée		a temporary	passagère	
stained	tachée		an agonizing	atroce	
dainty	une jolie serviette		a mild	légère	
NARCOTIC	un STUPÉFIANT	4639	NAVIGATION	une NAVIGATION	4646
dangerous	dangereux		celestial	aux étoiles	
an illegal	interdit		an accurate	précise	
stimulating	excitant		a difficult	difficile	
depressing	déprimant		oceanic	maritime	
smuggled	de contrebande		aerial	aérienne	
NARRATIVE	un RÉCIT	4640	NAVY	une MARINE (DE GUERRE)	4647
simple	une relation simple				
touching	emouvant		a mighty	puissante	
shocking	choquant		a victorious	victorieuse	
truthful	véridique		a defeated	vaincue	
an interesting	intéressant		an inferior	inférieure	
			a superior	supérieure	
NATION	une NATION	4641	NECESSITY	une NECESSITÉ	4648
friendly	amie		an economic	économique	
saddened	attristée		an immediate	immédiate	
developing	en voie de développement		an urgent	pressante	
powerful	puissante		a tragic	tragique	
backward	arriérée		an everyday	quotidienne	

NECK	un COU	4649
a strong	robuste	
a thin	mince	
a wrinkled	ridé	
a shapely	gracieux	
a scrawny	décharné	

NECKLACE	un COLLIER	4650
a valuable	précieux	
an exquisite	exquis	
a brilliant	brillant	
a shimmering	étincelant	
a fabulous	fabuleux	

NECKTIE	une CRAVATE	4651
a striped	à rayures	
a colorful	bigarrée	
a plain	simple	
a gaudy	voyante	
a patterned	imprimée	

NEED	un BESOIN	4652
an urgent	urgent	
a critical	critique	
a desperate	désespéré	
a basic	élémentaire	
an individual	personnel	

NEGLECT	une NÉGLIGENCE	4653
a shameful	honteuse	
an habitual	habituelle	
a painful	pénible	
an unintentional	involontaire	
a willful	voulue	

NEGLIGEE	un DÉSHABILLÉ	4654
a transparent	transparent	
a delicate	un fin déshabillé	
an expensive	coûteux	
an attractive	ravissant	
a seductive	séduisant	

NEGLIGENCE	une NÉGLIGENCE	4655
an unforgivable	impardonnable	
a thoughtless	inconsidérée	
a criminal	criminelle	
a repeated	qui se répète	
an unusual	insolite	

NEGOTIATIONS	des NÉGOTIATIONS	4656
peaceful	sans heurt	
successful	couronnées de succés	
friendly	amicales	
secret	secrètes	
arbitrary	arbitraires	

NEIGHBOR	un VOISIN	4657
a friendly	bien disposé	
a good	un bon voisin	
a kind	aimable	
an inquisitive	curieux	
an odd	bizarre	

NEIGHBORHOOD	un QUARTIER	4658
a nice	plaisant	
a fashionable	élégant	
a rural	une région rurale	
a deserted	désert	
a squalid	sordide	

NERVE	un NERF	4659
a sensitive	sensibilisé	
a delicate	délicat	
an exposed	à vif	
an irritated	irrité	
a tense	tendu	

NERVOUSNESS	une NERVOSITÉ	4660
a constant	constante	
an obvious	évidente	
an excessive	trop grande	
a slight	une légère nervosité	
an understandable	compréhensible	

NEST	un NID	4661
a tiny	minuscule	
a deserted	abandonné	
a sheltered	abrité	
a crowded	trop rempli	
a cozy	douillet	

NETWORK	un RÉSEAU	4662
a vast	un vaste réseau	
a gigantic	gigantesque	
a complicated	complexe	
a national	national	
an ingenious	ingénieux	

NEUTRALITY	une NEUTRALITÉ	4663
a preferable	préférable	
a political	politique	
a temporary	temporaire	
an objective	objective	
a passive	passive	

NEWCOMER	un NOUVEAU VENU	4664
a bashful	intimidé	
a lonesome	solitaire	
an ignored	tenu à l'écart	
a friendly	sympathique	
an aloof	distant	

NEWS	une NOUVELLE	4665
alarming	alarmante	
welcome	bien accueillie	
tragic	tragique	
definite	précise	
serious	grave	

NEWSCAST	un JOURNAL PARLÉ	4666
a popular	très suivi	
an interesting	intéressant	
a timely	venant à propos	
an editorial	un commentaire	
an astonishing	surprenant	

NEWSPAPER	un JOURNAL	4667
a daily	un quotidien	
a powerful	influent	
a widely-read	très lu	
a leading	un grand journal	
a weekly	un hebdomadaire	

NEWSREEL	des ACTUALITÉS (CINÉMA)	4668
an informative	documentaires	
a graphic	vivantes	
a timely	venant à propos	
an enjoyable	agréables	
a distressing	affligeantes	

NEWSSTAND	un KIOSQUE À JOURNAUX	4669	NOMINATION	une DÉSIGNATION	4679
cluttered	encombré		an expected	prevue	
small	un petit kiosque à journaux		a unanimous	à l'unanimité	
deserted	délaissé		an approved	agréée	
well-stocked	bien pourvu		a surprising	une nomination surprenante	
picturesque	pittoresque		a political	politique	

NICKNAME	un SURNOM	4670	NONSENSE	une ABSURDITÉ	4680
an embarrassing	gênant		a sheer	une véritable absurdité	
short	un diminutif		an absolute	complète	
funny	drôle		a childish	puérile	
familiar	familier		a delightful	une délicieuse extravagance	
an appropriate	qui (lui) va bien		a charming	une charmante extravagance	

NIGHT	une NUIT	4671	NOOK	un COIN	4681
cold	froide		a shaded	ombragé	
dark	sombre		a quiet	tranquille	
stormy	orageuse		a restful	reposant	
sleepless	blanche		a sunny	ensoleillé	
still	calme		an obscure	obscur	

NIGHTCLUB	une BOÎTE DE NUIT	4672	NOSE	un NEZ	4682
an exclusive	chic		a large	un grand nez	
dingy	terne		a bloody	un saignement de nez	
lively	animée		a dainty	délicat	
noisy	bruyante		a protruding	proéminent	
an elegant	élégante		a pointed	pointu	

NIGHTGOWN	une CHEMISE DE NUIT	4673	NOTE (music)	une NOTE	4683
warm	chaude		a loud	forte	
short	courte		a high	haute	
frilly	à volants		a low	basse	
thin	légère		a soft	douce	
long	longue		a difficult	difficile	

NIGHTMARE	un CAUCHEMAR	4674	NOTE (written)	un MOT (BILLET)	4684
terrifying	terrifiant		a sympathetic	de sympathie	
repeated	qui revient souvent		a brief	bref	
weird	étrange		a secret	confidentiel	
disturbing	troublant		a pleasing	agréable	
revealing	révélateur		a warning	d'avertissement	

NOBILITY	une NOBLESSE	4675	NOTEBOOK	un CAHIER	4685
reigning	régnante		a neat	proprement tenu	
powerless	sans pouvoir réel		a blank	vierge	
powerful	puissante		a full	un classeur rempli	
outraged	outragée		an illegible	illisible	
privileged	privilégiée		a small	un carnet	

NOBLEMAN	un NOBLE	4676	NOTICE	un AVIS	4686
an arrogant	arrogant		an advance	un préavis	
an aloof	un aristocrat distant		a previous	antérieur	
a powerful	puissant		a warning	un avertissement	
an ambitious	ambitieux		a favorable	une critique favorable	
an impoverished	appauvri		a critical	critique	

NOD	un SIGNE DE TÊTE	4677	NOTIFICATION	un AVIS	4687
a little	un petit signe de tête		an official	officiel	
a sleepy	indolent		an informal	officieux	
a silent	silencieux		an immediate	immédiat	
an impatient	impatient		a delayed	retardé	
an approving	approbateur		an urgent	urgent	

NOISE	un BRUIT	4678	NOTION	une IDÉE	4688
a terrible	terrible		a crazy	folle	
a sudden	soudain		a foolish	folle	
a constant	incessant		an insane	insensée	
a startling	qui fait sursauter		a quaint	bizarre	
an unexpected	inattendu		an odd	étrange	

NOTORIETY	une NOTORIÉTÉ	4689	NUISANCE	une GÊNE	4696
an unwanted	une célébrité de mauvais aloi		a continual	continuelle	
a recent	récente		an irritating	irritante	
a deserved	méritée		an annoying	fâcheuse	
a groundless	infondée		a persistent	persistante	
an unpleasant	déplaisante		an unexpected	un ennui imprévu	

NOUN	un NOM (SUBSTANTIF)	4690	NUMBER	un NOMBRE	4697
a masculine	masculin		a large	un grand nombre	
a feminine	féminin		a small	un petit nombre	
a neuter	neutre		a countless	illimité	
a descriptive	descriptif		an accurate	précis	
a common	commun		an approximate	approximatif	

NOURISHMENT	une ALIMENTATION	4691	NUN	une RELIGIEUSE	4698
a proper	convenable		a dedicated	vouée à sa religion	
a wholesome	saine		a charitable	charitable	
an insufficient	insuffisante		a humble	humble	
an inadequate	déficiente		a charming	charmante	
a vital	essentielle		a devout	pieuse	

NOVEL	un ROMAN	4692	NURSE (hospital)	une INFIRMIÈRE	4699
a historical	historique		an efficient	compétente	
a humorous	humoristique		a devoted	dévouée	
a contemporary	contemporain		a watchful	vigilante	
a famous	célèbre		a friendly	cordiale	
a forthcoming	à paraître		a sympathetic	compréhensive	

NOVELIST	un ROMANCIER	4693	NURSEMAID	une BONNE D'ENFANTS	4700
a widely-read	très lu		an excellent	excellente	
a prolific	prolifique		a strict	sévère	
an influential	influent		a friendly	bienveillante	
a wealthy	riche		a watchful	vigilante	
a popular	à succès		an ideal	parfaite	

NOVELTY	une NOUVEAUTÉ	4694	NURSERY (room)	une CHAMBRE D'ENFANTS	4701
a rare	rare				
an unusual	insolite		a pretty	une jolie chambre d'enfants	
a startling	saisissante		an airy	bien aérée	
a constant	durable		a delightful	charmante	
a genuine	une vraie nouveauté		a colorful	aux vives couleurs	
			a charming	ravissante	

NUCLEAR ATTACK	une OFFENSIVE NUCLÉAIRE	4695			
a devastating	dévastatrice				
an all-out	poussée à fond				
an unexpected	imprévue				
a possible	éventuelle				
a tragic	tragique				

O

OAK (tree)	un CHÊNE	4702	OATH	un SERMENT	4704
a mighty	majestueux		a solemn	solennel	
a tall	un grand chêne		a required	exigé	
a gnarled	noueux		a strange	étrange	
an enormous	énorme		a sacred	sacré	
a shading	ombreux		a meaningless	sans valeur	

OASIS	une OASIS	4703	OBEDIENCE	une OBÉISSANCE	4705
a lovely	une belle oasis		a necessary	nécessaire	
a remote	lointaine		an immediate	immédiate	
a restful	reposante		a faithful	fidèle	
a secret	cachée		a voluntary	spontanée	
a guarded	gardée		a reluctant	réticente	

OBJECT	un OBJET	4706	OBSESSION	une OBSESSION	4716
a small	un petit objet		a mad	démente	
a tiny	minuscule		a disturbing	fâcheuse	
a round	rond		a continual	incessante	
a square	carré		a wild	délirante	
a movable	mobile		an obvious	manifeste	

OBJECTION	une OBJECTION	4707	OBSTACLE	un OBSTACLE	4717
a sudden	soudaine		a formidable	formidable	
a valid	valable		an unforeseen	imprévu	
a futile	futile		an apparent	apparent	
a violent	violente		an insurmountable	insurmontable	
a reasonable	raisonnable		a temporary	provisoire	

OBJECTIVE	un OBJECTIF	4708	OBSTRUCTION	un OBSTACLE	4718
an ultimate	ultime		a natural	naturel	
a final	final		an artificial	artificiel	
a reasonable	raisonnable		a temporary	provisoire	
a clear	précis		a permanent	permanent	
a definite	déterminé		a formidable	formidable	

OBLIGATION	une OBLIGATION	4709	OCCASION	une OCCASION	4719
a moral	morale		a wonderful	merveilleuse	
a social	sociale		a solemn	solennelle	
a financial	financière		a momentous	grave	
a solemn	solennelle		a memorable	mémorable	
a national	nationale		a joyous	des circonstances heureuses	

OBSCENITY	une OBSCENITÉ	4710	OCCUPATION	un MÉTIER	4720
a crude	une grossièreté		a rewarding	qui donne satisfaction	
a vile	infâme		an agreeable	agréable	
a frightful	affreuse		a difficult	difficile	
an unpardonable	impardonnable		a menial	un humble métier	
a disgusting	révoltante		a noble	noble	

OBSCURITY	une OBSCURITÉ	4711	OCCURRENCE	un ÉVÉNEMENT	4721
a complete	complète		a strange	étrange	
a hopeless	sans fin		a striking	dramatique	
a relative	relative		a historical	historique	
a preferred	un anonymat préféré		a miraculous	miraculeux	
a desired	un anonymat souhaité		an unfortunate	malencontreux	

OBSERVANCE	une PRATIQUE	4712	OCEAN	un OCÉAN	4722
a rigid	une observation stricte		a vast	immense	
a faithful	une observation fidèle		a boundless	infini	
a religious	religieuse		a deep	profond	
a cheerful	joyeuse		a turbulent	tourmenté	
a customary	régulière		a calm	calme	

OBSERVATION	une REMARQUE	4713	OCEAN LINER	un TRANSATLANTIQUE	4723
an unusual	insolite		a huge	énorme	
a shrewd	perspicace		a luxurious	luxueux	
a friendly	amicale		a famous	renommé	
a critical	critique		a modern	moderne	
a satirical	ironique		a deserted	abandonné	

OBSERVATORY	un OBSERVATOIRE	4714	ODOR	une ODEUR	4724
a remote	isolé		a pleasant	agréable	
a modern	moderne		a delicate	délicate	
a famed	célèbre		a mysterious	mystérieuse	
a celestial	astronomique		an unpleasant	désagréable	
an enormous	énorme		a sickening	nauséabonde	

OBSERVER	un OBSERVATEUR	4715	OFFENSE	un DÉLIT	4725
a passive	passif		a repeated	une récidive	
an attentive	attentif		a criminal	un crime	
an objective	objectif		a moral	contre la morale	
a critical	critique		a punishable	puni par la loi	
a distinguished	distingué		a deliberate	prémédité	

OFFENSIVE	une OFFENSIVE	4726
a planned	prévue	
a vigorous	vigoureuse	
a well-planned	bien organisée	
an unexpected	inattendue	
a successful	couronnée de succès	

OFFER	une OFFRE	4727
a tentative	une ouverture	
a generous	généreuse	
a liberal	généreuse	
an attractive	alléchante	
a tempting	attrayante	

OFFICE	un BUREAU	4728
a furnished	meublé	
a vacant	inoccupé	
a spacious	un vaste bureau	
an administrative	un service administratif	
a governmental	un service officiel	

OFFICER	un OFFICIER	4729
a brave	courageux	
an energetic	énergique	
a superb	magnifique	
a cautious	prudent	
a reckless	téméraire	

OFFICIAL	un FONCTIONNAIRE	4730
a corrupt	corrompu	
an incompetent	incompétent	
a suspicious	suspect	
a devoted	dévoué	
an elected	un officiel élu	

OIL	une HUILE	4731
a precious	précieuse	
a crude	un pétrole brut	
a refined	raffinée	
a soothing	adoucissante	
a rich	onctueuse	

OLD MAN	un VIEILLARD	4732
a kind	bienveillant	
a grumpy	grincheux	
an absent-minded	distrait	
a deaf	sourd	
a sad	triste	

OLD WOMAN	une VIEILLE FEMME	4733
a sweet	charmante	
a nice	gentille	
a sedate	posée	
a talkative	bavarde	
a quiet	discrète	

OMEN	un PRÉSAGE	4734
a sad	un triste présage	
a prophetic	prophétique	
a favorable	un bon présage	
a happy	un heureux présage	
a suspicious	équivoque	

OMISSION	une OMISSION	4735
an involuntary	involontaire	
an unforgivable	impardonnable	
a strange	étrange	
a suspicious	suspecte	
a conspicuous	manifeste	

ONION	un OIGNON	4736
a raw	cru	
a sliced	émincé	
a fried	frit	
a chopped	haché menu	
a boiled	bouilli	

OPERA	un OPÉRA	4737
a modern	moderne	
a classical	classique	
a melodious	mélodieux	
a favorite	favori	
a famous	célèbre	

OPERATION (method/process)	une ENTREPRISE	4738
a gigantic	gigantesque	
a well-planned	bien organisée	
a costly	dispendieuse	
an industrial	industrielle	
a successful	réussie	

OPERATION (surgical)	une OPÉRATION	4739
a serious	grave	
a dangerous	dangereuse	
a difficult	difficile	
a delicate	délicate	
a minor	une petite intervention chirurgicale	

OPINION	une OPINION	4740
a biased	partiale	
a critical	critique	
an objective	objective	
an expert	qualifiée	
a valued	un avis respecté	

OPPONENT	un ADVERSAIRE	4741
a worthy	estimable	
a formidable	un rude adversaire	
a masterful	redoutable	
a watchful	vigilant	
a vulnerable	vulnérable	

OPPORTUNITY	une OCCASION	4742
a marvelous	étonnante	
a wonderful	merveilleuse	
a rare	rare	
an unexpected	imprévue	
an unlimited	des possibilités illimitées	

OPPOSITION	une OPPOSITION	4743
a vigorous	vigoureuse	
a violent	violente	
a serious	sérieuse	
a persistent	tenace	
a futile	une vaine opposition	

OPPRESSION	une OPPRESSION	4744
a religious	religieuse	
a dictatorial	dictatoriale	
a historical	historique	
a military	militaire	
a ruthless	implacable	

OPTIMISM	un OPTIMISME	4745
a serene	serein	
an unbounded	démesuré	
an incurable	incurable	
a hopeful	contagieux	
a natural	naturel	

OPTIMIST	un OPTIMISTE	4746	ORIGINALITY	une ORIGINALITÉ	4756
a persistent	obstiné		a refreshing	revigorante	
a staunch	invétéré		a startling	saisissante	
a political	en matière de politique		a characteristic	caractéristique	
a happy	un heureux optimiste		an intellectual	intellectuelle	
a persuasive	persuasif		an unexpected	imprévue	

ORANGE	une ORANGE	4747	ORNAMENT	un ORNEMENT	4757
a juicy	juteuse		a delicate	délicat	
a sweet	sucrée		a lovely	ravissant	
a ripe	mûre		a traditional	traditionnel	
a sour	acide		a glittering	scintillant	
a squeezed	pressée		a simple	simple	

ORATOR	un ORATEUR	4748	ORPHAN	un ORPHELIN	4758
a famous	renommé		a lonely	seul	
a brilliant	brillant		a sad	triste	
an eloquent	éloquent		a helpless	sans défense	
a pompous	pompeux		a homeless	sans abri	
an effective	persuasif		an adopted	adopté	

ORBIT	une ORBITE	4749	OUTBREAK	une ÉRUPTION	4759
a circular	circulaire		a periodic	périodique	
a wide	haute		a curious	curieuse	
a shallow	basse		an expected	prévue	
an independent	distincte		an unexpected	imprévue	
a concentric	des orbites concentriques		an occasional	occasionnelle	

ORCHARD	un VERGER	4750	OUTBURST	une ÉRUPTION	4760
a blooming	en fleurs		a sudden	brusque	
a productive	fertile		a joyful	une explosion d'allégresse	
a fragrant	qui embaume		a spontaneous	spontanée	
a barren	stérile		an angry	un accès de colère	
a lovely	un beau verger		an eloquent	un torrent d'éloquence	

ORCHESTRA	un ORCHESTRE	4751	OUTCAST	un PROSCRIT	4761
a famous	célèbre		a miserable	misérable	
a popular	populaire		a nameless	anonyme	
a symphonic	symphonique		a homeless	sans abri	
a small	un petit orchestre		a social	un réprouvé de la société	
a well-trained	bien exercé		a homesick	nostalgique	

ORDER (AR-RANGEMENT)	un ORDRE	4752	OUTCOME	un RÉSULTAT	4762
a neat	précis		a predictable	prévisible	
a logical	logique		a logical	logique	
an alphabetical	alphabétique		an inevitable	inéluctable	
a specific	précis		an eventual	final	
a basic	fondamental		a tragic	une issue tragique	

ORDER (COM-MAND)	un ORDRE	4753	OUTCRY	un CRI	4763
a direct	direct		a hysterical	hystérique	
a strategic	stratégique		an angry	de colère	
a shocking	révoltant		a violent	de fureur	
a reasonable	raisonnable		a pathetic	pathétique	
a repeated	réitéré		an indignant	d'indignation	

ORGANIZATION	un ORGANISME	4754	OUTFIT	une TOILETTE	4764
an active	actif		a cute	coquette	
a secret	une organisation secrète		an attractive	ravissante	
a financial	une organisation financière		an outlandish	bizarre	
a unified	unifié		a fashionable	élégante	
a worldwide	une entreprise mondiale		a colorful	pittoresque	

ORIGIN	une ORIGINE	4755	OUTING	une SORTIE	4765
a doubtful	douteuse		an enjoyable	agréable	
an unknown	inconnue		a regular	périodique	
a volcanic	volcanique		a planned	prévue	
a vague	vague		a canceled	supprimée	
a cosmic	cosmique		an occasional	occasionnelle	

OUTLAW	un HORS-LA-LOI	4766	OVERCOAT	un PARDESSUS	4772
a masked	masqué		a heavy	épais	
a bold	audacieux		a warm	chaud	
a feared	redouté		a tattered	en loques	
a famous	célèbre		a discarded	mis au rebut	
a fictitious	imaginaire		a mended	raccommodé	

OUTLET	un DÉRIVATIF	4767	OVERFLOW	un DÉBORDEMENT	4773
an emotional	emotionnel		a systematic	systématique	
a constructive	des loisirs créateurs		a periodic	périodique	
an adequate	satisfaisant		an abundant	surabondant	
a sufficient	suffisant		a seasonal	saisonnier	
a convenient	commode		a tremendous	une inondation formidable	

OUTLINE	un CONTOUR/PROFIL	4768	OVERSIGHT	un OUBLI	4774
a crude	une ésquisse grossière		an intentional	volontaire	
a blurred	vague		a shameful	scandaleux	
a distorted	déformé		a rude	impoli	
an exact	précis		an unfortunate	malheureux	
a distinct	net		an unexplainable	inexplicable	

OUTLOOK	une PERSPECTIVE	4769	OVERTHROW	un COUP D'ÉTAT	4775
a hopeful	encourageante		a successful	couronné de succès	
a hopeless	sans espoir		a recent	récent	
an optimistic	optimiste		a well-planned	bien organisé	
a pessimistic	pessimiste		a bloodless	sans effusion de sang	
a doubtful	douteuse		a military	militaire	

OUTRAGE	une OFFENSE	4770	OWNER	un PROPRIÉTAIRE	4776
a flagrant	flagrante		a rightful	légitime	
an unbelievable	incroyable		a dishonest	malhonnête	
a dreadful	terrible		a legitimate	légitime	
a justifiable	justifiable		a proud	un fier propriétaire	
a political	politique		a legal	légitime	

OVATION	une OVATION	4771	OWNERSHIP	une PROPRIÉTÉ(DROIT)	4777
a standing	d'une foule debout		a complete	absolue	
a rapturous	frénétique		a partial	partielle	
an unexpected	inattendue		a public	publique	
a tremendous	formidable		a private	privée	
a surprising	surprenante		an undisputed	incontestée	

P

PACE	une ALLURE	4778	PAD (PAPER)	un BLOC (DE PAPIER)	4781
a rapid	rapide		a small	un petit bloc	
a slow	lente		a thick	épais	
a sluggish	paresseuse		a thin	mince	
a hurried	précipitée		a square	carré	
a normal	normale		a large	un grand bloc	

PACKAGE	un PAQUET	4779	PADDING	un REMBOURRAGE	4782
a large	un grand paquet		a protective	protecteur	
a square	carré		a thin	mince	
a round	rond		a thick	épais	
a heavy	lourd		a round	rond	
a bulky	encombrant		an uncomfortable	inconfortable	

PACT	un PACTE	4780	PAGE	une PAGE	4783
a binding	liant les parties		a full	remplie	
a valid	valide		a blank	blanche	
a solemn	solennel		an interesting	intéressante	
a historical	historique		an illustrated	illustrée	
a broken	rompu		a boring	ennuyeuse	

PAGEANT — **un CORTÈGE HISTOR-IQUE** — 4784

a traditional — traditionnel
a colorful — haut en couleurs
a popular — populaire
a seasonal — saisonnier
a canceled — annulé

PAIL — **un SEAU** — 4785

an empty — vide
a full — plein
a large — un grand seau
a small — un petit seau
a dented — cabossé

PAIN — **une DOULEUR** — 4786

an agonizing — atroce
a slight — légère
an unbearable — insupportable
a constant — chronique
a nagging — lancinante (persistante)

PAINT — **une PEINTURE** — 4787

a cheap — bon marché
an expensive — coûteuse
a thick — épaisse
a durable — durable
an exterior — pour l'extérieur

PAINTER — **un PEINTRE** — 4788

a famous — réputé
an abstract — abstrait
a creative — créateur
an unknown — inconnu
a celebrated — célèbre

PAINTING — **un TABLEAU** — 4789

a colorful — très coloré
a world-famous — célèbre
an abstract — abstrait
a lifelike — fidèle
a priceless — inestimable

PAIR — **une PAIRE** — 4790

a perfect — un couple idéal
a new — une nouvelle paire
a matching — assortie
an old — une vieille paire
an expensive — coûteuse

PALACE — **un PALAIS** — 4791

a royal — royal
a deserted — abandonné
a luxurious — luxueux
a magnificent — magnifique
a famous — célèbre

PALLOR — **une PÂLEUR** — 4792

a sickly — maladive
a frightening — effrayante
an abnormal — anormale
an unusual — insolite
a deathly — mortelle

PAMPHLET — **une BROCHURE** — 4793

a descriptive — descriptive
an informative — documentaire
an illustrated — illustrée
a revolutionary — séditieuse
a significant — importante

PAN — **une POÊLE** — 4794

a flat — plate
a square — carrée
a dirty — une casserole sale
a deep — creuse
a sturdy — solide

PANCAKE — **une CRÊPE** — 4795

a delicious — délicieuse
a homemade — faite à la maison
a thin — mince
a crisp — croustillante
a traditional — traditionnelle

PANEL — **un PANNEAU** — 4796

a wooden — de bois
a plain — uni
a decorative — décoratif
an expensive — onéreux
an installed — mis en place

PANIC — **une PANIQUE** — 4797

a sheer — une pure panique
a sudden — soudaine
a hysterical — hystérique
an uncontrollable — irrépressible
a national — nationale

PAPER — **un PAPIER** — 4798

a thin — mince
a thick — épais
a white — blanc
a plain — uni
a coarse — grossier

PARACHUTE — **un PARACHUTE** — 4799

a torn — déchiré
a silk — de soie
a billowing — qui se gonfle
a reliable — sûr
a packed — replié

PARADE — **un DÉFILÉ** — 4800

a colorful — pittoresque
a noisy — bruyant
a traditional — traditionnel
a long — un long défilé
an enjoyable — divertissant

PARADISE — **un PARADIS** — 4801

a virtual — un véritable paradis
a tropical — tropical
a proverbial — proverbial
a legendary — légendaire
a biblical — biblique

PARAGRAPH — **un PARAGRAPHE** — 4802

a short — un court paragraphe
a long — un long paragraphe
a complicated — compliqué
an important — important
a descriptive — descriptif

PARALYSIS — **une PARALYSIE** — 4803

a complete — totale
a partial — partielle
a disabling — qui rend infirme
a temporary — temporaire
a permanent — permanente

PARAPET	un REMPART	4804	PARTY (political)	un PARTI	4814
a high	un haut rempart		a powerful	puissant	
a safe	sûr		a liberal	libéral	
a defensive	défensif		an influential	influent	
a forbidding	sinistre		a traditional	traditionnel	
a protective	protecteur		a rebellious	rebelle	

PARCEL	un PAQUET	4805	PARTY (social)	une RÉCEPTION	4815
a light	un léger paquet		a wild	déchaînée	
a heavy	un lourd paquet		an enjoyable	agréable	
a mysterious	mystérieux		a boring	ennuyeuse	
a delivered	remis au destinataire		a boisterous	tumultueuse	
a returned	renvoyé à l'expéditeur		a fantastic	fantastique	

PARK	un PARC	4806	PASS	un LAISSEZ-PASSER	4816
a public	public		an authorized	officiel	
a beautiful	magnifique		a forged	un faux laissez-passer	
a famous	célèbre		a military	un titre de permission	
a shaded	ombragé		an unauthorized	un faux laissez-passer	
a well-kept	bien entretenu		a lost	perdu	

PARKING LOT	un PARC À VOITURES	4807	PASSENGER	un PASSAGER	4817
a crowded	plein		a frequent	habituel	
an empty	vide		a rich	riche	
a well-planned	bien conçu		a seasick	souffrant du mal de mer	
a spacious	vaste		a friendly	sympathique	
a small	un petit parc à voitures		an aloof	distant	

PAROLE	une LIBÉRATION CON- DITIONELLE	4808	PASSER-BY	un PASSANT	4818
			a startled	surpris	
an expected	attendue		a curious	curieux	
a denied	refusée		a helpful	secourable	
a temporary	provisoire		an observant	observateur	
a deserved	méritée		a disinterested	indifférent	
an unexpected	inespérée				

PART	une PARTIE	4809	PASSION	une PASSION	4819
a large	une grande partie		a warm	brûlante	
a major	la majeure partie		an eager	ardente	
a minor	une faible partie		a violent	violente	
an important	importante		a curious	curieuse	
an essential	indispensable		an uncontrollable	irrépressible	

PARTICIPATION	une PARTICIPATION	4810	PASSPORT	un PASSEPORT	4820
an active	active		a stolen	volé	
a reluctant	à contrecœur		a required	obligatoire	
an eager	empressée		a necessary	nécessaire	
a willing	spontanée		a temporary	temporaire	
a voluntary	volontaire		a valid	valide	

PARTING	une SÉPARATION	4811	PASSWORD	un MOT DE PASSE	4821
a sad	triste		a secret	secret	
a tragic	tragique		an unknown	inconnu	
an unexpected	inattendue		a military	militaire	
a tender	de tendres adieux		a forgotten	oublié	
a final	définitive		a simple	simple	

PARTITION	un PARTAGE	4812	PAST	un PASSÉ	4822
a historical	historique		a hidden	tu	
a regrettable	regrettable		an unusual	exceptionnel	
a tragic	tragique		an interesting	intéressant	
a temporary	provisoire		a notorious	notoire	
a geographic	géographique		a forgotten	oublié	

PARTNER (busi- ness)	un ASSOCIÉ	4813	PASTIME	un PASSE-TEMPS	4823
			a relaxing	reposant	
a skillful	habile		an unusual	insolite	
a grateful	indulgent		a rewarding	fructueux	
a trustworthy	reconnaissant		a regular	normal	
an ambitious	digne de confiance		a national	national	
a greedy	cupide				

306

PASTRY	une PÂTISSERIE (GÂTEAU)	4824
a fresh	fraîche	
a delicious	délicieuse	
an expensive	chère	
a traditional	traditionnelle	
a crisp	croustillante	

PASTRY SHOP	une PÂTISSERIE (COM-MERCE)	4825
a small	une petite pâtisserie	
a favorite	préférée	
an immaculate	immaculée	
a crowded	pleine de clients	
an adjacent	contiguë	

PASTURE	un PÂTURAGE	4826
an excellent	excellent	
a lush	un riche pâturage	
a rocky	rocailleux	
an overgrown	envahi par les mauvaises herbes	
a high	un alpage	

PATH	un SENTIER	4827
a narrow	étroit	
a well-worn	battu	
a shaded	ombragé	
a crooked	tortueux	
a winding	sinueux	

PATIENT	un PATIENT	4828
an anxious	inquiet	
a cooperative	coopératif	
a hysterical	hystérique	
an unconscious	inconscient	
a grateful	reconnaissant	

PATRIOT	un PATRIOTE	4829
a well-known	célèbre	
a historical	entré dans l'histoire	
an assassinated	assassiné	
a sincere	sincère	
a zealous	un fervent patriote	

PATRIOTISM	un PATRIOTISME	4830
a fervent	fervent	
an inborn	inné	
a sincere	sincère	
a fanatic	fanatique	
an unreasoning	irraisonné	

PATROL	une PATROUILLE	4831
an early	matinale	
a dangerous	périlleuse	
a regular	ordinaire	
a routine	de routine	
a nightly	des patrouilles nocturnes	

PATRON	un MÉCÈNE	4832
a royal	royal	
a famous	un célèbre mécène	
a demanding	exigeant	
a grateful	reconnaissant	
a domineering	tyrannique	

PATTERN	un MOTIF	4833
a floral	de fleurs	
an intricate	compliqué	
a simple	simple	
a decorative	décoratif	
a new	nouveau	

PAUSE	une PAUSE	4834
a refreshing	réconfortante	
an occasional	occasionnelle	
an unexpected	imprévue	
a reverent	respectueuse	
a requested	sollicitée	

PAVEMENT	une CHAUSSÉE	4835
a slippery	glissante	
a cracked	crevassée	
a smooth	unie	
a wet	mouillée	
an icy	verglacée	

PAYDAY	un JOUR DE PAIE	4836
a regular	normal	
a weekly	hebdomadaire	
a happy	heureux	
an irregular	irrégulier	
an expected	attendu	

PAYMENT	un PAIEMENT	4837
a large	important	
a delayed	en retard	
a past-due	en retard	
a regular	normal	
a partial	partiel	

PEACE	une PAIX	4838
a lasting	durable	
a temporary	provisoire	
a doubtful	instable	
a desirable	souhaitable	
an assured	assurée	

PEACH	une PÊCHE	4839
a delicious	délicieuse	
a ripe	mûre	
a juicy	juteuse	
a fresh	fraîche	
a large	une grosse pêche	

PEAK	une CIME	4840
a lofty	un pic élevé	
a majestic	majestueuse	
a towering	un pic qui domine	
a snow-clad	neigeuse	
a distant	lointaine	

PEAR	une POIRE	4841
an overripe	blette	
a tasty	savoureuse	
a rotten	gâtée	
a juicy	juteuse	
a small	une petite poire	

PEARL	une PERLE	4842
a valuable	de valeur	
an artificial	artificielle	
a perfect	parfaite	
an enormous	énorme	
a matchless	incomparable	

PEASANT	un PAYSAN	4843
a hard-working	dur au travail	
a rebellious	révolté	
an illiterate	illettré	
a poor	pauvre	
an oppressed	opprimé	

PEBBLE	un CAILLOU	4844	PEOPLE	un PEUPLE	4854
a tiny	minuscule		a happy	heureux	
a shiny	luisant		an oppressed	opprimé	
a polished	poli		a conquered	conquis	
a round	rond		a defenseless	sans défense	
an unusual	étrange		a friendly	ami	

PEDDLER	un COLPORTEUR	4845	PERCEPTION	une PERCEPTION	4855
a shabby	pauvrement vêtu		a keen	aiguë	
a pitiful	pitoyable		a quick	rapide	
a shrewd	malin		a blunt	émoussée	
a dirty	crasseux		a startling	surprenante	
a rude	grossier		an artistic	un sens artistique	

PEDESTAL	un PIÉDESTAL	4846	PERFECTION	une PERFECTION	4856
a sturdy	un socle solide		an absolute	absolue	
a tall	élevé		an unattainable	impossible à atteindre	
a short	bas		a matchless	incomparable	
a supporting	d'appui		an unbelievable	incroyable	
a decorative	décoratif		a theoretical	théorique	

PEDESTRIAN	un PIÉTON	4847	PERFORMANCE	une EXÉCUTION (RE-PRÉSENTATION)	4857
a careless	imprudent				
an alert	vigilant		a satisfactory	satisfaisante	
an innocent	innocent		an exciting	exaltante	
a cautious	prudent		a superlative	excellente	
a reckless	téméraire		a creditable	digne d'éloges	
			a successful	heureuse	

PEN	un STYLO	4848	PERFORMER	un EXÉCUTANT (AR-TISTE)	4858
an attractive	élégant				
an expensive	chère		a versatile	aux multiples talents	
a cheap	bon marché		a talented	doué	
a good	un bon stylo		an agile	agile	
a bad	un mauvais stylo		a daring	audacieux	
			a reliable	digne de confiance	

PENALTY	une PUNITION	4849	PERFUME	un PARFUM	4859
a terrible	terrible		an expensive	de prix	
a severe	sévère		a famous	réputé	
an unjust	injuste		a delightful	délicieux	
a suitable	adéquate		an exotic	exotique	
an inescapable	inévitable		a delicate	délicat	

PENCIL	un CRAYON	4850	PERIL	un DANGER	4860
a long	un long crayon		a great	un grand danger	
a blunt	épointé		an imminent	imminent	
a sharp	pointu		an unexpected	imprévu	
a mechanical	un stylomine		an extreme	extrême	
an unsharpened	non taillé		a growing	grandissant	

PENINSULA	une PÉNINSULE	4851	PERIOD	une PÉRIODE	4861
an uninhabited	inhabitée		a productive	féconde	
a projecting	qui s'avance		an extended	prolongée	
a long	une longue péninsule		a crucial	critique	
a small	une petite péninsule		an indefinite	indéterminée	
an elongated	allongée		a definite	déterminée	

PENITENCE	un REPENTIR	4852	PERMISSION	une AUTORISATION	4862
a sincere	sincère		a tentative	provisoire	
a meek	humble		a willing	accordée de bon cœur	
a pretended	feint		a reluctant	accordée à contrecœur	
a true	sincère		a hesitant	accordée après réflexion	
an unexpected	imprévu		a required	nécessaire	

PENSION	une PENSION	4853	PERMIT	un PERMIS	4863
an adequate	suffisante		a legal	officiel	
a meager	une maigre pension		a necessary	nécessaire	
a small	une petite pension		a yearly	annuel	
a liberal	généreuse		an expired	expiré	
a laughable	dérisoire		an unnecessary	superflu	

PERSECUTION	une PERSÉCUTION	4864	PETAL	un PÉTALE	4874
a historical	historique		a delicate	délicat	
a ruthless	impitoyable		a tiny	minuscule	
a harsh	une dure persécution		a dainty	délicat	
an unjust	injuste		a fragrant	odorant	
a relentless	implacable		a large	un grand pétale	

PERSEVERANCE	une PERSÉVÉRANCE	4865	PETITION	une PÉTITION	4875
an admirable	admirable		a signed	signée	
a resolute	résolue		a lengthy	une longue pétition	
a steadfast	ferme		an eloquent	éloquente	
a strict	rigoureuse		a respectful	respectueuse	
a relentless	inflexible		an unanswered	demeurée sans réponse	

PERSISTENCE	une OBSTINATION	4866	PHARMACIST	un PHARMACIEN	4876
an annoying	ennuyeuse		a trained	diplômé	
a disagreeable	déplaisante		a local	locale	
a rude	impolie		a friendly	bienveillant	
a tiresome	lassante		an experienced	expérimenté	
an unreasonable	déraisonnable		a helpful	serviable	

PERSON	une PERSONNE	4867	PHARMACY	une PHARMACIE	4877
a charming	charmante		an old-fashioned	désuète	
a well-liked	très aimée		an all-night	ouverte 24 heures sur 24	
a talkative	bavarde		a well-stocked	bien approvisionné	
an unpredictable	déroutante		a local	locale (du coin)	
a reputable	honorable		a reliable	de confiance	

PERSONALITY	une PERSONNALITÉ	4868	PHASE	une PHASE	4878
a likable	sympathique		an initial	une première phase	
a strong	une forte personnalité		a productive	féconde	
a strange	étrange		a romantic	romantique	
a well-balanced	équilibrée		a childish	puérile	
a moody	instable		an unusual	insolite	

PERSONNEL	un PERSONNEL	4869	PHENOMENON	un PHÉNOMÈNE	4879
a well-trained	bien formé		a rare	rare	
a qualified	qualifié		an unusual	insolite	
a supervised	encadré		a spectacular	spectaculaire	
an enthusiastic	enthousiaste		a familiar	familier	
a lazy	paresseux		an unfamiliar	étrange	

PERSPECTIVE	une PERSPECTIVE	4870	PHILOSOPHER	un PHILOSOPHE	4880
an accurate	exacte		a wise	sage	
an artificial	artificielle		a respected	respecté	
a false	fausse		a contemporary	contemporain	
a historical	historique		a famous	célèbre	
a wide	une vaste perspective		an ancient	ancien	

PERSUASION	un MOYEN DE PERSU-ASION	4871	PHILOSOPHY	une PHILOSOPHIE	4881
			a basic	fondamentale	
a physical	physique		a stoical	stoïcienne	
a forceful	vigoureux		an acceptable	admissible	
a friendly	amical		a mystical	mystique	
a womanly	féminin		an ancient	antique	
an effective	efficace				

			PHONOGRAPH	un TOURNE-DISQUES	4882
PESSIMISM	un PESSIMISME	4872	an expensive	coûteux	
a depressing	déprimant		a noisy	bruyant	
a natural	foncier		a broken	cassé	
a melancholy	mélancolique		an excellent	excellent	
a contagious	contagieux		a cheap	bon marché	
a morbid	morbide				

			PHOTOGRAPH	une PHOTOGRAPHIE	4883
PESSIMIST	un PESSIMISTE	4873	a treasured	à laquelle on tient	
a hopeless	incorrigible		a famous	célèbre	
a confirmed	invétéré		a clear	nette	
a complaining	qui se plaint toujours		a beautiful	une belle photo	
a suspicious	suspect		a candid	prise sur le vif	
an everlasting	un éternel pessimiste				

PHOTOGRAPHER	**un PHOTOGRAPHE**	4884		**PILE**	**un TAS**	4894
a well-trained	exercé			an enormous	énorme	
a professional	professionnel			a small	un petit tas	
a famous	célèbre			a large	un grand tas	
a widely-traveled	qui a beaucoup voyagé			a smoldering	qui se consume lentement	
a patient	patient			a tall	un monceau	
PHRASE	**une LOCUTION**	4885		**PILL**	**une PILULE**	4895
a poetic	poétique			a bitter	amère	
a descriptive	imagée			a tasteless	insipide	
a high-flown	recherchée			a magic	magique	
a colloquial	familière			a tiny	minuscule	
a common	courante			an expensive	coûteuse	
PHYSICIAN	**un MÉDECIN**	4886		**PILLAR**	**une COLONNE**	4896
a respected	respecté			a decorative	décorative	
a dedicated	dévoué à sa tâche			a supporting	de soutènement	
a skillful	compétent			a fluted	cannelée	
a world-famous	de renommée mondiale			a tall	une haute colonne	
a distinguished	éminent			an elaborate	ornementée	
PHYSIQUE	**un CORPS**	4887		**PILLOW**	**un OREILLER**	4897
a strong	robuste			a soft	moelleux	
an attractive	un physique agréable			a hard	dur	
a well-developed	bien développé			a thick	épais	
a weak	une constitution chétive			a round	rond	
a tough	une forte constitution			a small	un petit oreiller	
PIANIST	**un PIANISTE**	4888		**PILOT**	**un PILOTE**	4898
a celebrated	célèbre			an experienced	experimenté	
a gifted	doué			a frightened	effrayé	
a phenomenal	phénoménal			a capable	compétent	
an exceptional	extraordinaire			a friendly	sympathique	
a superior	exceptionnel			a confident	sûr de lui	
PICNIC	**un PIQUE-NIQUE**	4889		**PIN (jewelry)**	**une BROCHE**	4899
a delightful	délicieux			a decorative	décorative	
a canceled	annulé			a jeweled	ornée de pierreries	
an occasional	impromptu			a valuable	précieuse	
an enjoyable	agréable			an attractive	ravissante	
an impromptu	improvisé			a plain	simple	
PICTURE	**un TABLEAU**	4890		**PIONEER**	**un PIONNIER**	4900
a famous	célèbre			a brave	courageux	
a charming	charmant			a rugged	un rude pionnier	
an unusual	insolite			a hardy	un hardi pionnier	
a spectacular	spectaculaire			an adventurous	aventureux	
an incredible	incroyable			a daring	audacieux	
PIE	**une TARTE**	4891		**PIPE (smoke)**	**une PIPE**	4901
a delicious	délicieuse			a mellow	culottée	
a fresh	qui sort du four			a fragrant	odorante	
a homemade	faite à la maison			a carved	sculptée	
a steaming	fumante			an expensive	de prix	
a sweet	sucrée			a long	une longue pipe	
PIECE	**un MORCEAU**	4892		**PIPE (tube)**	**un TOYAU**	4902
a large	un grand morceau			a blocked	colmaté	
a thick	épais			a leaking	qui fuit	
a small	un petit morceau			a clogged	obstrué	
a tiny	minuscule			a flexible	flexible	
a thin	mince			a rusty	rouillé	
PIER	**un QUAI**	4893		**PIRATE**	**un PIRATE**	4903
a crowded	encombré de gens			a famous	célèbre	
a much-used	très utilisé			a ruthless	impitoyable	
a desolate	abandonné			an uncouth	fruste	
a deserted	désert			a notorious	notoire	
a long	un long quai			a mutinous	mutiné	

PISTOL	un PISTOLET	4904	PLATE	une ASSIETTE	4914
a shiny	luisant		a dirty	salie	
a tiny	minuscule		a clean	propre	
an accurate	précis		a cracked	fendillée	
a deadly	meurtrier		a polished	brillante	
a loaded	chargé		an empty	vide	

PITCHER (vessel)	une CRUCHE	4905	PLATEAU	un PLATEAU	4915
a heavy	lourde		a barren	dénudé	
an empty	vide		an uninhabited	inhabité	
a full	pleine		a fertile	fertile	
a half-filled	à moitié pleine		an inhabited	habité	
a big	une grande cruche		a wooded	boisé	

PITY	une COMPASSION	4906	PLATFORM	une PLATE-FORME	4916
a deserved	méritée		a high	élevée	
an unspeakable	indicible		a low	basse	
a scornful	méprisante		a sturdy	solide	
a great	une grande compassion		a safe	sûre	
an inner	ressentie		an unsafe	dangereuse	

PLACE	un ENDROIT	4907	PLAY (theater)	une PIÈCE DE THÉÂTRE	4917
a charming	charmant		a tragic	une tragédie	
a convenient	commode		a comic	une comédie	
an inaccessible	inaccessible		a dramatic	un drame	
a beautiful	magnifique		a modern	moderne	
a strange	étrange		a popular	à succès	

PLAGUE	un FLÉAU	4908	PLAYER	un JOUEUR	4918
a terrible	terrible		a skilled	habile	
a deadly	mortel		a professional	professionnel	
a devastating	ravageur		an enthusiastic	enthousiaste	
an uncontrollable	incontrôlable		a reckless	téméraire	
a widespread	général		a shrewd	qui a du flair	

PLAIN	une PLAINE	4909	PLAYGROUND	un TERRAIN DE JEUX	4919
a vast	immense		a public	public	
a barren	dénudée		an enormous	immense	
a rocky	rocailleuse		a breezy	exposé au vent	
a trackless	sans chemins		a well-kept	bien entretenu	
an arid	aride		a deserted	déserté	

PLAN	un PLAN	4910	PLAYTHING	un JOUET	4920
a cunning	rusé		an enjoyable	amusant	
a workable	réalisable		a discarded	mis au rancart	
an unusual	inhabituel		a cherished	auquel on tient beaucoup	
an obvious	indiscutable		an inexpensive	bon marché	
an elaborate	raffiné		an ordinary	ordinaire	

PLANET	une PLANÈTE	4911	PLAYWRIGHT	un DRAMATURGE	4821
a distant	éloignée		a successful	heureux	
an unconquered	non conquise		a famous	célèbre	
a dead	morte		a wealthy	riche	
a tiny	une petite planète		a quoted	souvent cité	
an enormous	énorme		a controversial	controversé	

PLANT	une PLANTE	4912	PLEA	une PRIÈRE	4922
a seasonal	saisonnière		an urgent	urgente	
a growing	qui pousse		an earnest	sérieuse	
an exotic	exotique		an unnecessary	inutile	
a native	indigène		a vain	vaine	
a precious	précieuse		a useless	inutile	

PLASTIC	un PLASTIQUE	4913	PLEASURE	un PLAISIR	4923
a transparent	transparent		an undeniable	indéniable	
a solid	massif		a genuine	sincère	
a flexible	souple		a momentary	momentané	
a tinted	coloré		a physical	physique	
a sturdy	résistant		a harmless	anodin	

PLEDGE	une PROMESSE	4924	POISON	un POISON	4934
a solemn	solennelle		a deadly	mortel	
a written	écrite		an effective	efficace	
a tender	une tendre promesse		an ineffective	sans effet	
a sworn	un serment		a slow-working	agissant lentement	
a sacred	sacrée		a quick	à effet rapide	

PLOT (conspiracy)	un COMPLOT	4925	POLE	une PERCHE	4935
a treacherous	perfide		a vertical	verticale	
an elaborate	machiavélique		a horizontal	horizontale	
an unsuccessful	raté		a broken	cassée	
a political	politique		a sturdy	solide	
a sinister	sinistre		a tall	une longue perche	

PLOT (literary)	une INTRIGUE	4926	POLICEMAN	un AGENT DE POLICE	4936
a simple	simple		a friendly	affable	
a complicated	compliquée		a helpful	serviable	
a romantic	romanesque		a brave	courageux	
an incoherent	décousue		a brawny	musclé	
a tragic	tragique		a watchful	vigilant	

POCKET	une POCHE	4927	POLICY	une POLITIQUE	4937
an empty	vide		a customary	traditionnelle	
a torn	déchirée		a national	nationale	
a deep	profonde		an established	bien établie	
a full	pleine		an accepted	acceptée	
a mended	raccommodée		a wise	judicieuse	

POCKETBOOK (paperback)	un LIVRE DE POCHE	4928	POLISH	un POLI	4938
			a high	brillant	
an inexpensive	bon marché		a dull	une surface terne	
an enjoyable	agréable		a glossy	glacé	
a convenient	commode		a gleaming	étincelant	
a readable	qui se laisse lire		a protective	une encaustique protectrice	
a popular	à succès				

POCKETBOOK (purse)	un PORTE-FEUILLE	4929	POLITENESS	une POLITESSE	4939
			a cold	froide	
an expensive	cher		an appropriate	de circonstance	
a large	un grand porte-feuille		a respectful	respectueuse	
an empty	vide		an excessive	excessive	
a small	un petit porte-feuille		a gracious	une grande courtoisie	
a cheap	bon marché				

POEM	un POÈME	4930	POLITICIAN	un POLITICIEN	4940
a famous	célèbre		a skillful	habile	
a lovely	ravissant		a corrupt	corrompu	
a morbid	morbide		an eloquent	éloquent	
a classical	classique		a famous	célèbre	
a lyrical	lyrique		a shrewd	un fin politicien	

POET	un POÈTE	4931	POND	un ÉTANG	4941
an outstanding	éminent		a stagnant	aux eaux stagnantes	
a modest	modeste		a shimmering	miroitant	
a contemporary	contemporain		a little	un petit étang	
a classical	classique		a nearby	proche	
a lyrical	lyrique		a lovely	ravissant	

POETRY	une POÉSIE	4932	POOL	une MARE	4942
a satirical	satirique		a shallow	peu profonde	
a romantic	romantique		a limpid	limpide	
a lyrical	lyrique		a quiet	tranquille	
a dramatic	dramatique		a deep	profonde	
a descriptive	descriptive		a shaded	ombragée	

POINT	un ARGUMENT	4933	POPULARITY	une POPULARITÉ	4943
			an increasing	en hausse	
a valid	valable		a decreasing	en baisse	
an important	important		a fleeting	éphémère	
a main	principal		a worldwide	universelle	
a secondary	accessoire		a national	nationale	
a relevant	pertinent				

POPULATION	une POPULATION	4944	POSSIBILITY	une POSSIBILITÉ	4954
a growing	croissante		a vague	vague	
an enormous	énorme		an uncertain	incertaine	
a dense	dense		a remote	lointaine	
a rural	rurale		an apparent	apparente	
a native	indigène		a distinct	précise	

PORCH	une TERRASSE	4945	POSTCARD	une CARTE POSTALE	4955
a wide	une large véranda		a colorful	en couleur	
an overhanging	en surplomb		a plain	simple	
a spacious	une vaste véranda		an expensive	chère	
a narrow	un porche étroit		a strange	étrange	
a shaded	ombragée		a humorous	humoristique	

PORT	un PORT	4946	POSTER	une AFFICHE	4956
a coastal	côtier		a political	politique	
a busy	à fort trafic		a colorful	haute en couleurs	
an active	actif		a printed	imprimée	
a large	un grand port		a crude	aux tons crus	
an unused	inutilisé		a painted	peinte	

PORTER	un PORTEUR	4947	POSTMAN	un FACTEUR	4957
a helpful	serviable		an efficient	efficace	
a rude	grossier		a delayed	en retard	
a strong	fort		a punctual	ponctuel	
an eager	ardent au travail		a regular	titulaire	
a lazy	paresseux		a temporary	intérimaire	

PORTION	une PART	4948	POST OFFICE	un BUREAU DE POSTE	4958
a sizable	assez grande		a new	un nouveau bureau de poste	
a small	une petite part		a modern	moderne	
a significant	appréciable		a well-equipped	bien équipé	
a major	une majeur partie		a nearby	proche	
a minor	peu importante		a small	un petit bureau de poste	

PORTRAIT	un PORTRAIT	4949	POSTPONEMENT	un AJOURNEMENT	4959
a lovely	ravissant		an unavoidable	inévitable	
an authentic	authentique		an unexpected	imprévu	
a painted	peint		a requested	sollicité	
a cherished	auquel on tient		an annoying	fâcheux	
a lifelike	fidèle		an anticipated	prévu	

PORTRAYAL	une INCARNATION	4950	POT	un POT	4960
a marvelous	merveilleuse		a large	un grand pot	
a magnificent	magnifique		a deep	profond	
a vivid	vivante		a greasy	graisseux	
an accurate	exacte		a glazed	émaillé	
an authentic	fidèle		a shallow	peu profond	

POSE	une POSE	4951	POTATO	une POMME DE TERRE	4961
an artificial	étudiée		a mashed	une purée de pommes de terre	
a natural	naturelle		a fried	frite	
a habitual	habituelle		a raw	crue	
a theatrical	théâtrale		a baked	cuite au four	
a famous	célèbre		a frozen	congelée	

POSITION	une POSITION	4952	POTENCY	une EFFICACITÉ	4962
an advantageous	avantageuse		a remarkable	remarquable	
an untenable	intenable		an extraordinary	extraordinaire	
an exposed	exposée		a weak	limitée	
a defensible	défendable		an unusual	inaccoutumée	
a defended	défendue		an unknown	inconnue	

POSSESSION	une POSSESSION (BIEN)	4953	POTENTIAL	un POTENTIEL	4963
a personal	personnelle		an unlimited	illimité	
a treasured	à laquelle on tient		a remarkable	remarquable	
a priceless	inestimable		an unknown	inconnu	
a valuable	précieuse		an artistic	artistique	
a worthless	sans valeur		a promising	prometteur	

POVERTY	une PAUVRETÉ	4964
an unbelievable	incroyable	
a terrible	terrible	
a national	un paupérisme nationale	
a widespread	générale	
a pitiful	pitoyable	

POWER	une PUISSANCE	4965
a tremendous	formidable	
an uncontrolled	irrésistible	
a mighty	énorme	
an exaggerated	exagérée	
an unlimited	infinie	

PRACTICE	une FAÇON DE FAIRE	4966
a common	courante	
a rare	exceptionnelle	
a customary	habituelle	
a traditional	traditionnelle	
an unusual	insolite	

PRAIRIE	une (GRANDE) PRAIRIE	4967
a vast	immense	
an unbroken	unie	
a wild	sauvage	
a rolling	onduleuse	
a barren	aride	

PRAISE	un ÉLOGE	4968
a welcome	accepté avec joie	
a deserved	mérité	
a critical	critique	
a lavish	outré	
an unmerited	immérité	

PRAYER	une PRIÈRE	4969
a silent	silencieuse	
a fervent	fervente	
a thankful	reconnaissante	
a traditional	traditionnelle	
a customary	habituelle	

PRECAUTION	une PRÉCAUTION	4970
a necessary	néccessaire	
a wise	une sage précaution	
an unnecessary	inutile	
an advisable	judicieuse	
a worthwhile	utile	

PRECEDENT	un PRÉCÉDENT	4971
an unusual	insolite	
a legal	juridique	
an acceptable	admissible	
a rare	rare	
an uncommon	insolite	

PRECIPICE	une PAROI ROCHEUSE	4972
a sheer	à pic	
a frightening	un précipice effrayant	
an overhanging	en surplomb	
a vertical	verticale	
an unclimbable	impossible à vaincre	

PRECISION	une PRÉCISION	4973
a perfect	parfaite	
a scientific	scientifique	
a mechanical	mécanique	
a rhythmic(al)	rythmique	
a remarkable	remarquable	

PREDECESSOR	un PRÉDÉCESSEUR	4974
a ruthless	impitoyable	
an incompetent	incompétent	
a resourceful	ingénieux	
a capable	capable	
a worthy	digne	

PREDICAMENT	une SITUATION (FÂCHEUSE)	4975
a terrible	terrible	
an unusual	inhabituelle	
an unforeseen	imprévue	
an awkward	fâcheuse	
a common	habituelle	

PREDICTION	un PRONOSTIC	4976
an accurate	juste	
a tentative	sujet à révision	
a reliable	sûr	
a scientific	scientifique	
a frightening	effrayant	

PREFACE	une PRÉFACE	4977
a long	une longue préface	
a critical	critique	
a short	une courte préface	
a hilarious	gaie	
an amusing	amusante	

PREFERENCE	une PRÉFÉRENCE	4978
a natural	naturelle	
a stated	déclarée	
an admitted	reconnue	
a particular	particulière	
a logical	logique	

PREJUDICE	un PRÉJUGÉ	4979
a racial	racial	
a local	local	
a regional	régional	
a strong	tenace	
a social	social	

PREMIERE	une PREMIÈRE	4980
an auspicious	de bon augure	
a successful	couronnée de succès	
an important	une importante première	
a long-awaited	longtemps attendue	
a tragic	tragique	

PREMISE	une PRÉMISSE	4981
a logical	logique	
a false	une fausse prémisse	
a vague	une vague prémisse	
a specific	précise	
a sound	saine	

PREMONITION	un PRESSENTIMENT	4982
a strange	étrange	
a vague	vague	
a terrifying	terrifiant	
an unmistakable	net	
a grave	grave	

PREPARATION	des PRÉPARATIFS	4983
a frantic	fébriles	
a hurried	précipités	
a careful	minutieux	
an essential	indispensables	
an adequate	suffisants	

PRESCRIPTION	une ORDONNANCE	4984	PREY	une PROIE	4994
an illegible	illisible		a helpless	sans défense	
a renewed	renouvelée		a legitimate	naturelle	
a medical	médicale		an elusive	insaisissable	
a wise	judicieuse		a hidden	terrée	
a specific	précise		a startled	effrayée	

PRESENCE	une PRÉSENCE	4985	PRICE	un PRIX	4995
a consoling	consolatrice		a reasonable	modéré	
a reassuring	rassurante		a preposterous	déraisonnable	
a familiar	familière		a prohibitive	prohibitif	
a habitual	habituelle		a low	un bas prix	
a requested	désirée		an attractive	intéressant	

PRESENT (gift)	un CADEAU	4986	PRIDE	un ORGUEIL	4996
an expensive	de prix		a hurt	blessé	
an appropriate	convenable		an arrogant	arrogant	
a generous	généreux		a sensitive	chatouilleux	
an occasional	occasionnel		a civic	civique	
an unexpected	inattendu		a national	national	

PRESENTATION	une PRÉSENTATION	4987	PRIEST	un PRÊTRE	4997
an excellent	excellente		a consoling	consolateur	
a superb	superbe		a murdered	assassiné	
a graphic	graphique		a venerable	vénérable	
an elaborate	compliquée		an eloquent	éloquent	
an artistic	artistique		a robed	en soutane	

PRESIDENT	un PRÉSIDENT	4988	PRINCE	un PRINCE	4998
a former	un ex-président		a handsome	un beau prince	
an effective	efficace		an unhappy	malheureux	
a hated	haï		a benevolent	bienveillant	
a past	un ancien président		an aloof	distant	
an admired	admiré		an ambitious	ambitieux	

PRESSURE	une PRESSION	4989	PRINCESS	une PRINCESSE	4999
a constant	constante		a royal	du sang	
a low	une basse pression		a young	une jeune princesse	
a high	une haute pression		a lovely	ravissante	
an applied	faire pression sur . . .		a legendary	légendaire	
a strong	une forte pression		a charming	charmante	

PRESTIGE	un PRESTIGE	4990	PRINCIPAL (school)	un DIRECTEUR (D'ÉCOLE)	5000
a national	national				
a personal	personnel		a stern	sévère	
an individual	individuel		a well-liked	populaire	
a lost	une perte de prestige		a respected	respecté	
a great	un grand prestige		a hated	détesté	
			an inefficient	incompétent	

PRESUMPTION	une PRÉSOMPTION	4991	PRINCIPLE	un PRINCIPE	5001
a thoughtless	irréfléchie		a basic	fondamental	
a false	une fausse présomption		an essential	essentiel	
a bold	téméraire		a guiding	directeur	
a rude	grossière		a moral	moral	
an arrogant	arrogante		an established	admis	

PRETENSE	un PRÉTEXTE	4992	PRISON	une PRISON	5002
a false	un faux semblant		an austere	austère	
an obvious	évident		a gloomy	lugubre	
a secret	caché		a squalid	crasseuse	
a selfish	égoïste		a massive	massive	
a political	politique		a forbidding	sinistre	

PREVENTION	une PRÉVENTION	4993	PRISONER	un PRISONNIER	5003
an effective	efficace		a lonely	solitaire	
an ineffective	inefficace		a shackled	enchaîné	
an unsuccessful	sans effet		a solitary	solitaire	
a possible	possible		a pardoned	grâcié	
a helpful	utile		a repentant	repenti	

PRIVACY   une INTIMITÉ   5004

a complete   complète
a desirable   souhaitable
a comparative   relative
an interrupted   violée
a necessary   nécessaire

PRIVILEGE   un PRIVILÈGE   5005

a social   social
a revoked   aboli
an abused   dont il est fait abus
a rightful   de droit
a rare   rare

PRIZE   un PRIX (RÉCOMPENSE) 5006

an honorary   honorifique
a cherished   auquel on tient
a useless   sans valeur
a world-famous   célèbre dans le monde entier
a valuable   de valeur

PROBABILITY   une PROBABILITÉ   5007

a strong   une forte probabilité
a likely   une grande probabilité
a weak   une faible probabilité
a definite   selon tout probabilité
a vague   une possibilité

PROBLEM   un PROBLÈME   5008

a puzzling   embarrassant
a vital   capital
an economic   économique
a challenging   exaltant
an everyday   de tous les jours

PROCEDURE   une PRATIQUE   5009

a methodical   méthodique
a difficult   difficile
a common   courante
an established   admise
a regular   normale

PROCESSION   un CORTÈGE   5010

a solemn   solennel
a traditional   traditionnel
a picturesque   pittoresque
a triumphal   triomphal
a colorful   haut en couleurs

PRODIGY   un PRODIGE   5011

an artistic   un artiste prodige
a spoiled   gâté
an amazing   stupéfiant
a famous   célèbre
a musical   de la musique

PRODUCER   un METTEUR EN SCÈNE 5012
(theater)

a wealthy   riche
an independent   indépendant
a successful   qui a réussi
a potential   possible
a well-known   très connu

PRODUCT   un PRODUIT   5013

a reliable   sûr
a seasonal   saisonnier
an attractive   intéressant
a new   un nouveau produit
a better   un meilleur produit

PRODUCTION   un SPECTACLE   5014
(theater)

an excellent   excellent
a dramatic   dramatique
an amateurish   d'amateur
an elaborate   raffiné
a musical   une comédie musicale

PROFESSION   une PROFESSION   5015

a respected   respectée
a lucrative   lucrative
an established   solide
a hard-working   une rude profession
an artistic   artistique

PROFESSIONAL   un PROFESSIONNEL   5016

a skillful   habile
a so-called   un soi-disant professionel
a well-paid   bien rémunéré
a talented   doué
a famous   célèbre

PROFESSOR   un PROFESSEUR   5017

an excellent   excellent
a learned   érudit
an absent-minded   distrait
a kind   gentil
an aloof   distant

PROFILE   un PROFIL   5018

a handsome   un beau profil
an unusual   sortant de l'ordinaire
a noble   noble
a recognizable   reconnaissable
a regular   régulier

PROFIT   un BÉNÉFICE   5019

an enormous   énorme
a small   un faible bénéfice
a staggering   fabuleux
a pitiful   minable
a meager   un maigre bénéfice

PROGRAM   un PROGRAMME   5020

a comprehensive   complet
a serious   sérieux
an economical   économique
a systematic   méthodique
a nationwide   national

PROGRESS   un PROGRÈS   5021

continuing   continu
amazing   stupéfiant
unbroken   ininterrompu
speedy   rapide
slow   un lent progrés

PROJECT   un PROJET   5022

an important   important
an ambitious   ambitieux
a daring   audacieux
a successful   couronné de succès
a discouraging   décourageant

PROMENADE   une PROMENADE   5023
(walk)

a leisurely   tranquille
a daily   quotidienne
a solitary   solitaire
a customary   habituelle
an enjoyable   agréable

NOUN

PROMISE	une PROMESSE	5024
a broken	non tenue	
a solemn	solennelle	
a definite	précise	
a vague	vague	
a cheerful	une allègre promesse	

PROMOTION	un AVANCEMENT	5025
an unexpected	inattendu	
a swift	accéléré	
an undeserved	immérité	
an earned	mérité	
a rapid	rapide	

PRONOUN	un PRONON	5026
a possessive	possessif	
a personal	personnel	
an objective	object (in) direct	
a subject	sujet	
an impersonal	indéfini	

PRONUNCIATION	une PRONONCIATION	5027
a clear	distincte	
an exaggerated	trop accentuée	
a difficult	difficile	
a hesitant	hésitante	
an accurate	exacte	

PROOF	une PREUVE	5028
a positive	concrète	
a circumstantial	indirecte	
a practical	sûre	
a dramatic	dramatique	
a tangible	tangible	

PROPAGANDA	une PROPAGANDE	5029
a vicious	haineuse	
an effective	efficace	
a wartime	la propagande de temps de guerre	
an unbelievable	outrée	
a political	politique	

PROPERTY (land)	une PROPRIÉTÉ (FONCIÈRE)	5030
a valuable	de valeur	
an inherited	héritée	
a vast	une vaste propriété	
a substantial	une grande propriété	
an acquired	acquise	

PROPHECY	une PROPHÉTIE	5031
a biblical	biblique	
an ominous	sinistre	
a famous	célèbre	
an unfulfilled	inaccomplie	
a legendary	légendaire	

PROPHET	un PROPHÈTE	5032
an ancient	d'autrefois	
a bearded	barbu	
a biblical	biblique	
a proclaimed	déclaré	
a religious	de la foi	

PROPORTION	une PART	5033
a huge	énorme	
a perfect	une proportion parfaite	
a sizable	une bonne part	
a measured	mesurée	
an unbelievable	incroyable	

PROPOSAL	une OFFRE	5034
an interesting	intéressante	
a flattering	flatteuse	
an acceptable	acceptable	
an unacceptable	inacceptable	
a concrete	une proposition concrète	

PROSE	une PROSE	5035
an elegant	élégante	
a lyrical	lyrique	
a lucid	lucide	
a descriptive	imagée	
a powerful	vigoureuse	

PROSPECT	une PERSPECTIVE	5036
an alarming	alarmante	
a melancholy	mélancolique	
a hopeless	sans espoir	
a bright	réjouissante	
a dismal	une triste perspective	

PROSPERITY	une PROSPÉRITÉ	5037
a national	nationale	
an increased	accrue	
a private	personnelle	
an abundant	une grande prospérité	
an excessive	excessive	

PROTECTION	une PROTECTION	5038
an adequate	convenable	
a mutual	réciproque	
a special	particulière	
a necessary	nécessaire	
a temporary	provisoire	

PROTEST	une PROTESTATION	5039
an indignant	indignée	
a vigorous	vigoureuse	
a serious	sérieuse	
a weak	une faible protestation	
a social	une revendication sociale	

PROVERB	un PROVERBE	5040
a silly	stupide	
a well-known	familier	
a biblical	biblique	
a quaint	curieux	
a universal	universel	

PROVINCE	une PROVINCE	5041
an outlying	éloignée	
a neighboring	avoisinante	
an invaded	envahie	
an important	importante	
a productive	fertile	

PROVOCATION	une PROVOCATION	5042
an admitted	reconnue	
a deliberate	délibérée	
an intentional	voulue	
a severe	grave	
a dangerous	périlleuse	

PSYCHIATRIST	un PSYCHIATRE	5043
a helpful	secourable	
a needed	nécessaire	
a competent	compétent	
a famous	réputé	
a trained	diplômé	

PUBLIC	un PUBLIC	5044	PUPIL	un ÉLÈVE	5054
a gullible	crédule		a diligent	diligent	
a receptive	réceptif		an eager	avide de savoir	
an ignorant	non averti		an enthusiastic	enthousiaste	
an aroused	intéressé		a precocious	précoce	
a disinterested	indifférent		a talkative	bavard	

PUBLICATION	une PUBLICATION	5045	PUPPET	une MARIONNETTE	5055
a widely-read	très lue		a political	un fantoche	
a popular	qui a beaucoup de succès		a charming	charmante	
an interesting	intéressante		a colorful	multicolore	
an illustrated	illustrée		a favorite	préférée	
a recent	récente		a grotesque	grotesque	

PUBLICITY	une PUBLICITÉ	5046	PUPPY	un CHIOT	5056
an exaggerated	outrée		a playful	joueur	
an unfavorable	une mauvaise publicité		a cute	gentil	
a national	nationale		a helpless	sans défense	
an unwanted	indésirable		a tiny	minuscule	
a scandalous	scandaleuse		a cuddly	un amour de chiot	

PUBLISHER	un ÉDITEUR	5047	PURCHASE	une ACQUISITION	5057
a reputable	honorable		a special	particulière	
a cooperative	coopératif		a recent	récente	
an influential	influent		an expensive	coûteuse	
a shrewd	avisé		an advantageous	avantageuse	
a daring	audacieux		an important	importante	

PUDDING	un ENTREMETS AU LAIT	5048	PURITY	une PURETÉ	5058
a sweet	sucré		a rare	rare	
a rich	nourrissant		a moral	morale	
a delicious	délicieux		an absolute	absolue	
a warm	un pudding chaud		an admirable	admirable	
a steaming	un pudding fumant		a perfect	parfaite	

PUDDLE	une FLAQUE	5049	PURPOSE	un BUT	5059
a small	une petite flaque		a useful	utile	
a muddy	de boue		a sinister	sinistre	
a shallow	peu profonde		an important	important	
a large	une grande flaque		a charitable	charitable	
a tiny	minuscule		a common	commun	

PULPIT	une CHAIRE	5050	PURSE (handbag)	un SAC À MAIN	5060
an ornate	très décorée		a leather	en cuir	
a carved	sculptée		a lost	perdu	
a small	une petite chaire		a mislaid	égaré	
a high	de grande hauteur		an expensive	coûteux	
a graceful	élégante		a stolen	volé	

PULSE	un POULS	5051	PURSUIT	une POURSUITE	5061
a rapid	rapide		a relentless	implacable	
a slow	lent		a determined	résolue	
an erratic	irrégulier		a systematic	méthodique	
a quickened	accéléré		an energetic	activement menée	
a weak (faint)	faible		a strategic	des visées stratégiques	

PUNCTUATION	une PONCTUATION	5052	PUSH	une POUSSÉE	5062
a required	indispensable		a strong	une forte poussée	
a difficult	difficile		a gentle	une légère poussée	
a complicated	compliquée		a vigorous	vigoureuse	
an easy	facile		a desperate	désespérée	
a missing	un manque de ponctuation		an accidental	accidentelle	

PUNISHMENT	un CHÂTIMENT	5053	PUZZLE (game)	un PUZZLE (JEU)	5063
a terrible	terrible		a strange	étrange	
an appropriate	approprié (à la faute)		a tricky	difficile à resoudre	
an inhuman	inhumain		a bewildering	déconcertant	
a deserved	mérité		an unsolved	resté entier	
a severe	sévère		a fascinating	passionnant	

PYRAMID	une PYRAMIDE	5064
an ancient	ancienne	
a crumbling	qui s'écroule	
a famous	célèbre	
a massive	massive	
an enormous	énorme	

Q

QUALIFICATION	une APTITUDE	5065	QUESTION	une QUESTION	5070
a unique	incomparable		a logical	logique	
a necessary	nécessaire		an impertinent	impertinente	
an indispensable	indispensable		an embarrassing	embarrassante	
a special	particulière		a controversial	controversée	
an unusual	peu répandue		a simple	simple	

QUALITY	une QUALITÉ	5066	QUESTIONNAIRE	un QUESTIONNAIRE	5071
a superior	supérieure		a detailed	détaillé	
an abstract	intangible		a necessary	nécessaire	
an admirable	admirable		a required	exigé	
a subtle	subtile		an embarrassing	embarrassant	
a human	humaine		an inane	inepte	

QUANTITY	une QUANTITÉ	5067	QUICKNESS	une RAPIDITÉ	5072
a sufficient	suffisante		an unbelievable	incroyable	
an unknown	inconnue		an amazing	stupéfiante	
an enormous	énorme		a surprising	surprenante	
a minute	minime		an unexpected	inattendue	
a considerable	considérable		an unusual	insolite	

QUARREL	une QUERELLE	5068	QUIET	un CALME	5073
a violent	violente		a peaceful	reposant	
a bitter	une âpre querelle		an unusual	insolite	
a silly	stupide		an endless	infini	
a jealous	imputable à la jalousie		a monotonous	monotone	
a constant	continuelle		an absolute	absolu	

QUEEN	une REINE	5069	QUOTATION	une CITATION	5074
a lovely	ravissante		a biblical	biblique	
a beloved	aimée		a familiar	familière	
an admired	admirée		a well-known	connue	
a famous	célèbre		a memorable	mémorable	
a benevolent	bienveillante		a classical	classique	

R

RABBI	un RABIN	5075	RACE (nation)	une RACE	5077
a young	un jeune rabin		a civilized	civilisée	
a devoted	dévoué à sa mission		a persecuted	persécutée	
a consoling	consolateur		a courageous	courageuse	
an eloquent	éloquent		a proud	fière	
an influential	influent		an energetic	énergique	

RABBIT	un LAPIN	5076	RACE (sport)	une COURSE	5078
a frightened	effrayé		an exciting	passionnante	
an elusive	insaisissable		a frantic	effrénée	
a startled	surpris		a dangerous	dangereuse	
a quick	rapide		a competitive	très disputée	
a timid	peureux		a long	une longue course	

RACETRACK	un CHAMP DE COURSES	5079
a famous	célèbre	
a deserted	désert	
a crowded	noir de monde	
a well-kept	bien entretenu	
an oval	un circuit ovale	

RACKET (NOISE)	un VACARME	5080
a terrible	terrible	
a deafening	assourdissant	
an annoying	gênant	
a ceaseless	incessant	
a depressing	déprimant	

RADAR	un RADAR	5081
a sensitive	sensible	
a protective	de protection	
a warning	d'alerte	
an essential	indispensable	
an improved	perfectionné	

RADIANCE	un RAYONNEMENT	5082
a brilliant	lumineux	
a pale	un pâle rayonnement	
an inner	intérieur	
an unknown	mystérieux	
an unusual	insolite	

RADIO	un RÉCEPTEUR (RADIO)	5083
a portable	portatif	
an expensive	coûteux	
a tiny	minuscule	
a powerful	puissant	
a cheap	bon marché	

RAG	un CHIFFON	5084
a wet	humide	
a filthy	un torchon infect	
a dry	sec	
a torn	déchiré	
a dirty	sale	

RAGE	une FUREUR	5085
a wild	noire	
a mild	un léger emportement	
a furious	une rage folle	
an explosive	un accès de fureur	
an uncontrollable	déchaînée	

RAID	une RAFFLE	5086
an unexpected	inattendue	
an illegal	illégale	
a successful	réussie	
a swift	rapide	
a well-planned	bien organisée	

RAILING	une BALUSTRADE	5087
a wooden	de bois	
a broken	cassée	
a protective	un garde-fou	
a twisted	tordue	
a thin	légère	

RAILROAD	un CHEMIN DE FER	5088
a transcontinental	une ligne transcontinentale	
a famous	célèbre	
an efficient	un réseau ferroviaire efficace	
a national	un réseau nationale	
a reliable	sûr	

RAILROAD STATION	une GARE	5089
a crowded	encombrée par la foule	
a modern	moderne	
a deserted	abandonnée	
a spacious	vaste	
a noisy	bruyante	

RAIN	une PLUIE	5090
an endless	incessante	
a welcome	bienvenue	
a drenching	diluvienne	
a driving	battante	
a gentle	fine	

RAINBOW	un ARC-EN-CIEL	5091
a brilliant	brillant	
a wondrous	prodigieux	
an awesome	impressionnant	
a shimmering	chatoyant	
a colorful	multicolore	

RAINCOAT	un IMPERMÉABLE	5092
a lightweight	léger	
a cheap	bon marché	
a protective	protégeant bien	
a mislaid	égaré	
a plastic	en plastique	

RAISE (in pay)	une AUGMENTATION (SALAIRE)	5093
an unexpected	inattendue	
a slight	modeste	
a generous	généreuse	
a pleasant	agréable	
an anticipated	prévue	

RALLY	un RASSEMBLEMENT	5094
a political	politique	
a noisy	bruyant	
an annual	annuel	
an exciting	intéressant	
a scheduled	prévu	

RANK	un GRADE	5095
an important	important	
a high	élevé	
a low	subalterne	
an obscure	obscur	
a desirable	recherché	

RANSOM	une RANÇON	5096
an unpaid	impayée	
an enormous	énorme	
a requested	exigée	
a huge	fabuleuse	
a returned	restituée	

RARITY	un OBJET D'UNE RARETÉ	5097
a great	un objet d'une grand rareté	
a priceless	inestimable	
a fantastic	extraordinaire	
an amazing	stupéfiant	
an unheard-of	inouïe	

RATE	un RYTHME	5098
an accelerated	accéléré	
a decreased	décroissant	
a prevailing	actuel	
a high	soutenu	
a low	lent	

RATIO	un RAPPORT	5099	REALITY	une RÉALITÉ	5109
a high	élevé		a grim	une sombre réalité	
an acceptable	admissible		a painful	douloureuse	
a low	un faible rapport		a tangible	tangible	
an established	constant		an imagined	imaginaire	
an illogical	peu logique		an obvious	sans fard	

RATION	une RATION	5100	REARMAMENT	un RÉARMEMENT	5110
an adequate	suffisante		a secret	secret	
an insufficient	insuffisante		a threatened	une menace de réarmement	
a scant	une portion congrue		an advocated	préconisé	
a meager	une maigre ration		a forbidden	interdit	
a wartime	de guerre		a unilateral	unilateral	

RATTLE	un CLIQUETIS	5101	REASON	une RAISON	5111
a threatening	menaçant		a valid	valable	
an ominous	inquiétant		a good	une bonne raison	
a sudden	un brusque cliquetis		a poor	mesquine	
a curious	curieux		a convincing	convaincante	
a loud	un fort cliquetis		an unselfish	désintéressée	

RAY	un RAYON	5102	REASONING	un RAISONNEMENT	5112
a lethal	de la mort		a deductive	déductif	
a deadly	meurtrier		a logical	logique	
a cosmic	cosmique		a cautious	prudent	
a powerful	puissant		a factual	portant sur les faits	
an intense	intense		an emotional	sous le coup de l'émotion	

RAZOR	un RASOIR	5103	REBEL	un REBELLE	5113
a sharp	coupant		an incorrigible	incorrigible	
a dull	émoussé		a stubborn	obstiné	
an old-fashioned	démodé		a defiant	provocant	
a rusty	rouillé		an arrogant	arrogant	
a crude	rudimentaire		a dangerous	dangereux	

REACTION	une RÉACTION	5104	REBELLION	une RÉVOLTE	5114
a delayed	à retardement		a political	politique	
an emotional	affective		an open	ouverte	
an allergic	allergique		a widespread	générale	
an inevitable	inévitable		a worldwide	mondiale	
an instantaneous	instantanée		a violent	une violente révolte	

READER	un LECTEUR	5105	REBIRTH	une RENAISSANCE	5115
a slow	quelqu'un qui lit mal		a spiritual	spirituelle	
an avid	avide		a historical	historique	
an eager	passionné		an artistic	artistique	
a constant	assidu		a religious	religieuse	
an insatiable	insatiable		a current	actuelle	

READING	une LECTURE	5106	RECEIPT	un RÉCÉPISSE	5116
a required	obligatoire		a requested	une demande de reçu	
an essential	indispensable		a forged	falsifié	
a delightful	enchanteresse		a lost	perdu	
a boring	ennuyeuse		a torn	déchiré	
an interesting	intéressante		a valid	valable	

REALISM	un RÉALISME	5107	RECEPTION	un ACCUEIL	5117
stark	brutal		a favorable	favorable	
lifelike	fidèle		a riotous	tumultueux	
an appealing	émouvant		an enthusiastic	enthousiaste	
vivid	cru		a flattering	flatteur	
basic	élémentaire		an official	officiel	

REALIST	un RÉALISTE	5108	RECESS (pause)	une RÉCRÉATION	5118
practical	pratique		a short	une courte récréation	
an uncompromising	intransigeant		a welcome	bien accueillie	
stubborn	têtu		an unexpected	inattendue	
true	un vrai réaliste		a lengthy	assez longue	
pessimistic	pessimiste		an early	matinale	

RECESSION	une RÉCESSION (ECONOMIQUE)	5119	RECORD (achievement)	des RÉSULTATS	5128
a predicted	prévue		an enviable	enviables	
a widespread	générale		an unbeatable	insurpassables	
a disastrous	désastreuse		a perfect	parfaits	
an extended	prolongée		a flawless	irréprochables	
a financial	financière		an unbroken	sans faille	

RECIPE	une RECETTE	5120	RECORD (musical)	un DISQUE	5129
a favorite	préférée		a classical	classique	
a famous	renommée		a popular	à succès	
a secret	secrète		an entertaining	divertissant	
a complicated	compliquée		an expensive	cher	
a simple	simple		an enjoyable	agréable	

RECIPIENT	un BÉNÉFICIAIRE	5121	RECOVERY	une GUÉRISON	5130
a grateful	reconnaissant		a complete	complète	
a worthy	digne		a slow	lente	
an unworthy	indigne		a quick	rapide	
an appreciative	sensible (à . . .)		a gradual	graduelle	
a thankful	reconnaissant		an extraordinary	extraordinaire	

RECITAL (music)	un RÉCITAL	5122	RECRUIT	une RECRUE	5131
an excellent	excellent		a new	une nouvelle recrue	
a well-attended	très suivi		a young	une jeune recrue	
a classical	de musique classique		an awkward	empotée	
an interesting	intéressant		a confused	ahurie	
a boring	ennuyeux		an unwilling	rétive	

RECITATION	une RÉCITATION	5123	RECREATION	une DÉTENTE	5132
a boring	lassante		a pleasurable	agréable	
an accurate	fidèle		a wholesome	salutaire	
a memorized	apprise par cœur		a stimulating	stimulante	
an amusing	amusante		a healthful	une saine détente	
an impromptu	improvisée		a needed	nécessaire	

RECOGNITION	une RECONNAISSANCE	5124	REDUCTION	une RÉDUCTION	5133
a belated	tardive		a sudden	soudaine	
a deserved	méritée		an unexpected	imprévue	
an immediate	immédiate		a slight	une faible réduction	
a long-awaited	longtemps espérée		a drastic	draconienne	
a national	l'hommage de la nation		a tremendous	formidable	

RECOLLECTION	un SOUVENIR	5125	REFEREE (sports)	un ARBITRE	5134
a vague	vague		an impartial	impartial	
a sad	triste		an expert	expert	
a vivid	vivant		a capable	capable	
a pleasant	agréable		a stupid	stupide	
an unpleasant	désagréable		a poor	un mauvais arbitre	

RECOMMENDA-TION	une RECOMMANDA-TION	5126	REFERENCE	une ALLUSION	5135
an honest	honnête		a subtle	subtile	
a personal	personnelle		a polite	polie	
an emphatic	vigoureuse		an obscure	obscure	
a hesitant	hésitante		a reliable	digne de foi	
a wise	sage		a specific	précise	

RECONCILIA-TION	une RÉCONCILIATION	5127	REFINEMENT	un PERFECTIONNE-MENT	5136
a peaceful	pacifique		a cultural	une évolution de la culture	
a lasting	durable		a technical	technique	
a brief	une brève réconciliation		a sophisticated	dernier cri	
a refused	rejetée		an artistic	une évolution de l'art	
a desirable	souhaitable		a needed	nécessaire	

REFLEX	un RÉFLEXE	5137		**REGION**	une RÉGION	5147

REFLEX   un RÉFLEXE   5137

an automatic   une réaction automatique
an instinctive   élémentaire
a natural   naturel
a sudden   brusque
a paralyzed   paralysé

REFORMATION   une RÉFORME   5138

a spiritual   spirituelle
a social   sociale
an artistic   artistique
a sudden   une brusque réforme
a subtle   subtile

REFRAIN   un REFRAIN   5139

a repeated   une rengaine
a haunting   obsédant
a melodious   mélodieux
a forgotten   oublié
a sad   un triste refrain

REFRESHMENT   une BOISSON ou   5140
                COLLATION

a pleasant   agréable
an ice-cold   glacée
a nourishing   nourrissante
a tempting   tentante
a welcome   bien accueillie

REFUGE   un REFUGE   5141

a hidden   caché
a sheltered   abrité
an abandoned   abandonné
a temporary   provisoire
a permanent   permanent

REFUGEE   un RÉFUGIÉ   5142

a wandering   errant
a homeless   sans foyer
a confused   désemparé
a homesick   nostalgique
an unwelcome   mal accueilli

REFUND   un REMBOURSEMENT   5143

an immediate   immédiat
a guaranteed   garanti
a reluctant   fait à contrecœur
a requested   exigé
a complete   complet

REFUSAL   un REFUS   5144

an obstinate   opiniâtre
a continual   persistant
a firm   ferme
a contemptuous   dédaigneux
an unexpected   imprévu

REGIME   un RÉGIME   5145

a dictatorial   dictatorial
an established   en place
an overthrown   renversé
a totalitarian   totalitaire
a contemporary   actuel

REGIMENT   un RÉGIMENT   5146

a famous   célèbre
a magnificent   magnifique
a well-trained   aguerri
a rebellious   insubordonné
a proud   un fier régiment

REGION   une RÉGION   5147

a fertile   fertile
a mountainous   montagneuse
a barren   aride
a remote   éloignée
a vast   une vaste région

REGRET   un REGRET   5148

a sincere   sincère
a deep   profond
a vague   un vague regret
a serious   un grand regret
an endless   éternel

REGULARITY   une RÉGULARITÉ   5149

a perfect   parfaite
a surprising   surprenante
an unusual   insolite
an unfailing   infaillible
an absolute   absolue

REGULATION   un RÈGLEMENT   5150

a strict   sévère
a conflicting   incompatible
a complicated   compliqué
an unjust   injuste
a stupid   stupide

REHEARSAL   une RÉPÉTITION   5151

an excellent   excellente
a poor   qui laisse à désirer
a long   une longue répétition
a tiring   fatigante
a first   une première répétition

REIGN   un RÈGNE   5152

a long   un long règne
a prosperous   prospère
an illustrious   illustre
a benevolent   bienveillant
a glorious   glorieux

REJECTION   un REFUS   5153

an unexpected   un rejet imprévu
a total   net
a partial   mitigé
a sullen   maussade
an immediate   un rejet immédiat

RELAPSE   une RECHUTE   5154

a momentary   momentanée
a suspicious   suspecte
a subsequent   ultérieure
a sudden   brusque
an unexpected   inattendue

RELATIONSHIP   des RELATIONS   5155

a happy   de bonnes relations
an intimate   intimes
a close   étroites
a personal   personnelles
a strained   tendues

RELATIVE   un PARENT   5156

an elderly   âgé
a rich   riche
a poor   pauvre
a disagreeable   désagréable
a distant   éloigné

RELAXATION	une DÉTENTE	5157	RENOVATION	une REMISE À NEUF	5167
a necessary	nécessaire		an expensive	coûteuse	
a helpful	salutaire		a delightful	ravissante	
a complete	complète		a modern	une modernisation	
a momentary	passagère		a skillful	habile	
a customary	habituelle		a recent	récente	

RELIC	une RELIQUE	5158	RENT	un LOYER	5168
a famous	célèbre		a prohibitive	prohibitif	
an enshrined	enchâssée		a modest	modeste	
a religious	miraculeuse		an exorbitant	exorbitant	
a holy	sacrée		an average	moyen	
a pagan	païenne		an unpaid	non réglé	

RELIEF	un SOULAGEMENT	5159	REPAIR	une RÉPARATION	5169
a great	un grand soulagement		an expensive	coûteuse	
a speedy	rapide		an impossible	impossible	
a welcome	un heureux soulagement		an unnecessary	inutile	
a delightful	délicieux		an extensive	importante	
a temporary	momentané		a needed	nécessaire	

RELIGION	une RELIGION	5160	REPAYMENT	un REMBOURSEMENT	5170
a pagan	païenne		an immediate	immédiat	
a profane	un culte profane		a delayed	en retard	
a widespread	très pratiquée		a cheerful	de bon gré	
a confusing	déconcertante		a punctual	ponctuel	
a strange	étrange		an overdue	en retard	

RELUCTANCE	une RÉTICENCE	5161	REPENTANCE	un REPENTIR	5171
an obvious	manifeste		a genuine	vrai	
a visible	visible		a feigned	différé	
a sullen	maussade		a sincere	de bon gré	
a timid	timorée		a bitter	amère	
an unexplainable	inexplicable		a sullen	morne	

REMARK	une REMARQUE	5162	REPERTOIRE	un RÉPERTOIRE	5172
a crude	grossière		a vast	un vaste répertoire	
a facetious	facétieuse		a limited	limité	
a foolish	ridicule		a classical	classique	
a thoughtless	irréfléchie		a modern	moderne	
a typical	typique		an interesting	intéressant	

REMEDY	un REMÈDE	5163	REPETITION	une RÉPÉTITION	5173
a wonderful	merveilleux		a tedious	fastidieuse	
a reliable	sûr		a helpful	utile	
a valuable	précieux		a meaningless	dénuée de sens	
a homemade	de bonne femme		a senseless	stupide	
an effective	efficace		a necessary	nécessaire	

REMEMBRANCE	un SOUVENIR	5164	REPLACEMENT	un REMPLAÇANT	5174
a fond	un doux souvenir		a temporary	provisoire	
a lasting	durable		a qualified	qualifié	
a cherished	chéri		an incompetent	incompétent	
a tender	un tendre souvenir		a well-trained	ayant une bonne formation	
a tragic	tragique		an efficient	compétent	

REMINDER	un RAPPEL	5165	REPLICA	une RÉPLIQUE	5175
a tragic	tragique		a perfect	parfaite	
a gentle	peu sévère		an unusual	insolite	
a stern	sévère		an exact	un double exact	
a warning	à la prudence		a handmade	faite à la main	
a constant	constant		a manufactured	faite à la machine	

RENEWAL	un RENOUVELLEMENT	5166	REPLY	une RÉPONSE	5176
a periodic	périodique		a frank	franche	
a seasonal	saisonnier		an embarrassed	embarrassée	
a yearly	annuel		an immediate	immédiate	
a required	nécessaire		an idiotic	stupide	
a complete	complet		an evasive	évasive	

REPORT	un RAPPORT	5177
an accurate	précis	
an excellent	excellent	
an informative	instructif	
an official	officiel	
an astonishing	surprenant	

REPORTER	un JOURNALISTE	5178
an inquisitive	curieux	
an ambitious	ambitieux	
a reliable	honnête	
an eager	avide de succès	
a reputable	de bonne réputation	

REPRESENTA- TIVE	un REPRÉSENTANT	5179
an elected	élu	
a capable	capable	
a local	local	
an unbiased	impartial	
a diplomatic	un agent diplomatique	

REPRINT	une RÉIMPRESSION	5180
an inexpensive	une édition bon marché	
a requested	sur demande	
an accurate	fidèle	
an editorial	d'un article de fond	
an illegal	non autorisée	

REPRISAL	des REPRÉSAILLES	5181
a severe	de rudes représailles	
a merciless	impitoyables	
a prompt	immédiates	
an indiscriminate	aveugles	
a bloody	sanglantes	

REPRODUCTION	une REPRODUCTION	5182
an accurate	fidèle	
a clear	nette	
an authentic	conforme à l'original	
a blurred	mal venue	
a perfect	une copie parfaite	

REPUBLIC	une RÉPUBLIQUE	5183
an ideal	idéale	
a model	modèle	
a historical	historique	
a legendary	légendaire	
a peaceful	pacifique	

REPUTATION	une RÉPUTATION	5184
a fine	une bonne réputation	
a well-earned	méritée	
an outstanding	excellente	
a questionable	douteuse	
an exaggerated	exagérée	

REQUEST	une DEMANDE	5185
a shy	timide	
an insistent	insistante	
a logical	logique	
a difficult	difficile	
a legitimate	légitime	

REQUIREMENT	une EXIGENCE	5186
a physical	physique	
a mental	stupide	
a difficult	difficile à satisfaire	
a basic	fondamentale	
a new	une nouvelle exigence	

RESCUE	un SAUVETAGE	5187
a daring	audacieux	
a successful	réussi	
a difficult	difficile	
a gallant	courageux	
a heroic	héroïque	

RESEARCH	des RECHERCHES	5188
a useful	profitables	
a helpful	utiles	
an exhaustive	approfondies	
a thorough	poussées	
a painstaking	méticuleuses	

RESEMBLANCE	une RESSEMBLANCE	5189
a faint	une vague ressemblance	
a strong	une forte ressemblance	
an obvious	évidente	
a striking	frappante	
a close	une grande ressemblance	

RESENTMENT	un RESSENTIMENT	5190
a secret	caché	
a bitter	amer	
a strong	un vif ressentiment	
an angry	un violent ressentiment	
a groundless	mal fondé	

RESERVATION	une LOCATION (DE PLACE)	5191
a confirmed	confirmée	
a canceled	annulée	
an advance	d'avance	
an unavailable	impossible	
a definite	sûre	

RESIDENCE	une RÉSIDENCE	5192
a palatial	somptueuse	
a pretentious	prétentieuse	
a stately	majestueuse	
a costly	coûteuse	
a temporary	provisoire	

RESIDENT	un RÉSIDENT	5193
a temporary	temporaire	
a permanent	permanent	
a distinguished	de marque	
a happy	un heureux habitant	
an agreeable	un habitant sympathique	

RESIGNATION (job)	une DÉMISSION	5194
an expected	attendue	
a definite	définitive	
an unfortunate	regrettable	
a meaningless	absurde	
a refused	refusée	

RESISTANCE	une RÉSISTANCE	5195
a passive	passive	
an unforeseen	inattendue	
a fierce	acharnée	
a stubborn	opiniâtre	
a heroic	héroïque	

RESOLUTION (law)	une RÉSOLUTION	5196
a unanimous	prise à l'unanimité	
a necessary	nécessaire	
an important	importante	
a courageous	courageuse	
a defeated	rejetée	

RESORT	une STATION (SE JOUR)	5197
a delightful	très agréable	
a luxurious	luxueuse	
a fashionable	élégante	
a seasonal	fréquentée en saison	
a coastal	balnéaire	

RESOURCE	des RESSOURCES	5198
a natural	naturelles	
a depleted	épuisées	
a necessary	nécessaires	
a financial	financières	
an inexhaustible	inépuisables	

RESPECT	un RESPECT	5199
a proper	le respect qui convient	
a genuine	sincère	
an increased	accru	
a deserved	mérité	
a high	un profond respect	

RESPONSE	une RÉACTION	5200
an eager	empressée	
a sympathetic	favorable	
an immediate	immédiate	
a hesitant	hésitante	
an affirmative	positive	

RESPONSIBILITY	une OBLIGATION	5201
a tremendous	terrible	
a grave	grave	
a moral	morale	
a social	sociale	
an assigned	dévolue	

REST	un REPOS	5202
a needed	nécessaire	
an occasional	pris de temps à autre	
a refreshing	réparateur	
a long	un long repos	
a peaceful	non troublé	

REST ROOM	des TOILETTES	5203
a clean	propres	
a nearby	peu éloignées	
a well-kept	bien tenues	
a dirty	sales	
an immaculate	immaculées	

RESTAURANT	un RESTAURANT	5204
a world-famous	de réputation mondiale	
a good	un bon restaurant	
an expensive	cher	
a colorful	pittoresque	
an unpretentious	sans prétention	

RESTRAINT	une RETENUE	5205
a severe	une grande retenue	
a moral	morale	
a cruel	une cruelle contrainte	
a wise	une sage retenue	
a necessary	nécessaire	

RESTRICTION	une RESTRICTION	5206
a local	locale	
an unreasonable	déraisonnable	
a wartime	du temps de guerre	
a temporary	provisoire	
a senseless	absurde	

RESULT	une CONSÉQUENCE	5207
an unfortunate	malheureuse	
a predictable	prévisible	
an unforeseen	imprévue	
an unusual	inhabituelle	
an expected	un résultat attendu	

RETALIATION	des REPRÉSAILLES	5208
a vigorous	vigoureuses	
a pitiless	impitoyables	
an instantaneous	immédiates	
an armed	armées	
a murderous	meurtrières	

RETICENCE	une RÉTICENCE	5209
a childish	puérile	
an exaggerated	exagérée	
an excessive	excessive	
a needless	inutile	
a foolish	absurde	

RETIREMENT	une RETRAITE	5210
a requested	sollicitée	
a temporary	momentanée	
a permanent	définitive	
a quiet	tranquille	
a boring	ennuyeuse	

RETREAT (haven)	une RETRAITE (endroit)	5211
a peaceful	paisible	
a quiet	une calme retraite	
a secluded	isolée	
a shaded	ombragée	
a distant	éloignée	

RETREAT (military)	une RETRAITE (militaire)	5212
a hasty	precipitée	
an immediate	immédiate	
a strategic	un repli stratégique	
a cowardly	une lâche retraite	
an orderly	en bon ordre	

RETRIBUTION	un CHÂTIMENT	5213
a just	juste	
a severe	sévère	
a bloody	une vengeance sanglante	
an immediate	immédiat	
a delayed	différé	

RETURN (arrival)	un RETOUR	5214
a frequent	fréquent	
a speedy	rapide	
a forbidden	interdit	
a secret	en cachette	
an expected	prévu	

RETURN (monetary)	un PROFIT	5215
a profitable	satisfaisant	
an adequate	convenable	
a meager	un maigre profit	
an abundant	considérable	
a tangible	tangible	

REUNION	des RETROUVAILLES	5216
a joyful	joyeuses	
a tearful	éplorées	
a sad	de tristes retrouvailles	
a happy	heureuses	
a postponed	remises à plus tard	

REVELATION	une RÉVÉLATION	5217	RIDDLE	une ÉNIGME	5227
a startling	sensationnelle		a ridiculous	ridicule	
a biblical	biblique		a famous	célèbre	
an unexpected	inattendue		an unsolved	irrésolue	
a sad	une triste révélation		a legendary	légendaire	
a divine	divine		a puzzling	déconcertante	

REVENGE	une VENGEANCE	5218	RIDGE	une CRÊTE (MONTAGNE)	5228
a sworn	jurée				
a sweet	une douce vengeance		a lofty	élevée	
a senseless	insensée		a parallel	parallèle	
a meaningless	dénuée de sens		an inaccessible	inaccessible	
a secret	secrète		a snow-covered	enneigée	
			a barren	aride	

REVIEW (article)	un COMPTE RENDU	5219	RIGHT	un DROIT	5229
an impartial	impartial		an individual	individuel	
a critical	critique		a constitutional	constitutionnel	
a brief	un bref compte-rendu		a hereditary	héréditaire	
a lengthy	un long compte-rendu		an inalienable	inaliénable	
a favorable	favorable		a natural	naturel	

REVISION	une RÉVISION	5220	RING	une BAGUE	5230
a needed	nécessaire		a precious	précieuse	
a careful	minutieuse		a plain	simple	
an excellent	une excellente révision		an ornamental	décorative	
an advisable	opportune		a valuable	de prix	
an unnecessary	superflue		a carved	gravée	

REVOLUTION	une RÉVOLUTION	5221	RIOT	une ÉMEUTE	5231
a cultural	culturelle		a bloody	sanglante	
a famous	célèbre		a racial	raciale	
a social	sociale		an unexpected	inattendue	
an industrial	industrielle		a wild	violente	
a bloody	sanglante		a disgraceful	un désordre scandaleux	

REWARD	une RÉCOMPENSE	5222	RISK	un RISQUE	5232
a generous	généreuse		a terrible	terrible	
a promised	promise		a calculated	calculé	
an appropriate	convenable		a mild	un léger risque	
a just	une juste récompense		a tremendous	énorme	
a small	modeste		a constant	constant	

RHYME	une RIME	5223	RITUAL	un RITUEL	5233
a funny	drôle		a traditional	traditionnel	
a meaningless	sans queue ni tête		a pagan	des rites païens	
a perfect	riche		a complicated	compliqué	
a repeated	répétée		a simple	simple	
a sonorous	sonore		an exotic	des rites exotiques	

RHYTHM	un RYTHME	5224	RIVAL	un RIVAL	5234
a pounding	martelé		a potential	éventuel	
a monotonous	monotone		an angry	courroucé	
a seductive	fascinant		a worthy	digne	
a regular	régulier		a jealous	jaloux	
a characteristic	caractéristique		an envious	envieux	

RIBBON	un RUBAN	5225	RIVALRY	une RIVALITÉ	5235
a narrow	étroit		a jealous	jalouse	
a wide	large		a regional	régionale	
a colorful	de couleur		a local	locale	
a decorative	décoratif		a dangerous	dangereuse	
a long	un long ruban		a famous	célèbre	

RICE	un RIZ	5226	RIVER	un FLEUVE (COURS D'EAU)	5236
a cooked	cuit				
a white	blanc		a wandering	vagabond	
a wild	sauvage		an overflowing	qui déborde	
a fluffy	gonflé		a turbulent	turbulent	
a newly-planted	qu'on vient de repiquer		a wide	un large cours d'eau	
			a swift	rapide	

ROAD	une ROUTE	5237	ROLL	un PETIT PAIN	5247
a narrow	étroite		a delicious	délicieux	
a bumpy	défoncée		a stale	rassis	
a smooth	unie		a fresh	frais	
a slippery	glissante		a buttered	beurré	
an impassable	impraticable		a warm	chaud	

ROAD MAP	une CARTE ROUTIÈRE	5238	ROMANCE	une IDYLLE	5248
a helpful	utile		a brief	une brève idylle	
an exact	précise		a touching	émouvante	
an inaccurate	inexacte		an imaginary	imaginaire	
an up-to-date	à jour		a scandalous	scandaleuse	
a folded	(re)pliée		a secret	secrète	

ROAR	un GRONDEMENT	5239	ROOF	un TOIT	5249
a thunderous	de tonnere		a protective	qui protège	
an incessant	incessant		a thatched	de chaume	
an angry	irrité		a wooden	de bois	
a muffled	assourdi		a graceful	élégant	
a deafening	assourdissant		a steep	à forte pente	

ROAST	un RÔTI	5240	ROOM	une PIÈCE	5250
a savory	savoureux		a furnished	meublée	
a well-done	à point		a large	une grande pièce	
a rare	saignant		a comfortable	confortable	
a delicious	délicieux		a well-planned	bien conçue	
a succulent	succulent		a charming	charmante	

ROBBERY	un VOL	5241	ROPE	une CORDE	5251
a spectacular	spectaculaire		a heavy	épaisse	
a successful	réussi		a sturdy	solide	
a world-famous	célèbre		a thick	une grosse corde	
an ingenious	ingénieux		a strong	résistante	
a well-planned	bien conçu		a thin	fine	

ROBE	une ROBE	5242	ROSE	une ROSE	5252
a ceremonial	de cérémonie		a lovely	une belle rose	
a flowing	flottante		a fragrant	parfumée	
a priestly	de prêtre		a distinctive	différente des autres	
a gorgeous	somptueuse		a wild	sauvage	
a royal	royale		a blooming	(fraîche) éclose	

ROBOT	un ROBOT	5243	ROUTE	un ITINÉRAIRE	5253
an incredible	extraordinaire		a well-marked	bien signalé	
a remarkable	remarquable		a circular	un circuit	
an amusing	amusant		a direct	direct	
a perfected	perfectionné		a dangerous	dangereux	
a gigantic	gigantesque		a convenient	commode	

ROCK	un ROCHER	5244	ROUTINE	une ROUTINE	5254
an enormous	enorme		a boring	ennuyeuse	
an exposed	dénudé		a systematic	systématique	
a massive	massif		an ordinary	ordinaire	
a volcanic	volcanique		an everyday	quotidienne	
an ordinary	ordinaire		a regular	normale	

ROCKET	une FUSÉE	5245	ROW (line)	une RANGÉE	5255
a powerful	puissante		an endless	interminable	
a perfected	améliorée		a parallel	parallèle	
a soaring	qui jaillit vers le ciel		a first	une première rangée	
a guided	téléguidée		a second	une seconde rangée	
an enormous	énorme		an empty	vide	

ROLE	un RÔLE	5246	ROYALTY	une ROYAUTÉ	5256
an important	important		an aloof	altière	
a minor	secondaire		a decadent	décadente	
a historical	historique		a privileged	privilégiée	
an influential	influent		a benevolent	bienveillante	
an essential	essentiel		a beloved	bien-aimée	

RUG   un TAPIS   5257

a small — un petit tapis
a thick — épais
a luxuriant — luxueux
a colorful — bariolé
a patterned — à motifs

RUINS   des RUINES   5258

desolate — abandonnées
ancient — anciennes
silent — silencieuses
remarkable — remarquables
hidden — cachées

RULE (law)   une RÈGLE   5259

a strict — stricte
a harsh — rigoureuse
a specific — particulière
a contradictory — contradictoire
an absurd — absurde

RULER   un SOUVERAIN   5260

a legendary — légendaire
a firm — gouvernant d'une main ferme
a ruthless — impitoyable
a despised — méprisé
a mad — fou

RUMOR   une RUMEUR   5261

an amusing — amusante
a persistent — persistante
a wild — une folle rumeur
a groundless — sans fondement
an unconfirmed — non confirmée

RUNWAY   une PISTE (DE DÉCOLLAGE)   5262

a smooth — unie
a cleared — dégagée
a slippery — glissante
a dangerous — dangereuse
a wet — mouillée

RUSH   une BOUSCULADE   5263

a daily — quotidienne
a frantic — forcenée
a desperate — désespérée
a blind — aveugle
a reckless — à corps perdu

S

SABOTAGE   un SABOTAGE   5264

a clever — ingénieux
a widespread — général
a wartime — en temps de guerre
an effective — efficace
a destructive — destructeur

SACK   un SAC   5265

a large — un grand sac
an empty — vide
a full — plein
a strong — solide
a small — un petit sac

SACRIFICE   un SACRIFICE   5266

a terrible — terrible
a useless — inutile
a vain — vain
an unnecessary — superflu
a heroic — héroïque

SADDLE   une SELLE   5267

a sturdy — robuste
an ornamented — d'apparat
a valuable — de prix
a hard — dure
a comfortable — confortable

SADNESS   une TRISTESSE   5268

a great — une grande tristesse
an unexplainable — inexplicable
a sudden — soudaine
a painful — une douloureuse tristesse
a secret — secrète

SAFE   un COFFRE-FORT   5269

an open — ouvert
a strong — solide
an impregnable — impossible à forcer
a small — un petit coffre-fort
a thick — épais

SAFETY   une SÉCURITÉ   5270

an absolute — absolue
a relative — relative
a maximum — maximale
a threatened — menacée
a temporary — momentanée

SAFETY BELT   une CEINTURE DE SÉCURITÉ   5271

a required — obligatoire
a tight — serrée
a necessary — nécessaire
a loose — lâche
an uncomfortable — incommode

SAFETY ZONE   un PASSAGE POUR PIÉTONS   5272

a crowded — encombré (de gens)
a necessary — nécessaire
a deserted — désert
a narrow — étroit
a wide — large

SAIL   une VOILE   5273

a billowing — gonflée
a full — déployée
a hoisted — hissée
a drooping — pendante
a white — blanche

SAILOR	un MARIN	5274
a lonesome	solitaire	
a skillful	habile	
a homesick	nostalgique	
an experienced	chevronné	
a mutinous	un mutin	

SAINT	un SAINT	5275
a celebrated	glorifié	
a hallowed	consacré	
a proverbial	proverbial	
a legendary	légendaire	
a veritable	un véritable saint	

SALAD	une SALADE	5276
a crisp	fraîche	
a delicious	délicieuse	
a tempting	tentante	
a tossed (mixed)	assaisonnée	
a satisfying	nourrisante	

SALARY	un TRAITEMENT (salaire)	5277
a good	un bon traitement	
a low	modeste	
a high	élevé	
an adequate	convenable	
a laughable	ridicule	

SALE	une VENTE	5278
a final	conclue	
a yearly	annuelle	
a monthly	mensuelle	
a public	publique	
a profitable	fructueuse	

SALESMAN	un VENDEUR	5279
a good	un bon vendeur	
a poor	un mauvais vendeur	
an energetic	énergique	
an aggressive	dynamique	
a suave	affable	

SALESWOMAN	une VENDEUSE	5280
a talkative	loquace	
a pleasant	agréable	
a polite	polie	
a helpful	serviable	
a rude	grossière	

SALUTE	un SALUT	5281
an honorary	des honneurs militaires	
a royal	au roi	
a courteous	courtois	
a required	obligatoire	
a parting	des adieux	

SALVE	une POMMADE	5282
a cooling	rafraîchissante	
a healing	cicatrisante	
an antiseptic	antiseptique	
a helpful	utile	
a protective	une crème de protection	

SAMPLE	un ÉCHANTILLON	5283
a small	un petit échantillon	
a rare	rare	
a free	gratuit	
a random	pris au hasard	
an unusual	insolite	

SAND	un SABLE	5284
a coarse	grossier	
a fine	fin	
a moist	humide	
a dry	sec	
a burning	brûlant	

SANDWICH	un SANDWICH	5285
a thick	épais	
a marvelous	formidable	
a filling	nourrissant	
a homemade	"maison"	
a tasty	savoureux	

SAPPHIRE	un SAPHIR	5286
a large	un gros saphir	
an uncut	non taillé	
a polished	poli	
a valuable	précieux	
a square-cut	carré	

SARCASM	un SARCASME	5287
an obvious	évident	
a taunting	provocant	
an irritating	irritant	
a good-natured	une plaisanterie bonasse	
an effective	qui porte	

SASH	une ÉCHARPE	5288
a wide	large	
a colorful	de couleur	
a tight	serrée	
a traditional	traditionnelle	
a black	noire	

SATELLITE	un SATELLITE	5289
an orbiting	en orbite	
a scientific	scientifique	
an enormous	énorme	
a mysterious	mystérieux	
a visible	visible	

SATIRE	une SATIRE	5290
a bitter	féroce	
a humorous	humoristique	
a political	politique	
a social	sociale	
a harmless	anodine	

SATISFACTION	une SATISFACTION	5291
a complete	complète	
a guaranteed	garantie	
a mutual	réciproque	
an ultimate	une ultime satisfaction	
an immediate	immédiate	

SAUCE	une SAUCE	5292
a delicious	délicieuse	
a hot	brûlante	
a spicy	épicée	
a savory	savoureuse	
a tasteless	insipide	

SAUCER	une SOUCOUPE	5293
a dirty	sale	
a dainty	délicate	
a cracked	fêlée	
a broken	cassée	
a chipped	ébréchée	

SAVAGE	un SAUVAGE	5294	SCENERY (stage)	des DÉCORS	5304
a wild	déchaîné		an effective	heureux	
a naked	nu		a threadbare	râpés	
an illiterate	analphabète		a traditional	traditionnels	
a ferocious	féroce		an imaginative	originaux	
a primitive	primitif		a functional	fonctionnels	

SAVING(S)	une ÉCONOMIE (ÉPARGNE)	5295	SCENT	un PARFUM	5305
a considerable	considérable		an exotic	exotique	
an additional	supplémentaire		a pungent	une odeur âcre	
a spectacular	spectaculaire		a delicate	délicat	
a slight	de petites économies		an unfamiliar	insolite	
a great	des économies importantes		a pleasing	agréable	

SAW	une SCIE	5296	SCEPTER	un SCEPTRE	5306
a sharp	affutée		a golden	d'or	
a rusty	rouillée		a jeweled	orné de pierreries	
a dull	émoussée		a legendary	légendaire	
a new	neuve		a royal	royal	
a long	une longue scie		a magic	une baguette magique	

SAYING	un DICTON	5297	SCHEDULE	un HORAIRE	5307
a colloquial	familier		a regular	normal	
a well-known	connu		a flexible	élastique	
an appropriate	pertinent		a daily	quotidien	
a true	bien vrai		a monthly	mensuel	
a humorous	drôle		a well-organized	bien conçu	

SCALE	une ÉCHELLE (DE MESURE)	5298	SCHEME	un PLAN (PROJET)	5308
a large	une grande échelle		a clever	ingénieux	
a small	une petite échelle		an elaborate	minutieux	
a narrow	limitée		an impractical	irréalisable	
a nationwide	nationale		a diabolical	diabolique	
a gigantic	gigantesque		a complicated	compliqué	

SCANDAL	un SCANDALE	5299	SCHOLAR	un ÉRUDIT	5309
a political	politique		a brilliant	brillant	
a historical	historique		a recognized	indiscuté	
a terrible	terrible		a famous	célèbre	
a recent	récent		an absent-minded	distrait	
a governmental	au sein du gouvernement		a potential	en puissance	

SCARE	une FRAYEUR	5300	SCHOLARSHIP	une BOURSE (D'ÉTUDES)	5310
a terrible	terrible		a desirable	souhaitable	
an unexpected	inattendue		a lucrative	d'un montant élevé	
a wild	panique		a wonderful	formidable	
an occasional	fortuite		a deserved	méritée	
a groundless	sans cause		a helpful	utile	

SCARF	une ÉCHARPE	5301	SCHOOL	une ÉCOLE	5311
a warm	chaude		an excellent	excellente	
a woolen	de laine		a modern	moderne	
a long	une longue écharpe		a large	une grande école	
a red	rouge		a small	une petite école	
a colorful	de couleur		a nearby	proche	

SCENE	un SPECTACLE	5302	SCIENCE	une SCIENCE	5312
a touching	touchant		a universal	un savoir universel	
a sickening	écœurant		a theoretical	un savoir théorique	
a tragic	tragique		a physical	physique	
a beautiful	un beau spectacle		a political	politique	
a dramatic	dramatique		an abstract	abstraite	

SCENERY (land)	un PAYSAGE	5303	SCIENTIST	un CHERCHEUR	5313
a magnificent	magnifique		a distinguished	distingué	
a beautiful	un beau paysage		a mad	un savant fou	
a mountainous	de montagnes		a missing	disparu	
a peaceful	paisible		a nuclear	un atomiste	
a restful	reposant		a dedicated	qui se voue à la science	

SCORE	un SCORE	5314
an unequal	inégal	
a one-sided	injuste	
a high	élevé	
a low	bas	
an equal	un match nul	
SCORN	un MÉPRIS	5315
a cruel	cruel	
a quiet	un tranquille mépris	
a secret	un secret mépris	
a contemptuous	un franc mépris	
a constant	constant	
SCOUNDREL	un VAURIEN	5316
an unscrupulous	sans scrupules	
a notorious	notoire	
an unprincipled	amoral	
a legendary	légendaire	
an insolent	insolent	
SCOUT (boy)	un SCOUT	5317
a resourceful	débrouillard	
an enthusiastic	enthousiaste	
an eager	ardent	
a hard-working	assidu	
a well-liked	très apprécié	
SCREAM	un CRI	5318
a terrified	de terreur	
a loud	un grand cri	
a muffled	étouffé	
a piercing	perçant	
a wild	violent	
SCREEN (divider)	un PARAVENT	5319
an opaque	opaque	
a transparent	transparent	
a decorated	orné	
a wooden	de bois	
a costly	coûteux	
SCRIBBLE	un GRIBOUILLAGE	5320
an illegible	illisible	
a hurried	hâtif	
an unreadable	indéchiffrable	
a careless	négligent	
a blurred	confus	
SCULPTOR	un SCULPTEUR	5321
a celebrated	célèbre	
a talented	de talent	
a well-known	de renom	
a poor	pauvre	
an excellent	un excellent sculpteur	
SCULPTURE	une SCULPTURE	5322
an abstract	abstraite	
a priceless	inestimable	
a rare	rare	
an ancient	ancienne	
a shapeless	informe	
SEA	une MER	5323
a stormy	démontée	
a cruel	cruelle	
a rough	houleuse	
a smooth	calme	
a vast	immense	

SEACOAST	un LITTORAL	5324
a remote	éloigné	
a battered	battu par la mer	
a populated	habité	
an uninhabited	inhabité	
a mountainous	montagneux	
SEAFOOD	un PLAT DE FRUITS DE MER	5325
a tasty	savoureux	
a fresh	frais	
a salty	salé	
a delicious	délicieux	
a traditional	traditionnel	
SEAPORT	un PORT (DE MER)	5326
a busy	actif	
a sheltered	abrité	
a prosperous	prospère	
a flourishing	florissant	
an important	important	
SEARCH	une QUÊTE	5327
a futile	futile	
a relentless	acharnée	
a frantic	effrénée	
a prolonged	prolongée	
a fruitless	infructueuse	
SEARCHLIGHT	un PROJECTEUR	5328
a warning	d'alarme	
a probing	qui fouille (le ciel)	
a brilliant	brillant	
a guiding	de guidage	
a flickering	clignotant	
SEASHORE	un RIVAGE	5329
a barren	aride	
a rocky	rocheux	
a sunny	ensoleillé	
a sandy	sablonneux	
a desolate	désolé	
SEASICKNESS	un MAL DE MER	5330
a nauseating	terrible	
a mild	un léger mal de mer	
a lasting	durable	
an annoying	fâcheux	
an inevitable	inévitable	
SEASON	une SAISON	5331
a hot	chaude	
a cold	froide	
a festive	les fêtes de fin d'année	
a favorite	préférée	
a rainy	pluvieuse	
SEAT	une PLACE	5332
a choice	de choix	
a regular	ordinaire	
a comfortable	un siège confortable	
a hard	un siège dur	
a favorite	préférée	
SECLUSION	une SOLITUDE	5333
a complete	complète	
a restful	reposante	
a dignified	digne	
a comparative	relative	
a temporary	une retraite momentanée	

332

SECRECY	une DISCRÉTION	5334
a strict	absolue	
a sworn	jurée	
a mysterious	mystérieuse	
an unusual	insolite	
a tremendous	à toute épreuve	

SECRET	un SECRET	5335
a mysterious	mystérieux	
a guilty	coupable	
a betrayed	trahi	
a whispered	révélé à voix basse	
a terrible	un terrible secret	

SECRETARY	une SECRÉTAIRE	5336
an efficient	compétente	
a hard-working	travailleuse	
a charming	charmante	
a reliable	sûre	
a trustworthy	digne de confiance	

SECTION	un QUARTIER	5337
a remote	éloigné	
a squalid	sordide	
a prosperous	prospère	
an additional	un nouveau quartier	
a rural	une région rurale	

SECURITY	une SÉCURITÉ	5338
a false	un faux sentiment de securité	
an essential	indispensable	
a proper	suffisante	
a comparative	relative	
a comforting	réconfortante	

SEDATIVE	un SÉDATIF	5339
a harmful	dangereux	
a harmless	anodin	
an effective	efficace	
a tasteless	insipide	
a dangerous	dangereux	

SEGREGATION	une SÉGRÉGATION	5340
a racial	raciale	
an arbitrary	arbitraire	
a careful	circonspecte	
an undemocratic	antidémocratique	
a local	locale	

SELECTION	un CHOIX	5341
a wise	judicieux	
a careful	prudent	
an intelligent	intelligent	
a methodical	méthodique	
a reasonable	valable	

SELF-ASSUR-ANCE	un APLOMB	5342
a complete	un parfait aplomb	
an egotistical	égoïste	
a buoyant	une confiance en soi optimiste	
a pretended	feint	
a customary	habituel	

SELF-CONTROL	une MAÎTRISE DE SOI	5343
an admirable	admirable	
a remarkable	remarquable	
an unusual	inhabituelle	
a mature	d'adulte	
a lost	perdre la maîtrise de soi	

SELFISHNESS	un EGOÏSME	5344
a thoughtless	irréfléchi	
an unbelievable	incroyable	
an inconsiderate	inconsidéré	
a rude	grossier	
an embarrassing	embarrassant	

SEMESTER	un SEMESTRE	5345
a long	un long semestre	
a short	un court semestre	
a difficult	difficile	
a first	un premier semestre	
a final	un dernier semestre	

SENATE	un SÉNAT	5346
a powerful	puissant	
an influential	influent	
a hard-working	très actif	
a stubborn	inflexible	
a rebellious	rétif	

SENATOR	un SÉNATEUR	5347
a respected	respecté	
a businesslike	capable	
an energetic	énergique	
an old	âgé	
an eloquent	éloquent	

SENSATION (event)	un ÉVÉNEMENT	5348
an unbelievable	incroyable	
a literary	littéraire	
a dramatic	dramatique	
a political	politique	
an unexpected	imprévu	

SENSATION (feeling)	une SENSATION	5349
a happy	agréable	
a queer	étrange	
a wonderful	merveilleuse	
a buoyant	de légèreté	
a tingling	une démangeaison	

SENSE	un SENS	5350
a moral	moral	
an artistic	artistique	
a practical	pratique	
a keen	aigu	
an innate	inné	

SENSITIVITY	une SENSIBILITÉ	5351
an extreme	extrême	
an unusual	exceptionnelle	
an astonishing	étonnante	
a foolish	stupide	
a nervous	nerveuse	

SENTENCE (criminal)	une CONDAMNATION	5352
a severe	un verdict sévère	
a suspended	avec sursis	
a long	une longue peine	
a merciful	un verdict clément	
a justified	justifiée	

SENTENCE (gram- mar)	une PHRASE	5353
a simple	simple	
a childish	enfantine	
an incoherent	incohérente	
a complicated	compliquée	
a descriptive	descriptive	

SENTIMENT	un SENTIMENT	5354
an awkward	timoré	
a morbid	morbide	
a patriotic	patriotique	
a warm	chaleureux	
a natural	naturel	

SENTRY	une SENTINELLE	5355
a watchful	vigilante	
a sleeping	endormie	
an alert	sur le qui-vive	
a motionless	immobile	
a lonely	solitaire	

SEPARATION	une SÉPARATION	5356
a physical	physique	
a sad	triste	
a gradual	graduelle	
a sudden	brusque	
a complete	complète	

SERENITY	une SÉRÉNITÉ	5357
a perfect	parfaite	
a restful	reposante	
a calm	un calme sereine	
a wondrous	merveilleuse	
a peaceful	une grande sérénité	

SERMON	un SERMON	5358
an eloquent	éloquent	
a thunderous	fulminant	
a controversial	controversé	
a brilliant	brillant	
an inspiring	édifiant	

SERVANT	un DOMESTIQUE	5359
a menial	chargé des basses besognes	
a humble	un humble domestique	
an obedient	docile	
a diligent	diligent	
a lazy	paresseux	

SERVICE (café)	un SERVICE	5360
an excellent	excellent	
a poor	qui laisse à désirer	
a gracious	courtois	
an elegant	raffiné	
a prompt	rapide	

SERVICE (church)	un OFFICE (religieux)	5361
an imposing	imposant	
an austere	austère	
a lovely	un très bel office	
a traditional	traditionnel	
a lengthy	un long office	

SESSION	une SÉANCE	5362
a lengthy	une longue séance	
a special	spéciale	
an additional	supplémentaire	
a secret	secrète	
an extraordinary	extraordinaire	

SETTLEMENT	un RÈGLEMENT	5363
a final	définitif	
an amicable	à l'aimable	
a reasonable	équitable	
an equitable	équitable	
a lasting	durable	

SEVERITY	une SÉVÉRITÉ	5364
an undue	injustifiable	
an unjust	injuste	
a merciless	impitoyable	
an uncompromising	intransigeante	
an inflexible	inflexible	

SHADE	une OMBRE	5365
a cool	fraîche	
a deepening	qui s'épaissit	
a restful	reposante	
a refreshing	rafraîchissante	
a peaceful	paisible	

SHADOW	une OMBRE (OBSCUR- ITÉ)	5366
an ominous	sinistre	
a mysterious	mystérieuse	
a lengthening	qui s'allonge	
a long	allongée	
a blurred	floue	

SHAME	une HONTE	5367
a sudden	soudaine	
a lasting	durable	
a momentary	passagère	
a deep	profonde	
a pretended	feinte	

SHAMPOO	un SHAMPOOING	5368
a fragrant	parfumé	
an effective	efficace	
a reliable	sûr	
an antiseptic	antiseptique	
a familiar	connu	

SHAPE	une FORME	5369
a round	ronde	
an odd	étrange	
a slim	élancée	
a square	carrée	
an unfamiliar	inconnue	

SHARE	une PART	5370
an individual	individuelle	
an equal	égale	
a fair	une juste part	
a sizable	assez grande	
a major	une grande part	

SHAVE	un RASAGE	5371
a good	un rasage de près	
a smooth	doux	
a needed	nécessaire	
a daily	quotidien	
a regular	normal	

SHAWL	un CHÂLE	5372
a warm	chaud	
a tattered	en lambeaux	
a red	rouge	
a wide	un grand châle	
a colorful	de couleur	

SHED	une BARAQUE	5373	SHIPMENT	un CHARGEMENT	5383
a small	une petite baraque		a prompt	une expédition rapide	
a dilapidated	délabrée		an authorized	un envoi autorisé	
an abandoned	abandonnée		an imported	importé	
a protective	un abri		an exported	exporté	
an empty	vide		a valuable	précieux	

SHEEN	un ÉCLAT	5374	SHIPWRECK	un NAUFRAGE	5384
a dazzling	éblouissant		a famous	célèbre	
a lustrous	lumineux		an unexpected	soudain	
a metallic	métallique		a tragic	tragique	
a blinding	aveuglant		a terrible	terrible	
a polished	un vif éclat		a mysterious	mystérieux	

SHEET (paper)	une FEUILLE	5375	SHIRT	une CHEMISE	5385
a thin	mince		a clean	propre	
a clean	vierge		a drip-dry	à séchage rapide	
a small	une petite feuille		a dirty	sale	
a large	une grande feuille		a sleeveless	sans manches	
a colored	de couleur		a colored	de couleur	

SHELF	une ÉTAGÈRE	5376	SHOCK	un CHOC	5386
a narrow	étroite		a violent	violent	
a bare	nue		an electrical	une secousse électrique	
a wooden	de bois		a sudden	brusque	
an empty	vide		an unexpected	inattendu	
a crowded	encombrée		a dreadful	épouvantable	

SHELL (sea)	un COQUILLAGE	5377	SHOELACE	un LACET	5387
a fantastic	bizarre		a broken	cassé	
a lovely	ravissant		a short	court	
an unusual	insolite		a long	long	
a petrified	fossilisé		a strong	solide	
a fragile	fragile		a frayed	effiloché	

SHELTER	un ABRI	5378	SHOES	des CHAUSSURES	5388
a crude	rudimentaire		new	neuves	
an underground	souterrain		stylish	chic	
a safe	sûr		leather	de cuir	
an abandoned	abandonné		tight	trop justes	
a crowded	bondé		comfortable	confortables	

SHEPHERD	un BERGER	5379	SHOESTORE	un MAGASIN DE CHAUSSURES	5389
a lonely	solitaire				
a wandering	errant		a nearby	proche	
a biblical	biblique		a dirty	crasseux	
a homeless	sans foyer		a crowded	plein de monde	
a watchful	vigilant		an exclusive	sélect	
			a well-stocked	bien fourni	

SHIELD	un BOUCLIER	5380			
a heavy	pesant		SHOP	un MAGASIN	5390
a metal	métallique		a small	un petit magasin	
a decorated	décoré		an exclusive	sélect	
a decorative	décoratif		a fashionable	élégant	
a polished	poli		a deserted	vide	
			a quaint	pittoresque	

SHINE	un ÉCLAT	5381	SHOPPER	un ACHETEUR	5391
a golden	doré		a cautious	prudent	
a radiant	radieux		a careful	circonspect	
a conspicuous	remarquable		a shrewd	avisé	
a bright	un vif éclat		a regular	un fidèle client	
a dull	terni		an occasional	de passage	

SHIP	un NAVIRE	5382	SHORE	un RIVAGE	5392
a wrecked	naufragé		a distant	lointain	
a famous	célèbre		a sandy	sablonneux	
a lost	perdu		a rocky	rocheux	
a tiny	minuscule		a nearby	proche	
an anchored	à l'ancre		a desolate	désert	

SHORT STORY	une NOUVELLE (RÉCIT)	5393	SHUTTER	un VOLET	5403
an exciting	passionnante		a wooden	de bois	
an enjoyable	plaisante à lire		a locked	verrouillé	
a famous	célèbre		an open	ouvert	
a boring	ennuyeuse		a broken	cassé	
an obscene	obscène		a closed	fermé	

SHORTAGE	une PÉNURIE	5394	SHYNESS	une TIMIDITÉ	5404
an acute	aiguë		an unbelievable	incroyable	
an unforeseen	imprévue		a childish	puérile	
an unexpected	inattendue		an immature	d'adolescent	
a continuing	persistante		a feigned	feinte	
a terrible	terrible		an annoying	fâcheuse	

SHOT	un COUP (DE FUSIL)	5395	SICKNESS	une MALADIE	5405
a fatal	mortel		a prolonged	une longue maladie	
a sudden	brusque		a dreadful	terrible	
an accidental	accidentel		a nauseating	qui donne des nausées	
a ricocheting	une balle qui ricoche		an incurable	incurable	
an accurate	précis		a recent	récente	

SHOULDER	une ÉPAULE	5396	SIDE	un CÔTÉ	5406
a bare	nue		a serious	sérieux	
a sprained	foulée		a comical	comique	
a bruised	meurtrie		a windy	exposé au vent	
a drooping	tombante		a shaded	ombragé	
a bandaged	bandée		a sunny	ensoleillé	

SHOVEL	une PELLE	5397	SIDEWALK	un TROTTOIR	5407
a heavy	une lourde pelle		a slippery	glissant	
a small	une petite pelle		a broad	un large trottoir	
a dented	bosselée		a narrow	étroit	
a discarded	mise au rebut		a paved	pavé	
a lightweight	légère		an overcrowded	plein de monde	

SHOW	un SPECTACLE	5398	SIGH	un SOUPIR	5408
a wonderful	merveilleux		an audible	audible	
an exciting	sensationnel		a puzzled	de perplexité	
an unusual	insolite		a relieved	de soulagement	
an entertaining	divertissant		a wistful	de vague regret	
a boring	ennuyeux		a pleased	de satisfaction	

SHOWER (bath)	une DOUCHE	5399	SIGHT	une VUE (SPECTACLE)	5409
an invigorating	vivifiante		a weird	étrange	
a hasty	prise en vitesse		a magnificent	magnifique	
a refreshing	rafraîchissante		a touching	un spectacle émouvant	
a long	une longue douche		an unusual	insolite	
a hot/cold	chaude/froide		a depressing	déprimante	

SHRIEK	un CRI (PERÇANT)	5400	SIGN (indication)	un INDICE	5410
a terrified	de terreur		an encouraging	encourageant	
an agonizing	déchirant		a hopeful	prometteur	
a pitiful	pitoyable		a visible	visible	
a sudden	brusque		an optimistic	un bon signe	
an alarmed	alarmé		a dangerous	dangereux	

SHRINE	un SANCTUAIRE	5401	SIGNAL	un SIGNAL	5411
a hallowed	vénéré		a warning	d'avertissement	
a national	un mausolée national		a blinking	clignotant	
a pagan	païen		a busy (telephone)	(de ligne) occupé	
a secret	secret		a familiar	familier	
a famous	célèbre		a secret	secret	

SHUDDER	un FRISSON	5402	SIGNATURE	une SIGNATURE	5412
an involuntary	involontaire		a legible	lisible	
a violent	violent		a required	obligatoire	
a slight	léger		a bold	énergique	
a visible	visible		a blurred	maculée	
a repressed	reprimé		an unreadable	illisible	

SIGNIFICANCE	une SIGNIFICATION	5413
a deep	profonde	
a relative	relative	
a social	sociale	
a tragic	tragique	
an underlying	sous-jacente	

SINNER	un PÉCHEUR	5423
a forgiven	absous	
a continual	impénitent	
a proverbial	proverbial	
a reckless	insouciant	
a repentant	repentant	

SILENCE	un SILENCE	5414
an absolute	absolu	
a mysterious	empreint de mystère	
a respectful	respectueux	
an odd	étrange	
an expectant	dans l'expectative	

SIREN	une SIRÈNE	5424
a loud	puissante	
a warning	d'alarme	
a shrill	stridente	
a wailing	plaintive	
a terrifying	terrifiante	

SILK	une SOIE	5415
a fine	une fine soie	
an elegant	élégante	
a smooth	lisse	
a delicate	délicate	
an imported	importée	

SISTER	une SŒUR	5425
a lovely	ravissante	
a younger	cadette	
an older	aînée	
a sympathetic	bienveillante	
a favorite	préférée	

SILVER	un ARGENT (MÉTAL)	5416
a glittering	brillant	
a polished	poli	
a crude	brut	
a valuable	une argenterie précieuse	
an ornamental	d'apparat	

SITE	un EMPLACEMENT	5426
an ideal	idéal	
an advantageous	avantageux	
a suitable	convenable	
a lovely	un bel emplacement	
an appropriate	approprié	

SIMILARITY	une RESSEMBLANCE	5417
a remarkable	remarquable	
a startling	surprenante	
an indistinguishable	parfaite	
an odd	étrange	
an expected	prévue	

SITUATION	une SITUATION	5427
an unusual	insolite	
an embarrassing	embarrassante	
a strange	étrange	
a tense	tendue	
a unique	incomparable	

SIMPLICITY	une SIMPLICITÉ	5418
a childish	enfantine	
a primitive	primitive	
an austere	austère	
an amazing	surprenante	
a refreshing	rafraîchissante	

SIZE	une TAILLE	5428
an enormous	énorme	
a small	une petite taille	
a large	une grande taille	
an equal	égale	
an imposing	imposante	

SIN	un PÉCHÉ	5419
a deadly	mortel	
a forgiven	pardonné	
an unpardonable	impardonnable	
an unthinkable	inpensable	
a basic	capital	

SKELETON	un SQUELETTE	5429
a frightening	terrifiant	
a bleached	blanchi	
a reconstructed	reconstitué	
a decayed	tombé en poussière	
a petrified	pétrifié	

SINCERITY	une SINCERITÉ	5420
a true	parfaite	
a false	fausse	
a pleasant	agréable	
a welcome	bien accueillie	
an evident	évidente	

SKEPTIC (sceptic)	un SCEPTIQUE	5430
a confirmed	endurci	
an annoying	ennuyeux	
a continual	un éternel sceptique	
a natural	qqn d'une nature sceptique	
an unreasonable	déraisonnable	

SINGER	un CHANTEUR	5421
an excellent	excellent	
a well-trained	maître de son art	
an operatic	lyrique	
a versatile	aux multiples talents	
a world-famous	de renommée mondiale	

SKETCH	un CROQUIS	5431
a rough	un premier jet	
a brief	rapide	
an exact	exact	
an interesting	intéressant	
an uncompleted	inachevé	

SINGING	un CHANT	5422
a boisterous	bruyant	
a lovely	ravissant	
a fervent	ardent	
an impromptu	spontané	
a stirring	émouvant	

SKILL	une HABILETÉ	5432
a professional	une compétence professionnelle	
a superior	supérieure	
a diplomatic	diplomatique	
an unusual	insolite	
a rare	une rare habilité	

SKIN	une PEAU	5433	SLAYER	un ASSASSIN	5443
a clear	claire		a convicted	déclaré coupable	
a clean	propre		an unknown	inconnu	
a tough	dure		a captured	arrêté	
a smooth	lisse		a suspected	un suspect d'un crime	
a rough	rêche		an alleged	présumé	

SKIRT	une JUPE	5434	SLEEP	un SOMMEIL	5444
a short	courte		a sound	profond	
a pretty	une jolie jupe		a heavy	lourd	
a tight	étroite		a light	léger	
a wrinkled	froissée		a dreamless	sans rêve	
a mini	une mini-jupe		a peaceful	paisible	

SKY	un CIEL	5435	SLEEPING PILL	un SOMNIFÈRE	5445
a cloudy	nuageux		a relaxing	qui détend	
an overcast	couvert		a mild	un léger somnifère	
a sunny	lumineux		a prescribed	prescrit	
a starless	sans étoiles		a dangerous	dangereux	
a gray	gris		a reliable	sûr	

SKYROCKET	une FUSÉE (artifice)	5436	SLEET	une NEIGE FONDUE	5446
a spectacular	spectaculaire		a driving	des rafales de neige fondue	
a colorful	aux belles couleurs		a melted	glissante	
an exploding	qui explose		a dangerous	dangereuse	
a glittering	resplendissante		a blinding	aveuglante	
a thrilling	sensationnelle		an unexpected	inattendue	

SKYSCRAPER	un GRATTE-CIEL	5437	SLEEVE	une MANCHE	5447
a famous	célèbre		a torn	déchirée	
an enormous	énorme		a narrow	étroite	
a modern	moderne		a long	longue	
an awesome	imposant		a mended	raccommodée	
a dark	sombre		a shortened	raccourcie	

SLANDER	une CALOMNIE	5438	SLEIGH	un TRAÎNEAU	5448
a vicious	méchante		a small	un petit traîneau	
a cruel	cruelle		a crowded	surchargé	
a malicious	malveillante		a decorated	décoré	
an intentional	intentionnelle		a fast	rapide	
an obvious	évidente		an overturned	renversé	

SLANG	un ARGOT	5439	SLICE	une TRANCHE	5449
a descriptive	imagé		a large	une grosse tranche	
a regional	local		a thin	une mince tranche	
a vulgar	vulgaire		a thick	épaisse	
an acceptable	passable		a small	une petite tranche	
a picturesque	pittoresque		a stale	rassise	

SLAUGHTER	un CARNAGE	5440	SLIPPER	une PANTOUFLE	5450
a terrible	terrible		a leather	de cuir	
a wasteful	inutile		a loose	qui tient mal	
a brutal	bestial		a lost	perdue	
a ruthless	impitoyable		a comfortable	confortable	
a wholesale	général		a stylish	élégante	

SLAVE	un ESCLAVE	5441	SLOGAN	un MOT D'ORDRE	5451
an obedient	soumis		an appropriate	bien trouvé	
a rebellious	révolté		a wartime	de la propagande	
a humble	un humble esclave		a familiar	connu	
a loyal	fidèle		a famous	une devise célèbre	
a freed	un affranchi		a popular	un slogan à succès	

SLAVERY	un ESCLAVAGE	5442	SLOPE	une PENTE	5452
an abolished	aboli		a gentle	douce	
an outlawed	proscrit		a grassy	herbeuse	
a virtual	de fait		a steep	raide	
a prohibited	interdit		a rocky	rocheuse	
a shameful	honteux		a wooded	boisée	

NOUNS

SLUMBER	un SOMME	5453	SNEER	un RICANEMENT	5463
an undisturbed	tranquille		an arrogant	arrogant	
a deep	un profond sommeil		a smug	suffisant	
a silent	silencieux		a mocking	moqueur	
a peaceful	un paisible somme		a perceptible	perceptible	
an untroubled	calme		a contemptuous	méprisant	

SLUM	un TAUDIS	5454	SNEEZE	un ÉTERNUEMENT	5464
a filthy	crasseux		a violent	violent	
an undesirable	indésirable		a sudden	brusque	
an overcrowded	où l'on tient à l'étroit		a loud	un fort éternuement	
a dismal	un sombre taudis		a suppressed	étouffé	
a squalid	sordide		a repeated	plusieurs éternuements	

SMELL	une ODEUR	5455	SNOW	une NEIGE	5465
a pleasant	agréable		a deep	profonde	
an offensive	désagréable		a crisp	crissant sous les pieds	
a musty	de renfermé		a glittering	scintillante	
a sweet	douce		a melting	qui fond	
an acrid	âcre		a melted	fondue	

SMILE	un SOURIRE	5456	SNOWFALL	une CHUTE DE NEIGE	5466
a friendly	amical		a heavy	une forte chute de neige	
a broad	un large sourire		an unexpected	inattendue	
a sly	sournois		a gentle	une légère chute de neige	
a wicked	méchant		a light	une faible chute de neige	
a kind	gentil		a wondrous	surprenante	

SMOKE	une FUMÉE	5457	SNOWSTORM	une TEMPÊTE DE NEIGE	5467
a faint	ténue		a terrible	une terrible tempête de neige	
a dense	dense		a disastrous	désastreuse	
an acrid	âcre		a blinding	aveuglante	
a suffocating	suffocante		a driving	cinglante	
a spiraling	qui monte en spirale		an incredible	incroyable	

SMUGGLING	une CONTREBANDE	5458	SOAP	un SAVON	5468
an illegal	illégale		a fragrant	parfumé	
a risky	dangereuse		an expensive	coûteux	
a profitable	lucrative		a strong	à récurer	
a widespread	largement pratiquée		an effective	efficace	
an endless	incessante		a mild	doux	

SNACK	un EN-CAS	5459	SOB	un SANGLOT	5469
a light	un léger casse-croûte		a hysterical	hystérique	
a favorite	préféré		a heart-rending	qui fend le cœur	
a filling	nourrissant		a tearful	éploré	
a customary	habituel		a painful	douloureux	
a small	un petit casse-croûte		a curious	un curieux sanglot	

SNACK BAR	un SNACK-BAR	5460	SOCIETY	une SOCIÉTÉ	5470
a popular	très fréquenté		a prosperous	prospère	
a crowded	bondé		a democratic	démocratique	
a nearby	proche		an aristocratic	aristocratique	
a dirty	sale		a conforming	conformiste	
a pleasant	agréable		a rebellious	révoltée	

SNAKE	un SERPENT	5461	SOFA	un SOFA	5471
a poisonous	venimeux		a comfortable	confortable	
a hissing	qui siffle		a long	un long sofa	
a coiled	lové		a hard	dur	
an enormous	énorme		a new	neuf	
a tiny	minuscule		an old	un vieux sofa	

SNAPSHOT	une PHOTOGRAPHIE	5462	SOFTNESS	une DOUCEUR	5472
a favorite	préférée		an unbelievable	incroyable	
a clear	nette		a luxurious	voluptueuse	
an amusing	amusante		an unusual	inhabituelle	
a blurred	floue		a comforting	réconfortante	
a surprising	surprenante		a desirable	la douceur recherchée	

SOIL	une TERRE	5473	SORT	une ESPÈCE	5483
a fertile	fertile		a particular	déterminée	
an irrigated	irriguée		a special	particulière	
a dry	sèche		an ordinary	ordinaire	
a humid	humide		a cheap	bon marché	
a sandy	un sol sablonneux		a costly	coûteuse	

SOLDIER	un SOLDAT	5474	SOUL (person)	une ÂME	5484
a brave	courageux		a lost	perdue	
a wounded	blessé		a worried	troublée	
a cowardly	lâche		a gentle	douce	
a weary	fatigué		a noble	noble	
a homesick	qui a le mal du pays		a romantic	romanesque	

SOLEMNITY	une SOLENNITÉ	5475	SOUND	un SON	5485
a majestic	majestueuse		an unusual	insolite	
a rare	rare		an ominous	sinistre	
a mysterious	mystérieuse		a terrible	terrible	
a depressing	déprimante		a pleasing	agréable	
a religious	religieuse		a hollow	creux	

SOLITUDE	une SOLITUDE	5476	SOUP	un POTAGE	5486
a perfect	parfaite		a thick	épais	
an unbroken	que rien ne vient troubler		a thin	un brouet clair	
a complete	complète		a hearty	nourrissant	
a gloomy	morose		a steaming	fumant	
a peaceful	paisible		a delicious	délicieux	

SOLOIST	un SOLISTE	5477	SOURCE	une SOURCE (D'INFORMATION)	5487
an excellent	excellent				
a nervous	nerveux		a reliable	sûre	
an admirable	admirable		an available	disponible	
a confident	sûr de lui		an endless	intarissable	
a talented	de talent		an important	importante	
			a usual	habituelle	

SOLUTION (accord)	une SOLUTION	5478	SOUVENIR	un SOUVENIR (OBJET)	5488
an ideal	idéale				
a real	une réelle solution		a lovely	ravissant	
an ingenious	ingénieuse		a cherished	qui est cher	
an encouraging	encourageante		a ridiculous	ridicule	
a reasonable	raisonnable		an expensive	coûteux	
			an attractive	intéressant	

SON	un FILS	5479	SPACE (universe)	un ESPACE	5489
a handsome	qui est beau garçon		a starless	sans étoiles	
an obedient	obéissant		a vast	immense	
a loving	affectueux		a limitless	illimité	
a polite	bien élevé		an infinite	infini	
a rebellious	rebelle		a forbidding	menaçant	

SONG	une CHANSON	5480	SPACE TRAVEL	un VOYAGE INTERPLANÉTAIRE	5490
a stirring	émouvante				
a familiar	connue		an exploratory	d'exploration	
an unfamiliar	inconnue		a future	futur	
a joyful	joyeuse		a possible	possible	
a sad	triste		a regular	de routine	
			an imaginary	imaginaire	

SONNET	un SONNET	5481	SPACESHIP	un VAISSEAU SPATIAL	5491
a famous	célèbre		a mysterious	mystérieux	
a conventional	sans originalité		an unidentified	non identifié	
a quoted	cité		an enormous	énorme	
a familiar	connu		an alien	extra-terrestre	
a beloved	favori		an unmanned	non habité	

SORROW	un CHAGRIN	5482	SPAN	un INTERVALLE	5492
a deep	un profond chagrin		a wide	un grand intervalle	
an unconcealed	manifeste		a long	un long intervalle	
a visible	visible		a short	un court intervalle	
an inner	intime		an incredible	incroyable	
a hidden	caché		a narrow	un espace étroit	

SPARK	une ÉTINCELLE	5493	SPELL	un CHARME (SORT)	5503
a dying	qui meurt		a magic	une formule magique	
a glowing	brillante		a wondrous	prodigieux	
an extinguished	éteinte		a broken	rompu	
a tiny	minuscule		a hypnotic	hypnotique	
a dangerous	dangereuse		an evil	maléfique	

SPEAKER	un ORATEUR	5494	SPELLING	une ORTHOGRAPHIE	5504
an eloquent	éloquent		a difficult	difficile	
a forceful	vigoureux		an accurate	exacte	
an inspiring	convaincant		a correct	juste	
a dynamic	dynamique		a wrong	fausse	
a distinguished	distingué		an easy	facile	

SPECIALIST	un SPÉCIALISTE	5495	SPICE	une ÉPICE	5505
a well-known	connu		an exotic	exotique	
a so-called	un soi-disant spécialiste		a widely-used	très employée	
a qualified	qualifié		a fragrant	odorante	
a high-priced	qui se fait payer très cher		a tropical	tropicale	
an excellent	un excellent spécialiste		a bitter	amère	

SPECIALTY	une SPÉCIALITÉ	5496	SPIRE	une FLÈCHE (D'ÉGLISE)	5506
a particular	typique				
a local	de l'endroit		a lofty	altière	
a traditional	traditionnelle		a pointed	aiguë	
a medical	médicale		a majestic	majestueuse	
a helpful	utile		a tapering	un clocher en flèche	
			a distant	lointaine	

SPECIMEN	un EXEMPLAIRE	5497	SPIRIT (attitude)	un (ÉTAT D') ÉSPRIT	5507
a splendid	splendide		a mutinous	séditieux	
a preserved	bien conservé		a friendly	bienveillant	
a rare	rare		a compassionate	compatissant	
a genuine	authentique		an impetuous	impétueux	
a tiny	minuscule		a buoyant	optimiste	

SPECTACLE	un SPECTACLE	5498	SPITE	une ANIMOSITÉ	5508
an unbelievable	incroyable		a hateful	détestable	
an awesome	imposant		a malicious	malveillante	
a religious	religieux		a vindictive	vindicative	
a striking	saisissant		a cruel	cruelle	
an impressive	impressionnant		a habitual	coutumière	

SPECTATOR	un SPECTATEUR	5499	SPLENDOR	une SPLENDEUR	5509
a dumbfounded	abasourdi		a regal	royale	
an angry	irrité		a magnificent	somptueuse	
an enthusiastic	enthousiaste		a dazzling	éblouissante	
an impartial	impartial		a ceremonial	solennelle	
an attentive	attentif		an unheard-of	inouïe	

SPEECH	un DISCOURS	5500	SPOKESMAN	un PORTE-PAROLE	5510
a long	un long discours		a persuasive	persuasif	
a stirring	émouvant		an official	officiel	
a censored	censuré		a presidential	du président	
an important	important		a vigorous	persuasif	
a treasonable	séditieux		a governmental	du gouvernement	

SPEED	une VITESSE	5501	SPONTANEITY	une SPONTANÉITÉ	5511
an average	moyenne		a joyful	joyeuse	
a supersonic	supersonique		an unexpected	imprévue	
a safe	sûre		a customary	habituelle	
a reckless	folle		a childish	naïve	
an incredible	incroyable		a typical	caractéristique	

SPEED LIMIT	une VITESSE LIMITÉE	5502	SPOON	une CUILLÈRE	5512
a legal	une vitesse réglementée		a silver	en argent	
a reasonable	modérée		a clean	propre	
a high	élevée		a dirty	sale	
an average	moyenne		a large	une grande cuillère	
an unreasonable	déraisonnable		a small	une petite cuillère	

SPORT	un SPORT	5513
a national	national	
a dangerous	périlleux	
an exciting	passionnant	
a favorite	favori	
an outdoor	en plein air	

SPORTSMAN	un SPORTIF	5514
a well-known	connu	
a daring	audacieux	
a wealthy	riche	
an adventurous	aventureux	
an enthusiastic	enthousiaste	

SPOT (place)	un ENDROIT	5515
a peaceful	tranquille	
a lovely	ravissant	
a sheltered	abrité	
a delightful	délicieux	
a secluded	isolé	

SPOT (stain)	une TACHE	5516
a large	une grosse tache	
a tiny	minuscule	
an embarrassing	gênante	
a temporary	qui s'enlève	
a permanent	qui ne part plus	

SPRING (season)	un PRINTEMPS	5517
a warm	chaud	
an early	précoce	
a lovely	un beau printemps	
a late	tardif	
a rainy	pluvieux	

SPRING (water)	une SOURCE	5518
a babbling	murmurante	
a clear	limpide	
an inexhaustible	inépuisable	
a gushing	d'eau vive	
a nearby	proche	

SPY	un ESPION	5519
an executed	exécuté	
a condemned	condamné	
a famous	célèbre	
a cunning	rusé	
a treacherous	perfide	

SQUARE (place)	une PLACE	5520
a lovely	une belle place	
a deserted	déserte	
a public	publique	
a famous	célèbre	
a crowded	noire de monde	

STABILITY	une STABILITÉ	5521
a reliable	une grande stabilité	
an emotional	affective	
a perfect	parfaite	
a relative	relative	
an economic	économique	

STADIUM	un STADE	5522
a gigantic	gigantesque	
an empty	vide	
a colorful	très coloré	
a famous	célèbre	
a crowded	bondé	

STAFF	un PERSONNEL	5523
an efficient	compétent	
an official	officiel	
a faithful	fidèle	
an energetic	énergique	
a large	important	

STAGE	une SCÈNE (DE THÉÂTRE)	5524
a wide	une vaste scène	
an open-air	en plein air	
a small	une petite scène	
an enormous	immense	
a deep	profonde	

STAGING (play)	une MISE EN SCÈNE	5525
a marvelous	merveilleuse	
a new	une nouvelle mise en scène	
a modern	moderne	
a brilliant	brillante	
an effective	heureuse	

STAIRCASE	un ESCALIER	5526
a long	un grand escalier	
a wooden	de bois	
a deserted	désert	
a narrow	étroit	
a wide	un large escalier	

STAMINA	une VIGUEUR	5527
an unbelievable	incroyable	
a renewed	un regain de vigueur	
an unexpected	inattendue	
an increased	accrue	
an unusual	insolite	

STAMP	un TIMBRE (POSTE)	5528
a rare	rare	
a valuable	précieux	
a colorful	polychrome	
a foreign	étranger	
a worthless	sans valeur	

STAND	une ATTITUDE	5529
a firm	ferme	
a definite	résolue	
a stubborn	opiniâtre	
a final	définitive	
an unalterable	immuable	

STANDARD	une NORME	5530
a high	élevée	
an acceptable	admissible	
a conventional	courante	
an unusual	insolite	
a superior	plus rigoureuse	

STAR (sky)	une ÉTOILE	5531
a twinkling	scintillante	
a distant	éloignée	
a visible	visible	
an enormous	énorme	
a tiny	minuscule	

STAR (theater)	une VEDETTE	5532
a world-famous	de réputation mondiale	
a popular	populaire	
a glamorous	fascinante	
a talented	de talent	
a versatile	aux mille talents	

STARE	un REGARD (FIXÉ)	5533	STATISTIC	une STATISTIQUE	5543
a stupid	stupide		a surprising	surprenante	
an awed	intimidé		a vital	vitale	
an admiring	admiratif		a definite	nette	
a curious	curieux		a reassuring	rassurante	
a rude	malhonnête		an alarming	alarmante	

START	un DÉBUT	5534	STATUE	une STATUE	5544
a planned	prévu		a famous	célèbre	
a scheduled	programmé		a grotesque	grotesque	
a late	un départ tardif		a charming	ravissante	
a successful	réussi		an enormous	énorme	
a delayed	un départ retardé		an ancient	antique	

STATE (condition)	un ÉTAT	5535	STATUS	un STATUT	5545
a terrible	terrible		a temporary	provisoire	
an anxious	d'angoisse		a permanent	permanent	
an emotional	émotif		a vague	vague	
a natural	naturel		a specific	précis	
a deplorable	déplorable		a future	futur	

STATE (government)	un ÉTAT	5536	STAY	un SÉJOUR	5546
			a brief	un bref séjour	
a democratic	démocratique		an enjoyable	agréable	
a large	un grand État		a long	un long séjour	
a small	un petit État		an extended	prolongé	
a populous	très peuplé		a temporary	temporaire	
a communistic	communiste				

STATEMENT	une DÉCLARATION	5537	STEAK	un BIFTECK	5547
a misleading	fallacieuse		a delicious	délicieux	
a dramatic	dramatique		a rare	saignant	
a logical	logique		a thick	épais	
an official	officielle		a juicy	juteux	
a brief	une brève déclaration		a well-done	à point	

STATEROOM	une CABINE (bateau)	5538	STEAMSHIP	un (NAVIRE À) VAPEUR	5548
a small	une petite cabine		a coastal	côtier	
a luxurious	luxueuse		a dilapidated	délabré	
a spacious	spacieuse		an old	un vieux vapeur	
an elegant	élégante		a famous	célèbre	
a crowded	bondée		an overloaded	surchargé	

STATESMAN	un HOMME D'ÉTAT	5539	STEEL	un ACIER	5549
a noted	éminent		a stainless	inoxydable	
a wise	sage		a gleaming	brillant	
an experienced	averti		a massive	massif	
a distinguished	distingué		a forged	forgé	
a retired	retiré de la vie publique		a molten	en fusion	

STATION	une GARE	5540	STEEPLE	un CLOCHER	5550
a local	de l'endroit		a distant	lointain	
a rural	de campagne		a decorative	décoratif	
a large	une grande gare		a graceful	un élégant clocher	
a small	une petite gare		a tapering	effilé	
a nearby	proche		a slender	élancé	

STATIONERY	du PAPIER À LETTRES	5541	STENOGRAPHER	une STENOGRAPHE	5551
plain	simple		an excellent	une excellente sténographe	
perfumed	parfumé		an accurate	précise	
colored	de couleur		a lovely	gracieuse	
decorated	ornementé		a friendly	sympathique	
white	blanc		an efficient	compétente	

STATIONERY STORE	une PAPETERIE	5542	STEP (action)	une MESURE	5552
			an unexpected	imprévue	
well-stocked	bien fournie		a bold	audacieuse	
small	une petite papeterie		a decisive	décisive	
nearby	proche		an essential	indispensable	
n adjacent	contiguë (à . . .)		an intermediate	transitoire	
closed	fermée				

STEP (walk)	un PAS	5553	STOOL	un TABOURET	5563
a long	allongé		a low	bas	
a weary	fatigué		a tall	un haut tabouret	
a buoyant	élastique		a sturdy	solide	
a faint	las		a useful	utile	
a confident	assuré		a wooden	de bois	

STEW	un RAGOÛT	5554	STOP	un ARRÊT	5564
a thick	épais		a necessary	obligatoire	
a tasty	savoureux		an occasional	facultatif	
a hot	brûlant		a scheduled	prévu	
a spicy	relevé		an unnecessary	inutile	
a well-seasoned	bien assaisonné		an unscheduled	intempestif	

STEWARD (boat)	un STEWARD	5555	STOPLIGHT	un STOP (SIGNAL)	5565
a polite	courtois		an annoying	ennuyeux	
a curious	curieux		a visible	visible	
a rude	mal embouché		a changing	qui passe au vert/rouge	
a helpful	serviable		a needed	nécessaire	
a competent	compétent		a smashed	brisé	

STEWARDESS (plane)	une HÔTESSE (DE L'AIR)	5556	STORE	un MAGASIN	5566
			a nearby	proche	
a pretty	une jolie hôtesse		a famous	célèbre	
a shapely	bien faite		an unusual	insolite	
a young	une jeune hôtesse		a fashionable	élégant	
a well-trained	connaissant son metier		a quaint	vieillot	
a smiling	souriante				

STICK	un BÂTON	5557	STOREROOM (shed)	une RESSERRE	5567
a thick	un gros bâton		a spacious	spacieuse	
a sturdy	solide		a dingy	crasseuse	
a heavy	un lourd bâton		a cluttered	encombrée	
a dangerous	dangereux		an orderly	bien rangée	
a brittle	fragile		a full	remplie	

STILLNESS	un CALME	5558	STORM	un ORAGE	5568
an ominous	de mauvaise augure		a violent	violent	
an unearthly	surnaturel		a freezing	glacial	
an absolute	absolu		a raging	déchaîné	
a depressing	déprimant		a destructive	destructeur	
a welcome	agréable		an unexpected	imprévu	

STIMULANT	un STIMULANT	5559	STORY (account)	une HISTOIRE (CONTE)	5569
a dangerous	dangereux		a delightful	délicieuse	
a necessary	nécessaire		a famous	célèbre	
a harmless	anodin		an exciting	passionnante	
an excellent	un excellent stimulant		a familiar	familière	
a helpful	utile		a childish	naïve	

STIMULUS	une STIMULATION	5560	STORY (level)	un ÉTAGE	5570
an external	un stimulus externe		an upper	supérieur	
a new	une impulsion nouvelle		a lower	inférieur	
a peculiar	bizarre		an uppermost	le dernier étage	
an unwise	imprudente		a high	du haut	
a temporary	passagère		a low	du bas	

STOCK (finance)	une ACTION (BOURSE)	5561	STRAIN	un EFFORT	5571
a worthless	sans valeur		a terrible	terrible	
a reliable	sûre		a mental	intellectuel	
a profitable	d'un bon rapport		a physical	physique	
a selected	sélectionnée		a continuous	continu	
a speculative	spéculative		a muscular	musculaire	

STONE	une PIERRE	5562	STRANGER	un ÉTRANGER	5572
a smooth	lisse		a lonely	solitaire	
a rough	rugueuse		a mysterious	mystérieux	
a heavy	une lourde pierre		an unwelcome	indésirable	
a small	une petite pierre		a sympathetic	bienveillant	
a massive	massive		a helpful	serviable	

STRATEGY	une STRATÉGIE	5573	STRUGGLE	une LUTTE	5583
a cunning	habile		a worldwide	à l'échelle du globe	
a successful	réussie		an obstinate	opiniâtre	
a bold	audacieuse		a courageous	courageuse	
a superlative	d'une suprême habileté		a lifelong	de toute une vie	
an unusual	exceptionnelle		a painful	douloureuse	

STREAM	un COURS D'EAU	5574	STUDENT	un ÉTUDIANT	5584
a narrow	étroit		a good	un bon étudiant	
a rapid	rapide		a serious	sérieux	
a wandering	vagabond		a diligent	assidu	
a shimmering	scintillant		a careless	insouciant	
a quiet	tranquille		an exemplary	exemplaire	

STREET	une RUE	5575	STUDY	une ÉTUDE	5585
a wide	une large rue		a thorough	approfondie	
a narrow	étroite		an exhaustive	exhaustive	
a quaint	au charme désuet		a comprehensive	complète	
a paved	pavée		a daily	journalière	
a slippery	glissante		a continuing	qui se poursuit	

STREETCAR	un TRAMWAY	5576	STUPIDITY	une STUPIDITÉ	5586
an old-fashioned	démodé		an unbelievable	incroyable	
a slow	lent		an irritating	énervante	
a crowded	bondé		an unpardonable	impardonnable	
an overturned	renversé		a characteristic	caractéristique	
a motionless	immobile		a crude	fruste	

STRENGTH	une FORCE	5577	STYLE	un STYLE	5587
an enormous	énorme		a modern	moderne	
a remarkable	remarquable		an orthodox	orthodoxe	
a legendary	légendaire		a classical	classique	
a superhuman	surhumaine		a scholarly	savant	
an untiring	inépuisable		a dazzling	éblouissant	

STRESS	une TENSION	5578	SUBJECT (topic)	un SUJET	5588
a continual	permanente		a controversial	controversé	
an emotional	une émotivité soumise à rude épreuve		a contemporary	d'époque	
an unnatural	inhumaine		a topical	d'actualité	
a relentless	incessante		an unusual	insolite	
a particular	particulière		an unpleasant	désagréable	

STRIDE	un PAS	5579	SUBMARINE	un SOUS-MARIN	5589
a long	allongé		a submerged	en plongée	
a quickened	accéléré		a stranded	échoué	
a gigantic	de géant		an atomic	nucléaire	
a rhythmic	rythmé		an enormous	énorme	
a measured	mesuré		an exploratory	d'exploration	

STRIKE	une GRÈVE	5580	SUBMISSION	une SOUMISSION	5590
a futile	vaine		a complete	totale	
a well-organized	bien organisée		an unconditional	inconditionnelle	
a threatened	qui menace		a partial	partielle	
a settled	terminée		an unexpected	inattendue	
a riotous	séditieuse		an honorable	honorable	

STROLL	une (PETITE) PROMENADE	5581	SUBSCRIPTION	un ABONNEMENT	5591
a leisurely	une flânerie		a yearly	annuel	
a short	une courte promenade		a canceled	annulé	
a long	une longue promenade		a voluntary	souscrit volontairement	
a relaxing	qui détend		a pledged	une souscription promise	
a regular	habituelle		a renewed	le renouvellement d'un abonnement	

STRUCTURE	un BÂTIMENT (ÉDIFICE)	5582	SUBSTANCE	une SUBSTANCE	5592
			a sticky	collante	
a safe	une construction solide		a porous	poreuse	
an imposing	imposant		a radioactive	radioactive	
an unusual	insolite		a poisonous	toxique	
a magnificent	magnifique		an undissoluble	insoluble	
a familiar	connu				

SUBSTITUTE	un REMPLAÇANT	5593	SUMMARY	une RÉCAPITULATION	5603
a satisfactory	qui donne satisfaction		a brief	une brève récapitulation	
an agreeable	sympathique		a descriptive	imagée	
a competent	compétent		an excellent	excellente	
a reliable	digne de confiance		a statistical	statistique	
an effective	efficace		a final	finale	

SUBURB	un FAUBOURG	5594	SUMMER	un ÉTÉ	5604
a fashionable	élégant		a delightful	délicieux	
a wealthy	prospère		a long	un long été	
a charming	charmant		a short	un court été	
a picturesque	pittoresque		a gorgeous	splendide	
a thriving	en plein essor		a hot	torride	

SUCCESS	une RÉUSSITE	5595	SUMMIT	un SOMMET	5605
a tremendous	formidable		a lofty	un haut sommet	
an outstanding	exceptionnelle		a majestic	majestueux	
a doubtful	douteuse		an unconquerable	invincible	
an unexpected	imprévue		an unclimbed	invaincu	
a long-awaited	ardemment désirée		a jagged	déchiqueté	

SUFFERING	une SOUFFRANCE	5596	SUN	un SOLEIL	5606
a prolonged	une longue souffrance		a scorching	ardent	
an unbearable	intolérable		a burning	brûlant	
an intense	aiguë		a blinding	aveuglant	
a mental	morale		a cruel	cruel	
a physical	physique		an obscured	caché	

SUGAR	un SUCRE	5597	SUNRISE	un LEVER DU SOLEIL	5607
white	blanc		a beautiful	un beau lever du soleil	
brown	roux		a predictable	prévisible	
granulated	cristallisé		a lovely	enchanteur	
refined	raffiné		a colorful	chatoyant	
coarse	grossier		a glorious	superbe	

SUGGESTION	une SUGGESTION	5598	SUNSET	un COUCHER DU SOLEIL	5608
a logical	logique		a glorious	splendide	
a specific	précise		a colorful	chatoyant	
an unusual	insolite		a brilliant	éclatant	
a sensible	raisonnable		an unusual	extraordinaire	
a helpful	utile		a crimson	pourpre	

SUICIDE	un SUICIDE	5599	SUNSHINE	un SOLEIL (LUMIÈRE)	5609
a tragic	tragique		a brilliant	brillant	
a pathetic	pathétique		a rare	un beau temps exceptionnel	
an unexpected	inattendu		a necessary	indispensable	
a possible	possible		a warming	qui rechauffe	
an unexplainable	inexplicable		a radiant	radieux	

SUIT	un COSTUME	5600	SUPERIORITY	une SUPÉRIORITÉ	5610
a new	neuf		a marked	nette	
a wrinkled	foissé		a numerical	numérique	
a lightweight	léger		a historical	historique	
a clean	propre		a mental	intellectuelle	
a stylish	à la mode		an absolute	absolue	

SUITCASE	une VALISE	5601	SUPERMARKET	un SUPERMARCHÉ	5611
a heavy	une lourde valise		a modern	moderne	
a light	une légère valise		a well-stocked	bien achalandé	
a packed	prête		a well-managed	bien géré	
an unpacked	défaite		an overcrowded	bondé	
an expensive	coûteuse		a bustling	affairé	

SUM	une SOMME	5602	SUPERSTITION	une SUPERSTITION	5612
a small	une faible somme		a pagan	païenne	
an accurate	exacte		a primitive	primitive	
an enormous	énorme		an absurd	absurde	
an appalling	impressionnante		a widespread	très répandue	
a specific	déterminée		a foolish	ridicule	

SUPPER	un DÎNER	5613
an early	un dîner	
a late	un souper	
a delicious	délicieux	
a formal	cérémonieux	
a hearty	copieux	

SUPPLY	des PROVISIONS	5614
a scarce	de maigres provisions	
a bountiful	abondantes	
a replenished	renouvelées	
an inexhaustible	inépuisables	
a temporary	un ravitaillement provisoire	

SUPPORT	un APPUI	5615
a financial	financier	
a moral	moral	
an active	actif	
an influential	d'une personne influente	
an enthusiastic	enthousiaste	

SUPPOSITION	une SUPPOSITION	5616
a false	fausse	
an erroneous	erronnée	
a hopeful	confiante	
an unwise	imprudente	
an optimistic	optimiste	

SUPREMACY	une SUPRÉMATIE	5617
a total	totale	
a feudal	féodale	
a racial	raciale	
an unquestioned	indubitable	
a doubtful	douteuse	

SURF	un RESSAC	5618
a strong	un fort ressac	
a raging	déchaîné	
a treacherous	traître	
a dangerous	dangereux	
a roaring	grondant	

SURFACE	une SURFACE	5619
a smooth	lisse	
a slippery	glissante	
an oily	grasse	
a waterproof	étanche	
a protective	un revêtement protecteur	

SURGEON	un CHIRURGIEN	5620
a skillful	habile	
an eminent	éminent	
a respected	respecté	
an admired	admiré	
a world-famous	de réputation mondiale	

SURGERY	une OPÉRATION (CHIRURGICALE)	5621
a difficult	difficile	
a complicated	compliquée	
a painful	douloureuse	
a minor	une petite opération	
a major	une grave opération	

SURPLUS	un EXCÉDENT	5622
an unexpected	imprévu	
an unusual	exceptionnel	
an ample	considérable	
a small	un faible excédent	
a meager	un maigre excédent	

SURPRISE	une SURPRISE	5623
a complete	complète	
an unexpected	inopinée	
a pleasant	agréable	
a delightful	une délicieuse surprise	
a great	une grande surprise	

SURRENDER	une REDDITION	5624
a total	avec armes et bagages	
an honorable	honorable	
a final	définitive	
an unconditional	sans condition	
an unexpected	inattendue	

SURROUNDINGS	un MILIEU	5625
artistic	artistique	
dramatic	un cadre dramatique	
sociable	sociable	
friendly	amical	
hostile	hostile	

SURVEY	une ENQUÊTE	5626
a national	nationale	
an official	officielle	
a requested	réclamée	
a preliminary	préliminaire	
an impartial	impartiale	

SURVIVAL	une SURVIE	5627
a wartime	en temps de guerre	
a fortunate	due à la chance	
a racial	une survivance de la race	
a doubtful	problématique	
a probable	probable	

SURVIVOR	un SURVIVANT	5628
a lonely	solitaire	
a shipwrecked	un naufragé	
a sole	l'unique survivant	
a heroic	héroïque	
a terrified	terrorisé	

SUSPECT	un SUSPECT	5629
a logical	que tout désigne	
an alleged	un prétendu suspect	
an obvious	évident	
an unarmed	désarmé	
an indignant	indigné	

SUSPENSE	un SUSPENSE	5630
a terrifying	terrifiant	
an agonizing	une attente angoissante	
a prolonged	prolongé	
a frightening	effrayante	
an unbearable	intolérable	

SUSPICION	un SOUPÇON	5631
a vague	vague	
a positive	positif	
an aroused	éveillé	
a lingering	tenace	
an unwarranted	injustifié	

SWAMP	un MARAIS	5632
a dismal	un sombre marais	
a tropical	tropical	
a hazardous	dangereux	
a treacherous	traître	
an inaccessible	inaccessible	

SWAN	un CYGNE	5633
a graceful	élégant	
a white	blanc	
a gliding	glissant sur l'eau	
a solitary	solitaire	
a regal	majestueux	

SWEATER	un SWEATER/PULL-OVER	5634
a woolen	de laine	
a lightweight	léger	
a warm	un chaud sweater	
a white	blanc	
an expensive	coûteux	

SWELLING	une ENFLURE	5635
a perceptible	perceptible	
a slight	une légère enflure	
an unusual	insolite	
an uncontrolled	irrépressible	
a harmless	sans importance	

SWIM	un BAIN (NATATION)	5636
a refreshing	rafraîchissant	
a relaxing	délassant	
an invigorating	vivifiant	
a healthful	salutaire	
a short	rapide	

SWIMMING POOL	une PISCINE	5637
a public	publique	
a private	privée	
an indoor	couverte	
an outdoor	à ciel ouvert	
a crowded	très fréquentée	

SWORD	une ÉPÉE	5638
a shining	luisante	
a legendary	légendaire	
a heavy	une loude épée	
an ornamental	d'apparat	
a brandished	brandie	

SYLLABLE	une SYLLABLE	5639
a short	courte	
a long	longue	
a first	une première syllabe	
a last	terminale	
a difficult	difficile	

SYMBOL	un SYMBOLE	5640
a magic	un signe magique	
a descriptive	image	
a well-known	connu	
a pictorial	un idéogramme	
a phonetic	un signe phonétique	

SYMBOLISM	un SYMBOLISME	5641
a vague	vague	
an unexplained	obscur	
a mystic	mystique	
an abstract	abstrait	
an understandable	compréhensible	

SYMPATHY	une COMPASSION	5642
a genuine	sincère	
a natural	naturelle	
a false	feinte	
an instinctive	instinctive	
a profound	profonde	

SYMPHONY	une SYMPHONIE	5643
an unfinished	inachevée	
a modern	moderne	
a melodious	mélodieuse	
a famous	célèbre	
a classical	classique	

SYNDICATE	un SYNDICAT	5644
a powerful	puissant	
a worldwide	international	
a criminal	une mafia	
a controlling	qui contrôle tout	
an influential	influent	

SYSTEM	un SYSTÈME	5645
a methodical	méthodique	
a regular	ordinaire	
an excellent	excellent	
an effective	efficace	
an unusual	insolite	

T

TABLE	une TABLE	5646
a large	une grande table	
a square	carrée	
a round	ronde	
a separate	séparée	
an occupied	occupée	

TABLECLOTH	une NAPPE	5647
a clean	propre	
a patterned	à motifs	
a lacy	en dentelle	
a plastic	en plastique	
a dirty	sale	

TABLET (pad)	un BLOC-NOTE	5648
a thick	épais	
a heavy	lourd	
a lightweight	léger	
a square	carré	
a thin	un mince bloc-note	

TAILOR	un TAILLEUR	5649
an expert	adroit	
a skillful	habile	
an experienced	expérimenté	
a hard-working	travailleur	
a lazy	paresseux	

TAKE-OFF (plane)	un DÉCOLLAGE	5656	**TARGET**	un OBJECTIF	5660
a smooth	en douceur		an important	important	
a rough	rude		an elusive	qui se dérobe	
an uneventful	sans incident		a primary	principal	
a delayed	retardé		a secondary	secondaire	
a noisy	bruyant		a destroyed	détruit	

TALE	un RÉCIT	5651	**TASK**	une TÂCHE	5661
a wondrous	merveilleux		a difficult	difficile	
a strange	étrange		an assigned	fixée	
a long	un long récit		an easy	facile	
a short	un bref récit		a special	particulière	
an amusing	amusant		a great	une grande tâche	

TALENT	du TALENT	5652	**TASTE**	un GOÛT	5662
a native	un don inné		a bitter	amer	
a wasted	gâché		a sweet	sucré	
a remarkable	remarquable		an unpleasant	désagréable	
an unusual	des dons exceptionnels		a distinctive	particulier	
a rare	un rare talent		an unusual	insolite	

TALK	une CONVERSATION	5653	**TAVERN**	une TAVERNE	5663
a friendly	amicale		a local	de l'endroit	
an interesting	intéressante		a noisy	bruyante	
a long	une longue conversation		a comfortable	où l'on est à l'aise	
a customary	habituelle		a friendly	sympathique	
a helpful	utile		a nearby	du voisinage	

TANK (container)	un RÉSERVOIR	5654	**TAX**	un IMPÔT	5664
an empty	vide		an unreasonable	exorbitant	
a full	plein		a heavy	un lourd impôt	
a half-filled	à moitié rempli		an unequal	inégal	
an enormous	énorme		a prohibitive	déraisonnable	
a rusty	rouillé		a personal	individuel	

TANK (vehicle)	un CHAR D'ASSAUT	5655	**TAXICAB**	un TAXI	5665
a burning	en feu		an available	libre	
an overturned	renversé		an old	un vieux taxi	
a huge	énorme		a speeding	qui roule trop vite	
a powerful	puissant		a crowded	bondé	
a destroyed	détruit		a wrecked	accidenté	

TAPE	un RUBAN	5656	**TAXPAYER**	un CONTRIBUABLE	5666
a protective	isolant		an indignant	indigné	
an adhesive	adhésif		a furious	furieux	
a broken	une bande cassée		a moaning	qui se lamente	
an invisible	invisible		an unhappy	malheureux	
a strong	résistant		a worried	préoccupé	

TAPE RECORDER	un MAGNÉTOPHONE	5657	**TEA**	un THÉ	5667
a portable	portatif		a hot	brûlant	
an expensive	coûteux		a strong	fort	
a sensitive	sensible		a sweet	sucré	
a foreign-made	de marque étrangère		a weak	faible	
a cassette	à cassette		a spicy	parfumé	

TAPESTRY	une TAPISSERIE	5658	**TEACHER**	un PROFESSEUR	5668
an exquisite	exquise		an excellent	excellent	
a religious	à motifs religieux		a strict	sévère	
a famous	célèbre		a poor	médiocre	
a large	une grande tapisserie		a friendly	aimable	
a beautiful	une belle tapisserie		a capable	capable	

TARDINESS	une LENTEUR	5659	**TEAM**	une ÉQUIPE	5669
a customary	un manque de } habituel		an amazing	surprenante	
an unforgivable	ponctualité } impardonnable		a winning	victorieuse	
an unavoidable	inévitable		an unbeaten	invaincue	
a suspicious	suspecte		a favored	favorite	
an unexplained	inexplicable		a favorite	préférée	

TEAR (weeping)	une LARME	5670
a sympathetic	de compassion	
a bitter	amère	
a wistful	de regret	
a happy	de bonheur	
a sorrowful	de chagrin	

TECHNICIAN	un TECHNICIEN	5671
a special	spécialisé	
a well-trained	bien formé	
a well-paid	bien payé	
a fine	un excellent technicien	
a skilled	habile	

TECHNIQUE	une TECHNIQUE	5672
a superior	supérieure	
an excellent	excellente	
a remarkable	remarquable	
a complicated	compliquée	
an amazing	surprenante	

TELEGRAM	un TÉLÉGRAMME	5673
an urgent	urgent	
a mysterious	mystérieux	
a puzzling	déconcertante	
a short	un bref télégramme	
an unexpected	inattendu	

TELEPHONE	un TÉLÉPHONE	5674
a private	privé	
a public	public	
an installed	installé	
an out-of-order	en dérangement	
a busy	occupé	

TELESCOPE	un TÉLÉSCOPE	5675
a powerful	puissant	
a complex	complexe	
an enormous	énorme	
a perfected	amélioré	
an incredible	incroyable	

TELEVISION SET	un TÉLÉVISEUR	5676
an expensive	coûteux	
a new	neuf	
a reliable	fonctionnant bien	
an elegant	élégant	
a small	un petit téléviseur	

TELEVISION SHOW	une ÉMISSION DE TÉLÉVISION	5677
a commercial	publicitaire	
an educational	éducative	
an entertaining	divertissante	
an informative	instructive	
a popular	populaire	

TEMPER	un CARACTÈRE	5678
a terrible	terrible	
a violent	violent	
an unpredictable	lunatique	
a hellish	infernal	
an uncontrollable	irrépressible	

TEMPERAMENT	un TEMPÉRAMENT	5679
an artistic	d'artiste	
a sensitive	sensible	
a romantic	romantique	
a restless	remuant	
an adventurous	aventureux	

TEMPERATURE	une TEMPÉRATURE	5680
a high	élevée	
an average	moyenne	
an unusual	exceptionnelle	
a seasonal	de saison	
a low	une basse température	

TEMPTATION	une TENTATION	5681
a constant	constante	
an annoying	fâcheuse	
an irresistible	irrésistible	
an alluring	une forte tentation	
a repeated	renouvelée	

TENANT	un LOCATAIRE	5682
a friendly	aimable	
a rude	mal embouché	
a disagreeable	désagréable	
a demanding	exigeant	
a permanent	installé à demeure	

TENDENCY	un PENCHANT	5683
a natural	naturel	
a slight	un faible penchant	
a marked	marqué	
an abnormal	anormal	
a notable	notoire	

TENDERNESS	une TENDRESSE	5684
a loving	affectueuse	
a maternal	maternelle	
a compassionate	compatissante	
a boundless	sans limites	
an infinite	infinie	

TENSION	une TENSION	5685
a severe	une forte tension	
an extreme	extrême	
an ominous	inquiétante	
a tremendous	formidable	
an increased	accrue	

TERM (word)	un TERME	5686
a precise	précis	
a specific	déterminé	
a technical	technique	
an undefined	imprécis	
an unfamiliar	inconnu	

TERRACE	une TERRASSE	5687
a wide	une large terrasse	
a breezy	ventée	
a spacious	une vaste terrasse	
a staggered	en retrait	
a landscaped	un jardin en terrasse	

TERRITORY	un TERRITOIRE	5688
an unexplored	inexploré	
a vast	un vaste territoire	
a productive	fertile	
a restricted	interdit	
an invaded	envahi	

TERROR	une TERREUR	5689
an indescribable	indescriptible	
an uncontrollable	irrépressible	
a stark	folle	
an unknown	inconnue	
a paralyzing	paralysante	

NOUNS

TEST (exam)	une ÉPREUVE (EXAMEN) 5690	THICKNESS	une ÉPAISSEUR	5700
a difficult	difficile	an unusual	insolite	
an important	importante	a substantial	considérable	
a crucial	décisive	an undesirable	indésirable	
a routine	de routine	a satisfactory	satisfaisante	
an easy	facile	an exact	exacte	

TESTIMONY	un TÉMOIGNAGE	5691	THIEF	un VOLEUR	5701
a reliable	digne de foi		an imaginative	ingénieux	
a believable	sérieux		a bold	audacieux	
a doubtful	douteux		an elusive	insaisissable	
a false	un faux témoignage		a convicted	condamné	
a convincing	convaincant		a cunning	rusé	

TEXT	un TEXTE	5692	THING	une CHOSE	5702
a prepared	préparé		a good	une bonne chose	
an edited	édité		a bad	une mauvaise chose	
a censored	censuré		a terrible	terrible	
a descriptive	descriptif		a weird	étrange	
an unprintable	impubliable		a stupid	stupide	

TEXTBOOK	un MANUEL	5693	THIRST	un SOIF	5703
a recommended	recommandé		a terrible	terrible	
a controversial	controversé		an enormous	extrême	
a widely-used	très utilisé		a burning	ardente	
an excellent	excellent		a satisfied	apaisée	
a well-written	bien écrit		a feverish	dévourante	

TEXTILE	un TEXTILE	5694	THOUGHT	une PENSÉE	5704
an artificial	artificiel		a frightening	effrayante	
a synthetic	synthétique		an angry	une bouffée de colère	
a common	ordinaire		a disturbing	troublante	
a useful	utile		a sudden	soudaine	
a delicate	fin		a pleasant	agréable	

THEATER	un THÉÂTRE	5695	THREAD	un FIL	5705
a modern	moderne		a broken	rompu	
a famous	célèbre		a colored	de couleur	
an open-air	en plein air		a loose	lâche	
a drafty	plein de courants d'air		an imaginary	imaginaire	
a magnificent	magnifique		a delicate	ténu	

THEFT	un VOL	5696	THREAT	une MENACE	5706
a well-planned	bien préparé		a constant	constante	
a mysterious	mystérieux		a silent	muette	
an unsolved	inexpliqué		a curious	curieuse	
a daring	audacieux		a serious	grave	
an undiscovered	non découvert		a mysterious	mystérieuse	

THEME	un SUJET	5697	THRILL	un PLAISIR	5707
an unusual	insolite		a real	un vrai plaisir	
an appropriate	approprié		an unexpected	imprévu	
an amusing	amusant		a wonderful	merveilleux	
a favorite	favori		an unusual	inhabituel	
a popular	très apprécié		a personal	personnel	

THEORY	une THÉORIE	5698	THRONE	un TRÔNE	5708
an interesting	intéressante		a massive	massif	
a scientific	scientifique		a jeweled	orné de pierreries	
a proven	démontrée		an ancient	ancien	
an experimental	expérimentale		an ornate	orné	
a plausible	plausible		a carved	sculpté	

THESIS	une THÈSE	5699	THRONG	une FOULE	5709
an interesting	intéressante		a restless	impatiente	
a fascinating	séduisante		an expectant	qui attend	
a startling	stupéfiante		a pressing	une cohue	
a scholarly	érudite		a dispersed	dispersée	
a brilliant	brillante		an excited	surexcitée	

THUMB	un POUCE	5710	TIP (MONEY)	un POURBOIRE	5720
a swollen	enflé		a small	un petit pourboire	
a sprained	foulé		a customary	habituel	
a bandaged	pansé		a suitable	convenable	
a broken	cassé		a generous	généreux	
an infected	infecte		an average	moyen	

THUNDER	un COUP DE TONNERRE	5711	TIP (point)	une POINTE	5721
a fearful	effrayant		a poisonous	empoisonnée	
a distant	éloigné		a bent	recourbée	
an ominous	menaçant		a sharp	aiguisée	
a roaring	grondant		a dull	émoussée	
an unusual	insolite		a blunt	émoussée	

TICKET	un BILLET	5712	TIRE	un PNEU	5722
a free	gratuit		a worn-out	usé	
an expensive	onéreux		a flat	à plat	
a lost	perdu		a spare	de rechange	
a misplaced	égaré		an inflated	gonflé	
a cheap	bon marché		a radial	radial	

TIDE	une MARÉE	5713	TITLE	un TITRE	5723
a dangerous	dangereuse		an appropriate	approprié	
an ebbing	descendante		an interesting	intéressant	
a high	haute		an honorary	honorifique	
a low	basse		an unusual	insolite	
a strong	une grande marée		an impressive	impressionnant	

TIE	une CRAVATE	5714	TOAST (bread)	un TOAST (PAIN)	5724
a gaudy	voyante		crisp	croustillant	
a colorful	bariolée		burned	brûlé	
a silken	de soie		dry	sec	
a sedate	sombre		buttered	beurré	
a patterned	imprimée		delicious	délicieux	

TIGER	un TIGRE	5715	TOAST (drink)	un TOAST	5725
a ferocious	féroce		a cheerful	un joyeux toast	
an infuriated	furieux		a customary	habituel	
a wild	sauvage		a traditional	traditionnel	
a roaring	qui feule		a boisterous	tumultueux	
a caged	en cage		a familiar	familier	

TILE	un CARREAU (CARRE-LAGE)	5716	TOBACCO	un TABAC	5726
a cold	froid		a fragrant	odorant	
a cracked	craquelé		an imported	importé	
a broken	cassé		an exported	exporté	
a decorative	décoratif		an aromatic	aromatique	
a square	une dalle carrée		a blended	un mélange de tabac	

TIME	une ÉPOQUE	5717	TOE	un ORTEIL	5727
a happy	heureuse		a broken	cassé	
an enjoyable	agréable		a bare	nu	
a troubled	troublée		a stubbed	foulé	
an appropriate	un moment convenable		a deformed	déformé	
an approximate	une heure approximative		a bandaged	bandé	

TIMETABLE	un HORAIRE	5718	TOLERANCE	une TOLÉRANCE	5728
a helpful	utile		a religious	religieuse	
a confusing	embrouillé		a moral	morale	
a complicated	compliqué		a political	politique	
a special	spécial		a racial	raciale	
a regular	normal		a natural	naturelle	

TINT	une TEINTE	5719	TOMATO	une TOMATE	5729
a pale	claire		a ripe	mûre	
a vivid	vive		a delicious	délicieuse	
a brilliant	brilante		a sliced	coupée en tranches	
a golden	dorée		a homegrown	du jardin	
a dark	sombre		a luscious	succulente	

TOMB	une TOMBE	5730	TORTURE	une TORTURE	5740
an ancient	ancienne		a physical	physique	
a famous	célèbre		a merciless	impitoyable	
an ancestral	un caveau de famille		an inner	morale	
a haunted	hantée		a medieval	médiévale	
a royal	une sépulture royale		a hideous	effroyable	

TONE	un TON	5731	TOTAL	un TOTAL	5741
an annoyed	ennuyé		an accurate	juste	
an angry	irrité		a fixed	un montant fixé	
a contemptuous	méprisant		an impressive	impressionnant	
a sweet	doux		an alarming	alarmant	
a sullen	maussade		a significant	global	

TOOL	un OUTIL	5732	TOUCH	un COUP (DE MAIN)	5742
a useful	utile		a light	un léger coup	
an ingenious	ingénieux		a gentle	un attouchement (délicat)	
a broken	cassé		a caressing	une caresse légère	
an expensive	coûteux		a masterly	de maître	
a worthless	sans valeur		an artistic	une touche artistique	

TOOTHACHE	un MAL DE DENTS	5733	TOUR	un VOYAGE	5743
a painful	douloureux		a delightful	delicieux	
a nagging	lancinant		a guided	accompagné	
a slight	un léger mal de dents		an extended	un long voyage	
a terrible	terrible		a shortened	abrégé	
an unbearable	intolérable		an informative	instructif	

TOOTHBRUSH	une BROSSE À DENTS	5734	TOURIST	un TOURISTE	5744
a worn-out	usée		a curious	curieux	
a new	neuve		a rude	mal élevé	
a soft	douce		a weary	fatigué	
a firm	dure		an enthusiastic	enthousiaste	
a discarded	jetée		a welcome	bien accueilli	

TOPCOAT	un PARDESSUS	5735	TOURNAMENT	une COMPÉTITION	5745
a warm	chaud		a medieval	un tournoi médiéval	
a stylish	à la mode		an exciting	passionnante	
a threadbare	rapé		a colorful	pittoresque	
a protective	qui protège		an annual	annuelle	
a waterproof	imperméable		an open-air	en plein air	

TOPIC	un SUJET	5736	TOWEL	une SERVIETTE (DE TOILETTE)	5746
an interesting	intéressant				
a dangerous	dangereux		a small	une petite serviette	
a political	politique		a large	une grande serviette	
a controversial	de controverse		a dirty	sale	
a disagreeable	déplaisant		a wet	mouillée	
			a clean	propre	

TORCH	une TORCHE	5737	TOWER	une TOUR	5747
a flaming	enflammée		a famous	célèbre	
a ceremonial	un flambeau rituel		a high	une haute tour	
an extinguished	éteinte		a massive	massive	
a traditional	symbolique		a picturesque	pittoresque	
a flickering	dont la flamme vacille		a slender	élancée	

TORMENT	un SUPPLICE	5738	TOWN	une (PETITE)VILLE	5748
a mental	moral		a pretty	une jolie ville	
an endless	infini		a friendly	accueillante	
a vague	vague		a picturesque	pittoresque	
a malicious	sadique		a quaint	vieillote	
an unbearable	intolérable		a nearby	proche	

TORRENT	un TORRENT	5739	TOY	un JOUET	5749
a rushing	impétueux		a favorite	préféré	
a driving	qui emporte tout		a charming	charmant	
a continual	intarissable		an expensive	coûteux	
an unexpected	surgi brusquement		an adorable	adorable	
a destructive	dévastateur		an ingenious	ingénieux	

TRACE	une TRACE	5750
a faint	à peine visible	
a visible	visible	
a mysterious	mystérieuse	
a historical	un vestige historique	
a strong	nette	

TRADE (profession)	un MÉTIER	5751
a respected	respecté	
a pleasant	agréable	
a thriving	florissant	
a hereditary	transmis de père en fils	
a forgotten	oublié	

TRADEMARK	une MARQUE DE FABRIQUE	5752
a well-known	connue	
a reliable	qui inspire confiance	
an unfamiliar	peu connue	
an unknown	inconnue	
an unusual	rare	

TRADITION	une TRADITION	5753
a local	locale	
an ancient	ancienne	
a noble	noble	
a heroic	héroïque	
a medieval	médiévale	

TRAFFIC	une CIRCULATION	5754
a congested	difficile	
a heavy	une forte circulation	
a noisy	bruyante	
a light	fluide	
a maddening	affolante	

TRAFFIC SIGN	un PANNEAU ROUTIER	5755
a warning	avertisseur	
a helpful	utile	
an illegible	indéchiffrable	
a confusing	induisant en erreur	
an obscured	masqué	

TRAGEDY	une TRAGÉDIE	5756
a terrible	terrible	
a shocking	une affreuse tragédie	
an unavoidable	inéluctable	
an unexpected	inattendue	
an unforeseen	imprévue	

TRAIL	un SENTIER	5757
a winding	sinueux	
a well-marked	bien signalé	
a well-worn	battu	
a fresh	une piste fraîche	
a clear	une piste nette	

TRAILER (home)	une CARAVANE	5758
a comfortable	confortable	
a long	une longue caravane	
a spacious	spacieuse	
a well-furnished	bien meublée	
a small	une petite caravane	

TRAIN	un TRAIN	5759
a fast	rapide	
a famous	célèbre	
a transcontinental	transcontinental	
a derailed	déraillé	
a streamlined	aérodynamique	

TRAINING	un ENTRAÎNEMENT	5760
a rigid	sévère	
a vigorous	énergique	
a technical	une formation technique	
a necessary	nécessaire	
a valuable	utile	

TRAIT	un TRAIT	5761
a physical	physique	
a mental	intellectuel	
an unusual	insolite	
an inherited	héréditaire	
a characteristic	saillant	

TRAITOR	un TRAÎTRE	5762
a well-known	connu	
a convicted	condamné	
an admitted	avéré	
an alleged	un prétendu traître	
an unknown	inconnu	

TRAJECTORY	une TRAJECTOIRE	5763
a lunar	lunaire (Terre-Lune)	
a curved	courbe	
an elliptical	elliptique	
a separate	distincte	
a planned	prévue	

TRANQUILITY	une TRANQUILLITÉ	5764
a perfect	parfaite	
a serene	sereine	
an inner	morale	
a spiritual	spirituelle	
a restful	reposante	

TRANSACTION	une TRANSACTION	5765
a profitable	lucrative	
a dishonest	malhonnête	
a planned	projetée	
a complicated	compliquée	
a simple	simple	

TRANSFER (move)	un TRANSFERT	5766
an unexpected	imprévu	
a requested	demandé	
a temporary	temporaire	
a permanent	permanent	
a desired	souhaité	

TRANSFORMATION	une TRANSFORMATION	5767
a complete	complète	
a partial	partielle	
a magical	magique	
a miraculous	miraculeuse	
a tremendous	extraordinaire	

TRANSISTOR	un TRANSISTOR	5768
a powerful	puissant	
a tiny	minuscule	
a perfected	amélioré	
a defective	défectueux	
an amazing	étonnant	

TRANSITION	une TRANSITION	5769
a difficult	difficile	
a smooth	sans à-coups	
a violent	brutale	
a painful	douloureuse	
a revolutionary	un bouleversement	

TRANSLATION	une TRADUCTION	5770
an idiomatic	idiomatique (courante)	
an accurate	précise	
a literal	littérale	
a faithful	fidèle	
a confusing	peu claire	

TRANSLATOR	un TRADUCTEUR	5771
an excellent	excellent	
a bilingual	bilingue	
a skillful	habile	
an amazing	extraordinaire	
an experienced	chevronné	

TRAP	un PIÈGE	5772
a hidden	dissimulé	
a baited	appâté	
a temporary	provisoire	
an effective	efficace	
a clever	ingénieux	

TRAVEL	un VOYAGE	5773
an extensive	un long voyage	
a tiresome	fatigant	
an expensive	coûteux	
a luxurious	luxueux	
a leisurely	par petites étapes	

TRAVEL FOLDER	un DÉPLIANT TOURIS- TIQUE	5774
an illustrated	illustré	
a misleading	trompeur	
a colorful	en couleurs	
an attractive	alléchant	
an alluring	attrayant	

TRAVEL GUIDE	un GUIDE TOURISTIQUE	5775
a helpful	utile	
an informative	instructif	
an accurate	précis	
an interesting	intéressant	
a useless	sans valeur	

TRAVELER	un VOYAGEUR	5776
a weary	fatigué	
a regular	ordinaire	
an experienced	expérimenté	
a curious	curieux	
a homesick	qui a le mal du pays	

TREACHERY	une TRAHISON	5777
a cruel	cruelle	
a subtle	ingénieuse	
a historical	historique	
a bold	hardie	
an unexpected	qui surprend	

TREASURE	un TRÉSOR	5778
a fabulous	fabuleux	
a royal	royal	
a buried	enterré	
a sunken	enseveli au fond des mers	
a mythical	légendaire	

TREATMENT	un COMPORTEMENT	5779
a sympathetic	bienveillant	
a ruthless	brutal	
a kind	aimable	
a cruel	cruel	
a harsh	dur	

TREATY	un TRAITÉ	5780
a broken	violé	
an outrageous	exorbitant	
an advantageous	avantageux	
a famous	célèbre	
a complicated	compliqué	

TREE	un ARBRE	5781
an enormous	énorme	
a sturdy	robuste	
a slender	élancé	
a solitary	solitaire	
a tall	un grand arbre	

TREND	une TENDANCE	5782
a current	actuelle	
a growing	qui se renforce	
an unusual	insolite	
an unpredictable	imprévisible	
a frightening	effrayante	

TRIAL	un PROCÈS	5783
a fair	équitable	
a swift	expéditif	
a just	juste	
a secret	à huis clos	
a memorable	mémorable	

TRIBE	une TRIBU	5784
a primitive	primitive	
a warlike	guerrière	
a rebellious	rebelle	
a hostile	hostile	
a friendly	amicale	

TRIBUTE	un TRIBUT	5785
a sincere	un hommage sincère	
a noble	noble	
an impressive	impressionnant	
a magnificent	magnifique	
a deserved	un hommage mérité	

TRICK	un TOUR	5786
an ingenious	ingénieux	
an unusual	extraordinaire	
a magical	de passe-passe	
a puzzling	déconcertant	
a fascinating	fascinant	

TRIP	un VOYAGE	5787
a marvelous	merveilleux	
a delightful	délicieux	
a long	un long voyage	
a dangerous	dangereux	
a short	un bref voyage	

TRIUMPH	un TRIOMPHE	5788
a crowning	suprême	
a satisfying	qui ne laisse rien à desirer	
a brilliant	brillant	
an ultimate	final	
a personal	personnel	

TROPHY	un TROPHÉE	5789
a magnificent	magnifique	
an awarded	décerné	
a grisly	un sinistre trophée	
a valuable	précieux	
a significant	important	

TRUCE	une TRÈVE	5790	TUNE	un AIR	5800
a requested	sollicitée		an unfamiliar	peu connu	
an unexpected	inopinée		a well-known	connu	
an effective	observée		a lively	allègre	
a broken	rompue		a pretty	agréable	
a brief	une courte trève		a charming	charmant	

TRUCK	un CAMION	5791	TUNNEL	un TUNNEL	5801
a powerful	puissant		a long	un long tunnel	
an overturned	renversé		a blocked	obstrué	
an empty	vide		a proposed	en projet	
an overloaded	surchargé		a completed	achevé	
an enormous	énorme		a short	de faible longueur	

TRUMPET	une TROMPETTE	5792	TURF	un GAZON	5802
a blaring	qui sonne		a firm	dru	
a legendary	légendaire		a thick	épais	
a golden	d'or		a well-kept	bien entretenu	
a silver	d'argent		a beautiful	un beau gazon	
a deafening	assourdissante		a green	vert	

TRUNK (luggage)	une MALLE	5793	TURKEY	une DINDE	5803
a heavy	une lourde malle		a plump	bien en chair	
a packed	prête		a wild	sauvage	
an empty	vide		a traditional	traditionnelle	
a battered	cabossée		a roasted	rôtie	
a strong	solide		a delicious	délicieuse	

TRUST	une CONFIANCE	5794	TURMOIL	des TROUBLES	5804
a complete	totale		a historical	historiques	
a sacred	un dépôt sacré		a political	politiques	
a serene	sereine		a religious	religieux	
a childish	puérile		an uncontrollable	irrépressibles	
a betrayed	trahie		a constant	une agitation incessante	

TRUTH	une VÉRITÉ	5795	TURN	un TOURNANT	5805
an eternal	éternelle		a sudden	un changement de direction intempestif	
a universal	universelle				
an absolute	absolue		a sharp	brusque	
a religious	un article de foi		an illegal	interdit	
a fundamental	essentielle		a legal	autorisé	
			a dangerous	dangereux	

TRY (attempt)	une TENTATIVE	5796	TUTOR	un INSTRUCTEUR	5806
a good	honnête		an experienced	expérimenté	
a pitiful	pitoyable		an excellent	excellent	
a successful	réussie		a helpful	secourable	
an unsuccessful	malheureuse		a bilingual	bilingue	
a serious	sérieuse		a poor	médiocre	

TUITION	des FRAIS DE SCOLARITÉ	5797	TUXEDO	un SMOKING	5807
a free	un enseignement gratuit		a stylish	à la mode	
a high	élevés		an old-fashioned	démodé	
a low	modestes		a rented	de location	
a prohibitive	exorbitants		a tight	très ajusté	
an unreasonable	déraisonnable		a seldom-used	peu porté	

TUGBOAT	un REMORQUEUR	5798	TWILIGHT	un CRÉPUSCULE	5808
a sturdy	un robuste remorqueur		a hushed	silencieux	
a powerful	puissant		a peaceful	calme	
a little	un petit remorqueur		a sad	un morne crépuscule	
a stranded	échoué		a dim	un pâle crépuscule	
a necessary	nécessaire		a lovely	un beau crépuscule	

TUMOR	une TUMEUR	5799	TWINS	des JUMEAUX	5809
a malignant	maligne		identical	identiques	
a benign	bénigne		fraternal	de faux jumeaux	
a growing	qui se développe		inseparable	inséparables	
an inoperable	inopérable		helpful	serviables	
a small	une petite tumeur		handsome	de beaux jumeaux	

TYPE	un TYPE	5810
a temperamental	fantasque	
a friendly	bienveillant	
a curious	curieux	
an intellectual	intellectuel	
a shy	timide	

TYPEWRITER	une MACHINE À ÉCRIRE	5811
an electrical	électrique	
a modern	moderne	
a portable	portative	
a foreign-made	de marque étrangère	
a useful	utile	

TYPIST	une DACTYLOGRAPHE	5812
an excellent	excellente	
an accurate	précise	
a fast	rapide	
a skillful	habile	
an inaccurate	qui fait des fautes de frappe	

TYRANNY	une TYRANNIE	5813
a hopeless	sans espoir	
an unbearable	intolérable	
a cruel	cruelle	
an oppressive	une pesante tyrannie	
a shameful	honteuse	

TYRANT	un TYRAN	5814
a powerful	puissant	
a merciless	impitoyable	
a famous	célèbre	
a cruel	cruel	
a mad	fou	

U

UGLINESS	une LAIDEUR	5815
an unbelievable	incroyable	
a grotesque	grotesque	
a pathetic	pathétique	
an extraordinary	extraordinaire	
a repulsive	repoussante	

ULTIMATUM	un ULTIMATUM	5816
a final	une offre irrévocable	
an unreasonable	exorbitante	
a delivered	présenté	
a rejected	rejeté	
an unacceptable	inacceptable	

UMBRELLA	un PARAPLUIE	5817
a small	un petit parapluie	
a stolen	volé	
a borrowed	emprunté	
a mislaid	égaré	
a lost	perdu	

UNCERTAINTY	une INCERTITUDE	5818
a momentary	passagère	
a painful	douloureuse	
an annoying	fâcheuse	
a terrible	terrible	
a persistent	prolongée	

UNCLE	un ONCLE	5819
a rich	riche	
an influential	influent	
a famous	célèbre	
a selfish	égoïste	
a generous	généreux	

UNDERGROWTH	des BROUSSAILLES	5820
a dense	épaisses	
an impenetrable	impénétrables	
a luxuriant	exubérantes	
an impassable	impénétrables	
a tangled	inextricables	

UNDERSHIRT	un TRICOT DE PEAU	5821
a clean	propre	
a torn	déchiré	
a tattered	en lambeaux	
a dirty	sale	
a mended	raccommodé	

UNDERSTAND-ING	une COMPRÉHENSION	5822
a universal	universelle	
a general	générale	
a needed	nécessaire	
an instinctive	innée	
a keen	pénétrante	

UNDERTAKING	une ENTREPRISE	5823
a gigantic	gigantesque	
a successful	couronnée de succès	
a remarkable	remarquable	
an unusual	exceptionnelle	
a ridiculous	ridicule	

UNEASINESS	un MALAISE	5824
a growing	croissant	
a vague	un vague malaise	
a persistent	persistant	
a temporary	momentané	
a widespread	général	

UNEMPLOYMENT	un CHÔMAGE	5825
a widespread	généralisé	
a nationwide	national	
an increasing	croissant	
an appalling	épouvantable	
a dreaded	redouté	

UNHAPPINESS	un CHAGRIN	5826
a momentary	passager	
a continuing	persistant	
a growing	grandissant	
a sudden	un brusque chagrin	
a depressing	déprimant	

UNIFORM	un UNIFORME	5827
a handsome	un bel uniforme	
a colorful	charmarré	
an elaborate	une tenue recherchée	
a traditional	traditionnel	
an attractive	seyant	

UNION (joining)	une UNION	5828
a perfect	parfaite	
a joyful	heureuse	
a natural	naturelle	
a political	politique	
a permanent	permanente	

UNION (labor)	un SYNDICAT	5829
a powerful	puissant	
a striking	en grève	
an influential	influent	
a gigantic	gigantesque	
an antagonistic	rival	

UNITY	une UNITÉ	5830
a political	politique	
a religious	religieuse	
a harmonious	harmonieuse	
an unbroken	intacte	
an advantageous	utile	

UNIVERSE	un UNIVERS	5831
a vast	un vaste univers	
an infinite	infini	
a limitless	sans limites	
an expanding	en expansion	
an unexplored	inexploré	

UNIVERSITY	une UNIVERSITÉ	5832
a world-famous	de réputation mondiale	
a medieval	médiévale	
a great	une grande université	
an important	importante	
an excellent	excellente	

UNREST	une AGITATION	5833
a political	politique	
a growing	croissante	
a spreading	qui fait tache d'huile	
a national	nationale	
a racial	raciale	

UPHEAVAL	un BOULEVERSEMENT	5834
a violent	violent	
an economic	économique	
a sudden	brusque	
a religious	religieux	
a political	politique	

UPRISING	une INSURRECTION	5835
a local	locale	
a famous	un soulèvement célèbre	
a feared	redoutée	
an armed	armée	
a historical	historique	

UPROAR	un TUMULTE	5836
a tremendous	énorme	
a wild	violent	
a bewildering	affolant	
a confusing	étourdissant	
a thunderous	assourdissant	

URGE	une IMPULSION	5837
a sudden	soudaine	
an unexplainable	inexplicable	
a violent	violente	
a satisfied	calmée	
a restrained	contenue	

URGENCY	une NÉCESSITÉ URGENTE	5838
a serious	grave	
a temporary	momentanée	
a real	réelle	
an immediate	une nécessité immédiate	
a vital	capitale	

USE	un USAGE (EMPLOI)	5839
a constant	constant	
a repeated	répété	
an effective	efficace	
a wasteful	un gaspillage	
an imaginative	original	

USEFULNESS	une UTILITÉ	5840
a limited	limitée	
an increased	accrue	
a practical	pratique	
a temporary	provisoire	
a real	réelle	

V

VACATION	des VACANCES	5841
a long-awaited	attendues avec impatience	
a marvelous	merveilleuses	
a long	de longues vacances	
a delightful	très agréables	
a restful	reposantes	

VACCINATION	une VACCINATION	5842
a painful	douloureuse	
a required	obligatoire	
a renewed	de rappel	
an effective	efficace	
a protective	préventive	

VAGABOND	un VAGABOND	5843
a begging	un mendiant errant	
a lazy	paresseux	
a delightful	sympathique	
an amusing	amusant	
a happy	heureux	

VALIDITY	une VALIDITÉ	5844
an absolute	absolue	
a relative	relative	
a legal	juridique	
a scientific	scientifique	
a doubtful	douteuse	

VALLEY	une VALLÉE	5845	VEIL	un VOILE	5855
a peaceful	calme		a mysterious	mystérieux	
a fertile	fertile		a traditional	traditionnel	
a beautiful	une belle vallée		a beautiful	splendide	
a secluded	isolée		a transparent	transparent	
a vast	immense		a thick	épais	

VALUE	une VALEUR	5846	VELOCITY	une VITESSE	5856
a real	réelle		an unbelievable	incroyable	
a doubtful	douteuse		an astonishing	surprenante	
a historical	historique		an orbital	orbitale	
a high	élevée		a controlled	limitée	
a great	une grande valeur		an increasing	croissante	

VANITY	une VANITÉ	5847	VENGEANCE	une VENGEANCE	5857
a personal	personnelle		a terrible	terrible	
a ridiculous	ridicule		a sworn	jurée	
an unbelievable	incroyable		a savage	sauvage	
a feminine	féminine		a bloody	sanglante	
a foolish	absurde		a secret	secrète	

VARIATION	un CHANGEMENT	5848	VENTURE	une AFFAIRE (RIS-QUÉE)	5858
a subtle	subtil				
an occasional	occasionnel		a profitable	lucrative	
an erratic	bizarre		an abandoned	abandonnée	
a pleasing	agréable		an unwise	périlleuse	
a seasonal	saisonnier		an illegal	illicite	
			a private	personnelle	

VARIETY	une VARIÉTÉ	5849	VERB	un VERBE	5859
a well-known	connue		a regular	régulier	
an unfamiliar	peu connue		an irregular	irrégulier	
an extraordinary	extraordinaire		an expressive	expressif	
an endless	infinie		a rare	rare	
a limited	limitée		a common	courant	

VARNISH	un VERNIS	5850	VERDICT	un VERDICT	5860
a gleaming	brillant		a delayed	différé	
a lustrous	satiné		an expected	prévu	
a protective	protecteur		a surprising	surprenant	
a sticky	gluant		a unanimous	unanime	
a smooth	lisse		an intelligent	intelligent	

VASE	un VASE	5851	VERSE	des VERS (POÉSIE)	5861
a decorative	décoratif		a lovely	ravissants	
a valuable	de prix		a descriptive	descriptifs	
a broken	cassé		a satiric	satiriques	
a cracked	fêlé		a first	une première strophe	
a priceless	inestimable		a second	une deuxième strophe	

VAULT (tomb)	un CAVEAU	5852	VERSION	une VERSION	5862
an impenetrable	inaccessible		an edited	publiée	
a decorated	décoré		an amended	revue	
a majestic	majestueux		a censored	censurée	
a spacious	un vaste caveau		an original	originale	
a royal	royal		a different	différente	

VEGETABLE	un LÉGUME	5853	VEST	un GILET	5863
a raw	cru		a colorful	de couleur	
a cooked	cuit		a warm	chaud	
a delicious	délicieux		a stylish	à la mode	
a wholesome	sain		a buttoned	boutonné	
a fresh	frais		a plain	uni	

VEHICLE	un VÉHICULE	5854	VETERAN	un ANCIEN COMBAT-TANT	5864
an overturned	renversé				
a large	un grand véhicule		a disabled	un invalide de guerre	
a small	un petit véhicule		an honored	honoré	
a fast	rapide		a dissatisfied	mécontent	
a loaded	chargé		a deserving	méritant	
			a poor	pauvre	

VIBRATION	des VIBRATIONS	5865
a constant	constantes	
an alarming	alarmantes	
a sudden	soudaines	
a mysterious	mystérieuses	
an annoying	fâcheuses	

VICE	un VICE	5866
a disgusting	écœurant	
a common	courant	
an incurable	incorrigible	
a dangerous	dangereux	
a harmless	qui ne fait mal à personne	

VICTIM	une VICTIME	5867
an innocent	innocente	
an unfortunate	malheureuse	
a possible	éventuelle	
a helpless	sans défense	
a dazed	hébétée	

VICTORY	une VICTOIRE	5868
a brilliant	brillante	
a final	finale	
a glorious	glorieuse	
a decisive	décisive	
an overwhelming	écrasante	

VIEW	une VUE	5869
a spectacular	spectaculaire	
a magnificent	magnifique	
a dismal	morne	
a limited	limitée	
a breathtaking	à vous couper le souffle	

VIEWPOINT	un POINT DE VUE	5870
an objective	objectif	
a stubborn	opiniâtre	
a prejudiced	partial	
an unbiased	impartial	
a practical	pratique	

VIGIL	une VEILLE	5871
a constant	permanente	
a watchful	vigilante	
a mournful	une veillée funèbre	
a lonely	solitaire	
a respectful	une veillée respectueuse	

VIGILANCE	une VIGILANCE	5872
a habitual	coutumière	
a constant	constante	
a loving	affectueuse	
a relaxed	relâchée	
a determined	résolue	

VIGOR	une VIGUEUR	5873
a renewed	renouvellée	
a youthful	juvénile	
an astonishing	surprenante	
a remarkable	remarquable	
an unusual	extraordinaire	

VILLAGE	un VILLAGE	5874
a picturesque	pittoresque	
an isolated	isolé	
a nearby	proche	
a deserted	abandonné	
a lovely	un joli village	

VILLAIN	un SCÉLÉRAT	5875
a terrible	un affreux scélérat	
a theatrical	un traître de comédie	
a famous	fameux	
a hated	haï	
a ridiculous	ridicule	

VINE	une PLANTE GRIM-PANTE	5876
a twisted	tordue	
a slender	gracile	
a delicate	délicate	
a blossoming	en fleurs	
a clinging	accrochant ses vrilles	

VINEYARD	une VIGNE	5877
a cultivated	soignée	
a celebrated	célèbre	
a productive	généreuse	
an enormous	immense	
a terraced	cultivée en terrasses	

VINTAGE	un CRU (VIN)	5878
a rare	rare	
a famous	célèbre	
a mellow	un vin velouté	
a poor	une mauvaise année	
an excellent	excellent	

VIOLATION	une INFRACTION	5879
a criminal	un délit pénal	
an innocent	involontaire	
a repeated	répétée	
a customary	habituelle	
a conscious	délibérée	

VIOLENCE	une VIOLENCE	5880
an uncalled-for	gratuite	
a brutal	bestiale	
a threatened	une menace de violence	
an extreme	extrême	
a racial	des émeutes raciales	

VIOLIN	un VIOLIN	5881
a superb	superbe	
a valuable	de prix	
a priceless	inestimable	
a famous	célèbre	
a well-made	d'une belle facture	

VIOLINIST	un VIOLINISTE	5882
a celebrated	célèbre	
a talented	de talent	
an incredible	prodige	
an eminent	éminent	
a superb	extraordinaire	

VIRTUE	une VERTU	5883
a desirable	souhaitable	
a rare	rare	
a redeeming	qui rachète	
an admirable	admirable	
an exaggerated	pousée trop loin	

VISA	un VISA	5884
a required	obligatoire	
a valid	valable	
an expired	expiré	
a renewed	prorogé	
an unnecessary	superflu	

VISIBILITY	une VISIBILITÉ	5885	VOLCANO	un VOLCAN	5894
a perfect	parfaite		a dormant	en repos	
a limited	limitée		a famous	célèbre	
an unlimited	illimitée		an extinct	éteint	
a partial	partielle		a smoldering	assoupi	
a clouded	obscurcie		an erupting	en activité	

VISION (sight)	une VISION	5886	VOLUME (book)	un LIVRE (TOME)	5895
a frightful	effrayante		a rare	rare	
a promising	une vue prometteuse		a precious	précieux	
a religious	une révélation		an out-of-print	épuisé	
a fantastic	fantastique		a thick	épais	
a weird	irréelle		a magnificent	magnifique	

VISIT	une VISITE	5887	VOLUME (quantity)	un VOLUME	5896
a delightful	charmante		an enormous	énorme	
a hurried	rapide		an unlimited	illimité	
a regular	habituelle		a growing	grandissant	
a welcome	bien accueillie		an increasing	croissant	
a friendly	amicale		a decreasing	décroissant	

VISITOR	un VISITEUR	5888	VOLUNTEER	un VOLONTAIRE	5897
an unexpected	inattendu		a foolish	insensé	
an unwelcome	mal accueilli		an eager	exalté	
a sympathetic	sympathique		a fanatical	fanatique	
a distinguished	distingué		a brave	courageux	
an unknown	inconnu		a heroic	héroïque	

VITALITY	une VITALITÉ	5889	VOTE	un SCRUTIN	5898
a youthful	juvénile		a unanimous	unanime	
a characteristic	typique		a divided	partagé	
an inexhaustible	inépuisable		an overwhelming	une majorité écrasante	
an enormous	énorme		a surprising	surprenant	
a great	une grande vitalité		a decisive	décisif	

VITAMIN	une VITAMINE	5890	VOTER	un ÉLECTEUR	5899
an essential	indispensable		an independent	indépendant	
a powerful	puissante		a gullible	crédule	
a needed	nécessaire		an intelligent	intelligent	
a beneficial	bénéfique		an uninformed	mal informé	
a rare	rare		an ignorant	ignorant	

VOCABULARY	un VOCABULAIRE	5891	VOWEL	une VOYELLE	5900
a basic	élémentaire		a short	brève	
an enormous	énorme		a long	longue	
a picturesque	pittoresque		an open	ouverte	
a selected	choisi		a nasal	nasale	
a scientific	scientifique		a mute	muette	

VOCATION	un MÉTIER	5892	VOYAGE (sea)	une TRAVERSÉE	5901
a respected	respecté		a fantastic	fantastique	
an unusual	inhabituel		a long	une longue traversée	
a legitimate	licite		a famous	célèbre	
a fascinating	passionnant		a mythical	légendaire	
an interesting	intéressant		a perilous	périlleuse	

VOICE	une VOIX	5893
a beautiful	une belle voix	
a hoarse	enrouée	
a distinctive	typique	
a pleasing	agréable	
a gruff	bourrue	

WAGE	un SALAIRE	5902	WALL (indoor)	une CLOISON	5911
a standard	courant		a thin	mince	
a satisfactory	satisfaisant		a bare	nue	
an hourly	horaire		a painted	peinte	
a daily	journalier		an inner	intérieure	
a weekly	hebdomadaire		a decorated	décorée	

WAGER	un PARI	5903	WALL (outdoor)	un MUR	5912
an unfair	déloyal		a massive	massif	
a reckless	téméraire		a thick	épais	
an unusual	insolite		a protective	de défense	
a profitable	qui rapporte		an impregnable	une muraille infranchissable	
an unlikely	invraisemblable		a defended	une muraille défendue	

WAGON	un CHARIOT	5904	WALLET	un PORTEFEUILLE	5913
an old	un vieux chariot		an empty	vide	
an overloaded	surchargé		a lost	perdu	
a creaking	grinçant		an expensive	coûteux	
an overturned	renversé		a mislaid	égaré	
a small	un petit chariot		a bulky	un épais portefeuille	

WAIT	une ATTENTE	5905	WALLPAPER	un PAPIER PEINT	5914
a long	une longue attente		a plain	uni	
an annoying	ennuyeuse		a faded	fané	
a short	de courte durée		a colored	de couleur	
an unexpected	imprévue		a gaudy	criard	
an endless	interminable		a patterned	à motifs	

WAITER	un GARÇON (DE CAFÉ)	5906	WALTZ	une VALSE	5915
a polite	poli		a famous	célèbre	
a rude	mal embouché		a slow	lente	
an efficient	compétent		a graceful	gracieuse	
a good	un bon garçon		a melodious	mélodieuse	
a well-trained	connaissant son métier		a familiar	connue	

WAITING ROOM	une SALLE D'ATTENTE	5907	WAR	une GUERRE	5916
a crowded	bondée		a terrible	terrible	
a deserted	déserte		a disastrous	désastreuse	
a spacious	une vaste salle d'attente		a brutal	barbare	
a noisy	bruyante		an atomic	atomique	
a stuffy	mal aérée		a devastating	dévastatrice	

WAITRESS	une SERVEUSE	5908	WARDROBE	une GARDE-ROBE	5917
a pretty	une jolie serveuse		an elegant	élégante	
a neat	soignée de sa personne		a limited	peu fournie	
an attractive	séduisante		an expensive	coûteuse	
a polite	polie		a practical	pratique	
a rude	impolie		a sophisticated	raffinée	

WALK (exercise)	une PROMENADE (À PIED)	5909	WAREHOUSE	un ENTREPÔT	5918
			a gigantic	gigantesque	
a regular	habituelle		an empty	vide	
an enjoyable	agréable		a deserted	abandonné	
a long	une longue marche		a remote	éloigné	
a leisurely	tranquille		a large	un grand entrepôt	
an invigorating	tonifiante				

WALK (path)	une ALLÉE	5910	WARHEAD	une OGIVE	5919
			an atomic	nucléaire	
a shaded	ombragée		a perfected	perfectionnée	
a sunny	ensoleillée		a mysterious	mystérieuse	
a slippery	glissante		an armed	armée	
a secluded	isolée		a destructive	destructrice	
a pebbled	un chemin caillouteux				

WARMTH	une CHALEUR	5920
a comforting	bienfaisante	
a radiant	rayonnante	
a seasonal	de saison	
an unexpected	imprévue	
a relaxing	reposante	

WARNING	un AVERTISSEMENT	5921
a stern	sévère	
a startling	saisissant	
a sudden	brusque	
an ominous	sinistre	
a delayed	retardé	

WARRIOR	un GUERRIER	5922
a legendary	légendaire	
a brave	vaillant	
a mythical	mythique	
a savage	sauvage	
an illustrious	illustre	

WARSHIP	un NAVIRE DE GUERRE	5923
a powerful	puissant	
an obsolete	ancien	
an enormous	énorme	
a captured	capturé	
a modern	moderne	

WASTE	un GASPILLAGE	5924
a shameful	éhonté	
a terrible	terrible	
an unnecessary	inutile	
an appalling	effroyable	
a sinful	scandaleux	

WASTEBASKET	une CORBEILLE À PAPIER	5925
an empty	vide	
a full	pleine	
an overturned	renversée	
a nearby	placée à côté	
a cluttered	bourrée	

WATCH	une MONTRE	5926
an expensive	de prix	
a delicate	délicate	
an accurate	précise	
a foreign-made	de marque étrangère	
a dependable	sûre	

WATCHMAN	un GARDIEN	5927
a drowsy	somnolent	
a lonely	solitaire	
a curious	curieux	
a nervous	nerveux	
an alert	vigilant	

WATER	une EAU	5928
cold/hot	de l'eau froide/chaude	
clear	limpide	
stagnant	stagnante	
muddy	boueuse	
hard	de l'eau calcaire (cru)	

WATERFALL	une CASCADE	5929
a famous	célèbre	
a breathtaking	à vous couper le souffle	
a high	une haute cascade	
a roaring	grondante	
a thundering	mugissante	

WAVE	une VAGUE	5930
an enormous	énorme	
a towering	une haute vague	
a pounding	une lourde vague	
a terrifying	terrifiante	
a gentle	caressante	

WAY (method)	un MOYEN	5931
a better	un meilleur moyen	
a preferable	préférable	
a systematic	méthodique	
a customary	habituel	
a new	un nouveau moyen	

WAY (route)	un CHEMIN	5932
a long	un long chemin	
a short	un court chemin	
a direct	direct	
a usual	habituel	
a fast	rapide	

WEAKNESS	une TARE	5933
an inherited	congénitale	
a spiritual	un manque de spiritualité	
a sudden	brusquement révélée	
a moral	mentale	
a physical	physique	

WEALTH	une RICHESSE	5934
an abundant	de grandes richesses	
a staggering	stupéfiante	
an unbelievable	incroyable	
an acquired	une fortune amassée	
an inherited	une fortune héritée	

WEAPON	une ARME	5935
a lethal	meurtrière	
a dangerous	dangereuse	
a harmless	inoffensive	
a concealed	cachée	
a secret	secrète	

WEARINESS	une LASSITUDE	5936
a depressing	déprimante	
an unusual	inhabituelle	
a terrible	terrible	
a physical	physique	
a mental	morale	

WEATHER	un TEMPS	5937
an unusual	exceptionnel	
a seasonal	de saison	
a damp	humide	
an unpredictable	imprévisible	
an unfavorable	défavorable	

WEDDING	un MARIAGE	5938
a royal	royal	
a joyful	gai	
an unexpected	inattendu	
a delightful	ravissant	
a lavish	somptueux	

WEEK	une SEMAINE	5939
a tragic	tragique	
an eventful	agitée	
a memorable	mémorable	
an ordinary	ordinaire	
an uneventful	calme	

WEEKEND	un WEEK-END	5940	WIDOWER	un VEUF	5950
a long	un long week-end		a retired	pensionné	
a delightful	délicieux		a childless	sans enfant	
a marvelous	merveilleux		a lonely	solitaire	
a restful	reposant		an old	âgé	
a busy	affairé		a poor	pauvre	

WEEPING	des PLEURS	5941	WIDTH	une LARGEUR	5951
an uncontrollable	impossibles à retenir		an enormous	énorme	
a sad	de tristes pleurs		an exact	exacte	
a bitter	d'amers pleurs		an adequate	suffisante	
a pathetic	pathétiques		an average	moyenne	
a pitiful	pitoyables		a suitable	convenable	

WEIGHT	un POIDS	5942	WIFE	une FEMME (ÉPOUSE)	5952
a heavy	un grand poids		a patient	patiente	
a light	un faible poids		a lovely	ravissante	
an excessive	excessif		a loving	aimante	
an unbelievable	incroyable		a devoted	dévouée	
an enormous	énorme		a scolding	acariâtre	

WELCOME	un ACCUEIL	5943	WIG	une PERRUQUE	5953
a formal	guindé		a ridiculous	ridicule	
a riotous	tumultueux		a comical	comique	
a friendly	amical		an expensive	coûteuse	
a triumphant	triomphant		an exquisite	ravissante	
a warm	chaleureux		an elaborate	raffinée	

WHARF	un QUAI	5944	WILDERNESS	une RÉGION SAUVAGE	5954
a long	un long appontement		a barren	aride	
a crowded	plein de monde		an unexplored	inexplorée	
a battered	battu par la mer		a forbidding	hostile	
a dilapidated	délabré		a trackless	impénétrable	
a cluttered	encombré		a remote	lointaine	

WHEAT	un BLÉ	5945	WILL (legal)	un TESTAMENT	5955
a golden	doré		a written	écrit	
an abundant	abondant		a strange	étrange	
an exported	exporté		a contested	attaqué	
an imported	importé		an uncontestable	inattaquable	
a harvested	moissonné		an eccentric	excentrique	

WHIM	un CAPRICE	5946	WIND	un VENT	5956
a delightful	délicieux		a favorable	favorable	
a foolish	ridicule		a gentle	faible	
an odd	bizarre		a strong	violent	
a mere	un simple caprice		a biting	cinglant	
a sudden	soudain		a prevailing	dominant	

WHISPER	un CHUCHOTEMENT	5947	WINDOW	une FENÊTRE	5957
a gentle	un léger chuchotement		a broken	cassée	
a hoarse	rauque		an open	ouverte	
an audible	audible		a closed	fermée	
a frightened	effrayé		a barred	grillée	
an inaudible	un murmure inaudible		a dirty	sale	

WHISTLE	un COUP DE SIFFLET	5948	WINE	un VIN	5958
a shrill	strident		a delicious	exquis	
a warning	avertisseur		a sweet	doux	
a piercing	perçant		a superb	un grand vin	
a loud	un fort sifflement		a local	du pays	
a curious	un curieux sifflement		a dry	sec	

WIDOW	une VEUVE	5949	WING (building)	une AILE	5959
a rich	une riche veuve		an added	rajoutée	
a lonely	solitaire		an enormous	énorme	
a charming	charmante		a projecting	en saillie	
a grieving	affligée		a deserted	déserte	
an attractive	séduisante		an adjoining	adjacente	

WINK	un **CLIN D'ŒIL**	5960	**WORD**	un **MOT**	5970
a sly	madré		a missing	manquant	
a significant	significatif		a lovely	gentil	
a suggestive	provocant		a descriptive	imagé	
a friendly	amical		a difficult	difficile	
a coy	timide (coquet)		an easy	facile	

WINNER	un **VAINQUEUR**	5961	**WORK** (artistic)	une **ŒUVRE**	5971
a happy	heureux		a scholarly	savante	
a relieved	soulagé		a celebrated	célèbre	
an undeserving	indigne		a masterly	magistrale	
a probable	probable		an imaginative	originale	
a certain	certain		a magnificent	magnifique	

WINTER	un **HIVER**	5962	**WORK** (labor)	un **TRAVAIL**	5972
a severe	rigoureux		pleasant	agréable	
a long	un long hiver		boring	ennuyeux	
a terrible	terrible		fatiguing	lassant	
a disastrous	désastreux		easy	facile	
a cruel	cruel		fascinating	passionnant	

WISDOM	une **SAGESSE**	5963	**WORKER**	un **TRAVAILLEUR**	5973
an infinite	infinie		a diligent	assidu	
an incomparable	incomparable		a reliable	consciencieux	
a divine	divine		a good	un bon travailleur	
an eternal	éternelle		a careful	appliqué	
a profound	profonde		an efficient	compétent	

WISH	un **DÉSIR**	5964	**WORKSHOP**	un **ATELIER**	5974
a selfish	égoïste		a well-equipped	bien équipé	
a simple	un simple désir		a dark	sombre	
a foolish	insensé		a neat	en ordre	
a forbidden	défendu		a well-organized	bien agencé	
a reasonable	raisonnable		an untidy	en désordre	

WIT	un **ESPRIT**	5965	**WORLD**	un **MONDE**	5975
a comic	drôle		a crazy	à l'envers	
a ready	vif		a civilized	civilisé	
a natural	un humour spontané		an unpredictable	irrationnel	
a delightful	délicieux		an extraordinary	extraordinaire	
a sarcastic	sarcastique		a different	différent	

WITHDRAWAL	une **RETRAITE**	5966	**WORRY**	un **SOUCI**	5976
an orderly	en bon ordre		a constant	constant	
a systematic	méthodique		a needless	superflu	
a requested	ordonnée		a depressing	déprimant	
an unexpected	imprévue		a persistent	persistant	
a unilateral	unilatérale		a ridiculous	ridicule	

WITNESS	un **TÉMOIN**	5967	**WORSHIP**	une **ADORATION**	5977
a credible	digne de foi		a pagan	païenne	
a trustworthy	digne de confiance		a blind	aveugle	
a reluctant	réticent		a false	feinte	
an important	important		a reverent	respectueuse	
an actual	oculaire		a passionate	fervente	

WOMAN	une **FEMME**	5968	**WORTH** (value)	une **VALEUR**	5978
a beautiful	une belle femme		an unknown	inconnue	
a fickle	volage		an enormous	énorme	
a heartless	sans cœur		an artistic	artistique	
a gentle	douce		an intrinsic	intrinsèque	
a charming	charmante		an appraised	estimée	

WOOD	un **BOIS (MATIÈRE)**	5969	**WOUND**	une **BLESSURE**	5979
a carved	sculpté		a deep	profonde	
a brittle	cassant		a fatal	mortelle	
a dry	sec		a bloody	saignante	
a hard	dur		a slight	légère	
a soft	mou		a serious	grave	

WRATH	une COLÈRE	5980	WRISTWATCH	une MONTRE-BRACELET	5983
an uncontrollable	déchaînée				
an indignant	indignée		an expensive	de prix	
an appeased	calmée		a jeweled	ornée de pierreries	
a jealous	jalouse		an accurate	précise	
a divine	divine		a useful	utile	
			a cheap	bon marché	
WRECK	une ÉPAVE	5981	WRITER (author)	un ÉCRIVAIN	5984
a terrible	épouvantable		a celebrated	célèbre	
a sunken	coulée		a prolific	fécond	
a stranded	échouée		a skillful	habile	
a dilapidated	délabrée		a controversial	controversé	
a ghostly	fantomatique		an obscure	obscur	
WRIST	un POIGNET	5982	WRONG	un TORT	5985
a slender	mince		a great	grave	
a broken	cassé		a grievous	cruel	
a sprained	foulé		a deplorable	déplorable	
a strong	solide		a cruel	cruel	
a bruised	meurtri		an avenged	vengé	

X

X RAY	une RADIOGRAPHIE	5986
an alarming	inquiétante	
an unusual	peu courante	
a revealing	révélatrice	
a blurred	floue	
an encouraging	encourageante	

Y

YACHT	un YACHT	5987	YEARNING	un DÉSIR	5991
a luxurious	luxueux		a wistful	vague	
a magnificent	magnifique		a passionate	passionné	
a converted	transformé		a strange	étrange	
an enormous	énorme		a deep	profond	
a graceful	élégant		an intense	un vif désir	
YARD	une COUR	5988	YELL	un HURLEMENT	5992
a spacious	une vaste cour		a startled	d'effroi	
a well-kept	bien tenue		a loud	puissant	
an adjacent	contiguë		a taunting	un cri injurieux	
a cluttered	encombrée		a friendly	un cri amical	
a deserted	déserte		a deafening	assourdissant	
YAWN	un BÂILLEMENT	5989	YIELD	un RENDEMENT	5993
a suppressed	étouffé		an abundant	abondant	
a contagious	contagieux		an excellent	excellent	
a weary	de fatigue		a remarkable	remarquable	
a bored	d'ennui		a desired	souhaité	
a rude	impoli		an anticipated	prévu	
YEAR	une ANNÉE	5990	YOUNGSTER	un(e) GOSSE	5994
an important	importante		a noisy	bruyant(e)	
an eventful	agitée		a sturdy	robuste	
a disastrous	désastreuse		a vigorous	vigoureux(se)	
an abundant	fertile		an energetic	énergique	
a significant	fatidique		an inquisitive	curieux(se)	

YOUTH (childhood)	une JEUNESSE	5995	YOUTH (young man)	un JEUNE HOMME	5996
a happy	heureuse		a stubborn	têtu	
an adventurous	aventureuse		a handsome	un beau jeune homme	
an unhappy	malheureuse		a sensitive	sensible	
a peaceful	tranquille		a personable	bien de sa personne	
a troubled	agitée		a likable	sympathique	

Z

ZEAL	un ZÈLE	5997	ZONE	une ZONE	5999
an untiring	inlassable		a restricted	interdite	
a fervent	fervent		a military	militaire	
an enormous	immense		a demilitarized	démilitarisée	
a religious	religieux		a narrow	étroite	
a fanatic	fanatique		a separate	distincte	

ZEST	une ARDEUR	5998	ZOO	un ZOO	6000
an eager	une vive ardeur		a public	public	
a keen	enthousiaste		an interesting	intéressant	
a hearty	sincère		a colorful	pittoresque	
an insatiable	insatiable		a popular	très fréquenté	
a natural	naturelle		a famous	célèbre	

The Noun Used as an Adjective (6001-6370)

An English structure with essentially no French counterpart is the double noun in which two nouns are used in sequence, the first used to modify the second noun (a summer camp, a railroad station, a cheese omelette, a frying pan). As opposed to the single-word compound noun (snowstorm, rainfall, weatherman), each word in this structure retains its separate form.

In English usage, such compound forms may be considered to be full contextual illustrations, since the first noun describes the second and answers the question, What kind of . . . (book, pollution, shop, house, etc.)?

The following examples illustrate the many ways in which French handles this very common English pattern. An analysis of these ways will be found at 6500 A.

6001	an **ADDRESS** book	un carnet d'adresses
	AIR pollution	la pollution de l'air
	an **ANTIQUE** shop	un magasin d'antiquités
	an **APARTMENT** house	un immeuble d'habitation
	an **APPLE** orchard	une pommeraie
6006	an **APPLICATION** blank	un formulaire
	the **ARMS** race	la course aux armements
	an **ARMY** division	une division des forces terrestres
	an **ASPIRIN** tablet	un comprimé d'aspirine
	an **ASSEMBLY** line	une chaîne de fabrication
6011	an **ATOM** bomb	une bombe atomique
	a **BACHELOR** apartment	une garçonnière
	a **BASEMENT** window	une fenêtre de sous-sol
	a **BATTLE** cry	un cri de bataille
	a **BEACH** umbrella	un parasol (une ombrelle)
6016	a **BEAR** market	un marché à la baisse
	a **BEAUTY** aid	un produit de beauté
	a **BEAUTY** contest	un concours de beauté
	a **BEAUTY** parlor	un salon de coiffure
	a **BELT** buckle	une boucle de ceinture
6021	**BIRTH** control	le contrôle des naissances (le birth-control)
	BLOOD plasma	le plasma sanguin
	BLOOD pressure	la tension artérielle
	a **BLOOD** transfusion	une transfusion sanguine
	a **BOTTLE** opener (wine)	un tire-bouchon
6026	a **BOULEVARD** stop	un stop sur le boulevard
	a **BREAD** knife	un couteau à pain
	BREAKFAST food	les céréales pour le petit déjeuner
	a **BULL** market	un marché à la hausse
	a **BURGLAR** alarm	un signalisateur antivol
6031	a **BUS** terminal	une gare routière
	a **CABLE** car	un funiculaire (un téléférique)
	a **CALENDAR** year	l'année civile
	a **CANDY** dish	une bonbonnière
	CARBON paper	le papier carbone

6036	a **CARPET** sweeper	un balai mécanique
	a **CASH** register	une caisse enregistreuse
	a **CHARCOAL** pencil	un crayon de fusain
	a **CHARGE** account	un compte courant
	a **CHEESE** omelette	une omelette au fromage
6041	a **CHURCH** service	l'office (m.)
	a **CIGARETTE** case	un étui à cigarettes
	a **CITY** hall	un hôtel de ville
	a **CLOTHES** closet	une garde-robe
	a **COCKTAIL** dress	une robe de cocktail
6046	a **COCKTAIL** party	un cocktail
	a **COFFEE** break	une pause-café
	a **COFFEE** shop	un hôtel-restaurant (un buffet-in station)
	COLOR television	la télévision en couleurs
	COSTUME jewelry	des bijoux en toc
6051	a **CREDIT** card	une carte de crédit
	a **CROWN** prince	un prince héritier
	a **CRYSTAL** chandelier	un lustre en cristal
	a **DAY** nursery	une garderie d'enfants
	a **DEATH** certificate	l'acte (m.) de décès
6056	a **DEATH** mask	un masque mortuaire
	a **DEATH** penalty	la peine capitale
	a **DEATH** rate	le taux de mortalité
	a **DECK** hand	un matelot de pont
	a **DELIVERY** truck	un fourgon de livraison
6061	a **DEPARTMENT** head	un chef de service
	a **DEPTH** charge	une grenade sous-marine
	a **DIAL** telephone	un téléphone automatique
	a **DINNER** guest	un(e) convive (un invité)
	a **DISARMAMENT** conference	une conférence sur le désarmement
6066	a **DOPE** peddler (pusher)	un trafiquant de stupéfiants
	a **DRAFT** dodger	un embusqué
	a **DRAMA** critic	un critique dramatique
	a **DRESS** rehearsal	une répétition en costume
	a **DRUG** addict	un(e) toxicomane
6071	an **EMERGENCY** exit	une sortie de secours
	an **EMPLOYMENT** agency	un bureau de placement
	an **ENTRANCE** exam	un concours d'entrée
	an **ENTRANCE** fee	les droits d'entrée
	an **ENTRY** blank	une feuille d'inscription
6076	an **ESCAPE** plan	un plan d'évasion
	an **EVENING** performance	une représentation nocturne
	an **EXCLAMATION** mark	un point d'exclamation
	an **EXHAUST** pipe	un tuyau d'échappement
	an **EXPRESS** highway	une autoroute
6081	an **EXTENSION** cord	un (cordon) prolongateur
	a **FACE** powder	une poudre de riz
	a **FACE** towel	une serviette de toilette
	a **FACE** value	une valeur nominale
	a **FAIRY** tale	un conte de fées
6086	a **FALL** outfit	des vêtements de demi-saison
	a **FAMILY** tree	l'arbre généalogique
	a **FARM** hand	un valet de ferme
	a **FASHION** show	une présentation de collection
	a **FELLOW** member	un confrère
6091	a **FEVER** blister	un bouton de fièvre
	a **FIGHTER** pilot	un pilote d'avion de chasse
	a **FILM** star	une vedette du cinéma
	a **FILTER** tip	un bout-filtrant
	FINGERNAIL polish	un vernis à ongles
6096	a **FIRE** engine	une pompe à incendie
	a **FIRE** extinguisher	un extincteur
	a **FIRE** hydrant	une bouche d'incendie
	a **FLASHLIGHT** battery	une pile (pour lampe de poche)
	a **FLESH** wound	une blessure superficielle
6101	a **FOLK** dance	une danse folklorique
	a **FOOT** soldier	un fantassin
	a **FORTUNE** hunter	un coureur de dots
	a **FOUNTAIN** pen	un stylo
	a **FREIGHT** train	un train de marchandises

6106	**FRUIT** juice	le jus de fruit
	a **FUEL** tank (plane)	un réservoir à carburant
	a **FUNERAL** procession	un convoi funèbre
	a **FUNERAL** service	l'office (m.) des morts
	a **FURNITURE** warehouse	un entrepôt de meubles
6111	a **GARAGE** door	une porte de garage
	a **GARBAGE** truck	une benne à ordures
	a **GAS** tank (automobile)	un réservoir à essence
	a **GASOLINE** can	un bidon d'essence
	a **GASOLINE** station	un poste d'essence
6116	a **GHOST** story	une histoire de revenants
	a **GIFT** shop	une boutique de souvenirs
	a **GLASS** door	une porte vitrée
	a **GOLD** mine	une mine d'or
	a **GOLD** standard	l'étalon-or (m.)
6121	a **GOLF** club (driver, etc.)	un club de golf
	a **GOLF** green	la pelouse d'arrivée (le "green")
	a **GOVERNMENT** subsidy	une subvention du gouvernement
	a **GRADUATE** school	la faculté des hautes études
	a **GRAIN** elevator	un dépôt à grains (un silo)
6126	a **GRAMMAR** school (U.S.)	une école primaire
	GRAPH paper	du papier quadrillé
	a **GROUND** crew	le personnel rampant
	a **GROUND** floor	le rez-de-chaussée
	a **GUARDIAN** angel	un ange gardien
6131	a **GUEST** speaker	un orateur de circonstance
	a **HAIR** curler (clip)	un bigoudi
	a **HAIR** dryer	un sechoir à cheveux
	HAND luggage	les bagages à main
	a **HARBOR** master	le capitaine de port
6136	a **HEADACHE** remedy	un remède contre les maux de tête
	a **HEART** attack	une crise cardiaque
	a **HEART** transplant	une greffe du cœur
	a **HEAT** wave	une vague de chaleur
	a **HOME** address	une adresse personnelle
6141	a **HOSPITAL** ship	un navire-hôpital
	a **HOUSE** painter	un peintre en bâtiments
	an **ICE-CREAM** cone	un cornet de glace (de la glace en cornet)
	an **ICE-CUBE** tray	un bac à glaçons
	an **IDENTIFICATION** tag	une plaque d'identité
6146	an **INDEX** card	une fiche
	an **INSTRUMENT** landing	un atterrissage aux instruments
	an **INTELLIGENCE** test	un test de capacité mentale
	an **IRON** lung	un poumon d'acier
	JET propulsion	la propulsion à réaction
6151	a **JEWELRY** store	une bijouterie (horlogerie-**for watches**)
	a **KITCHEN** sink	un évier de cuisine
	a **KNIFE** sharpener	un affiloir
	a **LABOR** union	un syndicat ouvrier
	a **LANGUAGE** barrier	l'obstacle des langues
6156	a **LANDSCAPE** painter	un paysagiste
	a **LAW** student	un étudiant en droit
	a **LAWN** mower	une tondeuse de gazon
	LEISURE hours	les heures de loisirs
	a **LETTER** opener	un coupe-papier
6161	a **LICENSE** plate (automobile)	une plaque d'immatriculation
	a **LIE** detector	un détecteur de mensonges
	LIFE insurance	l'assurance (f.) sur la vie (l'assurance-vie)
	a **LIFE** sentence	une condamnation à perpétuité
	a **LIGHT** meter (photography)	un posemètre
6166	a **LONG-DISTANCE** call	un appel interurbain
	a **LOVE** affair	une affaire de cœur
	a **LUNCH** basket	un panier à provisions
	a **LUXURY** item	un produit de luxe
	a **LUXURY** tax	la taxe de luxe
6171	a **MACHINE** tool	une machine-outil
	a **MAIDEN** voyage	la première traversée
	a **MAIL** clerk	un postier
	a **MAIL** train	un train-poste
	a **MAKE-UP** man	un maquilleur

6176	a **MARGIN** release	une déclenche-marge
	a **MARKET** price	le prix courant
	a **MARRIAGE** ceremony	les noces (f. pl.)
	a **MARRIAGE** rate	le taux de nuptialité
	a **MASTER** bedroom	la chambre du maître
6181	a **MATERNITY** ward	la salle des accouchées
	a **MEAT** market	une boucherie (beef, etc.) charcuterie (pork, etc.)
	a **MEDICINE** cabinet	une armoire à pharmacie
	a **METAL** polish	un brillant à métaux
	a **MILK** carton	une boîte de lait
6186	a **MINUTE** hand	la grande aiguille
	a **MISSILE** launcher	un lance-fusées
	a **MODEL** airplane	un aéromodèle
	a **MONEY** belt	une ceinture porte-monnaie
	a **MONKEY** wrench	une clé anglaise
6191	a **MOON** landing	un atterrissage sur la lune (un alunissage)
	MORNING sickness	(avoir) des nausées (f. pls.)
	a **MOSQUITO** bite	une piqûre de moustique
	a **MOTHER** tongue	une langue maternelle
	a **MOTOR** vehicle	un véhicule automobile
6196	a **MOUNTAIN** range	une chaîne de montagnes
	a **MOUNTAIN** resort	une station de ski (d'hiver)
	a **MULTIPLICATION** table	une table de multiplication
	a **MUSIC** box	une boîte à musique
	a **NAIL** file	une lime à ongles
6201	a **NAPKIN** ring	un rond de serviette
	a **NEON** sign	une réclame lumineuse
	a **NEWSPAPER** clipping	une coupure de presse
	a **NEWSPAPER** reporter	un reporter
	a **NIGHT** watchman	un veilleur de nuit
6206	**NOSE** drops	des gouttes nasales (f. pls.)
	a **NOTEBOOK** cover	un protège-cahier
	a **NURSERY** school	une école maternelle
	an **OBSTACLE** course	une piste (un champ) d'obstacles
	an **OCEAN** splashdown	un amerrissage
6211	an **OFFICE** desk	un bureau ministre
	an **OIL** company	une société pétrolière
	an **OPERA** broadcast	un opéra radiodiffusé
	OPERA glasses	des jumelles (f. pl.) de spectacle
	an **ORANGE** grove	une orangeraie
6216	**ORANGE** tree	un oranger
	an **ORGAN** grinder	un joueur d'orgue
	an **OXYGEN** tent	une tente à oxygène
	a **PADDLE** wheel	une roue à aubes
	PAINT remover	un décapant
6221	a **PANCAKE** landing	un atterrissage plaque (à plat)
	a **PANEL** discussion	un colloque
	a **PAPER** clip	un trombone
	a **PAPER** cup	un gobelet de papier
	a **PAPER** plate	une assiette en carton
6226	a **PARACHUTE** jump	un saut en parachute
	a **PASTRY** cook	un pâtissier
	PEA soup	un potage aux pois cassés
	a **PEACE** conference	une conférence sur la paix
	a **PENCIL** sharpener	un taille-crayon
6231	a **PEPPER** grinder (mill)	un moulin à poivre
	a **PIANO** teacher	un professeur de piano
	a **PICKUP** truck	une camionnette
	a **PICTURE** postcard	une carte postale illustrée
	a **PIPE** cleaner	un cure-pipe
6236	a **PITCH** pipe	un diapason de bouche
	a **PLACE** card	un (carton) marque-place
	a **PLASTER** cast	un plâtre
	PLASTIC surgery	la chirurgie esthétique
	a **PLASTIC** tube	un tube de plastique
6241	a **PLEASURE** trip	un voyage d'agrément
	POCKET money	l'argent de poche
	POLICE brutality	la brutalité policière
	a **POPULATION** explosion	l'explosion (f.) démographique
	POTATO chips	les pommes chips

6246	POWER brakes	les servo-freins (m. pl.)
	POWER steering	la servo-direction
	a PRESS conference	une conférence de presse
	PRICE controls	le contrôle des prix
	a PRICE freeze	un blocage des prix
6251	PROFIT taking	la prise des bénéfices
	the PUBLIC welfare	la santé publique
	a PUBLICITY stunt	un canard publicitaire
	a PUNCTUATION mark	un signe de ponctuation
	a PUPPET show	un spectacle de marionnettes
6256	a QUEEN bee	une reine des abeilles
	a QUIZ show	une émission-questionnaire
	QUOTATION marks	les guillemets (m. pl.)
	a RADIO network	une chaîne de radiodiffusion
	a RAILROAD crossing	un passage à niveau
6261	a RASPBERRY bush	un framboisier
	a RATION card	une carte de ravitaillement
	a REAR-VIEW mirror	un rétroviseur
	a RECEPTION desk	la réception
	a RECORD changer	un tourne-disque automatique
6266	a REFERENCE book	un ouvrage de référence
	a REFRIGERATOR car	un wagon frigorifique
	a RESCUE party	une équipe de secours
	a RETURN trip	un voyage de retour
	a RIVER basin	un bassin fluvial
6271	a ROAD sign	un poteau indicateur
	a ROCK garden	un jardin de rocaille
	a ROCKET ship	une fusée interplanétaire
	a ROLLER skate	un patin à roulettes
	a ROOM clerk	un employé à la réception
6276	a ROSE garden	une roseraie
	a SAFETY match	une allumette de sûreté
	a SAFETY pin	une épingle de sûreté
	a SAFETY razor	un rasoir de sûreté
	a SALAD bowl	un saladier
6281	a SAMPLE copy	un numéro spécimen
	a SAVINGS bank	une caisse d'épargne
	a SCHOOL year	l'année scolaire
	a SEA breeze	une brise de mer
	a SEA power	une puissance maritime
6286	a SEARCH warrant	un mandat de perquisition
	a SELF-SERVICE laundry	une laverie libre-service
	a SERVICE station	une station-service
	a SHOE polish	un cirage de chaussures
	a SHOULDER strap	une épaulette
6291	a SIDEWALK café	une terrasse de café
	a SKI lift	un téléski (un remonte-pente)
	a SLATE roof	un toit d'ardoises
	a SOAP bubble	une bulle de savon
	a SODA cracker	un biscuit soda
6296	a SOUND barrier	le mur du son
	a SOUP spoon	une cuiller à soupe
	the SPACE age	l'âge de l'exploration spatiale
	a SPACE walk	une promenade dans l'espace
	a SPORTS fan	un enthousiaste des sports
6301	a SPY ring	un réseau d'espionnage
	a STAGE manager	un régisseur
	a STARVATION diet	une diète absolue
	a STATION wagon	une (voiture) familiale, un break
	a STATUS symbol	un symbole de classe sociale
6306	a STORM cloud	un nuage orageux
	a STRAW mattress	une paillasse
	STRAWBERRY jam	la confiture de fraises
	a STUDENT riot	une révolte estudiantine
	a SUBWAY station	une station de métro
6311	a SUMMER resort	une station estivale
	a SUMMER vacation	les vacances d'été (les grandes vacances)
	a SUMMIT conference	une conférence au sommet
	a SURVIVAL kit	un équipement de survie
	a TAPE measure	un mètre-ruban

6316	a **TARGET** language	une langue cible
	TAX evasion	la fraude fiscale
	a **TAXI** driver	un chauffeur de taxi
	a **TELEGRAPH** pole	un poteau télégraphique
	a **TELEPHONE** booth	une cabine téléphonique
6321	a **TELEPHONE** call	un coup de téléphone
	a **TELEPHONE** directory	un annuaire téléphonique
	a **TELEPHONE** operator	un(e) standardiste (téléphoniste)
	a **TELEPHOTO** lens	un téléobjectif
	a **TELEVISION** commercial	une annonce publicitaire télévisée
6326	a **TENNIS** court	un court de tennis
	a **TERM** paper	une dissertation
	a **TEST** ban	l'interdiction des essais nucléaires
	a **THEATER** lobby	un foyer de théâtre
	a **TICKET** office (theater)	un bureau de location
6331	a **TILE** roof	un toit de tuiles
	a **TIME** bomb	une bombe à retardement
	TIRE pressure	la pression des pneus
	TOILET paper	le papier hygiénique
	a **TOLL** bridge	un pont à péage
6336	a **TOWN** council	un conseil municipal
	a **TOY** soldier	un soldat de plomb
	a **TRAFFIC** light	un feu de circulation
	a **TRAILER** home	une caravane
	a **TRAIN** conductor	le chef du train
6341	a **TRAVEL** agency	un bureau de voyage
	a **TREASURE** chest	un coffre au trésor
	a **TRIAL** jury	un jury de jugement
	a **TYPEWRITER** ribbon	un ruban encreur
	UNEMPLOYMENT insurance	l'assurance-chômage (f.)
6346	a **VAPOR** trail	un sillage de fumée
	a **VARIETY** show	un spectacle de variétés
	VEGETABLE soup	un potage aux légumes
	a **VIDEOTAPE** recorder	un magnétoscope
	a **VINTAGE** year	une grande année
6351	a **WAGE-PRICE** freeze	le blocage des prix et des salaires
	a **WATCH** crystal	un verre de montre
	a **WATER** heater	un chauffe-eau (un chauffe-bains)
	WAX paper	le papier paraffiné
	a **WEATHER** forecast	un bulletin météorologique
6356	a **WEDDING** cake	un gâteau de mariage
	a **WEDDING** dress	une robe de noce
	a **WEDDING** ring	un anneau nuptial
	WELFARE work	l'assistance sociale
	a **WIND** tunnel	un tunnel aérodynamique
6361	a **WINDOW** shade	un store
	a **WINDSHIELD** wiper	une essuie-glace
	a **WINE** list	une carte des vins
	WINTER sports	les sports d'hiver
	a **WOMAN** writer	une femme écrivain
6366	a **WOOD** carving	une sculpture sur bois
	WORD order	l'ordre (m.) des mots
	WORLD affairs	les affaires internationales
	a **WORLD** war	une guerre mondiale
6370	a **YACHT** club	un yacht-club

The Gerund Used as an Adjective (6371-6500)

The noun-form in English based on the verbal present participle is called a gerund (singing, dancing, writing, etc.). This form is commonly used with the force of an adjective to describe the function or use of a second noun (a mixing bowl, a tuning fork). Such forms should be carefully distinguished from the present participial adjective used to describe a state or condition (an expanding universe, a squeaking door). As with the pure noun-noun form seen above, the French must also paraphrase this gerund-noun form.

6371	an **ADDING** machine	une machine à additionner (additionneuse)
	an **ANSWERING** service	un service des abonnés absents
	BAKING powder	la levure anglaise
	a **BANKING** house	une maison de banque
	a **BATHING** cap	un bonnet de bain
6376	**BATHING** trunks	un slip de bain
	a **BATTERING** ram	un bélier
	BLOTTING paper	le papier buvard
	a **BOARDING** school	un pensionnat
	a **BOWLING** alley	un boulodrome
6381	a **BOXING** glove	un gant de boxe
	a **BUILDING** permit	un permis de construire
	a **CALCULATING** machine	une machine à calculer
	a **CALLING** card	une carte de visite
	a **CARRYING** case (papers)	un porte-documents
6386	a **CARVING** knife	un couteau à découper
	a **CHAFING** dish	un réchaud de table
	a **CHRISTENING** robe	une robe de baptême
	a **CHOPPING** block	un billot
	a **CLEANING** fluid	un produit à détacher
6391	a **CLEANING** woman	une femme de ménage
	a **CLEANSING** product	un produit de nettoyage
	a **COOKING** temperature	une température de cuisson
	COOKING utensils	la batterie de cuisine
	a **CRUISING** speed	une vitesse de route
6396	a **DANCING** lesson	une leçon de danse
	a **DIGGING** tool	un outil à piocher (à bêcher)
	a **DINING** car	un wagon-restaurant
	a **DIVING** bell	une cloche à plongeur
	a **DIVING** suit	un scaphandre
6401	a **DRAWING** board	une planche à dessin
	a **DRESSING** room (theater)	une loge
	a **DRINKING** fountain	une fontaine publique
	a **DRINKING** song	une chanson à boire
	a **DRIVING** school	une auto-école
6406	a **DUPLICATING** machine	un duplicateur
	a **FENCING** mask	un masque d'escrime
	a **FILING** cabinet	un classeur
	a **FIRING** squad	un peloton d'exécution
	a **FISHING** pole	une canne à pêche
6411	a **FRYING** pan	une poêle à frire
	a **GAMBLING** table	une table de jeu
	a **GREETING** card	une carte de vœux
	a **HEARING** aid	un sonotone
	a **HEATING** pad	un coussin chauffant
6416	a **HIDING** place	une cachette
	a **HITCHING** post	un poteau d'attache
	a **HUNTING** knife	un couteau de chasse
	an **IDENTIFYING** mark	une marque d'identification
	an **IRONING** board	une planche à repasser
6421	a **KNITTING** needle	une aiguille à tricoter
	LANDING gear	le train d'atterrissage
	a **LAUNCHING** pad	une rampe de lancement
	a **LISTENING** post	un poste d'écoute
	LIVING space	l'espace vital
6426	a **LOADING** platform	un quai de chargement
	a **LOOKING** glass	un miroir
	a **LUBRICATING** oil	un lubrifiant
	a **MAGNIFYING** glass	un verre grossissant
	a **MANUFACTURING** plant	une usine
6431	a **MEASURING** cup	un verre gradué
	a **MEETING** time	une heure de rencontre (de rendez-vous)
	a **MELTING** temperature	une température de fusion
	a **MINING** camp	un village minier
	a **MIXING** bowl	un bol à mélanger
6436	a **MOVING** van	une voiture de déménagement
	a **NEUTRALIZING** agent	un produit neutralisant
	a **NURSING** home	une maison de convalescence
	OPERATING expenses	les frais généraux
	an **OPERATING** room	une salle d'opération

6441	an ORGANIZING committee	un comité d'organisation
	a PACKING case	une caisse d'emballage
	a PARKING meter	un parcomètre
	a PARKING ticket	une contravention (un papillon)
	a PASSING speed	une vitesse de doublement
6446	a PAVING block	un pavé
	a PLANNING commission	une commission d'organisation
	a PLAYING field	un terrain de jeu
	a POLISHING cloth	un chiffon à polir
	a PRINTING press	une presse à imprimer
6451	a PUBLISHING company	une maison de publication
	a PUNCHING bag	un "punching-ball"
	a QUALIFYING score	une note de passage
	a QUITTING time	l'heure de sortie
	a RACING car	une voiture de course
6456	READING glasses	les lunettes (pour lire)
	a READING lamp	une lampe de travail
	a RECEIVING set	un poste récepteur
	a RECORDING session	une séance d'enregistrement
	a RECORDING tape	une bande magnétique
6461	a REDUCING plan	un régime amaigrissant
	a REGULATING valve	une soupape de réglage
	a RESTING place	un lieu de repos
	RIDING boots	les bottes de cheval
	a ROCKING chair	un fauteuil à bascule
6466	a ROLLING pin	un rouleau à pâtisserie
	a RUBBING alcohol	un alcool pour friction
	a SCRUBBING brush	une brosse de chiendent
	a SEALING wax	une cire à cacheter
	a SEWING machine	une machine à coudre
6471	a SHARPENING tool	un outil à affûter
	a SHAVING brush	un blaireau
	SHAVING soap	le savon à barbe
	a SHOPPING cart	un chariot
	a SHOPPING center	un centre commercial (un shopping)
6476	a SINGING teacher	un professeur de chant
	a SLEEPING bag	un sac de couchage
	a SLEEPING car	un wagon-lit
	a SPRINKLING can	un arrosoir
	a STEERING wheel (car)	le volant
6481	a STRIKING force	une force de frappe
	a TEACHING method	une méthode d'enseignement
	a TEACHING staff	un corps enseignant
	a TEETHING ring	une sucette
	a THRESHING machine	une batteuse
6486	a TIMING mechanism	un appareil de chronométrage
	a TRACKING station	un poste de repérage
	a TRADING stamp (commercial)	un timbre-prime
	a TRAINING camp	un camp d'entraînement
	a TRANSMITTING station	un poste émetteur
6491	TRAVELING expenses	les frais de voyage
	TYPING paper	le papier à dactylographier
	a VENDING machine	un distributeur automatique
	a VOTING booth	un isoloir (une cabine de vote)
	a WAITING list	une liste d'attente
6496	a WARNING shot	un coup de semonce
	a WASHING machine	une machine à laver
	WRAPPING paper	un papier d'emballage
	a WRESTLING match	une rencontre de catch
6500	WRITING paper	du papier à lettres

SUMMARY: The Noun and Gerund Used as Adjectives (6500 A)

The five hundred examples in the preceding study were selected at random and are typical of thousands of similar constructions in English. It is impossible to predict which pattern the French will choose in expressing the English noun-noun or gerund-noun sequence. The only predictable aspect is that, except for those structures which use a single word to express the double English concept, the noun or gerund used as an adjective **moves from a pre-position to a post-position** in French. An analysis of the five hundred examples indicates the following possibilities in translating the structure into French. (The percentages are approximate.)

%	The noun or gerund used with the force of an adjective may	
20	1. be assimilated into a single word	un plongeoir (a **diving** board) un invité (a **dinner** guest)
3	2. become the second part of a hyphenated compound.	un taille-**crayon** (a **pencil** sharpener) une déclenche-**marge** (a **margin** release)
	3. become the final part of a prepositional phrase remaining as a noun or becoming an infinitive verb	
	8% with: à but **no** article	les bagages à **main** (**hand** luggage) un bac à **glaçons** (an **ice-cube** tray)
	2% à **plus** article*	une tarte aux **pommes** (an **apple** pie) la confiture aux **fraises** (**strawberry** jam)
60	35% with: de but **no** article	un carnet d'**adresses** (an **address** book) une robe de **cocktail** (a **cocktail** dress)
	6% de plus article* (never with gerunds)	la pollution de l'**air** (**air** pollution) le contrôle des **naissances** (**birth** control)
	4% with: other prepositions (contre, en, pour, sur, etc.)	un stop sur le **boulevard** (a **boulevard** stop) les céréales pour le petit **déjeuner** (**breakfast** food) une répétition en **costume** (a **dress** rehearsal)
	5% with: à plus infinitive verb (only with gerunds)	une machine à **coudre** (a **sewing** machine) une salle à **manger** (a **dining** room)
16	4. may become adjectival in form in post-position	la tension **artérielle** (**blood** pressure) un masque **mortuaire** (a **death** mask) un wagon **frigorifique** (a **refrigerator** car)
1	5. may in **rare** cases use its noun form in an adjective position alone	un étranger **ennemi** (an **enemy** alien) le papier **carbone** (**carbon** paper)

These noun combinations are very common in English, and as a result, will occur frequently in thoughts which you may wish to express in French. Since the French manner of handling these combinations differs completely from our own, a careful study of the five hundred examples and the generalizations made above will be of great help in expressing this structure in idiomatic French. Such a study will also be of help in recognizing the structure in French and translating it into English using the noun-noun or gerund-noun English structure.

*It is not clear why, in certain combinations with à and de, the definite article is used and in other similar patterns the prepositions are used alone.

PART THREE

VERBS

INTRODUCTION

Verbs tend to stimulate a wide variety of contextual modifiers. Although transitive verbs tend to elicit nouns as direct objects, such verbs in English are also often used intransitively; that is, without an expressed object:

to read a book (direct object)   But: to read quickly, to read for pleasure, etc.

Intransitive verbs (those not requiring or able to take direct objects) stimulate a wide variety of indirect completions.

Participants in the study were given lists of infinitive verbs in groups of twenty-five items. The following chart will demonstrate the results obtained and the final composition of the contextual blocks of the verb **to fill.**

Sample Informational Worksheet for Verb Section

Please complete the following verbal phrases with *a noun, prepositional phrase* or *adverb* suggested to you by the verb. Write more than one answer if you have time. (5 minutes)

1. to express	21. to feel
2. to extend	22. to fight
3. to face	23. to find
4. to fail	24. to fill

Results of Survey—Item 24

Verb: to **fill**
Concept #7212

100 answers listed by order of frequency:

Final Blocks:

to **fill** 7212	to **fill**		
a tank	in a blank	in a blank 26	a pail 4
a glass	out a form	a tank 15	a need 4
a bathtub	to the top	a glass 10	up on candy 4
a need	up on candy	out a form 8	completely 4
a pail	in for someone	a bathtub 7	in for someone 3
		to the top 7	halfway 2
		a sink 4	with water/sand 2

The answers divide almost equally between noun objects (transitive use) and prepositional phrases (intransitive use), with adverbs the least natural completion (6).

Two thousand basic verb roots serve as Key Words in the 11,500 infinitive phrases comprising this section. They can be classified according to the type of responses given by native speakers.

The percentages given are approximate indications of the frequency of appearance of each type of answer.

I. Verbs Used Transitively (66%)

A. Root word plus direct object (38%):

> to admire *a king*; to adorn *a throne*; to blockade *a port*; to boo *an actor*

B. Root word plus preposition plus direct object (22%):

> to break off *a corner*; to clean out *an attic*; to clear off *the dishes*

C. Verbs used reflexively with pronoun object (2%):

> to accustom *oneself* to something; to hurt *oneself*; to blame *oneself*; to concern *oneself* with politics

D. Verbs used reflexively with possessive object (4%):

> to assert *one's rights*; to bank *one's savings*; to bathe *one's feet*; to conserve *one's energies*

II. Verbs Used Intransitively (33%)

A. Root word plus prepositional phrase (25%):

> to apply *for a job*; to appeal *for support*; to arise *at 7:00* A.M.;
> to bask *in the sun*; to moan *in pain*; to weep *for joy*

B. Root word plus adverb of manner, quantity, etc. (6%):

> to breathe *deeply;* to weep *bitterly;* to divide *equally;* to subside *gradually*

C. Root word plus complementary infinitive (1½%):

> to decide *to stay*; to refuse *to leave*; to conspire *to overthrow*; to tend *to agree*

D. Root word plus *and* plus verb (sequential verbs) (½%):

> to stoop *and pick up*; to whine *and complain*; to topple *and fall*; to taunt *and jeer*

III. Verbs Used Impersonally or Passively (1%):

A. Impersonal subject plus root verb (½%):

> it rained; it snowed; it thundered; it hailed;
> wars exist; rugs fade; lettuce wilts; plywood warps

B. Root word used passively (converted to past participle) (½%):

> to be *distressed* by the news; to be *unnerved* by a death; to be *drafted*

IV. Verbs Used Reflexively

The greatest single difference between French and English verbs lies perhaps in the high frequency of the so-called reflexive French verb. The French call such verbs *pronominal* verbs. Although such verbs are normally referred to as reflexive verbs in English and foreign language study, such a name is misleading. There are in both English and French only a handful of verbs which are **always** reflexive; that is, which can be used only reflexively (English: to *perjure* oneself, to *pride* oneself on one's honesty, etc.). Most actions which can be directed toward others can also be directed toward oneself. So what are traditionally called reflexive verbs might be more correctly called transitive verbs used with a reflexive pronoun object. In French, the pronoun object may be either direct (**se** *laver*, **se** *taire*) or indirect (**se** *laver les mains*, **se** *faire mal*).

The reflexive concept is quite rare in English because the reflexive object is customarily omitted whereas in French the reflexive object must be included. The French equivalent of he got up, he washed, he shaved, he got dressed, and then he remembered requires the stated pronoun object. Only 43 of the 2,000 English root verb-forms suggested a reflexive response to the English speakers. But the number of ideas which are not reflexive in English which are translated by the French pronominal verb runs to over 500. Mastery of and an early introduction to such verb forms deserve perhaps greater attention than textbooks and traditional grammars have shown in the past.

All phrases are listed with the infinitive form in first position, except where this is not practical (i.e., modal verbs). You can become familiar with the basic phrase by initial practice with any one of the hundreds of structures which introduce infinitive structures, thus permitting immediate use of the form or phrase as given.

Common examples of such introductory structures are:

Je veux . . .	Je commence à . . .	Je suis en train de . . .
Je voudrais bien . . .	Je dois . . .	Il faut . . .
Je viens de . . .	Je préfère . . .	J'ai oublié de . . .
J'aime(à) . . .	Je peux . . .	J'ai refusé de . . .
Je vais . . .	J'ai l'intention de . . .	Je suis obligé(e) de . . .
Il est difficile de . . .	Je devrais . . .	J'aurais dû . . .

Of course, these can also be practiced in the negative and with varying personal subjects. Such practice will enable you to acquire a reasonable mastery of the basic words in combination, without having to worry about the irregularities of the initial verb. Once you have attained control of the sense and form of the full phrase, then you can attempt the peculiarities of possibly irregular present-tense forms, future stems, and subjunctive subtleties.

Since all verbs used pronominally or reflexively are listed in the third person (**se** *coucher*, **se** *déshabiller*), the only change needed in adapting the reflexive infinitive is, of course, to change the reflexive pronoun to agree with the subject:

Je veux **me** *coucher, nous voulons* **nous** *déshabiller, tu as oublié de* **te** *coucher.*

Although almost all 2,000 root words are treated a minimum of five times each, the following base root words are treated in greater detail, from 10 to 625 times each. They can be said to be the English verbs with the highest contextual frequency; that is, those which stimulate the widest variety of responses.

Number of contextual illustrations:

to be	330	to drive	10	to keep	30	to love	10	to plan	10
to break	20	to enter	10	to lay	20	to make	40	to pull	15
to bring	25	to fill	10	to lead	10	to meet	10	to put	30
to burn	10	to find	10	to leave	20	to miss	10	to raise	10
to carry	25	to get	625	to let	10	to need	10	to reach	10
to change	15	to give	50	to like	10	to open	15	to return	10
to come	45	to go	65	to live	15	to pass	10	to ride	10
to cut	20	to have	55	to look	20	to pay	15	to roll	10
to do	35	to hold	15	to lose	10	to pick	10	to run	25

to sell	10	to sing	10	to step	10	to tear	10	to want	15
to send	10	to sit	10	to stop	10	to think	10	to work	15
to serve	10	to speak	15	to strike	10	to throw	10		
to set	25	to stand	15	to study	10	to try	10		
to shoot	10	to start	10	to take	65	to turn	30		
to show	10	to stay	10	to teach	10	to use	40		

These verbs derive their great versatility and wide use from their natural affinity for combining with prepositional complements, and thus cannot be demonstrated in a normal five-item block. This combining of a root word such as to *look* with prepositions used now as adverbs (to *look up*; to *look or*; to *look at*; to *look down on*; etc.) is basically unknown in French. Each such English combination translates as a completely new single French verb form. The 2,000 English root forms plus such combinations require an estimated total of nearly 4,000 French verbs. To *get* as a root word yields in its 625 illustrations nearly 100 different French verbs.

This section does not devote space to any massive lists of irregular verb charts, nor is there indication that a given verb is irregular. Such information is available in any standard dictionary or grammar text.

V. *Basic Sentence Patterns (Emphasis on Verbal Groupings)*

This expanded treatment of the nine basic sentence patterns suggested by N. A. Berkoff, Director of English Basic Studies at the Hebrew University of Jerusalem in his excellent book **English Grammar and Structure** (ARC Books Inc., New York, 1963), is designed to illustrate the principle that basic English sentence patterns are determined or influenced by certain categories of verbs which, when used as main verbs (verbs in second position following the subject), introduce specific types of structural patterns. Statements, as opposed to questions and commands, follow a normal pattern of subject+verb+complement. Following the introductory pattern of subject+verb, English statement patterns divide into identifiable categories, each characterized by a unique word order and arrangement or sequence of parts of speech. The "divisor" or separating element is the structural characteristic of the verb which follows the subject and precedes the complement. An attempt has been made to illustrate each statement pattern with collections of common verbs that pattern with complements in the same way.

Omitted from consideration in differentiating patterns are adverbials (adverbs or word groupings serving as adverbs), modifiers, determiners, and auxiliary verbs. These elements can be added to the basic patterns without changing significantly either the meaning or force or sequence of the pattern.

Pronouns and nouns may be considered to be interchangeable in the following patterns, although such changes may slightly alter the word order of the pattern.

For purposes of explanation and diagramming the following patterns, I have adapted Mr. Berkoff's terms Inner Complement and Outer Complement. I prefer to modify the terms, calling them First Complement (FC) and Second Complement (SC). These terms are used only when the complement of the main verb contains two elements, and the terms FC and SC refer to the order in which these elements occur.

Examples:	Subject	Verb	First Complement	Second Complement
	They	admitted	stealing	the watch
	They	called	the man	a fool
	They	gave	their son	a car
	They	painted	the door	blue
	They	watched	the children	play
	They	offered	him	a contract
	They	wanted	the walls	painted
	They	turned	off	the lights

The First Complement (FC) can be a noun, pronoun, verbal, adverbial, or preposition.
The Second Complement (SC) can be a noun, adjective, or verbal (rarely a pronoun).

The Basic Patterns (Active Voice)

Pattern 1.	Subject + Intransitive Verb	They spoke.
Pattern 2.	Subject + Linking Verb + Adjective	They were happy.
Pattern 3.	Subject + Linking Verb + Noun	They were students.
Pattern 4.	Subject + Transitive Verb + Direct Object	They bought a house.
Pattern 5.	Subject + Verb + FC + SC	They gave the boy a present.
Pattern 6.	Subject + Verb + FC same as SC	They called the man a coward.
Pattern 7.	Subject + Verb + FC + SC (adjective)	They painted the walls white.
Pattern 8.	Subject + Verb + FC (noun) + SC (present participle)	They watched the girl playing.
Pattern 9.	Subject + Verb + FC (noun) + SC (past participle)	They wanted the door painted.
Pattern 10.	Subject + Verb + FC (noun) + SC (infinitive stem)	They saw the man fall.
Pattern 11.	Subject + Verb + Full Infinitive	They decided to stay.
Pattern 12.	Subject + Verb + FC (noun) + SC (Full Infinitive)	They ordered the man to stay.
Pattern 13.	Subject + Verb + FC (present participle) + SC (noun)	They admitted stealing the watch.
Pattern 14.	Subject + Verb + Direct Object + Transposable Complement	He turned (off) the lights (off).
Pattern 15.	It + Impersonal Verb	It was raining.
Pattern 16.	It + To BE + Adjective + Full Infinitive	It was easy to learn.
Pattern 17.	There + Linking Verb + Subject	There were three men there.
Pattern 18.	Subject + Verb + (That) Phrase	He knew (that) he was right.

PATTERN 1. Subject + Intransitive Verb

Verbs in all patterns are drawn from the Master List of 1000 Basic Verbs. An Intransitive Verb is a verb which does not require an object to complete its meaning.

Commonly used in this pattern are compound verbs (he got up, he sat down, they gave up, she crawled in, I looked up, he grew up, etc.) and impersonal verbs (it rained, it snowed, it poured, it thundered, etc.) See Examples 151–200.

1	He agreed.	Il a été d'accord.		
2	He answered.	Il a répondu.		
3	He apologized.	Il s'est excusé.		
4	He argued.	Il a discuté.		
5	He arrived.	Il est arrivé.		
6	He ate.	Il a mangé.		
7	He began.	Il a commencé . . .		
8	He came.	Il est venu.		
9	He complained.	Il s'est plaint.		
10	He confessed.	Il a avoué.		
11	He consented.	Il a consenti.		
12	He continued.	Il a continué.		
13	He cooperated.	Il a coopéré.		
14	He counted.	Il a compté . . .		
15	He crashed.	Il s'est écrasé.		
16	He cried.	Il a pleuré.		
17	He cringed.	Il s'est tapi.		
18	He danced.	Il a dansé.		
19	He declined.	Il a décliné . . .		
20	He departed.	Il est parti.		

37 He floated. — Il a flotté.
38 He followed. — Il a suivi.
39 He fought. — Il s'est battu.
40 It froze. — Il a gelé.

41 He grew. — Il a grandi.
42 He halted. — Il s'est arrêté.
43 It happened. — C'est arrivé.
44 He helped. — Il a aidé . . .
45 He hesitated. — Il a hésité.
46 He hid. — Il s'est caché.
47 He hunted. — Il a chassé . . .
48 He hurried. — Il s'est dépêché
49 He improved. — Il s'est amélioré.
50 He insisted. — Il a insisté.

21 He died. — Il est mort.
22 He dined. — Il a diné.
23 He disagreed. — Il a été en désaccord.
24 He disappeared. — Il a disparu.
25 He disapproved. — Il a désapprouvé.
26 He disobeyed. — Il a désobéi.
27 He dreamed. — Il a rêvé.
28 He drowned. — Il s'est noyé.
29 He entered. — Il est entré.
30 He escaped. — Il s'est echappé.

51 She interfered. — Elle est intervenue.
52 She jumped. — Elle a sauté.
53 They kissed. — Ils se sont embrassés.
54 She knelt. — Elle s'est agenouillée.
55 She knocked. — Elle a frappé . . .
56 It landed. — Il s'est posé.
57 She laughed. — Elle a ri.
58 She left. — Elle est partie.
59 She lied. — Elle a menti.
60 She listened. — Elle a écouté.

31 He exaggerated. — Il a exagéré.
32 It existed. — Il a existé.
33 He failed. — Il a échoué.
34 He fell. — Il est tombé.
35 He finished. — Il a fini.
36 He flew. — Il a voyagé en avion.

61 She lived. — Elle a vécu.
62 She looked. — Elle a regardé . . .
63 She lost. — Elle a perdu . . .
64 She managed. — Elle a réussi.
65 She marched. — Elle a marché.
66 They met. — Ils se sont rencontrés.
67 They migrated. — Ils ont émigré.
68 She misunderstood. — Elle a mal compris.
69 They moved. — Ils ont déménagé.
70 They negotiated. — Ils ont négocié.

71 She nodded. — Elle a hoché la tête.

72	She noticed.	Elle a remarqué.
73	She obeyed.	Elle a obéi.
74	She objected.	Elle a élevé des objections.
75	They overheard.	Ils ont surpris une conversation.
76	She packed.	Elle a fait ses bagages.
77	She parked.	Elle a garé la voiture.
78	They parted.	Ils se sont quittés.
79	She participated.	Elle a participé . . .
80	She passed. (test)	Elle a réussi.
81	She paused.	Elle a fait une pause.
82	She peeked.	Elle a jeté un coup d'œil.
83	It perished.	Il a péri.
84	She played.	Elle a joué.
85	She pointed.	Elle a montré du doigt . . .
86	She practiced.	Elle a pratiqué . . .
87	She prayed.	Elle a prié.
88	She proceeded.	Elle a continué à . . .
89	She promised.	Elle a promis.
90	She protested.	Elle a protesté.
91	She pulled.	Elle a tiré . . .
92	They quarreled.	Ils se sont disputés.
93	She quit.	Elle a quitté son emploi.
94	She reacted.	Elle a réagi.
95	She read.	Elle a lu.
96	They recovered.	Ils ont récupéré/guéri.
97	She refused.	Elle a refusé.
98	She rehearsed.	Elle a répété.
99	She relaxed.	Elle s'est détendue.
100	She remained.	Elle est restée.
101	They replied.	Ils ont répondu.
102	They resigned.	Ils ont démissionné.
103	They resisted.	Ils ont résisté.
104	They rested.	Ils se sont reposés.
105	They retired.	Ils se sont retirés.
106	They retreated.	Ils ont battu en retraite.
107	They returned.	Ils sont revenus.
108	They revolted.	Ils se sont révoltés.
109	They sang.	Ils ont chanté.
110	They screamed.	Ils ont hurlé.
111	They shaved.	Ils se sont rasés.
112	They shouted.	Ils ont crié.
113	They shrank.	Ils ont retréci.
114	They slept.	Ils ont dormi.
115	They smelled (bad).	Ils ont senti (mauvais).
116	They smiled.	Ils ont souri.
117	They spoke.	Ils ont parlé.
118	They stayed.	Ils sont restés.
119	They stopped.	Ils se sont arrêtés.
120	They studied.	Ils ont étudié.
121	They succeeded.	Ils ont réussi.
122	They suffered.	Ils ont souffert.
123	They surrendered.	Ils se sont rendus.
124	They survived.	Ils ont survécu.
125	They swore.	Ils ont juré.
126	They swam.	Ils ont nagé.
127	They talked.	Ils ont parlé.
128	They taught.	Ils ont enseigné.
129	They testified.	Ils ont témoigné.
130	They traveled.	Ils ont voyagé.
131	They tripped.	Ils ont trébuché.
132	They tried.	Ils ont essayé.
133	They turned.	Ils ont tourné.
134	They understood.	Ils ont compris.
135	They vanished.	Ils ont disparu.
136	They volunteered.	Ils se sont portés volontaires.

137	They voted.	Ils ont voté.
138	They waited.	Ils ont attendu.
139	They walked.	Ils ont marché.
140	They watched.	Ils ont observé.
141	They waved.	Ils ont fait un geste de la main.
142	They went.	Ils s'en sont allés.
143	They whispered.	Ils ont murmuré.
144	They whistled.	Ils ont sifflé.
145	They withdrew.	Ils se sont retirés.
146	They won.	Ils ont gagné.
147	They wondered.	Ils se sont demandé . . .
148	They worked.	Ils ont travaillé.
149	They worried.	Ils se sont inquiétés.
150	They wrote.	Ils ont écrit.
151	He called out.	Il a appelé.
152	He came in.	Il est entré.
153	He came out.	Il est sorti.
154	He climbed down.	Il est descendu.
155	He climbed out.	Il est sorti.
156	He crawled through.	Il s'est glissé au travers de . . .
157	He crept under.	Il est passé en rempant sous . . .
158	He drove around.	Il a tourné (en voiture) . . .
159	They divided up.	Ils se sont partagés . . .
160	He dove in.	Il a plongé . . .
161	He fell down.	Il est tombé.
162	He fell asleep.	Il s'est endormi.
163	He found out.	Il a découvert . . .
164	He gave in.	Il a cédé.
165	He gave up.	Il a abandonné . . .
166	He got along.	Il s'est débrouillé.
167	He got off (train).	Il est descendu (du train).
168	He got on (bus).	Il est monté (dans l'autobus).
169	He got out (car).	Il est sorti (de la voiture).
170	He held on.	Il s'est tenu (à . . .).
171	He hung up (phone).	Il a raccroché (le téléphone).
172	He jumped off.	Il a sauté (du train, etc.).
173	He jumped up.	Il a bondi.
174	He lay down.	Il s'est couché.
175	He looked down.	Il a baissé son regard.
176	He looked up.	Il a levé les yeux.
177	He raised up.	Il s'est levé.
178	He ran away.	Il s'est enfui.
179	He rode away.	Il est parti (à cheval).
180	He sat down.	Il s'est assis.
181	He sat up.	Il s'est redressé (sur . . .).
182	He slowed down.	Il a ralenti.
183	He sold out (store).	Il a liquidé ses stocks.
184	He spoke out.	Il a élevé la voix.
185	He spun around.	Il a tourné (comme une toupie) en rond.
186	He stayed away.	Il s'est tenu à l'écart.
187	He stepped aside.	Il s'est écarté.
188	He stood up.	Il s'est levé.
189	He stretched out.	Il s'est étiré.
190	He turned around.	Il a fait un demi-tour.
191	He turned over.	Il s'est retourné.
192	He walked around.	Il a fait un tour (à pied).
193	He walked in.	Il est entré (à pied).
194	He wandered about.	Il a marché (sans but).
195	He washed up.	Il s'est lavé.
196	He went away.	Il est parti.
197	He went in.	Il est entré.
198	He went out.	Il est sorti.
199	He woke up.	Il s'est réveillé.
200	It wore out.	Cela s'est usé.

PATTERN 1. Non-Animate Subject + Intransitive Verb

If the activating or motivating force behind an action is clearly understood, then a non-animate noun may often be the active subject of an intransitive verb. In the following examples a non-animate subject (a specific object or thing) seems to perform the action. Of course, there is a human hand (a pilot, driver, child, etc.) or a physical force (the wind, air pressure, etc.) which is the true "actor." But these external forces applied to the object allow the noun to assume the animate role as subject. Implied after each sentence is the unanswered but understood phrase beginning with *because*. Example 1: The car accelerated (because the driver pushed down on the accelerator). Example 2: The ball bounced (because the child threw it on the sidewalk).

1	The car accelerated.	La voiture a accéléré.	23 The boat pitched.	Le bateau a tangué.
2	The ball bounced.	La balle a rebondi.	24 The wheel rotated.	La roue a tourné.
3	The rope broke.	La corde s'est cassée (rompue).	25 The ocean liner sank.	Le paquebot a coulé.
4	The balloon burst.	Le ballon a éclaté.	26 The glass shattered.	La vitre s'est brisée (en mille morceaux).
5	The theater closed.	Le théâtre a fermé (ses portes).		
6	The mirror cracked.	Le miroir s'est fendu.	27 The walls shook.	Les murs ont tremblé.
7	The ring disappeared.	La bague a disparu.	28 The clothes shrank.	Les vêtements ont retréci.
8	The boat docked.	Le bateau est venu à quai.	29 The door shut.	La porte s'est fermée.
9	The rock disintegrated.	Le rocher s'est effrité.	30 The sand spilled.	Le sable s'est déversé.
10	The pill dissolved.	La pilule s'est dissoute.	31 The meat spoiled.	La viande s'est gâtée.
11	The submarine dove.	Le sous-marin a plongé.	32 The tires spun.	Les pneus ont patiné.
12	The flag drooped.	Le drapeau pendait.	33 The motor started.	Le moteur s'est mis en marche.
13	The mine exploded.	La mine a explosé.		
14	The gun fired.	Le canon a tiré.	34 The elevator stopped.	L'ascenseur s'est arrêté.
15	The train halted.	Le train s'est arrêté.	35 The sweater stretched.	Le chandail s'est étiré.
16	The pipe leaked.	Le tuyau fuyait (a fui).	36 The cloth tore.	Le tissu s'est déchiré.
17	The wax melted.	La cire a fondu.	37 The pieces touched.	Les morceaux se sont touchés.
18	The glacier moved.	Le glacier a bougé.	38 The car turned.	La voiture a tourné.
19	The door opened.	La porte s'est ouverte.	39 The record warped.	Le disque s'est gondolé.
20	The dam overflowed.	Le barrage a débordé.	40 The fire went out.	Le feu s'est éteint.
21	The truck parked.	Le camion s'est garé.		
22	The phone rang.	Le téléphone a sonné.		

This structure is also used in the description of weather phenomena and environmental conditions, in which the forces of nature seem to act of their own volition. These forces seem to be playing a game of action and interaction and do so with a capriciousness which is the terror of every meteorologist.

1	The wind blew.	Le vent a soufflé.	5 The water froze.	L'eau a gelé.
2	The temperature changed.	La température a changé.	6 The fog lifted.	Le brouillard s'est levé.
3	The weather cleared up.	Le temps s'est amélioré. (Le ciel s'est éclairci.)	7 The snows melted.	Les neiges ont fondu.
			8 The floods receded.	Les eaux ont baissé.
			9 The barometer rose.	Le baromètre a monté.
4	The rain fell.	La pluie est tombée.	10 The tide went out.	La mer s'est retirée.

PATTERN 2. Subject + Linking Verb + Adjective

1	He appears (to be) dazed.	Il a l'air ahuri.
2	He became ill.	Il est tombé malade.
3	He felt tired.	Il s'est senti fatigué.
4	He got drowsy.	Il s'est assoupi.
5	He grew sleepy.	Il a eu sommeil.
6	He is considered (to be) smart.	On le trouve intelligent.
7	He looked terrible.	Il avait très mauvaise mine.
8	He remained silent.	Il se taisait.
9	He seemed (to be) stupid.	Il avait l'air idiot.
10	It smelled bad.	Cela sentait mauvais.
11	He sounded stupid.	Ce qu'il disait était idiot.
12	He stayed alert.	Il est resté alerte.
13	It tasted sour.	Cela avait un goût aigre.
14	It turned sour.	Cela avait tourné.
15	He was ignorant.	Il était ignorant.

VERB

PATTERN 3. Subject + Linking Verb + Noun

1 He appeared (to be) a fool.	Il avait l'air d'un imbécile.
2 He became a good lawyer.	Il est devenu bon avocat.
3 He felt like an idiot.	Il s'est senti (comme un) idiot.
4 He got to be President.	Il réussit à devenir Président.
5 He grew (up) to be President.	Avec l'âge, il devint Président.
6 He is considered (to be) a saint.	Il est considéré (On le considère) comme un saint.
7 He looked like a priest.	Il ressemblait à un prêtre.
8 He remained a hero.	Il resta un héros.
9 He seemed (to be) a soldier.	Il semblait être un soldat.
10 It smelled like alcohol.	Cela sentait (comme de) l'alcool.
11 It sounded like thunder.	On dirait un coup de tonnerre.
12 He stayed a lawyer.	Il est resté avocat.
13 It tasted like chocolate.	Cela avait le goût de chocolat.
14 He turned out to be a thief.	Il s'est révélé voleur.
15 He was a kind man.	Il était (un homme) bon.

PATTERN 4. Subject + Transitive Verb + Direct Object

Approximately 900 of the Basic Verbs (including fifty from Pattern 1) are used naturally with a direct object. Only fifteen are illustrated here. This is the most basic and most used structure in any language.

1 He admired the king.	Il admirait le roi.
2 He bought a gift.	Il a acheté un cadeau.
3 He cashed a check.	Il a encaissé un chèque.
4 He disliked the teacher.	Il n'aimait pas le professeur.
5 He earned a salary.	Il touchait un salaire.
6 He enjoyed the movie.	Il a aimé le film.
7 He failed the test.	Il a échoué à l'examen.
8 He forgot the date.	Il a oublié la date.
9 He heard a noise.	Il a entendu un bruit.
10 He identified the suspect.	Il a identifié le suspect.
11 He lacked talent.	Il manquait de talent.
12 He left the office.	Il est sorti du bureau.
13 He lighted a cigarette.	Il a allumé une cigarette.
14 He married an actress.	Il a épousé une actrice.
15 He obeyed the law.	Il était respectueux des lois.

PATTERN 5. Subject + Verb + FC + SC

Verbs in this category commonly take double objects. These verbs normally indicate a service performed for or to someone. The First Complement is normally called the indirect object. If the Second Complement (normally called the direct object) is reversed with the First Complement in word order, then the preposition given following the Second Complement should be included.

Example: He got the boy a dog (for) would become: He got a dog for the boy. If the FC is a pronoun, it occupies the same position as the noun (without preposition).

Notice the *reversal* of the First and Second Complements in French.

1 He asked the boy a question. (of)	Il a posé une question au garçon.
2 He awarded the winner a prize. (to)	Il a attribué un prix au gagnant.
3 She baked her husband a cake. (for)	Elle a fait un gâteau pour son mari.
4 He bought his wife a ring. (for)	Il a acheté une bague pour sa femme.
5 He brought his friend a record. (to)	Il a apporté un disque à son ami(e).
6 He built his family a house. (for)	Il a fait construire une maison pour sa famille.
7 It caused the boy difficulty. (for)	Cela a créé des difficultés au garçon.
8 She cooked the man a meal. (for)	Elle a préparé un repas pour l'homme.
9 She cut her son a piece of pie. (for)	Elle a coupé un morceau de tarte pour son fils.
10 He denied the student permission. (to)	Il a refusé la permission à l'étudiant.
11 He did the teacher a favor. (for)	Il a rendu service au maître.
12 She envied the man his wealth.	Elle enviait sa fortune à l'homme.
13 She extended her guest a courtesy. (to)	Elle a fait une faveur à son invitée.
14 She found the child a dog. (for)	Elle a trouvé un chien pour l'enfant.
15 She gave her daughter a present. (to)	Elle a fait un cadeau à sa fille.

16	She got the baby a toy. (for)	Elle a acheté un jouet pour l'enfant.
17	He granted the girl one wish.	Il a accordé un souhait à la petite fille.
18	He handed the winner his prize. (to)	Il a remis son prix au gagnant.
19	He hired his wife a cook. (for)	Il a engagé une cuisinière pour sa femme.
20	He intended the man no harm. (to)	Il ne voulait aucun mal à l'homme.
21	He issued the man a permit. (to)	Il a délivré un permis à l'homme.
22	He leased his wife a car. (for)	Il a loué une voiture pour sa femme.
23	He left his son a fortune. (to)	Il a laissé une fortune à son fils.
24	He lent the man money. (to)	Il a prêté de l'argent à l'homme.
25	He made his wife a chair. (for)	Il a fabriqué une chaise pour sa femme.
26	He mailed his daughter a letter. (to)	Il a posté une lettre à sa fille.
27	She offered the girl her help. (to)	Elle a offert son aide à la jeune fille.
28	She ordered the child a dinner. (for)	Elle a commandé à dîner pour l'enfant.
29	She owed the banker money. (to)	Elle devait de l'argent au banquier.
30	He paid the host a compliment. (to)	Il a fait un compliment au maître de maison.
31	She passed her daughter the salt. (to)	Elle a passé le sel à sa fille.
32	He performed the man a service. (for)	Il a rendu service à l'homme.
33	He played the child a game. (with)	Il a joué avec l'enfant.
34	He poured the customer a drink. (for)	Il a versé à boire au client.
35	She prepared her family a meal. (for)	Elle a préparé un repas pour sa famille.
36	He presented the winner a prize. (to)	Il a offert un prix au gagnant.
37	He read his son a story. (to)	Il a lu une histoire à son fils.
38	She refused the man a permit.	Elle a refusé un permis à l'homme.
39	He reserved the woman a seat. (for)	Il a réservé une place pour la femme.
40	He sold the customer a car. (to)	Il a vendu une voiture au client.
41	He sent the mayor a letter. (to)	Il a envoyé une lettre au maire.
42	She served the man a drink. (to)	Elle a servi à boire à l'homme.
43	She showed the client a design. (to)	Elle a montré un modèle au client.
44	He spared the woman his pity.	Il a épargné sa pitié à la femme.
45	He taught the class a song.	Il a appris une chanson à la classe.
46	He threw the dog a bone. (to)	Il a jeté un os au chien.
47	He told the girl a lie. (to)	Il a menti à la jeune fille.
48	He took his bride a bouquet. (to)	Il a porté un bouquet à sa fiancée.
49	He wished his friend good luck. (to)	Il a souhaité bonne chance à son ami.
50	He wrote his wife a letter. (to)	Il a écrit une lettre à sa femme.

PATTERN 6. Subject + Verb + FC same as SC

In this pattern both complements refer to the same person.

1	They appointed him (to be) judge.	Ils l'ont nommé juge.
2	They believed him (to be) a wise man.	Ils l'ont cru sage.
3	They called him the Messiah.	Ils l'ont appelé le Messie.
4	They chose him (to be) chairman.	Ils l'ont choisi comme Président.
5	They considered him (to be) a fool.	Ils l'ont considéré (comme) idiot.
6	They crowned him emperor.	Ils l'ont couronné empereur.
7	They designated him (as) Poet Laureate.	Ils l'ont designé comme Poète lauréat.
8	They elected him President.	Ils l'ont élu Président.
9	They found him (to be) a great help.	Ils l'ont trouvé d'un grand secours.
10	It left him a broken man.	Il en est sorti brisé.
11	They made him Prime Minister.	Ils l'ont fait Premier Ministre.
12	They named him Vice President.	Ils l'ont nommé Vice-Président.
13	They nominated him (to be) spokesman.	Ils l'ont pris pour porte-parole.
14	They selected him (to be) chairman.	Ils l'ont choisi pour Président.
15	They thought him (to be) a stupid man.	Ils l'ont jugé stupide.

PATTERN 7. Subject + Verb + FC + SC (adjective)

This pattern is similar to Pattern 6 except that the SC is an adjective modifying the FC.

1	He beat the metal flat.	Il a aplati la pièce de métal.
2	He believed the man (to be) stupid.	Il a cru l'homme idiot.
3	He broke the safe open.	Il a ouvert le coffre-fort par effraction.
4	He colored the egg blue.	Il a teint l'œuf en bleu.
5	He cut the melon open.	Il a coupé le melon (avec un couteau).

VERI

6 It drove the man crazy.	Cela a rendu l'homme fou.
7 She dyed the rug green.	Elle a teint le tapis en vert.
8 They found the man guilty.	Ils ont jugé l'homme coupable.
9 She got the man drunk.	Elle a enivré l'homme.
10 They held the man responsible.	Ils ont tenu l'homme pour responsable.
11 They kept the patient alive.	Ils ont maintenu le malade en vie.
12 It left the man breathless.	Cela a coupé le souffle à l'homme.
13 He liked his wine cold.	Il aimait son vin frais.
14 He made his wife miserable.	Il a rendu sa femme malheureuse.
15 He opened the door wide.	Il a ouvert la porte toute grande.
16 He painted the walls white.	Il a peint les murs en blanc.
17 He pointed the gun straight.	Il a braqué son fusil.
18 He preferred his beer warm.	Il a préférait la bière tiède.
19 He pulled the wire loose.	Il a détaché le fil.
20 He pushed the door open.	Il a ouvert la porte d'une poussée.
21 He thought the remark (to be) stupid.	Il a jugé la remarque stupide.
22 He tore the piece loose.	Il a arraché le morceau.
23 He turned the screw tight.	Il a serré la vis.
24 He washed the shirt clean.	Il a lavé la chemise.
25 He wished the man dead.	Il a souhaité la mort de l'homme.

or illustrations of a similar pattern where the SC is a participle used as an adjective (he wanted the ild punished, he saw the children playing) see Patterns 8 and 9.

TTERN 8. Subject + Verb + FC (noun) + SC (present participle) _____

rbs in this group are usually verbs of perception. It is often preferable to use the infinitive stem (in- itive minus to) instead of the present participle. (See Pattern 10)

1 He caught the thief stealing.	Il a pris le voleur en flagrant délit.
2 He felt the earth vibrating.	Il a senti (trembler) la terre (trembler).
3 He heard the bell ringing.	Il a entendu (sonner) la cloche (sonner).
4 He imagined the children playing.	Il a imaginé les enfants en train de jouer.
5 He kept the wheel turning.	Il a continué à faire tourner la roue.
6 He left the motor running.	Il a laissé le moteur en marche.
7 He observed the sun setting.	Il a observé le coucher du soleil.
8 He remembered the girl singing.	Il s'est souvenu de la jeune fille en train de chanter.
9 He saw the man cheating.	Il a vu (tricher) l'homme (tricher).
10 He watched the baby sleeping.	Il a regardé (dormir) l'enfant (dormir).

TTERN 9. Subject + Verb + FC (noun) + SC (past participle) _____

though few in number, verbs in this category (especially had + past participle and wanted + past rticiple) occur very commonly in this pattern in normal speech.

1 He declared the marriage annulled.	Il a prononcé l'annulation du mariage.
2 He found the house abandoned.	Il a trouvé la maison abandonnée.
3 He had the car polished.	Il a fait polir la voiture.
He had the trunk opened.	Il a fait ouvrir le coffre.
He had his hair cut.	Il s'est fait couper les cheveux.
He had the house painted.	Il a fait peindre la maison.
He had the suit altered.	Il a fait retoucher le complet.
4 He ordered the man deported.	Il a ordonné la déportation de l'homme.
5 He wanted (to have) the car washed.	Il voulait faire laver la voiture.
He wanted (to have) a key made.	Il voulait faire faire un clef.
He wanted (to have) the thief punished.	Il voulait faire punir le voleur.
He wanted (to have) the room decorated.	Il voulait faire décorer la pièce.
He wanted (to have) his hair cut.	Il voulait se faire couper les cheveux.

es 3 and 4 are commonly called causative uses of have and want.

PATTERN 10. Subject + Verb + FC (noun) + SC (Infinitive Stem) _____

This pattern is similar to Pattern 8.

1 He felt the floor vibrate.	Il a senti (vibrer) le plancher (vibrer).
2 He heard the doorbell ring.	Il a entendu la sonnette.
3 He noticed the student cheat.	Il a vu (tricher) l'étudiant (tricher).
4 He observed the sun rise.	Il a observé le lever du soleil.
5 He saw the child fall.	Il a vu (tomber) l'enfant (tomber).
6 He watched the children play.	Il a regardé (jouer) les enfants (jouer).

PATTERN 11. Subject + Verb + Full Infinitive _____

Verbs in this group combine commonly with other verbs and are followed by the full infinitive form of the complementary verb. The combination is often referred to as the double verb.

1 He agreed to stay.	Il a accepté de rester.
2 He appeared to stumble.	Il a paru trébucher.
3 He arranged to leave.	Il a fait le nécessaire pour partir.
4 He asked (permission) to participate.	Il a demandé à participer.
5 He attempted to escape.	Il a tenté de s'échapper.
6 He began to study.	Il s'est mis à étudier.
7 He chose to remain.	Il a decidé de rester.
8 He consented to try.	Il a accepté d'essayer.
9 He continued to improve. (health)	Il a continué à s'améliorer (à aller mieux.)
10 He decided to leave.	Il a décidé de partir.
11 He declined to answer.	Il a refusé de répondre.
12 He demanded to speak.	Il exigea la parole.
13 He deserved to win.	Il méritait de gagner.
14 He expected to lose.	Il s'attendait à perdre.
15 He failed to stop.	Il ne s'est pas arrêté.
16 He forgot to write.	Il a oublié d'écrire.
17 He got (was permitted) to stay.	On lui permit de rester.
18 He was going to leave.	Il allait partir.
19 He guaranteed to protect me.	Il m'a assuré de sa protection.
20 He had to (modal) read.	Il a dû lire.
21 He hated to lose.	Il détestait perdre.
22 He hesitated to speak.	Il hésitait à parler.
23 He hoped to win.	Il espérait gagner.
24 He hurried to answer.	Il s'est dépêché de répondre.
25 He intended to study.	Il avait l'intention d'étudier.
26 He knew how to swim.	Il savait nager.
27 He learned to obey.	Il a appris à obéir.
28 He learned how to type.	Il a appris à taper à la machine.
29 He liked to dance.	Il aimait danser.
30 He loved to eat.	Il adorait manger.
31 He managed to succeed.	Il est parvenu à réussir.
32 He meant to write.	Il avait l'intention d'écrire.
33 He needed to improve.	Il avait besoin de s'améliorer.
34 He neglected to write.	Il negligeait d'écrire.
35 He offered to stay.	Il offrit de rester.
36 He planned to travel.	Il projetait de voyager.
37 He preferred to read.	Il préférait lire.
38 He pretended to sleep.	Il faisait semblant de dormir.
39 He promised to help.	Il a promis son aide.
40 He proposed to leave.	Il se proposait de partir.
41 He refused to answer.	Il a refusé de répondre.
42 He remembered to write.	Il n'a pas oublié d'écrire.
43 He seemed to enjoy it.	Il semblait y prendre plaisir.
44 He started to cry.	Il a commencé à pleurer.
45 He swore to obey.	Il jura obéissance.
46 He threatened to resign.	Il menaça de démissionner.
47 He tried to improve.	Il essaya de s'améliorer.
48 He volunteered to stay.	Il s'est porté volontaire pour rester.
49 He wanted to travel.	Il voulait voyager.
50 He wished to leave.	Il souhaitait partir.

This structure should not be confused with one that resembles it in form, where *to* has the meaning of *in order to*: He stopped to rest, he stayed to study.

This pattern is similar to Patterns 8, 9, and 10 in that the SC is a verbal.

1 He advised the man to confess.	Il conseilla à l'homme de faire ses aveux.
2 He allowed the student to leave.	Il permit à l'étudiant de partir.
3 He asked the girl to stay.	Il demanda à la jeune fille de rester.
4 He caused the student to cry.	Il fit pleurer l'étudiant.
5 He challenged the man to fight.	Il défia l'homme de se battre.
6 He chose the lawyer to speak.	Il choisit l'avocat qui devait parler.
7 He compelled the boy to stay.	Il força le garçon à rester.
8 He convinced the girl to try.	Il persuada la jeune fille d'essayer.
9 He counseled the woman to remain.	Il conseilla à la femme de rester.
10 He defied the man to speak.	Il défia l'homme de parler.
11 He encouraged the man to try.	Il a encouragé l'homme à essayer.
12 He expected the woman to help.	Il s'attendait à ce que la femme l'aide.
13 He forced the boy to help.	Il a forcé le garçon à aider.
14 He got the girl to try.	Il décida la jeune fille à essayer.
15 He helped the student to study.	Il a aidé l'étudiant dans ses études.
16 He influenced the man to try.	Il amena l'homme à essayer.
17 He inspired the man to create.	Il inspira l'esprit créateur de l'homme.
18 He invited the girl to speak.	Il a invité la jeune fille à prendre la parole.
19 He ordered the student to remain.	Il a ordonné à l'étudiant de rester.
20 He paid the boy to help.	Il a payé le garçon pour l'aider.
21 He permitted the boy to stay.	Il a permis au garçon de rester.
22 He persuaded the girl to try.	Il a persuadé la jeune fille d'essayer.
23 He reminded his son to write.	Il a demandé à son fils de penser à écrire.
24 He sent the man to help.	Il a envoyé l'homme à l'aide.
25 He taught the child to write.	Il a appris à écrire à l'enfant.
26 He told the girl to leave.	Il a dit à la jeune fille de partir.
27 He urged the boy to study.	Il invita instamment le garçon à étudier.
28 He wanted the student to leave.	Il voulait faire partir l'étudiant.
29 He warned the man to stop.	Il avertit l'homme qu'il devait s'arrêter.
30 He wished the woman to leave.	Il souhaitait le départ de la femme.

PATTERN 13. Subject + Verb + FC (present participle) + SC (noun) _____

In this category, if the SC is omitted, the present participle might be considered to be a gerund. This is illustrated by the examples in which the SC is in parentheses.

1 He admitted stealing the watch.	Il reconnut avoir volé la montre.
* 2 He began studying the lesson.	Il commença à apprendre la leçon.
3 He completed scoring the tests.	Il acheva la notation des épreuves.
4 He considered buying the house.	Il envisageait d'acheter la maison.
* 5 He continued writing the letter.	Il continua à écrire la lettre.
6 He denied losing the pass.	Il nia avoir perdu le permis.
7 He detested eating (oysters).	Il détestait manger des huîtres.
8 He enjoyed watching (television).	Il prenait plaisir à regarder la télévision.
9 He finished polishing the shoes.	Il a fini de cirer les chaussures.
*10 He hated dancing (the waltz).	Il détestait danser la valse.
11 He imagined kissing the girl.	Il imaginait qu'il embrassait la jeune fille.
*12 He liked smoking (a pipe).	Il aimait fumer la pipe.
*13 He loved climbing (mountains).	Il adorait escalader les montagnes.
*14 He planned building a house.	Il projetait de (faire) construire une maison.
*15 He preferred reading (a book).	Il préférait lire un livre.
16 He remembered locking the door.	Il s'est souvenu de fermer la porte à clef.
*17 He started opening the package.	Il commença à ouvrir le paquet.
18 He stopped writing the letter.	Il s'est arrêté d'écrire la lettre.
19 He suggested closing the window.	Il proposa qu'on ferme la fenêtre.
*20 He tried opening the trunk. (car)	Il essaya d'ouvrir le coffre.

In the sentences above marked with an asterisk, it is often preferable to replace the present participle with a full infinitive. Example: *20 He tried opening the trunk = He tried to open the trunk.

PATTERN 14. Subject + Verb + Direct Object + Transposable Complement

English, with its compound verbs (base verb plus preposition or adverb) such as turn off, turn down, turn on, etc., offers a unique structure with certain prepositions (not all) being transposable in word order without changing the meaning of the sentence. The words down, in, off, on, out, over, and up are commonly used in this pattern.

1	He hauled the flag	Il amena le pavillon.
	He pulled (down) the tree (down)	Il abattit l'arbre.
	He put the book	Il posa le livre.
2	He broke the door	Il enfonça la porte.
	He turned (in) the assignment (in)	Il rendit son devoir.
	He pulled the line	Il rentra la ligne.
3	He turned the lights	Il éteignit les lumières.
	He cleared (off) the table (off)	Il débarrassa la table.
	He took his coat	Il enleva son manteau.
4	He turned the lamp	Il alluma la lampe.
	He switched (on) the radio (on)	Il mit la radio en marche.
	He put his sweater	Il mit son chandail.
5	He turned the lights	Il éteignit les lumières.
	He worked (out) the problem (out)	Il résolut le problème.
	He figured the answer	Il trouva la réponse.
6	He turned the rock	Il retourna le rocher.
	He turned (over) the prisoner (over)	Il remit le prisonnier.
	He thought the problem	Il réfléchit au problème.
7	He fixed his room	Il arrangea sa chambre.
	He looked (up) the word (up)	Il chercha le mot.
	He turned the volume	Il augmenta le volume.

PATTERN 15. It + Impersonal Verb

Impersonal in this sense means *it* does not refer to anything specific. This structure is common with linking verbs, weather verbs and verbs which cannot take a personal subject. The structure is common in telling time, describing the weather, and indicating distance.

Time	1 It is ten o'clock.	Il est dix heures.
	2 It's getting late.	Il se fait tard.
	3 It is Wednesday.	C'est mercredi.
Weather	1 It was cold.	Il faisait froid.
	2 It turned cloudy.	Le ciel s'est couvert.
	3 It sounded like thunder.	On dirait un coup de tonnerre.
	4 It snowed.	Il a neigé.
	5 It rained.	Il a plu.
Distance	1 It is three miles away.	C'est à trois milles (d'ici).
	2 It's a long way.	C'est loin (d'ici).

PATTERN 16. It + to be + Adjective + Full Infinitive

This is one of the most common of all structures and needs no explanation. Only a few illustration are necessary. The subject *it* in this structure is also impersonal.

1	It is difficult to smile.	C'est difficile de sourire.
2	It is easy to laugh.	C'est facile de rire.
3	It is nice to win.	C'est agréable de gagner.
4	It is silly to cry.	C'est bête de pleurer.
5	It is wonderful to travel.	C'est merveilleux de voyager.

PATTERN 17. There + Linking Verb + Subject

This is the only instance in statement patterns where the subject follows the verb. It is used in d criptive writing or story telling to avoid the use of verbs like happened, occurred, lived, etc. As with ll verbs, there is agreement in number with the subject.

1. There was an accident   instead of
   An accident happened
2. There were three men there   instead of
   Three men lived there
3. There was a major war   instead of
   A major war occurred

Il y a eu un accident   au lieu de
Un accident s'est produit
Il y avait trois hommes là   au lieu de
Trois hommes vivaient là.
Il y a eu une grande guerre   au lieu de
Une grande guerre a éclaté.

dditional Examples:

1 There was a terrible explosion.
2 There will be a party tonight.
3 There used to be a castle there.
4 There is no hope left.
5 There are only four chairs.

Il y a eu une terrible explosion.
Il y aura une réception ce soir.
Il y avait jadis un château à cet endroit.
Il n'y a plus d'espoir.
Il n'y a que quatre chaises.

6 There seem to be no survivors.
7 There seems to be no survivor.
8 There remained only one piece.
9 There remains no hope.
10 There appeared to be no solution.

{ Il ne semble pas y avoir de survivants.
{ Il ne semble pas y avoir de survivants.
Il ne restait qu' un morceau.
Il ne reste aucun espoir.
Il ne semblait pas y avoir de solution.

ATTERN 18. Subject + Verb + That Phrase

erbs in this group commonly link with a simple complete thought to form a compound sentence ithout using a linking word. *That* may be considered an optional inclusion.

1 He acknowledged (that) he had been wrong.
2 He admitted (that) he was wrong.
3 He believed (that) he was right.
4 He conceded (that) he was mistaken.
5 He confessed (that) he had cheated.

Il reconnut avoir eu tort.
Il admit qu'il s'était trompé.
Il pensait avoir raison.
Il avoua s'être trompé.
Il avoua avoir triché.

6 He decided (that) he would resign.
7 He declared (that) he had resigned.
8 He denied (that) he had lied.
9 He doubted (that) he would win.
10 He expected (that) he would lose. *

Il décida de démissionner.
Il déclara qu'il avait démissionné.
Il nia avoir menti.
Il ne pensait pas gagner.
Il s'attendait à perdre.

11 She explained (that) they had lost.
12 She feared (that) they were lost.
13 She heard (that) they had won.
14 She hoped (that) they would come.
15 She imagined (that) they were sick.

Elle expliqua qu'ils avaient perdu.
Elle craignait qu'ils ne soient (fussent) perdus.
Elle entendit dire qu'ils avaient gagne.
Elle espérait qu'ils viendraient.
Elle imaginait qu'ils étaient malades.

16 I knew (that) he had lied.
17 I meant (that) he was confident.
18 I noticed (that) he was bleeding.
19 I said (that) he was stupid.
20 I saw (that) he was wounded.

Je savais qu'il avait menti.
Je voulais dire qu'il avait confiance.
J'ai remarqué qu'il saignait.
J'ai dit qu'il était stupide.
J'ai vu qu'il était blessé.

21 I suggested (that) he was mistaken.
22 I suspected (that) he had cheated.
23 I understood (that) he would be late.
24 I wished (that) he had stayed.
25 I wrote (that) he was well.

J'ai suggéré qu'il se trompait.
Je le soupçonnais d'avoir triché.
J'avais cru comprendre qu'il serait en retard.
J'aurais voulu qu'il reste.
J'ai écrit qu'il allait bien.

VI. The Passive Voice: Noun-Animate Subject

he passive structure is of special significance in news reporting where the center of interest is in what appened and not in who performed the act. What would normally be the direct object of the verbal ction becomes the subject of the passive structure, and the performer of the action becomes the pas-

Sentences 1—10 have the same subject in both phases. In 11-25, there are different subjects in each phrase.

sive agent. It is common to omit the agent entirely in such structures. The following examples are drawn from newspapers and deal with non-animate subjects.

Present Tense (progressive)

1 A meeting is being arranged.	Une réunion s'organise.
2 The search is being postponed.	Les recherches sont ajournées.
3 Plans are being formulated.	Les plans sont en cours d'élaboration.
4 Supplies are being flown in.	Les approvisionnements arrivent par avion.
5 Negotiations are being completed.	Les négociations se terminent (s'achèvent).

Past Tense (progressive)

1 A meeting was being held today.	Une réunion se tenait aujourd'hui.
2 A party was being given today.	Une réception était donnée aujourd'hui.
3 Plans were being formulated today.	Les plans étaient en cours (d'élaboration) aujourd'hui
4 The meetings were being canceled.	Les réunions étaient annulées.
5 The search was being postponed.	Les recherches étaient ajournées.

Past Tense

1 The valley was flooded (by . . .)	La vallée était (a été) inondée (par . . .)
2 The buildings were condemned (by . . .)	Les bâtiments étaient (ont été) condamnés (par . . .)
3 The verdict was criticized (by . . .)	Le jugement (verdict) était (a été) critiqué (par . . .)
4 The supplies were flown in (by . . .)	Les approvisionnements ont été amenès par avion (par . . .
5 The treaty was signed (by . . .)	Le traité a été signé (par . . .)
6 Arab cities were attacked (by . . .)	Les villes arabes ont été attaquées (par . . .)
7 The news was suppressed (by . . .)	La nouvelle a été étouffée (censurée) (par . . .)
8 A reception was given (by . . .)	Une réception a été donnée (par . . .)
9 An airliner was hijacked (by . . .)	Un avion de ligne a été détourné (par . . .)
10 The riots were controlled (by . . .)	Les émeutes étaient (ont été) contrôlées (par . . .)

Past Tense (compound)

1 Work has been stopped.	Le travail a cessé.
2 The talks have been postponed.	Les conversations ont été ajournées.
3 The search has been abandoned.	Les recherches ont été abandonnées.
4 The report has been confirmed.	Le rapport a été confirmé.
5 A new satellite has been launched.	Un nouveau satellite a été lancé.

Future Tense

1 The treaty will be signed tomorrow.	Le traité sera signé demain.
2 A meeting will be arranged soon.	Une réunion sera organisée bientôt.
3 The talks will be postponed a week.	Les entretiens seront ajournées (remises) d'une semaine.
4 The impact will not be felt at once.	L'effet ne sera pas ressenti immédiatement.
5 The meetings will be held in Paris.	Les réunions auront lieu à Paris.
6 The strike will be settled soon.	La grève aboutira bientôt à un accord.
7 Agreements will be reached next week.	Les accords seront conclus la semaine prochaine.
8 The buildings will be closed soon.	Les bâtiments seront fermés bientôt.
9 Action will be taken at once.	Les mesures seront prises tout de suite.
10 The law will be changed in June.	La législation sera modifiée en juin.

To indicate an impersonal source of information or to avoid quoting a specific person or source, newspapers commonly use an impersonal structure beginning with the word *it*. The structure is passive in form (subject + verb to be + past participle). There is no agent expressed and the clause which follows normally begins with *that*.

1 It was learned today that . . .	On a appris aujourd'hui que . . .
2 It has been proposed that . . .	On a proposé que . . .
3 It is assumed that . . .	On estime que . . .
4 It has been suggested that . . .	On a suggéré que . . .
5 It is generally felt that . . .	On estime généralement que . . .
6 It is rumored that . . .	Le bruit court que . . .
7 It has been denied that . . .	On a démenti que . . .
8 It has been alleged that . . .	On a prétendu que . . .
9 It is understood that . . .	On croit comprendre que . . .
10 It is expected that . . .	On s'attend à ce que . . .

The Passive Voice: Animate Subject

To **BE** used as a linking verb to express a passive idea or mood with an animate subject. Subject + to be + past participle + agent)

1

He was	
accused by the judge	Il fut inculpé par le juge.
admired by the students	Les étudiants l'admiraient.
adored by the crowd	La foule l'adorait.
advised by the lawyer	Il a été conseillé par l'avocat.
alarmed by the noise	Il a été alarmé par le bruit.

2

He was	
analyzed by the psychiatrist	Il s'est fait psychanalyser.
appointed by the chairman	Il a été nommé par le président.
approved by the party	Il a été approuvé par le parti.
aroused by the speaker	L'orateur l'a tiré de sa torpeur.
assassinated by the traitor	Il fut assassiné par le traître.

3

He was	
attacked by the mob	Il a été attaqué par la populace.
awakened by his daughter	Il fut réveillé par sa fille.
bandaged by the doctor	Le docteur lui a fait un pansement.
betrayed by his brother	Il a été trahi par son frère.
captured by the enemy	Il a été capturé par l'ennemi.

4

He was	
condemned by the judge	Il a été condamné par le juge.
converted by the priest	Il a été converti par le prêtre.
corrected by the interpreter	Il a été repris par l'interprète.
decorated by the king	Il a été décoré par le roi.
defeated by the enemy	Il a été vaincu par l'ennemi.

5

He was	
defended by the lawyer	Il était défendu par l'avocat.
despised by his family	Sa famille le méprisait.
disarmed by the guard	Il a été désarmé par le garde.
elected by the people	Il fut élu par le peuple.
encouraged by his mother	Il a été encouragé par sa mère.

He was   6
    envied by his brother
    executed by the state
    fascinated by the woman
    feared by his subordinates
    flattered by the teacher

Son frère l'enviait.
L'Etat le fit exécuter.
Cette femme le tenait sous le charme.
Il était craint de ses subordonnés.
Le maître l'a complimenté.

He was   7
    forgiven by the accused
    frightened by the monster
    greeted by the host
    guarded by the soldiers
    hated by the king

L'accusé lui a pardonné.
Le monstre l'a effrayé.
Il fut accueilli par son hôte.
Il se trouvait sous la garde des soldats.
Le roi le haïssait.

He was   8
    healed by the physician
    helped by the teacher
    hidden by the partisans
    hired by the employer
    humiliated by the winner

Le médecin l'a guéri.
Le maître l'a aidé.
Les partisans le cachèrent.
L'employeur l'a pris à son service.
Il a été humilié par le vainqueur.

He was   9
    hurt by his captors
    identified by the witness
    ignored by the press
    influenced by the lawyer
    injured by his opponent

Il a été blessé par ses ravisseurs.
Il a été identifié par le témoin.
La presse n'a pas parlé de lui.
Il a été influencé par l'avocat.
Il fut blessé par son adversaire.

He was   10
    inspired by the missionary
    insured by his employer
    interned by the enemy
    interrupted by the salesman
    irritated by the saleslady

Il a puisé son inspiration auprès du missionnaire.
Il a été assuré par son employeur.
Il a été interné par l'ennemi.
Le vendeur l'interrompit.
La vendeuse l'a irrité.

He was   11
    joined by the others
    killed by the assassin
    led by the soldiers
    liberated by the army
    measured by the tailor

Il a été rejoint par les autres.
L'assassin le tua.
Les soldats l'emmenèrent.
Il a été libéré par l'armée.
Le tailleur a pris ses mesures.

He was   12
    mocked by the crowd
    murdered by his brother
    nagged by his wife
    named by the president
    needed by his students

La foule l'a nargué.
Il a été assassiné par son frère.
Sa femme le harcelait.
Il a été nommé par le président.
Ses étudiants avaient besoin de lui.

He was   13
    observed by the doctor
    opposed by an expert
    ordained by the bishop
    overlooked by the committee
    painted by the artist

Le médecin l'a mis en observation.
L'expert s'est opposé à lui.
Il a été ordonné par l'évêque.
Le comité l'a oublié.
L'artiste a fait son portrait.

He was		14	
pardoned by the judge			Le juge l'a acquitté.
persecuted by the minority			Il était persécuté par la minorité.
persuaded by the arbitrator			L'arbitre l'a persuadé.
praised by the principal			Le directeur a fait son éloge.
promoted by his boss			Son patron lui donna de l'avancement.

He was		15	
prosecuted by the state			Il était poursuivi par l'État.
protected by the police			Il était protegé par la police.
punished by his father			Il fut puni par son père.
questioned by the lawyer			L'avocat l'a interrogé.
quoted by the writer			Il a été cité par l'écrivain.

He was		16	
raised by his grandparents			Il fut élevé par ses grands-parents.
reassured by his wife			Sa femme l'a rassuré.
rejected by the majority			Il a été rejeté par la majorité.
released by the police			La police l'a relâché.
represented by an attorney			Il était représenté par un avocat.

He was		17	
respected by his students			Il était respecté de ses étudiants.
scolded by his mother			Sa mère l'a grondé.
selected by the members			Il a été choisi par les membres.
sentenced by the judge			Le juge le condamna.
sought by the authorities			Il était recherché par les autorités.

He was		18	
spoiled by his parents			Ses parents le gâtaient.
startled by the thief			Le voleur l'a effrayé.
subdued by the detective			Le détective lui en imposa.
suspected by his employer			Il était soupçonné par son employeur.
thanked by the committee			Le comité lui a exprimé ses remerciements.

He was		19	
threatened by the kidnapper			Il était menacé par le ravisseur.
tolerated by his friends			Ses amis le toléraient.
tormented by his captors			Il était maltraité par ses ravisseurs.
trained by an expert			Il a été formé par un expert.
visited by his relatives			Des parents lui rendirent visite.

Part Three includes occasionally the following abbreviations:

English	s.o.	for	someone
	s.th.	for	something
	o.s.	for	oneself
French	qqn	for	quelqu'un
	qqch.	for	quelque chose

to ABANDON 6501

hope	abandonner tout espoir
a family	abandonner une famille
a fortress	abandonner une forteresse
a car	abandonner une voiture
a project	abandonner un projet

to ABBREVIATE 6502

a word	abréger un mot
a title	abréger un titre
a name	abréger un nom
a phrase	abréger une expression
a term	abréger un terme

to ABDICATE 6503

a throne	abdiquer le trône
power	abdiquer le pouvoir
authority	renoncer à son autorité
in favor of . . .	abdiquer au profit de . . .
unexpectedly	abdiquer soudainement

to ABDUCT 6504

a child	enlever un enfant
a bank teller	emmener de force un employée de banque
a bystander	enlever un passant
a witness	emmener un témoin
for ransom	enlever (qqn) pour une rançon

to ABHOR 6505

violence	abhorrer la violence
prejudice	abhorrer les préjugés
dishonesty	abhorrer la malhonnêté
deceit	abhorrer la fourberie
bloodshed	abhorrer les effusions de sang

to ABIDE 6506

by a decision	se conformer à une décision
by the law	obéir aux lois
by a promise	s'en tenir à sa promesse
pain	supporter la douleur
suffering	supporter des souffrances

to ABOLISH 6507

slavery	abolir l'esclavage
tyranny	abolir la tyrannie
war	abolir la guerre
censorship	abolir la censure
dictatorship	abolir la dictature

to ABRIDGE 6508

a dictionary	abréger un dictionnaire
an encyclopedia	condenser une encyclopédie
a long novel	condenser un long roman
an article	résumer un article
the power of . . .	limiter le pouvoir de . . .

to ABSOLVE (s. o.) 6509

from sin	absoudre qqn (du péché)
of blame	lever le blâme
of guilt	dégager la culpabilité (de qqn)
a sinner	absoudre un pécheur
completely	absoudre complètement

to ABSORB 6510

water	absorber l'eau
moisture	absorber l'humidité
sound	absorber le bruit
a loss	amortir une perte
a blow	amortir un coup

to ABSTAIN 6511

from drinking	s'abstenir de boire
from smoking	s'abstenir de fumer
from voting	s'abstenir de voter
completely	s'abstenir complètement
for a year	s'abstenir pendant un an

to ABUSE 6512

a privilege	abuser d'un privilège
a confidence	révéler une confidence/trahir un secret
a right	abuser d'un droit
a prisoner	maltraiter un prisonnier
a child	maltraiter un enfant

to ACCELERATE 6513

a motor	pousser un moteur
a speed	accélerer (la vitesse)
a student	pousser un étudiant
an improvement	activer une amélioration
a class	presser une classe

to ACCENT 6514

a word	insister sur un mot
a syllable	appuyer sur une syllabe
a vowel	faire sonner une voyelle
a phrase	insister sur une expression
a flavor	rehausser le goût

to ACCENTUATE 6515

a difference	accentuer une différence
a rhythm	marquer un rythme
a line (art)	repasser sur un trait
a make-up	accentuer un maquillage
a problem	signaler un problème

to ACCEPT 6516

a compromise	accepter un compromis
a present	accepter un cadeau
a decision	accepter une décision
a verdict	accepter un verdict
an award	accepter une récompense

to ACCLAIM 6517

a performance	acclamer une représentation
a victory	fêter une victoire
a winner	acclamer un vainqueur
a hero	acclamer un héros
as the Messiah	acclamer comme le Messie

to ACCOMMODATE 6518

a friend	faire plaisir à un ami
a traveler	loger un voyageur
six people	être assez grand pour six personnes
differences	réconcilier des différents
oneself to change	s'accoutumer aux changements

to ACCOMPANY	6519
a friend	accompagner un ami
a group	accompagner un groupe
a tour	accompagner un groupe de touristes
a class	accompagner une classe
a child	accompagner un enfant

to ACCOMPLISH	6520
a task	accomplir une tâche
a miracle	accomplir un miracle
a purpose	atteindre un but
a mission	accomplir une mission
a feat	accomplir un exploit

to ACCOUNT for	6521
one's actions	rendre compte de ses actions
an increase	expliquer une augmentation
a loss	expliquer une perte
a shortage	expliquer un déficit
one's conduct	expliquer sa conduite

to ACCUMULATE	6522
wealth	amasser des richesses
a fortune	amasser une fortune
junk	amasser des vieilleries
dust	ramasser la poussière
possessions	amasser des biens

to ACCUSE	6523
a traitor	accuser un traître
a friend	accuser un ami
a student	accuser un étudiant
a policeman	accuser un policier
a soldier	accuser un soldat

to ACCUSTOM o. s.	6524
to something	s'habituer à quelque chose
to pain	s'habituer à la douleur
to the heat	s'habituer à la chaleur
to an idea	s'habituer à une idée
to a new job	s'habituer à un nouveau travail

to ACHE	6525
terribly	avoir terriblement mal (à . . .)
for home	être nostalgique
in the morning	souffrir le matin
in the back	avoir mal au dos
constantly	avoir mal constamment

to ACHIEVE	6526
fame	atteindre la gloire
success	remporter un succès
a breakthrough	faire une découverte sensationnelle
statehood	accéder au rang d'Etat
independence	accéder à l'indépendance

to ACKNOWLEDGE	6527
applause	répondre à des applaudissements
a letter	accuser réception d'une lettre
a receipt	accuser réception
a failure	reconnaître un échec
a defeat	reconnaître une défaite

to ACQUAINT o. s.	6528
with the facts	se familiariser avec les faits
with a city	se familiariser avec une ville
with a job	se familiariser avec un travail
s. o. with music	introduire qqn à la musique
s. o. with a friend	présenter qqn à un ami

to ACQUIRE	6529
a fortune	acquérir une fortune
a company	racheter une société
an estate	acquérir une propriété
property	acquérir des biens
stock	acquérir des actions

to ACQUIT	6530
a defendant	acquitter un prévenu
o. s. well	bien s'acquitter (de qqch.)
o. s. with honor	s'acquitter honorablement
s. o. of suspicion	laver qqn de soupçons
s. o. of guilt	dégager la culpabilité de qqn

to ACT	6531
in a play	jouer dans une pièce
as a spokesman	faire office de porte-parole
out a role	jouer un rôle
wisely	agir sagement
irrationally	agir de manière déraisonnable

to ADAPT (o. s. to)	6532
a change	s'adapter à un changement
a new climate	s'adapter à un nouveau climat
quickly	s'adapter rapidement
a novel for the screen	adapter un roman à (pour) l'écran (le cinéma)

to ADD	6533
a clause	ajouter une clause
vinegar	ajouter du vinaigre
a room	ajouter une pièce (d'habitation)
numbers	additionner des chiffres
a seasoning	assaisonner

to ADDRESS	6534
a package	adresser un colis
a letter	adresser une lettre
a crowd	s'adresser à une foule
an audience	s'adresser à un auditoire
a plea	lancer un appel

to ADHERE to	6535
a conviction	s'en tenir à une conviction
a belief	s'accrocher à une croyance
a schedule	maintenir un horaire
the truth	s'en tenir à la vérité
a surface	adhérer à une surface

to ADJOURN	6536
a meeting	ajourner une réunion
a trial	ajourner un procès
a session	ajourner une session
court	lever une audience
a legislature	ajourner une législature

to ADJUST	6537
a seat belt	régler une ceinture de sécurité
a thermostat	régler un thermostat
a price	rectifier un prix
a claim	accorder une indemnisation
the volume	régler le son

to ADMINISTER	6538
a punishment	administrer un châtiment
an estate	administrer des biens
first aid	dispenser les premiers soins
justice	rendre la justice
the laws	appliquer les lois

to ADMIRE		6539
a king	admirer un roi	
a culture	admirer une culture	
a painting	admirer un tableau	
a quality	admirer une qualité	
a woman	admirer une femme	

to ADMIT		6540
guilt	avouer sa culpabilité	
a theft	avouer un vol	
a crime	avouer un crime	
participation	avouer une participation	
a member	admettre un membre	

to ADOPT		6541
a child	adopter un enfant	
an attitude	adopter une attitude	
a measure	prendre un mesure	
a style	adopter un style	
an orphan	adopter un orphelin	

to ADORE		6542
a child	adorer un enfant	
a pet	adorer un animal familier	
a queen	adorer une reine	
an actress	adorer une actrice	
one's grand-parents	adorer ses grands-parents	

to ADORN		6543
a throne	orner un trône	
an altar	orner un autel	
a manger	orner une crèche	
a tree	orner un arbre	
a statue	orner une statue	

to ADVANCE		6544
a theory	avancer une théorie	
a cause	faire avancer une cause	
money	avancer de l'argent	
two steps	avancer de deux pas	
quickly	avancer rapidement	

to ADVERTISE			6545
a new product	faire de	{ pour un nouveau produit	
in a paper	la publi-	dans un journal	
on television	cité	à la télévision	
locally	faire une	de publicité locale	
nationwide	campagne	de publicité nationale }	

to ADVISE		6546
a withdrawal	conseiller une retraite	
a reconciliation	conseiller une réconciliation	
a compromise	conseiller un compromis	
an attack	conseiller une attaque	
an escalation	conseiller une escalade	

to ADVOCATE		6547
a change	préconiser un changement	
justice	plaider en faveur de la justice	
an overthrow	préconiser un renversement	
violence	prêcher la violence	
a strike	préconiser une grève	

to AFFECT		6548
a decision	influer sur une décision	
the body	influer sur l'organisme	
the mind	influer sur l'esprit	
the growth	influer sur la croissance	
the outcome	influer sur le résultat	

to AFFIRM		6549
one's loyalty	affirmer sa fidélité	
a compromise	confirmer la exécution d'un compromis	
the truth of	confirmer la véracité de . . .	
the validity of . . .	confirmer l'exactitude de . . .	
solemnly	affirmer solemnellement	

to AGE		6550
a wine	faire vieillir un vin	
a cheese	faire vieillir un fromage	
tobacco	faire vieillir du tabac	
gracefully	vieillir avec grâce	
quickly	vieillir rapidement	

to AGGRAVATE		6551
a wound	envenimer une blessure	
an illness	aggraver une maladie	
an allergy	aggraver une allergie	
a person	exaspérer quelqu'un	
a client	exaspérer un client	

to AGITATE		6552
in favor of	faire de l'agitation au profit de . . .	
a mixture	agiter un mélange	
a crowd	agiter une foule	
for a change	revendiquer un changement	
back and forth	agiter d'avant en arrière	

to AGREE		6553
with someone	donner raison à qqn	
to a choice	se rallier à un choix	
reluctantly	consentir à regret	
wholeheartedly	consentir volontiers	
willingly	consentir de bon gré	

to AID		6554
a friend	aider un ami	
a minority	aider une minorité	
a group	aider un groupe	
a family	aider une famille	
the poor	aider les pauvres	

to AIM		6555
a gun	pointer un fusil	
at a target	viser une cible	
carefully	viser soigneusement	
poorly	mal viser	
to please	cherche à plaire	

to AIR		6556
a grievance	émettre une plainte	
an opinion	émettre une opinion	
a complaint	porter plainte	
a question	poser une question	
out a room	aérer une pièce	

to AIR-CONDITION		6557
a building	climatiser un bâtiment	
an office	climatiser un bureau	
a theater	climatiser un théâtre (cinéma)	
a bus	climatiser un autobus	
a home	climatiser une maison	

to AIRMAIL		6558
a package	envoyer un paquet par avion	
a letter	envoyer une lettre par avion	
a present	envoyer un cadeau par avion	
a shipment	envoyer du fret par avion	
a manuscript	envoyer un manuscrit par avion	

to ALARM 6559

a nation	alarmer une nation
a people	alarmer un peuple
the brokers	alarmer les courtiers
the president	alarmer le président
the parents	alarmer les parents

to ALERT 6560

the police	alerter la police
the navy	alerter la marine (de guerre)
the army	alerter l'armée
the pilots	alerter les pilotes
the people	alerter les gens

to ALIENATE 6561

other people	s'aliéner les autres
the affection of…	s'aliéner l'affection de…
one's family	s'aliéner sa famille
one's friends	s'aliéner ses amis
s. o. completely	s'aliéner complètement

to ALLEVIATE 6562

the pain	soulager la douleur
the pressure	relâcher la pression
suffering	apaiser la souffrance
misery	soulager la détresse
sorrow	apaiser le chagrin

to ALLOCATE 6563

funds	attribuer des fonds
shares	attribuer des actions
profits	distribuer des bénéfices
one hundred seats	attribuer cent places (sièges)
a set amount	allouer une somme fixe

to ALLOT 6564

tickets	répartir des billets
seats	attribuer des sièges
shares	partager des actions
profits	distribuer des bénéfices
time	partager le temps

to ALLOW 6565

an increase	admettre une augmentation
a decrease	admettre une baisse
a surtax	admettre une surtaxe
an error	admettre une erreur
a change	admettre un changement

to ALLUDE 6566

to someone	faire allusion à qqn
to something	faire allusion à qqch.
to the war	faire allusion à la guerre
to a debt	faire allusion à une dette
in passing	mentionner en passant

to ALPHABETIZE 6567

a list	dresser une liste alphabétique
a roster	dresser un rôle alphabétique
an index	établir un index alphabétique
the names	classer les noms par ordre alphabétique
the sections	classer les parties par ordre alphabétique

to ALTER 6568

a dress	retoucher une robe
a room	modifier une pièce
a plan	modifier un plan
a schedule	modifier un horaire
a signature	modifier une signature

to ALTERNATE 6569

two plans	(faire) alterner deux plans
two teachers	(faire) alterner deux professeurs
two players	(faire) alterner deux joueurs
two teams	(faire) alterner deux équipes
two schedules	(faire) alterner deux horaires

to AMASS 6570

a fortune	amasser une fortune
great wealth	amasser de grandes richesses
power	accroître son pouvoir
stock	amasser des actions
something quickly	amasser qqch. rapidement

to AMAZE 6571

a crowd	stupéfier une foule
the world	stupéfier le monde
the audience	stupéfier l'auditoire
the children	stupéfier les enfants
scientists	stupéfier les chercheurs

to AMBUSH 6572

the enemy		à l'ennemi
a patrol	dresser une	à une patrouille
a diplomat	embuscade	à un diplomate
a victim		à une victime
in the dark		dans le noir

to AMEND 6573

a law	modifier une loi
a constitution	remanier une constitution
a statement	remanier une déclaration
a version	remanier une version
a document	remanier un document

to AMPLIFY 6574

a sound	amplifier un son
the music	mettre la musique plus fort
a need for…	développer un besoin de…
the details of…	élaborer les détails de…
one's remarks	élaborer ses remarques

to AMPUTATE 6575

a leg	amputer une jambe
a hand	amputer une main
a finger	amputer un doigt
an arm	amputer un bras
both feet	amputer les deux pieds

to AMUSE 6576

a child	amuser un enfant
a baby	amuser un bébé
an audience	amuser un auditoire
a friend	amuser un ami
a sister	amuser une sœur

to ANALYZE 6577

a report	analyser un rapport
the facts	analyser les faits
statistics	analyser des statistiques
a compound	analyser un composé
a situation	analyser une situation

to ANCHOR 6578

a ship	ancrer un navire
a yacht	ancrer un yacht
a beam	ancrer une poutre
a support	ancrer un appui
a buoy	ancrer une bouée

to ANGER	6579	to APPEAL	6589

to ANGER   6579

a nation	soulever la colère d'une nation
a crowd	soulever la colère d'une foule
a father	mettre un père en colère
an audience	mettre un auditoire en colère
a teacher	mettre un professeur en colère

to ANNIHILATE   6580

a target	anéantir un objectif
a city	anéantir une ville
an enemy	anéantir un ennemi
an army	anéantir une armée
a bridge	démolir un pont

to ANNOTATE   6581

a report	annoter un rapport
a thesis	annoter une thèse
an analysis	annoter une analyse
an edition	annoter une édition
a composttion	annoter une dissertation

to ANNOUNCE   6582

the news	annoncer les nouvelles
the victory	annoncer la victoire
an engagement	annoncer des fiançailles
an appointment	annoncer une nomination
a verdict	rendre un verdict

to ANNOY   6583

a friend	importuner un ami
an adult	importuner un adulte
a sister	importuner une sœur
a customer	importuner un client
a passenger	importuner un passager

to ANNUL   6584

a marriage	annuler un mariage
a contract	résilier un contrat
the power of . . .	annuler le pouvoir de . . .
the validity of . . .	invalider qqch.
an effectiveness	supprimer l'efficacité

to ANSWER   6585

a question	répondre à une question
a charge	répondre à une accusation
a letter	répondre à une lettre
a request	répondre à une demande
with dignity	répondre avec dignité

to ANTAGONIZE   6586

a client	contrarier un client
a customer	contrarier un client
an opponent	contrarier un adversaire
a general	contrarier un général
an adult	contrarier un adulte

to ANTICIPATE   6587

a raise	escompter une augmentation
an inflation	escompter une inflation
a decrease	escompter une baisse
a change	escompter un changement
a storm	s'attendre à un orage

to APOLOGIZE   6588

for a mistake	s'excuser d'une erreur
to a friend	s'excuser auprès d'un ami
for being late	s'excuser d'un retard
immediately	s'excuser immédiatement
sincerely	s'excuser sincèrement

to APPEAL   6589

for support	lancer un appel pour s'assurer le soutien
for funds	faire un appel de fonds
to a woman	plaire à une femme
to God	s'en remettre à Dieu
to a jury	s'en remettre à un jury

to APPEAR   6590

on the stage	paraître sur scène
in a role	paraître dans un rôle
in a concert	paraître dans un concert
regularly	paraître à intervalles réguliers
briefly	faire une courte apparition

to APPEASE   6591

a loser	apaiser un perdant
a crowd	apaiser la foule
a striker	apaiser un gréviste
one's hunger	apaiser sa faim
one's appetite	apaiser son appétit

to APPLAUD   6592

an actor	applaudir un acteur
an athlete	applaudir un athlète
a performance	applaudir un exploit
a speech	applaudir un discours
a statement	applaudir une déclaration

to APPLY   6593

pressure	exercer une pression
logic	faire appel à la logique
a salve	passer une pommade
for a leave	solliciter un congé
for a job	solliciter un emploi

to APPOINT   6594

a chairman	nommer un président
a judge	nommer un juge
a spokesman	nommer un porte-parole
a delegate	nommer un délégué
a committee	nommer un comité

to APPRAISE   6595

a painting	évaluer un tableau
an estate	évaluer un domaine
a collection	évaluer une collection
a diamond	évaluer un diamant
a situation	juger d'une situation

to APPRECIATE   6596

a gift	faire cas d'un present
a change	apprécier un changement
a raise	apprécier une augmentation
a letter	apprécier une lettre
good music	apprécier la bonne musique

to APPREHEND   6597

a criminal	appréhender un criminel
an assassin	appréhender un assassin
a hijacker	appréhender un pirate de l'air
in the act	prendre qqn sur le fait
quickly	appréhender rapidement

to APPROACH   6598

a problem	aborder un problème
an object	s'approcher d'un objet
a target	s'approcher d'un but
a gate	s'approcher d'une porte
a sentry	s'approcher d'une sentinelle

to APPROVE		6599
a choice	approuver un choix	
a plan	approuver un plan	
a suggestion	approuver une suggestion	
an offer	approuver une offre	
an expenditure	approuver une dépense	

to ARBITRATE		6600
a strike	arbitrer une grève	
a dispute	arbitrer un conflit	
a discussion	arbitrer une discussion	
a treaty	arbitrer un traité	
negotiations	arbitrer des négociations	

to ARGUE		6601
with someone	discuter avec qqn	
about politics	discuter de politique	
violently	discuter avec acharnement	
needlessly	discuter inutilement	
constantly	discuter constamment	

to ARISE		6602
at 7 A.M.	se lever à 7 heures du matin	
in revolt	se soulever (se révolter)	
early	se lever tôt	
late	se lever tard	
refreshed	se réveiller frais et dispos	

to ARM		6603
a bomb	armer une bombe	
a missile	armer un engin spatial	
a soldier	armer un soldat	
the guards	armer les gardes	
the guerillas	armer les guerilleros	

to AROUSE		6604
suspicion	éveiller des soupçons	
passions	soulever des passions	
the nation	soulever la nation	
a people	soulever un peuple	
a crowd	soulever une foule	

to ARRANGE		6605
a display	organiser une exposition	
a schedule	aménager un horaire	
a party	organiser une réception	
a meeting	organiser une réunion	
a cease-fire	conclure un cessez-le-feu	

to ARREST		6606
a criminal	arrêter un criminel	
a suspect	arrêter un suspect	
a civilian	arrêter un civil	
a citizen	arrêter un citoyen	
a driver	arrêter un conducteur	

to ARRIVE		6607
late	arriver en retard	
on time	arriver à l'heure	
at midnight	arriver à minuit	
ahead of time	arriver en avance	
from Paris	arriver de Paris	

to ASCEND		6608
into heaven	monter au ciel (aux cieux)	
a staircase	monter un escalier	
to power	accéder au pouvoir	
in rank	monter en grade	
in pitch	monter le ton	

to ASCERTAIN		6609
the truth	rechercher la vérité	
the facts	rechercher l'exactitude des faits	
the validity of ...	prouver l'exactitude de ...	
the worth of ...	évaluer la valeur de ...	
accurately	évaluer exactement	

to ASK		6610
a question	poser une question	
for a refund	demander un remboursement	
for a napkin	demander une serviette de table	
for leniency	demander l'indulgence	
about a friend	demander des nouvelles d'un ami	

to ASPIRE to		6611
greatness	aspirer à la grandeur	
fame	aspirer à la renommée	
be an actor	aspirer à devenir (un) acteur	
be president	aspirer à devenir président	
be a writer	aspirer à devenir (un) écrivain	

to ASSASSINATE		6612
a president	assassiner un président	
a minister	assassiner un ministre	
a king	assassiner un roi	
an emperor	assassiner un empereur	
a leader	assassiner un chef	

to ASSAULT		6613
a fortress	donner l'assaut ⎰une forteresse	
an outpost	à (attaquer) ⎱un avant-post	
a policeman	agresser un policier	
a witness	agresser un témoin	
viciously	attaquer vicieusement	

to ASSEMBLE		6614
a model	assembler une maquette	
an airplane	assembler un avion	
the facts	réunir les faits	
a crowd	rassembler une foule	
the students	rassembler les étudiants	

to ASSERT one's		6615
rights	faire valoir ses droits	
authority	affirmer son autorité	
superiority	affirmer son supériorité	
strength	affirmer son force	
influence	exercer une influence	

to ASSESS		6616
the damage	constater (évaluer) les dégats	
a fine	fixer le montant d'une amende	
the worth of ...	déterminer la valeur de ...	
for taxation	déterminer l'imposabilité de ...	
as valuable	déterminer comme ayant de la valeur	

to ASSIGN		6617
a job	assigner une tâche	
a mission	assigner une mission	
homework	donner des devoirs	
a seat	attribuer un siège	
responsibility	confier une responsabilité	

to ASSIST		6618
a priest	aider un prêtre	
an old lady	aider une vieille dame	
a teacher	aider un professeur	
with the work	aider dans le travail	
in the surgery	assister un chirurgien	

to ASSOCIATE	6619
with criminals	s'associer à des criminels
greed with . . .	associer l'avidité avec . . .
two ideas	associer deux idées
in business	s'associer en affaires
closely with . . .	être étroitement associé avec . . .

to ASSUME	6620
something to be true	admettre la véracité de qqch.
the worst	s'attendre au pire
a responsibility	prendre une responsabilité
too much	trop présumer

to ASSURE	6621
a just peace	assurer une paix juste
a profit	assurer un bénéfice
a cease-fire	assurer un cesser-le-feu
the return of . . .	garantir la restitution de . . .
someone that . . .	assurer à qqn que . . .

to ASTONISH	6622
the enemy	surprendre l'ennemi
a child	émerveiller un enfant
the world	étonner le monde
the spectators	émerveiller les spectateurs
a teacher	surprendre un professeur

to ASTOUND	6623
the world	stupéfier le monde
an audience	stupéfier une assistance
a teacher	stupéfier un professeur
the senses	surprendre les sens
the experts	stupéfier les experts

to ATONE	6624
for a sin	expier un péché
for an injustice	réparer une injustice
for a wrong	réparer une mauvaise action
for a murder	payer pour un meurtre (crime)
by fasting	expier en jeûnant

to ATTACH	6625
a label	poser une étiquette
a handle	monter une poignée
a rope	attacher une corde
with glue	coller
securely	attacher fermement

to ATTACK	6626
a fort	attaquer un fort
a country	attaquer un pays
an outpost	attaquer un avant-poste
a position	attaquer une position
a problem	s'attaquer à un problème

to ATTAIN	6627
power	accéder au pouvoir
the heights	atteindre les cimes
a high rank	accéder à un grade élevé
a status	arriver à une position sociale
statehood	devenir un État

to ATTEMPT	6628
a flight	tenter un vol (avion)
a climb	tenter une ascension
a landing	tenter un atterrissage
to swim	essayer de nager
to improve	tenter d'améliorer

to ATTEND	6629
a lecture	assister à une conférence
a meeting	assister à une réunion
a concert	assister à un concert
a university	fréquenter une université
a school	fréquenter une école

to ATTRACT	6630
attention	attirer l'attention
criticism	s'attirer des critiques
a crowd	attirer une foule
flies	attirer les mouches
children	attirer les enfants

to AUCTION (off)	6631
a painting	vendre un tableau aux enchères
furniture	vendre des meubles aux enchères
an estate	vendre un domaine aux enchères
publicly	vendre aux enchères publiques
privately	vendre aux enchères privées

to AUDIT	6632
an account	vérifier les comptes
the records of . . .	vérifier les archives de . . .
the results	vérifier les résultats
a report	vérifier un rapport
annually	vérifier annuellement

to AUDITION	6633
for a part in a play	auditionner pour un rôle dans une pièce
an actor	faire lire un acteur
an actress	faire lire une actrice
a soloist	évaluer un soliste

to AUGMENT	6634
one's salary	augmenter son salaire
one's income	augmenter ses revenus
the size of . . .	accroître la taille de . . .
in value	prendre de la valeur
the degree of . . .	élever le degré de . . .

to AUTHENTICATE	6635
a document	authentifier un document
a masterpiece	authentifier un chef d'œuvre
a signature	authentifier une signature
a painting	authentifier un tableau
a find	authentifier une découverte

to AUTHORIZE	6636
a pass	accorder une permission
a change	autoriser un changement
an increase	autoriser une hausse
a payment	autoriser un paiement
an expenditure	autoriser une dépense

to AVAIL (o. s. of)	6637
a service	profiter d'un service
all resources	profiter de toutes les ressources
help	profiter de l'aide
lower prices	profiter des prix plus bas
nothing	ne profiter de rien

to AVERAGE	6638
seven hours of work a day	faire sept heures de travail par jour, en moyenne
over 80 percent	être en moyenne au dessus de 80 pource
under twenty dollars	gagner moins de $20,00 en moyenne
six inches of rain	tomber une moyenne de six pouces de pluie

to AVENGE 6639

a wrong	réparer une injustice
a death	venger la mort de qqn
a murder	venger un meurtre
an assassination	venger un assassinat
an insult	venger une insulte

to AVERT 6640

a war	prévenir une guerre
a catastrophe	prévenir une catastrophe
an accident	prévenir un accident
a strike	prévenir une grève
a depression	prévenir une dépression

to AVOID 6641

delay	éviter un retard
an accident	éviter un accident
an argument	éviter une discussion
a detour	éviter une détour
a strike	éviter une grève

to AWAIT 6642

a verdict	attendre un verdict
the return of . . .	attendre le retour de . . .
a cease-fire	attendre un cesser-le-feu
patiently	attendre patiemment
nervously	attendre nerveusement

to AWAKE 6643

from a deep sleep	se réveiller d'un profond sommeil
late at night	se réveiller tard dans la nuit
with a start	se réveiller en sursaut
refreshed	se réveiller frais et dispos
at 7:00 A.M.	se réveiller à sept heures (du matin)

to AWAKEN 6644

a child	réveiller un enfant
new hope	réveiller de nouveaux espoirs
the interest of . . .	réveiller l'intérêt de . . .
one's wife	réveiller sa femme
to an alarm clock	se réveiller avec un réveille-matin

to AWARD 6645

a prize	décerner un prix
a contract	adjuger un contrat
a medal	décerner une médaille
damages	accorder des dommages et intérêts
a trophy	décerner un trophée

B

to BACK 6646

a candidate	soutenir un candidat
a horse	soutenir un cheval
into a car	reculer dans une voiture
out of a garage	sortir en reculant d'un garage
up a claim	étayer une revendication

to BAFFLE 6647

the experts	poser une énigme aux experts
the police	dérouter la police
a detective	dérouter un détective
a jury	dérouter un jury
s. o. completely	dérouter complètement qqn

to BAKE 6648

a cake	faire cuire un gâteau
rolls	faire cuire des petits pains
bread	faire cuire du pain
fish	faire cuire du poisson
a roast	faire cuire un rôti

to BALANCE 6649

a weight	équilibrer un poids
a budget	équilibrer un budget
a ball	tenir un ballon en équilibre
a scale(s)	équilibrer une balance
a basket	équilibrer un panier

to BAN 6650

nudity	interdire la nudité
a book	interdire un livre
strikes	interdire les grèves
demonstrations	interdire les manifestations
riots	interdire les émeutes

to BAND (together) 6651

for safety	se mettre à l'abri ensemble
for protection	se protéger ensemble
out of fear	s'unir devant le danger
secretly	s'associer secrètement
in gold	baguer (qqch.) d'or

to BANDAGE 6652

a foot	panser un pied
a patient	panser un patient
a wound	panser une blessure
a head	panser une tête
a burn	panser une brûlure

to BANISH 6653

a rebel	bannir un rebelle
a prisoner	bannir un prisonnier
a king	bannir un roi
a dictator	bannir un dictateur
a traitor	bannir un traître

to BANK 6654

one's savings	mettre en banque ses économies
an airplane	faire virer un avion sur l'aile
a fire	couvrir un feu
on (plan on) a victory	compter sur une victoire
to the left	(faire) virer (un avion) à gauche

to BAPTIZE 6655

a child	baptiser un enfant
a ship	baptiser un bateau
in the name of the Father, Son, and Holy Ghost	baptiser au nom du Père, du Fils, et du Saint-Esprit

to BAR 6656

a door	munir une porte de barreaux
a window	munir une fenêtre de barreaux
a member	exclure un membre
the press	exclure la presse
an athlete	exclure un joueur

to BARBECUE 6657

meat	griller une viande (au "barbecue")
a hamburger	griller un tournedos
a steak	griller un bifteck
chicken	griller un poulet
hot dogs	griller des saucisses

to BARGAIN 6658

for a contract	négocier un contrat
for a raise	négocier une augmentation
for a car	marchander une voiture
shrewdly	négocier habilement
in good faith	négocier de bonne foi

to BARK 6659

at a stranger	aboyer à un étranger
at a noise	aboyer au (moindre) bruit
at one's children	aboyer à ses enfants
out an order	aboyer un ordre
all night long	aboyer toute la nuit

to BARRICADE 6660

a street	barricader une rue
a window	barricader une fenêtre
an exit	barricader une sortie
a door	barricader une porte
an entrance	barricader une entrée

to BASE .... on 6661

an argument	baser (fonder) un argument
on logic	sur la logique
a proposal	baser une proposition sur ...
a verdict	baser un verdict sur ...
one's judgment	baser son jugement (opinion) sur ...

to BASK 6662

in the sun	se prélasser au soleil
in the warmth	se prélasser au chaud
in the fame of ...	jouir d'une renommée
on the beach	se chauffer sur la plage
in the praise of ...	recevoir des éloges de ...

to BASTE 6663

meat	arroser de la viande
a roast	arroser un rôti
a turkey	arroser une dinde
a chicken	arroser un poulet
a steak	arroser un bifteck

to BATHE 6664

a child	baigner un enfant
a dog	baigner un chien
one's feet	prendre un bain de pieds
in the lake	se baigner dans le lac
regularly	se baigner tous les jours

to BATTER 6665

a seacoast	battre une côte
on a door	frapper avec violence à une porte
down a wall	abattre un mur
against a dock	heurter un quai à coups répétés
in a window	enfoncer une fenêtre

to BATTLE 6666

for survival	lutter pour survivre
with the enemy	se battre contre l'ennemi
for first place	lutter pour la première place
valiantly	lutter vaillamment
tirelessly	lutter inlassablement

to BE 6667

to BE + predicate noun 1

a lawyer	être avocat
a good doctor	être bon médecin
an actress	être actrice
a fine teacher	être bon professeur
a famous man	être un homme célèbre

to BE (weather) 2

beautiful	faire (Il fait) très beau
chilly	faire (Il fait) frisquet
clear	faire (Il fait) un temps clair
cold	faire (Il fait) froid
cool	faire (Il fait) frais

3

cloudless	Le ciel est sans nuages.
cloudy	Le ciel est couvert.
damp	L'air est humide.
foggy	Il y a du brouillard.
hot	Il fait très chaud.

4

mild	Le temps est doux.
nice	Il fait bon.
stormy	Le temps est orageux.
terrible	Il fait un temps affreux.
windy	Le vent souffle.

to BE (in a mental state) 5

angry	être fâché
confident	être sûr
depressed	être déprimé
disappointed	être déçu
hopeful	être plein d'espoir

6

indignant	être indigné
melancholy	être mélancolique
moody	être maussade
nervous	être énervé
resentful	en vouloir à quelqu'un

		7
sad	être triste	
serious	être sérieux	
sorry	être navré	
upset	être bouleversé	
worried	être soucieux	

to BE (in a physical state) — 8

beautiful	être beau
blind	être aveugle
deaf	être sourd
fat	être gros
handicapped	être handicapé

		9
handsome	être beau	
healthy	être en bonne santé	
overweight	être au-dessus du poids normal	
sick	être malade	
short	être petit	

to BE — 10

slender	être mince
tall	être grand
ugly	être laid
weak	être faible
worn-out	être exténué

to BE (non-animate) condition — 11

obsolete	être démodé
worn-out	être usé
new	être neuf
broken	être cassé
second-hand	être d'occasion

to BE (non-animate) consistency — 12

soft	être mou
hard	être dur
smooth	être lisse
rough	être rugueux
pliable	être flexible

to BE (non-animate) dimension — 13

thick	être épais
narrow	être étroit
thin	être mince
wide	être large
deep	être profond

to BE (non-animate) quality — 14

beautiful	être beau
ugly	être laid
useful	être utile
useless	être inutile
necessary	être nécessaire

to BE (non-animate) shape — 15

round	être rond
square	être carré
rectangular	être rectangulaire
shapeless	être informe
oblong	être oblong

to BE (non-animate) size — 16

large	être grand
small	être petit
enormous	être énorme
tiny	être minuscule
gigantic	être gigantesque

to BE (non-animate) state — 17

frozen	être gelé
rusty	être rouillé
solid	être massif
dirty	être sale
petrified	être pétrifié

to BE (located) He is ... — 18

at the office	Il est au bureau.
at the university	Il est à l'université.
in front of the class	Il est devant la classe.
down by the river	Il est près de la rivière.
on the fourth floor	Il est au troisième étage.

to BE (located) It is ... — 19

near the door	Il est près de la porte.
inside the house	Il est dans la maison.
across the street	Il est de l'autre côté de la rue.
under the bridge	Il est sous le pont.
in the United States	Il est aux Etats-Unis.

to BE + predicate adjective — 20

Be alert!	Ouvre l'œil!
Be attentive!	Sois attentif!
Be brave!	Sois courageux!
Be calm!	Sois calme!
Be confident!	Aie confiance!

		21
Be considerate!	Sois prévenant!	
Be courteous!	Sois poli!	
Be dependable!	Sois digne de confiance!	
Be economical!	Sois économe!	
Be fair!	Sois juste! (de bonne guerre!)	

		22
Be friendly!	Sois gentil!	
Be gentle!	Sois doux!	
Be good-natured!	Sois aimable!	
Be happy!	Sois heureux!	
Be honest!	Sois honnête!	

		23
Be kind!	Sois prévenant!	
Be loving!	Sois affectueux!	
Be modest!	Sois modeste!	
Be neat!	Sois ordonné!	
Be obedient!	Sois obéissant!	

		24
Be open-minded!	Sois large d'esprit!	
Be organized!	Sois ordonné!	
Be patient!	Sois patient!	
Be punctual!	Sois ponctuel!	
Be serious!	Sois sérieux!	

		25
Don't be absent-minded!	Ne sois pas distrait!	
Don't be bad-mannered!	Tiens-toi correctement!	
Don't be bitter!	Ne sois pas amer!	
Don't be careless!	Ne sois pas négligent!	
Don't be childish!	Ne fais pas l'enfant!	

Don't be cruel!	Ne sois pas cruel!
Don't be dis- agreeable!	Ne sois pas désagréable!
Don't be dis- honest!	Ne sois pas malhonnête!
Don't be extravagant!	Ne sois pas dépensier!
Don't be foolish!	Ne sois pas stupide!

Don't be greedy!	Ne sois pas cupide!
Don't be helpless!	Ne reste pas sans rien faire!
Don't be idiotic!	Ne sois pas idiot!
Don't be impa- tient!	Ne sois pas impatient!
Don't be impo- lite!	Ne sois pas impoli!

Don't be jealous!	Ne sois pas jaloux!
Don't be late!	Ne sois pas en retard!
Don't be lazy!	Ne sois pas paresseux!
Don't be mean!	Ne sois pas mesquin!
Don't be naïve!	Ne sois pas naïf!

Don't be naughty!	Ne sois pas méchant!
Don't be reckless!	Ne sois pas imprudent!
Don't be rude!	Ne sois pas grossier!
Don't be silly!	Ne sois pas stupide!
Don't be stupid!	Ne fais pas le niais!

to BE used with prepositional phrases

to BE (exist or live)

in a world apart	vivre dans un monde à part
in a state of confusion	être en plein désarroi
in a state of panic	se laisser aller à la panique
in constant trouble	avoir toujours des ennuis
in imminent danger	être en danger imminent
in mortal fear	être dans un état de frayeur mortelle
without sufficient funds	n'avoir pas de ressources suffisantes
without means of support	être sans ressources
without a permanent job	être sans emploi stable
without any friends	ne pas avoir d'amis

to BE (showing location of person)

He is:	Il est:
across the street	de l'autre côté de la rue
at the theater	au théâtre
behind the counter	derrière le comptoir
below the surface	sous la surface
beside the fire	à côté du feu
close to the entrance	près de l'entrée
in Paris or Madrid	à Paris ou à Madrid
in back of the room	au fond de la pièce
in front of the class	face à la classe
inside the space capsule	à l'intérieur de la cabine spaciale
near the exit	près de la sortie
on the platform	sur la plate-forme
outside the house	à l'extérieur de la maison
under the bridge	sous le pont
underneath the car	sous la voiture
up on the ladder	sur l'échelle

to BE (showing location of object)

It is:	C'est:
across the square near the Louvre	de l'autre côté de la place près du Louvre
at the corner opposite the post office	au coin situé en face du bureau de poste
behind the armchair in the corner	derrière le fauteuil dans le coin
below the level of the surface	sous la surface
beside the television set	à côté du téléviseur
by the school across from the bank	près de l'école en face de la banque
close to the center of town	près du centre de la ville
in the closet near the back	dans le placard du fond
in back of the sofa by the window	derrière le divan près de la fenêtre
in front of the library	devant la bibliothèque
inside the courtyard	dans la cour
near the center of London	près du centre de Londres
on the wall by the window	sur le mur près de la fenêtre

on top of the television set	sur le téléviseur
outside the main gate to the city	devant la porte principale de la ville
through the door to the right	en passant par la porte à droite
under the pillow	sous l'oreiller
underneath the foot of the bed	sous le pied du lit
up on the fourth floor	au troisième étage

to BE with animate subject and prepositional phrase *not* showing location (figurative) 33

He was:

about his own business	Il s'occupait de ses affaires.
above the law	Il était au-dessus de la loi.
after the nomination	Il aspirait à sa désignation.
ahead of his competitors	Il venait en tête des concurrents.
around the stock market	Il fréquentait la bourse.
at a difficult age	Il était à un âge difficile.
away at school	Il était à l'école (loin de chez lui).
back at the university	Il avait repris ses cours à l'université.
before his time	Il était en avance sur son époque.
behind in his work	Il était en retard dans son travail.
below average intelligence	Il était d'une intelligence inférieure à la moyenne.
beside himself with joy	Il ne se tenait plus de joie.
down with the flu	Il était atteint de la grippe.
for the underdog	Il prenait toujours le parti du lampiste.
from the United States	Il venait des États-Unis.
in a terrible mood	Il était d'une humeur massacrante.
into everyone's business	Il se mêlait des affaires des autres.
of European ancestry	Il était d'ascendance européenne.
off the critical list	Il était hors de danger.
off for the Far East	Il s'apprêtait à partir pour l'Extrême-Orient.
on the inside track	Il avait des renseignements confidentiels.
out of matches	Il était à court d'allumettes.
over his recent illness	Il était rétabli.
past his prime	Il n'était plus de première jeunesse.
through with women	Il en avait fini avec les femmes.
under the influence of alcohol	Il était sous l'emprise de l'alcool.
up to the job	Il était à la hauteur de sa tâche.
within the law	Il restait dans la légalité.
without available funds	Il était à court de ressources.

to BE with non-animate subject and prepositional phrase *not* showing location (figurative) 34

It was:

about 20°F.	Il faisait environ 20°F.
above 40°C.	Il faisait environ 40°C.
after 4 P.M.	Il était plus de 16 heures.
ahead of schedule	Il était en avance sur l'horaire.
around thirty dollars	Cela faisait environ trente dollars.
at his request	C'était à sa demande.
before his time	C'était avant son époque.
behind schedule	Il (le train) avait du retard.
below retail cost	C'était au-dessus du prix de détail.
beside the point	C'était à côté de la question.
beyond the call of duty	C'était une action exceptionnelle (d'éclat).
down the road a bit	C'était tout près en descendant la route.
for the love of it	C'était pour l'amour de l'art.
from the planet Mars	Cela venait de la planète Mars.
in honor of the victory	C'était en l'honneur de la victoire.
of terrestrial origin	C'était d'origine terrestre.
off for outer space	C'était en route pour l'espace.
on his word alone	Il n'y avait que sa parole.
out of the question	C'était hors de question.
over his violent objection	On avait passé outre à ses violentes objections.
past saving	Il n'y avait plus d'espoir.
through his intervention	C'était grâce à son intervention.
under careful examination	Cela faisait l'objet d'un examen attentif.
up to the next president	Il appartenait au prochain président.
within the realm of possibility	Il était du domaine du possible.
without any legal precedent	Il n'y avait aucun précédent en droit.

to BEAR 6668

a grudge	avoir une dent contre . . .
arms	porter les armes
the burden of . . .	supporter le poids de . . .
in mind	tenir compte de . . .
to the right	prendre à droite

to BEAT 6669

a child	battre un enfant
the enemy	battre l'ennemi
a horse	battre un cheval
an egg	battre un œuf
to a pulp	réduire en bouillie

to BEAUTIFY 6670

the surroundings	embellir les alentours
a home	embellir une maison
a community	embellir un voisinage
the countryside	embellir la campagne
a landscape	embellir un paysage

to BECOME 6671

dark and windy	Le ciel s'obscurcit et le vent se lève.
fat and ugly	grossir et enlaidir
a lawyer	devenir avocat
an actress	devenir actrice
old and tired	vieillir et se sentir fatigué

to BEFRIEND 6672

a child		un enfant
a family	se lier	une famille
an orphan	d'amitié	une orphelin
the needy	avec	les miséreux
the poor		les pauvres

to BEG 6673

for forgiveness	implorer le pardon (de qqn)
for money	mendier
for a chance	solliciter une opportunité
for a living	gagner sa vie en mendiant
to remain	supplier de pouvoir rester

to BEGIN 6674

a lesson	commencer une leçon
a course	commencer un cours
to dance	commencer à danser
to write	commencer à écrire
slowly	commencer lentement

to BEHAVE 6675

badly	se conduire mal
politely	se montrer poli
well	se conduire bien
like a child	se conduire comme un enfant
like a fool	se conduire comme un imbécile

to BEHOLD 6676

God	contempler Dieu
a miracle	être témoin d'un miracle
a vision	avoir une vision
an angel	contempler un ange
in a dream	voir en rêve

to BELIEVE 6677

an excuse	croire une excuse
the truth	croire la vérité
a story	croire une histoire
in God	croire en Dieu
in justice	croire en la justice

to BELITTLE 6678

an accomplishment	minimiser un exploit
a feat	minimiser un tour de force
an achievement	minimiser un exploit
a victory	minimiser une victoire
the success of . . .	minimiser le succès de . . .

to BELONG 6679

to a friend	appartenir à un ami
to a group	appartenir à un groupe
in jail	(qqn) qui devrait être en prison
in a book	(qqch.) qui devrait être dans un livre
on a shelf	(qqch.) qui devrait être sur un rayon

to BEND 6680

a rod	courber une baguette
a branch	courber une branche
to the floor	courber jusqu'à terre
to God's will	s'incliner devant la volonté de Dieu
to the north	s'incliner vers le nord

to BENEFIT 6681

from an experience	bénéficier de l'expérience
all mankind	faire bénéficier toute l'humanité
by remaining	y gagner à rester
by a change	y gagner à changer

to BESIEGE 6682

a fortress	assiéger une forteresse
a town	assiéger une ville
a bridge	assiéger un pont
a castle	assiéger un château
an outpost	assiéger un avant-poste

to BET 6683

a sum	parier une somme
a fortune	parier une fortune
a dollar	parier un dollar
one's life	risquer sa vie
on a race	parier sur une course

to BETRAY 6684

a trust	trahir la confiance
a confidence	révéler une confidence
a country	trahir un pays
a friend	trahir un ami
a leader	trahir un chef

to BETTER 6685

oneself	s'améliorer
one's job	améliorer son travail
one's chances	améliorer ses chances
an old record	surpasser un record établi
a product	améliorer un produit

to BICKER 6686

constantly	se quereller constamment
about money	se quereller à propos d'argent
about sex	débattre la sexualité
over a detail	se disputer pour un détail
every evening	se disputer tous les soirs

to BID		6687
s. o. farewell	dire adieu à qqn	
two hearts (bridge)	demander deux cœurs	
on a contract	faire une offre pour un contrat	
on a painting	enchérir sur un tableau	
cautiously	miser prudemment	

to BIDE		6688
one's time	attendre une meilleure occasion	

(Although common in this context, *to bide* is rarely used in any other form in modern English.)

to BIND		6689
a captive	ligoter un captif	
a hem	arrêter un ourlet	
a package	ficeler un paquet	
a book	relier un livre	
up a wound	panser une plaie	

to BISECT		6690
an angle		d'un angle
an arc	tracer	d'un arc
a line	la bissec-	d'une ligne
a radius	trice	d'un rayon
a diameter		d'un diamètre

to BITE		6691
an apple	mordre dans une pomme	
a person	mordre quelqu'un	
one's nails	se ronger les ongles	
off a piece	détacher un morceau d'un coup de dents	
at a bone	ronger un os	

to BLAME		6692
the war	rendre responsable la guerre	
a friend	rendre responsable un ami	
the weather	rendre responsable le temps	
the fog	rendre reponsable le brouillard	
the loser	s'en prendre au perdant	

to BLEACH		6693
a sheet	blanchir un drap	
a shirt	blanchir une chemise	
laundry	blanchir la lessive	
out a stain	détacher avec de l'eau de Javel	
in the sun	blanchir au soleil	

to BLEED		6694
profusely	saigner abondamment	
from a cut	saigner par une coupure	
from a wound	saigner par une blessure	
from the mouth	saigner de la bouche	
internally	avoir une hémorragie interne	

to BLEND		6695
a mixture	préparer un mélange	
colors	mélanger des couleurs	
paints	mélanger des peintures	
ingredients	mélanger des ingrédients	
flavors	mélanger des arômes	

to BLESS		6696
a congregation	bénir une assemblée	
a boat	bénir un navire	
a pilgrim	bénir un pélerin	
a home	bénir un foyer	
a medallion	bénir un médaillon	

to BLOCK		6697
a road	barrer une route	
a doorway	barrer une porte	
a motion	bloquer une motion	
off an area	condamner une zone	
an approval	empêcher d'approuver	

to BLOCKADE		6698
a port	faire le blocus d'un port	
Cuba	faire le blocus de Cuba	
an island	faire le blocus d'une île	
a coastline	faire le blocus d'une côte	
the enemy	bloquer l'ennemi	

to BLOOM		6699
in the spring	fleurir au printemps	
in the fall	fleurir à l'automne	
early	fleurir précocement	
late	fleurir tardivement	
fully	être en pleine floraison	

to BLOSSOM		6700
in the spring	fleurir au printemps	
in the sun	fleurir au soleil	
early	fleurir de bonne heure (tôt)	
late	fleurir tard (tardivement)	
fully	fleurir complètement	

to BLOT		6701
out the sun	cacher le soleil	
ink	sécher l'encre avec un buvard	
up grease	absorber la graisse (dégraisser)	
off lipstick	enlever le rouge à lèvre	
out completely	rayer (masquer) complètement	

to BLOW		6702
one's nose	se moucher	
a fuse	faire sauter un fusible	
a whistle	donner un coup de sifflet	
out a candle	souffler une bougie	
softly	souffler doucement	

to BLUSH		6703
in shame	rougir de honte	
at a compliment	rougir en entendant un compliment	
modestly	rougir par modestie	
shyly	rougir par timidité	
furiously (deeply)	rougir d'une manière extraordinaire	

to BOARD		6704
a plane	monter dans un avion	
a ship	monter à bord d'un navire	
a train	monter dans un train	
a bus	monter dans un autobus	
up a window	boucher une fenêtre	

to BOAST		6705
of a victory	se vanter d'une victoire	
about a conquest	se vanter d'une conquête	
about a record	se vanter d'un record	
in vain	se vanter vainement	
continually	se vanter constamment	

to BOIL		6706
a liquid	faire bouillir un liquide	
a solution	faire bouillir une solution	
water	faire bouillir de l'eau	
with anger	bouillir de rage	
furiously (water)	bouillir à gros bouillon	

to BOLT — 6707

a door	verrouiller une porte
a window	verrouiller une fenêtre
a gate	verrouiller un portail
s. o. out	mettre la verrou contre qqn
The horse bolted.	Le cheval s'est emballé.

to BOMB — 6708

a target	bombarder une cible
a city	bombarder une ville
a bridge	bombarder un pont
a harbor	bombarder un port
a ship	bombarder un navire

to BOMBARD — 6709

a fortress	bombarder une forteresse
an atom	bombarder un atome
a city	bombarder une ville
with neutrons	bombarder avec des neutrons
with questions	bombarder de questions

to BOO — 6710

an actor	huer un acteur
a performance	huer une représentation
a speech	huer une allocution
a speaker	huer un orateur
a statement	huer une déclaration

to BORDER — 6711

on France	avoir une frontière commune (être limitrophe) avec la France
on insanity	être à la limite de la folie
a driveway with...	border une allée de (avec) ...
something with lace	border qqch. de dentelle

to BORE — 6712

a tunnel	creuser un tunnel
a hole	creuser un trou
an adult	ennuyer un adulte
an audience	ennuyer un auditoire
under a fence	creuser sous une clôture

to BORROW — 6713

a tool	emprunter un outil
a car	emprunter une voiture
a jacket	emprunter une veste
an umbrella	emprunter un parapluie
a book	emprunter un livre

to BOTHER — 6714

a neighbor	importuner un voisin
a friend	importuner un ami
a student	importuner un élève
a teacher	importuner un professeur
about the rain	s'inquiéter au sujet de la pluie

to BOTTLE — 6715

mineral water	mettre de l'eau minérale
wine	mettre du vin
milk	mettre du lait ⎬ en bouteilles
champagne	mettre du champagne
locally	mettre en bouteilles dans la région

to BOUNCE — 6716

a ball	faire rebondir une balle
a baby	faire sauter un bébé (sur les genoux)
over the fence	sauter par-dessus la clôture
into a hole	sauter dans un trou
against the wall	rebondir contre le mur

to BOW — 6717

before the king	s'incliner devant le roi
to her wishes	s'incliner devant ses désirs
deeply	s'incliner profondément
reverently	s'incliner avec respect
courteously	s'incliner courtoisement

to BRACE — 6718

a bridge	consolider un pont
a support	consolider un appui
an ankle	mettre une attelle à une cheville
a corner	consolider un coin
a shelf	consolider un rayon

to BRAG — 6719

about something	se vanter de qqch.
about a win	se vanter d'un gain
about a grade	se vanter d'une bonne note
to a friend	vanter un ami
continually	se vanter constamment

to BRANDISH — 6720

a sword	brandir une épée
a cane	brandir une canne
a weapon	brandir une arme
a fist	menacer du poing
a sign	arborer une pancarte (signe)

to BRAVE — 6721

the high wind	braver le vent violent
criticism	braver la critique
the storm	braver la tempête
the elements	braver les éléments
the current	braver le courant

to BRAWL — 6722

in the streets	faire du scandale dans les rues
in a café	faire du scandale dans un café
with a friend	se bagarrer avec un ami
foolishly	gueuler inconsidérément
when drunk	faire du scandale quand on est soûl (en état d'ébriété)

to BREAK — 6723

a treaty	rompre un traité
a promise	rompre une promesse
a leg	se fracturer une jambe
a contract	rompre un contrat
a record	battre un record
a mirror	briser un miroir
a plate	casser une assiette
a rib	casser une côte
the law	violer la loi
the news	annoncer la nouvelle
in a door	enfoncer une porte
into a safe	forcer un coffre-fort
out of jail	s'évader de prison
into pieces	casser en morceaux
into tears	fondre en larmes
off a corner	détacher un coin
off talks	rompre les négociations
up a mob	disperser une foule
through a wall	faire une brèche dans un mur
into a sweat	se mettre à transpirer

to BREATHE   6724

fresh air	respirer de l'air frais
pure oxygen	respirer de l'oxygène pur
deeply	inspirer profondément
slowly	respirer lentement
quickly	respirer vite

to BRIBE   6725

an official	corrompre un fonctionnaire
a juror	corrompre un juré
a policeman	corrompre un policier
a judge	corrompre un juge
a lawyer	corrompre un avocat

to BRIDGE   6726

a gap	combler une lacune
a road	jeter un pont sur une route
a river	jeter un pont sur une rivière
a stream	jeter un pont sur un cours d'eau
a chasm	jeter un pont sur un gouffre

to BRING   6727

to BRING   1

a gift	apporter un cadeau
candy	apporter des douceurs
a notebook	apporter un cahier
some flowers	apporter quelques fleurs
some books	apporter quelques livres

to BRING (cause)   2

inflation	provoquer une inflation
unemployment	entraîner du chômage
devastation	causer des ravages
violence	susciter des réactions violentes
unhappiness	causer du chagrin

to BRING someone   3

to a party	amener quelqu'un à une réception
to school	conduire quelqu'un à l'école
to a concert	amener quelqu'un à un concert
to town	amener quelqu'un en ville
to Paris	amener quelqu'un à Paris

to BRING   4

about a change	opérer un changement
on a heart attack	causer une crise cardiaque
out the truth	faire éclater la vérité
out a flavor	faire ressortir une saveur
out a new version	publier une nouvelle version

5

up a family	élever des enfants
up an objection	soulever une objection
up a matter	soulever une question
up a point	soulever une question
up the war	soulever la question de la guerre

to BROADCAST   6728

the news	diffuser un bulletin d'information
the story	diffuser l'histoire
a program	diffuser un programme
the weather	diffuser les prévisions météorologiques
the results	diffuser des résultats

to BROADEN   6729

a road	élargir une route
a sidewalk	élargir un trottoir
a base	étendre une base
a viewpoint	élargir un point de vue
one's interests	s'intéresser à davantage de choses

to BROIL   6730

a steak	faire griller un bifteck
a hamburger	faire griller un tournedos
a hot dog	faire griller une saucisse
a roast	faire griller un rôti (rôtir)
slowly	faire griller lentement

to BROWN   6731

meat	faire revenir la viande
in a pan	dorer dans une casserole
in an oven	dorer au four (faire rissoler)
on a stove	faire rissoler sur une cuisinière
in butter	faire revenir dans du beurre

to BRUISE   6732

a shoulder	se meurtrir l'épaule
a foot	se meurtrir le pied
a hand	se meurtrir la main
an apple	taler une pomme
easily	avoir la peau qui marque facilement

to BRUSH   6733

one's hair	se brosser les cheveux
one's teeth	se brosser les dents
on mascara	mettre de la mascara
off a spot (stain)	enlever une tache
aside a tear	essuyer une larme

to BUILD   6734

a bridge	construire un pont
a better world	édifier un monde meilleur
a nest	construire un nid
a sailboat	construire un voilier
a skyscraper	construire un gratte-ciel

to BUMP   6735

the curb	heurter le trottoir
a car	heurter une voiture
a truck	heurter un camion
against a wall	heurter un mur
into a friend	tomber sur un ami

to BURN	6736
oil	brûler du mazout
gas	brûler du gaz
kerosene	brûler du kérosène
papers	brûler des papiers
the trash	brûler des ordures
slowly	brûler lentement
quickly	brûler rapidement
immediately	brûler immédiatement
for an hour	brûler pendant une heure
down the house	brûler la maison complètement

to BURST	6737
into song	entonner une chanson
into tears	fondre en larmes
into a room	se précipiter dans une pièce
in on s. o.	tomber sur qqn à l'improviste
out laughing	éclater de rire

to BURY	6738
a treasure	enfouir un trésor
the dead	enterrer les morts
a bone	enterrer un os
acorns	enterrer des glands
money	enterrer de l'argent

to BUSY oneself	6739
with work	s'activer à travailler
with studying	s'activer à étudier
with a hobby	s'occuper avec un passe-temps
every night	être occupé tous les soirs
on Sundays	être occupé le dimanche

to BUTTER	6740
toast	beurrer des toasts
bread	beurrer du pain
rolls	beurrer des petits pains
potatoes	accommoder des pommes de terre au beurre
vegetables	accommoder des légumes au beurre

to BUTTON	6741
a collar	boutonner un col
a shirt	boutonner une chemise
a coat	boutonner une veste
a sweater	boutonner un chandail
a vest	boutonner un gilet

to BUY	6742
a house	acheter une maison
a dress	acheter une robe
food	acheter des provisions
up land	accaparer des terres
out a store	vider un magasin

C

to CAGE	6743
a lion	mettre un lion en cage
a tiger	mettre un tigre en cage
a leopard	mettre un léopard en cage
a parrot	mettre un perroquet en cage
a bird	mettre un oiseau en cage

to CALCULATE	6744
the risk	évaluer le risque
the danger	évaluer le danger
the damage	évaluer les dégâts
the results	évaluer les résultats
the total	évaluer le total

to CALL	6745
up a friend	appeler un ami
out the guard	appeler la garde
for a vote	demander un vote
in a doctor	appeler un médecin
out in pain	crier de douleur

to CALM	6746
a child	calmer un enfant
a crowd	calmer une foule
one's worries	calmer ses inquiétudes
the feelings of . . .	apaiser quelqu'un
down suddenly	se calmer soudainement

to CAMOUFLAGE	6747
a building	camoufler un bâtiment
a factory	camoufler une usine
a ship	camoufler un bateau
a site	camoufler un site (un lieu)
a battleship	camoufler un cuirassé

to CAMP	6748
near the lake	camper près du lac
in the country	camper à la campagne
outside town	camper hors de la ville
by a stream	camper près d'un cours d'eau
on weekends	camper en fin de semaine

to CAMPAIGN	6749
for office	faire campagne pour un poste officiel
for president	faire campagne pour la présidence
for someone	faire campagne pour quelqu'un
seriously	faire campagne sérieusement
tirelessly	faire campagne inlassablement

to CANCEL	6750
an appointment	annuler un rendez-vous
a game	annuler une partie (jeu)
a contract	résilier un contrat
a class	annuler une leçon
a debt	faire remise d'une dette

to CAPTIVATE	6751
an audience	captiver un auditoire
a reader	captiver un lecteur
a student	captiver un élève (un étudiant)
a crowd	captiver une foule
completely	captiver complètement

to CAPTURE	6752
a thief	capturer un voleur
a murderer	capturer un meurtrier
a suspect	capturer un suspect
a likeness	reproduire une ressemblance
the imagination	captiver l'imagination

to CARE   6753

about (for) s. o.	tenir à qqn
about money	faire attention à l'argent
for a patient	soigner un patient
for a lawn	entretenir une pelouse
too much	se faire trop de souci

to CARRY   6754

to CARRY   1

a briefcase	porter une serviette
a child	porter un enfant
packages	porter des paquets
a credit card	avoir une carte de crédit sur soi
cash	avoir de l'argent liquide

to CARRY (transport)   2

passengers	transporter des passagers
cargo	transporter des marchandises
freight	transporter du fret
people	transporter des gens
produce	transporter des denrées alimentaires

to CARRY something   3

in one's hands	porter quelque chose à la main
in one's arms	porter quelque chose dans les bras
in a bag	porter quelque chose dans un sac
in a wallet	avoir quelque chose dans un portefeuille
in a suitcase	porter quelque chose dans une valise

to CARRY   4

a fine	être passible d'une amende
a penalty	être passible d'une sanction pénale
a tax	être passible d'un impôt
a stamp	être timbré
official approval	avoir été ratifié

5

on regardless	continuer en tout état de cause
on a war	poursuivre une guerre
out a threat	mettre une menace à exécution
out a plan	exécuter un plan
through with something	mener à bien quelque chose

to CARVE   6755

a statue	sculpter une statue
a turkey	découper une dinde
initials in . . .	graver des initiales dans . . .
a name for o. s.	se faire un nom
in wood	graver dans du bois

to CASH   6756

a check	encaisser un chèque
a bond	encaisser un bon
a coupon	encaisser un coupon
a money order	encaisser un mandat
some stock	encaisser quelques actions

to CAST   6757

a stone	lancer une pierre
a vote	donner une voix
a statue	couler une statue
a shadow	projeter une ombre
off (nautical)	larguer les amarres

to CATCH   6758

a cold	attraper un rhume
an animal	capturer un animal
a bird	attraper un oiseau
a mouse	attraper une souris
a ball	attraper une balle

to CATEGORIZE   6759

words	répertorier des mots
ideas	répertorier des idées
alphabetically	classer par ordre alphabétique
as useful	juger utile
as dangerous	juger dangereux

to CAUSE   6760

a reaction	provoquer une réaction
a riot	provoquer une émeute
an accident	provoquer un accident
a war	provoquer une guerre
damage	provoquer des dégâts

to CAUTION   6761

a witness	avertir un témoin
a defendant	avertir un défendeur
a pedestrian	avertir un piéton
a student	avertir un élève (étudiant)
against cheating	avertir qqn d'une tricherie

to CEASE   6762

production	cesser la production
all activity	cesser toute activité
firing	cesser le feu
immediately	cesser immédiatement
completely	cesser complètement

to CELEBRATE   6763

a wedding	célébrer un mariage
an anniversary	célébrer un anniversaire
a birthday	célébrer un anniversaire
a victory	célébrer une victoire
a promotion	fêter une promotion

to CENSOR   6764

the news	censurer les nouvelles
a letter	censurer une lettre
all mail	censurer toute correspondance
a play	censurer une pièce
a word	censurer un mot

to CHAIN   6765

an elephant	enchaîner un éléphant
a dog	enchaîner un chien
a prisoner	enchaîner un prisonnier
a slave	enchaîner un esclave
a convict	enchaîner un condamné

to CHALLENGE   6766

an enemy	défier un ennemi
a rival	défier un rival
a decision	contester une décision
a verdict	contester un verdict
a statement	contester une déclaration

to CHANGE   6767

clothes	changer de vêtements
a verdict	modifier un verdict
one's mind	changer d'opinion
a room	changer l'ordonnance d'une pièce
an opinion	changer d'avis
a result	modifier un résultat
the world	refaire le monde
parts	remplacer des pièces
society	refaire la société
money	changer de l'argent
into a frog	(se) transformer en grenouille
into a costume	revêtir un costume
into ice	geler
into a liquid	fondre (se liquéfier)
constantly	(se) transformer constamment

to CHANNEL   6768

one's energies	diriger son énergie
one's efforts	diriger ses efforts
information	diriger des renseignements
research	diriger les recherches
funds	diriger des fonds

to CHARGE   6769

a fee	faire payer des honoraires
five dollars	faire payer cinq dollars
a battery	charger un accumulateur
at the enemy	charger l'ennemi
for a service	faire payer un service

to CHARM   6770

an audience	charmer un auditoire
a child	charmer un enfant
a snake	charmer un serpent
completely	charmer complètement
and delight	charmer et ravir

to CHART   6771

an island	porter une île sur une carte
a course	tracer une route
an improvement	représenter une amélioration sous forme de graphique
a route	tracer l'itinéraire d'un voyage
a trip	(sur une carte)

to CHARTER   6772

a boat	affréter un bateau
a bus	affréter un autobus
an airplane	affréter un avion
for a year	affréter pour un an
for the day	affréter pour la journée

to CHASE   6773

a dog	chasser un chien
a thief	poursuivre un voleur
a butterfly	chasser un papillon
a criminal	poursuivre un criminel
away fears	se débarasser de la peur

to CHAT   6774

about the weather	bavarder à propos du temps
about friends	bavarder à propos de ses amis
with friends	bavarder avec des amis
with a neighbor	bavarder avec un voisin
after school	bavarder après l'école

to CHEAT   6775

a friend	tromper un ami
a customer	tromper un client
at cards	tricher aux cartes
occasionally	tricher à l'occasion
all the time	être un tricheur invétéré

to CHECK   6776

the results	vérifier les résultats
a coat	déposer le manteau au vestiaire
one's luggage	faire enregistrer ses bagages
off a name	pointer un nom
out (of hotel)	régler sa note

to CHEER   6777

for a winner	acclamer un vainqueur
a verdict	bien acceuillir un verdict
at a game	applaudir à un match
up a patient	réconforter un patient
up a child	réconforter un enfant

to CHERISH   6778

liberty	chérir la liberté
an heirloom	chérir un souvenir de famille
one's mate	chérir son époux/épouse
a love for . . .	avoir de l'amour pour . . .
forever	chérir pour la vie

to CHEW   6779

gum	mâcher du chewing-gum
meat	mâcher de la viande
candy	mâcher un bonbon
slowly	mâcher lentement
well	bien mâcher

to CHILL   6780

a wine	mettre un vin au frais
a glass	glacer un verre
a bottle	mettre une bouteille au frai
an audience	jeter un froid sur une assistance
in a refrigerator	mettre au réfrigérateur

to CHIP   6781

a dish	ébrécher un plat
a bone	ébrécher un os
a tooth	ébrécher une dent
an edge	ébrécher un bord
off a piece	enlever un morceau

to CHOKE   6782

on a bone (fish)	s'étrangler avec une arête
s. o. to death	tuer qqn en l'etranglant
a victim	étrangler une victime
with a cord	étrangler avec un cordon
with bare hands	étrangler de ses propres mains

to CHOOSE	6783
a wife	choisir une épouse
a hat	choisir un chapeau
a dress	choisir une robe
a house	choisir une maison
to remain	décider de rester

to CHOP	6784
wood	couper du bois à la hache
a log	couper une bûche à la hache
down a tree	abattre un arbre
through a door	transpercer une porte à coups de hache
into firewood	faire du petit bois

to CHUCKLE	6785
over a story	glousser ⎰ d'une histoire
at a joke	de rire ⎱ d'une blague
over a mistake	à propos ⎰ d'une faute (bêtise)
at the news	⎱ des nouvelles
in embarrassment	rire jaune

to CIRCLE	6786
a word	encercler un mot
the globe	faire le tour du monde
an airport	tourner au-dessus d'un aéroport
an island	tourner autour d'une île
a name	encercler un nom

to CIRCULATE	6787
a rumor	faire courir un bruit
a petition	faire circuler une pétition
money	faire circuler l'argent
a letter	faire circuler une lettre
among the people	circuler dans la foule

to CLAIM	6788
an inheritance	revendiquer un héritage
an article	revendiquer un article
a title	revendiquer un titre
possession	revendiquer la possession
one's right	faire valoir son droit

to CLAMP	6789
two pieces together	fixer deux morceaux ensemble
one's lips shut	ne pas piper mot
on a vise	serrer avec une vis
down on crime	s'attaquer à la criminalité

to CLAP	6790
one's hands	battre des mains
for an actor	applaudir un acteur
for an encore	bisser
in appreciation	applaudir en signe d'appréciation
and cheer	applaudir et acclamer

to CLARIFY	6791
a statement	préciser le sens d'une déclaration
an answer	préciser le sens d'une réponse
a meaning	préciser le sens
a point	préciser un point
a decision	préciser le sens d'une décision

to CLASP	6792
a knife	serrer un couteau ⎰
a wallet	serrer un portefeuille ⎱ dans
a rope	serrer une corde ⎰ la
a key	serrer une clef ⎱ main
hands	se serrer la main

to CLASS something	6793
as top secret	mettre un document au secret
as subversive	⎰ subversif
as important	classifier ⎰ important
as confidential	comme étant ⎰ confidentiel
as harmful	⎱ dangereux

to CLASSIFY	6794
an object	classer un objet
mail	classer du courrier
a document	classer un document
species	classer des espèces
as secret	verser au dossier confidentiel

to CLEAN	6795
a room	nettoyer une pièce
an office	nettoyer un bureau
a fish	nettoyer un poisson
up a yard	nettoyer une cour
out an attic	nettoyer un grenier

to CLEANSE	6796
a wound	nettoyer une plaie
the skin	nettoyer la peau
the soul	purifier l'âme
off make-up	se démaquiller
with alcohol	nettoyer avec de l'alcool

to CLEAR	6797
the table	desservir la table
a site	déblayer un terrain
away debris	enlever les décombres
out a desk	ranger un bureau/pupitre
up (weather)	s'éclaircir

to CLENCH	6798
one's fist	serrer le poing
one's teeth	serrer les dents
one's fingers	serrer le poing
the jaw	serrer les mâchoires
an object	serrer un objet (dans la main)

to CLIMAX (an event)	6799
with a banquet	⎰ par un banquet
with an award	⎰ par des récompenses
with a party	terminer (en ⎰ par une fête (partie)
with a dance	apothéose) ⎰ par un bal
with a reception	⎱ par une réception

to CLIMB	6800
a mountain	escalader une montagne
a ladder	monter à une échelle
up a slope	monter une côte
in price	(qqch.) dont le prix monte
in value	prendre de la valeur

to CLING	6801
to a ledge	s'accrocher au rebord
to a belief	s'accrocher à une croyance
to a branch	s'accrocher à une branche
to a wall	s'accrocher à un mur
to a husband	s'accrocher à un mari

to CLIP	6802
a coupon	détacher un coupon
a hedge	tailler une haie
a tree	tailler un arbre
a sheep	tondre un mouton
a dog	tondre un chien

to CLOCK		6803
a race	chronométrer une course	
a runner	chronométrer un coureur	
a horse	chronométrer un cheval	
a test	minuter un examen (un test)	
in for work	pointer au travail	

to CLOSE		6804
a door	fermer une porte	
a window	fermer une fenêtre	
a meeting	lever une séance	
down a factory	fermer une usine	
up ranks	serrer les rangs	

to CLOUD		6805
an issue	embrouiller une question	
a liquid with . . .	troubler un liquide avec . . .	
with suspicion	jeter un doute	
over (weather)	devenir nuageux	
up and rain	devenir nuageux et pleuvoir	

to CLUTCH		6806
a doll	tenir une poupée serrée contre soi	
a key	saisir une clef	
a rope	saisir une corde	
at a rope	s'agripper à une corde	
at straws	s'accrocher au moindre fétu	

to COAX		6807
s. o. to do something	persuader qqn de faire qqch.	
s. o. to stay	persuader qqn de rester	
a child	persuader un enfant	
a student	persuader un élève (étudiant)	
an answer from . . .	tirer les vers du nez	

to COEXIST		6808
peacefully	coexister pacifiquement	
in wartime	coexister en temps de guerre	
in peacetime	coexister en temps de paix	
harmoniously	coexister harmonieusement	
and survive	coexister et survivre	

to COIN		6809
a phrase	lancer une expression	
money	frapper la monnaie	
silver	frapper des pièces d'argent	
a new word	lancer un mot nouveau	
a slogan	trouver un slogan	

to COLLABORATE		6810
on a book	collaborer à un livre	
with the enemy	collaborer avec l'ennemi	
with a friend	collaborer avec un ami	
in research	collaborer à des recherches	
willingly	collaborer volontairement	

to COLLAPSE		6811
a ladder	replier une échelle	
a chair	replier une chaise	
an easel	plier un chevalet	
from exhaustion	s'effondrer épuisé	
unexpectedly	s'affaisser à l'improviste	

to COLLECT		6812
dolls	collectionner des poupées	
stamps	collectionner des timbres	
autographs	collectionner des autographes	
money	encaisser de l'argent	
a ransom	toucher une rançon	

to COLLIDE		6813
in the dark	se cogner	dans le noir
in the fog		dans le brouillard
in mid-air	entrer	en plein air
at a corner	en	à une intersection
accidentally	collision	accidentellement

to COLOR		6814
a drawing	colorier un dessin	
a poster	colorier une affiche	
a map	colorier une carte	
a chart	colorier un diagramme	
an egg	colorier un œuf	

to COMB		6815
one's hair	se peigner	
a wig	coiffer une perruque	
through a book	parcourir (feuilleter) un livre	
out tangles	démêler (en peignant)	
out a curl	déboucler (en peignant)	

to COMBAT		6816
illiteracy	combattre l'analphabétisme	
crime	combattre la criminalité	
air pollution	combattre la pollution atmosphérique	
ignorance	combattre l'ignorance	
public apathy	combattre l'apathie du public	

to COMBINE		6817
ingredients	mélanger des ingrédients	
forces	joindre des forces	
results	intégrer des résultats	
totals	additionner des totaux	
earnings	réunir des gains	

---

to COME		6818

to COME (move)		1
into an office	entrer dans un bureau	
out of a store	sortir d'un magasin	
around a corner	tourner à un coin (de rue)	
down the stairs	descendre un escalier	
to the door	venir à la porte	

to COME (arrive)		2
at 6 P.M.	venir (arriver) à 6 heures (du soir)	
in the morning	venir (arriver) le matin	
on time	venir (arriver) à l'heure	
at night	venir (arriver) la nuit	
after the show	venir (arriver) après le spectacle	

COME (be)		3
rom France	venir de France	
rom Spain	venir d'Espagne	
rom South America	venir d'Amérique du Sud	
rom California	venir de Californie	
rom the North	venir du nord	

COME		4
o a decision	parvenir à une décision	
o an agreement	parvenir à un accord	
o the end	arriver à la fin	
o a realization	arriver à concevoir	
o a halt	s'arrêter	

		5
cross a picture	tomber sur une image	
round after school	passer après la sortie de l'école	
ack from Europe	revenir d'Europe	
etween A and C	se situer entre A et C	
y at 5:30 P.M.	passer à 17 h.30	

COME DOWN		6
he stairs	descendre l'escalier	
e street	descendre la rue	
ith a cold	avoir le rhume	
ith the flu	avoir la grippe	
ith a fever	avoir de la fièvre	

to COME		7
in third (place)	se classer troisième	
in for criticism	se faire critiquer	
into the picture	entrer en ligne de compte	
into a fortune	héiter d'une fortune	
into one's own	entrer en possession de son dû	

		8
outside	sortir	
out to play	sortir pour jouer	
out with an invention	présenter une invention	
out for a team	passer les éliminatoires	
through successfully	bien s'en sortir	

		9
under a spell	être envoûté	
up for promotion	avoir droit à de l'avancement	
up with an answer	trouver une réponse	
up with a solution	avoir une solution à proposer	
upon a thief	surprendre un voleur	

COMFORT		6819
widow	réconforter une veuve	
child	consoler un enfant	
patient	soulager un patient	
loser	consoler un perdant	
e sick	réconforter les malades	

COMMAND		6820
army	commander une armée	
ship	commander un navire	
regiment	commander un régiment	
spect	inspirer le respect	
mpathy	inspirer la pitié	

COMMENT		6821
vorably about an idea	faire des commentaires favorables sur une idée	
the news	commenter les nouvelles	
passing	faire un commentaire en passant	
itically	critiquer	

COMMISSION		6822
officer	nommer un officier	
painting	commander un tableau	
opera	commander un opéra	
portrait	commander un portrait	
ook	commander un livre	

COMMIT		6823
crime	commettre un crime	
icide	se suicider	
ultery	commettre l'adultère	
rjury	se parjurer (faire un faux serment)	
mething to memory	apprendre par cœur	

to COMMUNE		6824
with nature	communier avec la nature	
with God	communier avec Dieu	
with the supernatural	communier avec le surnaturel	
with a spirit	communier avec un esprit	

to COMMUNICATE		6825
by satellite	communiquer via satellite	
by signals	communiquer par signaux	
effectively	communiquer effectivement	
poorly	communiquer mal	
one's wishes	faire part de ses désirs	

to COMPARE		6826
prices	comparer des prix	
notes	comparer des impressions	
grades	comparer des notes	
teachers	comparer des professeurs	
results	comparer des résultats	

to COMPEL		6827
s. o. to obey	forcer (qqn) à obéir	
s. o. to resign	forcer (qqn) à démissioner	
s. o. to speak	forcer (qqn) à parler	
obedience	commander l'obéissance	
enforcement of . . .	exiger le mise en application d'un règlement	

to COMPENSATE		6828
for a weakness	compenser une faiblesse par . . .	
for a service	repayer un service	
a veteran	dédommager un ancien combattant	
by doing penance	expier en faisant pénitence	
partially for . . .	compenser qqch. partiellement	

to COMPETE 6829

for grades	lutter pour les meilleures notes
in a race	se mesurer dans une compétition
every year	concourir chaque année
eagerly	lutter avec ardeur
regularly	se mesurer régulièrement

to COMPILE 6830

information	rassembler des informations
an anthology	élaborer une anthologie
the facts	rassembler les faits
statistics	rassembler des statistiques
a record of . . .	faire un dossier sur . . .

to COMPLAIN 6831

about a grade	se plaindre d'une note
bitterly	se plaindre amèrement
constantly	se plaindre constamment
rarely	se plaindre rarement
often	se plaindre souvent

to COMPLETE 6832

a report	achever un rapport
a project	achever un projet
homework	achever des devoirs
a book	achever un livre
a design	achever un dessin

to COMPLICATE 6833

a situation	compliquer une situation
one's life	se compliquer la vie
a plot	compliquer une intrigue
an explanation	compliquer une explication
unnecessarily	compliquer sans raison

to COMPLIMENT 6834

a friend	féliciter un ami
an actor	féliciter un acteur
a winner	féliciter un vainqueur
a performance	féliciter d'un exploit
a child	féliciter un enfant

to COMPLY 6835

with an order	obéir à un ordre
with a request	satisfaire à une demande
with the law	obéir aux lois
willingly	obéir volontairement
blindly	obéir aveuglément

to COMPOSE 6836

a letter	composer une lettre
music	composer de la musique
a sonnet	composer un sonnet
an answer	préparer une réponse
oneself	se calmer

to COMPOUND 6837

a felony	augmenter la gravité d'un crime
a fracture	compliquer une fracture
the difficulties	accumuler les difficultés
interest (bank)	accumuler les intérêts
with sulfur	combiner avec le soufre

to COMPREHEND 6838

a meaning	saisir le sens
the results	comprendre les résultats
instructions	comprendre les directives
vaguely	comprendre vaguement
perfectly	comprendre parfaitement

to COMPROMISE 6839

on a decision	accepter un compromis pour une décision
one's chances	compromettre ses chances
another person	compromettre qqn d'autre
by voting	faire un compromis en votant
by giving in	faire un compromis en abandonnant

to CONCEAL 6840

hatred	dissimuler sa haine
a dislike	dissimuler son antipathie
a ball	dissimuler une balle
a gun	dissimuler un revolver
the truth	dissimuler la vérité

to CONCEDE 6841

defeat	concéder (admettre) une défaite
a victory	concéder (admettre) une victoire
a difference	concéder une différence
the truth of . . .	admettre la véracité de . . .
to a winner	céder le pas à un vainqueur

to CONCEIVE 6842

a plan	concevoir un plan
a child	concevoir un enfant
a project	concevoir un projet
a book	concevoir un livre
out of wedlock	concevoir hors du lit conjugal

to CONCENTRATE 6843

on winning	s'appliquer à gagner
on the facts	se concentrer sur les faits
on a problem	s'appliquer à résoudre un problème
on studying	se préoccuper de ses études
on the lesson	s'appliquer à apprendre la leçon

to CONCERN 6844

o. s. with politics	s'occuper de la politique
a nation	concerner un pays
other people	concerner les autres
all citizens	concerner tous les citoyens
s. o. deeply	inquiéter qqn profondément

to CONCLUDE 6845

a meeting	clore une séance
a service	mettre fin à un service
a treaty	conclure un traité
an agreement	conclure un accord
with a prayer	finir par une prière

to CONCUR 6846

with an opinion	partager un avis
in a verdict	prendre part à (approuver) un verdict
in a compromise	faire un compromis
with a verdict	être d'accord avec un verdict
wholeheartedly	être complètement d'accord

to CONDEMN 6847

a prisoner	condamner un prisonnier
injustice	condamner l'injustice
intolerance	condamner l'intolérance
a building	condamner un immeuble
corruption	condamner la corruption

to CONDENSE 6848

a book	condenser un livre
a liquid	condenser un liquide
a report	condenser un rapport
into drops	condenser en gouttelettes
to some degree	condenser à un certain point

to CONDONE		6849
violence		à la violence
bloodshed	trouver	à un carnage
bad manners	des	à avoir de mauvaises manières
a retaliation	excuses	à user de représailles
sin		au péché

to CONDUCT		6850
an orchestra	diriger un orchestre
a choir	diriger un chœur
a meeting	diriger les débats
a business	diriger une entreprise
a survey	mener une enquête

to CONFER		6851
with a lawyer	conférer avec un avocat
on a problem	s'entretenir d'un problème
at the office	conférer au bureau
regularly	conférer régulièrement
openly	conférer ouvertement

to CONFESS		6852
a crime	avouer un crime
a theft	avouer un vol
one's guilt	avouer sa culpabilité
to a priest	se confesser à un prêtre
to a murder	avouer un meurtre

to CONFIDE		6853
in a friend	se confier à un ami
in no one	ne se confier à personne
a secret	confier un secret
to a friend	se confier à un ami
reluctantly	se confier de mauvaise grâce

to CONFINE		6854
a prisoner	mettre un prisonnier sous les verrous
a patient	garder un patient au lit
one's remarks	limiter ses remarques à . . .
one's opinions	limiter ses opinions à . . .
s. o. to the house	forcer qqn à rester à la maison

to CONFIRM		6855
a reservation	confirmer une réservation
a report	confirmer un rapport
a rumor	confirmer un bruit
an appointment	confirmer un rendez-vous
a result	confirmer un résultat

to CONFISCATE		6856
property	confisquer des biens
a weapon	confisquer une arme
wealth	confisquer des richesses
contraband	confisquer de la contrebande
illegally	confisquer illégalement

to CONFORM		6857
to the law	obéir à la loi
to society	se plier à la vie en société
to a mold	se laisser façonner
willingly	se conformer de bon gré
reluctantly	se conformer de mauvais gré

to CONFRONT		6858
a witness	confronter un témoin
an accuser	confronter un accusateur
a problem	confronter un problème
strikers	confronter des grévistes
with evidence	confronter des preuves

to CONFUSE		6859
an audience	dérouter un auditoire
a child	dérouter un enfant
the issues	brouiller les données
the facts	brouiller les faits
the figures	brouiller les chiffres

to CONGRATULATE		6860
the winner	féliciter le vainqueur
the author	féliciter l'auteur
the hero	féliciter le héros
the scientist	féliciter le savant
the astronaut	féliciter l'astronaute

to CONGREGATE		6861
in the street	s'assembler dans la rue
in the hall	s'assembler dans le hall
in the square	s'assembler sur la place
nightly	se rassembler le soir
every Sunday	se rassembler tous les dimanches

to CONJUGATE		6862
a verb	conjuguer un verbe
in the present tense	conjuguer au présent (au temps présent)
fully	conjuguer complètement
in the plural	conjuguer au pluriel

to CONNECT		6863
an appliance	brancher un appareil
a TV set	raccorder un poste de télévision
two facts	rapprocher deux faits
o. s. with a group	s'unir à (s'associer avec) un groupe
with a bridge	faire un pont

to CONQUER		6864
outer space	conquérir l'espace
a country	conquérir un pays
one's fears	surmonter ses craintes
the world	conquérir le monde
the jungle	vaincre la jungle

to CONSENT		6865
to a delay	accepter un délai
to a new trial	accepter un nouveau procès
to an operation	consentir à une opération
to a divorce	accepter le divorce
to a compromise	accepter un compromis

to CONSERVE		6866
one's energy	conserver son énergie
one's strength	conserver sa force
resources	conserver des ressources
supplies	conserver des vivres
carefully	conserver avec soin

to CONSIDER		6867
a change	envisager une modification
a problem	étudier un problème
a request	étudier une demande
a verdict	étudier un verdict
the danger	étudier les risques

to CONSIST		6868
of three parts	consister en (de) trois parties
of oxygen and nitrogen	consister d'oxygène et d'azote
entirely of . . .	consister entièrement de . . .
primarily of . . .	consister principalement de . . .

to CONSOLE 6869

a widow	consoler une veuve
a loser	consoler un perdant
a child	consoler un enfant
the family of . . .	consoler la famille de . . .
a widower	consoler un veuf

to CONSOLIDATE 6870

one's debts	rassembler ses dettes en une seule
a position	consolider une situation
earnings	consolider des gains
an advantage	consolider un avantage
profits	consolider des bénéfices

to CONSORT 6871

with the enemy	fraterniser avec l'ennemi
with fools	s'acoquiner avec . . .
with the rich	frayer les riches
openly with known criminals	se lier ouvertement avec des criminels notoires

to CONSPIRE 6872

to overthrow	conspirer au renversement
against the government a dictator	conspirer contre le gouvernement un dictateur
openly	conspirer ouvertement

to CONSTITUTE 6873

a majority	constituer une majorité
a minority	constituer une minorité
a quorum	constituer un quorum
a crime	constituer un crime
a hazard to . . .	constituer un danger pour . . .

to CONSTRUCT 6874

a barricade	élever une barricade
a maze	construire un labyrinthe
a ramp	construire une rampe
a platform	construire une plate-forme
a scaffold	monter un échaufadage

to CONSULT 6875

a lawyer	consulter un avocat
an expert	consulter un expert
a dictionary	consulter un dictionnaire
a map	consulter une carte
a teacher	consulter un professeur

to CONSUME 6876

more each year	consommer davantage chaque année
oil	consommer du pétrole
natural resources	consommer des ressources naturelles
in flames	flamber
completely	{ consommer complètement (repas) { se consumer (combustible)

to CONSUMMATE 6877

a marriage	consommer un mariage
an agreement	consommer un accord
a plan	mettre un plan à exécution
in disaster	se tourner en désastre
the arrangements	consommer les accords

to CONTACT 6878

a lawyer	se mettre { un avocat
an official	{ un fonctionnaire
a representative	en rapport { un représentant
the police	avec { la police
an agent	{ un agent

to CONTAIN 6879

two ingredients	contenir deux ingrédients
one's temper	se contenir
an advance (miltary)	contenir une avance
three objects	contenir trois objets
five chapters	contenir cinq chapitres

to CONTAMINATE 6880

the air	contaminer l'air
a water supply	contaminer des réserves d'eau
the environment	contaminer l'environnement
a laboratory	contaminer un laboratoire
the purity of . . .	contaminer la pureté de . . .

to CONTEMPLATE 6881

a change	envisager un changement
the mysteries of the universe	contempler les mystères de l'univers
buying a brand new car	envisager d'acheter une nouvelle voiture

to CONTEND 6882

with the heat	lutter contre la chaleur
with the cold	lutter contre le froid
with inefficiency	lutter contre l'inéfficacité
with fools	avoir affaire à des imbéciles
with parents	se disputer avec les parents

to CONTENT o. s. 6883

with little	se contenter de peu
with a raise	se contenter d'une augmentation
with a job	se contenter de son travail
with a salary	se contenter d'un salaire
with a grade	se contenter d'une note

to CONTEST 6884

a will	attaquer un testament
the authority of . . .	contester l'autorité de . . .
a divorce	contester un divorce
a verdict	contester un verdict
the rights of s. o.	contester les droits de qqn

to CONTINUE 6885

a discussion	poursuivre une discussion
a story	poursuivre une histoire
for a mile	continuer pendant un mille
to study	continuer à étudier
to work	continuer à travailler

to CONTRACT 6886

because of the cold	se contracter à cause du froid
a muscle	contracter (bander) un muscle
a disease	contracter une maladie
two words	contracter deux mots

to CONTRADICT 6887

an opponent	contredire un adversaire
a teacher	contredire un professeur
one's parents	contredire ses parents
a statement	contredire une déclaration
oneself	se contredire

to CONTRAST 6888

two styles	contraster deux styles
differences	contraster des différences
the old with the new	contraster le vieux et le neuf
two authors	contraster deux auteurs

to CONTRIBUTE		6889
money	verser de l'argent	
time	consacrer du temps	
one's talent	contribuer par son talent	
to a charity	contribuer à une bonne œuvre	
to a cause	contribuer à une cause	

to CONTRIVE		6890
a plot against someone	ourdir un complot contre quelqu'un	
an excuse	élaborer une excuse	
the overthrow of . . .	ourdir le renversement de . . .	
a schedule	arranger un horaire	

to CONTROL		6891
the pressure	régler la pression	
a corporation	être maître d'une société	
the temperature	régler la température	
the level	régler le niveau	
the movement	régler le déplacement	

to CONVENE		6892
a meeting	convoquer une réunion	
a court	convoquer un tribunal	
all members	convoquer tous les membres	
at 1:00 in the afternoon	convoquer à une heure de l'après-midi (à 13 heures)	

to CONVERT		6893
a factory	convertir une usine	
a bedroom into a den	transformer une chambre en salon (petit salon)	
to peacetime production	convertir en production de temps de paix	

to CONVEY		6894
a message	transmettre un message	
the best wishes	transmettre les meilleurs vœux	
condolences	transmettre des condoléances	
title to . . .	transmettre un titre à . . .	
iron ore	transporter du minerai de fer	

to CONVICT		6895
a criminal	condamner un criminel	
an assassin	condamner un assassin	
a murderer	condamner un meurtrier	
a thief	condamner un voleur	
an embezzler	condamner un escroc	

to CONVINCE		6896
a judge	convaincre un juge	
a jury	convaincre les jurés	
a teacher	convaincre un professeur	
a wife	convaincre une épouse	
a crowd	convaincre une foule	

to CONVOY		6897
a freighter in wartime	convoyer un cargo en temps de guerre	
an aircraft carrier	escorter un porte-avion	
to safety	escorter jusqu'à un lieu sûr	

to COOK		6898
a meal	faire cuire un repas	
soup	faire cuire la soupe	
over a low flame	faire cuire à feu doux	
slowly	faire mijoter	
all day long	faire cuire toute la journée	

to COOL		6899
an engine	refroidir un moteur	
to room temperature	faire chambrer (chambrer)	
off in the shade	se rafraîchir à l'ombre	
one's temper	se calmer	

to COOPERATE		6900
with the press	coopérer avec la presse	
with the police	coopérer avec la police	
for the test	coopérer en vue de l'examen	
in the work	coopérer dans le travail	
willingly	coopérer de bon gré	

to COORDINATE		6901
results	coordonner des résultats	
the schedule	coordonner le programme	
plans	coordonner des plans	
construction	coordonner la construction	
the efforts	coordonner les efforts	

to COPE		6902
with a situation	faire face à une situation	
with a problem	faire face à un problème	
with poverty	faire face à la pauvreté	
with ignorance	faire face à l'ignorance	
with success	faire face au succès	

to COPY		6903
a poem	copier un poème	
the answers	copier les réponses	
the message	copier le message	
down a list	copier une liste	
out of a book	recopier d'un livre	

to CORDON		6904
off an area	isoler une zone par un cordon de police	
off a row of seats	réserver une rangée de sièges (en mettant un cordon)	
off a whole city block	établir un cordon autour de tout un paté de maisons	

to CORK		6905
a bottle	boucher une bouteille	
a wine bottle	boucher une bouteille de vin	
a leak	arrêter une fuite (en la bouchant)	
a hole	boucher un trou	
tightly	boucher fermement	

to CORNER		6906
a thief	coincer un voleur	
a hoodlum	coincer un voyou	
the market	accaparer le marché	
s. o. in a dead-end street	coincer qqn dans un cul-de-sac	

to CORRECT		6907
a test	corriger une épreuve	
a student	corriger un élève	
an impression	corriger une impression	
an essay	corriger une dissertation	
an example	corriger un exemple	

to CORRESPOND		6908
with a friend	correspondre avec un ami	
with the facts	correspondre aux faits	
to the truth	être conforme à la vérité	
regularly	correspondre régulièrement	
exactly	correspondre exactement	

to CORRUPT	6909
a society	corrompre une société
a judge	corrompre un juge
the mind of . . .	corrompre l'esprit de . . .
a language	appauvrir une langue
the morals of . . .	corrompre la moralité de . . .

to COST	6910
$1 a pound	coûter un dollar la livre
a fortune	coûter une fortune
many lives	coûter de nombreuses vies humaines
s. o. his job	coûter à qqn son emploi
too much	coûter trop(cher)

to COUGH	6911
constantly	tousser constamment
up a fishbone	recracher une arête
up phlegm	recracher du flegme
up blood	recracher du sang
violently	tousser fortement

to COUNSEL	6912
a witness	conseiller à un témoin de . . .
a student	orienter un élève (étudiant)
s. o. to study	conseiller à qqn d'étudier
s. o. to remain	conseiller à qqn de rester
wisely	conseiller (qqn) avec sagesse

to COUNT	6913
on the fingers	compter sur les doigts
on an abacus	compter sur un boulier
on a person	compter sur quelqu'un
on a victory	compter sur une victoire
to one hundred	compter jusqu'à cent

to COUNTER	6914
a move	intercepter un geste
a punch	intercepter un coup de poing
with an answer	répartir
by moving the queen (chess)	contrer en déplaçant la reine (aux échecs)

to COUNTERATTACK	6915
in force	contre-attaquer en force
with nuclear weapons	contre-attaquer avec des armes nucléaires
with boldness	contre-attaquer audacieusement
the enemy	contre-attaquer l'ennemi

to COUNTERMAND	6916
an order	donner un contrordre
a previous command	donner un contrordre annulant un ordre préalable
a written order	donner un contrordre annulant un ordre écrit
instructions	donner des instructions contraires

to COVER	6917
a book	recouvrir un livre
an opening	aveugler une ouverture
six miles	parcourir dix km.
the news	faire le tour de l'actualité
a pan	couvrir une casserole

to CRACK	6918
a safe	forcer un coffre-fort
a walnut	casser une noix
a vase	fêler un vase
a joke	faire une plaisanterie
a tooth	ébrécher une dent

to CRAM	6919
for a test	potasser en prévision d'un examen
something full of . . .	bourrer qqch. de . . .
a suitcase with	bourrer une valise de . . .
s. o. full of food	bourrer qqn de nourriture (gaver qqn)

to CRASH	6920
into a car	tamponner une voiture
into a wall	emboutir un mur
in the fog	s'écraser dans le brouillard
on landing	s'écraser à l'atterrissage
on takeoff	s'écraser au décollage

to CRAVE	6921
affection	avoir un désir ardent d'affection
candy	avoir envie de bonbons
alcohol	avoir envie d'alcool
notoriety	avoir envie d'être célèbre
Chinese food	avoir envie de cuisine chinoise

to CRAWL	6922
on your knees	se traîner à genoux
into a corner	se traîner dans un coin
out of a hole	sortir en rampant d'un trou
into a ditch	se traîner dans un fossé
through a window	se glisser par une fenêtre

to CREASE	6923
a piece of paper	froisser une feuille de papier
the skull (bullet)	érafler le crâne
a page	froisser une page
in the middle	plier en deux (au milieu)
diagonally	plier en diagonale

to CREATE	6924
a new work	créer une nouvelle œuvre
an impression	donner une impression
a statue	créer une statue
goodwill	se ménager la sympathie
a new world	créer un monde nouveau

to CREDIT	6925
an account	créditer un compte
s. o. with brains	attribuer de l'intelligence à qqn
a discovery to . . .	attribuer une découverte à . . .
a breakthrough	attribuer un progrès à . . .
the victory to . . .	attribuer une victoire à . . .

to CREEP	6926
into a hole	se faufiler dans un trou
along the road	ramper le long de la route
at a snail's pace	se traîner avec la lenteur d'un escargot
into bed	ramper jusqu'à son lit

to CRINGE	6927
in pain	se recroqueviller de douleur
with fear	se blottir de peur
in a corner	se blottir dans un coin
in anticipation	se faire tout petit d'avance
mournfully	se dérober tristement

to CRIPPLE	6928
an opponent	mutiler un adversaire
a fighter	mutiler un boxeur
an industry	immobiliser une industrie
to be crippled with arthritis	être immobilisé par (de) l'arthrite

to CRITICIZE   6929

a play	critiquer une pièce
a performance	critiquer une représentation
a jury	critiquer un jury
the results	critiquer les résultats
a report	critiquer un rapport

to CROSS   6930

a street	traverser une rue
an intersection	traverser un carrefour
a bridge	traverser un pont
a room	traverser une pièce
a parking lot	traverser un parking

to CROUCH   6931

in a corner	se tapir dans un coin
behind a wall	se tapir derrière un mur
in the dark	se tapir dans le noir
in fear	se tapir par peur de …
and look for	s'accroupir pour chercher …

to CROWD   6932

into an elevator	s'entasser dans un ascenseur
around the winner	se rassembler autour du vainqueur
into a square	s'entasser sur une place
clothes into …	bourrer des vêtements dans …

to CROWN   6933

a king	couronner un roi
one's career with a victory	couronner sa carrière par une victoire
with thorns	couronner d'épines
a tooth	couronner une dent

to CRUCIFY   6934

the Lord	crucifier le Seigneur
a thief	crucifier un mauvais larron
a minority	crucifier une minorité
a slave	crucifier un esclave
an opponent	crucifier un adversaire

to CRUMBLE   6935

into pieces	s'émietter (tomber en morceaux)
into dust	tomber en poussière
a cracker	émietter un biscuit
and blow away	émietter et disperser (au vent)
and fall	s'écrouler

to CRUSH   6936

an enemy	écraser un ennemi
an opponent	écraser un adversaire
a grape	presser du raisin
a pill	écraser un comprimé
a rock	broyer un rocher

to CRY   6937

out in pain	crier (hurler) de douleur
at the news	se lamenter à propos des nouvelles
for justice	implorer justice
o. s. to sleep	s'endormir en pleurant
all night long	pleurer toute la nuit

to CULTIVATE   6938

a farm	exploiter une ferme
a crop	cultiver des céréales, etc.
an orchard	cultiver un verger
a friendship	cultiver une amitié
patience	s'armer de patience

to CURE   6939

a patient	guérir un malade
a cold	guérir un rhume
a bad habit	se défaire d'une mauvaise habitude
polio	guérir la poliomyélite
a rash	guérir une éruption de boutons

to CURSE   6940

in anger	jurer de colère
in pain	jurer de douleur
the weather	maudire le temps
the future	maudire le futur
one's troubles	maudire ses ennuis

to CURTAIL   6941

expenses	réduire les dépenses
production	réduire la production
profits	réduire les bénéfices
one's activities	réduire ses activités
one's drinking	se limiter dans la boisson

to CURVE   6942

to the right	virer à droite
sharply to the left	virer brusquement à gauche
downward	virer vers le bas
upward	virer vers le haut

to CUT   6943

a hole	percer un trou
a slice	couper une tranche
a finger	se couper un doigt
a wire	couper un fil de fer
meat	couper de la viande
logs	scier des grumes
paper	couper du papier
one's nails	se couper les ongles
hair	couper les cheveux
a rope	trancher une corde
up a steak	couper un bifteck
out a picture	découper une image
down a tree	abattre un arbre
open a melon	découper un melon
off a piece	couper un morceau
through a door	découper une porte
into an orange	trancher une orange
out a pattern	découper un patron
across a street	traverser une rue
away the fat	enlever le gras

to DAM 6944

a river	construire { sur une rivière
a stream	un { sur un cours d'eau
near the source	barrage { près de la source
the flow of	endiguer le flot de fleuves
mighty rivers	puissants

to DANCE 6945

the twist	danser le twist
the waltz	danser la valse
with a friend	danser avec un(e) ami(e)
on the terrace	danser sur la terrasse
all night	danser toute la nuit

to DARE 6946

s. o. to fight	défier qqn au combat
s. o. to jump	défier qqn de sauter
an opponent	défier un adversaire
an athlete	défier un athlète
a ski jumper	défier un sauteur en ski

to DATE 6947

a check	dater un chèque
a letter	dater une lettre
a fossil	déterminer l'âge d'un fossile
a document	dater un document
a receipt	dater un reçu

to DAZE 6948

an opponent	étourdir un adversaire
a victim	étourdir une victime
with its	éblouir par (de) sa
splendor	splendeur
with a blow	étourdir d'un coup de poing

to DEADEN 6949

a sound	étouffer un bruit
the pain	calmer la douleur
the nerve	endormir le nerf
the senses	émousser les sens
with drugs	calmer avec des médicaments

to DEAFEN 6950

a listener	assourdir un auditeur
an audience	assourdir une assistance
a soldier	assourdir un soldat
with gunfire	assourdir à coups de canon
completely	assourdir complètement

to DEAL 6951

cards	donner les cartes
with a problem	s'attaquer à un problème
with a matter	s'occuper d'une question
with the war	traiter de la guerre
in drugs	faire le commerce des médicaments (stupéfiants)

to DEBATE 6952

a point	débattre un point
an issue	débattre une question
a topic	débattre un sujet
effectively	débattre effectivement
in class	débattre en classe

to DECEIVE 6953

the public	tromper le public
a client	tromper un client
a friend	tromper un ami
a customer	tromper un client
a wife	tromper une épouse

to DECIDE 6954

an argument	trancher un débat
a case	régler une affaire
quickly	trancher rapidement
to stay	décider de rester
to study	décider d'étudier

to DECLARE 6955

war	déclarer la guerre
a state of war	proclamer l'état de guerre
a cease-fire	annoncer un cessez-le-feu
bankruptcy	faire banqueroute
a mistrial	déclarer une erreur judiciaire

to DECLINE 6956

an invitation	décliner une invitation
a proposal	décliner une proposition
an offer	décliner une offre
a promotion	refuser une promotion
to answer	refuser de répondre

to DECODE 6957

a message	déchiffrer un message
a telegram	déchiffrer un télégramme
a communiqué	décoder un communiqué
battle orders	décoder des ordres de combat
easily	déchiffrer (décoder) facilement

to DECORATE 6958

a cake	décorer un gâteau
a tree	décorer un arbre
a street	décorer une rue
a stadium	décorer un stade
an auditorium	décorer une salle des fêtes

to DECREASE 6959

the pressure	diminuer la pression
in value	se dévaloriser
in velocity	perdre de la vitesse
annually	décroître annuellement
periodically	décroître périodiquement

to DEDICATE 6960

a monument	inaugurer un monument
a library	inaugurer une bibliothèque
a building	inaugurer un édifice
a shrine	consacrer une chapelle
one's life to ...	se consacrer à ...

to DEDUCT 6961

a small amount	déduire une petite somme
expenses	déduire des frais (des dépenses)
from gross income	déduire des revenus bruts
legitimately	déduire légalement

to DEFACE 6962

a poster	défigurer ⎰ une affiche
a sign	(barbouiller) ⎱ une pancarte
a wall	vandaliser (barbouiller) un mur
a statue	défigurer une statue
with paint	barbouiller avec de la peinture

to DEFEAT 6963

an opponent	vaincre un adversaire
the enemy	vaincre l'ennemi
a resolution	faire échouer une résolution
a motion	faire échouer une motion
a rival	vaincre un rival

to DEFEND 6964

a client	défendre un client
the right	défendre le droit
a cause	défendre une cause
a town	défendre une ville
a position	défendre une position

to DEFER 6965

judgment	ajourner (différer) un jugement
payments	échelonner des paiements
to an opponent	céder devant un adversaire
from military service	être sursitaire

to DEFINE 6966

a word	définir un mot
a term	définir un terme
a problem	énoncer un problème
the issues	définer les questions pendantes
a meaning	définir un sens

to DEFRAUD 6967

the government	frauder l'État
customers	léser des clients
the public	léser le public
a client	léser un client
other people	léser les autres

to DEFRAY 6968

expenses	défrayer des dépenses
the costs of . . .	défrayer le coût de . . .
a charge	défrayer une dépense
completely	défrayer complètement
partially	défrayer partiellement

to DEFY 6969

the law	braver la loi
the authorities	braver les autorités
the court	braver le tribunal
the judge	braver le juge
the police	braver la police

to DELAY 6970

an arrival	retarder une arrivée
judgment	suspendre un jugement
a departure	retarder un départ
a shipment	retarder une expédition
a flight	retarder un vol (avion)

to DELEGATE 6971

authority	déléguer son autorité
power	déléguer des pouvoirs
a representative	déléguer un représentant
responsibility	déléguer des responsabilités
s. o. as deputy	déléguer qqn comme député

to DELETE 6972

a word	supprimer un mot
a clause	éliminer une clause
a footnote	éliminer une note en bas de page
something as obscene	éliminer qqch. comme étant obscène

to DELIBERATE 6973

a verdict	délibérer sur un verdict
a case	délibérer sur un cas
a question	délibérer sur une question
for three hours	délibérer pendant trois heures
and then decide	délibérer, puis décider

to DELIGHT 6974

a child	charmer un enfant
an audience	charmer un auditoire
the listeners	charmer les auditeurs
the crowd	charmer la foule
the students	charmer les élèves

to DELIVER 6975

a message	remettre un message
a sermon	prononcer un sermon
an ultimatum	remettre un ultimatum
a shipment	livrer des marchandises
a package	remettre un paquet

to DEMAND 6976

justice	demander justice
a raise	demander une augmentation
an accounting	exiger des comptes
a recount	exiger un nouveau dénombrement
an explanation	exiger des explications

to DEMILITARIZE 6977

a zone	démilitariser une zone
local control	démilitariser le contrôle local
the character of . . .	démilitariser le caractère de . . .
and place under civil authority	démilitariser et placer sous l'autorité civile

to DEMOLISH 6978

a building	démolir un bâtiment
a house	démolir une maison
a structure	démolir une construction
a bridge	démolir un pont
a tenement	démolir une h. l. m. (habitation à loyer modéré)

to DEMONSTRATE 6979

a product	présenter un produit
a talent	faire preuve d'une aptitude
good judgment	faire preuve de discernement
a willingness	faire preuve d'empressement
a reluctance	montrer peu d'empressement

to DENOTE 6980

a change in policy	dénoter un changement de politique
a brand name	remarquer le nom (d'un produit)
an improvement	dénoter une amélioration
the authority of . . .	dénoter l'autorité de . . .

to DENOUNCE 6981

a traitor	dénoncer un traître
an informer	dénoncer un dénonciateur
s. o. to the police	dénoncer qqn à la police
the terms of a treaty	dénoncer les termes d'un traité

to DENY 6982

a charge	repousser une accusation
a permit	refuser une autorisation
permission	refuser la permission
the existence	nier l'existence
authorization	refuser l'autorisation

to DEPART 6983

in anger	partir en colère
for Rome	partir pour Rome
from a schedule	s'écarter d'un programme
at 3 P.M.	partir à 15 heures
on time	partir à l'heure

to DEPEND 6984

on charity	vivre de charités
on a person	être tributaire de quelqu'un
on a raise	être tributaire d'une augmentation
on the weather	être tributaire du temps
on one's parents	être à la charge des ses parents

to DEPICT 6985

a scene	dépeindre une scène
the Middle Ages	dépeindre le Moyen-Âge
a role	représenter un personnage
as insane	décrire comme étant fou
vividly	décrire (dépeindre) avec vie

to DEPLETE 6986

natural resources	épuiser les ressources naturelles
the wealth of . . .	épuiser les richesses de . . .
present supplies	épuiser les vivres actuels
seriously	épuiser sérieusement

to DEPLORE 6987

violence	déplorer la violence
poverty	déplorer la pauvreté
an act	déplorer un acte
a condition	déplorer une situation
prejudice	déplorer des préjugés

to DEPORT 6988

an alien	déporter un étranger
a criminal	déporter un criminel
from the U. S.	déporter des Etats-Unis
o. s. with care	bien se comporter
as undesirable	déporter comme indésirable

to DEPOSIT 6989

money in a bank	déposer de l'argent dans une banque
a coin to make a call	déposer une pièce pour donner un coup de téléphone
for safekeeping	donner à garder
valuables in . . .	déposer les objets de valeur dans . . .

to DEPRECIATE 6990

in value	se déprécier (dévaluer)
the price of . . .	baisser le prix de . . .
for tax purposes	déprécier à des fins fiscales
the claim of . . .	dévaloriser une réclamation
progressively	(se) déprécier progressivement

to DEPRIVE s. o. of 6991

his liberty	priver qqn de sa liberté
his rights	priver qqn de ses droits
his job	priver qqn de son travail
his livelihood	priver qqn de sa subsistance
a raise	priver qqn d'une augmentation

to DERIVE 6992

pleasure from eating	prendre plaisir à manger
one's income from investments	tirer ses revenus d'investissements (être rentier)
power from . . .	tirer son pouvoir de . . .

to DESCEND 6993

into Hell	aller en Enfer (descendre aux enfers)
a staircase	descendre un escalier
a ladder	descendre d'une échelle
to be descended from apes	descendre du singe (évoluer du singe)

to DESCRIBE 6994

a scene	décrire une scène
an object	décrire un objet
a person	décrire une personne
a shape	décrire une forme
an event	décrire un événement

to DESECRATE 6995

a tomb	profaner (violer) une tombe
the flag	profaner (violer) le drapeau
an altar	profaner (violer) un autel
a monument	profaner (violer) un monument
a grave	profaner (violer) une tombe

to DESERT 6996

a post	déserter un poste
a ship	abandonner un navire
a family	abandonner une famille
one's religion	renier sa religion
from the army	déserter

to DESERVE 6997

a raise	mériter une augmentation
an honor	mériter un honneur
a promotion	mériter de l'avancement
a victory	mériter une victoire
a spanking	mériter une fessée

to DESIGN 6998

a dress	créer une robe
a new model	créer un nouveau modèle
a building	établir le plan d'un bâtiment
a church	établir le plan d'une église
a pattern	créer un modèle

to DESIGNATE (s. o.) 6999

a leader	désigner un dirigeant
a substitute	désigner un substitut
a new Pope	désigner un nouveau Pape (élire)
a poet laureate	désigner un poète lauréat
as chairman	désigner comme président

to DESIRE 7000

peace	désirer la paix
happiness	désirer le bonheur
fame	désirer la renommée
to remain anonymous	désirer rester anonyme

to DESPISE   7001

mediocrity	détester (haïr) la médiocrité
an enemy	détester (haïr) l'ennemi
injustice	détester (haïr) l'injustice
vegetables	détester (haïr) les légumes
a teacher	détester (haïr) un professeur

to DESTROY   7002

a warehouse	détruire un entrepôt
a target	détruire un objectif
papers	détruire des papiers
confidence	détruire la confiance
faith	détruire la foi

to DETAIN   7003

a passenger	retenir un passager
an alien	retenir un étranger
a suspect	détenir un suspect
illegally	détenir illégalement
by force	retenir par force

to DETECT   7004

a flaw	déceler un défaut
an odor	déceler une odeur
a smell of gas	déceler une odeur de gaz
an error	découvrir une erreur
an omission	découvrir une omission

to DETER   7005

aggression	dissuader de commettre une agression
violence	dissuader d'user de la violence
war	dissuader de faire la guerre
inflation	éviter l'inflation
riots	empêcher les émeutes

to DETERIORATE   7006

rapidly	se détériorer rapidement
in quality	se détériorer qualitativement
in health	perdre la santé
with age	se détériorer avec l'âge
over the years	se détériorer avec les années

to DETERMINE   7007

the truth	découvrir la vérité
the facts	dégager les faits
the difference	déterminer la différence
the goals	fixer les buts
the weight	déterminer le poids

to DETEST   7008

violence	détester la violence
onions	détester les oignons
studying	détester l'étude (étudier)
bigotry	détester la bigoterie
an egotist	détester un égoïste

to DETONATE   7009

a bomb	faire exploser une bombe
a missile	faire exploser un missile
a charge	faire exploser une charge
a mine	faire exploser une mine
at 10,000 feet	faire exploser à 10.000 pieds

to DETOUR   7010

around a city	contourner une ville
from the main road	s'écarter de la route principale
by way of . . .	faire un ⎰ par . . .
in any emergency	détour ⎱ à cause d'une urgence

to DETRACT from   7011

the beauty of . . .	amoindrir la beauté de . . .
the value of . . .	diminuer la valeur de . . .
the validity of . . .	diminuer la validité de . . .
the power of . . .	diminuer la puissance de . . .
the utility of . . .	diminuer l'utilité de . . .

to DEVALUATE   7012

a currency	dévaluer une monnaie
the dollar	dévaluer le dollar
a stock	dévaluer des actions
the Swiss franc	dévaluer le franc suisse
the price of . . .	baisser le prix de . . .

to DEVASTATE   7013

an area	dévaster une région
a city	dévaster une ville
the enemy	dévaster l'ennemi
a seacoast	dévaster une côte maritime
with bombs	dévaster en bombardant

to DEVELOP   7014

a product	mettre au point un produit
a new idea	développer une idée nouvelle
a concept	développer un concept
a roll of film	développer un film
ulcers	avoir des ulcères

to DEVIATE from   7015

a plan	s'écarter d'un plan
a schedule	s'écarter d'un horaire
a norm	s'écarter de la normale (norme)
a routine	s'écarter d'une routine
a decision	s'écarter d'une décision

to DEVISE   7016

a method	concevoir une méthode
a procedure	concevoir un mode opératoire
a scheme	concevoir un plan
a system	concevoir un système
a better way	concevoir un meilleur moyen

to DEVOTE one's   7017

time to study	consacrer son temps aux études
life to the study of . . .	consacrer sa vie à l'étude de . . .
strength to helping others	s'efforcer d'aider les autres

to DIAGNOSE   7018

an illness	diagnostiquer une maladie
a problem	cerner un problème
a difficulty	délimiter une difficulté
a case	diagnostiquer un cas
a cause	définir une cause

to DIAGRAM   7019

a house	tracer le plan d'une maison
a circuit	tracer le schéma d'un circuit
a system	tracer le schéma d'un système
a plan	tracer un plan
instructions	établir les instructions

to DIAL   7020

a number	composer un numéro (de téléphone)
long distance	faire l'interurbain
the operator	appeler l'opératrice
an emergency number	composer un numéro pour une urgence

VERBS

to DICTATE   7021

a letter	dicter une lettre
a report	dicter un rapport
a translation	dicter une traduction
a policy	dicter une politique
to the people	régenter le peuple

to DIE   7022

peacefully	mourir en paix
of malaria	mourir du paladisme
of starvation	mourir de faim
in 1967	mourir en 1967
in one's sleep	mourir en dormant

to DIET   7023

constantly	suivre un régime permanent
faithfully	suivre religieusement un régime
rigorously	suivre strictement un régime
occasionally	suivre un régime de façon irrégulière
by not eating	être à la diète

to DIFFER   7024

with someone	être en désaccord avec qqn
in shape	être de forme différente
in size	être de taille différente
in color	être de couleur différente
in many ways	être différent sur bien des points

to DIFFERENTIATE   7025

between two terms	différencier entre deux termes
species	entre deux espèces
in selecting	différencier dans la sélection
two systems	différencier deux systèmes

to DIG   7026

a hole	creuser un trou
a trench	creuser une tranchée
a canal	creuser un canal
a grave	creuser une tombe
up a skeleton	mettre à jour un squelette

to DIGEST   7027

one's food	digérer sa nourriture
the latest news	assimiler les dernières nouvelles
information	assimiler des renseignements
slowly	digérer lentement
completely	digérer complètement

to DIGNIFY   7028

a question with an answer	conférer de la valeur à une question en y répondant
an occasion	donner de la dignité à une occasion
with a title	honorer d'un titre
with honors	conférer un honneur

to DILUTE   7029

a mixture	diluer un mélange
a solution	diluer une solution
a drug	diluer un médicament
soup	diluer un potage
paint	diluer de la peinture

to DIM   7030

a light	baisser une lumière
the headlights	mettre les phares en code
all hope for . . .	diminuer tout espoir de . . .
the enthusiasm	diminuer l'enthousiasme
the houselights	obscurcir (un théatre)

to DIMINISH   7031

in volume	diminuer de volume
in size	diminuer de taille
the capacity of . .	diminuer la capacité de . . .
the glory of . . .	diminuer la gloire de . . .
as time goes by	diminuer au fur et à mesure

to DINE   7032

at 7 P.M.	dîner à 19 heures
early	dîner tôt
on the terrace	dîner sur la terrasse
with friends	dîner avec des amis
later	dîner plus tard

to DIRECT   7033

a company	diriger une société
traffic	régler la circulation
a choir	diriger un chœur
work	régler le travail
one's efforts	axer ses efforts

to DISABLE   7034

an opponent	mettre un adversaire
the enemy	mettre l'ennemi
the opposition	mettre l'opposition
with one blow	mettre en un coup
in combat	mettre hors de combat

to DISAGREE   7035

with a parent	être en désaccord avec un parent
with a verdict	être en désaccord avec un verdict
with a premise	ne pas accepter les prémices
completely	être en désaccord complet
from time to time	être en désaccord de temps à autre

to DISALLOW   7036

a claim	rejeter une demande
a new record	rejeter un nouveau record
a deduction	ne pas autoriser une déduction
a modification	ne pas autoriser une modification
an inheritance	ne pas autoriser un héritage

to DISAPPEAR   7037

from view	disparaître aux yeux
in the fog	disparaître dans le brouillard
into the house	disparaître dans la maison
down the road	disparaître au bout de la route
during the war	disparaître pendant la guerre

to DISAPPOINT   7038

everyone	décevoir tout le monde
a crowd	décevoir une foule
an audience	décevoir un auditoire
a teacher	décevoir un professeur
a friend	décevoir un ami

to DISAPPROVE   7039

a permit	réprouver l'octroi d'une autorisation
a change	réprouver un changement
a compromise	réprouver un compromis
of gambling	réprouver le jeu
of smoking	réprouver l'usage du tabac

to DISARM   7040

a soldier	désarmer un soldat
a skyjacker	désarmer un pirate de l'air
an assassin	désarmer un assassin
a suspect	désarmer un suspect
an audience	désarmer une assistance

to DISBELIEVE 7041

a statement	} à une déclaration
a government	ne pas } à un gouvernement
the facts	prêter foi } aux faits
the evidence	} à des preuves
a witness	ne pas croire un témoin

to DISCARD 7042

a dress	jeter un vêtement au rebut
a sign	jeter une pancarte au rebut
old clothes	jeter de vieux vêtements au rebut
an ace	se débarrasser d'un as
as useless	se débarrasser de qqch. d'inutile

to DISCHARGE 7043

an employee	licencier un employé
one's duties	se décharger de ses devoirs
a soldier from the army	démobiliser un soldat
oil into the sea	décharger du pétrole en mer

to DISCIPLINE 7044

a child	punir (discipliner) un enfant
a soldier	punir (discipliner) un soldat
a student	punir (discipliner) un élève
troops	punir (discipliner) des troupes
the mind	se discipliner l'esprit

to DISCLAIM 7045

all responsibility	décliner toute résponsabilité
authorship of . . .	décliner être l'auteur de . . .
the validity of . . .	rejeter la justesse de . . .
an interest in . . .	renoncer à un intérêt dans . . .

to DISCLOSE 7046

a loss	divulger l'existence d'une perte
a secret	divulger un secret
all the facts	révéler tous les faits
an identity	révéler une identité
publicly	révéler publiquement

to DISCONNECT 7047

an appliance	débrancher un appareil
a refrigerator	débrancher un réfrigérateur
an extension cord	débrancher un raccord
temporarily	débrancher temporairement

to DISCONTINUE 7048

a practice	renoncer à une façon de faire
service	cesser un service
regular visits	cesser de rendre régulièrement visite
a project	renoncer à un projet
production	arrêter la production

to DISCOUNT 7049

a rumor as false	ne pas prêter foi à une rumeur
merchandise	vendre des marchandises au rabais
the price of . . .	baisser le prix de . . .
by twenty percent	réduire de vingt pour cent

to DISCOURAGE 7050

an applicant	décourager un candidat
a student	décourager un élève
an activity	décourager une activité
cheating	décourager les tricheurs
gambling	décourager le jeu

to DISCOVER 7051

an island	découvrir une île
America	découvrir l'Amérique
the truth	découvrir la vérité
radium	découvrir le radium
too late that . . .	découvrir trop tard que . . .

to DISCREDIT 7052

a witness	discréditer un témoin
the testimony	discréditer le témoignage
a politician	discréditer un politicien
a theory	discréditer une théorie
a reputation	discréditer une réputation

to DISCRIMINATE 7053

against Negroes	faire	} des noirs
against a race	de la	} d'une race
against the poor	discrimination	} des pauvres
against a minority	à	} d'une minorité
against a religion	l'encontre	} d'une religion

to DISCUSS 7054

a problem	débattre un problème
an issue	agiter une question
the results	examiner les résultats
a diagnosis	s'entretenir d'un diagnostic
a book	discuter d'un livre

to DISGRACE 7055

one's family	faire la honte de sa famille
one's parents	faire la honte de ses parents
one's good name	salir son propre nom
o. s. by being a coward	s'avilir en étant lâche

to DISGUISE 7056

one's feelings	cacher ses sentiments
o. s. as a priest	se déguiser en prêtre
one's real intentions	déguiser ses intentions véritables
the meaning of . .	déguiser le sens de . . .

to DISHONOR 7057

one's country	déshonorer son pays
the flag	déshonorer le drapeau
one's family	déshonorer sa famille
a reputation	déshonorer une réputation
a leader	déshonorer un chef

to DISLIKE 7058

a person	détester quelqu'un
discrimination	détester la discrimination
a liar	détester un menteur
studying	détester les études
reading	détester la lecture

to DISMANTLE 7059

a computer	démonter un ordinateur
an engine	démonter un moteur
an exhibit	démonter un étalage
a machine gun	démonter une mitrailleuse
a scaffolding	démonter un échafaudage

to DISMISS 7060

a class	terminer une classe
a case	classer une affaire
a servant	renvoyer un domestique
an employee	licencier un employé
a clerk	congédier un commis

to DISOBEY	7061	to DISREGARD	7071
the law	violer la loi	a warning	ignorer un avertissement
an order	désobéir à un ordre	good advice	ignorer de bons conseils
instructions	désobéir aux instructions	the symptoms	ignorer les symptômes
one's parents	désobéir à ses parents	the law	ignorer les lois
a teacher	désobéir à un professeur	completely	ignorer complètement

to DISPATCH	7062	to DISRUPT	7072
a message	dépêcher un message	a meeting	troubler une réunion
a messenger	dépêcher un messager	a trial	troubler un procès
a telegram	dépêcher un télégramme	a routine	bouleverser une routine
troops	envoyer des troupes	communications	interrompre les communications
a courier	envoyer une estafette	the continuity	interrompre la continuité

to DISPEL	7063	to DISSECT	7073
a rumor	dissiper une rumeur	a specimen	disséquer un spécimen
the gloom	dissiper la mélancolie	a frog	disséquer une grenouille
the fog (with wind)	se dissiper (brouillard) (par le vent)	a plant	disséquer une plante
all doubt	dissiper tous les doutes	and examine	disséquer et examiner
certain fears	dissiper certaines peurs	a part from . . .	disséquer une partie de . . .

to DISPENSE	7064	to DISSOLVE	7074
justice	rendre la justice	a tablet	faire fondre un comprimé
rations	distribuer des rations	sugar	faire fondre du sucre
supplies	distribuer des provisions	political bonds	rompre des liens politiques
with the reading of a will	renoncer à lire un testament	a union (political)	dissoudre une union
		in water	dissoudre dans l'eau

to DISPERSE	7065	to DISTINGUISH	7075
a crowd	disperser une foule	right from wrong	distinguer entre le bien et le mal
a mob	disperser une bande	o. s. in battle	se distinguer dans une bataille
rioters	disperser des émeutiers	differences	remarquer des différences
knowledge	propager des connaissances	between . . .	faire la distinction entre . . .
funds	disperser des fonds		

to DISPLAY	7066	to DISTORT	7076
a flag	déployer un drapeau	the facts	déformer les faits
a collection	exposer une collection	the truth	déformer la vérité
a painting	exposer un tableau	a meaning	déformer un sens
new products	exposer de nouveaux produits	one's body	se déformer le corps
courage	faire preuve de courage	the words of . . .	changer le sens des paroles de . . .

to DISPOSE	7067	to DISTRESS	7077
of an estate	se défaire d'un domaine	a mother	désoler une mère
of trash	jeter des ordures	the nation	La nation fût affligé par . . .
of waste paper	jeter de vieux papiers	a patient	inquiéter un malade
of a matter	régler une question	to be distressed by the news	se désoler en écoutant les nouvelles (les informations)
of a body	se débarrasser d'un cadavre		

to DISPROVE	7068	to DISTRIBUTE	7078
a theory	réfuter une théorie	clothing	distribuer des vêtements
a theorem	réfuter un théorème	rations	distribuer des rations
a claim	réfuter une réclamation	profits	répartir des bénéfices
an assumption	réfuter une présomption	papers	distribuer des papiers
a charge	réfuter une accusation	mail	distribuer du courrier

to DISPUTE	7069	to DISTRUST	7079
a claim	contester une revendication	women	se méfier des femmes
a verdict	contester la justesse d'un verdict	a client	se méfier d'un client
a settlement	contester l'équité d'un règlement	a government	se méfier d'un gouvernement
a statement	contester la véracité d'une déclaration	his judgment	se défier de son jugement
with others	se disputer avec d'autres	his motives	se défier de ses motifs

to DISQUALIFY	7070	to DISTURB	7080
a runner	disqualifier un coureur	other people	déranger les autres
an applicant	exclure un candidat	the peace (law)	troubler l'ordre public
a candidate	exclure un candidat	the neighbors	déranger les voisins
a voter	exclure un électeur	the balance of . . .	déranger l'équilibre de . . .
an entrant	exclure un inscrit	by making noise	déranger en faisant du bruit

to DIVE		7081	to DIVULGE		7083
for treasure	plonger à la recherche d'un trésor		a secret	divulguer un secret	
into the sea	plonger dans la mer		the truth	divulguer la vérité	
from a cliff	plonger du haut d'une falaise		a name	divulguer un nom	
for fun	plonger pour s'amuser		the facts	divulguer les faits	
from a plane	sauter d'un avion		prematurely	divulguer prématurément	

to DIVIDE		7082
a country	diviser un pays	
a group	diviser un groupe	
the profits	répartir les bénéfices	
a sum	diviser une somme	
equally	diviser en parts égales	

to DO   7084

to DO   1

something for someone	faire quelque chose pour quelqu'un
wonders	faire des prodiges
a job well	bien faire un travail
someone harm	faire du tort à quelqu'un
someone a favor	rendre (un) service à quelqu'un

2

the dishes	laver la vaisselle
homework	faire des devoirs
the laundry	laver le linge
one's best	faire de son mieux
one's duty	faire son devoir

to DO something   3

well	faire quelque chose bien
poorly	faire quelque chose mal
quickly	faire quelque chose vite
better	faire quelque chose mieux
satisfactorily	faire quelque chose de façon satisfaisante

to DO   4

something for a living	faire quelque chose pour gagner sa vie
nothing at all	ne rien faire du tout
something impossible	faire l'impossible
an enormous amount	en faire énormément
something twice	faire deux fois la même chose

5

100 miles an hour	faire 160 kilomètres à l'heure
as little as possible	en faire aussi peu que possible
an assignment	faire un devoir
as one pleases	en faire à sa guise
whatever is necessary	faire le nécessaire

to DO (suffice)   6

as a replacement	faire l'affaire pour remplacer
for the time being	faire l'affaire pour l'instant
until he arrives	faire l'affaire jusqu'à ce qu'il arrive
for a few weeks	faire l'affaire pendant quelques semaines
until Monday	faire l'affaire jusqu'à lundi

to DO   7

away with war	supprimer la guerre
away with poverty	supprimer la pauvreté
over a house	(faire) refaire une maison
without a raise	se passer d'augmentation
one's hair (in curlers)	mettre des bigoudis

to DODGE		7085
a blow	esquiver un coup	
a car	éviter une voiture	
responsibilities	éluder des responsabilités	
into the house	se jeter dans une maison	
to the left	esquiver vers la gauche	

to DONATE		7086
a collection	faire don d'une collection	
a prize	offrir un prix	
a painting	faire don d'un tableau	
money	donner de l'argent	
clothing	donner des vêtements	

to DOUBLE		7087
an amount	doubler une somme	
an investment	doubler un investissement	
a number	doubler un nombre	
up in pain	se plier de douleur	
back (turn around)	revenir sur ses pas	

to DOUBT		7088
the truth	douter de la vérité	
the results	douter des résultats	
the outcome	douter de l'issue	
a friend	douter d'un ami	
the existence of . . .	douter de l'existence de . . .	

to DRAFT   7089

a resolution	rédiger une résolution
a proposal	rédiger une proposition
a treaty	rédiger un traité
a speech	rédiger un discours
young men	appeler les jeunes gens sous les drapeaux

to DRAG   7090

one's feet	traîner les pieds
a suitcase	traîner une valise
a lake	draguer un lac
in a trunk	traîner une malle à l'intérieur
out a body	traîner un cadavre dehors

to DRAIN   7091

a swamp	assécher un marais
the dishes	faire égoutter la vaisselle
one's energies	épuiser ses forces
vegetables	faire égoutter des légumes
off a liquid	drainer un liquide

to DRAW   7092

a fine	attraper une amende
a picture	dessiner une image
a conclusion	dégager une conclusion
a crowd	attirer une foule
out money	retirer de l'argent

to DREAD   7093

high places	redouter l'altitude
a storm	redouter un orage
the future	redouter l'avenir
a plague	redouter un fléau
an earthquake	redouter un séisme

to DREAM   7094

of home	rêver de son foyer
of peace	rêver de paix
of wealth	rêver de richesses
every night	rêver chaque nuit
about a girl	rêver d'une jeune fille

to DRESS   7095

a child	habiller un enfant
a doll	habiller une poupée
a mannequin	habiller un mannequin
a wound	panser une plaie
a turkey	apprêter une dinde

to DRIFT   7096

aimlessly	errer à l'aventure
through life	se laisser vivre
downstream	dériver au fil de l'eau
with the tide	être entraîné par la marée
to the left	dériver vers la gauche

to DRILL   7097

for oil	faire des forages pour le pétrole
a hole	forer un trou
troops	faire faire l'exercice aux troupes
through a wall	percer un mur
out a cavity	évider une cavité

to DRINK   7098

water	boire de l'eau
coffee	boire du café
too much	boire trop
slowly	boire lentement
quickly	boire vite

to DRIVE   7099

a vehicle	conduire un véhicule
a herd	conduire un troupeau
a nail	enfoncer un clou
a hard bargain	conclure un rude marché
a person (to do something)	pousser quelqu'un à (faire qqch.)
into the country	aller en voiture à la campagne
across country	traverser le pays en voiture
into a garage	entrer dans un garage
carefully	conduire prudemment
slowly	rouler lentement

to DROP   7100

a bomb	lancer une bombe
a suitcase	laisser tomber une valise
anchor	jeter l'ancre
in on a friend	arriver à l'improviste chez un ami
out of a plane	tomber d'un avion

to DROWN   7101

a cat	noyer un chat
in deep water	se noyer en eau profonde
near shore	se noyer près du rivage
out a noise	couvrir un bruit
in the crash	avoir un accident et se noyer

to DRY   7102

the dishes	essuyer les assiettes
one's tears	s'essuyer les larmes
clothes	faire sécher le linge
in the sun	faire sécher au soleil
up and crumble	se sécher et s'effriter

to DRY-CLEAN   7103

a suit	nettoyer (à sec) un costume
a dress	nettoyer (à sec) une robe
slacks	nettoyer (à sec) un pantalon
a sweater	nettoyer (à sec) un pull-over
an overcoat	nettoyer (à sec) un pardessus

to DUMP   7104

coal	décharger du charbon
sand	décharger du sable
the trash	décharger des ordures
a load	déverser un chargement
out a pail	vider un seau

to DUPLICATE   7105

a key	faire reproduire une clef
a feat	reproduire un exploit
a record (sports)	égaler un record
a test	reproduire un test
many times	reproduire plusieurs fois

to DUST   7106

furniture	épousseter des meubles
the table	épousseter la table
the books	épousseter les livres
the shelves	épousseter les rayons
the desk	épousseter le bureau

to DYE   7107

a rug	teindre un tapis
a dress	teindre une robe
one's hair	se teindre les cheveux
socks	teindre des chaussettes
cloth	teindre du tissu

to EARN   7108

a salary	toucher un traitement
a living	gagner sa vie
an award	mériter une récompense
a bonus	toucher une prime
respect	mériter le respect

to EASE   7109

one's pain	calmer une douleur
a car into a parking space	faire entrer une voiture dans une place de stationnement
the mind of . . .	réconforter qqn
into the wind	lâcher au vent

to EAT   7110

breakfast	prendre le petit déjeuner
lunch	déjeuner
meat	manger de la viande
too much	manger trop
slowly	manger lentement

to ECONOMIZE   7111

regularly	économiser régulièrement
by buying cheaper food	économiser en achetant de la nourriture moins chère
by cutting expenses	économiser en dépensant moins

to EDIT   7112

a speech	mettre un discours en forme
a magazine	éditer une revue
a novel	éditer un roman
an article	éditer un article
a play	éditer une pièce de théâtre

to EDUCATE   7113

a child	instruire un enfant
an adult	former un adulte
the public	former l'opinion publique
the workers	éduquer les travailleurs
customers	informer les clients

to EFFECT   7114

a change	effectuer un changement
an improvement	effectuer une amélioration
an overthrow	faire un coup d'État
a cease-fire	rendre effectif un cesser-le-feu
a compromise	réaliser un compromis

to EJECT   7115

a spectator	faire sortir un spectateur
a fan	faire sortir un admirateur
a cartridge	éjecter une cartouche
a trespasser	faire sortir un intrus
forcibly	faire sortir par force

to ELABORATE   7116

on a plan	détailler un plan
upon a theme	développer (traiter) un thème
the details of . . .	développer les détails de . . .
on a decision	développer sur une décision
gladly	développer avec joie

to ELECT   7117

a president	élire un président
a spokesman	élire un porte-parole
a mayor	élire un maire
a chairman	élire un président
to remain	choisir de rester

to ELEVATE   7118

s. o. in rank	faire monter qqn en grade
an archbishop to Pope	élever un archevêque au rang de Pape
the mind	élever l'esprit
the feet	élever les pieds

to ELICIT   7119

a response	obtenir une réponse
the names of . . .	obtenir les noms de . . .
praise from . . .	susciter des éloges de la part de . . .
loud applause	susciter une ovation
no reaction	ne susciter aucune réaction

to ELIMINATE   7120

a risk	éliminer un risque
an opponent	éliminer un adversaire
a danger	éliminer un danger
a possibility	éliminer une possiblité
from competi-tion	éliminer d'une compétition

to ELUDE   7121

the police	échapper à la police
a dragnet	échapper au filet
capture	ne pas se laisser capturer
detection	ne pas se laisser repérer
the enemy	échapper à l'ennemi

to EMANCIPATE   7122

the slaves	émanciper les esclaves
all women	émanciper toutes les femmes
the Negroes	émanciper les noirs
from bondage	faire sortir de captivité
by proclamation	émanciper par proclamation

to EMBARK   7123

on a new project	s'embarquer dans un nouveau projet
on a career	s'embarquer dans une carrière
in New York for a trip to Europe	s'embarquer à New York pour un voyage en Europe

to EMBARRASS   7124

other people	embarrasser d'autres personnes
one's parents	embarrasser ses parents
a student	embarrasser un élève (étudiant)
to be embarrassed by a kiss	être gêné par un baiser

to EMBEZZLE   7125

money from a bank	escroquer (de l'argent à) une banque
funds	détourner des fonds
over a three-year period	commettre des détournements pendant une période de trois ans

to EMBRACE 7126

one another	s'embrasser
many ideals	adopter de nombreux idéals (ou idéaux)
Christianity	adopter le Christianisme
one's wife	étreindre sa femme
fervently	étreindre avec ferveur

to EMERGE 7127

victorious	sortir victorieux
from a recession	sortir d'une recéssion
from the sea	émerger (de la mer)
into the light	sortir au jour
unharmed	s'en sortir sain et sauf

to EMIT 7128

a strange sound	émettre un son étrange
radiation	émettre des radiations
a cry	émettre un pleur (un cri)
great heat	émettre beaucoup de chaleur
a soft light	émettre une lumière douce

to EMPHASIZE 7129

a point	faire ressortir un détail
an argument	faire valoir un argument
a difference	faire ressortir une différence
a need	faire ressortir un besoin
a fact	faire ressortir un fait

to EMPLOY 7130

a new cook	employer un nouveau cuisinier
many people	employer beaucoup de gens
four salesmen	employer quatre vendeurs
force	faire usage de la force
strategy	recourir à la stratégie

to EMPTY 7131

a wastebasket	vider une corbeille à papier
water out of a pail	vider l'eau d'un seau
one's pockets .	vider ses poches
into the sea (a river)	se jeter dans la mer (rivière)

to ENACT 7132

a law	promulguer une loi
new legislation	promulguer une nouvelle législation
into law	donner force de loi à . . .
an amendment	décréter un amendement
the role of . . .	jouer le rôle de . . .

to ENCHANT 7133

an audience	enchanter un auditoire
a child with a new toy	enchanter un enfant avec un nouveau jouet
through magic	enchanter par magie
and delight	enchanter et ravir

to ENCIRCLE 7134

a town	encercler une ville
the enemy	encercler l'ennemi
a battalion	encercler un bataillon
by a quick advance	encercler grâce à une avance rapide

to ENCOUNTER 7135

difficulties	éprouver des difficultés
a problem	devoir résoudre un problème
opposition	se heurter à une opposition
hardships	affronter des épreuves
the enemy	affronter l'ennemi

to ENCOURAGE 7136

a student	encourager un élève
participation	inciter à participer
riots	inciter à l'émeute
a candidate	encourager un candidat
good habits	encourager les bonnes habitudes

to END 7137

a letter	terminer une lettre
a discussion	clore une discussion
negotiations	conclure des négociations
poverty	éliminer la pauvreté
up in jail	finir en prison

to ENDANGER 7138

other people	mettre d'autres personnes
a species	mettre une espèce
human life	mettre la vie humaine
the environment	mettre l'environnement
the survival of . . .	mettre la survie de . . .

en danger

to ENDORSE 7139

a check	endosser un chèque
a product	accorder sa faveur à un produit
a change	souscrire à un changement
a candidate	appuyer un candidat
a nomination	appuyer une candidature

to ENDOW 7140

a hospital	faire un legs à un hôpital
with the gift of prophecy	doter du don de prophécie
with superhuman strength	doter d'une force surhumaine

to ENDURE 7141

pain	supporter la douleur
hardship	supporter des épreuves
suffering	endurer une souffrance
criticism	supporter la critique
forever	durer éternellement

to ENFORCE 7142

the law	faire respecter la loi
payment of . . .	contraindre qqn à payer . . .
a cease-fire	faire respecter un cesser-le-feu
the terms of . . .	faire respecter les termes de . . .
regulations	faire respecter le règlement

to ENGAGE 7143

the enemy	livrer bataille
a tutor	engager un précepteur
a nursemaid	engager une bonne d'enfants
a lawyer	prendre un avocat
an expert	engager un expert

to ENHANCE 7144

one's chances	améliorer ses chances de succès
an impression	améliorer une impression
the value of . . .	donner de la plus-value à . . .
the price of . . .	accroître le prix de . . .
the beauty of . . .	embellir qqch.

to ENJOY 7145

a show	aimer un spectacle
a vacation	aimer les vacances
a party	aimer une réception
immunity	jouir de l'immunité
swimming	aimer nager

VERBS

to ENLARGE		7146
a photograph	agrandir une photographie	
a home	agrandir une maison	
one's vocabulary	étendre son vocabulaire	
the scope of . . .	étendre le champ de . . .	
the capacity of . . .	augmenter la capacité de . . .	

to ENLIST		7147
the aid of s. o.	s'assurer l'aide de qqn	
support for . . .	s'assurer des appuis pour . . .	
in a good cause	souscrire à une bonne cause	
in the army	s'enrôler dans l'armée	
voluntarily	s'enrôler volontairement	

to ENRAGE		7148
a crowd	mettre une foule en colère	
the loser	rendre furieux le perdant	
a lion	exciter un lion	
to be enraged	être furieux (en colère) à	
by an act	cause d'un acte (d'une action)	

to ENSLAVE		7149
the world	réduire le monde en esclavage	
a race	réduire une race en esclavage	
a minority	réduire une minorité en esclavage	
a conquered nation	réduire un pays conquis en esclavage	

to ENTER		7150
a room	entrer dans une pièce	
a profession	adopter une profession	
a plea	intenter un procès	
a race	s'inscrire pour une course	
a horse (in race)	engager un cheval dans une course	
through a door	entrer par une porte	
without noise	entrer sans faire de bruit	
from the right	entrer en venant de la droit	
by the window	entrer par la fenêtre	
quietly	entrer en silence	

to ENTERTAIN		7151
an audience	divertir un auditoire	
children	divertir des enfants	
friends	recevoir des amis	
a motion	appuyer une motion	
guests	recevoir des invités	

to ENVY		7152
a friend	envier un ami	
wealth	convoiter la fortune	
beauty	convoiter la beauté	
talent	convoiter le talent	
success	convoiter le succès	

to EQUAL		7153
a world record	égaler un record du monde	
an offer	faire une offre égale	
one hundred dollars	être égal à cent dollars	
one's salary	être égal à son salaire	
in intensity	avoir une intensité égale	

to EQUIP		7154
a team	monter une équipe	
a laboratory	équiper un laboratoire	
an office	équiper un bureau	
a hospital	équiper un hôpital	
a factory	équiper une usine	

to ERADICATE		7155
all traces	effacer toute trace	
an army	exterminer une armée	
from the face of the earth	éliminer de la face du globe	
completely	éliminer complètement	

to ERASE		7156
a mistake	effacer une faute	
a letter	effacer une lettre	
a mark	effacer une marque	
an impression	chasser une impression	
a deficit	supprimer un déficit	

to ERECT		7157
a statue	ériger une statue	
a scaffold	dresser un échafaudage	
a monument	édifier un monument	
a barricade	dresser une barricade	
a skyscraper	construire un gratte-ciel	

to ERUPT		7158
into violence	se déchaîner violemment	
into laughter	éclater de rire	
The volcano erupted.	Le volcan fit éruption.	
unexpectedly	faire éruption soudainement	

to ESCALATE		7159
a war	provoquer l'escalade de la guerre	
the bombing	augmenter le bombardement	
prices	augmenter les prix	
in intensity	s'intensifier	
funds for . . .	approprier plus de fonds pour . . .	

to ESCAPE		7160
punishment	échapper au châtiment	
into the woods	fuir dans les bois	
from jail	s'évader d'une prison	
from the police	échapper à la police	
to Mexico	fuir au Mexique	

to ESTABLISH		7161
a policy	instaurer une politique	
a requirement	établir un critère	
a mutual fund	constituer une caisse mutuelle	
a precedent	créer un précédent	
a beachhead	établir une tête de pont	

to ESTIMATE		7162
a loss	évaluer une perte	
a distance	évaluer une distance	
the damage	évaluer les dégâts	
the cost	évaluer le coût	
the amount	évaluer le montant	

to EVACUATE		7163
a city	évacuer une ville	
a building	évacuer un immeuble	
an area	évacuer une zone	
a site	évacuer un terrain	
a fort	évacuer un fort	

to EVADE		7164
capture	échapper à la capture	
detection	échapper à la détection	
the police	échapper à la police	
the draft	ne pas se soumettre (à l'appel)	
an issue	éluder un problème	

to EVALUATE		7165
a situation	apprécier une situation	
the merits of . . .	évaluer les mérites de . . .	
the need for . . .	évaluer les besoins de . . .	
property	estimer une propriété	
accurately	évaluer avec précision	

to EVAPORATE		7166
in the heat	s'évaporer à la chaleur	
the dew	évaporer la rosée	
in the sun	s'évaporer au soleil	
into a gas	se sublimer (se gazéifier)	
completely	s'évaporer complètement	

to EVOKE		7167
the past	évoquer le passé	
a spirit	invoquer un esprit	
the name of . . .	invoquer (évoquer) le nom de . . .	
a mood of . . .	évoquer une atmosphère de . . .	
memories	évoquer des souvenirs	

to EVOLVE		7168
slowly	évoluer lentement	
from nothing	partir de rien	
from apes	descendre du singe	
a new scheme	développer un nouveau plan	
from the sea	se développer à partir de la mer	

to EXAGGERATE		7169
a claim	exagérer une prétention	
a story	grossir une histoire	
a profit	exagérer un bénéfice	
the risk	exagérer le risque	
the danger	exagérer le danger	

to EXAMINE		7170
a patient	examiner un patient	
a specimen	examiner un échantillon	
a document	examiner un document	
a meteorite	examiner un météorite	
a wound	examiner une blessure	

to EXCAVATE		7171
a site	faire des ⎰ un sîte	
an ancient ruins	fouilles ⎱ d'anciennes ruines	
a temple	dans un temple	
a tunnel	creuser un tunnel	
sand from . . .	retirer du sable de . . .	

to EXCEED		7172
the speed limit	dépasser la vitesse maximum	
one's authority	outrepasser son autorité	
expectations	dépasser des prévisions	
the speed of light	excéder la vitesse de la lumière	

to EXCEL		7173
in mathematics	exceller en mathématiques	
in languages	exceller en langues	
in science	exceller en sciences	
an opponent in . . .	surpasser un adversaire en . . .	
all others in . . .	surpasser tous les autres en . . .	

to EXCHANGE		7174
gifts	échanger des cadeaux	
prisoners	échanger des prisonniers	
blows	échanger des coups	
viewpoints	échanger des points de vue	
a dress	échanger une robe	

to EXCITE		7175
a crowd	exciter une foule	
the senses	stimuler les sens	
anger in . . .	éveiller la colère chez . . .	
one's interest	éveiller son intérêt	
one's curiosity	éveiller sa curiosité	

to EXCLUDE		7176
a possibility	exclure une possibilité	
from considera-tion	exclure de toute considération	
minorities from membership	exclure des minorités du sociétariat (d'une société)	

to EXCUSE		7177
a student	excuser un élève	
an absence	excuser une absence	
a tardiness	excuser un retard	
a class (dismiss)	congédier une classe	
bad manners	excuser de mauvaises manières	

to EXECUTE		7178
a traitor	exécuter un traître	
a spy	exécuter un espion	
a command	exécuter un ordre	
a mission	exécuter une mission	
a plan	exécuter un plan	

to EXERCISE		7179
good judgment	user de discernement	
a right	exercer un droit	
a dog	promener un chien	
a horse	entraîner un cheval	
every day	s'entraîner tous les jours	

to EXERT		7180
influence	exercer une influence	
pressure	faire pression (sur . . .)	
power	faire usage de la force	
more effort	faire un effort accru	
authority	exercer son autorité	

to EXHAUST		7181
all possibilities	épuiser toutes les possibilités	
the strength of . . .	épuiser la force de . . .	
oneself by hard work	s'épuiser par un dur travail (un dur labeur)	

to EXHIBIT		7182
great courage	faire preuve d'un grand courage	
the paintings	exposer les tableaux de . . .	
new models	exposer de nouveaux modèles	
patience	faire preuve de patience	
a collection	exposer une collection	

to EXIST		7183
for a purpose	avoir une raison d'être	
People exist.	Il y a des gens.	
Wars exist.	Il y a des guerres	
Life exists.	La vie existe.	
Doubts exist.	Les doutes subsistent.	

to EXPAND		7184
a concept	développer une notion	
the lungs	(se) développer les poumons	
facilities	développer les aménagements	
on an idea	développer une idée	
into a novel	développer et (en) faire un roman	

to EXPECT		7185
a storm	s'attendre à un orage	
a baby	attendre un enfant	
a reaction	s'attendre à une réaction	
a raise	s'attendre à une augmentation	
opposition	s'attendre à une opposition	

to EXPERIENCE		7186
great difficulty	éprouver une grande difficulté	
defeat	rencontrer la défaite	
hardship	être soumis à des épreuves	
victory	rencontrer la victoire	
suffering	être soumis à des souffrances	

to EXPERIMENT		7187
with animals	faire { avec des animaux	
with human life	des { avec la vie humaine	
on convicts	expériences { sur des prisonniers	
to find a better way	expérimenter pour trouver une meilleure manière	

to EXPLAIN		7188
a problem	expliquer un problème	
an accident	expliquer un accident	
a theory	expliquer une théorie	
an error	expliquer une erreur	
a discrepancy	expliquer une contradiction	

to EXPLORE		7189
the universe	explorer l'univers	
the moon	explorer la lune	
the surface of ...	explorer la surface de ...	
the unknown	explorer l'inconnu	
a possibility	explorer une possibilité	

to EXPORT		7190
wheat	exporter du blé	
iron ore	exporter du minerai de fer	
copper	exporter du cuivre	
cotton	exporter du coton	
rice	exporter du riz	

to EXPOSE		7191
a traitor	démasquer un traître	
o. s. to danger	s'exposer à un danger	
s. o. to ridicule	exposer qqn au ridicule	
film to light	exposer de la pellicule (du film) à la lumière	
s. o. as a liar	démasquer un menteur	

to EXPRESS		7192
a desire	formuler un souhait	
confidence	manifester sa confiance	
a need	exprimer un besoin	
a contempt	exprimer son mépris	
one's disapproval	exprimer sa désapprobation	

to EXTEND		7193
a hand	tendre la main	
a loan	proroger un prêt	
a vacation	prolonger des vacances	
an invitation	adresser une invitation	
for a mile	s'étendre sur un mille	

to EXTRACT		7194
a tooth	extraire (arracher) une dent	
iron ore	extraire du minerai de fer	
a confession	arracher une confession (des aveux)	
a promise from ...	arracher une promesse à ...	
money from ...	soutirer de l'argent à	

F

to FACE		7195
a person	affronter quelqu'un	
a wall	faire face à un mur	
prosecution	risquer un procès	
a problem	avoir un problème	
a court-martial	passer devant le conseil de guerre	

to FACILITATE		7196
a change	faciliter un changement	
the exchange of P. O. W.'s	faciliter l'échange des prisonniers de guerre	
arrangements for	faciliter les arrangements pour	
the return of ...	faciliter le retour de ...	

to FADE		7197
from view	disparaître aux regards	
in the sun	pâlir au soleil	
Rugs fade.	Les tapis pâlissent.	
away (anger)	disparaître (s'tténuer)	
and disappear	s'atténuer et disparaître	

to FAIL		7198
a student	recaler un élève	
a test	échouer à une épreuve	
miserably	échouer lamentablement	
to stop	ne pas s'arrêter	
in Science	échouer en sciences	

to FAINT		7199
from fear	s'évanouir de peur	
from exhaustion	s'évanouir de fatigue	
at the news	s'évanouir en apprenant une nouvelle	
at the sight of blood	s'évanouir à la vue du sang	

to FALL		7200
to the floor	tomber à terre	
on one's knees	tomber à genoux	
into a trap	tomber dans un piège	
asleep	s'endormir	
in love	tomber amoureux	

to FALSIFY		7201
a signature	falsifier une signature	
a report	falsifier un rapport	
a tax return	falsifier une déclaration d'impôts	
the figures	falsifier les chiffres	
an entry	falsifier une entrée (comptabilité)	

to FAMILIARIZE		7202
o. s. with a plan	se familiariser avec un plan	
o. s. with the latest changes	se familiariser avec les dernières modifications	
o. s. with the details	se familiariser avec les détails	

to FASCINATE   7203

a child	fasciner un enfant
an audience	fasciner un auditoire
the experts	fasciner les experts
s. o. by . . .	fasciner qqn en (+ participe présente)
and delight	fasciner et charmer

to FASTEN   7204

a rope securely	attacher solidement une corde
a seatbelt	attacher une ceinture de sécurité
one's attention on . . .	fixer son attention sur (qqch.)
with a button	boutonner

to FAVOR   7205

a change	être en faveur d'un changement
a withdrawal	être en faveur d'une retraite
a cease-fire	être en faveur d'un cessez-le-feu
a bombing halt	être en faveur d'un arrêt des bombardements
a de-escalation	être en faveur d'un désescalade

to FEAR   7206

a teacher	craindre un professeur
thunder	craindre le tonnerre
high places	craindre l'altitude
snakes	craindre les serpents
the outcome	craindre les conséquences

to FEED   7207

a family	nourrir une famille
an animal	nourrir un animal
a furnace	alimenter un four
an army	ravitailler une armée
information to . . .	fournir des renseignements

to FEEL   7208

a material	tâter une étoffe
sympathy	ressentir de la compassion
a raindrop	sentir une goutte de pluie
well	se sentir bien
bad	se sentir mal

to FIGHT   7209

a battle	livrer bataille
with an enemy	se battre avec l'ennemi
for justice	combattre pour la justice
for survival	lutter pour survivre
valiantly	se battre vaillamment

to FIGURE   7210

out a better way	imaginer un meilleur moyen
out an answer	trouver une réponse
on a raise	compter sur une augmentation
up a total	calculer un total

to FILE   7211

a document	classer un document
a report	classer un rapport
one's nails	se limer les ongles
for a divorce	déposer une demande de divorce
into a room	entrer dans une pièce en file indienne

to FILL   7212

a tank	remplir un réservoir
a pail	remplir un seau
an aquarium	remplir un aquarium
a need	répondre à un besoin
a glass	remplir un verre

up on candy	se bourrer de bonbons
out a form	remplir un formulaire
in a blank	remplir un espace vide
to the top	remplir à ras bord
in for a friend	remplacer un ami

to FILM   7213

an event	filmer un événement
a disaster	filmer un désastre
a TV show	filmer un programme de télévision
a novel	filmer un roman
a play	filmer une pièce

to FILTER   7214

out impurities	filtrer des impuretés
the air	filtrer l'air
a liquid	filtrer un liquide
through charcoal	filtrer à travers du charbon de bois
through a sieve	tamiser

to FINANCE   7215

a new project	financer un nouveau projet
a campaign	financer une campagne
the war	financer la guerre
research for . . .	financer des recherches pour . . .
a company	financer une compagnie

to FIND   7216

some money	trouver de l'argent
happiness	trouver le bonheur
an answer	trouver une réponse
a word	trouver un mot
a meaning	trouver un sens
a solution	trouver une solution
a way	trouver un moyen
a job	trouver un emploi
an island	découvrir une île
out too late	s'en apercevoir trop tard

to FINE   7217

a defendant	condamner un prévenu à une amende
a taxpayer	infliger une amende à un contribuable
a pedestrian	donner une contravention à un piéton
s. o. for illegal parking	donner une contravention à qqn pour être parqué (garé) illégalment

to FINISH   7218

a building	achever un immeuble
an assignment	terminer un devoir
just in time	finir juste à temps
too soon	finir trop tôt
up a painting	achever un tableau

to FIRE   7219

a gun	tirer un coup de révolver
a rifle	tirer un coup de carabine
a cannon	tirer un coup de canon
a shot	faire feu
a salute	tirer une salve d'honneur

to FISH   7220

in a stream	pêcher dans un cours d'eau
in shallow water	pêcher en eau peu profonde
from a dock	pêcher sur un quai
for trout	pêcher la truite
for a compliment	solliciter un compliment

to FIT	7221
the occasion	convenir aux circonstances
just right	être juste à la taille
loosely	être un peu trop grand
tightly	être trop ajusté
well	être bien ajusté (aller bien)

to FIX	7222
a price	fixer un prix
a date	fixer une date
a tire	réparer un pneu
a bayonet	fixer une bayonnette
up a room	aménager une pièce

to FLATTER	7223
a woman	flatter une femme
a teacher	flatter un professeur
an actor	flatter un acteur
a winner	flatter un vainqueur
a writer	flatter un auteur

to FLAUNT	7224
one's wealth	étaler sa richesse
one's power	faire montre de son pouvoir
one's opinions	afficher ses opinions
one's beauty	faire parade de sa beauté
openly	afficher ouvertement (opinions)

to FLEE	7225
from danger	fuir le danger
from jail	s'échapper de prison
from the police	fuir la police
in terror	s'enfuir de terreur
in panic	s'enfuir de panique

to FLIRT	7226
with s. o.	flirter avec qqn
in public	flirter en public
with danger	être téméraire
with the idea of leaving	être tenté par l'idée de partir

to FLOAT	7227
on a raft	être sur un radeau
on the stomach	flotter sur le ventre
with the current	dériver au fil de l'eau
in a boat	être sur un bateau
downstream	flotter en aval

to FLOURISH	7228
a sword	brandir une épée
a knife	brandir un couteau
in the winter	fleurir en hiver
in peacetime	prospérer en temps de paix
in the fall	fleurir en automne

to FLOW	7229
freely	couler librement
sluggishly	couler paresseusement
steadily	couler régulièrement
to the sea	couler vers la mer
to the south	couler vers le sud

to FLUSH	7230
a toilet	actionner la chasse d'eau
out a pipe	laver un tuyau à grande eau
with excitement	rougir d'excitation (d'enthousiasme)
a bird from cover	faire se lever un oiseau

to FLUTTER	7231
in the breeze	flotter à la brise
the wings	battre des ailes
one's eyelids	battre des cils
Her heart fluttered wildly.	Son cœur palpitait violemment.

to FLY	7232
a flag	arborer un drapeau
a plane	piloter un avion
to Paris	aller à Paris en avion
over a target	survoler un objectif
from New York	venir de New York en avion

to FOCUS	7233
one's attention on a problem	fixer son attention sur un problème
one's eyes	fixer son regard
a lens	mettre un objectif au point
one's thoughts	organiser ses pensées

to FOLD	7234
a blanket	plier une couverture
a sheet (of paper)	plier une feuille (de papier)
a flag	plier un drapeau
one's arms	croiser les bras
up a tent	replier une tente

to FOLLOW	7235
a leader	suivre un leader
instructions	suivre des instructions
the news	se tenir au courant des nouvelles
a road	suivre une route
one's instincts	se laisser guider par ses instincts

to FOOL	7236
other people	berner d'autres personnes
the public	duper le public
the experts	duper les experts
with a gun	tripoter (jouer avec) un pistolet
around in school	faire l'idiot en classe

to FORBID	7237
meeting in public	interdire les réunions publiques
the use of . . .	interdire l'usage de . . .
s. o. entry	interdire l'entrée à qqn
smoking	interdire de fumer

to FORCE	7238
a retrial	obtenir un nouveau procès à force d'insistir
a recount	obtenir un nouveau dénombrement à force d'insistir
a door	forcer une porte
s. o. to stay	forcer qqn à rester
back the enemy	repousser l'ennemi

to FORECAST	7239
a storm	prévoir (annoncer) une tempête
the weather	prévoir le temps
the news	prédire les événements
the future	prédire le futur (l'avenir)
a recession	prévoir une récession

to FORESTALL 7240

a danger	prévenir un danger
a confrontation	prévenir une confrontation
criticism	prévenir une critique
an advance	retarder une avance
the movement of . . .	prévenir le mouvement de . . .

to FORFEIT 7241

one's rights	être déchu de ses droits
all claim to . . .	abandonner tous recours à . . .
a game	perdre un match par forfait
an inheritance	abandonner un héritage
as a result of . . .	perdre à cause de . . .

to FORGE 7242

a signature	imiter une signature
a check	falsifier un chèque
closer bonds	se lier plus étroitement
to the front	passer au premier plan
ahead	passer devant

to FORGET 7243

an anniversary	oublier un anniversaire
the date	oublier la date
the words	oublier les mots
to write	oublier d'écrire
to answer	oublier de répondre

to FORGIVE 7244

one's enemies	pardonner à ses ennemis
one's debtors	faire grâce à ses débiteurs
an indiscretion	pardonner une indiscrétion
s. o. for a mistake	pardonner une erreur à qqn

to FORM 7245

a plan	élaborer un plan
a company	constituer une société
a government	former un gouvernement
a club	fonder un club
a committee	créer un comité

to FORMULATE 7246

a plan	formuler un plan
a new method	formuler une nouvelle méthode
a system of . . .	élaborer un système de . . .
an idea	formuler une idée
a schedule	établir un horaire

to FORSAKE 7247

one's family	abandonner sa famille
a way of living	abandonner son style de vie
old habits	abandonner de vieilles habitudes
all others	abandonner tous les autres

to FORTIFY 7248

a town	fortifier une ville
one's position	renforcer sa position
o. s. with a drink	se fortifier en prenant un verre
with steel	renforcer avec de l'acier

to FORWARD 7249

a letter	faire suivre une lettre
a package	faire suivre un colis (paquet)
an objection	référer une objection à . . .
mail unopened	faire suivre du courier sans l'ouvrir
a receipt	faire suivre un reçu

to FOUND 7250

an organization	fonder une organisation
a religion	fonder une religion
an opinion on . . .	fonder une opinion sur . . .
a political movement	fonder un mouvement politique

to FRACTURE 7251

a bone	(se) fracturer un os
a mirror	briser un miroir
the skull	fracturer le crâne
under pressure	se fracturer sous pression
above the knee	fracturer au-dessus du genou

to FRAME 7252

a picture	encadrer un tableau
a new law	formuler une loi
s. o. for theft	{ monter un coup contre qqn et le faire passer pour un voleur
a diploma	encadrer un diplôme
in wood	mettre dans un cadre en bois

to FRATERNIZE 7253

with the enemy	fraterniser avec l'ennemi
with the people of a country	fraterniser avec le peuple d'un pays
with criminals	fraterniser avec des criminels
openly	fraterniser ouvertement

to FREE 7254

a slave	libérer un esclave
a prisoner	libérer un prisonnier
an inmate	libérer un interné
a country	libérer un pays
a city	libérer une ville

to FREEZE 7255

meat	congeler de la viande
vegetables	congeler des légumes
specimens	congeler des échantillons
in fear	se figer de peur
in winter	geler en hiver

to FREQUENT 7256

a bar	fréquenter un bar
the art galleries of Europe	fréquenter les galeries d'art européennes
the theater	fréquenter le monde du théâtre
museums	fréquenter les musées

to FRIGHTEN 7257

a child	effrayer un enfant
a witness	intimider un témoin
an audience	intimider un auditoire
away a bird	faire s'envoler un oiseau en l'effrayant
off a thief	faire partir un voleur en lui faisant peur

to FRY 7258

eggs	faire frire des œufs
fish and meat	faire frire du poisson et de la viande
over an open fire	faire frire (faire rôtir) sur un feu de camp
in butter or oil	faire frire dans du beurre ou de l'huile

to FULFILL 7259

an obligation	s'acquitter d'une obligation
a promise	tenir une promesse
a commitment	remplir un engagement
a need	répondre à un besoin
a requirement	remplir une condition

to FUNCTION   7260

perfectly	fonctionner parfaitement
properly	bien fonctionner
as a leader	assumer le rôle de chef (leader)
as a chapel	être utilisé comme chapelle
under pressure	fonctionner sous pression

to FURNISH   7261

a room	meubler une pièce
proof of . . .	fournir la preuve de . . .
an alibi for . . .	fournir un alibi à . . .
with heat	procurer de la chaleur à . . .
with an excuse	donner une excuse (à qqn)

to FURTHER   7262

one's ambitions	faire progresser ses ambitions
a career	favoriser une carrière
the cause of . . .	faire progresser la cause de . . .
one's studies	faire progresser ses études
knowledge of . . .	faire progresser la connaissance de . . .

G

to GAG   7263

a prisoner	bâillonner un prisonnier
a hostage	bâillonner un otage
the press	museler la presse
on a bone	s'étrangler sur un os
and throw up	s'étrangler et vomir

to GAIN   7264

a victory	remporter une victoire
weight	prendre du poids
an advantage	s'assurer un avantage
momentum	prendre de la vitesse
confidence	prendre confiance

to GAMBLE   7265

away a fortune	perdre une fortune au jeu
recklessly	jouer en prenant de grands risques
at cards	jouer aux cartes
shrewdly	jouer judicieusement
on a defeat	tabler sur une défaite

to GAPE   7266

at someone	regarder quelqu'un bouche bée
at a building	admirer un bâtiment
in amazement	être béant de stupeur
in fear	être béant de peur
stupidly at . . .	badauder stupidement devant . . .

to GARGLE   7267

with salt water	se gargariser avec de l'eau salée
with mouthwash	se gargariser avec de l'eau dentifrice
to cure a sore throat	se gargariser pour guérir un mal de gorge
noisily	se gargariser bruyamment

to GASP   7268

for air/breath	haleter (suffoquer)
at the news	suffoquer en apprenant la nouvelle
out an answer	répondre dans un souffle
out the words	dire les mots dans un souffle
painfully	haleter avec peine

to GATHER   7269

flowers	cueillir des fleurs
shells	ramasser des coquillages
books	amasser des livres
specimens	amasser des échantillons
together	se réunir

to GAZE   7270

out a window	regarder fixement par la fenêtre
in admiration	contempler avec admiration
longingly at . . .	contempler (qqn/qqch.) avec envie
at the scenery	contempler le paysage
into s. o's eyes	fixer qqn dans les yeux

to GENERATE   7271

power	produire de l'énergie
electricity	produire de l'électricité
good will	se ménager la sympathie
enthusiasm	susciter l'enthousiasme
interest	susciter l'intérêt

---

to GET   7272

For a full contextual study of the verb **to GET** with over 500 expanded examples, see 8500 F.

to GET (buy)   1

a new car	acheter une nouvelle voiture
a nice gift	acheter un joli cadeau
a large house	acheter une grande maison
a TV set	acheter un téléviseur
a watch	acheter une montre

to GET (receive)   2

a long letter	recevoir une longue lettre
a telegram	recevoir un télégramme
a grade	obtenir une note
a present	recevoir un cadeau
an allowance	recevoir de l'argent de poche

to GET (obtain)   3

permission	obtenir la permission de (+ infinitive)
a passport	obtenir un passeport
a divorce	obtenir le divorce
a raise	obtenir une augmentation
a promotion	obtenir de l'avancement

to GET   4

an idea	avoir une idée
a thrill	éprouver un frisson (de joie, de plaisir)
a pain	sentir une douleur
a feeling	avoir une impression (de + infinitive)
a sentence (legal)	être condamné

---

to GET		5
a scolding	se faire réprimander	
a reward	obtenir une récompense	
the information	obtenir le renseignement	
good mileage	obtenir un bon rendement au kilomètre	
a phone call	recevoir un coup de téléphone	

		6
an expert	engager un expert	
a lawyer	s'adresser à un avocat	
a psychiatrist	s'adresser à un psychiatre	
an opinion	consulter quelqu'un	
a checkup	passer une visite médicale de contrôle	

		7
to the station	arriver à la gare	
to school	arriver à l'école	
to the office	arriver au bureau	
someone to the station	emmener quelqu'un à la gare	
someone to school	emmener quelqu'un à l'école	

to GET (weather)		8
hot	Il fait de plus en plus chaud.	
cold	Il fait de plus en plus froid.	
overcast	Le temps se couvre.	
windy	Le vent commence à souffler.	
chilly	Le temps se rafraîchit.	

to GET (become)		9
tired	(commencer à) se fatiguer	
sleepy	(commencer à) avoir sommeil	
bored	(commencer à) s'ennuyer	
embarrassed	(commencer à) être embarrassé	
angry	se mettre en colère	

		10
used to something	s'habituer à quelque chose	
interested in something	s'intéresser à quelque chose	
involved in something	être mêlé à quelque chose	
delayed by something	être retardé par quelque chose	
attached to someone	porter de l'amitié à quelqu'un	

to GET		11
dressed	s'habiller	
up	se lever	
shaved	se raser	
ready	se préparer	
undressed	se déshabiller	

to GET (become, grow)		12
taller	grandir	
prettier	embellir	
thinner	maigrir	
fatter	grossir	
stronger	gagner en force	

to GET (do self)		13
the beds made	faire les lits	
the dishes washed	laver la vaisselle	
lunch prepared	préparer le déjeuner	
the homework done	faire ses devoirs	
the speech written	écrire son discours	

to GET (have done)		14
a haircut	se faire couper les cheveux	
the car washed	faire laver la voiture	
the house painted	faire peindre la maison	
a suit altered	faire retoucher un costume	
a will drawn up	faire rédiger un testament	

to GET (persuade) someone		15
to help	persuader quelqu'un d'accorder son aide	
to stay	persuader quelqu'un de rester	
to explain the lesson	persuader quelqu'un d'expliquer la leçon	
to write a letter	persuader quelqu'un d'écrire une lettre	
to be on time	persuader quelqu'un d'être à l'heure	

to GET AHEAD		16
in life	améliorer sa situation	
by hard work	avancer à la force du poignet	
of the car in front	doubler une voiture	
with the work	avancer dans son travail	
quickly	avancer rapidement	

to GET ALONG		17
in school	s'en tirer à l'école	
with others	s'entendre avec les gens	
with the work to be done	continuer la tâche entreprise	
without help	s'en tirer tout seul	
nicely	bien se tirer d'affaire	

to GET AROUND		18
a difficulty	surmonter une difficulté	
easily	bien se débrouiller	
someone's objections	surmonter les objections de quelqu'un	
a barrier	surmonter un obstacle	
in social circles	se débrouiller dans le monde	

to GET AWAY		19
with something	s'en tirer	
from the office	s'échapper du bureau	
to the country	aller à la campagne	
with a fortune	se sauver avec une fortune	
from the police	échapper à la police	

to GET		20
at the truth	démêler la vérité	
at the job to be done	se mettre au travail à faire	
back a lost dog	retrouver un chien perdu	
back to the office	retourner au bureau	
back from abroad	revenir de l'étranger	

to GET   21

behind in one's work	être en retard dans son travail
behind schedule	être en retard sur l'horaire
behind a candidate	soutenir un candidat
by the car ahead	doubler une voiture
by with no money	se débrouiller sans argent

to GET DOWN   22

a cup (down)	descendre une tasse
from a fence	descendre d'une clôture
to business	passer aux choses sérieuses
to serious study	se mettre à étudier sérieusement
to the facts	en venir aux faits

to GET   23

even with someone	rendre la pareille
into a car	monter en voiture
into trouble	avoir des ennuis
into a bad mood	(se) mettre de mauvaise humeur
into a uniform	se mettre en uniforme

to GET OFF   24

a bus	descendre d'un autobus
a plane	descendre d'un avion
an elevator	sortir d'un ascenseur
a train	descendre d'un train
a quick letter	écrire et expédier vite une lettre

to GET ON   25

well	s'entendre bien avec quelqu'un
nicely	faire son chemin
satisfactorily	faire son chemin
an airplane	monter dans un avion
in years	avancer en âge

to GET OUT OF   26

trouble	(se) tirer d'embarras
a bad habit	se défaire d'une mauvaise habitude
an elevator	sortir d'un ascenseur
hard work	se débarrasser d'un rude travail
school early	sortir tôt de l'école

to GET OVER   27

a shock	se remettre d'un choc
the news	se remettre d'une nouvelle
the loss	se remettre d'une perte
the death	se remettre d'un décès
a bad cold	se remettre d'un mauvais rhume

to GET   28

papers together	rassembler des papiers
the children together	rassembler les enfants
the pieces together	rassembler les morceaux
together with friends	se réunir avec des amis
together on a price	se mettre d'accord sur un prix

to GET (to be able)   29

to stay longer	amener à rester plus longtemps
to play outside	inciter à jouer dehors
to stay up late	amener à veiller
to go to the beach	persuader d'aller à la plage
through trying times	passer par de rudes épreuves

---

to GIVE   7273

to GIVE   1

a party	donner une réception
a dinner	donner un dîner
a concert	donner un concert
a play	jouer une pièce de théâtre
an opera	jouer un opéra

2

a speech	prononcer un discours
a lecture	faire une conférence
a present	offrir un cadeau
an excuse	donner une excuse
a demonstration	faire une démonstration

3

a report	faire un récit
an apology	présenter des excuses
an opinion	donner un avis
a sermon	prononcer un sermon
a good answer	donner une bonne réponse

4

strength	donner des forces
warmth	dégager de la chaleur
assurance	donner l'assurance
energy	donner des forces
hope	donner de l'espoir

5

a shout	pousser un cri
a signal	donner un signal
something careful consideration	examiner quelque chose avec soin
something a close look	examiner quelque chose de près
something one's attention	prêter attention à quelque chose

to GIVE (someone)   6

a beating	donner une raclée à quelqu'un
medicine	donner un médicament à quelqu'un
a test	faire passer une épreuve à quelqu'un
a responsibility	charger quelqu'un de faire quelque chose
an award	accorder à quelqu'un un prix

to GIVE (someone)	7
a title	donner un titre à quelqu'un
a nickname	donner un surnom à quelqu'un
a reward	donner une récompense à quelqu'un
good advice	donner un bon conseil à quelqu'un
a new book	donner un nouveau livre à quelqu'un

	8
a helping hand	tendre une main secourable à quelqu'un
a large sum	donner une forte somme à quelqu'un
a seat	offrir un siège à quelqu'un
a license	délivrer un brevet à quelqu'un
a good grade	donner une bonne note à quelqu'un

to GIVE	9
away a dress	se défaire d'une robe
away secrets	révéler des secrets
in to pressure	céder à une pression
of one's talents	démontrer ses aptitudes
off a smell	dégager une odeur

	10
out pamphlets	distribuer des brochures (des tracts)
up to the enemy	se rendre à l'ennemi
up the fight	renoncer à la lutte
up hope	abandonner tout espoir
up one's life	donner sa vie (pour la patrie)

to GLANCE	7274
up at the moon	jeter un regard à la lune
at him/her	lui jeter un coup d'œil
through a book	parcourir un livre
at the clock	jeter un coup d'œil sur la pendule
out the window	jeter un regard par la fenêtre

to GLARE	7275
at someone	foudroyer quelqu'un d'un regard
at the winner	foudroyer le gagnant du regard
at an intruder	foudroyer un intrus du regard
at one's wife	foudroyer sa femme du regard
angrily at . . .	lancer un regard de colère à . . .

to GLIDE	7276
through the water	glisser sur l'eau
over the snow	glisser sur la neige
through the air	vélivoler
down a slope	descendre une pente en glissante
downstream	descendre le courant sans heurt

to GLOAT	7277
over a victory	se réjouir malicieusement d'une victoire
over someone's bad luck	se réjouir malicieusement de la malchance de qqn
at the news	jubiler en apprenant la nouvelle
and brag	jubiler et se vanter

to GLORIFY	7278
God	glorifier Dieu
evil	glorifier le mal
corruption	glorifier la corruption
the dollar	glorifier le dollar
violence	glorifier la violence

to GLOW	7279
in the dark	briller dans le noir
like a star	briller comme une étoile
with health	éclater de santé
with pride	éclater d'orgueil
brightly	briller beaucoup

to GLUE	7280
two pieces to-gether	coller (ensemble) deux morceaux
one's eyes on . . .	fixer son regard sur . . .
on a label	coller une étiquette
a picture on . . .	coller une photo (image) sur ... .

to GO   7281

to GO (attend)	1
to a university	aller à l'université
to school	aller à l'école
to kindergarten	aller à la maternelle
to the Sorbonne	aller à (fréquenter) la Sorbonne
to college	aller au "collège" (à l'université)

to GO (travel to)	2
to Europe	aller en Europe
to Madrid	aller à Madrid
to Paris	aller à Paris
to New York	aller à New York
abroad	aller à l'étranger

to GO (leave for)	3
to the office	aller (se rendre) au bureau
to work	aller (se rendre) au travail
to church	aller (se rendre) à l'église
to the country	aller (se rendre) à la campagne
to school	aller (se rendre) à l'école

to GO (take)	4
for a walk	faire une promenade à pied
for a hike	faire une excursion à pied
for a drive	faire un tour en voiture
for a picnic	faire un pique-nique
for a swim	aller nager

to GO (move)	5
along the road	longer la route
by the church	passer devant l'église
down the street	descendre la rue
up the stairs	monter l'escalier
through the gate	passer par le portail

to GO (passage of time)	6
The vacation	Les vacances passaient vite.
The time	Le temps passait vite.
The years	went quickly by. Les années passaient vite.
The weeks	Les semaines passaient vite.
The days	Les jours passaient vite.

444

to GO   7

around a barrier	contourner un obstacle
about in a daze	se déplacer comme dans un songe
back to school	retourner à l'école
back to the beginning	recommencer depuis le début
back on a promise	revenir sur une promesse

8

down in history	laisser son nom dans l'histoire
for (to get) bread	aller chercher du pain
for an increase	essayer d'obtenir une augmentation
for a new contract	essayer d'obtenir un nouveau contrat
from bad to worse	aller de mal en pis

9

into an office	entrer dans un bureau
into politics	se lancer dans la politique
into great detail	entrer dans les détails
into a decline	être sur le déclin
into a long explanation	se lancer dans de longues explications

10

off on a trip	entreprendre un voyage
on living	continuer à vivre
out to the movies	aller au cinéma
over a report	parcourir un rapport
over to a friend's house	aller chez un ami

to GO THROUGH   11

a rehearsal	faire une répétition
a story again	reprendre une histoire depuis le début
a physical examination	passer une visite médicale
the evidence	examiner les preuves
a difficult period	passer par une période difficile

to GO   12

to extremes	pousser à l'extrême
to much trouble	se donner beaucoup de peine
to a reference book	consulter un ouvrage de référence
to a reliable source	s'adresser à une source sûre
to a lawyer	aller consulter un avocat

to GO (somewhere)   13

to rest	aller quelque part pour se reposer
to study	aller quelque part pour étudier
to meditate	aller quelque part pour méditer
to swim	aller quelque part pour nager
to read	aller quelque part pour lire

to GOSSIP   7282

about someone	faire des commérages sur qqn
about something	bavarder de qqch.
maliciously	faire des commérages malveillants
occasionally	bavarder de temps à autre
constantly	passer sa vie à faire des ragots

to GOVERN   7283

a kingdom	gouverner un royaume
a country	gouverner un pays
well	gouverner sagement
for a year	gouverner pendant une année
benevolently	gouverner avec bienveillance

to GRADE   7284

a test paper	noter une composition
a student	donner une note à un élève
a road	régulariser une route
by size	calibrer
fairly	noter équitablement (justement)

to GRADUATE   7285

from a university	être diplômé d'une université
a scale	graduer (calibrer) une échelle
with honors	être diplômé avec honneurs
in four years	être diplômé dans quatre ans

to GRANT   7286

permission	accorder une permission
a wish	exaucer un vœu
amnesty	accorder une amnistie
asylum	donner asile
a pardon	grâcier (un criminel)

to GRASP   7287

hands	se serrer la main
a rope	saisir une corde
a handle	empoigner un manche
a rung	saisir un échelon
an idea	saisir une idée

to GRATE   7288

cheese	râper du fromage
carrots	râper des carrottes
one's teeth	grincer des dents
on the nerves	agacer les nerfs
on the ear	écorcher l'oreille

to GRAZE   7289

in a meadow	paître dans un champ
flocks	faire paître des troupeaux
the scalp	frôler le cuir chevelu
the skin	érafler la peau
lightly	effleurer

to GREET   7290

an old friend	accueillir un vieil ami
the guests	accueillir les invités
the New Year	saluer la Nouvelle Année
a newcomer	accueillir un nouveau
a colleague	accueillir un collègue

to GRIEVE   7291

for a loved one	pleurer un être cher
at the death of ...	pleurer la mort de ...
for a fallen hero	pleurer un héros déchu
over a loss	pleurer (déplorer) une perte

to GRILL   7292

a steak	faire griller un bifteck
a hamburger	faire griller un tournedos
fish	faire griller du poisson
a suspect	mettre un suspect sur le gril
over coal	faire griller sur du charbon

to GRIMACE   7293

in pain	grimacer de douleur
in anger	grimacer de colère
at a blow	grimacer sous le coup
at a sound	grimacer en entendant un bruit
at the idea	grimacer à l'idée

to GRIN   7294

happily	sourire de bon cœur
at a joke	sourire en entendant une blague
at the news	sourire en apprenant la nouvelle
at a stranger	sourire à un inconnu
then laugh	sourire puis rire

to GRIND   7295

wheat	moudre du blé
an ax	aiguiser une hache
one's teeth	grincer des dents
a hand organ	actionner un orgue de Barbarie
into flour	moudre pour faire de la farine

to GRIP   7296

the rung of a ladder	s'agripper au barreau d'une échelle
the mind	absorber l'esprit
the interest of ...	éveiller l'intérêt de ...
firmly	saisir fermement

to GROAN   7297

in pain	gémir de douleur
under a load	gémir sous le poids
with anguish	gémir d'angoisse
at the news	gémir en apprenant la nouvelle
and complain	gémir et se plaindre

to GROW   7298

flowers	cultiver des fleurs
old	vieillir
weary	se fatiguer
dark	s'obscurcir
up	devenir adulte

to GROWL   7299

at a stranger	grogner contre un étranger
in anger	grogner de colère
one's thanks	grommeler ses remerciements
a warning	grommeler un avertissement
before attacking	grogner avant d'attaquer

to GRUMBLE   7300

about the weather	grommeler contre le temps
about one's job	râler à propos de son travail
about a salary	râler à propos d'un salaire
continually	râler (grommeler) sans cesse

to GUARANTEE   7301

a product	garantir un produit
a profit	garantir un profit
a refund	garantir un remboursement
satisfaction	garantir toute satisfaction
equality	garantir l'égalité

to GUARD   7302

a president	garder un président
a treasure	garder un trésor
a painting	garder un tableau
an estate	garder un domaine
a prisoner	garder un prisonnier

to GUESS   7303

the truth	deviner la vérité
at an answer	essayer de deviner une réponse
a riddle	deviner une charade
the height of ...	deviner la hauteur de ...
s. o. is right	supposer que qqn a raison

to GUIDE   7304

a tour	diriger une excursion
a company	diriger une compagnie
s. o. to safety	diriger qqn vers un lieu sûr
a blind man	guider un aveugle
along a path	guider le long d'un chemin

to GULP   7305

food	avaler la nourriture sans mâcher
a drink	lamper un verre
one's lunch	engloutir son déjeuner
for air	manquer d'air
down a pill	gober une pillule

H

to HAGGLE   7306

over a price	chicaner sur un prix
over terms	chicaner sur les termes
over details	chicaner sur des détails
with a salesman	se chicaner avec un vendeur
then decide	chicaner puis décider

to HAIL   7307

a taxicab	héler un taxi
a hero	acclamer un héros
from the U. S.	être (venir) des Etats-Unis
It hailed in the morning.	Il grêla dans la matinée.

to HALT	7308
a parade	arrêter un défilé
production	arrêter la production
a bus	arrêter un autobus
temporarily	arrêter provisoirement
for a moment	arrêter un instant

to HAND	7309
s. o. a tool	passer un outil à qqn
out punishment	prononcer un sentence
in a test	rendre une copie d'examen
out pamphlets	distribuer des tracts/brochures
over a key	remettre une clef

to HANDLE	7310
a situation	prendre en main une situation
an object	manier un objet
a complaint	donner suite à une réclamation
with care	manier avec précaution
roughly	manipuler sans précaution

to HANG	7311
a criminal	pendre un criminel
up a dress	suspendre une robe
out laundry	étendre du linge
up a phone	raccrocher un téléphone
on to a strap	se cramponner à une poignée (d'appui)

to HAPPEN	7312
by chance	se produire par hasard
by accident	se produire accidentellement
regularly	se produire normalement
every day	se produire tous les jours
once a year	se produire une fois par an

to HARASS	7313
the enemy	harceler l'ennemi
a suspect	harceler un supect
with questions	tourmenter de questions
with attacks	tourmenter par des attaques
and torment	harceler et tourmenter

to HARBOR	7314
a criminal	donner refuge à un criminel
a fugitive	donner refuge à un fuyard
a secret ambi-tion	nourrir une ambition secrète
no ill will	ne nourrir aucune mauvaise volonté

to HARDEN	7315
o. s. to pain	s'endurcir à la douleur
o. s. to adversity	s'endurcir contre l'adversité
one's muscles	durcir ses muscles
in the sun	(se) durcir au soleil
slowly	durcir lentement

to HARM	7316
a child	faire du mal à un enfant
crops	faire du mal aux récoltes
a reputation	salir une réputation (nuire à)
one's chances	nuire à ses chances (de succès)
the environment	nuire à l'environnement

to HARNESS	7317
electrical power	capter une source d'énergie
nuclear energy	dompter l'énergie nucléaire
a horse to a cart	atteler un cheval à un chariot

to HARVEST	7318
a crop	moissoner la récolte
wheat	moissoner du blé
corn	moissoner du maïs
the benefits	récolter les bénéfices
in the fall	moissoner en automne

to HATE	7319
a person	haïr quelqu'un
violence	haïr la violence
studying	avoir les études en horreur
to study	détester étudier
to leave	partir à regret

to HAUL	7320
freight	transporter du fret
cargo	transporter des marchandises
in a net	haler un filet
out the trash	sortir les ordures
down a flag	amener un drapeau

to HAVE	7321

HAVE (attributes)	1
black hair	avoir les cheveux noirs
blue eyes	avoir les yeux bleus
a round face	avoir le visage rond
crooked teeth	avoir les dents de travers
a sad look	avoir l'air triste

HAVE (things)	2
a smooth surface	avoir une surface unie
a red color	être de couleur rouge
a round shape	être de forme ronde
a bitter taste	avoir un goût amer
a strong smell	avoir une forte odeur

to HAVE	3
talent	avoir une aptitude
charm	avoir du charme
ability	avoir un talent
good sense	avoir du bon sens
a sense of humor	avoir (le sens) de l'humour

	4
a kind father	avoir un père gentil
a pretty wife	avoir une jolie femme
a lovely daughter	avoir une fille ravissante
an unusual job	avoir un emploi inhabituel
an intelligent son	avoir un fils intelligent

VERBS

to HAVE

		5
a terrible cold	avoir un rhume terrible	
a heart attack	avoir une crise cardiaque	
a bad headache	avoir un mal de tête atroce	
a chance	avoir une possibllité	
bad news from home	avoir de mauvaises nouvelles de chez soi	

		6
a baby	avoir un enfant	
an idea	avoir une idée	
a suggestion	avoir une suggestion à faire	
an inspiration	avoir une inspiration	
a thought	avoir une pensée	

		7
a party	donner une réception	
a meeting	avoir une réunion	
a rally	avoir un rassemblement (politique)	
a debate	avoir un débat	
a discussion	avoir une discussion	

		8
custody	avoir la garde de . . .	
temporary control	avoir provisoirement autorité sur . . .	
permission	avoir l'autorisation de . . .	
respect for some-one	avoir du respect pour quelqu'un	
an influence on someone	avoir de l'influence sur quelqu'un	

		9
a key	avoir une clef	
a new car	avoir une nouvelle voiture	
a beautiful home	avoir une maison magnifique	
a nice apart-ment	avoir un bel appartement	
a new motor-cycle	avoir une nouvelle motocyclette	

		10
an opinion	avoir une opinion	
a viewpoint	avoir un point de vue	
a doubt	avoir un doute	
a bad attitude	adopter une mauvaise attitude	
an answer	avoir une réponse	

		11
a nice trip	faire un voyage agréable	
an operation	se faire opérer	
an important part in . . .	jouer un rôle important	
a vaccination	se faire vacciner	
a voice in some-thing	avoir son mot à dire	

---

to HEAD 7322

a committee	présider une commission
a company	diriger une société
for shore	mettre le cap sur la côte
out to sea	mettre le cap sur le large
for New York	mettre le cap sur New York

to HEAL 7323

the sick	guérir les malades
an addict	guérir un toxicomane (intoxiqué)
old wounds	apaiser de vieilles rancœurs
dissension	régler des différends
slowly	se cicatriser lentement

to HEAR 7324

a noise	entendre un bruit
a case	entendre une cause
a complaint	recevoir une plainte
from a friend	recevoir des nouvelles d'un ami
clearly	entendre nettement

to HEAT 7325

a room	chauffer une pièce
a pool	chauffer une piscine
a theater	chauffer un théâtre
an oven	chauffer un four
a test tube	chauffer une éprouvette

to HEAVE 7326

a sigh of relief	pousser un soupir de soulagement
a rock	lancer une pierre (un rocher)
to one side	lancer de côté avec peine (effort)
to . . . (nautical)	dériver (vers . . .)

to HEED 7327

a warning	prendre un avertissement au sérieux
the advice of	prendre le conseil de . . .
to take no heed of . . .	ne pas prendre . . . sérieusement (au sérieux)
Take heed!	Fais attention! Prends garde!

to HELP 7328

a friend	aider un ami
in many ways	aider de bien des façons
s. o. to win	aider qqn à vaincre
with the work	donner un coup de main
occasionally	aider de temps à autre

to HESITATE 7329

for a moment	hésiter un instant
momentarily	hésiter passagèrement
uncertainly	ne pas arriver à se décider
before entering	hésiter avant d'entrer
to reply	hésiter à répondre

---

to HIDE 7330

an object	cacher un objet
a prisoner	cacher un prisonnier
one's feelings	dissimuler ses sentiments
in the attic	se cacher au grenier
under the bed	se cacher sous le lit

to HIJACK 7331

an airplane	détourner un avion
a shipment	détourner une cargaison
a truck	détourner un camion
a valuable cargo	détourner une cargaison de valeur

to HIKE 7332

in the mountains	faire une excursion à pied dans les montagnes
cross-country	faire une excursion à pied dans le pays
a price	faire monter un prix
for pleasure	prendre plaisir à faire des excursions
on weekends	faire des excursions pendant les week-ends

to HINT 7333

at a change	faire allusion à un changement
at a raise	faire allusion à une augmentation
that s. o. is lying	suggérer que qqn ment (insinuer que qqn ment)
broadly that . . .	bien laisser entendre que . . .

to HIRE 7334

an assistant	engager un assistant
a maid	engager une bonne
a car	louer une voiture
a guide	engager un guide
an expert	engager un expert

to HIT 7335

a pedestrian	heurter un piéton
a target (bull's-eye)	toucher un but (faire mouche)
the main road	déboucher sur la grand-route
a child	frapper un enfant
on an idea	avoir une idée

to HOARD 7336

money	thésauriser
the profits	accumuler les bénéfices
supplies	accumuler des vivres
acorns	amasser des glands
gasoline	stocker de l'essence

to HOIST 7337

a flag	hisser un drapeau
an anchor	lever une ancre
s. o. over a wall	hisser qqn par dessus un mur
by means of . . .	hisser au moyen de . . .
with a crane	hisser avec une grue

to HOLD 7338

a child	tenir un enfant
a meeting	tenir une réunion
a package	tenir un paquet
s. o. in jail	maintenir qqn en prison
a grudge	garder rancune

up a bank	attaquer une banque à main armée
back tears	retenir ses larmes
off a decision	réserver sa décision
onto a ladder	se cramponner à une échelle
in a fear	dominer sa peur

up under stress	résister à la contrainte
out for more	en redemander
out a hand	tendre la main
down a job	travailler dur pour garder un poste
tight	tenir bon

to HONOR 7339

a hero	honorer un héros
one's parents	honorer ses parents
an event	célébrer un événement
an action	honorer un acte
the dead	honorer la mémoire des défunts

to HOOK 7340

a fish	ferrer un poisson
a dress	agrafer une robe
a rope around a nail	accrocher une corde à un clou
up a radio	brancher un poste de radio

to HOPE 7341

for peace	espérer la paix
for a change	espérer un changement
to succeed	espérer réussir
to be free	espérer se libérer
in vain	espérer en vain

to HORRIFY 7342

an audience	horrifier un auditoire
a crowd	horrifier une foule
the world	horrifier le monde
to be horrified by an event	être horrifié par un événement

to HOSPITALIZE 7343

a patient	hospitaliser un malade
a P. O. W.	hospitaliser un prisonnier de guerre
the victim	hospitaliser les victimes
for surgery	hospitaliser pour une opération
for observation	hospitaliser pour une observation

to HOVER 7344

in mid-air	planer en l'air
in space	planer dans l'espace
just above the ground	planer juste au-dessus du sol (faire du rase-motte)
over a flower	papilloner autour d'une fleur

to HOWL 7345

all night	hurler toute la nuit
with laughter	s'esclaffer de rire
in pain	hurler de douleur
at a decision	hurler en apprenant une décision
The wind howled.	Le vent mugit.

to HUG 7346

a doll	serrer une poupée (dans ses bras)
to one's breast	accrocher à la poitrine de qqn
the shoreline	serrer la côte de près
tightly	serrer fermement
and kiss	étreindre et embrasser

to HUM 7347

a melody	chantonner un air
with activity	bourdonner d'activité
while working	chantonner en travaillant
softly	fredonner
Bees hum.	Les abeilles bourdonnent.

to HUMILIATE 7348

an opponent	humilier un adversaire
a witness	humilier un témoin
one's parents	humilier ses parents
publicly	humilier en public
and degrade	humilier et dégrader

to HUMOR 7349

a child	passer un caprice à un enfant
a client	satisfaire un client
the wishes of . . .	satisfaire les désirs de . . .
the whims of . . .	se plier aux caprices de . . .
and pacify	satisfaire et apaiser

to HUNT 7350

lions	chasser le lion
a criminal	pourchasser un criminel
for a job	chercher un emploi
for pleasure	chasser pour le plaisir
in Africa	chasser en Afrique

to HURDLE 7351

an obstacle	sauter un obstacle
a jump (horse)	sauter une haie
a ditch	sauter un fossé
a fence	sauter une barrière
a crevasse	sauter une crevasse

to HURL 7352

a javelin	lancer un javelot
a challenge	lancer un défi
insults at . . .	lancer des insultes à . . .
back the enemy	relancer l'ennemi
oneself at . . .	se jeter sur . . .

to HURRY 7353

a decision	prendre une décision précipitamment
a meal	avaler un repas en toute hâte
s. o. to town	emmener qqn en ville précipitamment
downtown	se précipiter en ville
to the store	se précipiter dans un magasin

to HURT 7354

a child	faire mal à un enfant
a leg	se faire mal à la jambe
one's back	se faire mal au dos
one's chances	perdre des atouts
terribly	faire terriblement mal

to HURTLE 7355

through space	s'élancer dans l'espace
down a slope	descendre une pente en trombe
past the ear	passer près de l'oreille
over a cliff	s'élancer d'une falaise
off a bridge	s'élancer d'un pont

I

to IDENTIFY 7356

a suspect	identifier un suspect
a species	identifier une espèce
a lost article	reconnaître un objet perdu
a missing person	identifier une personne portée disparue
a lost dog	reconnaître un chien perdu

to IDOLIZE 7357

a president	idolâtrer un président (adorer)
the dollar	idolâtrer le dollar (adorer)
one's parents	idolâtrer ses parents (adorer)
a star	idolâtrer une vedette (adorer)
a winner	idolâtrer un vainqueur (adorer)

to IGNITE 7358

a fire	allumer un feu
a charge	mettre le feu à une charge
rebellion	mettre le feu aux poudres (familier)
a fuse	mettre le feu à une mèche
prematurely	allumer prématurément

to IGNORE 7359

a warning	faire fi d'un avertissement
the symptoms	ne pas tenir compte des symptômes
a plea	rester sourd à un appel
a request	ignorer une demande
a friend	feindre de ne pas voir un ami

to ILLUMINATE 7360

a building	illuminer un bâtiment
a subject	illuminer un sujet
a fountain	illuminer une fontaine
to be illuminated at night	être illuminé la nuit

to ILLUSTRATE 7361

a point	expliquer une question
an article	illustrer un article
a book	illustrer un livre
a meaning	expliquer un sens
by comparing	expliquer en dressant un parallèle

to IMAGINE 7362

something	imaginer quelque chose
a setting	imaginer un cadre
an experience	imaginer un événement
an action	imaginer un acte
doing something	imaginer faire quelque chose

to IMITATE 7363

an older brother	imiter un frère ainé
an actor	imiter un acteur
a teacher	imiter un professeur
mannerisms	imiter le maniérisme
perfectly	imiter à la perfection

to IMMIGRATE	7364
to the United States from Europe	immiger d'Europe aux États-Unis
legally	immigrer légalement
annually	immigrer chaque année

to IMPEACH	7365
an official	mettre un dirigeant en accusation
a president	mettre un président en accusation
the credibility of . . .	mettre en doute la crédibilité de . . .
for misconduct	critiquer la mauvaise conduite de . . .
for high treason	accuser de haute trahison

to IMPEDE	7366
progress	entraver le progrès
negotiations	entraver des négociations
completion of . . .	retarder la fin de . . .
construction	retarder la construction
the flow of . . .	entraver le flot de . . .

to IMPERSONATE	7367
an officer	se faire ⎰ pour un officier
a priest	passer ⎱ pour un prêtre
a woman	pour une femme
a role with great success	jouer un rôle avec beaucoup de succès

to IMPLEMENT	7368
a decision	mettre en œuvre une décision
troops with . . .	équiper les troupes avec . . .
by adding . . .	équiper en ajoutant . . .
according to plan	exécuter selon un plan
immediately	mettre immédiatement à exécution

to IMPLICATE	7369
a witness	impliquer un témoin
other people	impliquer d'autres personnes
s. o. in a scandal	impliquer qqn dans un scandale
by innuendo	impliquer par insinuations

to IMPLORE	7370
forgiveness	implorer le pardon
mercy	implorer la pitié
help	implorer l'aide
pardon	implorer la grâce
a judge to . . .	supplier un juge

to IMPLY	7371
one's approval	donner implicitement son accord
that s. o. is . . .	suggérer (insinuer) que qqn est . . .
indirectly	sous-entendre indirectement
Murder implies insanity.	Un meurtre présuppose la folie.

to IMPORT	7372
wines	importer des vins
perfumes	importer des parfums
wheat	importer du blé
iron ore	importer du minerai de fer
machinery	importer des machines

to IMPOSE	7373
a tax	frapper d'un impôt
a burden	imposer un fardeau
a fine	imposer une amende
a curfew	imposer un couvre-feu
on a friend	abuser de l'amitié de qqn

to IMPRESS	7374
a jury	impressionner un jury
the world	impressionner le monde entier
a teacher	impressionner un professeur
a judge	impressionner un juge
the critics	impressionner les critiques

to IMPROVE	7375
relations	améliorer des relations
a grade	améliorer une note
a product	améliorer un produit
gradually	améliorer progressivement
in conduct	améliorer sa conduite

to IMPROVISE	7376
a shelter	improviser un abri
a melody	improviser un air (une mélodie)
a speech	improviser un discours
an answer	improviser une réponse
on a theme	improviser (faire des variations sur un thème)

to INAUGURATE	7377
a new policy	inaugurer une nouvelle politique
a president	installer un président
a service	inaugurer un service
a building	inaugurer un édifice (bâtiment)
a project	inaugurer un projet

to INCITE	7378
a riot	monter une manifestation
to action	inciter (qqn) à agir
the interest of . . .	éveiller l'intérêt de . . .
rebellion	inciter (qqn) à se révolter
demonstrators	exciter des manifestants

to INCLUDE	7379
an address	joindre une adresse
a bill	joindre une facture
service	service compris
the tax	taxe comprise
free meals	y compris des repas gratuits

to INCORPORATE	7380
a new idea	incorporer une nouvelle idée
a suggestion	incorporer une suggestion
changes	incorporer des changements
a company	former une société anonyme
completely	incorporer intégralement

to INCREASE	7381
a tax	augmenter un impôt
profits	augmenter les bénéfices
a salary	augmenter un traitement/salaire
in speed	augmenter de vitesse
slowly	augmenter lentement

to INCRIMINATE	7382
another person	incriminer une autre personne
s. o. by lying	incriminer qqn en mentant
a witness	incriminer un témoin
o. s. with a poor alibi	s'incriminér à cause d'un faible excuse

to INDICATE	7383
a change	indiquer un changement
a temperature	indiquer la température
a detour	indiquer une déviation
one's approval	donner son approbation
by pointing	indiquer du geste

to INDICT s. o.   7384

for murder	inculper qqn de meurtre
for a crime	inculper qqn pour un crime
for fraud	inculper qqn pour fraude
to be indicted	être inculpé par un jury
by a grand jury	d'accusation

to INDOCTRINATE   7385

a soldier	endoctriner un soldat
P. O. W.'s	endoctriner les prisonniers de guerre
recruits	endoctriner des recrues
new members	endoctriner de nouveaux membres
in the ways of ...	initier à la doctrine de ...

to INDUCE   7386

s. o. to accept	amener qqn à accepter
s. o. to stay	persuader qqn de rester
sleep	provoquer le sommeil
labor (birth)	provoquer le travail prénatal
with drugs	provoquer avec des remèdes

to INDUCT   7387

a draftee	enrôler un conscrit
new members	enrôler de nouveaux membres
into the army	{ enrôler dans l'armée / appeler sous les drapeaux
s.o. into the mysteries of ...	initier qqn aux mystères de ...

to INFECT   7388

other people	contaminer d'autres personnes
a wound	infecter une blessure
with V. D.	contaminer avec des M. V.
s. o. with one's enthusiasm	communiquer de l'enthousiasme à qqn

to INFER   7389

from the facts	déduire à partir des faits
the truth	indiquer la vérité
that s.o. is lying	insinuer que quelqu'un ment
by logic	déduire logiquement

to INFILTRATE   7390

enemy territory	s'infiltrer en territoire ennemi
troops	faire pénétrer les troupes
across a border	faire passer la frontière à ...
an organization	s'infiltrer dans une organisation
and destroy	s'infiltrer et détruire

to INFLATE   7391

a balloon	gonfler un ballon
a tire	gonfler un pneu
a price	gonfler un prix
a value	faire monter la valeur
a currency	recourir à l'inflation

to INFLICT   7392

great damage	infliger de sérieux dégats
pain	infliger une douleur
a loss	infliger une perte
a punishment	infliger une punition
one's idea on ...	imposer ses idées à ...

to INFLUENCE   7393

a decision	influencer une décision
a judge	influencer un juge
a jury	influencer un jury
a change	amener un changement
a verdict	influencer un verdict

to INFORM   7394

the winner	renseigner le vainqueur
the public	renseigner l'opinion
the parents	renseigner les parents
s. o. by mail	renseigner qqn par lettre
on a friend	dénoncer un ami

to INFURIATE   7395

an opponent	rendre un adversaire furieux
a crowd	mettre une foule en fureur
a loser	rendre furieux un perdant
to be infuriated by a loss	être furieux d'avoir subi une perte

to INHALE   7396

deeply	inspirer profondément
oxygen	respirer de l'oxygène
smoke	avaler de la fumée
pollen	respirer du pollen
poison gas	respirer du gaz empoisonné

to INHERIT   7397

a fortune	hériter d'une fortune
an estate	hériter d'une propriété
talent	hériter d'un don
a business	hériter d'une affaire
a quality	hériter d'une qualité

to INITIAL   7398

a change	parapher un changement
a document	parapher un document
a report	parapher un rapport
a memorandum	parapher un mémoire
a note	parapher une note

to INITIATE   7399

a new member	initier un nouveau membre
a new policy	inaugurer une nouvelle politique
changes in ...	inaugurer des changements dans ...
an amendment	inaugurer un amendement
s. o. formally	initier qqn solennellement

to INJECT   7400

a serum	injecter un sérum
insulin	injecter de l'insuline
a humorous note	interjeter une note d'humour
an opinion	interjeter une opinion
into the arm	injecter dans le bras

to INJURE   7401

a passenger	blesser un passager
a leg	se blesser à la jambe
a pedestrian	blesser un piéton
a reputation	ternir une réputation
one's back	se blesser au dos

to INQUIRE   7402

about a room	chercher une chambre
about a friend	se renseigner sur un ami
about a job	se renseigner sur un emploi
about a patient	demander des nouvelles d'un malade
for a friend	s'enquérir au nom d'un ami

to INSERT   7403

a word	insérer un mot
a clause	insérer une clause
a change	insérer une modification
an ad	insérer une annonce
a needle	enfoncer une aiguille

INSIST	7404	to INTERCEDE	7414
on a change	exiger un changement	in a dispute	s'interposer dans un différend
on a refund	exiger un remboursement	with the gover-	intercéder auprès du gouverneur en
on honesty	exiger l'honnêteté	nor on behalf	faveur de qqn
on obedience	exiger l'obéissance	of s. o.	
on punctuality	exiger la ponctualité	reluctantly	interceder avec réticence

INSPECT	7405	to INTERCEPT	7415
a bandage	vérifier un pansement	a message	intercepter un message
a building	inspecter un immeuble	a shipment	intercepter une cargaison
troops	inspecter des troupes	a messenger	intercepter un messager
the damage	examiner les dégâts	at the border	intercepter à la frontière
a train	visiter un train	troops	intercepter des troupes

INSPIRE	7406	to INTERCHANGE	7416
a crowd	transporter une foule	two parts	intervertir deux pièces
an author	inspirer un auteur	P. O. W.'s	échanger des prisonniers de guerre
an actor	inspirer un acteur	ambassadors	échanger des ambassadeurs
a painter	inspirer un peintre	ideas	échanger des idées
confidence	inspirer confiance	positions	alterner des positions

INSTALL	7407	to INTEREST	7417
a heater	installer un radiateur	o. s. in politics	s'intéresser à la politique
a panel	installer un panneau	investors in . . .	intéresser des investisseurs à . . .
a refrigerator	installer un réfrigérateur	the whole world	intéresser le monde entier
a TV set	installer un téléviseur	to be interested	être intéressé par les sciences
an officer	installer qqn dans ses fonctions	in science	

INSTRUCT	7408	to INTERFERE	7418
a novice	donner des instructions à un novice	with the law	entraver l'application de la loi
a helper	donner des instructions à un aide	with the police	entraver l'action de la police
a student	donner des instructions à un élève	with a plan	entraver l'exécution d'un plan
a voter	donner des instructions à un électeur	in a quarrel	s'interposer dans une querelle
s. o. to remain	donner l'ordre à qqn de rester	constantly	intervenir constamment

INSULT	7409	to INTERPRET	7419
a friend	insulter un ami	the Bible	interpréter la Bible
a customer	insulter un client	a story	interpréter une histoire
a client	insulter un client	a meaning	expliquer un sens
a student	insulter un élève	a decision	interpréter une décision
a teacher	insulter un professeur	for a tourist	traduire les paroles d'un touriste

INSURE	7410	to INTERROGATE	7420
a life	assurer sur la vie	a prisoner	interroger un prisonnier
an account	assurer un compte	a witness	interroger un témoin
a car	assurer une voiture	a defendant	interroger un accusé
a home	assurer une maison	a soldier	interroger un soldat
against fire	assurer contre l'incendie	a student	interroger un étudiant

INTEGRATE	7411	to INTERRUPT	7421
two changes	incorporer deux changements	a broadcast	interrompre une émission
ideas	incorporer des idées	a meeting	interrompre une séance
suggestions	incorporer des suggestions	a discussion	interrompre une discussion
a minority	s'assimiler (une minorité)	a class	interrompre une classe
with the whole	faire former un tout à . . .	continually	interrompre sans cesse

INTEND	7412	to INTERVENE	7422
to leave	se proposer de partir	in a dispute	s'entremettre dans un différend
to participate	se proposer de participer	in the affairs	se mêler des affaires des autres
to write	se proposer d'écrire	of someone	
to fight	se proposer de lutter	in the matter of	intervenir dans . . .
no harm	ne pas penser à mal	by request	intervenir à la demande de . . .

INTENSIFY	7413	to INTERVIEW	7423
one's efforts	intensifier ses efforts	a celebrity	interviewer une personne célèbre
one's demands	intensifier ses revendications	the president	interviewer le président
opposition to . . .	renforcer l'opposition à . . .	s. o. for a job	avoir une entrevue avec qqn pour un
a search for . . .	multiplier les recherches pour . . .		travail
contrast (photog-	renforcer le contraste	the winner of . . .	interviewer le vainqueur
raphy)		on television	interviewer à la télévision

to INTIMATE	7424
a relationship	suggérer des rapports
an illicit romance	suggérer une liaison illicite
dishonesty	suggérer qu'il y a malhonnêteté
that s. o. lies	insinuer que qqn ment

to INTIMIDATE	7425
a witness	intimider (décontenancer) un témoin
a prisoner	intimider un prisonnier
a student	intimider un élève
with threats	intimider par des menaces
using force	intimider par la force

to INTRODUCE	7426
a friend	présenter un ami
a measure	proposer une mesure
an innovation	introduire une nouveauté
a resolution	soumettre une résolution
a change	présenter une innovation

to INVADE	7427
a country	envahir un pays
an area	envahir une région
a town	envahir une ville
Poland	envahir la Pologne
an island	envahir une île

to INVENT	7428
the airplane	inventer l'avion
a gadget	inventer un gadget
an excuse	inventer une excuse
a story	inventer une histoire
a name	inventer un nom

to INVEST	7429
a fortune	placer une fortune
one's savings	placer ses économies
in real estate	investir dans l'immobilier
in stocks	investir dans des titres
wisely	placer judicieusement

to INVESTIGATE	7430
a crime	enquêter sur un crime
a fire	enquêter sur un incendie
the facts	enquêter sur les faits
a murder	enquêter sur un meurtre
thoroughly	faire une enquête en profondeur

to INVITE	7431
some friends	inviter quelques amis
a reply	s'attirer une réponse
criticism	s'attirer des critiques
s. o. to speak	inviter qqn à prendre la parole
s. o. to a party	inviter qqn à une réception

to INVOLVE	7432
a radical change	requérir un changement radical
s. o. in a case	impliquer qqn dans un cas
o. s. in a cause	participer à un mouvement
to be involved in politics	être engagé dans la politique

to IRON	7433
a shirt	repasser une chemise
a blouse	repasser un chemisier
a sheet	repasser un drap
out a problem	résoudre un problème
out difficulties	aplanir des difficultés

to IRRITATE	7434
other people	irriter d'autres personnes
the skin	irriter la peau
the senses	exaspérer les sens
to be irritated with a child	être exaspéré par un enfant

to ISOLATE	7435
a patient	isoler un malade
a prisoner	isoler un prisonnier
the cause of . . .	déterminer la cause de . . .
an organism	isoler un organisme
from danger	mettre à l'abri du danger

to ISSUE	7436
a decree	promulguer un décret
an ultimatum	lancer un ultimatum
rations	distribuer des rations
uniforms	distribuer des uniformes
a new version	publier une nouvelle version

to ITEMIZE	7437
expenses	énumérer les dépenses
costs	décomposer le coût
deductions (tax)	détailler une déclaration
one's reasons	exposer ses raisons
for tax purposes	détailler pour ses impôts

J

to JAIL	7438
a criminal	mettre un criminel en prison
strikers	mettre des grévistes en prison
dissenters	mettre des dissidents en prison
a reporter	mettre un reporter en prison
for two years	mettre en prison pour deux ans

to JEER at	7439
a speaker	huer un orateur
a verdict	huer un verdict
the news	huer les nouvelles
the results	huer les résultats
the words	huer les paroles

to JERK	7440
on a line	tirer brusquement sur une corde
o. s. free	se libérer d'un coup sec
with a spasm	se crisper avec un spasme
with the hands	tirer d'un coup sec avec les mains
and twist	tirer et tourner

to JOIN	7441
forces	faire cause commune
a club	adhérer à un club
two objects	assembler deux objets
in marriage	unir par les liens du mariage
in the fun	s'amuser avec les autres

VERI

JOKE about		7442	to JUGGLE		7446
the weather	plaisanter au sujet du temps		three objects	jongler avec trois objets	
the president	se moquer du président		many balls	jongler avec plusieurs balles	
politics	rire de la politique		the figures	arranger les chiffres	
the future	plaisanter au sujet de l'avenir		the facts	escamoter les faits	
a person	se moquer de qqn		with plates	jongler avec des assiettes	

JOT down		7443	to JUMP		7447
a name	noter un nom		a fence	sauter une clôture	
an address	noter une adresse		from a ladder	sauter d'une échelle	
a number	noter un numéro (de téléphone)		off a fence	sauter d'une clôture	
the pertinent facts	noter les faits pertinents		into the water	sauter dans l'eau	
			through a hoop	sauter à travers un cerceau	

JOURNEY		7444	to JUSTIFY		7448
around the world	voyager autour du monde		a need	justifier un besoin	
to the east	aller vers l'est		an expense	justifier une dépense	
down a river	descendre une rivière		a cost	justifier un prix	
to Europe	aller en Europe		a request	justifier une demande	
across a desert	traverser un désert		a change	justifier un changement	

JUDGE		7445
a case	statuer sur une affaire	
an issue	se prononcer sur une question	
a race	arbitrer une course	
a person	juger quelqu'un	
a result	se prononcer sur un résultat	

K

KEEP	7449

KEEP		1			4
a present	garder un cadeau		ahead of the class	devancer les autres dans une classe	
a promise	tenir une promesse		at a job	travailler sans relâche	
a secret	garder un secret		back the truth	taire la vérité	
one's word	tenir parole		back a crowd	contenir une foule	
a neat notebook	avoir un cahier bien tenu		off the lawn	ne pas marcher sur le gazon	

		2			5
a record	tenir un registre				
a diary	tenir un journal intime		on writing	continuer à écrire	
something temporarily	garder quelque chose provisoirement		on studying	continuer à étudier	
enough supplies	avoir des réserves suffisantes		out of trouble	ne pas avoir d'histoires	
a reserve	avoir une réserve		to oneself	(préférer) rester seul	
			to the main road	suivre la grand route	

		3			6
quiet	se tenir tranquille		to the facts	s'en tenir aux faits	
calm	garder son calme		to the right	garder sa droite	
cool	garder son calme		up the good work	continuer à faire le même bon travail	
physically fit	se maintenir en forme		up with the class	se tenir au niveau de la classe	
clean	rester propre		up with the news	se tenir au courant des événements	

KICK		7450	to KILL		7452
a ball	donner un coup de pied dans un ballon		an enemy	tuer un ennemi	
a stone	botter une pierre		an animal	tuer un animal	
over a stool	faire tomber un tabouret		a motion	bloquer une motion	
in a door	enfoncer une porte		in cold blood	tuer de sang froid	
down a fence	renverser une clôture		accidentally	tuer accidentellement	

KIDNAP		7451	to KISS		7453
a child	kidnapper un enfant		a child	embrasser un enfant	
a wife	enlever une épouse		a girl	embrasser une jeune fille	
a daughter	enlever une fille		a ring	baiser une bague	
a son	enlever un fils		tenderly	embrasser tendrement	
a witness	enlever un témoin		in the dark	s'embrasser dans le noir	

to KNEEL		7454
at the altar	s'agenouiller devant l'autel	
in prayer	s'agenouiller pour prier	
before a king	s'agenouiller devant un roi	
beside a grave	s'agenouiller à côté d'une tombe	
reverently	s'agenouiller avec respect	

to KNIT		7455
a dress	tricoter une robe	
a sweater	tricoter un pull-over	
a shawl	tricoter un châle	
family ties	ressérer les liens familiaux	
Bones knit.	Les os se (res)soudent.	

to KNOCK		7456
on a door	frapper à une porte	
out a fighter	mettre un boxeur K.O.	
down a pedes- trian	renverser un piéton	
over a bottle	renverser une bouteille	
repeatedly	frapper à plusieurs reprises	

to KNOW		7457
a person	connaitre quelqu'un	
the facts	connaitre les faits	
the truth	connaitre la vérité	
about law	connaitre le droit	
of a place	avoir entendu parler d'un endroit	

to KNOW HOW		7458
to swim	savoir nager	
to sew	savoir coudre	
to type	savoir taper à la machine	
to play cards	savoir jouer aux cartes	
to study	savoir étudier	

L

to LABEL		7459
a bottle	étiqueter une bouteille	
a book	classifier un livre	
s. o. as a liar	appeler qqn un menteur	
to be clearly labeled	être clairement classifié	

to LACK		7460
talent	être dénué de talent	
courage	manquer de courage	
ability	manquer de compétence	
energy	manquer d'énergie	
money	être à court d'argent	

to LAMENT		7461
a death	déplorer un décès	
a loss	déplorer une perte	
a tragedy	déplorer une tragédie	
an assassination	déplorer un assassinat	
an absence	déplorer une absence	

to LAND		7462
a boat	faire accoster un bateau	
a plane	faire atterrir un avion	
a fish	prendre un poisson	
safely	atterrir sain et sauf	
in the water	se poser sur (tomber dans) l'eau	

to LAST		7463
forever	durer éternellement	
for three days	durer trois jours	
a month	durer un mois	
a century	durer un siècle	
two weeks	durer deux semaines	

to LAUGH		7464
at a joke	rire d'une plaisanterie	
constantly	rire sans arrêt	
nervously	rire nerveusement	
loudly	rire tout haut	
heartily	rire de bon cœur	

to LAUNCH		7465
a lifeboat	lancer un canot de sauvetage	
a missile	lancer un engin balistique	
a torpedo	lancer une torpille	
an attack	lancer une attaque	
a campaign	lancer une campagne	

to LAUNDER		7466
sheets	laver des draps	
pillowcases	laver des taies d'oreiller	
clothes	laver des vêtements	
shirts	laver des chemises	
dirty socks	laver des chaussettes sales	

to LAY		7467
a scene	La scène se passe à . . .	
a trap	tendre un piège	
a rug	poser un tapis	
plans	faire des plans	
tiles	poser des tuiles	
a foundation	jeter les fondations	
bricks	poser des briques	
claim to . . .	revendiquer quelque chose	
the blame on . . .	incriminer quelqu'un	
a bet	engager un pari	
down a book	poser un livre	
off an employee	congédier un salarié	
in a supply	faire provision de . . .	
aside money	mettre de l'argent de côté	
down the law	faire la loi	
down one's arms	déposer les armes	
out a suit	étaler un costume	
out a garden	dessiner un jardin	
out a pattern	appliquer un patron sur l'étoffe	
away money	mettre de l'argent de côté	

to LEAD 7468

an orchestra	diriger un orchestre
a parade	marcher en tête d'un défilé
a class	diriger une classe
a discussion	diriger un débat
a good life	mener une vie agréable

an army	commander une armée
an attack	mener une charge
a movement	être à la tête d'un mouvement
a horse	mener un cheval
to anarchy	conduire à l'anarchie

to LEAF through 7469

a book	feuilleter un livre
a magazine	feuilleter une revue
a dictionary	feuilleter un dictionnaire
a cookbook	feuilleter un livre de cuisine
a report	feuilleter un rapport

to LEAK 7470

oil	perdre de l'huile
water	perdre de l'eau
badly	fuir abondamment
slightly	perdre un peu
continuously	perdre constamment

to LEAN 7471

on someone	s'appuyer sur quelqu'un
to the left	pencher à gauche
into the wind	se courber pour résister au vent
against a door	s'appuyer contre une porte
toward the east	pencher vers l'est

to LEAP 7472

a fence	sauter une barrière
at a chance	sauter sur une occasion
over a chair	sauter par dessus une chaise
out a window	sauter par une fenêtre
for joy	sauter de joie

to LEARN 7473

a language	apprendre une langue
a poem	apprendre un poème
a skill	apprendre un métier
a trade	apprendre un métier
easily	apprendre facilement

to LEARN (how)

to write	apprendre à écrire
to dance	apprendre à danser
to obey	apprendre à obéir
to fight	apprendre à se battre
to spell	apprendre l'orthographe

to LEASE 7474

a new car	louer une voiture neuve
an office	louer un bureau
a building	louer un bâtiment
an apartment	louer un appartement
for two years	louer pour deux ans

to LEAVE 7475

a spot	faire une tache
a mark	laisser une marque
a stain	laisser une tache
a ring (in tub)	laisser une auréole
a trace	laisser une trace

a building	quitter un bâtiment
a room	sortir d'une pièce
school	quitter l'école
the office	quitter le bureau
a person	quitter quelqu'un

an impression	laisser une impression
a will	laisser un testament
a legacy	faire un legs
a fortune	laisser une fortune
a record	établir un record

for the office	partir pour le bureau
at 7 A.M.	partir à 7 heures
in a cab	partir en taxi
out a word	omettre un mot
by the front door	sortir par la porte principale

to LEND 7476

money	prêter de l'argent
one's support	donner son appui
a hand	donner un coup de main
s. o. a book	prêter un livre à qqn
s. o. a pen	prêter son stylo à qqn

to LENGTHEN 7477

a dress	allonger une robe
a speech	allonger un discours
a vacation	allonger des vacances
a highway	allonger une route
The days lengthen.	Les jours s'allongent.

to LESSEN 7478

the pain	apaiser la douleur
the effect of ...	diminuer l'effet de ...
the costs of ...	abaisser le coût de ...
a fine	réduire une amende
a sentence (law)	réduire une sentence

to LET 7479

s. o. leave	permettre à qqn de partir
s. o. vote	permettre à qqn de voter
go of s.th.	lâcher prise de qqch.
oneself go	se laisser aller
out a clutch	débrayer

out a dress	élargir une robe
in the tide	laisser entrer le flux
down a bridge	abaisser un pont
out a scream	pousser un cri
up on someone	devenir moins sévère avec qqn

to LEVEL 7480

a site	niveler un site
a building	raser un édifice
with someone	jouer franc jeu avec qqn
to be level with the ground	être au niveau du sol

to LIBERATE 7481

a country	libérer un pays
P. O. W.'s	libérer des prisonniers de guerre
all women	libérer toutes les femmes
the mind	(se) libérer l'esprit
from bondage	libérer de l'esclavage

VERBS

to LICK		7482
a stamp	humecter un timbre (lécher)	
up milk (cat)	lapper le lait	
off the glue	lécher la colle	
one's wounds	se consoler	
an opponent	éliminer un adversaire	

to LIE		7483
in bed	être au lit	
on the floor	être étendu sur le plancher	
near the fire	être étendu près du feu	
north of Paris	se trouver au nord de Paris	
south of Berlin	être situé au sud de Berlin	

to LIE (tell a)		7484
about a friend	dire des mensonges d'un ami	
to a teacher	mentir à un professeur	
constantly	mentir sans cesse	
in self-defense	mentir pour se défendre	
rarely	mentir rarement	

to LIFT		7485
a weight	soulever un poids	
a table	soulever une table	
a chair	soulever une chaise	
a ban	lever un interdit	
an embargo	lever un embargo	

to LIGHT		7486
a cigarette	allumer une cigarette	
a room	éclairer une pièce	
a candle	allumer une bougie	
a fire	allumer un feu	
a torch	allumer un flambeau	

to LIGHTEN		7487
a burden	alléger un fardeau	
a workload	alléger la somme de travail	
the duties of . . .	alléger les tâches de . . .	
a cargo	alléger une cargaison	
The fog lightened.	Le brouillard s'éclaircit.	

to LIKE		7488
candy	aimer les sucreries	
swimming	aimer nager	
a teacher	aimer un professeur	
one's friends	aimer ses amis	
cold weather	aimer le froid	
to dance	aimer danser	
to swim	aimer nager	
to run	aimer courir	
to play	aimer jouer	
to read	aimer lire	

to LIMIT		7489
production	limiter la production	
the power of . . .	limiter le pouvoir de . . .	
one's remarks	limiter ses remarques à . . .	
a total to ten	limiter le total à dix	
expenses	limiter des dépenses	

to LIMP		7490
along a road	aller clopin-clopant	
in pain	boîter de douleur	
into port (ship)	entrer au port avec des avaries	
into a room	entrer dans une pièce en boîtant	
noticeably	boîter d'une manière sensible	

to LINE		7491
a cupboard	tapisser une armoire	
a drawer	tapisser un tiroir	
a paper	tracer des lignes sur un papier	
a walk	border une allée	
up a job	avoir un emploi en vue	

to LINGER		7492
for a while	s'attarder un petit moment	
behind the others	s'attarder derrière les autres (être à la traîne)	
in the park	s'attarder dans le parc	
and watch	s'attarder pour regarder	

to LINK		7493
arms	se donner le bras	
all the facts	rattacher les faits	
a suspect with . . .	lier un suspect avec . . .	
up behind enemy lines	s'unir derrière les lignes ennemies	

to LIST		7494
alphabetically	classer dans l'ordre alphabétique	
numerically	classer dans l'ordre numérique	
by name	classer nominativement	
by height	classer selon la hauteur	
by rank	classer selon le grade	

to LISTEN		7495
to a song	écouter une chanson	
to a lecture	écouter une leçon	
to the wind	écouter le vent	
carefully	écouter attentivement	
for a minute	prêter attention une minute	

to LITTER		7496
the sidewalk	joncher un trottoir de détritus	
the parking lot	joncher un parking de détritus	
a campsite	joncher l'emplacement d'un camp de détritus	
a campus	joncher un "campus" de détritus	
a street	joncher une rue de détritus	

to LIVE		7497
a good life	vivre bien	
comfortably	vivre à l'aise	
on vegetables	vivre de légumes	
in peace	vivre en paix	
as a poet	mener une vie de poète	
in the country	vivre à la campagne	
in America	vivre en Amérique	
near the city	vivre près de la ville	
on a farm	vivre dans une ferme	
on nothing	vivre de rien	
on a pension	vivre d'une pension	
in a sanatorium	vivre dans un sanatorium	
out one's life	finir ses jours	
through a war	réchapper d'une guerre	
without hope	vivre sans espoir	

to LOAD		7498
a truck	charger un camion	
a barge	charger une péniche	
a gun	charger un fusil	
a ship	charger un navire	
the trunk (car)	charger le coffre à bagages	

to LOAN   7499

s. o. a book	prêter un livre à qqn
a sum of money	prêter une somme d'argent
one's car	prêter sa voiture
at six percent interest	prêter à un intérêt de six percent
for one year	prêter pour un an

to LOATHE   7500

writing letters	détester écrire des lettres
foul language	détester le language grossier
studying	détester les études
the smell of . . .	détester l'odeur de . . .
poetry	détester la poésie

to LOCATE   7501

a map	trouver une carte
an island	situer une île
a treasure	découvrir un trésor
a friend	retrouver un ami
a source	trouver une source

to LOCK   7502

a door	fermer une porte à clef
a gate	fermer un portail à clef
s. o. in a room	enfermer qqn dans une pièce
s. o. out of a house	enfermer qqn dehors
something in a safe	enfermer qqch. dans un coffre

to LODGE   7503

a boarder	avoir un pensionnaire
a guest	héberger un hôte
a complaint	déposer plainte
in a dormitory	loger dans une maison d'étudiants
in a boarding house	vivre dans une pension de famille

to LONG   7504

for peace	désirer ardemment la paix
for home	désirer ardemment rentrer chez soi
for a steak	avoir grande envie d'un bifteck
for a drink	avoir envie d'une boisson (alcoolisée)
for freedom	souhaiter ardemment la liberté

to LOOK   7505

at someone	regarder quelqu'un
for a job	chercher du travail
like someone	ressembler à quelqu'un
at a magazine	jeter un coup d'œil sur une revue
through a port hole	regarder par le hublot
after a child	s'occuper d'un enfant
for a word	chercher un mot
back in fear	regarder en arrière avec crainte
forward to . . .	envisager avec plaisir (qqch.)
up a term	vérifier un terme
up to someone	respecter qqn
over a report	parcourir un rapport
down on s. o.	mépriser qqn
like rain	être à la pluie (temps)
on helplessly	regarder sans pouvoir intervenir

to s. o. for help	compter sur l'aide de qqn
promising	sembler prometteur
unhappy	avoir l'air malheureux
pale	être pâle
the part	avoir la tête de l'emploi

to LOOSEN   7506

a belt	desserrer une ceinture
a tie	desserrer un nœud de cravate
a knot	défaire un nœud
a restriction	assouplir une restriction
a hold	relâcher une étreinte

to LOSE   7507

an argument	avoir le dessous dans une discussion
a fight	être vaincu dans une bagarre
a race	être battu dans une course
a key	perdre une clef
a game	perdre une partie (un jeu)
an election	être battu dans les élections
one's way	perdre son chemin
a chance	laisser échapper une occasion
one's balance	perdre l'équilibre
a job	perdre un emploi

to LOVE   7508

one's parents	aimer ses parents
music	aimer la musique
freedom	aimer la liberté
liberty	aimer la liberté
justice	aimer la justice
swimming	aimer beaucoup nager
to paint	aimer beaucoup peindre
to dance	aimer beaucoup danser
to study	aimer beaucoup étudier
to eat	aimer beaucoup manger

to LOWER   7509

a rope	affaler un cordage
a gangplank	mettre une passerelle
a drawbridge	abaisser un pont-levis
a standard	abaisser une norme
a flag	amener un pavillon

to LUBRICATE   7510

an engine	lubrifier un moteur
the skin	lubrifier la peau
a mechanism	lubrifier un mécanisme
one's hands with a lotion	se lubrifier les mains avec une lotion

to LULL   7511

a child to sleep	bercer un enfant
the public by . . .	endormir le public avec . . .
s. o. into a false sense of . . .	induire qqn en erreur
s. o. with promises	endormir qqn avec des promesses

M

to MAGNIFY — 7512

a specimen	agrandir l'image d'un specimen
a star	agrandir l'image d'une étoile
a problem	exagérer un problème
a difficulty	grossir une difficulté
a difference	exagérer une différence

to MAIL — 7513

a letter	expédier une lettre
a package	expédier un colis
a bill	expédier une facture
a receipt	expédier un reçu
a contract	expédier un contrat

to MAINTAIN — 7514

a distance	maintenir une distance
a speed	conserver une allure
a family	faire vivre une famille
the roads	entretenir les routes
silence	garder le silence

to MAKE — 7515

to MAKE — 1

love	faire l'amour
a discovery	faire une découverte
progress	faire des progrès
a decision	prendre une décision
war	faire la guerre

2

no difference	ne faire rien
friends	se lier d'amitié
believe (pretend)	faire semblant
an offer	faire une offre
a proposal	faire une proposition

3

a mistake	faire une faute
an error	faire une erreur
a suggestion	faire une suggestion
a contribution	contribuer à . . .
a distinction	faire une distinction

4

a dress	faire une robe
a cake	faire un gâteau
an agreement	conclure un accord
a good salary	gagner un bon salaire
good grades	obtenir de bonnes notes

5

a living	gagner sa vie
a bargain	faire une affaire
a change	apporter une modification
a meal	préparer un repas
the beds	faire les lits

6

an estimate	faire une évaluation
peace	faire la paix
a payment	faire un paiement
a real effort	faire vraiment un effort
an impression	faire une impression

7

a reservation	louer d'avance
a request	faire une demande
a complaint	déposer plainte
a copy	faire un double
a fresh start	recommencer à zéro

8

out a check	établir un chèque
out a will	établir un testament
up a test (devise)	composer une épreuve
up a story	inventer une histoire
up an excuse	inventer une excuse

to MALIGN — 7516

an opponent	médire d'un adversaire
a witness	calomnier un témoin
a president	calomnier un président
an enemy	calomnier un ennemi
the innocent	diffamer les innocents

to MAN — 7517

a boat	armer un bateau
the oars	armer les avirons
a barricade	garnir une barricade
a spaceship	désigner l'équipage d'un vaisseau spatial
a fort	garnir un fort

to MANAGE — 7518

a business	diriger une affaire
a hotel	diriger un hôtel
a restaurant	diriger un restaurant
temporarily	se débrouiller en attendant
to survive	arriver à survivre

to MANEUVER — 7519

an overthrow	manigancer un coup d'État
a car	conduire une voiture
troops	faire manœuvrer des soldats
an opponent	manœuvrer un adversaire
into position	manœuvrer pour se mettre en position

to MANIPULATE — 7520

the controls	manœuvrer les commandes
a stock	manipuler une action
a lever	manœuvrer un levier
a crowd	manœuvrer une foule
figures	arranger des chiffres

to MANUFACTURE — 7521

machinery	construire des machines
auto parts	fabriquer des pièces d'auto
airplanes	construire des avions
an excuse	inventer une excuse
a new product	fabriquer un nouveau produit

to MAP		7522
an area	dresser la carte d'une région	
a river	tracer le cours d'une rivière	
an itinerary	tracer un itinéraire	
out a plan	dresser un plan	
out a campaign	établir un plan de campagne	

to MARCH		7523
in a parade	défiler (au pas cadencé)	
single file	avancer en file indienne	
straight ahead	aller tout droit	
for exercise	marcher pour prendre de l'exercice	
every day	faire tous les jours de la marche	

to MARK		7524
a book	annoter un livre	
a trail	indiquer une piste	
off a distance	mesurer une distance	
up a price	hausser un prix	
down the cost	abaisser le coût	

to MARRY		7525
a nobleman	épouser un noble	
a millionaire	épouser un millionnaire	
an actress	épouser une actrice	
a singer	épouser un chanteur	
a teacher	épouser un instituteur	

to MASSACRE		7526
the enemy	massacrer l'ennemi	
civilians	massacrer des civils	
the tribes of . . .	massacrer les tribus de . . .	
in wartime	massacrer en temps de guerre	
in revenge	massacrer par vengeance	

to MASSAGE		7527
a sore muscle	masser un muscle douloureux	
the back of . . .	masser le dos de . . .	
to increase circulation	masser pour faire circuler le sang	
with oil	masser avec de l'huile	

to MASTER		7528
the violin	jouer parfaitement du violon	
a language	savoir parfaitement une langue	
an art	maîtriser un art	
a problem	dominer un problème	
a skill	apprendre un métier à fond	

to MATCH		7529
two pieces	trouver deux pièces assorties	
a price	offrir (être) au même prix	
colors	assortir des couleurs	
an offer	faire une offre équivalente	
wits with . . .	faire assaut d'esprit avec qqn	

to MATTER		7530
a great deal	avoir beaucoup d'importance	
little	avoir peu d'importance	
It doesn't matter.	Cela ne fait rien (Cela n'a pas d'importance.	
It's a matter of . . .	C'est une question de . . .	

to MATURE		7531
slowly	mûrir lentement	
with age	mûrir avec l'âge	
Good wines mature.	Les bons vins vieillissent.	
and develop	mûrir et se développer	

to MEAN		7532
no harm	ne pas penser à mal	
well	être bien intentionné	
nothing	ne pas avoir de sens	
"pencil"	signifier "crayon"	
many things	avoir plusieurs sens différents	

to MEASURE		7533
a distance	mesurer une distance	
a line	mesurer une ligne	
a height	mesurer une hauteur	
up to s. o.	être à la taille de qqn	
accurately	mesurer avec précision	

to MEDDLE		7534
in other's affairs	se mêler des affaires d'autrui	
without reason	intriguer sans raison	
constantly	intriguer constamment	
Don't meddle!	Mêlez-vous de ce qui vous regarde!	

to MEDIATE		7535
a dispute	arbitrer une querelle	
a settlement	s'entremettre dans un règlement	
a contract	s'entremettre dans la conclusion d'un contrat	
a strike	s'entremettre dans une grève	
a problem	s'entremettre pour régler un problème	

to MEDITATE		7536
on a problem	méditer sur un problème	
on the causes of . . .	méditer sur les causes de . . .	
then decide	réfléchir puis décider	
in isolation	méditer à l'écart	

to MEET		7537
a person	recontrer qqn	
a plane	accueillir un avion	
an obligation	s'acquitter d'une obligation	
a schedule	se conformer à un programme	
opposition	se heurter à une opposition	
with friends	retrouver des amis	
near the bank	se retrouver près de la banque	
for a talk	se retrouver pour discuter	
at the theater	se retrouver au théâtre	
face to face	se retrouver face à face	

to MELT		7538
Wax melts.	La cire fond.	
Snow melts.	La neige fond.	
Metals melt.	Les métaux entrent en fusion.	
Plastic melts.	Les plastiques fondent.	
Butter melts.	Le beurre fond.	

to MEMORIZE			7539
an address		une adresse	
a code	apprendre	un code	
a number	par	un nombre	
a poem	cœur	un poème	
a sequence		une séquence	

to MEND		7540
a dress	raccommoder une robe	
a rip	repriser un accroc	
a toy	réparer un jouet	
a doll	réparer une poupée	
a fence	réparer une clôture	

to MENTION   7541

a possible change — mentionner un changement possible
in the papers — mentionner dans les journaux
in passing — mentionner en passant
the name of . . . — mentionner le nom de . . .

to MERIT   7542

an award — mériter un prix
a raise — mériter une augmentation
a promotion — mériter une promotion
recognition — mériter la considération
one's respect — mériter le respect

to MIGRATE   7543

to the north — émigrer vers le nord
upstream — remonter le courant
annually — émigrer tous les ans
in the fall — émigrer à l'automne
into Asia — immigrer en Asie

to MIMIC   7544

a gesture — imiter un geste
an animal — imiter un animal
an ape — imiter un singe
a person — imiter quelqu'un
a peculiarity — singer une singularité

to MIND   7545

one's parents — écouter ses parents
a change — s'élever contre un changement
the heat — être incommodé par la chaleur
a fire — s'occuper d'un feu
one's own business — s'occuper de ses affaires

to MINE   7546

copper — extraire du cuivre
coal — extraire du charbon
an entrance — miner une voie d'accès
a harbor — miner un port
a field — miner un champ

to MINGLE   7547

with a crowd — se mêler à la foule
with those passing by — se mêler aux passants
with students — se mêler aux élèves
freely with . . . — se mêler librement avec . . .

to MINISTER   7548

to the needy — secourir les nécessiteux
to the poor — secourir les pauvres
to the needs of . . . — subvenir aux besoins de . . .
to the sick — secourir les malades
to the aged — secourir les vieux

to MISHANDLE   7549

a situation — mal controller une situation
arrangements — mal controller des arrangements
a cargo — malmener une cargaison
a temperamental actress — mal controller une actrice capricieuse

to MISINTERPRET   7550

a meaning — mal interpréter un sens
a law — mal interpréter une loi
a statement — mal interpréter une déclaration
the news — mal interpréter les nouvelles
a word — mal interpréter un mot

to MISJUDGE   7551

a distance — mal évaluer une distance
a person — se méprendre sur qqn
a result — mal interpréter un résultat
a student — se méprendre sur un étudiant
talent — méconnaître le talent

to MISLAY   7552

a set of keys — égarer un trousseau de clefs
a receipt — égarer un reçu
a bill — égarer une facture
a pen — égarer un stylo
tools — égarer des outils

to MISLEAD   7553

the public — induire en erreur le public
a listener — induire en erreur un auditeur
a client — induire en erreur un client
a customer — induire en erreur un client
s. o. intentionally — tromper sciemment qqn

to MISPLACE   7554

a report — égarer un rapport
a briefcase — égarer une serviette
a key — égarer une clef
a wallet — égarer un portefeuille
a ticket — égarer un billet

to MISPRONOUNCE   7555

a name — mal prononcer (écorcher) un nom
a syllable — mal prononcer une syllabe
a foreign word — mal prononcer un mot étranger
a vowel — mal prononcer une voyelle
a consonant — mal prononcer une consonne

to MISS   7556

a person — regretter l'absence de qqn
a bus — manquer un autobus
a train — manquer un train
a chance — rater une occasion
an assignment — manquer un devoir

a target — rater un but
a test — ne pas se présenter à un examen
a day of school — manquer l'école un jour
being with s. o. — regretter de ne pas être avec qqn
by a mile — passer loin du but

to MISSPELL   7557

a word — mal orthographier un mot
a name — mal orthographier un nom propre
a title — mal orthographier un titre
a verb — mal orthographier un verbe
a noun — mal orthographier un nom commun

to MISTAKE   7558

someone for someone else — prendre quelqu'un pour un autre
generosity for . . . — prendre de la générosité pour . . .
one's intentions — se tromper sur les intentions de qqn
love for hate — prendre l'amour pour de la haine

to MISTRUST   7559

an opponent — se méfier d'un adversaire
a president — se méfier d'un président
the motives of someone — se méfier des intentions de quelqu'un
the press — se méfier de la presse

to MISUNDERSTAND	7560	to MOOR	7569
a meaning	se méprendre sur le sens	a boat	amarrer un bateau
instructions	mal interpréter des instructions	a buoy	amarrer une bouée
a teacher	mal comprendre un professeur	to a dock	amarrer à un quai
an assignment	mal comprendre un devoir	near shore	amarrer près de la rive
an order	mal interpréter un ordre	securely	amarrer fermement

to MIX	7561	to MOP	7570
colors	mélanger des couleurs	a floor	nettoyer le plancher
a solution	préparer une solution	one's forehead	s'éponger le front
paints	mélanger des peintures	up a spill	éponger qqch. de renversé
in a color	incorporer une couleur	with soap and	nettoyer à l'eau et
a batter	mélanger une pâte (à crêpe)	water	au savon

to MOAN	7562	to MOTION	7571
in pain	gémir de douleur	with a hand	faire signe de la main
in anger	gémir de colère	with a flag	faire signe avec un drapeau
at the news	gémir en apprenant les nouvelles	for a porter	faire signe à un porteur
softly	gémir doucement	s. o. to stop	faire signe à qqn de s'arrêter
and complain	gémir et se plaindre	for a halt	faire signe de s'arrêter

to MOBILIZE	7563	to MOTIVATE	7572
an army	mobiliser une armée	s. o. to action	motiver qqn à agir
forces	mobiliser des forces	students to	motiver des élèves à
volunteers	mobiliser des volontaires	succeed	réussir
opposition to ...	mobiliser l'opposition contre ...	employees	motiver des employés
nationwide	mobiliser dans tout le pays	and encourage	motiver et encourager

to MOCK	7564	to MOUNT	7573
an opponent	se moquer d'un adversaire	a horse	monter à cheval
a loser	se moquer d'un perdant	an attack	monter une attaque
the law	se moquer de la loi	a campaign	monter une campagne
justice	se moquer de la justice	a butterfly	épingler un papillon
and taunt	se moquer et railler	a display	monter une exposition

to MODERNIZE	7565	to MOURN	7574
a building	moderniser (rénover) un immeuble	a death	déplorer un décès
equipment	moderniser les équipements	a tragedy	déplorer une tragédie
an approach	moderniser une manière d'aborder	an assassination	déplorer un meurtre
an industry	moderniser une industrie	a loss	déplorer une perte
facilities	moderniser les aménagements	for a hero	pleurer un héros

to MODIFY	7566	to MOVE	7575
a change	atténuer la portée d'un changement	an object	déplacer un objet
a demand	mettre une sourdine à des reven-dications	to New York	aller s'installer à New York
		out of danger	s'éloigner d'un danger
a requirement	modifier un critère	into a house	emménager dans une maison
a plan	modifier un plan	gracefully	se mouvoir avec grâce
an airplane	modifier un avion		

to MOISTEN	7567	to MULTIPLY	7576
a towel	humecter une serviette	two numbers	multiplier deux nombres
one's lips	s'humecter les lèvres	in size	augmenter de volume
a surface	mouiller une surface	a number by	multiplier un nombre par trois
with alcohol	imbiber d'alcool	three	
with water	imbiber d'eau	the profits	augmenter les bénéfices
		and divide	multiplier et diviser

to MOLD	7568	to MURDER	7577
a statue	mouler une statue	a president	assassiner un président
clay	mouler de l'argile	a priest	assassiner un prêtre
plastic	mouler un plastique	a king	assassiner un roi
a personality	façonner un caractère	a leader	assassiner un leader
public opinion	influencer l'opinion publique	an emperor	assassiner un empereur

to NAG   7578

a husband	être constamment ⎰ son mari
a wife	sur le dos de ⎱ sa femme
at students	harceler les élèves
constantly	harceler constamment
and scold	harceler et gronder

to NAIL   7579

up a poster	clouer une affiche
down an offer	accrocher une offre
two pieces together	clouer deux morceaux ensemble
something to a wall	clouer quelque chose au mur

to NAME   7580

a successor	nommer un successeur
a chairman	nommer un président
an ambassador	nommer un ambassadeur
a child	donner un prénom à un enfant
three things	citer trois choses

to NARRATE   7581

a film	faire la narration d'un film
a story	raconter une histoire
an experience	raconter un événement
a program	être le narrateur d'un programme
a TV series	être le narrateur d'un feuilleton télévisé

to NARROW   7582

down the possibilities	restreindre les possibilités
a path	rétrécir un chemin
one's eyes	plisser les yeux
a margin	diminuer la marge

to NATIONALIZE   7583

an industry	nationaliser une industrie
the railroads	nationaliser les chemins de fer
control of . . .	nationaliser le contrôle de . . .
the means of communication	nationaliser les moyens de communication (transport)

to NAVIGATE   7584

a boat	gouverner un navire
a plane	piloter un avion
a river	naviguer sur une rivière
by the stars	naviguer aux étoiles
with a compass	naviguer au compas

to NEAR   7585

a solution	se rapprocher d'une solution
a verdict	être sur le point de rendre un verdict
a decision	s'approcher d'une décision
the end	s'approcher de la fin
the shore	s'approcher de la côte

to NECESSITATE   7586

a change	nécessiter un changement
a revision	nécessiter une révision
a delay	nécessiter un sursis
a modification	nécessiter une modification
a recount	nécessiter un recomptage

to NEED   7587

love	avoir besoin d'être aimé
money	avoir besoin d'argent
time	avoir besoin de temps
leadership	avoir besoin d'un chef
compassion	avoir besoin de compassion
to study more	devoir étudier davantage
to leave early	devoir partir tôt
to lose weight	devoir perdre du poids
to move away	devoir déménager
to earn more	devoir gagner plus

to NEGLECT   7588

a child	négliger un enfant
a lawn	négliger une pelouse
one's work	négliger son travail
a duty	négliger un devoir
to state	omettre de déclarer

to NEGOTIATE   7589

a contract	négocier un contrat
an agreement	négocier un accord
a compromise	négocier un compromis
with the enemy	négocier avec l'ennemi
in good faith	négocier de bonne foi

to NEST   7590

in a tree	nicher dans un arbre
under the roof	nicher sous le toît
dishes in excelsior	emboîter (empiler) des plats
closely together	bien s'emboîter (assiettes)

to NET   7591

a profit	empocher un bénéfice
a large income	toucher de gros revenus nets
fish	prendre des poissons au filet
benefits	récolter les fruits
a butterfly	prendre un papillon au filet

to NEUTRALIZE   7592

a reaction	neutraliser une réaction
an effect	neutraliser un effet
an acid	neutralier un acide
opposition	neutraliser une opposition
something completely	neutraliser complètement qqch.

to NOD   7593

one's head	incliner la tête
approvingly	opiner du chef
in agreement	consentir d'un signe de tête
sleepily	dodeliner de la tête
reluctantly	approuver de mauvaise grâce

to NOMINATE   7594

a candidate	présenter un candidat
a judge	désigner un juge
a chairman	désigner un président
a replacement	proposer un successeur
an alternate	proposer un remplaçant

to NOTE	7595	to NULLIFY	7599
a change	remarquer un changement	a will	annuler un testament
a difference	relever une différence	a contract	annuler un contrat
a date	noter une date	the effect of . . .	annuler les effets de . . .
an absence	relever une absence	a treaty	annuler un traité
a discrepancy	relever une contradiction	the value of . . .	annuler la valeur de . . .

to NOTICE	7596	to NUMBER	7600
an improvement	remarquer une amélioration	a list	numéroter une liste
a change	remarquer un changement	a page	numéroter une page
a picture	remarquer un tableau	a row	numéroter une rangée
an article	remarquer un article	a ticket	numéroter un billet
a person	remarquer quelqu'un	a seat	numéroter une place

to NOTIFY	7597	to NURSE	7601
a winner	aviser un vainqueur	a baby	allaiter un bébé
the parents	aviser les parents	a grudge	garder rancune
the police	aviser la police	an ambition	nourrir une ambition
the family	aviser la famille	a patient	soigner un malade
the widow	aviser la veuve	a sick child	soigner un enfant malade

to NOURISH	7598	to NURTURE	7602
a feeling of guilt	entretenir un sentiment de culpabilité	a grudge	nourrir un grief
the body	nourrir le corps	goodwill	nourrir de la bonne volonté
hatreds	nourrir de la haine	a plant	nourrir une plante
with vitamins	nourrir avec des vitamines	a hope for . . .	nourrir de l'espoir pour . . .
		with care	nourrir avec attention

O

to OBEY	7603	to OBSCURE	7608
the law	être respectueux des lois	the truth	voiler la vérité
God's will	se plier à la volonté de Dieu	a meaning	voiler le sens
one's parents	obéir à ses parents	a wharf	masquer un quai
instructions	suivre les instructions	a sign (traffic)	masquer les feux
an order	obéir à un ordre	a need	cacher un besoin

to OBJECT to	7604	to OBSERVE	7609
a change	protester contre un changement	the law	observer les lois
a requirement	protester contre une exigence	the provisions of a treaty	observer les clauses d'un traité
a grade	protester contre une note	nature	observer la nature
an assignment	protester contre un devoir	at close hand	observer de près
a statement	protester contre une déclaration		

to OBLIGATE	7605	to OBSESS	7610
s. o. to stay	obliger qqn à rester	the mind	obséder l'esprit de quelqu'un
o. s. to a company	se faire l'obligé d'une compagnie	one's thoughts	obséder les pensées de qqn
the government to act	obliger (forcer) le gouvernement à agir	to be obsessed with jealousy	être obsédé par la jalousie
		with suspicion	par les doutes

to OBLIGE	7606	to OBSTRUCT	7611
a friend	rendre service à un ami	justice	entraver l'action de la justice
a teacher	rendre service à un professeur	a view	boucher la vue
s. o. by staying	faire plaisir à qqn en restant	the completion	s'opposer à l'achèvement
s. o. by leaving	faire plaisir à qqn en partant	the way	barrer le chemin
s. o. to change	obliger qqn à changer	the police	gêner la police

to OBLITERATE	7607	to OBTAIN	7612
a target	reduire un objectif en cendres	a permit	obtenir une autorisation
all trace of . . .	éliminer toute trace de . . .	an application	recevoir une candidature
many words	effacer de nombreux mots	a pardon	être grâcié
from the face of the earth	éliminer de la surface du globe	something by force	obtenir qqch. par la force
		permission	obtenir la permission

to OBVIATE	7613
a change	obvier à un changement
the need for . . .	devancer le besoin de . . .
difficulties	obvier à des difficultés
an obvious dis-	prévenir un désavantage
advantage	évident

to OCCUPY	7614
a building	occuper un bâtiment
the White House	occuper la Maison Blanche
a town	occuper une ville
one's time	passer son temps (à faire qqch.)
a country	occuper un pays

to OCCUR	7615
rarely	avoir lieu rarement
regularly	avoir lieu à intervalles réguliers
every years	avoir lieu tous les ans
for a purpose	avoir lieu dans un but précis
frequently	avoir lieu fréquemment

to OFFEND	7616
a client	offenser un client
a child	offenser un enfant
an adult	offenser un adulte
a race	offenser une race
a minority	offenser une minorité

to OFFER	7617
a contract	offrir un contrat
a solution	offrir une solution
a sacrifice	offrir un sacrifice
a reward	offrir une récompense
to remain	proposer de rester

to OFFSET	7618
a disadvantage	contrebalancer un désavantage
criticism	compenser une critique
one's losses	compenser ses pertes
a defeat by . . .	compenser une défaite par . . .
against a gain	compenser un gain

to OMIT	7619
a word	omettre un mot
a phrase	omettre une locution
a letter	omettre une lettre
a clause	omettre une clause
a reference	omettre une référence

to OPEN	7620
a window	ouvrir une fenêtre
a restaurant	ouvrir un restaurant
a tomb	ouvrir une tombe
a meeting	ouvrir une séance
a discussion	ouvrir un débat
an office	ouvrir un bureau
a campaign	inaugurer une campagne
a way	frayer une voie
a safe	ouvrir un coffre-fort
a drawer	ouvrir un tiroir
up a possibility	ouvrir une perspective
onto the street	donner sur la rue
to the left	s'ouvrir à gauche
inward	s'ouvrir vers l'intérieur
with a prayer	commencer par une prière

to OPERATE	7621
a machine	faire marcher une machine
a business	diriger une affaire
on a patient	opérer un patient
at a loss	exploiter à perte
legitimately	avoir une activité licite

to OPPOSE	7622
a compromise	s'opposer à un compromis
a reduction	s'opposer à une réduction
a plan	s'opposer à un plan
a suggestion	s'opposer à une suggestion
aggression	résister à l'agression

to OPPRESS	7623
a nation	opprimer une nation
a minority	opprimer une minorité
by force	opprimer par la force
through tyranny	opprimer et tyranniser
by censorship	opprimer et censurer

to ORBIT	7624
the earth	graviter autour de la terre
the moon	graviter autour de la lune
a planet	graviter autour d'une planète
a satellite	mettre un satellite en orbite
a space station	satelliser une station spatiale

to ORDAIN	7625
a clergyman	ordonner un prêtre
a victor	décréter qqn vainqueur
the fate of . . .	déterminer le destin de . . .
authority	déterminer l'autorité
by decree	déterminer par décret

to ORDER	7626
a meal	commander un repas
a halt	ordonner une halte
groceries	commander de l'épicerie
s. o. to stop	ordonner à qqn de s'arrêter
a cease-fire	ordonner un cessez-le-feu

to ORGANIZE	7627
an expedition	organiser une expédition
one's time	s'organiser
the workers	syndiquer les ouvriers
a search party	organiser une expédition de secours
a union	organiser un syndicat

to ORIENT	7628
o. s. to change	s'orienter vers un changement
the senses	orienter les sens
s. o. to new	orienter qqn vers de nouvelles
conditions	conditions
with a compass	(s')orienter avec une boussole

to ORIGINATE	7629
a term	créer un terme
a word	créer un mot
an idea	être l'auteur d'une théorie
a plan	être l'auteur d'un plan
an expression	créer une expression

to OUTGROW	7630
a bad habit	perdre une mauvaise habitude
a sister	grandir plus vite que sa sœur
clothing	devenir trop grand pour ses vêtements
one's usefulness	ne plus avoir d'utilité
a custom	se perdre (coutume)

to OUTLAST	7631
the enemy	survivre à l'ennemi
an opponent	survivre à un adversaire
an earlier model	durer plus longtemps qu'un modèle plus ancien
all competition	survivre à toute compétition

to OUTLINE	7632
a plan	esquisser un plan
a report	esquisser un rapport
a project	esquisser un projet
a schedule	esquisser un programme
a drawing	délinéer un dessin

to OUTNUMBER	7633
the enemy	être plus nombreux que l'ennemi
the opposition	être plus nombreux que l'opposition
slightly	être un peu plus nombreux
by a vast margin	être de loin les plus nombreux
by 1,000	compter 1.000 de plus

to OUTWIT	7634
a rival	duper (circonvenir) un rival
the police	duper la police
one's pursuers	duper ses poursuivants
a hijacker	dépister un pirate de l'air
completely	duper complètement

to OVERBURDEN	7635
an employee	surcharger (de travail) un employé
the heart	faire forcer le cœur
a porter	trop charger un porteur
students with too much work	surcharger les élèves de travail

to OVERCHARGE	7636
for an item	faire payer trop pour un article
a client	faire trop payer un client
a battery	trop charger une batterie (pile)
on purpose	faire trop payer exprès
accidentally	faire trop payer par accident

to OVERCOME	7637
a handicap	surmonter un handicap
a weakness	surmonter une faiblesse
a fear	surmonter une crainte
a bad habit	se défaire d'une mauvaise habitude
anxieties	surmonter ses inquiétudes

to OVERESTIMATE	7638
the costs	surestimer les coûts
one's taxes	surestimer ses impôts
the value of . . .	surestimer la valeur de . . .
one's income	surestimer ses revenus
one's influence	surestimer son influence

to OVERFLOW	7639
with kindness	déborder de gentillesse
into the adjacent territory	déborder sur les pays limitrophes
The river overflowed.	Le fleuve déborda.

to OVERHAUL	7640
a boat	radouber un navire (bateau)
an engine	réviser un moteur
a motorcycle	réviser une motocyclette
a car	réviser une voiture
a truck	réviser un camion

to OVERHEAR	7641
a conversation	surprendre une conversation
a comment	surprendre une remarque
a plot	surprendre un complot
a secret	surprendre un secret
an accusation	surprendre une accusation

to OVERLOAD	7642
a truck	surcharger un camion
a boat	surcharger une embarcation
a circuit	surcharger un circuit
a trailer	surcharger une remorque
an airplane	surcharger un avion

to OVERLOOK	7643
a mistake	laisser passer une erreur
the obvious	ne pas se rendre à l'évidence
a slight	passer sur un affront
an action	passer sur un acte
bad manners	passer sur de mauvaises manières

to OVERPOWER	7644
an opponent	maîtriser un adversaire
the rioters	maîtriser les manifestants
the senses	maîtriser les sens
a hijacker	maîtriser un pirate de l'air
and capture	maîtriser et capturer

to OVERRULE	7645
a verdict	casser un jugement
a veto	passer outre à un veto
a decision	annuler une décision
the opposition	passer outre à l'opposition
an objection	rejeter une objection

to OVERRUN	7646
a country	conquérir un pays
the anticipated costs of . . .	excéder le prix prévu (anticipé)
It was overrun with weeds.	C'était envahi de mauvaises herbes.

to OVERSTEP	7647
one's authority	outrepasser son autorité
the bounds of decency	outrepasser les limites de la décence
the limits	outrepasser les limites
a superior	passer outre un supérieur

to OVERTAKE	7648
another car	doubler une autre voiture
the leader	renverser un chef d'État
a suspect	capturer un suspect
to be overtaken by a storm	être surpris par un orage

to OVERTHROW	7649
a government	renverser un gouvernement
a tyrant	renverser un tyran
a king	renverser un roi
a dictator	renverser un dictateur
a ruler	renverser un souverain

to OVERTURN	7650
a wastebasket	renverser une corbeille à papier
a bus	renverser un autobus
a truck	renverser un camion
a bottle	renverser une bouteille
a motorcycle	renverser une motocyclette

to OVERWHELM	7651	to OWN	7652
an opponent	écraser un adversaire	a home	être le propriétaire d'une maison
a team	écraser une équipe	a business	posséder une affaire
the opposition	écraser l'opposition	a car	posséder une voiture
the guards	maîtriser les gardes	a farm	posséder une exploitation agricole
a sentry	maîtriser une sentinelle	an estate	posséder un domaine

P

to PACE	7653	to PANIC	7661
a runner	régler l'allure d'un coureur	easily	être facilement pris de panique
the floor	arpenter la pièce	at the news	être ⎰ en apprenant les nouvelles
a race	régler l'allure d'une course	and run	pris de ⎱ et s'en fuir en courant
back and forth	marcher de long en large	to be panicked	panique ⎰ à la vue d'un incendie
off four steps	mesurer quatre pas	by fire	

to PACIFY	7654	to PANT	7662
a child	calmer un enfant	from exertion	haleter de fatigue
a loser	calmer un perdant	for air	être à bout de souffle
the opposition	calmer l'opposition	for revenge	aspirer à se venger
the natives	apaiser les indigènes	and whine	haleter et gémir
with gifts	pacifier avec des cadeaux	and gasp	haleter et s'étouffer

to PACK	7655	to PARADE	7663
a suitcase	faire une valise	troops	faire défiler des troupes
a lunch	emballer un casse-croûte	one's ignorance	faire étalage de son ignorance
clothes	emballer des vêtements	in formation	défiler en formation
a knapsack	emballer des affaires dans un havresac	single file	défiler en file indienne
down snow	tasser la neige	past a stand	défiler devant une tribune

to PAD	7656	to PARALYZE	7664
a seat	capitonner un siège	a victim	paralyser une victime
a wall	capitonner une cloison	an enemy	paralyser un ennemi
a chair	capitonner une chaise	an industry	paralyser une industrie
a wound	tamponner une plaie	traffic	paralyser la circulation
expenses	gonfler les dépenses	the economy	paralyser l'économie

to PADDLE	7657	to PARDON	7665
a canoe	mener un canoë à la pagaie	a sinner	absoudre un pécheur
a boat	mener un canot à la pagaie	a criminal	grâcier un criminel
downstream	descendre un cours d'eau en pagayant	a thief	grâcier un voleur
across a river	traverser une rivière en pagayant	a convict	grâcier un condamné
with one's hands	pagayer avec les mains	one's enemies	pardonner à ses ennemis

to PAINT	7658	to PARK	7666
a picture	peindre un tableau	a car	garer une voiture
a mural	travailler à une peinture murale	a truck	garer un camion
a house	peindre une maison	near the curb	se garer contre le trottoir
a wall	peindre une paroi	in a garage	remiser dans un garage
a scene	peindre une scène	at an angle	se garer en épi

to PAMPER	7659	to PAROLE	7667
a son	choyer un fils	a convict	libérer un prisonnier ⎱
a genius	choyer un génie	a murderer	libérer un meurtrier ⎰ sous
the nobility	choyer la noblesse	s. o. in the custody of ...	libérer qqn et le (la) confier à ... ⎱ conditions
one's wife	gâter sa femme	after five years	libérer après cinq ans ⎰
one's senses	donner libre cours aux sens		

		to PART	7668
to PANEL	7660	one's hair	se faire une raie (cheveux)
a wall	lambrisser un mur	two fighters	séparer deux boxeurs
an office	lambrisser un bureau	with something	se séparer de qqch.
a ceiling	insonoriser un plafond	as good friends	se quitter bons amis
a kitchen	lambrisser une cuisine	company	se séparer de qqn
a living room	lambrisser un salon		

to PARTICIPATE		7669
in a play	jouer dans une pièce	
in a plot	participer à un complot	
in a debate	participer à un débat	
willingly	participer de bon gré	
actively	participer activement	

to PASS		7670
a test	réussir à un examen	
a law	voter une loi	
judgment . . .	émettre un jugement	
a car	doubler une voiture	
a sentence	prononcer une sentence	
an object to s. o.	passer un objet à qqn	
out papers	distribuer des papiers	
through a phase	passer par une phase	
up a chance	laisser passer une occasion	
over a mistake	passer sur une erreur	

to PASTE		7671
something to-gether	recoller des pièces	
pictures	coller des images	
up a picture	recoller les pièces d'une image	
down a corner	coller un coin	
something neatly	coller soigneusement qqch.	

to PASTEURIZE		7672
milk	pasteuriser le lait	
cheese	pasteuriser le fromage	
to avoid fer-mentation	pasteuriser pour éviter la fermentation	
for safety	pasteuriser par précaution	

to PAT		7673
a cheek	tapoter une joue	
a dog	caresser un chien	
something into shape	façonner à petits coups	
something flat	aplatir à petits coups	
something lightly	tapoter qqch.	

to PATCH		7674
a dress	rapiécer une robe	
a tire	réparer un pneu	
a leak	arrêter une fuite	
overalls	rapiécer une salopette	
up a quarrel	se raccommoder	

to PATENT		7675
an invention	breveter une invention	
a process	breveter un procédé	
a medicine	breveter un médicament	
a computer	breveter un ordinateur	
a device	breveter un dispositif	

to PATROL		7676
a perimeter	faire une ronde	
a street	patrouiller (dans) une rue	
a fort	patrouiller (dans) un fort	
a camp	patrouiller (dans) un camp	
a district	patrouiller (dans) un quartier	

to PATRONIZE		7677
the opera	fréquenter (patronner) l'opéra	
the arts	patronner les arts	
the larger stores	fréquenter les plus grands magasins	
with insults	traiter d'une manière insultante	

to PATTERN		7678
one's life after s. o.	modeler sa vie sur celle de qqn	
one's style	modeler son style	
one's actions	modeler ses actions	
new ideas after . . .	modeler des idées nouvelles sur . . .	

to PAUSE		7679
for a moment	s'arrêter un instant	
for a drink	s'arrêter pour boire	
for a rest	s'arrêter pour se reposer	
for a question	s'arrêter pour poser une question	
momentarily	marquer un temps d'arrêt	

to PAVE		7680
a street	couler une route ⎫ en asphalte	
a driveway	couler l'allée du garage ⎬ (en béton)	
the way for . . .	frayer la voie	
an area	couler toute une zone (en béton)	
a parking lot	couler un parking (en asphalte)	

to PAWN		7681
a ring	mettre une bague en gage	
jewelry	mettre des bijoux en gage	
a watch	mettre une montre en gage	
a violin	mettre un violon en gage	
an heirloom	mettre un meuble (un bijou) de famille en gage	

to PAY		7682
a fine	payer une amende	
alimony	verser une pension alimentaire	
one's obligations	s'acquitter de ses obligations	
one's respects	présenter ses respects	
a salary	verser un salaire	
tribute to . . .	rendre hommage à . . .	
the penalty	subir les conséquences de . . .	
five dollars	payer cinq dollars	
a lawyer	verser une provision à un avocat	
income taxes	payer l'impôt sur le revenu	
for advice	rémunérer un conseil	
for service	rémunérer un service	
for a mistake	payer une erreur	
out money	verser de l'argent	
gladly	payer de bon cœur	

to PEDDLE		7683
newpapers	colporter des journaux	
one's ideas	exposer ses idées	
housewares	vendre des articles de ménage	
from door to door	vendre des articles porte à porte	

to PEEK		7684
into a box	regarder furtivement dans une boîte	
out a window	regarder furtivement par une fenêtre	
through a hole	regarder furtivement par un trou	
secretly	regarder à la dérobée	
quickly	jeter un coup d'œil furtif	

to PEEL		7685
an orange	peler une orange	
a lemon	peler un citron	
a banana	peler une banane	
an apple	peler une pomme	
off a wrapper	enlever un emballage feuille à feuille	

to PEER	7686
into the dark	scruter l'obscurité
out a window	plonger le regard par la fenêtre
into a room	scruter une pièce
through a window	jeter un regard par le fenêtre
intently	scruter du regard

to PENALIZE	7687
a contestant	pénaliser un concurrent
an offender	infliger une amende à un contrevenant
s. o. for cheating	punir qqn pour avoir triché
s. o. for being late	punir qqn pour être en retard
s. o. for stealing	punir qqn pour avoir volé

to PENETRATE	7688
a defense	percer une défense
the body	pénétrer dans l'organisme
a wall	percer un mur
the dark	percer les ténèbres
a shield	percer un bouclier

to PERCEIVE	7689
the truth	percevoir la vérité
the difference	percevoir la différence
the sounds of . . .	percevoir les sons de . . .
dimly through the fog	entrevoir à travers le brouillard

to PERFECT	7690
a system	mettre au point un système
an invention	mettre au point une invention
a plan	perfectionner un plan
a design	perfectionner un modèle
a missile	perfectionner un engin balistique

to PERFORM	7691
a service	rendre un service
a play	jouer une pièce
surgery	pratiquer une opération
on the stage	faire du théâtre
in public	jouer en public

to PERISH	7692
in a crash	périr dans une collision
in an accident	périr dans un accident
from the cold	mourir de froid
in the desert	périr dans le désert
in the heat	mourir de chaleur

to PERMEATE	7693
the air	imprégner l'air
the skin	pénétrer dans la peau
a substance	imprégner une substance
to be permeated with a smell	être imprégné d'une odeur

to PERMIT	7694
smoking	permettre de fumer
dancing	permettre de danser
s. o. to leave	permettre à qqn de partir
s. o. to stay	permettre à qqn de rester
a withdrawal	autoriser la retraite

to PERPETRATE	7695
a hoax	jouer un tour
a murder	perpétrer un meurtre
a farce	faire une farce
a cruel deception	infliger une cruelle déception

to PERPETUATE	7696
a myth	perpétuer un mythe
the ideals of . . .	perpétuer les idéaux (idéals) de . . .
a legend	perpétuer une légende
the old	perpétuer le vieux
the fame of . . .	éterniser la renommée de . . .

to PERSECUTE	7697
a minority	persécuter une minorité
a prisoner	harceler un prisonnier
a race	persécuter une race
a criminal	harceler un criminel
s. o. unfairly	brimer qqn injustement

to PERSEVERE	7698
at a task	persévérer dans une entreprise
in spite of a difficulty	persévérer en dépit d'une difficulté
in one's work	persévérer dans son travail
and triumph	persévérer et triompher

to PERSIST	7699
in lying	persister à mentir
in cheating	persister à tricher
in defying s. o.	persister à défier qqn
in spite of . . .	persister malgré . . .
Rumors persist.	Les rumeurs ont la vie dure.

to PERSONIFY	7700
a virtue	personnifier une vertu
an abstraction	personnifier une abstraction
evil	personnifier le Mal
the finest qualities of . . .	personnifier les meilleures qualités de . . .

to PERSPIRE	7701
freely	transpirer à grosses gouttes
at the thought	transpirer à la pensée (que . . .)
in fear	transpirer de peur
because of nervousness	transpirer à cause d'une nervosité (à cause du trac)

to PERSUADE	7702
a jury	convaincre un jury
a client	convaincre un client
an accomplice	convaincre un complice
s. o. to stay	convaincre qqn de rester
s. o. forcibly	amener de force qqn à faire qqch.

to PET	7703
a cat	caresser un chat
a dog	caresser un chien
a puppy	caresser un chiot
a kitten	caresser un chaton
an animal	caresser un animal

to PETITION	7704
for a hearing	solliciter une audience
the government	adresser une pétition au gouvernement
clemency for . . .	faire un appel à la clémence pour . . .
the courts	solliciter les tribunaux
for justice	demander que justice soit faite

to PHONE	7705
for an appointment	téléphoner pour un rendez-vous
a friend	appeler un ami
from Paris	appeler de Paris
the operator	appeler la téléphoniste

to PHOTOGRAPH	7706
a model	photographier un modèle (mannequin)
a scene	photographier une scène
a family	photographier une famille
an accident	photographier un accident
beautifully	être photogénique

to PICK	7707
a flower	cueillir une fleur
grapes	cueillir du raisin
oranges	cueillir des oranges
a fight	chercher querelle
a card	prendre une carte au hasard
out a car	choisir une voiture
up a stone	ramasser une pierre
up a passenger	prendre un passager
up a bedroom	ranger une chambre (à coucher)
up a check	payer l'addition (café)

to PICNIC	7708
in the park	pique-niquer dans le parc
in a meadow	pique-niquer dans une prairie
under a tree	pique-niquer sous un arbre
by a stream	pique-niquer près d'un cours d'eau
on weekends	pique-niquer en week-ends

to PICTURE	7709
a scene	imaginer une scène
a castle	imaginer un château
a setting	imaginer un cadre
an island	imaginer une île
an event	imaginer un événement

to PIERCE	7710
an ear	percer une oreille
a wall	percer un mur
a shield	percer un bouclier
the dark	percer les ténèbres
the silence	percer le silence

to PILE	7711
rocks	empiler des rochers
sand	amonceler du sable
wood	empiler du bois
up a reserve	accumuler une réserve de . . .
up debts	accumuler des dettes

to PILOT	7712
a spaceship	piloter un vaisseau spatial
a boat	gouverner une embarcation
an airplane	piloter un avion
an ocean liner	piloter un transatlantique
a tugboat	piloter un remorqueur

to PIN	7713
up a picture	épingler une photo
up a dress	épingler (raccourcir) une robe
down a clue	mettre le doigt sur un indice
down a butterfly	épingler un papillon
down a pattern	épingler un patron sur le tissu

to PINCH	7714
a tube	presser un tube
a cheek	pincer une joue
a finger	se pincer le doigt
a clothes pin	fixer une pince à linge
someone	pincer qqn

to PIPE	7715
oil	transporter du pétrole par oléoduc
water	canaliser de l'eau
gas	transporter du gaz par gazoduc
heat	transporter de la chaleur ⎰ par canal-
steam	transporter de la vapeur ⎱ isation

to PITCH	7716
camp	établir un camp
a tent	dresser une tente
hay	charger du foin
to the right	s'incliner à droite
up and down	tanguer

to PITY	7717
a beggar	plaindre un mendiant
a loser	plaindre un perdant
a patient	plaindre un malade
a widow	plaindre une veuve
a child	plaindre un enfant

to PIVOT	7718
on one foot	pivoter sur un pied
in the center	pivoter en son centre
on ball bearings	pivoter sur roulements à billes
to the left	pivoter vers la gauche
to the right	pivoter vers la droite

to PLACE	7719
an advertise-ment	insérer une annonce
an order	passer une commande
one's trust	faire confiance à . . .
first in a race	se classer premier dans une course
an object on . . .	poser un objet sur . . .

to PLAN	7720
a revolution	préparer une révolution
an overthrow	monter un coup d'Etat
a vacation	projeter des vacances
a campaign	combiner une campagne
an attack	combiner une attaque
to leave	se proposer de partir
to become a lawyer	projeter de devenir avocat
on studying	se proposer de faire des études
on a bonus	compter sur une prime
on a promotion	compter sur de l'avancement

to PLANT	7721
seeds	enfouir des semences
a field	ensemencer un champ
a garden	ensemencer un jardin
suspicion	éveiller des soupçons
doubts	éveiller des doutes

to PLAY	7722
a game	faire une partie
the piano	jouer du piano
chess	jouer aux échecs
tennis	jouer au tennis
the fool	faire l'imbécile
with toys	s'amuser avec des jouets
in the park	jouer dans le parc
fairly	jouer loyalement
after school	jouer après l'école
(something) well	bien jouer de (à) . . .

to PLEAD		7723
a case	plaider une cause	
for mercy	implorer la pitié de ...	
for justice	demander justice	
with a parent	implorer un père (une mère)	
guilty	plaider coupable	

to PLEASE		7724
a neighbor	faire plaisir à un voisin	
a friend	faire plaisir à un ami	
a teacher	faire plaisir à un professeur	
a wife	faire plaisir à sa femme	
a client	faire plaisir à un client	

to PLEDGE		7725
a donation	s'engager à faire un don	
allegiance	prêter serment d'allégeance	
money	s'engager à donner de l'argent	
one's word	donner sa parole	
loyalty to ...	jurer fidélité à ...	

to PLOT		7726
an assassination	comploter un assassinat	
a course	tracer une route (navire)	
a curve	tracer une courbe	
the results	présenter les résultats sous forme de graphique	
against s. o.	conspirer contre qqn	

to PLOW		7727
a field	labourer un champ	
a furrow	creuser un sillon	
snow	déblayer la neige	
into a wall	s'encastrer dans un mur	
up the soil	retourner la terre	

to PLUCK		7728
a flower	cueillir une fleur	
someone's sleeve	tirer qqn par la manche	
a chicken	plumer un poulet	
a guitar	gratter une guitare	
one's eyebrows	s'épiler les sourcils	

to PLUG		7729
a hole	boucher un trou	
an opening	boucher une ouverture	
a leak	arrêter une fuite	
in a lamp	brancher une lampe	
in a cord	brancher un fil électrique	

to PLUNGE		7730
into a river	plonger dans une rivière	
over a cliff	plonger d'une falaise	
a knife into ...	plonger un couteau dans ...	
into water	plonger dans l'eau (immerser)	
headlong into...	se plonger dans ...	

to POINT		7731
a finger	montrer du doigt	
a gun	braquer un révolver	
the way	montrer le chemin	
out an error	signaler une erreur	
out a suspect	désigner un suspect	

to POISON		7732
a king	empoisonner un roi	
an enemy	empoisonner un ennemi	
a well	empoisonner un puits	
a waterhole	empoisonner un trou d'eau	
s. o.'s mind	corrompre l'esprit de qqn	

to POKE		7733
one's nose into ...	fourrer son nez dans ...	
someone's ribs	donner à qqn une bourrade	
one's head out a window	passer la tête à la fenêtre	
fun at someone	se ficher (se moquer) de qqn	

to POLISH		7734
a floor	cirer un plancher	
shoes	cirer des chaussures	
silverware	astiquer l'argenterie	
a diamond	polir un diamant	
a car	astiquer une voiture	

to POLL		7735
a jury	faire voter un jury	
the panel	faire voter un groupe	
more votes	obtenir plus de voies	
public opinion	sonder l'opinion publique	
the members	faire voter les membres	

to POLLUTE		7736
the air	polluer l'air	
the environment	polluer l'environnement	
a stream	polluer un cours d'eau	
the mind	corrompre l'esprit	
with smoke	polluer avec de la fumée	

to PONDER		7737
a problem	réfléchir à un problème	
a mystery	réfléchir à un mystère	
the merits of ...	évaluer les mérites de ...	
the future	considérer le futur	
before deciding	réfléchir avant de décider	

to POOL		7738
resources	mettre des ressources en commun	
the wealth	mettre les richesses en commun	
many talents	coordonner beaucoup de talents	
information	coordonner des renseignements	
incomes	mettre des revenus en commun	

to PORTRAY		7739
a king	jouer le rôle d'un roi	
a queen	jouer le rôle d'une reine	
a role	jouer un rôle	
Macbeth	jouer le rôle de Macbeth	
something falsely	donner une fausse description de qqch.	

to POSE		7740
a question	poser une question	
a problem	soulever un problème	
a model	faire poser un mannequin	
as a soldier	prétendre être soldat	
for a picture	poser pour un portrait	

to POSSESS		7741
wealth	posséder des biens	
a fortune	posséder une fortune	
a quality	posséder une qualité	
a sense of humor	posséder le sens de l'humour	
no worldly goods	ne pas posséder de biens de ce monde	

to POST		7742
a reward	offrir une récompense	
a bond	fixer une caution	
a bulletin	afficher un bulletin	
a letter	poster une lettre	
a notice	afficher un avis	

to POSTPONE		7743
a trip	ajourner un voyage	
a vacation	ajourner des vacances	
a meeting	ajourner une réunion	
an appointment	ajourner un rendez-vous d'affaires	
a party	ajourner une réception	

to POUND		7744
a nail	enfoncer un clou	
a gavel	actionner le marteau (présidentiel)	
on a table	marteler une table	
with a hammer	frapper avec un marteau	
on the door	frapper à la porte à coups redoublés	

to POUR		7745
a drink	verser à boire	
water	verser de l'eau	
sand	déverser du sable	
coal on a fire	jeter du charbon sur le feu	
something into a jar	verser qqch. dans un récipient	

to POUT		7746
like a child	faire la moue comme un enfant	
one's lips	faire la moue (faire la lippe)	
at the news	bouder en apprenant les nouvelles	
sullenly	bouder en silence	
and complain	bouder et se plaindre	

to PRACTICE		7747
an exercise	faire un exercice	
a lesson	étudier une leçon	
medicine	pratiquer la médecine	
outside	s'entraîner à l'extérieur	
much harder	s'exercer beaucoup plus	

to PRAISE		7748
a child	féliciter un enfant	
an achievement	exalter un exploit	
a winner	féliciter un vainqueur	
God	louer Dieu	
a play	faire l'éloge d'une pièce	

to PRAY		7749
for help	implorer l'aide de Dieu	
for guidance	implorer la lumière divine	
for rain	prier pour qu'il pleuve	
for forgiveness	implorer le pardon de Dieu	
every day	prier tous les jours	

to PREACH		7750
a sermon	prononcer un sermon	
the Gospel	annoncer l'Évangile	
to a crowd	prêcher la foule	
violence	prêcher la violence	
peace	prêcher la paix	

to PRECEDE		7751
another speaker	précéder un autre orateur	
one's remarks with ...	faire précéder ses remarques de (par) ...	
in importance	précéder par ordre d'importance	
in rank	précéder en grade	

to PRECLUDE		7752
a possibility	empêcher une possibilité	
a conviction (law)	prévenir une conviction	
all hope	interdire tout espoir	
a satisfactory settlement	empêcher un arrangement satisfaisant	

to PREDICT		7753
a storm	prédire un orage	
a defeat	prédire une défaite	
a result	prédire un résultat	
the outcome	prédire l'issue	
a score	prédire un score	

to PREFER		7754
a change	préférer un changement	
wine	préférer le vin	
a newer model	préférer un modèle plus récent	
to remain	préférer rester	
to stay home	préférer rester chez soi	

to PREJUDICE		7755
a jury	influencer un jury	
a juror	influencer un juré	
a judge	influencer un juge	
a case	porter préjudice à une cause	
a decision	influencer une décision	

to PREPARE		7756
a meal	préparer un repas	
an examination	préparer un examen	
for a test	se préparer pour une composition	
for a trip	se préparer à faire un voyage	
to leave	se préparer à partir	

to PRESCRIBE		7757
medicine	prescrire un médicament	
a rest	prescrire du repos	
a cure	prescrire une cure	
a vacation	prescrire des vacances	
drugs	prescrire des médicaments	

to PRESENT		7758
a friend	présenter un ami	
a play	présenter une pièce de théâtre	
an award	remettre un prix	
a new idea	soumettre une idée nouvelle	
a problem	soulever un problème	

to PRESERVE		7759
the status quo	maintenir le statu quo	
fruits	mettre des fruits en conserve	
a specimen	naturaliser un specimen	
something in a jar	conserver qqch. dans un pot	
jams	conserver des confitures	

to PRESIDE		7760
over a meeting	présider une réunion	
at a trial	présider à un procès	
over an estate	présider sur un domaine	
with fairness	présider équitablement	
with dignity	présider dignement	

to PRESS		7761
a flower	faire sécher une fleur	
charges	porter plainte	
clothes	repasser des vêtements	
a button	presser un bouton	
grapes	pressurer du raisin	

to PRESUME		7762
s. o. to be right	présumer que qqn a raison	
the worst	s'attendre au pire	
a victory	présumer d'une victoire	
too much	trop présumer de (surestimer)	
to interfere	prendre soi d'interférer	

to PRETEND	7763
to be happy	feindre d'être heureux
to be asleep	feindre de dormir
to cry	feindre de pleurer
to write	feindre d'écrire
to be a king	faire semblant d'être roi

to PREVAIL	7764
in the end	prévaloir en fin de compte
at all costs	prévaloir à tout prix
on s. o. to stay	amener qqn à rester
His wishes prevailed.	Ses désirs l'emportèrent sur . . .

to PREVENT	7765
a riot	éviter une émeute
a disaster	éviter un désastre
an illness	éviter une maladie
bloodshed	éviter une effusion de sang
a war	éviter une guerre

to PRINT	7766
the truth	publier la vérité
the news	publier les nouvelles
a retraction	publier un démenti
a book	imprimer un livre
a word	écrire un mot en caractères d'imprimerie

to PRIZE	7767
a possession	tenir à un bien
a painting	tenir à un tableau
a trophy	tenir à un trophée
liberty	tenir à la liberté
something highly	faire grand cas de qqch.

to PROCEED	7768
on a trip	poursuivre un voyage
with a trial	poursuivre une procédure
with a job	poursuivre un travail
to discuss . . .	passer à la discussion de . . .
slowly	avancer lentement

to PROCESS	7769
an application	examiner une demande
foods	transformer les aliments
film	développer du fil (de la pellicule)
by machine	traiter mécaniquement
by hand	traiter manuellement (à la main)

to PROCLAIM	7770
a victory	proclamer une victoire
a national holiday	proclamer fête nationale
a day of mourning	proclamer jour de deuil (national)

to PROCURE	7771
supplies	s'approvisionner
a visa	procurer un visa
a new passport	procurer un nouveau passeport
for a price	procurer en payant le prix
at no cost	procurer gratuitement

to PROD	7772
an animal	aiguillonner un animal
students to . . .	inciter des élèves à . . .
s. o. to action	inciter qqn à agir
in the ribs	mettre son doigt dans les côtes
with a stick	aiguillonner avec un bâton

to PRODUCE	7773
a reaction	entraîner une réaction
auto parts	produire des pièces d'auto
a play	monter une pièce de théâtre
a crop	faire pousser une récolte
a witness	produire un témoin

to PROFESS	7774
one's faith	faire une profession de foi
complete ignorance of . . .	prétendre tout ignorer de . . .
extreme regret	exprimer un profond regret
one's love	déclarer son amour

to PROFIT	7775
from a sale	réaliser un bénéfice sur une vente
from an experience	profiter de l'expérience
by reading	profiter de ses lectures
from an error	profiter d'une erreur
enormously	profiter grandement de . . .

to PROGRESS	7776
slowly	progresser lentement
in one's studies	progresser dans ses études
in an orderly way	progresser d'une manière ordonnée (en bon ordre)
with difficulty	avoir des difficultés à progresser

to PROHIBIT	7777
the sale of . . .	interdire la vente de . . .
smoking	interdire de fumer
parking	interdire de stationner
s. o. from writing	interdire à qqn d'écrire
loitering	interdire à qqn de traîner quelque part

to PROJECT	7778
a plan for the future	faire des plans pour l'avenir
an image of . . .	donner l'impression d'être . . .
the voice	projeter la voix
an increase	projeter un accroissement

to PROLONG	7779
one's life	prolonger sa vie
the agony	prolonger l'agonie
an unpleasant situation	prolonger une situation déplaisante
one's vacation	prolonger ses vacances

to PROMISE	7780
a reward	promettre une récompense
to stay	promettre de rester
to return	promettre de revenir
to reform	promettre de s'amender
s. o. something	promettre qqch. à qqn

to PROMOTE	7781
a student	faire passer un élève dans une classe supérieure
a cause	défendre une cause
a worker	donner de l'avancement à un ouvrier
good habits	encourager les bonnes habitudes
a new product	faire de la publicité pour un nouveau produit

to PRONOUNCE		7782
a word	prononcer un mot	
a phrase	prononcer une expression	
judgment	prononcer un jugement	
sentence	prononcer une condamnation	
s. o. dead	constater la mort de qqn	

to PROPHESY		7783
a recession	prédire une récession	
a defeat	prédire une défaite	
the victory of . . .	prédire la victoire de . . .	
someone's death	prédire la mort de qqn	
with accuracy	prédire avec précision	

to PROPOSE		7784
a change	proposer un changement	
a new idea	proposer une idée nouvelle	
a suggestion	faire une suggestion	
a budget	soumettre un projet de budget	
to leave soon	proposer de partir bientôt	

to PROSECUTE		7785
a criminal	poursuivre un criminal devant les tribunaux	
a defendant	poursuivre un défendeur (défenderesse)	
the war to a successful end	amener la guerre à bien se terminer	
relentlessly	poursuivre sans répit	

to PROSPER		7786
in times of peace	prospérer en temps de paix	
economically	prospérer du point de vue de l'économie	
financially	prospérer financièrement	
and grow	prospérer et prendre de l'expansion	

to PROTECT		7787
civil rights	protéger les droits civiques	
a client	protéger un client	
a witness	protéger un témoin	
a fort	défendre un fort	
s. o. from something	protéger qqn de qqch.	

to PROTEST		7788
a verdict	protester contre un verdict	
a decision	protester contre une décision	
a result	protester contre un résultat	
against something	protester contre qqch.	
violently	protester violemment	

to PROVE		7789
a point	démontrer un fait	
one's innonence	prouver son innocence	
one's ability	faire ses preuves	
to be right	s'avérer juste	
to be wrong	se révéler faux	

to PROVIDE		7790
a home	donner un foyer	
shelter	abriter (donner un abri)	
the means	fournir le moyen de . . .	
for a family	subvenir aux besoins de sa famille	
for an emergency	parer à l'imprévu	

to PROVOKE		7791
a response	pousser à répondre	
a quarrel	provoquer une querelle	
the enemy	provoquer l'ennemi	
an attack	pousser à attaquer	
a strike	provoquer une grève	

to PROWL		7792
in the dark	rôder dans la nuit	
in search of prey	rôder pour trouver une proie	
through the streets at night	rôder dans les rues le soir	

to PRY		7793
open a crate	forcer une caisse	
information from	obtenir des renseignements par la force de . . .	
off a lid	forcer l'ouverture d'un couvercle	
into the affairs of someone	se mêler des affaires de qqn	

to PUBLICIZE		7794
a new book	lancer un nouveau livre	
the activities of a company	porter à la connaissance du public . . . les activités d'une compagnie	
the results of a survey	. . . les résultats d'une enquête	

to PUBLISH		7795
a magazine	publier une revue	
a newspaper	publier un journal	
a retraction	publier un démenti	
a novel	publier un roman	
an article	publier un article	

to PULL		7796
a rope	tirer sur une corde	
a curtain	tirer un rideau	
the drapes	tirer les rideaux	
a boat	remorquer un bateau	
a tooth	extraire une dent	
a trailer	tirer une remorque	
a ligament	se déchirer un ligament	
over to the side	se ranger sur le côté	
to the left	se ranger à gauche	
into a garage	remorquer dans un garage	
out a gun	sortir un révolver	
on a rope	tirer sur une corde	
for shore	ramer jusqu'au rivage	
in a net	ramener un filet	
down a tree	abattre un arbre	

to PUNCH		7797
a bag	s'entraîner à la boxe sur un punching-bag	
someone	cogner sur quelqu'un	
a ticket	poinçonner un billet	
a hole	percer un trou	
very hard	cogner très fort	

to PUNCTUATE		7798
a sentence	ponctuer une phrase	
a paragraph	ponctuer un paragraphe	
correctly	bien ponctuer	
incorrectly	mal ponctuer	
accurately	ponctuer avec précision	

to PUNISH		7799
a child	corriger un enfant	
a criminal	châtier un criminel	
an animal	malmener un animal	
a slave	châtier un esclave	
s. o. for cheating	punir qqn pour avoir triché	

to PURCHASE　　　　　　　　　7800

a home	acheter une maison
a yacht	acheter un yacht
luxuries	acheter des objets de luxe
a new car	acheter une voiture neuve
an estate	acheter une propriété

to PURIFY　　　　　　　　　　7801

salt water	épurer l'eau salée
the air	purifier l'air
a solution	épurer une solution
the soul	purifier l'âme
from sin	laver du péché

to PURSUE　　　　　　　　　　7802

a criminal	poursuivre un criminel
a thief	poursuivre un voleur
one's studies	poursuivre ses études
a topic	poursuivre sur un sujet
a career	faire carrière

to PUSH　　　　　　　　　　　7803

someone	pousser quelqu'un
a cart	pousser une charrette
a car	pousser une voiture
down a fence	faire tomber une clôture
on a button	presser un bouton

to PUT　　　　　　　　　　　　7804

to PUT SOMETHING (flat)　　　1

on a table	poser quelque chose sur une table
on a shelf	poser quelque chose sur une étagère
on the floor	poser quelque chose par terre
in a drawer	mettre quelque chose dans un tiroir
under a bed	glisser quelque chose sous un lit

to PUT SOMETHING (hang)　　　2

in a closet	suspendre quelque chose dans une armoire
on the wall	suspendre quelque chose au mur
near a window	suspendre quelque chose près d'une fenêtre
close to the door	suspendre quelque chose près de la porte
beside the fire-place	suspendre quelque chose à côté de la cheminée

to PUT SOMETHING (stand)　　　3

on the floor	poser quelque chose par terre
on the shelf	placer quelque chose sur l'étagère
under the window	placer quelque chose sous la fenêtre
inside the closet	placer quelque chose dans le placard
near the piano	placer quelque chose près du piano

to PUT　　　　　　　　　　　　4

aside some money	mettre un peu d'argent de côté
in overtime	faire des heures supplémentaires
off a trip	remettre un voyage à plus tard
something off until tomorrow	remettre quelque chose au lendemain
on a play	monter une pièce

　　　　　　　　　　　　　　　　5

on a sweater	mettre un chandail
on a new record	passer un nouveau disque
out more effort	faire plus d'efforts
out a fire	éteindre un feu
out the lights	éteindre la lumière

　　　　　　　　　　　　　　　　6

through a phone call	passer une communication
up a building	édifier un bâtiment
up a good fight	bien se défendre
up a protest	élever une protestation
up with the noise	s'accommoder du bruit

Q

to QUALIFY　　　　　　　　　　7805

a remark	atténuer une remarque
a statement	atténuer une déclaration
for a job	se qualifier pour un emploi
for president	remplir les conditions voulues pour être président
as a judge	remplir les conditions voulues pour être juge

to QUARANTINE　　　　　　　　7806

a city	mettre une ville en quarantaine
an entire area	mettre tout un secteur en quarantaine
the patients	mettre les patients en quarantaine
animals	mettre des animaux en quarantaine
upon arrival	mettre en quarantaine dès l'arrivée

to QUARREL　　　　　　　　　　7807

with someone	se disputer avec quelqu'un
over money	se disputer pour de l'argent
about a raise	se disputer au sujet d'une augmentation
constantly	se disputer constamment
violently	se disputer violemment

to QUELL　　　　　　　　　　　7808

an uprising	écraser une rebellion
a mutiny	écraser une mutinerie
strikers	réprimer des grévistes
one's anger	ravaler sa colère
a feeling of ...	réprimer un sentiment de ...

to QUENCH　　　　　　　　　　7809

one's thirst	étancher sa soif (se désaltérer)
one's desires	satisfaire ses désirs
a fire	étouffer un feu (éteindre)
by immersion in cold water	tremper par une immersion dans l'eau froide

to QUESTION　　　　　　　　　7810

a decision	contester une décision
a student	interroger un étudiant
a verdict	contester un verdict
a right	contester un droit
an intention	douter de la pureté des intentions

to QUIBBLE　　　　　　　　　　7811

over a detail	ergoter sur des détails
over a price	ergoter sur un prix
about a fact	discutailler sur fait
needlessly	ergoter pour rien
endlessly	ergoter sans fin

QUIET	7812
social unrest	calmer un malaise social
an audience	faire le silence dans un auditoire
someone's fears	calmer la peur de qqn
Things will quiet down soon.	Tout se calmera (rentrera dans l'ordre) bientôt.

QUIT	7813
a job	démissionner d'un emploi
work	cesser le travail
at 6 P.M.	partir à 18 heures
early	partir tôt
smoking	cesser de fumer

to QUIVER	7814
with anger	frémir de colère
with indignation	frémir d'indignation
His voice quivered with rage.	Il avait un frémissement de rage dans la voix.
violently	frémir violemment

to QUOTE	7815
a line	citer un vers
a proverb	citer un proverbe
the Bible	citer la Bible
an author	citer un auteur
s. o. a price	fixer un prix à qqn

R

RACE	7816
an engine	emballer un moteur
a horse	faire courir un cheval
(in) a car	faire une course automobile
to a car	courir à une voiture
for the door	courir à la porte

RADIATE	7817
confidence	rayonner de confiance
cheerfulness	rayonner de gaîté
great warmth	répandre beaucoup de chaleur
from a central point	rayonner (se répandre) à partir d'un point central

RADIO	7818
an S O S	envoyer un S. O. S. par radio
for help	demander du secours par radio
instructions	envoyer des instructions par radio
for supplies	demander des vivres par radio
for information	demander des renseignements par radio

RAID	7819
a camp	faire un raid sur un camp
a fort	faire un raid sur un fort
a seaport	faire un raid sur un port (de mer)
a store	piller un magasin
an apartment	faire une descente dans un appartement

RAIN	7820
continuously	pleuvoir sans arrêt
hard	pleuvoir fort
for two weeks	pleuvoir pendant deux semaines
in the fall	pleuvoir à l'automne
rarely	pleuvoir rarement

RAISE	7821
a child	élever un enfant
sheep	élever des moutons
a flag	hisser un drapeau
an objection	soulever une objection
a periscope	sortir un périscope

to RAISE	
one's hand	lever la main
a question	poser une question
a price	augmenter un prix
the morale of s. o.	remonter le moral à qqn
an embargo	lever un embargo

to RAKE	7822
up leaves	ratisser les feuilles
a front lawn	ratisser la pelouse de devant
the embers of a fire	attiser les braises d'un feu
with gunfire	balayer avec des armes à feu

to RALLY	7823
support for a cause	rallier des suffrages en faveur d'une cause
troops to action	rallier des troupes pour une action
one's strength	rassembler ses forces
The market rallied.	Le marché suivit.

to RANK	7824
students	classer des élèves
near the top	se ranger parmi les premiers
first in class	être premier de sa classe
s. o. by height	ranger par ordre de grandeur
something by size	ranger par ordre de taille

to RANSACK	7825
a house	dévaliser une maison
a village	piller un village
an art museum	dévaliser un musée d'art
in search of . . .	fouiller pour trouver . . .
for evidence	chercher des preuves en fouillant

to RANSOM	7826
a hostage	tenir un otage pour rançon
passengers by demanding . . .	rançonner des passagers en demandant . . .
a kidnapped child	tenir un enfant enlevé pour rançon
for a sum of . . .	rançonner pour une somme de . . .

to RANT	7827
and rave	divaguer
at a salesman	engueuler un vendeur
incoherently	tonitruer sans rime ni raison
on a favorite subject	être parti sur son sujet favori

to RAPE	7828
a woman	violer une femme
a hostage	violer un otage
a victim	violer une victime
and degrade	violer et dégrader
and pillage	violer et piller

to RATE	7829
s. o. by ability	estimer qqn à sa valeur
a promotion	mériter de l'avancement
as an expert	passer pour un expert
good treatment	mériter d'être bien traité
a vacation	mériter des vacances

to RATIFY	7830
a treaty	ratifier un traité
an amendment	ratifier un amendement
a contract	ratifier un contrat
an agreement	ratifier un accord
by majority vote	être ratifié à la majorité

to RATION	7831
meat	rationner la viande
food	rationner les vivres
water	rationner l'eau
supplies	rationner l'approvisionnement
out a portion	distribuer une ration

to RATIONALIZE	7832
a problem	rationaliser un problème
one's actions	rationaliser ses actes
a decision	rationaliser une décision
one's opinions	rationaliser ses opinions
a need for . . .	rationaliser un besoin de . . .

to RATTLE	7833
keys	faire cliqueter des clefs
a person	décontenancer (retourner) une personne
off a speech	débiter un discours
in the wind	cliqueter au vent
along the road	rouler avec fracas

to RAVE	7834
over a perfor-mance	s'extasier devant un spectacle (une exécution)
about the latest achievement	s'extasier devant le dernier succès
and mumble	s'extasier et marmonner

to REACH	7835
a decision	parvenir à une décision
a stalemate	aboutir à une impasse
a goal	toucher au but
a destination	arriver à destination
a verdict	parvenir à rendre un verdict
for a cup	tendre la main vers une tasse
out a hand	tendre la main
into a pocket	mettre la main à la poche
to the ceiling	toucher le plafond
under a bed	passer la main sous un lit

to REACT	7836
to a situation	réagir à une situation
to a treatment	réagir à un traitement
to a question	réagir à une question
immediately	réagir immédiatement
violently	réagir violemment

to READ	7837
a book	lire un livre
a verdict	lire un verdict
for pleasure	lire pour son plaisir
out loud	lire à haute voix
about the war	lire des ouvrages sur la guerre

to READJUST	7838
a seatbelt	rajuster une ceinture de sécurité
a thermostat	rajuster un thermostat
a lifestyle	rajuster un style de vie
o. s. to a change in climate	se réadapter à un changement de climat

to REALIZE	7839
a profit	réaliser un bénéfice
a dream	réaliser un rêve
a hope	réaliser une espérance
an ambition	réaliser une ambition
too late	comprendre trop tard

to REAP	7840
the rewards of . . .	récolter les fruits de . . .
wheat	récolter du blé
large profits	récolter de gros bénéfices
a crop	faire une récolte
by hand	récolter à la main

to REAPPEAR	7841
in Paris	réapparaître à Paris
as if by magic	réapparaître comme par magie
after a long absence	réapparaître après une longue absence
unexpectedly	réapparaître inopinément

to REARRANGE	7842
the furniture	réarranger les meubles
pictures in an album	réarranger des photos dans un album
a schedule	réarranger un horaire
accommodations	réarranger le(s) logement(s)

to REASON	7843
out a problem	résoudre un problème par le raisonnement
out an answer	trouver une réponse par le raisonnement
with a child	faire entendre raison à un enfant
with one's parents	raisonner avec ses parents
clearly	raisonner clairement

to REASSEMBLE	7844
a machine gun	remonter une mitrailleuse
the parts of . . .	remonter les pièces de . . .
a jigsaw puzzle	refaire un puzzle
after lunch	se rassembler après le déjeuner
in the square	se rassembler sur la place

to REASSURE	7845
a widow	rassurer une veuve
s. o. that all is well	rassurer qqn que tout va bien
a candidate	rassurer un candidat
an console	rassurer et consoler

to REBEL against	7846
authority	se révolter contre l'autorité
injustice	se révolter contre l'injustice
oppression	se révolter contre l'oppression
society	se révolter contre la société
an idea	se révolter contre une idée

to REBUILD	7847
a town	reconstruire une ville
an airfield	reconstruire un aérodrome
for the future	reconstruire pour l'avenir
one's life	refaire sa vie
eventually	finir par reconstruire

to RECALL	7848
the past	se souvenir du passé
a shipment	faire revenir un envoi
an order	donner un contrordre
an event	se souvenir d'un événement
an experience	se souvenir d'une expérience

to RECEDE	7849
gradually	se retirer progressivement
His hairline is receding.	Son front se dégarnit.
The floodwaters receded.	L'eau se retira (baissa).

to RECEIVE	7850
a letter	recevoir une lettre
permission	être autorisé à . . .
a compensation	recevoir une indemnisation
a salary	toucher un salaire
guests	recevoir des invités

to RECIPROCATE	7851
by doing a favor	rendre un service en retour
the feelings of . . .	échanger des sentiments de . . .
in kind	rendre la pareille
with a kiss	embrasser en retour

to RECITE	7852
a poem	réciter un poème
a prayer	dire une prière
a prologue	réciter un prologue
a story	raconter une histoire
a nursery rhyme	réciter une poésie enfantine

to RECLAIM	7853
land	mettre des terres en valeur
the marshes	mettre des marécages en valeur assainir
possession of . . .	réclamer le titre de . . .
an inheritance	réclamer un héritage
one's rights	demander ses droits

to RECLINE	7854
in bed	s'étendre sur un lit
in an easy chair	se reposer dans un fauteuil
a patient	incliner un patient en arrière
while eating	s'incliner en arrière en mangeant
for relaxation	s'étendre pour se reposer

to RECOGNIZE	7855
a person	reconnaître qqn
a problem	s'apercevoir de l'existence d'un problème
the truth	admettre la vérité
a signal	reconnaître un signal
a celebrity	reconnaître une célébrité

to RECOIL	7856
in disgust	reculer de dégoût
in horror	reculer d'horreur
a rope	lover une corde
The gun recoiled violently.	Le canon recula violemment.

to RECOLLECT	7857
an event	se rappeler un événement
one's childhood	se rappeler son enfance
a particular date in history	se rappeler une certaine date historique
I don't recollect.	Je ne me (m'en) souviens pas.

to RECOMMEND	7858
a restaurant	recommander un restaurant
a change	préconiser un changement
a lawyer	recommander un avocat
a vacation	conseiller de prendre des vacances
leniency	conseiller la clémence

to RECONCILE	7859
differences	réconcilier des divergences
a man and wife	réconcilier des époux
the facts with . . .	réconcilier les faits avec . . .
to be reconciled to one's fate	se résigner à son destin

to RECONSIDER	7860
a proposal	reconsidérer une proposition
a verdict	reconsidérer un verdict
a promotion	reconsidérer une promotion
the causes of resigning	reconsidérer les causes de . . . reconsidérer sa démission

to RECONSTRUCT	7861
a crime	reconstituer un crime
a skeleton	reconstituer un squelette
a bridge	reconstituer un pont
from available information	reconstituer à partir des renseignements disponibles

to RECORD	7862
a voice	enregistrer une voix
a song	enregistrer une chanson
an opera	enregistrer un opéra
a victory	relater une victoire
testimony	enregistrer un témoignage

to RECOVER	7863
a lost article	retrouver un objet perdu
one's composure	retrouver son sang-froid
from an illness	se remettre d'une maladie
from a loss	se remettre d'une perte
in time	se rétablir avec le temps

to RECREATE	7864
a role	recréer un rôle
a feeling of . . .	recréer un sentiment de . . .
the conditions leading to . . .	recréer les conditions qui amenèrent . . .
the past	recréer le passé

to RECRUIT	7865
soldiers	recruter des soldats
volunteers	recruter des volontaires
a mercenary army	recruter une armée de mercenaires
donors	recruter des donneurs
a new staff	recruter un nouveau personnel

to RECTIFY 7866

a wrong	redresser un tort
an omission	corriger une omission
an error	corriger une erreur
an oversight	corriger une étourderie
a lack of . . .	suppléer à un manque de . . .

to RECUPERATE 7867

from an illness	se remettre d'une maladie
at home	se rétablir chez soi
in a hospital	se rétablir à l'hôpital
slowly	guérir lentement
quickly	guérir rapidement

to REDEEM 7868

a promissory note	honorer un billet à ordre
a mortgage	purger une hypothèque
o. s. in the eyes of someone	se racheter aux yeux de quelqu'un

to REDOUBLE 7869

one's efforts	redoubler d'efforts
one's speed	redoubler de vitesse
production	redoubler la production
one's footsteps to find . . .	revenir sur ses pas pour trouver . . .

to REDUCE 7870

a charge (fee)	réduire des frais
friction	réduire un frottement
tensions	atténuer les tensions
s. o. to tears	faire pleurer qqn
s. o. in rank	rétrograder qqn

to REEK 7871

of garlic	sentir (empester) l'ail
of alcohol	sentir (empester) l'alcool
with tobacco	sentir (empester) le tabac
with a cheap perfume	sentir (empester) le parfum bon marché

to REELECT 7872

a president	réélire un président
a senator	réélire un sénateur
for four years	réélire pour quatre ans
by an overwhelming majority	réélire avec une écrasante majorité

to REESTABLISH 7873

communications	rétablir les communications
justice	restaurer la justice
a procedure	restaurer une procédure
a business	remettre une affaire sur pieds
a need	faire renaître un besoin

to REFER 7874

to a book	renvoyer à un ouvrage
to a dictionary	renvoyer à un dictionnaire
to data	renvoyer à des données
to a chart	renvoyer à un graphique
s. o. to an expert	renvoyer qqn à un expert

to REFINE 7875

a process	perfectionner un procédé
a plan	perfectionner un plan
one's skill	se perfectionner dans son métier
gold	affiner l'or
sugar	raffiner le sucre

to REFLECT 7876

light	réfléchir la lumière
confidence	se montrer confiant
public opinion	être le reflet de l'opinion publique
bad manners	faire montre de mauvaises manières
on one's family	faire du tort à sa famille

to REFORM 7877

a government	réformer un gouvernement
a person	corriger qqn
a religion	réformer une religion
a party (political)	réformer un parti
a strategy	refondre une stratégie

to REFRAIN from 7878

smoking	s'abstenir de fumer
applauding	s'abstenir d'applaudir
coughing	se retenir de tousser
answering	s'abstenir de répondre
commenting	s'abstenir de tout commentaire

to REFRESH 7879

one's memory	rafraîchir sa mémoire
o. s. on the facts	se remettre les faits en tête
the mind	se rafraîchir l'esprit
the body	se rafraîchir le corps
with food/drink	se rafraîchir en buvant/mangeant

to REFRIGERATE 7880

meat	réfrigérer de la viande
insulin	réfrigérer de l'insuline
perishable foods	réfrigérer des denrées périssables
at low temperature	réfrigérer à basse température
before serving	réfrigérer avant de servir

to REFUND 7881

a down payment	rembourser un accompte
the full amount	rembourser le total (la totalité)
50 percent of . . .	rembourser cinquante pour cent de . . .
no part of . . .	ne rien rembourser de . . .
the costs of . . .	rembourser le coût de . . .

to REFUSE 7882

a loan	refuser un prêt
a permit	refuser une autorisation
s. o. permission	refuser la permission à qqn
to leave	refuser de partir
to answer	refuser de répondre

to REFUTE 7883

a charge	réfuter une accusation
the facts	réfuter les faits
a statement	réfuter une déclaration
an opinion	réfuter une opinion
categorically	réfuter catégoriquement

to REGAIN 7884

a status	recouvrer son rang
lost ground	regagner le terrain perdu
possession of . . .	reprendre possession de . . .
one's health	recouvrer la santé
power	revenir au pouvoir

to REGARD		7885
s. o. as stupid	tenir qqn pour un idiot	
something as false	considérer qqch. comme faux	
a warning	tenir compte d'un avertissement	
other's feelings	tenir compte des sentiments d'autrui	
a war as lost	estimer qu'une guerre est perdue	

to REGISTER		7886
a complaint	déposer plainte	
a voter	inscrire un électeur	
a birth	déclarer une naissance	
a car	faire immatriculer une voiture	
mail	recommander une lettre	

to REGRET		7887
an act	regretter un acte	
a statement	regretter une déclaration	
an insult	regretter une insulte	
being late	regretter d'être en retard	
having to stay	regretter d'avoir à rester	

to REGULATE		7888
a flow	régler un débit	
pressure	régler la pression	
a thermostat	régler un thermostat	
the heat	régler la température	
one's activities	organiser son activité	

to REHABILITATE		7889
a refugee	réadapter un réfugié	
the handicapped	réadapter les handicappés	
the returning P. O. W.'s	réadapter les prisonniers de guerre à leur retour	
the blind	réadapter les aveugles	

to REHEARSE		7890
a play	répéter une pièce	
a speech	répéter un discours	
a scene	répéter une scène	
an actor	faire répéter un acteur	
every day	répéter tous les jours	

to REIGN		7891
over a kingdom	régner sur un royaume	
for ten years	régner pendant dix ans	
benevolently	régner avec bienveillance	
over a parade	régner sur (être roi/reine d') un défilé	
Peace reigns.	La paix régne.	

to REINFORCE		7892
a wall	renforcer un mur	
a mast	consolider un mât	
a claim	appuyer une revendication	
an argument	renforcer un argument	
concrete	produire un béton armé	

to REJECT		7893
an offer	repousser une offre	
a settlement	repousser un règlement	
an ultimatum	repousser un ultimatum	
a demand	rejeter une demande	
help	refuser de l'aide	

to REJOICE		7894
at good news	se réjouir des bonnes nouvelles	
over a victory	se réjouir d'une victoire	
at a verdict	se réjouir d'un verdict	
in the Lord	se réjouir dans le Seigneur	
and be glad	se réjouir et être heureux	

to REJOIN		7895
one's outfit	rejoindre son unité	
a company	se rejoindre à une société	
forces	réunir des forces	
the army	se rejoindre à l'armée	
a campaign for ...	se rejoindre à une campagne pour ...	

to RELATE		7896
a story	relater (raconter) une histoire	
the adventures of Odysseus	relater (raconter) les aventures de l'Odyssée	
different facts	rapporter des faits différents	
with others	avoir de bons rapports avec les autres	

to RELAX		7897
a muscle	relâcher un muscle	
a grip	relâcher une étreinte	
tensions	relâcher une tension	
discipline	relâcher la discipline	
by playing	se détendre en jouant	

to RELAY		7898
a signal	relayer un signal	
a message	transmettre un message	
by telegraph	transmettre par télégraphe	
a broadcast by satellite	retransmettre une émission par (via) satellite	

to RELEASE		7899
a prisoner	libérer un prisonnier	
a bomb	lâcher une bombe	
a balloon	lâcher un ballon	
an announcement	publier un communiqué	
a gas	dégager un gaz	

to RELIEVE		7900
a pressure	réduire une pression	
a headache	soulager un mal de tête	
a guard	relever un garde	
a garrison	relever une garnison	
tensions	relâcher les tensions	

to RELY on		7901
one's parents	compter sur ses parents	
oneself	compter sur soi	
a friend	compter sur un ami	
first aid	compter sur les premiers secours	
someone else	compter sur autrui	

to REMAIN		7902
at home	rester chez soi	
aloof	garder ses distances	
faithful to ...	rester fidèle à ...	
anonymous	garder l'anonymat	
stationary	rester sur place	

to REMARK		7903
in passing that ...	remarquer en passant que ...	
on the news	faire des remarques sur les nouvelles	
on an opinion	faire des ⎰sur une opinion	
at a verdict	remarques ⎱sur un verdict	
casually that ...	remarquer par hasard que ...	

to REMEDY		7904
poverty	remédier à la pauvreté	
a situation	remédier à une situation	
a defect	remédier à un défaut	
an evil	remédier à qqch. de mal	
the causes behind ...	remédier aux causes de ...	

to REMEMBER		7905
a date (day)	se rappeler une date	
an address	se rappeler une adresse	
an experience	se rappeler une expérience	
an appointment	se rappeler un rendez-vous	
to answer	penser à répondre	

to REMIND		7906
s. o. to stay	rappeler à qqn de rester	
s. o. of an appointment	rappeler un rendez-vous à qqn	
s. o. of someone else	rappeler quelqu'un d'autre à qqn	

to REMODEL		7907
a house	transformer une maison	
a kitchen	transformer une cuisine	
a design	transformer un dessin	
a wing (airplane)	transformer une aile	
completely	transformer complètement	

to REMOVE		7908
a cover	enlever un couvercle	
a restriction	supprimer une restriction	
an embargo	lever un embargo	
a warhead	enlever une ogive	
s. o. from office	mettre fin au mandat de qqn	

to RENDER		7909
a decision	rendre un jugement	
first aid	donner les premiers secours	
a verdict	rendre un verdict	
s. o. helpless	rendre qqn sans défense	
obedience to . . .	obéir à . . .	

to RENEW		7910
a contract	renouveler un contrat	
a subscription	renouveler un abonnement	
a lease	renouveler un bail	
a license	renouveler un permis	
a passport	renouveler un passeport	

to RENOUNCE		7911
one's citizenship	renoncer à sa citoyenneté	
all claim to . . .	renoncer à toute revendication	
one's family	abandonner sa famille	
something voluntarily	renoncer volontairement à qqch.	

to RENOVATE		7912
a house	rénover une maison	
an apartment	rénover un appartement	
an office	rénover un bureau	
in a more modern style	rénover en modernisant	

to RENT		7913
a house	louer une maison	
an apartment	louer un appartement	
a boat	louer un bateau	
a car	louer une voiture	
s. o. a room	louer une chambre à qqn	

to REOPEN		7914
negotiations	reprendre les négociations	
a trial	rouvrir un procès	
a theater	rouvrir un théâtre	
a bank account	rouvrir un compte en banque	
a discussion	reprendre une discussion	

to REORGANIZE		7915
a company	réorganiser une société	
the efforts of . . .	réorganiser les efforts de . . .	
a system	réorganiser un système	
the plans for . . .	réorganiser les plans de . . .	
completely	réorganiser complètement	

to REPAIR		7916
a boat	réparer une embarcation	
a leak	réparer une fuite	
a car	réparer une voiture	
a machine	réparer une machine	
a fence	réparer une clôture	

to REPAY		7917
a kindness	rendre une gentillesse	
a debt	payer une dette	
a visit	rendre une visite	
s. o. in cash	payer qqn en liquide	
s. o. by borrowing	payer qqn en empruntant	

to REPEAL		7918
a law	abroger une loi	
an amendment	abroger un amendement	
a grant (money)	annuler un don	
an excise tax	annuler une excise	
temporarily	annuler temporairement	

to REPEAT		7919
an experiment	refaire une expérience	
a password	répéter un mot de passe	
a word	répéter un mot	
an accusation	reprendre une accusation	
a sentence	répéter une phrase	

to REPEL		7920
an attack	repousser une attaque	
a suggestion	repousser une suggestion	
absorption by . . .	éliminer l'absorbtion en . . .	
to be repelled by ugliness	être repoussé par la laideur	

to REPENT		7921
for a sin	se repentir d'un péché	
one's actions	se repentir de ses actions	
for a past act	se repentir d'une action passée	
for a crime	se repentir d'un crime	
by fasting	se repentir en jeûnant	

to REPLACE		7922
a light bulb	remplacer une ampoule	
a call	redemander un numéro de téléphone	
a teacher	remplacer un professeur	
an object	remettre un objet en place	
s. o. temporarily	remplacer qqn temporairement	

to REPLY		7923
to a letter	répondre à une lettre	
to a question	répondre à une question	
to a charge	répondre à une accusation	
nervously	répondre nerveusement	
truthfully	répondre sans mentir	

to REPORT		7924
a loss	signaler une perte	
a profit	annoncer un bénéfice	
an absence	signaler une absence	
a fire	signaler un incendie	
to a place	se présenter quelque part	

REPRESENT 7925

a company	représenter une société
a change	constituer un changement
an improvement	constituer une amélioration
a number	représenter un chiffre par ...
X represents ten.	X est égal à dix.

REPRESS 7926

the news	étouffer les nouvelles
hostilities	réprimer des hostilités
one's hatred	réprimer sa haine
one's true feelings	réprimer ses sentiments véritables

REPRIMAND 7927

a child	réprimander un enfant
an employee	réprimander un employé
a student for cheating	réprimander un élève pour avoir triché
and punish	réprimander et punir

REPRODUCE 7928

a sound	reproduire un son
an image	reproduire une image
a copy	reproduire en un exemplaire
something perfectly	reproduire parfaitement qqch.
by the hundreds	reproduire à des centaines d'exemplaires

REPULSE 7929

an attack	repousser une attaque
enemy troops	repousser les troupes ennemies
s. o. by being discourteous	offenser qqn en étant malpoli
other people	offenser (dégoûter) les autres

REQUEST 7930

a transfer (job)	demander une mutation
a meeting	demander une réunion
a change	demander un changement
a cease-fire	demander un cessez-le-feu
s. o. to leave	prier qqn de se retirer

REQUIRE 7931

treatment	exiger des soins
a permit	réclamer une autorisation
a down payment	exiger un acompte
a passport	avoir besoin d'un passeport
information	avoir besoin de renseignement

REQUISITION 7932

supplies	réquisitionner des fournitures
new furniture	réquisitionner des meubles neufs
textbooks	réquisitionner des livres de classe
something for military purposes	réquisitionner qqch. à des fins militaires

REREAD 7933

a passage	relire un passage
a novel	relire un roman
an article	relire un article
for information	s'informer en relisant
carefully	relire attentivement

RESCUE 7934

a miner	sauver un mineur
a climber	porter secours à un varappeur
a skier	porter secours à un skieur
a child	sauver un enfant
a pilot	sauver un pilote

to RESEMBLE 7935

one's parents	ressembler à ses parents
a circle	ressembler à un cercle
an ape	ressembler à un singe
a cube	ressembler à un cube
a human	ressembler à un être humain

to RESENT 7936

an intrusion	s'offenser d'une intrusion
a statement	s'offenser d'une déclaration
a charge	s'offenser d'une accusation
an implication	s'offenser d'une insinuation
a person	en vouloir à qqn

to RESERVE 7937

a seat	retenir une place
a compartment	retenir un compartiment
a room	retenir une chambre
an opinion	s'abstenir de donner son avis
judgment	reserver son jugement

to RESIDE 7938

in Switzerland	résider en Suisse
abroad	résider à l'étranger
permanently in ...	établir sa résidence permanente
Power resides with the strong.	La puissance habite les forts.

to RESIGN 7939

from a job	démissionner d'un emploi
a position	résigner sa charge
in protest	démissionner pour protester
in anger	démissionner dans un accès de colère
unexpectedly	démissionner à l'improviste

to RESIST 7940

the enemy	résister à l'ennemi
the police	résister à la police
change	s'opposer au changement
aggression	résister à une agression
with force	se défendre avec vigeur

to RESOLVE 7941

a problem	résoudre un problème
differences	concilier des différends
fears and doubts	éliminer la peur et le doute
a matter by vote	résoudre un problème en votant
to stay	décider de (se résoudre à) rester

to RESORT 7942

to violence	recourir à la violence
to trickery	user de duplicité
to deceit	user de fraude
to riots	déchaîner des troubles
to force	employer la force

to RESPECT 7943

authority	respecter l'autorité
one's parents	honorer ses parents
the law	respecter la loi
a teacher	respecter un professeur
other's rights	respecter les droits d'autrui

to RESPOND 7944

to a question	répondre à une question
to a stimulus	réagir à un stimulus
to treatment	réagir à un traitement
immediately	réagir sur-le-champ
favorably	réagir favorablement

to REST	7945
in bed	se reposer au lit
for a week	se reposer pendant une semaine
one's eyes	se reposer les yeux
in a chair	se reposer sur une chaise
The case rests.	conclure un plaidoyer

to RESTORE	7946
a monarchy	restaurer une monarchie
a building	restaurer un édifice
a painting	restaurer un tableau
faith	rendre la foi
s. o. to power	ramener qqn au pouvoir

to RESTRAIN	7947
a patient	maîtriser un malade
a prisoner	détenir un prisonnier
the crowd	maîtriser la foule (contenir)
trade with . . .	limiter les échanges avec . . .
free movement	restraindre le mouvement libre

to RESTRICT	7948
participation	limiter le nombre des participants
movement	restreindre le mouvement
s. o. to camp	consigner qqn au quartier
an amount	limiter un montant
a contribution	limiter un apport

to RESULT	7949
in a loss	se traduire par une perte
from negligence	être imputable à une négligence
in a disaster	aboutir à un désastre
from carelessness	être imputable à l'incurie
in a deficit	entraîner un déficit

to RESUME	7950
negotiations	reprendre les négociations
one's duties	reprendre ses obligations
one's seat	reprendre sa place
after lunch	reprendre après le déjeuner
working on something	recommencer à travailler à qqch.

to RETAIN	7951
a lawyer	choisir un avocat
an expert	engager un expert
a shape	garder sa forme
a size	garder ses dimensions
the information	conserver le renseignement

to RETALIATE	7952
immediately	exercer des représailles immédiates
for a wrong	exercer des représailles pour redresser un tort
by using nuclear weapons	exercer des représailles en utilisant des armes nucléaires
by accusing . . .	exercer des représailles en accusant . . .

to RETARD	7953
progress	retarder le progrès
an advance	retarder une avance
the efficiency of procedures	retarder l'efficacité de procédures
improvements	retarder des améliorations

to RETIRE	7954
from politics	se retirer de la politique
from business	se retirer des affaires
to a farm	se retirer dans une ferme
temporarily	se retirer momentanément
in confusion	se débander

to RETREAT	7955
in disorder	se replier en désordre
in panic	se replier, pris de panique
from a line	se retirer d'une ligne de défense
to a river	se replier sur une rivière
before a storm	reculer devant un orage

to RETRIEVE	7956
a lost object	récupérer un objet perdu
data from a computer	retrouver des informations dans un ordinateur
one's losses	recouvrer ses pertes
one's health	recouvrer la santé

to RETURN	7957
a favor	rendre un service à son tour
a book	rendre un livre
a compliment	retourner un compliment
a loan	rembourser un prêt
a pencil	rendre un crayon
from a trip	rentrer de voyage
to work	retourner au (reprendre le) travail
to school	retourner à l'école
from New York	revenir de New York
in order to work	revenir pour travailler

to REUNITE	7958
two people	réunir deux personnes
warring factions	réunir des parties belligérantes
after a long separation	(se) réunir après une longue séparation
members of . . .	réunir les membres de . . .

to REVEAL	7959
the truth	révéler la vérité
a secret	divulguer un secret
a target	révéler un but
an answer	faire connaître sa réponse
an appointment	annoncer une nomination

to REVERSE	7960
a decision	revenir sur une décision
a verdict	réformer un jugement
a loss	annuler une perte
a trend	infléchir une tendance
a lever	renverser un levier

to REVERT	7961
to violence	recourir à la violence
to bloodshed	recourir à un carnage
to old habits	retourner à de vieilles habitudes
to a legal owner	rendre à son propriétaire légitime

to REVIEW	7962
a case	réviser un procès
a situation	examiner une situation
the results	examiner des résultats
the progress	examiner les progrès accomplis
a procedure	réviser des règles de procédure

to REVISE	7963
an estimate	revoir un devis
a plan	revoir un plan
a manuscript	revoir un manuscrit
a speech	revoir un discours
a composition	revoir une rédaction

to REVISIT   7964

France after the war	revisiter la France après la guerre
old places	revisiter des lieux anciens
the scenes of one's youth	revisiter les lieux où l'on a passé sa jeunesse

to REVIVE   7965

a victim	ranimer une victime
a play	ressortir une pièce
an old movie	ressortir un vieux film
old hopes	raviver de vieux espoirs
a doctrine of . . .	raviver une doctrine de . . .

to REVOKE   7966

an order	annuler un ordre
a license	retirer un permis
a privilege	supprimer un privilège
a permit	supprimer une autorisation
a law	abroger une loi

to REVOLT against   7967

the war	se révolter contre la guerre
injustice	se révolter contre l'injustice
oppression	se révolter contre l'oppression
tyranny	se révolter contre la tyrannie
a system	se révolter contre un régime

to REVOLVE   7968

around the sun	tourner autour du soleil
on an axis	tourner autour d'un axe (pivot)
clockwise	tourner dans le sens des aiguilles d'une montre
The action revolves around . . .	L'activité est centrée autour de . . .

to REWARD someone   7969

for an act	récompenser qqn pour un acte
for academic excellence	récompenser qqn pour son excellence académique
for honesty	récompenser qqn pour son honnêteté
with a kiss	récompenser qqn par un baiser

to REWRITE   7970

a script	récrire un scénario
a sentence	récrire une phrase
a law	remanier une loi
an amendment	remanier un amendement
a short story	récrire une nouvelle

to RID   7971

o. s. of fear	se débarrasser de la peur
the world of war	débarrasser le monde de la guerre
the mind of all doubts	se débarrasser l'esprit de tout doute
a house of mice	débarrasser une maison des souris

to RIDE   7972

a horse	monter à cheval
a bicycle	aller à bicyclette
a camel	aller à dos de chameau
a motorcycle	aller à moto
an elephant	aller à dos d'éléphant
in a car	aller en voiture
in an elevator	prendre un ascenseur
on a train	aller en train
on a bus	aller en autobus
in a parade	défiler en voiture

to RIDICULE   7973

an opponent	ridiculiser un adversaire
a child	ridiculiser un enfant
a custom	ridiculiser une coutume
the opinions of . . .	ridiculiser les opinions de . . .
an achievement	ridiculiser une réussite

to RING   7974

a doorbell	sonner à la porte
for service	sonner pour se faire servir
down a curtain	sonner pour la chute du rideau
up a sale	enregistrer un achat à la caisse
out the old	réveillonner (le 31 décembre)

to RINSE   7975

out a shirt	rincer une chemise
a cup	rincer une tasse
one's hair	se rincer les cheveux
laundry	rincer la lessive
in warm water	rincer à l'eau chaude

to RIOT   7976

in the streets		dans les rues
in protest	provoquer	pour protester
in the summer	des	en été
unexpectedly	émeutes	à l'improviste
on campus		sur un "campus"

to RIP   7977

up a contract	déchirer un contrat
something in two	fendre qqch. en deux morceaux
open a letter	ouvrir une lettre en déchirant l'enveloppe
along a seam	(se) déchirer le long de l'ourlet
off a bandage	arracher un bandage

to RIPEN   7978

on the vine	mûrir sur la branche
slowly	mûrir lentement
with age	mûrir en vieillissant
with experience	mûrir grâce à l'expérience
in the bottle	vieillir en bouteille

to RISE   7979

in rank	monter en grade
to one's feet	se dresser sur ses pieds
in price	augmenter de prix
from the ground	s'élever du sol
up against something	se soulever contre qqch.

to RISK   7980

one's life	risquer sa vie
a defeat	risquer d'être battu
a lawsuit	s'exposer à des poursuites
the danger	s'exposer au danger
a fortune	risquer de perdre une fortune

to ROAM   7981

the streets	errer dans les rues
the plains	errer dans les plaines
about the world	parcourir le monde
through a store	flâner dans un magasin
freely	errer en liberté

to ROAR   7982

in anger	rugir de colère
at a joke	éclater de rire en entendant une blague
with laughter	se tordre de rire
o. s. hoarse	perdre la voix à force de rugir
The lion roared.	Le lion rugit.

to ROAST   7983

a turkey	rôtir une dinde
coffee beans	rôtir des grains de café
an opponent	railler un adversaire
over an open fire	rôtir sur un feu de camp

to ROB   7984

a store	cambrioler un magasin
s. o. of an inheritance	détrousser qqn de son héritage
the rich	voler les riches
s. o. of jewelry	dérober des bijoux à qqn

to ROCK   7985

a baby	bercer un bébé
a boat	faire balancer un canot
a cradle	balancer un berceau
to and fro	balancer de ci de là
from side to side	être balloté de côté et d'autre

to ROLL   7986

a ball	faire rouler une balle
a blanket	rouler une couverture
a tire	faire rouler un pneu
a cigarette	rouler une cigarette
dice	jeter les dés
over in bed	se retourner dans son lit
up a map	enrouler une carte
under the bed	rouler sous le lit
out dough	passer la pâte au rouleau
down the steps	rouler en bas d'un escalier

to ROPE   7987

a horse	prendre un cheval au lasso
a calf	prendre un veau au lasso
a cow	prendre une vache au lasso
off an area	tendre une corde autour d'un endroit
off a row	tendre une corde autour d'une rangée

to ROT   7988

in the sun	pourrir au soleil
in the grave	pourrir dans la tombe
if not picked	pourrir si ce n'est pas récolté
in the fields	pourrir dans les champs
and disintegrate	pourrir et se désintégrer

to ROTATE   7989

crops	alterner les cultures
personnel	faire alterner son personnel
vacations	faire alterner les vacances
the hands of a clock	faire tourner les aiguilles d'une montre

to ROUND   7990

a corner	prendre un virage
a turn	prendre un virage
off a number	arrondir un nombre
up a herd	rassembler un troupeau
out a shape	étoffer une forme

to ROUSE   7991

a child	réveiller un enfant
suspicion	éveiller les soupçons
a crowd	remuer une foule
indignation	soulever l'indignation
s. o. to anger	provoquer la colère de qqn

to ROUT   7992

the enemy	mettre l'ennemi en déroute
troops	mettre des troupes en déroute
for truffles	chercher des truffes (en creusant)
through old possessions	farfouiller dans de vieux objets personnels

to ROUTE   7993

a shipment to London	diriger un envoi sur Londres
a tour through Paris	faire passer un voyage organisé par Paris
s. o. by plane	acheminer qqn par avion

to ROW   7994

a boat	mener un bateau à la rame
s. o. to shore	débarquer qqn sur le rivage
across a lake	traverser un lac en canot
downstream	descendre une rivière à la rame
out to a raft	aller en canot à un radeau

to RUB   7995

a sore	frictionner un endroit douloureux
a polish	encaustiquer
in a lotion	faire une friction
out a mark	effacer une tache
on a salve	appliquer une pommade

to RUIN   7996

a new dress	abîmer une robe neuve
a drawing	gâcher un dessin
one's chances	reduire ses chances à néant
a new blade	abîmer une lame neuve
a fine knife	abîmer un beau couteau

to RULE   7997

a kingdom	régner sur un royaume
a piece of paper	régler du papier
with compassion	gouverner avec bonté
wisely	gouverner avec sagesse
for fifty years	régner pendant cinquante ans

to RUN   7998

to RUN   1

a business	diriger une affaire
an office	diriger un bureau
a machine	faire marcher une machine
a campaign	mener une campagne
a computer	faire marcher un ordinateur

2

across the street	traverser la rue en courant
into the house	se précipiter dans la maison
out of a room	sortir d'une pièce en courant
through an exit	se précipiter par une issue
up the stairs	monter l'escalier en courant

across a name	tomber sur un nom
after someone	courir après quelqu'un
away from home	s'enfuir de chez soi
for an office	présenter sa candidature
from danger	fuir le danger

4

into bad luck	avoir de la malchance
off a copy	établir un double
out of money	être à court d'argent
out of time	manquer de temps
out of supplies	manquer de provisions

over a dog	écraser un chien
through a speech	répéter un discours
up a flag	hisser un drapeau
up a bill	"avoir une ardoise"
without shoes	courir pieds nus

---

to RUPTURE   7999

under pressure	se rompre sous la pression
a blood vessel	rompre un vaisseau sanguin
an appendix	faire éclater une appendice
friendly relations with . . .	rompre les relations amicales avec . . .

to RUSH   8000

a decision	décider précipitamment
s. o. to a hospital	transporter d'urgence qqn à l'hôpital
to the door	se précipiter vers la porte
from danger	s'écarter précipitamment d'un danger
for the car	se précipiter vers la voiture

to RUST   8001

from disuse	se rouiller au rancart
in the rain	se rouiller sous la pluie
if not oiled	se rouiller si ce n'est pas huilé
The pulley has rusted.	La poulie s'est rouillée.

S

to SACRIFICE   8002

one's liberty	sacrifier sa liberté
one's life	sacrifier sa vie
a lamb	sacrifier un agneau
future benefits	sacrifier les bénéfices à venir
in order to save	sacrifier afin de sauver

to SADDLE   8003

a horse	seller un cheval
o. s. with debts	se mettre des dettes à dos
s. o. with a job	charger qqn d'un travail
to be saddled with too much work	être surchargé de travail

to SAFEGUARD   8004

one's liberties	sauvegarder ses libertés
the freedom of . . .	sauvegarder la liberté de . . .
an investment	sauvegarder un investissement
our shores	sauvegarder nos rivages (côtes)
the return of . . .	sauvegarder le retour de . . .

to SAG   8005

in the middle	s'affaisser au milieu
with exhaustion	tomber de fatigue
in price	baisser (les prix)
His spirits sagged.	Son ardeur baissa.

to SAIL   8006

a boat	manœuvrer un voilier
for home	metter le cap sur le port d'attache
at dawn	appareiller au petit jour
into port	entrer au port
around the world	naviguer autour du monde

to SALT   8007

vegetables	saler des légumes
a steak	saler un bifteck
a roast	saler un rôti
away money	mettre de l'argent à gauche
lightly and fry	saler légèrement et faire frire

to SALUTE   8008

an officer	saluer un officier
a superior	saluer un supérieur
an arrival	saluer l'arrivée de . . .
an occasion	saluer l'occasion
smartly	saluer de façon irréprochable

to SALVAGE   8009

a wreck	renflouer une épave
a submarine	renflouer un sous-marin
goods from a fire	sauver des marchandises d'un incendie
some hope for . . .	garder quelque espoir pour . . .

to SANCTION   8010

a withdrawal	sanctionner un retrait
a cease-fire	sanctionner un cesser-le-feu
an amendment	ratifier un amendement
an investigation	sanctionner une enquête
a strike	approuver une grève

to SAND   8011

a surface (with sandpaper)	polir une surface à la toile émeri
the edges	passer les bords ⎫
off the bumps	les bosses ⎬ au papier
down a table	une table ⎭ de verre

to SATIRIZE 8012

a custom	railler une coutume
a quality	railler une qualité
an era	railler une époque
a person	railler quelqu'un
a society	railler la société

to SATISFY 8013

a need	répondre à un besoin
a requirement	remplir une condition
a demand	satisfaire une demande
a creditor	rembourser un créancier
oneself	se satisfaire de . . .

to SATURATE 8014

with oil	saturer d'huile
a rag	saturer un chiffon
in butter	saturer dans du beurre
with insecticide	saturer d'insecticide
with alcohol	saturer d'alcool

to SAUNTER 8015

into a room	entrer nonchalamment dans une pièce
by a store	passer en flânant devant un magasin
through the streets	flâner le long des rues
past a café	passer en flânant devant un café

to SAVE 8016

money	économiser de l'argent
a life	sauver une vie
s.o. from a fire	arracher qqn à un incendie
for the future	économiser pour l'avenir
up for a house	économiser pour acheter une maison

to SAW 8017

a piece of wood	scier un morceau de bois
a board into equal lengths	scier une planche en longueurs égales
off the end of . . .	scier le bout de . . .
down a tree	décimer un arbre (en le sciant)

to SAY 8018

a prayer	dire une prière
a blessing	dire le bénédicité
yes or no	dire oui ou non
what one thinks	dire le fond de sa pensée
what one believes	exprimer sa conviction

to SCAN 8019

the horizon	scruter l'horizon
a poem	scander un poème
a surface	balayer une surface (du regard, etc.)
the newspapers	parcourir les journaux
an image	balayer une image

to SCANDALIZE 8020

other people	scandaliser d'autres personnes
the press	scandaliser la presse
the neighbors	scandaliser les voisins
with one's bad manners	scandaliser par ses mauvaises manières

to SCARE 8021

a child	effrayer un enfant
a parent	effrayer un père (une mère)
a thief	effrayer un voleur
an animal	effrayer un animal
easily	s'effrayer facilement

to SCATTER 8022

seeds	semer des grains
The wind scatters the leaves.	Le vent éparpille les feuilles.
in all directions	semer aux quatre vents
and search for . . .	se disperser pour chercher . . .

to SCHEDULE 8023

a meeting	fixer une réunion
a new student	inscrire un nouvel élève à l'horaire
a return trip	fixer le voyage de retour
a flight to New York	inscrire un vol sur New York à l'horaire

to SCHEME 8024

against someone	ourdir un complot contre qqn
with great cunning	intriguer d'une manière insidieuse
secretly for the overthrow of . . .	comploter en vue du renversement de . . .

to SCOFF 8025

at a theory	se moquer d'une théorie
at an idea	se moquer d'une idée
at a result	se moquer d'un résultat
at an invention	se moquer d'une invention
at a suggestion	se moquer d'une suggestion

to SCOLD 8026

a child	gronder un enfant
a student	réprimander un élève
s. o. for cheating	réprimander un tricheur
s. o. for lying	réprimander un menteur
constantly	ronchonner sans cesse

to SCOOP 8027

up some sand	ramasser du sable (avec la main/une pelle)
up debris with a crane	ramasser des débris avec une grue
out a hole	creuser un trou (à la pelle . . .)
out ice cream	débiter de la crème glacée

to SCORE 8028

a test paper	noter une composition
a victory	remporter une victoire
points	marquer les points
a game	compter les buts d'un match
easily	marquer facilement des buts

to SCOUR 8029

a pan	récurer une casserole
away dirt	récurer en enlevant la saleté
out a channel	curer un canal
with sand	récurer avec du sable
with abrasives	récurer avec des abrasifs

to SCOWL 8030

at someone	regarder qqn de travers
at the news	se renfrogner en entendant les nouvelles
one's disapproval	exprimer sa désapprobation en se renfrognant
and then speak	se renfrogner puis parler

to SCRAP 8031

a battleship	mettre un cuirassé à la ferraille
an ocean liner	mettre un paquebot à la ferraille
the original plans for . . .	mettre le plan d'origine au rancart
a prototype	mettre un prototype au rebut

to SCRAPE 8032

a plate	râcler une assiette
an elbow	s'écorcher le coude
off paint	gratter la peinture
up débris	ramasser des débris
up money	râcler les fonds de poche

to SCRATCH 8033

a leg	s'écorcher la jambe
a surface	rayer une surface
one's back	se gratter le dos
at the door	gratter à la porte
out a hole	creuser un trou

to SCREAM 8034

an alarm	pousser un cri d'alarme
in pain	hurler de douleur
in fright	hurler de peur
for help	crier au secours
at someone	invectiver qqn

to SCRUB 8035

the floor	récurer le plancher
potatoes	râcler des pommes de terre
clothes	brosser des vêtements
the walls	brosser les murs
off a mark	brosser une tâche

to SCUTTLE 8036

a ship	saborder un navire
a submarine	saborder un sous-marin
plans for . . .	faire échouer des plans pour . . .
one's dreams	ruiner ses aspirations
rumors that . . .	étouffer les rumeurs que . . .

to SEAL 8037

an envelope	fermer une enveloppe
a bargain	conclure une bonne affaire
a tomb	fermer une tombe
a pact	conclure un pacte
off a room	fermer hermétiquement une pièce

to SEARCH 8038

a prisoner	fouiller un prisonnier
a room	fouiller une pièce
in a closet	chercher dans un placard
for an answer	essayer d'obtenir une réponse
carefully	retourner de fond en comble

to SEASON 8039

foods	assaisonner des aliments
with pepper and salt	assaisonner avec du sel et du poivre
to be seasoned by battle	être aguerri par la bataille

to SEAT 8040

a student	faire asseoir un élève
an audience	faire asseoir un auditoire
guests	faire asseoir des invités
s.o. near a fire	faire asseoir qqn près du feu
about one hundred people	contenir environ cent sièges

to SECURE 8041

a pardon	obtenir l'amnistie
a permit	obtenir l'autorisation
a loan	obtenir un prêt
a rope	attacher une corde
a passport	obtenir un passeport

to SEE 8042

a play	voir une pièce de théâtre
an accident	assister à un accident
a doctor	consulter un médecin
s. o. home	reconduire qqn chez lui
clearly	distinguer nettement

to SEEK 8043

justice	essayer d'obtenir justice
a new trial	demander un nouveau procès
a better job	chercher un meilleur emploi
rare stamps	collectionner les timbres rares
the truth	être en quête de la vérité

to SEEM 8044

happy	sembler heureux
safe	sembler en sûreté
to be intelligent	sembler intelligent
to hear music	croire entendre de la musique
like a year	(il me) semble qu'une année a passé

to SEGREGATE 8045

a minority	isoler une minorité
Negroes	isoler les noirs
a group from the main body	isoler un groupe du corps principal
and persecute	isoler et persécuter

to SEIZE 8046

a prisoner	saisir un prisonnier
a country	s'emparer d'un pays
a fort	s'emparer d'un fort
something by force	s'emparer de qqch. par la force
at a chance	saisir une occasion

to SELECT 8047

a candidate	sélectionner un candidat
a new car	choisir une nouvelle voiture
a white dress	choisir une robe blanche
a brown hat	choisir un chapeau marron
a nominee	choisir un candidat

to SELL 8048

a house	vendre une maison
a product	vendre un produit
stocks	vendre des actions
secrets	trahir des secrets pour de l'argent
something for s.o.	vendre qqch. pour qqn

to SEND 8049

a message	envoyer un message
a reply	envoyer une réponse
s. o. away	renvoyer qqn
s. o. to help	envoyer de l'aide
s. o. for help	envoyer chercher de l'aide
for a doctor	envoyer chercher un médecin
for a catalogue	se faire envoyer un catalogue
out a decree	publier un décret
up a missile	lancer un engin balistique
in a complaint	envoyer une réclamation

to SENSE 8050

hostility	sentir de l'hostilité
resentment	sentir de la rancune
danger	sentir un danger
opposition	sentir une opposition
a reaction	sentir une réaction

to SENTENCE   8051

a murderer	condamner un meurtrier
s. o. to prison	condamner qqn (à la prison)
for life	à vie
at hard labor	aux travaux forcés
a defendant	condamner un défendeur (eresse)

to SEPARATE   8052

two boys	séparer deux garçons
cream from milk	écrémer le lait
fact from fiction	savoir distinguer le vrai du faux
after school	se quitter apres l'école
for two years	se quitter pour deux ans

to SERVE   8053

a meal	servir un repas
a sentence	purger une peine
a summons	signifier une citation (à comparaître)
a term	remplir un mandat
a purpose	servir à qqch.
a cause	servir une cause
as chairman	faire fonction de président
in a capacity	faire fonction de . . .
for a year	accomplir un mandat d'une année
faithfully	servir fidèlement

to SET   8054

to SET   1

a cup on a saucer	placer une tasse sur une soucoupe
a bowl on the table	placer un bol sur la table
a lamp near a chair	placer une lampe près d'une chaise
a box on the shelf	place une boîte sur l'étagère
a chair by the window	placer une chaise près de la fenêtre

2

a time	fixer une heure
a price	fixer un prix
a new record	établir un nouveau record
a table	mettre la table
a limit	fixer une limite

3

a jewel	sertir un bijou
a course for . . .	mettre le cap sur . . .
sail for . . .	appareiller pour . . .
a good example	donner le bon exemple
things in order	mettre les choses en règle

4

about studying	se mettre à étudier
aside money	mettre de l'argent de côté
down (land) gently	se poser en douceur
off on a trip	se mettre en route
off an alarm	déclencher un signale d'alarme

5

up a meeting	organiser une réunion
up a defense	organiser la défense
up a schedule	établir un programme
up a plan	dresser un plan
up standards	fixer des normes

to SETTLE   8055

a dispute	régler un différend
an argument	trancher une question
on a price	s'accorder sur un prix
near the sea	s'installer au bord de la mer
to the bottom	se déposer au fond

to SEW   8056

a dress	faire une robe
by hand	coudre à la main
on a button	coudre un bouton
up a rip	raccommoder un accroc
up a wound	suturer les lèvres d'une blessure

to SHAKE   8057

hands	serrer la main
a bottle	agiter un flacon
up a mixture	agiter un mélange
off a cold	se débarrasser d'un rhume
with fear	trembler de peur

to SHAME   8058

a child	faire honte à un enfant
s. o. for crying	faire honte à qqn pour avoir pleuré
s. o. for cheating	faire honte à qqn pour avoir triché
an animal for misbehaving	faire honte à un animal pour s'être mal conduit

to SHAPE   8059

the future	façonner l'avenir
new plans	former de nouveaux plans
clay	façonner l'argile
Things are shaping up.	Les choses prennent bonne tournure.

to SHARE   8060

a meal	partager un repas
expenses	partager les frais
an apartment	partager un appartement
with a friend	partager avec un ami
something equally	partager qqch. en parts égales

to SHARPEN   8061

a pencil	tailler un crayon
a knife	affûter un couteau
a point	affiler une pointe
a stake	tailler un pieu en pointe
a tool	rectifier un outil

to SHATTER   8062

a window	faire voler une fenêtre en éclats
a glass	briser un verre
the eardrums	faire éclater le tympan
one's hopes	anéantir ses espoirs
a diamond	morceler un diamand

to SHAVE 8063

oneself	se raser
a customer	raser un client
a chin	(se) faire la barbe
off a beard	se raser la barbe
every morning	se raser tous les matins

to SHED 8064

tears	verser des larmes
light on . . .	répandre de la lumière sur . . .
Dogs shed.	Les chiens perdent leurs poils.
Rugs shed.	Les tapis perdent leur bourre.
Snakes shed.	Les serpents muent.

to SHELL 8065

peas	écosser des pois
walnuts	décortiquer des noix
corn	égrener des épis
a target	canonner un objectif
a fort	canonner un fort

to SHELTER 8066

a family	abriter une famille
a flock	abriter un troupeau
a criminal	donner asile à un criminel
s. o. from harm	mettre qqn à l'abri du danger
something from heat	protéger qqch. de la chaleur

to SHIELD 8067

o. s. from danger	se mettre à l'abri du danger
the eyes from the sun	se protéger les yeux du soleil
with one's body	protéger avec son corps
from radiation	protéger des radiations

to SHIFT 8068

gears	changer de vitesse
the blame	rejeter la faute sur qqn
responsibilities	rendre qqn d'autre responsable
a load	déplacer une charge
cargo	déplacer la cargaison

to SHIMMER 8069

in the sunlight	miroiter (luire) au soleil
in the reflection on the water	miroiter sur les reflets de l'eau
thru the clouds	luire à travers les nuages

to SHINE 8070

a flashlight	projeter la lumière d'une lampe de poche
a shoe	cirer une chaussure
in History	briller en histoire (à l'école)
in the dark	briller dans l'obscurité
brightly	briller de mille feux

to SHIP 8071

goods by train	expédier des ⎰ par le train
merchandise by air	marchandises ⎱ par l'avion
luggage ahead	envoyer des bagages en premier
out in May (Navy)	prendre la mer en mai

to SHIVER 8072

in fear	trembler de peur
in the cold	trembler de froid
with fever	trembler de fièvre
in the wind	trembler dans le vent
with excitement	trembler d'excitation

to SHOCK 8073

a nation	boulverser un peuple
an audience	choquer un auditoire
to be shocked by the news	être choqué en entendant les nouvelles
the senses	choquer les sens

to SHOOT 8074

a gun	tirer un coup (de fusil, de révolver)
a flare	lancer une fusée éclairante
a cannon	tirer un coup de canon
a spy	fusiller un espion
an animal	tuer un animal (d'un coup de fusil)
a bullet	tirer une balle
a film	tourner un film
out rays	émettre un rayonnement
down a plane	descendre un avion
past the moon	passer près de la lune

to SHOP 8075

for groceries	acheter de l'épicerie
for a bargain	essayer de faire une bonne affaire
for a present	courir les magasins pour acheter un cadeau
every day	faire des courses tous les jours
carefully	acheter judicieusement

to SHORTEN 8076

the war	écourter (abréger) la guerre
a dress	raccourcir une robe
a speech	abréger un discours
the last act	abréger le dernier acte
the sails	diminuer de voile (de toile)

to SHOUT 8077

a challenge	lancer un défi
a curse	lancer un juron
at the children	invectiver les enfants
in defiance	lancer un défi
angrily	pousser des cris de colère

to SHOVE 8078

someone aside	écarter quelqu'un
a chair into a corner	pousser (violemment) une chaise dans un coin
off from shore	pousser au large
from behind	pousser par derrière

to SHOW 8079

a movie	présenter un film
good sense	faire preuve de bon sens
remorse	manifester du remords
patience	faire preuve de patience
one's ignorance	montrer son ignorance
s. o. the way	indiquer le chemin à qqn
s. o. a map	montrer une carte à qqn
s. o. how to act	montrer à qqn comment faire
up on time	arriver à l'heure
up for rehearsal	se présenter à une répétition

to SHOWER 8080

s. o. with kisses	couvrir qqn de baisers
s. o. with praise	se répandre en louanges sur qqn
s. o. with gifts	combler qqn de cadeaux
abuse on s. o.	abreuver qqn d'injures
every evening	prendre sa douche chaque soir

to SHRINK   8081

in size	rétrécir
from a duty	se dérober à un devoir
back in fear	reculer de peur
Clothes shrink.	Les vêtements rétrécissent.
Values shrink.	Les prix baissent.

to SHRUG   8082

one's shoulders	hausser les épaules
at a suggestion	hausser les épaules en réponse à une suggestion
off bad luck	écarter la malchance
off an accusation	faire fi d'une accusation

to SHUFFLE   8083

cards	battre les cartes
papers	mélanger des papiers
one's feet	traîner les pieds
through a door	passer une porte en traînant les pieds
across a room	traverser une pièce en traînant les pieds

to SHUT   8084

a door	fermer une porte
a safe	fermer un coffre-fort
in a patient	confiner un malade au logis
off the heat	arrêter le chauffage
down production	arrêter la production

to SIDE   8085

with the enemy	passer à l'ennemi (collaborer)
with the underdog	être du côté du plus faible
with a parent	être du côté de l'un des parents
a house with . . .	recouvrir les murs avec . . .

to SIFT   8086

flour into a bowl	tamiser de la farine dans un bol
pebbles out of sand	tamiser du sable en retirant les galets
through ashes	passer des cendres au crible

to SIGH   8087

with relief	soupirer de soulagement
with weariness	soupirer de lassitude
at the news	soupirer en entendant les nouvelles
The wind sighed through the trees.	Le vent soupirait dans les arbres.

to SIGHT   8088

land	apercevoir la terre
a whale	apercevoir une baleine
a deer	apercevoir un cerf
a gun	pointer un fusil
a falling star	apercevoir une étoile filante

to SIGN   8089

a check	signer un chèque
a contract	signer un contrat
a lease	signer un bail
a letter	signer une lettre
up a player	engager un joueur

to SIGNAL   8090

a change	signaler un changement
a ship	signaler un navire
a car to stop	faire signe à une voiture de s'arrêter
s. o. to pass	faire signe à qqn de passer
for silence	faire signe à qqn de se taire

to SIGNIFY   8091

one's approval	signifier son accord
a change	indiquer un changement
a rank	correspondre à un grade
nothing	ne rien signifier du tout
by saying no	signifier son refus

to SILENCE   8092

a crowd	faire taire la foule
one's doubts	réduire ses doutes au silence
a gun	réduire une batterie au silence
the opposition	réduire { l'opposition
criticism	au silence { les critiques

to SIMPLIFY   8093

an equation	simplifier une équation
an explanation	simplifier une explication
a map	simplifier une carte
a design	simplifier un modèle
a problem	simplifier un problème

to SIMULATE   8094

a Lunar landing	simuler un atterrisage sur la lune
madness	simuler la folie
human behavior	simuler le comportement de l'homme
someone in appearance	simuler l'apparence de quelqu'un

to SING   8095

a song	chanter une chanson
an aria	chanter un aria
a major role	chanter un grand rôle
popular music	chanter des chants populaires
the praises of . . .	chanter les louanges
in a choir	chanter dans un chœur
for pleasure	chanter pour le plaisir
while working	chanter en travaillant
beautifully	chanter merveilleusement bien
off key	chanter faux

to SINK   8096

a battleship	couler un cuirassé
a shaft	foncer un puits
a piling	battre des pieux
to the bottom	sombrer
into a coma	sombrer dans le coma

to SIT   8097

in a chair	être assis sur une chaise
on a sofa	être assis sur un divan
in a theater	être assis au théâtre
near the back	être assis près du fond
by the fire	être assis près du feu
down quickly	s'asseoir vite
erect	être assis tout droit
in on a debate	assister à un débat
on a jury	faire partie d'un jury
out a dance	manquer une danse

to SITUATE   8098

a play in Rome	situer l'action théâtral à Rome
a store near a shopping center	situer un magasin près d'un centre commercial
to be situated advantageously	être bien situé

to SKATE 8099

professionally	patiner professionnellement
as an amateur	patiner en tant qu'amateur
in the Olympics	patiner aux jeux olympiques
for fun	patiner pour le plaisir
with a partner	patiner avec un partenaire

to SKETCH 8100

a scene	esquisser une scène
out a preliminary design	esquisser un dessin préliminaire
plans for . . .	ébaucher des plans pour . . .
a portrait	esquisser un portrait

to SKI 8101

for pleasure	skier pour son plaisir
down a slope	descendre une pente en skiant
across country	skier par monts et par vaux
in competition	faire des concours de ski
in Switzerland	faire du ski (skier) en Suisse

to SKID 8102

on the ice	glisser (déraper) sur la glace
in the rain	glisser (déraper) sous la pluie
on smooth tires	déraper avec des pneus lisses
off the road	déraper et quitter la route
while braking	déraper en freinant

to SKIM 8103

through a book	feuilleter un livre
through a news-paper	feuilleter un journal
over the ice	glisser sur la glace
over a topic	effleurer un sujet
off the cream	prendre la meilleure part

to SKIN 8104

an animal	écorcher (dépouiller) un animal
a knee	s'écorcher le genou
a fish	écailler un poisson
an elbow	s'écorcher le coude
s. o. alive	écorcher vif (qqn)

to SKIP 8105

a meal	sauter un repas
a payment	omettre de payer
a page	sauter une page
a chapter	sauter un chapitre
with joy	sauter de joie

to SLAM 8106

a door	claquer la porte
books on a desk	flanquer des livres sur un bureau
on the brakes	freiner à fond (violemment)
into another car	rentrer dans une autre voiture

to SLANDER 8107

an opponent	calomnier un adversaire
someone's repu-tation	diffamer la réputation de quelqu'un
the good name of	salir le nom de . . .
someone in pub-lic	calomnier qqn en public

to SLAP 8108

someone's face	gifler quelqu'un
a child	gifler un enfant
someone on the back	frapper quelqu'un sur le dos
some sense into someone	forcer quelqu'un à être raisonnable

to SLAUGHTER 8109

cattle	abattre du bétail
the innocent	massacrer les innocents
civilians	massacrer des civils
for food	tuer pour se nourrir
unnecessarily	tuer sans nécessité

to SLAY 8110

a dragon	tuer un dragon
a giant	tuer un géant
with a sword	tuer avec une épée
Goliath with a slingshot	tuer Goliath avec une fronde

to SLEEP 8111

in bed	dormir dans un lit
on a sofa	dormir sur un divan
for five hours	dormir cinq heures
peacefully	dormir paisiblement
restlessly	dormir d'un sommeil agité

to SLICE 8112

meat	découper de la viande
bread	couper du pain en tranches
a tomato	couper une tomate en tranches
a cucumber	couper un concombre en rondelles
off a piece	couper une tranche

to SLIDE 8113

something to s. o.	glisser quelque chose à qqn
down a pole	glisser le long d'un poteau
down a slope	glisser sur une pente
on the ice	glisser sur la glace
into a car	se glisser dans une voiture

to SLIP 8114

something to s. o.	glisser quelque chose à qqn
on the ice	glisser sur la glace
into a bathrobe	enfiler un peignoir
on a ring	glisser une bague au doigt
into a bathtub	se plonger dans une baignoire

to SLIT 8115

open a fish	éventrer un poisson
along a dotted line	couper le long du pointillé
a skirt	fendre une jupe
someone's throat	égorger quelqu'un

to SLOUCH 8116

in a chair	s'affaler dans un fauteuil
the shoulders	avoir les épaules tombantes
the head	pencher la tête
while sitting	être assis veulement
while walking	marcher veulement

to SLUMBER 8117

peacefully	sommeiller paisiblement
the afternoon away	passer l'après-midi à sommeiller
after lunch	faire la sieste
and dream	sommeiller et rêver

to SMASH 8118

a record	pulvériser un record
a finger	s'écraser le doigt
an opponent	écraser un adversaire
all opposition	anéantir toute opposition
through a wall	enfoncer un mur

to SMEAR 8119

a painting	barbouiller un tableau
a signature	gribouiller une signature
an opponent	médire d'un adversaire
on paint	étaler de la peinture
on makeup	se barbouiller de maquillage

to SMELL 8120

a flower	sentir une fleur
smoke	sentir l'odeur de la fumée
gas	sentir l'odeur du gaz
a perfume	sentir un parfum
of blood	avoir l'odeur du sang

to SMILE 8121

one's approval	avoir un sourire d'approbation
at a joke	sourire d'une bonne histoire
at a sight	sourire à la vue de qqch.
through tears	sourire à travers les larmes
happily	sourire de bonheur

to SMOKE 8122

a cigarette	fumer une cigarette
a cigar	fumer un cigare
a pipe	fumer une pipe
meat	fumer de la viande
out a criminal	enfumer un criminel

to SMOOTH 8123

the way for . . .	préparer le terrain pour . . .
out a surface	aplanir une surface
one's manners	raffiner ses manières
over differences of opinion	concilier des divergeances de vue (d'opinions)

to SMUGGLE 8124

drugs	passer des stupéfiants en fraude
diamonds	passer des diamants en fraude
opium	passer de l'opium en fraude
something out of . . .	faire sortir qqch. en fraude
something into . .	faire entrer qqch. en fraude dans . . .

to SNAP 8125

a twig	briser une brindille
one's fingers	claquer des doigts
a lid on . . .	mettre un couvercle brusquement
a stick in two	casser un bâton en deux
a picture of . . .	prendre un instantané de . . .

to SNEAK 8126

out of a room	s'esquiver d'une pièce
into a theater	se faufiler dans un théâtre
something out of the country	faire sortir qqch. d'un pays à la dérobée (en douce)
over the border	passer la frontière en douce

to SNEER 8127

at a suggestion	se moquer d'une suggestion
at the news	ricaner en apprenant une nouvelle
at a remark	ricaner en entendant une remarque
at a winner	se moquer du vainqueur
and complain	railler et se plaindre

to SNIFF 8128

the air	renifler l'air (flairer)
at a bone	renifler un os
the aroma of coffee	humer l'arôme du café
a flower	sentir une fleur

to SNIP 8129

a rose	couper une rose
a lock of hair	couper une boucle de cheveux
one's nails	couper les ongles
the end off . . .	couper les bouts (écourter)
off a coupon	découper un coupon

to SNOW 8130

for a week	(il neige) pendant une semaine
endlessly	neiger sans fin
rarely	neiger rarement
lightly	neiger peu
hard	neiger fort

to SOAK 8131

one's feet	prendre un bain de pieds
something in water	tremper qqch. dans l'eau
out a stain	faire disparaître une tache
up the sun	se gorger de soleil
in a solution	tremper dans une solution

to SOAR 8132

through the air	planer dans les airs
to a high altitude	monter jusqu'à une haute altitude
in price	monter (les prix)
Hopes soared.	L'espoir (re)monta.

to SOB 8133

uncontrollably	sangloter convulsivement
o. s. to sleep	s'endormir en sanglotant
out an answer	répondre dans un sanglot
at the news	sangloter en apprenant la nouvelle
and weep	sangloter et pleurer

to SOFTEN 8134

a blow	amortir un coup
one's criticism	adoucir ses critiques
butter before using	faire ramollir le beurre avant de l'utiliser
leather by . . .	assouplir le cuir en . . .

to SOIL 8135

clothing	salir les habits
a napkin	salir une serviette
one's reputation	salir sa réputation
a seat cover	salir une couverture (de siège)
with grease	salir avec de la graisse

to SOLICIT 8136

money for a cause	quêter pour une cause
the support of	solliciter le soutien de . . .
aid for . . .	solliciter de l'aide pour . . .
new business	générer de nouvelles affaires

to SOLVE 8137

a problem	résoudre un problème
a mystery	dévoiler un mystère
a puzzle	résoudre un puzzle
an equation	résoudre une équation
for the unknown	résoudre une équation à une inconnue

to SOOTHE 8138

a child	apaiser un enfant
an upset parent	apaiser un parent bouleversé
the loser	apaiser (consoler) le perdant
feelings of unrest and doubt	apaiser des sentiments d'agitation et de doute

to SORT   8139

out mail	trier le courrier
clothing	trier des vêtements
papers	trier des papiers
eggs by size	calibrer des œufs
tests by grade	classer des examens selon les notes

to SOUND   8140

an alarm	sonner l'alarme
a buzzer	faire retentir une sonnerie
like thunder	faire un bruit de tonnerre
dangerous	paraître dangereux
happy	paraître heureux

to SOW   8141

seeds	semer des grains
a crop of wheat	semer une récolte de blé
the earth with . . .	ensemancer la terre avec . . .
distrust and jealousy	semer la méfiance et la jalousie

to SPACE   8142

objects evenly	espacer des objets à égale distance
two paragraphs with one line	séparer deux paragraphes par une ligne
appointments every hour	mettre des rendez-vous à une heure d'intervalle

to SPAN   8143

an entire century	couvrir un siècle entier
the country with superhighways	sillonner le pays avec des auto-routes
a chasm with . . .	relier les bords d'un abîme avec . . .

to SPANK   8144

a child for	donner la fessée à un enfant
lying	pour avoir menti
misbehaving	pour s'être mal conduit
complaining	pour s'être plaint
as punishment	pour le punir

to SPARE   8145

someone's life	laisser la vie sauve à qqn
the feelings of s. o.	ménager qqn
s. o. the details	épargner les détails à qqn
Can you spare a cigarette?	Puis-je vous emprunter une cigarette?

to SPARKLE   8146

like a diamond	étinceller comme un diamant
under the light	scintiller sous les lumières
in the sun	scintiller (briller) au soleil
in the water	miroiter dans l'eau
Eyes sparkle.	Les yeux pétillent.

to SPATTER   8147

paint on the floor	éclabousser le parquet de peinture
with grease	éclabousser de graisse
Rain spattered the windows.	La pluie éclaboussa les fenêtres.

to SPEAK   8148

a language	parler une langue
French	parler français
a jargon	parler un jargon
for someone	parler au nom de qqn
of peace	parler de paix

to a friend	parler à un ami
with a lawyer	parler à un avocat
about politics	parler de politique
distinctly	parler distinctement
well of a person	parler en bons termes de qqn
up in class	prendre la parole en classe
emotionally	parler avec émotion
up for a cause	parler en faveur d'une cause
fluently	parler couramment
softly	parler d'une voix douce

to SPECIALIZE   8149

in law		le droit
in medicine	se	la médecine
in auto parts	spécialier	les pièces pour auto
in a product	dans	un produit
in translating		la traduction

to SPECIFY   8150

a time	préciser l'heure
a date	préciser la date
a meeting place	préciser le lieu de rencontre
a change	prescrire un changement
an amount	préciser la quantité

to SPECULATE   8151

about the future	spéculer sur l'avenir
in the market	spéculer en bourse ("stock")
on a raise	compter sur une augmentation
in business	spéculer dans les affaires

to SPELL   8152

a word	épeler un mot
a name	épeler un nom
correctly	épeler convenablement
out a plan	expliciter un plan
M-e spells me.	Moi s'épèle m-o-i.

to SPEND   8153

a fortune	dépenser une fortune
a weekend	passer un week-end
time in jail	faire un séjour en prison
one's salary	dépenser son salaire
money for something	dépenser de l'argent pour qqch.

to SPILL   8154

a drink	répandre un liquide
grease	renverser de la graisse
a glass of milk	répandre un verre de lait
on the floor	répandre sur le plancher
over a dam	déborder un barrage

to SPIN   8155

a top	faire tourner une toupie
a wheel	faire tourner une roue
a dial	faire tourner un bouton
cotton into thread	filer le coton
in the air	tournoyer en l'air

to SPIT   8156

on the sidewalk	cracher sur le trottoir
out wine	recracher du vin
up milk (baby)	faire un renvoi de lait
Spitting is forbidden!	Défense de cracher.

---

to SPLASH		8157
water on s. o.	éclabousser qqn (d'eau)	
paint on canvas	flanquer de la peinture sur une toile	
mud on pedes- trians	faire gicler de la boue sur un piéton	
down (space cap- sule)	amerrir	

to SPLIT		8158
a log	fendre une bûche	
a rock	cliver une roche	
a cost	partager le coût	
expenses	partager les frais	
up into groups	se partager en groupes	

to SPOIL		8159
a meal	gâcher un repas	
a surprise	déflorer une surprise	
a child	gâter un enfant	
Meats spoil.	La viande se gâte.	
Foods spoil.	Les aliments se gâtent.	

to SPONSOR		8160
an amendment	être le rapporteur d'un amendement	
a product	subventionner un produit	
a TV show	subventionner un programme de TV	
a new member	se porter garant d'un nouveau membre	
a candidate	se porter garant d'un candidat	

to SPOT		8161
an error	repérer une erreur	
a celebrity	repérer une célébrité	
a target	repérer une cible	
a suspect	repérer un suspect	
something with oil	faire une tache d'huile sur qqch.	

to SPRAIN		8162
an ankle	se fouler la cheville	
a wrist	se fouler le poignet	
a toe	se tordre un doigt de pied	
a thumb	se tordre un pouce	
severely	se fouler sévèrement	

to SPREAD		8163
a blanket	étendre une couverture	
a rumor	colporter un bruit	
Communism	propager le communisme	
the Gospel	propager l'Évangile	
out papers	étaler des papiers	

to SPRING		8164
a trap	faire jouer un piège	
a surprise	faire une surprise	
to one's feet	sauter sur ses pieds	
back in terror	faire un bond en arrière de terreur	
Towns spring up.	Les villes poussent comme des champignons.	

to SPRINKLE		8165
water	asperger d'eau	
sand	répandre du sable	
sawdust	répandre de la sciure	
flowers	répandre des fleurs	
a lawn	arroser une pelouse	

to SPURN		8166
an offer	repousser une offre	
a compromise	rejeter un compromis	
all aid	refuser toute aide	
a settlement	rejeter un règlement (un arbitrage)	
a cease-fire	refuser un cesser-le-feu	

to SPY		8167
on a target	reconnaître un objectif	
on the enemy	espionner l'ennemi	
for the enemy	espionner pour le compte de l'ennemi	
for money	espionner pour de l'argent	
in wartime	espionner en temps de guerre	

to SQUANDER		8168
a fortune	dilapider une fortune	
an inheritance	dilapider un héritage	
resources	dilapider des ressources	
one's time	perdre son temps	
needlessly	gaspiller (sans raisons)	

to SQUASH		8169
a bug	écraser un insecte	
all opposition	écraser toute opposition	
an opponent	écraser un adversaire	
wood to pulp	broyer du bois pour faire de la pulpe	
underfoot	écraser du pied	

to SQUEEZE		8170
a doll	serrer une poupée	
a sponge	presser une éponge	
an orange	presser une orange	
into a car	se tasser dans une voiture	
out a rag	tordre un chiffon	

to STAB		8171
s. o. in the back	poignarder qqn dans le dos	
an opponent	poignarder un adversaire	
an emperor	poignarder un empereur	
with a bayonet	empaler avec une bayonette	
at an intruder	donner un coup de poignard à un intrus	

to STABILIZE		8172
an economy	stabiliser une économie	
prices	stabiliser les prix	
a gyro	stabiliser un gyroscope	
wages at a high level	stabiliser les salaires à un niveau élevé	

to STACK		8173
dishes	empiler des assiettes	
hay	entasser du foin	
boxes	empiler des boîtes	
luggage	empiler des bagages	
in neat piles	empiler soigneusement	

to STAGE		8174
a play	monter une pièce de théâtre	
a party	donner une réception	
a convention	organiser un congrès	
an attack	combiner une attaque	
a revolution	organiser une révolution	

to STAGGER		8175
and fall	chanceler et tomber	
into a room	entrer en titubant dans une pièce	
vacations	répartir les vacances	
the wings of an airplane	décaler les ailes d'un avion	

to STAIN		8176
a shirt	tacher une chemise	
a reputation	entacher une réputation	
furniture	teinter des meubles	
with oil	tacher avec de l'huile	
with grease	tacher avec de la graisse	

496

to STALL 8177

for more time	gagner du temps
an airplane	mettre un avion en perte de vitesse
further negoti-ations	faire ralentir les négociations à venir
completion of . . .	ralentir la finition de . . .

to STAMMER 8178

nervously	bégayer nerveusement
an excuse	bégayer une excuse
an apology	s'excuser en bégayant
in confusion	bégayer de confusion
in embarrassment	être gêné et bégayer

to STAMP 8179

one's feet	trépigner
a letter	affranchir une lettre
a mark	frapper une marque
a document	estampiller un document
out a fire	piétiner un feu pour l'éteindre

to STAND 8180

pain	supporter la douleur
pressure	supporter une pression
up and fight	affronter résolument
up to someone	tenir tête à qqn
up for a friend	défendre un ami
in for an actor	faire une doublure
out in a crowd	se détacher dans la foule
by a decision	s'en tenir à une décision
to one side	se mettre de côté
clear of a fire	s'écarter d'un incendie
first in class	être premier de sa classe
in one's way	faire obstacle à . . .
by for a sign	attendre un signal
erect	se tenir droit
still	rester silencieux

to STAPLE 8181

two pages to-gether	agrafer deux pages ensemble
a baggage check to a ticket	agrafer un bulletin de bagages à un billet
together firmly	agrafer fermement ensemble

to STAR 8182

in a play	être la vedette d'une pièce
in the movies	être une vedette de cinéma
an actor in . . .	attribuer le rôle principal à un acteur dans . . .
The opera stars del Monaco.	Del Monaco est la vedette de l'opéra.

to STARE 8183

in disbelief	écarquiller les yeux d'incrédulité
in admiration	écarquiller les yeux d'admiration
at a celebrity	ne pas quitter une célébrité des yeux
at a painting	regarder fixement un tableau
rudely at . . .	dévisager (qqn)

to START 8184

a movement	déclencher un mouvement
a motor	mettre un moteur en marche
a business	lancer une affaire
a rumor	faire naître une rumeur
a revolution	commencer une révolution
up an engine	faire démarrer un moteur
out for home	partir pour rentrer chez soi
to study	commencer à étudier
working	commencer à travailler
at 1:30 P.M.	commencer à 13 h. 30

to STARTLE 8185

a deer	effrayer un cerf
a reader	surprendre un lecteur
to be startled by the news	être surpris par les nouvelles
It startled me!	Cela m'a fait sursauter!

to STARVE 8186

to death	mourir de faim
the masses	laisser le peuple mourir de faim
during a siege	mourir de faim pendant un siège
for affection	manquer d'affection
in wartime	être dans un état de famine en temps de guerre

to STATE 8187

a reason	indiquer un motif
an opinion	donner un avis
a choice	exposer un choix
a preference	affirmer une préférence
a position	faire connaître une position

to STATION 8188

soldiers in Paris	poster des troupes à Paris
a guard near the door	poster un garde près de la porte
o. s. close by	se poster à proximité

to STA(U)NCH 8189

the flow of blood	étancher le sang
a leak	arrêter une fuite
a hemorrhage	endiguer une hémorrhagie
completely	endiguer complètement

to STAVE 8190

off an attack	parer à une attaque
off the enemy	détourner l'ennemi
in the hull of a boat	défoncer la coque d'un bateau
in a door	défoncer une porte

to STAY 8191

happy	être toujours content
healthy	rester en bonne santé
alert	rester sur le qui-vive
active	rester actif
inside	rester à l'intérieur
for a week	rester une semaine
with a friend	séjourner chez un ami
out at night	passer la nuit dehors
in bed	garder le lit
away from home	ne pas rentrer chez soi

to STEAL 8192

a ring	voler une bague
money	voler de l'argent
a formula	voler une formule
state secrets	voler des secrets d'État
from the rich	voler les riches

to STEER   8193

a car	conduire une voiture
a course	mettre le cap sur . . .
with two hands	tenir le volant à deux mains
for shore	cingler vers le rivage
s. o. to a hotel	indiquer à qqn le chemin d'un hôtel

to STEP   8194

through a door	franchir un seuil
off a distance	arpenter une distance
on a bug	marcher sur une bestiole
over a puddle	enjamber une flaque d'eau
up production	augmenter la production
out of a taxi	descendre d'un taxi
into a boat	monter dans un bateau
up on a ladder	grimper à une échelle
on the brakes	écraser la pédale du frein
carefully	poser le pied avec précaution

to STERILIZE   8195

a wound	stériliser une blessure
a bandage	stériliser un bandage
surgical instruments	stériliser des instruments chirurgicaux
with alcohol	stériliser à l'alcool

to STICK   8196

to a job	s'atteler à une tâche
on a stamp	coller un timbre
out one's tongue	tirer la langue
to the truth	s'en tenir à la vérité
something into a bag	placer qqch. dans un sac

to STIFLE   8197

all opposition	étouffer (juguler) toute opposition
a cry	étouffer un cri
one's objections	ravaler ses objections
an uprising	étouffer une révolte
the press	réduire la presse au silence

to STIMULATE   8198

a response	stimuler une réaction
the mind	stimuler l'esprit
an audience	stimuler un auditoire
the nerves	stimuler les nerfs
s.o. to action	pousser qqn à agir

to STIPULATE   8199

a raise in pay	stipuler une augmentation de salaire
a price	stipuler un prix
the terms of an agreement	stipuler les termes d'un accord
a condition	stipuler une condition

to STIR   8200

paint	touiller de la peinture
a crowd	ébranler une foule
a solution	agiter une solution
up trouble	faire des histoires
in an egg	battre un œuf dans . . .

to STOCK   8201

provisions	stocker des provisions
enough supplies	stocker assez de provisions
a store with . . .	monter un magasin avec . . .
a cattle ranch	approvisionner une ferme en bétail
up on groceries	faire des réserves

to STOOP   8202

and pick up	se baisser pour ramasser
one's head	courber la tête
to begging	s'abaisser à mendier
under a barrier	se baisser pour passer sous une barrière
with age	se voûter avec l'âge

to STOP   8203

a car	arrêter une voiture
a train	arrêter un train
a fight	arrêter une bagarre
a taxi	arrêter un taxi
a performance	arrêter une représentation
shouting	s'arrêter de crier
looking	s'arrêter de regarder
to look	s'arrêter pour regarder
for gas	s'arrêter pour prendre de l'essence
for a rest	s'arrêter pour se reposer

to STORE   8204

food	stocker des vivres
water	faire une provision d'eau
supplies	stocker de l'approvisionnement
furniture	emmagasiner des meubles
something away	mettre qqch. de côté

to STORM   8205

a fortress	prendre une forteresse d'assaut
the Bastille	prendre la Bastille d'assaut
the beaches	prendre les plages d'assaut
into a room	entrer en ouragan dans une pièce
in winter	faire de l'orage en hiver

to STRAFE   8206

enemy troops	mitrailler les troupes ennemies
the beaches	mitrailler les plages
an airfield	mitrailler une piste d'aterrisage
a building	mitrailler un bâtiment
the bushes	mitrailler les buissons

to STRAIGHTEN   8207

a tie	rajuster une cravate
a picture	redresser un tableau
teeth	redresser des dents
up a room	ranger une pièce
up a desk	ranger un bureau

to STRAIN   8208

a muscle	se froisser un muscle
relations with . . .	tendre les relations avec . . .
water from . . .	filtrer l'eau de . . .
at a leash	tirer sur une laisse
to hear	tendre l'oreille pour entendre

to STRANGLE   8209

a sentry	étrangler une sentinelle
a leader	étrangler un chef
with a cord	étrangler avec un cordon
with bare hands	étrangler de ses propres mains
on a bone	s'étrangler sur un os

to STRAY   8210

from the truth	s'écarter de la vérité
from a path	s'écarter d'un chemin
from the main subject	s'écarter du sujet principal
His mind strayed.	Son esprit vagabondait.

---

to STRENGTHEN 8211

a bridge	consolider un pont
one's faith	affermir sa foi
defenses	consolider des défenses
the body by weight lifting	fortifier le corps en faisant des haltères

to STRESS 8212

a point	insister sur un point
the importance of finishing . . .	souligner l'importance de finir
a syllable	accentuer une syllabe
new ideas	faire valoir de nouvelles idées

to STRETCH 8213

one's arms	se dégourdir les bras
a rope	tendre une corde
a rubber band	tendre un élastique
the truth	exagérer
out in bed	s'étirer au lit

to STREW 8214

flowers	éparpiller des fleurs
sand on a floor	répandre du sable sur le plancher
with petals	joncher de pétales
sawdust	répandre de la sciure
leaves	éparpiller des feuilles

to STRIKE 8215

a child	frapper un enfant
a match	frotter une allumette
a blow	donner un coup
a pedestrian	heurter un piéton
a stage set	enlever des décors
oil	trouver du pétrole
a bargain	faire une affaire
bottom	heurter le fond
for better wages	faire la grève pour obtenir une augmentation de salaire
off a name	biffer un nom

to STRIP 8216

someone of his rank	dégrader quelqu'un
a branch of leaves	dépouiller une branche de ses feuilles
off a covering	arracher un revêtement
a store of . . .	démunir un magasin de . . .

to STRIVE 8217

for perfection	rechercher la perfection
for success	rechercher le succès
in a cause	se battre pour une cause
in vain	s'efforcer en vain
to please	s'efforcer de faire plaisir

to STROLL 8218

through the park	se promener dans le parc
through a museum	se promener dans un musée
by the lake	se promener le long du lac
past a store	passer devant un magasin
every afternoon	se promener tous les après-midi

to STRUGGLE 8219

with a problem	se débattre avec un problème
with the enemy	être aux prises avec l'ennemi
for a living	lutter pour subsister
for recognition	lutter pour s'imposer
for freedom	se battre pour la liberté

to STRUM 8220

a guitar	jouailler d'une guitare
a tune	jouailler un air
one's fingers on a desk	tapoter sur un bureau (avec les doigts)
up interest in . . .	stimuler un intérêt dans . . .

to STUDY 8221

law	étudier le droit (faire son droit)
a plan	étudier un plan
a graph	étudier un graphique
a language	étudier une langue
music	étudier la musique
for two hours	étudier pendant deux heures
for the ministry	se destiner au sacerdoce
hard	étudier avec acharnement
how to succeed	apprendre comment réussir
how to dance	apprendre à danser

to STUMBLE 8222

and fall	trébucher et tomber
in the dark	trébucher dans le noir
over an object	trébucher sur un objet
on a rock	trébucher sur un rocher
across a name	rencontrer un nom par hazard

to SUBDIVIDE 8223

an area	subdiviser une zone
an office	subdiviser un bureau
a tract of land into lots	morceler un terrain en lots
the parts of . . .	subdiviser les parties de . . .

to SUBDUE 8224

a criminal	maîtriser un criminel
the enemy	maîtriser l'ennemi
rioters	maîtriser des émeutiers
the intensity of . . .	diminuer l'intensité de . . .
one's reactions	maîtriser ses réactions

to SUBJECT 8225

s.o. to ridicule	tourner qqn en ridicule
for approval	soumettre pour approbation
metal to heat	soumettre du métal à la chaleur
o.s. to pain	se soumettre à la douleur
something to analysis	soumettre qqch. à l'analyse

to SUBLEASE(LET) 8226

an apartment	sous-louer un appartement
an office	sous-louer un bureau
a property	sous-louer une propriété
to a friend	sous-louer à un ami
for one year	sous-louer pour an

to SUBMIT 8227

a resignation	donner sa démission
a plan	soumettre un plan
a budget	soumettre un budget
a manuscript	soumettre un manuscrit
to pressure	céder à la pression

to SUBSCRIBE 8228

to a magazine	s'abonner à une revue
to a plan	se rallier à un plan
to an idea	souscrire à une idée
to violence	être partisan du recours à la violence
a sum of money	souscrire pour un certain montant

to SUBSIDE 8229

gradually	s'apaiser progressivement
in intensity	diminuer d'intensité
in violence	baisser (diminuer)
The rains subsided.	Les pluies se calmèrent.

to SUBSIDIZE 8230

a project	subventionner un projet
improvements	subventionner des améliorations
research	subventionner des recherches
with private funds	subventionner avec des fonds privés

to SUBSTANTIATE 8231

a claim		d'une reclamation
a charge	établir	d'une accusation
rumors that . . .	le bien=	des rumeurs affirmant que . . .
an alibi	fondé	d'un alibi
a theory		d'une théorie

to SUBSTITUTE 8232

for another person	remplacer une autre personne
for someone at a ceremony	remplacer qqn à une cérémonie
another element	substituer un autre élément

to SUBTRACT 8233

the number four	soustraire le nombre quatre
from a total	soustraire d'un total
initial costs	déduire du coût initial
medical expenses	déduire des frais médicaux
then divide	soustraire puis diviser

to SUCCEED 8234

s.o. in office	succéder à qqn dans sa fonction
in business	réussir en affaires
in winning	arriver à gagner
easily	parvenir facilement à ses fins
with effort	réussir difficilement

to SUFFER 8235

pain	ressentir une douleur
a humiliation	subir une humiliation
from arthritis	souffrir d'arthrite
from an injury	souffrir d'une lésion
terribly	souffrir terriblement

to SUFFICE 8236

for the present	suffire pour le moment
one's needs	suffire à ses besoins
one's purposes	satisfaire ses buts
as a raise	suffire en tant qu'augmentation
temporarily	suffire temporairement

to SUFFOCATE 8237

a victim	étouffer une victime
under a blanket	suffoquer sous une couverture
in the heat	suffoquer de chaleur
The air is suffocating!	L'air est suffoquant.

to SUGGEST 8238

a name	suggérer un nom
a change	suggérer un changement
a vacation	suggérer des vacances
an alternative	proposer une autre solution
a possibility	suggérer une possibilité

to SUIT 8239

one's purpose	convenir
the needs of . . .	satisfaire aux besoins de . . .
the punishment to the crime	adapter la punition au crime
That suits me!	Cela me convient.

to SULK 8240

in a corner	bouder dans un coin
after losing	bouder après avoir perdu
about a grade	bouder à cause d'une note
after a spanking	bouder après une fessée

to SUMMARIZE 8241

the findings	résumer les conclusions
the results	résumer les résultats
one's remarks	résumer ses remarques
the facts	résumer les faits
the progress of . .	résumer les progrès de . . .

to SUMMON 8242

help	appeler de l'aide
a doctor	appeler (faire venir) un médecin
the police	appeler la police
up one's courage	rassembler son courage
s. o. to appear	citer qqn à comparaître

to SUPERIMPOSE 8243

one's will	imposer sa volonté
a tax	ajouter un impôt
governmental authority	imposer l'autorité gouvernementale
an image of . . .	surimposer une image de . . .

to SUPERVISE 8244

construction	surveiller la construction
workers	surveiller des ouvriers
a project	surveiller l'exécution d'un projet
a plant	diriger une usine
an apartment	surveiller un appartement

to SUPPLEMENT 8245

a diet	compléter une régime alimentaire
one's income	compléter ses revenus
a book with new material	compléter un livre avec des données nouvelles
demands for . . .	accroître les demandes de . . .

to SUPPORT 8246

a family	subvenir aux besoins d'une famille
a movement	soutenir un mouvement
a candidate	soutenir un candidat
life	entretenir la vie
a beam	soutenir une poutre

to SUPPLY 8247

nuclear power	fournir de la puissance nucléaire
s. o. with heroin	fournir de l'héroïne à qqn
a clue	fournir une indication
with spare parts	fournir des pièces détachées
equipment for . . .	fournir des équipements pour . . .

to SUPPRESS 8248

a yawn	étouffer un bâillement
the news	supprimer les informations
an announcement	supprimer un communiqué
a revolt	réprimer une révolte
the opposition	supprimer l'opposition

to SURGE 8249		**to SWALLOW** 8259	
into the street	s'élancer dans les rues	medicine	avaler un médicament
thru the veins	bouillonner dans les veines	a pill	avaler une pilule
ashore (soldiers)	se répandre sur le rivage	one's pride	ravaler son orgueil
Waves surged in- to the cove.	Les vagues s'enflaient dans la baie.	a bite of food	avaler une bouchée
		with difficulty	avaler difficilement

to SURPASS 8250		**to SWAY** 8260	
a record	améliorer un record	in the breeze	se balancer dans le vent
all expectations	surpasser toute prévision	from side to side	osciller
one's authority	outrepasser son autorité	a jury	détourner un jury
the other stu- dents in math	dépasser les autres étudiants en mathématiques	public opinion	influencer l'opinion publique

to SURPRISE 8251		**to SWEAR** 8261	
an audience	surprendre un auditoire	allegiance	jurer fidelité
a thief	surprendre un voleur	on the Bible	jurer sur la Bible
a friend	surprendre un ami	to a statement	faire une déclaration sous serment
everyone	surprendre tout le monde	out a warrant	délivrer un mandat sous serment
s. o. with a party	donner une surprise-partie	at a person	injurier qqn

to SURRENDER 8252		**to SWEAT** 8262	
one's arms	rendre ses armes	in hot weather	transpirer par temps chaud
a prisoner	livrer un prisonnier	from exercise	transpirer après des exercices
one's rights	abdiquer ses droits	off extra weight	perdre du poids en transpirant
to the enemy	se rendre à l'ennemi	with a fever	transpirer de fièvre
on July 2nd	se rendre le 2 juillet	heavily	transpirer énormément

to SURROUND 8253		**to SWEEP** 8263	
a speaker	entourer un orateur	the floor	balayer le plancher
the winner	entourer le vainqueur	an election	remporter une élection
enemy troops	entourer les troupes ennemies	to victory	remporter une victoire
an estate with a high wall	entourer un domaine d'un haut mur	up debris	ramasser des débris
		the horizon	balayer l'horizon

to SURVEY 8254		**to SWELL** 8264	
a situation	examiner une situation	with pride	s'enfler d'orgueil
a site	inspecter un chantier	in size	augmenter de taille
an area	lever les plans d'un terrain	in volume	augmenter de volume
a group	faire une enquête sur un groupe	in the wind	se gonfler au vent
public opinion	faire un sondage d'opinion	with infection	être infecté et enfler

to SURVIVE 8255		**to SWELTER** 8265	
a disaster	réchapper d'une catastrophe	in the heat	être accablé par le chaleur
a war	réchapper d'une guerre	in inappropriate clothing	étouffer dans des vêtements in- appropriés
a shipwreck	réchapper d'un naufrage	Paris swelters in August.	Paris est étouffant en août.
a crash (plane)	réchapper d'un accident (d'avion)		
an accident	réchapper d'un accident		

to SUSPECT 8256		**to SWERVE** 8266	
treason	se douter d'une trahison	to the right	dévier à droite
foul play	se douter d'une machination	in one's deter- mination	dévier dans sa détermination
a person	soupçonner qqn	off the road	faire une embardée hors de la route
s. o.'s motives	douter du mobile	to avoid a rock	faire une embardée pour éviter un rocher
s. o. of arson	soupçonner qqn de pyromanie		

to SUSPEND 8257		**to SWIM** 8267	
judgment	suspendre un jugement	in a lake	nager dans un lac
operations	arrêter les opérations	out to a raft	rejoindre un radeau à la nage
a student	mettre un élève à la porte	for fun	nager pour s'amuser
a chandelier	suspendre un lustre	in a race	participer à une épreuve de natation
negotiations	suspendre les négociations	toward shore	nager en direction du rivage

to SUSTAIN 8258		**to SWING** 8268	
an injury	être blessé	a rope	balancer une corde
an objection	appuyer une objection	one's arms	balancer les bras
a verdict	confirmer une condamnation	a hammer	abattre un marteau
life	entretenir la vie	back and forth	se balancer d'avant en arrière
a family	entretenir une famille	from side to side	se balancer de côté et d'autre

to SWITCH	8269
position	changer de position
two cards	échanger deux cartes
one's vote	reporter sa voix sur un autre candidat
off a machine	débrancher une machine
on the lights	allumer

to SYMPATHIZE	8270
with a patient	plaindre un malade
with a loser	plaindre un perdant
with a plan	se rallier à un plan
completely	être entièrement d'accord
occasionally	être parfois d'accord

to SYNCHRONIZE	8271
two watches	synchroniser deux montres
military operations	synchroniser des opérations militaires
a sound track	synchroniser une piste sonore
two attacks	synchroniser deux attaques

to SYSTEMATIZE	8272
a search	faire des recherches systématiques
procedures	systématiser des procédés
preparations	systématiser des préparatifs
the arrangement of files	systématiser l'organisation des dossiers

T

to TABULATE	8273
the score	afficher les points
the votes	dépouiller les bulletins de vote
data	classer les données
the results	classer les résultats
the profits	additionner les bénéfices

to TAKE   8274

to TAKE SOMETHING   1
down from a shelf	prendre quelque chose sur une étagère
off the stove	prendre quelque chose sur la cuisinière
out of a drawer	prendre quelque chose dans un tiroir
out of a pocket	prendre quelque chose dans une poche
out of a cupboard	prendre quelque chose dans un buffet

2
to the library	porter quelque chose à la bibliothèque
into the house	porter quelque chose dans la maison
outside	sortir quelque chose
inside	rentrer quelque chose
upstairs	monter quelque chose

to TAKE SOMEONE (drive)   3
to the airport	emmener quelqu'un à l'aéroport
to the country	emmener quelqu'un à la campagne
to the movies	emmener quelqu'un au cinéma
to school	conduire quelqu'un à l'école
to the station	conduire quelqu'un à la gare

to TAKE   4
a look at . . .	jeter un coup d'œil sur . . .
a liking to . . .	prendre goût à . . .
an interest in . . .	s'intéresser à . . .
a dislike to . . .	prendre en aversion
an opportunity to . . .	saisir l'occasion de . . .

5
a bus to school	aller à l'école en autobus
a plane to Europe	prendre un avion pour l'Europe
a train to New York	prendre un train pour New York
an elevator to the top	prendre un ascenseur pour monter tout en haut
the subway to work	aller au travail en métro

6
a poll	faire un sondage public
a survey	procéder à un examen
someone's temperature	prendre la température de quelqu'un
time to . . .	prendre le temps de . . .
care of someone	prendre soin de quelqu'un

to TAKE   7
a walk	faire une promenade à pied
a trip	faire un voyage
medicine	prendre un remède
a vacation	prendre des vacances
a long rest	prendre un repos prolongé

8
a bath	prendre un bain
a shower	prendre une douche
a nap	faire un somme
a swim	aller nager
a tour of (Europe)	faire un voyage organisé en Europe

9
a picture	prendre une photo
advice	prendre conseil
criticism	accepter une critique
concentration	demander de la concentration
courage	demander du courage

10
advantage of . . .	se prévaloir de . . . (profiter de . . .)
one's turn	prendre son tour
a chance	courir sa chance
art lessons	prendre des cours d'art
French	apprendre le français

11
a drink of water	boire de l'eau
a wild guess	hasarder une conjecture
life seriously	prendre les choses au sérieux
the responsibility for . . .	se charger de . . .
things easy	ne pas se faire de souci

12
away a toy	ôter un jouet à . . .
back a gift	reprendre un cadeau
down a poster	arracher une affiche
down notes (class)	prendre des notes
off a coat	ôter un manteau

off from an air-port	décoller d'un aéroport
out a knife	sortir un couteau
over a job	succéder à quelqu'un dans un emploi
up a dress	raccourcir une robe
up the study of law	se mettre à étudier le droit

---

to TALK   8275

to a friend	parler à un ami
with a lawyer	parler à un avocat
about politics	parler de politique
back to s. o.	répondre avec impertinence
freely to s. o.	s'ouvrir à quelqu'un

to TALLY (up)   8276

the results	totaliser les résultats
votes	dépouiller le scrutin
the score	totaliser les points
The facts don't tally.	Les faits ne concordent pas.

to TAME   8277

a wild animal	dompter un animal sauvage
an audience	apprivoiser un auditoire
one's desires	controller ses désirs
lions	dompter des lions
down demands	(faire) baisser les demandes

to TAMPER   8278

with a lock	fausser (forcer) une serrure
with the law	dévier de la loi
with someone's affections	jouer avec l'affection de quelqu'un
with procedures	dévier des procédures

to TAN   8279

leather	tanner le cuir
in the sun	(se) brunir au soleil
all over	se bronzer complètement
a hide	tanner une peau
slowly	(se) bronzer lentement

to TAP   8280

on a window	cogner au carreau (à la fenêtre)
a telephone	mettre une table d'écoute sur une ligne téléphonique
on the shoulder	taper sur l'épaule
a beer keg	mettre un tonneau de bière en perce
a power line	se brancher sur une ligne électrique

to TAPE   8281

an ankle	bander la cheville
a label on . . .	mettre une étiquette avec du ruban adhésif sur . . .
a bandage in place	mettre un bandage en place avec un ruban adhésif
a concert	enregistrer un concert

to TAR   8282

a road	goudronner une route
a parking lot	goudronner un parc à voitures
a driveway	goudronner une allée
a highway	goudronner une route
the surface of . . .	goudronner la surface de . . .

to TASTE   8283

a soup	goûter un potage
victory	avoir un avant-goût de la victoire
like almonds	avoir un goût d'amande
bitter	avoir un goût amer
sweet	avoir un goût sucré

to TATTOO   8284

a sailor	tatouer un marin
a picture on some-one's chest	tatouer un dessin sur la poitrine de quelqu'un
an emblem on . . .	tatouer un emblème sur . . .
a name on . . .	tatouer un nom sur . . .

to TAUNT   8285

a prisoner	bafouer un détenu
a speaker	railler un orateur
with insults	couvrir d'insultes
s. o. to reply	forcer qqn à répondre
and jeer	bafouer et railler

to TAX   8286

an income	imposer le revenu
a profit	imposer les bénéfices
a corporation	imposer une société
one's patience	pousser à bout la patience de qqn
one's endurance	aller à la limite de ses forces

to TEACH   8287

a class	faire la classe
a lesson	donner une leçon
music	enseigner la musique
World History	enseigner l'histoire universelle
art	enseigner les arts

to TEACH s. o.

a language	apprendre une langue à qqn
obedience	apprendre l'obéissance à qqn
how to study	apprendre à qqn à étudier
how to dance	apprendre à qqn à danser
to play cards	apprendre à qqn à jouer aux cartes

to TEAR   8288

a dress	déchirer une robe
a hole	faire un accroc à . . .
off a piece	arracher un morceau
open a letter	ouvrir une enveloppe en la déchirant
down a wall	démolir un mur
up a contract	déchirer un contrat
up a sidewalk	défoncer un trottoir
out a picture	arracher une image
off a bandage	arracher un pansement
along a line	déchirer en suivant un pointillé

to TEASE   8289

an animal	taquiner un animal
s. o. with an offer of . . .	taquiner quelqu'un en lui offrant . . .
good-naturedly	taquiner pour jouer
Don't tease me!	Ne me faites pas marcher!

---

to TELEGRAPH 8290

a message — télégraphier un message
the news of a victory — télégraphier la nouvelle d'une victoire
congratulations — télégraphier des félicitations
the president — télégraphier au président

to TELEPHONE 8291

(to) a friend — téléphoner à un ami
long distance — téléphoner loin
for an appointment — prendre rendez-vous par téléphone
for information — demander des renseignements par téléphone

to TELEVISE 8292

an event — téléviser un événement
the Olympics — téléviser les Jeux Olympiques
a championship match — téléviser un match de championnat
the news — téléviser les informations

to TELL 8293

the truth — dire la vérité
a story — raconter une histoire
a lie — dire un mensonge
a secret — dévoiler un secret
s. o. to leave — dire à qqn de partir

to TEMPT 8294

a weak person — tempter une personne faible
s. o. with a better offer — tempter qqn avec une meilleure offre
Don't tempt me! — Ne me temptez pas!
I'm tempted! — Je suis tempté!

to TEND 8295

to one's own business — s'occuper de (vaquer à) ses propres affaires
a flock — garder un troupeau
the sick — soigner les malades
to agree — avoir tendance à être d'accord

to TENDER 8296

a resignation — offrir une démission
goods in payment for a debt — offrir des marchandises en paiement d'une dette
a new contract — offrir un nouveau contrat
an amendment — proposer un amendement

to TERMINATE 8297

a contract — mettre fin à un contrat
the employment of someone — terminer l'emploi de quelqu'un
negotiations — terminer des négociations
in violence — se terminer dans la violence

to TERRIFY 8298

a child — terrifier un enfant
an audience — terrifier un auditoire
with threats — terrifier par des menaces
to be terrified by fire — être terrifié par le feu

to TERRORIZE 8299

a neighborhood — terroriser un quartier
hostages — terroriser des otages
a nation with acts of war — terroriser une nation par des actes de guerre
with guns — terroriser avec des pistolets

to TEST 8300

a class — faire passer un examen à une classe
a plane — faire un vol d'essai
a theory — mettre une théorie à l'épreuve
something for flaws — essayer qqch. pour en déceler les défauts
out a tool — essayer un outil

to TESTIFY 8301

in a trial — déposer à un procès
for the defense — déposer à l'appui de la défense
as an expert — déposer en qualité d'expert
to a crime — témoigner d'un crime
to the accuracy — témoigner de la justesse de . . .

to TETHER 8302

an animal — attacher un animal (à la longe)
a balloon — attacher un ballon
a dirigible — amarrer un dirigeable
an airplane in high winds — amarrer un avion par grand vent

to THANK s. o. 8303

for a present — remercier qqn d'un cadeau
for staying — remercier qqn d'être resté
for helping — remercier qqn de son aide
in advance — remercier qqn à l'avance
gratefully — témoigner sa reconnaissance à qqn

to THATCH 8304

a roof — couvrir un toit de chaume
with leaves — couvrir de feuilles
with bamboo — couvrir de bambous
with straw — couvrir de paille
with branches — couvrir de branches

to THAW 8305

out gradually — fondre progressivement
frozen foods — faire dégeler des produits congelés
out by the fire — (faire) fondre près du feu
in the sunlight — (faire) fondre au soleil
It thawed today. — Il a dégelé aujourd'hui.

to THEORIZE 8306

about a phenomenon — faire la théorie d'un phénomène
about the origins of man — élaborer des théories sur les origines de l'homme
then verify — faire une théorie puis vérifier

to THICKEN 8307

a soup — épaissir une soupe
a glue — épaissir une colle
a liquid with . . . — épaissir un liquide avec . . .
The plot thickens. — L'action se complique. (Ça se corse!)

to THIN 8308

a paint with turpentine — diluer de la peinture avec de la térébenthine
a wine with . . . — couper du vin avec . . .
down the waist — amincir la taille
out a crowd — disperser une foule

to THINK 8309

of home — penser à son foyer
of an answer — trouver une réponse
of someone — penser à quelqu'un
about the war — penser à la guerre
about a friend — penser à un ami

to THINK

over an offer	réfléchir à une proposition
out a problem	méditer sur un problème
up an excuse	inventer une excuse
rationally	penser rationnellement
illogically	penser irrationnellement

to THIRST 8310

for knowledge	être assoiffé de connaissances
for love	être assoiffé d'amour
for justice	être assoiffé de justice
for success	être assoiffé de succès
I thirst! (Jesus)	J'ai soif!

to THRASH 8311

an opponent	battre un adversaire à plates coutures
a prisoner	rosser un prisonnier
the feet (swim-ming)	battre des pieds
wildly in the grasp of . . .	se débattre violemment pour se libérer de . . .

to THREAD 8312

a needle	enfiler une aiguille
beads	enfiler des perles
the end of an iron pipe	fileter le bout d'un tuyau de fer
one's way through . . .	se faufiler à travers (entre) . . .

to THREATEN 8313

a strike	menacer d'une grève
a person	menacer quelqu'un
an attack	menacer d'attaquer
a witness	menacer un témoin
to strike	menacer de faire la grève

to THRESH 8314

wheat	battre le blé
grain	battre le grain
mechanically	battre mécaniquement
out a decision	débattre une décision
over problems	se battre sur des problèmes

to THRILL 8315

an audience	ravir un auditoire
the winner	émouvoir le vainqueur
at the thought	être ému à la pensée de . . .
and terrify	faire frémir et terrifier
It thrilled me.	Cela m'a ému.

to THRIVE 8316

on affection	se nourrir d'affection
on milk	se nourrir de lait
in business	réussir en affaires
Our economy is thriving.	Notre économie est en plein essor.

to THROB 8317

painfully	battre douloureusement (le cœur)
with excitement	frémir d'excitation
with emotion	frémir d'émotion
His heart throb-bed with love.	Son cœur vibrait d'amour.

to THROW 8318

a surprise party	donner une surprise-partie
a ball	jeter une balle
a grenade	lancer une grenade
on a jacket	mettre en hâte une veste
away a toy	jeter un jouet

to THROW

on a bathrobe	passer vivement un peignoir
out a question	lancer (poser) une question
up a barricade	installer en hâte une barricade
off a cold	se débarrasser d'un rhume
down a book	jeter un livre

to THRUST 8319

someone aside	écarter quelqu'un
o. s. between . . .	se jeter entre . . .
a fist into some-one's face	flanquer un coup de poing à la figure de qqn
a dagger into . . .	plonger un poignard dans . . .

to THWART 8320

an attempt	déjouer une tentative
an opponent	déjouer un adversaire
the ambitions of . . .	déjouer les ambitions de . . .
the successful completion of . . .	empêcher que qqch. soit terminé de façon satisfaisante

to TICK 8321

loudly	tictaquer bruyamment
the minutes away	égrainer les minutes
off the seconds	égrainer les secondes
off the names of passengers	cocher les noms des passagers

to TIDY 8322

up a room	ranger une chambre
up a desk	ranger un bureau
up a garage	ranger un garage
up the kitchen	ranger une cuisine
up after a party	nettoyer après une partie

to TIE 8323

a knot	faire un nœud
a rope	nouer une corde
a necktie	nouer une cravate
up a package	ficeler un paquet
down a canvas	fixer une bâche

to TIGHTEN 8324

a knot	resserrer un nœud
a noose	serrer un nœud coulant
the reins	ajuster les rênes
a screw	serrer une vis
a tourniquet	serrer un tourniquet

to TILE 8325

a roof	mettre des tuiles sur un toit
a floor	carreler un plancher
a bathroom	carreler une salle de bain
an entryway	carreler une entrée
a wall	carreler un mur

to TILT 8326

one's head for-ward	incliner la tête vers l'avant (en avant)
to the left	incliner vers la gauche
with a knight	tournoyer avec un chevalier
back a seat	rabattre un siège

to TIME 8327

a race	chronométrer une course
an experiment	chronométrer une expérience
a response	chronométrer une réaction
a test	chronométrer une épreuve
a flight	chronométrer un vol

to TINKER		8328
with an engine	bricoler un moteur	
with a clock	bricoler une pendule	
with an idea	jouer avec une idée	
with an invention	bricoler une invention	
Don't tinker!	Ne vous amusez pas!	

to TINT		8329
a photograph	colorer (teinter) une photographie	
one's hair	se teindre les cheveux	
paint with red	teinter de la peinture avec du rouge	
to wear tinted glasses	porter des verres teintés (fumés)	

to TIP		8330
over a bottle	renverser une bouteille	
a porter	donner un pourboire à un porteur	
one's hat	incliner son chapeau	
a dart with poison	empoisonner le bout d'une flèche (fléchette)	

to TIRE		8331
easily	se fatiguer facilement	
the mind	fatiguer l'esprit	
one's patience	mettre sa patience à l'épreuve	
to be tired of waiting	être las (fatigué) d'attendre	

to TITLE		8332
a book	intituler un livre	
a chapter	intituler un chapitre	
a report	intituler un rapport	
a poem	intituler un poème	
a film	intituler un film	

to TOAST		8333
a victory	boire à la victoire	
bread	faire griller du pain	
the health of the winner	porter un toast à la santé du vainqueur	
in an oven	faire griller au four	

to TOIL		8334
in the fields	trimer aux champs	
at a job	travailler dur	
over homework	peiner sur ses devoirs	
over new plans	peiner sur de nouveaux plans	
until midnight	travailler dur jusqu'à minuit	

to TOLERATE		8335
pain	supporter la douleur	
inefficiency	tolérer l'inefficacité	
an intrusion	tolérer une intrusion	
bad manners	tolérer de mauvaises manières	
loud noises	supporter de forts bruits	

to TOPPLE		8336
from power	tomber du pouvoir	
a tree	faire tomber un arbre	
a government	renverser un gouvernement	
into bed	culbuter dans un lit	
and fall	culbuter et tomber	

to TORMENT		8337
a child	tourmenter un enfant	
the mind	tourmenter l'esprit	
the body	tourmenter le corps	
to be tormented by doubts	être tourmenté par des doutes	

to TORPEDO		8338
a tanker	torpiller un pétrolier	
a battleship	torpiller un bateau de guerre	
the Lusitania	torpiller le Lusitania	
negotiations	torpiller (faire échouer) les négociations	
a peace plan	torpiller un plan pour la paix	

to TORTURE		8339
a prisoner	torturer un prisonnier	
a P. O. W.	torturer un prisonnier de guerre	
s. o. to obtain a confession	torturer qqn pour obtenir des aveux	
the mind	torturer l'esprit	

to TOSS		8340
a coin	jouer à pile ou face	
a ball	lancer une balle	
s. o. an object	lancer un objet à qqn	
off a letter	écrire rapidement une lettre	
up a ball	lancer une balle en l'air	

to TOTAL		8341
up a bill	faire l'addition d'une facture	
up the profits	totaliser les bénéfices	
expenses	totaliser les dépenses	
a column of figures	additionner une colonne de chiffres	

to TOUCH		8342
a button	toucher un bouton	
a tree	toucher un arbre	
the floor	toucher le plancher	
one's toes	toucher ses orteils	
an audience	émouvoir un auditoire	

to TOUR		8343
a city	faire le tour d'une ville	
Europe	visiter (parcourir) l'Europe	
the museums	faire le tour des musées	
the nightclubs	faire le tour des boîtes de nuit	
in a play	faire une tournée dans une pièce	

to TOW		8344
a car to a garage	remorquer une voiture dans un garage	
a ship to port	remorquer un bateau au port	
a mobile home	remorquer un mobile home	
a trailer	remorquer une caravane	

to TRACE		8345
a picture	décalquer une image	
an outline	décalquer un contour	
a design	décalquer un modèle	
one's origin	faire remonter ses origines à . . .	
one's ancestors	remonter à ses ancêtres	

to TRACK		8346
a satellite	suivre le trajectoire d'un satellite	
an animal	suivre un animal à la trace	
down a rumor	traquer une rumeur	
mud into the kitchen	faire des traces de boue dans la cuisine	

to TRADE		8347
seats	changer de siège	
possessions	échanger des biens	
something for gold	échanger qqch. contre de l'or	
in a car	donner une voiture en reprise	
with the Indians	trafiquer avec les Indiens	

to TRAIL 8348

a criminal	traquer un criminel
5 to 3 (sports)	être à la traîne par 5 à 3
a cloud of dust	dégager un nuage de poussière
in a race	être en fin de course
off into silence	s'atténuer et devenir silencieux

to TRAIN 8349

a dog	dresser un chien
a fighter	entraîner un boxeur
troops	entraîner des soldats
s. o. to obey	apprendre à qqn à obéir
for a race	s'entraîner pour une course

to TRAMPLE 8350

the grass	piétiner l'herbe
on a flower bed	piétiner un parterre de fleurs
on the toes of . . .	marcher sur les pieds de . . .
out a fire	fouler un feu aux pieds
papers (under-foot)	piétiner des papiers

to TRANSACT 8351

business	négocier des affaires
negotiations with the enemy	négocier des transactions avec l'ennemi
the affairs of state	négocier les affaires d'un État

to TRANSCEND 8353

the limits of . . .	dépasser les limites de . . .
mere courtesy	dépasser la simple courtoisie
the monotony of daily life	sortir de la monotonie de la vie quotidienne
expectations	dépasser des espérances

to TRANSCRIBE 8354

one's notes	transcrire ses notes
dictation	transcrire une dictée
a confession	transcrire des aveux
an oral request	transcrire une demande orale
phonetically	transcrire phonétiquement

to TRANSFER 8355

a call	passer une communication téléphone
a drawing	reporter un dessin
property	transmettre une propriété
from a job	être muté à un autre poste
to a bus	prendre un autobus à l'arrivée

to TRANSFORM 8356

someone's appearance	transformer l'apparence de quelqu'un
the nature of . . .	transformer la nature de qqn
steam into power	transformer de la vapeur en puissance

to TRANSLATE 8356

a poem	traduire un poème
English into French	traduire de l'anglais en français
wishes to deeds	passer du rêve à la réalité
idiomatically	traduire idiomatiquement

to TRANSMIT 8357

a message	transmettre un message
an infection	transmettre une infection
light and heat	transmettre lumière et chaleur
from parent to child	se transmettre de père en fils

to TRANSPLANT 8358

a heart	effectuer la greffe d'un cœur
human organs	effectuer la greffe d'organes humains
a rosebush	transplanter un rosier
a sapling	transplanter un arbuste
a colony	déplacer une colonie

to TRANSPORT 8359

freight	transporter du fret
troops	transporter des soldats
cargo	transporter une cargaison
mail	transporter du courrier
supplies	transporter du ravitaillement

to TRANSPOSE 8360

two numbers	transposer deux nombres
the letters of a word	transposer les lettres d'un mot
music to a lower key	transposer une partition dans une clé plus basse

to TRAP 8361

an animal	prendre un animal au piège
a fox	prendre un renard au piège
an opponent	prendre un adversaire au piège
s. o. in a lie	prendre qqn sur le fait de mentir
air in a pipe	bloquer de l'air dans un tuyau

to TRAVEL 8362

to Europe	aller en Europe
for a month	faire un voyage d'un mois
with a group	voyager en groupe
abroad	voyager à l'étranger
for pleasure	voyager pour son plaisir

to TREAD 8363

water	nager debout
a path to . . .	faire un chemin jusqu'à . . .
on dangerous ground	avancer en terrain dangereux
on the feet of . . .	marcher sur les pieds de . . .

to TREASURE 8364

liberty	chérir la liberté
a memory of . . .	chérir le souvenir de . . .
a family heir-loom	chérir un souvenir de famille
one's ideals of . . .	chérir ses idéals (idéaux) de . . .

to TREAT 8365

a patient	soigner un patient
a wound	soigner une plaie
s. o. with respect	traiter qqn avec respect
people fairly	traiter les gens avec équité
s. o. to lunch	offrir à déjeuner à qqn

to TREMBLE 8366

in fear	trembler de peur
with the cold	trembler de froid
in the wind	trembler au vent
His voice trembled and broke.	Sa voix trembla et se brisa.

to TRESPASS 8367

on another's property	empiéter sur la propriété d'autrui
on the rights of . . .	empiéter sur les droits de . . .
knowingly	enfreindre consciemment
against s. o.	léser qqn

to TRICK   8368

the enemy	tromper l'ennemi
s. o. out of money	escroquer de l'argent à qqn
an opponent	tromper un adversaire
s. o. into losing	faire perdre qqn par une ruse
s. o. by lying	tromper qqn en mentant

to TRIGGER   8369

a reaction	déclencher une réaction
a nuclear war	déclencher une guerre nucléaire
an alarm	déclencher une alarme
an explosion	déclencher une explosion
a device	déclencher un mécanisme

to TRIM   8370

a hedge	tailler une haie
a sail	régler une voile
a budget	rogner sur un budget
a deficit	réduire un déficit
off a beard	raser sa barbe

to TRIP   8371

over a rock	trébucher sur une pierre
on a stair	trébucher dans un escalier
in the dark	trébucher dans le noir
over a body	trébucher sur un corps
someone	faire trébucher quelqu'un

to TRIUMPH   8372

over evil	triompher du mal
over fear	triompher de la peur
and rejoice at a victory	triompher et se réjouir d'une victoire
in the end	finalement triompher

to TROT   8373

a horse	faire trotter un cheval
around a track	trotter autour d'un champ de course
along the road	trotter le long de la route
inside a corral	trotter à l'intérieur d'un corral
across a field	trotter à travers un champ

to TROUBLE   8374

o. s. about something	se déranger à propos de qqch.
the mind	tourmenter l'esprit
s. o. greatly	beaucoup inquieter qqn
to be troubled with arthritis	être affligé d'arthrite

to TRUDGE   8375

through the snow	cheminer dans la neige
through the mud	cheminer dans la boue
along a road	cheminer (le long d'une route)
across a bridge	parcourir un pont
up a stairs	monter les escaliers en se traînant

to TRUST   8376

a friend	se fier à un ami
one's parents	se fier à ses parents
in God	espérer en Dieu
in good luck	se fier à sa bonne étoile
in one's ability	se fier à son habileté

to TRY   8377

a new approach	aborder d'une autre façon
a case	juger une cause
s. o. for murder	juger un assassin
a medicine	essayer un médicament
a prisoner	juger un prisonnier
out a car	essayer une voiture
on a suit	essayer un costume
out for a play	faire faire un bout d'essai à un acteur
to improve o. s.	essayer de s'améliorer
to climb higher	essayer de grimper plus haut

to TUG   8378

on a rope	tirer sur une corde
at a drawer	tirer sur un tiroir
on one's socks	tirer tirailler sur ses chaussettes
off a glove	retirer un gant
a boat to shore	remorquer un bateau jusqu'au rivage

to TUMBLE   8379

into bed	s'affaler sur son lit
out of bed	sauter du lit
down stairs	dégringoler les escaliers
into a heap	tomber en tas
into a room	s'affaler dans une pièce

to TUNE   8380

a violin	accorder un violon
a guitar	accorder une guitare
an engine	régler un moteur
a TV set	régler un téléviseur
up an orchestra	faire s'accorder un orchestre

to TUNNEL   8381

for a mile	creuser sur un kilomètre
through a wall	percer un mur
through a mountain	percer un tunnel sous une montagne
under a river	construire un tunnel sous une rivière
under a fence	creuser un tunnel sous une clôture

to TURN   8382

to TURN   1

a key to the left	tourner une clef vers la gauche
a radio on	allumer un poste radio
the lights off	éteindre les lumières
a car around	faire demi-tour en voiture
the volume up	augmenter le son

2

to the right	tourner à droite
to the left	tourner à gauche
a card over	retourner une carte
a clock ahead	faire avancer une horloge
a switch on	tourner un interrupteur

VERBS

		3		5

an ankle   se tordre la cheville
cold and windy se mettre à faire froid et à faire du vent
into a riot   dégénérer en émeute
to someone for demander l'aide de quelqu'un
 help
a doorknob   tourner une poignée de porte

over a rock   retourner une roche
out a new model lancer un nouveau modéle
out well   bien tourner
out to be correct se révéler juste
out to be a law- devenir avocat (en fin du compte)
 yer

4

down an offer refuser une offre
in an assignment rendre un devoir
off a radio   éteindre la radio
on a fan   mettre un ventilateur en marche
on a television set allumer un téléviseur

6

out for rehearsal se présenter à une répétition
over a new leaf tourner la page
up missing   être porté disparu
up a new lead trouver une nouvelle piste
up in Paris   reparaître à Paris

---

to TWINKLE   8383

in the sky   scintiller dans le ciel
in the distance scintiller dans le lointain
in the dark   scintiller dans le noir
His eyes twin- Ses yeux pétillèrent d'allégresse.
 kled with glee.

to TWIST   8384

an ankle   se tordre la cheville
an arm   tordre le bras à qqn
a rope   commettre une corde
threads   torsader des fils
a dial   tourner un bouton

to TYPE   8385

a letter   dactylographier une lettre
a report   dactylographier un rapport
a composition dactylographier une narration
in a name   insérer un nom à la machine
out a copy   taper un exemplaire

to TYPIFY   8386

the new gener- caractériser la nouvelle génération
 ation
the actions of . . . caractériser les actions de . . .
the writing of caractériser les écrits de
 Shakespeare Shakespeare

U

---

to UNCOVER   8387

a clue   découvrir un indice
traces of . . .   découvrir des traces de . . .
a plot   mettre à jour un complot
treachery   découvrir une trahison
new evidence   découvrir de nouvelles preuves

to UNDERBID   8388

a competitor   faire des conditions plus avantageuses
(the competition) qu'un concurrent
all other offers faire une offre meilleure que toutes
       les autres
by ten per cent faire une offre de dix pour cent
       de moins

to UNDERESTIMATE   8389

the value of . . . sous-estimer la valeur de . . .
the power of the sous-estimer le pouvoir de la presse
 press
the costs   sous-estimer les coûts
by thirty per cent sous-estimer de trente pour cent

to UNDERGO   8390

surgery   subir une intervention chirurgicale
radical changes changer radicalement
great pain   subir de grandes douleurs
a reorganization subir une réorganisation
treatment for . . . subir un traitement pour . . .

to UNDERLINE   8391

a word   souligner un mot
a phrase   souligner une expression
a proverb   souligner un proverbe
a figure   souligner un chiffre
something for souligner qqch. pour (le) mettre en
 emphasis   relief

to UNDERPAY   8392

an employee   mal payer un employé
a translator   mal payer un traducteur
a secretary   mal payer une secrétaire
for a service   mal rémunérer un service
for an item   peu payer pour qqch.

to UNDERSTAND   8393

a meaning   comprendre un sens
a language   comprendre une langue
a problem   comprendre un problème
modern art   comprendre l'art moderne
a person   comprendre quelqu'un

to UNDERTAKE   8394

a job   entreprendre un travail
a translation   entreprendre une traduction
a mission   se charger d'une mission
an assignment se charger d'une tâche
a role   accepter de jouer un rôle

to UNDRESS   8395

before going to se déshabiller avant de se coucher
 bed
the children   déshabiller les enfants
a patient   déshabiller un patient
in the dark   (se) déshabiller dans le noir

to UNEARTH   8396

a skeleton   exhumer un squelette
a site   mettre à jour un site
a tomb   mettre à jour une tombe
a fossil   déterrer un fossile
a skull   déterrer un crâne

---

to UNFASTEN	8397
a seatbelt	défaire (desserrer) une ceinture de securité
a button	défaire un bouton
a clasp	défaire une agrafe
a tag	enlever une étiquette
a dress	déboutonner une robe

to UNFOLD	8398
a piece of paper	déplier une feuille de papier
a road map	déplier une carte routière
new plans for . . .	exposer de nouveaux plans pour . . .
a new model	exposer un nouveau modèle
The plot unfolds.	L'action se dénoua.

to UNFURL	8399
a flag	déployer un drapeau
a banner	déployer une bannière
an ensign	déployer un pavillon
in the breeze	se déployer dans la brise
Unfurl the sails!	Larguez les voiles!

to UNIFY	8400
the opposition	unifier l'opposition
all elements	unifier tous les éléments
proposals	unifier des propositions
the armed forces	unifier les forces armées

to UNIONIZE	8401
a factory	syndiquer une usine
an entire industry	syndiquer toute une industrie
farm workers	syndiquer des ouvriers agricoles
auto workers	syndiquer des ouvriers de l'industrie automobile

to UNITE	8402
two people	unir deux personnes
two enemies	mettre d'accord deux ennemis
two elements	combiner deux éléments
two chemicals	combiner deux substances chimiques
forces	joindre ses forces

to UNLACE	8403
a boot	délacer une bottine
a pair of shoes	délacer une paire de chaussures
a corset	délacer un corset
leggings	délacer des leggins
a blouse	délacer une blouse

to UNLEASH	8404
atomic weapons	faire intervenir les armes atomiques
a dog	détacher un chien
one's emotions	donner libre cours à ses émotions
a surprise attack	lancer une attaque surprise

to UNLOAD	8405
a boat	décharger un bateau
cargo	décharger une cargaison
baggage	décharger des bagages
freight	décharger du fret
boxes	décharger des caisses

to UNLOCK	8406
a door	ouvrir une porte avec une clef
a trunk	ouvrir une malle avec une clef
a mystery	débrouiller un mystère
the atom	briser l'atome
a gate	ouvrir un portail avec une clef

to UNLOOSEN	8407
a necktie	desserrer une cravate
a belt	desserrer une ceinture
a knot	desserrer un nœud
a screw	desserrer une vis
the muscles	(s')assouplir les muscles

to UNMASK	8408
a traitor	démasquer un traître
a plot against the government	découvrir un complot contre le gouvernement
a hijacker	démasquer un pirate de l'air
He unmasked.	Il se démasqua. (Il ôta son masque.)

to UNNERVE	8409
an opponent	décontenancer un adversaire
the enemy	décourager l'ennemi
and harass	décourager et tourmenter
He was unnerved by the defeat.	Il était découragé par la défaite.

to UNPACK	8410
a suitcase	défaire (déballer) une valise
one's belongings	déballer ses affaires
groceries	déballer de la nourriture
a knapsack	déballer un sac tyrolien
before dinner	déballer avant de manger

to UNRAVEL	8411
a mystery	dénouer (éclaircir) un mystère
the complications	éclaircir les complications
a ball of yarn	démêler une pelote de laine
The threads unraveled.	Les fils se démêlèrent.

to UNTIE	8412
a shoelace	dénouer un lacet
a prisoner	détacher un prisonnier
a knot	défaire un nœud
the hostages	détacher les otages
Untie me!	Détachez-moi!

to UNVEIL	8413
a statue	inaugurer une statue
a new model	présenter un nouveau modèle
a monument	inaugurer un monument
a painting	présenter un tableau
o. s. in public	se dévoiler en public

to UNWRAP	8414
a gift	déballer un cadeau
a wedding present	déballer un cadeau de mariage
a package	déballer un paquet
a bandage	dérouler un bandage
something carefully	déballer qqch. avec soin

to UPHOLD	8415
the law	faire respecter la loi
a decision	confirmer une décision
a verdict	confirmer un verdict
a constitution	faire respecter une constitution
a legal opinion	soutenir une opinion concernant un point de droit

to UPHOLSTER	8416
a chair	recouvrir un fauteuil
a sofa	recouvrir un sofa
furniture with a durable fabric	recouvrir des meubles avec un tissu durable
with satin	recouvrir de satin

to UPSET		8417	to URGE		8418
a vase	renverser un vase		a compromise	réclamer un compromis	
a tradition	faillir à une tradition		a withdrawal	réclamer une retraite	
a table	renverser une table		s. o. to stay	exhorter qqn à rester	
one's plans	bouleverser ses plans		s. o. to victory	exhorter qqn à vaincre	
a parent	bouleverser son père (sa mère)		s. o. on	presser qqn de faire qqch.	

to USE   8419

1

We use armies to wage war.	Nous employons des armées pour faire la guerre.
We use blankets to stay warm.	Nous employons des couvertures pour avoir chaud.
We use butter to flavor foods.	Nous employons du beurre pour donner du goût aux aliments.
We use cans to store food.	Nous employons des boîtes pour conserver la nourriture.
We use clocks to tell time.	Nous employons des horloges pour indiquer l'heure.

2

We use dishes to serve food.	Nous employons des plats pour servir les aliments.
We use flour to make bread.	Nous faisons le pain avec de la farine.
We use fuel to provide heat.	Nous employons du combustible pour nous chauffer.
We use gold to make jewelry.	Nous employons l'or pour faire des bijoux.
We use hammers to pound nails.	Nous employons des marteaux pour enfoncer les clous.

3

We use knives to cut bread.	Nous employons des couteaux pour couper le pain.
We use leather to make shoes.	Nous employons le cuir pour faire les chaussures.
We use money to buy goods.	L'argent sert à acheter ce dont nous avons besoin.
We use nets to catch fish.	Nous employons des filets pour attraper le poisson.
We use pens to write letters.	Nous employons des stylos pour écrire des lettres.

4

We use raincoats to stay dry.	Nous employons des imperméables pour ne pas nous mouiller.
We use salt to season foods.	Nous employons le sel pour assaisonner les aliments.
We use scissors to cut paper.	Nous employons des ciseaux pour couper le papier.
We use seeds to grow crops.	Nous employons des semences pour faire pousser les récoltes.
We use steel to build bridges.	Nous employons l'acier pour construire des ponts.

5

We use stones to build walls.	Nous employons des pierres pour élever des murs.
We use sugar to sweeten foods.	Le sucre sert à sucrer les aliments.
We use towels to dry ourselves.	Nous nous séchons avec des serviettes.
We use trunks to store things.	Nous employons des malles pour ranger nos affaires.
We use walls to separate rooms.	Nous employons des cloisons pour séparer les pièces.

6

People often use deceit.	On use souvent de la ruse.
People often use force.	On use souvent de la force.
People often use flattery.	On use souvent de la flatterie.
People often use charm.	On use souvent du charme.
People often use trickery.	On use souvent de la fourberie.

7

Engines use oil.	Les moteurs consomment du carburant.
Cars use gasoline.	Les voitures consomment de l'essence.
Stoves use gas.	Les cuisinières marchent au gaz.
Trucks use diesel oil.	Les camions consomment du gas-oil.
Planes use jet fuel.	Les avions à réaction consomment du kérosene.

to USE   8

good judgment	agir avec discernement
discretion	agir avec discrétion
one's strength	se servir de sa force
power wisely	user judicieusement de la force
common sense	agir avec bon sens

to UTILIZE 8420

strategy	user de stratégie
force	employer la force
cunning	se servir de la ruse
deceit	avoir recours à la tromperie
with caution	utiliser avec prudence

to UTTER 8421

a cry of pain	pousser un cri de douleur
a sigh of relief	pousser un soupir de soulagement
an objection	émettre une objection
one's discontent	exprimer son mécontentement
no sound	ne pas faire un bruit

V

to VACATE 8422

a house	évacuer une maison
an apartment	évacuer un appartement
a building	évacuer un immeuble
a floor (level)	évacuer un étage
a camp	évacuer un camp

to VACCINATE 8423

against smallpox	vacciner contre la variole
a child	vacciner un enfant
with a modified virus	vacciner avec un virus modifié

to VALIDATE 8424

a passport	valider un passeport
a contract	valider un contrat
the claims of . . .	valider les réclamations de . . .
the findings	valider les découvertes
an agreement	valider un accord

to VALUE 8425

s. o.'s opinion	faire grand cas de l'opinion de qqn
a friendship	faire grand cas de l'amitié de qqn
an object	faire grand cas d'un objet
something highly	faire grand cas de qqch.
an estate	évaluer des biens

to VANISH 8426

from sight	disparaître de la vue
into the fog	disparaître dans le brouillard
from the earth	disparaître de la terre
into the dark	disparaître dans le noir
completely	disparaître entièrement

to VANQUISH 8427

the enemy	vaincre l'ennemi
an opponent	vaincre un adversaire
one's doubts and fears	vaincre ses doutes et sa peur
s. o. in combat	vaincre qqn dans un combat

to VARNISH 8428

a floor	vernir un parquet
the deck of a boat	vernir le pont d'un bateau
a painting	vernir un tableau
for protection	protéger en vernissant

to VARY 8429

answers	donner des réponses qui varient
in size	être de dimensions variables
in shape	être de forme variable
in color	être de différentes couleurs
considerably	être très variable

to VEER 8430

to the right	virer à droite
off the road	virer et quitter la route
off course	dévier de la trajectoire
around an obstacle	contourner un obstacle

to VENTILATE 8431

a room properly	ventiler convenablement une pièce
an attic	ventiler un grenier
a cellar	ventiler une cave
a bomb shelter	ventiler un abri anti-bombardement
a grievance	exprimer une revendication

to VERIFY 8432

a fact	contrôler un fait
a report	contrôler un rapport
a news story	vérifier la véracité d'un article
a statistic	contrôler une statistique
an absence	contrôler une absence

to VETO 8433

a proposal	opposer son veto à une proposition
a change	opposer son veto à un changement
a bill	opposer son veto à un projet de loi
a treaty	opposer son veto à un traité
an amendment	opposer son veto à un amendement

to VIBRATE 8434

violently	vibrer violemment
under pressure	vibrer sous la pression
back and forth	vibrer d'avant en arrière
in the breeze	frémir dans la brise
with sound	vibrer à cause du bruit

to VIE 8435

for power	se disputer le pouvoir
for superiority	se disputer la supériorité
for a job	se battre pour un travail
for the love of a woman	se battre pour l'amour d'une femme

to VIEW 8436

with alarm	voir avec inquiétude
a situation calmly	examiner une situation calmement
the war as senseless	considérer que la guerre n'a pas de sens

to VINDICATE 8437

oneself	se justifier
o. s. in the eyes of . . .	se justifier aux yeux de . . .
one's faith in . . .	justifier (renforcer) sa foi en . . .
a wrong	redresser un tort

to VIOLATE   8438

a treaty	violer un traité
a cease-fire	rompre un cessez-le-feu
a law	violer la loi
a contract	violer un contrat
a church	profaner une église

to VISIT   8439

a friend	rendre visite à un ami
a museum	visiter un musée
New York	visiter New York
with a friend	bavarder avec (sé journer chez) un ami
in the East	faire une visite (un voyage) dans l'Est

to VISUALIZE   8440

a setting	imaginer le cadre
a world at peace	imaginer un monde en paix
a paradise on earth	imaginer le paradis sur terre
a disaster	imaginer un désastre

to VOICE   8441

an opinion	exprimer une opinion
an objection	soulever une objection
approval	exprimer son approbation
disapproval	exprimer son désaccord
criticism	critiquer

to VOLUNTEER   8442

assistance	offrir son aide
for a job	être volontaire pour un travail
for a patrol	être volontaire pour une patrouille
to help	offrir son aide
to stay	s'offrir à rester

to VOTE   8443

in favor of war	se déclarer en faveur de la guerre
for a candidate	voter pour un candidat
against a law	voter contre un projet de loi
annually	voter chaque année
intelligently	voter intelligemment

to VOYAGE   8444

around the world	naviguer autour du monde
through space	voyager dans l'espace
to the south	aller vers le sud (par mer)
to the west	aller vers l'est (par mer)
for two years	naviguer pendant deux ans

W

to WADE   8445

near the shore	patauger au bord de l'eau
across a stream	passer un cours d'eau à gué
through mud	patauger dans de la boue
in shallow waters	patauger en eau peu profonde

to WAGE   8446

war against pollution	faire la guerre à la pollution
a struggle for higher pay	se battre pour des salaires plus élevés
war in Vietnam	faire la guerre au Vietnam

to WAGER   8447

a small amount	parier une petite somme
money on a race	parier de l'argent dans une course
against the outcome	parier contre le résultat
one's pay	parier sa paie

to WAIT   8448

for a plane	attendre un avion
for a person	attendre quelqu'un
outside	attendre dehors
in the hall	attendre dans l'entrée
patiently	attendre patiemment

to WAKE   8449

a child	réveiller un enfant
up a patient	réveiller un patient
up refreshed	se réveiller frais et dispos
from a dream	se réveiller sur un rêve
up at 7 A.M.	se réveiller à 7 heures

to WALK   8450

a dog	promener un chien
a tightrope	marcher sur la corde raide
to work	aller au travail à pied
for exercise	marcher pour prendre de l'exercice
quickly	marcher vite

to WALLOW   8451

in the mud	se rouler (se vautrer) dans la boue
in filth	se vautrer dans la saleté
in sentimentality	se complaire dans la sentimentalité
in self-pity	se complaire dans la pitié de soi-même

to WANDER   8452

aimlessly	errer sans but
along a street	flâner dans une rue
about a museum	flâner dans un musée
in the rain	errer sous la pluie
through a door	franchir une porte sans se presser

to WANT   8453

a raise	vouloir une augmentation
peace on earth	vouloir la paix sur terre
an answer	vouloir une réponse
a new car	vouloir une nouvelle voiture
happiness	vouloir le bonheur
to succeed	vouloir réussir
to study	vouloir étudier
to be happy	vouloir être heureux
to be a doctor	vouloir devenir médecin
to believe	vouloir croire

to WANT

to be loved	vouloir être aimé
to get married	vouloir se marier
to have a car	vouloir une voiture
to make a map	vouloir établir une carte
s. o. to leave	vouloir que qqn parte

to WARD 8454

off a blow	parer un coup
off inflation	parer à l'inflation
off an attack	parer une attaque
off criticism	parer aux critiques
off defeat	parer à une défaite

to WARM 8455

up an engine	réchauffer un moteur
one's feet by the fire	se réchauffer les pieds près du feu
up (sports)	s'échauffer
food in an oven	réchauffer de la nourriture au four

to WARN 8456

a friend	prévenir (mettre en garde) un ami
s. o. of a danger	avertir qqn d'un danger
the president	prévenir le président
off trespassers	avertir les intrus
against optimism	avertir contre l'optimisme

to WARP 8457

in the sunshine	se gondoler au soleil
the truth	déformer la vérité
Plywood warps in the rain.	Le contreplaqué se gondole à pluie.
Records warp.	Les disques se gondolent.

to WARRANT 8458

an investigation	justifier une enquête
an indictment	justifier une inculpation
safe delivery	garantir une livraison parfaite
a compromise	justifier un compromis
a punishment	justifier une punition

to WASH 8459

one's face	se laver la figure
a car	laver une voiture
the dishes	laver la vaisselle
out a dress	laver une robe
away a stain	enlever une tache

to WASTE 8460

time	perdre le temps (du temps)
money	gaspiller l'argent
an opportunity	laisser passer une opportunité
resources	gaspiller les ressources
away (health)	dépérir

to WATCH 8461

a game	regarder un match
television	regarder la télévision
a demonstration	assister à une démonstration
over a flock	surveiller un troupeau
out for cars	prendre garde aux voitures

to WAVE 8462

a flag	agiter un drapeau
a handkerchief	agiter un mouchoir
in the breeze	flotter au vent
at a crowd	saluer une foule de la main
to a friend	faire des signes à un ami

to WEAKEN 8463

and give in	faiblir et céder
the opposition	affaiblir l'opposition
the body	affaiblir le corps
one's health by fasting	affaiblir en jeûnant

to WEAR 8464

clothing	porter des vêtements
a uniform	porter un uniforme
slacks	porter un pantalon de sport
panty hose (sheer)	porter un collant très fin
a pants suit	porter un ensemble-pantalon

to WEAVE 8465

a rug	tisser un tapis
a basket	tresser un panier
a magic spell	jeter un sort
a tale of . . .	élaborer une histoire de . . .
through traffic	se faufiler dans la circulation

to WEEP 8466

bitterly	pleurer amèrement
at the news	pleurer en apprenant la nouvelle
on someone's shoulder	pleurer sur l'épaule de quelqu'un
for joy	pleurer de joie

to WEIGH 8467

a fish	peser un poisson
a letter	peser une lettre
anchor	lever l'ancre
evidence	considérer des preuves
a package	peser un paquet

to WELCOME 8468

a change	se féliciter d'un changement
a visitor	accueillir un visiteur
guests	accueillir des invités
criticism	bien accueillir les critiques
a stranger	accueillir un étranger

to WHET 8469

one's appetite	aiguiser l'appétit
the interest	aviver l'intérêt
a knife	aiguiser un couteau
a tool	aiguiser un outil
on a stone	aiguiser sur une pierre

to WHINE 8470

constantly	geindre constamment
and complain	geindre et se plaindre
for food	geindre pour obtenir de la nourriture
Dogs whine.	Les chiens gémissent.
Engines whine.	Les moteurs gémissent.

to WHIP 8471

a horse	fouetter un cheval
cream	fouetter de la crème
a prisoner	fouetter un prisonnier
out a knife	dégainer un couteau
s. o. into shape	remettre qqn en forme rapidement

to WHISPER 8472

a secret	dire un secret à l'oreille de . . .
a message	chuchoter un message
a name	chuchoter un nom
in class	chuchoter en classe
to a friend	chuchoter à l'oreille d'un ami

514

to WHISTLE		8473
a tune	siffler un air	
a signal	avertir en sifflant	
while working	siffler en travaillant	
for a taxicab	appeler un taxi en sifflant	
to warn s. o.	siffler pour avertir qqn	

to WIDEN		8474
a street	élargir une rue	
a sidewalk	élargir un trottoir	
a search for ...	élargir le champ des recherches	
a channel	élargir un canal	
an opening	élargir une ouverture	

to WIELD		8475
a sword	manier une épée	
great power	exercer une grande puissance	
one's influence	exercer son influence	
authority	exercer son autorité	
a cane	brandir une canne	

to WIGGLE		8476
at the end of a line	s'agiter au bout d'une ligne	
one's toes	agiter les doigts de pied	
the fingers	agiter les doigts (remuer)	
one's ears	remuer les oreilles	

to WILT		8477
in the sunshine	se flétrir au soleil	
on the vine	se flétrir sur la vigne	
in the fields	se flétrir dans les champs	
Lettuce wilts.	La laitue se flétrit.	
Plants wilt.	Les plantes se flétrissent.	

to WIN		8478
a victory	remporter une victoire	
a prize	gagner un prix	
a reprieve	obtenir un sursis	
a trophy	gagner un trophée	
easily	gagner facilement	

to WIND		8479
a watch	remonter une montre	
a propeller	remonter une hélice	
up a meeting	clore une séance	
up in jail	se retrouver en prison	
through a valley	serpenter à travers une vallée	

to WIPE		8480
one's face	s'essuyer le visage	
a windshield	essuyer un pare-brise	
mud off a boot	essuyer la boue d'une botte	
away tears	essuyer des larmes	
with a damp rag	nettoyer avec un chiffon mouillé	

to WIRE		8481
home for money	télégraphier chez soi pour de l'argent	
a house for electricity	équipper une maison de fils électriques	
two pieces together	attacher deux morceaux ensemble avec du fil	

to WISH		8482
for peace	souhaiter la paix	
for a new home	souhaiter une nouvelle maison	
for wealth	souhaiter la fortune	
to go home	vouloir rentrer chez soi	
s. o. would go	souhaiter que qqn s'en aille	

to WITHDRAW		8483
an objection	retirer une objection	
money	retirer de l'argent	
one's support	retirer son soutien	
troops from ...	retirer des troupes de ...	
from reality	s'échapper de la réalité	

to WITHER		8484
and die	se faner et mourir	
in the sun	se faner au soleil	
on the vine	se faner sur la vigne	
Grapes wither.	Les raisins se flétrissent.	
Flowers wither.	Les fleurs se fanent.	

to WITHHOLD		8485
evidence	cacher (ne pas divulguer) une preuve	
funds	retenir des fonds	
income tax	retenir des impôts sur le revenu	
payment	retenir des paiements	
one's judgment	réserver son jugement	

to WITHSTAND		8486
physical torture	résister à la torture physique	
criticism	résister aux critiques	
temptation	résister à la temptation	
rust	résister à la rouille	

to WITNESS		8487
an accident	être témoin d'un accident	
a murder	être témoin d'un meurtre	
an arrival	être témoin d'une arrivée	
a will	être témoin pour un testament	
at first hand	témoigner	

to WONDER		8488
about the future	se demander ce que l'avenir vous réserve	
at a sight	s'étonner à la vue de ...	
I wonder what happened?	Je me demande ce qui s'est passé?	

to WORD		8489
a message carefully	libeller soigneusement un message	
an acceptance	exprimer une acceptation	
a telegram	rédiger un télégramme	
a phrase	composer une phrase	

to WORK		8490
a lathe	opérer un tour	
s. o. too hard	faire travailler qqn trop durement	
miracles	accomplir des miracles	
a puzzle	s'acharner sur un puzzle	
a problem	essayer de résoudre un problème	
in a factory	travailler dans une usine	
outside	travailler au dehors	
tirelessly	travailler sans relâche	
at a task	s'activer à une tâche	
on a problem	s'employer à résoudre un problème	
out a solution	trouver une solution	
up a design	élaborer un modèle	
off a debt	travailler pour rembourser (une dette)	
for a lawyer	travailler pour un avocat	
for a cause	œuvrer pour une cause	

to WORRY 8491

a parent	inquiéter son père (sa mère)
a candidate	inquiéter un candidat
about something	s'inquiéter pour qqch.
about someone	s'inquiéter pour qqn
needlessly	s'inquiéter sans motif

to WORSHIP 8492

one God	adorer un seul Dieu
an idol	adorer une idole
the dollar	idolâtrer le dollar
every Sunday	aller au culte (à l'église) tous les dimanches
at the feet of . . .	se prosterner devant . . .

to WOUND 8493

a soldier	blesser un soldat
an assassin	blesser un assassin
a president	blesser un président
someone's pride	blesser l'amour-propre de qqn
with an arrow	blesser avec une flèche

to WRAP 8494

a package	emballer un paquet
a present	envelopper un cadeau
a wound with gauze	bander une plaie avec de la gaze
with brown paper	envelopper dans du papier marron

to WRINKLE 8495

one's nose	plisser le nez
one's forehead	plisser le front
a dress	plisser une robe
Clothes wrinkle.	Les habits se froissent.
Faces wrinkle.	Les visages se rident.

to WRITE 8496

a letter	écrire une lettre
a script (movie)	écrire un scénario
about politics	traiter de politique
for a newspaper	écrire pour un journal
with a pen	écrire avec un stylo

Y

to YAWN 8497

in class	bâiller en classe
with boredom	bâiller d'ennui
impolitely	bâiller impoliment
The chasm yawned before him.	L'abîme béait devant lui.

to YEARN 8498

for peace	désirer ardemment la paix
for someone	languir qqn
for home	languir chez soi (son pays)
for happiness	aspirer au bonheur
for the past	regretter le passé

to YELL 8499

out in pain	crier (hurler) de douleur
an objection	crier une objection
at a referee	crier contre l'arbitre
for a cab	héler un taxi en criant
Don't yell!	Ne criez pas!

to YIELD 8500

a profit	rapporter un profit
a good crop	donner une bonne récolte
to pressure	céder sous la pression de . . .
to the enemy	se rendre à l'ennemi
willingly	céder de bon gré

CAN, COULD (to BE ABLE)   8500A

MEANING:	ILLUSTRATION:	

1

to have an ability	He can learn easily.	Il apprend facilement.
	run quickly.	Il court vite.
	act intelligently.	Il agit d'une façon intelligente.
	read well.	Il lit bien.
	speak clearly.	Il parle clairement.

2

to have an acquired skill	He can drive a car.	Il sait conduire.
	fly an airplane.	Il sait piloter un avion.
	play the violin.	Il joue du violon.
	speak two languages.	Il parle deux langues.
	play chess.	Il joue aux échecs.

3

to have the power or authority	He can appoint an official.	Il peut nommer un fonctionnaire.
	force someone to obey.	Il peut forcer quelqu'un à obéir.
	order a cease-fire.	Il peut ordonner un cessez-le-feu.
	start a war.	Il peut déclencher une querre.
	revoke a permit.	Il peut révoquer un permis.

4

to have a talent, to know how to	He can get along with others.	Il s'entend facilement avec les autres.
	paint beautiful pictures.	Il sait peindre de beaux tableaux.
	write historical novels.	Il peut écrire des romans historiques.
	make himself understood.	Il sait se faire comprendre.
	act like a gentleman.	Il sait se comporter en gentleman.

5

to have permission, to be permitted or allowed to	He can stay late if he wishes.	Il peut rester tard s'il le souhaite.
	leave whenever he wants.	Il est libre de partir.
	Can you leave now?	Pouvez-vous partir maintenant?
	Can he come with me?	Peut-il venir avec moi?
	Can the children play?	Est-ce que les enfants peuvent jouer?

6

to be physically able	He can lift his arm.	Il peut lever le bras.
	swallow the medicine.	Il peut avaler son médicament.
	walk to the store.	Il peut aller jusqu'au magasin.
	get out of bed.	Il peut se lever (quitter son lit).
	sit up straight now.	Il peut s'asseoir droit maintenant.

7

Passive Form: to be successfully done	Can the doors be locked?	Les portes ferment-elles à clef?
	the problems be solved?	Peut-on résoudre ces problèmes?
	the job be done?	Peut-on faire ce travail?
	Can't the meeting be postponed?	Ne peut-on remettre la réunion à plus tard?
	the solution be found?	Ne peut-on trouver la solution?

8

Special Interrogative Form: May I? Will you allow me to?	Can I leave this with you?	Puis-je vous laisser ceci?
	come in for a moment?	Puis-je entrer un instant?
	borrow your class notes?	Peux-tu me prêter les notes que tu as prises en classe?
	do the work for you?	Puis-je faire le travail pour vous?
	help you with the dishes?	Puis-je vous aider à faire la vaisselle?

9

Direct to Indirect Discourse:		
"I can come."	He said that he could come.	Il a dit qu'il pourrait venir.
"I can't leave."	that he couldn't leave.	Il a dit qu'il ne pourrait pas partir.
"I can speak French."	that he could speak French.	Il a dit qu'il parlait le français.
"She can paint."	that she could paint.	Il a dit qu'elle savait peindre.

Must is an optional present tense form of *to have to*. It is not used in other tenses, but is replaced by the appropriate form of *to have to*.

MEANING: **ILLUSTRATION:**

1

to be compelled or forced
to
(normally stressed in
speech)

I have to stay after school.
I must finish my lesson first.
He has to take care of the house.
He has to study every day.
She must practice the piano.

Je suis obligé de rester après l'école.
If faut d'abord que je finisse ma leçon.
Il lui faut s'occuper de la maison.
Il faut qu'il étudie tous les jours.
Elle doit s'excercer au piano.

2

to ought to, should feel
obliged to
(normally unstressed in
speech)

You must try harder.
(have to) study more.
         be kind to people.
         have faith in God.
         get along with people.

Il faut vous appliquer davantage.
Tu dois étudier davantage.
Vous devez vous montrer bon envers les autres.
Tu dois avoir foi en Dieu.
Vous devez vous entendre avec autrui.

3

to be necessary (find
something necessary)
(unstressed in speech)

People must eat to stay alive.
(have to)   work to earn money.
          study to learn.
          struggle to survive.
          sleep to stay healthy.

Il faut manger pour vivre.
Pour gagner de l'argent, il faut travailler.
Pour apprendre, il faut étudier.
Il faut lutter pour survivre.
Le sommeil est nécessaire à la santé.

4

to indicate absolute
necessity
(always stressed in speech)

Taxes have to be collected.
Criminals must be punished.
All mortals have to die.
The package must be delivered.
Children have to be spanked.

Il faut assurer la perception des impôts.
Il faut punir les criminels.
Nous sommes tous mortels.
Il faut remettre ce paquet.
Une bonne fessée est salutaire.

5

to indicate the desirability
of a given quality or
object
(unstressed)

To win one must be talented.
To succeed one must have energy.
To sympathize one must be
gentle.
To rule one must have power.
To write one must have paper.

Pour gagner, il faut être doué.
L'énergie est une condition du succès.
Pour avoir de la compassion, il faut être tendre.

Gouverner suppose la puissance.
Pour écrire, il faut du papier.

6

to indicate probability

He must be late.
      have stayed late.
      have lost his way.
      have delivered the letter.
      have won the match.

Il a certainement du retard.
Il est probablement resté longtemps.
Il doit avoir perdu son chemin.
Il doit avoir remis la lettre.
Il a sans doute gagné le match.

7

Special structure in
present tense questions

Must you leave so soon?
        always be right?
        go away again?
Must I finish the dishes myself?
Must they always defy the law?

Devez-vous partir si tôt?
Faut-il que vous ayez toujours raison?
Est-ce que tu dois repartir?
Alors c'est moi qui vais finir la vaisselle?
Faut-il qu'ils défient toujours la loi?

Direct to Indirect Discourse: **8**

"I have to stay."
"I must finish."
"I have to stay."
"I must study."
"I will have to . . ."

He said that he had to stay.
         that he had to finish.
         that he had to stay.
         that he had to study.
         that he would have to . . .

Il a dit qu'il devait rester.
Il a dit qu'il devait finir.
Il a dit qu'il devait rester.
Il a dit qu'il devait étudier.
Il a dit qu'il devrait . . .

MAY, MIGHT

MEANING:	ILLUSTRATION:	
	1	

to be possible
The possibility exists
that . . .
	He may (might) come to the
	party.
	                finish on time.
	                decide to leave.
	                live in Italy.
	It may (might) rain today.
		Il se peut qu'il vienne à la réception.
		
		Il se peut qu'il finisse à temps.
		Il se peut qu'il décide de partir.
		Il se peut qu'il vive en Italie.
		Il pleuvra peut-être aujourd'hui.

	2	
to be allowed or permitted (normally interrogative)	May I come in? May I speak to you for a moment? Might I ask you a favor? May I offer you a light? May I close the window?	(Est-ce que) je peux entrer? Puis-je vous parler un instant? Pourrais-tu me rendre un service? Puis-je vous offrir du feu? (Est-ce que) je peux fermer la fenêtre?
	3	
to express a polite request in the form of a question (usually first person)	May I borrow your book? May I have a light, please? May I see you for a moment? May we ask you for directions? May we borrow a little money?	Puis-je t'emprunter ton livre? Est-ce que vous pouvez me donner du feu, s'il vous plaît? (Est-ce que) je peux te voir un instant? Pourriez-vous nous indiquer le chemin? Pouvons-nous emprunter un peu d'argent?
	4	

It could be that . . .
(unconfirmed possibility)
	He may have arrived early.
	      have missed his train.
	      have returned the book.
	      have tried very hard.
	      have stayed after school.
		Il se peut qu'il soit arrivé trop tôt.
		Il a peut-être manqué le train.
		Il a peut-être rendu le livre.
		Il se peut qu'il ait essayé de toutes ses forces.
		Il est peut-être resté après les heures de classe.

	5	

to offer a suggestion or
alternative
	You might try a new hotel.
	         a different brand.
	         being on time.
	         harder next time.
	
	         looking for a job.
		Vous pourriez essayer un nouvel hôtel.
		Tu pourrais essayer une autre marque.
		Vous pourriez essayer d'être à l'heure.
		La prochaine fois, tu pourrais faire un peu plus
		  d'efforts.
		Vous pourriez essayer de trouver du travail.

	6	

Direct to Indirect Discourse:
"I may leave."
"I might go."
"I may be late."
"She might have been
wrong."
	He said that he might leave.
	     that he might go.
	     that he might be late.
	     that she might have been
	     wrong.
		Il a dit qu'il partirait peut-être.
		Il a dit qu'il irait peut-être.
		Il a dit qu'il serait peut-être en retard.
		Il a dit qu'elle s'était peut-être trompée.

SHALL, SHOULD, OUGHT TO

MEANING:	ILLUSTRATION:	
	1	

Shall is common only in the
first person to express
futurity or to introduce a
question with the
meaning:
Do you want me or us
to . . .?
Direct to Indirect Dis-
course:
 	
"I shall return."
	I shall return tomorrow.
	I shall question the student.
	I shall never lie.
	We shall win the victory.
	We shall triumph over evil.
	Shall I close the window?
	    I do the dishes?
	    I load the car?
	    we stay and help?
	    we leave the car here?
	He said that he would return.
		Je serai de retour demain.
		J'interrogerai l'étudiant.
		Je ne mentirai jamais.
		Nous remporterons la victoire.
		Nous triompherons du mal.
		Faut-il que je ferme la fenêtre?
		Voulez-vous que je fasse la vaisselle?
		Veux-tu que je mette les bagages dans la voiture?
		Aimeriez-vous que nous restions pour vous aider?
		Veux-tu que nous laissions la voiture ici?
		Il a dit qu'il reviendrait.

| to feel obliged to | You should study harder.
(ought to) learn your lessons.
obey your parents.
go to church often.
keep your room clean. | Tu devrais t'appliquer davantage.
Vous devriez apprendre vos leçons.
Tu dois obéir à tes parents.
Vous devriez aller souvent à l'église.
Vous devez tenir votre chambre propre. |

3

| to express propriety | One should be on time.
(ought to) be neat.
be well-dressed.
be polite.
be friendly. | Il faut être à l'heure.
Il faut être soigné.
Il faut être bien habillé.
Il importe d'être poli.
Il importe d'être aimable. |

4

| to express a need for an
action | He should be punished.
(ought to) be promoted.
be fined.
be failed.
be reminded. | Il devrait être puni.
Il devrait avoir de l'avancement.
Il mérite une amende.
Il devrait être recalé (à son examen).
Il faudrait le lui rappeler. |

5

| to express a moral or
physical restriction.
(usually with a negative
form) | One should never lie.
(must) never cheat.
never be lazy.
One ought never to be late.
never to smoke. | Il ne faut jamais mentir.
Il ne faut jamais tricher.
Il ne faut pas être paresseux.
On ne devrait jamais être en retard.
On ne devrait jamais fumer. |

6

| to be supposed to
(slight emphasis on should) | The letter should arrive soon.
The train should be on time.
The runner should win easily.
The news should be encouraging.
The total should be 110. | La lettre devrait arriver bientôt.
Le train devrait être à l'heure.
Le coureur devrait remporter une victoire facile.
Les nouvelles devraient être encourageantes.
Le total devrait faire 110. |

7

| It would have been better
if . . .
(should + perfect participle) | I should have stayed in bed.
He should have done his work.
I should have answered the note.
They should have stayed longer.
We should have left earlier. | J'aurais mieux fait de rester au lit.
Il aurait dû faire son travail.
J'aurais dû répondre à la note.
Ils auraient dû rester plus longtemps.
Nous aurions dû partir plus tôt. |

8

| Direct to Indirect Discourse:
"I should stay"
"I ought to eat."
"I should have studied."

"We should leave." | He said that he should stay.
that he ought to eat.
that he should have
studied.
They said that they should leave. | Il a dit qu'il devrait rester.
Il a dit qu'il devrait manger.
Il a dit qu'il aurait dû étudier.

Ils ont dit qu'ils devraient partir. |

WILL, WOULD

8500E

| **MEANING:** | **ILLUSTRATION:** | |

1

| to promise to
(common in first person,
unstressed in speech) | I will stay with him.
I will not leave you.
I will lock the door.
We will watch your car.
We won't leave the room. | Je resterai avec lui.
Je ne vous quitterai pas.
Je fermerai la porte à clef.
Nous surveillerons ta voiture.
Nous ne quitterons pas la pièce. |

2

| to show determination
(form stressed in speech) | I will do the work
He will not leave the room.
She will not wash her hands.
We will sue the driver.
They will not let go. | Je veux faire ce travail.
Il ne veut pas quitter la pièce.
Elle refuse de se laver les mains.
Nous sommes résolus à poursuivre le chauffeur.
Ils ne veulent pas lâcher. |

to indicate a future action	He will leave for Europe soon.	Il va bientôt partir pour l'Europe.
	finish the work today.	Il finira ce travail aujourd'hui.
	travel in Asia.	Il va voyager en Asie.
	answer the charges.	Il va répondre aux accusations.
	return next week.	Il sera de retour la semaine prochaine.

to do something regularly	He will often complain.	Il se plaint souvent.
	usually be late.	Il est généralement en retard.
	answer slowly.	Il a pour habitude de répondre lentement.
	He would often be late.	Il était souvent en retard.
	never answer at once.	Il ne répondait jamais tout de suite.

to be required to, must (common with second person only)	You will obey the law.	Vous devez obéir à la loi.
	eat all your food.	Tu dois tout manger.
	stay off the lawn.	Vous ne devez pas marcher sur la pelouse.
	follow instructions.	Tu vas suivre les instructions.
	be on time.	Vous devez être à l'heure.

to introduce a command to another person (would is more polite than will)	Will you close the door, please!	Veux-tu fermer la porte, s'il te plaît!
	call the roll, please!	Voulez-vous procéder à l'appel, s'il vous plaît!
	stop talking, please!	Voulez-vous vous taire, s'il vous plaît!
	Would you open the window!	Voudrais-tu ouvrir la fenêtre?
	cancel the appointment!	Voudriez-vous annuler le rendez-vous?

to be willing (most common in second person)	The doctor will see you now.	Le docteur va vous recevoir maintenant.
	Would you write the address?	Pouvez-vous écrire l'adresse?
	answer the doorbell?	Veux-tu voir qui sonne?
	name the capitals?	Voudriez-vous nommer les capitales?
	take my place?	Prendriez-vous ma place?

Direct to Indirect Discourse:

"I will stay."	He said that he would stay.	Il a dit qu'il resterait.
"I will stay."	that he would stay.	Il a dit qu'il voulait rester.
"I will stay if . . ."	that he would stay if . . .	Il a dit qu'il resterait si . . .
"I would stay if . . ."	that he would stay if . . .	Il a dit qu'il resterait si . . .
"I would have stayed if . . ."	that he would have stayed if . . .	Il a dit qu'il serait resté si . . .

SUMMARY OF BASIC MODAL FORMS:

I can read	Je sais lire		
I could read	Je pouvais (pourrais) lire	I could have read	J'aurais pu lire
I have to read	Je dois lire		
I may read	Je lirai peut-être	I may have read	J'ai peut-être lu (J'ai pu avoir lu)
I might read	Il se peut que je lise	I might have read	J'aurais peut-être lu
I must read	Je dois lire	I must have read	
I ought to read	Je devrais lire		
I shall read	Je lirai (Je vais lire)		
I should read	Je devrais lire	I should have read	J'aurais dû lire
I will read	Je vais lire (Je lirai)	I will have read	J'aurai lu
I would read	Je voudrais lire (Je lirais)	I would have read	J'aurais lu

TO GET   8500F

Transitive uses

to GET (be granted)   1

a new lease on life	renaître à la vie
a special compensation	toucher une indemnité spéciale
an increased pension	toucher une pension plus élevée
a sudden reprieve	bénéficier d'un répit inopiné
a legal divorce	obtenir un(le) divorce

VERBS

to GET (be seized by)   2

a severe pain	ressentir une forte douleur
a terrible fright	éprouver une peur bleue
a sudden impulse	se sentir (brusquement) porté à (faire qqch.)
a wonderful inspiration	être saisi d'une merveilleuse inspiration
a fantastic idea	avoir une idée extraordinaire

to GET (become sick with,   3 catch)

a bad cold	attraper une gros rhume
a communicable disease	contracter une maladie contagieuse
a mild case of flu	attraper une légère grippe
a severe chill	attraper un mauvais refroidissement
a severe case of pneumonia	contracter une grave pneumonie

to GET (buy for self)   4

a new car (brand-new)	s'acheter une nouvelle voiture (neuve)
a larger house	s'acheter une plus grande maison
a color TV set	s'acheter un téléviseur en couleur
a smaller size	s'acheter (prendre) une taille en dessous
an expensive watch	s'acheter une montre coûteuse

to GET (buy for someone   5 else)

a nice present for a friend	acheter un beau cadeau à un ami
a large bouquet for his wife	acheter un gros bouquet à sa femme
a warm sweater for grandfather	acheter un chandail chaud à son grand-père
a new book for someone else	acheter un nouveau livre à quelqu'un d'autre
a different size for a daughter	acheter une autre taille à l'une de ses filles

to GET (catch or take)   6

a later plane	prendre l'avion plus tard
an early flight	prendre l'un des premiers avions
a taxicab at the corner	prendre un taxi au coin de la rue
a bus to town	prendre un autobus pour aller en ville
transportation to the airport	prendre un moyen de transport jusqu'à l'aéroport

to GET (contact or reach)   7

someone on the telephone	se mettre an contact avec quelqu'un par téléphone
a lawyer at his office	joindre un avocat à son bureau
a teacher at school	joindre un professeur à l'école
a representative on the phone	se mettre en contact avec un délégué par téléphone
a doctor at the hospital	joindre un médecin à l'hôpital

to GET (earn and receive)   8

an unexpected promotion	bénéficier d'un avancement imprévu
a higher salary	percevoir un salaire plus élevé
a needed bonus	toucher une prime opportune
a valuable award (prize)	obtenir un prix de valeur
a good grade (school)	obtenir une bonne note

to GET (feel or sense)   9

a big thrill	éprouver une forte sensation
a distinct impression	ressentir une impression très nette
an uneasy feeling	ressentir un sentiment de malaise
a tingling sensation	ressentir un picotement
a vague discomfort	se sentir vaguement mal à l'aise

to GET (gather or acquire)   10

the necessary information	se procurer les renseignements nécessaires
the relevant data	se procurer les données pertinentes
the facts	aller au fond des choses
the latest news	apprendre les dernières nouvelles
the needed materials	se procurer les matériaux nécessaires

to GET (go for and bring   11 back object)

a warmer sweater at home	aller prendre un pull-over plus chaud à la maison
a raincoat from the closet	aller prendre un imperméable dans le placard
something from the office	aller prendre quelque chose au bureau
the car out of the garage	sortir la voiture du garage
a cup out of the cupboard	sortir une tasse du buffet

to GET (go and pick up   12
person)

someone at the airport	aller chercher quelqu'un à aéroport
mother at the store	aller chercher sa mère au magasin
the children from the park	aller chercher les enfants au parc
a relative at the station	aller chercher un parent à la gare
father at his office	aller chercher son père au bureau

to GET (hire, obtain   13
services of)

an expert for the job	s'assurer les services d'un expert pour la tâche
a lawyer for the trial	s'assurer les services d'un avocat pour le procès
an architect for the project	s'assurer les services d'un architecte pour réaliser le projet
a psychiatrist for the patient	s'assurer les services d'un psychiatre pour soigner le malade
a chemist for the analysis	s'assurer les services d'un chimiste pour procéder à l'analyse

to GET (learn, understand) 14

a difficult point	saisir un point difficile
the meaning of a word	saisir le sens d'un mot
the sense of a phrase	saisir la signification d'une expression
the distinction between two words	faire la distinction entre deux mots
the difference in meaning	saisir la différence de sens

to GET (obtain)   15

official permission	obtenir une autorisation officielle
statistical verification	obtenir un contrôle statistique
a signed release	obtenir une décharge signée
a restricted license	obtenir un permis limité
a valid passport	obtenir un passeport valable

to GET (obtain payment   16
for)

a large sum for the delivery	toucher une forte somme pour la livraison
$100 for the latest painting	toucher 100 dollars pour le plus récent tableau
a nice check for the manuscript	toucher un bon chèque pour le manuscrit
a small payment for the advice	toucher une modeste rétribution pour un conseil
a down payment for the house	toucher un acompte pour la maison

to GET (prepare)   17

a nice lunch	préparer un déjeuner savoureux
dinner before 6 P.M.	préparer le dîner avant 18 heures
breakfast ready at once	préparer immédiatement le petit déjeuner
the meal ready	préparer le repas
an exhibit ready for school	préparer une exposition pour l'école

to GET (receive from   18
someone)

an immediate answer	recevoir une réponse sur-le-champ
a nice gift at Christmas time	recevoir un beau cadeau de Noël
a thoughtful letter	recevoir une lettre prévenante
a short telegram	recevoir un bref télégramme
an important message	recevoir un message important

to GET (receive reward or   19
punishment)

a bad scolding	se faire tancer vertement
a suspended sentence	être condamné avec sursis
a stiff fine	être condamné à payer une forte amende
a just punishment	recevoir une punition méritée
a rich reward	recevoir une forte récompense

to GET (take someone   20
somewhere)

mother to the station at 1:00	emmener sa mère à la gare à 13 heures
the children to school by 8:00	emmener les enfants à l'école à 8 heures
the couple to the church on time	emmener le couple à l'église à l'heure
George to the airport before 6:00	emmener Georges à l'aéroport avant 6 heures
a patient to the hospital at once	emmener immédiatement un malade à l'hôpital

---

VERBS

TO GET Special Structures

to GET (be or become) + 21
adjective

dark	overcast	s'obscurcir	se couvrir (le ciel)
sleepy	rainy	être somnolent	tourner à la pluie (le temps)
windy	warm	se lever (le vent)	se réchauffer
hot	damp	devenir très chaud	faire humide
cold	light	se refroidir	s'éclaircir

to GET (be or become) + 22
past participle

caught in a bad storm	être pris dans une violente tempête
lost in the desert	se perdre dans le désert
accustomed to a cold climate	s'habituer à un climat froid
rescued from a high ledge	être sauvé d'une haute corniche
interested in modern art	s'intéresser à l'art moderne
trapped by a heavy snowfall	être bloqué par une forte chute de neige
involved in politics	se mêler à la politique
used to a new environment	s'habituer à un nouveau milieu
elected by popular vote	être élu par voie de scrutin
defeated by a better team	se faire battre par une équipe plus forte
delayed by a change in schedule	être retardé par un changement d'horaire

to GET (become or grow) 23
+ comparative adjective

prettier every day	se faire plus jolie de jour en jour
taller each year	grandir d'année en année
fatter week by week	grossir d'une semaine à l'autre
thinner day by day	maigrir jour après jour
colder each passing day	se rafraîchir avec chaque jour qui passe

to GET (become) + adverb 24
+ past participle

emotionally attached to someone	s'attacher à quelqu'un
romantically involved with some-one	avoir une liaison avec quelqu'un
intensely interested in music	s'intéresser intensément à la musique
gradually accustomed to the noise	s'habituer graduellement au bruit
violently opposed to an issue	s'élever violemment contre quelque chose

to GET (go to, arrive) 25

to the church	arriver à l'église
to the post office	arriver à la poste
to the railroad station	arriver à la gare
to the airport	arriver à l'aéroport
to the train	arriver au train

to GET (be successful) 26
something + infinitive

a machine to run	arriver à mettre en marche une machine
a car to start	arriver à mettre en marche une voiture
a TV set to work	arriver à faire marcher un téléviseur
a washing machine to agitate	arriver à faire marcher le tambour d'une machine à laver
an engine to function	arriver à mettre en marche un moteur

to GET (start) someone or 27
something + present participle

a crowd moving	mettre une foule en marche
a machine working	mettre une machine en marche
an activity going	lancer une activité
a person thinking	inciter quelqu'un à réfléchir
a class singing	faire chanter une classe

to GET (do self) some-   28
thing + past participle

the beds made	faire les lits
the dishes washed	laver la vaisselle
the car started	mettre la voiture en marche
the bags packed	faire les bagages
the children dressed	habiller les enfants
the speech written	écrire le discours
the meal prepared	préparer le repas
the assignment completed	achever la tâche
the housework started	commencer le ménage
the job done	acomplir le travail
the trash carried out	sortir les ordures

to GET (have a service   29
performed)

the car washed	faire laver la voiture
the house painted	faire peindre la maison
the TV set repaired	faire réparer le poste de télévision
a dress shortened	faire raccourcir une robe
a manuscript typed	faire taper un manuscrit
a wrist bandaged	faire panser un poignet
a will drawn up	faire rédiger un testament
an addition built	faire ajouter un corps de bâtiment
a marriage annulled	faire annuler un mariage
your hair cut	se faire couper les cheveux
a suit altered	faire transformer un costume

to GET (cause someone   30
to become) + past participle

a friend interested in music	intéresser un ami à la musique
someone involved in a discussion	entraîner quelqu'un dans la discussion
a relative established in business	faire entrer un parent dans les affaires
a client convinced of the truth	convaincre un client de la vérité
a child examined by a doctor	faire examiner un enfant par un médecin

to GET (persuade some-   31
one) + infinitive

mother to stay at home	inciter sa mère à rester chez elle
father to help with the work	se faire aider par son père
the teacher to explain the lesson	inciter le professeur à expliquer la leçon
John to play tennis	inciter Jean à jouer au tennis
a friend to write a letter	inciter un ami à écrire une lettre
the boss to approve a change	inciter le patron à approuver un changement
the principal to change a schedule	inciter le directeur à modifier un horaire
a leader to inspire the people	amener un chef de parti à entraîner le peuple
a child to make his bed	inciter un enfant à faire son lit
a client to change his will	inciter un client à changer son testament
a family to permit an operation	inciter une famille à autoriser une opération

Intransitive Uses with Preposition

to GET ABOUT/   32
AROUND (be active, move)

in social circles	être reçu dans la société
in a limited way	se débrouiller plus ou moins bien
in musical circles	fréquenter le milieu des mélomanes
with the help of a cane	marcher avec une canne
without too much difficulty	se mouvoir sans trop de difficulté

to GET something   33
ACROSS (make clear)

a difficult point	faire comprendre une question difficile
a new idea	faire comprendre une idée nouvelle
a different concept	faire comprendre une notion différente
the necessary facts	faire comprendre les faits voulus
a vague meaning	faire comprendre un sens vague

VERBS

to GET AHEAD (succeed)   34

by (through) hard work	réussir en travaillant durement
by (through) honest effort	réussir en fournissant un effort consciencieux
by (through) sheer determination	réussir grâce à sa seule détermination
with a minimum of effort	réussir avec un minimum d'effort
in the world of business	réussir dans les affaires

to GET AHEAD OF   35
(pass, surpass)

the car in front	doubler une voiture
the nearest competitor	dépasser son plus proche concurrent
the next person in line	dépasser le suivant dans la queue
the competition	surpasser la concurrence
the rest of the class	dépasser les autres élèves de la classe

to GET AHEAD WITH   36
(proceed)

the job to be done	avancer son travail
the selection of a new candidate	avancer dans le choix d'un nouveau candidat
the counting of the votes	avancer dans le décompte des voix
the business at hand	avancer dans l'affaire en cours
the completion of a project	avancer dans l'exécution d'un projet

to GET ALONG   37
(continue, advance)

with the necessary arrangements	prendre les mesures nécessaires
with the work to be done	s'avancer dans son travail
with the preparations for the trip	s'avancer dans les préparatifs d'un voyage
in years	avancer en âge
on the way home	s'avancer sur le chemin de retour

to GET ALONG (exist   38
peacefully)

with other people	s'entendre avec les autres
with a close competitor	s'entendre avec un proche concurrent
with the other nations of the world	s'entendre avec les autres nations (du monde)
under trying circumstances	s'entendre dans des circonstances difficiles
in spite of a mutual distrust	s'entendre malgré une méfiance partagée

to GET ALONG (survive)   39

without the basic necessities	se tirer d'affaire sans même le strict minimum
without a new refrigerator	se tirer d'affaire sans réfrigérateur neuf
without help from the government	se tirer d'affaire sans l'aide du gouvernement
in spite of the rising costs	se tirer d'affaire malgré l'augmentation des prix de revient
with a raise in salary	se tirer d'affaire grâce à une augmentation de salaire

to GET AROUND (avoid,   40
evade)

a legal difficulty	tourner une difficulté juridique
a person's objections	balayer les objections de quelqu'un
a difficult requirement	échapper à une demande difficile
a stupid technicality	faire disparaître un détail technique stupide
an outmoded law	tourner une loi désuète

to GET AWAY (avoid   41
just punishment)

with a treacherous act	s'en tirer avec une acte de trahison
with having a forged passport	s'en tirer avec un passeport falsifié
with being rude and arrogant	s'en tirer malgré une arrogance grossière
with a poor excuse	s'en tirer avec une mauvaise excuse
with a slight reprimand	s'en tirer avec une légère réprimande

to GET AWAY (escape   42
from)

from the dull routine	fuir le train-train monotone
from the office for a few days	s'échapper du bureau pendant quelques jours
from the city on weekends	s'échapper de la ville pendant le week-end
from the constant pressure	se soustraire à la pression permanente
from the noises of the city	fuir les bruits de la ville

to GET AWAY (escape to) 43

to the peace of the country	se réfugier dans la paix de la campagne
to the beauty of the countryside	se réfugier dans la beauté de la campagne
to the clear air of the mountains	fuir à l'air pur de la montagne
to the quiet of the seashore	se réfugier dans le silence de la côte
to the solitude of a church	se réfugier dans la solitude d'une église

to GET AWAY (evade 44
capture)

with a fortune in diamonds	s'échapper avec une fortune en diamants
with a valuable masterpiece	s'échapper avec un précieux chef-d'œuvre,
with a stolen car	s'échapper avec une voiture volée
with the smuggled goods	s'échapper avec les marchandises de contrebande
with the money from the robbery	s'échapper avec l'argent du vol

to GET AT (discover) 45

the basis for the charge	élucider le fondement de l'accusation
the truth of the matter	tirer l'affaire au clair
the facts in the case	élucider les tenants et aboutissants de l'affaire
the heart of the problem	élucider le fond du problème
the roots of the difficulty	remonter à l'origine de la difficulté

to GET AT (start, reach 46
for)

the job to be done	se mettre au travail à faire
the assignment immediately	se mettre immédiatement à la tâche
the work still to be done	se mettre au travail restant à faire
the accused assassin	atteindre l'assassin présumé
the guilty party	s'attaquer au coupable

to GET BACK (recover) 47

something that was lost	retrouver quelque chose de perdu
a missing briefcase	retrouver une serviette égarée
a lost dog	retrouver un chien perdu
a sizable amount	recouvrer une somme assez importante
the ransom money	recouvrer l'argent de la rançon

to GET BACK (return to) 48

to the United States from France	revenir de France aux États-Unis
to school from vacation	retourner à l'école après les vacances
to the office from lunch	retourner au bureau après le déjeuner
to the city from the country	revenir de la campagne à la ville
to the apartment from the airport	retourner de l'aéroport à l'appartement

to GET BACK (start again, 49
resume)

to the business at hand	se remettre à l'affaire en cours
to studying for exams	se remettre à étudier en vue des examens
to washing the dishes	se remettre à laver la vaisselle
to the completion of the job	se remettre à l'exécution du travail
to the writing of a letter	se remettre à écrire une lettre

to GET BEHIND (fall) 50

in one's work	se mettre en retard dans son travail
in the completion of an assignment	se mettre en retard dans l'exécution d'une tâche
schedule	se mettre en retard sur l'horaire
in the race for the moon	se mettre en retard dans la course à la lune
in the preparations for a party	se mettre en retard dans la préparation d'une réception

to GET BEHIND (give 51
support to)

a weak candidate	soutenir un candidat mal placé
a religious movement	soutenir un mouvement religieux
a failing business	soutenir une affaire en difficulté
a charitable organization	soutenir une institution charitable
a worthwhile project	soutenir un projet qui le mérite

to GET (something) BY   52
(smuggle past)

an object by the guard	passer un objet à l'insu du gardien
a trunk past the official	passer une valise à l'insu du fonctionnaire
a gift through customs	passer un cadeau en fraude à la douane
a package past the inspector	passer un paquet à l'insu de l'inspecteur
a gun past the policeman	passer un revolver à l'insu de l'agent de police

to GET BY (pass ahead of,   53
around)

the car ahead	doubler une voiture
the waiting crowd	contourner la foule qui attend
the traffic jam	contourner l'embouteillage
the long line of cars	doubler une longue file de voitures
the inspection at the border	éviter le contrôle à la frontière

to GET BY (succeed)   54

with little talent	réussir sans être doué
with no real ability	réussir tout en étant peu doué
without effort	réussir sans effort
with great difficulty	réussir très difficilement
under a severe handicap	réussir tout en étant très désavantagé

to GET (lift) something   55
DOWN

a cup down from the cupboard	sortir une tasse du buffet
a cat down from a tree	faire descendre un chat d'un arbre
a platter down from the shelf	sortir un plat de sur l'étagère
an object down from the roof	descendre un objet du toit
a dictionary down from the book-case	prendre un dictionnaire dans la bibliothèque

to GET DOWN (descend)   56

from (off) a fence	descendre d'une clôture
from (out of) a tree	descendre d'un arbre
from (off) a roof	descendre d'un toit
from (off) a ladder	descendre d'une échelle
from (off) a mountain	descendre d'une montagne

to GET DOWN TO   57
(settle down to)

the problem at hand	s'attaquer au problème à résoudre
a study of the facts	s'attaquer à l'étude des faits
an analysis of the report	s'attaquer à l'analyse du rapport
a review of the statistics	s'attaquer à l'examen des statistiques
the business at hand	s'attaquer à l'affaire en cours

to GET EVEN (retaliate)   58

with someone who cheats	rendre la pareille à quelqu'un qui triche
with an enemy for an insult	se venger d'une injure sur un adversaire
with a student who won the prize	rendre la pareille à un étudiant qui a remporté le prix
with a sister by complaining	rendre la pareille à sa sœur en se plaignant aussi
with a teacher for a bad grade	se venger d'un professeur à cause d'une mauvaise note

to GET IN, INTO (enter)   59

an elevator	monter dans un ascenseur
a taxicab	monter dans un taxi
an automobile	monter dans une voiture
a bank vault	entrer dans le coffre-fort d'une banque
a space capsule	pénétrer dans une cabine spatiale

to GET INTO (find one- 60
self in)

a terrible argument	se laisser entraîner dans une terrible dispute
an awful predicament	se trouver dans une très mauvaise passe
trouble constantly	avoir constamment des ennuis
an impossible situation	se trouver dans une situation impossible
a terrible mood	se laisser aller à la mauvaise humeur

                VERBS

to GET INTO (put on) 61

a new uniform	mettre un nouvel uniforme
a warmer sweater	mettre un pull plus chaud
warm pajamas	mettre un pyjama chaud
clean working clothes	des vêtements de travail propres
a change of costume	changer de costume

to GET OFF (descend) 62

the bus near the center of town	descendre de l'autobus près du centre de la ville
the train at the next station	descendre du train à la gare suivante
the subway at the wrong stop	se tromper d'arrêt dans le métro
the airplane at Kennedy Airport	débarquer de l'avion à l'aéroport Kennedy
the boat at Le Havre	débarquer du navire au Havre

to GET OFF (escape heavy 63 punishment)

with a light fine	s'en tirer avec une faible amende
with a ten-year sentence	s'en tirer avec dix ans de prison
with a severe reprimand	s'en tirer avec une sévère réprimande
with a suspended sentence	s'en tirer avec une condamnation avec sursis
with a word of caution	s'en tirer avec une mise en garde

to GET OFF (send) 64

a letter to the editor	expédier une lettre au rédacteur
a package in time for Christmas	expédier un paquet à temps pour Noël
a check to the bank	expédier un chèque à la banque
a manuscript to the publisher	expédier un manuscrit à l'éditeur
a hurried telegram to a client	expédier en toute hâte un télégramme à un client

to GET OFF (tell or write) 65

a good joke	raconter une histoire très drôle
a stupid observation	faire une observation idiote
a facetious remark	faire une remarque facétieuse (drôle)
a justified criticism	adresser une critique justifiée
a pointed reference	faire une allusion mordante

to GET ON (progress, 66 agree, advance)

nicely after an operation	se porter bien après une opération
well with one's studies	faire des progrès dans ses études
slowly with someone's help	progresser lentement avec l'aide de quelqu'un
with one's peers	s'entendre avec ses égaux
in years	avancer en âge

to GET ON (board or 67 mount)

a plane in Frankfurt	prendre un avion à Francfort
a train near the front (end)	monter en tête du train
a ship at New York	s'embarquer à New York (sur un bateau)
a subway near the main terminal	prendre le métro près du terminus
a horse from the left side	monter en selle du côté gauche

to GET OUT OF (avoid 68 successfully)

performing an assigned duty	se dérober à une tâche imposée
doing difficult homework	se faire dispenser d'un devoir (de classe) difficile
serving in the army	se soustraire au service militaire
volunteering for a job	éviter de se porter volontaire
helping with the dishes	s'en tirer sans faire la vaisselle

to GET OUT OF (extract 69 self)

a bad habit	se défaire d'une mauvaise habitude
a bad situation	se tirer d'un mauvais pas
a terrible mess	se sortir d'un sale pétrin
a painful argument	en finir avec une dispute pénible
a local controversy	se sortir d'une polémique locale

to GET OUT OF (leave) 70

a movie early	sortir tôt d'un cinéma
school at 3:15	sortir de l'école à trois heures et quart de l'après-midi
prison after ten years	sortir du prison au bout de dix ans
work every day at 5 P.M.	finir de travailler tous les jours à cinq heures de l'après-midi
church earlier than usual	sortir de l'église plus tôt que d'habitude

**to GET OVER (recover 71
from)**

the initial shock of a death	se remettre du choc provoqué par un décès
the drastic change in temperature	se remettre d'un brusque changement de température
the tragic assassination of a beloved president	se remettre du meurtre tragique d'un président très aimé
the surprising improvement	revenir d'une amélioration étonnante
the loss from a poor investment	se remettre de la perte imputable à un mauvais placement
the senseless slaughter of war	se remettre de l'inutile carnage de la guerre
a terrible cold	se remettre d'un terrible rhume
a bad case of stage fright	surmonter un terrible trac
the surprise of the sudden victory	se remettre de la surprise causée par une victoire soudaine
the news of the latest space flight	se remettre de la nouvelle du dernier vol spatial

to GET (take up position) 72

behind a defensive barrier	prendre position derrière une barricade
in front of the angry crowd	se jeter devant la foule en colère
under the sheltering roof	s'abriter sous un toit
up on top of the ladder	monter tout en haut de l'échelle
below the surface of the water	plonger sous l'eau

**to GET TO (bribe or 73
influence)**

a corrupt official	soudoyer un fonctionnaire corrompu
a dishonest juror	soudoyer un juré malhonnête
the weakest member	soudoyer le membre le plus influençable
a greedy politician	soudoyer un politicien cupide
a dissatisfied policeman	soudoyer un policier mécontent

**to GET TO (reach or 74
attain)**

a higher level	parvenir à un niveau supèrieur
a more suitable arrangement	parvenir à un accord plus satisfaisant
a certain height	parvenir à un certain hauteur
the fourth floor	parvenir au quatrième étage
the highest rung	parvenir à l'échelon le plus élevé

**to GET something 75
TOGETHER (gather)**

the necessary facts	rassembler les données nécessaires
the scattered papers	rassembler les papiers éparpillés
the different children	rassembler les divers enfants
the small pieces	rassembler les petits morceaux
the remaining fragments	rassembler les fragments restants

**to GET TOGETHER 76
(meet with)**

with some close friends	se réunir avec quelques amis intimes
with relatives at Christmas	se réunir avec la famille à Noël
with others in the same field	se réunir avec d'autres personnes du même métier
with a friend to study	se réunir avec un ami pour étudier
with both parties in an argument	se réunir avec les deux parties en contestation

**to GET TOGETHER 77
(reach agreement)**

on a final version	s'entendre sur une version définitive
on a reasonable price	s'entendre sur un prix raisonnable
on a new contract	s'entendre sur un nouveau contrat
on a joint statement	s'entendre sur une déclaration commune
on an official denial	s'entendre sur un démenti officiel

to GET something 78
THROUGH (pass, approve)

a new law	faire adopter une nouvelle loi
a new budget	faire adopter un nouveau budget
the latest changes	adopter les dernières modifications
a disputed amendment	faire adopter un amendement controversé
a controversial bill	faire adopter un projet de loi controversé

to GET THROUGH 79
(contact, reach)

to the president in an emergency	arriver à joindre le président en cas d'urgence
to the head of the company	arriver à joindre le directeur de la société
to the more attentive listeners	arriver à toucher les auditeurs les plus attentifs
to the emergency operator	arriver à joindre la téléphoniste de permanence
to the nearest police station	arriver à joindre le plus proche poste de police

to GET THROUGH 80
(pass, succeed, survive)

the final exams	passer les derniers examens
with much effort	réussir avec beaucoup d'effort
with a last-minute review	achever un examen de la dernière minute
trying times	surmonter les temps difficiles
the most difficult parts	surmonter les passages les plus difficiles

to GET UP 81

(rise) at 7:00 every day	se lever tous les jours à 7 heures
(awaken) the children early	réveiller les enfants tôt
(organize) an elaborate party	organiser une réception raffinée
(initiate) a long petition	prendre l'initiative d'une longue pétition
(raise) a hand up high	lever haut la main

to GET WITH (adapt to) 82

the latest styles	s'adapter aux dernières tendances de la mode
the newest trends	s'adapter à l'évolution la plus récente
the modern generation	s'adapter à la nouvelle génération
the latest innovations	s'adapter aux dernières innovations
social protest	s'adapter à la contestation sociale

to GET WITHIN (come 83
close to)

a given area	approcher d'une zone donnée
the center circle	approcher du cercle
an allowable tolerance	approcher d'une tolérance (mesure) admissible
a specific distance	approcher à une certaine distance
a desirable range	approcher de la portée voulue

Special Uses of Tense Forms

to GET (sign of command) 84

Familiar command form:

Get away from the door!	Écarte-toi de la porte!
Get in line!	Mets-toi en rang!
Get this man away from me!	Éloigne cet homme de moi!
Get the latest news!	Procure-toi les dernières nouvelles!
Get me a different size!	Donne-moi une autre taille!
Get the dishes put away!	Range la vaisselle!
Get me the newest figures!	Donne-moi les derniers chiffres!
Get the children away from me!	Emmène-moi ces enfants!
Get the car out of the garage!	Sors la voiture du garage!
Get home before it starts to rain!	Rentre à la maison avant la pluie!
Get started with your homework!	Mets-toi à tes devoirs (d'école)!

to GET (be permitted to)   85
+ infinitive

to stay at home	pouvoir rester chez soi
to play in the park	pouvoir jouer dans le parc
to stay up late on weekends	pouvoir se coucher tard le week-end
to leave ahead of time	pouvoir partir avant l'heure
to stay out after dark	pouvoir rester dehors une fois la nuit tombée
to go back to Europe next fall	pouvoir retourner en Europe l'automne prochain
to go abroad next summer	pouvoir aller à l'étranger l'été prochain
to try again from a shorter distance	pouvoir faire un nouvel essai de plus près
to go to the beach when it's warm	pouvoir aller à la plage quand il fait chaud
to stay inside when it rains	pourvoir rester à l'intérieur quand il pleut

have GOT (must)   86
+ infinitive

I've got to leave soon.	Il me faudra partir bientôt.
She's got to study harder.	Il lui faut travailler davantage.
We've got to get to the moon first.	Il nous faut arriver les premiers sur la lune.
You've got to return the books soon.	Il vous faudra rendre bientôt le livres.
He's got to stay after school.	Il lui faut rester après la classe.

As replacement for the   87
past participle of have, own, possess, receive, etc. in past tenses using have or do as auxiliary verb, primarily in questions:

Have you got? in place of Do you have, possess, etc.	
Have you got any spare time?	As-tu (Avez-vous) du temps libre?
Have you got a light?	As-tu (Avez-vous) du feu?
Have you got any idea where she is?	As-tu (Avez-vous) idée de l'endroit où elle se trouve?
Have you got any new information?	As-tu (Avez-vous) d'autres nouvelles récentes?
Have you got an extra cigarette?	As-tu (Avez-vous) une cigarette de plus?

have GOTTEN (past   88
participle—received)

He hasn't gotten an answer yet.	Il n'a pas encore obtenu de réponse.
Have you gotten any news?	As-tu (Avez-vous) reçu des nouvelles?
She's gotten three nice presents.	Elle a eu trois jolis cadeaux.
He had gotten a bad grade.	Il avait eu une mauvaise note.
We would have gotten no response.	Nous n'aurions pas eu de réaction.

PART
FOUR

ADVERBS AND OTHER PARTS OF SPEECH

INTRODUCTION

The fourth largest numerical grouping in any given language (after nouns, adjectives and verbs) is adverbs. The four remaining parts of speech (pronouns, conjunctions, prepositions, and interjections) are numerically insignificant, although of unusually high frequency in normal use. They are commonly called closed words—words which do not vary in form, as opposed to open words, which alter their forms by declension, conjugation, etc. As a language expands, no new words are added to these groups; that is, there are no new prepositions, pronouns, or conjunctions. They are the stable elements in any language, and are always found among the 1,000 most-used words.

The following pages illustrate contextually in interalphabetized order 800 adverbs of manner; 300 adverbial phrases of time, place, and quantity; 55 prepositions; 25 pronominal forms; 25 conjunctions; and 45 miscellaneous forms (possessive adjectives, stress words, particles, determiners, etc.), followed by a concluding section of 250 commonly used interjections, rejoinders, and expletives—a total of 1,500 Key Words or phrases.

Eight hundred adverbs of manner comprise the majority of entries. These forms are based on the descriptive adjectives which form Part One of this book. In English, all are formed from the adjective plus the adverbial suffix -ly. Although alternate possibilities exist in English to replace this form (*beautifully* by *in a beautiful way/style/fashion/manner* or *with beauty*) all 800 -ly forms sound perfectly natural in English. The French, with a comparable form ending in -ment, show a preference in 404 of the 800 examples for the alternate or multi-word paraphrase of the English -ly form.

The adverbs of manner have been treated and analyzed according to their most natural use as modifiers of verbs or adjectives. *Absolutely* can modify either a verb (to rule *absolutely*) or an adjective (to be *absolutely* certain). Answers obtained indicated that a native speaker feels the latter is a more natural use of the word *absolutely*. Where the adjective is felt to be the more natural complement, the phrase is indicated by *to be+adverb+adjective* (to be generally acceptable). Where the verb is the more natural complement, the pattern is *infinitive+verb+adverb* (to increase *gradually*).

Prepositions, because of their wide use as adverbial complements to a verb root (to get *on*, get *off*, get *up*, get *down*), are the most difficult to analyze and isolate of all parts of speech. *Up* is used as a verbal complement 65 times, *down* 41 times, *for* 28 times, etc. Such forms will be located under the proper verb root in Part Three.

The interjections, expletives, and rejoinders which complete this section are particularly difficult to translate since in many cases they are no more expressive or full of meaning than a nod, a grunt, or a shrug of the shoulders. The translations provided may vary depending on the particular part of France you are in and the cultural level of the person to whom you are speaking. Obscenities and vulgarisms, specially expletives, are, of course, an integral part of colloquial speech, but these have been omitted here as inappropriate to the general level of the book.

The Formation of Adverbs of Manner and Time from Adjectives

The English -ly ending which is added to adjectives to form our adverbs of manner and time has a parallel French ending in -ment. This ending is added to French adjectives according to the following basic rules:

1. Adjectives ending in a vowel in the masculine singular form add -ment to this form:

   facile(ment)   absolu(ment)   poli(ment)   spontané(ment)   sage(ment)

2. Adjectives ending in a consonant in the masculine singular form add -ment to the feminine singular form of the adjective:

   heureux (heureusement)   vain (vainement)   doux (doucement)   lent. (lentement)

For common exceptions to these two rules, see below.

Nasalized n + ant becomes -amment, -ent becomes -emment: _____

1	adequate	suffisant	to provide adequately for	fournir suffis*amment*
2	amazing	étonnant	to be amazingly accurate	être étonn*amment* précis
3	apparent	apparent	to be apparently insane	être appar*emment* privé de raison
4	ardent	ardent	to worship ardently	adorer ard*emment*
5	arrogant	arrogant	to boast arrogantly	se vanter arrog*amment*
6	brilliant	brillant	to perform brilliantly	s'acquitter brill*amment* de . . .
7	careful	prudent	to walk carefully	marcher prud*emment*
	(cautious)	prudent	to proceed cautiously	avancer prud*emment*
	(safe)	prudent	to drive safely	conduire prud*emment*
8	different	différent	to think differently	penser différ*emment*
9	eager	impatient	to wait eagerly	attendre impati*emment*
	(impatient)	impatient	to wait impatiently	attendre impati*emment*
10	fierce	violent	to be fiercely opposed to . . .	être viol*emment* hostile à . . .
	violent	violent	to be violently opposed	être viol*emment* hostile à . . .
11	fluent	courant	to speak fluently	parler cour*amment*
12	frequent	fréquent	to be frequently late	être fréqu*emment* en retard
13	game (brave)	vaillant	to try gamely (bravely)	s'efforcer vaill*amment* (de)
	(valiant)	vaillant	to fight valiantly	se battre vaill*amment*
14	insolent	insolent	to reply insolently	répondre insol*emment*
15	intelligent	intelligent	to think intelligently	penser intellig*emment*
16	loud	bruyant	to protest loudly	protester bruy*amment*
	(noisy)	bruyant	to eat noisily	manger bruy*amment*
17	nonchalant	nonchalant	to walk nonchalantly	marcher nonchal*amment*
18	patient	patient	to wait patiently	attendre pati*emment*
19	spiteful	méchant	to accuse someone spitefully	accuser quelqu'un méch*amment*
20	stylish	élégant	to be stylishly dressed	être élég*amment* habillé
21	unconscious	inconscient	to be unconsciously prejudiced	être inconsci*emment* prévenu contre
22	unwise	imprudent	to invest unwisely	investir imprud*emment*

Also Irregular:

constant	constant	constamment	gentle, kind	gentil	gentiment
negligent	négligent	négligemment	recent	récent	récemment
brief	bref, -ve	brièvement	grave, serious	grave	grièvement (blessé)
vehement	véhément	véhémentement			(also regular: gravement)
	(violates -ent principle above)		industrious	assidu	assidûment

Final mute -e takes an acute accent

1	blind	aveugle	to rush blindly into	se lancer aveugl*ément*
2	deep	profond(e)	to be deeply affected	être profond*ément* touché
	(profound)	profond(e)	to be profoundly moved	être profond*ément* ému
3	enormous	énorme	to be enormously successful	avoir énorm*ément* de succès
	(vast)	énorme	to be vastly superior	être énorm*ément* supérieur
4	immense	immense	to be immensely powerful	être immens*ément* puissant
5	precise	précis(e)	to define precisely	définir précis*émment*
6	uniform	uniforme	to be uniformly excellent	être uniform*ément* excellent

A

8501	A man, A woman, A book, AN idiot	un homme, une femme, un livre, un idiot
8502	A FEW good friends	quelques bons amis
8503	A GREAT DEAL of money	beaucoup (une grande quantité) d'argent
8504	A GREAT MANY errors	beaucoup d'erreurs
8505	A LITTLE faster	un peu plus vite
8506	A LITTLE BIT more	un petit peu plus
8507	A LITTLE LESS salt	un peu moins de sel
8508	to stay A LITTLE LONGER	rester un peu plus longtemps
8509	A LITTLE MORE patience	un peu plus de patience
8510	A LITTLE TALLER than I	un peu plus grand que moi
8511	A LITTLE WHILE ago	il y a un petit moment
8512	A LOT faster	beaucoup plus vite
8513	A LOT OF money	beaucoup d'argent
8514	a book ABOUT law	un livre de (sur le) droit
	the book ABOUT the war	le livre sur la guerre
	to wander ABOUT the room	errer à travers la chambre
	to wonder ABOUT the future	se proposer des questions à propos de l'avenir
	to be ABOUT twenty miles away	être à environ 20 miles de . . .
	to complain ABOUT a decision	se plaindre d'une décision
	ABOUT twelve years old	environ douze ans
8515	the picture ABOVE the piano	le tableau au-dessus du piano
	to fly ABOVE the clouds	voler au-dessus des nuages
	everyone ABOVE eighteen years of age	tous ceux de plus de 18 ans
	to be ABOVE suspicion	être au-dessus de tout soupçon
	to be ABOVE average height	être au-dessus de la taille moyenne
	six miles ABOVE (north of) Paris	6 miles au-dessus (au nord) de Paris
8515a	the sky ABOVE	le ciel au dessus
8516	This, ABOVE ALL, is crucial.	Ceci, surtout, est crucial.
8517	to halt ABRUPTLY	s'arrêter brusquement
8518	to whistle ABSENT-MINDEDLY	siffler distraitement
8519	to be ABSOLUTELY certain	être absolument certain
8520	to be ABSURDLY extravagant	être follement dépensier
8521	to provide ABUNDANTLY for . . .	fournir en abondance
8522	to speak ABUSIVELY	parler en termes injurieux
8523	to fail ABYSMALLY	échouer lamentablement
8524	to excel ACADEMICALLY	exceller dans ses études
8525	to dress ACCEPTABLY	s'habiller d'une façon acceptable
8526	to fall ACCIDENTALLY	tomber accidentellement
8527	ACCORDING TO the newspapers	selon les journaux
8528	Act ACCORDINGLY!	Agissez en conséquence!
8529	to measure ACCURATELY	mesurer avec précision
8530	to point ACCUSINGLY	montrer d'un index accusateur
8531	to be ACOUSTICALLY perfect	être parfait du point de vue de l'acoustique
8532	ACROSS the border	de l'autre côté de la frontière
	He ran ACROSS the bridge.	Il traversa le pont en courant.
	the house ACROSS the street	la maison en face
	a bridge ACROSS the river	un pont sur (par dessus) la rivière
	to travel ACROSS the ocean	traverser l'océan
	to come ACROSS a name	tomber sur un nom
	to step ACROSS a line	franchir une ligne
	the building ACROSS the street	l'immeuble en face (de l'autre côté de la rue)
8533	to participate ACTIVELY	participer activement
8534	She's ACTUALLY beautiful.	Elle est vraiment belle.
8535	to refuse ADAMANTLY	refuser avec intransigeance
8536	to provide ADEQUATELY for . . .	subvenir correctement aux besoins de . . .
8537	to stare ADMIRINGLY at . . .	fixer des yeux avec adoration
8538	to be ADORABLY dressed	être adorablement habillée
8539	to gaze ADORINGLY	regarder d'un œil plein d'adoration

ADVERBS AND OTHER PARTS OF SPEECH

8540	to sidestep **ADROITLY**	esquiver adroitement
8541	to live **ADVENTUROUSLY**	mener une vie aventureuse
8542	to use a word **ADVERBIALLY**	employer un mot sous la forme adverbiale
8543	to be **AESTHETICALLY** perfect	être parfait du point de vue esthétique
8544	to smile **AFFABLY**	sourire avec affabilité
8545	to kiss someone **AFFECTIONATELY**	embrasser quelqu'un affectueusement
8546	the misery **AFTER** the war	la misère après la guerre
	AFTER a rest	après une pause
	AFTER church	après la messe (le service)
	AFTER school	après la sortie des classes
	AFTER the movie	après le cinéma
	AFTER vacation	après les vacanes
	to be named **AFTER** a relative	recevoir le prénom d'un parent
	to lose **AFTER** so much effort	perdre après tant d'efforts
	to return **AFTER** the war	revenir après la guerre
	to run **AFTER** a thief	courir après un voleur
	a party **AFTER** the concert	une réception après le concert
	AFTER much thought, he left.	Après mûre réflexion, il est parti.
	AFTER the second intermission	après le deuxième entracte
	one **AFTER** another	l'un après l'autre
	time **AFTER** time	à plusieurs reprises
	a man **AFTER** my own heart	un homme selon mon goût
8547	**AFTER** he left, she did too.	Après son départ, elle en fit de même.
8548	I can't come **AFTER ALL**.	Je ne peux pas venir après tout.
8549	Stop by **AFTERWARD**!	Venez ensuite.
	He left soon **AFTERWARD**.	Il partit peu après.
	AFTERWARD, he finished his lesson.	Ensuite, il termina sa leçon.
	He never studies **AFTERWARD**.	Il n'étudie jamais après.
	Why don't you come by **AFTERWARD**?	Pourquoi ne passerais-tu pas plus tard?
	AFTERWARD, let's play some bridge!	Jouons au bridge ensuite.
8550	Do it **AGAIN**!	Faites-le de nouveau (Refaites-le).
8551	He tried **AGAIN AND AGAIN**.	Il essaya à plusieurs reprises.
8552	the campaign **AGAINST** air-pollution	la campagne contre la pollution de l'air
	to campaign **AGAINST** someone	mener une campagne contre quelqu'un
	to lean **AGAINST** a wall	s'appuyer contre un mur
	to row **AGAINST** the current	ramer contre le courant
	to speak out **AGAINST** violence	s'ériger contre la violence
	a protection **AGAINST** the rain	une protection contre la pluie
8553	to move **AGGRESSIVELY**	marcher d'un air agressif
8554	two years **AGO**	il y a deux ans
8555	to be **AGONIZINGLY** painful	être affreusement douloureux
8556	to be **AGREEABLY** surprised	être agréablement surpris
8557	to wander **AIMLESSLY**	errer sans but
8558	to increase **ALARMINGLY**	augmenter de façon alarmante
8559	to listen **ALERTLY**	tendre l'oreille
8560	**ALL** were present.	Tous étaient présents.
8561	**ALL AT ONCE** the door opened.	Tout à coup, la porte s'ouvrit.
8562	**ALL RIGHT**, let's begin.	Eh bien! Commençons!
8563	Come **ALL THE SAME**!	Venez tout de même
8564	She is **ALL THROUGH**.	Elle en a fini (avec . . .).
8565	to be **ALLEGEDLY** guilty	être présumé coupable
8566	to react **ALLERGICALLY**	être allergique
8567	**ALMOST** ready	presque prêt
	It's **ALMOST** 3:00.	Il est presque (près de) trois heures.
8568	He **ALONE** can succeed.	Lui seul peut réussir.
8569	the road **ALONG** the river	la route le long de la rivière
8570	the ditch **ALONGSIDE** of the road	le fossé qui borde la route
	The car pulled **ALONGSIDE** . . .	La voiture vint se ranger le long de (du) . . .
	ALONGSIDE of the evidence	Outre les (parallèlement aux) preuves
8571	to withdraw **ALOOFLY**	se retirer avec hauteur
8572	to arrange **ALPHABETICALLY**	disposer dans l'ordre alphabétique
8573	She had **ALREADY** left.	elle est déjà partie.
	He is **ALREADY** asleep.	Il dort déjà.
	Have you done your work **ALREADY**?	Avez-vous déjà fini votre travail?
	Are you **ALREADY** finished?	Avez-vous déjà terminé?
	He was **ALREADY** dressed	Il était déjà habillé.
	She should **ALREADY** be done.	Elle devrait déjà avoir fini.
8574	He is **ALSO** here.	Ici, lui aussi.
	He is **ALSO** intelligent.	Lui aussi est intelligent.
	She came **ALSO**.	Elle est venue aussi.

ADVERBS AND OTHER PARTS OF SPEECH

8575	to use something **ALTERNATELY**	utiliser alternativement
8576	**ALTHOUGH** he was very tired . . .	Bien qu'il (quoiqu'il) soit très fatigué . . .
8577	She is **ALWAYS** late.	Elle est toujours en retard.
	He is **ALWAYS** reliable.	On peut toujours se fier à lui.
	He **ALWAYS** studies hard.	Il étudie toujours avec acharnement.
	That is **ALWAYS** a question.	C'est la question qui se pose toujours.
	Do you **ALWAYS** stay out late?	Rentrez-vous toujours tard?
	It **ALWAYS** seems to happen.	Cela semble toujours se produire.
8578	to be **AMAZINGLY** accurate	être étonnamment précis
8579	to speak **AMBIGUOUSLY**	s'exprimer avec ambiguïté
8580	to struggle **AMBITIOUSLY**	lutter pour satisfaire une ambition
8581	to smile **AMIABLY**	sourire aimablement
8582	**AMONG** other things	entre autres choses
	the unrest **AMONG** the people	l'agitation parmi la population
8583	to provide **AMPLY** for . . .	fournir en abondance
8584	to think **ANALYTICALLY**	avoir un esprit analytique
8585	tall **AND** handsome	grand et beau
	He came **AND** I left.	Il est venu et (moi) je suis parti.
8586	books **AND SO FORTH**	des livres et tout le reste (etc.)
8587	to sing **ANGELICALLY**	chanter d'une voix angélique
8588	to scold someone **ANGRILY**	gronder quelqu'un avec colère
8589	to vote **ANNUALLY** for . . .	voter chaque année pour . . .
8590	He wants **ANOTHER** spoon.	Il désire une autre cuiller.
8591	I'll have **ANOTHER ONE**.	J'en aurai un(e) autre.
8592	to wait **ANXIOUSLY**	attendre avec impatience
8593	Do you have **ANY** friends?	Avez-vous des amis?
8594	**ANY** book will do.	N'importe quel livre fera l'affaire.
	I don't want **ANY**.	Je n'en veux aucun(e).
8595	Come **ANYHOW**.	Venez en tout cas (de toute façon).
8596	I didn't see **ANYONE**.	Je n'ai vu personne.
8597	Put it **ANYPLACE**.	Mettez-le n'importe où.
8598	I can study **ANYTIME**.	Je peux faire mes études n'importe quand.
	You can leave **ANYTIME**.	Vous pouvez partir à tout moment.
	You may come **ANYTIME**.	Venez quand vous voudrez.
	ANYTIME you are ready, leave!	Dès que vous serez prêt, partez!
	It can happen **ANYTIME**.	Cela peut arriver n'importe quand.
	Be here **ANYTIME** he says!	Soyez ici quand il vous le dira.
8599	He came **ANYWAY**.	Il est venu malgré tout.
8600	I'm not going **ANYWHERE**.	Je ne vais nulle part.
8601	a world **APART**	un monde à part
8602	**APART FROM** the error	en dehors de (outre) l'erreur
8603	to be **APPARENTLY** insane	être apparemment privé de raison
8604	to dress **APPEALINGLY**	s'habiller pour séduire
8605	to decline **APPRECIABLY**	baisser considérablement
8606	to smile **APPRECIATIVELY**	avoir un sourire élogieux
8607	to nod **APPROVINGLY**	faire un signe d'assentiment
8608	to be **APPROXIMATELY** accurate	être d'une relative précision
8609	to decide **ARBITRARILY**	décider arbitrairement
8610	to kiss **ARDENTLY**	embrasser avec ferveur
8611	the flight **AROUND** the world	le vol autour du monde
	a wall **AROUND** the city	un mur autour de la ville
	the shop **AROUND** the corner	le magasin après le coin
	the area **AROUND** Paris	la zone autour de Paris
	AROUND 5:30 P.M.	vers 17 heures 30
	to go **AROUND** an obstacle	contourner un obstacle
	to rotate **AROUND** the sun	tourner autour du soleil
	to stay **AROUND** the house	rester à la maison
	to walk **AROUND** in a museum	faire le tour d'un musée
	to walk **AROUND** a lake	se promener autour d'un lac
	to tie a string **AROUND** a package	ficeler un paquet
8612	to boast **ARROGANTLY**	se vanter avec arrogance
8613	to be **ARTHRITICALLY** handicapped	être handicapé par une arthrite
8614	to speak **ARTICULATELY**	parler distinctement (avec éloquence)
8615	to be **ARTIFICIALLY** produced	être produit artificiellement
8616	to be **ARTISTICALLY** talented	être doué pour les arts
8617	Just **AS** he was finished, he left.	Une fois qu'il eut fini, il est parti.
	He left **AS** the song ended.	Il est parti au moment où s'est terminée la chanson.
	She came **AS** I was leaving.	Elle est arrivée lorsque je partais.
8618	**AS A RESULT**, she lost.	À la suite de quoi, elle a perdu.

8619	AS A RESULT of the heat	du fait de la chaleur
8620	AS COMPARED WITH the others	par rapport aux autres
8621	AS FAR AS I am concerned	en ce qui me concerne
	AS FAR AS the river	jusqu'à la rivière
8622	AS FOR me, give me liberty!	Quant à moi, donnez-moi la liberté!
8623	He's AS GOOD AS I am	Il est aussi bon que moi.
	He's AS GOOD AS dead.	Il est comme mort.
8624	Stay AS LONG AS you want!	Restez aussi longtemps que vous voulez.
	AS LONG AS you're done, leave!	Puisque vous avez fini, partez!
8625	I have AS MANY friends.	J'ai autant d'amis.
8626	I have AS MUCH money.	J'ai autant d'argent.
8627	AS SOON AS possible	dès que possible
	AS SOON AS she came, he left.	Dès qu'elle arriva, il partit.
8628	AS TO the rest, I'm not sure.	Quant au reste, je n'en suis pas sûr.
8629	He's stupid AS WELL AS ugly.	Il est stupide autant que laid.
	Do AS WELL AS you can!	Faites de votre mieux.
8630	He put it ASIDE.	Il l'a laissé de côté.
8631	ASIDE FROM the obvious	en dehors de l'évidence
8632	to arrive AT 8:00 A.M.	arriver à huit heures
	to be AT the office	être au bureau
	to be AT peace	être en paix
	to buy something AT cost	acheter quelque chose au prix coûtant
	to come home AT Christmas time	rentrer chez soi à Noël
	to drive AT 60 miles per hour (100 km.)	conduire à 100 km/heure
	to leave AT the first opportunity	partir à la première occasion
	to marvel AT an accomplishment	s'émerveiller d'un exploit
	to point AT an object	montrer un objet (du doigt)
	to rush AT an opponent	se précipiter sur un adversaire
	to speak AT great length	parler à satiété
	to stand AT the door	se tenir à la porte
	to stay AT home all day long	rester chez soi toute la journée
	to suspect AT first glance	soupçonner au premier coup d'œil
	to win AT all costs	gagner à tout prix
8633	AT 1:00 A.M.	à 1 heure
8634	AT 3:15 P.M.	à 15 heures 15
8635	AT 5:30 A.M.	à 5 heures 30
8636	AT 7:45 P.M.	à 19 heures 45
8637	AT about 2:00 A.M.	vers 2 heures
8638	AT Christmas	à Noël
8639	AT exactly noon	à midi juste
8640	AT midnight	à minuit
8641	AT night	la nuit
8642	AT FIRST he was nervous.	Au début (tout d'abord) il était nerveux.
8643	She's staying AT HOME today.	Elle reste chez elle aujourd'hui.
8644	AT LAST, the results were known.	Enfin les résultats furent connus.
8645	You might AT LEAST try!	Vous pourriez au moins essayer!
	There were AT LEAST a dozen.	Ils étaient au moins une douzaine.
8646	He came AT ONCE.	Il est venu immédiatement (tout de suite).
8647	AT PRESENT, he's in Italy.	A present, il est en Italie.
8648	AT THAT TIME he was single.	A ce moment-là, il était célibataire.
8649	She came AT THE LAST MINUTE.	Elle est venue à la dernière minute.
8650	AT THE SAME TIME, let's remember . . .	En même temps rappelons-nous . . .
8651	AT TIMES it's very difficult.	Parfois, c'est très difficile.
8652	to be ATHLETICALLY inclined	avoir un penchant pour les sports
8653	to dress ATROCIOUSLY	s'habiller affreusement mal
8654	to listen ATTENTIVELY	écouter attentivement
8655	to be ATTRACTIVELY dressed	être habillé avec élégance
8656	to attack AUDACIOUSLY	attaquer audacieusement
8657	to whisper AUDIBLY	chuchoter distinctement
8658	to close AUTOMATICALLY	fermer automatiquement
8659	He ran AWAY from here.	Il s'éloigna d'ici en courant.
	He's AWAY from home.	Il est hors de chez lui.
	He moved AWAY from home.	Il a déménagé de chez lui.
	Stay AWAY!	N'approche pas!
8660	Stay AWHILE!	Restez un moment.
8661	He left just AWHILE AGO.	Il est parti il y a un instant à peine.
8662	AWHILE BACK, there was no war.	(Peu) auparavant, il n'y avait pas de guerre.
8663	She left AWHILE LATER.	Elle est partie un instant plus tard.
8664	to move AWKWARDLY	se déplacer gauchement

8665	**BACK** of the school	derrière l'école
8666	Get **BACK**!	Recule!
	He's **BACK** from Europe.	Il est de retour d'Europe.
8667	He moved **BACKWARDS**.	Il se déplaça en arrière.
8668	to be **BADLY** burned	être gravement brûlé
8669	to answer **BASHFULLY**	répondre timidement
8670	to be **BASICALLY** true	être fondamentalement vrai
8671	to sing **BEAUTIFULLY**	chanter admirablement
8672	He slept **BECAUSE** he was tired.	Il dormait parce qu'il était fatigué.
8673	**BECAUSE** of the rain	à cause de la pluie
	the delay **BECAUSE** of the storm	le retard dû à l'orage
8674	He never suffered **BEFORE**.	Il n'avait jamais souffert auparavent.
	BEFORE she left, he laughed.	Avant qu'elle ne soit partie, il a ri.
	the motion **BEFORE** the Senate	la motion devant le Sénat
	Have you ever seen her **BEFORE**?	L'aviez-vous déjà vue?
	He talked to her once **BEFORE**.	Il lui avait déjà parler une fois.
	Have you acted **BEFORE**?	Avez-vous déjà tenu un rôle?
	You should know **BEFORE** long.	Vous le saurez avant longtemps.
	Leave at 7:00! not **BEFORE**!	Partez à 7 heures, pas avant!
8675	**BEFORE** 2:00 A.M.	avant 2 heures
8676	**BEFORE** midnight	avant minuit
8677	**BEFORE** November 1	avant le 1er novembre
8678	**BEFORE** school	avant le début des cours
8679	**BEFORE** the war	avant le guerre
8680	the motive **BEHIND** the crime	le mobile du crime
	BEHIND the desk	derrière le bureau
	BEHIND the house	derrière la maison
8681	to stay **BEHIND**	rester en arrière
8682	to arrive **BELATEDLY**	arriver tardivement
8683	to lie **BELIEVABLY**	mentir d'une façon plausible
8684	to act **BELLIGERENTLY**	se conduire agressivement
8685	the sea **BELOW**	la mer en dessous
8686	the area **BELOW** the dam	la zone au-dessous du barrage
	to be **BELOW** average height	être d'une taille au-dessous de la moyenne
	to rank **BELOW** someone else	être classé au-dessous de (derrière) quelqu'un
	to sell a car **BELOW** cost	vendre une voiture au-dessous de son prix d'achat
	the area **BELOW** the dam	la zone en dessous du barrage
	just **BELOW** the summit	tout près du sommet
8687	the gift **BENEATH** the tree	le cadeau sous l'arbre (de Noël)
8688	to use **BENEFICIALLY**	utiliser avec profit
8689	to rule **BENEVOLENTLY**	gouverner avec bienveillance
8690	**BESIDE** the fire	à côté du feu
	the chair **BESIDE** the TV set	le fauteuil à côté du téléviseur
8691	**BESIDES**, he's late.	D'ailleurs, il est en retard.
8692	the **BEST** student	le meilleur élève
8693	He sings **BETTER** than I do.	Il chante mieux que moi.
8694	the space **BETWEEN** the beds	l'espace entre les lits
	BETWEEN 2:00 and 5:00 P.M.	entre 14 et 17 heures
	a war **BETWEEN** France and Germany	une guerre entre la France et l'Allemagne
	the distance **BETWEEN** Paris and Geneva	la distance entre Paris et Genève
	BETWEEN you and me, I think he's right.	De vous à moi (Entre vous et moi) je crois qu'il a raison.
	the difference **BETWEEN** good and evil	la différence entre le bien et le mal
8695	the land **BEYOND**	la terre au dela
8696	to act **BILATERALLY**	agir bilatéralement
8697	to be **BITINGLY** sarcastic	se montrer mordant
8698	to complain **BITTERLY**	se plaindre amèrement
8699	to stare **BLANKLY**	fixer d'un œil vague
8700	to speak **BLASPHEMOUSLY**	blasphémer
8701	to grope **BLINDLY**	tâtonner à l'aveuglette
8702	to be **BLISSFULLY** unaware	être heureux dans l'ignorance
8703	to be **BLUNTLY** frank	être d'une franchise brutale
8704	to speak **BOASTFULLY** about . . .	se vanter de . . .
8705	to laugh **BOISTEROUSLY**	rire à grands éclats
8706	to attack **BOLDLY**	attaquer hardiment
8707	to behave **BOORISHLY**	se conduire comme un rustre
8708	to be **BOUNDLESSLY** confident	avoir une assurance sans bornes
8709	to provide **BOUNTIFULLY**	fournir quelque chose en abondance
8710	to be **BOYISHLY** mischievous	être espiègle comme un jeune garçon

8711	to smile **BRAVELY**		sourire bravement
8712	to be **BREATHLESSLY** excited		être surexcité à en perdre le souffle
8713	to remain **BRIEFLY**		rester peu de temps
8714	to shine **BRIGHTLY**		briller d'un vif éclat
8715	to perform **BRILLIANTLY**		exécuter brillamment
8716	to walk **BRISKLY**		marcher d'un pas vif
8717	to smile **BROADLY**		avoir un large sourire
8718	to be **BRUTALLY** beaten		être brutalement roué de coups
8719	to work **BUSILY**		travailler activement
8720	tall **BUT** stupid		grand mais bête
	He left, **BUT** I stayed		Il est parti tandis que je suis resté(e)
8721	**BY** the window.		près de la fenêtre.
	to divide sixteen **BY** four		diviser 16 par 4
	to finish **BY** 8:00 P.M.		finir pour 20 heures
	to go **BY** the church		passer par l'église
	to meet **BY** the fountain		se rencontrer à la fontaine
	to read **BY** candlelight		lire à la chandelle
	to sell cheese **BY** the pound		vendre le fromage à la livre
	to send a letter **BY** airmail		envoyer une lettre par avion
	to stop **BY** the office		s'arrêter au bureau
	to travel **BY** airplane		voyager en avion
	to work **BY** day		travailler pendant la journée
	to be approved **BY** the government		être approuvé par le gouvernment
	to be composed **BY** Beethoven		être composé par Beethoven
	to be invented **BY** the Russians		être inventé par les Russes
	to be paid **BY** the hour		être payé à l'heure
	to be written **BY** hand		être écrit à la main
	piece **BY** piece		morceau par morceau
	little **BY** little		peu à peu
	eight feet **BY** ten feet		8 pieds sur 10
	taller **BY** four inches		plus haut de 4 pouces
	a house **BY** the lake		une maison sur le (près du) lac
	BY that time, he had gone.		A ce moment-là, il était parti.
	BY his own admission, he had lied.		De son propre aveu, il avait menti.
	BY way of introduction, let me say . . .		En guise d'introduction, que je vous dise . . .
	BY the time he left, it was 7:00 P.M.		Lorsqu'il est parti, il était 19 heures.
	BY any standard, he is guilty.		Selon toutes les normes, il est coupable.
	the rug **BY** the fireplace		le tapis devant la cheminée
	He stood **BY**, helpless.		Il était planté là désemparé.
8722	She will come **BY AND BY**.		Elle viendra tout à l'heure.
8723	**BY AND LARGE**, he's right.		Dans l'ensemble, il a raison.
8724	**BY MEANS OF** trickery		grâce à (à l'aide d') une supercherie
8725	She's left **BY NOW**.		Elle est partie à présent.
8726	**BY REASON OF** insanity		pour cause de folie
8727	**BY THE TIME** he returns		à l'heure où il viendra
8728	**BY THEN** the war was over.		À ce moment-là (alors) la guerre était terminée.
8729	**BY WAY OF** apology		en forme d'excuse
8730	**BY WAY OF** Paris and Rome		en passant par (via) Paris et Rome

C

8731	to be **CALLOUSLY** indifferent	être d'une indifférence sans pitié
8732	to react **CALMLY**	réagir calmement
8733	to be **CANDIDLY** frank	être d'une grande sincérité
8734	to teach **CAPABLY**	enseigner avec compétence
8735	to walk **CAREFULLY**	marcher prudemment
8736	to drive **CARELESSLY**	conduire négligemment
8737	to stroke **CARESSINGLY**	caresser de la main
8738	to be **CASUALLY** dressed	être vêtu sans recherche
8739	to proceed **CAUTIOUSLY**	avancer prudemment
8740	to rain **CEASELESSLY**	pleuvoir continuellement
8741	**CERTAINLY** she's right.	Certainement (qu') elle a raison.
	She's **CERTAINLY** intelligent!	Elle est sans doute intelligente!
8742	to be **CHANGELESSLY** beautiful	être d'une beauté inaltérable
8743	to be **CHARACTERISTICALLY** late	être en retard, selon son habitude
8744	to give **CHARITABLY**	donner généreusement
8745	to answer **CHARMINGLY**	répondre d'une façon charmante
8746	to buy **CHEAPLY**	acheter à bas prix
8747	to laugh **CHEERFULLY**	rire gaiement
8748	to be **CHEMICALLY** treated	être traité chimiquement

8749	to behave CHILDISHLY	se conduire comme un enfant
8750	to list CHRONOLOGICALLY	énumérer dans l'ordre chronologique
8751	to meet CLANDESTINELY	rencontrer clandestinement
8752	to cut CLEANLY through . . .	couper de part en part
8753	to speak CLEARLY	parler net
8754	to plan CLEVERLY	combiner habilement
8755	to analyze CLINICALLY	procéder à une analyse clinique
8756	to observe CLOSELY	observer de près
8757	to dance CLUMSILY	danser sans grâce
8758	to be COLDLY objective	être froidement objectif
8759	to bargain COLLECTIVELY	négocier une convention collective
8760	to express something COLLOQUIALLY	exprimer quelque chose familièrement
8761	to be COLORFULLY dressed	porter une tenue haute en couleurs
8762	to write COLORLESSLY	ne pas avoir de style
8763	to live COMFORTABLY	vivre à l'aise
8764	to speak COMFORTINGLY	prononcer des paroles de réconfort
8765	to be COMICALLY dressed	être drôlement habillé
8766	to perform COMMENDABLY	se tirer très honorablement d'un rôle
8767	to be COMMERCIALLY produced	être produit en quantité industrielle
8768	to be COMPACTLY packaged	être emballé sous un faible volume
8769	to be COMPARABLY priced	coûter un prix comparable
8770	to be COMPARATIVELY harmless	être relativement inoffensif
8771	to listen COMPASSIONATELY	écouter avec compassion
8772	to live COMPATIBLY with . . .	vivre d'une manière compatible avec . . .
8773	to perform COMPETENTLY	jouer (un rôle) convenablement
8774	to be COMPETITIVELY priced	être vendu a un prix concurrentiel
8775	to agree COMPLACENTLY	accepter avec satisfaction
8776	to be COMPLETELY wrong	avoir entièrement tort
	He's COMPLETELY incorrect.	Il est complètement dans l'erreur.
8777	to read COMPREHENSIVELY	avoir tout lu
8778	to state something CONCISELY	exposer quelque chose brièvement
8779	to prove CONCLUSIVELY that . . .	démontrer de façon concluante que . . .
8780	to speak CONDESCENDINGLY	parler avec condescendance
8781	to be CONDITIONALLY accepted	être admis sous certaines conditions
8782	to whisper CONFIDENTIALLY	chuchoter sur un ton confidentiel
8783	to smile CONFIDENTLY	sourire avec assurance
8784	to work CONSCIENTIOUSLY	travailler consciencieusement
8785	to be CONSCIOUSLY aware	avoir conscience de . . .
8786	to be CONSECUTIVELY numbered	être numéroté dans l'ordre
8787	CONSEQUENTLY, you must leave.	Donc (en conséquence), vous devez partir.
8788	to think CONSERVATIVELY	avoir un esprit conservateur
8789	to be CONSIDERABLY improved	s'améliorer considérablement
8790	to behave CONSIDERATELY	se montrer prévenant
8791	to be CONSISTENTLY late	être toujours en retard
8792	to complain CONSTANTLY	se plaindre continuellement
	She is CONSTANTLY sick.	Elle est constamment malade.
	He reads CONSTANTLY.	Il lit toujours.
	He is CONSTANTLY reading.	Il est toujours en train de lire.
	He is CONSTANTLY sick.	Il est toujours malade.
	Does he smoke? CONSTANTLY!	Fume-t-il? Sans arrêt.
	He complains CONSTANTLY to me.	Il vient tout le temps se plaindre à moi.
8793	to criticize CONSTRUCTIVELY	critiquer de façon constructive
8794	to sneer CONTEMPTUOUSLY	ricaner d'un air méprisant
8795	to sigh CONTENTEDLY	soupirer d'aise
8796	to be CONTINUALLY absent	être toujours absent
8797	to rain CONTINUOUSLY	pleuvoir sans cesse
8798	to be CONVENIENTLY located	être bien situé
8799	to dress CONVENTIONALLY	s'habiller sans fantaisie
8800	to argue CONVINCINGLY	raisonner de façon convaincante
8801	to work COOPERATIVELY	coopérer dans le travail
8802	to be CORDIALLY greeted	être accueilli cordialement
8803	to answer CORRECTLY	répondre juste
8804	to fight COURAGEOUSLY	se battre courageusement
8805	to behave COURTEOUSLY	se conduire courtoisement
8806	to smile COYLY	sourire timidement
8807	to veer CRAZILY	virer follement
8808	to design CREATIVELY	créer des modèles originaux
8809	to perform CREDITABLY	se conduire honorablement
8810	to stare CREDULOUSLY	regarder d'un œil fixe et crédule
8811	to be CRIMINALLY responsible	encourir une responsabilité criminelle

8812	to salute **CRISPLY**	saluer d'un air martial
8813	to analyze **CRITICALLY**	faire l'analyse critique
8814	to be **CRUDELY** drawn	être dessiné à grands traits
8815	to be **CRUELLY** treated	être traité cruellement
8816	to be **CULTURALLY** significant	avoir de l'importance sur le plan culturel
8817	to be **CUNNINGLY** conceived	être habilement conçu
8818	to stare **CURIOUSLY** at . . .	regarder d'un œil fixe et curieux
8819	to be **CUSTOMARILY** on time	être habituellement à l'heure
8820	to speak **CYNICALLY**	s'exprimer d'un ton failleur

D

8821	to arrive **DAILY**	arriver tous les jours
8822	to hold something **DAINTILY**	tenir quelque chose délicatement
8823	to live **DANGEROUSLY**	mener une vie dangereuse
8824	to be **DARINGLY** different	être d'une originalité provocante
8825	Come the **DAY AFTER TOMORROW.**	Venez après demain.
8826	He came the **DAY BEFORE YESTERDAY.**	Il est venu avant-hier.
8827	to lie **DECEITFULLY**	mentir avec adresse
8828	to dress **DECENTLY**	s'habiller convenablement
8829	to be **DECEPTIVELY** easy	être d'une facilité trompeuse
8830	to win **DECISIVELY**	l'emporter sans conteste
8831	to reason **DEDUCTIVELY**	raisonner par déduction
8832	to be **DEEPLY** affected	être profondément touché
8833	to argue **DEFENSIVELY**	plaider pour sa défense
8834	to shout **DEFIANTLY**	pousser un cri de défi
8835	to be **DEFINITELY** true	être parfaitement vrai
8836	to sit **DEJECTEDLY**	être assis tristement sur . . .
8837	to lie **DELIBERATELY**	mentir délibérément
8838	to be **DELICATELY** flavored	être délicatement parfumé
8839	to be **DELIRIOUSLY** happy	être fou de bonheur
8840	to decide **DEMOCRATICALLY**	décider démocratiquement
8841	to decline **DEMURELY**	refuser avec modestie
8842	to laugh **DERISIVELY**	rire en se moquant de . . .
8843	to write **DESCRIPTIVELY**	avoir un style descriptif
8844	to struggle **DESPERATELY**	lutter désespérément
8845	to sit **DESPONDENTLY**	être assis, l'air abattu
8846	to criticize **DESTRUCTIVELY**	faire une critique destructive
8847	to be **DEVASTATINGLY** biting	être caustique et destructeur
8848	to speak **DEVIOUSLY**	user de périphrases
8849	to be **DIABOLICALLY** clever	être d'une habileté diabolique
8850	to park **DIAGONALLY**	garer en épi
8851	to be **DIAMETRICALLY** opposed	être diamétralement opposé
8852	to be **DIETETICALLY** harmful	être nuisible (un aliment) pour l'organisme
8853	to think **DIFFERENTLY**	penser différement
8854	to work **DILIGENTLY**	travailler assidûment
8855	to be **DIMLY** lighted	être faiblement éclairé
8856	to proceed **DIPLOMATICALLY**	agir avec diplomatie
8857	to be **DIRECTLY** responsible	être directement chargé de . . .
8858	to behave **DISAGREEABLY**	se comporter désagréablement
8859	to frown **DISAPPROVINGLY**	regarder d'un air désapprobateur
8860	to turn out **DISASTROUSLY**	se révéler désastreux
8861	to cry **DISCONSOLATELY**	verser des pleurs inconsolables
8862	to behave **DISCOURTEOUSLY**	se montrer impoli
8863	to act **DISCREETLY**	agir discrètement
8864	to reject something **DISDAINFULLY**	repousser dédaigneusement
8865	to bargain **DISHONESTLY**	marchander malhonnêtement
8866	to be **DISHONORABLY** discharged	être renvoyé (de l'armée) pour mauvaise conduite.
8867	to behave **DISOBEDIENTLY**	se montrer désobéissant
8868	to dress **DISREPUTABLY**	porter des vêtements de fort mauvais goût
8869	to be **DISTINCTIVELY** different	être nettement différent
8870	to speak **DISTINCTLY**	pârler distinctement
8871	to sing **DIVINELY**	chanter divinement
8872	to think **DOGMATICALLY**	avoir un esprit dogmatique
8873	to answer **DOUBTFULLY**	répondre d'un ton indécis
8874	He is **DOUBTLESS** correct.	Il a sans doute raison.
8875	He put it **DOWN.**	Il l'a posé sur . . . (par terre)
	He ran **DOWN** the stairs.	Il descendit précipitamment l'escalier.
	the room **DOWN** the hall	la pièce plus loin dans le couloir
	GET DOWN!	Descends!
8876	the room **DOWNSTAIRS**	la pièce en bas

ADVERBS AND OTHER PARTS OF SPEECH   543

8877	to curve DOWNWARDS	courber vers le bas
8878	to dress DRABLY	porter des vêtements ternes
8879	to be DRAMATICALLY effective	être remarquablement efficace
8880	to be DRASTICALLY changed	être modifié radicalement
8881	to snore DREADFULLY	ronfler terriblement
8882	to nod DROWSILY	opiner du chef d'un air somnolent
8883	DURING November	pendant le mois de novembre
	DURING the day	pendant la journée
	DURING the month	pendant le mois
	DURING the war	pendant la guerre
	DURING vacation	pendant les vacances
	the bombing DURING the war	les bombardements pendant la guerre
8884	to be DUTIFULLY obedient	obéir respectueusement
8885	to speak DYNAMICALLY	parler avec dynamisme

E

8886	EACH student and EACH book	chaque étudiant et chaque livre
8887	EACH ONE was right.	Chacun avait raison.
8888	He bought EACH AND EVERY ONE.	Il les a tous achetés.
8889	They loved EACH OTHER.	Ils s'aimaient (l'un l'autre).
8890	to wait EAGERLY	attendre impatiemment
8891	They arrived EARLIER THAN usual.	Ils sont arrivés plus tôt que d'habitude.
8892	He usually arrives EARLY.	D'habitude il arrive tôt (de bonne heure).
8893	He went to bed EARLY.	Il s'est couché tôt.
	It is harvested EARLY in the fall.	Il est récolté au début de l'automne.
	The bus arrived EARLY.	L'autobus est arrivé en avance.
	Be back EARLY!	Reviens de bonne heure!
	I have to get up EARLY.	Il faut que je me lève tôt.
8893	to be EARNESTLY sorry	être sincèrement navré
8894	to learn EASILY	apprendre facilement
8895	to live ECONOMICALLY	vivre à peu de frais
8896	to be EDITORIALLY critical	publier des éditoriaux critiques
8897	to be EDUCATIONALLY superior	offrir un enseignement meilleur
8898	to flicker EERILY	trembloter (une lumière) étrangement
8899	to function EFFECTIVELY	fonctionner efficacement
8900	to work EFFICIENTLY	travailler efficacement
8901	to dance EFFORTLESSLY	danser sans effort
8902	I can't come EITHER.	Je ne peux pas venir non plus.
8903	I don't want EITHER ONE.	Je ne veux ni l'un ni l'autre.
8904	EITHER he leaves OR I do!	Du bien il s'en va, ou bien c'est moi.
	He's EITHER early OR late.	Il est soit en avance, soit en retard.
8905	to be ELECTRICALLY wired	être relié à un circuit électrique
8906	to be ELECTRONICALLY controlled	être à commande électronique
8907	to speak ELOQUENTLY	parler avec éloquence
8908	to react EMOTIONALLY	se laisser emporter par les sentiments
8909	to deny EMPHATICALLY	nier catégoriquement
8910	to go on ENDLESSLY	continuer éternellement
8911	to work ENERGETICALLY	travailler avec énergie
8912	to be ENJOYABLY entertained	être agréablement reçu
8913	to be ENORMOUSLY successful	avoir énormément de succes
	to be ENORMOUSLY gifted	être extrêmement doué
8914	I have ENOUGH courage.	J'ai assez de courage.
	Do you have ENOUGH?	En avez-vous assez?
	to have ENOUGH money	avoir assez d'argent
	to have ENOUGH friends	avoir assez d'amis
8915	to applaud ENTHUSIASTICALLY	applaudir avec enthousiasme
8916	to look ENVIOUSLY at . . .	regarder avec envie
8917	to share EQUALLY	partager en parts égales
8918	to be ERRONEOUSLY informed	être mal renseigné
8919	to be ESSENTIALLY correct	avoir raison, dans l'ensemble
8920	to be ETERNALLY grateful	être éternellement reconnaissant
8921	to be ETHICALLY honest	être d'une grande honnêteté
8922	to answer EVASIVELY	répondre evasivement
8923	He is EVEN taller.	Il est plus a grand encore.
8924	EVEN taller than I	plus grand même que moi
8925	EVEN IF it were true . . .	même si cela était vrai . . .
8926	to spread out EVENLY	étendre régulièrement
8927	to change EVENTUALLY	modifier en fin de compte
8928	Has he EVER been sick?	A-t-il jamais été malade?

929	EVER SINCE that day . . .	depuis ce jour-là . . .
930	to complain EVERLASTINGLY	se plaindre sans cesse
931	EVERY afternoon	tous les après-midis
	EVERY summer	tous les étés
	EVERY Sunday	chaque dimanche
	EVERY boy and EVERY girl	tous les garçons et toutes les filles
932	He bought EVERY ONE.	Il les a tous (toutes) acheté(e)s.
933	EVERY SO OFTEN it rained.	Il pleuvait de temps en temps.
934	EVERYBODY was late.	Tout le monde était en retard.
935	EVERYONE complained.	Tous se sont plaints.
936	EVERYTHING was satisfactory.	Tout était satisfaisant.
937	EVERYWHERE there was peace.	La paix regnait partout.
938	to figure EXACTLY	calculer exactement
939	to be EXCELLENTLY prepared	être parfaitement préparé
940	to be EXCEPTIONALLY talented	être exceptionellement doué
941	to wait EXPECTANTLY	être dans l'expectative
942	to live EXPENSIVELY	vivre sur un grand pied
943	to deal EXPERTLY with . . .	traiter habilement
944	to state EXPLICITLY	déclarer catégoriquement
945	to paint EXPRESSIVELY	peindre avec force
946	to be EXQUISITELY dressed	être habillé d'une manière exquise
947	to speak EXTEMPORANEOUSLY	faire un discours improvisé
948	to travel EXTENSIVELY	voyager beaucoup
949	to bleed EXTERNALLY	avoir une hémorragie externe
950	to be EXTRAORDINARILY effective	être extraordinairement efficace
951	to spend money EXTRAVAGANTLY	dépenser follement
952	to shout EXUBERANTLY	pousser des cris exubérants

F

953	to be FACTUALLY accurate	s'en tenir aux faits
954	to be FAINTLY audible	être à peine audible
955	to be FAIRLY accurate	être passablement précis
956	to obey FAITHFULLY	obéir loyalement
957	to accuse FALSELY	accuser à tort
958	to be FANATICALLY devoted to . . .	avoir un dévouement fanatique pour . . .
959	He traveled FAR,	Il voyageait loin.
960	to be FAR AHEAD	être très avancé
961	It's just a little FARTHER.	C'est juste un peu plus loin.
962	He's learning FAST.	Il apprend vite.
963	to be FATALLY wounded	être mortellement blessé
964	to be FAULTLESSLY dressed	être habillé à la perfection
965	to be FAVORABLY impressed	être favorablement impressionné
966	to draw back FEARFULLY	reculer craintivement
967	to fight FEARLESSLY	lutter courageusement
968	to cry out FEEBLY	pousser un faible cri
969	He has FEW friends.	Il a peu d'amis.
	He has FEW left.	Il lui en reste peu.
970	FEWER friends	moins d'amis
971	to be FIERCELY opposed to . . .	être violemment hostile à . . .
972	to be FINALLY free	être enfin libre
	He FINALLY decided to leave.	Il a finalement (enfin) décidé de partir.
973	to be FINANCIALLY well-off	avoir une position financière solide
974	to speak FIRMLY	parler fermement
975	to sleep FITFULLY	dormir d'un sommeil agité
976	to abuse something FLAGRANTLY	abuser scandaleusement de quelque chose
977	to be FLAMBOYANTLY dressed	s'habiller de façon voyante
978	to deny something FLATLY	nier carrément
979	to be FLAWLESSLY dressed	être habille à la perfection
980	to answer FLIPPANTLY	répondre cavalièrement
981	to speak FLUENTLY	parler couramment
982	to remember FONDLY	se souvenir avec tendresse de . . .
983	to be FOOLISHLY extravagant	être bêtement dépensier
984	FOR ten years	10 ans
	FOR a week	une semaine
	FOR an hour	une heure
	FOR the weekend	le week-end
	FOR three months	trois mois
	to give a party FOR someone	donner une réception en l'honneur de quelqu'un
	to plead FOR a client	plaider pour un client

	to run **FOR** an office	se porter candidat pour (à) un poste
	to shout **FOR** joy	crier de joie
	to ski **FOR** pleasure	skier pour le plaisir
	to start out **FOR** New York	partir pour New York
	to sue **FOR** damages	reclamer des dommages et intérêts
	to testify **FOR** the defense	témoigner pour la défense
	to walk **FOR** a mile	marcher un mille
	to work **FOR** a cause	œuvrer pour une cause
	to be **FOR** a candidate	être pour (en faveur d') un candidat
	to be bad **FOR** one's health	être mauvais pour sa santé
	to be cold **FOR** April	faire froid pour avril
	to be famous **FOR** its beauty	être célèbre (renommé) pour sa beauté
	to be tall **FOR** his age	être grand pour son âge
	clothing **FOR** cold weather	des vêtements pour le froid
	a container **FOR** milk	un récipient à lait
	a desire **FOR** peace	un désir de paix
	an eye **FOR** beauty	(avoir) l' œil pour les belles choses
	an occasion **FOR** rejoicing	une occasion de se réjouir
	a plea **FOR** tolerance	un plaidoyer en faveur de la tolérance
	a substitute **FOR** butter	un produit de remplacement pour le beurre
	a tool **FOR** gardening	un outil pour le jardinage
	a trap **FOR** wild animals	un piège pour les animaux sauvages
	a new weapon **FOR** the army	une nouvelle arme pour l'armée
	the schedule **FOR** the week	l'emploi du temps pour (de) la semaine
	a mission **FOR** the sake of mankind	une mission pour le bien de l'humanité
	He left **FOR** he was tired.	Il est parti car il était fatigué.
	He did it **FOR** me.	Il l'a fait pour moi.
	He voted **FOR** me.	Il a voté pour moi (en ma faveur).
8985	a change, **FOR EXAMPLE**	un changement, par exemple
8986	**FOR INSTANCE**, three more	Par exemple, trois de plus.
8987	That's all **FOR THE PRESENT.**	C'est tout pour le moment.
8988	**FOR THE SAKE OF** justice	dans l'intérêt de la justice
8989	**FOR THE TIME BEING**, stay!	Pour l'instant, restez!
8990	to speak **FORCEFULLY**	parler énergiquement
8991	to be **FORCIBLY** restrained	être empêché par la force de . . .
8992	I'll be **FOREVER** grateful.	Je serai pour toujours reconnaissant.
8993	to sit **FORLORNLY**	être assis, tristement à l'écart
8994	to be **FORMALLY** charged	être formellement accusé
8995	She was **FORMERLY** an actress.	Avant (précédemment) elle était actrice.
8996	He moved steadily **FORWARD.**	Il allait fermement de l'avant.
	FORWARD!	En avant!
8997	to speak **FRANKLY**	parler franchement
8998	to search **FRANTICALLY** for . . .	chercher frénétiquement
8999	to speak **FREELY**	parler sans contrainte
9000	He is **FREQUENTLY** late.	Il est souvent (fréquemment) en retard.
	He **FREQUENTLY** asks for a favor.	Il me demande souvent de lui rendre service.
	He exercises **FREQUENTLY.**	Il s'exerce souvent.
	FREQUENTLY he stays at home.	Il reste souvent chez lui.
	She was sick quite **FREQUENTLY.**	Elle était assez souvent malade.
9001	to arrive **FROM** New York	arriver de New York
	to come (be) **FROM** England	venir (être) d'Angleterre
	to die **FROM** starvation	mourir de faim
	to get a present **FROM** a friend	recevoir un cadeau d'un ami
	to hear **FROM** home	avoir des nouvelles de chez soi
	to increase **FROM** four to six	porter (passer) de 4-à-6
	to lie ten miles **FROM** Paris	être situé a 10 milles de Paris
	to travel **FROM** east **TO** west	voyager d'est en ouest
	to vary **FROM EIGHT TO** ten degrees	varier de 8 à 10 degrés
	FROM the evidence, it seems that . . .	des preuves fournies, il semble que . . .
	a telegram **FROM** the President	un télégramme du Président
9002	She's not **FROM HERE.**	Elle n'est pas d'ici.
9003	Be on time **FROM NOW ON!**	Soyez à l'heure dorénavant!
9004	**FROM THEN ON** it was hopeless.	A partir de ce moment la partie fut déseperée.
9005	to be **FULLY** aware	savoir parfaitement
	Please explain **FULLY.**	Expliquez-vous complètement, s'il vous plaît.
9006	to fight **FURIOUSLY**	lutter avec acharnement
9007	Let's discuss it **FURTHER.**	Discutons-en davantage (plus avant).
9008	**FURTHERMORE**, you're late!	De plus, vous êtes en retard!

G

009	to try **GAMELY** to get up	s'efforcer crânement de se lever
010	to give **GENEROUSLY**	donner généreusement
011	to hold **GENTLY**	retenir avec ménagement
012	to help **GLADLY**	aider volontiers
013	to stare **GLOOMILY** at …	fixer d'un œil sombre
014	to dance **GRACEFULLY**	danser avec grâce
015	to accept something **GRACIOUSLY**	accepter aimablement
016	to increase **GRADUALLY**	augmenter graduellement
017	to be **GRAMMATICALLY** correct	être grammaticalement juste
018	to accept something **GRATEFULLY**	accepter avec reconnaissance
019	to be **GREATLY** improved	être nettement amélioré
020	to be **GROUNDLESSLY** accused	être accusé sans motif
021	to speak **GUTTURALLY**	parler d'une voix gutturale

H

022	to be **HABITUALLY** punctual	être ponctuel d'habitude
023	to be **HAPPILY** married	être heureux en ménage
024	He could **HARDLY** speak.	Il pouvait à peine parler.
025	He was **HARDLY EVER** late.	Il n'était pratiquement jamais en retard.
026	to be **HARMFULLY** affected	être trés secoué par …
027	to explode **HARMLESSLY**	exploser sans danger pour …
028	to live **HARMONIOUSLY**	vivre en bonne intelligence
029	to speak **HARSHLY**	parler durement à quelqu'un
030	to leave **HASTILY**	partir précipitamment
031	**HE** saw him there.	Il l'a vu là-bas.
032	to breathe **HEAVILY**	respirer péniblement
033	to answer **HELPFULLY**	donner une réponse utile
034	to lie **HELPLESSLY** in bed	être reduit à l'impuissance sur son lit
035	**HENCEFORTH**, be on time!	Désormais, soyez à l'heure!
036	**HER** father and **HER** mother	son père et sa mère
	HER sisters and **HER** brothers	ses sœurs et ses frères
	He saw **HER** there.	Il l'a vue là-bas.
	He gave **HER** a nice present.	Il lui a donné un joli cadeau.
037	He came **HERE**.	Il vint ici.
	Put it **HERE**!	Mettez cela ici.
038	**HERE** is (are) my book(s).	Voici mon(mes) livre(s).
039	to fight **HEROICALLY**	lutter héroïquement
040	This book is **HERS**. (**HERS** is …)	Ce livre est à elle. (Le sien est …)
	These books are **HERS**. (**HERS** are …)	Ces livres sont à elle. (Les siens sont …)
041	She did it **HERSELF**.	Elle l'a fait elle-même.
	She bought **HERSELF** a book.	Elle s'est acheté le livre (pour elle-même).
042	to answer **HESITANTLY**	répondre avec hesitation
043	Did you see **HIM**?	L'avez-vous vu? [le]
	She gave **HIM** a gift.	Elle lui a fait un cadeau.
044	He did it **HIMSELF**.	Il l'a fait lui-même.
	He bought **HIMSELF** a car.	Il s'est acheté une voiture (pour lui même).
045	**HIS** father and **HIS** mother	son père et sa mère
	HIS sisters and **HIS** brothers	ses sœurs et ses frères
	This book is **HIS**. (**HIS** is …)	Ce livre est à lui. (Le sien est …)
	These books are **HIS**. (**HIS** are …)	Ces livres sont à lui. (Les siens sont …)
046	to be **HISTORICALLY** accurate	être exact au point de vue historique
047	They turned **HOMEWARD**.	Ils sont repartis vers chez eux.
048	to answer **HONESTLY**	répondre honnêtement
049	to act **HONORABLY**	agir honorablement
050	to wait **HOPEFULLY**	attendre avec confiance
051	to be **HOPELESSLY** outnumbered	succomber sur le nombre
052	to be **HORRIBLY** disfigured	être horriblement défiguré
053	**HOW** are you feeling?	Comment vous sentez-vous?
054	I don't know **HOW** to swim.	Je ne sais pas nager.
055	**HOW** long has he been away?	(Pendant) combien de temps a-t-il été absent?
056	**HOW MANY** people were there?	Combien de personnes étaient-elles là?
057	**HOW MUCH** money do you have?	Combien d'argent avez-vous?
058	**HOW OFTEN** do you study?	Combien de fois consacrez-vous à vos études?
059	**HOW SOON** will you know?	Dans combien de temps (Quand) saurez-vous?
060	**HOWEVER**, you may be right.	Cependant (pourtant) vous pouvez avoir raison.
	Do it **HOWEVER** you can.	Faites-le comme vous pouvez.

9061	to write **HUMOROUSLY**	écrire avec beaucoup d'humour
9062	to stare **HYPNOTICALLY**	hypnotiser du regard
9063	to scream **HYSTERICALLY**	pousser des cris hystériques

I

9064	I learn slowly.	J'apprends lentement. [je]
	He's taller than I am.	Il est plus grand que moi.
9065	to be **IDEALLY** located	être idéalement placé
9066	to behave **IDIOTICALLY**	se conduire de façon idiote
9067	**IF** it rains, I'll stay home.	S'il pleut, je resterai chez moi. [si]
	I don't know **IF** he will come.	Je ne sais pas s'il viendra. [si]
9068	to write **ILLEGIBLY**	avoir une écriture illisible
9069	to reason **ILLOGICALLY**	raisonner de façon illogique
9070	to write **IMAGINATIVELY**	écrire avec beaucoup d'imagination
9071	Can you come **IMMEDIATELY**?	Pouvez-vous venir immédiatement?
	Please answer **IMMEDIATELY**.	Veuillez répondre sur-le-champ.
	It **IMMEDIATELY** began to rain.	Il se mit aussitôt à pleuvoir.
	He **IMMEDIATELY** stopped talking.	Il cessa aussitôt de parler.
	IMMEDIATELY afterward, he left.	Il partit aussitôt après.
	He was **IMMEDIATELY** captured.	Il fut tout de suite arrêté.
9072	to be **IMMENSELY** powerful	être immensément puissant
9073	to judge **IMPARTIALLY**	juger avec impartialité
9074	to wait **IMPATIENTLY**	attendre impatiemment
9075	to change **IMPERCEPTIBLY**	changer imperceptiblement
9076	to answer **IMPERTINENTLY**	répondre avec impertinence
9077	to rush **IMPETUOUSLY**	se ruer impétueusement
9078	to trust someone **IMPLICITLY**	se fier aveuglément à quelqu'un
9079	to win **IMPRESSIVELY**	l'emporter d'une manière impressionnante
9080	to be **IMPROPERLY** dressed	ne pas être habillé de façon convenable
9081	to reply **IMPUDENTLY**	répondre effrontément
9082	to react **IMPULSIVELY**	réagir spontanément
9083	**IN** the classroom	dans la classe
	Get **IN**!	Entre!
	the man **IN** the audience	le spectateur (l'auditeur)
	IN 1969	en 1969
	IN an hour	dans une heure
	IN May	en mai
	IN the evening	le soir
	IN the fall	en automne
	IN the morning	le matin
	IN the summer	en été
	IN the wintertime	en hiver
	to arrive **IN** time	arriver à temps
	to be **IN** danger	être en danger
	to be drawn **IN** ink	être dessiné à l'encre
	to be dressed **IN** black	s'habiller de noir
	to fall **IN** love	tomber amoureux
	to keep **IN** close contact	rester en contact étroit
	to live **IN** Switzerland	vivre en Suisse
	to plant seeds **IN** the spring	semer au printemps
	to speak **IN** a loud voice	parler à voix haute
	to walk **IN** the park	se promener dans le parc
	to writhe **IN** pain	se tordre de douleur
	IN all probability	en toute probabilité
	IN case of extreme emergency	en cas d'extrême urgence
	IN times of peace	en temps de paix
	IN ancient times	dans l'antiquité
9084	**IN A LITTLE WHILE**, it will rain.	Dans un instant, il va pleuvoir.
9085	**IN ACCORDANCE WITH** the truth	conformément à (selon) la vérité
9086	**IN ADDITION TO** the tax	en plus de (outre) la taxe
9087	**IN ALL PROBABILITY**, it's true.	En toute probabilité, c'est vrai.
9088	**IN ANY CASE**, don't hesitate!	En tout cas, n'hésitez pas!
9089	**IN CASE OF** emergency	en cas d'urgence
9090	**IN COMPARISON TO (WITH)** others	par rapport aux autres
9091	**IN COMPLIANCE WITH** the law	en égard (conformément) à la loi
9092	She stood **IN FRONT**.	Elle se tenait devant (en avant).
9093	**IN FRONT OF** the class	devant la classe
9094	He is **IN NO WAY** responsible.	Il n'est responsable d'aucune manière.
9095	He was **IN OPPOSITION TO** the law.	Il agissait contrairement à la loi.

ADVERBS AND OTHER PARTS OF SPEECH

9096	IN ORDER TO succeed	afin de réussir
9097	He was correct IN PART.	Il avait en partie raison.
9098	IN PLACE OF the original	au lieu (à la place) de l'original
	a raise IN PLACE OF a bonus	une augmentation au lieu d'une prime
9099	IN PREFERENCE TO a change	de préférence à un changement
9100	IN REGARD TO your letter	en ce qui concerne (à propos de) votre lettre
	an answer IN REGARD TO a question	une réponse à propos d'une question
9101	He was, IN SHORT, incorrect.	Bref, il avait tort.
9102	IN SPITE OF the bad weather	en dépit du (malgré le) mauvais temps
	a success IN SPITE OF the opposition	un succes en dépit de l'opposition
	the action IN SPITE OF the warning	l'action en dépit de l'avertissement
9103	IN THE FIRST PLACE, you're wrong.	En premier lieu, vous avez tort.
9104	IN THE SECOND PLACE, he's right.	En second lieu, il a raison.
9105	IN THESE TIMES it is difficult.	À cette époque (ces temps-ci) c'est difficile.
9106	IN VIEW OF the difficulties	étant donné les difficultés
9107	to be INACCURATELY quoted	être cité incorrectement
9108	to complain INCESSANTLY	se plaindre continuellement
9109	INCIDENTALLY, he is right.	A propos, il a raison.
9110	to babble INCOHERENTLY	tenir des propos incohérents
9111	to prove INCONCLUSIVELY	démontrer d'une manière peu concluante
9112	to perform INCONSISTENTLY	exécuter sans esprit de suite
9113	to weep INCONSOLABLY	verser des larmes intarissables
9114	to answer INCORRECTLY	donner une mauvaise réponse
9115	to win INDECISIVELY	l'emporter une victoire indécise
9116	She is INDEED lovely.	Elle est vraiment adorable.
9117	to be INDEFINITELY postponed	être renvoyé indéfiniment
9118	to work INDEPENDENTLY	travailler en toute indépendance
9119	to complain INDIGNANTLY	se plaindre avec indignation
9120	to be INDIRECTLY responsible	être indirectement responsable
9121	to bomb INDISCRIMINATELY	bombarder au hasard
9122	to work INDIVIDUALLY	travailler chacun de son côté
9123	to be INDUSTRIALLY inferior	être surpassé sur le plan industriel
9124	to work INDUSTRIOUSLY	travailler assidûment
9125	to govern INEFFECTIVELY	mal gouverner
9126	to function INEFFICIENTLY	mal fonctionner
9127	to be INFINITELY better	être infiniment meilleur
9128	to speak INFORMALLY	parler sans cérémonie
9129	to rain INFREQUENTLY	pleuvoir rarement
9130	to be INITIALLY successful	réussir au début
9131	to be INNOCENTLY involved in . . .	être mêlé en toute innocence à . . .
9132	to stare INQUISITIVELY	fixer d'un regard inquisiteur
9133	to be INSECURELY fastened	être mal attaché
9134	I'll wait INSIDE.	J'attendrai dedans.
	Crawl INSIDE!	Glisse-toi à l'intérieur!
	the crowd INSIDE the theater	la foule à l'intérieur du théâtre
	She ran INSIDE.	Elle est entrée en courant.
9135	to differ INSIGNIFICANTLY	différer très peu
9136	to reply INSOLENTLY	répondre insolemment
9137	to explode INSTANTANEOUSLY	exploser instantanément
9138	She came INSTEAD.	Elle est venue au contraire.
9139	INSTEAD OF reading a book	au lieu de lire un livre
9140	to react INSTINCTIVELY	réagir instinctivement
9141	to use INSTRUCTIONALLY	utiliser d'une manière instructive
9142	to be INSUFFICIENTLY trained	être insuffisamment exercé (entraîné)
9143	to be INTELLECTUALLY stimulated	être stimule intellectuellement
9144	to think INTELLIGENTLY	penser intelligemment
9145	to speak INTELLIGIBLY	s'exprimer intelligiblement
9146	to be INTENSELY interested	être vivement intéressé
9147	to do something INTENTIONALLY	faire quelque chose intentionnellement
9148	to rain INTERMITTENTLY	pleuvoir par intermittence
9149	to be hurt INTERNALLY	être atteint d'une lésion interne
9150	to be INTERNATIONALLY known	être connu dans le monde entier
9151	to know someone INTIMATELY	connaître intimement
9152	the road INTO the interior	la route vers l'intérieur
	INTO the house	dans la maison
	to be received INTO membership	être admis comme membre (être reçu membre)
	to break INTO tears	fondre en larmes
	to divide four INTO eight	diviser 8 par 4
	to drive INTO a wall	enfoncer un mur (avec sa voiture)
	to go INTO politics	se lancer dans la politique

	to look **INTO** the distance	regarder au loin
	to pour water **INTO** a glass	verser de l'eau dans un verre
	to translate a poem **INTO** English	traduire un poème en anglais
	to turn **INTO** the wind	se placer dans le vent
	to walk **INTO** a room	entrer dans une pièce
9153	to sense **INTUITIVELY**	sentir intuitivement
9154	to be **INVARIABLY** correct	avoir toujours raison
9155	to be **INVISIBLY** drawn to . . .	être invisiblement attiré vers . . .
9156	to gasp **INVOLUNTARILY**	sursauter involontairement
9157	a move **INWARD**	un mouvement vers l'intérieur
9158	to behave **IRRATIONALLY**	se comporter déraisonnablement
9159	to be **IRREPARABLY** damaged	avoir subi des dommages irréparables
9160	to be **IRRESISTIBLY** drawn to . . .	être irrésistiblement attiré vers . . .
9161	The book, where is **IT**?	Le livre, ou est-il?
	The pen, where is **IT**?	La plume, ou est-elle?
	IT is raining.	Il pleut.
	Did you see **IT**?	L'avez-vous vu(e)? [le/la]
9162	**ITS** color was blue.	Il (elle) était de couleur bleue.

J

9163	to be **JEALOUSLY** guarded	être jalousement gardé
9164	to act **JOINTLY**	œuvrer ensemble
9165	to weep **JOYFULLY**	pleurer de joie
9166	to shout **JOYOUSLY**	pousser des cris de joie
9167	to parade **JUBILANTLY**	défiler dans l'allégresse
9168	He had **JUST** arrived.	Il venait d'arriver.
	It was **JUST** terrible.	C'était tout simplement terrible.
	I **JUST** don't know.	Je ne sais vraiment pas.
9169	She arrived **JUST NOW**.	Elle vient d'arriver.
9170	to be **JUSTIFIABLY** proud	être fier à juste titre

K

9171	to do something **KNOWINGLY**	faire quelque chose sciemment

L

9172	I finished it **LAST** night.	Je l'ai fini hier soir.
	LAST night	la nuit dernière
	LAST week	la semaine dernière
	LAST year	l'année dernière
9173	He is always **LATE**.	Il est toujours en retard.
	The train arrived **LATE**.	Le train arriva en retard.
	He is never **LATE**.	Il n'est jamais en retard.
	He will be **LATE** in arriving.	Il arrivera avec du retard.
	They often stay out **LATE**.	Ils rentrent souvent tard.
	He is usually **LATE** to work.	Il arrive généralement en retard au travail.
9174	What have you done **LATELY**?	Qu'avez-vous fait dernièrement?
	He has been sick **LATELY**.	Il a été malade dernièrement.
	LATELY, the weather has been nice.	Il a fait beau ces derniers temps.
	He hasn't tried hard **LATELY**.	Il ne fait guère d'efforts depuis quelque temps.
	Things have improved **LATELY**.	Les choses s'arrangent depuis quelque temps.
	LATELY we've been getting along.	Nous nous entendons mieux depuis quelque temps.
9175	to entertain **LAVISHLY**	recevoir somptueusement
9176	to be **LAWFULLY** married	être légitimement marié
9177	to live **LAWLESSLY**	vivre en marge de la loi
9178	to drift **LAZILY**	traîner paresseusement
9179	the **LEAST** talented	le moins doué
9180	to the **LEFT**	vers la gauche
9181	to write **LEGIBLY**	écrire lisiblement
9182	to complain **LEGITIMATELY**	se plaindre à juste titre
9183	to deal **LENIENTLY** with . . .	traiter avec indulgence
9184	**LESS** money	moins d'argent
	LESS talented	moins doué

	You should eat **LESS**.	Vous devriez moins manger.
	He has **LESS** money than I do.	Il a moins d'argent que moi.
9185	to think **LIBERALLY**	être large d'esprit
9186	to touch **LIGHTLY**	toucher légèrement
9187	It looks **LIKE** rain.	On dirait qu'il va pleuvoir.
9188	He did **LIKEWISE**.	Il fit de même.
9189	to define **LINGUISTICALLY**	donner une définition linguistique
9190	to eat **LISTLESSLY**	manger distraitement
9191	to be **LITERALLY** destroyed	être littéralement détruit.
9192	(a) **LITTLE** money	peu d'argent
	He has **LITTLE** faith.	Il a peu confiance.
9193	It grew **LITTLE** by **LITTLE**.	Cela a poussé petit à petit.
9194	to shop **LOCALLY**	faire des emplettes sur place
9195	to think **LOGICALLY**	raisonner logiquement
9196	Have you been here **LONG**?	Avez-vous été ici longtemps?
9197	He lived **LONG AGO**.	Il a vécu il y a longtemps.
9198	to tie **LOOSELY**	faire un nœud lâche
9199	to snore **LOUDLY**	ronfler bruyamment
9200	to hold **LOVINGLY**	serrer tendrement
9201	to follow **LOYALLY**	suivre fidèlement
9202	to explain **LUCIDLY**	expliquer clairement
9203	**LUCKILY,** he was right.	Heureusement, il avait raison.
9204	to be **LUXURIANTLY** thick	être épais et luxuriant
9205	to live **LUXURIOUSLY**	vivre dans le luxe

M

9206	to be **MADLY** in love	être follement amoureux
9207	to be **MAGICALLY** changed	se transformer comme par enchantement
9208	to perform **MAGNIFICENTLY**	jouer (un rôle) magnifiquement
9209	to tower **MAJESTICALLY** over . . .	dominer majestueusement
9210	to gossip **MALICIOUSLY**	échanger des propos malveillants
9211	I have **MANY** friends.	J'ai beaucoup d'amis.
	Do you have **MANY**?	En avez-vous beaucoup?
9212	**MANY TIMES** he's quite right.	Bien des fois, il a tout à fait raison.
9213	to be **MARVELOUSLY** talented	être merveilleusement doué
9214	to play a game **MASTERFULLY**	jouer magistralement à un jeu
9215	to behave **MATURELY**	se conduire en adulte
9216	**MAYBE** you're wrong.	Peut-être avez-vous tort.
9217	He saw **ME** there.	Il m'a vu(e) là. [me]
	She gave **ME** a present.	Elle m'a fait un cadeau. [me]
9218	to explain **MEANINGFULLY**	expliquer clairement
9219	to be **MEASURABLY** improved	être sensiblement amélioré
9220	to be **MECHANICALLY** perfect	être parfait sur le plan mécanique
9221	to be **MEDICALLY** reliable	être sûr au point de vue médical
9222	to submit **MEEKLY**	soumettre humblement
9223	to sing **MELODIOUSLY**	chanter mélodieusement
9224	to react **MELODRAMATICALLY**	réagir de façon mélodramatique
9225	to gesture **MENACINGLY**	faire des gestes menaçants
9226	to be **MENTALLY** disturbed	avoir l'esprit dérangé
9227	to be **MERCIFULLY** spared	être miséricordieusement épargné
9228	to be **MERCILESSLY** questioned	être impitoyablement interrogé
9229	to work **METHODICALLY**	travailler méthodiquement
9230	to be **MILDLY** upset	être modérément ému
9231	to be **MILITANTLY** opposed	s'opposer activement à . . .
9232	to be **MILITARILY** impossible	être militairement impossible
9233	This book is **MINE**. (**MINE** is . . .)	Ce livre est à moi. (Le mien est . . .)
	These books are **MINE**. (**MINE** are . . .)	Ces livres sont à moi. (Les miens sont . . .)
9234	to recover **MIRACULOUSLY**	guérir miraculeusement
9235	to smile **MOCKINGLY**	sourire d'un air moqueur
9236	to be **MODERATELY** cold	avoir (faire) modérément froid
	He is **MODERATELY** sure.	Il est relativement (assez) sûr.
9237	to accept something **MODESTLY**	accepter quelque chose en toute modestie
9238	to pause **MOMENTARILY**	s'arrêter un instant
9239	to lecture **MONOTONOUSLY**	faire un cours sur un ton monotone
9240	to be **MORALLY** responsible	être moralement responsable
9241	**MORE** money	plus d'argent
	MORE friends	plus d'amis
	MORE talented	plus doué
	He has **MORE** talent.	Il a plus de talent.
	Do you have **MORE**?	En avez-vous davantage?

ADVERBS AND OTHER PARTS OF SPEECH   551

9242	It's **MORE AND MORE** difficult.	C'est de plus en plus difficile.
9243	He's **MORE OR LESS** correct.	Il a plus ou moins raison.
9244	**MOREOVER**, you're late!	De plus (en outre), vous êtes en retard.
9245	among the **MOST** talented	des plus doués
	the **MOST** talented	le plus doué
	MOST people are stupid.	La plupart des gens sont bêtes.
9246	It is **MOSTLY** sugar.	C'est surtout du sucre.
9247	to weep **MOURNFULLY**	pleurer tristement
9248	**MUCH** money	beaucoup d'argent
	I have **MUCH** confidence.	J'ai grande confiance (en . . .)
9249	**MUCH AS** I would like to . . .	aussi désireux que je sois de . . .
9250	to be **MUSICALLY** inclined	avoir un penchant pour la musique
9251	to be **MUTUALLY** acceptable	pouvant être accepté de part et d'autre
9252	**MY** father and **MY** mother	mon père et ma mère
	MY sisters and **MY** brothers	mes sœurs et mes frères
9253	I did it **MYSELF**.	Je l'ai fait moi-même.
	I bought **MYSELF** a car.	Je me suis acheté une voiture.
9254	to disappear **MYSTERIOUSLY**	disparaître mystérieusement

N

9255	to answer **NAÏVELY**	faire une réponse naïve
9256	to escape **NARROWLY**	l'échapper belle
9257	to be **NATIONALLY** popular	être à la mode dans tout le pays
9258	to be **NATIVELY** talented	avoir des dons innés
9259	to be **NATURALLY** blonde	être naturellement blonde
9260	the path **NEAR** the lake	le sentier près du lac
9261	He stood **NEARBY**.	Il se tenait à proximité.
9262	He was **NEARLY** exhausted.	Il était presque épuisé.
	NEARLY everyone came.	Presque tout le monde est venu.
9263	to dress **NEATLY**	s'habiller avec soin
9264	to be **NEEDLESSLY** severe	être inutilement sévère
9265	**NEITHER** pretty **NOR** ugly	ni joli(e) ni laid(e)
	NEITHER Paul **NOR** I went.	Ni Paul ni moi n'y sommes allés.
	He **NEITHER** sings **NOR** dances.	Il ne chante ni ne danse.
9266	I want **NEITHER ONE**.	Je ne veux ni l'un ni l'autre.
9267	to smile **NERVOUSLY**	sourire nerveusement
9268	to react **NEUROTICALLY**	réagir en névrosé
9269	He is **NEVER** late.	Il n'est jamais en retard.
	He is **NEVER** on time.	Il n'est jamais à l'heure.
	Is he lazy? **NEVER**!	Est-il paresseux? Nullement!
	Studying is **NEVER** harmful.	Étudier ne peut pas faire du mal.
	They **NEVER** seem to be happy.	Ils semblent ne jamais être heureux.
	NEVER have I seen such talent!	Jamais, je n'ai vu quelqu'un d'aussi doué!
9270	I will **NEVER** do it again.	Je ne le referai jamais.
9271	**NEVER BEFORE** had he been so happy.	Il n'avait jamais été aussi heureux auparavant.
9272	**NEVERTHELESS**, try again!	Néanmoins, essayez encore!
9273	**NEXT** month	le mois prochain
	NEXT week	la semaine prochaine
	NEXT year	l'année prochaine
	the **NEXT** day	le jour suivant
9274	to answer **NICELY**	répondre gentiment
9275	Will you try? **NO**!	Essayerez-vous? Non!
	I have **NO** money.	Je n'ai pas d'argent.
	I have **NO** friends.	Je n'ai pas d'amis.
	There are **NO** spoons here.	Il n'y a pas de cuillers ici.
	I have **NO** doubts **ANYMORE**.	Je n'ai plus de doute.
9276	He's **NO BETTER THAN** I am.	Il n'est pas meilleur que moi.
9277	He went **NO FARTHER THAN** Paris.	Il n'est pas allé au-delà de Paris.
9278	Come **NO LATER THAN** 3:00	Ne venez plus tard que (après) 3 heures.
9279	There were **NO LESS THAN** four.	Ils n'étaient pas moins de quatre.
9280	He could stay **NO LONGER**.	Il ne pouvait pas rester plus longtemps.
9281	There was **NO MORE** milk.	Il ne restait plus de lait.
	Cry **NO MORE**!	Ne pleurez plus.
9282	There were **NO MORE THAN** six.	Ils n'étaient pas plus de six.
9283	**NO ONE** came.	Personne n'est venu.
	I saw **NO ONE** there.	Je n'ai vu personne là-bas.
9284	Come **NO SOONER THAN** 1:00.	Ne venez pas avant une heure.
9285	**NO SOONER** had he come, **THAN** . . .	A peine était-il arrivé que . . .
9286	He's **NO WORSE THAN** I.	Il n'est pas plus mauvais (pire) que moi.

9287	NOBODY is perfect.	Nul (personne) n'est parfait.
	I saw NOBODY there.	Je n'ai vu personne là-bas.
9288	to approach NOISELESSLY	s'approcher silencieusement
9289	to eat NOISILY	manger bruyamment
9290	to walk NONCHALANTLY	marcher nonchalamment
9291	I want NONE, thank you.	Je n'en veux aucun(e), merci.
	NONE (of them) was present.	Aucun (d'entre eux) n'était présent
9292	to react NORMALLY	réagir normalement
9293	He's NOT coming.	Il ne viendra pas.
	She's NOT there.	Elle n'est pas là.
	He's NOT intelligent.	Il n'est pas intelligent.
9294	no one .. NOT you, NOT I	personne . . . pas vous, pas moi
9295	She's NOT AS tall AS I am.	Elle n'est pas aussi grande que moi.
9296	Are you angry? NOT AT ALL!	Êtes-vous fâché? Pas du tout!
	She's NOT AT ALL pretty.	Elle n'est pas jolie du tout.
9297	NOTHING can be done.	Rien ne peut être fait.
	I saw NOTHING there.	Je n'y ai rien vu.
	I want NOTHING more.	Je ne veux rien de plus.
	NOTHING worthwhile is easy.	Rien de ce qui vaut la peine d'être fait n'est facile.
9298	to be NOTICEABLY improved	être visiblement mieux
9299	the weather NOTWITHSTANDING	en dépit du temps
9300	Come NOW, if you can.	Venez maintenant, si vous le pouvez.
	I want the answer NOW.	Je veux une réponse immédiate.
	NOW it is too late.	C'est trop tard maintenant.
	He should have called by NOW.	Il aurait déjà dû m'appeler.
	When should I pay? NOW!	Quand devrais-je payer? Tout de suite.
	Let's begin NOW!	Commençons tout de suite.
9301	She suffers NOW AND THEN.	Elle souffre de temps en temps.
9302	NOW THAT the war is over ...	à présent que la guerre est finie . . .
9303	He wrote NUMEROUS stories.	Il a écrit de nombreuses histoires.

O

9304	to follow OBEDIENTLY	suivre docilement
9305	to judge OBJECTIVELY	juger objectivement
9306	to watch OBSERVANTLY	observer attentivement
9307	to be OBSTINATELY opposed	s'opposer obstinément
9308	to be OCCASIONALLY late	être quelquefois en retard
	He tells lies OCCASIONALLY.	Il dit parfois des mensonges.
	OCCASIONALLY he objects.	Parfois, il s'oppose (à . . .).
	He is OCCASIONALLY absent.	Il est parfois absent.
	Is he ever late? OCCASIONALLY!	Lui arrive-t-il d'être en retard? De temps à autre!
	It rains there OCCASIONALLY.	Il y pleut occasionnellement (parfois).
9309	within a mile OF the church	à moins d'un mille de l'église
	the plays OF Shakespeare	les œuvres théâtrales de Shakespeare
	the Leaning Tower OF Pisa	la Tour penchée de Pise
	to die OF starvation	mourir de faim
	a bridge OF steel	un pont d'acier
	the Queen OF England	la Reine d'Angleterre
	a man OF great wealth	un homme très fortuné
	the humming OF bees	le bourdonnement des abeilles
	one out OF every four students	un étudiant sur quatre
	the talk OF war	les bruits de guerre
	the sound OF the music	le son de la musique
9310	OF COURSE, you are right.	Bien sûr, vous avez raison.
9311	to be OFFENSIVELY rude	être d'une grossière blessante
9312	to be OFFICIALLY notified	être avisé officiellement
9313	She is OFTEN late.	Elle est souvent en retard.
	He is mistaken quite OFTEN.	Il se trompe assez souvent.
	They were OFTEN separated.	Ils ont été souvent séparés.
	Is he OFTEN rude?	Se montre-t-il souvent grossier?
	OFTEN he has to work late.	Il doit souvent travailler tard.
	We OFTEN exaggerate.	Nous exagérons souvent.
9314	to rumble OMINOUSLY	gronder sinistrement
9315	the accident ON the bridge	l'accident sur le pont
	the book ON the table	le livre sur la table
	a book ON politics	un livre sur la politique
	the painting ON the wall	le tableau au mur
	a mark ON the arm	une marque sur le bras
	the house ON the shore	la maison sur la côte

ADVERBS AND OTHER PARTS OF SPEECH

	the building **ON** the left	le bâtiment sur la gauche
	ON my word of honor	sur mon honneur
	ON Sunday, **ON** Sundays	(le) dimanche, (les) dimanches
	ON the way to Madrid	sur le chemin de Madrid
	ON second thought, let's stay!	A la réflexion, restons!
	to arrive **ON** time	arriver à l'heure
	to be **ON** fire	être en feu
	to be **ON** a strict diet	suivre un régime sévère
	to decide **ON** a course of action	décider d'une ligne d'action
	to get **ON** a bus	monter dans un autobus
	to play a joke **ON** someone	jouer un tour à quelqu'un
	to put a label **ON** a bottle	mettre une étiquette sur une bouteille
	to see a movie **ON** television	voir un film à la télévision
	to serve **ON** a jury	faire partie d'un jury
	to settle **ON** a farm	s'installer dans une ferme
9316	**ON ACCOUNT OF** the storm	en raison de la tempête
	a delay **ON ACCOUNT OF** the weather	un retard à cause du temps
9317	**ON BEHALF OF** my client	au nom de mon client
9318	**ON THE OTHER HAND**, you may be right.	D'un autre côté, vous pouvez avoir raison.
9319	**ON TOP OF** all that, he's stupid.	En plus de tout cela, il est stupide.
	the man **ON TOP OF** the ladder	l'homme en haut de l'échelle
9320	He did it only **ONCE**.	Il ne l'a fait qu'une fois.
	ONCE a day	une fois par jour
9321	**ONCE (UPON A TIME)** there lived . . .	Il était une fois . . .
9322	I read **ONCE IN A WHILE**.	Je lis de temps en temps (parfois).
9323	He tried **ONCE MORE**.	Il a essayé une fois de plus.
9324	**ONE** cannot try too hard!	On n'essaie jamais trop!
9325	We should love **ONE ANOTHER**.	Nous devrions nous aimer (les uns les autres).
9326	They tried **ONE AT A TIME**.	Ils ont essayé chacun à son tour.
9327	to buy **ONESELF** a car	s'acheter une voiture [se]
9328	He **ONLY** studies at night.	Il ne travaille que (Il travaille seulement) la nuit.
	There are **ONLY** three here.	Il n'y en a que trois ici.
	If he would **ONLY** try!	Si seulement il essayait!
9329	to be **OPENLY** antagonistic	être ouvertement contre quelqu'un
9330	the building **OPPOSITE**	le bâtiment en face
9331	to think **OPTIMISTICALLY**	être porté à l'optimisme
9332	tall **OR** short	grand ou petit
	You leave **OR** I will!	Vous partez ou(bien) c'est moi qui pars.
9333	to answer **ORALLY**	répondre verbalement
9334	to be **ORDINARILY** on time	être ordinairement à l'heure
9335	to be **ORGANICALLY** different	être différent du point de vue organique
9336	to be **ORIGINALLY** from France	être originaire de France
9337	to be **ORNATELY** decorated	être surchargé d'ornements
9338	I can't do **OTHERWISE**.	Je ne peux faire autrement.
	Stay; **OTHERWISE** I can't finish.	Restez; sinon (autrement) je ne peux pas finir.
9339	**OUR** mother and **OUR** father	notre mère et notre père
	OUR brothers and **OUR** sisters	nos frères et nos sœurs
9340	This book is **OURS**. (**OURS** is . . .)	Ce livre est à nous. (Le nôtre est. . .)
	These books are **OURS**. (**OURS** are . . .)	Ces livres sont à nous. (Les nôtres sont . . .)
9341	We did it **OURSELVES**.	Nous l'avons fait nous-même(s).
9342	We bought **OURSELVES** a house.	Nous nous sommes acheté une maison.
9343	He is **OUT** of town.	Il n'est pas en ville.
	He ran **OUT** of the room.	Il sortit en courant de la maison
	the car **OUT OF** gasoline	la voiture en panne sèche
	Get **OUT**!	Sors!
9344	to be **OUTLANDISHLY** dressed	être bizarrement attiré
9345	to be **OUTRAGEOUSLY** priced	coûter un prix exorbitant
9346	Please stay **OUTSIDE**.	Restez dehors, s'il vous plaît.
	He ran **OUTSIDE**.	Il courut vers l'extérieur
9347	**OUTSIDE OF** the weather, it's nice here.	Le temps mis à part, c'est bien ici.
9348	Jump **OVER**!	Saute par-dessus!
	She turned it **OVER**.	Elle l'a retourné.
9349	Come **OVER HERE**.	Venez par ici.
9350	Put it **OVER THERE**.	Mettez-le là-bas.
9351	to be **OVERPOWERINGLY** strong smelling	avoir une odeur entêtante
9352	to win **OVERWHELMINGLY**	l'emporter irrésistiblement

P ───

9353	to be **PAINFULLY** injured	être douloureusement blessé
9354	to die **PAINLESSLY**	mourir sans souffrir

9355	to be **PAINSTAKINGLY** accurate	être d'une précision extrême
9356	to be **PARTIALLY** paralyzed	être partiellement paralysé
9357	to perform **PASSABLY**	jouer assez bien (un rôle)
9358	to react **PASSIVELY**	réagir passivement
9359	to be **PATHETICALLY** inadequate	être d'une insuffisance pathétique
9360	to wait **PATIENTLY**	attendre patiemment
9361	to react **PATRIOTICALLY**	réagir en patriote
9362	to smile **PATRONIZINGLY**	sourire d'un air condescendant
9363	to coexist **PEACEABLY**	coexister pacifiquement
9364	to live **PEACEFULLY**	vivre en paix
9365	to change **PERCEPTIBLY**	changer sensiblement
9366	to be **PERFECTLY** honest	être parfaitement honnête
9367	**PERHAPS** he can't come.	Peut-être ne peut-il pas venir.
9368	to be **PERILOUSLY** close to . . .	être dangereusement près de . . .
9369	to rain **PERIODICALLY**	pleuvoir périodiquement
9370	to be **PERMANENTLY** handicapped	être handicapé pour toujours
9371	to be **PERPETUALLY** in trouble	avoir continuellement des ennuis
9372	to knock **PERSISTENTLY**	frapper (à la porte) avec obstination
9373	to be **PERSONALLY** interested	être personnellement intéressé
9374	to argue **PERSUASIVELY**	démontrer d'un ton persuasif
9375	to think **PESSIMISTICALLY**	être porté au pessimisme
9376	to be **PHENOMENALLY** successful	remporter un succès prodigieux
9377	to differ **PHILOSOPHICALLY**	défendre une autre philosophie
9378	to spell **PHONETICALLY**	épeler phonétiquement
9379	to be **PHYSICALLY** attractive	avoir un physique attirant
9380	to be **PICTURESQUELY** located	être situé dans un lieu pittoresque
9381	to live **PIOUSLY**	mener une vie pieuse
9382	to be **PITIFULLY** stupid	être d'une bêtise pitoyable
9383	to speak **PLAINLY**	parler clairement
9384	to romp **PLAYFULLY**	s'ébattre gaiement
9385	to look **PLEADINGLY** at . . .	regarder d'un air suppliant
9386	to be **PLEASANTLY** surprised	être agréablement surpris
9387	to answer **POLITELY**	répondre poliment
9388	to be **POLITICALLY** motivated	avoir des motifs politiques
9389	to behave **POMPOUSLY**	faire l'important
9390	to be **POSITIVELY** identified	être identifié avec certitude
9391	**POSSIBLY** he is ill.	Peut-être est-il malade. (Peut-être qu'il est malade.)
9392	to be **POTENTIALLY** dangerous	être virtuellement dangereux
9393	to be **POWERFULLY** built	être puissamment bâti
9394	to stand by **POWERLESSLY**	assister (à quelque chose) sans pouvoir intervenir
9395	to be **PRACTICALLY** extinct	avoir presque disparu (une race)
9396	to define **PRECISELY**	définir avec précision
9397	to be **PREDICTABLY** late	être inévitablement en retard
9398	to be **PREDOMINANTLY** in favor of . . .	être pour la plupart en faveur de . . .
9399	to be **PREMATURELY** bald	être prématurément chauve
9400	He is **PRESENTLY** in New York.	Il est à présent (actuellement) à New York.
9401	to live **PRETENTIOUSLY**	vivre dans l'ostentation
9402	He will leave **PRETTY SOON.**	Il partira très bientôt.
9403	to be **PREVIOUSLY** notified	être préalablement avisé
9404	to meet **PRIVATELY**	se rencontrer en secret
9405	He was **PROBABLY** delayed.	Il a probablement été retardé.
9406	to play **PROFESSIONALLY**	être joueur professionnel
9407	to sell **PROFITABLY**	vendre en faisant un bénéfice
9408	to be **PROFOUNDLY** moved	être profondément ému
9409	to apologize **PROFUSELY**	se confondre en excuses
9410	to get **PROGRESSIVELY** worse	empirer progressivement
9411	to reply **PROMPTLY**	répondre rapidement
	It starts **PROMPTLY** at 8:00.	Cela commence à 8 heures juste (précises).
	Answer the letter **PROMPTLY!**	Répondez vite à cette lettre!
	He **PROMPTLY** began to complain.	Aussitôt, il se mit à se plaindre.
	He always arrives **PROMPTLY.**	Il arrive toujours à l'heure.
	The show began **PROMPTLY** at 6:00.	Le spectacle a commencé à 6 heures précises.
	It ends **PROMPTLY** at 10:30.	Il se termine à 10 heures 30 précises.
9412	to be **PROPERLY** dressed	être correctement habillé
9413	to smile **PROUDLY**	sourire fièrement
9414	**PROVIDED THAT** he leave	à condition qu'il parte
9415	to be **PSYCHOLOGICALLY** disturbed	souffrir de troubles mentaux
9416	to perform **PUBLICLY**	jouer (une pièce) en public
9417	to arrive **PUNCTUALLY**	arriver ponctuellement
9418	to study **PURPOSEFULLY**	étudier dans un but précis

Q

9419	to be **QUAINTLY** dressed	être bizarrement accoutré
9420	to answer **QUICKLY**	répondre vite
9421	to study **QUIETLY**	étudier tranquillement
9422	It is **QUITE** hot.	Il fait tout à fait chaud.
	QUITE intelligent	très intelligent

R

9423	to be **RADICALLY** different	être radicalement différent
9424	to improve **RAPIDLY**	s'améliorer rapidement
9425	He is **RARELY** absent.	Il est rarement absent.
	He **RARELY** reads books.	Il lit rarement un livre.
	It **RARELY** snows in August.	Il neige rarement en août.
	Does he smoke? **RARELY.**	Fume-t-il? Rarement.
	He is **RARELY** wrong.	Il se trompe rarement.
	We are **RARELY** completely happy.	Nous sommes rarement tout à fait heureux.
9426	He is **RATHER** bored.	Il s'ennuie passablement.
9427	to act **RASHLY**	agir inconsidérément
9428	to think **RATIONALLY**	penser rationnellement
9429	to plan **REALISTICALLY**	combiner avec réalisme
9430	**REALLY** late	vraiment en retard
9431	to be **REASONABLY** sure	être raisonnablement sûr
9432	to speak **REASSURINGLY**	dire des paroles rassurantes
9433	to behave **REBELLIOUSLY**	se conduire en rebelle
9434	to be **RECENTLY** promoted	être promu depuis peu
	He was **RECENTLY** ill.	Il a été malade récemment.
	He was **RECENTLY** elected to office.	Il a été élu récemment à cette fonction.
	When was he fired? Quite **RECENTLY.**	Quand fut-il congédié? Récemment.
	RECENTLY, the news has been bad.	Les nouvelles sont mauvaises depuis quelque temps.
	He left for Europe **RECENTLY.**	Il vient de partir pour l'Europe.
	He has been sick **RECENTLY.**	Il vient d'être malade.
9435	to drive **RECKLESSLY**	conduire témérairement
9436	to walk **REGALLY**	avoir un port royal
9437	You can't stay **REGARDLESS.**	En tout état de cause vous ne pouvez pas rester.
9438	**REGARDLESS** of the circumstances	quelles que soient les circonstances
9439	to apologize **REGRETFULLY**	s'excuser à regret
9440	to be **REGRETTABLY** late	être regrettablement en retard
9441	to work **REGULARLY**	travailler avec régularité
	He travels **REGULARLY** to France.	Il se rend régulièrement en France.
	He studies **REGULARLY.**	Il étudie avec constance.
	He comes **REGULARLY** on Friday.	Il vient régulièrement le vendredi.
	They are **REGULARLY** more expensive.	Ils sont toujours plus chers.
	Why don't they eat **REGULARLY?**	Pourquoi ne mangent-ils pas régulièrement?
	He sends me letters **REGULARLY.**	Il m'envoie régulièrement des lettres.
9442	**RELATIVE** to the latest news	à propos des dernières nouvelles
9443	to pursue someone **RELENTLESSLY**	poursuivre quelqu'un sans relâche
9444	to be **RELIABLY** informed	être informé de source sûre
9445	to be **RELIGIOUSLY** trained	avoir reçu une formation religieuse
9446	to leave **RELUCTANTLY**	partir à contre-cœur
9447	**REMARKABLY** tall	d'une taille remarquable
	to be **REMARKABLY** accurate	être d'une précision remarquable
9448	to speak **REMINISCENTLY**	parler en racontant ses histoires
9449	to be **REPEATEDLY** absent	être absent à maintes reprises
9450	to complain **RESENTFULLY**	se plaindre avec ressentiment
9451	to act **RESOURCEFULLY**	être plein de ressources
9452	to dress **RESPECTABLY**	s'habiller comme il faut
9453	to listen **RESPECTFULLY**	écouter respectueusement
9454	to act **RESPONSIBLY**	avoir le sens des responsabilités
9455	to sleep **RESTFULLY**	dormir d'un sommeil réparateur
9456	to toss **RESTLESSLY**	dormir d'un sommeil agité
9457	to bow **REVERENTLY**	s'incliner respectueusement
9458	to dance **RHYTHMICALLY**	danser en mesure
9459	to the **RIGHT**	vers la droite
9460	Come **RIGHT AWAY.**	Venez tout de suite (sur le champ).
	Put it **RIGHT HERE.**	Mettez-le ici (même).
	Stop crying **RIGHT NOW!**	Arrêtez-vous de pleurer immédiatement!
9461	to be **RIGHTEOUSLY** indignant	être vertueusement indigné
9462	to be **RIGHTFULLY** entitled to . . .	avoir légitimement droit à . . .
9463	to be **ROMANTICALLY** involved	se laisser prendre au jeu (de l'amour)

9464	to treat something **ROUGHLY**	traiter quelqu'un avec rudesse
9465	to answer **RUDELY**	répondre grossièrement
9466	to govern **RUTHLESSLY**	gouverner sans pitié

S

9467	to answer **SADLY**	répondre tristement
9468	to drive **SAFELY**	conduire prudemment
9469	to think **SANELY**	être sensé
9470	to speak **SARCASTICALLY**	parler d'un ton sarcastique
9471	to turn out **SATISFACTORILY**	donner un résultat satisfaisant
9472	to be **SAVAGELY** beaten	être sauvagement battu
9473	to behave **SCANDALOUSLY**	avoir une conduite scandaleuse
9474	He **SCARCELY** breathed.	Il respirait à peine.
9475	**SCARCELY** ever	presque jamais
9476	to excel **SCHOLASTICALLY**	obtenir d'excellents résultats scolaires
9477	to be **SCIENTIFICALLY** verified	être établi scientifiquement
9478	to be **SCRUPULOUSLY** honest	être d'une honnêteté scrupuleuse
9479	to whisper **SECRETIVELY**	chuchoter en cachette
9480	to be **SECRETLY** married	être marié secrètement
9481	to be **SECURELY** fastened	être solidement attaché
9482	to dance **SEDUCTIVELY**	danser voluptueusement
9483	She was **SELDOM** late.	Elle était rarement en retard.
	We **SELDOM** have enough money.	Nous avons rarement assez d'argent.
	He is **SELDOM** on time.	Il est rarement à l'heure.
	We are **SELDOM** completely alone.	Nous sommes rarement tout à fait seuls.
	SELDOM do we leave early.	Il est rare que nous partions tôt.
	I **SELDOM** see my good friends.	Je vois rarement mes bons amis.
9484	to smile **SELF-CONFIDENTLY**	sourire avec assurance
9485	to behave **SELF-CONSCIOUSLY**	être embarrassé
9486	to think **SELFISHLY**	ne penser qu'à soi
9487	to be **SENSATIONALLY** successful	remporter un succès sensationnel
9488	to be **SENSELESSLY** wasted	être dilapidé stupidement
9489	to think **SENSIBLY**	raisonner
9490	to react **SENSITIVELY**	se laisser guider par les sentiments
9491	to move **SENSUOUSLY**	se mouvoir voluptueusement
9492	to be **SENTIMENTALLY** attached to . . .	avoir des attaches sentimentales à . . .
9493	to live **SEPARATELY**	vivre chacun de son côté
9494	to be **SERENELY** optimistic	être d'un optimisme serein
9495	to be **SERIOUSLY** wounded	être grièvement blessé
9496	He bought **SEVERAL** books.	Il a acheté plusieurs livres.
	He has **SEVERAL** (of them).	Il en a plusieurs.
	She knocked **SEVERAL** times.	Elle a frappé plusieurs fois.
9497	to be **SEVERELY** injured	être grièvement blessé
9498	to be **SEXUALLY** attractive	avoir du sex-appeal
9499	to dress **SHABBILY**	être pauvrement vêtu
9500	to misbehave **SHAMEFULLY**	se conduire honteusement
9501	to lie **SHAMELESSLY**	mentir sans vergogne
9502	to veer **SHARPLY**	prendre un virage à la corde
9503	**SHE** is my wife.	Elle est ma femme.
9504	to grin **SHEEPISHLY**	sourire d'un air embarrassé
9505	to leave **SHORTLY** for . . .	partir sous peu pour . . .
	He will leave **SHORTLY**.	Il partira bientôt (sous peu).
9506	to invest **SHREWDLY**	investir avec perspicacité
9507	to answer **SHYLY**	répondre timidement
9508	to move **SIDEWAYS**	(se) déplacer de côté
9509	to be **SIGNIFICANTLY** different	être sensiblement différent
9510	to read **SILENTLY**	lire en silence
9511	to be **SIMILARLY** dressed	être vêtu de la même façon
9512	to live **SIMPLY**	vivre simplement
	I **SIMPLY** cannot finish.	Je ne peux tout simplement pas finir.
9513	to react **SIMULTANEOUSLY**	réagir simultanément
9514	to increase **SINCE** the war	l'accroissement depuis la guerre
	SINCE you are through, leave!	Puisque c'est fini, partez!
9515	to be **SINCERELY** sorry	être sincèrement désolé
9516	to question **SKEPTICALLY**	questionner d'un air sceptique
9517	to perform **SKILLFULLY**	s'acquitter habilement de . . .
9518	to be **SLANDEROUSLY** accused	être accusé calomnieusement
9519	to be **SLAVISHLY** obedient	être d'une obéissance servile

---

ADVERBS AND OTHER PARTS OF SPEECH

9520	to nod **SLEEPILY**	incliner la tête d'un air endormi
9521	to be **SLIGHTLY** damaged	être légèrement endommagé
	SLIGHTLY injured	légèrement blessé
9522	to walk **SLOWLY**	marcher lentement
9523	to function **SLUGGISHLY**	fonctionner paresseusement
9524	to wink **SLYLY**	faire un clin d'œil malicieux
9525	to function **SMOOTHLY**	fonctionner régulièrement (tourner rond, familiar)
9526	to behave **SNOBBISHLY**	se comporter en snob
9527	He was **SO** sick.	Il était si malade.
	He finished, **SO** he left.	Il avait terminé, alors il est parti.
9528	**SO AS TO** be on time	de façon (manière) à être à l'heure
9529	I have **SO FEW** friends.	J'ai si peu d'amis.
9530	I have **SO LITTLE** faith.	J'ai si peu confiance.
9531	He has **SO MANY** friends.	Il a tant d'amis.
9532	He has **SO MUCH** money.	Il a tellement (tant) d'argent.
9533	to think **SOBERLY** about ...	réfléchir sérieusement à ...
9534	to be **SOCIALLY** acceptable	être fréquentable
9535	to speak **SOFTLY**	parler doucement
9536	to vow **SOLEMNLY**	jurer solennellement
9537	to be **SOLIDLY** in favor of ...	être tous (comme un seul homme) en faveur de ...
9538	**SOME** money	de l'argent
	SOME friends	quelques amis
	I want **SOME** sugar.	Je veux du sucre.
	He bought **SOME** pencils.	Il a acheté quelques crayons.
	He wants **SOME**, I'm sure.	Il en veut, j'en suis sûr.
9539	**SOMEBODY** should wait for him.	Quelqu'un devrait l'attendre.
	I saw **SOMEBODY** there.	J'ai vu quelqu'un là-bas.
9540	I'll do it **SOMEHOW**.	Je le ferai d'une manière ou d'une autre.
9541	**SOMEONE** is at the door.	Quelqu'un est à la porte.
	He saw **SOMEONE** there.	Il a vu quelqu'un là-bas.
9542	**SOMETHING** should be done.	Il faudrait faire quelque chose.
	You should buy **SOMETHING**.	Vous devriez acheter quelque chose.
9543	Come to see me **SOMETIME**.	Venez me voir un de ces jours.
	SOMETIMES he's moody.	Parfois, il a des sautes d'humeur.
	He is absent-minded **SOMETIMES**.	Il est parfois distrait.
	SOMETIMES we are late to school.	Parfois, nous arrivons en retard à l'école.
	It happens **SOMETIMES**.	Cela arrive parfois.
	He will come **SOMETIME SOON**.	Il viendra bientôt.
9544	You'll find it **SOMEWHERE**.	Vous le trouverez quelque part.
9545	He will leave **SOON**.	Il partira bientôt.
	It will be dark **SOON**.	Il fera bientôt nuit.
	He is leaving **SOON** for France.	Il partira bientôt pour la France.
	Please answer the letter **SOON**!	Veuillez répondre rapidement à cette lettre.
	Come to see us **SOON**.	Venez nous voir bientôt.
	SOON AFTERWARDS, it began to snow.	Peu après, il se mit à neiger.
9546	to speak **SOOTHINGLY**	parler d'une voix apaisante
9547	to weep **SORROWFULLY**	pleurer tristement
9548	to sleep **SOUNDLY**	dormir profondément
9549	to move **SOUNDLESSLY**	se déplacer silencieusement
9550	to be **SPECIALLY** honored	être particulièrement honoré
9551	to be **SPECIFICALLY** named	être désigné nommément
9552	to invest **SPECULATIVELY**	investir dans des opérations speculatives
9553	to be **SPEEDILY** returned	être renvoyé rapidement
9554	to be **SPIRITUALLY** motivated	obéir à des motifs spirituels
9555	to accuse someone **SPITEFULLY**	accuser quelqu'un méchamment
9556	to get along **SPLENDIDLY**	s'entendre parfaitement
9557	to applaud **SPONTANEOUSLY**	applaudir spontanément
9558	to walk **SPRYLY**	marcher d'un pas vif
9559	to be **STATISTICALLY** accurate	être précis au point de vue statistique
9560	to defend someone **STAUNCHLY**	défendre quelqu'un fermement
9561	to believe **STEADFASTLY** in ...	croire fermement en ...
9562	to walk **STEADILY**	marcher d'un pas ferme
9563	to climb **STEEPLY**	s'élever en pente raide
9564	to scold **STERNLY**	gronder sévèrement
9565	He is **STILL** here.	Il est toujours ici.
	It is **STILL** raining.	Il pleut encore.
	He came and **STILL** she left.	Il est venu et pourtant elle est partie.
9566	**STRAIGHT** ahead.	droit devant lui (tout droit)
9567	to be **STRANGELY** silent	être étrangement silencieux
9568	to be **STRATEGICALLY** located	occuper un point stratégique

ADVERBS AND OTHER PARTS OF SPEECH

9569	to object **STRENUOUSLY**	s'opposer vigoureusement
9570	to be **STRICTLY** neutral	être d'une stricte neutralité
9571	to be **STRONGLY** opposed to ...	être résolument hostile à ...
9572	to be **STRUCTURALLY** safe	être de construction solide
9573	to resist **STUBBORNLY**	résister obstinément
9574	to act **STUPIDLY**	agir stupidement
9575	to be **STYLISHLY** dressed	être élégamment habillé
9576	to decide **SUBJECTIVELY**	décider subjectivement
9577	to be **SUBSTANTIALLY** correct	avoir essentiellement raison
9578	to turn out **SUCCESSFULLY**	aboutir heureusement
9579	I love **SUCH** things.	J'aime ces choses-là.
9580	I've never seen **SUCH** a man.	Je n'ai jamais vu un tel homme.
9581	**SUDDENLY** it stopped raining.	Soudain, il s'est arrêté de pleuvoir.
	to change **SUDDENLY**	changer subitement
9582	to be **SUFFICIENTLY** prepared	être suffisamment préparé
9583	to be **SUITABLY** dressed	être convenablement habillé
9584	to sit **SULLENLY**	être assis, renfrogné
9585	to be **SUPERBLY** trained	être magnifiquement entraîné à ...
9586	to be **SUPERFICIALLY** wounded	être blessé superficiellement
9587	to react **SUPERSTITIOUSLY**	réagir superstitieusement
9588	to act **SUSPICIOUSLY**	avoir une conduite louche
9589	to sing **SWEETLY**	chanter mélodieusement
9590	to move **SWIFTLY**	se mouvoir vite
9591	to represent **SYMBOLICALLY**	représenter symboliquement
9592	to listen **SYMPATHETICALLY**	prêter une oreille compatissante
9593	to be **SYNTHETICALLY** made	être de fabrication synthétique
9594	to proceed **SYSTEMATICALLY**	agir systématiquement

T

9595	to answer **TACTFULLY**	répondre avec tact
9596	to behave **TACTLESSLY**	manquer de tact
9597	to shout **TAUNTINGLY**	lancer des injures
9598	to complain **TEARFULLY**	se plaindre en pleurant
9599	to be **TECHNICALLY** correct	être juste du point de vue technique
9600	to be **TEMPORARILY** delayed	être retardé momentanément
9601	to cling **TENACIOUSLY** to ...	s'accrocher obstinément à ...
9602	to hold someone **TENDERLY**	tenir tendrement enlacé
9603	to wait **TENSELY**	attendre, les nerfs tendus
9604	to be **TENTATIVELY** approved	être approuvé provisoirement
9605	to be **TERRIBLY** sick	être terriblement malade
9606	to accept something **THANKFULLY**	accepter quelque chose avec gratitude
9607	**THAT** book and **THOSE** pictures	ce livre (-là) et ces images (-là)
9608	I know **THAT** he will come.	Je sais qu'il viendra. [que]
9609	**THE** man; **THE** woman; **THE** book	l'homme, la femme, le livre
	THE men; **THE** women; **THE** books	les hommes, les femmes, les livres
9610	**THE MORE** he studies **THE LESS** he learns.	Plus il travaille, moins il apprend.
9611	**THE MORE** he studies, **THE MORE** he learns.	Plus il travaille, plus il apprend.
9612	to be **THEATRICALLY** effective	faire son effet au théâtre
9613	**THEIR** mother and **THEIR** father	leur mère et leur père
	THEIR brothers and **THEIR** sisters	leurs frères et leurs sœurs
9614	The book is **THEIRS**. (**THEIRS** is ...)	Le livre est à eux. (Le leur est ...)
	These books are **THEIRS**. (**THEIRS** are ...)	Ces livres sont à eux. (Les leurs sont ...)
9615	I saw **THEM** there.	Je les ai vus (vues) là-bas.
9616	They did it **THEMSELVES**.	Ils l'ont fait eux-mêmes (Elles ... elles-mêmes).
	They bought **THEMSELVES** a car.	Ils se sont acheté une voiture.
9617	He smiled, **THEN** he left.	Il a souri, puis il est parti.
	He was a good lawyer **THEN** (at that time).	À cette époque, il était bon avocat.
	He was **THEN** King of France.	À cette époque (alors) il était roi de France.
	THEN, the President was Johnson.	Quand Johnson était Président ...
	It was **THEN** 3:30 P.M.	Il était alors 3 heures 30.
	What were you doing **THEN**?	Que faisiez-vous alors?
	I was **THEN** only fourteen.	Je n'avais alors que 14 ans.
9618	to be **THEORETICALLY** impossible	être théoriquement impossible
9619	He went **THERE**.	Il s'y rendit.
	Put it **THERE**!	Mettez-le là!
9620	**THERE** is my wife.	Voilà ma femme.
	THERE is really no difference.	Il n'y a pas vraiment de différence.
9621	You're late; **THEREFORE** you will be punished.	Vous êtes en retard, donc vous serez puni.
9622	**THESE** books	Ces livres

ADVERBS AND OTHER PARTS OF SPEECH

9623	THEY are often wrong.	Ils (Elles) ont souvent tort.
9624	THIS afternoon	cet après-midi
	THIS evening	ce soir
	THIS morning	ce matin
	THIS book and THESE pictures	ce livre (-ci) et ces images (-ci)
9625	I want THIS (one) and THESE.	Je veux celui (celle)-ci et ceux (celles)-ci.
9626	to review THOROUGHLY	passer consciencieusement en revue
9627	to consider THOUGHTFULLY	examiner pensivement
9628	to be THOUGHTLESSLY rude	manquer de politesse par étourderie
9629	Crawl THROUGH!	Glisse-toi à travers!
9630	He went THROUGH the door.	Il passa la porte.
	to be THROUGH with one's work	avoir terminé son travail
	to climb THROUGH an opening	passer par (à travers) une ouverture
	to drive THROUGH a tunnel	passer par (à travers) un tunnel
	to go THROUGH a stop sign	brûler un feu rouge
	to pass THROUGH a phase	passer par une phase
	to read THROUGH a file	lire un dossier
	to route a shipment THROUGH Rome	expédier quelque chose via Rome
	to sit THROUGH a lecture	rester pendant toute une conférence
	to soar THROUGH the air	filer dans les airs
	to work THROUGH the night	travailler toute la nuit
	the tunnel THROUGH the mountain	le tunnel sous (à travers) la montagne
9631	to tie something TIGHTLY	lier quelque chose étroitement
9632	Stay TILL I am finished!	Restez jusqu'à ce que j'aie fini.
	He has been silent TILL now.	Il est resté silencieux jusqu'à présent.
9633	to answer TIMIDLY	répondre timidement
9634	to work TIRELESSLY	travailler inlassablement
9635	an appeal TO the people	un appel au peuple
	to apply a salve TO a wound	appliquer de l'onguent sur une plaie
	to be superior TO the others	être supérieur aux autres
	to dance TO the music	danser au rythme de la musique
	to go TO the rescue of someone	se porter au secours de quelqu'un
	to move from east TO west	se déplacer d'est en ouest
	to object TO a verdict	émettre des objections à un verdict
	to react TO a situation	réagir à (devant) une situation
	to run parallel TO the river	être parallèle à la rivière
	to speak TO the president	parler au Président
	to turn TO the right	tourner à droite
	to walk TO the city	aller à pied à la(en) ville
	ten miles TO the gallon	25 litres aux 100 km.
	a score of 4 TO 3	un score de 4 à 3
	much TO his regret	à son grand regret
	TO the best of my knowledge	à ma connaissance
	He ran TO the store.	Il courut au magasin.
9636	He is leaving TODAY.	Il part aujourd'hui
	What did you do TODAY?	Qu'as-tu fait aujourd'hui?
	The weather was beautiful TODAY.	Il a fait très beau aujourd'hui.
	He is TODAY a successful man.	C'est maintenant un homme arrivé.
	It rained all day TODAY.	Aujourd'hui il a plu toute la journée.
9637	Let's stay TOGETHER.	Restons ensemble.
9638	to judge someone TOLERANTLY	juger quelqu'un avec indulgence
9639	TOMORROW he plans to study.	Demain il se propose d'étudier.
	Things will be better TOMORROW.	Tout ira mieux demain.
	When is he leaving? TOMORROW.	Quand partira-t-il? Demain.
	What are you going to do TOMORROW?	Que feras-tu demain?
	I will be in Berlin TOMORROW.	Demain, je serai à Berlin.
	He will come TOMORROW.	Il viendra demain.
9640	It should rain TOMORROW MORNING.	Il devrait pleuvoir demain matin.
9641	TOMORROW NIGHT there's a party.	Demain soir, il y a une réception.
9642	I am going to a movie TONIGHT.	J'irai au cinéma ce soir.
	TONIGHT I have to study.	Ce soir, je dois travailler (il faut que j'étudie).
	When shall I come? TONIGHT?	Quand dois-je venir? Ce soir?
	I will call you TONIGHT.	Je vous appellerai ce soir.
	It's supposed to rain TONIGHT.	On dit qu'il pleuvra ce soir.
9643	He will come TOO.	Il viendra aussi.
	He's TOO tall.	Il est trop grand.
	TOO conceited	trop prétentieux
9644	There were TOO FEW teachers.	Il y avait trop peu de maîtres.
9645	I bought TOO MANY books.	J'ai acheté trop de livres.
9646	I ate TOO MUCH ice cream.	J'ai mangé trop de glace.

9647	the movement **TOWARD** the border	le mouvement vers la frontière
9648	to die **TRAGICALLY**	mourir tragiquement
9649	to shout **TRIUMPHANTLY**	s'écrier triomphalement
9650	I am **TRULY** sorry.	Je suis vraiment désolé.
9651	to answer **TRUTHFULLY**	répondre sans mentir
9652	**TWICE A MONTH**	deux fois par mois

U

9653	to be **ULTIMATELY** successful	connaître enfin la réussite
9654	to approve **UNANIMOUSLY**	approuver à l'unanimité
9655	to be **UNBELIEVABLY** stupid	être incroyablement stupide
9656	to hesitate **UNCERTAINLY**	hésiter dans l'incertitude
9657	to be **UNCOMFORTABLY** tight	être désagréablement serré
9658	to surrender **UNCONDITIONALLY**	se rendre sans conditions
9659	to be **UNCONSCIOUSLY** prejudiced	être inconsciemment prévenu contre ...
9660	to weep **UNCONTROLLABLY**	pleurer sans retenue
9661	**UNDER** the window	sous la fenêtre
	Duck **UNDER**!	Plonge!
	to be born **UNDER** the sign of ...	être né sous le signe de ...
	to be found **UNDER** the letter A	se trouver sous la lettre A
	to be **UNDER** close surveillance	être sous une surveillance étroite
	to be **UNDER** construction	être en construction
	to burst **UNDER** pressure	exploser sous l'effet de la pression
	to happen **UNDER** strange conditions	se produire dans des conditions étranges
	to lie **UNDER** a pile of books	se trouver sous une pile de livres
	to sit **UNDER** a tree	être assis sous un arbre
	to swim **UNDER** water	nager sous l'eau
	to weigh **UNDER** forty pounds	peser moins de 40 livres
	land **UNDER** cultivation	des terres en culture
	the plans **UNDER** consideration	les plans en cours d'examen
	a testimony given **UNDER** oath	un témoignage sous la foi du serment
	UNDER no circumstances	en aucun cas
	UNDER sentence of death	sous peine de mort
	He ran **UNDER** the tree.	Il se précipita sous l'arbre.
	the table **UNDER** the window	la table devant la fenêtre
9662	the layer **UNDERNEATH**	la couche de dessous
9663	to be **UNDULY** influenced	être indûment influencé
9664	to stir **UNEASILY**	s'agiter, mal à l'aise
9665	to be **UNEQUALLY** divided	être réparti inégalement
9666	to be **UNEVENLY** distributed	être irrégulièrement réparti
9667	to pass **UNEVENTFULLY**	se passer sans incidents
9668	to sneeze **UNEXPECTEDLY**	éternuer inopinément
9669	to react **UNFAVORABLY**	réagir défavorablement
9670	to be **UNFORTUNATELY** delayed	être malheureusement retardé
9671	to react **UNGRATEFULLY**	réagir avec ingratitude
9672	to be **UNHAPPILY** married	être malheureux en ménage
9673	to be **UNIFORMLY** excellent	être uniformément excellent
9674	to bump someone **UNINTENTIONALLY**	heurter quelqu'un involontairement
9675	to be **UNIQUELY** qualified	être le seul à pouvoir (le faire)
9676	to be **UNIVERSALLY** recognized	être admis universellement
9677	to be **UNJUSTLY** accused	être accusé injustement
9678	to be **UNLAWFULLY** imprisoned	être incarcéré illégalement
9679	**UNLESS** he leaves, I will.	À moins qu'il ne parte (S'il ne part pas), je partirai.
9680	to be **UNMISTAKABLY** true	être indubitablement vrai
9681	to lie **UNNECESSARILY**	mentir inutilement
9682	to be **UNOFFICIALLY** confirmed	être confirmé officieusement
9683	to act **UNSELFISHLY**	agir avec désintéressement
9684	to turn out **UNSUCCESSFULLY**	échouer
9685	to listen **UNSYMPATHETICALLY**	écouter avec indifférence
9686	He read **UNTIL** I was through.	Il a lu jusqu'à ce que j'aie fini.
	UNTIL the vacation	le temps jusqu'aux vacances
9687	**UNUSUALLY** fat	extrêmement gros
	to be **UNUSUALLY** handsome	être extraordinairement beau
9688	to go **UNWILLINGLY**	aller à contre-cœur
9689	to invest **UNWISELY**	investir imprudemment
9690	He ran **UP** the stairs.	Il monta les marches en courant.
	Get **UP**!	Lève-toi!
	the road **UP** the mountain	la route vers le sommet (de la montagne)
9691	the apartment **UPSTAIRS**	l'appartement à l'étage supérieur

---

ADVERBS AND OTHER PARTS OF SPEECH   561

9692	to curve **UPWARD(s)**	courber vers le haut
9693	to be **URGENTLY** needed	être réclamé d'urgence
9694	They saw **US** there.	Ils nous ont vus là-bas.
	He gave **US** a present.	Il nous a fait un cadeau.
9695	to struggle **USELESSLY**	lutter inutilement (en vain)
9696	to be **USEFULLY** employed (at . . .)	être occupé utilement (à . . .)
9697	to be **USUALLY** right	avoir d'habitude raison
9698	to be **UTTERLY** exhausted	être tout à fait (complètement) épuisé

V _____

9699	to be **VAGUELY** aware	être vaguement conscient
9700	to try **VAINLY**	essayer en vain
9701	to be **VASTLY** superior	être immensément supérieur
9702	to deny **VEHEMENTLY**	nier avec véhémence
9703	She is **VERY** pretty.	Elle est très jolie.
	VERY popular	très à la mode
9704	**VERY, VERY** happy	parfaitement heureux
9705	to attack **VICIOUSLY**	attaquer méchamment
9706	to exercise **VIGOROUSLY**	s'exercer vigoureusement
9707	to be **VIOLENTLY** opposed	être violemment hostile
9708	to be **VISIBLY** improved	aller visiblement mieux
9709	to be **VITALLY** concerned	être intéressé au premier chef
9710	to describe **VIVIDLY**	décrire de façon vivante
9711	to help **VOLUNTARILY**	aider volontairement

W _____

9712	to greet someone **WARMLY**	accueillir quelqu'un chaleureusement
9713	**WE** are always happy.	Nous sommes toujours heureux.
9714	He's performing **WELL**.	Il se comporte bien.
9715	**WHAT** is happening?	Que se passe-t-il? (Qu'est-ce qui se passe?)
	WHAT did you see?	Qu'avez-vous vu? [Que]
	He knows **WHAT** I like.	Il sait ce que j'aime.
9716	Do **WHATEVER** you like!	Faites tout ce que vous voulez!
9717	**WHEN** did he leave?	Quand est-il parti?
	Do you know **WHEN** he left?	Savez-vous quand il est parti?
9718	Come **WHENEVER** you can.	Venez chaque fois que vous le pouvez.
	WHENEVER it rained, I studied.	Chaque fois qu'il pleuvait, j'étudiais.
9719	**WHERE** are you going?	Où allez-vous?
	I don't know **WHERE** he is.	Je ne sais pas où il est.
9720	Go **WHEREVER** you like.	Allez où (partout où) vous voulez.
	WHEREVER he is, he's happy.	Partout où (Où qu') il se trouve, il est heureux.
9721	I don't know **WHETHER** I'm right.	Je ne sais pas si j'ai raison.
9722	**WHICH** book is yours?	Quel livre est à vous (à toi)?
	WHICH books are yours?	Quels livres sont à vous (à toi)?
	I don't know **WHICH** to choose.	Je ne sais pas lequel (laquelle) choisir.
9723	Choose **WHICHEVER** (one) you like.	Choisissez celui (celle) qui vous plaît.
9724	He read **WHILE** I ate.	Il a lu pendant que je mangeais.
	WHILE he may be right . . .	Bien qu'il puisse avoir raison . . .
9725	**WHO** opened the door?	Qui a ouvert la porte?
	Do you know **WHO** he is?	Savez-vous qui il est?
	the man **WHO** is there, is . . .	l'homme, qui est là, est . . .
9726	**WHOEVER** is late will be punished.	Quiconque est en retard sera puni.
9727	to be **WHOLEHEARTEDLY** in favor of . . .	être sincèrement en faveur de . . .
9728	**WHOM** did you see?	Qui avez-vous vu?
	the man to **WHOM** he spoke was . . .	l'homme auquel (à qui) il a parlé était . . .
9729	**WHOSE** book is this?	À qui est ce livre?
	the man **WHOSE** wife died was . . .	l'homme dont la femme est morte, était . . .
9730	**WHY** didn't you answer?	Pourquoi n'avez vous pas répondu?
9731	I don't know **WHY** he came.	Je ne sais pas pourquoi il est venu.
9732	**WHY NOT** finish it first?	Pourquoi ne pas le finir d'abord?
9733	to be **WILLFULLY** destructive	se montrer délibérément destructeur
9734	to leave **WILLINGLY**	partir volontiers
9735	to invest **WISELY**	investir judicieusement
9736	to stare **WISTFULLY**	fixer d'un œil rempli d'un vague désir
9737	the girl **WITH** the red hair	la fille aux cheveux roux
	WITH his friends	avec ses amis

	to agree **WITH** a friend	être d'accord avec un ami
	to be pleased **WITH** a gift	être content d'un cadeau
	to compare one style **WITH** another	comparer un style avec (à) un autre
	to cut a hole **WITH** a knife	faire un trou avec un couteau
	to deal **WITH** a problem	traiter d'un problème
	to go somewhere **WITH** a friend	aller quelque part avec un ami
	to live **WITH** a relative	vivre avec un parent
	to season a food **WITH** salt	assaisonner un aliment avec du sel
	to write **WITH** a pen	écrire avec une plume
	to work **WITH** enthusiasm	travailler avec enthousiasme
9738	**WITH REGARD** to your letter	à propos de (en ce qui concerne) votre lettre
9739	**WITH THE INTENTION** of staying	avec l'intention de rester
9740	the enemy **WITHIN**	l'ennemi du dedans
	the tension **WITHIN** the country	la tension dans le pays
	to keep **WITHIN** certain limits	se tenir dans certaines limites
	to leave **WITHIN** an hour	partir dans l'heure
	to live **WITHIN** a mile of the city	vivre à moins d'un mille de la ville
	to live **WITHIN** one's means	vivre selon ses moyens
	to stay **WITHIN** the law	rester dans la légalité
9741	to be **WITHOUT** friends	être sans amis
	to live **WITHOUT** money	vivre sans argent
	to stay **WITHOUT** complaining	rester sans se plaindre
	to peace **WITHOUT** honor	une paix sans honneur
	a world **WITHOUT** war	un monde sans guerre
9742	He's right, **WITHOUT DOUBT.**	Il a raison sans aucun doute.
9743	**WITHOUT REGARD TO** the danger	sans égard au danger

Y _____

9744	**YES**, I will come.	Oui, je viendrai.
9745	It was cold **YESTERDAY.**	Il faisait froid hier.
	He had an accident **YESTERDAY.**	Il a eu un accident hier.
	YESTERDAY he stayed home.	Hier, il est resté chez lui.
	He finished his work **YESTERDAY.**	Il a terminé son travail hier.
	It was terribly windy **YESTERDAY.**	Hier il y avait beaucoup de vent.
	YESTERDAY I washed the car.	Hier, j'ai lavé la voiture.
9746	Have you finished **YET?**	N'avez-vous pas encore fini?
9747	**YOU** (sing.) are right.	Tu as raison.
	I love **YOU** (sing.).	Je t'aime. [te]
	YOU (pl.) are wrong.	Vous avez tort.
	I love **YOU** (pl.).	Je vous aime (tous).
9748	**YOUR** (sing.) brother and **YOUR** sister	ton frère et ta sœur
	YOUR (pl.) brother and **YOUR** sister	votre frère et votre sœur
9749	Which is **YOURS?** (sing./pl.)	Lequel (laquelle) est à toi/à vous?
	Which are **YOURS?** (sing./pl.)	Lesquels (lesquelles) sont à toi/à vous?
	YOURS is . . .(sing./pl.)	Le tien (la tienne) Le vôtre (la vôtre) est . . .
	YOURS are . . .(sing./pl.)	Les tiens (les tiennes) Les vôtres sont . . .
9750	Do it **YOURSELF!** Do it **YOURSELVES!**	Fais-le toi-même! Faites-le vous-même!

INTERJECTIONS, EXPLETIVES, AND REJOINDERS

The eighth and final major classification of parts of speech (following nouns, pronouns, verbs, adjectives, adverbs, prepositions, and conjunctions) is commonly called interjections. This class comprises those words or phrases used autonomously to convey expressions of emotion, interest, anger, agreement, etc. They do not normally stimulate a response, but merely convey the speaker's opinions and reactions to a given situation. They are normally delivered with emphasis (signaled by an exclamation mark), and those which appear to be questions are not intended to provoke an answer. Many of the following items are also referred to as expletives or rejoinders, they are the essence of conversational discourse and perhaps the most-used of all words and phrases. They are commonly heard as the listener's contribution to a phone conversation, and, judiciously used, can assure a friend that what he says is interesting and important.

All forms of **you** have been translated in the familiar singular form. If speaking to more than one friend, or in more formal situations where the polite form is more appropriate, shift to the **vous** form. Although these interjections are generally acceptable when speaking to friends, many should be avoided when addressing a person in a more formal situation.

ADVERBS AND OTHER PARTS OF SPEECH   563

		9751
Absolutely!	Absolument!
Absolutely not!	Absolument pas!
Absurd!	C'est ridicule! C'est absurde!
Amazing!	Stupéfiant! Incroyable!
And how!	Et comment!

9756

And then?!	Et alors?! Et ensuite?!
And why not?!	Et pourquoi pas?!
Anything else?!	Autre chose?! Et avec ça?! Quoi d'autre?!
Anything goes!	Tout est permis!
Anything you say!	C'est comme tu veux!

9761

Anytime you want!	Quand ça te conviendra!
Are you crazy?!	Ça ne va pas!
Are you joking?!	Tu plaisantes?!
Are you serious?!	Tu n'est pas sérieux?!
Are you sure?!	Es-tu sûr?!

9766

Be serious!	Sois sérieux!
Believe it or not!	Libre d'y croire! Crois-le si tu veux!
But, man!	Ça alors! Mais je te jure . . .!
But why?!	Mais pourquoi?!
Could be!	C'est possible! Peut-être!

9771

Damn it!	Zut! Nom de Dieu!
Delighted!	Enchanté! Charmé!
Don't be silly!	Ne sois pas stupide!
Don't bother!	Ne t'inquiète pas! Laisse donc!
Don't deny it!	Tu ne peux pas le nier! Ne le nie pas!

9776

Don't ever say that!	Ne dis ça jamais!
Don't get mad!	Ne te mets pas en colère!
Don't kid me!	Ne me fais pas marcher!
Don't lie to me!	Ne m'en raconte pas! Ne me mens pas!
Don't talk silly!	Ne dis pas de bêtises!

9781

Don't say that!	Ne dis pas ça!
Don't tell me!	C'est vrai?! Ce n'est pas possible!
Don't worry about it!	Ne t'en fais pas! Ne te tracasse pas!
Don't you agree?!	N'es-tu pas d'accord?! N'est-ce pas?!
Don't you think so?!	Ne penses-tu pas la même chose?!

9786

Evidently!	Evidemment!
Fantastic!	Fantastique! Sensationnel!
For example?!	Par exemple?!
For heaven's sake!	Pour l'amour de Dieu!
Go on! Go on!	Continue!

9791

Good Lord!	Oh! mon Dieu!
Great!	Fantastique!
He said that?!	Il a dit ça, lui?!
How awful!	C'est vraiment terrible!
How can you ask?!	Comment peux-tu demander une chose pareille?!

9796

How can you tell?!	Qu'est-ce qui te fait dire ça?! Comment le sais tu?!
How ridiculous!	C'est vraiment ridicule!
How shocking!	C'est vraiment choquant!
How terrific!	C'est vraiment fantastique!
I beg your pardon?!	Tu dis?! Pardon?! Tu disais?!

INTERJECTIONS, EXPLETIVES, REJOINDERS

9801

I can accept that!	Ça, je peux le croire!
I can believe it!	Ça, je peux le croire!
I can just imagine!	Je vois ça d'ici!
I can't deny it!	Je ne peux pas le nier!
I can't even guess!	Je n'en ai pas la moindre idée!

9806

I couldn't agree more!	Je suis absolument d'accord!
I couldn't care less!	Ça m'est absolument égal! Je n'en ai rien à faire!
I don't get it!	Je n'ai pas compris! Je ne saisis pas!
I don't see why!	Je ne vois pas pourquoi!
I don't see why not!	Je ne vois pas pourquoi pas!

9811

I'd rather not say!	Je préfère ne rien dire!
If you like!	Si tu veux!
If you say so!	Si c'est toi qui le dis!
I just don't know!	C'est que je n'en sais rien!
I'll bet!	A coup sûr!

9816

I guess so!	Je suppose que oui!
I guess not!	Je suppose que non!
I know, I know!	Je sais, je sais! Ça va, ça va!
I'm just guessing!	Je ne fais que supposer!
I'm listening!	J'écoute! Je suis toute ouïe!

9821

I'm never wrong!	Je n'ai jamais tort!
I'm not really sure!	Je ne suis pas sûr! Je n'en suis pas sûr!
I'm positive!	J'en suis sûr!
I see!	Je vois! Je comprends!
I suppose so!	Je présume!

9826

I suppose not!	Je présume que non!
I sympathize with you!	Je vous plains! Je comprends ce qui vous arrive!
I thought so!	C'est bien ce que je pensais (croyais)!
I told you so!	Je te l'avais bien dis! Je t'avais prévenu!
I try to understand!	J'essaie de le (de te) comprendre!

9831

I wonder why?!	Je me demande pourquoi?!
Interesting!	Intéressant!
Is that a fact?!	Est-ce un fait sérieux?! C'est pas vrai?!
Is that right?!	Vraiment?! Est-ce possible?!
Isn't that so?!	N'est-ce pas?!

9836

Isn't that terrible?!	N'est-ce pas terrible?!
Isn't that typical?!	C'est bien typique!
It can't be all bad!	Ça ne peut pas être si mauvais que tu le dis!
It can't be helped!	Un n'y peut rien!
It can't be true!	Ce n'est pas vrai! Ce n'est pas possible!

9841

It couldn't be worse!	Ça ne pourrait pas être pire!
It doesn't figure!	Ça ne colle pas!
It doesn't make sense!	Ça ne veut rien dire! Ça n'a aucun sens!
It doesn't really matter!	Ça n'a pas vraiment d'importance!
It'll all work out!	Tout se passera (se terminera) bien!

9846

It'll never happen!	Ça n'arrivera jamais!
It'll never pay!	Ça ne rapportera jamais rien!
It'll never work!	Ça ne marchera jamais!
It's a matter of taste!	C'est une question de goût!
It's a shame!	C'est dommage! C'est honteux!

	9851	
It's hard to believe!		C'est à peine croyable!
It's insane!		C'est insensé!
It's logical!		C'est logique!
It's never too late!		Il n'est jamais trop tard!
It's not my fault!		Ça n'est pas ma faute!

	9856	
It's terrific news!		Ça, c'est une bonne nouvelle!
It's unavoidable!		C'est inévitable!
Just guess!		Devine!
Just imagine!		Imagine!
Just suppose!		Suppose simplement!

	9861	
Let's hope so!		Espérons! A la grâce de Dieu!
Let's wait and see!		Attendons, nous verrons bien!
Lucky girl!		Veinarde!
Lucky guy!		Veinard!
Maybe!		Peut-être!

	9866	
Maybe never!		Peut-être jamais!
Maybe not!		Peut-être que non!
Maybe tomorrow!		Peut-être demain!
Naturally!		Naturellement! Bien entendu!
Never again!		Jamais plus! C'est la dernière fois!

	9871	
Never before!		Jamais! Pas encore!
No doubt!		Sans doute!
No chance!		Pas la moindre chance! Pas du tout!
No problem!		Ça va! C'est d'accord!
No, really?!		Non, vraiment?!

	9876	
No, seriously!		Non, c'est sérieux!
No such luck!		Pas de chance de ce côté-là!
No trouble!		Ça va! Pas de problème!
No way!		Il n'y a pas moyen! Pas la moindre chance!
No wonder!		Pas étonnant!

	9881	
Nonsense!		Absurde! Balivernes!
Not at all!		Pas du tout! Absolument pas!
Not even if you pay me!		Tu me payerais que je ne le ferais pas!
Not for anyone!		Pour absolument personne!
Not for anything!		Pour rien au monde!

	9886	
Not now!		Pas maintenant!
Not on your life!		Jamais de la vie!
Obviously!		Evidemment!
Of course!		Naturellement! Bien sûr!
Of course not!		Pour sûr, non! Sûr que non!

	9891	
Oh boy!		Chouette alors!
Oh, my gosh!		Oh! mince alors! Oh! Bigre!
Oh, no!		Oh! non!
OK!		D'accord! O.K.! D'acc! (colloquial)
One never knows!		On ne sait jamais!

	9896	
Ouch! Ow!		Ouïe! Aïe!
Phooey!		Flûte!
Positively!		Absolument!
Positively not!		Absolument pas!
Probably!		Probablement!

9901

Probably not!	Probablement pas!
Quite a deal!	C'est toute une affaire! C'est bien telle affaire!
Quite a guy!	C'est vraiment un type bien!
Quite a story!	C'est toute une histoire!
Really?!	Vraiment?!

9906

Sensational!	Sensationnel!
Some friend!	Ce n'est pas un ami!
Some joke!	Ce n'est pas une plaisanterie à faire!
Some party!	Quelle party!
Some test!	Quel examen!

9911

Such a thing!	Une chose pareille!
Such nerve!	Quelle audace!
Sure!	Certain!
Surely you're joking!	Tu plaisantes, c'est sûr!
Thanks anyway!	Merci quand même!

9916

That depends!	Ça dépend!
That doesn't count!	Ça ne compte pas!
That figures!	C'est bien ça! On s'en doutait!
That proves it!	C'est bien la preuve!
That remains to be seen!	C'est à voir! J'aimerais bien voir ça!

9921

That'll be great!	Ce serait fantastique!
That'll be the day!	On aura tout vu!
That'll never do!	Ça ne marchera jamais!
That's a change!	Ça change! Ça change les idées!
That's a pity!	C'est vraiment dommage!

9926

That's fabulous!	C'est fantastique!
That's for sure!	C'est bien vrai! C'est sûr!
That's funny!	C'est drôle!
That's hard to believe!	C'est à peine croyable!
That's hard to understand!	C'est difficile à comprendre!

9931

That's how it is!	C'est comme ça que ça se passe! C'est ainsi!
That's incredible!	C'est incroyable!
That's life!	C'est la vie!
That's nice!	C'est bien! C'est chouette! C'est gentil!
That's no answer!	Ça ne sert à rien! Ce n'est pas ça!

9936

That's no solution!	Ça ne rend pas! Ce n'est pas la bonne solution!
That's not fair!	Ce n'est pas juste!
That's not funny!	Ce n'est pas drôle!
That's not why!	Ce n'est pas la raison!
That's really strange!	C'est vraiment bizarre!

9941

That's sad!	C'est bien triste!
That's serious!	C'est sérieux!
That's so silly!	C'est tellement bête!
That's so true!	C'est tellement vrai!
That's the trouble!	C'est ça qui ne va pas!

9946

That's the way it is!	C'est comme ça!
That's unheard of!	C'est inouï! C'est sans précédent!
That's very hard to say!	C'est très difficile à dire!
There's always a way!	On peut toujours s'en sortir!
There's always tomorrow!	Il y a toujours demain!

There's more?!   Il y en a encore?!
There's no choice!   Il n'y a pas le choix!
There's no excuse!   Il n'y a pas d'excuse!
Unbelievable!   Incroyable!
Very odd!   Très curieux! Bizarre, ça!

Very well!   Très bien! D'accord!
Well?!   Soit?! Alors?!
Well, well!   Tiens, tiens!
We'll see!   On verra!
We'll never know, will we?!   On n'en saura jamais rien, n'est-ce pas?!

What?!   Quoi?!
What a break!   Quelle chance! Quelle veine!
What a life!   Quelle vie!
What a lie!   Quel mensonge!
What a lousy break!   Quelle déveine!

What about it?!   Qu'est-ce qui ne va pas?! Et alors?!
What can I say?!   Que veux-tu que je te dise?!
What on earth!   Diantre! Qu'est-ce que?!
Whatever for?!   Pour quelle raison?!
Whatever you say!   Comme tu voudras!

What good does it do?!   Quel est l'avantage?!
What's money?!   L'argent n'est pas important!
What's the use?!   A quoi ça sert?!
Who cares?!   Qu'est-ce que ça peut faire?!
Who knows?!   Qui sait?!

Who said so?!   Qui a dit ça?!
Who's complaining?!   Qui se plaint?! Qui n'est pas content?!
Why deny it?!   Pourquoi le nier?!
Why fight it?!   Pourquoi être contre?!
With my luck?!   Avec la chance que j'ai!

Wonderful!   Merveilleux! Sensationnel!
Wouldn't you know it!   Ne l'aurais-tu pas deviné?!
You can never tell!   On ne peut jurer de rien!
You can say that again!   Ça, tu peux le dire!
You can't win them all!   On ne peut pas tout avoir!

You could be wrong, you know!   Tu pourrais avoir tort, tu sais!
You genius!   Quel génie!
You may be right!   Tu as peut-être raison!
You really think so?!   C'est vraiment ce que tu penses?!
You said it!   Tu l'as dit! Juste!

You'd be surprised!   Tu serais très étonné!
You'd better believe it!   Mieux vaut y croire! Sois-en sûr!
You'll be sorry!   Tu le regretteras! Tu l'auras voulu!
You'll never know!   On ne peut jamais savoir!
You'll never guess!   Tu ne devineras jamais!

You'll see!   Tu verras!
You're out of your mind!   Tu est fou! Tu déraisonnes!
You're right, you know!   Tu as raison, tu sais!
You're telling me!   A qui le dis-tu!

You've got to be joking!   Je suis sûr que tu plaisantes!

MASTER
INDEX

The following index includes an interalphabetized listing of the 10,000 basic and 1,750 secondary words and phrases used in the contextual examples of this book. The number following each entry indicates the specific numerical location of each word or phrase in the book. In the case of the basic words, the number indicates the position of the treatment of that word as a **keyword**. With secondary words, the number indicates the position of the word as a **modifier**. In both cases the repetition of the word as a modifier throughout the book is **not** noted numerically.

The entries in the book are arranged according to parts of speech, as follows:

1-3000	Adjectives	8501-9750	Adverbs, Prepositions,
3001-6000	Nouns		Conjunctions, and Pronouns
6001-6500	Compound Nouns	9751-10,000	Interjections, Expletives,
6501-8500	Verbs		and Rejoinders

When you become familiar with the above format of the book, the location of words will be a simple matter, since all entries in each section are arranged alphabetically. **Apple** will be found at the beginning of the noun section, **abundant** at the beginning of the adjective section, **willfully** at the end of the adverb section, etc. The presence of 1,750 words as modifiers and **not** as basic words makes the use of this index mandatory in the location of such words. **Scrambled** appears as an adjective under the noun entry **egg**, but only as a modifier. **Abortion** is not a basic noun, but appears under the adjective entry **legal** as a modifier. Such secondary modifiers are followed in the Master Index by a●. Also omitted from the Master Index are:

1. vocabulary entries introduced in the grammar and reference materials
2. capitalized or proper adjectives and nouns. . . Vietnam, African, etc. These can be found in the special sections 3000A and Part Two, IV.
3. Interjections, Rejoinders and Expletives numbered in the text from 9,750 to 10,000

INDEX

C

D

E

F

G

H

harmoniously 9028	heavenly 1117	hike(v.) 7332	hoped-for 1153
harmony 4119	heavily 9032	hilarious 1133	hopeful 1154
harness(n.) • 1454	heaviness 4139	hill 4162	hopefully 9050
harness(v.) 7317	heavy 1118	hillside • 2566	hopeless 1155
harsh 1098	hedge(n.) • 8370	hilly 1134	hopelessly 9051
harshly 9029	heed 7327	him 9043	horde • 1394
harshness • 2718	heel	himself 9044	horizon 4184
harvest(n.) 4120	(foot) • 2395	hindrance 4163	horizontal 1156
harvest(v.) 7318	(shoe) • 1454	hinge(n.) • 2201	horn 4185
harvested 1099	height 4140	hinged 1135	horrible 1157
haste 4121	heir 4141	hint(n.) • 644	horribly 9052
hastily 9030	heirarchy • 1959	hint(v.) 7333	horrify 7342
hasty 1100	heiress • 2923	hippie • 203	horror 4186
hat 4122	heirloom 4142	hire 7334	hors d'oeuvre • 362
hate(v.) 7319	helicopter 4143	his 9045	horse 4187
hated 1101	Hell • 6693	hissing(adj.) 1136	horseman • 1108
hateful 1102	hellish 1119	historian 4164	horsepower • 1272
hatred 4123	helmet 4144	historic 1137	hose
haughty 1103	help(n.) 4145	historical 1138	(stockings) 1744
haul(v.) 7320	help(v.) 7328	historically 9046	(tube) 4188
haunted 1104	helper 4146	history 4165	hospitable 1158
haunting 1105	helpful 1120	hit(n.) 4166	hospital 4189
have 7321	helpfully 9033	hit(v.) 7335	hospital ship 6141
have to(modal) 8500 B	helping(adj.) 1121	hitching post 6417	hospitality 4190
haven 4124	helping(n.) 4147	hoard(n.) 4167	hospitalize 7343
hay • 7716	helpless 1122	hoard(v.) 7336	host 4191
hazard(n.) 4125	helplessly 9034	hoarded 1139	hostage 4192
hazardous 1106	hem(n.) 4148	hoarse 1140	hostel(youth) • 389
hazy 1107	hemisphere 4149	hoax 4168	hostess
he 9031	hemorrhage(n.) 4150	hobbling 1141	(airline) 5556
head(n.)	henceforth 9035	hobby 4169	(of party) 4193
(body) 4126	her 9036	hobo • 1846	hostile 1159
(chief) • 6061	herb • 813	hoist(v.) 7337	hostility 4194
head(v.) 7322	herd(n.) 4151	hoisted 1142	hot
headache 4127	here 9037	hold(n.) • 1928	(taste) 1160
headache remedy 6136	here is/are 9038	hold(v.) 7338	(touch) 1161
headless 1108	hereditary 1123	hole 4170	hotel 4195
headlight 4128	heredity 4152	holiday 4171	hour 4196
headline • 259	heritage 4153	hollow(adj.) 1143	hourly 1162
headlong • 7730	hermit 4154	holy 1144	house 4197
headwaiter 4129	hero 4155	Holy Ghost • 6655	house painter 6142
heal 7323	heroic 1124	home 4172	houselights • 7030
healing(adj.) 1109	heroically 9039	home address 6140	housewares • 7683
health 4130	heroin 8247	home town 4173	housewife 4198
healthful 1110	heroine 4156	homegrown 1145	housework 4199
healthy 1111	heroism 4157	homeland 4174	hovel 4200
heap(n.) • 8372	hers 9040	homeless 1146	hover 7344
hear 7324	herself 9041	homely 1147	how? 9053
hearing(legal) 4131	hesitant 1125	homemade 1148	how 9054
hearing aid 6414	hesitantly 9042	homesick 1149	how long 9055
heart 4132	hesitate 7329	homesickness 4175	how many 9056
heart attack 4133	hesitation 4158	homeward 9047	how much 9057
heart failure 6137	hidden 1126	homework 4176	how often 9058
heart-rending 1114	hide(v.) 7330	homicide 4177	how soon 9059
heart transplant 6138	hideous 1127	honest 1150	however 9060
heartfelt 1112	hiding place 6416	honestly 9048	howl(n.) 4201
hearth(fire) 4134	hi-fi 4159	honesty 4178	howl(v.) 7345
heartless 1113	high 1128	honey 4179	howling 1163
hearts(cards) • 6687	high-flown 1129	honeymoon 4180	hue 4202
hearty 1115	high-flying 1130	honor(n.) 4181	hug(v.) 7346
heat(n.) 4135	high-priced 1131	honor(v.) 7339	huge 1164
heat(v.) 7325	high school • 1619	honorable 1151	hull(n.) • 2235
heat wave 6139	higher 1132	honorably 9049	hum(v.) 7347
heated 1116	highland • 2975	honorary 1152	human(adj.) 1165
heater 4136	highway 4160	hood 4182	human(n.) • 7935
heating 4137	hijack 7331	hoodlum • 6906	humane 1166
heating pad 6415	hijacked • 3055	hook(v.) 7340	humanity 4203
heave 7326	hijacker • 1555	hoop • 7447	humble(adj.) 1167
heaven(s) 4138	hijacking • 60	hope(n.) 4183	humdrum 1168
Heaven • 6608	hike(n.) 4161	hope(v.) 7341	humid 1169

I

P

Q

R

racing car 6455
racket(noise) 5080
radar 5081
radiance 5082
radiant 2027
radiate 7817
radiation • 483, 1464
radiator • 1161
radical(adj.) 2028
radically 9423
radio(n.) 5083
radio(v.) 7818
radio network 6259
radioactive 2029
radium • 7051
radius • 2297
raft • 7224
rag 5084
rage(n.) 5085
ragged 2030
raging 2031
raid(n.) 5086
raid(v.) 7819
railing 5087
railroad 5088
railroad crossing 6260
railroad station 5089
rain(n.) 5090
rain(v.) 7820
rainbow 5091
raincoat 5092
raindrop • 7208
rainfall • 106
rainspout • 689
rainy 2032
raise(in pay) 5093
raise(v.) 7821
raised 2033
rake(v.) 7822
rally(n.) 5094
rally(v.) 7823
ram(battering) • 6377
ram(n.) • 240
rambling 2034
ramp • 6874
rancid 2035
random 2036
ranch • 762
range
  (mountain) • 6196
  (spread) 1380
rank(n.) 5095
rank(v.) 7824
ranks • 6804
ransack 7825
ransom(n.) 5096
ransom(v.) 7826
ransomed 2037
rant 7827
rape(v.) 7828
rapid 2038
rapidly 9424
rapids • 2591
rapport • 1005
rapturous 2039
rare 2040
rare(taste) 2041
rarely 9425
rarity 5097
rash(adj.) 2042

rash(n.) • 6939
rashly 9427
raspberry bush 6261
rate(n.) 5098
rate(v.) 7829
rather 9426
ratify 7830
ratio 5099
ration(n.) 5100
ration(v.) 7831
ration card 6262
rational 2043
rationalize 7832
rationally 9428
rationed 2044
rattle(n.) 5101
rattle(v.) 7833
rave 7834
ravenous 2045
ravine • 924
raving 2046
raw 2047
ray 5102
razor 5103
razor blade • 699
reach(v.) 7835
react 7836
reaction 5104
reactor • 1712
read 7837
readable 2048
reader(person) 5105
reading 5106
reading glasses 6456
reading lamp 6457
readjust 7838
readjustment • 1602
ready(adj.) 2049
real 2050
real estate • 7429
realism 5107
realist 5108
realistic 2051
realistically 9429
reality 5109
realize 7839
really 9430
reap 7840
reappear 7841
rearmament 5110
rearrange 7842
rearview mirror 6263
reason(n.) 5111
reason(v.) 7843
reasonable
  (person) 2052
  (price) 2053
reasonably 9431
reassemble 7844
reassurance 5112
reassure 7845
reassuring 2054
reassuringly 9432
rebel(n.) 5113
rebel(v.) 7846
rebellion 5114
rebellious 2055
rebelliously 9433
rebirth 5115
rebuild 7847

rebuke(n.) • 1427
recall(v.) 7848
recede 7849
receding 2056
receipt 5116
receive 7850
receiving set 6458
recent 2057
recently 9434
reception
  (party) • 951
  (radio) • 254
  (welcome) 5117
reception desk 6264
receptive 2058
recess(school) 5118
recession 5119
recipe 5120
recipient 5121
reciprocate 7851
recital 5122
recitation 5123
recite 7852
reckless 2059
recklessly 9435
recklessness • 2471
reclaim 7853
recline 7854
recognition 5124
recognizable 2060
recognize 7855
recognized 2061
recoil(v.) 7856
recollect 7857
recollection 5125
recommend 7858
recommendation 5126
recommended 2062
reconcile 7859
reconciliation 5127
reconnaissance • 60
reconsider 7860
reconstruct 7861
record(n.)
  (account) • 7475
  (achievement) 5128
  (musical) 5129
record(v.) 7862
record changer 6265
recorded 2063
recorder • 284
recording • 917
recording session 6459
recording tape 6460
recount(n.) • 6976
recover 7863
recovery 5130
recreate 7864
recreation 5131
recreational 2064
recruit(n.) 5132
recruit(v.) 7865
rectangular 2065
rectify 7866
recuperate 7867
red 2066
redeem 7868
redeeming 2067
redouble 7869
reduce 7870

reduced 2068
reducing plan 6461
reduction 5133
redundant 2069
reed • 1143
reef • 2881
reek 7871
re-elect 7872
re-establish 7873
refer 7874
referee(n.) 5134
reference 5135
reference book 6266
refillable 2070
refine 7875
refined 2071
refinement 5136
reflect 7876
reflected 2072
reflection
  (shine) • 2386
  (thought) • 2357
reflex 5137
reform(n.) • 1906
reform(v.) 7877
reformation 5138
reformed 2073
refrain(n.) 5139
refrain(v.) 7878
refresh 7879
refreshing 2074
refreshment 5140
refrigerate 7880
refrigerator • 1360
refrigerator car 6267
refuge 5141
refugee 5142
refund(n.) 5143
refund(v.) 7881
refusal 5144
refuse 7882
refused 2075
refute 7883
regain 7884
regal 2076
regally 9436
regard(v.) 7885
regardless 9437
regardless of 9438
regime 5145
regiment 5146
region 5147
regional 2077
register(v.) 7886
register(cash) • 6037
registered 2078
regret(n.) 5148
regret(v.) 7887
regretfully 9439
regrettable 2079
regrettably 9440
regular 2080
regularity 5149
regularly 9441
regulate 7888
regulated 2081
regulating valve 6462
regulation 5150
rehabilitate 7889
rehearsal 5151

U

X

X ray(n.)   5986

Y

yacht   5987
yacht club   6370
yard
    (courtyard)   5988
    (measure) •   2411
yarn(material) •   2542
yawn(n.)   5989
yawn(v.)   8497

year   5990
yearly(adj.)   2996
yearn   8498
yearning(n.)   5991
yell(n.)   5992
yell(v.)   8499
yellow   2997
yes   9744

yesterday   9745
yet   9746
yield(n.)   5993
yield(v.)   8500
you   9747
young   2998
younger   2999
youngster   5994

your   9748
yours   9749
yourself   9750
youth
    (childhood)   5995
    (young man)   5996
youthful   3000

Z

zeal   5997
zest   5998
zone   5999
zoo   6000